CORPUS IURIS ROMANI ANTEIUSTINIANI

III

CORPUS IURIS ROMANI ANTEIUSTINIANI

CONSILIO PROFESSORUM BONNENSIUM
EDUARD BÖCKING, MORITZ AUGUST VON BETHMANN-HOLLWEG
ET EDUARD PUGGÉ
INSTITUTUM

CURAVERUNT IIDEM ASSUMPTIS SOCIIS
KARL LUDWIG ARNDTS VON ARNESBERG, AUGUST FRIEDRICH BARKOW,
FRIEDRICH BLUHME, JOHANN FRIEDRICH LUDWIG GÖSCHEN,
GUSTAV HÄNEL, KARL LACHMANN
ALIISQUE

PRAEFATUS EST
EDUARD BÖCKING

In 3 voluminibus

VOLUMEN III

EDITIO BONNENSIA A. 1837–1844 DENUO EXPRESSA

1987
SCIENTIA VERLAG AALEN

Unveränderter Neudruck der Ausgabe Bonn 1837–1844
ISBN 3.511.05440.0. (Gesamtwerk)
ISBN 3.511.05443.5. (Vol. III)
Gesamtherstellung: Weihert-Druck GmbH,
Kleyerstr. 12, Darmstadt
Printed in Germany (Fed. Rep.)

NOVELLAE CONSTITUTIONES

IMPERATORUM

THEODOSII II., VALENTINIANI III., MAXIMI, MAIORIANI, SEVERI, ANTHEMII.

XVIII CONSTITUTIONES,

QUAS

IACOBUS SIRMONDUS

DIVULGAVIT.

AD LIBRORUM MANU SCRIPTORUM ET EDITIONUM FIDEM RECOGNOVIT ET ANNOTATIONE CRITICA

INSTRUXIT

GUSTAVUS HAENEL

LIPSIENSIS.

A. cIɔIɔcccxLIV.

PROSTANT BONNAE APUD ADOLPHUM MARCUM.

NEUDRUCK 1987 ▪ SCIENTIA VERLAG AALEN

NOVELLAE CONSTITUTIONES

IMPERATORUM

THEODOSII II., VALENTINIANI III., MAXIMI, MAIORIANI, SEVERI, ANTHEMII.

AD XLII LIBRORUM MANUSCRIPTORUM ET PRIORUM EDITIONUM
FIDEM RECOGNOVIT ET ANNOTATIONE CRITICA

INSTRUXIT

GUSTAVUS HAENEL

LIPSIENSIS.

A. cIↃIↃCCCXLIV.

PROSTANT BONNAE APUD ADOLPHUM MARCUM.

Legum novellarum, quas edidi, codices aut solum Breviarium Alarici comprehendunt, aut una cum eo novellas a Visigothis reiectas. De illis exponam in Breviarii editione, horum decem sunt: 1) Codex Vaticano-Ottobonianus, olim Iosephi Garampii [1]; 2) Regius Parisiensis MMMMCCCCXX; 3) Fuldensis; 4) Regius Parisiensis MMMMCCCCXII; 5) Vaticanus Reginae Sueciae MXXIII; 6) Bodleianus MMMCCCLXII; 7) Regius Parisiensis MMMMCCCCVI; 8) Regius Parisiensis Suppl. Lat. DCCLXXIX; 9) Kelleri, olim Meermani DC; 10) Regius Berolinensis quart. CL. Neque vero omnes eiusdem ambitus sunt. Ottobonianus enim novellas Theodosii, Valentiniani et Maioriani inprimis et auget et ubique fere recte ordinat; quinque (2—6) ex eodem codice originem ducunt, in quem, nescio quis, post Theodosii novellas in Breviarium translatas Theodosii et Valentiniani plus quam quadraginta, Maioriani unam, Anthemii tres novas constitutiones congessit; quattuor (7—10) Maioriani sex novellas a Visigothis omissas exhibent; tres denique (3—5) vestigia habent novellarum Maximi, et unus, tertius videlicet, novellae secundae Severi imperatoris [2]. Praeterea dicendum est, a duobus, ab Ottoboniano et a Bodleiano interpretationem Visigothorum abesse.

Longe vero inter omnes praestat cum aetate sua, tum novellarum ordine codex primus sive Vaticano-Ottobonianus [3]. Involucrum eius tectum est corio rubro. Ibi tum in superiore, tum in media et in inferiore tergi parte auro impressae sunt geminae consociataeque inter se aquilae, quae in capite coronas ferunt, et infra eas septem spicae fascia colligatae. Fuerunt ea priorum possessorum insignia. Illud Ottobonianae bibliothecae, hoc Christinae, reginae Sueciae, libri prae se ferre solent [4]. In aversa involucri parte agglutinata est parva quaedam charta, cui inscriptum est: „*Ex Bibliotheca Iosephi Garampii*" et subditum siglum *Cb*, quo numerus codicis inter libros Garampii significari videtur. Inter involucrum et codicem ipsum duae chartae a bibliopega interpositae sunt, quarum altera in summa adversae paginae parte literas C. ƀ. 3 exhibet, altera eodem loco numerum Δb: IV. cod. 30 [5]. Iam quod ad librum manu scriptum ipsum attinet, primum folium laceratum est. In adversa eius pagina alia scripta sunt, quae valent, alia expuncta, quae scripta erant, et in superiore quidem margine virgula expunctus est numerus VI, integer vero remansit ad dextram eius numerus 327 et ad sinistram signum *Ag.*; infra ea duo numeri conspiciuntur, 25, qui transverso calamo exstinctus est, et numerus 327. Iis recentior manus literis uncialibus, quas dicunt, subiunxit verba: „*Codex Theodosianus*" et paullo infra pallido atramento numerum 217. 5. Huic eodem ordine subsunt numeri *S. X.* 20 et *E.* 6. 3., quorum prior deletus est, posteriorem vero in proximo versu sequuntur verba: „*Confitebor tibi dne.*" Ea verba saeculo XI. literis uncialibus scripta sunt, sed utrum sola per se fuerint, an cum aliis cohaeserint, dici non potest, cum lacerata sit hoc loco membrana. Quae enumeravi, ea omnia in superiore pagina sunt, in media vero, a recentioris

---

1) Ritterus fol. 1 b Epistolae ad Lectorem, quae antecedit T. I. Codicis Theodosiani: „*Cum Codex*, inquit, *hic inscribatur, Codex Theodosianus et postea Lex Romana; non is alius est, quam quem Alarici regis iussu confecere Visigothi.*" Sed erravit Ritterus, quod propter *Legem Romanam* Breviarium inesse arbitratus est. Contra Barkow in praef. Legis Romanae Burgundionum p. XVIII: „*Neque tamen omnes, quae codici inessent, recte intelligebant; nam non deerant, qui Legem Romanam Wisigothorum in eodem scriptam esse arbitrarentur, inter quos et Brenckmannus — et Ritter fuerunt.*" Codicem antiquitus Breviarium Alarici comprehendisse, perspicitur ex Gaii epitome, quae Novellas sequitur. 2) Praeterea insunt in Cod. S. Germani CCCLXVI. et Phillipp. MDCCXXXV. particulae Nov. Val. tit. VIII. n. 1 de Invasoribus, tit. XIV. de Pretio solidi, tit. XXIII. de Negotiatoribus, et in Summae Aegidianae codicibus rubra titul. I—VI. Novellarum Maioriani una cum brevi summa novellae de Sanctimonialibus, quos omnes hac de caussa supra non commemoravi, quia frusta tantum earundem novellarum insunt, quae in codicibus 1—10 integrae supersunt. Nec quartum codicem, ubi novellarum Maioriani codices enumerantur, repetii, quia et ipse solius tertiae fragmentum habet. Quod Zirardinus in cod. Vat. MCXXVIII. Novellas Anthemii esse scribit, id videtur falsum esse. Vid. infr. p. 341 sq. Nov. Anthemii tit. I, not. sup. 3) *Imperatorum Theodosii Iunioris et Valentiniani III. Novellae Leges — Ex Ottoboniano Ms. Codice edit* — Antonius Zirardinus — *Faventiae* MDCCLXVI. 8. p. 34—49. *Leges Novellae V. Anecdotae Imperatorum Theodosii Iunioris Et Valentiniani III. — Opera Et Studio* Iohannis Christophori Amadutii — *Romae* MDCCLXVII. fol. p. XVII—XXI. et XXXII—XXXVI. Ex Amadutio exscripsit, quae de eo codice habet, August. Frideric. Barkow, diligentissimus Legis Romanae editor, Gryphiswaldiae MDCCCXXVI. 8. p. XIII—XVII. Haubold, Opuscula Academica, T. II, p. CXV. sq., n. 35. Car. de Savigny, T. II, p. 11. 4) Amadutius l. c. p. XVIII. 5) Sed

quidem aetatis homine, sed antequam illud *Codex Theodosianus* adderetur, atro colore picta sunt verba: „*Lex Romana*" [6]). Denique extremam versus paginam adiectus est numerus 7177. In aversa folii primi pagina incipit Index Capitulorum Legis Romanae Burgundionum. Constat codex ex CXXVIII [7]) membranis crassis, gilvis et maximam partem rugosis. Eas quadruplicatas esse, etsi ambitu octavam maioris folii partem non excedant, perspicitur ex literis Romanis, quibus quaterniones, qui dicuntur, numerati sunt. Horum Amadutius XVII esse dicit. Lineae versuum, quarum in priore codicis parte XXI, sed XXX inde a folio CXVIII. sunt, graphio ductae sunt et ad dextram sinistramque binis lineis definitae ad perpendiculum directis. Scriptus est codex prioribus saeculi X. lustris [8]) et ea quidem literarum forma, quae non multum a minuscula Longobardica [9]), quam vocant, differt. Neque vero eadem est per totum codicem; nam literae priorum foliorum rudes sunt, quasi vacillantes et partim in altum ductae, converso, sed erecto pistillo similes [10]), foliorum autem XIX — LIV. paullo rotundiores sunt, quasi ab alio, sed eiusdem aetatis homine pictae. Similiter in sequentibus foliis usque ad CXVIII. hic et illic literarum forma mutatur, maxime ab aversa folii XCVIII. pagina usque ad mediam folii CIII., ubi literae minores sunt, nitidae et plerumque subtiles, multa etiam admixta compendia. A folio denique CXVIII. non dubito, quin alius librarius contulerit operam in codicem. Nam et literae rotundae fere sunt atque a dextra ad sinistram pendent, et verba arctius pressiusque inter se cohaerent, numerum autem versuum in unaquaque pagina auctum esse supra dixi, qua re factum est, ut titulorum quoque rubra ex rotundis quidem, sed depressis et arcte colligatis literis constent. Prima codicis verba: *Incipit Capila* [11]) *De Lege Romanae* literis maioribus et lapidariis, quarum prima *I*, multipliciter ornata a summa pagina usque ad infimam descendit, minoribus sed eiusdem formae interiectis, scripta esse perspicitur ex imagine apud Amadutium aeri incisa. Praeterea maiore litera et minio colorata plerumque distinguitur initium novellarum singulorumque capitum Legis Romanae Burgundionum, saepe etiam nova sententia sive periodus maioribus literis. Discerptorum in fine versuum verborum nullum vidi signum, interpunctorum duplex: punctum et semicolon, quod vocare solent. Illius frequens usus est, sed incertus, nam crebro post secundum aut tertium quodque verbum invenitur, quid quod post singula verba aut inter ipsas verbi alicuius literas, unde monstruosa quaedam verba conflata esse, Amadutius recte monuit [12]); huius plerumque in fine titulorum aut sententiarum. Commata sive virgulas, quas Amadutius sibi visus est vidisse, non recordor. Sed est aliud etiam genus punctorum, quibus menda scripturae aut correcta aut sublata sunt; duplex enim punctum positum est, alterum supra, alterum infra versum, si quid delendum erat, unum, idque infra versum, si qua litera emendandi caussa supra versum addita est. Eorum, quae emendata sunt, alia eodem tempore, quo codex scriptus est, et ea quidem maximam partem a librario ipso facta esse videntur, alia posteriore aetate [13]). Ceterum hoc et illud litura aut radendo deletum est. Sed quamquam ex iis, quae dixi, non leve studium in emendandum codicem impensum esse apparet, tamen non omnino correctus est. Nam ut mittam verba inepte coniuncta [14]) aut divisa [15]), aut corrupte scripta [16]), exciderunt literae [17]), verba [18]), integri versus [19]); omittuntur inscriptiones [20]); truncatae sunt multae subscriptiones; sunt etiam verba bis scripta [21]). Orthographia antiqua est [22]), sed valde depravata et incerta, saepe enim librarius

---

colligatae sunt literae ⊿b, virgula a superiore literae b scapo ad ⊿ traducta. 6) Cf. Henrici Brencmanni, *ICti et Academici Florentini*, *Epistola* (ad Hadrianum Relandum) *De Consulibus quorum in Pandectis fit mentio, data Henvlitae e museo prid. Kal. Augusti MDCCXV.* et annexa *Petri Relandi* Fastis Consularibus. Traiecti Batavorum. CIƆIƆCCXV. p. 859. Vid. infr. not. 34. 7) Zirardinus l. c. p. 34 et Amadutius l. c. p. XX ex CXXVII foliis s. CCLIV paginis eum constare dicunt; accedit autem illud folium, quod inter XCIX. et C. iacet et ab eo, qui numeros adscripsit, non numeratum est. Priora quattuor folia hic et illic lacerata sunt. 8) Imaginem codicis aeri inciderunt Zirardinus l. c. p. 35 et Amadutius l. c. p. XIX; sed accuratius expressit Amadutius. Cf. Marini, I Papiri Diplomatici. Rom. MDCCCV. fol. p. 226, not. XXIX, col. 2. Brencmann in Historia Pandectarum p. 55 et in Epist. cit. l. c. p. 859 codicem circa annum M. scriptum esse putat, Zirardinus l. c. p. 35, ni fallor, saeculo VIII. s. IX., Amadutius l. c. p. XVIII, qui consuluit Iosephum Garampium, Stephanum Borgiam artis diplomaticae peritissimum, Iohannem Contium, saec. IX. s. X., Marini l. c. saec. XI. s. XII. Cf. Car. de Savigny l. c. T. II, p. 11, not. 27 (ed. I.) s. not. g (ed. II.). Barkow l. c. p. XIV, not. 2 et Hauboldus l. c. 9) Beneventanam vocat Marini l. c. Italicum esse codicem hac de caussa puto, quia literae *b* pro *u*, *o* pro *um* sive *u*, g pro *i*, *s* sive *ss* pro *x* positae sunt et *da* pro *de*. 10) Inprimis literae *b*, *h*, *l*. 11) Deest virgula supra *ila*. 12) l. c. p. XXXV. v. g. *lege prioris. ublata* pro *lege priori sublata* vel *semovente. sui* pro *semoventes vi*. Adde *domis. ue* pro *domi suae* etc. 13) Vid. Nov. Valentin. tit. VII. nov. 1, not. *e*. 14) *sevi* pro *se ui*; *actione* pro *actio ne*, *praestantioresse* pro *praestantiores se*, *imperpetuum* pro *in perpetuum*, al. 15) *cum victi* pro *convicti*; *supplicio quededendis* pro *supplicioque dedendis*; *alter ius* pro *alterius*, al. 16) Multa Amadutius in annotationibus correxit. Innumerabilia sunt, sed sufficit pauca commemorare: *sanatoris* (senatoris), *rescenda* (rescindenda), *temeratatis* (temeritatis), *Campinia* (Campania), *sine dubium*, *ex testamentum*, *prediti* (praedicti), *sterpitu* (strepitu), *perspecimus* (perspeximus), *succensio* (successio), *cogato* (cognato). Etiam sono inductus, si recte video, librarius hic et illic falso scripsit aut unam literam omisit: *impetratam* (impetrata) *maximam*, *ab intestatu uterque*, *servu suus*, *temeritatis* (temeritati) *suae* etc. 17) Nonnunquam, ubi aliquid deest, spatium reliquit librarius, quasi non eruisset, quid haberet codex, quem describeret. 18) Nov. Theod. tit. V, nov. 1, not. *e*. Vid. Nov. Valent. tit. XVI, not. *p*, *z*, *b*; tit. XIX, not. *d*, *h* etc. 19) Cf. Nov. Theod. tit. V, nov. 1, in f. not. *m* et nov. 2, not. *v*; tit. XXIII, not. *m*; Nov. Valentin. tit. XIX. in f. not. *f*; tit. XXII, §. 9, not. *p*; tit. XXXV, §. 1, not. *n*, al. 20) v. g. Nov. Valent. tit. XVI. de Episcop. ord. 21) Vid. inter al. Nov. Valent. tit. XX, §. 4, not. *g*. Errat igitur Barkovius, cum ait, p. XVII: „*praeterea neque super-*

idem verbum diverso modo scripsit. Sigla et compendia, quae deprehenduntur, neque insolita sunt, neque crebra[23]; sed dignitates magistratuum et formulae, quibus imperatores in novellis eos alloquuntur, omnes fere compendio expressae. Nonnunquam librarius sigla non recte interpretatus est[24]. Quare, si de codice censendum est, qualis sit, non pessimae quidem notae dici potest, neque vero bonae[25]. Nihilosecius optimas scripturas continet, quia magis in orthographia quam in verbis a librario erratum est. Iam ut ad res perveniam, quas comprehendit, insunt in eo praeter Legem Romanam Burgundionum (fol. I^{b} — XXIII^{b} vers. XIV) Novellae Theodosii per XXV[26] titulos secundum seriem temporis distributae (fol. XXIII^{b} — LXVIII^{b}), eodem ordine et praemisso indice novellarum Valentiniani tituli XXXIII (fol. LXVIII^{b} — CXV^{a}), Maioriani vero tituli VII, etsi XII in indice enumerantur (fol. CXV^{a} — CXXV^{a}); eos Gaii a Visigothis in compendium redacti sequuntur tituli I, II, VIII, IX usque ad verba §. 6 *aliena p̄ sūp*, quibus codex terminatur. Desunt igitur novellae Maximi, Martiani atque Severi, differunt etiam Gaii tituli ab editis et ordine et numeris. Praeterea repugnat libris Breviarii Alarici Lex Romana Burgundionum, quae non solum addita, verum etiam ante novellas Theodosii collocata est. Mutilum esse codicem, ea, quae supra dixi, demonstrant. Septemdecim enim quaternionum numeri supersunt, foliorum non amplius CXXVIII. Octo igitur folia perierunt aut excisa sunt. Inter ea illud est, quod olim secundum erat et indicem Capitulorum Legis Romanae Burgundionum inde a XV. complectebatur; aliud deesse post XXIII. folium memoravi ad titulum primum novellarum Theodosii, denique sex alia folia excidisse certum est*). Etiam post Gaium multa desunt. Neque vero ubicunque aliquid in codice deest, folia interierunt. Sunt lacunae, ubi nullum folium interiit. Continuo scripta sunt verba novellae de Theodosiani Codicis auctoritate *ab invictissimo* et novellae Theodosii de Iudaeis *quae insatiabili*[27]; similiter cohaeret in novellis Valentiniani fragmentum Nov. 2 tit. I. de Indulgentiis reliquorum quod superest cum ultimis novellae 4 tit. II. de Postulando verbis[28]; in media folii CXV. pagina adversa Valentiniani novellas sequitur index novellarum Maioriani, omissis legibus Martiani; versu sexto adversae folii CXXV. paginae novellae Maioriani subito desinunt et omittuntur, cum reliqua pars paginae vacet et in aversa Gaii epitome scribi coepta sit, praeter maximam tituli VII. partem quinque Maioriani legum tituli una cum Severi et Anthemii novellis. Quae lacunae in codice, unde Ottobonianus descriptus est, fuerint necesse est. Verum aliae etiam absunt novellae, novellam tertiam dico Valentinianam tit. VI. de Tironibus, nov. un. Val. tit. XIV. de Pretio solidi, nov. un.

---

additum, neque perperam repetitum — aliquid invenies.“ 22) *b, d, n, c, t* etc. poni, ubi nostra aetate utuntur *p, c, t, m, c*, v. g. *obponere, adcelerare, adtemptare, conmittere, conperimus, eciam, precium, devocionis, iuditium, offitium* non opus est commemorare, pariter atque *e* pro *ae* ubique fere offenditur. Saepe vero adhibita est *e* pro *i* (*codecis, auctoretate, eliceto, possedeat, valetura, debetum, debetis, pulsare, quolebet, fedeiussor, culmenis, letigatoribus, iures, intellegere, amplefecare, divinetas, edederint, sustenebunt, credederit, temeretate, iudecis, porregere, possessorebus, Helarius, ponteficis, antestitis, relegio, pertenencium, cetra*); *i* pro *e* (*extimantis, debit, offinsam, legis, omni, niminem, latentis, dispectis, timeraria, rectoris, adtimptare, tutila, nimpe, viricundia, discriptionis, tenire, climentiae, tintare*) sive pro *y* (*Ciro, Simmaco*); *o* pro *u* (*grado, curricolis, postolandi, nominis, singolos, cingolo, depotatus, regolas, pericolum, oracolo, tabolaria, denontiata, dissimolandum, potare, costodita, sepolcro, contatus, iovemus*) sive pro *um* (*domino, testimonio* et *testimoniō*, al.); *u* pro *o* (*Theudosius, amandatus, patrimunialibus, debutione, fundus, tractatur, apparitur, tutius, clarissimus, praeturia, senaturia, negutio, illus, alius, agnuscere, victur, furmam, adulescentes, sanctimuniales, sullicitate, grassatur, moderaturi*); *y* pro *i* (*cyngolum, cyues, tyronum*); *ae* pro *e* (*allaegatum, minimae, nominae, neminae*); *ii* pro *i* (*hiis, nobiis*), *i* pro *ii* (*is, hisdem, obisse*), *oe* pro *e* (*moeram, doebet*); *b* pro *v* (*allubionibus, abieno, enerbasse, fabor, debutione, octaba, cabimus*; c pro g (*crata, aucmento*) sive pro *qu* (*relicorum, cotidie, cottidiana, alico*); *d* pro *t* (*adque, fid, derelinquid, taeded*); *f* pro *ph* in verbis et nominibus graecis (*filippo, limitrofiis*); g pro c (*argana, vagatio, navigolariis*); *g* pro *i* (*magestatem, subgectio*); *qu* pro *c* et *ch* (*quoacervate, quominus* i. e. *cominus, inquoari*); *s* pro *x* (*eudosi, sestarios, Masimo* s. *Massimo*); *u* pro *b* (*uellorum, saluuerrima, puuertatem, aceruissima, uinis, iuuemus, inprouitas, diuulgauit*); *x* pro *s* (*auxus*). Saepe literae abundant, v. g. *d* (*reddundantes*), *h* (*perhennetates, perhenni, hauctoritas, adheratio, hornamenta, honerosum, habunde, exhactione, havidus, hac, hii, exhiguis, exhigentium, hinferat*), *p* (*opportere, oppibus, repperire*), *r* (*currulium*), *s* (*centissimis, excussare, provissionis*), *u* (*auctores*); contra omittuntur literae, v. g. *c* (*sancionibus, artare, contatus* pro *cunctatus, scolaribus*), *f* (*efusa*), *h* (*Teudosio, uiusmodi, oris, orrerent, ortantur, oste*), *l* (*caliditatis*), *p* (*operire*), *s* (*extinguere, extruere*); *t* (*indicio*). Scriptum est etiam *extimare* (aestimare), *estimare* (existimare), *adtemptare, emptum, sumptum, demptum, sollemniter*. Ceterum vid. Amad. l. c. p. XXXIII — XXXVI. 23) Plerumque fit, ut virgula supra literas *a, e, i, o, u* addatur. Verba *per, pro, prae, que, bis, rum* vulgatis siglis exprimuntur. Invenitur etiam *n̄re*. Numerus *VI* antiquo more se habet, ut a litera *G* haud multum differat. 24) *perfectorum* (praefectorum), *perscriptionis* (praescriptionis), *proscriptionis* (praescriptionis), *praescriptionis* (proscriptionis). 25) Paullo aliter Barkow, l. c. p. XVI.: „*Non pessimae notae dixi Ottobonianum codicem esse: nam si ea, de quibus locutus sum, excipias, vel, quod facili plerumque fit negotio, emendes, contextus verborum integer erit, et meliores quam editiones aliique codices Ottobonianus exhibere solet lectiones.*“ Assentior Barkovio, quatenus de Novellis et Legis Romanae titulis huius codicis ope emendandis loquitur; dissentior in reliquis. 26) Amad. l. c. p. XXXVII. Numerat quidem Zirard. l. c. p. 43 et in indice titulorum quattuor et viginti titulos, sed vid. infra Nov. Theod. tit. I — IV, not. sup. *) Feci iacturam chartae, in qua notaveram numeros quaternionum. Eos si haberem, explicuissem, quid aut quantum suo quoque loco periisse. Ut damnum sarcirem, ter quaterve petii ab amicis, quos Romae habeo, ut quaternionum numeros transscriberent; neque vero illi poterant impetrare codicem. Responsum est ab iis, qui bibliothecae Vaticanae praesunt, codicem inveniri non posse. 27) Vid. tit. I. Nov. Th., not. sup. et tit. III. Nov. Theod. de Iudaeis §. 10, not. *q*. 28) Vid.

Val. tit. XXXIII. de Praediis pist. et tres, quas Cuiacius primus edidit [29]). Qui codicem tractaverint, narrant Zirardinus [30]) et Amadutius [31]), iisque auctoribus Hugo *) et Barkovius [32]). Primus eum tractavit Brencmannus [33]), qui cum ab exeunte anno MDCCXI. decem menses Romae commorabatur, Ottobonianae bibliothecae libros manuscriptos inspexit, inscriptiones et subscriptiones novellarum ex hoc codice contulit emendavitque, et insuper quinque novellas descripsit, quas ad illum diem incognitas esse videret [34]). Sed praeter perbreves quasdam inscriptionum et subscriptionum emendationes in Epistola ad Hadrianum Relandum nihil edidit; neque scio, ubi nunc lateant reliqua. Eodem fere tempore Leonhardus Adamus [35]), domo Volsiniensis, origine Venetus, cum Andreae, patrui, qui aliquot annos apud Ottobonium Cardinalem degit, fortasse commendatione [36]) codicis usum nactus esset, in animo habuit, non solum quinque illas novellas divulgare, verum etiam Legem Romanam Burgundionum augere et corrigere. Morte V. Id. Ian. MDCCXIX. absumptus consilium perpetrare non potuit. Sed rumor ultra Italiae fines ad exteros usque perlatus erat. Propagabatur Ephemeridibus literariis [37]), ex quibus Hoffmannus [38]), Brunnquellus [39]) atque Heineccius [40]) hauserunt, quicquid in libris Historiae Iuris Romani de Adamo narrant; et specimen novellae Valentinianae de Tributis fiscalibus cum Ottoboniano codice collatae, quod Adamus dicitur [41]) Menkenio transmisisse, postea vero Hoffmannus [42]) edidit, multum fecit ad excitandam codicis illius apud doctos famam. Sed nec huius quidem viri chartae ad hunc diem repertae sunt [43]). Postea Ioannem Christianum Goetzium, Regi Poloniarum a Sacris [44]), codicem inspexisse eiusque varias lectio-

---

Nov. Valent. tit. II, not. sup. 29) Nov. Th. tit. XXVII.; Nov. Val. tit. II, nov. 3 et pr. Nov. 4. 30) l. c. p. XV — XXIII. 31) l. c. p. XXI — XXIX. *) l. c. p. 210 sq. 32) l. c. p. XVII — XX. et X — XII. 33) In Historia Pand. p. 55 haec dicit: „*Codex Ms. membranaceus Otobonianae bibliothecae, qui Theodosianum Codicem, hoc est, potissimam Romanae Legis partem cum Novellis Theodosii, Valentiani* (sic!) *et Maioriani complectitur, addita Iuris epitome, quique circa annum M. exaratus videtur, Lex Romana palam inscribitur.*“ In not. addit: „*Laudavi hunc Codicem in Epistola ad Hadr. Reland. De Consulibus, quorum in Pandectis fit mentio, post Fastos Relandinos*“ (cf. supra not. 6) et pag. 398: „*Evenit, ut Vaticana exemplaria plene excutere non potuerim. Hanc iacturam—sarcivi consultis tanto diligentius Barberinae, Ottobonianae aliarumque bibliothecarum codicibus.*“ 34) In Epist. cit. l. c. p. 859: „*Contuli rubricas earum* (sc. Novellarum) *et inscriptiones, sed vel maxime etiam subscriptiones, usus codice sat bonae notae ex laudata bibliotheca Eminentissimi Otoboni, in quo MS. praeter eas novellas, quas Iac. Gothofredus post Codicem Theodosianum edidit, quinque alias constitutiones ineditas reperi ac descripsi. Inscribitur is MS. Codex Theodosianus: et postea, Lex Romana: videturque exaratus circa annum M. a. Christo nato. Relatus autem est in indice splendidissimae illius bibliothecae sub litera S. X. 20. Sunt porro novellae constitutiones ipsique tituli in eo codice alio prorsus ordine collocati, quam a Gothofredo exhibentur, habita potissimum temporis ratione.*“ Sitne idem codex atque ille, quem in Historia Pand. p. 55 commemorat, etsi ibi in nota ad hanc Epistolam provocat (vid. not. 33), incertus sum. Codicem enim Theodosianum hic codex non complectitur. Aut quae de diversis Ottobonianae bibliothecae codicibus collegerat, commiscuit Brencmannus aut in errorem ductus est verbis *Codex Theodosianus*, quae in prima codicis pagina a recentiore manu addita esse dixi. 35) Plura de Adamo narrat Amadutius l. c. p. XXI. sq. Cf. Supplement au Dictionnaire — du Moreri. Tom. I. A Basle. MDCCXLIII. fol. p. 90 v. *Adami* (Léon.). 36) Amadutius l. c. p. XXV. 37) *Neue Zeitungen von Gelehrten Sachen auf das Jahr MDCCXVII. Erster Theil. Oder Gesammelte Nachrichten u. s. w. Leipzig, bey J. Grossens Erben.* 8. *N. LIV. p.* 433: „*Der gelehrte Herr Leonhardus Adami ist anietzo beschäfftiget, ein Werk unter folgendem Titul herauszugeben: Impp. Theodosii, Valentiniani, Martiani, Maioriani, Severi et Anthemii Leges Novellas, Papiniani, ut vulgo dicitur, Responsorum Librum ex vetustissimo MS. Otthoboniano auxit, supplevit et emendavit L. Adamus Volsiniensis ὁ ἐν Ἀκράσι Philocles Aepeus. Ad Clementem XI. Pont. Max.* Add. Supplement du Moreri cit. l. c. „*Il avoit proietté de publier — 5. Novelles, qui ne se trouvent point dans le Code Theodosien.*“ Ibi provocatur ad librum: *Nouvelles savantes de l'an* 1719. p. 157; idem faciunt Amadutius l. c. p. XXIII, not. 44, Barkow. l. c. p. XVIII, not. 3. Sed ephemerides illae ne nominantur quidem in libris de re literaria, nedum impetrari a me poterant. In libro, qui inscriptus est: *Giornale de' Letterati d'Italia* T. XXXII. a. 1719 (Venezia 1719. 12.) pag. 489 — 498 legitur *Elogio dell' Abbate Leon. Adami*, ubi haec: „*Ne fu Libanio la sola applicazione di lui negli anni, ne' quali incominciò gli studii serj; posciachè avendo una particolare attenzione in ricercare cose inedite, in un codice della libreria Ottoboniana ritrovò cinque Novelle o sia Costituzioni imperiali, le quali non erano nel Corpo del Codice Teodosiano: e sopra di esse fece alcune note; e già sin dall anno passato furono mandate a Lipsia ad un letterato, il quale si era presa la cura di farle stampare: onde crediamo, che ciò a quest' ora possa esser seguito, benchè per anco non se ne sia avuta precisa notizia.*“ Debeo hunc locum E. G. Vogelio, Regiae bibliothecae Dresdensis custodi, viro de re literaria et de bibliothecarum historia meritissimo. 38) In Historiae Iuris Volumin. I. Part. I. (Lips. MDCCXXXIV. 4.) p. 486, not. *c*. 39) In Historia Iuris Romano-Germani. Lipsiae MDCCXXVII. 8. p. 201, n. XXI. 40) In Historia Iuris Civilis Romani ac Germanici. Argentorati MDCCLXV. 8. p. 479. 41) Hoc refert Brunnquellus l. c.: „*novam denique*, inquit, *harum Novellarum earumque auctiorem et accuratiorem editionem ex collatione Mscti Ottoboniani Leonhardus Adamus Volsiniensis pollicitus est, cuius specimen, clarissimo Menckenio ab Auctore transmissum, Hoffmannus exhibet.*“ Aliter Ritter ad Nov. cit., not. *v*, p. 65 et Amadutius l. c. p. 92. Ille specimen ab Adamo ad Clementem XI. pontificem max. *editum* esse scribit, hic ab eodem illum titulum exhibitum et ex eo ab Hoffmanno promptum. Vid. not. 43 et Nov. cit., not. *r*, ubi Adami coniectura aliqua commemoratur. Num totum apparatum in Germaniam miserit, ut nuntiant ephemerides literariae Italicae (vid. not. 37), non potui eruere, dubito vero, num miserit, quia, si quidem misisset, apparatus in Germania editus esset. Etiam Adamus num specimen illud ediderit, dubito, quia eius rei nihil apud Hoffmannum dicitur, nec ego copiam eius facere mihi potui. Fortasse specimen editionis, quam pararet et Clementi inscribere vellet, cum doctis in Germania communicavit. Vid. etiam not. 43. 42) l. c. p. 486 sq. 43) Cf. Zirardinus l. c. p. XV. Amadutius l. c. p. XXIV, qui neque specimen comparare potuit. Barkow l. c. p. XVII. Ceterum etiam Campellius et Mazzucchellius in libris, quos Amadutius p. XXII sqq. not. 40 et 41 nominat, novellarum ab Adamo susceptae editionis mentionem faciunt. 44) Ritterus in Epist. ad nes secum communicasse RITTERUS quidem asseverat, mihi vero non persuadet. Lectiones enim, quas exhibet [45]), nullo modo conveniunt cum Ottoboniano codice, deinde Goetzius novellas illas incognitas non descripsit*), quas non dubito quin descripsisset, si fuissent in codice, quo usus est; praeterea nihil apud Ritterum reperitur, nisi quod attinet ad novellas in Breviarium receptas; denique diversae codicis Ottoboniani scripturae proferuntur, ubi hic quidem mancus est [46]). Utrum Ritterus *variantes codicis scripturas, quas sperabat a viro inter Italos doctissimo transmissum iri*, acceperit [47]), incertum est, pariter atque unde fratribus BALLERINIIS codicis copia facta sit [48]), si quidem eo usi sunt. Tandem codex pervenit in manus CONSTANTINI RUGGERII [49]), civis Archangeliani et Romae primum Ottobonianae, paullo post bibliothecae ab Imperiali Cardinali institutae praefecti, qui magnam videtur diligentiam posuisse, ut quae codex haberet, et colligeret et aliquando ederet. Etenim diversas scripturas in Nivellianae novellarum editionis margine notavit, novellas incognitas descripsit et totam suppellectilem una cum codice ad ZIRARDINUM misit, ut consilio eius auxilioque in edendis novellis uteretur. Sed frustra misit. Se quidem per aliquot annos habuisse codicem narrat Zirardinus, sed ne accurate quidem legere potuisse, aliis negotiis impeditum; tandem remisisse Romam anno MDCCLX, interpellatum a Ruggerio, retinuisse autem Nivellianam editionem reliquasque res Ruggerii [50]) et antequam remiserit, in suum commodum convertisse codicem, quasi praesentiret, nunquam fore, ut a Ruggerio novellae ederentur. „*Ineditas*, inquit [51]), *Novellas Ruggeriano earum apographo, quod una ad me missum fuerat, minime contentus, in ipso Codice legi, et cum eo apographo contuli, aliudque praeterea earum apographum ex ipso Codice mihi feci. Pleniores etiam quosdam eiusdem Codicis locos, ex quibus editarum Novellarum lacunae suppleri nonnullae possent, quosque Ruggerius in Nivelliana editione notarat, in veteri ipso exemplari inspicere, et inde mihi exscribere volui. Sed et quaedam alia, et ea nimirum, quae magis mihi necessaria videbantur, quaeque Codicem identidem perlustranti in oculos incurrebant, cum nullum eorum apographum Ruggerius fecisset, vel ad me misisset, mihi ipse exscripsi; postremum in his Caput, quod ille Codex in eo, quod Papiano tribuitur, Opere exhibet, Titulos item, seu Rubricas Novellarum* THEODOSII, *et Rubricas Novellarum* MAIORIANI — *Sed et specimen Scripturae ac literarum — ex ipso Codice, ut potui, mihi ipse paravi.*“ Evenit, quod Zirardinus praesenserat. Manus sibi intulit Ruggerius anno MDCCLXIII. Neque vero ideo Zirardino contigit, ut solus novellas illas incognitas divulgaret. Etenim Ruggerius duobus mensibus, ante quam mortem sibi conscivit, codicem AMADUTIO, quo familiariter utebatur, concessit, ut quinque illas novellas et Legem Romanam exscriberet, commentariis ornaret et prelo committeret [52]). Itaque accidit, ut eodem tempore duo diversarum regionum viri, alter alterius ignarus, eundem codicem edere instituerent. Nam audita Ruggerii morte Zirardinus serio animo aggressus est opus, sed morbo diu cum laboraret, non multum abfuit, quin Amadutius eum praevenisset. Tandem cum nuntiatum esset, Romae codicem divulgatum iri*), Zirardinus librum suum acceleravit. Ita contigit ei, ut primus novellas illas incognitas ex codice Ottoboniano ederet, secundo demum loco Amadutius. Post Amadutium codex intactus mansit, usque dum a me cum Beckii editione anno huius saeculi XXIV. collatus est. Crebro quidem nominatur a SPANGENBERGIO**), BECKIO, BIENERO, BARKOVIO, verum illos viros non ipso codice, sed Amadutii libro usos esse constat. Exposui, qui co-

---

Lectorem Cod. Theod. T. VI. P. II. praemissa: „*Hunc satis antiquum Codicem, Ioannes Christianus Goetzius, Potentissimo Regi Poloniarum a sacris, Vir humanissimus et politioris literaturae amantissimus, cum ante annos aliquot Romam invisisset investigandarum antiquitatum caussa, iterum consuluit, mecumque benignissime varias communicavit lectiones.*“ 45) Amadutius l. c. p. XLIII. et p. 69 in not. *) Zirardinus l. c. p. XVII. 46) Vid. Novellam de Theodosiani Codicis auctoritate §. 5, not. z (nostrae ed. Codicis Theod. p. 92). 47) Epist. Tom. I. C. Th. praemiss. fol. 1 b: „*Servatur Codex antiquus Romae in Bibliotheca Eminentissimi Cardinalis Ottoboni, quem in itinere Italico contulit Cl. Brenckmannus, et novellas quasdam constitutiones ex eo excerpsit, ineditas adhuc, quas et tecum L. B. communicaturus sum, cum spes mihi facta sit a viro inter Italos doctissimo, propediem et variantes, quas servat codex, lectiones, et alia, quae sunt notatu digna, ad me transmissum iri.*“ Zirardinus l. c. 48) Vid. Nov. Valentin. tit. XVI. de Episcop. ordin. et tit. XVII. de Manichaeis. 49) Zirardinus l. c. p. XVII. Amadutius l. c. p. XXVI. De Ruggerii vita exposuit Amadutius l. c. LXXVII — XCV. Quomodo codex in manus Ruggerii pervenerit, neque a Zirardino neque ab Amadutio aperte explicatur. Barkow l. c. p. XVIII. scribit: „*sive quia res eos* (Zirard. et Amad.) *latuit, sive quia furti suspicionem in virum ipsis coniunctum conferre noluerunt.*“ Amadutius l. c. p. XXVI. dicit quidem: „*Postremo hunc Codicem iam distractum, antequam Ottoboniani codices Vaticanis accederent, adeptus est Ruggerius.*“ Si sua significatione accipitur v. *distractum*, codex ex Ottoboniana bibliotheca furto aut casu ablatus et a Ruggerio emptus videtur esse. Incredibile est, Ruggerium, virum probum, furatum esse codicem. 50) Zirardinus l. c. p. XVIII, XIX. in f. Quo iure id fecerit, ignoro. Negari non potest, a Zirardino et ab Amadutio multas tenebras obductas esse historiae codicis. 51) l. c. p. XVIII. sq. 52) Utor, quantum potuit, Amadutii verbis p. XXVI. Barkow l. c. p. XIX. Ruggerium codicem in Amadutium dono contulisse scribit. Similiter Blume l. c. T. III, p. 71. Pag. XCII. Amadutius dicit: „*Tum addidit* (Ruggerius) *munus longe spectatissimum Ottoboniani Codicis, qui in eius manus cesserat, et in quo V. Novellas adhuc ineditas Impp. Theodosii Iun., et Valentiniani III., et Legem Romanam contineri significavit, quae omnia ut illustrarem, ederem, iisque mihi honorem compararem, pro sua in me humanitate se ait discupere.*“ Idem p. LXXIII. sic: *quem* (codicem) *Ruggerius noster Vir Cl. nostri iuris fecerat*, quae omnia pro Barkovii sententia faciunt. Accedit, quod Ruggerius videtur codicem acquisivisse (vid. not. 49). Certe hoc Amadutio persuasum fuit, nam codicem Iosepho Garampio donavit, is eum in bibliothecam suam intulit. Sed dubium est, quo iure donare potuerit Amadutius codicem, quem sciret Ottobonianae esse bibliothecae et saepe appellaret Ottobonianum. *) Amadutius non ante XVII. Kal. Quintiles anni MDCCLXXVII. de Zirardini libro certior factus est. **) In Cod. Iust. Vid. inter alia ad XII, 55, 3.

dicem tractaverint; iam paucis dicendum est, in quibus bibliothecis fuerit. Ubi antiquitus fuerit ignoro *); sed saeculo XVII. fuit in bibliotheca Christinae, reginae Sueciae [53]); ab ea heredis titulo transiit ad Azzolinum, cardinalem, ab Azzolino ad Pompeium, fratris filium. Is bibliothecam vendidit Petro Ottobono cardinali, una igitur hunc quoque codicem. Tum a Petro, postquam adscito nomine Alexandri VIII. pontifex maximus renuntiatus erat, cum centum aliis Christinae bibliothecae libris manu scriptis bibliothecae domesticae attributus est [54]). Quid deinde cum codice factum sit, non omnino constat. Sane satis mirari non possum, quo iure post Brencmannum et Adamum ad Ruggerium et Amadutium pervenerit [55]). Ab Amadutio Iosepho Garampio concessus est [56]), a Garampio cum sua bibliotheca coniunctus; quod ab eo factum esse demonstrant verba: *Ex bibliotheca Iosephi Garampii*, quae in involucro esse dixi. Quomodo denique ex Garampii bibliotheca in Vaticanam translatus sit, nescio. Fortasse a Vaticanae bibliothecae praefectis, cum conspicerent Ottobonianae bibliothecae signum, recognitus atque vindicatus est [57]).

Omnium codicum recentissimus est Reg. Par. MMMMCCCCXX [58]). Tegumentum ex membranis constat. In tergo eius scriptum est: *Novel | lae | Theod. | Et | Valent.* | et additus in ima parte numerus bibliothecae. Eundem habet adversa pagina eius folii, quod bibliopega inter codicem et tegumentum posuit. Tum in eadem primi folii codicis pagina haec insunt: *Cod. Colb.* 1662 | *Regius* 518$\frac{1}{3}$, paullo infra prope tegumentum scutum regium et in inferiore margine verba: *P. Pithou | Ex dono Ioannis Et Nicolai Fratrũ | Cariss. Et Opt.* | *LXI*, sed deletus est numerus *LXI* obducta linea. In ultima codicis pagina repetitur scutum regium. Constat codex ex XCI foliis chartaceis maioris formae. Scriptus est cursim et eo literarum ductu, quo Galli XVI. saeculo utebantur. Versus in unaquaque pagina non ultra XXXI esse solent. Orthographiam et compendia codicis, quem exscripsit, librarius retinuit. Quae falso scripserat, ab alio homine codicis illius ope correcta sunt, ab eodem loci corrupti emendati. Complectitur codex eodem ordine eosdem titulos inde a XII., quos P. Pithoeus in indice editionis novellarum recensuit, omnes igitur, quos primus edidit. Eos ex ipso hoc codice a P. Pithoeo promptos esse, persuasum habeo. Primum ei P. Pithoei nomen inscriptum est; deinde ibi mentio fit doni a fratribus accepti, quod etiam in Epistola ad Cuiacium novellarum editioni praemissa P. Pithoeus commemorat [59]); porro quae in codice ab amanuensi patris descripto emendasse se dicit [60]), non solum concinunt cum iis, quae in Parisiensi codice emendata, verum etiam in fine editionis novellarum proposita sunt; Petrum vero Pithoeum ipsum emendasse codicem praeter literarum ductum litera *P* multis in locis addita demonstrat; tum novellae Theodosii tit. X. de Postulando in utroque libro conflatae sunt; denique inter utrumque scripturae nullae fere inveniuntur diversitates *). Dubitationem quidem iniiciunt undecim tituli novellarum Theodosii, qui a Visigothis in Breviarium translati sunt et in indice editionis commemorantur, in codice omittuntur. Videntur autem pariter atque in ipsa editione hac de caussa deesse, quia iam a Sichardo divulgati erant. Id quidem non dictum est, sed ex iis apparet, quae inter Anthemii novellas et Valentiniani novellarum titulos, quos Breviarium habet, in folio LXIV ^{b}. scripta sunt: *Incipit Liber Valentiniani Impressus.* Idem igitur liber est, quem pater P. Pithoei ex vetere quodam ditissimae suae bibliothecae codice [61]) per amanuensem describi ius-

---

53) Amad. l. c. p. XVIII. Blume l. c. T. III, p. 64, 71. *) Putabam eum aliquando in Altempsiana bibliotheca fuisse. Ruggieri, Memorie Storiche della Bibliotheca Ottoboniana (in libro *Memorie* Storiche degli Archivi della Santa Sede e della Bibliotheca Vaticana ora riunita alla Vaticana Opusculi due. Roma. 1825. p. 46). Librum mecum benevolenter communicavit doctissimus vir Roestell, professor Berolinensis. Ibi vero codex noster non commemoratur, quare, num in Altempsiana bibliotheca fuerit, incertum est, praesertim cum Christinae reginae non contigerit, ut Altempsianam bibliothecam emeret. 54) Id innui dicit Amadutius p. XVIII. insignibus involucro codicis impressis. Vid. supr. init. praef. 55) Vid. not. 49 et 52. 56) Hic quoque utor Amadutii verbis l. c. p. LXXIII.: *Quamquam, si cui cordi fuerit denuo explorare Codicis fidem, monere non praetermittimus, ipsum adservari nunc in instructissima Bibliotheca Viri Cl. Iosephi Garampii Praesulis amplissimi, quae quoniam nobis ob praeclaram spectatissimi Possessoris humanitatem magna praebuit adiumenta — ita gratum animum nostrum eidem nulla alia re magis prodere nunc posse putavimus, quam libenti Codicis huius, quem Ruggierius noster Vir Cl. nostri iuris fecerit, concessione — Quare codicem hunc, qui hactenus Ottobonianus audivit, nunc iure dixeris Garampianum.* Dono datum esse Garampio ab Amadutio dicunt etiam Barkow l. c. p. XX. et Blume l. c. T. III, p. 71, qui quod T. II, p. 234, not. 149 asseveraverat, emendavit. 57) Falso Barkow l. c.: „*cuius* (Garampii) *libri manu scripti, cum legati sint bibliothecae Gamlalongae, quae Arimini est, hodie in hac civitate codex noster adservatur.*“ Nisus est Car. de Savigny l. c. T. II, p. 11, not. 27 (ed. I.), qui in II. ed. p. 11, not. *g* errorem correxit. 58) Cf. quae ex schedis meis in Hauboldi Opusc. T. II, p. XCI, not. *, n. 3 prolata sunt. Contuli hunc codicem cum Beckii editione anno huius saeculi XXIII. 59) „*Qua in re* (in describendis novellis) *vir* (pater P. Pithoei) — *sibi tantum fortasse laborasset, ni post eius luctuosissimum obitum Ioannes et Nicolaus filii illi gemini, mihi consanguinei fratres — in magno librorum chartarúmque cumulo — has quasi è naufragio tabulas excepissent, et inter Gallicos istos tumultus et tam crebras convasationes diligentissimè adservassent. Nuper autem cùm de tuo Codice Theodosiano mentio incidisset, et à me harum Novellarum, — amissio bona fortuna deploraretur, dixerunt illi habere se carè repositas, atque etiam ultrò obtulerũt.*“ Vid. not. sq. et 62. 60) In Epist. cit.: „*Eas ego tãdem à fratribus acceptas — et avidissimè perlegi, et quae in eis vel antiqui scriptoris, vel amanuensis paterni negligentia aut imperitia errata erãt, religiose, ut par est, et quasi suspẽsa manu, emendavi.*“ Vid. not. 61. *) Vid. infr. not. 156 in f. verba notis suis a Pithoeo praemissa et Nov. Th. tit. X. cit. nov. 1, §. 4, not. *p*. 61) Epist. cit.: „*Ecce tibi Novellas ipsas quarum ob solum*

serat[62]), quod post annum MDXXVIII., quo SICHARDUS Breviarium edidit, et ante annum MDLXVI., quo Pithoei pater supremum diem iam obierat, factum sit necesse est*). Ubi nunc sit vetus ille codex, equidem ignoro. Eum in bibliotheca Trecensi asservari aliquando suspicabar; postea Heimbachius mihi nuntiavit, Iustiniani quidem Novellarum et Iuliani librum manuscriptum ibi esse, utrumque Pithoeanum, neque vero Theodosii et Valentiniani novellarum. Verum etsi ubi lateat ille codex, ignoratur, tamen non omnino incertum est, cuius aetatis et generis fuerit. Etenim fuisse eum decimi, si non superioris saeculi, ex orthographia et ex compendiis apographi cognoscitur; Breviarii autem codicem, ex novellis Theodosii et Valentiniani, quae in Breviario sunt et in indice Pithoeano reliquas antecedunt aut subsequuntur. Fuit igitur eiusdem generis, cuius sunt codices Fuldensis, Regius Parisiensis MMMMCCCCXII., Vaticanus Reg. Suec. MXXIII., Bodleianus, quibus Breviarium quidem continetur, sed novellae adauctae sunt aliis titulis. Quod si ita habet, codex etiam Parisiensis, quamquam solas novellas complectitur, eiusdem generis est. Sed Pithoeum, cum novellas ederet, non solum Parisiensi, verum etiam veteri codice usum esse, perspicitur ex iis, quae in Parisiensi correcta et in editione novellarum indici titulorum notisque criticis praeposita sunt[63]).

Fuldensis[64]) codex Breviarium Alarici misere quidem truncatum comprehendit, sed tamen propter novellas, quae adiectae sunt, memorabilis est. Tegumentum, super quod membranae inductae sunt, lamellis aurichalci munitum et catena ferrea vincitum est. Insuper in eo bibliopega impressit ter quaterve nomen Mariae et flores sive lilia. In tergo charta agglutinata est eique inscripta litera *D* et infra eam literis altioribus, quas gothicas vocant, addita sunt verba: *tituli legales.* Intus in priore tegumenti tabula post numeros 34. 9, quos codex in bibliotheca monasterii Weingartensis, unde Fuldam translatus est, videtur habuisse, antiqua manus annotavit *De iure et legibus* et in secunda membrana recentior manus *Codex Theodosianus a* et *Formulae Andegavenses b.* Praeterea inveni numeros *H.* 76 et *D.* 33. Hoc tempore codex insignitus est $\frac{\text{Nro. 31}}{\text{4. E. 24}}$*). Constat ex XXIII quaternionibus sive CLXXXVI membranis quadruplicatis, maximam partem rugosis, crassis, gilvis et ea magnitudine, quae non multum octavam maioris membranae partem excedit. Quaternionum ambitus definitur literis romanis, quas dolendum est hic et illic abscissas esse**). Lineae versuum XX aut XXI in quaque pagina graphio ductae sunt et binis lineis in perpendiculum directis ab utroque latere finitae. Succus, quo codex scriptus est, longa vetustate flavescit. Rubricae et primae titulorum literae minio pictae sunt et vicissim viridibus gilvisque

---

indicem, quem ex meo libro cum quibusdam aliis Imperatorum legibus acceperas, profusissime pro tua gratia me honorasti. Unde verò, inquies? Ex eodem ipso Copiae cornu ex quo et index prodierat, id est ex bibliotheca patris mei." Vid. not. sq. 62) Epist. cit.: „*Novellas — pater cùm per otium, quod vix ferè illi ullum fuit, ipse non posset, ab amanuensi suo ex veteri quodam exemplari describendas curaverat.*" Vid. not. 60. *) Ut comperirem, quo anno P. Pithoei pater decessisset, multos quidem consului libros, neque vero certior factus sum. Tamen ex Boivinii libro id mihi videor colligere posse, patrem anno circiter 1553, aut paullo post obiisse. Verba, quibus nitor, haec sunt: „*Humanioribus literis Lutetiae Parisiorum abunde instructus iuri civili operam dedit Avarici Biturigum. Ac patrem ferunt, cum filium eo mitteret, nunquam postea visurus, inprimis monuisse ut iurisprudentiam e fontibus puram hauriret — Tum eidem iuris Romani ab Haloandro editi, quae tunc probatissima erat editio, exemplar dedisse cum vetustis codicibus collatum et sua ipsius manu castigatum. Filium autem hoc subsidio adiutum — illud ipsum exemplar propriis notis illustrasse. Circiter illud tempus Pandectae Florentini in lucem prodierunt, editio longe optima, qua Pithoeus pater caruerat — Ea re filius felicior, quam pater; doctorem insuper nactus est Iacobum Cuiacium — Hunc Pithoeus Avarici primum audivit, deinde et Valentiae.*" 63) „*In exemplari ex quo ista descripsimus, erat hic Novella | rum ordo, quem licet omnino non probaremus, studio | sos tamen caelare noluimus*". Index ille continet titulos Novellarum Theodosii a Visigothis receptos, qui cum desint in codice Parisiensi, exscripti sint ex altero codice necesse est. Etiam verbis, quae notis praemisit: „*Exemplaris, quod unicum ferè habuimus*" se altero codice usum esse indicat. 64) Haubold, Opp. Acad. T. II, p. CXXVIII, n. 53. Pertz, Archiv T. VII, p. 801. Codicem aliquem Fuldensem commemorat Hoffmannus l. c. p. 483: „*Insignis antiquitatis codicem nuper Fuldae inter Bibliothecae celeberrimae reliquias ab illustrissimo DN. Christophoro Francisco L. B. Ab Hutten detectum fuisse, refert Vir de omni re litterariâ meritissimus Ioan. Frider. Schannat in Vindemiis literar. coll. l. p. 227.*" Male intellexit Hoffmannus verba Schannati. Non Fuldae, sed Wurceburgi Fr. ab Hutten illum codicem invenit, qui nunc Monacensis (11) est. Cf. G. Hufeland, Vorläufige Nachricht von den juristischen Schätzen der Wirzburger Universitätsbibliothek. Bamberg und Wirzburg 1805. 8. p. 4 sq. Quod ad nostrum codicem attinet, haec mihi benevole nuntiat humanissimus Wehnerus, bibliothecae praefectus et Fuldensis professor: „*Er (der Codex) gehört gegenwärtig der hiesigen Bibliothek, welche über dem Portal die Aufschrift hat: Bibliotheca Aulae et Conventus, weil im vorigen Jahrhundert der fürstbischöfliche Hof und das Benedictiner Convent ihre Büchersammlung zur Gründung der gegenwärtigen Bibliothek hergegeben haben; nach eingetretener Säcularisation und Aufhebung des Benedictinerconvents heisst sie Fuldaer Landesbibliothek. Im Jahre* 1805 *liess der Prinz von Oranien, damaliger Landesherr von Fulda, Weingarten u. s. w., die Weingartner Bibliothek, wozu auch dieser Codex gehörte, nach Fulda bringen.*" *) Numerus bibliothecae significat, librum inter codices octavae formae 31. esse, recondi in scrinio quarto ibique in serie E quartum et vicesimum locum tenere. Etiam Pertz l. c. formam codicis octavam esse dicit; id quidem verum est, si externa forma spectatur, sed falsum, si membranarum ratio habetur, quae quadruplicatae sunt. Idem numerat CLXXXIV folia; praeteriit enim duo folia, quorum alterum codici praefixum, alterum extremo codici adiectum est, illud autem in prima pagina aliqua scripta habet. **) Desunt literae F, M, T, U, Y, Z, quaternionnm igitur VII, XII, XIX, XX, XXII et XXIII. Mirum est, secundum, tertium et quartum quaternionem non solum in ultima verum etiam in prima pagina numeratum esse. Numeros in meum usum accurate annotavit Wehnerus, vir officiosissimus atque doctissimus. Contuli lineis exornatae [65]). Reliquae literae eam formam habent, quam minusculam appellant, sed nonnunquam mutantur longae et altius ad sinistram ductae cum pressis et minoribus, arcte inter se cohaerentes cum solutis, etiam uno loco quadratae cum minusculis [66]), quasi a diversis librariis, eiusdem vero aetatis, codex scriptus sit. Id quidem factum esse puto in meridionali Gallia saeculo IX [67]). Vetustum enim esse codicem apparet et ex compendiis scripturae, quae neque plura sunt neque alia quam in Ottoboniano codice, et ex verbis in fine versuum sine signo discerptis. Neque interpunctionum quidquam reperi, nisi signa; et ;· et puncta, quae sine certa ratione posita sunt. Ceterum codex pessime scriptus est, ab homine nec sermonis latini nec orthographiae gnaro. Quod ad partes codicis attinet, in folio primo et in prima secundi folii pagina nihil invenitur nisi quod supra attuli; reliqua folia inde ab aversa folii secundi pagina usque ad adversam folii XV. indicem titulorum continent et ita quidem ordinatum: 1) Codicis Theodosiani; 2) Paulli Sententiarum; 3) Novellarum Theodosii, ad quas accedunt L tituli Theodosii et Valentiniani et unus ex novellis Maioriani; 4) Novellarum Valentiniani; 5) Gaii in epitomen contracti; 6) Codicum Gregoriani atque Hermogeniani; 7) Papiniani, cui adiectus est titulus *II De Reorum Custodia* [68]); 8) Novellarum Martiani; 9) Novellarum Maioriani; 10) Primae novellae Severi; 11) Novellarum Divi Maximi [69]); Novellarum Anthemii, quae hac formula terminantur: *Explicit Ad Integrum | Scintilla De Libro | Legum.* Post indicem haec insunt in codice: interpretatio c. 18 C. Th. de Accusationibus (IX, 1) saeculo X. contortis literis scripta; in aversa folii XV. et in adversa folii XVI. pagina stemmata cognationum; ab aversa folii XVI. pagina usque ad quintum versum adversae folii CXXXIV. paginae Breviarium eodem ordine dispositum, quo singulas eius partes in indice enumeratas esse dixi; in fine eius formula: *Explicit Ad Integrum Scintilla De Libro Lege*; denique post fragmentum aliquod Isidori inde a folio CXXXVI. Formulae Andegavenses [70]). In qua enumeratione sunt, quae offendant; miro enim modo Paulli sententiae excipiunt Codicem Theodosianum, deinde novellae Theodosii augentur, porro Gaius, Codices Gregorianus atque Hermogenianus et Papinianus antecedunt novellas Martiani, tum commemoratur titulus secundus Papiniani, sub quo vero latere videtur altera Severi novella, porro mentio fit novellarum Maximi, denique novellae Anthemii extremo Breviario adiectae sunt. Tituli vero, qui Theodosianas novellas sequuntur, et iidem sunt, quos codex Pithoei habet, et eadem serie ordinati, nisi quod Anthemii novellae in extremum Breviarium reiectae sunt. Si quae codex habet, ea omnia recte et plene scripta essent, maximam utilitatem afferrent ad augendas corrigendasque novellas; sed insulse consarcinata et misere truncata sunt, ex quibus sine aliis libris sententia raro elici potest. Solis Codicis Theodosiani interpretationibus, etsi hae quoque maximam partem mutilae sunt, aliquam diligentiam librarius navavit; reliquas res male tractavit, pessime novellas et Gaii epitomen. Neque vero silentio praeterire possum, novellarum interpretationes, quatenus retentae sint, hic et illic convenire cum explanatione titulorum, quam in nonnullis Breviarii codicibus reperi, hoc igitur codice antiquiorem esse apparet.

Quartus codex, Regius Parisiensis MMMMCCCCXII. [71]), diversarum bibliothecarum nomina et numeros habet: Iac. Aug. Thuani, P. Pithoei [72]), Colbertinae 904 et Reg. Parisiensis 515$\frac{9}{3}$. Eius tres partes sunt: a) Fragmentum tractatus alicuius de Iudiciis Dei (fol. I—VII); b) Breviarium*) Alarici (fol. VIII — CXXVI); c) fragmentum Breviarii Alarici inde a Paulli titulo de Literis Dimissoriis (V, 34) [73]) usque ad titulum Codicis Gregoriani de Sc. Macedoniano (IV, 8), cui annexa est Lex Romana Burgundionum (fol. CXXVII — CXXXIV). Membranae omnes quadruplicatae sunt, sed ambitu aliquantulum inter se differunt; nam primam et ultimam partem bibliopega aliunde sumsit atque cum media uno tegumento coniunxit, quare et quaternionum numeris et scriptura inter se discrepant [74]). Etenim antiquissima pars est fragmentum de Iudiciis Dei; Breviarium Alarici

---

hunc codicem cum Beckii editione anno huius saeculi XXVIII. 65) Nonnulli Gaii tituli viridi colore picti sunt. Rubra s. tituli ex uncialibus literis constant; primae librorum literae maiores sunt et lapidariis similes, sed rudes. 66) Fol. 70 b, fol. 89—93 a, fol. 100 b. Uno loco (fol. 120 b — 122) literae non multum differunt ab iis, quibus antiquissima Galliae instrumenta publica et diplomata scripta sunt. 67) Pertz l. c. *VIII.* saeculo codicem tribuit. Literae molles cum duris saepe commutatae haud scio an terram indicent, ubi codex scriptus est, v. g. *nu b ciis, ru b tum, pe d atur, a d que, sa g ro, sa g ra d o, e g lesia, exe g rabiliter, va g antibus.* Memorabile est, v. *estat* pro *est*, *subsistit* adhiberi. V. *tursa* in tit. C. Th. de Vectigalibus (IV, 12) videtur esse error librarii pro *cursa.* 68) Vid. infr. Nov. II. Severi de Corporatis, not. sup. Etiam in cod. Reg. Par. MMMMCCCCXII. h. l. titulus de Custodia reor. commemoratur. Comparatis inter se codicibus apparet, hunc titulum in codice, ex quo Fuldensis descriptus est, nihil aliud comprehendisse, nisi interpretationem c. 18 C. Th. de Accus. (IX, 1), sed falso loco in indice positum esse, cum in Breviario ipso sequatur summa tituli II. Nov. Severi de Corporatis. In cod. Par. est post Papiniani fr. 69) Vid. infra p. 265 et 266 not. sup. et not. *a.* 70) Earum prima vv. haec sunt: *In Xpi Nomen | Incipiunt | Dictati | Hic Est Testa | mentum.* Pertz l. c. legit *In Christi Nomen — est iesta annum.* 71) Car. de Savigny l. c. T. II, p. 11, num. 3 et ibid. not. 29 (ed. I.); T. II, p. 12, num. C et ibid. not. *i* (ed. II.). Barkow l. c. p. XXIII. sqq. Haubold, n. 17 l. c. p. CVI. sq. Witte l. c. p. 3, not. 10. Contuli hunc codicem cum Beckii editione anno huius saeculi XXIII. 72) Fol. I a, VIII a, IX b, LXXIII b, CXXVI b, CXXVII a et in ultima pagina post clausulam Legi Romanae Burgundionum adiectam. Ad stemma, quod fol. 75 b exstat, a Pithoeo add. est: lib. VI. observ. c. 40. *) Commonitorium deest, sed antecedit index titulorum cum Explanatione. 73) Breviarii libri V. titulus XXXVI. 74) In tertio folio fragmenti de Iudiciis Dei est numerus p XXXVII. Breviarii sive mediae partis hos numeros inveni, sed nonnulli falsi sunt: fol. 23 *C. LI*, fol. 31 *D. III. q̄*, fol. 39 *E. q̄ V*, fol. 47 *F. q̄ VI*, fol. 55 *G. q̄ VII*, fol. 62 *H. q̄ VIII*, fol. 70 *I q̄ VIIII*, fol. 77 *I. X. q̄*, fol. 85 *L q̄ XI*, fol. 93 *m q̄ XII*, fol. 101 *q XIII*, fol. 109 *O XIIII q̄*, fol. 117 *P. q̄ XV.*

ultimis saeculi IX. lustris videtur scriptum esse, eo paullo recentiora sunt ultima octo folia. Iam quod ad Breviarium spectat, nonnulla folia periisse, ex quaternionum computatione perspicitur. Lineae graphio ductae sunt et XXIX quidem in quaque pagina. Literae minusculam quae dicitur formam habent; sed ut indicaret singulorum librorum initium, librarius maioribus usus est et multo cum ornatu pictis, omnium vero pulcherrime scripsit prima codicis verba: *Incipiunt Sententiae*, literis vicissim lapidariis et uncialibus [75]); praeterea ad titulorum rubra unciales literas adhibuit, primam autem eorum sive singularum constitutionum literam non solum variis coloribus plerumque distinxit, verum etiam animalium aliarumque figurarum mirabilibus figmentis. Etsi codex ex imperatorum legibus praeter subscriptiones et interpretationes nihil fere continet et Paulli quoque sententias multas omittit, tamen insignis est, quia plures res habet, quam Breviarium; titulum dico C. Th. de Officio vicarii (I, 15) et ultimam eius legem; numeros titulorum libri primi, qui in Codice Theodosiano titulum illum subsequuntur [76]); novem novellas Theodosii et Valentiniani [77]); novellas Maximi [78]); titulum tertium novellarum Maioriani; novellas Anthemii [79]) et stemmata graduum [80]) ad Paulli titulum de Gradibus. Cum codice igitur Fuldensi congruit titulis novellarum Maximi atque Anthemii, stemmatibus, et interpretatione c. 18 C. Th. de Accusationibus (IX, 1)*). In tertia codicis parte post titulum Codicis Gregoriani, quem dixi, tres membranae perierunt cum extrema Breviarii parte et sex primis Legis Romanae titulis prioribusque tituli septimi versibus. Lineae graphio ductae sunt, XXXI in singulis paginis; quaternionum numeros non recordor me vidisse, interpunctionum nonnunquam haec signa (.s.;). Literarum forma turpis est et mendorum magna copia. Nihilosecius hoc fragmentum magni facio, cum Legem Romanam Burgundionum contineat et c. un. C. Greg. Quod cum eo (III, 7), quam praeter hunc codicem solus Aurelianensis habet. Terminatur verbis *Explicit Feliciter, Explicit Liber Legum Novellarum Feliciter* [81]).

Quintus codex, Vaticano-Reg. Sueciae MXXIII. [82]), si integer esset, iisdem rebus excelleret, quibus Parisiensem excellere dixi; nam non solum novem illas novellas [83]) habet, stemmata graduum [84]), constitutionem de Officio vicarii una cum numeris sequentium titulorum, verum etiam Maximi et Anthemii novellas in indice titulorum commemorat [85]). Scriptus est saeculo X. literis minusculis in CXXXIII membranis quadruplicatis. Is qui scripsit, negligenter rem egit. Nam nonnullae novellae omissae sunt, reliquae mendis deformatae, quae ne secunda quidem manus omnia tollere potuit. In superiore aversae folii primi paginae margine recenti tempore aliquis annotavit *Numero* 115 *N. P.* 1656 et in infima pagina *Volumen CXV | non Petavianum* [86]) et ad dextram ab his verbis *Codicis Theodosiani | et Gregoriani tituli | cum Interpretationibus | Aniani.* Continet codex fol. I^{a}. *Ex Capitularibus Lib. V.* cap. CCCXLII, et inde a X. versu Definitiones iuris saeculo XIII. scriptas; fol. I^{b} — fol. XV^{a}. enumerationem librorum, novellarum potissimum et post eam [87]) indicem atque explanationem titulorum Breviarii; in aversa, sed omnino fere vacua folii XV. pagina definitionem divortii; fol. XVI^{a}. vers. I — XVII. fragmentum saeculi XI. de Controversiis agrorum [88]) et in posteriore eiusdem paginae parte fragmentum Isidori; fol. XVI^{b} — CXXXII., omisso Commonitorio, Breviarium Alarici usque ad c. 2 Cod. Greg. Si amissis vel debitori (IV, 2) [89]). Folii CXXXIII. lacinia tantum superest, in quo literis uncialibus haec scripta sunt: *Haec capitula propriae ad episcopos | vel ordines quosque ecclesiasticos per | tinentia, quae non solum hi observari | sed etiam sibi subiectis vel commissis faci | enda perdocere debent, | quia iuxta sanctorum patrum traditionem novimus.* Quasi cognatum esse hunc codicem Reg. Parisiensi MMMMCCCCXII., ex iis, quae supra

---

Post X. folium unum folium excidit cum parte indicis libri primi et secundi Cod. Th. Vid. etiam C. Th. I, 21, not. sup., tit. Nov. Theodosii XI, XIII — XVI, not. sup., tit. I. Nov. Severi, not. sup. 75) Cf. tit. Nov. Maximi, not. sup. 76) Vid. C. Th. I, 15 — 21, not. sup. Omisi dicere ad C. Th. lib. I. tit. 21, not. sup., numerum huius tituli esse in indice titulorum codici praemisso. 77) Fol. 55^{b} — 63^{b}. Quattuor Theodosii (tit. XII. de Repudiis, tit. XXIV. de Ambitu, tit. XXV. de Metatis, tit. XXVI. de Relevatis); quinque Valentiniani (tit. VIII. de Invasoribus, nov. 2, tit. XVI. de Episc. ord., tit. XXV. de Confirm. L. Nov. D. Theodosii, tit. XXVII. de Princip. ag. in reb., tit. XXXV. de Suariis). Omnes Theodosianis novellis illico adiectae sunt, ut videntur fuisse in codice, quo Cuiacius in Lugdun. ed. a. 1566 usus est. 78) Vid. infr. Nov. Maximi p. 265, not. sup., ex quo loco apparet, eas in indice tantum commemorari, ipsas non superesse. 79) In fine totius Breviarii fol. 124 — 126. 80) Fol. 72^{b} — 77^{a}. *) Vid. supr. not. 68. 81) Barkow l. c. p. 171 habet *legis liber Tehud et novellarum feliciter.* 82) Cf. Zirardinus l. c. p. 26, not. *G*, p. 417, not. *E*, p. 421 sqq. Amadutius l. c. p. XXXVIII, XLIV, 81, 112 sq. Haubold l. c. p. CXX. sq. Contuli hunc codicem anno h. s. XXIV. Novellas, quae ibi sunt, tribus lustris post *Theod. Heyse* me rogante descripsit mihique misit. 83) Fol. 55^{b} — 61^{b}. 84) Fol. 64 — 68^{a}. 85) Vid. not. 75. 86) Errore apud Hauboldum: „*olim Alex. Petavii* 115." 87) Vid. not. 75. 88) Ita incipit: *Lex De Alluvione Sūpta Ex Eplā Divi Iulii, | Quae Ad Originem Geometricae Artis Pertinet | De Alluvione Genera Controversiarum Ex Flumine. Hec | Sunt ne quid de agris occupatis agitur sed q̄d visa quae | abstulerit repetitionem non habebit que res necessitate | ripae muniende sunt sine alterius dap̄no quisquis il | le facito qui ripā suā muniet quod si fluminis torrens | aliquando tam violenter decurrerit ut alveum mutet suum multorum | agros trans ripā occupet sepe etiam insulas efficiet. Sed Cas | sius Longinus prudessimus iuris auctor et iudex hoc statuit | ut quicquid aqua lambiendo abstulerit possessor amittat | qm̄ scilicet ripā suā sine alterius damno tueri debet. Si vero mai | or vis decurrerit et in fines alterius alveū mutat suū et fi | et insula in q° cucurrerit unusquisque modum fluminis maioris | agnoscere debet et eā insulā ipse sibi vindicabit cuius terram | tempestative p̄occupavit qm̄ non possessoris negligentia sed | tempestatis violentia apparet arreptū.* Cf. Blume, *Frontinus de controversiis agrorum mit seinen Nachfolgern und Commentatoren. II. Abhandl.* (Rheinisches Museum für Iurisprudenz. VII. T. Göttingen 1835, p. 156 sq.). 89) Vid. meam editionem l. c. p. 28, not. *p*.

dixi, apparet; verum etiam cum eo convenit forma et ambitu constitutionum sive sententiarum Paulli, inferioris igitur ordinis est. Restat ut dicam, post stemmata illa fol. LXVIII b. interpretationes libri III. Codicis Theodosiani inde a c. VI. tit. de Sponsalibus (III, 5) usque ad c. IV. de Dotibus (III, 13) positas et ad suum locum his verbis revocatas esse: *c̄tra req̄ retro in eodem tertio Theodosii Libro*; supra enim fol. XXVIII. desunt.

De Seldeni sive Bodleiano codice clar. quidem Witte [90]) exposuit; neque vero inutile est breviter explicare, praesertim cum nonnulli docti, qui legissent praefationem meam Codicis Theodosiani, nuntiaverint, sibi non contigisse, ut Wittii librum compararent. Involucrum codicis membranis tectum est et signatum in tergo numeris 3362, *Seld. Arch. B.* 32, quorum ille Bodleianam hic Seldenianam bibliothecam significat [91]). Numero 32 subiunctus est numerus 16. Videtur is fuisse pristinus codicis in bibliotheca Seldeniana numerus, nam in charta inter involucrum et codicem ipsum interposita recentis temporis quidam homo annotavit: *Arch. Seld. B.* 16. Idem in primo codicis folio addidit graeca illa *περι παντος την ελευθεριαν*. Scriptus est codex exeunte saeculo XII. [92]), nitidis literis iisque minusculis in CCXXVII membranis duplicatis, rigidis et nonnunquam gilvis. Diversos fuisse eius librarios, prima specie facile quisque, qui eum videat, opinatur, cum in media parte literae pressae sint, pingues et directae, in postrema autem, quae Breviarium continet, minores, graciles, interdum vacillantes et minus nitidae. Id vero membranarum qualitati tribuendum est. Compendiorum magna copia est, orthographia ea, qua uti solebant illo tempore, cum scribebatur codex. Praeter punctum interpungendi signa raro deprehendi, sed lineolas, ubi verba in fine versuum discerpta sunt. Horum XLVIII in quaque pagina graphio ducti sunt, hoc modo, ut per duas columnas distribuantur et undique binis lineis ad perpendiculum directis aliisque binis trans membranam per aequum currentibus definiantur. Titulorum inscriptiones librarius nimio et literis uncialibus distinxit, primam autem post eas literam saepe usque ad sextum versum duxit et vicissim vario colore pinxit. Insunt in codice [93]): Fol. I — V. *Historia Daretis Frigii de excidio Troie cum prologo*; Fol. VI a. *Excerptum ex lib̄. Catonis de originibus*; Fol. VI b — X. *Excerptum ex Iustino de gestis Romanorum*; Fol. XI — LXXI. *Pauli Orosii ad beatum Augustinum contra Paganos libri VII*; Fol. LXXII — CXII a. *Pauli, Monachi Cassinensis et Eutropii de gestis Romanorum libri XV*; Fol. CXII b — CXXXII a. *Iordanis ep̄i Ravennatis natione gothi de gestis Romanorum ad Vigilium adbreviationis liber*; Fol. CXXXII b — CXXXVIII a. *Adbreviatio Willelmi de gestis sequentium imperatorum* [94]); Fol. CXXXVIII b — CCXXVII. b col. a *Breviarium Alarici* usque ad ultimum Paulli sententiarum titulum. Altera eiusdem paginae columna vacat. Iam quod ad Breviarium attinet, in Codice Theodosiano et in novellis legum aliquid raro desideratur [95]). *Kapitulorum* indices singulos libros, ut apud Sichardum, antecedunt. Interpretatio, quae *Explanatio* dicitur, saepe deest, sed additur loco eius: *Planum est, Explanatione non eget* s. *indiget*; omnis deest in XVI. libro Codicis Theodosiani et in novellis. In margine hic et illic inveniuntur glossae partim ex Isidoro partim aliunde haustae [96]); reliquos iuris locos postea aliquis adscripsit. Ut glossarum illarum nonnullae corrigendi caussa, multae vero ad illustrandam historiam legum adiectae sunt, ita Codici Theodosiano *Epistola* quaedam et novellarum cuique libro eius imperatoris, cuius novellas continet, vita brevis praemissa est [97]). Neque vero codex totum Breviarium complectitur [98]). Desunt

---

90) Seldeni Opera. London 1726. fol. T. I, p. 389, 829, 831, 865, 965, 969; T. II, p. III, 648, 739, 829, 1060 sq., 1068, 1471, 1554, 1830. Gothofredus ad c. 2 — 12 C. Th. de Iurisd. (II, 1), ad c. 1 C. Th. de Feriis (II, 8), al., a quo MS. Guilelmi Malmesburiensis vocatur. Catalogus libr. MSS. Angliae et Hiberniae. Oxoniae 1697. fol. T. I, p. I, p. 162. Zirardinus l. c. p. 6 not. Car. de Savigny T. II, p. 60, num. 5 et not. 58 (ed. I.); T. II, p. 61 sq. num. E, not. *h*, *i* (ed. II.). Haubold, Opp. Acad. T. II, p. CXXXV. sqq. CLII. sq. Car. Witte *de Guilelmi Malmesburiensis Codice Legis Romanae Wisigothorum Dissertatio. Vratislaviae* 1831. 8. 91) Fabricius, Biblioth. med. et inf. lat. s. v. *Guilelm. Malmesb.* praeter Bodleianum nominat codicem Seldenianum. Sed unum eundemque esse codicem, demonstrat Witte l. c. p. 11 sq. Excerpsit nonnulla ex *Abbreviatione*, de qua infra dicam, Ger. Langbain, quae asservantur Oxoniae in bibliotheca Collegii B. Mariae Magdalenae. 92) Falso dixeram in Diariis Lipsiensibus Literariis MDCCCXXVIII, num. 42, T. I, col. 332 saec. XIII. Hinc patet, non esse scriptum a Guil. Malmesburiensi, quod iam monueram in Diariis illis l. c. Cf. Haubold l. c. p. CXXXV. et Car. de Savigny l. c. ed. II. Dicitur Guilelmus de vita decessisse anno MCXLII. Witte l. c. p. 23 „eum, inquit, per eundem, *Guilelmo uti videtur* **σύγχρονον**, *amanuensem scriptum esse arbitror.*“ 93) Haubold l. c. p. CXXXV. Witte l. c. p. 13 sqq. 94) Witte l. c. p. 19 sq. 95) Veluti c. 26 C. Th. de Feriis (II, 8); c. 4 de Incestis nuptiis (III, 12). Vid. etiam novv. Maioriani tit. XI, not. sup. 96) Haubold l. c. p. CXXXVI. Witte l. c. p. 29. Infra nov. Valent. tit. VII, n. 1, not. *a* et tit. VIII, not. sup. 97) Epistola haec est: „*Nuncque quidquid de principibus Italiae et Romae potuimus invenire, curavimus non omittere. Congruum videtur leges Romanorum adponere: Non eas, quas Iustinianus fecit, esset enim hoc ingentis operis et laboris; sed eas, quas Theodosius minor, filius Arcadii, a temporibus Constantini usque ad suum, sub titulo uniuscuiusque imperatoris collegit. Ponantur ergo XVI. libri ab eo collecti, quarum sententiae plures explanantur, quaedam explanatione non egent. Divi Theodosii eiusdem novellarum liber I, Divi Valentiniani, filii Placidiae, liber I, Divi Martiani, orientalis imperatoris, liber I, Divi Anthemii et Leonis liber I, Divi Maiorani liber I, Divi Severi liber I. In quibus illud animadvertendum, quod quisque imperator suis legibus, quas promulgabat, nomen consortis apponebat: utpote Theodosius, imperator Constantinopolis, apposuit legibus suis nomen Valentiniani, quem imperatorem creaverat Romae. Sic et in ceteris. Sed quia quaedam sunt in legibus imperatorum obscura, ad plenum intellectum apposuimus libros Institutionum Gaii et Pauli Iurisconsultorum.*“ Cf. Selden ad Fletam VII, 2. Witte l. c. p. 21 sq. Theodosii novellis haec praemissa sunt: „*Hucusque et Theodosius minor nepos maioris Theodosii ex filio Archadio leges omnium imperatorum a Constantino usque ad suum tempus abbreviavit. Nunc eiusdem Novellas ponemus quas Valentiniano tertio eiusdem nominis imperatori*

enim praeter Commonitorium et primum Codicis Theodosiani librum Codices Gregorianus atque Hermogenianus una cum Papiniani fragmento. Quae utrum consilio omissa sint, an iam in exemplo Breviarii defuerint, ex quo Seldeni liber originem ducit, disceptari potest, quia plane singularis est totius libri habitus. Sed ea iam in exemplo illo defuisse censeo; nam si quidem ante oculos librario fuissent, ratio non apparet, cur omissa sint, et numeri librorum Codicis Theodosiani ita mutati, ut secundus liber primus fieret et ultimus XV.[99]); quid quod ultima columna, quam vacare dixi, postremam Breviarii partem in exemplo illo defuisse demonstrat. Verum tot sunt Breviarii libri manu scripti, ut haec iactura parvi facienda sit, praesertim cum codex multa habeat, quae non sint in Breviario[100]). Etenim ut mittam constitutiones hic et illic interiectas[101]), inprimis liber XVI. Codicis Theodosiani et novellarum libri multis constitutionibus aucti sunt. Leges, quae ad librum XVI. accesserunt, eaedem sunt, quas in codicibus S. Germani CCCLXVI. et Phillippsii MCCXLI. esse dixi[102]), sed alio ordine collocatae et cum interponerentur Sirmondi constitutiones, interdum novis rubricis distinctae[103]). Similiter novellae, quae accesserunt, quantitate et titulis omnino cum iis conveniunt[104]), quas Pithoeanus codex suppeditat, et ordine tantum ab eo discrepant, cum Theodosii et Valentiniani novellae digestae sint et inter imperatores[105]), a quibus datae videbantur, distributae, neque vero commixtae. Quae cum ita sint ab eo, qui hoc Breviarii exemplar composuit, duo diversi generis codices adhibitos esse arbitror, alterum Breviarii, a principio et in fine mutilum, sed instar Pithoeani multis novellis locupletatum, alterum iuris canonici *), S. Germani et Phillippsii codicibus similem, ex quo leges de rebus ecclesiae et religionis christianae augerentur emendarenturque. Magni pretii codicem esse, ex iis quae dixi cognoscitur, praesertim cum multi loci eius ope emendentur, alii expleantur[106]); verum etiam propter alia memorabilis est. Antecedit Codicem Theodosianum novella de Codicis Theodosiani auctoritate, quod praeter hunc in duobus tantum libris manu scriptis inveniri recordor; mutatus est ut novellarum, ita etiam constitutionum libri II. et XVI. Codicis Theodosiani ordo[107]); interdum rubricae, quas reliqui codices non habent, constitutionibus superscriptae sunt, aut quas habent, cum novis commutatae[108]); Gaii institutiones in duorum librorum breve compendium contractae sunt; nonnullae Maioriani novellae et complures sententiae Paulli mutilatae et quasi decurtatae[109]); contra vero multi loci magno iudicio et rara cum sermonis tum iuris romani peritia correcti *). Quis omnia illa fecerit, ignoro. Clericum aliquem fecisse, colligo ex labore, quem in librum XVI. Codicis Theodosiani impendit, GUILELMUM Malmesburiensem clarissimus Witte[110]) suspicatur. Eo quidem faciunt prima epistolae verba[111]): „*Nuncque quidquid de principibus Italiae et Romae potuimus invenire, curavimus non omittere. Congruum videtur leges Romanorum adponere.*“ Guilelmus igitur, si modo ea scripsit, a se leges *adpositas* esse dicit, at vero Breviarium cum aliis veteris iuris libris compositum et leges partim correctas et mutatas, partim auctas et alio ordine collocatas esse non dicit. Quis vero Guilelmum, si quidem ipse his rebus operam navasset, studii atque laboris sui nullam mentionem fecisse opinetur? Quare

---

misit. Quem et filium nominat, quia filius amitae suae erat. et eundem occiso Iohē tiranno imperatorem hesperie fecerat. et eidem filiam suam in matrimonium dederat. Cum quo XXV annis imperavit. cum autem iam XVIIIto regnasset XV cum patruo honorio. tribus eodem Iohanne tirannidem apud Ravennam post mortem Honorii tenente. Explicit argumentum“; Novellis Valentiniani: „*Tres Valentiniani fuerunt imperatores. Primus qui Ioviano successit. Secundus eiusdem filius minor, qui primo beatum Ambrosium cogente Iustina matre persecutus posteaque per Theodosium minorem multum eum veneratus exsors baptismatis in Gallia decessit. Super quo lamentatio eiusdem Ambrosii extat. Tertius fuit Valentinianus de quo ante leges Theodosii dixi, cuius nunc leges ponentur multae, quas cum Theodosio, paucae quas cum Marciano tulit, qui theod. Constantinopoli successerat. Habuit autem sedem Ravennae sicut Honorius avunculus suus de qua urbe aut de Roma semper leges emittebat. Sicut Theodosius a Constantinopoli. ubi habitavit*“; Novellis Martiani: „*Defuncto Theodosio minore apud Constantinopolim imperavit pro eo Marcianus VII. annis imperante Valentiniano in Hesperiarum partibus. itemque VII annis eo occiso. Illius ergo Marciani istae sunt leges*“; Novellis Maioriani: „*Defuncto Marciano Constantinopoli successit Leo. Eius nutu apud Ravennam creatur Maiorianus imperator cuius hae sunt leges*“; Novellis Severi: „*Maioriano occiso suscepit regnum Ravennae Severus cuius unam ponemus legem, qua quaedam ex Maioriani legibus abrogantur*“; Novellis Anthemii: „*Mortuo apud urbem Romam Severo Anthemius* (per) *mittente Leone occidatale suscepit imperium. Eius hae leges sunt.*“ 98) Vid. Hauboldum et Wittium ll. cc. 99) Cf. C. Theod. mea ed. p. 1475, not. *a*. Ultimam Codicis Theodosii legem haec sequuntur: *Explicit Liber XV. Theodosii Minoris de Confirmatione Legum Antiquarum.* Obiici potest, in epistola Codici Theodosiano praemissa commemorari XVI eius libros. At vero haec hausta sunt ex c. de Codicis Theod. Auctoritate, quae subsequitur. 100) Vid. quae ap. Hauboldum l. c. p. XCI. et CXXXVI. ex schedis meis proferuntur. Witte l. c. p. 27—30. 101) Vid. c. 1, 2 C. Th. de Dilationibus (II, 7), c. 1 de Incestis nuptiis (III, 12). 102) Cf. Dissertatio mea de Constitutionibus a Sirmondo editis p. 6, not. *s*; p. 7, not. *t*. 103) Cf. quae dixi in editione mea C. Th. ad tit. de Episcopis (XVI, 2), not. sup. et ad tit. de Haeret. (XVI, 5), not. sup. 104) Extrema N. 1 et prima N. 2 Th. pars tit. X. de Postulando, quae in Pithoei cod. deest, suppletur cod. 6. Sed Pithoei codicem mutilum esse, ad tit. cit. demonstravi, quare neque hic codices illi inter se differunt. 105) Vid. infr. tabulam IV. *) Similiter sensit Witte l. c. p. 28. 106) Vid. quae ap. Haubold. l. c. p. CLII. et CLIII. ex meis schedis allata sunt et Nov. Valent. tit. XXXIII. de Praediis pistor. et not. 104. Nov. Severi tit. I, not. *f*, Nov. Anthemii tit. I, not. *u*. 107) Vid. not. 100 et 103; editionem meam C. Th. lib. II, tit. 2, not. sup. Witte l. c. p. 24 sq. 108) Vid. Nov. de Theodosiani C. Auctoritate, not. *i*. 109) Witte l. c. p. 31 sq. Particula Legis Romanae Visigothorum a me ann. MDCCCXXXVIII edita, p. 17 et 19. *) Inprimis in lib. II. et XVI., etiam in novellis, ubi codex Seldeni cum Ottoboniano saepe convenit. Inter al. cf. Witte l. c. p. 26. 110) l. c. p. 26, 28. Contra p. 22 *Anianeum*, inquit, *opus non quidem a Malmesburiensi contractum imo passim ex genuinis fontibus suppletum — esse arbitror.* 111) Vid.

iam ante Guilelmum ab homine ignoto, clerico videtur, hunc legum codicem congestum [112]) et a Guilelmo *abbreviationi de gestis imperatorum adpositum* esse arbitror. Seldenum et Gothofredum hoc codice usos esse notum est [113]). Gothofredum autem non ipsum inspexisse codicem, sed diversas scripturas, quas Langbainius collegisset, a Seldeno accepisse, Witte suspicatur [114]). Postea liber iacuit intactus, usque dum anno huius saeculi XXI. a Wittio et sexennio post a me examinatus et cum editis libris collatus est.

Codicem Parisiensem MMMMCCCCVI. ex diversorum codicum fragmentis compositum esse Hauboldus ex literis meis exposuit [115]). Huc pertinent octo folia [116]) (LX—LXVII), quae quaternionem XIII. efficiunt et Maioriani imperatoris novellas, quas Cuiacius anno MDLXVI. edidit, comprehendunt a verbis *noluerit maritum et suam deserens* interpretationis tit. VII. (apud Cuiacium et in Breviario tit. I.) de Curialibus [117]) usque ad vv. *alendis et locuple* §. 6 tit. VI. (apud Cuiacium tit. VIII.) de Sanctimonialibus [118]). Ea etsi in ultima pagina P. Pithoei nomen habent, ex Reg. Paris. Supplem. Lat. DCCLXXIX. exempta esse, infra exponam. Agam igitur de hoc codice, cum quae de eo dicenda sunt, ad illa quoque octo folia pertineant. Olim fuit ecclesiae Bellovacensis; id docent verba primi folii: *Ce livre manuscrit apartient à la Bibliothèque du chapitre de la cathédrale de Beauvais*; postea transiit in bibliothecam *Gayi* Lugdunensis [119]), inde in Regiam Parisiensem, ubi nunc Supp. Lat. DCCLXXIX. est. Emptus est [120]) a praefectis huius bibliothecae ultimo anni MDCCCXXXIII. mense, cum libri Gayi, qui de vita decesserat, publice venderentur. Simulac mihi nuntiatum esset, codicem Parisios pervenisse, id maxime studui, ut scirem, qui codicis habitus esset, quae eius ab editis libris diversitas. Illud impetravi [121]) a Carolo Eduardo Zachariae, Heidelbergensi professore iuris celeberrimo, hoc a doctissimo Millero [122]), librorum manu scriptorum, qui in Regia bibliotheca Parisiensi asservantur, custode. Postea ipse examinavi novellas Maioriani anno huius saeculi XXXVII. *) Tegumentum codicis recens est et aureis ornamentis decoratum. In tergo eius haec sunt: *Liber Legum Alarici Regis M.* 5. *In Membranis*, quae quam bibliothecam significent nescio. Regia Bibliotheca indicatur in charta, quae a bibliopega codici praefixa et inscripta est R. B. No. 1704 } 1834. Constat codex ex CLXIV membranis quadruplicatis, sive XXI quaternionibus et quattuor foliis, deest enim XIII. quaternio. Lineae graphio ductae sunt XXV in quaque pagina. Inest Breviarium Alarici, idque integrum et ultimis saeculi IX. lustris in Gallia scriptum. Literae minusculae sunt; at rubra et formulas solennes, quibus libri terminantur, librarius uncialibus sive maioribus literis expressit, et rubra minio pinxit; postea alia manus glossas inter versus et in margine priorum potissimum foliorum adiecit. Ultima pagina vacat. De compendiis, orthographia, interpunctione nihil est quod addam; conveniunt enim cum iis codicibus, qui eodem tempore, eodem loco scripti sunt. Constitutionum et novellarum verba plerumque desunt, at in Paulli sententiis raro aliquid desideratur. Maioriani novellae auctae sunt. Commonitorium adest. Suus quemque librum capitum index antecedit, ut apud Sichardum. Titulis Codicis Gregoriani numeri librorum, ubi fuerunt, adiecti sunt. Post formulam: *Explicit Liber Iuredicus Ex Diversorum Sententiis Elucidatus Feliciter*, qua *Papiniani* fragmentum terminatur, recentior manus annotavit §. 1 tit. X. Collationis Mosaicarum et Romanarum Legum. Dixi supra, avulsum esse quaternionem illum, qui cum codice MMMMCCCCVI. compactus sit. Res ita se habet. Ille quaternio numero XIII. distinctus est, at vero XIII. quaternio desideratur in codice DCCLXXIX.; praeterea idem quaternio orditur a verbis interpretationis *noluerit maritum et suam deserens*, eodem igitur loco, quo in codicis illius quaternione XII. interpretationis verba *si civitatis suae curialem accipere* abrupta sunt; contra quaternionis XIV. eiusdem codicis prima verba *tendis filiis sollicita pietate* arcte cohaerent cum ultimis quaternionis XIII. verbis *alendis et locuple* [123]). Accedit scripturae, versuum in quaque pagina aequalitas; quid quod glossae, quas quaternio XIII. habet, literarum ductu cum glossis codicis DCCLXXIX. omnino concinunt. Cuiacium ex hoc codice Maioriani Novellas edidisse arbitror. Etenim se novellas Maioriani ab Ant. Loisello accepisse testatur *). Bellovacensis erat Loisellus, Bellovaci olim codex Gayi. Praeterea huius codicis cum prima editione admirabilis est convenientia scripturae **). Quis autem quaternionem XIII. a codice avulserit,

---

not. 97. 112) Vid. Diaria Lipsiensia literaria l. c. Falso ibi dixi, codicem Guilelmi Malm. fuisse. 113) Witte l. c. p. 33—36. 114) l. c. p. 37. Negligenter vero Langbainium rem egisse affirmat. 115) In *Promuls. I. Praetermissorum in primis ad Breviarium Alaricianum pertinentium e codicibus a Gustavo Haenelio, Professore Lipsiensi, novissime Collatis. Lipsiae* 1822. 4. p. 9—12 (Opusc. Acad. T. II, p. 906—913). Praefatio mea Codicis Theodosiani p. V. 116) Falso Hauboldus l. c. septem esse dicit. 117) Etiam in cod. est *tit. I.* Breviarii Alariciani. Vid. interpr. tit. cit., not. *p*. 118) Vid. tit. cit. §. 6, not. *c*. 119) *Catalogue du Cabinet de Feu M. Gay. Lyon et Paris*, 1833. 8. (vendit. est publice mens. Decembr. inde a II. eius die) p. 10, n. 86: „*Incipit Liber Legum Auctoritas Alarici Regis. In hoc corpore continentur leges sive species iuris de Theodosiano vel diversis libris edictae vel sicut praeceptum est explanari anno XXX regni Alarici ordinante viro inlustri Gotarico comite feliciter. In fol. forme carrée v. f. dent. Ms. sur Parchemin de la fin du VIII. siècle.*“ Praeterea vid. Pertz., Archiv., T. VIII, p. 309. 120) Emptus esse dicitur DCC—DCCC numis gallicis. 121) Ipsis Kal. Aug. 1834. 122) *Prid. Non. Mart.* 1835. *) Quo sumptibus Regiae Berolinensis Bibliothecae pretiosissimos illos libros iuris manuscriptos emi, qui in Catalogo Bibliothecae Rosniensis (Catalogue de la riche bibliothèque de Rosny. Paris [1837] 8.) numeros habent 2384—2387, 2391—2395. 123) Vid. not. 117 et 118. *) In Epistola ad Redingerum Codici Theodosiano anno MDLXVI. praemissa, cum quo novv. Maioriani tit. I—VI. primus edidit. **) Inter al. nov. Maior. tit. I,, not. *p*, *q*; tit. II. pr., not. *g*, *s*; §. 2, not. *r*, *x*, *a*, *c*, *g*; §. 3, not. *l*; §. 5, not. *p*; §. 6, not. *v*;

incertum est. Dicerem Loisellum eumque solum quaternionem, non totum codicem cum Cuiacio communicasse. Sed cum Cuiacius ultimam quoque partem novellae de Sanctimonialibus una cum reliquis ediderit, non dubito, quin Ant. Loisellus Bellovaco totum codicem Cuiacio transmiserit, Cuiacius ex eo novellas Maioriani ediderit [124]), hac vero occasione quaternio XIII. exciderit. Hunc P. Pithoeus, ad quem complures libri manu scripti ex bibliotheca Cuiacii pervenisse constat, acquisivit cumque aliis aliorum codicum fragmentis in unum volumen congessit. Id hoc tempore Reg. Parisiense MMMMCCCCVI. est.

Codex Kelleri, viri illustris, olim Meermani DC [124 a]), antea Claromontanus, constat ex XXXIV quaternionibus et tribus insuper foliis. Foliorum autem non ultra CCLXIX supersunt. Sex igitur desunt. Nam tres quaterniones, II, XVI, alius, cuius numerum non recordor, folia amiserunt, et singuli quidem bina; neque vero libri, qui insunt in codice, iacturam fecerunt. Membranae grassae et gilvae sunt; per singulas paginas librarius XXIV versus graphio duxit, eosque duabus lineis inclusit, quae ab utraque parte diriguntur, sed ambitum versuum non excedunt. Continet codex fol. I — CCVI ^{a}. Breviarium Alarici una cum Commonitorio; fol. CCVI ^{b}. Leges Salicas; fol. CCXXVI. Formulas a Sirmondo editas; fol. CCLI. Capitula Isidori de Legibus; fol. CCLVIII. Regulas ecclesiasticas SS. Apostolorum; fol. CCLX. Canones Concilii Nicaeni aliorumque conciliorum; fol. CCLXVII ^{b}. Epistolam Attici Epī Constantinopolitani; fol. CCLXIX ^{a}. in extrema pagina glossarii alicuius particulam. Omnia saeculo IX. in Gallia scripta sunt literis minusculis, nisi quod uncialibus et plerumque minio [125]) distinguuntur tituli, sigla *IMP*, *INT* et prima quaeque constitutionum, interpretationum et sententiarum Paulli litera. Compendia cum tempore et loco, quo codex scriptus est, concinunt, neque crebra sunt neque insolita. Idem dicendum est de orthographia. Interpunctionum duo signa inveni, punctum et alterum, quod semicolon appellare solemus, illud sine certa ratione, sed supra lineas adhibitum, hoc positum in fine legum, interpretationum et sententiarum. Verba hic et illic notis tironianis, quae dicuntur, expressa sunt et sine lineola discerpta in extremis versibus. Inscriptiones et subscriptiones librarius a reliquis legum verbis et minoribus literis et spatio interiecto distinxit, totumque codicem magna industria scripsit. Quod ad Breviarium attinet, id memorabile est, titulorum indices, qui singulos libros antecedunt, partim *Explanationibus* auctos esse. Cum absint Codices Gregorianus atque Hermogenianus una cum Papiniani fragmento, et Lex Salica Paullum subsequatur, codicem, ex quo hic descendit, mutilum fuisse arbitror. In Codice Theodosiano ab initio inscriptio et textus saepe desunt, paullo post totae leges praeter interpretationem [126]), in reliquis vero libris et in novellis *) solius textus verba; Paullus denique multas sententias habet, quae in aliis eiusdem generis codicibus desiderantur [127]). Magni vero habendus est codex propter sex illas novellas Maioriani, quas Visigothi reiecerunt et Cuiacius anno MDLXVI. primus edidit. Itaque eum accurate examinavi anno huius saeculi XXV., quo mihi Kellerus usum eius humanissime concessit. Postea a viro consultissimo impetravi, ut librum XVI. Codicis Theodosiani et novellas denuo per Escherum, doctissimum eius discipulum et Tullianae iurisprudentiae sagacissimum interpretem, in meam utilitatem conferri curaret.

Iam de ultimo codice, Berolinensem dico, exponendum est. Fortuito audivi anno MDCCCXXXI., Stenzelium professorem Vratislaviensem codicem Breviarii possidere ignotum. Petii igitur literis a viro clarissimo, ut si commodo eius fieri posset, codicem illum aut mecum communicaret aut mihi venderet mihique quae historiam eius illustrarent, scriberet. Respondit vir humanissimus prid. Id. Febr. sequentis anni, se codicem Breviarii ab Ernesto, bibliopola Vratislaviensi, qui eum ex clerici alicuius Vratislaviensis ante aliquot annos defuncti libris constituta auctione comparasset, emisse quidem, sed iam vendidisse Regiae Bibliothecae Berolinensi *). Quae simulac comperissem, adii beatum Wilckium, illustrem illius bibliothecae praefectum, ut mihi codicem commodaret. Anno superiore denuo eo indigebam. Neque frustra hac de caussa rogavi Pertzium, perillustrem Wilckii in administranda Regia Berolinensi Bibliotheca successorem. Domum mihi misit

---

tit. III, not. *f*, *l*; tit. IV. pr., not. *g*; tit. V. pr., not. *h*; §. 2, not. *u*, *a*, *d*, *g* etc.; tit. VI. pr., not. *p*, *b*; §. 1, not. *n*; §. 3, not. *y*, *a*; §. 5, not. *f*, *q*; §. 8, not. *p*; §. 10, not. *r*; §. 12, not. *r*, *t*, *v*. 124) Novellarum Maioriani Cuiacius primus edidit tit. I — VI. (ap. Cuiacium III — VIII.), quibus adiecit rubrum tituli de Adulteriis ex Pithoei indice. 124 a) In *Catalogo Bibliothecae Meerman.* T. IV, p. 103, n. 600 ita describitur: „*Theodosiani Constitutiones, quarum initio legitur: liber legum autoritas Alarici Regis; deinde: in hoc corpore continentur leges, sive species iuris de Theodosiano, vel diversis libris electae, vel sicut praeceptum est explanari anno XXI regnante Alarici ordinante vir inluster Gotharico comite feliciter explicit; et ad calcem habetur: haec lex interpretationem non eget. Theodosiani constitutionum explicit liber XVI. Novellae Imper. Theodosii, Valentiniani, Marciani, Maioriani et Severi. — Institutionum Gaii liber I. — Ex Iulii Pauli receptarum sententiarum corpore libri V — Lex Salica* (*lectiones plurimas diversas continens non contemnendas*) — *Formulae quae vulgo dicuntur Sirmondianae — Isidori iunioris de legibus fragmentum. Regulae ecclesiasticae S. S. Apostolorum prolatae per Clementem Romanae ecclesiae Pontificem, in L articulos distributae — XX canones Nicaeni Concilii, cum aliorum conciliorum canonibus. Exemplar epistolae formatae iuxta concilii Nicaeni decretum. In membr. saec. IX. fol.* 308. *cor. russ.* Haubold l. c. T. II, p. CXXVII. 125) Praeterea in Paullo saepe minio picta est formula *Intp. non eget.* Quinque illi primae paginae versus, qui continent vv. *In Xpi Nomine Incipit Lib. Legū Auctoritas Alarici Regis Utilitatis Populi Propitia*, vicissim atro colore et minio picti sunt, omnes vero literae maiores et lapidariae sunt. 126) Cf. inter al. liber secundus. *) Si cuius tituli duae novellae sunt, in secunda etiam subscriptio deest. 127) Falso Hauboldus l. c.: „*fere solas quidem interpretationes continet.*“ Leges atque sententiae, quibus formula *Interpretatione non eget* addita est, in omnibus fere Breviarii libris mss. integrae supersunt. *) Pertz, Archiv T. VIII, p. 836.

codicem. Tectus est corio russo et in tergo tegumenti notatus numero bibliothecae Berolinensis: *Breviarium* | *Alarici* | *MS. lat.* | *quart.* 150. | Quid complecteretur, iam saeculo XV. aliquis in membrana post tegumentum addita exposuit [128]; ibi etiam bibliothecae, in qua olim fuit, mentio fit verbis *Saōti Lubentii in del..t'ɔ* | *Treverorum dioces.* In aversa illius membranae pagina impressum est scutum Regiae Bibliothecae Berolinensis iterumque scriptum *Iste liber Sc̄i Lubentii est*; reliquae res, quas pagina illa continet, nullius momenti sunt [129]. Praeterea charta agglutinata est, in qua de codice cel. Biener nuper exposuit. Quod ad codicem ipsum attinet, in superiore margine primae paginae haec sunt annotata: ad sinistram: *Cat. Acc. Ms torum*, subiecto numero 237; in medio vero margine a vetere manu *Antiquissīē leges* et ad dextram horum verborum recentissimo tempore *ms. lat. quart.* 150, scilicet Regiae Bibliothecae Berolinensis. Infra ea aliquis, saeculo XVI. videtur, addidit: *Antiquissime Leges Theudosiani et Valentīni iunctis*) addi cionibus* | *romanorum doctorum.* Denique praemissa formula *In Xpi Nomine* | *Incp̄t Liber* | *Legum auctori* | *Tas Alarici Regis*, quae literis maioribus et vicissim minio et atramento picta est, incipit Commonitorium, Breviarium igitur Alarici, quod totum codicem, ultima membrana excepta, implet. Constat is ex CLXXXVII [130] membranis quadruplicatis, iisque maximam partem crassis et rigidis. Quaternionum numeri plerique perierunt [131]. Praeterea undecim membranae ablatae sunt [132], neque vero Breviarium ipsum iacturam aliquam fecit. Scriptus est codex saeculo X. in Gallia, eodem ductu literarum, eodem nitore atque Kelleri codex [133], quocum et aliis rebus convenit: compendiis et mendis scripturae, orthographia, interpunctionibus, indice titulorum eorumque explanatione, notis tironianis, forma legum et novellarum, sententiis denique Paulli, quare quae de illo dixi, hunc quoque spectant; quid quod duarum fere paginarum spatio post Martiani leges relicto, easdem Maioriani novellas habet, quibus ille insignis est *). Paucis tantum rebus ab eo discrepat. Paullum enim sequitur Codex Gregorianus, sed desunt multae sententiae legum. In aversae folii penultimi paginae margine Codicis Hermogeniani interpretatio addita est [134] una cum Papiniani fragmento in brevem summam contracto; praeterea constitutionibus priorum Codicis Theodosiani librorum breves quaedam summae adiectae sunt, menda denique ut tolleret, diligens quidam homo hic et illic operam dedit. Ultimam membranam explet particula alicuius instrumenti, quod pervetustum est et memorabile propter nomina, quae adscripta sunt [135]. Reliqua recenti tempore ibi addita sunt, nec digna videntur, quae enarrentur.

Expositis codicibus, de editionibus dicendum est. Et Petrus Aegidius quidem anno MDXVII. novellas, quas Visigothi selegerant, primus eodem modo edidit [136], quo Codicem Theodosianum divulgaverat, in breve

---

128) „*Incipit liber legū et auctas alarici regis* | *leges Theodosiani Lib. XVI* | *Liber novellarum Divi Theudosii* | *Valentiniani, marciani, maioriani, Severi* | *Gay pauli señiarum V.* | “

129) V. g. conversis literis *In X. nīē inc. lib. legū auctas alarici regis Lib̄. hic.* Lusorii quoque versus ibi exstant: *Nisallor tres habuit elia dentes* | *Abstuli una tussis duos et una duos* | *Terna tussis non habet quid tollere possit* | *Iam potest omnes secura tussire diebus.* Calami experiendi caussa nonnulla verba videntur scripta esse, v. g. *Ā*, subditis literis *RV̄*, *sapara*, *tafa*, *degat*, *et lentis edulio.*

*) Nescio utrum sic an *Valenī cum multis* scriptum sit.

130) In codice numerantur CLXXXX membranae, errore; transiit enim is, qui eas numeravit, a numero CIII. ad CVI., omissis duobus numeris CIV et CV; praeterea deducenda est ultima membrana, quae non pertinet ad Breviarium ipsum, sed postea adiecta est. Numeri a sec. man. scripti sunt.

131) Eos inveni: fol. 62 *VIII*, fol. 70 *VIIII*, fol. 78 *Q̄.X*, fol. 86 *XI*, fol. 100 *XIII*, fol. 116 *XV*, fol. 132 *XVII*, fol. 160 *XXI*, fol. 167 *XXII*, fol. 175 *XXIII.*

132) Ante fol. 62 duae membranae exciderint necesse est; itidem duae post fol. 86; denique quattuor post fol. 132, una quaternionis *XXII.*

133) Quaterniones X — XIII. alium librarium produnt, nam literae minores sunt et festinanter scriptae; nihilosecius nitore non carent. In postremis quoque foliis 188 (186) et 189 (187) minutis literis scriptum est. Similiter in aliis locis aliud scripturae genus est.

*) Post fol. 100 (98) — fol. 113 (111).

134) Memorabile est, scriptum esse: *Incipiunt capitula libri I. ermogeniani.*

135) *Rih....*(?)| ... *Erisfrid.* | *bert. Giselbret.* | *ric. Regenhere* | *bere. Eberhart.* | *olt. Wolfhart.* | *t. Embrico.* | *Giselbret.* || in altera columna || *Richuuin. Poppo.* | *Werenvic. Ruozelin.* | *Heinrich.* | *Aensfrit. Here* | *man. Friderich.* | *Udelbret.* | *Guntram.* | (In proximis duobus versibus nomina erasa sunt.) *Ruodolf.* | *Regenbolt.* | | *Eberhart* || in tertia columna || *Ad titulū* | *Regenbr ...* | *Ad titulū* | *Norhtbret* | *Aedelger* | *Ad titulū sc.* | versus erasus est, paullo infra *Presbr̄i ordi* | *Ebdom* | *Bezelin. Ebc* | *Lubentii. Here* | A latere tertiae et primae columnae versus truncatos esse patet. Infima membranae pars videtur deesse.

136) Post Codicem Theodosianum fol. XXI [a]. med. usque ad med. fol. XXVI [a]. libri, quem in Praefatione Codicis Theodosiani pag. XI, not. 61 nominavi. Quod primam Codicis Theodosiani editionem Aegidio deberi dixi, vituperavit Hugo (*Göttingische gelehrte Anzeigen.* 62. Stück. den 18. April 1842. p. 619 flg.). Diversos esse, ait, libros Aegidii et Sichardi; illo epitomen compendii, in quod Codex Theodosianus a Visigothis contractus est, contineri, hoc compendium ipsum. At vero Codicem Theodosianum utroque libro contineri, negari nequit; quae sit forma eius non refert. Id quidem constat, ex Aegidii libro primum innotuisse ambitum Codicis, quatenus a Visigothis servatus sit, sententias constitutionum, numerum librorum. Quid quod Aegidius hic et illic plura habet quam Sichardus. Idem videtur sentire Kämmerer, qui dissertationi suae ita inscripserit: *Beschreibung der ältesten Ausgabe der Alaricischen Gesetzsammlung.* Cum de Hugone mentio inciderit, facere non possum, ut reliqua, quae in Codicis Theodosiani editione vituperarit vir perillustris, non defendam. Verum quidem est, singulos versus, qui in fronte ed. Aegidianae essent, lineolis me non divisisse. Sed in caussa est apographum meum exempli Basileensis, quod a Kämmereri editione differt. Ne quid falsi igitur ponerem, rem levem et ne commemoratione quidem dignam omisi. Ubi ad Tilianam editionem paginam 240 et 230 Historiae Literariae Hugonis nominavi, illum numerum falsum esse dicit; verum illo loco haec scripsit: „*wie der Titel sagt, der fast eben so ungeschickt ist, wie der von Dutillets Theodosianus Codex.*“ Denique mihi opprobrio facit, quod non dixerim, deesse in fronte nonnullorum secundae Cuiacianae editionis exemplorum verba *curante Cuiacio* et obducta esse in aliis papyro verba in margine p. 73 adscripta. Quaeso

igitur compendium omissis inscriptionibus et subscriptionibus contractas. Nihilosecius auctae sunt. Etenim novellas Maioriani eiusdem imperatoris sex illi tituli novellarum una cum summa tit. VI. de Sanctimonialibus subsequuntur, quos in codicibus 7—10 asservari dixi [137]). Quo codice usus sit Aegidius, incertum est, cum omnes codices, in quibus compendium illud reperi, iisdem novellis locupletati sint. Neque Ioannes Sichardus, qui anno MDXXVIII. novellas una cum Codice Theodosiano fol. LXXXV—CXX. divulgavit [138]), consilium, quod in edendo Codice ceperat, ullo modo mutavit. Novellas igitur integras earumque interpretationes edidit, praetermisit autem titulos Maioriani, quos apud Aegidium esse dixi. Similiter novellam de Theodosiani Codicis Auctoritate, quam Codici Theodosiano praefixerat, omisit, quare tituli novellarum Theodosii uno numero differunt ab eo, qui in Breviarii Alariciani codicibus esse solet. Contra interpretationi novellae Valentiniani de Homicidio Casu Facto titulum Legis Romanae Burgundionum *de Homicidio Voluntario*, quasi altera interpretatio esset, adiecit, codicem secutus, quem adhibuit. Lacunas stellulis non solum diligenter indicavit, verum etiam in margine saepe explevit. Eodem loco, quae emendaret, proposuit, aut breves glossas exhibuit [139]) et nonnunquam iuris locos nominavit [140]). Codices, quibus usus sit, enumeravi in Praefatione Codicis Theodosiani [141]); Moguntinensis potissimum sive Morpacensis apographum, quod Basileensi libro manu scripto continetur, eum adhibuisse, cum ex lacunis perspicitur, quae eaedem apud Sichardum sunt, atque in Basileensi libro [142]), tum ex titulo illo Legis Romanae Burgundionum, qui, ut a Sichardo editus est, in solo Basileensi codice superest [143]). Praeterea ex Argentinensi nunc Bernensi codice nonnulla hausit, quae in reliquis codicibus non reperiuntur [144]); ubi scriptura nullo codice confirmatur, Morpacensi videtur usus esse [145]).

Proxima editio pag. DXXVI—DXCVI. voluminis eius complet, in quod Iacobus Cuiacius a. p. C. n. MDLXVI. fontes iuris anteiustinianei, quatenus tunc noti erant, congessit [146]). Composuit eam ex novellis, quas Sichardus divulgaverat, et ipse aut in codicibus invenerat, aut a P. Pithoeo et Loisello acceperat [147]). Locupletatas esse novellas apparet; accesserunt enim ad novellas Theodosii sex novae totidem titulorum, XII—XVII., ad Valentiniani novellas tres tituli sive novellae, XIII—XV. [148]), sex, quarum tituli iam per Petrum Aegidium innotuerant, ad Maioriani novellas, una Severi; praeterea Theodosii, Valentiniani et Severi novellas index sequitur eorum titulorum, quorum novellae a Cuiacio *desiderabantur*, et Theodosii quidem sedecim, Valentiniani quattuordecim, Maioriani una, Anthemii denique tres. Commiscuit igitur Cuiacius Breviarii novellas cum aliis. Interpretationem retinuit et plerasque scripturas Sichardi, nisi quod interdum lacunas explevit, menda sustulit, aut in margine foliorum coniecturis et codicum ope emendare studuit. Novellas, quas primus edidit, raro in margine correxit; constitutionem de Theodosiani Codicis Auctoritate ad novellas Theodosii revocavit, iisque praeposuit. In Breviarii igitur novellas aliquam curam impendit, nullam fere in reliquas, immo nonnullas menda et lacunae, quae asteriscis descriptae sunt, deformant. Videtur enim novem illas et Severi novellam ex

---

vir illustris legat praefationis meae pag. XIV, not. 83. 137) Eum, qui compendium ab Aegidio divulgatum conscripserit, non uno, sed pluribus codicibus usum esse, apparet ex clausula novellis Maioriani adiecta. Cf. Nov. Maioriani tit. VI. de Sanctimon. in f., not. *y*. 138) Vid. Praefationem Codicis Theodosiani p. XI, not. 62. Novellae a Sichardo hoc ordine editae sunt: *Theodosii* fol. 85—94 [a]; *Valentiniani* fol. 94 [b]—109; *Martiani* fol. 110—115 [a]; *Maioriani* fol. 115 [b]—119; *Severi* fol. 120. Index titulorum singulis libris praemissus est. Hic et illic falsi sunt numeri foliorum et paginarum, ex quattuor enim foliis, quae 104 sequuntur, octo paginae (105—112) factae sunt et ex duobus, quae 116 sequuntur, quattuor paginae (117—120), quibus reductis ad folia, sex numeri a numero 120 deducendi sunt. Praeterea positi sunt numeri 104 et 105, ubi 114 et 115 ponendi erant, et 103 pro 102 et 57 pro 87. 139) Inter alia vid. tit. III. Nov. Th. de Iudaeis, tit. XVI. Nov. Th. de Testamentis, tit. XXII. Nov. Th. de Bonis decur. nov. 1. 140) Vid. int. al. interpr. tit. XIV. Nov. Th. de Paternis. 141) Pag. XXVI. Ibi simul caussam indicavi, cur lateat Aegidii codex. 142) Cf. inter al. Nov. Th. tit. XIII. Contra sententias, not. *s*; tit. XVI. de Testamentis §. 1, not. *x*; tit. XXII. de Bonis dec. nov. 2, §. 2, not. *e*, §. 8, not. *l*. 143) Cf. not. ult. ad interpret. tit. XIX. Nov. Valent. de Homicidiis. Principium tituli deest; reliqua valde differunt. Sunt etiam scripturae, quas codex Basileensis (23) et Sichardus soli communes habent, veluti Nov. Th. tit. XXII. cit. nov. 2, §. 16, not. *r*. Ceterum tit. de Homicidiis est etiam in codd. Paris. 4413 et 4414 et in Montispes. 136. Sed in his concinit cum L. R. Burg. et scriptura tantum ab ea discrepat. 144) Nov. Valent. tit. XXVI. de Praescr. XXX ann., princ. not. *b*. 145) V. g. in subscriptione Nov. Th. tit. II. de Confirm. Leg. Novv. Th. Cf. praeterea Nov. Maioriani tit. VII. §. 16, not. *f*. 146) Cf. Praefatio Codicis Theodosiani p. XIII, not. 76. Hugo, *Index Editionum Fontium Corporis Iuris Civilis* l. c. p. 148 sq. Comprehendunt Novellae Theodosii pag. 526—549; Valentiniani pag. 550—573; Martiani pag. 574—580; Maioriani pag. 581—594 med.; Severi pag. 594 med. et 595; index titulorum Anthemii quattuor versus pag. 596. 147) Ipse in epistola ad Redingerum volumini praemissa haec scribit: „*adiunctis veluti comitibus* (sc. Codicis Theodosiani) *eiusdem Theodosii Novellis et Valentiniani, Martiani, Maioriani, Severi — Novellarum, quae desunt notitiam, contulit ultrò Petrus Pitheus — Novellas Maioriani, Antonio Loisello debemus doctissimo et suavissimo viro, et summi erga me officii summaeque humanitatis.*“ Cf. supra not. 61. 148) Adiecit enim Novellis Theodosii Nov. Th. tit. XII. de Repudiis (ap. Cui. tit. XII.); Nov. Val. tit. VIII. de Invasoribus nov. 2 (ap. Cui. tit. XIII.); Nov. Val. tit. XVI. de Episc. ord. (ap. Cui. tit. XIV.); Nov. Th. tit. XXIV. de Ambitu (ap. Cui. tit. XV.); Nov. Th. tit. XXV. de Metatis (ap. Cui. tit. XVI.); Nov. Th. tit. XXVI. de Relevatis (ap. Cui. tit. XVII.); Novellis Valentiniani adiecit Nov. Val. tit. XXV. de Confirm. L. Nov. D. Theodosii A. (ap. Cui. tit. XIII.); Nov. Val. tit. XXVII. de Princip. ag. in reb. (ap. Cui. tit. XIV.); Nov. Val. tit. XXXV. de Suariis (ap. Cui. tit. XV.). Fateor me non satis intelligere Hugonis vv. l. c. p. 148 sq.: „*Novellas Theodosii habet XVII, Valentiniani XV, tres enim ultimae, quas et in editione anni* 1586 *et in Ritteriana frustra quaesiveris eaedem sunt quas hae editiones Theodosio ut* 35, 37, *et* 39 *tribuunt.*“

membranis male scriptis et partim laceratis petiisse Quod Valentiniani novellas inter Theodosianas recepit[149]), id negligenter fecit, at quod in indice titulorum Theodosii posuit titulos novellarum Valentiniani[150]) et in indice titulorum Valentiniani titulos novellarum Theodosii[151]), id errore, non culpa commisit, cum indicem quidem titulorum a Pithoeo accepisset, Novellas eorum non item. Quibus codicibus usus sit ad augendas emendandasque novellas, non dixit in epistola ad Redingerum*). Quare ignoratur etiam, ex quo codice novem illas Theodosii et Valentiniani novellas prompserit. Diversus enim fuit a codicibus Parisiensi MMMMCCCCXII. et Vaticano MXXIII., non quod novellae, quas dixi, apud Cuiacium inter Theodosium et Valentinianum divisae sunt, sed quia lacunas et diversas scripturas habent, quae a codicibus istis absunt; contra Cuiacius ne in indice quidem novellas Maximi nominat, quas hi commemorant. Num in eodem codice invenerit novellam Severi de Corporatis et numeros illos quinque librorum, quos exhibet, aut ex eo in Breviarii novellis nonnullas memorabiles scripturas hauserit[152]), incertum est, cum codex ille lateat, nec alium viderim, in quo harum rerum aliquid esset. Novellas Maioriani ex Reg. Parisiensi codice Suppl. Lat. DCCLXXIX sumptas esse, demonstravi[153]). Quod ad indices *titulorum et novellarum, quae desiderantur*, attinet, Cuiacius quidem P. Pithoeum harum novellarum *notitiam ultro contulisse* fatetur, tamen quia tituli novellarum Theodosii et Valentiniani, ut in Seldeniano codice[154]), inter hos imperatores distributi sunt, olim inductus sum, ut Pithoeum ex alio codice, quam ex eo, cuius apographum Reg. Parisiensis MMMMCCCCXX. est, indices illos descripsisse opinarer. Postea perspexi, ultimum novellarum Theodosii titulum in indice codicis Parisiensis XXXIII. esse, primum autem novellarum Valentiniani XXXIV. Modo igitur inter se coniungerentur tituli Theodosii et Valentiniani, quos Cuiacius discerpserit, utriusque indicis et Cuiaciani et Parisiensis ordinem inter se convenire, nisi quod Cuiacius ab indice suo novem illos titulos excluserit, quos tunc primus edidit[155]). Etenim titulo XXXIV. in codice Parisiensi addita sunt verba *D. Valentiniani.* Eadem in vetere quoque exemplari exstitisse, quo usus sit Pithoeus, cum indicem in Cuiacii usum transscriberet, demonstrat codex Fuldensis, ubi eodem loco sunt. Moverunt autem Cuiacium, ut a titulo XXXIV. novellas Valentiniani inchoari putaret, indicem igitur titulorum in duas partes divideret, eosque, qui titulum XXXIV. antecederent, Theodosio tribueret, reliquos Valentiniano. Verum ex vetere illo codice, non ex Parisiensi eius apopapho Cuiacium indicem titulorum a Pithoeo accepisse, cognoscitur ex nonnullis locis, ubi Cuiacii index cum Parisiensi discrepat*).

Novellas, quas Cuiacius desiderari eo loco dixerat, ubi indices earum exhibuerat, Petrus Pithoeus anno MDLXXI. primus divulgavit[156]). Et quamquam ordinem, quo in codice dispositae erant, omnino non sibi probari fassus est[157]), tamen eum retinuit, neque, quae Theodosii novellae essent, quae Valentiniani, discrevit, neve aliter quam promiscue in superiore margine paginarum inscripsit *Theod. Et Valent.* | *Nov. Constitutiones.* Sed cum nihil edere vellet nisi incognitas leges, quicquid iam ex Breviario innotuerat, aut integrum a Cuiacio

---

149) Novellam de Invasoribus et de Episcoporum ordinatione. 150) Huc pertinent tit. de Reddito iure armorum, Neque divinam domum, de Pecunia Afris credita, de Tributis fiscalibus, de Pretio solidi, de Corporatis, de Negotiatoribus. 151) V. g. Ne Duciani, de Competitionibus. Praeterea errore, amanuensis fortasse, qui indicem mandato Pithoei descripsit, titulus de Honoratis bis commemoratur. *) Inde ab hoc tempore novellarum libri numerati sunt. 152) Vid. inter al. subscriptionem Nov. Th. tit. II. de Confirm. L. Novell. Theodosii, not. *h*; Nov. Th. tit. IX. Ne curialis, not. *e*; Nov.Valent., tit. I. de Indulg. reliq. nov. 3, subscript. not. *m*; Nov. Valent. tit. XXXIV. de Episc. iud., not. *b*; Nov. Mart. tit. I. Neminem extr. §. 5, not. g. 153) Supr. p. XIV. sq. 154) Ibi vero novellae Theodosii et Valentiniani alio ordine dispositae sunt. 155) Vid. supra not. 61. Videntur ei iam ante ann. 1562 innotuisse, cum in Comm. ad tres postremos Cod. Iust. libros tit. Nov. Th. de Ambitu et de Metatis commemoret. Eodem loco Nov. Th. de Patrimonialibus et de Bonis Fabricensium nominat, quare ei titulorum indicem a Pithoeo ante annum 1562 missum esse puto. Vid. novellas citt., not. sup. et Praef. Cod. Th. p. XIII, not. 77 et pag. XXVIII. *) V. g. *pentepolitanis*, duplex titulus de *Honoratis*. Videntur obstare verba praefationis; „*indicem quem ex meo libro acceperas.*“ Sed possessum esse codicem a Pithoeo, supra probavi. 156) Hoffmann Hist. iur. T. I, 485. Hugo l. c. p. 153 sq. et pag. 152 In fronte libri haec sunt: *Imperatorum* | *Theodosii* | *Valentiniani* | *Maioriani* | *Anthemii* | *Novellae Constitutiones XLII.* | *Nunc primum in lucem editae.* | (Sequitur scutum typothetae.) *Lutetiae.* | *Ex officina Roberti Stephani, in vico Bellouaco* | *è regione Scholae Decretorum.* | M. D. LXXI. | *Cum Privilegio Regis.* | Forma libri quarta est. Constat ex quattuor foliis, quae non numerantur, et ex 47 foliis, quae numeros habent. Ea subsequuntur tres paginae sine numeris. Illorum primum explet frons libri, secundum epistola Petri Pithoei (*Petrus Pithoeus Iacobo* | *Cuiacio I. C. S.* | *— Lu* | *tet. Parisior. Kal. Aug. CIϽIϽLXXI.*), tertium et quartum index novellarum, cui, quemadmodum iam supra, not. 63, diximus inscriptum, ita vero subscriptum est: „*Quae nunc primùm eduntur Novellae,* | *stellula notatae sunt.*“ | Iam in 47 illis foliis sequuntur novellae a Pithoeo primum editae. Accedunt inde a media folii 47 adversa pagina Pithoei notae maximam partem criticae, quae reliquas paginas explent. Illis haec verba Pith. praefixit: „*Lectori. Exemplaris quod unicum ferè habuimus, scripturam summa fide ex* | *pressimus. Coniecturis nec in ora quidem libri locum dedimus, ne foeli* | *cioribus fortasse officerent. Quasdam tamen hîc addere visum est, quibus no* | *stra saltem religio probaretur, quam vereor ne superstitionem plerique interpre* | *tentur.*“ Terminantur notae verbis: „*Haec ego cursim inter relegendum adnotabam Lut. Parisior. XVIII Cal.* | *Aug. CIϽIϽLXXI.*“ Recte Hugo l.c. dicit, hanc editionem a nonnullis, inter quos Ritterus sit, male tribui anno 1566 (cf. etiam Hugo l. c. p. 152) et falso scribi ab Hoffmanno: „*Prodiit idem Novellarum corpus apud Henr. Stephanum Paris.* 1571. *et rursus ex editione P. Pithoei Paris.* 1609. 4. *qui XLII constitutiones ineditas imprimi curavit.*“ Signaturae adsunt. Ceterum index ex quattuor partibus constat. Prima ex XLIX titulis Novellarum Theodosii et Valentiniani, quorum undecim, qui primi sunt, ad Theodosii novellas in Breviarium receptas pertinent; secunda ex titulo Maioriani de Adulteriis; tertia ex tribus Anthemii, ultima ex undecim Valentiniani titulis in

divulgatum erat, novellas dico *de Repudiis, de Episcoporum ordinatione, de Confirmatione Legum Novellarum D. Theodosii A.* omisit[158]), quo factum est, ut numeri editorum titulorum ab iis, qui in indice sunt, inde a XVII. differant. Reliquas sex a Cuiacio editas novellas, quia mutilae sunt, retinuit[159]). Etsi igitur in fronte libri XLII novellas se edidisse scripsit, tamen multo plures edidit, XLIX, sed si deducuntur sex, quas supplevit, XLIII novas*), qui numerus in fronte libri pro XLII reponendus est. Codicibus usus est duobus, Regio Parisiensi MMMMCCCCXX. et vetere, ex quo Parisiensis descriptus est. Ex vetere illo Pithoeum indicem titulorum petiisse, quem editioni praefixit, ex primis indicis titulis apparet, qui desunt in Parisiensi codice[160]); nihil enim continent, nisi Theodosianas novellas Breviarii. Ex eodem codice, quem *veterem* appellat, in notis diversas aliquot scripturas protulit et falsas correxit[161]). Parisiensem vero adhibuit ad novellas ipsas edendas. Eum summa fide expressum esse affirmat[162]) et recte quidem affirmat. Etenim raro ab eo aberravit[163]), et si qui numeri titulorum falsi sunt, typographi, non Pithoei culpa falsi sunt[164]). Potius tanta fide rem egit, ut ne lacunas quidem, quas stellulis designavit, expleret aut locos corruptos veteris codicis ope aut coniecturis tacite emendaret, sed ea omnia in notas, quas novellis subiunxit, reiiceret, *ne foelicioribus*, inquit, *officerent.* Noluit igitur, quae emendaret, pro codicis scriptura haberi. Eadem ratione neque Iustiniani iuris locos aliasve notas, quas explanandae rei caussa scripserat, novellis ipsis apposuit, sed cum notis in extremo libro coniunxit. Quod indicem spectat, curavit, ut pateret, quas ipse recens exhiberet novellas, quas primus edidisset Cuiacius; illas stellulis notavit, his certa quaedam verba adiecit[165]). Praeterea novellae Maioriani *de Adulteriis* addidit: „*una tamen tantum extat*," eo consilio, ut ne quis reliquas Maioriani novellas a Cuiacio promulgatas in suo codice esse arbitraretur; numeros denique titulis subiunxit, quibus, quot quisque novellas contineret, demonstravit.

Paullo post, intra annos MDLXXIII. et MDLXXIX., Cuiacius tres novellas edidit[166]) in Observationum libro XVI. c. 22 et 23, et duas quidem, novellarum Valentiniani tituli II. de Postulando tertiam et quartam, ex lacera quadam veteri scheda, quae agglutinata erat in involucro libri alicuius theologici, unam, novellarum Theodosii ultimam, ex ignoto fonte. Omnes rubricis carent et praeter tertiam tituli de Postulando mutilae sunt.

Novellas usque ad illud tempus a Sichardo, Pithoeo vel a se ipso editas Cuiacius in unum congessit in volumine, quo libri Iuris Civilis Anteiustiniani Parisiis MDLXXXVI. collecti et locupletati sunt[167]). Ibi paginam DXXX. et sequentes usque ad DCXXXIII. complent[168]). Quis eas invenisset aut primus edidisset, non dixit. Ab ordine, quo in priore editione titulos novellarum Theodosii et Valentiniani discreverat, discessit, indicem Pithoeani libri secutus*), praeterquam quod titulum Maioriani de Adulteriis, qui in indice illo omnium novellarum L. est, in titulum IX. novellarum Maioriani mutavit et Anthemii Novellas in ultimum locum post Severum transtulit**). Et cum trium illarum novellarum, quas invenerat, duas[169]) post ultimum novellarum

---

Breviarium receptis. Impressus est liber venustis literis in charta splendida. Exemplar, quod possideo, olim M. Roeveri erat, qui notas et coniecturas manu sua hic et illic adscripsit. 157) Vid. not. 63. 158) Incipit enim editio a titulo XII., terminatur Novellis Anthemii. In indice titulum illum antecedunt tituli Theodosii, Anthemii autem Novellas sequuntur Valentiniani tituli in Breviarium recepti. Vid. not. 156. A titulo de Lenonibus numerus XVII abest. Praeterea titulus de Suariis numerum XXVII habet pro XXXVI. Similiter tituli sequentes de Praediis pistoriis usque ad ultimum Theodosii et Valentiniani Novellarum dicuntur esse tituli XXXVIII — XLVII. pro XXXVII — XLVI. Vid. Nov. Th. tit. IV, not. sup. Numerum etiam, quem titulus Maioriani in indice habet, typographus mutavit; nam in indice 50. est, in editione autem primus Novellarum Maioriani. Quare quod supra de ordine dixi, intelligendum est de serie titulorum, neque vero de numeris eorum. Nam in indice primum *et sine rubrica quidem*, quae dicat, cuius imperatoris sint Novellae, 49 tituli Novellarum sunt, quorum undecim priores Theodosii esse et in Breviarium receptos exposui. Deinde eos sequitur, praefixa rubrica: *Novellae D. Maioriani*, 50 titulus de Adulteriis; hunc excipiunt tres tituli Anthemii, qui seorsum numerantur 1, 2, 3; denique ultimum locum occupat praemissa rubrica: *Incipit liber Divi Valentiniani A.*, index undecim titulorum Valentiniani in Breviarium receptorum. Cum vero in ipsa editione tres tituli desint, tituli autem deinceps numerentur, neque Novella Maioriani locum, quem in indice habet, retinuerit, numerus titulorum reductus est non ad XLVII, quem prima specie ultimus titulus innuit, sed ad XLVI. Vid. paullo supra. 159) Nov. 2 de Invasoribus, Nov. de Ambitu, Nov. de Metatis, Nov. de Relevatis, Nov. de Principibus, Nov. de Suariis. *) Sed unam conflatam esse ex fragmentis duarum Novellarum, demonstravi in Nov. Theodosii tit. X. nov. 1, §. 4, not. *p.* 160) Vid. not. 63. 161) Vid. not. 63. 162) Vid. not. 156. 163) Veluti Nov. Th. tit. V. nov. 3, not. *a.* 164) Vid. not. 158. 165) Vid. not. 156. Ad titulum 17 de Repudiis: *quae edita est inter Nouellas Theodosii XII.*; ad titulum 19 de Invasoribus: *quarū posterior edita est XIII. inter Theodosij Nouellas sed non integra, ob idque maximè eam adiecimus*; ad tit. 24 de Episcop. ordin.: *quae edita est XIIII. inter Nou. Th.*; ad tit. 31 de Ambitu: *quae edita est XV. inter Th. Nou. sed non integra*; ad tit. 32 de Metatis: *quae extat in Th. Nou. XVI.*; ad tit. 33 de Relevatis: *edita inter Th. Nou. XVII.*; ad tit. 35 de Confirmatione: *quae extat inter Nouellas Valent. XIII.*; de Principibus: *quae edita est inter easdem Nou. XIIII.*; de Suariis: *edita inter easdem Nou. XV.* 166) Tertiam ex veteri illa scheda editam esse, aperte quidem non dicitur, sed probabile est. Cf. Hugo l. c. p. 158. 167) Vid. Praefationem Codicis Theodosiani pag. XIV, not. 83. Hugo l. c. p. 165. 168) Complent lib. I. Novellarum Theodosii tit. LI p. 530 — 585; lib. II. Novv. Valentiniani tit. XII p. 586 — 607; lib. III. Novv. Martiani tit. VI p. 608 — 615 med.; lib. IV. Novv. Maioriani tit. IX p. 615 med. — 628; lib. V. Novv. Severi tit. II p. 629 et 630 med., et lib. Leg. Novv. Anthemii tit. III p. 630 med. — 633. *) Hoc perspicitur ex indice titulorum Novellarum una cum indice titulorum C. Theodosiani huic editioni praefixo. Ibi verba Pithoei, quibus sibi ordinem titulorum in indice a se edito displicere affirmat, suppresso nomine Pithoei, repetita sunt. **) Secundum ordinem huius editionis debebant *sexto* libro tribui, sed numerus libri, ut in Pithoeano indice, hic quoque omissus est. 169) Tit. ult. C. Th. et Nov. Valent. tit. II. de

Theodosii titulum, XLVIIII. igitur, addidisset et praeterea novem illas novellas in priore editione divulgatas ad eum locum revocasset, quo in indice nominantur, effecit, ut tituli novellarum Theodosii et in indice et in ipsa editione LI essent [170]). Valentiniani tituli, quos Breviarium habet, secundum librum complent. Et recte quidem Cuiacius indicem Pithoei secutus novellas eodem ordine edidit, quo in codice, qui unus eas contineret, dispositae erant, male autem omnes, etsi inter eas essent Valentiniani novellae, in *Legum Novellarum Divi Theodosii A. Librum I.* coniecit et proinde in superiore paginarum margine soli *Theodosio A.*, aliter atque Pithoeus fecerat, tribuit [171]); neque rectius novellam quartam tituli Valentiniani de Postulando Martiani legem esse dixit, eius igitur leges uno titulo, V., auxit. Quae Pithoeus in notis emendaverat et coniecerat, Cuiacius maximam partem in margine editionis suae repetiit, sed raro correxit aut mutavit [172]). Nonnunquam ipse manum, ut aliquid emendaret, admovit. Novellas Maioriani, quas primus divulgaverat, videtur ex alio quam ex Loiselli codice castigasse [173]). In Chronologia constitutionum hoc et illud correxit et tribus illis novellis rubra adiecit*). Asteriscos inter ipsa verba aut in ora paginae posuit, ut lacunas indicaret, cruces, ut locos in margine emendaret. Maiorem in novellas quam in Theodosianum Codicem assiduitatem, ut plagulae in officina quam maxime posset perpolirentur, impensam esse perspexi.

Editio, quae Parisiis a. MDCVII. dicitur facta esse, cum hac, quam modo explicavi, omnino congruit [174]).

Proxima editio novellarum inest in Corpore Iuris Civilis Anteiustiniani, quod anno MDLXXXVI. Aurelianae Allobrogum [175]) divulgatum est. Petita est a prima Cuiaciana, nec quicquam ab ea differt, nisi quod hic et illic verba, inprimis novellarum Maioriani, mutata sive emendata sunt [176]) et post titulum XV. novellarum Valentiniani tres illae novellae accesserunt, quas Cuiacius in libro XVI. Observationum ediderat. Numeros quidem titulorum non habent, sed has rubricas: *De advocatis non perpetuandis; De Afris, Vandalis, Alanis; De siliquarum exactionibus,* quare XVIII tituli Valentiniani facti sunt. Praeterea cum in Cuiacii editione novellam Maioriani de Adulteriis desiderari dictum esset, Summa eius ex Lege Romana Burgundionum apposita est [177]). Accessit etiam ex Aegidio Summa novellae tertiae Valentiniani de Indulgentiis reliquorum [178]) et novellae Maioriani de Sanctimonialibus [179]); denique brevis nota in margine novellae Valentiniani de Sep. viol. [180]), quae in Cuiaciana prima deest. Ceterum qui plagulas correxit, diligentius rem gessit in novellis quam in Theodosiano Codice, etsi neque hic ab erroribus sibi caverit*).

Novellas Corporis Iuris Civilis Anteiustiniani, quod Lugduni anno MDXCIII. prodiisse dicitur [181]), ab Aurelianensi editione discrepare, iam alii exposuerunt [182]), non quod alia editio esset, sed quia nonnulla folia denuo typis aereis expressa, multo plura autem hic et illic interiecta esse viderant. Quod cur factum sit et a quo, nusquam quidem aperte dicitur, sed divinari potest, collatis inter se libris Aurelianensi et Lugdunensi. Aurelianensis enim vendi non poterat, cum deessent Pithoei novellae, quibus Cuiacii altera editio locupletata erat. Ut igitur venderetur, debebat bibliopola, sive Aurelianensis sive successor eius Lugdunensis, aut totam hanc Corporis Iuris partem repetere, aut ceteras novellas inculcare. Illud non fecit, ut sumptibus parceret, hoc ita fecit, ut aliis plagulis mutatis, aliis interpositis post Theodosianas Breviarii novellas adiiceret, quicquid novellarum Theodosii et Valentiniani ab Aurelianensi libro abesset [183]). Folia igitur, quae in Aurelianensi libro paginarum numeros 539—550 habent, denuo typis expressit, inter paginam vero 550 et 551 quattuor plagularum fasciculos sive XVI folia, omissis paginarum quidem, sed additis fasciculorum numeris [184]), inculcavit. Prima pagina sive 539 Aurelianensis editionis incipit ab interpretatione novellae secundae Theodosianae de Bonis de-

---

Postulando, nov. 3. 170) Pithoeus tres titulos ab editione excluserat a Cuiacio editos, quo facto non plures quam XLVI tituli remanserunt. Vid. not. 158 et 159. Qua re corrigendus est Hugo l. c. p. 166: *Eo igitur ordine, quo Novellae hic leguntur, quicquid Pithoei verba huc male relata significare videantur, in nullo codice manuscripto apparent.* Apparent enim eodem ordine usque ad XLIX. in codice, ex quo Pithoeus indicem edidit, et inde a *XII.* (nam priores, quia editi essent, omisit librarius) usque ad XLIX. in cod. Reg. Paris. 4420. 171) Posuit ibi inscriptionem *D. Theodosii A. Legum Novellarum Lib.* 172) Veluti in Nov. Th. tit. XVIIII. de Rescindendis, not. *n* *pretium perdere* pro *pretia perdere.* 173) V. g. rubrum Nov. 1 Maioriani. *) Nov. 3 Val. tit. II. de Postulando rubr. *De Advocatione Afris concessa*, tit. ult. Nov. Th. rubr. *de iure nundinarum*, tit. V. Nov. Martiani rubr. *de Foris.* 174) Vid. Praefationem Codicis Theodosiani pag. XV, not. 89 et p. XVI, not. 100. Etiam in novellis esse hic et illic discrepantiam, discitur ex Nov. Val. tit. XXXIV. de Episc. iudic. §. 3, not. *o.* 175) Vid. Praefationem cit. p. XV, not. * et 90. Hugo l. c. p. 169. Explent Novellarum D. Theodosii A. lib. I. tit. I—XVII. p. 522—546; Novellarum D. Valentiniani A. lib. I. tit. I—XV. et tribus additis p. 546—572; Novellarum D. Martiani A. lib. III. tit. I—V. p. 573—580; Novellarum D. Maioriani A. lib. IV. tit. I—VIII. p. 580—585 (potius—593, nam quae paginae esse debent 591—594, falso numeratae sunt 583—586, praeterea numerus paginae 585, quae 593 sec. ord. esse debet, in sinistro folii margine est); Novellarum D. Severi A. lib. V. tit. I. et II. p. 585 et 586 aut potius 593 et 594. 176) Inter al. Nov. Val. tit. XXXIV. de Episc. iud. §. 5, not. *t*; Nov. Maior. tit. II, §. 5, not. *o*; §. 6, not. *t*; tit. III, not. *i*; tit. IV, pr. not. *l*; tit. V, §. 2, not. *t*; tit. VI, §. 1, not. *p*; tit. VII, §. 5, not. *f*; §. 17, not. *m*; §. 18, not. *b.* 177) Vid. Nov. Maior. tit. IX. *de Adulteriis*, not. sup. 178) Nov. Val. tit. I, nov. 3, not. sup. 179) Nov. Maior. tit. VI. *de Sanctimonialibus* in f., not. *y.* 180) Nov. Valent. de Sep. viol. tit. XXII. pr., not. *f.* *) Ita v. g. in nov. 2 Val. de Testamentis totus versus deest. Vid. tit. XX. Nov. Valent. de Testamentis nov. 2, §. 5, not. *s.* 181) Cf. Praefatio Codicis Theodosiani pag. XVI, not. 98. 182) l. c. not. 99. 183) Cf. Hugo l. c. p. 170, 174. Praefatio Codicis Theodosiani l. c. not. 98, 99. 184) *aaaA*, *aaaA* 2 et 3, *bbbB*, *bbbB* 2 et 3, *cccC*, *cccC* 2 et 3, *dddD*, *dddD* 2 et 3. Proximum quodque folium post *aaaA* 3, *bbbB* 3, *cccC* 3 et *dddD* 3 signatura caret.

curionum, sive ultimae novellarum Theodosii, quas Visigothi in Breviarium transtulerunt. Haec interpretatio denuo impressa est. Eam subsequuntur usque ad 550 paginam decem proximi tituli (XII — XXI.) secundae Cuiacianae editionis et hos in quattuordecim foliis, quae numeris carent, eiusdem editionis reliqui tituli, XXII. igitur titulus usque ad LI. Sed cum ultimus titulus terminetur in adversa folii XIV., quod *dddD*,2 signatum est, pagina, primus novellarum Valentiniani titulus in aversa pagina ponendus erat et iterum typis exprimendum, quicquid Aurelianensis liber paginis 546 — 550 complectitur, excepto novellarum Theodosii indice. Haec igitur complent aversam folii illius paginam et duo, quae sequuntur, nec tamen numerantur, folia. Ita factum est, ut ambae editiones, Lugdunensis et Aurelianensis, a pagina 551 inter se consentirent. Aurelianensis enim pagina 550 terminatur verbis *nescierint*, *coram*, pag. 551 incipit a verbis *firmitatibus derogetur*. Eodem modo et desinit folium XVI. sive ultimum in Lugdunensi libro interpositum et incipit pagina 551, nisi quod in folio XVI. post verbum *coram* unus versus *testatore* — *testamentorum*, *in* — accedit, qui in Aurelianensi editione deest. Reliqua Aurelianensis editionis intacta manserunt usque ad verba *meruerūt observatione*[185]) novellae Maioriani de Sanctimonialibus, quae ultima sunt paginae 590. Numeros enim paginarum sequentium falsos esse vidit bibliopola, perspexit etiam praeter novellam Maioriani de Adulteriis adiiciendas esse Anthemii novellas. Quare pro duobus ultimis primae partis Aurelianensis libri foliis quattuor alia posuit[186]). In primo falsos paginarum numeros correxit posuitque 591 et 592 pro 583 et 584, verba ipsa non mutavit. In reliquis non solum repetiit, quae in ultimo Aurelianensis libri folio, quod quidem falsis paginarum numeris 585 et 586 signatum est, comprehunduntur, verum etiam adiecit accessiones Cuiacianae editionis. Adiecit enim in prima pagina 593 post novellam Maioriani de Sanctimonialibus eiusdem imperatoris novellam de Adulteriis, sed sine summa, quam Aurelianensis editor ex Aegidio hauserat, deinde post secundum 594[187]) paginae versum Severi novellas, denique a media 595 pagina novellas Anthemii. Et omnes illas res restitutas esse, in indice quidem titulorum totius voluminis dicit, neque vero ex quo fonte restitutae sint. Exposui, qua ratione ex altera Cuiacii editione suppleverit, quae in Aurelianensi deessent. Consultius autem egisset, si totum novellarum volumen mutasset. Neque enim bis posuisset titulum ultimum novellarum Theodosii et tituli II. novellarum Valentiniani de Postulando novellam tertiam[188]), neve retinuisset *indicem titulorum Valentiniani, qui desiderantur*, nam omnes novellis Theodosii addiderat. Qua in re utrum Pithoei an Cuiacii altera editione usus sit, disceptari potest. Rem dirimunt tres tituli, quos a Pithoeo omissos, a Cuiacio repositos esse dixi. Etenim duo, *de Repudiis* et *de Episcoporum ordinatione*, eodem loco, ubi apud Cuiacium sunt, in Lugdunensi editione reperiuntur; dirimit etiam notarum et mendorum[189]) utriusque editionis convenientia. Dubitationem quidem iniiciunt tres tituli, qui desunt, Cuiacianae editionis tit. XXXV. *de Confirmatione Legum Novellarum D. Theodosii*, tit. XXXVII. *de Principibus agentium in rebus*, tit. XXXIX. *de Suariis*, qua re in Lugdunensi editione non amplius XLVIII tituli sunt, cum in Cuiaciana LI numerentur. Videntur autem omissi esse, quia iam in Aurelianensi editione Valentiniani novellis, quae in Breviario sunt, additi erant. In illis novellarum foliis, quae eadem esse dixi in utraque editione, Aurelianensi et Lugdunensi, crebrior quam in Codice Theodosiano diversitas scripturae deprehenditur[190]).

Quae in P. Pithoei Operibus, Parisiis MDCIX.[191]), pagina 197 — 276 *Imperatorum Theodosii Valentiniani Maioriani Anthemii Novellae Constitutiones XLII. Nunc primùm in lucem editae* dicuntur, eae ipsae sunt, quas prima Pithoeana editio continet, quare Hugo[192]) recte reprehendit Hoffmannum, qui verbis: „*Nunc pri-*

185) Vid. infra tit. VI. Nov. Maioriani cit., §. 1. 186) Signata *ffff*, *ffff* 2, *ffff* 3 et unum sine numero. 187) Sic haec et sequens pagina signari debebant pro falsis numeris 194, 195, quos habent. 188) Vid. infra not. sup. harum novellarum. 189) Veluti in subscriptione tituli XXIII. Nov. Theod. de Locis reipublicae, not. *c*, ubi utraque editio *II.* pro *XI.* habet. 190) Cf. inter alia Nov. Th. tit. V. de Fundis nov. 3, not. *e*; Nov. Th. tit. XXII. de Bonis decurionum nov. 1, §. 9, not. *x*; nov. 2, §. 3, not. *z*, *b*; §. 6, not. *o*; §. 8, not. *h*; §. 11, not. *e*; §. 13, not. g; §. 16, not. *t* et *v*; subscr. not. *c*; interpr. not. *n*. 191) Hugo l. c. p. 179. In fronte libri haec sunt: *Petri* | *Pithoei* | *Opera,* | *Sacra, Iuridica, Historica,* | *Miscellanea.* | *Parisiis,* | *Ex Officina Nivelliana.* | *Apud Sebastianum Cramoisy, via Iacobaea,* | *sub Ciconiis.* | *M. DC. IX.* | *Cum Privilegio Regis.* | Post v. *Miscellanea* est scutum officinae. Verba *Pithoei, Parisiis*, *Sebastianum Cramoisy* et annus rubro-picta sunt. Libri forma ea est, quam quartam appellamus. Signaturae adsunt, custodes in sola ultima quaternionum pagina. Constat 1) ex quattuor foliis non numeratis, in quorum primo frons libri est, in altero et in adversa tertii folii pagina epistola *Caroli Labbaei Iac. Augusto Thuano* scripta *Lutetiae Parisiorum XIII. Kal. April. CIↃIↃCIX.* Aversam folii tertii paginam et folium quartum complet *Catalogus Eorum Quae* | *In Hoc Volumine* | *Continentur* | ; 2) ex 839 paginis numeratis, in quibus inter alia, quae huc non pertinent, haec insunt: a) p. 73 — 117 *Mosaycarum et Romanarum Legum Collatio*; b) p. 117 *Modestinus Regularum Lib. III.* | *Sub titulo De Bonis Libertorum* | *et de Testamentis* | ; c) p. 117 *Const. CXXXIII.* | *De Usuris Supra Duplum* | *Non Computandis* | ; d) p. 118 *Const. CXXXIIII.* | *De Partiariis Solutionibus* etc. | ; e) p. 119 *De Alienatione Rerum Ec* | *clesiae Misiae Relictarum* etc. | ; f) p. 120—123 *de Consiliariis DN. Iu* | *liani Ant. Dictatum* | ; g) p. 124 sq. *Item Collectio Domini* | *Iuliani Antecessoris* | ; h) p. 125 — 196 *Petri Pithoei I. C. Notae* | (*ad Mosayc. Leg. Collat.*); i) p. 197 — 276 *Imperatorum* | *Theodosii* | *Valentiniani* | *Maioriani* | *Anthemii* | *Novellae Constitutiones XLII.* | *Nunc primùm in lucem editae* | ; 3) ex quindecim foliis non numeratis, in quibus insunt a) *Index Rerum Et* | *Materiarum Quae In Hoc* | *Volumine Continentur* | et b) in ultima pagina *Summa Privilegii.* | *Henrici IV. Galliae et Navarrae Regis* | — *Lutetiae* | *Parisiorum* 12. *Ianuarii* 1609. | *Potier.* 192) Hugo p. 154 sq. Scribit enim Hoffmannus l. c. p. 485: „*Prodiit idem Novellarum corpus apud Henr. Stephanum Paris.* 1571. *et rursus ex editione P. Pithoei Paris.* 1609. 4. *qui XLII. constitutiones ineditas imprimi curavit.*“ Recte etiam Hugo l. c. p. 179: *Hoffmannus*

mùm in lucem editae" fortasse inductus, hoc demum anno novellas illas XLII editas esse videtur suspicari. Cum accurate editae sint, asterisci, lacunae, notae eodem loco sunt, quo in prima editione. Solius typographi negligentia hic et illic differentia aliqua orta est; a quo vero proficiscatur mirabilis illa, sed fere constans scriptura *Pf. Pon.* pro *Pf. Po.* sive *Pf. Pō*, utrum a typotheta an a Labbaeo, qui epistolam ad Thuanum libro praemissam scripsit, incertum est.

Exemplum novellarum, quas Ritterus [193]) a RITTERSHUSIO Hanoviae MDCIX. editas esse nuntiat, neque Hoffmannus, Hugo, Hauboldus viderunt, neque ego unquam vidi; aut igitur Ritterus erravit aut liber mutato solo fronte iterum Francofurti anno MDCXV. [194]) in vulgus prodiit. Quicquid est*), Rittershusius novellas seorsum edidit et ab aliis iuris Anteiustiniani fontibus separatas. Cur eas ediderit, explicat in epistola ad Freherum. „*Hortabar*, inquit, — *auditores ac studiosos meos, ut quas dixi aliorum Principum Novellas — cum Iustinianis coniungerent — Sed animadverti, — exemplaria deesse. Quae enim in Galliis aut apud Allobroges sunt aliquando impressa, non ubi vis sunt obvia. Ea me res permovit atque impulit, ut in unum quasi corpus colligerem omnium Iustiniano anteriorum Principum Novellas, quas nosti* (Freher.) *partim coniunctas Codici Theodosiano, (quem Ioan. Sichardus primum, deinde auctiorem Iac. Cuiatius edidit) partim à Pet. Pithaeo V. Cl. seorsim quasi pro mantissa datas: à nemine vero adhuc, ut opinor, in unum collectas."* Ex quibus verbis apparet, eum nec alteram Cuiacii editionem nec Lugdunensem, in quibus novellae in unum collectae erant, novisse, neque fraudulenter addidisse: *Novellae — Nunc Primo In Unum Corpus Collectae Et Iunctim editae.* Adhibuit igitur praeter Pithoeum aut Cuiacii primam aut Aurelianensem editionem. Aurelianensem vero eum adhibuisse, complures res demonstrant: duodecim illi tituli, qui Theodosii et Valentiniani novellas subsequuntur [195]), sed partim suppleti sunt ex Pithoeo; convenientia scripturae in locis, ubi Aurelianensis editio a Cuiaciana prima discrepat [196]); summae illae, quas Aurelianensis editor ex Aegidio et ex Lege Romana Burgundionum sumpsit [197]), Rittershusius retinuit; denique etiam titulorum ordo. Cum novellis igitur Theodosii et Valentiniani ab Aurelianensi libro petitis Rittershusius coniunxit eas, quas Pithoeus ediderat, inculcavit autem novellam Maioriani de Adulteriis eo, quo faciendum esse opinabatur loco, addiditque extremo libro Anthemii novellas. Eum usum esse Pithoei, non Lugdunensi libro, ipse aperte declarat cum in praefatione, tum brevibus notis, quas supra titulum Theodosii de Patrimonialibus et alterum Valentiniani de Postulando scripsit [198]). Neque vero ordinem Pithoeani libri observavit, potius titulos inter Theodosium et Valentinianum imperatores distribuit. Praeterea in margine notas ex Aurelianensi libro partim recepit, coniecturas et emendationes nonnunquam aut ipse proposuit, aut ex Sichardo et Pithoeo collegit, leges, quas Codicis Iustiniani conditores ex novellis hauserunt, hic et illic demonstravit, alios iuris et veterum scriptorum locos, quos ad illustrandas res facere crederet, nominavit, paucis etiam verbis interdum sententias novellarum enotavit aut explicavit, in contextu denique res, quas memorabiles

---

l. c. p. 355 *hanc operum Pithoei editionem Iosio Mercero tribuit, at in dedicatione ad Thuanum pro collectore se gerit Carolus Labbaeus.* 193) In Praef. T. VI. P. II. fol. II a. c. f. Codicis Theodosiani. Cf. Hugo l. c. p. 179. 194) Hugo l. c. p. 180 sqq. Frons libri haec est: *Novellae | Constitutio | nes Imperato | rum Iustiniano | Anteriorum, | Ut, | Theodosii, | Valentiniani, | Martiani, | Maioriani, | Severi, | Leonis et | Anthemii, | Nunc Primo In Unum Cor | pus Collectae et Iun | ctim editae: | Ex nova recensione et emendatione | Cunradi Rittershusii IC. | et Antecessoris Altorphini. | Cum eiusdem Notis. | Francofurti, | Apud Egenolphum Emmelium. | Anno. M. DC. XV.* Forma libri octava est. Custodes et signaturae adsunt. Constat liber 1) ex quattuor foliis non numeratis, quorum primum frons libri occupat, reliqua tria epistola Rittershusii scripta *Marquardo Frehero IC. El. Palatino Consiliario — Altorfii Mense Ianuario Anni M. DC. IX.*; 2) ex 264 paginis numeratis. Ibi novellae ita distributae sunt: 1—102 Theodosii Lib. I., 102—200 Valentiniani Lib. II.; 201—219 Martiani Lib. III.; 220—255 Maioriani Lib. IV.; 256—257 (potius 258) Severi Lib. V.; 258 (potius 259)—264 Anthemii Liber Legum. Hugo l. c. notat: „*Calamo lapsum putarem Amadutium, qui annum* 1651 *scripsit, neque me movet quod idem et Bachius l. l. p.* 558. *habeat licet hic formam quoque libri aliam, quartam nempe dicat — Secutus videtur Brunquellum l. l. p.* 163" (201). In editione Bachii, quam Stockmannus Lipsiae 1806 curavit, p. 559, not. *k* scriptum est „*Francof.* 1615. 8. *cum notis marginalibus.*" Utile est hoc l. dicere, me duo Bachii exempla habere, alterum editum *Sumtibus Salomonis Linkii CIↃIↃCCCVI*, alterum *Sumtibus Io. Ambr. Barthii* CIↃIↃCCCVII. Res ita se habet. Comparavit Barthius a Linkii heredibus librum, quem ut suum esse persuaderet emtoribus, frontem libri mutavit. Praeter illa vv. nulla est differentia. *) Mutatum esse frontem libri, probabile est propter Rittershusii epistolam, quae anno MDCIX. scripta est et proxima a titulo folia libri explet. Nam si comparamus illum annum cum anno MDCXV., quo in fronte libri novellae ab Rittershusio editae dicuntur, non perspicitur, cur liber integrum sexennium in scriniis bibliopolae latuerit, nec quid Rittershusium impedierit, quo minus mutaret epistolam inscriptam *Marq. Frehero*, qui anno MDCXIV. de vita decesserat. Accedit Ritteri diligentia in exponendis libris, quidquod cum Francofurtensi editione conveniunt, quae de Hanoviensi dixerit. Nihilosecius res dubia manet. Vid. not. 198. 195) Inter eos, qui Valentiniani novellas subsequuntur, sunt tres illi, quos Cuiacius in Observationibus ediderat. Quare non intelligo Hugonem, qui l. c. p. 182 negat, Novellas Theodosianas 50 et 51 in Parisiensi editione ann. 1586 additas apud Rittershusium inveniri. Potius ap. Rittershusium secundum seriem (nam numeri titulorum desunt) XVII. et XVIII. Novellarum Valentiniani titulum constituunt. Quia Rittersh. novellas illas ex Pithoeo supplevit, numerum tituli XVII. de Relevatis mutavit in XXXI. 196) Vid. not. 180. Nov. Maior. tit. III, not. *y*. 197) Vid. supr. not. 177—179. 198) Vid. Nov. Th. tit. XXVI. in f., not. *f* et tit. XXVII. in f., not. *u*. Videtur Pithoei altera editione usus esse, quacum nonnulla communia habet, v. g. *Pf. Pon.*; sed obstant praefationes, nam Rittersh. praefatio scripta est mense Ianuario anni MDCIX.; Labbaei praefatio XIII. Kal. April. eiusdem anni. Quomodo hae difficultates removendae sint, fateor me nescire. Vid. not. * post not. 194.

esse putaret, literis inclinatis distinxit. Quae si cogitate fecisset, recte in fronte libri scripsisset: *Ex nova recensione et emendatione.* Sed impudenter hoc affirmavit. Nam cum distribueret novellas, secutus est indices titulorum Theodosii atque Valentiniani, qui in Aurelianensem editionem ex Cuiaciana prima translati sunt, et quamquam ex subscriptionibus novellarum non solum indicis illius ordinem, verum etiam duodecim titulorum, qui Theodosianis et Valentinianis Breviarii novellis adiecti sunt, falsum esse perspicere poterat, tamen nihil correxit, unde factum est, ut omnes tituli, qui in Aurelianensi editione aut Theodosio aut Valentiniano errore tribuuntur, iisdem imperatoribus a Rittershusio quoque adscribantur[199]). Praeterea alii tituli numeros habent, alii non habent, qui vero habent, maximam partem falsos habent, aut Aurelianensis editionis, quatenus ibi numerati sunt, aut Pithoeanae, quamquam huius ordo eversus est. Notas autem, quas Rittershusius in margine adiecit, raro operae pretium est legere. Porro interpretationes novellarum Valentiniani de Manichaeis et de Sepulcri violator. eo, quo debent esse, loco non sunt; tum menda Aurelianensis editionis non modo non correcta, verum etiam aucta sunt, denique indices titulorum et commentarii omnino desiderantur. Quibus ex caussis tantum abest, ut Rittershusius aliquid profecerit, ut pessimam et nullius utilitatis editionem novellarum divulgaverit; nam quae hic et illic feliciter correxit, aut in margine proposuit corrigenda[200]), non tanti sunt, ut propter ea sola commendanda videatur ista editio.

Novellas, quae Gothofredi Codici Theodosiano anno MDCLXV. adiectae sunt[201]), non ex altera Cuiacii, sed ex Lugdunensi[202]) editione depromptas esse, mihi persuasum est. Nam, ut mittam menda scripturae, multas res illa editio habet, quae cum Lugdunensi, neque vero cum Cuiacii libro conveniunt. Conveniunt cum illo tituli libri primi, cuius non amplius quam XLVIII sunt, conveniunt etiam sex illi tituli, qui novellis Valentiniani, quas Breviarium habet, additi sunt. Praeterea hic quoque trium novellarum, quas Cuiacius in Observationibus ediderat, duae bis positae sunt et secundo quidem loco cum rubricis *de Afris, Vandalis, Alanis* et *De siliquarum exactionibus*, pariter atque tertiae rubrica *De advocatis non perpetuandis* addita est; denique Valentiniani tituli XIV. et XV. iisdem lacunis deformati sunt. Neque refert, nonnulla mutata esse; sunt enim levia[203]). Constat, Marvillium, non Gothofredum ipsum, Codicem Theodosianum una cum commentariis edidisse; incertum est igitur, utrum a Gothofredo novellae Codici Theodosiano adiectae sint an a Marvillio. Res ita videtur. Gothofredus cum strueret opus suum, inter alios libros Lugdunensi quoque usus nonnullos novellarum losos mutavit et notis instruxit. Quod cum vidisset Marvillius, novellas una cum Gothofredi Codice Theodosiano putavit edendas esse. Gothofredus ipse edendarum novellarum consilium nunquam cepit, etsi eas in commentario Codicis Theodosiani saepe commemorat interpretaturque, nonnunquam etiam emendat. Si cepisset, non dubito, quin ad eundem ordinem eas revocasset, quem proposuerat in VIII. prolegomenum capite, ubi novellas in editionibus male dispositas esse queritur, aut, ut in Codicis Theodosiani constitutionibus fecerat, singulis novellis annum, quo datae sive propositae essent, addidisset et commentarios indicesque subiunxisset. Quamquam igitur novellas a Marvillio Codici Theodosiano adiectas esse verisimile est[204]), tamen ubicunque hanc editionem nominavi, siglum Go. (Gothofredi) retinui. Nam praeterquam, quod cum Gothofredi Codice Theodosiano coniunctae sunt, non multum interest, uter nominetur, cum de laude Marvillii nihil detrahatur. Novi enim ad Lugdunensem editionem nihil accessit, neque haec correcta sive emendata, potius multis mendis deformata est, in rubris quoque paginarum omnium imperatorum novellae *Leges Novellae Theodosii A.* falso appellantur. Recte autem deest *index titulorum Valentiniani, qui desiderantur.*

Novellas, quas cum Petri et Francisci Pithoei Observationibus ad Codicem et Novellas Iustiniani anno M. DC. LXXXIX. *Franciscus Desmarés* coniunxit[205]), non ex prima Petri Pithoei, sed ex altera editione

---

199) Vid. not. 149—151. Solum titulum *de Honoratis*, quem Aurelianensis editio habet, omisit, Pithoeum secutus, Theodosii titulum de Invasoribus bis posuit et novellas eius disiunxit (p. 45 et 79). 200) Veluti Nov. Th. tit. IV. Ne duciani, not. *b* et §. 2, not. *h*; Nov. Val. tit. VI. de Tironibus nov. 3, not. *k*; tit. VII. de Palatinis nov. 3, not. *x*; tit. XXII. de Sepulcri viol. §. 1, not. *c*; Nov. Martiani tit. I. pr., not. *n*, §. 5, not. *r*; Nov. Maior. tit. VII, §. 12, not. *n*. Ceterum notarum, quibus diversae scripturae aut emendationes in m. proponuntur, maior numerus est in Theodosii et in Martiani, quam in reliquorum imperatorum novellis. 201) Vid. Praefationem Codicis Theodosiani p. XVII, not. 102, n. 3, γ. 202) Errore Boecking, Inst. T. I, p. 54, not. 41 Rittershusii editionem in utramque Gothofredianam transiisse scribit. 203) V. g. index titulorum, qui novellas Valentiniani in Lugdunensi editione subsequitur, omissus est; contra in inscriptione nov. un. tit. XV. Nov. Valent. (tit. XXXV. de Suar.) addita est v. *Italiae*. Has res mutatas esse puto a Gothofredo ipso, in exemplo Lugdunensi, quod possedit. 204) Hoc iam vidit Ritterus in epistola Tom. VI. part. (II.) alt. Codicis Theodosiani praemissa. Hugo l. c. p. 190. 205) *Petri et Francisci | Pithoei | Iurisconsultorum | Observationes | Ad | Codicem Et Novellas | Iustiniani Imperatoris | Per Iulianum Translatas. | Accedit | Legum Romanarum Et Mosaïcarum | Collatio Notis Illustrata. | Ex Bibliotheca Illustrissimi D. D. Claudii Le Peletier Regni Administri, | Regii Aerarii Praefecti, Et Supremi Galliarum Senatus Praesidis Infulati. | Cura Francisci Desmarés, Domini de Palis, Et De Luyéres | in Curia Patroni, et Facultatis Iurium in Universitate Parisiensi Doctoris Honorarii.* | (Sequitur scutum typographiae regiae.) *Parisiis, | E Typographia Regia. | M. DC. LXXXIX.* Libri forma maxima. Chartae splendor et typorum nitor summus. Signaturae et custodes in ultima plagularum pagina adsunt. Constat liber 1) ex octo foliis non numeratis, quae continent, praeter titulum libri a) Claudii le Peletier epistolam ad Hieronymum Bignon; b) epistolam Francisci Desmarés ad Lectorem; c) de Petro et Francisco Pithoeo testimonia clarissimorum virorum; d) Petri Pithoei tumulum; e) Francisci Pithoei tumulum; f) Indicem eorum, quae in

promptas esse, demonstrant errores typographici, qui in utroque libro iidem sunt, paucis exceptis. Nihilosecius nonnulla aliter a Francisco Desmaresio ordinata sunt. Notas enim ex ultimo loco, ubi post novellas erant, transtulit in marginem novellarum, quas spectant, indicem vero ex primo in ultimum paene totius libri locum, inter medios Iuliani indices, ubi maximam partem eius folii explent, quod inter ea, quae numeros non habent, quartum inde a fine libri est[206]). Vitiis hic quoque splendidissimus liber depravatur; neque debebant signa omitti, quae in prioribus Pithoei editionibus lacunas indicarunt.

Novellarum editiones, quas hactenus commemoravi, omnes commentariis carent; iis Ritterus[207]) suam primus instruxit. Librum ita composuit. Novellas deprompsit ex altera Cuiacii editione; cum ea reliquas editiones contulit; sed collatas esse Aegidianam atque Aurelianensem nego. Eas enim Ritterus tacitas reliquit cum in praefatione partis alterius tomi sexti, ubi editionum habitum atque conditionem exposuit, tum in extrema novella Maioriani de Sanctimonialibus, cuius summam, quam ex Aegidio Aurelianensis editor receperat, in solis Rittershusii et Gothofredi editionibus esse dixit. Libris manu scriptis, quos in Codice Theodosiano adhibuit, addidit Ottobonianum, quatenus eum ex Brencmanni epistola cognoverat*). His copiis et aliis antiquarum literarum monumentis instructus commentarios conscripsit. Neque negari potest, Ritterum in interpretandis emendandisque novellis multum profecisse. Commentarii enim, etsi ubertate ingenii et doctrinae cum Gothofredi opere comparari nequeunt, tamen magni habendi sunt. Saepe feliciter versatus est in exponendis rebus, quae ad historiam novellarum aut ad vitam conditionemque magistratuum, quibus inscriptae sunt, spectant. Multos etiam locos, inscriptionum potissimum et subscriptionum, quos ex codicibus corrigere non poterat, acute et nonnunquam convenienter cum Ottoboniano codice emendavit[208]), tum leges Codicis Iustiniani ex novellis exscriptas notavit, et interdum veram scripturam restituit, denique quae lex Theodosii, quae Valentiniani esset, in commentariis non solum explanavit, verum etiam in inscriptionibus literis maioribus significavit. Sed quamquam egregie de novellis promeruit, tamen non omnino promeruit. Plus promeruisset, si titulorum libri I. ordinem, quem ipse in praefatione increpuerat, restituisset ac suam cuique imperatori, Theodosio et Valentiniano, novellam addixisset. Nonnunquam quoque asteriscos omisit, quibus Cuiacius et Pithoeus perspicuitatis caussa lacunas indicaverant, praeterea chronologiam novellarum, quam in altera Cuiacii editione falsam esse perspexerat, non modo non emendavit, sed ne addidit quidem, etsi res parvi laboris atque ambitus erat; et quod ad commentarios attinet, debebat criticas res ex codicibus et editionibus comparatas a commentariis, ut in Theodosiano Codice factum erat, seiungere, alia omittere, quae iam Gothofredus in Codice Theodosiano diligenter explanaverat, alia addere, quae *nota, pervagata et in libris plerisque iuris obvia*, studio igitur a se praetermissa dicit. Ceterum Breviarii novellis uberiores quam reliquis subiunxit commentarios.

Italica[209]) Ritteri editio in novellis quoque cum Lipsiensi, si menda excipiuntur, omnino congruit.

Novellas, quas Adamus *Volsiniensis* doctis proponere in animo habuerat, Ritterus autem a viro inter Italos doctissimo secum communicatum iri nuntiaverat*), ex codice Ottoboniano primus divulgavit Antonius Zirardinus, Faventiae, anno MDCCLXVI[210]). Qui quantum fructum attulerit ad veterem iurisprudentiam cogno-

---

hoc volumine continentur; 2) ex 746 paginis numeratis, in quibus haec insunt: a) pag. 1—401 P. et Fr. Pithoei commentaria ad Iustiniani imperatoris Codicem (p. 402 vacua est); b) p. 403—696 (quarum vero p. 403—417 non numeratae sunt) Iuliani epitome novellarum ex P. Pithoei editione, Basileae 1576, petita, nisi quod hic duae Iustiniani leges adiectae sunt; c) p. 697—746 *Imperatorum | Theodosii, | Valentiniani, | Maioriani, | Anthemii | Novellae Constitutiones XLII.* | ; 3) ex sedecim foliis non numeratis, quae complectuntur indices capitulorum Iuliani; authenticarum constitutionum Codicis; capitum novellarum, quae in iure pontificio referuntur ex Iuliani — interpretatione; novellarum Theodosii etc.; *Scrimgerianae Et Huius Editionis | in Novellarum Constitutionum Ordine | Convenientiam*; indicem verborum obscurorum Iuliani; 4) ex appendice, quae 70 paginis numeratis (sed priores septem numeros non habent) Mosaycarum et Romanarum Legum Collationem una cum Modestini fragmento, tribus fero non numeratis, quae subsequuntur, indicem Collationis continet. Cf. Hugo l. c. p. 192 sqq., ubi vero errore typographi dicitur: „*primum a pag.* 679 *ordiuntur Imperatorum — Novellae.*"
206) Verba in illis editionibus a Pithoeo notis praefixa: *Lectori* et *Quasdam — interpretentur* (vid. supr. not. 156) discrevit Desmarés interque epistolam Pithoei ad Cuiacium et primam Theodosii novellam posuit. 207) Cf. Praefatio Codicis Theodosiani pag. XVIII, not. 112. Hugo l. c. p. 207. *) Sed vid. supr. p. VII, not. 47. 208) Inter alia vid. tit. II. Novell. Maioriani. 209) Vid. Praefationem Codicis Theodosiani p. XX. sq., not. 118, n. *d.* Nonnunquam, casu videtur, correctum est. Vid. Nov. Val. tit. XXII. de Sepulcris inscript., ubi recte em. est *II. Pf. P.* *) Vid. infr. not. 229. 210) In fronte libri haec sunt: *Imperatorum | Theodosii Iunioris | Et Valentiniani III. | Novellae Leges | Caeteris anteiustinianeis, quae in Lipsiensi | anni* 1745, *vel in anterioribus edi | tionibus vulgatae sunt, addendae. | Ex Ottoboniano Ms. Codice edit, | Commentario illustrat, ex eo- | demque Codice alia profert | Antonius Zirardinus | Ravennas Iureconsultus.* | (Sequitur scutum officinae.) *Faventiae MDCCLXVI.* | *Excudebat Iosephus Antonius Archius. | Superioribus Annuentibus.* | Libri forma octava est. Signaturae literis romanis expressae adsunt et plerumque custodes. Partes libri hae sunt: 1) XXVIII paginae, quae numeros romanos ferunt, praeter primum folium; a) primum folium explet frons libri; b) pag. III—XIV. epistola Antonii Zirardini scripta *Nobilissimis Viris | Iulio Ravenn. Ecclesiae Canonico | Camillo Ac Polydoro | A Cornu Fratribus | Patriciis Rav.* | Dies quo scripta sit, deest; c) p. XV—XXVI. epistola Zirardini scripta *Lectori Humanissimo — Ravennae Id. Iun. MDCCLXVI.*; d) p. XXVII. et XXVIII. *Index Capitum | Quae in Commentario | continentur*; e) p. XXVIII. *Vidit | Pro illustrissimo et Reverendissimo D. D. Antonio | Cantoni Episcopo Faventino Caietanus Muzza- | relli Societatis Iesu* | ; f) *Die* 6. *Martii* 1765. | *Imprimatur. | F. Vincentius Maria Alisani Vicarius Generalis | Sancti Officii Faventiae*; | 2) totidem paginae numeris romanis signatae, in quibus insunt a) pag. I—XIX. quattuor novellae integrae et duae decurtatae ex codice Ottoboniano primum divulgatae cum Zirardini annotationibus; b) p. XX—XXVIII. *Indices Titulorum Novellarum Theodosii,* |

scendam, constat inter omnes antiqui iuris studiosos. Eum vero primum, qui esset titulorum Theodosii, Valentiniani et Maioriani ordo, demonstrasse, indicibus eorum ex codice Ottoboniano vel compositis [211]) vel descriptis, nemo adhuc dixit. Neque vero in his rebus solis substitit. Notas novellis et indicibus adspersit, historiam et conditionem codicis Ottoboniani narravit eiusque scripturam in tabula pinxit, consilium editionis explicavit, commentarios adiecit, quibus, postquam de veteris iuris libris disseruit, inprimis de Breviario Alarici et de Lege Romana Burgundionum, novellas illas a se divulgatas rara doctrina et subtili acumine interpretatus est, multosque novellarum et aliorum veterum scriptorum vel Codicis Iustiniani locos corruptos supplevit emendavitque; indices denique locupletissimos addidit. Qui si ab eo tempore, quo codicem a Ruggerio accepit, in hunc laborem incubuisset, non dubium est, quin librum omni laude dignum confecisset. At vero codicem accurate legere neglexit*), usque dum a Ruggerio interpellaretur, ut eum Romam remitteret, et vel postea aliis libris, quos moliebatur, et adversa valetudine impeditus, rem diu distulit et diutius fortasse distulisset, nisi nuntiatum esset, codicem Ottobonianum Romae divulgatum iri. Quare properavit opus et ita quidem properavit, ut non solum novellas, quas divulgavit, indiligenter describeret, verum etiam reliquarum diversas scripturas praetermitteret. Neque in commentarios eam, quam debebat, industriam impendere poterat; multa in eos congessit, quae superflua sunt, alia bis ter repetiit, complura vero magis properanter coacervavit, quam digessit, quid quod multa raptim *et plurima nondum castigata* ad typographum a se missa esse ipse fassus est [212]). Denique etiam, ubi novellae editae sunt, numeri romani paginarum falsi sunt. Differunt enim ab iis, qui in commentariis hic et illic nominantur, iidem autem sunt, quos priores praefationis plagulae habent*).

Palmam Zirardino, non tempore quidem, sed operis multiplici praestantia praeripuisse Amadutium [213]),

---

Valentiniani, et Maioriani AAA | *secundum ordinem, quo in Ot* | *toboniano Codice digesti sunt* | cum annotationibus Zirardini; 3) paginae 551, numeris, qui arabici dicuntur, signatae. Insunt a) p. 1—527 Zirardini commentarii per X capita distributi; b) p. 529 (528 vacat) *Index* | *Scriptorum, vel veterum monumentorum, quae in* | *Opere hoc emendantur, aut supplentur*; c) p. 530 *Index* | *Virorum Illustrium, de quibus* | *in hoc Opere agitur* | ; d) p. 531—545 *Index* | *Rerum quae in Commentario continentur* | ; e) p. 546—548 *Corrigenda, vel suis locis inserenda* | ; f) p. 549 sq. Epistola, quam de Amadutii editione, quam audiverat parari, scripsit *Hieronymus Ferrius* | *Antonio Zirardino* | — | *Faventiae XIV. Kal. Quintiles* | *MDCCLXVI.*; g) p. 551 *Errata Correcta* | . Accurate exposui partes libri, qui in Germania rarus est. Cf. Hugo l. c. p. 209 sqq. 211) Nempe indicem titulorum novellarum Theodosii composuit. Pag. 415 „*Talis enim*, inquit, *Index hodie ibi deest, ex* | *ciso folio, in quo ille tantum non totus contine* | *batur, initiumque eius tantum seu primus eius* | *dumtaxat Titulus, vel Rubrica superest in folio* | *praecedente. Eum igitur quem dedimus, Titulo* || pag. 416 || *rum talium Indicem ex Titulis ipsis seu Rubricis,* | *quas Novellis ipsis in Theodosii talium Novella* | *rum Libro Ottobonianus Codex praefixas exhibet,* | *nos confecimus.*" Cf. etiam Zir. p. 40 sq. *) Zir. l. c. p. XVIII. sq. et supr. p. VII. 212) In Epistola ad Lectorem p. XXI. *) Cf. Zir. Novellarum p. I, not. *a*, VI, not. *b*, VII, not. *f*, XVI, not. *a*, XVIII, not. *a*, XX, not. *b*. Videntur novellae absolutis demum commentariis impressae esse. 213) *Leges Novellae V. Anecdotae* | *Imperatorum* | *Theodosii Iunioris* | *Et* | *Valentiniani III.* | *Cum Ceterarum Etiam Novellarum Editarum Titulis* | *Et Variis Lectionibus* | *Ex Vetustissimo Cod. MS. Ottoboniano Depromptis* | *Quibus accedunt aliae Valentiniani III. Constitutiones iam editae* | *Quae In Cod. Theod. Desiderantur* | *Ac Tandem* | *Lex Romana Seu Responsum Papiani* | *Titulis Anecdotis Variisque Lectionibus* | *Auctum Ad Fidem Praefati Codicis* | *Et Alterius Sueco-Vaticani* | *Opera Et Studio* | *Iohannis Christophori Amadutii* | *Qui Praefationem Et Adnotationes Adiecit.* | (Post haec excusi sunt duo nummi, quorum unus alter Theodosii iun. alter Valentiniani III. effigiem repraesentat.) *Romae MDCCLXVII.* | *Aere Venantii Monaldinii Bibliopolae.* | *Typis Zempelianis.* | *Praesidum Facultate* |. Verba *Leges* — *Anecdotae, Theodosii Iunioris, Valentiniani III., Ex* — *Depromptis, Quae* — *Desiderantur, Lex* — *Papiani, Et* — *Vaticani, Iohannis* — *Amadutii, Romae MDCCLXVII, Praesidum Facultate* rubro colore expressa sunt. Forma libri maxima est et typorum nitida, charta splendida. Custodes et signaturae adsunt. Hugo l. c. p. 213 sq. Barkow l. c. p. X. sqq. et XXVIII. Constat liber ex 1) CII paginis, quae romanos, et ex 324 paginis, quae numeros arabicos habent. In illis insunt: a) pag. I—VIII. Epistola Amadutii scripta *Iohanni Carolo* | *Boschio* | *S. R. E. Cardinali Eminentissimo* | *Amplissimoque* | *Et Maiori Poenitentiario* | ; b) p. IX—LXXVI. *Praefatio*; c) p. LXXVII—XCV. *Iohannis Christophori Amadutii* | *Commentarius* | *In Vitam Cl. Viri* | *Constantini Ruggerii*; d) p. XCVI. *Censorum Aloysii Guiduccii in Romana Curia Advocati* et *Caroli Simonis Neronii Iurisconsulti Adprobationes dat. VIII.* et *XVI. Kal. Decembr. MDCCLXVII.*; e) p. XCVII. *Imprimatur D. Patriarch. Antioch. Vicesgerentis* et *Fr. Thom. Augustini Ricchinii Ordinis Praedicatorum Sacri Palatii Apostolici Magistri*; f) p. XCVIII. *Monitum*; g) p. XCIX. *Errata*; h) p. C—CII. *Series* | *Seu* | *Conspectus* | *Eorum, quae in hoc Opere continentur*. Proximum folium numeros in ora paginarum non habet, sed hunc titulum Novellarum: *Leges Novellae Quinque Anecdotae* | *Ex Vetustissimo MS. Ottoboniano Depromptae* | *Quarum Tres Priores* | *Ad Imp. Theodosium Iun.* | *Duae Vero Posteriores* | *Ad Valentinianum III.* | *Pertinent* | *Quibus accedit Clausula anecdota alterius Novellae* | *Valentinianeae*. In paginis, quae numeros arabicos habent, haec insunt: a) pag. 1—64 Novellae anecdotae (vid. infr. not. 229); b) p. 65—111 (sed p. 65 et 66 non numeratae sunt) *Indices* | *Titulorum Novellarum* | *Theodosii Iunioris* | *Valentiniani III.* | *Et* | *Maioriani Imppp.* | *Ad Fidem* | *Vetustissimi MSS. Ottoboniani* | *Additis insuper variis lectionibus ex eodem Mss. depromptis,* | *quibus editae Novellae restituuntur, et emendantur* | ; c) p. 112—114 *Auctarium* | *Variarum Lectionum* | *Aliquot* | *In Nonnulla Loca Institutionum Caii* | *Ad Fidem* | *Vetustissimi MSS. Ottoboniani* | ; d) p. 115—130 (sed pag. 115 et 116 numeros non ferunt) *Constitutiones* | *Valentiniani III. Imp.* | *Iam Ab Aliis Antea Editae,* | *Quae* | *In Codice Theodosiano Desiderantur,* | *Quaeque in eius Supplementum nunc recuduntur,* | *atque adnotationibus illustrantur* | (cf. Marini, *I Papiri Diplomatici. Romae* 1805. fol. n. LXXIII, p. 108 sq. et p. 245 sqq. Spangenberg, Iuris Romani Tabulae Negotiorum Sollemnium — Superstites. Lipsiae 1822. 8. n. LXXIII. p. 365—372); e) p. 131—295 (sed pag. 131 et 132 numeros non habent) *Lex Romana,* | *Seu* | *Responsum Papiani* | *Theoderici* | *Francorum Regis* | *Iussu Editum,* | *Ad Fidem* | *Vetustissimi MSS. Ottoboniani* | *Nunc Recusum,* | *Atque ex eo Titulis anecdotis, tum et accuratioribus Lectionibus* |

perillustris Hugo scribit [214]), quae laus etsi non omnes, tamen multos habet in se numeros veritatis. Id enim egit Amadutius, ut quae nova codex Ottobonianus haberet, quantum typis aereis fieri posset, quasi repraesentaret. Quare apographum, quod ipse fecerat, accurate cum Ottoboniano codice conferri curavit a Callistio Marinio *Pisaurensi*, ut non tantum singulae voces et literae, sed etiam sigla, orthographia et amanuensis sphalmata omnino convenirent. Neque vero in eo substitit; novellas enim, quas descripserat, codicem imitatus rotundis literis in superiore paginarum parte expressit, et cum intelligeret, fore, ut hoc modo rudes et incorrectae essent, quicquid earum in singulis paginis descriptum erat, ibidem ad nostram scribendi rationem literis inclinatis, quibus a superioribus versibus distingueretur, reduxit et annotationibus explanavit. Summa igitur fide rem gessit Amadutius, neque vero propter eam solam laudandus est; nam scite in praefatione de codicis Ottoboniani ambitu, indole et natura disputavit, quae fata habuerit quique eo usi sint, enarravit, res, quae historiam novellarum et vitam eorum, qui commemorantur, illustrarent, congessit notitiamque provinciarum addidit, nonnunquam locos corruptos feliciter emendavit, indices denique cum libri sui, tum titulorum novellarum, quas codex habet, suo quosque loco apposuit et rationem, qua librum suum composuisset, declaravit. Reliquis, quae habet, quominus eandem laudem tribuam, haec maxime me impediunt. Primum enim in praefatione, ubi de fontibus iuris, inprimis de novellis loquitur, saepe erravit, deinde tantum abest, ut quae male scripta essent, emendarit, ut multa intacta reliquerit; porro annotationes rebus, quae nihil facerent ad interpretandas corrigendasque novellas, oneravit, tum Codicis Iustiniani leges ex novellis depromptas, si quidem eas nominavit, non ex ipso Codice, sed ex Rittero protulit, praeterea *Commonitorium*, quod dicitur, *pro homine quodam in Siciliam misso ad componendos reditus* etc.*) falso pro Valentiniani III. constitutionibus habuit, quibus Codex Theodosianus supplendus esset, postremo, quod longe gravissimum est, editas novellas cum Ottoboniano codice ita negligenter contulit, ut diversas scripturas maximam partem ne commemoraret quidem, nedum exponeret. Quibus ex caussis eum de historia et indole codicis, de anecdotis novellis indicibusque titulorum multum promeruisse concedo, nego de editis. Quid utilitatis Legi Romanae Burgundionum attulerit, Barkow explanavit, verum hanc quoque cum editis libris saepe falso collatam esse affirmo.

In Conciliorum Collectione, quam Labat divulgavit, novellas aliquas leges reperiri, dixi in praefatione Codicis Theodosiani [215]); omnes descripsit ex Gothofredi exemplo, sed hic et illic emendavit [216]).

Qua ratione, quibus subsidiis Beckius novellarum editionem instituerit, ex iis apparet, quae de Theodosiano eius Codice dixi [217]). Ad subsidia, quae ibi habuit, accesserunt Seldeni scripta, Rittershusius, Pithoei tertia sive Regia Parisiensis editio [218]), Amadutii liber, quibus instructus id perfecit, ut non solum novellas a Zirardino et ab Amadutio divulgatas cum reliquis coniungeret et multos locos, Ottoboniani inprimis codicis ope emendaret, verum etiam primus novellas Theodosii et Valentiniani recte discerneret paucisque exceptis ad suum ordinem revocaret, tabulis etiam synopticis suae editionis dispositionem cum prioribus editionibus, Sichardi, Cuiacii prima atque altera, Ritteri et cum codice Ottoboniano compararet. Quare, quamquam totius libri ratio impediret, quominus uberior diversae scripturae copia proferretur, tamen omnium editionum optima est et profecto emendatissima esset, si Amadutius codicis Ottoboniani scripturas cunctas exhibuisset, quas cum exhibere neglexisset, veras Beckius aliis in locis restituere non potuit, in aliis mutavit [219]). At vero ordinem titulorum, quem in codice Ottoboniano invenerat et rectum esse perspexerat, sine necessitate nonnunquam evertit [220]), quater quoque novellas ab Amadutio [221]), bis a Zirardino [222]) primum editas esse affirmavit, praeterea Pithoeum emendasse interdum dixit, quae neutiquam ab eo emendata sunt, denique omnes diversorum imperatorum novellas contra Codicis Ottoboniani auctoritatem continuo numeravit. Quod asteriscos, ubi lacunae sunt, maximam partem omisit [223]) et novellarum libros numeris distinxit, fecit id prioribus editionibus inductus; communi similiter errore

---

auctum, quibus etiam variae Lectiones aliquae ex altero | Mss. Suevo-Vaticano, adnotationesque accesserunt | ; f) p. 296 nihil continet; g) p. 297—308 *Index | Auctorum, Et Virorum Illustrium | Qui In Hoc Volumine Laudantur, Et Notantur* | ; h) p. 309—322 *Index Alter | Rerum Memorabilium | Quae in hoc Volumine continentur* | ; i) p. 323 (quae falsum numerum 321 fert) *Auctarium* sive Constitutio Imperatorum Gratiani, Valentiniani III. et Theodosii I. ad Eleutherium ann. 381, primum edita in libro *Le sacre grotte Vaticane.* 1635. p. 21, hic accurate videtur descripta ex lapide, nuper repetita in libro: *Antiquitatis Romanae Monumenta Legalia Extra Libros Iuris Sparsa — Esui Expeditiori Accommodavit* — Haubold. *Berolini* 1830. 8. p. 294 sq. 214) l. c. p. 213. *) Haubold, Inst. iur. Rom. lit. Tom. I, p. 256 et Spangenberg, Tabulae negot. sollemn. p. 365 sqq. 215) p. XXII, not. 128. Descripsit Nov. Th. tit. III. de Iudaeis; Nov. Val. tit. XVI. de Episcop. ordin.; tit. XXXIV. de Episcopali iudicio; Nov. Mart. tit. V. de Testam. cleric.; Nov. Maior. tit. VI. de Sanctimon.; tit. XI. de Episcopali iudicio. Reliquos scriptores, qui hanc vel illam novellam solam habent, omisi. Vid. v. g. tit. XVI. Nov. Val. 216) Inter alia cf. Nov. Maior. tit. VI, not. *c*, *h*. 217) Praefatio Codicis Theodosiani p. XXI, not. 120 sqq. 218) Vid. supr. p. XXIII. Ea usum esse Be. neque vero prima aut altera, patet ex literis: „*in m.*“, quibus notas Pithoei repetit. In nonnullis novellis inspexit etiam Mansii et Ballerinorum collectiones. 219) Inter al. vid. Nov. Th. tit. X. de Postulando nov. 1 in f., not. *r*. 220) Suo loco movit Novv. Th. tit. III. de Iudaeis, tit. VII. de Amota milit. f. pr., tit. XXV. de Metatis, Novv. Valent. tit. II. de Postulando, qui in tres titulos discerptus est, quorum duo idem rubrum habent; tit. XIV. de Pretio Solidi; Novv. Maior. tit. II. de Indulg. reliq. et titulos, quorum rubra tantum supersunt, quibus mutatis sequentium quoque titulorum numeri falsi sint, necesse est. 221) Vid. Be. p. 1242, not. *t*, p. 1249, not. *c*, p. 1255, not. *e*. 222) Vid. Be. p. 1282 sq., not. *b*—*h*. 223) Nonnunquam punctis, si quid deest, demonstratur. Cf. Be. p. 1283, 1355, 1392.

in fronte libri novellas partim *epitomatas* appellat; nam delectum quidem novellarum Visigothi habuerunt, neque vero novellas in compendium contraxerunt, praeter novellam Maioriani de Episcopali iudicio.

Disputavi in superioribus de singularum editionum habitu*). Iam classes faciendae sunt. Solius Breviarii novellae inveniuntur apud Aegidium atque Sichardum, et apud illum quidem in compendium redactae, auctae vero sex Maioriani titulorum rubris, hic integrae cum interpretatione. Integrae etiam cum interpretatione, sed coniunctae cum legibus titulisque Codicis Theodosiani et aliis iuris libris, quos Breviarium non habet, insunt in his editionibus: binis Cuiacianis, Aurelianensi, Lugdunensi, Gothofredi, Ritteri, Labati, denique Beckii, modo quod a Beckio interpretatio abest, ut mittam Amadutium, qui eodem libro Legem Romanam comprehendit. Novellas solas et sine interpretatione quidem, neque vero cunctas divulgaverunt P. Pithoeus, Cuiacius in Observationum libro XVI., c. XXII. et XXIII., Zirardinus et Amadutius, solas novellas et omnes, quae tunc temporis innotuerant, collegit Rittershusius et interpretationem Visigothorum retinuit. Commentariis denique novellas instruxerunt Ritterus, Zirardinus, Amadutius, criticis notis neque vero commentariis Sichardus, Cuiacius, quem Aurelianensis sive Lugdunensis editor secutus est, Pithoeus, Rittershusius, Beckius. Haec quasi ad externam formam novellarum in editionibus spectant, habita vero internae indolis ratione interest aliquid inter novellas Breviarii et reliquas. Breviarii novellas pariter atque Cuiacii prima, ita Lugdunensis etiam, Aurelianensis, Rittershusii, Gothofredi editiones ad Sichardi librum potissimum exhibuerunt; quod ad reliquas attinet, novellas a Cuiacio Lugduni divulgatas repetierunt praeter Aurelianensem sive Lugdunensem editorem Rittershusius, Gothofredus, Ritterus, sed interdum emendarunt ex Pithoei potissimum editione; Pithoei vero novellas recepit et cum ceteris coniunxit Cuiacius anno MDLXXXVI., quem secuti sunt Lugdunensis editor, Rittershusius, Gothofredus, Ritterus, sed Gothofredus Lugdunensi editione usus, Rittershusius Aurelianensi et Pithoei altera. Manifestum est igitur, omnes editiones, quae post Pithoeum, sed ante Zirardinum divulgatae sunt, Pithoeo niti. Sed quae modo dixi, de Theodosii et Valentiniani potissimum, neque vero de Maioriani novellis accipienda sunt; nam Maioriani novellae, quas Breviarium habet, et Sichardus vulgavit, eaedem sunt in editione Cuiacii prima, Aurelianensi, Lugdunensi, Rittershusii, Gothofredi, quas Cuiacius primum edidit, in Aurelianensi, Lugdunensi, Rittershusii, Gothofredi editione; omnes vero in altera demum Cuiacii et Ritteri editione hic et illic mutatae sunt, excepta de Adulteriis novella, quae ubique cum Pithoei libro convenit. Denique vero Beckius sine ullo novellarum discrimine ex omnibus editionibus, inprimis ex Amadutio, quod optimum esse putaret, hausit atque restituit. Ordo novellarum qui sit in diversis editionibus, infra demum explicari potest.

Cum libri manu scripti, quos editores adhibuerunt, manci sint, alii aliis modo uberiores, modo breviores, editiones quoque diversae amplitudinis sunt, et cum novellae primum ex Breviario Alarici prodierint, iis autem paullatim aliae ex aliis codicibus accesserint, non inutile est exponere, quomodo hoc evenerit*). Et Aegidius quidem XXXI titulos, sed in compendium redactos ex Breviario divulgavit et praeter eos sex novellarum Maioriani rubra [224]), unius vero summam. Illorum verba et interpretationem primus Sichardus edidit, verum cum titulum de Theodosiani Codicis Auctoritate ante hunc Codicem posuit, de titulis Theodosii unum diminuit, habet igitur Theodosii X titulos pro XI, totius vero Breviarii XXX pro XXXI, quibus XXXII [225]) novellae continentur. Cuiacius anno MDLXVI. titulum de Theodosiani Codicis Auctoritate ad novellas revocavit, Breviarii igitur titulos XXXI habet aut novellas XXXIII; eas auxit sedecim titulis totidemque novellis, et cum XXXIV titulorum sive XXXIII — nam unus, de Honoratis, delendus est — indices accesserint, LXXX titulorum rubra illo tempore innotuerunt, novellae vero non amplius XLIX [226]). Titulos illos Pithoeus edidit una cum XLIII novellis [227]), quo facto XCII novellae divulgatae erant, inter quas una ex duarum novellarum fragmentis constitit [228]). Paullo post tres novellas Cuiacius in Observationibus in vulgus emisit et in altera editione per tres titulos distribuit, novellisque Theodosii subiunxit. Fuerunt igitur ad illud tempus LXXXIII tituli et XCV novellae. Mansit hic numerus, usque dum Zirardinus sex novellas, quattuor integras, duas mancas

---

*) Nonnulla habet Zirardinus l. c. p. 26. 224) *Nov. Th.* tit. I, II, III, IX, XI, XIII, XIV, XV, XVI, XX, XXII, undecim igitur titulos; *Nov. Valent.* tit. XIII, XVII, XIX, XX, XXII, XXIV, I, XXVI, XXX, XXXI, XXXII, XXXIV, duodecim igitur titulos; *Nov. Martiani* tit. I — V.; *Nov. Maioriani* tit. VII, XI, duo igitur titulos et rubra titulorum I — VI.; *Nov. Severi* tit. I. 225) Nov. Th. tit. XXII. de Bonis decur. duae sunt novellae; totidem Nov. Val. tit. XX. de Testam.; reliquorum una tantum novella est. 226) *Theodosii* novellas auxit Nov. Th. tit. XII., Nov. Val. tit. VIII. nov. 2, Nov. Val. tit. XVI., Nov. Th. tit. XXIV — XXVI.; *Valentiniani* novellas Nov. Val. tit. XXV, XXVII, XXXV.; novellas *Maioriani* tit. I — VI.; novellas Severi tit. II. Nominati sunt in indice titulorum *Theodosii* Novv. Theodosii tit. V — VIII, X, XVIII., Nov. Valent. tit. IX, X, XII, XVIII, XIV, XV, XXIII., Novv. Th. tit. XIX, XXI, XXIII.; in indice titulorum *Valentiniani* Nov. Valent. tit. II, XXIX, XXVIII, XXXIII, III — VII., Novv. Th. tit. IV, XVII., Nov. Valent. tit. XI (bis), XXI., praeterea Nov. Maior. tit. IX. et Anthemii tit. I — III. Innotuerunt igitur *Nov. Theodosii* tituli XXXIII, *Valentiniani* XXVIII, *Martiani* V, *Maioriani* IX, *Severi* II, *Anthemii* III. 227) Edidit igitur Petrus Pithoeus *Nov. Theod.* tit. V. nov. 1 — 3; tit. VI.; tit. VII. nov. 1 — 4; tit. VIII.; tit. X. (sed utramque huius tit. novellam in unam conflatam); tit. XVIII.; *Nov. Valent.* tit. VIII. nov. 1; tit. IX, X, XII, XVIII, XIV, XV, XXIII.; *Nov. Theod.* tit. XIX, XXI, XXIII.; *Nov. Val.* tit. II. nov. 2, XXIX, XXVIII, XXXIII, III — V, VI. nov. 1 — 3; VII, 1 — 3; *Nov. Theod.* tit. IV, XVII. nov. 1; *Nov. Valent.* tit. XI, XXI.; *Nov. Maior.* tit. IX.; *Nov. Anthemii* tit. I — III. Deductae sunt sex illae novellae, quas tantum supplevit. Vid. supr. not. 159. 228) Vid. not. antec.

una cum trium novellarum Maioriani rubricis ex Ottoboniano codice eruit [229]). Supersunt igitur LXXXVI tituli et C novellae [230]), cum una ex duobus eiusdem legis fragmentis composita sit. Et numerus quidem ille omnino cum Beckii, qui XCIX novellas habet, computatione conveniret, aut cum mea, nisi Beckius titulum et novellam de Theodosiani Codicis Auctoritate praeposuisset Codici Theodosiano et tres illos Maioriani titulos in notas abiecisset, ego vero nonnullas, quae per diversos titulos solent distribui, novellas in unum contraxissem [231]), et Maximi unum titulum addidissem. Adhuc igitur deesse novellas, ex iis, quae modo dixi, apparet, nimirum Maximi unam vel plures, Maioriani tres [232]) et praeter eas Valentiniani primam tituli II. de Postulando. Neque dubito, quin leges, quas Lex Romana Burgundionum [233]) et interpretatio c. 1 Cod. Greg. Si adversus venditiones (II, 3) memorant, aut fragmenta, quae ex rei agrariae scriptoribus notis Nov. Theod. titulorum XVII. et XXIII. subiunxi, in novellarum aliquo libro fuerint, quid quod multo plures, quam supersunt, novellas constitutiones a Theodosio, Martiano, Leone datas esse infra demonstrabo [234]).

Quae hactenus dixi, ordinem novellarum in libris manu scriptis et in editionibus dissimilem esse ostendunt. Explicanda est igitur caussa dissimilitudinis et demonstrandus vetus ordo, quod priusquam fieri potest, necesse est exponatur de confirmatione novellarum, et de ratione, qua in imperio Romano collectae sint.

Iam vero ante Codicis Theodosiani confectionem utriusque imperii principes invicem leges inter se communicare solebant [235]). Morem quasi in legem mutavit Theodosius II. c. 5 C. Th. de Constitutionibus princ. (I, 1), data VI. Kal. April. CCCCXXIX. [236]), quae si integra esset, multas dubitationes tolleret, quibus impedita est [237]). Ea nisus Theodosius Codicem suum Valentiniano III. anno CCCCXXXVIII. transmisit una cum constitutione de Theodosiani Codicis auctoritate, qua legem illam mutatis verbis iteravit [238]). Recepit Codicem confirmavitque in partibus Occidentis Valentinianus, et ut scirent omnes, cur ita egisset, constitutionem quintam Gestis Senatus Urbis Romae de Recipiendo Codice Theodosiano interponi passus est, ubi haec consulis Anicii Acilii Glabrionis Fausti verba antecedunt: „*hanc quoque orbi suo dominus noster Theodosius adiicere voluit dignitatem, ut in unum collectis legum praeceptionibus, sequenda per orbem sedecim librorum compendio — constitui iuberet. Quam rem aeternus princeps, dominus noster Valentinianus, devotione socii, affectu filii comprobavit.*" Eandem legem videtur Theodosius intellexisse in novella de Confirmatione Legum Novellarum Theodosii A., dat. Kal. Oct. anni CCCCXLVII., qua leges suas post Codicem Theodosianum latas *ad scientiam* Valentiniani *perferri* [239]) curavit, utramque Valentinianus, cum III. Non. Mai. ann. CCCCXLVIII. novellas leges Theodosii in Occidente confirmaret [240]). Alias aut posteriores leges, quibus constitutiones ex altero imperio in alterum transmissae sint, non inveni. Sunt quidem, qui credant titulum II. novellarum Anthemii de eadem

---

229) Revera Zirardinus tres tantum novellas integras edidit, Nov. Th. tit. XV, nov. 2, tit. XVII, nov. 2, Nov. Val. tit. I, nov. 1; unum titulum supplevit; vid. Nov. Theod. tit. X, nov. 1, §. 5, not. *p*; mancas edid. Nov. Val. tit. I, nov. 2 et tit. II, nov. 4. 230) Mancae sunt quattuor: ultima Theodosiana, Nov. Val. tit. I, nov. 2, tit. II, nov. 4, Nov. Maior. tit. XI. Novellae speciem prae se fert etiam Valentiniani const. ad Constitutionarios. 231) Vid. Nov. Valent. tit. II, not. sup. 232) Martiani s. Maioriani aliquam novellam deesse, nonnulli opinati sunt propter interpr. Nov. Val. tit. XXXIV. de Episc. iud., sed vid. ibi not. *. 233) Tit. XXXI. in f.: „*Intra annum criminalem quaestionem et proponi debere et finiri secundum legem Novellam.*" 234) Infra de Collectionibus novellarum loquar. 235) Egregie de hac re disputavit *G. F. Puchta*, Cursus der Institutionen. Lipsiae 1841. 8. T. I. p. 654 sqq. 236) *In futurum, si quid promulgari placuerit, ita in coniunctissimi parte alia valebit imperii, ut non fide dubia, nec privata assertione nitatur; sed ex qua parte fuerit constitutum, cum sacris transmittatur affatibus, in alterius quoque recipiendum scriniis, et cum edictorum solennitate vulgandum: missum enim suscipi et indubitanter obtinere conveniet, emendandi vel revocandi potestate nostrae clementiae reservata. Declarari autem invicem oportebit, nec admittenda aliter, etc.* Mutua pactione hoc constitutum esse, Puchta l. c. p. 654 dicit (*vereinigten sich beide Regierungen dahin*). Eius pactionis nullum est vestigium. Omnes leges, quibus de hac re constituitur, Theodosii sunt, Valentiniani nulla. Potius Theodosius alloquitur Valentinianum, quasi imperaret ei, qui ut in aliis rebus, in hac quoque obsequium praestitit Theodosio. Vid. quae ex Gestis supra recitavimus: *Hanc — iuberet*, not. 238 et not. 240: *Theodosius — repetitis constitutionibus caverat.* 237) Non integram esse, indicat illud *et cetera*, quo c. terminatur. 238) §. 5 c. de Theodosiani Codicis auctoritate: *His adiicimus, nullam constitutionem in posterum velut latam in partibus Occidentis, aliove in loco ab invictissimo principe, filio nostrae clementiae, perpetuo Augusto, Valentiniano posse proferri, vel vim legis aliquam obtinere, nisi hoc idem divina pragmatica nostris mentibus intimetur.* §. 6. *Quod observari necesse est in his etiam, quae per Orientem nobis auctoribus promulgantur.* 239) „*Quodsi quid iuris ab altero notrûm postea* (post Theodosianum Codicem) *conderetur, ita demum in alterius quoque principis regno vires proprias obtineret, quod generatim constitutum esset, si divinis prosequentibus scriptis ad alterum principem fuisset emissum. Quia igitur, diversis emergentibus caussis, per hoc transacti temporis intervallum ferri leges alias emergentium rerum necessitas persuasit, quae, nobis perpetua rerum publicarum occupatione districtis, ad scientiam perferri tuae maiestatis minime potuerunt, necessarium duximus, has nunc saltem universas tuae serenitati cum nostrae maiestatis subnotatione transmittere, quo subiectis et provinciis et populis solenniter innotescant, earumque vis etiam in occiduis partibus incipiat observari. Ac lites, quas inchoatas quidem, necdum tamen finitas eo tempore, quo publicantur, invenerint, secundum earum tenorem volumus terminari: illas autem, quae iam vel sententiis definitivis vel transactionibus decisae sunt, minime resuscitari.*" 240) In Nov. Val. tit. XXV. de Confirmatione Legum Novellarum D. Theodosii: „*Theodosius, clementiae meae pater, leges a se post Codicem nominis sui latas nuper ad nos, sicut repetitis constitutionibus caverat, prosequente sacra praeceptione direxit — Magnificentia tua, nostrorum quoque apicum tenorem secuta, perferri eas in notitiam omnium cum supradicta venerabili iussione simul missa — tam suis quam provincialium iudicum decernet edictis, ut, sicuti uterque orbis individuis ordinationibus regitur, iisdem quoque*

re agere. Verum pro verbo *Legum*, quod in rubro tituli illius editiones habent, reponendum est *Legis*, quapropter sententia illa per se corruit [241]). Sermo est enim de una sola lege, quam Leo imperator *ad consultationem* Anthemii transmiserat, Anthemius tertio titulo promulgavit. Sponte Leonem leges suas Anthemio transmisisse, ut in Occidente confirmarentur, nullo loco dicitur. Solius igitur Theodosii leges ibi confirmatas esse certum est.

Ex iis, quae modo exposui et ex ipsis legibus contuli, tria potissimum deducuntur: primum *emendandi vel revocandi potestatem* alterius imperii principi *reservatam* esse [242]), deinde non ultra Valentinianum, qui anno CCCCLV. de vita decessit, imperatores solitos esse leges suas inter se communicare, denique nullam esse legem, qua Valentiniani eiusque successorum novellae constitutiones in Orientem missae aut ibi confirmatae sint. Et illam quidem revocandi potestatem videtur Valentinianus ita interpretatus esse, ut leges, quas improbaret, non sineret promulgari, nam quamquam Theodosius se leges suas *universas* [243]) transmisisse scripsit, tamen multae reperiuntur in Iustiniani Codice, quae in novellarum libris manuscriptis desunt, et vel Martiani novellarum legum, quibus Codicis illius compositores crebro usi sunt, non plures quam quinque integrae ad nos pervenerunt [244]). Neque post Valentinianum imperatores de altero imperio in alterum leges transmisisse, perspicitur ex Martiani et ex Leonis Novellis. Martiani enim novellarum recentissima X. Kal. Mai. ann. CCCCLV. data est; Leonis autem leges ex solo Codice Iustiniani innotuerunt, praeter unam, quae fortuito servata est inter Anthemii novellas.

Et haec iterum illustrant ea, quae tertio loco de transmissione vel confirmatione legum dixi, cum si annus ille recte se habet, eiusmodi legem de Valentiniani tantum neque vero de successorum eius novellis constitutionibus latam esse credibile sit. Quapropter aut Valentinianus omisit leges suas Theodosio mittere, aut Theodosius eas confirmare. Illud verum esse nego, cum propter arctam necessitudinem, qua Valentinianus et Theodosius coniungebantur, tum propter verba Theodosii, qui tarditatem officii non excusasset [245]), si Valentinianus suum officium deseruisset. Eas igitur a Theodosio reiectas esse puto; certe non esse confirmatas, nec auctoritatem habuisse in Oriente, ex Codice Iustiniani cognoscitur, qui nullam legem post Codicem Theodosianum in Occidente latam habet, sed solius Orientis constitutiones [246]).

Iam inquirendum est de libris, quibus novellae collectae sint. Nam eas collectas esse, non solum Theodosius declarat in novella de Confirmatione Legum Theodosii A., qua u n i v e r s a s suas leges *cum maiestatis suae subnotatione* Valentiniano transmisit [247]), verum etiam Iustinianus in Constitutione „Haec quae necessario de Novo Codice Faciendo“, ubi §. 2 de *codicibus* loquitur, *in quibus novellae constitutiones receptae sunt* [248]);

---

legibus temperetur.“ 241) Vid. Nov. Anthemii tit. II, not. *a*, tit. III, §. 1 in f., not. *z*. 242) Vid. not. 236. 243) Vid. not. 239. 244) XLII leges Theodosii per Codicem Iustinianeum dispersae ex novellis, quas habemus, depromptae sunt, nimirum Cod. Iust. I, 9, 19, I, 5, 7, I, 7, 5 ex Nov. Theod. tit. III; Cod. Iust. XI, 61, 13 ex Nov. Theod. tit. V, nov. 2; Cod. Iust. XI, 9, 5 et VI, 62, 5 ex Nov. Theod. tit. VI; Cod. Iust. III, 25, 1 ex Nov. Theod. tit. VII, nov. 1; Cod. Iust. III, 23, 2 ex eiusd. tit. nov. 2; Cod. Iust. XII, 55, 5 mut. et 3, VII, 62, 33 mut. ex eiusd. rit. nov. 4; Cod. Iust. I, 2, 10 et XI, 3, 2 (gem.) ex Nov. Theod. tit. VIII; Cod. Iust. I, 14, 5 et IV, 65, 30 ex Nov. Theod. tit. IX; Cod. Iust. II, 7, 6 ex Nov. Theod. tit. X; Cod. Iust. VI, 58, 10, VI, 56, 6 et VIII, 15, 6 ex Nov. Theod. tit. XI; Cod. Iust. V, 17, 8 ex Nov. Theod. tit. XII; Cod. Iust. VII, 42, 1 ex Nov. Theod. tit. XIII; Cod. Iust. V, 9, 5, VI, 61, 3 et I, 14, 6 ex Nov. Theod. tit. XIV; Cod. Iust. VI, 23, 21, VII, 2, 14 mut., V, 28, 8 ex Nov. Theod. tit. XVI; Cod. Iust. X, 12, 2 ex Nov. Theod. tit. XVII, nov. 2; Cod. Iust. XI, 65, 7 ex Nov. Theod. tit. XIX; Cod. Iust. VII, 41, 3 ex Nov. Theod. tit. XX; Cod. Iust. I, 31, 3 et XII, 30, 1 mut. (gemin.) ex Nov. Theod. tit. XXI; Cod. Iust. V, 27, 3 mut. ex Nov. Theod. tit. XXII; Cod. Iust. X, 34, 2, V, 27, 3, X, 35, 1 ex eiusd. tit. nov. 2; Cod. Iust. I, 46, 4, XI, 59, 3 et I, 31, 4 ex Nov. Theod. tit. XXIV; Cod. Iust. XII, 41, 9 ex Nov. Theod. tit. XXV; Cod. Iust. X, 28, 1 et XI, 58, 17 ex Nov. Theod. tit. XXVI. Ex Martiani novellis depromptae sunt quinque leges: Cod. Iust. VII, 51, 4 ex Nov. Mart. tit. I; Cod. Iust. XI, 69, 5 ex Nov. Mart. tit. III; Cod. Iust. I, 14, 9 et V, 5, 7 ex Nov. Mart. tit. IV. et Cod. Iust. I, 2, 13 ex Nov. Mart. tit. V.; in universum igitur XLVII leges Codicis Iustiniani ex Novellis Theodosii et Martiani emanant, nam V, 27, 3 bis numerata est, cum ex duabus eiusdem tituli novellis hausta sit. Sed praeter has et eas, quae geminatae sunt, Theodosii XLII aliae leges post Codicem Theodosianum datae inveniuntur in Codice Iust. et duae in Rei Agrariae scriptoribus, quae a novellarum libris absunt, Martiani autem XX, denique LXXVIII Leonis, qui anno CCCCLXXIV. supremum diem obiit. Vid. Tab. I. Memorabile est, paucas vel in ipso Codice Iust. inveniri leges, quas Theodosius post annum CCCCXLVII. dederit; maximam partem leges eius ante annum CCCCXLV. datae sunt. 245) Vid. not. 239. 246) Hoc iam dixi in Dissert. mea de Sirmondi Constitutionibus p. 19, not. *uu*. Nimirum in Iustiniani Codice circiter CCCXX leges supersunt post Codicem Theodosianum et ante Iustinianum datae. CLXXXVII usque ad annum CCCCLXXIV. datae sunt, post quem utriusque imperii coniunctio sublata est. Earum XLVII descriptas esse ex XXV Theodosii et Martiani novellis, exposui not. 244. Reliquas CXL leges cognitas habemus ex solo Codice Iustin. (vid. Tab. I.), neque inter eas aliae leges inveniuntur, quam quae a Theodosio, Martiano et Leone datae sunt; ab his autem datas esse, cognoscitur ex magistratibus et ex locis, qui in inscriptionibus et subscriptionibus commemorantur. Contra novellis Valentiniani, Maioriani, Severi, Anthemii superstitibus Codicis Iust. compositores nusquam usi sunt, neque in illo Codice ullum est vestigium legum, quas Occidentis imperatores dederint. Dubitari quidem potest de nonnullis legibus, quarum inscriptiones aut subscriptiones mutilae et imperfectae sunt, veluti I, 14, 8, 10; XII, 51, 22; at vero, cum reliquae omnes in Oriente datae sint, has quoque ibi datas esse verisimile est. Ceterum annumeratis epistolis, quas in libris iuris ecclesiastici et in conciliorum collectionibus inveni, legum post Codicem Theodosianum et ante eversionem imperii Occident. promulgatarum supersunt circiter CCXXX, earum vero, quae post Codicem Theodosianum et ante Iustinianum datae sunt, circiter CCCLXX. — Non inutile est addere, quod mihi aliquando clar. W i t t e literis nuntiavit, Russardum inprimis Codice Theodosiano et N o v e l l i s ad emendandum Iustiniani Codicem usum esse. Cf. etiam doctiss. H e r r m a n n, Praef. Cod. Iust. p. V. 247) Vid. not. 239. 248) Etiam quid quod leges in scriniis, ubi recipiendae erant [249]), colligi et ordinari debebant, cum aliter aptus earum usus fieri non potuisset. Loquuntur autem illi imperatores de codicibus eorum cura compositis, qui iussi erant leges in sacro laterculo deponere, colligere et in sacrarum constitutionum volumina transscribere. Loquuntur igitur de publicis codicibus, alii enim auctoritatem non habebant [250]). Codicum Orientis, in quibus novellae constitutiones ante Iustinianum publice receptae sint, nullum vidi vestigium nisi in Codice Iustiniani et in Actis Conciliorum [251]), cum Theodosii et Martiani novellae constitutiones, quas infra edam, ex libris in Occidente neque vero in Oriente scriptis innotuerint. Iam si materiam codicum spectamus, videntur illi Orientis tantum novellas constitutiones usque ad annum DXXVIII. comprehendisse. Abesse enim a Codice Iustiniani novellas constitutiones in Occidente latas, supra demonstravi, neque vero abessent, si quidem eas compositores Codicis Iustiniani in codicibus, quibus usi sunt, invenissent. Abfuerunt ab illis codicibus, quia imperatores Orientis Valentiniani novellas non confirmaverant, reliquas non acceperant. Ignorasse Codicis Iustiniani compositores novellas Valentiniani, quia seorsum in alio codice fuissent, incredibile est, nam iuris peritia pollebant. Certius natura et indoles codicum definiri potest, qui novellas in Occidente publice collectas complectebantur. Ipsi quidem perierunt, at vero cognoscuntur Breviarii ope, quocum omnes novellarum libri manuscripti cohaerent. Visigothi enim regio iussu egerunt, eos igitur publicis, non privatis codicibus usos esse probabile est, et consilium, quod in Theodosiano Codice ceperant, inprimis ordinem, quem invenerant, tenuisse. Complectebantur autem illi codices Theodosii II., Valentiniani III., Maximi, Martiani, Maioriani, Severi et Anthemii novellas. Hi enim principes soli in Breviario eiusque indicibus nominantur [252]), quamquam Maximi et Anthemii novellae Breviario postea, ex eodem videtur fonte, adiectae sunt. Leonis igitur, Aviti et Glycerii leges abfuerunt. Leo enim novellas suas

---

§. 1 const. „Summa reipublicae tuitio“ de Iustinianeo Codice Confirmando loquitur de multitudine constitutionum tribus veteribus codicibus *adiectarum* (*sed cum sit necessarium multitudinem constitutionum, tam in tribus veteribus codicibus relatarum, quam post earum confectionem posterioribus temporibus* *a d i e c t a r u m*, *ad brevitatem reducendo, caliginem earum — penitus exstirpare*), quae res videtur *C. A. de W i n c k l e r* movisse, ut *Theodosium Codice suo absoluto Novellarum suarum ac Valentiniani constitutionum syntagma* *a d i e c i s s e* scriberet in Animadv. VII. iuris antiqui „Analect. ad Aemil. Lud. Hombergk zu Vach de Collectione Novellarum a Iustiniano facta diatr.“ sive XII Observ. iuris antiqui. Lipsiae 1788. 4. p. VII (in Opusc. Min. Vol. I. Dresdae et Lipsiae 1792. 8. p. 416). 249) Cf. not. 236: *in alterius quoque recipiendum scriniis.* Relatas esse in regesta diversorum scriniorum dicit §. 6 Const. de Theod. Cod. Auct. et in *adnotationibus* principum c. 3 C. Th. de Off. pr. praet. (I, 5). Habebantur etiam apud militum sancta principia. Cf. §. 6 cit. De sacris scriniis, ubi legum codices asservabantur, cf. Ritter ad §. 3 Const. de Theod. Cod. Auct., not. *z.* 250) Usus legum publice colligendarum et in constitutionum libros transscribendarum probatur compluribus Iustiniani iuris locis, v. g. a) Const. de Emend. Codicis §. 4: *hoc etenim nemini dubium est, quod si quid in posterum melius inveniatur, et ad constitutionem necessario sit redigendum, hoc a nobis et constituatur et in aliam* *c o n g r e g a t i o n e m* *referatur, quae novellarum nomine constitutionum significetur.* Nov. XVII. pr. *Ex libris antiquis* (cf. G. E. H e i m b a c h, Anecd. T. I. Lips. 1838. 4. p. 52. C. E. Z a c h a r i a e, Anecd. Lips. 1843. 4. p. LIII. et 26), *qui iura Romani nominis continebant, non ignorat tua sublimitas, quanta de mandatis principum legum latores in suo quisque volumine conscripserunt — eadem mandata et* *i n l i b r i s l e g u m t r a n s s c r i b i* *et* *i n s a c r o l a t e r c u l o d e p o n i p r a e c i p i e t.* Nov. XXIV, c. 6: *itaque et eiusmodi sacra mandata* *i n s a c r o l a t e r c u l o r e p o n i* *iussimus — hanc sane legem sacrarum nostrarum constitutionum lectio omnibus ostendet (nam et hanc inter eas scribi iussimus).* Nov. XXV, cap. 6. *sed etiam ex iussionibus imperialibus, quae mandata principis veteres imperatores et legislatores vocarunt, quae scripta* *i n s a c r o n o s t r o l a t e r c u l o d e p o n i* *iussimus* — (Epilog.) *Hanc itaque legem nos quidem* *s a c r a r u m n o s t r a r u m c o n s t i t u t i o n u m l i b r o* (βιβλίῳ) *i n s e r i* *iussimus.* Nov. XXVI, cap. 5, §. 1: *Hanc vero legem* *l i b e r l e g u m* (τὸ τῶν νόμων βιβλίον) *continebit.* Cf. F. A. B i e n e r, Geschichte der Novellen Iustinians. Berlin 1824. 8. p. 38 sqq. Edicta praefectorum antiquitus collecta ex Marciano potissimum cod. edidit Z a c h a r i a e l. c. p. 227 — 278, quorum ed. XVIII. *De archiis in provinciis et ab actis* et ed. XXXII. *ut gestis omnia instrumenta inserantur,* inprimis digna sunt, quae commemorentur. Augeri possunt illa edicta ex conciliorum libris. De legum ecclesiasticarum codd. cf. B i e n e r l. c. p. 40. Fuerintne in codicibus novellarum legum publicis epistolae illae imperatorum, quae in Actis et libris conciliorum reperiuntur, non omnino definire possum; sed multas earum, quae supersunt, ex gestis Conciliorum sumptas esse puto; saepe enim commemorantur *actorum sequentia,* monumenta synodorum, saepe quoque ii, qui a secretis sacri consistorii fuerunt, *ex eadem scheda* recitaverunt. At vero memorabiles sunt illi loci, ubi *Constantinus devotissimus a secretis sacri consistorii* dicitur *sacras literas* *e x c o d i c e* *synodo recitasse.* Cf. Epist. Theodosii ad Dioscorum Alexandriae episcopum — Dat. VIII. Kal. April. Constant. Zenone et Postumiano Coss. (448) aliaque epistola ad eundem ann. 451. Item *devotissimus Veronicianus a secretis sacri consistorii* *e x i p s o c o d i c e* ann. 451 recitavit sacras literas Martiani directas Proclo, viro spectabili Proconsuli Asiae (Act. Conc. II, 77), eodemque anno *e x e o d e m codice* literas scriptas Dioscoro, rever. episc. Alexandriae, et Iuvenali, episc. Hierosol. (Act. Conc. II, 80) et sacrum commonitorium datum Elpidio, viro spectabili Comiti sacri consistorii eodemque tenore scriptum Eulogio, viro spectabili Tribuno et notario (Act. Conc. II, 76). Similiter ann. 451 sacrae literae scriptae synodo Ephesin. de sanctae memoriae Flaviano, quae superius continentur, perlectae sunt *e x c o d i c e.* Itaque in conciliis literae imperatorum ex codicibus recitatae sunt; fuerunt igitur codices, in quibus collectae essent, quosque, cum adhiberentur a summis viris, qui iussu principis conciliis interessent sive praeessent, publicos fuisse puto. Neque dubito, quin non solas leges ad rem ecclesiae spectantes continuerint, verum etiam alias, cum et inter ipsas novellas hoc genus leges reperiantur. Neque obstant huic sententiae acta conciliorum, in quibus servatae sunt. Recitatae sunt ex codicibus illis, tum transscriptae in acta et gesta conciliorum, his servatae. — Non inutile est h. l. commemorare, esse in bibliotheca Carpentoratensi Peirescii librum aliquem manuscriptum (II. Vol. 1, 2), qui catalogos codicum contineat, ibique in catalogo Bibliothecae Mss. Constantinopolitanae nominari „No. 116 N o v e l l a s o m n i u m i m p e r a t o r u m.“ 251) Cf. not. antec. in f. 252) De cod. Vatic. Reg. Sueciae MXXIII. et Reg. Par. MMMMCCCCXII. vid. Nov. Maximi de Summo siliq., not. sup. et de non misit in Occidentem, Avitus senatui et populo Romano invisus regno, quod Theodorici, Visigothorum regis, auxilio usurpaverat, post paucos menses se abdicavit et a senatu morte mulctatus est; Glycerius autem obscurae originis ac tyrannus potius quam imperator fuit, quare nec edictum eius ex canonum codice Vaticano Reginae Sueciae MDCCCCXCVII. a fratribus Balleriniis editum in codicibus illis fuisse arbitror [253]). Ab Olybrio quoque, Iulio Nepote et Romulo Augustulo novas leges latas esse, Zirardinus opinatur; verum omnes illi principes breve et quasi precarium imperium gesserunt, itaque facile accidere potuit, ut nullam omnino legem promulgarent [254]).

Praeterea ordo novellarum definiri potest; nam ut in Breviario quinque deinceps imperatorum, Theodosii, Valentiniani, Martiani, Maioriani, Severi leges sequuntur, ita imperatores in codicibus illis positos fuisse puto, et ut observata titulorum novellarumque serie chronologica delectus novellarum in Breviario factus est [255]), ita videntur eadem serie novellae leges ordinatae fuisse [256]). Denique etiam aetas certa est, qua novellae constitutiones in codices illos publicos congestae sunt; incidit enim intra annum CCCCXXXVIII. et annum CCCCLXXII., quo Anthemius diem supremum obiit. Paullo post eversum est imperium Occidentis, et quamquam fortasse accidit, ut privati homines romanorum imperatorum leges colligerent, tamen post eversum imperium publice eas collectas esse nego. An nomen commune codices illi habuerint, nescio. *Corpus* quidem *Novellarum* nominatur in tit. II. Legis Romanae Burgundionum [257]), cuius auctor amplo quodam novellarum libro, neque vero Breviario usus est [258]); dubito autem, hoc nomen ex codicibus ipsis deprompserit, an ipse finxerit.

Constat inter omnes, Visigothos delectum novellarum habuisse. Postea aliae ab hominibus ignotis Breviario adiectae sunt, in regione aliqua a Burgundionibus olim subacta et in Gallia. In illa idem iste Breviarii codex auctus est, unde Ottobonianus originem ducit. Regionem demonstrat Lex Romana Burgundionum, quae non solum addita, verum etiam novellis praefixa est, magni igitur aestimabatur ab eo, qui legem addidit, quapropter Breviarium illud auctum esse puto, cum Lex Romana Burgundionum adhuc valuit, paullo post igitur, quam Breviarium promulgatum est [259]). Videtur autem, qui Breviarium auxit, codicem in duas partes divisisse, quarum alteri Theodosianum Codicem tribuit, alteri, praeter Legem Romanam Burgundionum, Novellas et reliquas Breviarii partes, ita tamen ut ad novellas alium librum adhiberet quam Breviarium, omitteret igitur interpretationem, perinde atque in codice Regio Parisiensi MMMMCCCCVI., qui Breviarium continet, liber XVI. Codicis Theodosiani restitutus est. Adhibuisse autem codicem aliquem, qui complecteretur novellas publice collectas, ex convenientia Ottoboniani codicis cum Breviario apparet*), apparet etiam ex Breviarii libris antiquitus in Gallia aucti, ubi complures novellarum tituli eodem ordine atque in Ottoboniano codice inter se cohaerent. Quare omnes illi libri ex codicibus originem ducant necesse est, qui et in Burgundia et in Gallia auctoritatem habuerunt, novellas igitur publice collectas continuerunt [260]). Cum is, qui in Burgundia Breviarium auxit, amplum novellarum corpus reposuerit, non modo Theodosii, Valentiniani, Maioriani leges novellas videtur adiecisse, verum etiam Martiani, Maximi, Severi, Anthemii. Utrum autem omnes, quas invenisset in libro suo, novellas substituerit, an delectum earum habuerit, non liquet, quamquam admirationem movent novellae illae leges Valentiniani, quae in Pithoei libro et apud rei agrariae scriptores sunt, desunt in Ottoboniano codice [261]). Quicquid est, eum paucos titulos omisisse puto. Omnes enim Theodosii et Valentiniani titulos, quos Ottobonianus codex habet, habet etiam Pithoei codex, Fuldensis et Seldeni. Mox codex, aut si periit apographum eius, ex quo Ottobonianus liber ductus est, multorum foliorum iacturam fecit. Periisse enim non solum Martiani, Severi, Anthemii novellas, verum etiam alia folia, ex iis, quae supra de Ottoboniano codice dixi, apparet, neque dubito,

---

Fuldensi cod. supr. p. X. 253) Corrigendum est, quod infra p. 265, not. sup. v. 6 a. f. dixi: *locus enim Novellas Maximi a libris Novellarum, quos Visigothi adhibuerunt, abfuisse,* et repon. *locus — Maximi ab antiquissimis libris Legis Romanae Visigothorum abfuisse.* 254) l. c. p. 30. Cf. Amad. l. c. p. XXXIX. In L. Rom. Burg. tit. XXV. Novellam Maioriani tit. IX. significari, neque vero legem deperditam, dixi ad eandem Nov. 255) Nam libros legum perlegebant et leges, quas nollent recipere, signo notabant. Tum reliquas, quibus nullum signum appositum erat, librarii conscripserunt. Ceterum ita constanter seriem chronologicam Visigothi secuti sunt, ut eam vel inter Theodosii et Valentiniani novellas observarent, nam ultima novella Theodosii, quam Breviarium habet, anno 443 data est, prima Valentiniani anno 444. Solam novellam de Confirm. Leg. Nov. Theod. A. una cum Nov. de Theodosiani Cod. Auct. eodem loco retinuerunt, ubi eam invenerant. Vid. not. * sq. 256) Non obstat tit. Valentiniani de Indulq. reliq. Vid. p. 122, not. sup. 257) Cum in L. R. B. etiam Martiani et Maioriani Novellae excerptae sint, mirum est, in tit. II. de Homicidio solum *Corpus Novellarum Theodosii et Valentiniani* nominari, quasi reliquae appendicis tantum loco fuerint. 258) Barkovius quidem praef. p. XLVIII. nonnullos locos ex interpretatione Novellarum haustos esse putat; equidem vero nego, nam quattuor loci prompti sunt ex Novella ipsa, reliquorum duorum aut trium fons incertus est. Quare del. in not. N. Th. tit. XI. de Tutor. et Nov. Val. tit. XXXIV. de Episc. iud. vv. *ad interpr. s. de interpr. cf. L. R. B.* 259) Certe ante saeculum X., quo codex Ottobonianus scriptus est. *) Nov. Val. tit. XII.; tit. XXIII. (in Ott. cod. Nov. Val. tit. XIII.), tit. XXIV. (in Ott. cod. tit. XV., deest enim in Pith. coll. hoc loco tit. Breviarii de Fructibus, qui in Ott. Nov. Val. tit. XIV. est), tit. XXV. (deest in Ott. cod.; sequuntur autem duo tituli Breviarii de Manichaeis et de Homicidiis, qui in Ott. cod. Nov. Val. tit. XVI. et XVII. sunt); tit. XXVI. (Ott. cod. Nov. Val. tit. XVIII.). 260) Vid. not. 257 et infr. p. XXXII. Etiam locus, quem Nov. de Confirm. Leg. Nov. Theod. A. una cum Novella de Theodosiani Codicis Auct. cum in Breviario tum in Codice Ottoboniano habet, hos libros ex publicis Novellarum codicibus originem ducere demonstrat. Mos enim erat in fronte librorum publica auctoritate scriptorum legem ponere, qua confirmabantur. Eadem caussa movisse videtur Visigothos, ut novellam illam de loco suo non depellerent. 261) Vid. sup. p. V.

quin laciniae, ex quibus Cuiacius tres novellas in Observationibus edidit, ad Breviarii, quod in Burgundia auctum erat, librum aliquem manuscriptum pertinuerint [262]).

Supra in Gallia quoque Breviarium auctum esse dixi; id a diversis hominibus factum esse arbitror. Primum enim nescio quis Theodosii novellis XXXVIII titulos, qui XLVIII novellas Theodosii et Valentiniani comprehendebant, subiunxit, una cum titulo Maioriani de Adulteriis et tribus Anthemii [263]). Eum usum esse eodem codice sive apographo eius, ex quo Ottobonianus originem trahit, videtur ex titulis illis apparere, quorum ordo cum Ottoboniano codice convenit [264]), etsi hic et illic turbata sit series chronologica [265]). Fateor, me olim prima specie inductum esse, ut hanc sententiam pro vera haberem. Nunc aliter sentio cum propter tres illos titulos novellarum Valentiniani, quos in codicibus Pithoei et Fuldensi adesse dixi *), sed deesse, et sine lacunae quidem signo, in Ottoboniano codice, tum propter titulos nònnullos, veluti de Principibus ag. in rebus et de Naviculariis, qui in hoc codice converso, in illis recto ordine subsequuntur [266]), quare eum, qui Breviarium novellis Theodosii et Valentiniani in Gallia auxit, alio, sed eiusdem generis, quam Ottobonianus est, codice usum esse credo. Neque vero continuo, sed vicissim, prout res incidit, ex Theodosii et Valentiniani libris novellas addidit; proxime enim a Breviario septem titulos (XII — XVIII) cum duodecim Theodosii novellis posuit, deinde novem (XIX — XXVII) cum decem novellis Valentiniani; tum sex titulos (XXVIII — XXXIII) cum totidem novellis Theodosii, porro et praefixis quidem verbis *Divi Valentiniani* XII titulos (XXXIV — XLV) cum sedecim novellis Valentiniani, denique duo titulos (XLVI et XLVII) cum duabus Theodosii et duo titulos (XLVIII et XLIX) cum totidem Valentiniani novellis. Ordinem igitur titulorum, paucis exceptis, turbavit, contra novellarum servavit, si quando plures idem titulus continuit. Cum ignoretur, ubi sit codex, ex cuius apographo Petrus Pithoeus novellas illas edidit, neque de tempore, quo adiectae sint, constat; sed videntur intra sextum et nonum saeculum additae esse, quia Fuldensis codex nono saeculo scriptus est. Ibi enim reperitur eadem titulorum Theodosii, Valentiniani et Maioriani series, quae in Pithoeani codicis apographo Parisiensi, neque quicquam mutatum est, praeterquam quod duo tituli accesserunt, alter Severi, alter Maximi, et Anthemii tituli ad ultimum locum revocati sunt [267]). Accedit, quod Reginoni, qui saepe Breviario utitur, ex simili codice novella Maioriani de Adulteriis innotuit, quam solam habet Pithoeanus codex. Eiusdem ordinis, quem codex Fuldensis habet, vestigia sunt in codicibus Vaticano Reginae Sueciae MXXIII. et Regio Parisiensi MMMMCCCCXII., quorum indices, praeter Maximi, Anthemii quoque novellas easque ultimo loco memorant, sunt etiam in editione Lugdunensi anni MDCLXVI., ubi alter Severi titulus additus est, sed ex codice in fine mutilo; titulos enim novellarum Anthemii Cuiacius a Pithoeo acceperat una cum indice reliquarum novellarum Theodosii atque Valentiniani. Ut ex Fuldensi, ita non dubito quin ex Seldeni libro Pithoeanae collectionis aetas definiri posset, si codex, ex quo ille descriptus est, ad nostram memoriam pervenisset. Eum enim ex eodem codice originem trahere, ex quo Pithoeanus et Fuldensis descendunt, tituli demonstrant, qui quamquam alium ordinem habent [268]), iidem sunt, totidemque et easdem novellas comprehendunt. Hactenus ostendi, quomodo Breviarium Theodosii et Valentiniani potissimum novellis auctum sit. Sed praeterea alius eiusdem terrae homo, fueritne librarius an iurisconsultus nescio, in supplendas Maioriani novellas incubuit, et sex titulos (I — VI.) binis illis, qui in Breviario erant (VII. et XI.), addidit [269]). Insunt in compendio Petri Aegidii et in codicibus Kelleri, Berolinensi, Parisiensibus MMMMCCCCVI. atque Supplementi Latini DCCLXXIX. Liber, qui adhibebatur, diversus quidem erat ab eo, ex quo Pithoeanus descendit; deest enim titulus de Adulteriis, sed quin is quoque publicus codex fuerit, dubitari nequit propter chronologicam seriem titulorum, quae eadem est in omnibus libris [270]). Videntur tituli illi additi esse ante saeculum nonum, quo nonnulli Aegidiani compendii codices scripti sunt. Bis igitur Breviarium in Gallia auctum est, primum Theodosii, Valentiniani et Anthemii novellis, quibus una Maioriani accessit, deinde solius Maioriani titulis; bis vero illarum ordo postea mutatus, aut partim, ut in Fuldensi codice, aut omnino, ut in Seldeni libro, quae omnia in Gallia facta esse hac de caussa puto, quia omnes codices, quibus Breviarium hoc modo auctum esse scimus, scripti sunt in Gallia.

Ex ordine novellarum, quem in libris manuscriptis esse dixi, non solum ratio facile explicari potest, qua dispositae fuerint in codicibus publicis, verum etiam dissimilitudo librorum editorum. Et primum quidem in codicibus illis novellae per libros distributae erant, qui imperatorum, quorum leges comprehendebant, nominibus discernebantur, neque vero numeris; deinde libri ex titulis constabant; tum plerique tituli unam novellam continebant, pauci plures; porro liber suos quisque titulorum numeros habebat; denique locus et numerus tituli,

---

262) Propter Nov. Valent. tit. II. nov. 4, cuius novellae partes et ex Ottoboniano codice et ex laciniis illis a Cuiacio in Obs. editis compositae sunt. 263) Vid. tab. III. 264) v. g. tit. XII — XVI.; XIX — XXVI. (nam unus solus *de Honoratis* transpositus est; alter *de Pretio solidi* deest in Ott. cod., et tres *de Fructibus*, *de Manichaeis* et *de Homicidiis* desunt in Pith. coll., quia iam in Breviar. recepti erant), tit. XXXI — XXXIII. 265) Cf. tit. XXII. cum Ott. cod. *) Supr. p. V. 266) Vid. p. 168 et 218, not. sup. 267) Videtur igitur scriptor codicis illius, ex quo Fuldensis descendit, praeter Pithoeanam collectionem aliam adhibuisse. — Vestigia Pithoeanae collectionis supersunt in cod. S. Germani et Philipp. Vid. supr. not. 2. 268) Vid. supr. p. XIII. Falso posuit librarius titulum de Invasoribus inter Theodosianas. Seriem chronologicam non restituit; revocavit enim titulos ad imperatores eodem modo atque complexu, quo vicissim a Pithoeanae Collectionis auctore Breviario adiectae sunt. Cf. tab. III. cum tab. IV. 269) Vid. tab. II. 270) Vid. tab. III.

series igitur chronologica ex die pendebat, quo cuiusque tituli novella data erat; at vero, si quando plures eiusdem tituli novellae sunt, ex die primae novellae, quam deinceps reliquae pariter atque in Codice Theodosiano ita sequebantur, ut antiquior priore loco, recentior posteriore esset. In nonnullis quidem Breviarii codicibus libri numerati sunt; primus igitur Theodosii novellarum liber dicitur, quintus Severi. Verum ipsi illi codices sibi non constant, nam in aliis alii libri numerati sunt. Praeterea a plerisque Breviarii codicibus numeri librorum absunt. — De editis libris nonnullae res supra non apte poterant commemorari, quare utile erit, eas omnes perspicuitatis caussa in unum colligere. Spectat autem dissimilitudo editionum solas Theodosii, Valentiniani et Maioriani novellas, reliquarum ordo certus est. Breviarii ordo cognoscitur ex Aegidii compendio et ex Sichardi editione, nisi quod in illo sex tituli Maioriani, quos nominavi, interiecti sunt. Idem ordo reperitur in sequentibus editionibus usque ad Ritterianam, etiam in indice titulorum Pithoeanis addito. Primum enim locum, sive Theodosii, sive Valentiniani, sive Maioriani, sive Severi denique sunt, novellae tenent, quas Breviarium habet; his demum subiunctae sunt novellae a Cuiacio et a Pithoeo inventae atque editae. Et Maioriani quidem novellarum titulo VII. et XI., qui in Breviario primum et secundum locum tenent, sex reliquos (I — VI.), quos invenerat, Cuiacius anno MDLXVI. ex codice suo addidit numerisque III — VIII. signavit; eos demum rubrum tituli de Adulteriis subsequitur. Mansit hic ordo in sequentibus, quas dixi, editionibus, quamquam in altera Cuiacii editione titulus de Adulteriis ex Pithoeana accessit praefixo numero IX. Theodosii autem et Valentiniani novellarum triplicem ordinem in his editionibus esse perspexi. Antiquissimus a Cuiacio originem ducit, qui in prima editione non solum sex Theodosii, tres Valentiniani titulos, quos invenerat, Breviarii novellis addidit, verum etiam cum titulo XXXIV. de Postulando in Pithoeano novellarum indice verba *Divi Valentiniani* adscripta sint, seductus est, ut indicem titulorum a Pithoeo transmissum discerperet et quos vel Theodosii vel Valentiniani esse putaret, alterutrius novellis subiungeret. Eundem ordinem secuti sunt Aurelianensis editor atque Rittershusius, sed differunt in eo, quod ille tres novellas a Cuiacio in Observationibus editas post titulum XV. novellarum Valentiniani et ante titulorum indicem inculcavit, hic pro indice titulorum titulos ipsos ex Pithoeo apposuit [271]). Reliquarum editionum ordo ex Pithoeana maxime pendet, etsi duplex est, prout aut ex altera Cuiacii aut ex Lugdunensi editione ductae sunt. Nimirum Cuiacius in altera editione eundem ordinem conservavit, quem in Pithoeano codice ex Petri Pithoei editionis indice esse perspexerat; omnes igitur Theodosii et Valentiniani novellas recens a Pithoeo editas Theodosii novellis, quas Breviarium habet, subiecit et duabus auxit; tertiam autem, quam invenerat*), quinto loco inter Martiani novellas posuit, ut, quae in Breviario Martiani quinta novella est, apud Cuiacium sexta sit. Eundem ordinem repetiit Ritterus [272]). Denique qui Lugduni Aurelianense exemplar foliis novis locupletavit, ordinem utriusque editionis et secundae Cuiacianae et Aurelianensis secutus est, illius in foliis, quae mutavit et interposuit, ut Theodosii novellas augeret, huius in reliquis plagulis, quas non mutavit; sed cum omisisset tres titulos, qui in altera Cuiacii editione Theodosianorum XXXV., XXXVII. et XXXIX. sunt, in Aurelianensi vero inter Valentiniani novellas iam editi erant, de titulis Theodosii, qui XXXIV. sequuntur, tres diminuit. Idem ordo reperitur in Gothofredi editione [273]).

Manifestum est igitur, Breviarii titulos primum locum tenere, secundum reliquos, sed diverso ordine in diversis editionibus, prout aut ingenium editorum tulit, aut in codicibus sive in Pithoeana editione dispositi erant; ergo ordinem maxime discrepare inter editiones, verum in nulla conservatum esse. Neque haec turbatio ordinis viros doctos latuit. Eam questi sunt Gothofredus [274]), qui novellas ad verum quidem ordinem non revocavit, sed tamen Valentiniani novellarum titulos a Theodosianis in Prolegomenum cap. VIII. separavit; questi sunt etiam Ritterus [275]), Zirardinus [276]), alii, neque vero ordinem singularum legum novellarum restituerunt. Primus huic rei operam navavit Beckius, codicis Ottoboniani a Zirardino et ab Amadutio divulgati ope, ex quo non solum Valentiniani novellas a Theodosianis discernendas, verum etiam titulos secundum tempus, quo prima quaeque tituli promulgata esset, disponendos esse perspexit. Sed ne Beckium quidem rem omnino perfecisse supra dixi [277]). Nam cum Ottobonianus codex conservaret verum ordinem, nunquam ab eo, nisi ex gravissimis caussis discedere debebat. Quare bis tantum, post titulum XII. et titulum XXVI. Nov. Valentiniani, ubi ordo casu potius quam consilio aliquantulum turbatus est [278]), aliorum codicum ope titulos ad suum locum revocavi. Habet vero haec restitutio ordinis id utilitatis ut in posterum, novellae certa ratione nominari possint. Primo enim loco imperatoris, ex cuius libro novella aliqua profertur, nomen ponendum est, deinde numerus tituli, tertio rubrica, veluti Nov. Theod. tit. XXVI. de Relevatis, Nov. Maioriani tit. XI. de Episcopali iudicio; at vero si quis titulus ex duabus vel pluribus novellis constat, post rubricam numerus novellae addendus est, e. g. Nov.

---

271) Dico *ordinem*, nam verba novellarum a Rittershusio aliunde sumpta esse, supra dixi. Aliquam differentiam, quae vero ordinem titulorum non turbat, vid. not. 199. Non obstant numeri in Rittershusii editione vel omissi, vel ex Pithoei editione additi. Series titulorum eadem est, atque in Aurelianensi editione. Vid. tab. V. *) Vid. supr. not. 166. 272) Vid. tab. VI. 273) Vid. tab. VII. et supr. p. XXIII. 274) Proleg. Codicis Theodosiani cap. VIII. 275) In Praefatione Codicis Theodosiani Tom. VI. P. II. fol. II ^{b}. 276) l. c. p. 416 sq. Is quidem indicem titulorum ex Ottoboniano codice edidit et supplevit, neque vero ordinem singularum novellarum demonstravit. 277) Supr. p. XXVI. 278) Turbatus est ordo anni 445 et 450, 451. Fortasse transposita erant nonnulla folia codicis, ex quo Ottobonianus

Theod. tit. V. de Patrimonialibus nov. 3 aut Nov. Valent. tit. II. de Postulando nov. 4 [279]). Aliter quidem docti hoc tempore novellas nominare solent; ponunt enim numerum, quo singulae novellae in Beckii editione a prima deinceps per omnes libros continuo dicuntur, veluti Nov. LVI. pro Nov. Valent. tit. XII. de Pecunia Afris, aut Nov. XLV. pro Nov. Valent. tit. VI. de Tironibus nov. 3; sed tamen ista ratio codicibus, Ottoboniano potissimum adversatur, falsa igitur est. Neque rectius agunt, qui Valentiniani et Theodosii novellas ex Ritteri editione numerant.

Postquam copiose locutus sum de novellarum constitutionum codicibus, editionibus, ordine, restat, ut de nonnullis rebus, quae silentio praeterire non possum, pauca explanem. Supra enim commemoravi, emendandi et revocandi leges potestate alterius imperii principi reservata Valentinianum usum esse. Iam quaeritur, utrum ea ita usus sit, ut, quemadmodum totas novellas, ita partes tantum novellarum Theodosii omiserit, itaque si non omnes, tamen complures mutilaverit. Et id quidem colligi potest ex nonnullis Codicis Iustiniani legibus, quae eodem die atque haec et illa Theodosii novella lex datae sunt, desunt autem in novellarum Theodosii libro, veluti c. VIII. Cod. Iust. de Advocatis divers. iud. (II, 7) III. Kal. Ian. ann. CCCCXL., qui dies Nov. Th. tit. VII. nov. 3 subscriptus est [280]). Sed ut aliter sentiam, illae Theodosii novellae faciunt, quae eodem die eidem magistratui inscriptae sunt: veluti tit. VIII. de Navibus et tit. IX. Ne curialis (*dat. Florentio — VII. Id. April. CCCCXXXIX.*), tit. X. de Postulando nov. 1 et 2 (*dat. Florentio — XIII. Kal. Mai. CCCCXXXIX.*), tit. XI. de Tutoribus et tit. XII. de Repudiis (*dat. Florentio — VI. Id. Iul. CCCCXXXIX.*). Quare leges illas Codicis Iustiniani partes fuisse puto novellarum, quas totas Valentinianus omiserit. Ut de consulibus dicatur, in Theodosii novellis hic et illic alterum consulem deesse, sive apposita [281]) formula *et qui fuerit nuntiatus* sive omissa [282]), Zirardinus multis verbis quidem explanavit [283]); neque vero in nonnullis inscriptionibus novellarum Valentiniani, Martiani et Maioriani desiderari dixit alterum imperatorem [284]); et Martiani quidem nomen in omnibus Valentiniani novellis anno CCCCLI. datis [285]), perinde atque Orientis consulem in iisdem et sequentis anni novellis [286]). E diverso Theodosii et Martiani novellarum inscriptiones saepe pleniores esse inscriptionibus novellarum Occidentis, harum vero subscriptiones pleniores subscriptionibus novellarum Orientis, iam alio loco commemoravi [287]). Sermo prologorum et epilogorum potissimum tumidus quidem est et nonnunquam grammaticorum regulis repugnat [288]), maxime in Iustiniani Codice, cuius compositores nonnullas novellas valde mutaverunt [289]); neque vero peior eo est, quo alii eiusdem saeculi libri scripti sunt. Etiam de annis, quibus novellae constitutiones datae sunt, aliquid addi potest, nam Theodosianarum nulla data est anno CCCCXLII. aut post annum CCCCXLIV., excepta novella de Confirmatione Legum Novellarum Theodosii A., etsi in Codice Iustiniani supersunt anni CCCCXLII. quinque leges, annorum CCCCXLV., CCCCXLVI., CCCCXLVIII. et CCCCL. octo, sive deductis iis, quae dicuntur geminae esse, sex, quae vero Theodosii leges anno CCCCXL. datae sunt et ex Codice Iustinianeo innotuerunt, eae omnes Cyro inscriptae sunt. Praeterea post annum CCCCLII. una tantum novella Valentiniani [290]) data est, quamquam Valentinianus triennium fere regnare perrexit. Martiani novellarum nulla ad nos pervenit, quae data sit anno CCCCLII., etsi sex fragmenta novellarum in Iustiniani Codice reperiuntur [291]); anni vero CCCCLIII. nulla lex invenitur, nec in Iustiniani quidem Codice, a quo praeterea omne vestigium abest legis a Martiano anno CCCCLIV. datae. Similiter post annum CCCCLV., quo Valentinianus obiit, omnes Martiani novellae perierunt, etsi tres eius leges in Iustiniani Codice supersint, quarum ultima, c. 3 de Apochis (X, 22), septem fere menses, antequam de vita decessit, promulgata est, *XV. Kal. Aug.* anni CCCCLVI. Leonis, qui post Martianum regno potitus est, novellarum unam tantum extra Codicem Iustiniani fortuito servatam esse, iam supra commemoravi. Anthemii denique novellae omnes in annum CCCCLXVIII. incidunt, sed cum Anthemius anno CCCCLXXII. demum mortuus sit, omnes eius leges ad nos pervenisse nego.

Praeter ea, quae dixi, multa alia de forma et indole novellarum [292]) disputari possunt, verum iam ultra fines huic libro positos progressum me video, quare subsistam et paucis exponam de mea editione. Quibus

---

originem ducit. 279) Pariter atque Iustin. Cod. loci, possunt etiam novellae ita nominari, ut solis numeris designentur, veluti Nov. Theod. tit. XXV., Nov. Theod. tit. X. nov. 2, sed facile hoc modo erratur, quia, si quando falsus numerus positus est, ignoratur titulus, ad quem provocatur. Illud certius est. 280) Ad eundem diem revocanda est c. 1 Cod. Iust. Qui pro sua iurisd. (III, 4). 281) Vid. Nov. Theod. tit. I — III. 282) Vid. Nov. Theod. tit. IV, VII, 4, X, 1, 2, XV, 2, XIX, XXI, XXV. Alter consul deest etiam in Nov. Val. tit. II, 2, VII, 3, XIV, XXII, XXIII, XXX — XXXV, Nov. Mart. tit. III. et V, Nov. Maior. tit. I, II, X. 283) l. c. p. 247 sqq., 492. 284) Vid. Nov. Valent. tit. XXVIII. et Maioriani tit. I, II. Inde ab Nov. Valent. tit. XXIX. in inscriptionibus Theodosii nomen recte deest; nam tunc temporis de vita decesserat Theodosius. Vid. etiam Martiani tit. V. 285) Vid. Nov. Valent. tit. XXX — XXXIII. Contra in legibus Cod. Iustiniani Valentinianus nonnunquam a Martiano nominatur. 286) Vid. Nov. Valent. tit. XXX — XXXV. 287) In Praef. Cod. Theodos. p. XLI, not. 242 et 246. Add. Nov. Th. tit. XXVI. de Relevatis. 288) Inter al. vid. Nov. Th. tit. VI. pr. *custodit ne — laberetur* et §. 3 *decernimus ut — pertinere.* Nov. Maior. tit. II. §. 2 *respiciat — manebit*; tit. IV. §. 1 *numerarii — subditos — truncandos*; tit. IX. *ut relegationem — rei deportatio — sequatur et bonis — vindicatis eum a congressu totius Italiae summovendum.* Nov. Anthemii tit. I. §. 1 *iniisse* pro *inita esse.* 289) v. g. Nov. Th. tit. III. de Iudaeis; tit. VII. de Amota milit. nov. 2 et 4; tit. IX. Ne curialis; tit. X. de Postulando nov. 1. 290) Nov. Val. tit. II. de Postulando nov. 4. 291) In veteris iuris ecclesiastici libris complures leges et epistolae Martiani ann. 450 — 452 scriptae supersunt. 292) Nonnulla libris vel manu scriptis vel editis usus sim, quibus aliis subsidiis, ex signorum explicatione perspicitur. In superioribus notis potissimum numeros titulorum novellarumque consignavi, quos codices et editiones haberent. Summum enim studium impendendum esse existimavi in ordinem novellarum cum demonstrandum tum restituendum, quod fieri non poterat, nisi qui esset ordo in libris illis, demonstrassem. In restituendo eo Ottobonianum codicem, duobus locis exceptis, secutus sum, quo adhibito non solum titulos novellarum Theodosii de Iudaeis et de Metatis, Valentiniani de Postulando et nonnullos Maioriani ad suum quemque locum revocavi, verum etiam contigit, ut tres novellas a Cuiacio et Pithoeo editas, quae apud Beckium titulos XI., XIII. et XXXVII. constituunt, secundo Nov. Val. titulo comprehendere possem et simul ostendere, quae novellae deessent. In iisdem notis, prout ratio temporis postulabat, commemoravi Theodosii et Martiani leges, quas Iustiniani Codex solus habet. Flagitavit quidem Amadutius [293]), ut cum novellis reliquae imperatorum leges, quotquot post Theodosianum Codicem reperiri possent, coniungerentur et quasi unum Corpus Legum post Theodosianum Codicem promulgatarum efficeretur. Sed quominus Amadutio obsequerer, complures caussae me impediverunt. Nam si consilium illud sequimur, codicum, in quibus novellae collectae sunt, Ottoboniani inprimis forma, ambitus, indoles nescitur; deinde truncatae et deformatae leges cum integris coniunguntur, denique etiam ordo, quo omnes illae leges, Iustiniani potissimum Codicis, quarum multae falsas aut mutilas subscriptiones habent, ponendae sint, inveniri nequit. Quare satius esse duxi, in superioribus notis Codicis Iustiniani leges, quae post Theodosianum Codicem, sed ante eversionem imperii Occidentalis datae quidem essent, neque vero in novellis reperirentur, nominare et in tabula I., quam infra adiiciam, conscribere, reliquas autem, quae hic et illic supersunt, in alio fasciculo colligere et divulgare. In inferioribus notis codicum et editionum diversas scripturas accurate conscripsi. Illorum ope non solum CCLXX locos corruptos correxi et multo plures sanare studui, verum etiam unde diversae editionum scripturae haustae sint, demonstrasse mihi videor. In corrigendis autem locis maximam auctoritatem tribui Ottoboniano codici, ex quo innumerabiles scripturas erui ab Amadutio neglectas, secundo loco Pithoei apographo et Seldeni codici, qui saepe cum Ottoboniano convenit, tum reliquis, postremo Breviarii libris manu scriptis, quorum diversae scripturae plerumque nihil sunt nisi mera librariorum menda. Postquam Ottobonianus codex in Maioriani novellis desiit, ex reliquis codicibus, qui vel Maioriani vel Anthemii novellas habent, optimum quodque delegi. Breviarii codices, si qua novella ex iis solis innotuit, eo modo tractavi, quo in Theodosiano Codice. Denique tabulis synopticis ostendi ordinem, quo tituli novellarum in codicibus editionibusque collocati sunt. Interpretationem Bonnensium Professorum, qui consilium edendi Corporis Iuris Anteiustiniani susceperunt, neque vero mea voluntate adieci.

Haec habebam dicenda [294]). Superest, ut viris, qui mihi in hoc quoque libro auxilium tulerunt, gratias, quas debeo maximas, agam, in primis Cramero meo, qui perpoliendis novellis operam suam assidue navavit.

---

commemoravi in Praefatione Codicis Theodosiani pag. XXXIV, not. 203 et pag. XLI. sq., not. 242, 246, 249. In not. 203 conscripsi indicem legum, quae in Novellis nominantur. Sed quia tunc non poteram omnia accurate investigare, alium hoc loco substituam. Brevitatis caussa novellas, neque vero leges, quarum mentio fit, nominabo. Leges ipsae cognoscuntur ex libro. Superstites leges nominantur in *Nov. Theod.* tit. II. pr.; tit. VII. nov. 2 pr., nov. 3, §. 1 et nov. 4 pr. et §. 1; tit. VIII. pr.; tit. XI. pr.; tit. XII. §. 1; tit. XIII. pr.; tit. XIV. §. 1, 2 et 8; tit. XXII. nov. 1, §. 3 et nov. 2, §. 1; tit. XXIV. §. 4; tit. XXVI. §. 1 et 3. *Nov. Valentin.* tit. II. nov. 3, §. 1 et nov. 4 pr.; tit. III. pr., tit. IV. §. 1; tit. VI. nov. 2, §. 1; tit. VII. nov. 2, §. 1; tit. VIII. nov. 1, §. 2; tit. XI. §. 1; tit. XVII. §. 3; tit. XVIII. §. 8; tit. XX. nov. 1, pr. et §. 5, nov. 2, §. 1; tit. XXII. pr.; tit. XXIV. §. 1; tit. XXV. pr.; tit. XXVI. §. 3 et 6; tit. XXX. pr. et §. 6; tit. XXXI. pr.; tit. XXXIV. pr. et §. 2, 5, 8, 11, 13, 14, 19; tit. XXXV. §. 8. *Nov. Martian.* tit. I. §. 4; tit. IV. §. 1—4; tit. V. pr. et §. 1. *Nov. Maiorian.* tit. VI. §. 4, 8; tit. VII. §. 7, 11; tit. IX. *Nov. Anthemii* tit. I. pr., §. 2, 4; tit. II.; tit. III. pr. Leges, quae perierunt, hae sunt: *Nov. Theod.* tit. V. nov. 1, §. 1; tit. X. nov. 2, pr.; tit. XVI. §. 8; tit. XXI. §. 1; *Nov. Valent.* tit. XVIII. §. 5 et 9; tit. XXXV. §. 2.

293) Vid. l. c. p. XLI.

294) Dixi p. 439 et 440, not. 84, esse codicem in Darmstadtiensi bibliotheca, qui Sirmondi constitutiones videretur continere. Res aliter habet. Respondit clar. Feder ad literas meas (vid. not. ult. ad c. XVIII. Sirm. p. 476), me in errorem ductum esse a Knustio; potius contineri fol. 26 b usque ad fol. 28 tit. XVII. Nov. Valent. de Manichaeis et tit. XVI. Nov. Valent. de Episcop. ordinat., praeterea fol. 109 et 110 constitutionem illam Honorii et Theodosii a. 418 de Conventibus annuis in urbe Arelatensi habendis, quam Wenckius post Cod. Theod. Append. III. p. 378 sq. ediderit. Simul vir humanissimus diversas scripturas mecum communicavit, quas, cum codex ille pervetustus sit et, ut ait Knustius l. c. pag. 618, not. 13, saec. VIII., non possum non h. l. ad novellas illas addere. Quae constitutionem Honorii et Theodosii spectant, in alio huius Corporis fasciculo conscribam, ubi illam quoque memorabilem constitutionem ex multis libris manuscriptis edam atque emendabo. — — — Nov. Valent. tit. XVII. de Manichaeis. Theudosius — albino prāẽf't (vitiose sec. Feder. pro *prãẽf̃p̃f* vel *prãẽp̃f*; om. igitur *II.*) — paganis (ita codex) — beatissimi papae Leonis — manifestissima (quod mihi probatur) — albine pã. k̃. ãã. praecelsam. ag̃t. ac (i. e. praecelsa magnificentia tua hac, et om. illustris et, ut 1) — conhibere et om. cum — universi haec dicta lege — careant actionis contra eos liberos — hanc superstitionis pullutum siuirint — roma dñ' ualent' VI et nomo (om. *V. C.*) consss. — — — Nov. Valent. tit. XVI. De Episcoporum ordinatione, in cod. de Primatibus ecclesiae chatholicae. dom̃ ñs imp̃p — ããg̃g̃ aetio patricio (om. viro — et) certum — christianae fides — sedi — dignitatis — sacraaetiam — firmasit auct. — illicita (ut 1) — pontifice indebitas sibi ordinationes — usurpantes invasit (ut 1) — inconpitenter emovit — qui quoniam (om. quidem, ut in 1 et aliis codd.) — facili — praedicaturus — religiosi virissimis papae cognitione detersa — certa in eum et de his quod — ordenaverat bona sentiant et erat quidem (om. ipsa sententia) per Galias quam sene imperialis (om. sanctione) valituris

Ago etiam ingentes ANGELO MAÏO, viro eminentissimo. Nam ut complures alios pervetustos libros manu scriptos, ita Ottobonianum quoque novellarum codicem mecum communicavit. Quare vir summus humanitatis atque pietatis officium me sinat hoc loco explere.

— nec c. a. l. e. (ut nos) — turbo — videntur ac perenni sancxione censemus (ut 1) — sed illis (om. hoc) omnibus pro — aeti — et praecelsa — praesentes — auctoritatem secuta (ut nos) — quae superius constituta (deest servari) XI librarum — passus fuerit et desunt reliqua. — — — Praeterea del. sunt in Nov. Th. tit. XI. de Tutoribus, not. sup. v. 7 vv. *Ad interpr. cf.* et in Nov. Val. tit. XXXIV. de Episc. iud. not. sup. v. 10 vv. *et de interpr.* Vid. supra p. XXXI. Deinde haec add. s. corr.: Nov. Th. tit. XIV. nominatur in interpr. c. 1 C. Th. de Matern. bon. (VIII, 18); p. 34, col. 2, not. sup. pro *ë* rep. 2; Nov. Val. tit. II. de Postul. not. sup. v. 5 post XXXII. add. *Nov. Th. et Val.* et tit. III. Nov. Val. de Succ. cur. not. sup. v. 2 *Tit. XLI.* post in ind. titt.; Nov. Val. tit. IV. In damnum not. sup. v. 1 post XLII. del. *Nov. Th. et Val.* et pon. haec vv. post *Tit. XL.*; Nov. Val. tit. V. de Pantapolis not. sup. v. 2 post XL. add. *Nov. Th. et Val.* itemque in sq. tit. VI., not. sup. v. 2 post XLI.; Nov. Val. tit. XV. de Corporatis not. sup. v. 3 post XXX. add. *Be. Tit. XVI.* In Nov. Val. tit. V. de Pantapolis Iordans de publicis urb. Rom. et Constantinop. Aquaeductibus. Bonnae 1844. 8. p. 24—26 optime em. *arenensis*, i. e. cespes, ubi arenaria s. arenifodinae in usum publicorum aedificiorum arenam praebent. Eadem lectio est, quam offert cod. 1 v. *arensis*, modo virgula ponatur supra lit. *n* (*areñsis*). Denique moneo, illum titulum, qui primus huius voluminis est, me invito scriptum et additum esse.

Scrib. Lipsiae Kal. Aug. MDCCCXLIV.

Gustavus Haenel.

SIGNORUM EXPLICATIO.

Cod. 1	Codex	Vatic. Ottobonianus, olim Iosephi Garampii. — Praef. p. III — VIII.
— 2	—	Reg. Parisiensis 4420. — Praef. p. VIII. sq.
— 3	—	Fuldensis Nro. 31 / 4. E. 24. — Praef. p. IX. sq.
— 4	—	Reg. Parisiensis 4412. — Praef. p. X. sq.
— 5	—	Vaticanus Reginae Sueciae 1023. — Praef. p. XI. sq.
— 6	—	Bodleianus 3362. — Praef. p. XII — XIV.
— 7	—	Reg. Paris. 4406. } — Praef. p. XIV. sq.
— 8	—	— Paris. Suppl. Lat. num. 779. } — Praef. p. XIV. sq.
— 9	—	Kelleri Turicensis. — Praef. p. XV.
— 10	—	Berolinensis quart. 150. — Praef. p. XV. sq.
— 11	—	Monacensis D. 2.
— 12	—	Middlehillanus, sive bibliothecae Philippicae num. 1761.
— 13	—	Reg. Paris. 4403.
— 14	—	Reg. Paris. 4404.
— 15	—	Reg. Paris. 4405.
— 16	—	Aurelianensis 207.
— 17	—	Lugdunensis 303.
— 18	—	Montispessulanus H. 84.
— 19	—	Vaticanus Reginae Sueciae 1128.
— 20	—	Vaticano-Ottobonianus 2225.
— 21	—	Reg. Paris. Suppl. Lat. 399, olim Sorbonnensis 336.
— 22	—	Gothanus formae maioris 84.
— 23	—	Basileensis C. III. 1.
— 24	—	Montispessulanus H. 136.
— 25	—	Reg. Paris. 4403 [a].
— 26	—	— — Supplem. Lat. 65.
— 27	—	— — 4408.
— 28	—	— — 4409.
— 29	—	— — 4410.
— 30	—	— — 4411.
— 31	—	— — 4413.
— 32	—	— — 4414.
— 33	—	— — 4415.
— 34	—	Vaticanus Reginae Sueciae 1048.
— 35	—	Ambrosianus C. 276 partis inferioris.
— 36	—	Lugduno-Batavus, libr. mss. lat. 47.
— 37	—	Bernensis 263.
— 38	—	Caroli de Savigny.
— 39	—	Taurinensis in bibliotheca Regii Athenaei H. VI. 24. num. 392.
— 40	—	S. Gallensis 731.
— 41	—	Vaticanus Reg. Sueciae 857.
— 42	—	Reg. Par. 4697.

NB. De codd. 11 — 42 cf. Signorum Explicatio Codici Theodosiano praemissa.

Aeg.	Editio	Petri Aegidii. Argumenta Legum Diversorum Imperatorum etc. 1717. fol.
Sich.	—	Io. Sichardi. Codicis Theodosiani libri XVI etc. Basileae 1528. fol. p. 85 — 120.
Cui. 1.	—	Iacobi Cuiacii. Codicis Theodosiani libri XVI etc. Lugduni 1566. fol. p. 526 — 596.
P.	—	P. Pithoei. Imperatorum Theodosii Valentiniani Maioriani Anthemii Novellae Constitutiones XLII. Nunc primum in lucem editae. Lutetiae 1571. 4.
Cui. 2.	—	Iacobi Cuiacii. Codicis Theodosiani libri XVI etc. Paris. 1586. fol. p. 530 — 633.
Aur.	—	*Aurelianensis* (s. Genevensis). Codicis Theodosiani libri XVI etc. curante Iacobo Cuiacio. Aurelianae Allobrogum 1586. 4. p. 522 — 586 (pro 594).
Lugd.	—	*Lugdunensis.* Codicis Theodosiani libri XVI. etc. Lugduni apud Franciscum Fabrum 1593. 4. p. 522 — 598.
Cui. 2*.	—	Iacobi Cuiacii. Codicis Theodosiani libri XVI etc. Paris. 1607. fol. p. 530 — 633.
P [a].	—	repetita XLII Novellarum a Petro Pithoeo 1571 divulgatarum in eiusd. Operibus. Paris. 1609. p. 197 — 276.
Rittersh.	—	Cunradi Rittershusii. Novellae Constitutiones Imperatorum Iustiniano Anteriorum — Francofurti 1615. 8.

Go. Editio GOTHOFREDI, ab ANT. MARVILLIO Comment. Codicis Theodosiani adiecta in Appendice Tom. VI. Lugd. 1665. fol. p. 1—39.

P b. — repetita XLII Novellarum a Petro Pithoeo a. 1571 divulgatarum in libro, cui inscriptum est: PETRI et FRANCISCI PITHOEI Iurisconsultorum Observationes — cura *Franc. Desmarés*. Paris. 1689. fol. p. 697 — 746.

Ri. — Codex Theodosianus etc. cura Io. DAN. RITTERI. Lipsiae 1743. fol. Tom. VI. P. II. p. 1—164 (post p. 289).

Ri*. — — — — — Mantuae 1750. fol. T. VI. P. I. p. 323—444.

Zir. — ANTONII ZIRARDINI. Imperatorum Theodosii Iunioris et Valentiniani III. Novellae Leges ex Ottob. Ms. Cod. etc. Faventiae 1766. 8.

Am. — IOH. CHRISTOPHORI AMADUTII. Leges Novellae V. Anecdotae etc. Romae 1767. fol.

Be. — BECKII in Iure Civili Anteiustinianeo. Berolini 1815. 8. T. II. p. 1217—1399.

Ner. s. IOS. NERII Analectorum libri II. August. 1619 (in Ottonis Thes. Iur. Rom. Tom. II. Trai. ad Rh. 1733. fol. p. 321—492, inprim. Analect. II, 2 l. c. p. 391).

P. ms. s. notae et em. a Pithoeo exemplo editionis suae, quod in Bibliotheca Reg. Par. (F. 1779, 4.) asservatur, adscriptae.

Br. — HENR. BRENCMANNI Epistola de Consulibus, quorum in Pandectis fit mentio, dat. Henulitae 1715, add. PETRI RELANDI Fastis Consularibus p. 825—872, inpr. p. 859—872 et Th. Ians. ab Almeloven Fastis Consul. p. 587—636.

G. — (fort. Io. GAVELLII) Observationes ad Legum Novellarum Divi Theodosii Librum I. in Miscellaneis Observationibus Batavis. Amstelod. 1734. 8. Vol. IV. T. I. p. 153—156; Vol. IV. T. II. p. 273—281 et inpr. Vol. V. T. I. p. 130—148.

Ro. — MATHIAE ROEVERI Specimen Iuridicum Inaugurale Ad Loca Quaedam Iuris Civilis Depravata. Lugduni Batavorum 1739. cap. XV. (in Thesauro Dissertationum Iuridicarum in Academiis Belgicis Habitarum. Vol. I. Tom. I. Bremae et Lipsiae 1768. 4. p. 188—192).

Bo. — PETRI BONDAMI Specimen Iuridicum Inaugurale continens animadversiones criticas ad loca quaedam iuris civilis depravata, cap. XII., in Oelrichs. Thes. cit. T. II. Vol. II. p. 220—223.

Ro. ms. — Notae, quas Roeverus exemplo Novellarum a P. Pithoeo 1571 editarum sua manu adscripsit. Emi hoc exemplum ante aliquot annos Lugduni Batavorum.

P. in not. — Notae, quas Pithoeus primae editioni in fine libri adiecit. Eodem loco in ed. P a. repetitae sunt.

P b. in m. — Eaedem notae, in m. P b. ex altera Pithoei ed. translatae.

NB. Reliqua signa, quibus usus sum, iam explanata sunt in Signorum Explicatione, quam Codici Theodosiano praemisi. Interpretatio om. in editionibus Pithoei (P. P a. P b.) Zir. Am. Be., quod brevitatis caussa omisi dicere in notis superioribus.

LIBER[a]
LEGUM NOVELLARUM
D. THEODOSII A.

TIT. I. DE THEODOSIANI CODICIS AUCTORITATE.

Impp. Theodosius et Valentinianus AA. Florentio Pf. P. Orientis. Saepe nostra clementia dubitavit, quae caussa faceret, ut tantis propositis praemiis, quibus artes et studia nutriuntur, tam pauci raroque exstiterint, qui plena iuris civilis scientia ditarentur, et in tanto lucubrationum tristi pallore vix unus aut alter receperit soliditatem perfectae doctrinae. §. 1. Quod ne qua-

Tit. I. Cf. Cod. Th. p. 90, not. sup. Est haec Novella in codd. Br. Al. prima Novellarum Theodosii A., duobus exceptis codd., cod. Ambros. C. 29 et cod. 6, in quibus C. Th. antecedit. In cod. 23 bis legitur, hoc loco et ante C. Th. Manifestum est igitur, in exemplo Novellarum, quibus Visigothi usi sunt, primam inter Theodosianas eam fuisse. Eadem est in codd. 1—3, qui veterum collectionum apographa sunt, et in Cui. 1. Aur. Lugd. Cui. 2, 2*. Go. Ri. Ri*. Rittersh. et apud Pith. in ind. Quibus ex caussis eam non dubitavi hoc loco, ex quo a Sich. et a Be. expulsa est, repetere. Dixi supra l. c. mutilam esse h. c. in cod. 1. Res ita se habet. In fol. 23^{b} v. 15—21 scriptum est literis, quas unciales appellant: *Expl. Lex Romā | Tituli Legū Novellarū Divi Theudo | siani Augusto | I De Theudosiani Codecis Auctor | etate Et De Legibus. Que Late Sunt. | Post Theudosiano Divi Theudosi | Agusti* (*Am. Augusti*; Zir. mecum convenit). Post haec vv., quae ultima sunt folii 23, exsectum est unum folium, in quo praeter indicem rubricarum Novellarum Theodosii (cf. Zirardini l. c. p. 40 sq., 415, Amad. p. XX. et 68) inerat initium huius Novellae. Folium 24 incipit cum vv. *tavit quae causa faceret — ab invictissimo* eiusd. Novellae (vid. C. Th. p. 92, not. *z*) et adiecta est his vv. sine ullo discrimine clausula Novellae Theodosianae de Iudaeis inde a vv. *quae insatiabili:* hanc sequitur *Titulus II Ne Duciani.* Hinc quattuor res deduci possunt: a) Novellam de Th. C. Auct. primam fuisse collectionis, quam cod. 1 complectitur; b) in eadem collectione conflatas fuisse Novellas de Th. C. Auct. et de Confirmat. Leg. Nov. Theodosii A. in unum titulum et hac de caussa quidem, ut haec ex priori quasi auctoritatem recipiat, similiter atque Gestis de Recipiendo in Occidente Codice Theodosiano c. 5 C. Th. de Const. princ. interposita est; c) excidisse folia in eo codice, quo cod. 1 scriptor usus est, in quibus praeter ultima *Novellae de Th. Cod. Auct.* verba fuerint *Novella de Confirmatione Legum Nov. D. Theodosii A.* et initium *Nov. de Iudaeis*; d) librarium autem ultima vv. *Nov. de Iudaeis* cum illis *Nov. de Th. Cod. Auct.* coniunxisse, quasi ad eam pertinerent, itaque ortam esse numerorum, qui seqq. titulis in cod. 1 praefixi sunt, diversitatem. Vid. Zir. l. c. p. XX, not. *c*, p. XXIV, not. *f*, p. 40, 41 et 347 not., Am. p. 68, 70, infra tit. VII. de Amota milit.

a) Diverso modo in codicibus inscriptum est Novellis: in cod. 1 *Tituli Legū Novellarū Divi Theudosiani Augusto* (vid. not. sup.); similiter in codd. Summae Aeg. nonnullisque Br. Al. codicibus, modo quod *Incipiunt* antecedit et *Theodosii A.* s. *Augusti* scriptum est; in codd. 2, 3 *Incipit liber Theodosii;* in cod. 6 *Novellae Theodosii;* nonn. codd. *Incipit legum novellarum libri II;* in codd. 8—10, aliis multis *Incipit Liber Novellarum* s. *Legum Novellarum D. Theodosii A.;* in cod. 13 *Incipit Liber Novellae D. Theodosii A.;* in cod. 20 *Incipiunt Novellarum* (sc. Libri); in aliis codd. *Incipit Liber Novellae bis Divi Theodosii A.*; in cod. 22 *Incipit liber tituli legum novellarum divi Theodosii*; in L. R. U. *Incipit Theudosii Legum Novellarum Divi* (Canciani mendose *Di. VII*) *Theodosii*, sed codex Piperinus *Incipiunt Tituli Novellarum Duo Tedosi*; in aliis scriptum est *Incipit Novellarum id est Theodosiani Codici I Auctoritate*; in codd. 11, 12, 19, 34 *Incipit Novellarum Liber I*; in cod. 38 *Incipit Liber Legum Novellarum Divi Theodosii* et positum est in margine superiore seqq. foliorum *Liber I Novellarum*; in cod. 37 *Novellarum Liber I*; in cod. Guelpherb. *I Incipit Novellarum.* Sichardus *Legum Novellarum Divi Theodosii A. Liber.* Cui. 1. Aur. Lugd. Rittershus. Cui. 2, 2*. Go. Ri. Ri*. *Legum Novellarum Divi Theodosii A. Liber I.* (Go. *Primus*). Be. *Novellarum Legum Liber I. Novellae Theodosii II.* Pith. *Theodosii et Valentiniani Imperatorum Novellae Constitutiones*, quem titulum ipse fecit. Ex tanta scripturae diversitate apparet, a librariis et ab iis qui editiones curarent, factas esse inscriptiones, certam igitur inscriptionem in antiquis Novellarum libris, in quibus primum collectae fuerint, non exstitisse. Sunt qui dicant, Novellas Imperatorum Theodosii, Valentiniani, Martiani, Maioriani, Severi, Anthemii in sex libros numeris distinctos fuisse distributas. Sed cum neque in his numeris codices sibi constent, perpauci tantum, veluti 28, 34, 37 libros a primo usque ad ultimum numerent, aut si quando sint librorum in codicibus numeri, ii maxime Theodosii et Valentiniani, non reliquorum imperatorum Novellis adiecti sint, Maioriani denique Novellis in nonnullorum codd. margine superiore addatur *Lib. I.*, libros a codicum librariis, neque vero ab iis, qui Novellas collegerint, numeratos esse puto. Quas ob caussas editionum inscriptionibus eam substitui, quam in plerisque codicibus esse perspexi. b) Sc. II.

quam ulterius sedula ambiguitate tractetur, si copia immensa librorum, si actionum diversitas difficultasque caussarum animis nostris occurrat, si denique moles constitutionum divalium, quae velut sub crassae demersa caliginis et obscuritatis vallo, sui notitiam humanis ingeniis interclusit; verum egimus negotium temporis nostri, et discussis tenebris compendio brevitatis lumen legibus dedimus, electis viris nobilibus exploratae fidei, famosae doctrinae, quibus delegata caussa civilis officii, purgata interpretatione, retro principum scita vulgavimus, ne iurisperitorum ulterius severitate mentita, dissimulata scientia, velut ab ipsis adytis, exspectarentur formidanda responsa, cum liquido pateat, quo pondere donatio deferatur, qua actione petatur hereditas, quibus verbis stipulatio colligatur, ut certum vel incertum debitum sit exigendum. Quae singula prudentium detecta vigiliis, in apertum lucemque deducta sunt nominis nostri radiante splendore. §. 2. Nec parvum pretium sibi hoc suspicentur esse delatum, quibus divina sensa pectoris nostri mandavimus. Etenim si recte mentis acie futura prospicimus, ad posteros usque devenient laboris nostri consortio. §. 3. Quamobrem detersa nube voluminum, in quibus multorum nihil explicantium aetates attritae sunt, compendiosam divalium constitutionum scientiam ex D. Constantini temporibus roboramus, nulli post Kal. Ian. concessa licentia, ad forum et quotidianas advocationes ius principale deferre vel litis instrumenta componere, nisi ex his videlicet libris, qui in nostri nominis vocabulum transierunt et sacris habentur in scriniis; quamquam nulli retro principum aeternitas sua detracta est, nullius latoris occidit nomen, immo, lucis gratiam mutuati, claritudine consultorum augusta nobiscum societate iunguntur. Manet igitur manebitque perpetuo elimata gloria conditorum, nec in nostrum titulum demigravit, nisi lux sola brevitatis. §. 4. Et quamvis nostris auspiciis totius operis instauratio deberetur, attamen magis imperatorium magisque credidimus gloriosum, si, fugata invidia, perennitatis iure memoria remaneret auctorum. Nobis ad fructum bonae conscientiae satis abundeque sufficit, revelatis legibus, inventa maiorum obscuritatis iniuria vindicasse. §. 5. His adiicimus, nullam constitutionem in posterum velut latam in partibus Occidentis aliove in loco ab invictissimo principe, filio nostrae clementiae, perpetuo augusto, Valentiniano posse proferri, vel vim legis aliquam obtinere, nisi hoc idem divina pragmatica nostris mentibus intimetur. §. 6. Quod observari necesse est in his etiam, quae per Orientem nobis auctoribus promulgantur; falsitatis nota damnandis, quae ex tempore definito Theodosiano non referuntur in Codice, exceptis his, quae habentur apud militum sancta principia, vel de titulis publicis expensarum aliarumque rerum gratia, quae in regestis diversorum officiorum relata sunt. §. 7. Longum est memorare, quid in huius consummationem negotii contulerit vigiliis suis *Antiochus*, cuncta sublimis, ex-praefecto et consule; quid *Maximinus*, vir illustris, ex-quaestore nostri palatii, eminens omni genere literarum; quid *Martyrius*, vir illustris, comes et quaestor, nostrae clementiae fidus interpres; quid etiam *Sperantius*, *Apollodorus*, *Theodorus*, viri spectabiles, comites sacri nostri consistorii; quid *Epigenes*, vir spectabilis, comes et magister memoriae; quid *Procopius*, vir spectabilis, comes, ex-magistro libellorum, iure omnibus veteribus comparandi. §. 8. Quod restat, Florenti, parens carissime et amantissime, illustris et magnifica auctoritas tua, cui amicum, cui familiare est placere principibus, edictis propositis, in omnium populorum, in omnium provinciarum notitiam scita maiestatis augustae nostrae faciat pervenire. *Dat. XV. Kal. Mart. Constantinopoli, Theodosio A. XVI. Cos. et qui fuerit nuntiatus.* (438.)

INTERPRETATIO. *Haec lex dicit, ut Theodosiani Codicis auctoritas omni firmitate subsistat.*

TIT. II. DE CONFIRMATIONE LEGUM NOVELLARUM THEODOSII A.[c]

1. *Domino Valentiniano, inclito, victori ac*[d] *triumphatori, semper augusto filio Theodosius perpetuus*[e] *augustus pater.* Postquam in corpus unius codicis di-

Tit. II. Codd. 3—5, 7—15, 17—38, 40, 41, Br. Al. Aeg. L. R. U. Cui. 1. P. (in indice) Cui. 2, 2*. Aur. Lugd. P [a]. (in indice titulorum) Rittersh. Go. P [b]. (in indice titulorum Ri. Ri*. *Tit. II.* Sich. Be. *Tit. I.*; omittunt enim titulum de Theodosiani Codicis Auctoritate. In P [b]. remotus est index titulorum post indicem Authenticarum Codicis. Cf. C. Th. p. 90, not. sup. et de cod. 1 tit. I, not. sup. In cod. 2 Novella deest, sed fuisse eam in codice, unde 2 descriptus est, perspicitur et ex indice rubricarum, quem Pith. edidit, et ex prima Nov., quae ibi est (de Patrimonialibus) eundemque numerum atque in indice Pith. ed. habet. In 6 *Epistola* esse dicitur et deest numerus, quare titulo de Iudaeis, qui in eodem cod. sequitur, numerus *I* praefixus est. In cod. 39 positus est titulus post c. 14 C. Th. de Infirmandis his (XV, 14). In cod. 16 hic et sqq. titt. des. usque ad tit. XIV. Novv. Th. de Paternis §. 7 vv. *non venientibus*; excid. enim nonnulli quaterniones. — N. 1. Codd. edd. *N. un.*, sed Be. add. (*I.*), i. e. omnium Novv. in Be. ed. Integra cum interpr. est in codd. 7, 11, 12, 14, 15, 17—23, 25, 28, 29; inscr., textus et interpr. des. in cod. 24, ubi interpr. Nov. de Iudaeis coniuncta est cum subscr. huius Nov.; inscr. et textus des. in codd. 5, 30, 36, 38; textus, subscr. et interpr. des. in codd. 26, 35, sed adiecta est interpr. Nov. de Iudaeis; solus textus in codd. 4, 8—

c) Rubr. om. 9, Rittersh. 6 *Novellae Theodosii Incipit Epistola eiusdem ad Valentinianum Imperatorem Occidentis*; alii codd. habent *De confirmanda Lege Novellarum* etc.; alii *Novellarum Divi Theodosii* (ut Go.) s. *Novellarum Divi Th. A.* (ut Sich. Cui. 1. Aur. Lugd. Cui. 2, 2*; sed Sich. in ind. tit. om. *Divi*); denique in multis scriptum est *Theodosianī*, *Theudosii*, *teudosii* pro *Theodosii*. 3 *de puplicatione legum novellarum.* 36 *de publicatione id ē Confirmatione Legum Novellarum domino Theodosio post theodosianum codicē latarum.* d) Nonn. codd. *et.* e) Plerique codd. *pp* *Aug.* s. *A.* et Sich. — Ri*. *PP. Augustus Pater.* 11 *impp*, non *Imp.*, ut Ri. notat. 4, 6, 8—10, 27, vorum retro principum constitutiones nostrasque redegimus[ee], aliam mox legem pietas nostra[f] promulgavit, quae tam[g] confecto codici vires auctoritatemque tribueret, nec aliter in iudicio quas contineret[h] leges, nisi ex ipso proferrentur[i], valere praeciperet[k]; quod si[l] quid iuris ab altero nostrûm postea conderetur, ita demum in alterius quoque[m] principis regno vires proprias obtineret[n], quod generatim[o] constitutum esset, si[p] divinis prosequentibus scriptis ad alterum principem[q] fuisset[r] emissum. §. 1. Quia igitur, diversis emergentibus caussis, per hoc transacti temporis intervallum ferri leges alias emergentium rerum necessitas persuasit, quae, nobis perpetua rerum publicarum occupatione districtis, ad scientiam perferri tuae[s] maiestatis minime potuerunt, necessarium duximus, has[t] nunc saltem universas[u] tuae serenitati[v] cum nostrae maiestatis subnotatione transmittere, quo[x] subiectis et provinciis et populis solenniter innotescant, earumque[y] vis etiam in occiduis[z] partibus incipiat observari. §. 2. Ac lites, quas inchoatas quidem, necdum tamen finitas eo tempore, quo publicantur, invenerint[a], secundum earum tenorem volumus terminari: illas autem, quae iam vel sententiis definitivis[b] vel transactionibus decisae[c] sunt, minime resuscitari. §. 3. Eas igitur, domine sancte[d] fili, Auguste venerabilis, cunctis ex more facias divulgari, et invicem mihi et[e] provincialibus et populis orientalibus cavenda observandaque cum suae manus adumbratione transmitti[f], quaecunque per id temporis spatium vestra perennitas generaliter promulgavit. *Dat.*[g] *Kal. Oct. Constantinopoli, Ardabure*[h] *V. C. Cos.*[i] *et qui fuerit nuntiatus.* (447.)

Interpretatio. *Haec lex Novellarum legum*[k] *constitutiones praecipit*[l] *observari*[m].

10, 27, 31, 32, 33, sed coniuncta est in codd. 9, 33 interpr. Nov. de Iudaeis cum subscr. huius Novellae; pars textus om. in codd. 34, 37; sola interpr. in cod. 6; omnia praeter interpr. des. in codd. 3, 40, 41; in cod. 39 omnia praeter §. 1 et interpr.; in cod. 13 deest pars textus et subscr. Vid. infr. not. *n*.

31, 35 *perpetuus A. pater.* 15 *p̄positus agi pater.* 21 *p̄positus augti pater.* 32 *pfi ā pater.* 33 *pfã pater.* 37 *inclito v. ac triumph. semper clito victori* et des. rell.; solus 22 *semper*, quod Be. rec. Verum quidem est inde a Diocletiani et Constantini potissimum temporibus imperatores solitos esse de se dicere *semper aug.* (cf. illust. Schrader ad Prooem. Instit. ed. suae p. 8, not. *semper augustus*), neque vero desunt exempla formulae *Perpetuus Augustus.* Cf. subscr. const. Omnem rei publicae de Concept. Digest. et subscr. const. Dedit nobis Deus de Confirmatione Digestorum: *Domino nostro Iustiniano perpetuo Augusto* etc. Hac de caussa et quia omnes fere codices (nam in codd. 15, 21, 33 scriptura latet *p̄p*) in hac re consentiunt, ex octo illis codd., quos supra consignavi, reposui *perpetuus;* id enim significat siglum *p̄p*. Commemorandum est denique in nonn. codd. om. *filio*, in codd. 7, 25 *perp. aug. pat.*, in cod. 29 *filio — aug.* et coniungi v. *pater* cum ipsa lege. 22 habet *filius.* Cui. 2, 2* *trimphatori.* ee) 7, 11, 12, 19, 20, 22, 25 *redigimus*, sed in 12 a rec. man. em. *redegimus*, et 7 *constitutionis nostrasquas redigimus alia m. lege*, ut 13. f) 11, 12, 19—23, 25, 29, 37 *nostra pietas*, sed 37 *nostram.* g) 23, Sich. Cui. 1. Aur. Lugd. Rittersh. Go. *iam*, quam scripturam etiam Ri. probatam facile recepissem, si aliis codd. confirmaretur. 6, 22 *quae tamen.* In sqq. 7 *confecta codicis viris auctoritatemque tribuerit;* similiter 22 *c. codicis viris a. tribuerit;* 15, 21 *tribuerit ut nec* et 19 *codici ut res auct.* Ceterum in cod. 22 vv. *divorum — codici* bis exstant et primo quidem loco *confecto codicis* scriptum est. h) 15, 21 *continet;* 18 *conteret;* alii codd. *continere.* Go. *continent.* i) Nonn. codd. *proferentur.* 7 *feruntur.* 6 *nec aliquas in iuditio aliquas contineri leges si ex hoc proferuntur.* 13 *ex hoc prof.* 22 om. *in* post *aliter.* k) 11, 12, 18—20, 23, Sich. *praeciperent.* 15, 21, 22, 25 *p̄ciperint.* 7, 14, 29 *praeceperit.* l) 6, 7, 11, 12, 14, 15, 17—23, 25, 28, 29 *quamsi* s. *quāsi* et 13 *quasi* (pro *quamsi*). Edd. *Quodsi.* Omnes igitur codices, qui h. c. plenam habent, tuentur scripturam *quamsi*, quam et Ri. tuitus esset, nisi vulg. bene se haberet. Difficile est explicare *quamsi*, retinui igitur *quod si*, quod Sich. ex codice aliquo videtur edidisse. Ferri potest *qua, si* (*qua* scil. *lege*). Mox 14 *qui* (sic etiam 7, 29) *uiri* pro *quid iuris*, 22 *nostrorum p. conderentur*, 18 *alterum nostr.* m) 11, 12, 15, 18—21, 23 *alt. quo* et 19 *principis recognovi res propr.* Sich. *alt. hoc pr.* 22 *demum quoque in alterius principis regno.* 18 *signo* pro *regno.* n) Nonn. codd. *obtinere* s. *obtinent.* 7 *iures p. o.* Seqq. des. in cod. 13. 6 *conderetur quod ita — obtineret si gen.* o) 7 *sicut generaliter.* 25 *generationi.* p) 6 *esset et div.* 7 *est et div.* 22 *esse div.* et om. *si* ut codd. 11, 12, 14, 15, 18, 19, 23, 25, 29. Go. mendose *si diversis pro sequentibus*, impr. Ri. Proba est vulg. scriptura: v. *si* pendet ab antec. *ita demum.* q) 7, 22 *ab altero principe.* r) 7, 15, 17, 19—23, 29 *fuisse.* Porro 7 *Quia igitur in diversis e. c. pro hoc — perpetuarum publicarum o. destrictis.* 6 om. *alias* post *leges.* Nonn. codd. *perpetuo r. publ.* s) 11, 12, 15, 17, 19—21, 23 *vi* et 18 *vim* pro *tuae.* Mox nonn. codd. *potuerint.* t) 6, 7, 14, 22, 25, 28, 29 *eas.* Ante 22 *necessarias.* u) 7 *universis.* v) 15, 17, 18, 19, 20, 21, 25 *serenitatis* et deest in codd. 15, 17, 19, 21 *cum.* x) 22 *quas.* 25 *quod.* Nonn. codd. *subiicitur* s. *subicit.* 29 *abiectis.* y) 7 *earumqui eius et in.* 21 *earumquo ius etiam.* 22 *innotescat ea namque vis.* z) 14 *occidentibus.* 29 *occidentis.* Aur. Lugd. mendose *pattibus.* Mox 7 *hac* pro *Ac.* a) Nonn. codd. *invenerit* s. *invenirent* et *tenore.* b) 7, 20 *vel a sententiis def.* 22 *iam de sententiis definitis.* Go. *diffinitivis.* c) 7 *decisa.* 22 *minimae*, sed corr. d) 6, 7, 11, 12, 17, 18, 20, 21, 22, 25; 29 *sancte* s. *s̄c̄e* et 19, 23 *sanctae.* Edd. *sacratiss.* Utrumque recte se habet. Cf. Dirksen. Manuale v. *Sacratus* et *Sanctus.* Reposui ex codd. *sancte.* Mox 19 *augustae.* Go. *fili (Auguste) venerabilis — cum* suae.* e) 7 om. *et.* f) 22 *cavenda et observanda quecumque s. m. adumbrationem transmittit.* 7 *obumbratione tr. q. per idem temporis spacium.* 6 *generaliter perennitas.* g) 14, 38 add. *VIII.* h) Nonn. codd. *Ardabore*, ut Rittersh., qui *Consp. et Ardabore.* 23 *Ardaburo.* Sich. *Arcadio A. et Ardaburo V. C. Coss.* Cui. 1— Lugd. *Constp. et Ardaburé.* i) Nonn. codd. *vic.* et *Conss.* Omnes quos inspexi codd. om. *et qui f. nunt.* Gav. l. c. Vol. V, p. 130 prop. *Calypio et Ardabure VV. CC. Coss.* Cf. Ri. not. *r*, *s* et Brencm. l. c. p. 870. k) 11 *nullarum* et om. ut 5, 22 *legum.* 22 *constitutionem.* l) Multi codd. *praecepit.* m) Multi codd., veluti 3, 5, 7, 8, 10—12, 19, 20, 22, 23, 37, 38 *confirmari*, quod convenit cum rubrica; at vulg. scriptura cum textu convenit, ubi *observari, observandaque.*

TIT. III. DE IUDAEIS, SAMARITANIS, HAERETICIS ET PAGANIS.[a]

1. *Impp. Theodosius et Valentinianus*[b] *AA. Florentio*[c] *Pf. P.*[d] Inter[e] ceteras sollicitudines, quas amor publicus pervigili cogitatione nobis[f] indixit, praecipuam imperatoriae maiestatis curam esse perspicimus[g] verae religionis indaginem; cuius si cultum tenere potuerimus[h], iter prosperitatis humanis aperimus inceptis. Quod usu longae[i] aetatis experti, piae mentis arbitrio ad posteros usque perennitatis[k] iure fundare decrevimus caerimonia[l] sanctitatis. §. 1. Quis enim tam[m] mente captus, tam[n] novae feritatis immanitate damnatus est, ut, cum[o] videat coelum divinae artis imperio incredibili celeritate intra sua[p] spatia metas temporum terminare, cum siderum motum[q], vitae commoda moderantem, dotatam[r] messibus terram, mare liquidum et immensi operis[s] vastitatem finibus naturae[t] conclusam, tanti secreti, tantae fabricae non quaerat auctorem? Quod[u] sensibus excaecatos[v] Iudaeos, Samaritas, paganos[x] et cetera[y] haereticorum genera portentorum audere cognoscimus. Quos[z] si ad sanitatem mentis egregiae lege medica revocare conemur[a], severitatis culpam ipsi praestabunt[b], qui durae frontis obstinato piaculo locum veniae non relinquunt. §. 2. Quamobrem cum, sententia veteri[c], desperatis morbis nulla sit adhibenda curatio, tandem, ne ferales sectae[d] in vitam, immemores nostri saeculi, velut indiscreta confessione[e] licentius evagentur, hac[f] victura in omne aevum lege sancimus, neminem Iudaeum, neminem Samaritam[g] neutra lege con-

---

Tit. III. Codd. 3, 7—15, 17—32, 34—38, Br. Al. Aeg. L. R. U. Cui. 1. Pith. in ind. rubr., Aur. Lugd. Cui. 2, 2*. P[a]. in ind. rubr., Rittersh. Go. P[b]. in ind. rubr., Ri. Ri*. Lab. (p. 766) *Tit. III.* Sich. *Tit. II.* Vid. tit. II. de Confirm. leg. Novell., not. sup. De cod. 1 vid. tit. I. de Theod. Cod. Auctoritate not. sup. et infra §. 10, not. *q*. In cod. 2 hac de caussa deest, quia in eum nullae Novellae transscriptae sunt nisi ineditae; sed cum ibi titulus de Patrimonialibus XII. sit, dubitari nequit, quin hic in codice, unde 2 descriptus est, eodem loco fuerit, quo in rell. codd. legitur. Cod. 6 *Tit. I.* Vid. C. Th. p. 90, not. sup. et tit. II, de Confirm. L. Novv. D. Th., not. sup. Deest etiam in codd. 4, 5, ubi vero rell. Br. Al. Novellae, quae adsunt, iusto numero signatae sunt, ut haec aut consilio omissa sit, aut in codice, ex quo 4, 5 descendunt, exciderit necesse sit. Be. *Tit. VI*, Vid. infr. subscriptionem, not. *x*. — N. 1. In codd. et edd. est *N. un.* h. tit. Be. add. (*VIII.*), i. e. omnium Novv. Be. editionis. Integra cum interpr. est in codd. 11, 12, 14, 15, 17—23. Omnia praeter interpr. desunt in cod. 33, quae quidem, cum etiam titulus omittatur, cum antec. Nov. cohaeret; at cum seqq. Novellarum in Br. Al. receptarum numeri recte se habeant, errore videtur librarius lapsus esse; inscr. et textus des. in codd. 24, 30, 36; textus et subscr. in codd. 26, 35; subscr. et interpr. in cod. 25; solus textus in codd.

---

a) 6 *De Iudeis* (ut plerique codd.) *et Ceteris.* 15, 21 *De I. S. et H.* etc. b) 18 *et Valente.* Nonn. codd. *Imp. et Theud.* c) Nonn. codd. *Florentino.* d) 6, 8—10, 13, 31, 35 add. *Orientis.* Etiam Go. add. *Orientis.* Cf. Nov. Th. Ne Curialis, Nov. 1 et 2 Th. de Postulando et de perpet. advocat., Nov. Th. de Tutoribus, quae quidem Novellae sequenti anno datae sunt, non hoc anno. Ceterum 6, 15, 21 *Fl. praeposito* et 8 *p̄f p̄p̄o Orientis.* 22 *pfū.* e) 22 *In.* 6 om. *ceteras.* f) Sich. *pervigili nobis cogitatione.* 15, 20, 21, 25 *induxit*, errore quidem, neque vero inepte. 14 *cogitationes.* g) 14, 25 *praecipimus.* 22 *praespicimus.* Plerique codd. *vere.* h) Ita 6, 14, in m. Cui. 1—2* et Rittersh., Lab. Go. Be., prob. Ri.; rell. codd. et edd. *potueris*, scil. Florentius, cui lex exsequenda commendatur. Tamen mihi prob. *potuerimus* propter *aperimus*, quod sequitur et *nobis — perspicimus*, quod antecedit. 22 *inter prosperitates humanas aperimus inceptas.* Lab. *incoeptis.* 7 *operibus* pro *aperimus.* i) 22 *longevae*, non *longaevae*, ut Ri. Be. scribunt. Multi codd. *longe*, *pie* ut infra *nove* etc. k) 6 *perhenni.* 7 *usquae perhennitatis.* Rittersh. *decrevimus fundare*, ut 22. Aur. Lugd. *perenninatis.* l) 7, 11, 12, 14, 15, 19—21, 22 (sec. Ri. et Be.), 23, 25, Sich. Lab. *cerimonia* s. *ceremonia*, prob. Ri., cui vero non displicet *caerimonias*, quod rell. edd. et codd. habent (etiam 22, si quidem recte legi). 14 *ceremonie.* Ego scripsi *caerimonia*, quod multo melius est. Altera scriptura orta est ex seq. v. *sanctitatis.* m) 6 om. *tam.* n) 7, 11, 12, 15, 18, 20—22, 25 *quam.* 14 *quae.* 6 *captus quis tam.* o) Rittersh. Ri. hic et in sqq. exceptorem legis imitatum esse contendunt Ciceronem de Nat. deor. II, 38 et de Legib. I. et II. lib. Intelligunt de Legg. I, 8, §. 24 et II, 7, §. 16 ed. Orell. p) 11 sec. Ri. *intrans vi spatia*, impr. Ri. Ego legi *intra sui spatia*, quod et 15, 17, 19—23, Sich. habent. 7 *intra suum spatium aetas.* 15, 21 *spatiū aetates.* 19, 20 *spatiā*, sed 20 *et has.* q) 19 *metum.* r) 7, 15, 19, 21, 22 *donatam.* Ceterum 22 *motum vice' commoda terminare moderantem* (14 *moderatim*) *donatam m̄tibus.* s) 6 *emensi operis.* 22 *immenso per sua statim finibus.* t) 6 *finibus terrae.* 25 *finibus nutare.* 14 *finibus tantae fabricae non naturae conclusam tanti secreti tantae fabricae non quaerat.* u) 22 *quaerat victorem quid.* 23 *q̄d.* Sich. *Quid.* v) 11, 15, 17, 19—23 *excaecavit*, sed 22 sec. Ri. *excaevit.* 25 *excitatus.* x) 7 *Samaritanos* (ut 6, 22) *hereticos et paganos.* y) Nonn. codd. *et contra* et infr. *audire.* 6 *genera hereticorum*, z) 12, 14, 19—23, Sich. *Quod* sed 22 om. *si.* Ceterum edd. ante Be. *cognoscimus? Quod* s. *Quos.* 7 *cognovimus.* a) 19 *legem edicare vocare.* 20 *legem aedicare vocare.* 23 *legem e dica revocare.* 22 *egregite lege medicare conamur.* 25 *lege edicta.* Sich. *legum edicta revocare.* b) 11, 12, 14, 18, 20, 23 *praesentabunt.* 7 *quid iure.* 15 *qui dure.* Nonn. codd. *frontes.* Mendose Rittersh. *veriae.* c) Sec. Rittersh. Ri. Hippocratis est sententia in lib. περὶ τέχνης cap. 4 et 14. Sich. in m.: *Desperatis morbis frustra adhibentur remedia.* Multi codd. *disperatis* et Rittershus. *de speratis mortis.* d) 7 *feralis secte.* 22 *feralis recte.* 6 *vitam inque mores.* 19 *vita minores.* Supra 25 *moribus nulla.* e) 23, Sich. — Lugd. Go. Rittersh. Lab. *confusione*; rell. edd. *confessione*, etiam Cui. 2, 2*, quare Ri. errat, qui omnes edd. *confusione* habere scribit. Nonn. codd. *licentiis.* f) Hinc inc. c. 19 Cod. Iust. et c. 73 Conc. Meld. citt. et fragmentum cod. Barber., quod desinit in v. *traduxerit* §phi 4. Ri. dicit, in Cod. Iust. esse *valitura*, in c. 73 Conc. Meld. *victura*, probari igitur hoc canone, „Caroli Calvi temporibus in Francia compendium Codicis Theodosiani regnasse in foris“, sed etiam libros mss. Cod. Iust. habere *victura* demonstrat doct. Herrmannus ad c. 19 cit., qui ipse edidit *victura.* 22 *ac.* Mox 20 *legem* et 7 *longe* pro *lege.* g) Nonn. codd. *Samaritanum.* 19 *nemine.* Cod. Iust. *neminem Iudaeorum, quibus omnes ad-*

stantem [h] ad honores et dignitates accedere [i], nulli administrationem [k] patere civilis obsequii, nec defensoris fungi saltem officio. [l] Nefas quippe credimus, ut supernae maiestati [m] et Romanis legibus inimici cultores [n] etiam nostrarum legum surreptivae iurisdictionis [o] habeantur obtentu [p], et acquisitae dignitatis auctoritate muniti [q] adversum Christianos et ipsos plerumque sacrae religionis antistites, velut insultantes [r] fidei nostrae, iudicandi vel pronuntiandi quod velint [s] habeant potestatem: §. 3. illud etiam pari consideratione rationis arcentes [t], ne qua synagoga in novam fabricam surgat, fulciendi veteres permissa licentia, quae ruinam praesentaneam minitantur [tt]. §. 4. His adiicimus [u], ut quicunque servum seu [v] ingenuum invitum vel suasione plectenda [x] ex cultu Christianae religionis in nefandam sectam ritumve traduxerit, cum dispendio fortunarum capite [xx] puniendum. §. 5. Ut quisque [y] igitur vel infulas ceperit [z], acquisitis dignitatibus non potiatur, vel synagogam exstruxerit, compendio ecclesiae catholicae [a] se noverit laborasse. Immo qui ad honores irrepsit [b], ha-

---

8 — 10, 13, 27 — 29, 31, 32, 37, 38; pars textus om. in cod. 34; sola interpr. in cod. 6; sola textus et interpretationis frusta supersunt in codd. 3, 39, 40. De cod. 7 vid. not. *p*. Cod. Iust. I, 9, 19 mut. et I, 5, 7, I, 7, 5. Bas. I, 1, 47, LX, 54, 31 (Fabr. T. VII, p. 900). C. Th. XVI, titt. 5, 8 et 10. Ed. Th. 143. Can. 73 Concilii Meldensis (ap. Hard. T. IV, p. 1496). Cod. Barberin. P. 11, 9, p. 197. Vid. not. *f*. Baron. ad ann. 439.

---

ministrationes et dignitates interdictae sunt, nec defensoris civitatis fungi saltem officio, nec patris honorem arripere concedimus, ne acquisiti sibi officii auctoritate muniti, adversus Christianos — veluti — pronuntiandi quamlibet habeant potestatem. In Conc. Meldensi om. *neminem Samaritam n. l. constantem.* h) Omnes codd. Sich. Cui. 1 — Lugd. Go. Rittersh. Lab. *constantem*, quam scripturam Ri. falso scribit probari Gav. l. c. p. 133 sq. Ei potius probatur *constante*, quod in rell. edd. est. Ceterum 7 *nec ultra lege c.* 18 *nec ultra legem c.* 14 *neutram legem c.* 15, 19, 21 *ne ultra lege c.* 25 *nec cetera l. c.* Ri. interpretatur *neutra lege constante*, nulla lege vel in Oriente vel in Occidente antea lata, qua Iudaei muniti quasi, honores appetere poterant, valente et subsistente. Equidem cum codd. scribo *constantem*, sc. Samaritam, qui neque Christianus neque Iudaeus est. Samaritae enim Iudaei schismatici erant. Lex pro religione est. i) 22 *ad honoris dignitatem accedere*, sed sec. Ri. *ad honores dignitate succedere.* 11 *succedere.* 18 om. *dignitates — patere.* Rittersh. om. *ad.* k) 15, 21 *administratione.* 22 *administratione partem cilis obsequii nec defensores.* 25 *admin. petere.* Rittersh. *parere.* l) 6 *saltem fungi officio.* 22 *saltim* (ut multi codd. et Cui. 2, 2*. Ri. Ri*.) *officio Nec eas quippe.* 7 *defensores.* m) 7, 11, 12, 14, 17, 19, 20, 22, 23 *maiestatis.* 18 *maiestates.* Recte *maiestati*; mox *Romanis legibus inimici.* 14 *super mai.* et 25 *quod sup. mai.* Rittersh. *et humanis legibus.* n) 6, 7, 17, 20 *ultores.* 23, Sich. *ultoresque etiam.* Cui. 1 — Ri*. Lab. *inimici*, (sic quoque Sich.) *ultores.* 6 om. *etiam.* o) 7 *iurisdictionibus.* 22 *iuridicionis.* p) Aur. Lugd. Rittersh. *obtenti*, mendose. Vv. *obtentu — quamquam igitur amor religionis* §phi 8 in cod. 7 transposita sunt ad c. 3 de Episcopali iudicio et cohaerent cum vv. eius *omnium sacerdotum* (vid. c. 3 Sirmond. not. *k*). Tum sequuntur ultima c. 3 Sirm. vv., deinde Nov. Th. de C. Th. Auctoritate, porro Nov. Th. de Confirm. Leg. Nov. Th. Aug., denique Nov. Th. de Iudaeis usque ad vv. §. 3 *fortunarum capite*, quibus Novellae primae cod. 7 partis terminantur. Nam quae membranae cum Maioriani Novellis in eodem codice insunt, eae ex alio codice depromptae sunt. Bis igitur seqq. vv. usque ad *fortunarum capite* in codice 7 scripta sunt. q) 7 post c. 3 cit. *munitis.* 15 *auctoritatem unici.* 18 *auctoritate moniti.* 21 *auctoritatem unice.* Mox 19 *Christianos e ipsos.* 22 om. *plerumque.* r) 25 *sacri relig.* Multi codd. *antestites.* 21 *exultantes.* Infra Rittersh. *indicandi.* s) 7, 15, 18, 21 *vellent.* 6 om. *quod velint.* t) 6, 7, 11, 15, 19 — 23, 25, Sich. — Lugd. Go. Rittersh. Lab. *pari* (20 *patri*, err.) *consideratione rationis arcentes.* 12 *pari consideratione rationis sancientes.* 17 *pari considerationis ratione arcentes.* 18 *pari consideratione rationis ascentione quis syn.*; rell. *pari consideratione sancientes.* Restitui plurimorum codicum scripturam, quae bonam sententiam habet et proxime accedit ad Cod. Iust., ubi *pari consideratione rationis arguentes praecipimus, ne qua Iudaica synagoga.* Mox 7 *ne quam synagogam in bona novam — veteris* et 22 *ne qua ut sinagoga — fulgendi veteris.* tt) 7 *minantur* ut Cod. Iust., ubi om. *praesentaneam*, sed post c. 3 Sirm. cit. 7 *minitantur.* 11, 12, 19, 20 *qua ruina praesentanea minitantur.* 14 *quae ruinam praesentaneam ministrantur.* 15 *quā ruina pr. minitatur.* 16 — 18, 25 *qua ruina psentanea minitatur.* 21, 22 *qua ruina praesentanea imitatur*, sed 22 *iniatur.* 23 *qua ruinā preessent an eam minitantur* et om. *His adiicimus*, spatio relicto. Sich. *qua ruinam praesentaneā minitantur. Praeterea praecipimus, ut.* Cui. 1 — Lugd. Go. Rittersh. Lab. Be. *quae ruinam praesentaneam minitantur.* Cui. 2, 2*. Ri. Ri*. *quas ruina praesentanea minitatur.* Rein. cj. *comitatur.* Ortae sunt illae scripturae ex v. *minitantur*, quod librarii partim male legerunt, partim falso acceperunt. Secutus sum Be.; sic enim proxime acceditur ad Cod. Iust. Cf. C. Th. XVI, 8, 27. u) Haec §. om. in Cod. Iust. 22 *addicimus.* v) 6 *servum vel ing.* 11, 12, 17, 19, 22 *servum sive ingenuum.* 20 *servum sive ingenuum inutrum.* 15, 21 *servum sibi* (pro *sive*) *ingenuum*; rell. *servum seu ingenuum.* Hinc inc. c. 5 Cod. Iust. cit. *Eum quicunque s. sive i. i. seu s. — transduxerit — puniendum esse censemus.* x) 15 *plectendum.* 21 *plectent.* 22 *tendat exculto.* Sich. *flectendo.* Rittersh. *plectanda.* Multi codd. *adicimus* et *transduxerit*, sed 22 *traxerit cum dispendium.* xx) Oratio non cohaeret: suppl. *se noverit* s. *se sciat*, aut leg. *puniendus sit.* De cod. 7 vid. supra not. *p*. y) 6 *Quisquis* et om. *Ut.* 7, 22, 23, Sich. — Lugd. Rittersh. (sed hic in m. *quisque*) Go. Lab. *Ut quisquis.* In c. 19 Cod. Iust. cit. haec §. ita scripta est: *Quisquis igitur vel infulas ceperit, quaesitis dignitatibus non potiatur, vel si ad officia vetita subrepserit, ab his penitus repellatur, vel si synagogam extruxerit, compendio catholicae ecclesiae noverit se laborasse; et qui ad honores et dignitates irrepserit, habeatur, ut antea, conditionis extremae, etsi honorariam illicite promeruerit dignitatem; et qui synagogae fabricam coeperit — mox poenae sanguinis destinandus — doctrina*, quo verbo terminatur c. 19. z) 22 *igitur* (om. *vel*) *involas coeperit.* Mox 7 *paciatur vel si sin. exstruserit.* 22 *exstruxere.* Sich. — Lugd. Cui. 2, 2* *coeperit.* a) 6 *catholicae ecclesiae.* 7, 11, 12, 15, 17, 19, 23 *noverit se.* 22 om. *se* et *laborasse.* 15 mox *Itymno* pro *Immo.* b) Omnes codd. *inrepsit* s. *irrepsit.* Edd. *irrepserit.*

beatur, ut ante, conditionis extremae[c], etiamsi honorariam promeruerit[d] dignitatem. Et qui synagogae fabricam[e] coepit non studio reparandi, cum damno quinquaginta librarum auri[f] fraudetur ausibus suis. Cernat praeterea bona sua proscripta, poenae[g] mox sanguinis destinandus, qui fidem alterius expugnavit perversa doctrina. §. 6. Et quoniam decet imperatoriam maiestatem ea provisione cuncta complecti, ut in nullo publica laedatur utilitas, curiales[h] civitatum omnium, nec non cohortalinos[i], onerosis quin etiam militiae seu diversis officiis facultatum et personalium munerum obligatos suis[k] ordinibus, cuiuscunque sectae sint, inhaerere censemus, ne[l] videamur hominibus exsecrandis contumelioso ambitu immunitatis beneficium praestitisse, quos volumus huius constitutionis auctoritate damnare.[m] §. 7. Hac exceptione servata, ut apparitores memoratarum sectarum in privatis duntaxat negotiis nullius iudicis sententias[n] exsequantur, nec carcerali praesint custodiae, ne[o] Christiani, ut fieri assolet, nonnunquam obstrusi[p] custodum[q] odiis alterum[r] carcerem patiantur, incertum[s], an iure videantur inclusi. §. 8. Hinc perspicit[t] nostra clementia, paganorum quoque et gentilis immanitatis[u] vigiliam nos debere sortiri, qui, naturali vesania et licentia pertinaci, verae[v] religionis tramite dissidentes[x], nefarios sacrificiorum ritus et funestae superstitionis errores occultis[y] exercere quodammodo solitudinibus[z] dedignentur[a], nisi ad supernae maiestatis iniuriam et temporis nostri contemptum eorum[b] scelera professionis genere publicentur, quos non promulgatarum legum mille terrores, non denuntiati[c] exsilii poena compescunt[d]; ut, si emendari non possint[e], mole saltem criminum et illuvie victimarum discerent abstinere[f]. Sed prorsus ea furoris peccatur[g] audacia, iis improborum conatibus patientia nostra pulsatur, ut, si[h] oblivisci cupiat, dissimulare non possit.[i] Quamquam[k] igitur[l] amor religionis[m] nunquam possit esse securus, quamquam[n] pagana[o] dementia cunctorum suppliciorum acerbitates exposcat[p], lenitatis tamen memores nobis innatae[q], trabali iussione decrevimus, ut, quicunque[r] pollutis contaminatisque mentibus in sacrificio quolibet in loco fuerit

---

c) 22 *extraneae.* Supra 7 *antea.* d) 7 *promoverit.* 19 *promerint.* 22 *promeruerunt.* e) 6 om. *fabricam. coepit* i. e. incepit. Rittersh. Go. *cepit.* 7 *ceperit.* f) 6, 7, 12, 14, 15, 19, 20, 22 *auri quinquaginta librarum.* 21, 23, Sich. om. *auri.* Mox 6, 7 *abusibus suis* et 23 *perscripta.* g) 11, 12 *paene.* 7 *destinandos.* 6 *perversa' expugnavit doctrina.* Rittersh. *sanguini.* Infra nonn. codd. *conpleti* et 22 *maiestatem in ea pr. cunctas.* h) Hinc incipit c. 7 Cod. Iust. cit.: *Curiales omnium civ.* 7, 22 et alii codd. *omnium civitatum.* 14 *datur ut electus curiales.* 25 *utilitas in curialium.* i) Nonn. codd. *cohortalinos.* Sich. *cohortales.* 6 *cohortalinos universos quin.* 22 *cohortalinus honerosus qui etiam — personarum numerum obligatus.* Cod. Iust. *civitatum, onerosis, quin etiam* et om. *nec non cohortalinos.* 23, Aur. Lugd. Go. Rittersh. *cohortalinos onerosis, quin etiam.* Cf. ad h. l. Zir. p. 456 sqq. k) 11, 12 *sui* et mox *sunt*, ut 22, 23, Sich. — Ri*. Lab. l) 15, 21 *censemus et ne.* 22 *censuimus.* Mox 7 *contumeliosae* et 22 *exsecrandi.* m) Ita codd. Cui. 2, 2*. Ri. Ri*. Be.; rell. et Cod. Iust. *damnari.* Utrumque recte. Seqq. des. in Cod. Iust. Nonn. codd. *auctoritatem.* 15, 19, 21 *Haec exceptione.* 22 *Hac exceptatione.* Nonn. codd. *ac exceptione.* n) 6 *nullius sententias iudicum.* 11, 12, 15, 19, 21 *negotiis si ullius iudicis sententias.* 23 *negotiis ullius iudicis sententias.* 25 *sententia exsequatur.* 22 *sententia.* Zir. l. c. *sententiam.* Ri. em. *negotiis sint, nullius:* at recte se habet vulgata scriptura et longe recedit a vero Ri., qui male intellexit v. *duntaxat.* o) 18, 19, 22 *nec.* 7 *presunt custodie nec xpiane.* p) 6 *obtrusi.* q) 22 *in custodiam.* r) Ri. cj. *atrum* neque vero damnat vulg. script., quam Conc. Meld. tuetur. s) Nonn. codd. *incerta.* t) 6, 14, 15, 21, Sich. — Lugd. Rittersh. Go. Lab. *prospicit*; 7, 11, 12, 17, 19 *praespicit* s. *prespicit* s. *pspicit*; 18 *perinspicit*; 20, 22, 23, rell. edd. *perspicit.* Orta est diversitas, quia librarii sigla inter se commutarunt. Puto in C. Th. scriptum fuisse *perspicit.* Vid. pr. huius Nov. 17 om. *Hinc.* u) Nonn. codd., v. g. 11, 12, 19, 22, 23 *gentiles immanitates*, improb. Ri. 7 *gentiles inmunitatis.* Sich. *et Gentiles immanitates vigiliā nostrā debere sortiri.* 6 *paganos — gentiles i. v. non debere.* 25 *gentilibus humanis.* Mox 18 *qui a naturali.* v) 6 *pertinaci a verae.* 11, 12, 15, 19, 20 *pertinaci vel verae.* 22 *vaesaniae et licentiae ve religionis.* 23, Sich. *vesania et licentia, pertinacive religionis.* Cui. 1 — Go. Ri. Ri*. Lab, *vesania et licentia, pertinaci verae.* Rein. et Rittersh. *vesania et licentia pertinaci, verae*, prob. Ri. Be. *vesania, et licentia pertinaci verae.* Ri. cj. *licentiA pertinaci*, i. e. *licentia, a pertinaci*, sed tuetur vulg. scripturam, modo interpungatur, ut Rittersh. fecit. Hunc secutus sum. 25 *sortiri quo.* x) 15, 21 *desidentes.* 17, Rein. *discedentes*, bene. Mox nonn. codd. *superstitiones* et Aur. Lugd. *funesta.* y) 11, 12 *occulte.* 15, 21 *occulti.* z) Cui. 2, 2*. Ri. Ri*. *solicitudinibus*, recte impr. Rein. Ri. Hic vero falso dicit, omnes edd. habere *solitudinibus*, nam in Cui. 2, 2* *solicitudinibus* scriptum est. Idem err. librariorum est in sq. Nov. Ne Duciani, not. *k.* Nonn. codd. *quemadmodum.* a) 6, 7, 20, 23, Cui. 1 — Ri*. Lab. *dedignantur.* Sich. *designantur.* Non interest, utrum scribatur *dedignantur* an *dedignentur.* 22 om. *et funestae — maiestatis.* b) 6 *cont. per eorum.* 7 *contention. eorum — professionis tempore.* 22 *contemtu — promulgatarum legem.* Sich. *Quos nu | promulgatarum.* 19 *promulgatorum.* c) 11, 12, 18, 19, 22 *non denuntiare.* Ri. intelligi putat c. 23 C. Th. de Paganis (XVI, 10). d) Sich. *compescant.* Recentior man. in cod. 12 corr. *poenae.* 11 *conpescuit.* e) 6 *possent.* 25 *possunt.* f) 22 *illuviae victimarum discerint optinere.* 7 *saltim — discederent abstinere.* 11, 12 *saltim — inluviae.* g) 6 *eo furore spectatur audacia et his.* 14 *eo furore spectatur* etc. 11, 12, 19 *ea furens peccator audacia his* (*his* s. *hiis* multi codd. et Sich.). 15, 21 *peccator.* 22 *ea ferens* (non *frequens*, ut Ri. Be. dicunt) *peccatorum audacia his.* 25 *prorsus se a furoris peccatos audaciam his.* Sich. in m. „*Non satis cohaerent*“, sed omnia recte inter se cohaerent. h) 11, 12, 15, 19 — 23, 25 *aut si.* 14, 22, 25 *cupiant.* i) 11, 12, 14, 16, 18 — 21, 23, 25 *possint.* k) 11, 12, 15, 17 — 21 *Quicquid* s. *Quicquit.* 22 *Quid.* Rec. man. in cod. 14 em. *Quemq.* et alia man. *quicq.* l) 14 (sec. man.), 17 *non invenit.* 14 om. *amor.* 22 *amore.* m) 14 *religionum.* Cum vv. *amor religionis susceptatione venerand tum etiam nro iuditio adpbatus* terminatur in cod. 7 ea Novellae pars, quam supra dixi adglutinatam esse c. 3 Sirmond. Rell. desunt. Vid. §. 2 huius Nov., not. *p.* Mox nonn. codd. *securum* et 22 *securos.* n) 11, 12, 15, 17 — 22 *Quicquid* s. *Quicquit.* o) 23, Sich. — Lugd. Rittersh. Lab. Go. *paganorum.* p) 11, 12, 15, 17 — 22 *exposcant.* Rittersh. *deposcat.* 22 *acervitatis.* Multi codd. *acervitates.* Aur. Lugd. *lenitati.* Rittersh. *levitatis*, mendose. q) 6 *nobis innatae memores.* 22 *mores.* Multi codd. *travali.* 19 *trabili* et om. infra *que* post *contaminatis.* 25 *innatam et travali — pollutus.* r) 22 *decrevimus qui cum* comprehensus, in fortunas eius, in sanguinem ira nostra [s] consurgat. Oportet enim dare nos [t] hanc victimam meliorem, ara [u] Christianitatis intacta servata. [v] An diutius perferemus [x], mutari temporum vices irata coeli temperie? quae paganorum exacerbata [y] perfidia nescit naturae libramenta [z] servare. Unde enim ver solitam gratiam abiuravit? unde aestas messe ieiuna laboriosum agricolam in spe destituit aristarum? unde hiemis intemperata ferocitas ubertatem terrarum penetrabili frigore sterilitatis laesione [a] damnavit? nisi quod ad impietatis vindictam transit legis suae natura [b] decretum. Quod ne posthac sustinere cogamur, pacifica ultione, ut diximus [c], pianda est superni numinis veneranda maiestas. §. 9. Superest, ut, quae [d] in Manichaeos, deo semper offensos, quae in Eunomianos [e], haereticae fatuitatis auctores, quae in Montanistas [f], Cataphrygas [g], Photinianos [h], Priscillianistas [i], Ascodrogos [k], Hydroparastatas [l], Borboritas [m], Ophitas [n] innumerabilibus constitutionibus lata sunt, cessante desidia, celeri exsecutioni [o] mandentur, Florenti, parens carissime atque amantissime. [p] §. 10. Illustris igitur et magnifica auctoritas tua, cui cordi est, cum divinis, tum principalibus adhibere iussionibus famulatum, quae insatiabili catholicae religionis honore decrevimus, propositis excellentiae suae solenniter edictis [q], in omnium faciat [r] pervenire notitiam. Provinciarum quoque moderatoribus praecipiat [s] intimari, ut et [t] eorum pari sollicitudine cunctis civitatibus atque provinciis, quae necessario sancimus [u], innotescant. *Dat. prid.* [v] *Kal. Febr. Constantinopoli, Theodosio A. XVI.* [x] *Cos.* [y] *et qui fuerit nuntiatus.* (438. [z]) *Eodem exemplo viro illustri Pf. P. Illyrici.*

Interpretatio. *Haec lex specialiter iubet, ut nullus Iudaeus, nullus* [a] *Samaritanus ad nullum* [b] *militiae aut administrationis honorem possit accedere, neque de-*

---

pollutis — mentibus sacrificio — fieri comprehensus. s) 6 *sanguinem nostram ira.* 22 *de sanguine ira.* 14, 25 *in sanguine.* t) 6 *nos dare.* u) 17 *are.* 22 *hora.* v) 11, 12, 15, 17—22 *servamus.* Ceterum 17 *chr. quam intactam serv.* et 19 *christianitati sint acta serv.* x) Ita 14, 15, 21; 22 *pfimus.* Rell. et edd. *perferimus.* 25 *perferremur.* Be. em. *perferamus.* y) Multi codd. *exacervata.* Sich. — Lugd. Go. *perfidia, nescit.* z) 6 *libamenta.* 22 *libera mente.* a) Nonn. codd. mendose *Unde enim vel — unde aetas missa* (s. *messem*) — *unde gemis* (s. *genus*) *intemp. — penetr. rigore sterilitas.* 22 *Unde enim vel — aestus messe i. labori suo agricolam e destituit arestarum — penetrabilis frigus sterilitas laetione.* 18 *damnavit ne quod.* b) 14, 22 *leges suae naturae.* 23 *legis suae naturae.* Sich. — Ri*. Lab. *lege sua naturae,* improb. Ri. Gav. l. c. p. 135 em. *legem suam naturae decretum* et Ri. *leges suas.* Ri. vero primus ex cod. 11 prop. *legis suae natura,* quod Be. rec., recte; nam fere omnes codd. in hac scriptura consentiunt. Decretum legis suae, i. e. ordinis sui natura ad vindictam impietatis paganae transire dicitur. Nonn. codd. *Quod nec* et *posthaec.* c) Mendose Aur. Lugd. *diximas.* 22 *expianda.* Mox nonn. codd. *nominis* (sed 18 *ominis*) *venerandam.* d) 18 om. *ut.* 20 *utque.* e) 15 *Nennomiamos.* 22 *offensus in Eonomianus.* 25 *Eoniminianos.* f) 22 *Montanaestas.* g) 6, 14, 15, 20, 21, 23 *frigas.* 22 *prigas.* 11, 12, 18, Sich. *Phrygas.* Cui. 1 — Ri*. *Catafrigas,* sed Rittersh. *Catafrygas.* h) 6 *Fotinianos.* 11, 12, 15—21, 23, 25 *fotinos.* 14 *fotinus.* 22 *focinus.* Sich. *Photinas.* Cui. 1 — Ri*. *Fotinianos.* i) 11, 12, 14, 15, 19, 20, 23 *Priscianistas.* 22 *Priscianaestas.* Go. *Priscilianistas.* k) 18 *astodrogos.* 19 *ascodro co sidroparastas.* Sich. in m. *Tascodrogitas.* 22 *aschodrogus.* Rittersh. *Ascodrogas.* l) 18, 21, 23, 25 *idroparastatas.* Vid. not. antec. 22 *idroparastatus.* m) 11, 12, 18 *Barboritas.* 15, 19, 21, 22 *Barbaricas.* 24 *Burboristas.* Sich. — Lugd. Rittersh. Go. Lab. *Borporitas.* Cf. C. Th. XVI, 5, 65. n) 11, 12, 18, 19, 23 *ofitas.* 20, 25 *offitas.* 22 *sustitas.* 6 *sophitas.* o) 11, 12, 15, 21, Sich. — Lugd. Go. Lab. *exsecutione* s. *executione.* 20 *executionem.* 19, 25 *excusationem.* 22 *censante desidia celeri excusatione mandantur.* 15, 21 *Florentine.* 22 *Florentio.* p) 14 *p̄ kl aug̃.* 15 *p̄ k et auge.* 22 *p̄ k aug̃. ills igitur et magis ā t̄ cui cordi.* 23 *p̄f kl̃ aa.* Sich. *Praefecte charissime Augustorū.* Cui. 1 — Lugd. Go. Lab. *Praefecte Karissime* (Go. *Praefect* et Lab. *car.*) *Augustorum,* sed annot. in m. Cui. 1 — Lugd. „γρ. *Parēs Karissime et amātissime.* Atque ita ubique infra legendū esse censeo.“ Rittersh. *perfectae Karissime Augustorum,* sed in m. ad v. *perfectae* „*al. Parens. quod videtur.*“ Vid. Zir. l. c. p. 320 sq. et p. 498 sq. q) 25 *cui et cordi est cum divinis* (et om. *tum*) *principalibus — honorem — propositis coelestiae suae s. edictis.* 22 *cordi est* (om. *cum*) *divinistum — famulatumque — solennitate redactis.* 1 ita incipit h. l. *que insatiabile catolice,* quae cohaerent cum vv. *ab invictissimo* §. 5 Nov. Th. de Theodosiani Codicis auctoritate. Ri. cj. *excellentiae tuāe* (i. e. praef. praet.), quamquam defendi possit lectio vulgata. r) 11, 12, 19, 20, 23, 25 *faciet,* quod pariter atque *faciat* usitatum est. 25 *notitiam pervenire.* s) 11, 12, 15, 18—21 *praeceptum.* t) 6, 11, 12, 15, 20—23, Lab. om. *et.* Mox 22 *sollicitudini.* u) 6, 11, 12, 19, 22, 25 *necessaria.* Multi codd. *sanximus* s. *sancsimus* et *innotiscant.* Etiam Ri. videtur legendum esse *sanximus.* v) Nonn. codd. *II* et *id̄* pro *Kal.,* improb. Ri. 36 *dn̄o nr̄o Theodosio.* Nonn. codd. *Theud.* 6, 8 om. *Constantinopoli* et 25 *Constantinopoli — Illyrici,* ut in cod. San Gallensi et Piperino Legis R. U. x) 1, 6, 16, 18, 20, 34, 37, 38, Epit. Monachi *XVI* (438). 34 *VI* pro *XVI.* 27, 31 *XVIII* (444); rell. codd. et edd. omnes *XVII.* (439, quem numerum Ri. Ri*. Be. habent). L. R. U. ap. Cancian. *XII.* c. 7 et 19 Cod. Iust. cit. in edd. Be. Herrm. *Theodosio A. XVII. et Festo Conss.* (439), sed Hal. et rell. sec. Herrm. in c. 7 *Theodosio A. XVI. et Fausto Coss.* (438), impr. Ri. et Herrm., quamquam Faustus anno 438 cum Theodosio consul fuisse dicitur. Annum 438 flagitat codex 1, in quo pervetusto libro Novellarum tituli ad annorum seriem dispositi sunt, omnes vero titulos exceptis Novv. de Auct. Th. Codicis et de Confirmatione Legum Novv. Theodosii A., quae in unum titulum conflatae propter argumentum in fronte totius libri ponendae erant, hic titulus antecedit, ut dubitari non possit, quin reliquis antiquior fuerit. Similiter in rell. libris statim post Novv. de Confirm. Leg. Novv. Theodosii A. positus est, quod demonstrat, eos qui Novellas collegerint, hanc Novellam ut antiquiorem reliquis praetulisse. Annum autem confirmant illi et vetusti quidem libri mss., qui numerum *XVI.* ferunt, confirmat etiam vulgata c. 7 Cod. Iust. scriptura. Quas ob caussas non dubito, quin consules anni 438 recte se habeant et reponendi sint. Be., falsa editionum scriptura inductus, quae non convenit cum ordine temporis, quo collocandae sunt Novellae, hunc titulum ut *VI.* transposuit post titulum de Metatis contra auctoritatem librorum mss. y) Plerique codd. Sich. om. *et qui* etc., improb. Ri. Nonn. codd. Lab. *Coss.* z) Annum ponunt Ri. Ri*. Be. in fin. totius subscriptionis et quidem ann. 439. Vid. not. *x* anteced. 36 *VI et nuntiatus ā coss.* et des. rell. ut in Cod. Iust. a) Nonn. codd. *ut nullus.* b) Nonn. codd. Sich. — Lugd. Rit-

fensoris officium ulla[c] *ratione suscipere, neque carceris esse custodes*[d]*: ne forsitan sub specie*[e] *cuiuslibet officii Christianos*[f] *vel etiam*[g] *sacerdotes sub quacunque occasione iniuriis audeant fatigare*[h], *ne supra scripti, qui inimici legis nostrae*[i] *sunt, legibus nostris aliquos aut condemnare aut*[k] *iudicare*[l] *praesumant. Nullam denuo*[m] *audeant construere*[n] *synagogam. Nam si fecerint, noverint*[o], *hanc fabricam ecclesiae catholicae profuturam, et quinquaginta pondo*[p] *auri auctores fabricae esse mulctandos. Sed hoc*[q] *sibi sciant esse concessum, ut ruinas synagogarum suarum debeant reparare. Hoc etiam specialiter in hac lege*[r] *comprehensum est, ut nullus Iudaeus servum aut ingenuum Christianum audeat quacunque persuasione*[s] *in suam legem*[t] *transferre. Quod si fecerit, amissis facultatibus, capite puniatur. De reliquo vero haec lex damnat sectas, quae nominatim hac lege*[u] *continentur insertae.*

TIT. IV. NE DUCIANI VEL[a] LIMITANEI MILITES AD COMITATUM EXHIBEANTUR.

1. *Impp. Theodosius et Valentinianus AA. Florentio Pf. P.* Opem atque auxilium nostrae clementiae limitaneorum poscit utilitas, qui adeo quorundam querimoniis vel exhibitionibus diversorum iudicum dicuntur afflicti, ut inter privatam vitam et militarem scientiam neutri noscantur.[b] Adde, quod usum armorum dediscere compelluntur[c] observatione fori civilis officii, et in vita[d] peregrinantur aliena expertes litium, actionum ignari, quos inverecunda *) facundia et doctrina popularis instituit. Haec assertio[e] viri sublimis Anatolii[f], magistri per Orientem utriusque militiae, nostris sensibus intimavit. Quapropter non ulterius patimur tantae commoditatis dissimulare iacturam, cum constet, dispositione maiorum vallo limitis ab excursione barbarica defensari[g], quicquid intra Romani nominis concluditur potestatem. §. 1. Quamobrem[h] victura in omne aevum lege sancimus, neminem ducianum, neminem[hh] limitaneum militem, per totum tractum Orientis[i], ex ultimis solitudinibus[k], qui exiguis solatiis vix aegreque[l] miseram famem repellunt, penitus exhiberi ad nostrum sacratissimum comitatum, nec sacra nostri numinis[m] iussione, nec divino responso ad preces adeuntis elicito[mm], non denique perennitatis nostrae mandatis vel cuiuslibet sententia iudicantis*): dispositionibus insuper integris[n] viri magnifici custo-

---

Tit. IV. 1, Zir. in indice titt. Am. *Tit. II.* Vid. supr. tit. I, not. sup. 6 Theod. Novv. *Tit. XXIV.* 2, 3, in indice titt. P. P[a]. P[b]. Cui. 2, 2*. Ri. Ri*. *Tit. XLVI.* P. P[a]. P[b]. *Tit. XLIIII.*, falso, nam spectato ordine Novellarum a Pithoeo scrib. est *Tit. XLIII.* Orta est haec diversitas, quia tres tituli, qui in indice titt. commemorati sunt, inter editas Novellas desunt; Nov. dico de Repudiis, de Episcoporum ordinatione, de Confirmatione L. Novv. D. Theodosii; XLIII igitur Novellarum tituli editi sunt; at cum Novellae de Suariis numerus *XXVII* pro *XXXVI* praefixus sit et sequenti Nov. De Praediis pist. numerus *XXXVIII* pro *XXXVII*, neque sequentium titulorum numeros in ed. Pith. recte se habere apparet. Lugd. Go. *Tit. XLIII.*, cuius diversitatis ab ed. P. haec caussa est, quia tres Novellae *de Confirmatione Leg. Novv. D. Theodosii, de Principibus, de Suariis* translatae sunt inter Novv. Valentiniani. Rittersh. *Lib. II.* (Novv. Val.) *Tit. XLIV.*, falso; retinuit enim Rittersh. numerum ed. Pith., etsi hunc titulum a Theodosii Novellis discrevit et inter Novv. Valentiniani, quamvis errore lapsus, posuit. Est enim spectata serie titulorum apud Rittersh. *Tit. XXVIII. Libri II.* Be. *Tit. II.*, 1. Vid. supra tit. III, not. *x*. Inter eas Novellas, quae desunt, commemoratur hic titulus in indice Novv. Valent. Cui. 1 (p. 573) et Aur. (p. 572). In cod. 3 sola vv. §. 2 *licet optare — invenit* supersunt. — N. 1. In codd. et edd. est *Nov. un.* h. tit. Be. add. *(II.)*, i. e. omnium Novellarum in Be. ed.

---

tersh. Go. Lab. *ad ullum.* Alii codd. *ad nullam* et mox *administrationes — defensionis.* 22 *defensoris his off.* Rittersh. *militiae vel administr.* c) 12, 18, 19, 22, 34, alii *nulla*, sed corr. in cod. 34. d) 3, 8, 9, 11 — 14, 18, 19, 22, 34 et multi alii codd. *custodes*; rell. *custodem.* Reposui *custodes.* Infra *audeant.* e) Haec et sqq. sunt in can. 73 Concilii Meldensis. Rittersh. h. l. add. *visibili.* f) Rittersh. *Christiani.* g) Nonn. codd. add. *si.* h) Nonn. codd. *fatigari*, alii om. *ne.* i) Nonn. codd. *nostrae legis.* Infra Rittersh. *nostris aliquot.* k) Nonn. codd. om. *aut.* l) Multi codd. Sich. — Lugd. Rittersh. Go. Lab. *iudicare*; rell. *adiudicare.* Reposui *iudicare.* In lege est *iudicandi vel pronuntiandi.* m) 11, 12 et multi codd. *de novo*; alii *Nullus.* n) Nonn. codd. *constituere*, ut Sich. Cui. 1. Aur. Lugd. Rittersh. Go. Lab., sed can. Meldens. *struere.* Mox 22 *nam feri noverint.* o) Nonn. codd. *noverit* et *hanc ad fabricam e. catholicam.* p) Codd. *pondo, pondera, pondi, ponderibus*; alii mox *auctoris* s. *actores.* q) 8, 14, 15, 21 om. *sed hoc.* Mox aliquot codd. *ruina.* r) Nonn. codd. *in hac lege specialiter.* s) Nonn. codd. *quecumque suasione.* t) Multi codd. veluti 8 — 12, 14, 19, 20, 22, 23, 34, 38 *in sua lege*, sec. Ri. rustica latinitate. Mox 11 *quos* et 14 cum aliis *puniantur.* u) 8, 9, 11, 12, 19, 20, 22, 23, 34, 38, alii codd. *in hac lege.* Nonn. codd. *continetur* et *inserto.*
a) 6 om. *Duciani Vel.* Idem *Florentio prepō.* 1 *comitatū.* P. *Pf. Po.*, sed P[a]. P[b]. et Rittersh. *Pf. Pon.* b) 2, 6, edd. ante Be. *nascantur*; solus Rittersh. et cod. 1 *noscantur*, prob. Amad. Iam P. in cod. 2 em. *noscantur.* Ex cod. 1 edidit etiam Be. *noscantur.* c) 6 *dediscere coguntur.* d) 2 *invita — fecundia.* P. corr. *in vita* et *facundia.* *) Rittersh. mendose *quas in verecunda.* e) 1, 6 *adsertio*; similiter 2 *adiectio* (quod sec. P. in not. et P[b]. in m. *vet. s. vet. Cod.* habet), sed corr. a Pith. *suggestio*; edd. *suggestio.* Reposui e codd. *assertio.* f) 1 *sanatoli.* g) 1 *ad excursionē barbarecā defensare.* 2 *ad*, sed P. in m. *ab.* Bene habet vulg. script. Mendose Rittersh. *Bavarica d. q. intra Romam nominis.* h) 1 om. *Quamobrem*, forte, inquit Am., amanuensis incuria. hh) 1 *niminem duc. niminem.* i) Cf. Böcking ad Not. Dign. Or. p. 290. k) 2, 6, P. — Ri*. *solicitudinibus.* At P. in cod. 2, P. ms. P. in not. et P[b]. in m. Rein. em. *solitudinibus.* Sic quoque 1, probb. Zir. (p. 458) et Am. Inde Be. ed. *solitudinibus*, recte. Cf. §. 8 Nov. anteced., not. *z*. Ceterum P. in cod. 2 corr. *ubi* pro *qui.* l) Ita 1, Be., probb. Zir. l. c. et Am. 2, 6 *egre.* Rell. edd. *aegre*, quod mihi non probatur. m) Codd. edd. ante Be. *nominis*, praeter Go., qui *numinis*, quod Ri. prob. et Be. rec. Cf. tit. sq. not. *f* et *q*, et constanter codices in sqq. Novv. habent *nominis.* In C. Th. fere ubique *numinis.* mm) 1 *adeuntis eliceto.* 2 *subito*, sed em. a P. *subdito*, quod edd. omnes habent, et *subiecto.* 6 *elicito.* Rep. ex codicibus 1, 6 *elicito.* *) 2, 6, edd. ante Be. *iudicis.* 1, Be. *iudicantis.* Utrumque probum est. 1 sec. Am. *sententiam.* n) 2, 6, edd. ante Be. *integri.* P. in

diendis [o] in posterum [p], quas ad utilitatem limitaneorum sedula investigatione constituit, remissis omnibus [q] iam nunc ad propria sacramenta, qui [r] videntur exhibiti. §. 2. Verum ne conditionem [s] militum praedictorum [t] in quandam arcem [u] videamur quodammodo collocasse, peccandi [v] concessa licentia, semel exhibitionis submota [vv] formidine, sub competentibus militaribus [x] iudicibus adversus eos agentibus ianuam aperimus, cum ea videlicet definitione, ut, si limitaneus [y] fuerit confutatus in contractibus seu legibus deliquisse, sumptus litis dare cogatur, etiamsi hoc sententia prolata non teneat, et negotium trecentorum [z] solidorum summam excedat: eadem in actorem poena servata, si limitaneus calculum meliorem et victricem sententiam reportarit [a]. Aliter quippe litigantium timores [b] et exsecranda studia [c] iurgiorum compesci non poterunt [d], nisi animus exercitatus in litibus imminentis damni periculum pertimescat, ut correctionis metu compressus aeterno silentio conticescat. [e] Quem enim avaritia terminum sortietur, quam si [f] laqueis cupiditatum suarum circumdata intra septa propria damnata calumnia comprimatur? Et profecto aut hoc est remedium diu vexatis, aut, si nec hoc quidem prodesse poterit, alia ratio commodorum, alia provisionis flagitanda cautela [g] est: scilicet [h] opperiri [i], scilicet [k] optare debemus, ne libeat audacibus exercere litigia, ut liceat nostris militibus otiari [l], quos in extrema parte Romani saeculi [m] sacramentorum legibus amandatos [n] calumnia latentes [o] invenit. §. 3. Quamobrem, Florenti, parens carissime atque amantissime, illustris [p] et magnifica auctoritas tua, quae statuta maiestatis augustae cura pervigili et congruo semper fine conclusit, nunc etiam edictis propositis [q] ad omnium notitiam faciat pervenire. *Dat. V. Kal. Mart. Constantinopoli, Theodosio A. XVI. Cos.* [r] (438.)

TIT. V. DE PATRIMONIALIBUS REI DOMINICAE ET LIMITOTROPHIS FUNDIS [a] PER ORIENTEM SITIS. [b]

1. *Impp. Theodosius et Valentinianus AA. Marcellino Comiti R. P.* [c] Prope est, ut beneficium accepisse

---

Tit. V. 1, Zir. in ind. titt., Am. et Be. *Tit. III.* Cf. tit. I. de Th. C. Auct., not. sup. 2, 3, P. Cui. 2, 2*. Lugd. P[a]. Go. P[b]. Ri. Ri*. *Tit. XII.* Antecedunt enim undecim illi titt., quos Visigothi in Br. Al. rec. Similiter res se habet in cod. 6, ubi est Novell. Th. *Tit. X.* Rittersh. sine num., sed sec. seriem Novell. *Tit. XVIII.* Cf. supra tit. II. et tit. III, not. sup. et not. *x.* Commemoratur hic tit. in ind. titt. Cui. 1 et Aur. et a Cuiacio in Comm. ad c. 13 Cod. Iust. de Fundis patrim. (XI, 61) l. c. p. 403. In codd. 1, 2, 6 et in edd. tres sunt huius tit. Novellae; cod. 3 nihil habet nisi fragmentum primae Novellae. C. Th. V, 13, 36 ibique Peyron. l. c. p. 148, Wenck. l. c. p. 316. — N. 1. In codd. 1, 2, 6, in edd. est *N.* 1 h. tit. et praeterea ap. Be. (*III.*), i. e. omnium Novellarum in Be. editione. In cod. 3 est *N. un.*, cum desint Nov. 2 et 3; habet autem cod. 3 nihil nisi princ. usque ad v. *suspecimur* (*suspicemur*).

---

m. cod. 2 *dispositiones insuper magri mil.* vel *supradicti viri magnifici.* 1, Be. *integris*, recte. o) Ita 1, prob. Am., et Be. 2, edd. ante Be. *custodientes.* Sed in m. Lugd. Cui. 2, 2* asteriscus positus est ad hunc versum et iam P. in cod. 2, P. ms. P. in not. P[b]. in marg. Ri. em. *custodiendis.* Id edidit Be. 6 om. *custodiendis — constituit.* p) P. Cui. 2, 2* *inposterum* et P[a]. et P[b]. *imposterum.* Sed P. in not. et P[b]. in m. *in posterum.* q) 6 *remissis iam nunc omnibus.* r) 2 *quae*, sed corr. a P. *qui.* s) 2 *conditione*, sed corr. a P. *conditionem.* t) 2, 6, edd. ante Be. om. v. *praedictorum*, quod Be. rest. ex cod. 1. Etiam Am. videtur probari v. *praedictorum.* u) 1, 2 *artem*, impr. Am. 6 *in quadam arce*, quod aeque bonum est. P. in cod. 2 em. *in quandam* pro *in quadam*, quod 2 habet. v) 1 *peccandae.* vv) Rittersh. *sub mota.* x) 1 *militariis.* y) 2 *militaneus;* sic quoque paullo infra; sed corr. a P. z) 2, 6 *teneant*, sed P. em. *teneat* in cod. 2. Go. *in contractus — recentorum*, mendose. Mox 1 *eandem in a. penam servatam.* a) 2 *calcolum — reportari*, sed em. a P. b) Ita 1, 2, edd.; 6 *tumores.* Ri. em. *clamores* et Ro. l. c. p. 192 *rumores.* Si quid corr. est, scrib. est *tumores*, quod optime convenit cum v. *compescit*, quod sequitur. c) Ita 1, prob. Am., et Be. 2, 6, rell. edd. *iudicia.* 2 *exegranda*, sed em. a P. d) Rittersh. *potuerunt.* 2 *poterint*, sed em. a P. *poterunt.* 1 *animus excitatus in.* e) 6 om. *ut — conticescat.* 2 *Que*, sed P. em. *Quem.* f) 6 *sortietur nisi*, optime. Infra 1 *prodesse potuerit.* g) 6 *cautela flagitanda.* h) Ita 1, 2, 6, Rittersh., (probb. Zir. p. 458, et Am.) et Be. P. in cod. 2 corr. *si licet;* reliquae edd. *si licet*, quod Ri. tuetur. Recte *scilicet.* i) 2, 6, edd. ante Be. *operiri.* 1 *opperire.* Be. *operire*, sed cj. *operari.* Melius *opperiri.* k) 2, 3, edd. ante Be. *licet.* 1 *scilicet*, quod Zir. Am. prob. et Be. rec. 6 *operiri licet quod optare debemus, ne liceat aud.* Go. *opetare.* Infra Rittersh. *liceat* pro *libeat.* l) 3 *sociari.* Am. cj. *in extremam partem*, Zir. p. 107 *in extremas partes.* m) Ita codd. edd. At Ri. em. *populi*, Zir. p. 107 *soli*, Am. *imperii.* Similiter in C. Th. XVI, 2, 6 videtur scriptum esse *saeculi* loco *imperii.* Si quid mutandum est, Zir. cj. recipiendam esse puto *soli*, quae proxime accedit ad codd. scripturam. n) 2, 3, 6, edd. ante Be. *emendatos*, sed Rittersh. *emendatis.* 1 *amandatus.* Zir. l. c. et Am. em. *amandatos*, quod Be. rec., recte. 2 *calomnia*, sed P. corr. *calumnia.* o) 1, 3 *latentis* pro *latentes.* p) 2 *p̄ k̄ ā* (cf. Zir. l. c. p. 500) *inlustras*, sed P. corr. *inlustris.* Etiam edd. ante Be. *P. K. A. Inlustris.* q) 6 *etiam hac lege ad.* r) 1 *Theodosio* (om. *A.*) *XVI VC cons.* 6 *Theod. A. XIX.* Subscriptio manca est. Rep. aut *XVI. Cos. et qui fuerit nuntiatus* aut *XVI. et Fausto Coss.* Vid. subscr. Nov. 1 tit. sq. de Patrimonialibus.

a) 1 sec. Am. *De patri munialibus Rei dominice et limitotrofiis fundis.* 2, 3, edd. *De — limitrophis fundis*, sed Cui. 1. Aur. Zir. in indice titt. *limitotrophis.* Idem prop. Cui. in Comm. l. c., probb. Ri. Am. et Zir. p. XXI, qui praeterea cf. p. 519, not. *v.* Edidi igitur ex 1 *limitotrophis.* Cf. supr. C. Th. V, 13, 38, ubi scrib. cum 1, P. *Pu. limitotrophos.* Vid. N. 2 h. t., not. *a.* b) 1, 3 *per.* 2, edd. *ad.* 1 *Orientis.* 1 *Sitis.* 2, 3, edd. *Positis.* Infra §. 1 *sitis per Asianam dioecesim* etc. 6 om. *Et — Positis.* c) 2, 3 *pf.* Edd. ante Be. *Comiti Pf.* s. *PF.* s. *P. F.* P. in not. P[b]. in m. *C. S. L.* (non *R. P.*, quod Be. dicit) et Lugd. Cui. 2, 2* in m. *S. L.*, id e. Comiti Sacrarum Largitionum, impr. Ri. et hic et infra ad tit. XVII. de Competitionibus, not. *c.* Is prop. *Comiti PR.*, i. e. Comiti Privatarum, et cf. iubet c. 120 C. Th. de Decurionibus (XII, 1), bene, sed rectius 1 *c. r. p.*, quod Am. falso interpretatur *Curatori rerum privatarum.* Recte Be. *Comiti* credamus, quoties [d] offertur nobis caussa praestandi, et diem [dd] periisse proculdubio suspicemur [e], quem nostri numinis [f] munificentia non illustrat. Fruimur quippe conscientia largitatis et benefaciendi provincia, quae [g], cum deo meritum hominis applicitum, inter [h] imperatorias primasque virtutes obtinet [i] principatum. §. 1. Valuerit igitur in fundis patrimonialibus sitis per Asianam dioecesim, sitis per Ponticam in diem praesentem et consulatum [k] XVI. nostrae clementiae lex*) divae [l] memoriae Constantini, quae aedes [ll] per Constantinopolitanam urbem sacratissimam dominus [m] exigebat: sed nequaquam ulterius *) felicitas patitur civitatis [n], non suis meritis, verum porro quaesitis compendiis aestimari, nequaquam, utriusque obsequiis elementi contenta [o], suae fortunae desiderat incrementa subsidio praediorum, quae, in coelum usque provecta gloria nominis sui, in societatem admittere dedignatur aliena fata terrarum. §. 2. Quare cum divinum consilium principis memorati processus temporis vicerit [p], et legis proposito in augenda urbe pace superni [q] numinis sit satisfactum, reddet nostra maiestas gratam [r] possessoribus novitatem, ut petitionis vacante formidine [s], cui Romae desunt penates, securus vomerem, securus falcem possessor exerceat, quod paraverit [t] relicturus heredi. Pertinet hoc quoque profecto ad pretium civitatis [u], ad famam tanti splendoris, amantium ambitu [v] frequentari cessante legis imperio. §. 3. Quamobrem [x] pro suggestione magnitudinis [xx] tuae victura [y] in omne aevum lege sancimus, ut*), quisquis patrimoniales possidet fundos [z] seu praedia per dioeceses memoratas donationis [a] aliove titulo, firmiter in aeternum, veluti privato et inconcusso iure, possideat, etiamsi domum [b], etiamsi domicilium in Constantinopolitana urbe non habeat; ad [c] heredum quoque [d] suorum vel emptorum [e] legitimorum, quin etiam retentatorum [f], si dominus quoquo [g] pacto abalienaverit, eius commodis migraturis, omni petitionis exclusa molestia, instructionis quin etiam officio [h], cuius interest, licentia [i] denegata. §. 4. Quam si quis tractator temerario spiritu contra iussa divalia [k], quod non opinamur, offerre tentaverit, quinquaginta librarum auri cum amissione militiae dispendio ferietur, quatenus cuncti cognoscant, firmius [l] nos possessoribus praesenti lege donasse, quae exceptionibus et ceteris formulis vacillabant [m], Marcelline, frater amantissime. §. 5. Illustris igitur auctoritas tua statuta [n] nostrae clementiae pro devotione sincera solenniter edictis propositis ad omnium notitiam faciat [o] pervenire. *Dat. VI.* [p] *Id. Maii Constantinopoli, Theodosio A. XVI.* [q] *et Fausto* [r] *Coss.* (438.)

R. P., i. e. Comiti Rerum Privatarum. Eandem dignitatem Marcellinus gerit in Nov. 1 tit. XVII. de Competit. cit. 6 om. *R. P.* Ceterum Ri*. *Imp.* d) 6 *totiens.* dd) Titus ap. Sueton. in Vit. c. 8 *amici, diem perdidi.* e) Vid. not. sup. 1 *procul dubium suscipimur.* 2 *suspicimur*, sed corr. a P. ex vet. cod. *suspicamur*, ut 6 habet; edd. *suspicemur*, recte. f) Omnes codd. P. — Ri*. *nominis;* Rittersh. in m. cj. *numinis*, probb. Ri. et Zir. p. 243. Inde Be. ed. *numinis.* Vid. Nov. antec., not. *m* et infr. not. *q.* 1 sec. Am. om. *munificentia — largitatis.* g) 6 *providentia.* P. P [a]. *provincia*, * *quae.* Ro. ms. „f. *prudentia.* vel *providentia.* sic *caelestis providentia* apud Iustinian. de Confirmat. Digest." Ro. l. c. p. 179, etsi locum expeditum esse putat, tamen prop. *providentia.* Non est sollicitanda vulg. scriptura. h) 1 *hominis adplicet tum inter.* 2 *adplicitum.* 6 *applicans.* Codicis 1 scriptura videtur vera esse; vulgatae obstat, quod *adplicitum* non coniungitur cum praepositione *cum* (*meritum hominis adplicitum* c u m *deo*). i) 1 *obtinerit.* k) 2 *consules*, sed P. corr. *consulatum.* 6 *consulatum n̄re clemencie XVI lex* et scriptum est supra XVI *n̄m.* *) Haec Constantini lex periit; fortasse exstitit in C. Th. V, 13. Cf. not. sup., Go. ad C. Th. Tom. II, p. 13, col. *a* et Tom. IV, p. 151. l) 1 *divine.* ll) 2, edd. *quae ad aedes.* 6 om. *ad.* 1 *que desp̄ que constantinopolitanā.* Delevi *ad.* m) 2 *d̄ns.* 6 *sacratissimam urbem d̄n̄s.* P. *sacratissimam* * *d̄ns.* P [a]. *sacratissimam* * *dominus.* P. in not. P [b]. in m. „*sic vet. quid* (P [b]. in m. *Sic vetus Codex. Quid*) *si legamus? decimas.*" Ri. Be. em. *dominos*, recte. *) 1 *alterius.* n) 6 *patitur felicitas civitatis.* Apud Rittersh. excidit *patitur.* o) 1 *clementi obtentas sue.* 6 *aestimari q̄ nequaquam utriusque elementi obsequiis.* p) Ita 1, Be.; 2, 6, rell. edd. *progressus t. subiecerit.* Utrumque recte; sed cod. 1 scriptura Am. accuratior videtur. 1 sec. Am. *principes.* P. — Ri*. *memorati, progressus.* q) 1 *superna.* Am. em. *superni;* hoc Be. rec. pro *superi*, quod 2, 6, rell. edd. habent. 1, 2, 6 *nominis*, sed P. in 2 em. *numinis.* Etiam Am. em. *numinis*, quod edd. habent. Vid. not. *f.* r) 1 *reddit nostre maiestas cratam.* 2 *redde nostre m. g.*, sed em. a P. s) 2 *petitioni sue ante formidine.* 6 *ut an̄ petitionis sue formidinem.* P. P [a]. *petitioni* * *suae ante formidinem;* rell. edd. ante Be. *petitioni suae ante formidinem.* P. in cod. 2, P. in not. et P [b]. in m. Cui. 2 — Lugd. in m. em. *petitionis cessante formidine*, recte prob. Ri., sed melius Ner. l. c. *petitionis vacante formidine*, nam ita (probb. Zir. p. 181, not. *c* et Am.) habet cod. 1, quem Be. secutus est. Ro. ms. male *possessionis* pro *petitioni.* t) 6 *securus falcem securus vomerem p. e. quod paraverat.* 1 *relicturus herede.* P [a]. P [b]. *paravit.* u) 4 om. *ad pretium civitatis.* v) 2 *ambitum*, em. a P. *ambitu.* 6 *ambitū fr. censente lege.* P. in cod. 2 ad v. *amantium* notat: „*id q. vicinos amicos alere.*" x) 2 *Quam*, sed em. P. *Quapropter;* iam ex codd. 1, 6 perspicitur, excidisse in cod. 2 *ob rem.* Edd. ante Be. *Quapropter sugg.* xx) 6 *celsitudinis.* y) 1 *victurae.* 2 *victoria.* *) Hinc sumptam esse putat P. in not. et in m. P [b]. c. 12 Cod. Iust. (XI, 61), sed vid. C. Th. V, 13, 39. z) 1 *ut quisque patrimunialis possedet fundus.* a) 2, 6 *donatione*, sed P. in cod. 2 corr. *donationis*, quamquam non falsum est *donatione.* Mox 2 *vel uti*, quae vv. P. virgula coniungit, et 1, 2 *possedeat*, sed em. P. in cod. 2. b) Ita 1, Be.; 2, 6, edd. ante Be. om. *etiamsi domum.* Mox 1 sec. Am. *in constantinopolitanā urb.* c) 6 add. *ius*, recte. d) Ita 1, Be.; 2, 6, edd. ante Be. om. *quoque.* e) 2 *emorum*, P. corr. *emptorum.* 1 om. *legitimorum.* f) 6 *retentorum.* g) 2, 6, edd. ante Be. *quoque.* P. in cod. 2, Ri. Be. em. *quoquo*, recte et congruente cod. 1. h) 1 *migratoris — officium*, ubi Am. em. *officio.* 6 *etiam ex officio.* i) 2, 6, edd. ante Be. *molestia.* Rittersh. *omnis p. exclusa molestia denegata* et om. *instructionis — licentia.* 1 *licentiam.* Am. em. *licentia*, quod Be. ed., recte. Mox 1 *tractatur timerarius piritu — tīptaverit.* k) 6 *divalia iussa.* l) 2 *firmis — formolis vacellabant — inlustres — dementiae*, quae omnia em. a P. Rittersh. bis habet *quatenus — exceptionibus.* m) 1 *possessoribus et certis formolis bacillabant* et om. *praesenti — exceptionibus.* Ap. Go. excidit *ceteris.* n) 1 *tua in statuta.* Paullo post *debutione.* Lugd. P [a]. P [b]. Go. mendose *In lustris.* o) 1 *faciet.* Dicitur modo *faciat*, modo *faciet.* p) 1

2. *Iidem AA. Florentio Pf. P.*[s] Suggestionem tui culminis salutarem debita cum laude divinus[t] amplectitur nostrae serenitatis[u] assensus, per quam suggeritur providendum, ne redituum praestatio minor videatur expensis, neve erogatio collationis functionem excedat. Quod evenire monstratur patrimonialibus fundis ac limitotrophis, nec non etiam saltuensibus[v] pro libidine petitorum ad ius privatum securitatemque translatis. Cui rei, ne ulterius attentetur[x], hac lege perpetuo valitura remedium credidimus offerendum, omnes eiusmodi post hanc legem petitionum materias inhibentes.[y] §. 1. Praecipimus[z] itaque, nulli iam in posterum licere patrimoniales seu limitotrophos[a] vel saltuenses fundos, qui per tractum[b] Orientis positi sunt, ad ius transferre[c] privatum, sive dempto, sive salvo canone iuris fundorum[d] immutatio postuletur: legis temeratores quinquaginta librarum auri poena coërcentes, tam videlicet petitorem[e], quam officium, quod petitionem concedit admitti, licet annotatio nostra, licet divina pragmatica contra vetitum proferatur[f], Florenti, parens carissime atque amantissime. §. 2. Illustris itaque et magnifica[g] auctoritas tua edictis propositis, quae sanximus, ad omnium notitiam perferri praecipiat. *Dat. VI. Id. Iun.*[h] *Constantinopoli, Theodosio A. XVII.*[i] *et Festo Coss.* (439.[k])

3. *Iidem AA. Cyro*[l] *Pf. P.* In omnibus quidem rebus publicam convenit utilitatem privatis commodis anteponi, sed tum praecipue, cum saluti[m] pariter provincialium ac imperii nostri felicitati consulitur[n], unde singulorum quoque fortunis ac securitatibus prospici debere[o] non habetur incertum[p]. §. 1. Quoniam igitur per consultissimam tuae sublimitatis suggestionem comperimus, Armeniae[q] tractum, in ipso paene limitis aditu Persarum constitutum[r], pridem regalium fundorum copiis[s] ac praesidiis munitum, in praesenti Persicis[t] eruptionibus expositum fuisse eo, quod eosdem fundos, et maxime Theodosiopolitanae et Satalenae civitati[u] contiguos vel propinquantes, quorundam petitio diversis retro temporibus in propria iura, mutato pristino canone[v], transtulerit, hac in perpetuum victura lege censuimus statuendum, ut universi, qui nostram in his munificentiam[x] meruerunt, sub ea conditione possessiones habere donatas concedantur[y], si cunctatus[z] et bastagas[a] et paraveredos et species, nec non et coëmptiones, secundum pristinam consuetudinem dispositione tuae magnificae sedis iniun-

— N. 2. Codd. 1, 2, 6, edd. *N.* 2, sed ap. Be. add. (*IV.*), i. e. omnium Novv. in Be. editione. In cod. 3 deest. Cod. Iust. XI, 61, 13. Eodem anno Florentio inscriptae sunt Cod. Iust. I, 3, 22, XII, 58, 13 (haec sine subscr.) et paullo ante *III. Kal. Iun.* c. 1 Cod. Iust. (I, 52). — N. 3. Codd. 1, 2, 6, edd. *N.* 3. Be. add. (*V.*), i. e. omnium Novellarum in Be. ed. In cod. 3 deest. Eodem anno, *XV. Kal. Sept. Cyro* inscripta est c. 10 Cod. Iust. (I, 55).

VII. q) 1 *theodo aa. XIII*, mendose et impr. Am. P[a]. *VXI.* r) 1 om. *Coss.*, 2, edd. ante Be. *et Fausto*, 6 *XVI. et Fausto.* Ex 1 add. Be. *et Fausto.* P. *Cos.* et Lugd. Cui. 2, 2*. Go. — Ri*. *Cons.* Rittersh. *Goss.* s) 6 *preposito.* Cod. Iust. *ad Florentium P. P.* t) 2 *suggessionem* et *divinis*, sed corr. a P. u) 1 *perhennetates* pro *perennitatis*; utraque formula utuntur imperatores. Cf. Nov. Th. tit. II. de Confirm. leg. Nov. Theod. §. 1 *tuae serenitati* et §. 3 *vestra perennitas.* v) 1 *patrimunialis fundis saltuensibus* et om. *limitotrophis — etiam.* 2 *limitrofis*, Edd. *limitrophis.* Vid. Nov. 1 h. t., not. *a.* x) 1 *adtiptitur.* 2, 6 *adtemptetur.* Mox 2 *post hac lege*, sed em. a P. Apud Ri*. *longe* pro *lege.* y) 1 *perpetuū valetura — inhibentis.* Rittersh. *credimus offerendum.* z) 1 *praecepimus.* Rittersh. *Principimus.* Hinc inc. c. 13 Cod. Iust. cit. *Nulli iam in posterum licere praecipimus patrimoniales.* a) 2, 6 *limitrofos.* 1 *militotrofius.* Edd. *limitrophos*, ut Cod. Iust. Patet ex cod. 1 scrib. esse *limitotrophos*, ut supra not. *v.* b) 6 *tractus.* 1 *saltuensis fundus — Orientes.* c) 1 *transferri.* d) Ex cod. 1; 2, 6, edd. ante Be. om. *fundorum.* Cod. Iust. consentit cum cod. 1, prob. Ri. et Am. Itaque Be. repos. *fundorum.* e) Rittersh. *tam vero petitorem.* 2 *nostre*, sed corr. a P. Cod. Iust. *nostra vel divina.* f) Hic desinit c. 13 Cod. Iust. cit. Codd. *Florenti p̄ k̄ āā* s. *p k̄ aa.* Edd. *P. K. AA.* s. *p. k. a. a.* Ri. *Florentii.* g) Solennem illam allocutionem solus 1 habet; rell. codd. et edd. *Itaque magnifica auctoritas* et om. *Illustris* et *et.* h) 1 *pferri pcipiat. Dat. VI.* (sec. Am. *IV.*) *Id Iul.* i) 1 *Teudo. aa. XVI*, recte impr. Am., nisi pro *Festo* scribitur *Fausto.* Vid. not. sq. Sed Cod. Iust. consentit cum vulg. script. k) 1 *et Festo ūc.* Male 6 *Fausto.* Cf. Br. l. c. p. 861. Zir. l. c. p. 256. l) 1 *Ciro.* 6 *Ciro preposito.* Cf. Zir. p. 514. m) 2, 6 *salutis*, sed corr. a P. in 2 *saluti.* 1 *cum salute p. p. hac i. n. felicitate.* n) 1 *consolitur unde singolorum q. fortunis hac.* 2 *consoletur*, sed corr. a P. *consuletur*, quod P. — Ri*. habent. Be. recte rep. *consulitur.* o) 1, 6 add. *debere*, quod 2, edd. om. Be. videtur voluisse *deberi.* p) 2 *incestum*, em. a P. 6 *incognitum.* q) 2 *suggessionem cōterimus* (quae P. corr.) *Arminie.* r) 6 *limitis Persici aditu constitutum.* s) 2 *corpus*, sed P. corr. *copiis.* t) 2 *prosperis*, sed P. corr. *Persicis.* 6 *perspicuis.* u) 2 *civitatis*; P. em. *civitati.* v) 1, 6 *canone*, recte. 2 *nume.* P. corr. *noie*, i. e. *nomine*, quod transiit in edd., sed mend. Go. *momine.* x) 2 *nostra — munificentia.* P. em. *nra — munificentiā.* 1 *censuemus instaluendum.* y) 2 *concedentur*, corr. a P. *concedantur.* P. P[a]. *concedantur,* * *si*, quasi locus impeditus sit. Difficultas est in v. *cunctatus.* Reliqua recte se habent. Sed etiam in m. Lugd. versui *qui nostram — possessio | nes* et in m. Cui. 2, 2* versui *meruerunt — si cun | ctatus* asteriscus appositus. z) 1 *contatus*; 2, 6, edd. *cunctatus.* In utraque scriptura latere putant *comitatus* P. in cod. 2, P. ms. At Rein. Ri. et Dirksen. in Man. Lat. v. *bastaga* em. *commeatus*, i. e. annonas militares, recte. a) Ita 2. 6 *pastacos.* 1, edd. *pastacas*, sed P. et P[a]. *et* * *pastacas.* P. ms. P. in not. em. *bastagas* et P[b]. in m. *bastacas.* Prop. etiam *bastagas* Val. Ri., recte. Vid. C. Th. VIII, 4, 11. Rein. *pastacae* videntur quidem h. l. esse, quas c. 18 C. Th. de Extraord. s. s. mun. (XI, 16) vocat *pastus* et recenset cum translatione militari inter parangarias: sed ei etiam verisimilius videtur scriptum fuisse *bastagas.* 1 *paraveredus.* Cf. Böcking. l. c.

gendas, et[b] alia universa fisci calculo[c] solenniter sine mora dependant et agnoscant, aut resistentes, pro utilitate communi[d], publicae possessioni continuo[e] praedia refundant, sub ea scilicet observatione, ut[f] nulli deinceps eosdem fundos liceat insidiosis et derogantibus rei publicae precibus emereri, aut ad sua[g] compendia, despectis[h] publicis[i] utilitatibus, transferre: centum pondo[k] auri poenae nomine tam his, qui preces offerre tentaverint, quam scriniariis[l] vel aliis, quorum interest, si supplicationes oblatae, aut si fuerint instructae[m], feriendis, Cyre, parens carissime atque amantissime.[n] §. 2. Sublimis igitur et magnifica auctoritas tua hanc saluberrimam legem[o] edictis ex more propositis in omnium notitiam faciat pervenire. *Dat. VI.*[p] *Kal. Iul. Constantinopoli, Cyro V. C. Cos.* (441.[q])

TIT. VI. DE BONIS FABRICENSIUM.[a]

1. *Impp. Theodosius et Valentinianus AA. Aureliano Comiti R. P.*[b] Fabricensium corpus invenit necessitas dura[c] bellorum, quod[d] immortalitatis genere principum scita custodit[e], ne deficiente principio successus generis[f] laberetur[g]: hoc enim armat, hoc nostrum ornat exercitum*). §. 1. Hinc iure provisum est, artibus[h] eos propriis inservire, ut exhausti[i] laboribus immoriantur[k] cum sobole professioni[l], cui nati sunt. §. 2. Denique quod ab uno committitur, totius delinquitur[m] periculo numeri, ut, constricti nominationibus suis, sociorum actibus[n] quandam speculam gerant, et unius damnum ad omnium transit[o] dispendium. Universi itaque, velut in corpore uniformi[p], unius[q] decoctionis[r], si ita res tulerit, re-

---

Tit. VI. 1, in ind. titt. Zir., Am. Be. *Tit. IV.* Cf. tit. I. de Theod. Cod. Auct., not. sup. 2, 3, P. Cui. 2, 2*. Lugd. P[a]. Rittersh. Go. P[b]. Ri. Ri*. *Tit. XIII.*, sed ap. Rittersh. sec. ord. *Tit. XIX.* Cf. supr. titt. I, II, nott. supp. et tit. III, not. *x.* 6 *Tit. XI.* Commemoratur hic tit. in indice titt. Cui. 1. Aur. et a Cuiacio in Comm. ad c. 5 Cod. Iust. de Fabricensibus (XI, 9) l. c. p. 350. C. Th. X, 22. — N. 1. Codd. edd. *N. un.* Be. add. (*VI.*), i. e. omnium Novellarum in Be. ed. Cod. Iust. XI, 9, 5 et VI, 62, 5. Bas. XLV, 1, 57. In cod. 3 nihil superest nisi clausula Nov. inde a v. *Quinquaginta.*

---

p. 254. b) 6 *iniungendas sed et.* 2 *sodalia;* a P. corr. *universa.* c) 1, 6 *calculo.* Similiter 2 *calculos;* em. a P. *calculis,* quod edd. habent. Cf. C. Th. X, 22, 5 ibique Go., not. *e.* Go. *fisc.* d) Ita 1, prob. Am., et Be., recte. 2 *aut resistente cura utilitate,* sed P. in cod. 2, P. in not. P[b]. in m. corr. *utilitati.* P. P[a]. *aut resistente cura* * *utilitate.* Lugd. Cui. 2, 2*. Rittersh. Go. P[b]. Ri. Ri*. *aut resistente cura utilitate,* sed Cui. 2, 2*. Lugd. habent asteriscum in m. Ro. ms. em. *at resistentes cum utilitate,* sed Ro. *aut resistentes cum utilitate.* Rein. cj. *aut resistentes pro utilitate,* ut 1 habet. Ri. legi vult *aut resistentes curae utilitatis communis, publicae.* 6 *aut resistentes utilitate privata publicae.* e) Ita prob. Am. 1 et Be.; 2, rell. edd. praeter Lugd. *cuncti.* 6 *praedia cuncta* et Lugd. *cuncta praedia,* bona sententia. Ri. locum interpungendo sanare studuit. Vid. not. *d.* Ceterum 1 *publice possessione.* f) 1, 2, edd. *cum;* P. in cod. 2, Ri. em. *ut,* et sic habet cod. 6. g) 1 *emerire* et om. *aut ad.* 2 *emereri aut a suarū;* sed P. corr. *ad sua.* 6 *mereri et ad sua.* Rittersh. *ut ad sua.* h) 1 *dispectis.* i) Ita 1, 6, Be., recte; similiter 2 *publicae,* sed corr. P. *reipublicae.* Rell. edd. *reipublicae.* k) 2 *pondos;* P. corr. *pondo.* l) P[a]. P[b]. mendose *criniariis* et Go. *scrinariis.* m) 1 *subplicationes oblatas. aut si fuerint struire feriendis.* 2 *subplicatione sublata,* a P. em. *subplicationes oblatae* etc. 6 *suplicatione oblata ausi fuerint intervenire feriendis.* Ex cod. 1 et 6 scriptura verum restitui potest: *si supplicationes oblatas ausi fuerint instruere.* n) Vid. Nov. 2, not. *f.* o) 2 *in hac saluberrima lege,* sed em. P. *in hāc s. mā lēgē.* p) 1 *VII.* q) 1 *Constan̄ uc̄ cons̄.* 2, Rittersh. P[b]. Ri. Ri*. Be. *Constantinopoli C.* et om. annum Ri. — Be. P. — P[a]. Go. *Constantinopoli C**. P. in not. et P[b]. in m. „*Hoc facile est supplere ex fastis,*“ sed tamen docti diverso modo corr. Brencmannus, cui innotuit cod. 1 scriptura, l. c. p. 864 reponi iubet consules anni 440 (*Valentiniano A. V. et Anatolio*), quia Nov. Th. de Alluvionibus et Nov. 2 Th. de Amota militantibus eidem Cyro inscriptae eosdem consules ferunt. Ri. ex siglo *C.* et ex Persarum irruptionis commemoratione, cuius etiam Marcellinus et Theodoretus mentionem faciant, cj. reponendum esse consulatum anni 441 (*Cyro Cos.*). Am. assentitur Rittero, nisi quod siglo *C.* prodi contendit *uc̄*, quod 1 habet. Cf. etiam Am. p. XLVIII. Iam non opus est, disceptare quid restituendum sit; nam 6 habet *Ciro V. C. Cons.;* tuetur igitur Ri. sententiam.

a) 1 *Frabicensium.* Paullo post Rittersh. *Valentinus.* b) 1 *Aurilianu crp̄,* id e. *Comiti rerum privatarum,* recte prob. Zir. l. c. p. 208 et consentiente c. 5 Cod. Iust. de Hered. dec. (VI, 62) et Cui. in c. 5 Cod. Iust. de Fabricens. (XI, 9) et Am. 2 *con̄s Pb* cum virgula traiecta per literam *b.* P. P[a]. *Aureliano* * *Cons. Pb.* Cui. 2, 2*. Lugd. *Aureliano* * *Cons. P B.* Rittersh. P[b]. *Aureliano Cons. Pb.* Ri. Ri*. *Aureliano Cons. PB.* Go. om. siglum dignitatis et Cod. Iust. vulg. edd. *Aureliano Com. R. P.* Iam P. in cod. 2, P. ms. P. in not. P[b]. in m. Ri. em. *C. R. P.,* quod Be. ex cod. 1 rec. 6 *consulari.* c) Ita Be. ex cod. 1. Sic quoque 6. 2, Cui. 2, 2*. Lugd. Rittersh. Go. P[b]. Ri. Ri*. *subvenit necessitas cura bellorum,* sed est asteriscus in m. Cui. 2, 2*. Lugd.; P[a]. P[b]. *subvenit necessitas* * *cura bellorum.* P. ms. *necessitati et curae.* Rein. cj. *invenit* (recte) *necessitas curae bellorum* vel *subvenit necessitati curae bellorum* vel *subvenit necessitati curā* (*ā* exprimit ablativum) *bellorum,* bona quidem sententia, quae vero non facit cum codd. Ri. em. *invenit* (recte) *necessitas curaque bellorum;* vid. not. *d,* e sq. Ceterum 1 *frabicensium* et *uellorum* pro *bellorum.* d) 1, 6, Ri. in not. *quod;* rell. *quo,* quod prob. Am. e) 1 sec. Am. *costodiat.* Itaque Be. edidit *custodiat;* sed 1 habet *costodit,* pro *custodit,* ut 2, 6, edd. ante Be.; quare leg. est *quod* (scil. *corpus fabricensium*) *i. g. p. scita custodit.* Ri. cj. *custodivere.* Vid. not. *d, c.* f) 1, 2, edd. ante Be. *generes.* P. in cod. 2, P. ms. P. in not. P[b]. in m. Rein. Ri. Am. em. *degeneres,* quod Be. rep. 6 *gn̄ris,* i. e. *generis,* recte. Spectant enim haec vv. §. 3 huius Novellae. Genus autem idem est atque ordo. Praeterea haec scriptura propius accedit ad eam, quam 1, 2 habent, *generes* (crebro enim commutantur inter se in codd. literae *e* et *i*), quam *degeneres,* ubi aliquid in tribus codd. addendum est. g) 1 *laberetur,* sed Am. vult *laberentur;* hoc Be. rec. 2 *haberetur* pro *laberetur.* P. corr. in cod. 2 *haberentur,* quod transiit in edd. rell. Recte *laberetur,* sc. successus. 6 *n̄ habētur.* *) Rittersh. *exercitium.* h) 2 *arbitribus,* sed P. em. *artibus.* 6 *arbitriis.* Cod. Iust. (XI, 9, 5) ita inc.: *Iure provisum est, fabricenses artibus propriis.* i) Cod.

spondere coguntur[s], ut viri illustris atque magnifici magistri officiorum suggestio nostrae clementiae patefecit. §. 3. Quae cum ita[t] sint, praesenti sanctione perpetuo valitura legis in morem[u] decernimus, ut, quisquis fabricensium sine liberis[v] vel legitimo herede decesserit, non condito testamento, eius bona, cuiuscunque summae sint[x], ad eos nutu nostrae mansuetudinis[y] pertinere, qui velut creatores decedentium attinentur, qui fisco pro intercepto respondere coguntur. Hoc enim pacto[z] contingit[a], ut et rei publicae ratio salva permaneat, et fabricenses collegarum[b] suorum solatiis perfruantur, qui damnis ac detrimentis tenentur obnoxii[c]: omni in posterum ab eorum facultatibus, ab eorum patrimoniis petitione cessante, Aureliane, frater carissime atque amantissime.[d] §. 4. Illustris[e] igitur auctoritas tua post hanc legem nullius petitionem admittat, vel instructionem fieri patiatur super bonis fabricensis defuncti. Quod si ulla processerit[f] instructio, non sacra annotatio[ff], non divina pragmatica habeat locum contra generalem nostri numinis[g] sanctionem. Quinquaginta etenim auri libras[h] officium palatinum fisci viribus inferre cogetur[i], si postquam susceperit huius modi divinum oraculum, vel[k] instructionem dare tentaverit. *Dat. prid. Non. Nov. Constantinopoli, ipso*[l] *A. XVI. et Fausto V. C.*[m] *Coss.* (438.)

TIT. VII. DE AMOTA MILITANTIBUS FORI PRAESCRIPTIONE *).

1. *Impp. Theodosius et Valentinianus AA. Florentio Pf. P.*[a] Iuratur in militiae sacramenta, ut necessitates publicae procurentur; sed suggestione[b] culminis tui comperimus, quosdam ideo tantum sortiri[c] militiam, ut alienorum praediorum idonei possint fieri conductores.[d]

Tit. VII. 1, Am. *Tit. VI.*, at sec. ord. *Tit. V.*, ut Zir. in ind. titt. Videtur librarius antecedentium titulorum numeros non ex codice, quem descripsit, deprompsisse, sed cum ille codex mancus esset, ipse suo ingenio apposuisse sec. ordinem, quo titulos invenerat dispositos; sequentium vero titulorum numeros, quos codex obtulit, retinuisse. Iam vero primo titulo, qui in codice 1 duos titulos comprehendit, discisso in titulum de Theodosiani Codicis Auctoritate et in titulum de Confirmatione Legum Novellarum Theodosii A., ipse ille numerus cum nostro convenit. Cf. Nov. Th. tit. I, not. sup. 2, 3, P. Cui. 2, 2*. Lugd. P[a]. Rittersh. P[b]. Go. Ri. Ri*. *Tit. XIV.*, sed ap. Rittersh. sec. ord. *Tit. XX.* 6 *Tit. XII.* Cf. supr. titt. I, II, not. sup. Be. *Tit. IX.* Anteposuit enim titt. de Metatis, de Iudaeis, de Navibus ultra modum et Ne curialis, vulgata primae huius tituli Novellae et tituli de Metatis subscriptione inductus, ut ordinem, quo Novellae in codice 1 scriptae sunt, desereret. Vid. Nov.1 h. tit., not. *a* et infra tit. XXV. de Metatis. Commemoratur in indice titulorum Cui. 1 et Aur. Cod. Iust. III, 23 et 25; XII, 35. In codd. et edd. hic titulus ex quattuor Novellis constat, excepto cod. 3, in quo nihil superest nisi quartae Novellae fragmentum. — N. 1. Codd. 1, 2, 6, edd. *N.* 1. Be. add. (*XI.*), i. e. omnium Novellarum in Be. ed. In cod. 3 deest. Cod. Iust. III, 25, 1. Bas. VII, 5, 92. In eundem fere diem, quo haec novella data est, incidit c. 10 Cod. Iust. de Assessoribus (I, 51), *data XIII. Kal. Febr.*, quare in c. 10 leg. esse puto *XIV.*

Iust. *exhaustis*, non impr. Ri. 2 *exadusti*, sed em. a P. k) Cod. Iust. *immorentur.* Ita etiam Dirks. in Manual. Latinitat. l) 1 *professione.* m) 2 *derelinquitur*, quod em. a P. Cod. Iust. vulg. *id totius.* n) 6 *suis in sociorum.* 1 *sociorum acte sunt.* o) Cod. Iust. *transit*, impr. quidem Ri., sed etiam 1 *transit*, recte, neque enim sententia pendet ab antec. *ut*, sed cohaeret cum vv. *quod — numeri.* Rell. *transeat.* Infra Go. *universae.* p) Cod. Iust. *unius formae;* sic quoque P. ms. q) 1 *uni.* 2 *visus.* P. P[a]. *visus * decoctionis.* Cui. 2 — Ri*. *visus decoctionis*, sed est asteriscus in m. Cui. 2, 2*. Lugd.; 6, Cod. Iust. *unius decoctionis.* Pro *visus* P. ms. P. in cod. 2, Ri. Am. em. *unius*, recte; id Be. rest. r) Cui. in Cod. Iust. em. *decoctioni*, probb. Ri. et Am.; recte quidem *decoctioni*, neque vero codd. tuentur em. Vulg. scriptura orta est occasione sq. v. *si*, quam 1 om. s) c. 5 Cod. Iust. (XI, 9) desinit in v. *cogentur.* Mox 1 *magnifice.* t) 2 *suggessio — ista*, sed em. a P. Rittersh. om. *sint.* u) 2, Cui. 2, 2*. Lugd. Rittersh. — Ri*. *valitura ergo si timore decernimus*, sed est asteriscus in m. Cui. 2 — Lugd. et comma post *valitura* in Ri. Ri*.; P. P[a]. *valitura * ergo si timore decernimus.* Diversis cj. docti locum sanare tentarunt; nam P. in m. cod. 2 em. *solito more* et add. „*s. hinc iure provisum est*"; Rein. cj. *valitura rigoroso tenore;* Ro. ms. *valitura nos sine timore dec.;* Ro. l. c. p. 188 *ergo praesenti sanctione perpetuo valitura sine timore decernimus;* Ri. *largitatis amore s. religionis amore;* illud Ri. mavult. Veram scripturam, quae probatur etiam Am., rec. cum Be. ex cod. 1, a qua non multum abest cod. 6, qui *valitura leges et morem.* v) Cum vv. *Si quis fabricensis sine liberis* inc. c. 5 Cod. Iust. de Hered. dec. (VI, 62). 1 *ut quisque fabric.* x) 2 *sumpserint*, sed em. a P. y) Cod. Iust. om. *nutu n. mansuetudinis.* Mox 2 *adtenentur*, sed corr. a P. Ex consonantia codicum et Cod. Iust. patet, eum, qui legem scripserit, oblitum esse verborum *decernimus*, *ut*, cum hic scribat *pertinere.* Vid. Praef. C. Th. p. XXXVIII, not. 224. z) Cod. Iust. *facto.* Go. om. *pacto.* a) Ita 1, 6, Cod. Iust.; 2, edd. *contigit*, pro quo P. in cod. 2, Ri. Be. coniiciunt *continget.* b) 1 *fabricensis collarum.* c) Hic terminatur c. 5 Cod. Iust. (VI, 62). d) Ita 6. Etiam 1 *Auriliane frater*, prob. Am., sed om. *cariss. atque am.* 2 *p̄. k̄. ā.* P. P[a]. Rittersh. *P. K. A.* Cui. 2 — Lugd. Go. — Ri*. *P. K. AA.* Be. *frater carissime a. am.* e) 1 *inluster.* 2 *inlustras*, sed em. a P. Mox 2 *petitione.* f) Ita 1. Iam P. in not. et P[b]. in m. em. *processerit* pro *processit*, quod 2, 6, edd. habent. ff) 1 *notatio.* g) Codd., etiam vetus codex ap. P. in not., edd. praeter Go. et Be. *nominis.* P. in not. P[b]. in m. Rein. Ri. Am. em. *numinis*, quod Go. habet et Be. rec. 1 *sanctione.* h) 1 *libras.* 6 *librarum auri multā officium.* Rell. *librarum.* 3 om. *palatinum.* De 3 vid. not. sup. i) 3 *cogitur.* 1 *cogetur. Ut quod susceperit.* k) 6 om. *vel.* Idem *Dat. II.* l) c. 5 Cod. Iust. (XI, 9) *Theodosio A.*, ut 1; nam 1 *Constant. teud. a.* m) c. 5 Cod. Iust. de Fabricens. cit. om. *V. C.* et c. 5 Cod. Iust. de Hered. decur. (VI, 62) cit. totam subscr. in vulg. edd.; primus Herrmann. eam ex hac Nov. rest. Rittersh. *Cons.* 1 om. *Coss.* *) 1 sec. Am. *prescruptione.* a) 6 *Idem Augusti Florentio preposito.* P[a]. Rittersh. P[b]. *Pf. Pon.* Go. Lugd. *Florentino.* Edd. ante Be. om. *AA.* b) 2 *suggessione*, em. a P. 1 *culminis tui conferimus.* Rittersh. *culminis tui culminis comperimus.* c) 2 *sortire*, em. a P. d) 6 *possint idonei fieri conductores.* 1 *conductoris.*

Quod nisi numinis[e] nostri fuerit auctoritate correctum, in contumeliam aulae divinae proficiet, si iisdem[f] privilegiis muniantur, qui in privatis negotiis occupantur[ff], quibus iure militiae servientes obsequiorum praemiis glorientur. Quare praesenti lege sancimus,[g] omnes omnino domesticos, agentes[h] in rebus, et quaecunque alia praetenditur militiae dignitas sub moderatoribus provinciarum, functionibus publicis respondere, nulla fori praescriptione valitura, si[i] hac, qui exiguntur[k] debita publica, uti tentaverint. §. 1. Immo et in aliis privatis actionibus occupatos malumus[l] respondere, qui per provincias negotiantur[m], vel conductorum vocabulis[n] defenduntur, sive domorum[o] divinarum, sive virorum potentium, seu cuiuslibet conditionis sint conductores[p], nisi forte commeatu[q] ad rem propriam componendam unius anni inducias ostenderint[r] accepisse, Florenti, parens carissime atque amantissime[s]. §. 2. Illustris igitur et magnifica auctoritas tua, quae provisionum titulis et commodis publicis illustratur, noverit, praesenti lege nostram clementiam statuisse[t], omnes conductores, omnes, qui per provincias negotiantur[u], vel suis vacant compendiis sine beneficio (ut dictum est) commeatus, suis adversariis agentibus respondere, ne sub praetextu militiae privatum seu publicum debitum deseratur; eadem[v] forma servata[x] in his etiam, qui mercandi et militandi divalia[y] beneficia meruerunt. §. 3. Scita sane nostrae perennitatis edictis ex more propositis ad omnium notitiam tua magnificentia faciat pervenire. *Dat. XIV.*[z] *Kal. Febr.*[a] *Constantinopoli, Theodosio A. XVII. et Festo*[b] *Coss.* (439.)

2. *Iidem AA. Cyro Pf. P.*[c] Omnes odiosae sunt fraudes, et[cc] hae maxime, quae legibus fiunt, quae contra commoditates publicas[d] exquiruntur. His itaque legum convenit auctoritatem opponi. Fori praescriptiones[e] noxia quidam interpretatione[f] suis assertionibus aptare festinant, qui cinguli praerogativa iudiciarias eludere[g] posse cognitiones existimant[h], nescientes[i], veteres quoque leges specialiter eius modi praescriptionibus et contractus et negotia gesta et delicta[k] subtrahere, nec pati, eum, qui aliquid[l] in qualibet pro-

---

— N. 2. Codd. 1, 2, 6, edd. *N.* 2. Be. add. (*XII.*), i. e. omnium Novell. in Be. ed. In cod. 3 deest. Cod. Iust. III, 23, 2 mut. Indigitatur in Nov. 3 h. tit. Eodem anno ad Cyrum P. P. datae sunt praeter c. 2 Cod. Iust. (VII, 63) fortasse c. 32 Cod. Iust. (VII, 62), c. 4 Cod. Iust. (X, 69), c. 5, 6 Cod. Iust. (XI, 42), c. 2 Cod. Iust. (XII, 8), c. 5 Cod. Iust. (XII, 22).

---

e) Codd. edd. ante Be. *nominis.* P. Ri. Ro. ms. em. *numinis;* id Be. ed. 1 *auctoritatẽ corr.* f) Codd. edd. ante Be. *hisdem,* praeter Go., qui *iisdem,* ut Be. Rittersh. *muniautur.* ff) 1 om. *qui — occupantur.* g) Hinc incip. c. 1 Cod. Iust. cit. 6 *omnes omni m̊ domesticos.* 1 *quā presenti — omnis omnino domesticus.* h) Cod. Iust. *et agentes.* Go. *Agentes in rebus, quaecumque alia et praetenditur.* i) Cod. Iust. *militia vel dignitas — pro functionibus — valitura, sancimus, si.* 1 *si hanc.* Apud Rittersh. excidit *publicis* post *functionibus.* k) Nota constructionem v. *exiguntur.* Cf. C. Th. VI, 35, 1, not. *p*; X, 10, 22; XII, 11, 1, §. 2; Cramer, Opusc. p. 86, not. 4. Ceterum 1 *debet publica* et Cod. Iust. *publica debita.* l) Ro. ms. *Volumus,* ut Cod. Iust. m) 1 *per provinciasociantur;* similiter 2 *per provincias ociantur,* ubi P. in m. „*provincias otiati* malim *sociantur.*" Hoc habent 6, edd. ante Be. et Cod. Iust. Sed P. in not. et P[b]. in m. „vet. (P[b]. *Vet. Cod.*) per provincias ociantur. *In quibusdam exemplarib. C. Iusti. scriptum est,* negotiantur." P. ms., in m. Cui. 2, 2*. Lugd. *negotiantur,* quod prob. Ri. et Dirksen. l. c. p. 425. Is a Cui. hoc v. ex Basilicis restitutum esse putat; equidem ex libris mss. Cod. Iust. Vid. Herrmann. ad c. 1 cit., not. 6, qui videtur tueri em. *negotiantur.* Aut leg. *negotiantur* (infra *qui mercandi* etc.) aut *ociantur* (vid. not. *u* sq.), sed malo *negotiantur.* Bas. ἐμπορευόμενοι. Ro. ms. *qui vel per provincias sorciantur.* n) Cod. Iust. add. *quum non armata militia praediti sint.* o) 2 *dominorum,* em. a P. p) 2 *conducto,* em. P. *conductores.* 6 *conductus.* q) 1 *commeatu,* recte; quo recepto non est corr. *inducias* in *induciis,* ut Be. prop. Rell. *commeatum,* etiam Cod. Iust. r) 6 *ostenderit.* Cod. Iust. *ostenderint se accepisse* et om. *Florenti — deseratur.* s) 2, P. P[a]. P[b]. Rittersh. *P. K. A.;* rell. *P. K. AA.* s. *p. k. a. a.* t) 1 *clementiam instatuisse.* 2 *clementia.* u) 1 *omnis conductoris omnis qui pr̃ provincias ociantur.* 2 *per provincias ociantur.* 6, edd. ante Be. *per provincias sociantur.* P. in cod. 2 em. *negotiantur* (quod Ri. prop. et Be. rest.), sed mavult *sociantur.* Cf. not. *m* antec. v) 1 *debetum deseratur eandem.* 2 *deferatur,* corr. a P. *deseratur.* 6 *differatur.* Cod. Iust. *forma servanda.* x) 1, Cod. Iust. *qui mercandi.* P[a]. P[b]. *qui mercandum.* 2, rell. edd. *qui in mercandum,* sed P. in m. cod. 2, P. ms. em. *qui et mercandi* et P. in not. et P[b]. in m. *qui et mercandi et militandi simul.* 6 *qui in mercando et militando.* Be. cj. *qui in mercandum militandi.* Fortasse leg. *qui inter mercandum,* etsi veriorem esse puto cod. 1 scripturam, quam rec., praesertim cum sententia conveniat cum cod. 6 et confirmetur Cod. Iust. y) Cod. Iust. ita terminatur: *sacra beneficia meruerint, ut et ipsi rectoribus provinciarum respondeant,* impr. Ri. Infra Go. *Scita sanae.* z) 1, 6 *XIII..* a) Recte 1 *Feb.;* male rell. et Cod. Iust. *Mai* s. *Maii.* Si scrib. *Maii,* evertitur series chron. titulorum, estque hic tit. pon. post titulum IX. Ne curialis, quae res Be. movit, ut ordinem titulorum, quem 1 habet, mutaret. b) Ita Be. et Cod. Iust.; 1 *theud. aa. XVII. cons.* Numerus *XVII.* probatur Br. l. c. pag. 867 et Ri. tum in not. h. c. tum ad subscr. Nov. Th. tit. XXVI. de Relevatis. 2, 6, P. — Ri*. *A. XVIII. Cons.* et om. *et Festo,* quod etiam in cod. 1 deest. Be. igitur rest. *XVII.* ex cod. 1 et *et Festo* ex Cod. Iust., recte. Tillem. l. c. T. VI, p. 168, not. 1 requirit consules aut anni 438 aut anni 439, quia haec Novella antecedit Novellas ann. 440 et 441 publicatas, i. e. reliquas huius tituli Novellas. c) 1 *ciro.* 6 *Ciro praeposito.* P[b]. Rittersh. *Pf. Pon.* cc) Rittersh. in m. cj. *sed.* d) 1, Be. *commoditates publicas;* similiter 2, 6 *commoditatē publicā.* P. — Ri*. *commoditatem publicam.* e) 2 *praescriptionis,* em. a P. f) 2 *interpretationis.* Rittersh. *noxia quidem — assertionibus optare.* g) 1 *qui singuli* (em. ab Am. *cinguli*) *p̄rogativa iudiciariaseludere* (non *iudiciaria se ludere,* ut Am. nuntiat, qui vero em. *iudiciarias eludere*). 2, edd. ante Be. *ivdiciarias excludere,* sed P[a]. P[b]. *singuli* pro *cinguli.* 6 *iudiciarias a se excludere.* Be. rest. ex cod. 1 *iudiciarias eludere,* recte. h) 6 *estiment.* i) 2 *nesciens,* em. a P. k) 2 *delecta,* em. a P. l) 2 om. *eum qui.* P. in m. cod. 2, P. — Ri*. *nec pati aliquem, qui quid.* 6 *nec pati eum aliquid qui in,* fere ut cod. 1, cuius vincia criminose commiserit, vel qui alicubi contraxerit, vel qui*) in quodam loco negotia gesserit aliena[m], memorata se posse praescriptione defendere. §. 1. Sed tua celsitudo per suggestionem[n] edocuit, quosdam eorum etiam, qui[o] ad curiam vocantur, quive cohortalibus deberi dicuntur officiis, vel qui debitis publicis obligantur, quive superexactionum[oo] vel concussionum criminibus involvuntur, in tantum audaciae processisse, ut sub specie militiae excelsae tuae quoque sedis[p] iudicio praescribere[q] non horrerent; cui quis dubitat nullam personam in quocunque negotio posse praescribere? §. 2. Ideo divinis sensibus*) callida memoratorum resecantes incepta, [r]hac perpetua lege sancimus, excelsae quidem tuae sedis neminem sub specie fori praescriptionis in quolibet negotio declinare posse sententias; sed ne[s] provincialibus quoque iudiciis posse fori[t] praescriptionem opponere[u] eos, qui ad curiam[v] vocantur, vel cohortalibus deberi dicuntur officiis[x], vel eos, qui debitis publicis[y] obligantur, eosve, qui superexactiones[z] vel concussiones perpetrasse firmantur[a], quive criminose quid arguuntur in provincia commisisse, quive[b] contraxisse, vel alienum dicuntur gessisse negotium[c] in ea provincia, in qua conveniuntur[d], hac saluberrima lege decernimus[e], licet talis officii videatur apparitor[f], quod specialiter ut apud suos[g] tantum iudices responderet[h], de nostri numinis[i] impetravit clementia. §. 3. Quod si quis contra tam saluberrimam legem pertinaciter voluerit impetratis[k] sibimet vel suo corpori[l] scitis uti[m] coelestibus, sciat tam tua sublimitas, quam moderatores provinciarum, adversus eum, tanquam in[n] contumacem, sententiam proferendam, Cyre, parens carissime atque amantissime[o]. §. 4. Illustris itaque[p] et magnifica auctoritas tua legem saluberrimam edictis ex more[q] propositis ad omnium notitiam perferri praecipiat*). *Dat. XI. Kal. Oct. Constantinopoli, Valentiniano A. V. et Anatolio V. C. Coss.*[r] (440.)

3. *Iidem AA. Cyro Pf. P.*[s] Nos quidem semper pro singulis atque universis ea provisionum maiestate consulimus, qua res Romana paullatim et totius orbis terrarum processit imperium: quibus enim acquiruntur arti-

---

— N. 3. Codd. 1, 2, 6, edd. *N.* 3, sed Be. add. (*XIII.*), i. e. omnium Novv. ap. Be. In cod. 3 deest. Eodem fere die, *III. Kal. Ian.*, ad eundem Cyrum data est c. 8 Cod. Iust. (II, 7. Vid. infra not. * post not. *o*) et fortasse c. 1 Cod. Iust. (III, 4), quae *XIII. Kal. Ian.* data est, ubi vero numerus sine dubio corrigendus est. Eodem anno Cyro inscriptae sunt c. 21 Cod. Iust. de Oper. pub. (VIII, 12) *Dat. XI. Kal. Febr.*, c. 7 Cod. Iust. (I, 14) *Dat. Non. April.*, c. 2 Cod. Iust. (VII, 63) *Dat. XII. Kal. Mai.* Memorabile est, omnes huius anni constitutiones, quas Cod. Iust. habet, neque vero conditores eius ex Novellis, quae supersunt, hauserunt, Cyro inscriptas esse.

---

scripturam Be. primus restituit, ego vero retinui. *) Apud Go. excidit *qui*. m) 6 *commiserit vel qui in quodam loco negotia gesserit aliena vel qui alicubi contraxerit memorata.* n) 2 *suggessionem*, em. a P. o) 1 *etiam si.* Infra *debiri.* oo) Rittersh. P[b]. *super exactionum.* p) 6 *audaciae prorupisse — quoque tuae sedis.* 1 sec. Am. *sedes.* q) 1 *perscribere non orrerent.* 2 *praescribere* et om. *non — praescribere*. P. in m. cod. 2, P. — Ri*. *praescriberent* et om. *non — praescribere.* Lacunam suppl. Be. ex cod. 1, quocum convenit cod. 6. Cf. Zir. l. c. p. 520. Sed nescio cur Be. ediderit *dubitet* pro *dubitat*, nam 1 habet *dubitat.* *) 1 *posse perscribere ideo divinis sinsebus.* r) Hinc inc. c. 2 Cod. Iust. cit.: *Hac p. l. sancimus, provincialibus iudiciis non posse fori praescriptionem opponere eos.* 1 *resecantes in quoepta ac perpetua — fori pscriptionis.* s) 2 *post sententias sed ne.* P. em. *posse* et *nec.* t) 2 *possessore*, corr. a P. *posse fori.* 1 *fori perscriptionem.* u) 2 *opponi*, em. a P. v) Cod. Iust. *curias.* Sec. Am. 1 om. *qui ad curiam — officiis, vel.* Rittersh. *cohortalibus debere officiis dicuntur. vel.* x) Cod. Iust. *officiis vel aliis corporibus obnoxii sunt, eos etiam, qui superexactiones.* y) 1 *debetis publicis.* 6 om. *publicis.* z) P[a]. P[b]. Rittersh. *super exactiones.* 6 om. *super.* a) Cod. Iust. Ro. ms. *firmentur.* 6 *perpetrasse noscuntur.* Seqq. mutata sunt in Cod. Iust.: *exceptis videlicet his, qui armata militia praediti sunt vel alias speciali beneficio principali sese defendunt, ita tamen, ut cui ex militaribus viris curiae nomen vel cohortalis officii quaestio ingeratur, rector provinciae super eius nomine tam ad sedem tuae magnificentiae, quam ad magisteriam vel competentem referat potestatem, ut hi, qui velut debiti postulentur, provinciali iudicio destinati ibi eventum iudicii exspectent, ubi iura moveri praecipiunt huiusmodi quaestiones. Super publicis autem functionibus et debitis nemini liceat fori praescriptionem opponere praeter eos, qui specialiter excepti sunt. Ceteros excelsae tuae sedis et rectorum provinciarum in quolibet negotio declinare minime posse iudicium decernimus, ita ut, qui tam saluberrimam legem pertinaciter violare tentaverint, sciant, a moderatoribus provinciarum adversus se tanquam in contumaces sententiam proferendam,* et desunt reliqua. b) 6 *quidve*, quod ferri potest, sed minoris aestimandum est quam vulg. script. c) 6 add. *ut ergo.* d) 6 add. *respondeant.* Cod. 6 igitur librarius ita construit: *qui dicuntur gessisse negotium. Ut ergo in ea provincia, in qua conveniuntur, respondeant, hac lege decernimus.* e) 2 *discernimus.* P. em. *decernimus.* f) 1 *tales officii videatur apparitur.* 6 *talis videatur officii apparitor.* g) 1 *specialiter ut apud suus;* rell. om. *ut.* Vid. not. sq. h) 1 *responderit* pro *responderet*, quod 2, 6 habent. P. in cod. 2 em. *respondere*, quia ibi deest *ut.* Edd. *respondere.* Scrib. erat *specialiter ut — responderet;* sequitur *impetravit.* Ceterum 1 *iudicis.* i) Codd. edd. ante Be. *nominis*, sed Ri. in not. em. *numinis.* k) 1 *imperatis.* l) 6 *corpori suo.* m) Ri*. *ut.* 2 *utique*, P. del. *que.* Infra Rittersh. *tam sua sublimitas.* n) 6 om. *in* et omitti potest. o) 2, P. P[a]. P[b]. *P. K. A.* Rittersh. *P. R. A.* Rell. *P. K. AA.* s. *p. k. a. a.*, sed 1 *Cire p̄ k āā.* p) 2 *inlustras* (em. a P.) *igitur* et om. *et — ad*, sed add. a P. in m. codicis. q) 1, 6 *legem saluberrimam edictis* et om. *ex more*, sed 1 *lege saluberrima.* Edd. *legem hanc edictis* ex cod. 2. Rep. ex codd 1 et 6 *saluberrimam*; in rell. secutus sum cod. 2 et edd., quamquam etiam Nov. 3 et 4 h. t. in fin. om. illa vv. *ex more.* *) 1 *percipiat.* r) 1 om. *V. C. Coss.* et 2 *V. C.* 2, P. P[a]. P[b]. *Anatolio A. Cons.* Rittersh. *Anatolio A. Consul.* Cui. 2 — Lugd. Go. Ri. Ri*. *Anatolio A. Coss.*, sed P. ms., in m. Cui. 2 — Lugd. *V. C.* Etiam P. in not. P[b]. in m. et Ri. ex aliis Novellis restit. iusserunt *V. C.*, recte, quod Be. rest. et C. Iust. habet. Br. l. c. p. 863. s) Codd.

bus bona, iisdem[t] scimus etiam acquisita servari. Quis dubitat[u], suis commodis[v] veteres[x] rei publicae commoda praeferentes mundi finibus fines[y] imposuisse Romanos? Sic nos in legibus maxime promulgandis non, quid[z] forte quibusdam separatim, sed quid[a] universis in commune prodest, divinis sensibus ponderamus; sed nonnunquam ea, quae saluberrime promulgantur, interpellatione[b] quidam non recta deformare contendunt[c]. §. 1. Nuper curiis[d], civitatibus, ipsis etiam provinciis consulentes[e] cavimus lege perpetua, non debere passim cinguli[f] praerogativa vel illustrissimae praefecturae vel rectorum provinciarum declinari[g] sententias. Hanc legem etiam[h] de nostris militibus quosdam comperimus dicere promulgatam. Ne itaque male interpretandi[i] scita nostra quibusdam detur occasio, sciat sublimitas tua, de scholaribus[k] nostris, comitibus etiam ac[l] tribunis militaribus consuetudinem observari velle nos hactenus observatam; de ceteris vero militibus armatis vel de[m] tribunis, qui numeros agunt, prorsus legem nuper promulgatam non loqui, certissimum est, Cyre, parens carissime atque amantissime. §. 2. Illustris[n] igitur et magnifica auctoritas tua legem perpetuo valituram[o] edictis propositis ad omnium notitiam perferri praecipiat. *Dat. III.**) *Kal. Ian. Constantinopoli, Valentiniano A. V. et Anatolio V. C. Coss.*[p] (440.)

4. *Iidem AA. Ariovindo Magistro militum.*[q] Quae de fori praescriptione[r] nuper saluberrima lege decrevimus, ipsius legis definitionibus demonstrantur[s]. Sed suggestione[t] tuae sublimitatis admoniti, quosdam etiam de apparitionibus magisteriae potestatis excipi[u] postulantes[v], ad eam quoque partem ordinandam divina[x] moderatione pervenimus. Itaque neque pulsatis[y] ab adversariis suis vel in[z] amplissimae praefecturae iudicio vel in[a] provinciis ad praescribendum sufficiat, apparitorem[b] se dicere magisteriae potestatis, exceptis[c], quos obsequiis magistri militum deputatos ad alia iudicia, inconsulto suo iudice, trahi non liceat[d]. §. 1. Per singula officia virorum illustrium magistrorum militum trecentos excipi lege pridem promulgata decrevimus, quos nec in provincialibus *), nec in praetorianae

— N. 4. Codd. 1, 2, 6, edd. *N.* 4, sed Be. add. (*XIV.*), i. e. omnium Novv. in ed. Be. In cod. 3 nihil superest nisi §. 10. Cod. Iust. XII, 55, 5 mut. et 3, sed dissentire videtur Herrmannus ad c. 5 cit.; VII, 62, 33 mut. Seldenus ad Fletam VII, 5 partem huius Nov. ex Ms. suo memorat.

1, 6 *Ciro*, sed 6 *Id. ag̅* et *praeposito*. t) 2, P.—Ri*. *Nos quidem cum maiestate Consulum, qua res Romana paulatim et totus* (P. P^a. hic habent asteriscum, qui in Cui. 2, 2*. Lugd. in m. est) *urbana hisdem* (Go. *iisdem*) *scimus*, om. igitur *semper* — *provisio et bis terrarum* — *artibus*. Corruptam esse illam scripturam et nonnulla excidisse verba, iam Ri. intellexerat. Itaque coniecit *Nos quidem cum maiestate consulum, qua res romana paulatim et status urbanus crevit, scimus etiam acquisita servare.* Locum et sanav. et suppl. Zir. l. c. p. 520, Am. et Be. ex cod. 1, quamquam ibi mendose scriptum est *ꝑ singulis adque* — *prouissionum magestatem consolimus* — *et tutius* — *hisdem*. Ea quae des. in cod. 2, habet etiam cod. 6, hoc discrimine, ut in eo om. *pro* post *semper* et praeterea scriptum sit *provisione cum maiestate c. qua regio Romana paulatim ad totius*. Optimam sententiam habet *ad*. Praeterea, collatis inter se codd. 2, 6, videtur scriptum fuisse etiam in cod., ex quo 2 depromptus est, *provisione cum maiestate*. Denique mihi probatur omitti in cod. 6 *pro*; nam *per*, quod in 1 est, verisimile videtur ortum esse ex antecedenti verbo *semper*. u) 6 add. *enim*, bene. Go. *debitat*. v) Lugd. *suis commodis suis veteres*. x) 1 *veteris reipublicae* et om. *commoda*. Go. *commodo* pro *commoda*. y) 2 *finis*, em. a P. 1 *romanus*. z) 1 *legibus maximis pr. num quid*. 6 *non quod*. Lugd. *sorte*. a) 6 *quod*. b) Rittersh. em. *interpolatione* et Ri. *interpretatione*, hic quidem motus vv. *male interpretandi*, quae infra sequuntur in §. 1. c) 2 *contendant*, corr. a P. d) 2, P.—Ri*. *Turiis civitatibus* (Go. *Nuper * Turiis civit.*), a P. in cod. 2 em. *n̅r̅i̅s̅ tyriis* et in m. Cui. 2 — Lugd. P. ms. *Curiis civitatum*. 6 *civitatibus curiis*, quocum fere convenit nostra scriptura a Be. ex cod. 1 restituta, antea etiam a Bo. l. c. p. 220 proposita. Intelligitur Nov. 2 h. tit. e) 2 *consulientes*, em. a P. f) 1 *cabimus legē perpetuā non debere passim cingola*. Be. *decere*, err. pro *debere*. 6 *passim pro cinguli*. 1 *ricturum* pro *rectorum*. g) 2 *declinare*, corr. a P. *declinari*. h) Ita 1, 6. 2, edd. *Hanc etiam legem*. i) 1 *interprestandi*. 2 *interpretandis*, em. a P. 6 *male intelligatur dicimus de scolaribus* et om. *interpretandi* — *sublimitas tua*. k) 2, P. ms. *solaribus*, em. a P. *scholaribus*. P. in not. et P^b. in m. „*vet.* (P^b. in m. *Vet. Cod.*) Solaribus. *Sic et apud Sulpitium Severum de Martino, pro*, inter saeculares, *legendum* inter scolares. *et apud Suetonium in Claud. cap.* 10. *ubi vulgati habent* Solarium. *v. c. Scolarium*.“ l) 1 *et*. Post v. *tribunis* 1 add. alterum *et*, quod punctis deletum esse videtur. m) 1 om. *de*. n) 1 *Cire post k̄ aa. inlust*. 2 *p̄k̄ inlustras*, sed P. em. *inlustris*. P. P^a. P^b. Rittersh. *P. K. Inlustris*. o) 1 *lege perpetuā valeturā*. *) 6 *Dat. III*. Rell. *IV*. Reposui *III*. Vid. Praef., not. 271. p) Ita 1. 2, edd. om. *A. V.* et *V. C.* et 6 *V*. Iam P. in m. cod. 2 add. *A. V.* post *Valent*. Ceterum 1 om. *Coss*. q) 2 *Ariobindo*, em. a P. c. 3 Cod. Iust. cit. *Basso P. P.* et c. 5 Cod. Iust. cit. *Imp. Anastasius A. magistro militum*. c. 33 Cod. Iust. cit. fert inscr. Nov. 3. r) 1 *ꝑscriptione*. s) Ita 1, Go., recte. Rell. *demonstratur*. t) 2 *suggessione*, em. a P. 1 *suggestione tua*. u) 2 *excepi*, em. a P. v) Ita 1, 6 et Be. in not.; rell. *postulante*, sc. *suggestione tui culminis*. x) 1 *divinā*. y) P. — Ri*. *pulsantes*. P. in not. et P^b. in m. „*deesse videtur*, neque pulsatos“. Be. scribit: „Pith. in m. *neque pulsantes, neque pulsatos* habet“. Fortasse intellexit P. ms. Haec enim sunt in P. ms. Ri. cj. *pulsatos*, prob. Am.; hoc habent 2, 6, sed 2 *ne pulsatos*. 1 *pulsatis*, quod Be. rec. Recte etiam *pulsatos*, i. e. *Itaque neque ad praescribendum sufficiat, pulsatos* — *apparitorem magisteriae se dicere potestatis*. z) 1 om. *in*. Idem *amplissime p̄fectore iuditiū vel*. a) Ex cod. 1; rell. om. *in*. 1 *ad ꝑscribendum*. b) 6 *apparitores*, quod fortasse melius. 1 *adparitorem magisterie se dicere potestatis*. Rittersh. *magisteriae maiestatis*. c) Locus suspectus, nam 1 *et sint certi*; 2 *et incesti*, sed corr. P. *exceptis*; 6 *potestatis et obsequiis*, om. *ceptis, quos*; edd. *exceptis*, recte. d) 1 *magistrū militum depotatus* — *iudici thrai n. l.* 6 *licere*. Mox 1 *trecentus excepi*. *) An *provinciis*, ut supra? Recte *provincialibus*, scil.

vel urbicariae[e] praefecturae iudicio sine permissu viri illustris[f] magistri militum litigare conveniet: [g] ceteros omnes, qui supra praedictum sunt numerum, quasi nec militantes et apud illustrissimas praefecturas et apud viros clarissimos[h] rectores provinciarum de quolibet negotio pulsari et conveniri et respondere sine cinguli praescriptione decernimus[i]. §. 2.[k] Probari autem apparitores magisteriae potestatis neque curiales, neque cohortales, neque censibus volumus adscriptos. §. 3. Quo autem sit certum, qui trecentorum numero continentur[l], in sententiis vel praeceptis, quae apparitoribus magisteriae potestatis exsequenda mandantur, vel in commeatibus, si forte quis eorum ad sua[m] reverti voluerit, commeatui[n] virum magnificum magistrum militum subnotare censemus[o], de numero trecentorum eum esse, cui praecepta vel sententiae mandatae sunt exsequendae, vel cui ad sua per commeatum reverti concessum est. §. 4. Si quis igitur conventus*) ex sententia tuae**) excelsae sedis vel urbicariae praefecturae vel moderatoris provinciae apparitorem se magisteriae potestatis[p] dicat, nec magistri militum talem[q] subscriptionem protulerit, fori eius modi praescriptionem in eius personam cessare decernimus[r]. §. 5. Quod si[s] qualem diximus magistri militum subscriptionem protulerit, si quidem ille est, cui neque a[t] curia, neque a[u] cohortali officio de statu moveatur controversia, nec tributa, nec functiones[v] debere firmatur, statim dimittendus est, utpote fori alterius litigator. §. 6. *) Quod si ab eo proferatur saepe dicta subscriptio, qui a curia[x] vel officio cohortali de statu patitur controversiam, vel ab eo, qui ut tributa vel functiones debens in provincia detinetur, de eius persona et ad[y] virum magnificum magistrum militum, cuius se apparitorem dicit[z], et illustrissimam praefecturam referri[a] decernimus, ut, si intra quattuor menses non fuerit a magistro militum caussa rectori provinciae delegata, tunc ex sententia tui culminis[b] negotium vel in tuo iudicio vel apud rectorem provinciae peroretur. §. 6. Quod si apud illustrem atque magnificam tuam sedem[c] postulatio contra talem fuerit apparitorem[d] deposita, ab ea[e] quoque sede ad[f] virum magnificum magistrum militum[g] scribi conveniat; quo facto intra tres menses cum amplissima tua sede viro quoque magnifico magistro militum iudicante[h] caussam ordine legum determinari censemus[i]. §. 8. Sed et eo casu, quo[k] apparitor magisteriae potestatis de statu supra dicto in provincia patitur controversiam, si sententia vel interlocutio rectoris provinciae fuerit appellatione suspensa, similiter utroque amplis-

---

iudiciis, quod suppl. ex sq. v. *iudicio*. e) Ita 1, 6 et em. P. in cod. 2 pro *urbicanae*, quod 2, edd. habent. Vid. §. 4 h. Nov. Praeterea 1 *nec in p̄turia nec v. u. ꝑfecture iuditio.* f) 1 *inlustri.* 6 *inlustris viri.* 2 *iudicio se permisso virum* (om. *illustris*) *magistrum.* P. in m. cod. 2: „*sed permissū per virū M* ·|· *magnificum*“ et „*permissu viri magnifici magistri*“, unde edd. *magnifici.* Itaque restit. *illustris.* g) Hinc inc. c. 5 Cod. Iust. cit., quae ita scripta est: *Eos qui in officiis vestris merentes, statutorum tantummodo numero inserti sunt, fori praescriptione muniri, ceteros vero, qui supra huiusmodi numerum militare noscuntur, quasi nec militantes, et apud illustrissimas praefecturas et apud clarissimos provinciarum rectores de quolibet pulsari et conveniri, et sine cinguli praescriptione respondere negotio sancimus.* 1 *qui supra*, quod recepi, quia Cod. Iust. consentit. Rell. *qui super.* h) 2 *apud vecariis clarissimos*, ubi P. notat: *v̄v̄. c̄c̄. UR. vicanos*, sed del. *UR. vicanos.* P. P[a]. *et apud* * *Vecariis.* Cui. 2 — Ri*. *apud Vecariis*, sed em. in m. Cui. 2 — Lugd. *VV. CC.*, quod etiam Ri. reponi vult et P. ms. habet. P. in not. et P[b]. in m. „*fortasse*, et apud Vicarios et Rectores. *aut potius*, Et apud Viros clarissimos Rectores. *Nam sane qui apud Praefecturam litigare cogitur, vix est ut apud Vicarios conveniri non possit, cum sint Praefecturae Praetorianae Vicarii*“. Em. *VV. CC.*, i. e. *Viros clarissimos*, quae etiam Zir. l. c. p. 145 probatur et a Be. reposita est, confirmatur codd. 1, 6. Vid. Selden. ad Fletam VII, 5. Be. non displicet *vicarios et*, sed refragatur etiam Cod. Iust. Ceterum 1 sec. Am. *clarissimus rectoris.* i) 1 *negutio pulsare et convenire — cingoli ꝑscriptione decernimus.* 2 *discernimus*, em. a P. *decernimus.* k) Hinc inc. c. 3 Cod. Iust. cit.: *Probari apparitores — curiales* (*in aliquo officio*) *neque cohortales, neque censibus volumus adscriptos*, et des. sqq. 1 *apparitoris magisterii potestatis neque curialis neque cohortalis neque censimus volumus ascriptus quo autem*; *Sed certum.* Ro. ms.: „*ti* (probati) l. 3. C. de Appar. Magist. milit.“ l) 6 *contineantur.* m) 6 *si quis eorum ad sua forte.* n) 1 *commeatu virum.* 6 om. *commeatui.* o) Ita 1, 6. ë de corr. P. *censuimus*, sine dubio adhibito codice, ex quo 2 descriptus est. Hic et edd. *sancimus.* Ceterum 1 *subnotari.* *) Rittersh. *contus.* **) Negat Ri. *sedem excelsam*, quae sit praefecturae praetorianae, dici posse de *magistro militum*, cui lex inscribitur. Coniicit igitur, Novellam non solum magistri militum, sed etiam praefecti praetorio nomen habuisse in inscriptione, quod negligentia librariorum exciderit, aut del. esse v. *tuae.* p) 2 *magr̄um* et mox *magister militum.* Utrumque em. a P. 6 *magnificae pot.* 1 *dicant ne.* q) 6 om. *talem.* r) 1 *persona*, et deest, si recte recordor, *cessare.* 2 *discernimus*, em. a P. s) 6 add. *quis.* t) 2, 6 om. *a.* u) 6 om. *a.* v) 1 *movetur* (quod mihi placet, quia paullo post dicitur *firmatur*) *controversia nec tributa vel* (etiam *vel* bene se habet) *functionis.* Mox 2 *demittendus — litigetur*, sed em. a P. *) Hinc incip. c. 33 cit.: *Eo casu, quo apparitor magisteriae potestatis de curia vel officio cohortali de statu in provincia patitur controversiam, vel ut tributa vel functiones debens in provincia detinetur, si sententia rectoris provinciae fuerit appellatione suspensa, cum tua sublimitate viro quoque magnifico magistro militum cognoscente causae iubemus merita ponderari, licet magister militum rectori provinciae causam delegaverit perorandam*, et des. rell. x) 1 *qua curia.* y) 2 *detenetur — et* et om. *ad.* Utrumque em. P. z) 1 *dicit.* 2, 6, edd. *dicet.* a) 1 *referre.* 2 *discernimus*, em. a P. b) Ita 1; rell. *culminis tui.* Rittersh. *tum ex sent.* c) Ita 1; rell. *sedem tuam.* d) 2, P. — Ri*. om. *apparitorem*, quam v. 6 habet et Be. recte reposuit. 1 *apraritorem*, mendose, et supra *adque.* e) 1 *eo*, Am. em. *ea.* f) 1 *sed ea*, sed Am. *sede a* et em. Am. *ad.* 2, 6, edd. *ab ea.* g) 1 *magistrō militum.* 2, P. — Ri*. *mag. militum iudicantem* et om. *scribi — militum.* Lacunam expl. Zir. l. c. pag. 520, Am. et Be. ex cod. 1; explet etiam cod. 6, paucis mutt.: *conveniet — sede virum quoque* et om. *magnifico.* h) 2, 6, P. — Ri*. *iudicantem.* Be. ex 1 *iudicante.* Praeterea 1 *causa*, quod Am. em. i) 1 *determina recensemus.* Sec. Am. *determinare censemus.* Am. em. *determinari.* 6 *det. concedimus.* k) simo iudice [l] cognoscente caussae iubemus merita ponderari, licet magister militum rectori provinciae caussam delegaverit [m] perorandam. §. 9. In cognitionibus [n] autem futuris omnes ex iure venientes assertiones partibus [o] illibatas servari censemus [p], Ariovinde, parens carissime atque amantissime [q]. §. 10. Illustris igitur et magnifica [r] auctoritas tua legem hanc edictis propositis ad omnium notitiam perferri praecipiat. *Dat. prid.* *) *Non. Mart. Constantinopoli, Cyro* [s] *V. C. Cos.* (441.) *Eodem exemplo Aspari, viro illustri, comiti* [t], *magistro* [u] *militum et exconsuli bis ordinario.*

TIT. VIII. DE NAVIBUS [a] ULTRA DUORUM MILLIUM MODIORUM CAPACITATEM NON EXCUSANDIS.

1. *Impp. Theodosius et Valentinianus AA. Florentio Pf. P.* [b] Semina ferendis legibus [c] fragilitas [d] humani generis subministrat; repetitio vero legum nostrae est humanitatis indicium, si quidem, cum priorum aculei adversus temeratores earum sufficerent corrigendos, admoneri tamen per legis repetitionem delinquentes volumus [e], quam poenas [f] exigi delictorum. Ideo calcatam [g] legem, quae de navigiis [h] non excusandis olim fuerat promulgata, suggestione [i] tuae sublimitatis edocti, humanis sensibus saluberrima repetere scita compellimur, ac iubemus [k], nullam navem ultra duorum millium modiorum capacitatem ante felicem embolam [l] vel publicarum specierum transvectionem aut privilegio dignitatis aut religionis intuitu aut praerogativa personae publicis utilitatibus excusari posse [m] subtractam; nec si coeleste contra proferatur [n] oraculum, sive annotatio, sive sit divina [o] pragmatica, providentissimae legis regulas oppugnare debebit [p]. §. 1. Quod etiam in omnibus caussis cupimus [q] observari, ut generaliter, si quid huius modi [r] contra ius contrave utilitatem [s] publicam in [t] quolibet negotio proferatur, non valeat [u], cum haud dubie [v] subreptionem arguat precatoris. §. 2. [x] Sed ne praesentis iuris videatur impunita contemptio [y], quicquid in fraudem istius legis quolibet modo fuerit atten-

---

Tit. VIII. 1, Am. Be. *Tit. VII.*, sed sec. ord. titt. 1, Am. *Tit. VI.*, ut Zir. in ind. titt. Vid. supra titt. I—IV, not. sup. 2, 3, P. Cui. 2, 2*. Lugd. P [a]. Rittersh. Go. P [b]: Ri. Ri*. *Tit. XV.*, sed Rittersh. sec. ord. *Tit. XXI.* 6 *Tit. XIII.* Est etiam in ind. Novv. Cui. 1 et Aur. Cod. Th. XIII, 7. Nov. Val. tit. XXVIII. de Navic. amn. Cod. Iust. XI, 3. Commemoratur a Cui. in Comm. c. 2 Cod. Iust. de Navibus non excus. (XI, 3) l. c. p. 338. — N. 1. Codd. edd. *Nov. un.* Be. add. (*IX.*), i. e. omnium Novv. in ed. Be. In cod. 3 fragmentum tantum superest. Vid. infr. not. *x*. Cod. Iust. I, 2, 10, XI, 3, 2 (geminat.). Coll. Eccl. Const. I, 2, 10 et Fabrotus, Not. ad Coll. cit. I. (in Voelli et Iustelli Bibl. iur. can. T. II, p. 1243, 1382). Eodem die data est Nov. sq. tit. et paullo ante *III. Non. April. Florentio* inscripta c. 3 Cod. Iust. (I, 24).

Codex 1 *sed et eo* (om. *casu*) *quod* etc. Mox 2 *rectores*, sed supr. lin. em. a P. l) In codice 1 additur *eo*. m) 6 *denegaverit*. n) 2 add. *cum* et notat P. in cod. 2 *In c. caum*, quae iterum del. sunt. P. P [a]. *In cognitionibus* * *cum autem*. Cui. 2 — Ri*. *In cognitionibus cum autem*, sed est asteriscus in m. Cui. 2 — Lugd. Ner. l. c. cj. *In cognitionibus CCC* et add.: „Hic numerus est eorum, qui fori praescriptionem habent, ut Novella docet.“ Ro. ms. *cognitionibus autem in futurum*. Ri. Be. del. *cum*, recte; nam 1, 6 om. *cum*. Praeterea Ri. pro *cum* prop. *tum*. Vid. not. sq. o) 2, P. — Ri*. *patribus*, quibus Ri. intell. *patres curiae*. Veram scripturam rep. Be. ex cod. 1, ubi *partibus*, convenienter cum cod. 6. Iam P. ms. Bo. l. c. p. 222 prop. *partibus*; hic etiam, servato v. *cum*, per transpositionem locum in edd. ante Be. corruptum ita em. studet: *In cognitionibus autem futuris, cum omnes ex iure veniant, assertiones partibus illibatas servari sancimus.* Vid. not. anteced. Ceterum 1 *autin* (pro *autem*) — *omnis* — *adsertionis* — *servare* et 6 *inlibatis*. p) 1, 6 *censemus*, similiter 2 *censuimus*; edd. *sancimus*. Vid. not. *o* antec. 1 *Arivinde*. q) 2 *p̄ k̄ ā*. P. P [a]. Rittersh. P [b]. *Par. K. A.* 2 *inlustras*, em. a P. r) 1 om. *et magnifica*. *) c. 5 Cod. Iust. cit. *II*. s) 1, 6 *Ciro* et om. 6 *Coss*. t) 1 om. *viro illustri comiti* et 6 *comiti* et *bis*. 2 *comite*, em. a P. u) *Magistro* sive potius *et magistro* iam Ri. prop. pro *exmagistro*, quod 2, 6, edd. habent. Ri. em. confirmatur cod. 1, quem Be. falso nuntiat habere *exmagistro*: habet enim *magistro*, prob. Am. Praeterea Ri. deleri vult v. *bis*. 1 om. *et* — *ordinario*. Rittersh. *exconsulibus ord.*

a) Seqq. des. in cod. 6. 1 *Danavibus u. d. milium* (Am. *militū*) *capacetate n. e.* 2 *modios*, em. a P. Cui. 1 et Aur. in ind. Novv. *capacitate*. b) 6 *prep̄o*. c) 1 *sem̄a* (Am. em. *semina*) *ferendi legis* (Am. em. *leges*). Non nego scribi posse cum 1 *ferendi leges*. 6 *faciendis legibus*. d) 2 *fragilitatis*, em. a P. *) Rittersh. in m. *tam*. e) 1 *priorē aculei* — *sufficient correndū admonere tamen per leges repetitione delinquentis volumus*. P. in m. cod. 2 notat: „*Sic magis phrasi graeca.*“ C. Th. XII, 6, 9, not. *. *volumus*, id e. malumus. f) 1, 2, Be. *poenas*; 6, P. *poenā*; P. in cod. 2, Cui. 2 — Ri*. *poenam*. g) 1 *calcatas*. Vid. C. Th. XIII, 7, 2. h) 6 *quae est navigiis*. i) 2 *suggessione*. 6 *sublimitatis tuae suggestione*. k) 1 *hac iobemus*. Hinc inc. c. 2 et 10 Cod. Iust. citt. Mox 2 *capacitaten*, quod P. em. l) 1 *enbolam*. 2 *immolat*, quod P. in not. et P [b]. in m. etiam in vet. cod. (ex quo 2 descriptus est) esse dicit. P. in cod. 2, P. in not. P [b]. in m. corr. *embolam* ex Cod. Iust. 6 om. *ante felicem* — *transvectionem*. m) 1 *excussare posse*. 2 *posset*, em. a P.; c. 10 Cod. Iust. *utilitatibus subtractam excusari posse*. 6 om. *posse subtractam*. n) Rittersh. *preferatur*. o) c. 2 et 10 Cod. Iust. *adnotatio sit sive divina pragmatica sanctio, providentissimae*. 1 sec. Am. *providentissime legis regolas*. p) 2, 6, edd. ante Be. *debet*. c. 10 Cod. Iust. *excusare* pro *oppugnare*. q) 6 *convenit*. r) c. 2 Cod. Iust. *eiusmodi*. 6 *quid in huiusmodi*. 1 *huiusmodo*. s) c. 2 et 10 Cod. Iust. *ius vel utilitatem*. t) 2, 6, edd. ante Be. om. *in*. Iam Ri. ex Cod. Iust. rest. voluit *in*, quod 1 habet et Be. repos. u) In c. 2 et 10 Cod. Iust. om. *cum* — *contemptio*. v) 2 *aut dubie*, em. a P. 6 *surreptione*. Mox 2, 6 *precatores*, sed corr. a P. in cod. 2. x) Hinc inc. cod. 3, qui *viduarum* pro *videatur*. y) 1 *inponita contemtio* et add. *p* supra *m* (contemptio), ut P. ms. 2 *contentio*, ut P. — Ri*., sed P. in cod. 2, P. in not. P [b]. in m. Ri. em. *contemtio* s. *contemptio*, quod prob. Am. et Be. ex cod. 1 et Pith. m. rec. 3 *condencio*. Recte *contemptio*; hoc habet etiam cod. 6.

tatum, id[z] navigii, quod excusatur, publicatione corrigimus[a], Florenti, parens carissime atque amantissime[b]. §. 3. Illustris igitur et magnifica auctoritas tua legem perpetuo valituram ad omnium notitiam propositis edictis perferri praecipiat[c]. *Dat. VII.*[d] *Id. April. Constantinopoli, Theodosio A. XVII.*[e] *et Festo*[f] *V. C. Coss.* (439.)

TIT. IX. NE CURIALIS[a] PRAEDIUM[b] ALTERIUS CONDUCAT [c]AUT FIDEIUSSOR CONDUCTORIS EXSISTAT.

1. *Impp. Theodosius et Valentinianus AA. Florentio*[d] *Pf. P.* [e]*Orientis et exconsule.* Non dubium est[f], in legem committere eum, qui verba legis amplexus contra legis nititur[g] voluntatem. Nec poenas insertas legibus[h] evitabit[i], qui se contra iuris sententias scaeva[k] praerogativa verborum fraudulenter excusat[l]. §. 1. Curiales ne ad procurationem rerum alienarum accederent, cautum est providentissima sanctione[m], cuius in fraudem conducendi eos[n] sibimet usurpare licentiam, sublimitatis tuae suggestione comperimus. Quos licet[o] pristinae legis laqueis irretiri cernamus[p] (conductionem namque speciem esse procurationis, certissimum est), attamen ne sub fraudis suae[q] velamine legis lateant contemptores, neve[r] eis fucata suae calliditatis excusatio relinquatur, hac[s] perpetuo[t] lege valitura sancimus, conducendi quoque fundos alienos[u] licentiam curialibus amputari, locatas res fisci viribus[v] vindicari. §. 2. Conductor itaque locatori, vel contra locator[x] conductori contra hanc legem nulla tenebitur actione[xx]. Nullum enim pactum, nullam conventionem, nullum contractum inter eos videri[y] volumus subsecutum, qui contrahunt lege contrahere prohibente[z]. §. 3. Quod ad omnes etiam legum interpretationes, tam veteres quam novellas, trahi generaliter imperamus, ut legislatori[a], quod fieri non vult, tantum prohibuisse sufficiat[b], cetera

---

Tit. IX. 1, Am. Be. *Tit. VIII.*, sed sec. ser. titt. 1, Am. *Tit. VII.*, ut Zir. in ind. titt. Cf. supr. titt. I, II, III, VII, not. sup. 3, 8—15, 17—38, 40, 41, Cui. 1. P. in ind. titt. Aur. Lugd. Cui. 2, 2*. P[a]. in ind. titt. Rittersh. Go. P[b]. in indice titt. Ri. Ri*. Br. Al. L. R. U. Aeg. *Tit. IV.* 6 *Tit. II.* Sich. *Tit. III.* In codd. 4, 5 deest; sed cum titulus *de Tutoribus*, qui ibi sequitur, is sit, qui in Br. Al. est, nihil videtur deesse, sed potius ex codice, unde descripti sunt, folia excidisse. C. Th. XII, 1. — N. 1. Codd. edd. *N. un.*, sed Be. add. (*X.*), i. e. omnium Novellarum in Be. ed. C. Th. XII, 1, 92. Cod. Iust. I, 14, 5 et IV, 65, 30 mut. Bas. II, 6, 10. Greg. M. epist. IX, 7. Integra cum interpr. est in codd. 11, 12, 14, 18—23; omnia praeter particulam interpr. des. in cod. 3; omnia praeter interpr. in codd. 40, 41; inscr. et textus in codd. 24, 30; subscriptio et textus in codd. 25, 26, 35; solus textus om. in codd. 8—10, 13, 27—29, 31—34, 36—38 (nonnullis exceptis, veluti 9, 37, qui prima vv. usque ad v. *committere* habent); sola fragm. textus (pr. §. 3 inde a vv. *cetera quasi* et §. 4) supersunt in cod. 39; sola interpr. om. in cod. 6. De cod. 17 vid. infr. not. *p.* Vid. Nov. antec. tit., not. sup.

Paullo post Cod. Iust. c. 2 et 10 citt. *Quicquid enim in.* z) 1 *quolebit m. f. adtīptatū id navigii.* 2, 3, edd. ante Be. *in.* 6 *attemptū quolibet modo in nav.* Be. ex 1 et Cod. Iust. recte rep. *id*, quod iam Ri. cj. et Am. prob. a) 2 *corregimus*, em. a P. 3 *corregemur.* Hic desin. c. 2 et 10 Cod. Iust. citt. b) 2 *p k̄ ā.* P. P[a]. Rittersh. P[b]. *P. K. A.*; rell. *p. k. a. a.* s. *P. K. AA.* 2 *inlustras*, em. a P. c) 1 *pferre pcipia.* 6 *val. ed. prop. ad o. n. perf. pr.* d) c. 10 Cod. Iust. cit. *VIII.* c. 2 Cod. Iust. cit. *IX.* Eodem igitur die haec Nov. quo sequens data est. In 3 deest subscr., ut fere semper, in c. 2 Cod. Iust. om. *Constantinop.* e) c. 2 C. Iust. cit. vulg. om. *A.* Rittersh. *XVIII.*, err. 1 *Theud. āā. XVII.* f) 1 om. *et Festo*, 2, 6, edd. ante Be. *et Festo V. C.*, c. 2 et 10 Cod. Iust. citt. *V. C.* Be., iubente Ri., subscr. suppl. ex Cod. Iust., recte. Etiam Am. ex siglo *ūc*, quod 1 habet, coniecerat, addendum esse Festi consulis nomen.

a) 1 *Curiales*, ut 19 et alii codd. 32 *Nec cur.* Lugd. Go. *Nae cur.* b) 11, 12, 19, 20, 23, alii *praediorum.* 13 *praedio.* c) *Aut — exsistat* om. in codd. 6, 13, 25 et nonn. aliis. 15, 19 *conductelae existat.* d) Multi codd. *Theud.* s. *teod.* 19, 21, 22 *Florentino.* 36 *Fl. vir inl. ppō.* Sich. *Fl. PF. V.* e) Omnes, quos inspexi codd., Sich. Cod. Iust. om. *Orientis et exconsule*, neque, ex quo codice Cui. in Cui. 1 verba illa restituerit, explorare potui. Nonn. codd. post *Pf. P.* add. *Post alia.* f) 1 om. *est.* 15, 19 *Nondum est in lege.* Etiam 1, 20, 22 *in lege.* 6 *eum in legem committere.* Cum v. *Non* inc. c. 5 Cod. Iust. cit. g) 6 om. *amplexus contra legis.* 11 *utetur.* h) Ita 1, 6, 11, 12, 14, 15, 17—23, Cod. Iust.; edd. *legibus insertas.* i) 6, 14, 17, Go. Be. Cod. Iust. *evitabit*, recte; nam sequitur *excusat*; rell. *evitavit.* k) 1, 6, 11, 14, 15, 17—22, in m. Cui. 1, 2, 2*. Lugd. Aur. Rittersh. Cod. Iust. *scaeva* s. *sceva* s. *saeva*; rell. codd. et edd. *sola. Scaeva*, i. e. iniqua, perversa, nocua. Cod. Iust. *sententiam.* l) *Curiales — tenebitur actione* om. in Cod. Iust., sed incipit c. 30 Cod. Iust. cit. ita mutata: *Curialis neque procurator, neque conductor alienarum rerum, nec fideiussor aut mandator conductoris existat. Alioquin nullam obligationem neque locatori, neque conductori ex huiusmodi contractu competere sancimus. Dat.* etc. Nonn. codd. *curialis.* m) Vid. c. 92 C. Th. de Decur. (XII, 1). 19 *providentissimas actione.* n) 11, 12, 15, 19—21 *conducendi eorum.* 17 *conducendorum.* 22 *accederint — fraude — usurpari.* Mox 1 *suggestionē*; alii *suggessione.* o) 1 *Quoslibet.* p) 1, 6 *cernamus.* 15, 21 *decernimus.* Rell. *decernamus.* Seqq. des. in cod. 17 usque ad vv. *bonorum mortui curiae* §. 3 Nov. Th. 2 tit. XXII. de Bonis decurionum. q) 15, 21 *fraudi suae.* 22 *fraude suae* et om. *velamine — fucata suae.* r) 1 *contītores ne eis fugata suae caliditatis.* 6, 11, 12, 15, 18—21 *ne vel.* s) 1 *ac.* 22 *haec.* t) 15, 19, 21, 22, Sich. — Ri*. *perpetua*, impr. Ri., cui vero non displicet scriptura codicis 22 *haec perpetua.* u) 1 *fundis alienis.* Nonn. codd. *fundus.* v) 11, 12, 15, 18—21 *locatas* (11 *locatoras*) *nobis fisci viribus.* 22 *amputare locatus nobis fisci viribus.* R. in m. *iuribus.* x) 1 *itaque locuturi vel contra loquatur.* 22 *locatus.* Infra 15 *coniunctionem nullum.* xx) Vid. supra not. *l.* y) 1 *viridi.* z) 1 *qui contra hunc lege contrahire prohibente.* 11, 12 *qui contrahunt legem contraire prohibente*, sed in m. cod. 12 a sec. man. corr. *contrahere.* 14, 15, 18—21 *qui contra hanc legem contraire* (s. *contrahire* s. *contrairae*) *prohibente.* 22 *qui contra hanc legem contrahit prohibente.* Rittersh. *prohibentur. Quod ad omnis.* a) 1 *legislatoris.* b) 14 *sufficiet.*

quasi expressa ex legis liceat voluntate colligere: hoc est, ut [c] ea, quae [d] lege fieri prohibentur, si fuerint facta, non solum inutilia, sed pro infectis [e] etiam habeantur, licet [f] legislator fieri prohibuerit tantum, nec specialiter [g] dixerit, inutile [h] debere esse, quod factum est. Sed et si quid fuerit subsecutum ex eo vel ob id, quod interdicente factum est lege [i], illud quoque cassum atque inutile esse praecipimus [k]. §. 4. Sed quo omnis fraudis semen [l] per hanc legem curialibus radicitus amputetur, nec fidem suam pro conductoribus fundorum [m] interponere concedimus [n] curiales. Cur enim conductio prohibetur, si conductionis periculum vel sollicitudo permittitur? Secundum praedictam itaque regulam, quam ubique servari [o], factum lege prohibente [p], censuimus, certum est, nec stipulationem eius modi tenere [q], nec mandatum ullius [r] esse momenti, nec sacramentum admitti [s], nec actionem quolibet pacto adversus eum [t] fideiussorem competere locatori, Florenti [u], parens carissime atque amantissime [v]. §. 5. Illustris itaque et magnifica auctoritas tua providentissime constituta edictis [x] propositis ad omnes provincias perferri praecipiat. *Dat. VII.* [y] *Id. April. Constantinopoli* [z], *Theodosio A. XVII.* [a] *et Festo V. C. Coss.* (439.)

INTERPRETATIO. *Nullus curialium in fiscali vel* [b] *in privato agro conductor accedat, nec pro* [c] *aliquo conductore fideiussor exsistat. Quod si quis curialem in agro* [d] *suo susceperit conductorem aut pro alio conductore fideiussorem* [e] *acceperit* [f] *curialem, actionem* [g] *suam noverit in omnibus vacuari* [h]. *Nam et ager ipse, qui a possessore curiali conductus est, fisci viribus vindicetur* [hh]. *Curialis vero pro supra scriptis conditionibus, etiamsi cautionem* [i] *emiserit* [k], *non teneatur* [l].

TIT. X. DE POSTULANDO ET DE [a] PERPETUANDA ADVOCATIONE.

1. *Impp. Theodosius et Valentinianus AA. Florentio* [b] *Pf. P. Orientis* [c]. Providentissime suggestis lege saluberrima subvenimus. Enervasse curias vel [d] provinciarum officia effusam in [e] amplissimae praefecturae

---

Tit. X. 1, Am. *Tit. IX.*, sed sec. ord. titt. *Tit. VIII.*, ut Zir. in ind. titt. 2, 3, P. Cui. 2, 2*. Lugd. P [a]. Rittersh. Go. P [b]. Ri. Ri*. *XVI.*, sed ap. Rittersh. sec. ord. *Tit. XXII.* 6 *Tit. XIV.* Be. *Tit. X.* Commemoratur in indice titt. Cui. 1. Aur. Cf. supr. titt. I, II, VII, not. sup. C. Greg. I, 12; C. Th. II, 10; X, 15; Nov. Val. tit. II. et XXXI. §. 7 et 8. Cod. Iust. II, 6—9. In cod. 2 et in edd. P.—Ri*. huius tituli una tantum constitutio est. Vid. Nov. 1 h. t. §. 4, not. *p.* Alteram integram ex cod. 1 ediderunt Zir. l. c. p. VI. sq. una cum comm. l. c. cap. III, p. 125—172 et Am. p. 1—9; eam reposuit Be. secundo loco, quo in cod. 1 est. Vid. N. 1 h. tit., not. sup., Zir. l. c. p. 344, not. *A* et p. 353. — N. 1. Codd. 2, 3, P. Cui. 2, 2*. Lugd. P [a]. Rittersh. Go. P [b]. Ri. Ri*. *N. un.*, sed vid. infr. not. *p.* In cod. 3 nihil legitur nisi postrema §. 4 pars inde a v. *quinquaginta.* 1, 6, Am. Be. *N.* 1. Hic add. (*XV.*), i. e. omnium Novv. in Be. ed. Cod. Iust. II, 7, 6. Bas. VIII, 1, 21. Eodem die data est Nov. 2 h. t.

---

11 *sufficiat cetera quae expressae legis.* 6 om. *ex* post *expressa.* Rittersh. c. 5 Cod. Iust. *ceteraque quasi.* 22 *ceterum.* c) 14 *ut* om. d) 22 add. *ex.* e) 6 *etiam pro infectis.* 22 *sed inperfectis.* f) 15 om. *licet.* g) 6 *tantum non etiam specialiter.* h) 11 *dixerit ut inutile.* Cod. Iust. *ésse debere.* i) Cod. Iust. *lege factum est.* 14 *id quoque interdicente* etc. 22 *Sed et* (om. *si*) — *vel obest* (corr. *obit*) *quod* etc. k) 11, 12 *praespicimus*, sed a sec. manu in cod. 12 corr. *praecipimus*, quod Rittersh. in m. habet. 6, 14, 15, 20, 22, 23, Sich. Cui. 1. Aur. Lugd. Rittersh. Go. *perspicimus.* Seqq. des. in Cod. Iust. usque ad v. *permittitur.* l) 1 *sed quo omne fraudissime.* Non falsum est *omne.* 22 *sed quod omnes fraudes semper hanc.* m) 14 om. *fundorum.* n) 22 *concedamus.* o) Cod. Iust. *Secundum itaque praedictam regulam, qua ubique non servari.* Cf. Dirksen. l. c. p. 354. 1 *servare.* 6 om. *factum.* Sich. *ubique servari, sanctam lege perhibente, cens.* p) 19 *legẽ.* 6 om. *prohibente.* 22 *factum sub lege pr. censit'us.* q) 1 *stipulatione e. t.* 6 *teneri.* Cod. Iust. *huiusmodi.* r) 15, 21, 22 *nullius.* s) *nec — praecipiat* om. in Cod. Iust. t) 6, 22 om. *eum.* 11, 12 *fideiussore.* u) 15, 19, 21 *Florentine.* v) 11 sec. Ri. *P. carissime augustorum.* 12 *p̄kar* et om. *atq. am.* 14 *p̄ k au̅g̅.* 15 *p̄ k et au̅g̅e̅.* 19 *mag a̅a̅.* 21 *c̅a̅r̅ age.* 22 *p̄k aũg aũg.* et om. *Illustris.* Sich. Cui. 1 *Praefecte charissime Augustorum.* Aur. Lugd. *Praefecte clarissime Augustorum.* Cui. 2, 2* om. *carissime*, quod vero add. in m.; Rittersh. *praefecte clarissime Augustorum.* Go. *P. carissime Augustorum.* Cf. Zir. l. c. p. 332 et 500. x) 1 *constitute dictis.* 19 *constitutae dictis.* 18 *constituit dictis.* 22 *itaque ei magit̄ at̄ providentissimae constitutae dictis.* 11 *magnifica u̅c̅ tua — propositis id omnes.* y) 6, 8, 10, 14, 20, 24, 28, 29, 34, 35, 38, Epit. Monachi *VI.* 9, 19, 30 *VIII.* 33 *XII.* 23, Sich.—Ri*. *XVII.*, sed in m. Sich.— Cui. 2* *VII.* L. R. U. ap. Canc. *III.*, sed in cod. S. Gall. atque Piper. *IIII.* Rittersh. *Eid.* Vid. tit. antec. in f., not. *d.* z) Nonn. codd. om. *Constantinopoli.* Multi codd. *Theud.* s. *teod.* a) 14, 36, 38 *XVIII.* 20, 34, 37, Sich. in m. *XVI.* 22 *X.* Cui. 1— Go. *XV.*, recte improb. Ri. In nonn. codd. om. *XVII.* aut *A. XVII.* aut *A.*, in omnibus vero et in edd. *et Festo V. C.*, praeter 1, qui quamquam et ipse om. *et Festo*, tamen *u̅c̅* habet. Reposui haec vv. ex Cod. Iust. (sed Cod. Iust. utraque c. om. *V. C.*) et reponenda sunt inspectis fastis. Cf. Br. l. c. p. 861. Esse ea reponenda innuit etiam cod. 36, qui *const. d̅n̅o̅ n̅r̅o̅ Theod. ā XVIII et qui fuerit nuntiatus.* Cf. Nov. anteced., not. *f.* Mox Sich. Cui. 1, 2, 2*. Ri. Ri*. *Cos.* sive *Cons.*, ut 1. Multi codd. om. *Coss.* b) Nonn. codd. *nec.* c) Nonn. codd. Sich. *vel pro*, sed Sich. in m. *nec.* d) 19 om. *suo.* 22 *in agro suo curialem susciperet — aliquo.* e) Nonn. codd. *fideiussor.* f) 38 supr. lin. *extiterit.* g) Nonn. codd. *cautionem.* Rittersh. *moverit.* h) Seqq. des. in cod. 34. Sich.—Lugd. Rittersh. Go. om. *Nam.* hh) 22 *vindicaretur.* Rittersh. *indicetur.* i) Nonn. codd. *causationem* s. *accusationem.* k) Nonn. codd. *fuerit.* l) Multi codd. Sich. *tenetur* et nonn. *teneri.*

a) 2, P.—Ri*. om. *de* et 6 *et — advocatione.* Cui. 2, 2*. Lugd. Go. *perpetuenda.* b) Cod. Iust. *ad Florentium.* c) 1, Cod. Iust. om. *Orientis.* Mendose P [a]. P [b]. Rittersh. *P. Pon. Orientis* et Go. *P. F. Orientis.* d) 6 om. *vel*, quam v. Ri. accipit pro *et.* 1 *enerbasse.* e) 2, P.—Be. *effusam amplissimae praefecturae.* Ri. prop. *effusam in a. pr.*, et in notis mss. scriptum fuisse putat *ām*, pro *effusam in.* Ri. sententiam aliquantulum tuetur eod.

iudicio postulandi [f] cupiditatem, illecebris immunitatis *) accensam, tui culminis suggestione comperimus [g]. Dispositiones itaque [h] sublimitatis tuae in hoc quoque secuti [i] negotio, perpetuo lege valitura decernimus [k], curiales, qui post sexaginta quattuor priores advocatos contra licitum in amplissimo foro postulandi sibimet usurpavere [l] licentiam, per substitutum munia suae civitatis agnoscere, nulloque sacrarum [ll] constitutionum, quae de advocatis latae sunt, beneficio frui, nisi ad fisci nostri pervenerint patronatum [m]. Cum vero advocationem [n] fisci susceperint, omnibus aliis perfruantur [o] substitutum, curiam non fraudantes ulterius, neque curiali, neque cohortali advocatorum praefecturae consortio sociandus. §. 1. Sed quo [p] numerus, ut suggeritur, infinitus eorum, qui post centum quoque [q] et quinquaginta passim matriculis continentur, quadam valeat provisione deminui, nullum [r] ad advocationem fori [s] culminis tui post hos, qui iam matriculis continentur, iubemus accedere, nisi ad centum numerus advocatorum pervenerit [t]. Hunc etenim [u] numerum, utpote sufficientem litibus amplissimae praefecturae, nec minui volumus, nec augeri concedimus [v]. §. 2. Sed ne dura illis, qui supra numerum veniunt constitutum, longi temporis exspectatio [x] videatur, liberam eis ad alia, si voluerint, fora migrandi tribuimus facultatem, nulla e [y] minoribus iudiciis praescriptione pellendis. §. 3. Superest, non solum fugiendi provincias advocatis necessitatem exstinguere, sed etiam amplectendi [z] eas, atque in advocationis [a] earum officio perseverandi ministrare materiam, quod ita credimus eventurum, si ipsis quoque advocationis praemium, securitas proponatur [b], si factiones eorum non timeant, contra quos clientibus suis fideliter adfuerunt [c], si officio [d] amplissimarum potestatum suas non viderint subiacere fortunas. §. 4. [e] Quamobrem nihil advocatis provinciarum vel spectabilium [f] iudicum quis existimet iniungendum [g], nulla eis [h] inspectio, nulla ingeratur peraequatio: nulla operis exstructio [i], nulla discussio, nullum ratiocinium imponatur: nihil denique aliud eis mandetur praeter [k] arbitrium in ea duntaxat provincia, ubi advocationis exercetur [l] officium; quin-

---

1, qui *offitia. quefusamen. amplissime perfecture*, in quo latet *effusam in*, confirmat autem cod. 6, ubi *effusa in a. pr.* legitur. Edidi igitur *effusam in ampl.* Infra *in amplissimo foro.* f) 2, 6 *postulando*, em. in cod. 2 a P. *postulandi.* *) Ri. cf. iubet Go. ad c. 188 C. Th. de Decur. (XII, 1) et Nov. Val. de Confirmandis his etc. g) 1 *culmenis suggestionē conperimus.* 2 *suggessione*, em. a P. h) Ex cod. 1, qui vero *dispositionis*, Be. restit. *itaque.* 2, P. — Ri*. *quoque.* 6 *dispositionesque.* i) 2 *sicut in*, em. a P. *secuti.* k) 2 *discernimus*, em. a P. l) 1 *prioris advocatus contra inlicitum iā in āplissimū foro postulandi sibimet usuravere.* 2 *licitum iam amplissimo*, em. a P. *in.* Videtur in cod. 2 excid. *in* et ex utroque codice rest. esse *iam* (iam in), quod fecissem, si 6 haberet *iam*, aut si abesse non posset haec vox. ll) Rittersh. mendose *sacrorum.* m) 1 *nisi ad fici nostri pervenerunt patronatum.* 6 om. *Cum — sociandus.* n) 2 *advocatione.* P. corr. *advocationem.* o) Locus corruptus. Scripturam, quam exhibemus, Be. rep. ex cod. 1, ubi vero *curiale*, non *curiali* est. 2 *omnibus aliis perseverantur substituto curiam non fraudantis* (em. a P. *fraudantibus*) — *consortio sociamus.* P. Lugd. Cui. 2, 2*. P [a]. Ri. Ri*. *aliis * perseverantur substituto curiam non fraudantis — sociamus*, quacum scriptura rell. edd. ante Be. conveniunt, nisi quod asteriscum post *aliis* om. et Lugd. Go. *fraudandis* habent. P. ms. em. *Cum — aliis per se vel per substitutum curiam non fraudantibus — cohortali neque advocatorum.* Ro. ms. *perseveranter.* Ri. abstinet a cj., sed cf. iubet c. 8 Cod. Iust. de Advoc. div. iudicior. (II, 7) et c. 2 Cod. Iust. de Advocatis diversorum iudicum (II, 8). Am. l. c. p. 7, not. 5 in cod. 1 *per* addi vult ante *substitutum*, prob. Be. Hic legit in not. *fruantur, per substitutum c. n. f. u., n. c. n. cohortali, sed advoc. pr. cons. sociandi.* Puto diversis scripturis inter se comparatis leg. esse *perfruantur; substitutum* (s. *substituto*) *curiam non fraudantis ulterius, neque curiali neque cohortali advocatorum praefecturae consortio sociamus* (s. *sociando*), nimirum hoc substituto conceditur, cum curiales iam advocationem fisci susceperint, neque ulterius curiam fraudent; aut, si haec cj. displicet, *omnibus aliis perfruantur substituto* (i. e. privilegiis omnibus perfruantur per substitutum, sive postquam aliquem sibi substituerunt, i. e. aliquo substituto); *curiam non fraudantes ulterius neque curiali neque cohortali* (*sed* sive *at*) *advocatorum praefecturae consortio sociamus.* p) 1, edd. *quo.* 2 *qnm* et similiter 6 *qm*, i. e. *quoniam.* q) 6 om. *quoque.* r) 1 *nulli.* P [b]. *nullam*, mend. Go. *diminui.* s) 6 om. *fori.* t) 6 *qui matriculis iam continentur i. a. nisi ad numerum centum advocatorum pervenerint.* 2 *numero*, em. a P. *numerus.* u) 1 *enim.* v) 1 *volumus nec concedere concedemus.* Ri. cf. vult c. 8 Cod. Iust. de Advoc. divers. iudiciorum cit. x) 6 *statio.* 1 om. *videatur.* y) 1 *nulle minoribus iudiciis perscriptione.* 2 om. *e.* P. in cod. 2 add. *a*, et ita edid. P. — Be. (*nulla a minor.*). 6 *nulla e min.* Utrumque dici potest: *a iudiciis pellere*; *e iudiciis pellere*; recte etiam deesse potest praepositio. Equidem codicibus 1 et 6 nisus, reposui *e*; haec enim litera latet in cod. 1, cuius librarius pro *nullae* scripsit *nulle*, solito more. z) 2, 6 *plectendi*; recte P. in cod. 2 em. *amplectendi.* Antecedens v. *etiam* effecit, ut om. *am.* Em. P. confirmat cod. 1. a) 1 *advocationes*; Am. corr. *advocationis*, quod iam Ri. prop. et Be. rest., recte; *advocationis* habet etiam cod. 6. 2 *vocationes.* P. in cod. 2 em. *vocationis*; hoc transiit in edd. P. — Ri*. 6 *eorum.* b) 1 *ppōnatur.* c) 1 *adfuerint*, sed ab antiqua manu, librarii fortasse, ponitur *u* supra *i* (adfuerunt). d) 1 *officiis* (edd. et rell. codd. *officio*) *amplessimarum potestatem* (Am. em. *potestatum.* Eidem placet *officiis*). 2 h. l. add. *et* (quod P. delet) et 6 *etiam.* e) Hinc inc. c. 6 Cod. Iust. cit.: *Sancimus, ut advocatis, qui apud tuam magnificentiam causas acturi sunt, a nullo iudice, nec ab ipsa eminentissima praefectura, sollicitudo ulla penitus iniungatur; sed nec advocatis provinciarum vel spectabilium iudicum quisquam existimet aliquid iniungendum. Nulla igitur togatis inspectio, nulla peraequatio ingeratur, nulla operis constructio, nulla — imponatur, nullum denique — in eodem duntaxat loco, ubi — feriendo, si — tentaverit* et om. *Florenti — praecipiat.* f) 2 *exspectabilium*, em. a P. *spectabilium.* g) 1 *estimet. et. iniungendum*, videtur igitur *et* punctis appositis deletum esse. h) 1 *nulla eius inspectio*, del. autem in v. *eius* litera *u* duobus punctis, quorum alterum supra, alterum infra lit. positum est. i) 1 *instructio.* Cod. Iust. *constructio.* k) Ita ex cod. 1 (qui vero *arbytrium*) ed. Be.; P. P [a]. *mandetur * illud praeter*; 2, rell. edd. ante Be. *mandetur illud praeter*; 6 *mandetur praeter illud*; hoc etiam Ro. ms. et Bo. l. c. p. 222 cj.; rectius autem Bo. del. vult *illud*, quod etiam Ri. placet. l) P. ms.

quaginta librarum auri poena officio[m] feriendo, quod[n] legis istius regulas temerare tentaverit, Florenti, parens carissime atque amantissime[o]. §. 5. Illustris itaque et magnifica auctoritas tua[p] legem hanc curiis, civitatibus, provinciis profuturam edictis propositis ad omnium notitiam perferri praecipiat[q]. *Dat. XIII.*[r] *Kal. Mai.*[s] *Constantinopoli, Theodosio A. XVII.*[t] *Cos.* (439.)

2. *Iidem AA. Florentio Pf. P.*[u] Eloquentia non ut aliae res senio deterioratur[v]. Nullus enim eius est finis, nisi[x] exercitationis eius quotidianae studium denegetur. Unde advocationem certo tempore arctare[y] litigatoribus noxium, grave iudicantibus existimantes[z], constitutionem abrogamus[a], quae XX annorum curriculis silentium imperat advocatis, Florenti, parens carissime atque amantissime[b]. §. 1. Illustris[c] itaque et magnifica auctoritas tua saluberrimam legem edictis propositis ad omnium notitiam pervenire praecipiat, quo praeter advocatos virorum illustrium praefectorum, quos ad finem advocationis specialium privilegiorum fructus, proposita etiam palma dignitatis hortatur[d], sciant alii, lege priori sublata, postulandi sibi licentiam datam nullo tempore praescribendam. *Dat. XIII.*[e] *Kal. Mai. Constantinopoli, Theodosio A. XVII.*[f] *Cos.* (439.)

TIT. XI. DE TUTORIBUS[a].

1. *Impp. Theodosius et Valentinianus AA. Florentio*[b] *Pf. P. Orientis et exconsule*[c]. Cum in omnibus rebus[d], tum[e] vel maxime moderamen desideratur in legibus,

— N. 2. Codd. 1, 6, Be. *N.* 2. Vid. not. sup. h. t. et Nov. 1, not. *p.* Be. add. (*XVI.*), i. e. omnium Novellarum in ed. Be. Cf. Br. l. c. p. 860, Am. l. c. p. 3, not. 2, unde apparet, Brencmanno hanc Nov. ex cod. 1 innotuisse. Abrogatur Nov. Val. tit. II. de Postulando Nov. 4. Vid. Am. l. c. p. 2, not. 1, Nov. 1 h. t., not. sup.

Tit. XI. 1, Am. *Tit. X.*, sed sec. ord. titt. *Tit. IX.*, ut Zir. in ind. titt. 3—5, 8—15, 18—35, 37, 38, 40, Br. Al. Aeg. L. R. U. Cui. 1. P. in ind. titt. Aur. Lugd. Cui. 2, 2*. P[a]. in ind. titt. Rittersh. Go. P[b]. in indice titt. Ri. Ri*. *Tit. V.* 6 *Tit. III.* Sich. *Tit. IIII.* Be. *Tit. XI.* Vid. supr. titt. I, II, III, VII, IX, not. sup., ubi etiam de codd. 1, 2, 6, 7, 16, 17 et de P. dictum est. In cod. 36 hic tit. deest, sed inscr. Novellae in Nov. Th. tit. XIII. Contra sententias translata est in locum vulgatae inscriptionis. C. Th. III, 17 et 18. Cod. Iust. V, 31. L. R. B. tit. XXXVI. L. Visig. IV, 3, 3. — N. 1. Codd. edd. *N. un.*, sed Be. add. (*XVII.*), i. e. omnium Novv. in ed. Be. Cod. Iust. VI, 58, 10; VI, 56, 6; VIII, 15, 6. Bas. XLV, 1, 46; XLV, 1, 39; XXV, 2, 68. Ad interpr. cf. L. R. B. tit. XXXVI. Integra cum interpr. est in codd. 11—15, 18—23; omnia praeter interpr. des. in cod. 40; omnia praeter rubr. tit. et extrema interpretationis vv. in cod. 4, quia unum folium excisum est; in cod. 3 nihil superest nisi explanatio in nonn. codd. titulo adiecta; inscr. et textus des. in codd. 5, 24, 30; textus et subscr. in cod. 35; subscr. et interpr. in cod. 26; §. 4 textus et subscr. in cod. 25; solus textus deest in codd. 8—10, 27—29, 31—34, 37, 38; sola interpr. in cod. 6; de cod. 36 vid. not. sup. h. t. Eodem die quo Novella sq. tit. data est.

in m. *exercent.* Rittersh. *exerceretur.* m) 1 *in eadem taxat — offitium.* n) 3 *qui.* Go. mendose *regis* et Ri*. *remerare.* o) 2 *p̄ k̄ ā.* P. P[a]. Rittersh. P[b]. *P. K. A.* p) Seqq. om. in cod. 2 et in edd. ante Be. Primum eruta sunt ex cod. 1 a Zir. l. c. p. 126, Am. p. 6 et rest. a Be. Restitutionem confirmat cod. 6, qui eandem clausulam habet. Pro ea in cod. 2 et in edd. ante Be. huic Novellae admixta est §. 1 sq. Novellae, ita ut ibi prima et secunda Novella in unam conflatae sint (*tua saluberrimam legem edictis — praescribendam*). Quo modo factum sit, ut duae leges in unam coirent, facile potest explicari. Similis est in utraque Novella haec formula, eadem utriusque legis subscriptio. Hoc etiam librarium movit, ut subscriptionem mutaret. Idem putant Zir. l. c. et Am. l. c. p. 7, not. 5. q) 1 sec. Am. l. c. *Inlus itaque — pervinciis — perferre* (Zir. Am. em. *perferri*) *pr.* 6 *curiis profuturam et civitatibus et provinciis edictis* etc. Rittersh. *In lustris.* r) 1, 6 *XIII.* Zir. l. c. p. 127 *XVIII.* Be. ex Cod. Iust. *VIII.* Vid. not. *e* sq. s) Be. ex Cod. Iust. ed. *Mart.* 1, 6 *Mai*, recte. Alias haec Novella antiquior esset titulis de Navibus et Ne curialis, qui praecedunt, et turbaretur series chronologica titulorum. Zir. l. c. p. 170 Cod. Iust. scripturam tuetur. Vid. not. *e* sq. t) 1 *Theud et Aug. XVII consl.* Sic quoque Zir., nisi quod delet *et* et scribit *Consl.* 6 *XVIII Cons.*; in utroque cod. om. *et Festo*, quae vv. Be. ex Cod. Iust. reposuit. Ea desunt etiam in sq. Nov. Vid. infr. not. *f.* u) 1 *pposito*, sed ap. Zir. Am. *pposito.* 6 *praeposito.* Br. l. c. p. 860 et Zir. l. c. p. 144 em. *Praef. praet.*, Am. ex Nov. 1 h. t. *Praefecto Praetorio Orientis* et Be. ed. *praef. praet. Orientis.* v) 1 *deteriorantur.* x) Ita 1, Zir. Am. Be.; hic em. *si.* Recte se habet *nisi*; respondet vv. *Nullus — finis* et *Eloquentia senio non deterioratur*; non deterioratur, non finitur eloquentia, nisi exercitationis quotidianae usus denegatur. Tam diu viget, quam diu exercetur, modo ne quotidianus usus denegetur. 6 *Nisi exercitationis ei cotidianae* (1 *cottidiane.* Zir. ut 6) *studium denegatur, nullus eius est finis.* y) 6 *cuartari.* 1 *artare.* z) 1 *letigatoribus — extimantis.* 6 *estimantes.* a) Lex, quae hic commemoratur, neque Am. et Zir., neque mihi innotuit; videtur periisse. b) 1, 6 *pk. āā.* Am. inepte *praefecte carissime Augustorum.* c) Vid. not. antec. *p.* d) 1 *quos praeter advocatus v. i. pfectorum — ortantur.* 6 *propositae etiam dignitatis palma.* 2 *fructos — prescribenda*; utrumque em. a P. Ceterum 1, Am. Be. *priori.* Rell. *priore.* Infra P[b]. *praescribendum.* e) 1, Be. Zir. Am. *XIIII.* 2, 6, edd. ante Be. *XIII.*, recte; alias haec Nov. antiquior fieret prima. Eodem enim die datae sunt hae leges. f) 1, Zir. Am. (in apographo cod.) *XVI.* 2, edd. ante Be. *Constantinopoli Cons. suprascribt.* s. *suprascript.* (Lugd. *suprascribit*). 6 *XVIII.* Br. l. c. p. 860 Nov. ad ann. 439 refert (*Theodosio A. XVII. et Festo Coss.*). Itaque Am. ed. *XVII.*, quod Be. rec., sed om. anno 439, quem Ri. Ri*. add. Recte *XVII.*; nam neque *XVI.* (438) poni potest, propter seriem chron., neque *XVIII.* (444), quia illo tempore Florentium praefectum pr. fuisse ignoramus. Vv. *cons. suprascribt.*, quae in cod. 2 sunt, innuunt, antiquitus huic Novellae subscriptos fuisse eosdem consules, qui in Nov. 1 h. t. sunt, sed librarium, cum hoc animadverteret in antiquo codice, de quo cod. 2 descendit, pleniori subscriptioni breviorem substituisse, quippe quae idem diceret. Idem sentiunt Br. Zir. l. c. p. 170 sq., Am. p. 8, not. 7. Eodem igitur die haec Nov. data est atque prima. 1 *cons.* Zir. *cons.* Am. *cons.*

a) 6 *De Tutoribus pupillorum.* 4, 5, 8—10, L. R. B. *De Tutoribus Pupillis Nominandis*, quem titulum a Viper quas delinquentes[f] pro qualitate criminum[g] convenit emendari. Nec enim utile est, vel a[h] iudicibus observandum, quod modum emendationis excedit[i]. Sic[k] constitutionem, quae matres[l] pupillis vel minoribus defensionem legitimam non petentes[m] vel relictarum rerum[n] inventarium non facientes mori praecepit[o] intestatas, utpote[p] amaram ac matres[pp] immoderata poena[q] plectentem, antiquari decernimus[r]. §. 1. Sed ne, superflua vel inhumana[s] resecantes, impunitatem delinquentibus promittere videamur, hac saluberrima lege[t] pupillorum[u] quoque utilitatibus censuimus[v] providendum. [x]Sciant itaque, qui ad successionem vocantur pupilli mortui[y], si defuncto eius patre tutorem ei[z] secundum leges non petierint intra annum[a], omnem eis, sive ab intestato, sive iure substitutionis[b], successionem eius, si impubes moritur, denegandam. §. 2. Idemque[c] observari volumus, et[d] si mater legitima liberorum tutela suscepta ad secundas, contra sacramentum praestitum[e], adspiraverit nuptias, antequam ei[ee] tutorem alium fecerit ordinari, eique, quod debetur[f] ex ratione[g] tutelae gestae, persolverit. §. 3. Quod si contra huius legis[h] auctoritatem, antequam haec adimpleverit[i], secundo se marito crediderit copulandam, mariti[k] quoque eius praeteritae tutelae ratiociniis bona iure pignoris tenebuntur obnoxia, [l]Florenti, parens carissime atque amantissime[m]. §. 4. Illustris itaque et magnifica auctoritas tua legem[n] perpetuo valituram edictis propositis ab omnibus observari praecipiat[o]. *Dat. VI.*[p] *Id.*[q] *Iul. Constantinopoli, Theodosio A. XVII.*[r] *et Festo*[s] *V. C. Coss.* (439.)

Interpretatio. *Lex ista liberat matres a poena illa, quae fuerat in Theodosiani Codicis corpore constituta, ut, si non providissent*[t] *filiis tutores, vel rerum inventarium non*[u] *fecissent, faciendi de rebus suis testamenta vel*[v] *donandi, cui voluissent, non haberent liberam potestatem, et insuper notarentur infamia. Sed haec constitutio, ut*[x] *matrem de*[y] *praedicta poena liberat, ita*

---

sigothis truncatum esse, reponendum igitur G. l. c. p. 138 et Ri. opinantur. Sed cum neque 1, neque 3 pleniorem illum titulum habeant, eum potius ex interpretatione titulis in nonnullis Breviarii Alariciani codd. adiecta ortum esse puto, quam a legislatore Novellae praefixum. b) Multi codd. *Theūd.* s. *teōd.* 11, 12, 15, 19, 21—23 *Florentino.* c) Soli 19, 22 habent *Orientis et exconsule*, ut Cui. 1—Be.; rell., etiam 1 et Sich. et Cod. Iust. haec vv. om., pro quibus in 28 *ppō v̄ inlustris Orientis* et in 35 *post alia* scriptum est. Nonn. codd. *Flor. pfū.* d) 22 om. *Cum* (ut 15) et *rebus*; falso Be. *rebus* in codd. 22 esse dicit. e) 11 sec. Be., 15, 18, 21, 22 *tuum*; 19 *tuam.* Mox 1 *moramen* et Ri*. *desiderantur.* f) 22 *desideratus* — *derelinquentes.* 26 *derelinquentibus.* g) 23, Sich. Cui. 1—Lugd. Go. Rittersh. *criminis.* 1 *convenient emendare.* h) 19 om. *a.* i) 22 om. *modum* et *excedit.* 6 *quod modum ordinationis excedit.* 1 *quomodo emendationes exc.* 19 *quomodo em. exc.* k) Ita 1, 6, 14, Be. de cj. Ri.; rell. *si*, male. l) 22 om. *matres*; idem *pupullis.* 11, 12, 19, 23 *matris.* m) 13 *non conpetentes.* Nonn. codd. *relectarum.* n) 21 add. *in.* 22 *inventarum.* 25 om. *inventarium.* o) Plerique codd. *praecipit.* 22 om. *intestatas*, impr. Be. Rittersh. *intestatus.* p) Nonn. codd. *ut pute.* 1 *ut postea am.* 13 *amatrem.* 19 *amara* et multi codd. *hac*, sed 20 *has.* pp) Aur. Lugd. *matris.* Rittersh. *magis.* q) 22 *matri immoderata poenae.* 25, 26 *immoderatam penam.* Nonn. codd. *plectentes.* r) Vid. C. Th. III, 18, 2. s) 22 *superflua et humana.* 25 *superfluam vel inhumanam.* 23 *humana.* t) 19 *hanc.* 22 *ac saluberrimam legem.* u) 23, Sich. *pupillarum.* 25 *populorum.* v) 14 *consuevimus.* 19 *censemus.* x) Hinc inc. c. 10 Cod. Iust. cit.: *Sciant qui ad successionem — denegandam.* Etiam 22 om. *itaque.* y) 6 *pupilli mortui vocantur.* 1, 15 *qui a successionem.* 18 *vocantur si pup.* z) 13—15, 21 *tutorem eis.* 23 *tutore ei.* 26 *tutorum eius.* Nonn. codd. *patrem*, alii *legem*, *petierit* s. *non erint intra* s. *poterint.* 6 *intra annum non petierint.* Cf. ad h. l. C. Th. III, 18, 2. a) Hinc inc. Cod. Iust. VI, 56, 6: *omnem matri sive ab intest.* — *substitutionis, si filius impubes moritur, denegandam volumus successionem, si ea, legitima liberorum tutela suscepta* — *persolverit.* 22, Sich. *omnem eius.* b) 6 *iure testationis.* 22 *sive iuris.* 26 om. *successionem* — *moritur* et 6, Sich. *eius.* Mox nonn. codd. *impubis* et *denegandum.* c) 22 *Idet p̄.* d) 20, 25 *ut si.* Hinc inc. Cod. Iust. VIII, 15, 6: *Si mater* — *antequam eis* — *eisque* — *persolverit*, (om. *Quodsi* — *copulandam*) *mariti* — *obnoxia.* e) Ita 1, 15, 21, Cod. Iust., prob. Ri.; rell. *praestitutum.* 25 *pristinum* — *ei auctorem.* 19, Rittersh. *aspiravit.* ee) Rittersh. *eis tut.* Sich. *antequam et tut.* f) 11, 12, 20, 23 *debitor*, sed a sec. man. in cod. 12 corr. *debetur.* Sich. — Ri*. *debeatur.* 1, 26 *ordinare.* g) 6 *extra rationem.* 13 *extra ratione.* h) Ita 1 et plerique codd.; edd. *legis huius.* 22 om. *Quod si* — *adimpleverit.* Vid. L. R. B. l. c. i) 13, 23, Sich. — Ri*. *impleverit.* Nonn. codd. *secundum.* k) 18 *marito.* Mox 22 *praeterita et utili.* Nonn. codd. *iuris pignoris* et *teneantur.* l) *Florenti* — *praecipiat* om. in cod. 26. 15, 21 *Florentine.* m) 1 *pok. ā̄a.* 13 add. *ā̄a.* 14 *Fl. prid kl aug.* 15 *atque āḡe.* Sich. Cui. 1 *Praefecte chariss. AA.* Aur. Lugd. Rittersh. *Praefecte clariss. AA.* 25 om. *atque amantissime. Illustris.* n) 23 *lege p. valitura.* 22 *māg auct u legem.* 25 *tuā.* 19 om. *tua.* o) Nonn. codd. *praecipiant.* Rittersh. *Datae.* Sich. om. *Dat.* p) 1, 4, 6, 8—14, 23, 29, 38, L. R. U. Sich. — Lugd. Rittersh. Go. *VI.* 15, 18, 19, 21, 22, 24, 27, 30—33, Cui. 2, 2*. Ri. Ri*. Be. et Cod. Iust. tribus in legibus *VII.* 20 *V.* 28, 34, 37, Sich. in m. *VIII.* Reposui *VI.* et propter codd. auct. et propter Nov. sq., quae alias hac antiquior esset; iam apparet, utramque Nov. eodem die ad eundem magistratum datam esse. Vid. Nov. Theod. 1 et 2 tit. X. de Postulando. q) 15, 21 *kal. Iul.* 24 *iun.* Rittersh. *Eid. Iul.* Mox multi codd. *Theūd* s. *teōd.* et om. in aliis *A.* 13 om. *Constantinopoli* — *Coss.* r) 20, 24, Cui. — Ri*. *XVI.*, improbb. G. l. c. p. 148, Rein. Am. et Ri., qui em. *XVII.*, quod 1, Sich. Cod. Iust. Be. plurimi codd. habent. 22 *XII.* 28 *VII.* 32 *XVIII.* 34, 37 *VI.* s) Nonn. codd. *Fisto*, *Fisco*, *Fissio.* 6 *Fausto*, male. Vid. Br. l. c. p. 861. Multi codd., etiam 1 et Cod. Iust., om. *V. C.*, pro quo alii codd. *vic.* s. *vīc c̄.* s. *vvcc* habent. t) Nonn. codd. *matrem* — *Theudosiani* — *costituta quod si non praevidissent.* u) 11, 12, 19, 20, 22, 23, alii om. *non.* 22 *inventarum.* v) Nonn. codd. add. *rerum.* Mox nonn. codd. *haberent libere liberam* — *et super.* x) 4, 5 om. *ut.* y) 23, *minoribus*[z] *in hac parte consulit*[a], *ut, si mater tutelam filiorum gerendam*[b] *legitime susceperit, et se iurisiurandi interpositione*[c] *constrinxerit, si ad alias nuptias contra promissa transierit, et*[d] *alium tutorem filiis deducta ratione non dederit* *), *aut quae eam*[e] *constiterit debere, non ante persolverit, contra legis huius ordinationem veniens, non solum eius bona, si debitrix exstiterit, filiis teneantur obnoxia, verum etiam secundi mariti, qui obligatae personae coniunctus est, facultas, in eo, quod debitum*[f] *processerit*[g], *loco pignoris teneatur, donec omne debitum, quod ratio tutelae invenerit, suppleatur. Nam etiam pupillis*[h] *in ea parte lex ista praestat auxilium, ut patre defuncto, si filio impuberi, id est infra*[i] *annum quartum decimum, hae personae, quae ei defuncto possunt legibus et*[k] *iure succedere, si non aut*[l] *agendam tutelam ipsius susceperint, aut petierint tutorem, qui res eius aut ipsum minorem*[m] *debeat gubernare*[n], *ab eius successione habeantur extranei: illis sine dubio profutura successione*[o], *qui ad petendos tutores lege non tenentur*[p] *adstricti, et defuncto cognationis gradu inveniuntur esse propinqui*[q].

TIT. XII. DE REPUDIIS.

1. *Impp. Theodosius et Valentinianus*[a] *AA. Florentio Pf. P.*[b] Consensu licita matrimonia[c] posse contrahi, contracta[d] non nisi misso repudio dissolvi, praecipimus[e]. Solutionem etenim[f] matrimonii[g] difficiliorem debere esse, favor imperat liberorum[h]. §. 1. Sed in repudio mittendo[i] culpaque divortii[k] perquirenda durum est, veterum legum moderamen[l] excedere. Ideo[m] constitutionibus abrogatis[n], quae[o] nunc maritum, nunc mulierem matrimonio[p] soluto praecipiunt poenis gravissimis coërceri[q], hac constitutione repudia, culpas culparumque coërtiones[r] ad veteres leges responsaque prudentium *) revocari[s] censemus, Florenti, parens carissime atque amantissime[t]. §. 2. Illustris itaque et magnifica auctoritas[u] tua quae providentissime constituta sunt[v] edictis[x] propositis publicari[y] praecipiat. *Dat. VI. Id. Iul. Constantinopoli, Theodosio A. XVII. et Festo*[z] *V. C. Coss.* (439.)

Tit. XII. 1, Am. *Tit. XI.*, sed sec. ord. titt. *Tit. X.*, ut Zir. in ind. titt. 2, 3, 4, P. in ind. titt. Cui. 2, 2*. Lugd. P[a]. in ind. titt. Go. P[b]. in ind. titt. Ri. Ri*. *Tit. XVII.*, sed Nov. ipsa om. in P. P[a]. P[b]. 5 *Tit. XIIII.* pro *XVII.* 6 *Tit. XV.* Cui. 1. Aur. Rittersh. Be. *Tit. XII.* Vid. supr. titt. I, II, VII, not. sup. et P. in ind. titt., ubi sic: „*quae edita est* (scil. in Cui. 1) *inter Novellas Theodosii XII.*“ Cf. Praefatio. C. Th. III, 16. Ed. Th. c. LIV. L. B. B. tit. XXI. Cod. Iust. V, 17. Cf. Selden. Uxor. Hebr. III, 28 et de Synedriis I, 10 (Opp. T. I, 965; II, 1830). Witte l. c. p. 35, not. 91. — N. 1. Codd. edd. *N. un.*, sed Be. add. (*XVIII.*), i. e. omnium Novellarum in ed. Be. Cod. Iust. V, 17, 8 pr. In cod. 3 supersunt ultima vv. §. 1. Antiquatur Nov. Val. tit. XXXIV. §. 11 de Episc. iud. Vid. Nov. antec. tituli, not. sup. Paullo ante, *XV. Kal. Iul.*, ad Florentium data est c. 2 Cod. Iust. (II, 16).

Sich. — Lugd. Rittersh. Go. *a.* z) 38 *libertā tā moribus*, em. *minoribus.* 15 *liberat tam.* 19 *liberati tam.* Rittersh. *minori.* a) Plerique codd., inter quos 11, 12, 22, 23, *consuluit*, ut Sich. — Lugd. Rittersh. Go. s. *consoluit.* b) 12, 19, 20, 23, 34 (ubi vero corr.) *generandam.* Mox nonn. codd. *legitimae.* c) Rittersh. *religione.* d) 12, 19, 20, alii add. *ad.* *) 23 *vendiderit* pro *non dederit.* e) Hic multum variant codd.: *aut quae tam* s. *aut ea quae* s. *aut quae ea.* Sich. — Lugd. Rittersh. Go. *aut quod eam.* Similiter discrepant in v. *constiterit*, nam alii habent *constituerat*, alii *constituerit* s. *constituit.* Mox nonn. codd. *leges — ordinationes* s. *ordinem — solum de eius — extiterit a filiis teneatur obnoxie — obligati.* 14 *etiam secundum antiqui obligatae.* f) Ita edd., prob. Ri.; 11, 19, 20, alii *si in ea debitum.* 12 *si in ea ad debitum.* 22 *si in eo debitum.* g) 22, Sich. — Lugd. Rittersh. Go. *praecesserit.* h) 4, 5, 11, 12, 19, 20, 23 add. *et.* 22 *Nam et pupillis.* Mox nonn. codd. om. *si*; alii habent *filium.* 23 *filii impub.* i) 11, 12, alii *intra.* Edd. *XIIII.* Nonn. codd. *haec* pro *hae.* k) 11, 12, 19, 20 add. *non.* Sich. *possunt et legibus et iure.* l) Nonn. codd. om. *non*, alii *aut.* Mox multi codd. *ipsi*, quod mihi prob. 23, Sich. *coeperint* pro *susceperint.* m) Nonn. codd. *ipso minore*, alii *ipsos* s. *ipsus minores*; alii *gubernari.* n) 11, 12, 19, 20, alii add. *aut.* Haec et sqq. interpres add. o) 4, 5, 8 — 12, 19, 20, 23, 38 (sed add. in m. 38) om. *habeantur — successione.* 22 *extranei* (om. *illis*) — *successio.* p) 4, 5, 11, 12, 19, 20, 23, alii codd. Sich. — Lugd. Rittersh. Go. *lege continentur.* Melius *non tenentur* propter ea, quae sequuntur. q) Nonn. codd. *defuncti.* 22 *inveniatur esse propinquus.*

a) 2, 4, 5 *Theudos.* 6 *Id. Aug̃.* b) 2, 6 add. *Orientis.* 4 $\overline{poc}$ pro $\overline{ppor}$, i. e. $\overline{ppo}$ *Orientis.* 5 $\overline{pro}$. c) 1 *Consinso licet matrimonia.* 2 *Consensum licet a matrimoniis.* 4, 5 *Consensum liceta matrimonia*, sed corr. *matrimonio* in cod. 5. 6 *Conscissa licet matrimoniis.* d) 5 *contracta*, sed corr. *contracto.* e) 5 *praecepimus.* f) Ita 1, 4—6, Cui. 1. Aur. Rittersh. Cod. Iust.; rell. edd. *enim*, ut 2. g) 6, Selden. *matrimoniis.* h) 5 *pér falorē* (corr. *favorem*) *et penat* (corr. *pena*) *liberorum.* 1 *fabor.* 2 *impetrat.* Reliqua desunt in Cod. Iust. i) Ita 1, 2, 6, Selden., recte. 4, 5, edd. om. *mittendo* et praeterea 4, 5 *in.* 5 *repudio*, corr. *repudii.* k) 5 *culpatum divorcii.* l) 5 *moderamine.* Apud Ri*. deest *legum.* m) Cui. 2, 2*. Lugd. Go. — Ri*. *Ideoque.* n) Vid. tit. C. Th. de Repudiis (III, 16), c. 8 C. Iust. de Repudiis (V, 17). o) 4 *quā.* 5 *qua.* Go. om. *nunc maritum.* p) 4 *mulierum matrimonium.* 5 *mulierum*, em. *mulierem.* q) 2, 4, 5 (de corr.), edd. *coherceri.* 6, Seld. *cohercere.* r) Cum vv. *constitutionē repudia* inc. cod. 3. 1 *hec constitutionem rupidia culpas culparumque coercionis.* 2 *ac constitutione repudio — coherciones.* 4 *constitutionem — cohertionis ad veteris legis.* 5 *constitutione repudii — coherciones.* 6, Seld. om. *culpas.* Edd. ante Be. *coherctiones.* Cui. 2 — Lugd. Go. — Ri*. om. *que* post *culparum.* *) Cf. Ulpiani fr. tit. 6, §. 9—12. s) 1, 3, 4 *revocare*; rell. *revocari.* 1 *censimus.* 4, 5 *censuimus.* Cum v. *censemus* terminatur cod. 3. t) 2, 5 *p̄ k̄ ā*, i. e. parens karissime amantissime. 4 *Florenti prīd. k̄. ā.* 6 *Florenti prid k̄.* $\overline{ag}$. *inlustris.* 2 *inlustras.* u) 4, 5 *auctoritate.* v) 4 om. *sunt.* x) 5 *et dictis.* y) 1, 2, 5, 6, Rittersh. *publicari*; 4, rell. edd. *publicare.* z) 6, Selden. *XVII.* (Witte corr. *XVI.*) *et Fausto*, male. Vid. Br. l. c. p. 861. 5 *teud — fisto Vic. Coss.*

TIT. XIII. CONTRA SENTENTIAS PRAEFECTORUM[a] PRAETORIO INIUSTAS[b] POST SUCCESSIONEM[c] INTRA BIENNIUM SUPPLICANDUM[d].

1. *Impp. Theodosius et Valentinianus AA. Thalassio*[e] *Pf. P. Illyrici*[f]. Suggestio[g] sublimitatis[h] tuae et nobis non probatae[i] legis abrogandae[k] materiam ministravit, et, quae sit in examinandis litigatorum allegationibus[l] tua celsitudo, monstravit. Quid enim litigantibus in amplissimo[m] tuae sedis iudicio relinquitur[n], si post sententiam, quam nefas est appellatione suspendi, nec nostrae serenitatis imploretur[o] auxilium[p]? §. 1. Ideo hac lege perpetuo valitura[q] litigantibus in amplissimo praetorianae praefecturae iudicio[r], si contra ius se[s] laesos affirment, supplicandi licentiam ministramus, licet pro curia vel alia qualibet[t] publica utilitate dicatur prolata sententia. Nec enim publice[u] prodest, singulis legum adminicula denegari[v], Thalassi, parens carissime atque amantissime[x]. §. 2. Illustris itaque et magnifica auctoritas tua, constitutione, quae adversus[y] sententiam pro curia latam supplicare[z] prohibuit[a], omni parte cassata, sciat, preces intra biennium tantum nostro numini[b] contra cognitionales sedis tuae sententias offerendas[c], post successionem[d] videlicet iudicis numerandum. §. 3. [e]Huius legis ne quem latere possit utilitas, edictis propositis eam ad omnium notitiam venire praecipiat. *Dat. III.*[f] *Id. Aug. Constantinopoli, Theodosio*[g] *A. XVII.*[h] *et Festo V. C.*[i] *Coss.* (439.)

Interpretatio. *Contra iudicem, adversus cuius potentiam non licuerit*[k] *appellare, iubet haec lex, ut, cum privatus effectus fuerit, intra biennium liceat cuicunque, qui iniuste oppressus est, rerum dominis supplicare*[l], *ut illis iterum*[m] *audientia deputetur. Quod si intra biennium post successionem illius non supplicave-*

Tit. XIII. 1, Am. *Tit. XII.*, sed sec. ord. titt. *Tit. XI.*, ut Zir. in ind. titt. 3, 5, 8—15, 18—35, 37, 38, 40, 41, Cui. 1. Aur. P. in ind. titt. Lugd. Cui. 2, 2*. P [a]. in ind. titt. Rittersh. Go. P [b]. in ind. titt. Ri. Ri*. L. R. U. Aeg. *Tit. VI.* 6 *Tit. IV.* 36 *Tit. V.* Sich. *Tit. IV.* pro *V.*, errore typog. Be. *Tit. XIII.* Vid. supra tit. I, II, III, VII, IX, X, not. sup., ubi etiam de codd. 1, 2, 7, 16, 17, 36 dictum est. C. Th. I, 5 et XI, 30, 16. L. R. B. tit. XXXIII. Cod. Iust. I, 19; VII, 42. Totus titulus deest in cod. 4, ubi folium exsectum est. — N. 1. Codd. edd. *N. un.* Be. add. (*XIX.*), i. e. omnium Novv. in Be. ed. Integra cum interpr. est in codd. 11—15, 18—23; omnia praeter interpr. des. in codd. 40, 41; inscr. et textus in codd. 5, 24, 30, 36 (est vero in cod. 36 substituta inscr. Nov. de Tutor.); textus et subscr. in codd. 26, 35; subscr. et interpr. in cod. 25; solus textus in codd. 8—10, 27—29, 31—34, 37, 38; sola interpr. in cod. 6. In cod. 3 nihil superest, nisi interpr. in brevius contracta et fere conveniens cum explanatione in nonn. codd. titulis adiecta. Cod. Iust. VII, 42, 1. Bas. VI, 4, 1 et IX, 1, 55. Eodem anno, *VII. Id. Sept. ad Thalassium P. P. per Illyricum* data est c. 7 Cod. Iust. (II, 7).

---

a) 23, Sich. *praefecti.* 6, 42 om. *praet.* Nonn. codd. et Sich. *praetorii.* b) 6 om. *post — supplicandum.* 22, 36 *iniusta.* c) 23, Sich. *successiones.* 36 *successione.* 22 *infra.* d) 14, 28, 34, 38 *publicandum.* 36 *publicantur.* e) Codd. *Thalasio, Talasio* (ut Cui. 2, 2*. Ri. Ri*.), *Thalasso* (ut Sich.—Lugd. Rittersh. Go.), *Talasso* (ut 1), *Talaso, Telasio.* Multi codd. *Theud.* s. *Teod.* Recte Be., iubente Ri., ex Cod. Iust. ed. *Thalassio.* Apud Graecos enim dicitur Θαλάσσιος. f) Nonn. codd. *praeposito.* 13 *Thalasio v. inl.* et 27 *Talasio V. illiricae*; alii *Illirice* s. *Illirice* s. *inlirici* (ut 1) s. *Illirici*; in nonn. codd. om. *Illyrici.* In cod. 22 tota inscriptio mutatis vv. ita se habet: *Imp. Constantinus aug aug. pfo hilliricis suae.* Ri. non recte notat scripturam cod. 22. g) Nonn. codd. *suggessio.* 13 om. *Suggestio.* h) 11 sec. Be. *sublimitati.* 13 om. *non.* i) 14 *non improbatae.* 25 *probanda — quae sint.* 22 *leges — sint.* k) 1 *abrogante.* 6 *abrogandi.* Cf. C. Th. XI, 30, 16; Cod. Iust. I, 19, 5; VII, 62, 30, 32; Dig. I, 11, 1; IV, 4, 17. l) 22 *litig. in examinationibus.* m) 15, 21 om. *tuae sedis — amplissimo.* 25 *amplissimae.* 6 *sedis tuae.* Cf. Zir. l. c. p. 86 et 449. n) Nonn. codd. *relinquetur.* 1 *relinquantur*; similiter 13 *relinquatur.* Infra 23 *quem nefas.* o) 6 *imploratur.* p) 11, 12, 19, 20, 22 *auxilio.* q) Nonn. codd. *haec et perpetua valetura.* Cum v. *Litigantibus* inc. c. 1 Cod. Iust. cit. r) Nonn. codd. *iuditium.* 14 *si contagiis.* 11 om. *si.* s) Sich. *ius se * affirment*, in m. annot.: „*Deest dictio qualis est: oppressos.*" In cod. 23 post *se* sola litera *l* superest, sed ea deleta est, et sequitur lacuna quinque literarum. Infra 13 *licentia* et 15 *curiale vel.* Cod. Iust. *laesos affirment, non provocandi, sed supplicandi — vel* (om. *alia*) *qualibet p. utilitate seu alia causa dicatur prolata sententia — denegari; ita videlicet, ut intra biennium — sedis praetorianae praefecturae sententias, post successionem iudicis numerandum, supplicandi eis tribuatur facultas. Dat.* etc. t) Plerique codd. *qualibet alia.* 1 om. *alia*, ut Cod. Iust. Infra 18 *dic. probatae* et 20 *dicatur probata.* u) Nonn. codd. *publicae.* Sich. *publico.* 12 *prodeest.* 22 *singuli.* v) 1, 15 *denegare*, quod falsum non est. 11 *adnegarit.* x) Codd. *Thalasse* (ut Sich.—Lugd. Rittersh. Go.) s. *Thalasi* s. *Talasi* (ut Cui. 2, 2*. Ri. Ri*.). 1 *Telasse.* 22 *adlasse.* Praeterea differunt in siglis formulae *par.— amantissime*; nam nonn. habent *p̄ k̄* (et om. *atque am.*) s. *p̄ k̄ ā*, alii *pf aug.* s. *p̄ k̄ agē.* Sich.—Lugd. Rittersh. Go. *Praefecte* (Go. *P.* et Rittersh. in m. *Parens*) *charissime Augustorum.* Infra 19 om. *tua.* y) 12, 13, 15, 18—22 *constitutionem* s. *constitutione non* (sed corr. in cod. 12 *quae pro non*) *adversus.* 11 *constitutione non tibi verus.* Supra Rittersh. *magnifice.* z) 23, Sich. *supplicari.* Ante 25 *curiam.* a) 11, 12, 15, 18—22 *prohibetur.* b) Omnes codd. *nomini*, improb. Ri., s. *nomine.* 1 *nrm nomini.* Sed edd. et Cod. Iust. *numini.* c) 23, Sich. *afferendas.* d) Sich. *post cognitionem*, impr. Ri. 19, 22 *iudices.* 23 *numerendā.* e) Ri. add. vult *et.* In seqq. nonn. codd. *leges neque* aut *nequaquā — eadem ad omnem.* 25 om. *propositis — praecipiat.* Ri*. *Huius legi.* f) 12, 14, 18—20, 22, 38, cod. Piper. Legis R. U., epit. Monachi *IV.* 11, L. R. U. ed. Canc. *VII.* Nonn. codd. om. *III.* 27, 33 *k̄ aug.* g) 36 *dno nro Th.* Multi codd. *Theud.* s. *Teod.* et om. *A.* 13 om. *Const. — Coss.* h) Nonn. codd. *XVI* aut *XVIII*, 1 om. *et* et 22 *et — Coss.* i) 6 *Fausto*, male; alii codd. *Fisto, Fisco.* 22 *escysto*; scribitur etiam *vic* aut *c. c.* aut *vir cl.* aut *vv cc* pro *V. C. Coss.* Sunt etiam codd., in quibus deest aut *V. C.* aut *Coss.* k) Sich.—Lugd. Rittersh. Go. *licuerat.* 13 *docuerat.* Nonn. codd. *appellari* et mox *affectus* s. *fuerit effectus.* l) 22 *dominus.* 34, Sich.—Lugd. Rittersh. Go. *dominos*, quod Ri. videtur esse genuinum. m) Multi codd. *utilis iterum* et *audientiā*, *rint, quae contra eos fuerant iudicata, serventur et perpetuam teneant firmitatem.*

TIT. XIV. DE PATERNIS SIVE[a] MATERNIS BONIS.

1. *Impp. Theodosius et Valentinianus AA. Florentio Pf. P.*[b] Officium est imperatoriae maiestatis, iis[c] etiam, qui nondum nati sunt, providere, et in parentum contractibus futuris quoque liberis fructum naturae debitum praeparare[d]. §. 1. Praeteritae constitutiones mulierem[e], morte mariti matrimonio dissoluto communibus liberis exstantibus, donationem[f] ante nuptias resque alias[g] certis modis ad eam devolutas ex mariti persona iisdem[h] liberis quibusdam conditionibus[i] servare[k] praeceperant[l]. §. 2. Haec divus[m] nostrae mansuetudinis avus humana mente viros quoque, morte[n] mulieris exstantibus liberis matrimonio dissoluto, circa[o] dotem resque alias[p] certis modis ad eum ex persona mulieris devolutas iisdem[q] conditionibus suaserat observare[r]. §. 3. Nos feliciter[s] vinculo legis haec[t] a viris[u] observanda censemus[v]. Nam generaliter[x], quoquo casu constitutiones ante hanc[y] legem mulierem liberis communibus[z], morte mariti matrimonio dissoluto, quae de bonis mariti ad eam devoluta sunt, servare sanxerunt[a], iisdem casibus nos per huius legis auctoritatem[b] maritum quoque, quae[c] de bonis mulieris ad eum devoluta sunt, morte mulieris[d] matrimonio dissoluto, communibus liberis servare censemus, nec interesse volumus, si[e] alter pro marito donationem ante nuptias[f], vel pro muliere dotem crediderit offerendam[g]. Haec observari praecipimus[h], licet res ante nuptias donatae, ut assolet fieri, in dotem a muliere redigantur[i]. §. 4. Nam et si culpa mulieris repudio matrimonium fuerit dissolutum, maritus totam donationem, non partes, ut in altera dote[k], retinebit[l], dominium autem rerum, quae liberis vel huius legis vel praeteritarum constitutionum auctoritate[m] servantur, ad liberos pertinere decernimus. Itaque defuncto eo, qui eas liberis reservabat[n], exstantes[o] ab omni possessore liberi vindicabunt, consumptas ab heredibus eius exigent, qui eas[p] servare debuerat[q]. §. 5. Alienandi sane vel obligandi suo

---

Tit. XIV. 1, Am. *Tit. XIII.*, sed sec. ord. titt. *Tit. XII.*, ut Zir. in ind. titt. 3, 5, 8—15, 18—35, 37, 38, 40—42, Cui. 1. Aur. P. in ind. titt. Lugd. Cui. 2, 2*. P[a]. in ind. titt. Rittersh. Go. P[b]. in ind. titt. Ri. Ri*. L. R. U. Aeg. *Tit. VII.* 6 *Tit. V.* 36, Sich. *Tit. VI.* Be. *Tit. XIV.* Vid. supra tit. I—III, VII, IX, X, not. sup., ubi etiam de codd. 1, 2, 7, 16, 17, 36 dictum est. In cod. 4 totus titulus deest, cum folium exsectum sit. C. Th. VIII, 18, 19. Nov. Maiorian. tit. VI. de Sanctimonialibus. Nov. Severi tit. I. de Abrogatis capitibus. Nov. Inst. II, c. 1 et XXII, c. 25. — N. 1. Codd. edd. *N. un.* Be. add. (*XX.*), i. e. omnium Novv. in ed. Be. Cod. Iust. I, 14, 6, paucis vv. receptis iisque mutt. (vid. §. 6, not. g); V, 9, 5 et VI, 61, 3. Bas. II, 6, 11 et XLV, 4, 7. Integra est cum interpr. in codd. 11—15, 18—22; omnia praeter interpr. des. in codd. 40—42 (in quibus hic et illic etiam interpr. truncata est); inscr. et textus in codd. 5, 24, 30, 37; textus et subscr. in codd. 25, 26, 35; ultima Novellae vv. et subscriptio in cod. 23; solus textus om. in codd. 8—10, 27—29, 31—34, 36, 38; sola interpr. in cod. 6. In cod. 3 nihil superest, nisi explanatio in nonn. codd. titulis adiecta.

---

supplicaverit, intra eos fuerit s. *fuerint.* Rittersh. *perpetuum.* In cod. 3 haec interpr. ita mutata est: *Si contra potenga iudecis nun licuerit apellare, cū — biennium agere non moretur.*

a) Plerique codd. Sich.—Ri*. Zir. *seu.* Am. Be. ex cod. 1 *sive.* 6, 22 *et.* 35 om. *bonis.* b) Multi codd. *Theūd* s. *Teod.* 13 *ppo Or.* 6, alii codd. *praeposito.* 27 *Flor. V. illuster ppo*; nonn. codd. om. *Pf. P.* Sich. *Pf. V.* c) Multi codd. Rittersh. *his*, alii *hiis*, ut Sich.— Cui. 2*. 14 *his etiam qui non dominati sunt.* d) 22 *reparare.* Ri*. *fructu.* 13 om. *fructum naturae debitum.* e) 1 *praeterito constitutionis muliere.* 13, 22 *constitutionis.* 13, 19, 20, 22 *mortem.* Cf. c. 2 C. Th. de Secundis nuptiis (III, 8). f) 22 *donationibus.* g) 1 *aliis.* 20 *alia.* 22 *alias certissimo des ad.* 6, 14 *ad eandem.* 18 om. *ad.* h) Nonn. codd. *hisdem.* i) 22 *conductionibus.* k) Edd. ante Be. *servari.* l) 11, 12, 18—20 *praecipiant*, sed corr. in cod. 12 *praeceperant.* 22 *praeceperunt.* m) 22 *edictis.* Cf. C. Th. III, 8, 2. n) 13 *mortem.* 22 om. *morte.* Sich. *mulierum.* Ante 6 *viro.* o) 1 *mulieres extantibus liberis matrimunio dissoluto circa.* Similiter 11—13, 15, 18—23 *mulieris ext. lib. matr. diss. circa*; rell. et edd. *mulieris matrimonio dissoluto, exstantibus liberis, circa.* p) 1 *resqualiis.* 15, 21 *alias certissimo iure ad.* q) 11 *divolutas.* Nonn. codd. *hisdem.* r) 1, 6, Sich. *observari*; rell. *observare*, recte (*haec viros — circa dotem — observare*). s) Ri. in not.: „*Feliciter.* Subaudi eveniat.“ 1 *vincolū leg.* t) 6 om. *haec.* u) 15, 21 *a Iuris*, 18 *haberis.* 23, Sich. *avaris.* 14 om. *a.* v) 6, 11—13, 15, 18—23, Sich.—Ri*. *censuimus.* x) Hinc inc. c. 5 Cod. Iust.: *Generaliter censemus, quoquo.* Nonn. codd. interque eos sec. Am. 1 et Ri*. *quoque.* 6 om. *casu.* Mox nonn. codd. *constitutionis* et 14 *contentiones ante.* y) 1 sec. Am., 6, 11—15, 18—23 et Cod. Iust. *ante hanc legem.* Edd. *ante legem hanc.* z) 6 add. *extantibus.* 15 *communionibus.* Nonn. codd. *mortem.* a) 1 *sancxer̄* (i. e. *sanxerunt*) *hisdem*; rell. codd. et Cod. Iust. *sanxerunt* et inter eos multi *hisdem.* Sich.—Ri*. *sanxerat.* Ri. vult aut *sanxerunt* aut *sanxerant*; hoc Be. recepit. Restitui ex codd. *sanxerunt.* 22 *his de causis*, sed supra lin. *casibus.* b) Cod. Iust. om. *nos — auctoritatem.* Nonn. codd. *auctoritate.* c) 22 om. *quae* et 14 *ad eum devoluta sunt.* d) Nonn. codd. *mortem.* 19 *mulierum.* 22 *mulueris.* e) Cod. Iust. *communibus liberis servare, nec interesse, si.* 22 *servari censuimus.* Etiam 6, 18 *censuimus.* f) 13 *donationem manente substantias.* g) Nonn. codd. *mulierem et dote.* 19 *offerenda.* 11 *efferendum.* Rittersh. *mulieriere.* h) 1 *hec observare p̄cipemus.* Etiam 13, 18 *observare.* 22 *hoc.* i) 1 *degantur.* Nonn. codd. *in dote.* Cod. Iust. om. *Nam — retinebit.* k) 13 *altera dotem.* 6 *partem ut alteram dotem.* 22 *repudium — dissolotum maritus tamen totam donationem non in partes* etc. l) 15, 21 *retinuerit.* 14 *praeterita.* m) Cod. Iust. *liberis per huius — auctoritatem.* n) 14, 15, 21 *reservabant* et 14 *liberas.* o) 22 add. *biennii.* p) 1 *eius.* q) 6, 13 *debuerat*; ita etiam a nomine eas res, quae liberis servari praeceptae sunt[r], eis, qui reservaturi sunt[s], adempta licentia est. Negotia vero liberorum patri utiliter administrare concedimus[t]. Dividendi quoque res inter eos ipsos[u] liberos, parentibus pro suo arbitrio[v], vel eligendi, quem voluerint[x], licentiam non negamus. §. 6. In his[y] autem casibus, in quibus res ut paternas mater[z] liberis communibus servare praecepta est (hoc est ubi, morte mariti matrimonio dissoluto, mulier ad[a] alias nuptias venit), vel ubi ut[b] maternas patrem liberis communibus[c] servare censuimus (hoc est ubi morte mulieris matrimonio dissoluto, vir ad alias nuptias venit[d]), si hereditatem eius parentis, qui prior mortuus est, non adierint liberi, licebit eis[e], tanquam eius tantum res fuerint[ee], eas sibimet vindicare, scilicet si vel[f] eius, qui posterior moritur, hereditatem crediderint adeundam, ne[g], quod favore liberorum indictum[h] est, quibusdam casibus ad laesionem eorum videatur inventum. §. 7. Illud etiam humanis sensibus huic legi credidimus inserendum, ut eo quoque[i] casu, quo lucratur vel mulier res, quae ad eam[k] a marito perveniunt, vel maritus eas, quae ex bonis mulieris ad eum transeunt (hoc est ubi primum matrimonium alterius morte dissolvitur, nec superstes ad secundas nuptias venit), si res vel maritus vel uxor (hoc est qui superstes est) non consumpserit vel alienaverit (quod eis ad secundas nuptias*) non venientibus quasi rerum dominis, concessum esse, non dubium est[l]), si hereditatem eius, qui posterior[m] moritur, liberi adire noluerint, ut eis[n] liceat res a patre profectas ut paternas, a matre ut maternas accipere[nn]. §. 8. Quod autem scitis[o] prioribus continetur, nec a filia, quae in potestate est, donationem ante nuptias patri, nec a filio dotem acquiri, eo addito confirmamus[p], ut, defunctis his adhuc in potestate patris, si liberis exstantibus moriantur[q], ad liberos eorum eadem[r] res iure hereditatis, non ad patrem iure peculii transmittatur[s], nec[t] per nepotes avo videlicet acquirendae, Florenti[u], parens carissime atque amantissime. §. 9. Illustris itaque[uu] ac magnifica auctoritas tua legem saluberrime promulgatam[v] ad omnes populos edictis propositis[x] faciat pervenire. *Dat. VII. Id. Sept.*[y] *Constantinopoli, Theodosio A. XVII. et Festo V. C. Coss.*[z] (439.)

INTERPRETATIO. *Haec lex confirmat, ut, sicut mulier post mortem mariti omnia, quae ad eam de rebus mariti quolibet ordine pervenerunt, totum filiis profutu-*

---

librario corr. est in cod. 19. Etiam Be. prop. *debuerat*; rell. omnes, etiam Cod. Iust. *debuerant*. Recte *debuerat*, sc. defunctus. 14 *Alienandi sive*. r) 1 *liberis reservare* (vid. paullo supra §. 4 *liberis reservabat*) *praecepte sunt*. 19 *praecepta sunt*. 22 *servare praeceptae eis sunt*. s) 15 *qui res servaturi*. 19, 22 *qui non servaturi*. t) 1 *decernimus*. 13 *condicimus*. 22 *utilitas adm. praecipimus*. 6 *administrari*. u) 6 om. *res* et *ipsos*. v) 19 *parentibus proprio arbitrio*. 22 *arbitrio diligendi*. Cf. Novv. Iust. citt. x) 15, 21 *quemadmodum voluerint*. y) 11, 12, Go. *iis*; plerique codd. *hiis*, ut Sich. — Cui. 2*. Ri. Ri*. z) 6 *res maternas pater vel paternas mater lib. comm*. 19 *res aut paternas*. 18 om. *et*. Aur. Lugd. *parternas*. a) 13 *vir ad*. Rittersh. om. *mulier — dissoluto*. Cod. Iust. *venerit*. b) 6 om. *ut*. 14 *ubi et*. 19 *ut maternis*. 22 *parem*. c) 6 *communibus liberis*. Infra nonn. codd. *censemus — ubi mortem* et 6 *morte uxoris matr. diss*. d) Cod. Iust. *venerit*. Nonn. codd. *hereditates eius parentes qui prius*. e) 22 om. *eis*. ee) Cod. Iust. add. *qui posterior moritur*. f) Ita 1, 6, 11, 12, 15, 19, 20, 22, 23, Cod. Iust. Sich. — Ri*.; rell. et Be. om. *vel*. Go. *posturior*. Mox nonn. codd. *crediderit*. g) Hinc inc. c. 6 Cod. Iust. cit.: *Quod favore quorundam*. 22 *hereditatem eius crediderint ad eundem*. h) 6 *dictum*. 22 *iudicium*. c. 5 Cod. Iust. *inductum*, probb. Ri. Be., sed c. 6 Cod. Iust. *constitutum est*, — *eorum nolumus inventum videri*. 13 *quibus casibus* et om. *eorum* post *laesionem*. Infra nonn. codd. *Illuc etiam — lege* et Rittersh. *in ferendum*. i) 6 om. *quoque*. k) 12, 18, 21 *quae eadem*. 22 *mulieris quae — pervenerint*, impr. Ri. 15 *quae ad eam amarituao*. Mox nonn. codd. *quas ex bonis — ne superstis — veniat si res suae maritus — superstis est et cons*. (22 *sumserit*) *vel aliena venerit*. Ri*. *nec sup. ad secunda nuptias*. *) Hic iterum incip. cod. 16. l) Cod. Iust. *est*, *liberis liceat* et om. *si — eis*. Cf. Nov. Severi tit. I. de Abrogatis capitibus. m) 13 add. *est*. 16 *cui posteriori ē moritur*. 22 *posterior maritus*. n) 6 om. *ut* et 15, 21 *ut eis*. Mox 18 *paternos ut a*, 21 *ut paternas accipere* et 22 *acceperint*. nn) Reliqua absunt a c. 5 Cod. Iust. cit. o) Cf. C. Th. VIII, 19, 1. Cum vv. *Quod scitis* inc. c. 3 Cod. Iust. cit. 22 *scedis pr. continentur nec ea filii*. 18 *nec eas filia*. 20, 23 *nec ea filia*. Infra nonn. codd. *donationis*, *patris*, *ne a filio*, *dote* et Ri*. *nec filio*. p) 6 *confirmamus eo addito*. 22 *eo adito*. 23 *eo quod addito*. Sich. *eo quoque addito*. Mox multi codd. Sich. — Cui. 2*. Ri. Ri*. *hiis*. q) 13, 16 *moriatur*. r) 6, Cod. Iust. *eaedem*. 13, 15, 21, 22 *easdem* et nonn. codd. *patris iure* s. *patres iure*. Etiam Cod. Iust. *non ad patres*. s) 1, 6, 11 - 16, 18 — 23, Cod. Iust. *transmittuntur*, recte, modo leg. *eaedem res*, quod et codd. habent et flagitat v. *acquirendae*, quod sequitur. t) 1, 6, 14, 15, 18 — 22, Cod. Iust. *nec*, recte. Rell. *ne*, impr. Ri. 1 *iure hereditatem n̄ ad patrem iure periculo transmittantur nec per nepotest avo videlicet adquirendi*. c. 3 Cod. Iust. ita finitur add. nonn.: *videlicet acquirendae. Sin autem idem nepos, superstitibus tam patre quam avo paterno, diem suum sine liberis obierit, eorum dominium, quae ad ipsum ex matre vel ab eius linea pervenerint, non ad avum, sed ad patrem eius perveniat; usufructu videlicet in huiusmodi casibus avo, dum supererit, servando. Dat.* etc. u) 22 *Florentio*. Nonn. codd. *p̄. kal. aug.* s. *p̄. k̄. ag̅. ag̅.* s. *p̄. k. aug̅. aug̅.* Sich. Cui. 1. *Praefecte charissime Augustorum*. Aur. Lugd. Rittersh. Go. *Praefecte clarissime Augustorum*, sed Rittersh. in m. *parens cariss*. uu) 11 sec. Ri. *Itaque illustris*. v) 1 *prouulgatam*, sec. Am. *pervulgatam*. 14 *lege sal. promulgata*. 22 *et magnifica — saluberrimae*. x) Ita codd., praeter 23, ubi *omnes populos — Coss*. spatio relicto deest et in 1 est *populus*. Edd. *promulgatam edictis propositis ad omnium* (sed Sich. Cui. 1 — Lugd. Rittersh. Go. *omnem*) *notitiam faciat pervenire*. y) c. 6 Cod. Iust. *Dat. Kal. Aug*. Rittersh. *Eid*. 20, 22 *VI*. L. R. U. *IV*. 36 *VIII*. 24 *XII*. 5, 28, 34, 37 *VII. Kal. Sept*. 30 *prid k̄ Sept*. 33 *Dat. VI. Id. Oct*. 10 *Dat. VII. Id. Febr*. 13 om. *Constantinopoli — Coss*., c. 6 Cod. Iust. cit. et Rittersh. *Constantinopoli*. z) 15, 21 *XVI et Fausto Viro Claro*. 20, epit. Mon. *XVI*. et 6 *Fausto*. 1 om. *XVII*. 24, 28, 34, 37 *XII*, 22 *XIIII*., impr. Ri. 38 *const. dn̄o n̄ro Th. aug̅. pp̅ XVII*. Nonn. codd. *Theud.* s. *Teōd.*; alii om.

rum debeat conservare, hoc etiam[a] *et patres de rebus maternis simili observatione custodiant*[b] (*excepto, quod eis fuerit filiorum morte quaesitum*[c], *ea ratione, sicut lex Theodosiani in octavo libro declarat*), *si ad secunda vota venerint, aut forte non venerint*[d]: *post*[e] *quorum obitum si alienatae, vel obligatae quoquo pacto fuerint res, quae filiis iussae sunt*[f] *reservari, ubicunque eas potuerint invenire, ad suum dominium filios praecipit*[g] *revocare. Nam permisit, ut mulier de sponsalitia donatione, quam a marito suscepit*[h], *si proprium mulier*[i] *nihil habeat, dotem exinde ipsi marito possit offerre. Caussas vero filiorum patres agere utiliter, cum*[k] *summa strenuitate*[l] *constituit, et ut*[m] *dividere aequaliter inter filios facultates maternas, aut per se, aut per quos elegerint habeant potestatem. Sane de omnibus rebus uxoris, quae ad proprietatem mariti quolibet titulo*[n] *vel nomine, seu donatione, seu testamento, seu morte filii pervenerint*[o], *etiamsi ad alias nuptias non transierit, si mortuo eo hereditatem eius filii adire noluerint, omnia, quae de maternis bonis maritus quocunque ordine habuit*[p] *acquisita, filii sibi, sicut reliquas maternas facultates, apud quoscunque invenerint, vindicabunt. Simili ratione, si et mater marito mortuo, etiamsi ad secundas nuptias non venerit, si hereditatem eius filii adire noluerint*[pp], *omnia, quae de paternis*[q] *facultatibus mater eorum quoquo modo, ut superius dictum est, acquisivit, filii*[r] *post mortem matris*[s], *cuius hereditatem repudiaverint, ad*[t] *integrum sibi vindicent et*[u] *defendant: quia iustitiae intuitu constat esse prospectum, ut, quia nihil de illius parentis*[v] *rebus, qui posterior moritur, habere dignoscitur, vel ea, quae ex prioris mortui parentis bonis esse constat, ad filios debeant integra*[x] *pertinere. Reliquum vero huius legis in aliis legibus habetur expositum*[y].

TIT. XV. NE CURIALIS[a] AD SENATORIAM DIGNITATEM[b] VEL AD[c] ALIQUEM HONOREM[d] ADSPIRET.

1. *Impp. Theodosius et Valentinianus AA. ad Senatum urbis Constantinopolitanae*[e]. Splendidissimo[f] coe-

---

Tit. XV. 1, Am. *Tit. XIV.*, sed sec. ord. titt. *Tit. XIII.*, ut Zir. in ind. titt. 3, 8—16, 18—35, 37, 38, 40, Cui. 1. Aur. Lugd. P. in ind. titt. Cui. 2, 2*. P[a]. in ind. titt. Rittersh. Go. P[b]. in ind. titt. Ri. Ri*. L. R. U. Aeg. *Tit. VIII.* 6, Sich. *Tit. VI.*, sed err. in Sich. *VI.* scriptum est pro *VII.* 36 *Tit. VII.* Be. *Tit. XV.* In cod. 4 totus titulus, qui in exsecto folio fuit, deest; deest etiam in cod. 5. Vid. supr. tit. I—III, VII, IX, X, not. sup., ubi etiam de codd. 1, 2, 7, 17, 36 dictum est. In cod. 1, ap. Am. Zir. Be. hic titulus ex duabus Novv. constat, in rell. codd. et edd. prima tantum eius Novella superest. Vid. Nov. 2 h. t., not. sup. C. Th. VI, 2, 8; XII, 1, not. sup. et c. 14, 18, 29, 42, 48, 57, 58, 65, 69, 73, 74, 82, 90, 93, 111, 118, 122, 129, 130, 180, 182, 183, 187. — N. 1. Cod. 1, Am. Be. *N.* 1. In rell. codd. et edd. (except. Zir., ubi om.) est *N. un.* Be. add. (*XXI.*), i. e. omnium Novellarum in Be. ed. Integra cum interpr. est in codd. 11, 12, 14—16, 18—23; omnia praeter interpr. des. in cod. 40; inscr. et textus in codd. 24, 30; textus et subscr. in codd. 25, 26, 35; pars textus et subscr. in cod. 13; solus textus om. in codd. 8—10, 27—29, 31—34, 36—38; sola interpr. in cod. 6. Eodem die data est Novella sq. tituli.

A. s. V. C. ut in Cod. Iust. c. 5 cit. In aliis denique scribitur *Fisto, Fisco, Fesco* et *VV. CC.* a) Nonn. codd. *si qua* (ita etiam Sich., improb. Ri.) *mulier — pervenerint — conservari hoc etiam* (om. *et*). b) Rittersh. *custodiebant*, impr. Ri. Nonn. codd. *fuerint.* c) Sich. — Lugd. Go. Rittersh. *adquisitum.* Nonn. codd. *ut* pro *sicut* s. *sicuti* s. *si qua* et *Theudosiani* s. *Theodosiana.* Cf. C. Th. VIII, 18, 4. Sich. in m.: „*In tiulo: De maternis bonis, et materni generis excretione.*" d) 11—15, 18—23 et multi alii codd. *venerit — venerit.* e) 11, 12, 14, 15, 19—23, Sich. transpositis vv. *non venerint, res q. f. i. s. reservari, post quorum — fuerint, ubicunque.* Ceterum 22 *quoque pacto.* f) 11, 12, 19, 20, 22, 23, alii *iussi sunt* et 22 *reservare.* Cui. 1. Aur. Lugd. Rittersh. Go. *iuste sunt reservatae*, male. Vid. Nov. ipsam §. 5 *res, quae liberis servari praeceptae sunt.* g) Nonn. codd. *percepit.* 22 *dominium eas pr. r.* h) 9—15, 19, 20, 23, alii *percipit* s. *percepit.* 22 *praecipit si de proprio.* i) Sich. — Lugd. Rittersh. Go. om. *mulier.* k) Multi codd. *et cum*, ut Sich. — Lugd. Rittersh. Go. l) 9 *utilitate* et nonn. codd. *constituet.* m) Multi codd. Sich. — Lugd. Rittersh. Go. om. *ut* et mox alii *inter* et paullo infra *aut per se* s. *per* post *aut.* n) 23 *ad maritum quolibet.* 22 *Sane si de.* o) 9, 11, 12, 15, 20—23, alii codd. *pervenerunt.* Nonn. codd. *morte filiorum* et mox *transierint.* p) Rittersh. *habuerit.* pp) 11, 19, 20, 22, 23 *filii adierint.* Rittersh. *redire* pro *adire.* q) Multi codd. *de patris.* r) Rittersh. *filius.* 22 *eorum quo modo — filii has post.* s) Multi codd. *patris.* t) 11, 12, 20, alii *id.* u) 5, 11, 12, 19, 20, 22, 23, 38, alii codd. *ac.* Mox nonn. codd. *esse constat.* v) 11, 12, 23 et multi alii codd. *parentes.* 22 *illis parentibus.* Etiam paullo infra nonn. codd. *parentes.* x) 11, 12 *integre.* Sich. — Lugd. Rittersh. Go. *pervenire* pro *pertinere.* y) Nonn. codd. *habeatur.* In cod. 3 interpr. ita mutata est: *Haec lex — conservare similis ratio est observandum et patris de rebus maternis excepto — quaesitum post quorum obitum — obligatae ubicunque filias invenerint ad suum dominium posse revocare causas filiorum parentibus agere utiliter dividere aequaliter inter filius facultate habeat potestate.* Posui hanc interpr., ut appareret negligentia eius, qui codicem Fuldensem scripsit. Idem dicendum est de omnibus fere interpretationibus, quare eas in posterum commemorare supersedebo.

a) Ita 1, 3. Similiter 14, 36 *Ne Curia.* Edd. et rell. codd. *Ne decurio*, sed 23, Sich. *Decurio si*, etsi Sich. in ind. titt. *Ne decurio.* Scrib. cum cod. 1 *curialis.* Constanter in ipsa Novella scribitur *curialis*, non *decurio.* Falso nuntiat Be., etiam *M.* (i. e. 11 cod.) habere *Decurio Si.* b) Nonn. codd. *senatoria dignitate* aut *senatoriam dignitate.* 1 *senaturiā.* 26 *dignitatem accedat.* c) *Ad* inserunt 1, 3, 8—16, 18—23, 31, 34, 37, 38, Sich. in ind. titt. 6, 26 om. *vel — adspiret* et rell. codd. omnesque edd. *ad.* Ri. falso dicit, *ad* addi in Lugd. Rittersh. Go. d) Ita fere omnes codices, inter eos 1 (sed is *honore*), 3, 8—16, 18—23, 26, 29—31, 33—35, 37, 38, L. (sec. Be.) Sich. — Lugd. Rittersh. Go. et in ind. titt. P. P[a]. P[b]. Similiter 36 *quem honorē*; rell. *aliquos honores.* 38 *adspirent.* e) Plerique codd. *Theūd.* s. *Teōd.* et nonn. *Valentinus.* 36 *dnō nrō Theod ad S. Urbis Romae.* Edd. *Constantinop.*, sed multi codd. *Constantino-*

tui vestro, patres conscripti[g], placere confidimus, si civitatum commodis consulatur. Vestrum nempe[h] est velle civitates augeri. Vos curiis peculiariter prospicere consuestis[i], si quidem vobis nostro iudicio res publica solet[k] gubernanda committi. Nam etsi[l] otio frui vos quodam tempore patiamur, ne labore videamini fatigari continuo, non tamen ideo cura vos deserit optime regendae rei publicae. Quamobrem lege curiis profutura vobis, patres conscripti[m], vel maxime gratulamur. §. 1. Suggestione[n] viri illustris atque magnifici praefecti[o] praetorio Orientis et[p] ex-consule Florentii comperimus, quosdam curiales, iniuriis se praesidum[q] subtrahere cupientes, ad senatoriae dignitatis praerogativam confugere. Hoc curias enervare[r], non dubium est[s]; curialibus quippe praeturae munus[t] impositum, patrias etiam functiones, ac suae quemque[u] munia civitatis[v], patrimoniis eorum eo modo[x] consumptis, denegare compellit[y]. §. 2. Sed et quod motibus se[z] iudicum reverentia*) subtrahunt dignitatis, publicis commoditatibus[a] noxium esse perspicitis[b]. Cessat enim debitorum compulsio[c], si debitorem desiderat exsecutor[d]. Lege itaque[e] perpetuo valitura decernimus, nullum posthac curialem senatoriae sibimet[f] dignitatis infulas usurpare, nulli curiali licentiam dari[g], clarissimo se permiscendi consortio. §. 3. Sed ne providentissime[h] constituta quibusdam[i] praeteritis semiplena[k] reliquisse noscamur[l], illis etiam curialibus, qui iam[m] senatoriam adepti sunt dignitatem, praeturae munus remitti[n] decernimus, qui nondum praetores sunt nominati, vel quos nominatos nondum amplissimi vestri coetus sententia praeturae muneri mancipavit obnoxios[o]. *Dat.*[p] *prid. Id. Sept. Constantinopoli*[q], *Theodosio A. XVII.*[r] *et Festo*[s] *V. C. Coss.* (439.)

Interpretatio. *Haec lex hoc praecepit, ut nullus curialis natus ad aliquos honores adspiret, nec dignitatem aliquam supplicando*[t] *tentet assumere, nisi tantum officia curiae debita se noverit subiturum.*

2. *Iidem*[u] *AA.*[v] *Zoilo Pf. P.* Non esset huius pro-

— N. 2. Primus hanc Nov. ex cod. 1 ed. Zir. l. c. p. I — V. cum comment. l. c. cap. II, p. 50 — 125; post eum ex eod. cod. Am. l. c. p. 10 — 20 cum not. Ex Am. eam rec. Be. Etiam Br. innotuit. Vid. not. *p* antec. et apud. Rel. l. c. p. 862 sq. et in Hist. Pand.

politane. 22 *Constantinopolis.* f) 23, Sich. *Colendissimo*, recte impr. Ri. 16 *Coetu.* g) Edd. et hic et infra *P. C.*, sed plerique codd. ut nos. 22 *conscriptū.* Mox 19 *civitatem c. consolatur* et 14 *consolator.* h) Ita 1, 6, 11 — 13, 15, 19 — 23; rell. et edd. *est nempe*; ceterum 1 *nimpe* et 13, 16, 22 *vel* pro *velle.* i) 1 *civitatis augere. vos curii specalariter ꝑpicere consuistis.* 15, 21 *civitatis augere.* 16 *curia specialiter.* 19 *consuetis.* 20 *consuistis.* k) 1 *solet.* 6 *res publica soleat nostro iudicio gubernanda committi.* Rell. codd. et edd. *soleat.* 22 *vobis vestro — commiti.* In cod. 13 rell. Nov. vv. una cum subscr. desunt. l) 6 *Nam si.* 20 *Nam et socio — laborem.* 22 *Nam etsi otio frugibus quodam.* Mox nonn. codd. *optimae — legem* et *profuturam* et 14 *prof. nobis.* m) Vid. supr. not. *g.* n) 6 add. *itaque.* Nonn. codd. *illustres* s. *illustri.* o) Nonn. codd. *praefecto.* 22 *profecti.* 23 *praeceptis.* 6 *praef. praepositi.* 15 *praef. populi.* Sich. *praetorii.* p) 6, 11, 12, 15, 18, 20, 22, 23, Sich. om. *et.* In cod. 12 a sec. man. rest. *et.* Sich. *exconsuliis.* Mox nonn. codd. *Florenti.* q) 1 *praeside* et deest *subtrahere.* 17 *iniuriis sed.* 6 *pr. subducere cupientes.* Mox nonn. codd. *praerogativa.* r) 1 *curia seservare.* 14 *hac curia sine sua re.* 15, 21 *confugere ac curiaś en.* 16 *confugere ac curiae servare.* 18 *curias servare.* 19, 22 *curias manifestare.* s) 1 om. *est.* t) 14 *praetore munus.* 22 *praetorem manus.* 23, Sich. *positum.* u) 6 *sua quaeq̃ue munia.* 19 *sua quẽmque m.* 22 *functionis hanc suae quoque m.* 23, Sich. *sua quenq̃ue munia.* v) 11, 12 *civitati.* x) 1 *eorum comodo consumitis*; alii codd. *modis* et 22 *eorum commodo.* y) 11, 12, 18, 19, 20, 22, 23, Sich. *compellitur*, improb. Ri. 14 *compelletur.* 1, 6, 15, 16, 21 *Sed et quod.* Rell. codd. et edd. om. *Sed.* z) 1 *motibus* (om. *se*) *iuditium reverentias.* 15 *iuditium.* 16 *motibus secum iud.* Rittersh. et 23 *moribus.* Sich. *quod hiis moribus*, impr. Ri. Rein. cj. *nutibus.* Recte *motibus.* *) 22, Sich. *reverentiae.* Rittersh. *dignitatibus.* a) 1 *cicitatibus*, male. Vid. N. 2 h. t., §. 4. b) 1 *prespicetis.* Similiter nonn. codd. *praespicitis*, ut 11, 12, 23. 19 *esse praesciens.* c) 22 *compulsatio.* d) 1, 15, 16, 21 *si debitori deferat executor*, sed 1 *executur*, neque certo scio, utrum ibi *deferat* scriptum sit an *deserat.* 11, 12, 18, 19, 22 *si debitorem* (22 *debitorum*) *deserat executor*, ut cj. Am. Similiter Cui. 1 — Lugd. Rittersh. Go. *si debitum deserat executor.* 6, 14 *si debitori deserviat executor.* 23 *si debitori deserat executor.* Sich. *si debitori desit executor.* 20, Cui. 2, 2*. Ri. — Be. *si debitorem desiderat executor.* Puto leg. esse *si debitori deserviat exsecutor*, ex quo factum est *deserat* s. *deferat.* e) 15, 21 om. *perpetuo* et 20 *petuo — sibimet.* 11 *post* et om. *hac.* Rittersh. *Lego itaque.* f) 1, 6, 11, 12, 15, 21, 22, 23 *curialem senatoriae sibimet dignitatis inf.*; rell. *sibimet dignitatis senatoriae*, sed 1 *senaturie.* 19 *sibiet.* 20 om. *dignitatis.* g) 19 *curia licentiam.* 1 *licentiam dare.* 11 *usurpato.* h) 22 *clarissimo se comminiscendo* (corr. *commiscendo*) — *prudentissime.* 1 *prouidentissimo.* 23 add. *constantiss.* et Sich. *constantissimeque.* Errore Rittersh. *consortio. Sed ne providendissimo se permiscendi consortio. Sed ne providentissime.* i) 6 add. *recte.* k) 11 *semipleno.* 22 *simipoena*, sed corr. *semel poena.* 15, 16, 21 om. *semiplena — curialibus.* l) 6 *videamur.* 22 *noscatur.* 11, 12 *noscemur.* Rittersh. *cognoscamur.* m) 11, 12, 19, 22 *in.* Mox nonn. codd. *adempti.* n) 6 *munus remittimus qui.* 19 *munus committi dec. qui.* 22 *nos* pro *munus.* 16 om. *decernimus — nominati.* o) 1 *praeture munere mancipiavit obnoxius.* Etiam alii codd. *obnoxius*, alii *sententiae* et *munere.* 6 *obnoxios mancipavit.* 22 *vel quos nominatus n. a. questoris — praetore munire m. obnoxius.* Rittersh. *quos nondum nominatos nondū amplissimi.* p) Nonn. codd. *II*, alii *IV* aut *VII.* 22 *III.* Falso Br. in cod. 1 esse dicit *Dat. XIII. Kal. Aug.*; potius hic dies subscriptus est Nov. 2 h. t. Ex Br. error transiit in Ri. ed. q) 36 add. *dn̄o nr̄o.* 22 *Constantino.* 15, 21 om. *Constantinopoli*, ut alii codd. *A.* s. *XVII.* s. *V. C.*, pro quo in multis codd. *Vc̄* est. r) Recte *XVII.* Nonn. codd. habent *XVI.*, alii *XIV.* s. *IX.* s. *XVIII.* s) Plerique codd. *Fisto.* 6 *Fausto.* t) Multi codd. *praecipit* et *supplicandum.* u) 1 *P̄*, quod siglum Zir. monogramma esse putat conflatum ex *ID̄* s. *Ḋ.* Similiter rem interpret. Am.: aut amanuensis vitio scriptum esse *P.* pro *Id.* aut significare *praedicti.* Falso Br. scriptum esse dicit *Id.* v) Am. add. (sc. *Impp. Theodosius, et* mulgandae necessitas sanctionis, si improborum temeritas aut metu legum aut pudoris imperio frenaretur. Sed quoniam utrumque despexit audacia, nostrarum statim debet[x] provideri remediis sanctionum, ne ultra serpat iniuria. §. 1. Quantum igitur magnitudinis tuae suggestio patefecit, Valerianus, Emisenae[y] civitatis curialis, iuris publici legumque grassator, ob hoc sibi illustre[z] cingulum honoris immerito per subreptionem assumpsit[a], ut illius subnixus infulis dignitatis, contumeliosum sui possit[aa] amplificare propositum. Magna enim stipatus barbarorum caterva secretarium provinciae moderatoris irrupit, priorem sibi locum ausus est vindicare, dexter assedit ei, cui iura commisimus, cui fata provincialium duximus esse credenda, ita ut omne[b] eius fugaret officium, vasta omnia ac sola relinqueret, qui[c] non magis opibus dives, quam sceleribus plenus, aliis quoque curialibus domi suae susceptis, ut publica ratio fraudaretur, servile praesidium exactoribus contra publicam opposuit disciplinam, quo magnum dispendium nostrae serenitatis aerarium per eius pateretur vesaniam. In quem oportuerat acerbioribus legum aculeis vindicari, nisi nos mansuetudo, quae assolet, temperaret, et ad suam consuetudinem lenitatemque redigeret. Quapropter eum et cingulo et dignitate simul illustri[d] privari, hac generali[e] sanctione decernimus, et curiae redditum per se, aut substitutam personam, si ita viro clarissimo[f] moderatori et curialibus visum fuerit, suarum periculo facultatum omnibus curiae fungi muneribus, iudiciariis, ad similitudinem ceterorum, sententiis pariturum. §. 2. Verum quia principale remedium generale esse oportet, ceteros quoque civitatum omnium curiales ab illustri dignitate cum cingulo seu citra cingulum volumus in posterum prohiberi, nec sibi infulas huius honoris appetere. §. 3. Quod si temere post hanc nostri numinis sanctionem[g] huius modi honorem subreptione quadam[h] impetrare potuerint, sciant, infructuosum sibi hoc fore, nec ullum inter eos atque alios curiales, qui talem non meruerint dignitatem, esse discrimen; illos autem, qui vacantem iam vel honorariam dignitatem adepti sunt, per substitutas personas omnium suarum periculo fortunarum muneribus curiae absque ullo patrocinio respondere, Zoile, parens carissime[i] atque amantissime. §. 4. Illustris igitur[k] auctoritas tua hanc nostri numinis legem publicis commoditatibus profuturam edictis solenniter ubique propositis ad omnium notitiam faciat pervenire. *Dat. XIII. Kal. Aug. Constantinopoli, Theodosio*[l] *A. XVIII.*[m] *Cos.* (444.)

TIT. XVI. DE TESTAMENTIS[a].

1. *Impp. Theodosius et Valentinianus AA. Florentio Pf. P.*[b] Ita[c] prodest gentes barbaras nostri numinis[d] imperio mancipari, ita nostrae[e] victoriae videbuntur obedientibus fructuosae, si pacis commoda legum regulis componantur[f]. Ideo divinis sensibus die noctuque res humani generis pertractantes gratum[g] duximus, deficien-

---

Tit. XVI. 1, Am. *Tit. XV.*, sed sec. ord. *Tit. XIV.*, ut Zir. in ind. titt. 3, 5, 8—16, 18—35, 37, 38, 40—42, Cui. 1. Aur. Lugd. P. in ind. titt. Cui. 2, 2*. P[a]. in ind. titt. Rittersh. Go. P[b]. in ind. titt. Ri. Ri*. L. R. U. Aeg. *Tit. IX.* 6 *Tit. VII.* 36 *Tit. VIII.* Sich. *VII.* err. pro *VIII.* Be. *Tit. XVI.* In cod. 4 hic tit. deest exsecto folio, in quo fuit. Vid. supr. tit. I—III, VII, IX, X, not. sup., ubi etiam de codd. 1, 2, 7, 17, 36 dictum est. C. Hermogen. tit. XI. C. Th. IV, 4. Nov. Valentin. tit. XX. de Testamentis. Nov. Martian. tit. V. Ed. Theod. cap. XXVIII. L. R. B. tit. XLV. Cod. Iust. VI, 23. Marculphi Form. II, 10. L. Visig. Lib. II, tit. 5, cap. 11. Glück. l. c. T. XXIV, 255, 271 sq., 397. — N. 1. Codd. edd. *N. un.*, sed Be. add. (*XXIII.*), i. e. omnium Novv. ed. Be. Integra cum interpr. est in codd. 11—13, 16, 18—23. Omnia praeter interpr. des. in codd. 3, 30, 40—42; inscr. et textus in codd. 5, 24; textus et subscr. in codd. 26, 35; pars textus, subscr. et interpr. in cod. 14 (vid. infr. §. 1, not. *r*); subscr. et interpr. in cod. 25; solus textus om. in codd. 8—10, 27—29, 31—34, 36—38; sola interpr. in cod. 6; pars tantum textus superest in cod. 39. Cod. Iust. VI, 23, 21; VII, 2, 14 mut.; V, 28, 8 mut. Vid. infr. §. 8, not. *s*. Bas. XXXV, 2, 21. Eodem die data est Nov. 1 antec. tituli.

Valentinianus). x) 1 *despex̄ — debit.* Mox Am. *rimediis.* y) Zir. *Emissenae.* Cf. Zir. l. c. p. 77 et Am. l. c. p. 13, not. 4. z) 1 *curiales iures — grassatur — inlustrū cyngolū.* Zir. *inlustris.* Am. Be. *inlustre.* Scrib. *illustris.* a) 1 *absūsit*, non *absumpsit*, ut Zir. scribit. aa) Zir. *posset.* b) 1 *auxus — commissimus — omni.* c) Zir. *relinqueret. Qui.* Mox 1 *oppibus.* d) 1 *inlus* cum virgula traiecta per literam *l* et hic et paullo infra, non *inlus*, ut Zir. dicit. Praeterea 1 *eum et cingolum et dignitatem simul.* e) 1 *generale.* Ita etiam Am. f) 1, Zir. et Be. *V. C.* Deinde 1 *moderaturi.* g) 1 *periculū — ceterus — inlūs* (vid. not. *d* antec.) — *cū cingolū seu cetera* (corr. a librar. *cetra*) *cyngulū — nominis sancionem.* Zir. recte improb. *nominis.* h) 1 *honorē subreptionē quadā.* Zir. *honorem subreptione quadam.* Am. Be. *honorem per subreptionem quandam.* Propius ad cod. 1 accedit Zir. quam Am. Illum secutus sum. i) 1 *alius curiales — illus — pericolum — pk̄ ā ā.* Zir. *P. K. AA.* Falso Am. *Praefecte Carissime Augustorum.* k) 1 *inlūs* (vid. not. *d* antec.) *ita igitur.* Coeperat, inquit Zir., librarius scribere *itaque*, sed postea animadvertit in exemplari, quod exscribebat, legi *igitur*, et illud *ita* delere oblitus est. Infra 1 *nominis.* l) 1 *Theud̄.* m) 1, Zir. *XVII.* Zir. l. c. p. 65 et 123 sq. em. *XVIII.*, quod Am. ed., quem vid. l. c. p. 20, not. 20, et Bé. Br. l. c. p. 862 sq. num. *XVII.* deceptus hanc Nov. tribuit anno 439, recte impr. Am.; nam Zoilus illo tempore nondum fuit Praefectus praet., sed anno 444 demum praefecturae munere functus est. Recte igitur em. est *XVIII.*, qui ultimus erat consulatus Theodosii iun. Deest alter consul, sc. Albinus, in hac subscr. Cf. Zir. l. c. et p. 247 et Am. l. c.

a) 22 *Testamento.* b) Nonn. codd. *praeposito.* 13 *Florentio ū inl ppō excons.* 22 *laurentio pfū.*, improb. Ri. 25 *ad Florentium p̄p̄o.* 34 *Fl. Pf.* 9 add. *post alia.* c) 23 (supr. v. *Ita*), Sich.—Lugd. Go. *Ut.* Rittersh. *A.* 12, 20 *prodeest.* 14 *Ita nostrae.* d) Omnes codd. Sich.—Cui. 2*. Rittersh. Ri. Ri*. *nominis.* Rittersh. em. in m. *numinis*, prob. Ri.; *numinis* edd. Go. Be. 11, 12, 20 *nominis nostri imperio* et 22 *nominis imperii nostri.* e) 13 *nr̄a.* f) 6 *componamus.* g) 13, 16 *gra-*

tium[h] quoque voluntatibus subvenire[i], ut pro suo quisque testetur[k] arbitrio, ut in potestate sua suam[l] habeat voluntatem[m], ut invitus nemo nec taceat, nec loquatur. Illud quippe est proprie testamentum[n], quod testantis[o] meram continet[p] voluntatem. §. 1. Natura talis[q] est hominum, ut quosdam diligant, alios timeant, quibusdam sint officiosae gratiae debitores, alios suspicentur, quorundam[r] fidem intelligant eligendam[s], aliis nihil credendum existiment, nec tamen audeant de singulis[t], quae sentiunt, confiteri. Ideo[u] veteres testamenta scripta testibus offerebant, oblatarumque[v] eis tabularum perhiberi testimonium postulabant[x]. Sed dum[y] iuris antiqui cautelam paullatim mutat posteritatis imperita praesumptio, et[z] testes exigunt omnimodo[a], quae testamento continentur, agnoscere, eo res processit, ut, dum sua[b] quisque nonnunquam iudicia publicare[c] formidat, dum testibus testamenti sua non audet secreta[d] committere, ne suis facultatibus inhiantes offendat, intestatus mori, quam sua[e] mentis arcana periculose patiatur exprimere. §. 2. Hac[f] itaque consultissima lege sancimus, licere per scripturam conficientibus testamentum[g], si nullum scire volunt[h], quae in eo scripta[i] sunt, signatam[k] vel ligatam[l] vel tantum clausam[m] involutamve[n] proferre scripturam, vel ipsius testatoris vel cuiuslibet alterius manu conscriptam[o], eamque rogatis[p] testibus septem numero, civibus Romanis puberibus omnibus, simul offerre signandam et subscribendam, dum[q] tamen testibus praesentibus testator suum esse testamentum dixerit[r], quod offertur[s], eique ipse[t] coram testibus sua manu in reliqua parte testamenti subscripserit: quo facto, et testibus uno eodemque die ac tempore subscribentibus et signantibus, valere testamentum[u], nec ideo infirmari, quod testes nesciant, quae in eo scripta sunt*) testamento. §. 3. Quod si literas testator[v] ignoret, vel subscribere nequeat, octavo subscriptore[x] pro eo adhibito eadem servari decernimus. §. 4. In omnibus autem testamentis, quae vel absentibus vel praesentibus[y] testibus dictantur, superfluum est, uno eodemque tempore exigere testatorem[z] et testes adhibere, et dictare[a] suum arbitrium, et finire testamentum. Sed licet alio tempore dictatum[b] scriptumve proferatur testamentum, sufficiet[c], uno eodemque die, nullo actu interveniente, testes omnes videlicet simul[d], nec diversis temporibus[e], subscribere signareve testamentum. §. 5. Finem autem testamenti subscriptiones et signacula testium esse decernimus. Non subscriptum namque a testibus atque[f]

---

vatum. h) 16 *deficientibus.* i) Sich. — Lugd. Go. *subvenire. Ut — arbitrio. Ut — voluntatem. Ut.* k) 11 *testentur.* 19 *testatur.* 25 om. *testetur* et *ut.* l) 22 om. *suam.* m) 22 om. *voluntatem.* 1 *habent voluntatem ut invitu.* Rittersh. *habeant.* Mox nonn. codd. *ne taceat.* n) 19, 22 *Illud quoque est proprium testamentum*; nonn. codd. *testamento.* Edd. ante Be. *Illud est quippe*, sed R. in m. *Illud quippe est.* Sich. in m.: „*Testamentum unde dictum.*“ o) 13 *testanti.* 15, 21 *testantes.* 19 *testamentis.* p) 1, 6, 13 *continet.* 15, 21 *contineant.* R. in m. *contineat.* Rell. *obtinet.* Falso Am. Be. in cod. 1 esse dicunt *continent*, sed recte Be. em. *continet.* Nonn. codd. *miram* s. *mira* et *voluntate.* q) 1 *tales.* 13 — 16, 21, R. in m. *Naturale est.* 18, 19 *Naturalis est* et infra 19 *diligit* et nonn. codd. *officiose.* r) Sich. — Go. *timeant. Quibusdam — suspicentur. Quorundam.* 14 *quorum fidem*, quae vv. ultima sunt quaternionis XV.; desunt deinde quaterniones XVI. et XVII. et pergitur in quaternione XVIII. cum vv. *eadem manebit palatinum officium* §. 7 Nov. Valentin. tit. XXVI. de Trig. annor. praescript. 11, 12, 18, 20 *quosdam.* s) 19 *eligendam illius nihil.* Rittershus. *intelligunt eligenda.* Mox nonn. codd. *estiment.* t) 6 *de singulis audeant.* u) 11 sec. Be. add. *et.* Nonn. codd. *veteris.* 21 *vetera.* v) 15, 21 *ablatarumque.* 19 *oblatarumque et stabularum.* x) 1 *perhiberi testimoniō postulabant*; rell. codd. et edd. *perhibere.* In cod. 23 post *postulabant* signum rubro colore pictum est; eodem loco Sich. asteriscum posuit, tanquam vitii aliquid insit in h. l. y) 18 *Sed id.* z) 22 *potestatis imperitia praesumtiosi testes.* Aur. Lugd. *posteritas imperita.* 11, 12, 19, 20 om. *et*, sed repon. in cod. 12 a sec. man. Sich *exigant.* 13 *exhibunt* et supra *cautella.* a) 1, 6, 15, 21, R. in m. *omnimodo*; rell. *omninoque* sive *omnino quae*, ut edd. Ceterum 1 *que testamentū continentur agnuscere.* 23 supr. lin. *conentur.* b) 16 *ut ad sua.* 6 om. *sua.* c) 25 *publice.* 6 *publica reformidat.* d) 1 *testes — non audit secrata.* 25 *audeat — offendant.* 22 *nec suis.* e) 1, Sich. — Lugd. Rittersh. Go. *sua*; rell. *suae*; utrumque recte. Nonn. codd. *argana* s. *archana.* f) 1 *Hanc.* 13 *Ac igitur.* 16 *Hac igitur.* Cum vv. *Hac consultissima* inc. c. 21 Cod. Iust. cit. 22 *sanctimus.* g) 6 *per testamentum scripturam conficientibus.* 13 *si nulla.* Rittersh. *per scripturae.* h) Sich. — Ri*. *volent.* i) 1, 13, 15, 16, 21, 25, Cod. Iust. *scripta*; rell. *conscripta.* 16 om. *in eo.* k) 22 *signatum.* 19, 20 *signata.* l) 1, 13 *legatam.* 19, 20 *ligata.* 22 *legatum.* m) 1, 11, 12, 15, 19, 20, 23, R. in m. *clusam.* 22 *clausum.* Sich. — Lugd. Rittersh. Go. *inclusam.* n) Cod. Iust. *involutamque.* 22 *involutumve.* o) 25 *conscripta.* Rittersh. *proferre scriptam, eamque* et om. *scripturam — manu con.* p) 13 *rogantes testibus*; mox 20, 22 *civilibus romanis* et 1 *septem numerū cr puberibus.* 23 *romanis civib.* Rittersh. *signandum.* q) Sich. — Go. *subscribendam. Dum.* r) 6, 25 *esse dix. test.* 22 *testat. suum.* s) 11, 18 — 20 *quod profertur.* 22 *offeratur.* t) 16 *eique* (om. *ipse*) *coram etiam testibus.* 23 *eiqui*, sed supr. lin. em. *ibique.* u) 22 *subscribendi.* Cod. Iust. *subscr. et consignantibus, testamentum valere.* 6 *eodemque tempore ac die — testamentum valere.* *) 11 *sint.* v) 6 *testator literas.* 19 om. *si* post *Quod.* 18 *ignorat.* Rittersh. om. *vel subscribere nequeat.* x) 11, 23, Sich. — Lugd. Rittersh. Go. *scriptore.* 25 *octavum scriptorem pro eo adhibitum servari praecipimus.* 22 *servare.* y) 22, 25 om. *vel praesentibus.* Cod. Iust. *quae praesentibus vel absentibus testibus.* In cod. 23 vv. *In omnibus — vel praesentibus* a secunda manu, Sichardi fortasse, add. sunt, sed bis scriptum *vel praesentibus.* Ibidem *dicantur*, sed in m. *dictantur.* Mox 16 om. *uno* et 11 *que* post *eodem.* z) 15 *tempus exigere test.* 13 om. *et.* Sich. — Go. *tempore exigere testatorem, et.* Be. *exigere, testatorem et.* a) 19 *dictatore.* 25 *suo arbitrio.* b) Cui. 2, 2* *dictarum.* c) 1 *sufficit*, bene. 15, 21 *suffici id.* 16 *sufficiat* et om. *uno.* 11, 12, 19 *uno eodem* et om. *que.* 22 *unū — acto.* 23 in m. *uno tempore.* 25 *unum idemq. diem.* d) 13, 16 om. *simul — finem autem* et 6 *videlicet.* e) 11, 12, 20 *diversis testibus.* 23 om. *temporibus*, sed add. in m. a sec. man., quae Sichardi fortasse est. Etiam Sich. om. *temporibus*, sed in m. ad v. *diversis*: „*Forte divisim legendum est.*“ 21, R. in m. om. *subscribere* et 15, 21, Rittersh. R. in m. *ve* post *signare.* Cod. Iust. *signareque testamentum.* Mox nonn. codd. *subscriptionis* et 16 *discernimus.* Rittersh. *subscriptionem.* f) 1 om. *a testibus atque* et 22 *a.* 19 *subscriptum ne-*

signatum testamentum pro imperfecto haberi convenit. Ex imperfecto autem testamento voluntatem tenere[g] defuncti, nisi inter solos liberos[h] habeatur, non volumus[i]. §. 6. Per nuncupationem quoque, hoc est sine scriptura, testamenta non alias[k] valere sancimus[l], nisi septem testes, ut supra dictum est, simul uno eodemque tempore collecti[m] testatoris voluntatem ut[n] testamentum sine scriptura facientis[o] audierint, non ut suum[p], ut[q] assolet fieri, narrantis[r] arbitrium, hoc est, ut manifeste testari se sub iisdem[s] testibus sine scriptura eo ipso tempore dicat[t], non futurum suae voluntatis promittat[u] arbitrium. §. 7. Si quis[v] autem testamento[x] iure perfecto postea ad aliud pervenerit[y] testamentum, non alias[z], quod ante factum est, infirmari*) decernimus, quam id[a], quod secundo facere testator instituit, iure[b] fuerit consummatum, nisi forte, in priore testamento[c] scriptis his, qui ab intestato ad testatoris[d] hereditatem successionemve[e] venire non poterant, in secunda voluntate testator eos scribere[f] instituit, qui ab intestato ad eius hereditatem[g] vocantur. Eo enim casu, licet imperfecta[h] videatur scriptura posterior, infirmato priore testamento secundam eius voluntatem[i] non quasi testamentum, sed quasi voluntatem intestati valere censemus[k]. In qua voluntate quinque testium iuratorum depositiones[l] sufficient[m]: quo non facto, valebit primum testamentum, licet in eo[n] scripti videantur extranei. §. 8. Illud etiam huic legi perspicimus[o] inserendum, ut, quoniam Graece iam testari[p] concessum est[q], legata[r] quoque ac directas libertates, tutores[s] etiam, Graecis verbis liceat in testamentis relinquere, ut ita vel legata relicta vel libertates directae tutoresve[t] dati videantur, ac si legitimis verbis ea testator dari, fieri observarique iussisset, Florenti[u], parens[v] carissime atque amantissime. §. 9. Illustris itaque et magnifica auctoritas tua consultissimam legem edictis propositis ad omnium notitiam perferri[x] praecipiat. *Dat. prid.*[y] *Id. Sept.*[z] *Constantinopoli, Theodosio A.*[a] *XVII.*[b] *et Festo*[c] *V. C. Coss.* (439.)

---

quā a test. 25 *aut signatum — conveniet.* Cod. Iust. *ac signatum.* Mox nonn. codd. *habere.* g) Ita 1, 11—13, 15, 19, 20, 22, 23, 25, R. in m. Cod. Iust., improb. quidem Ri., sed recte; *tenere* est locum tenere, firmum esse, durare, valere: quae res nota est. Rell. codd. et edd. *teneri.* 25 *voluntate.* h) 22 *solus inter liberos.* 15 om. *habeatur.* i) Cod. Iust. *liberos a parentibus utriusque sexus habeatur, non volumus* et add.: *Si vero in huiusmodi voluntate liberis alia sit extranea mixta persona, certum est, eam voluntatem, quantum ad illam dumtaxat permixtam personam, pro nullo haberi, sed liberis accrescere*, quae vv. deprompta sunt ex c. 26 Cod. Iust. Famil. hercisc. (III, 36). Cf. Herrm. ad c. 21 et 26 citt., not. sup. et Ri. ad h. l., not. z. Sich. in m. „*Testamenta per nuncupationem.*" k) 13, 16 *testamentum non alias.* 25, Ri*. *alia.* 6 om. *testamenta — sine scriptura.* l) 22 *sanctimus.* 25 *censemus.* 11, 12, 18—20 om. *nisi.* m) 22 *collectis.* 25 *collegi.* n) 15, 21, edd. ante Be. *aut*, sed Ri. placet *ut.* 1 *voluntate.* o) 1 *sine scripturā facientes.* 11, 12, 20, 22, 25 *facientes.* Ri. prob. *facientis.* 22 *audirent.* p) 11, 12, 18, 20 *non ut solum.* 16, 22 *non solum ut suum.* q) 1, 6, 11—13, 15, 16, 20—22 *ut*; rell. *quod*, praeter 19, 25, qui om. *ut.* r) 1, 6, 11—13, 15, 19, 21—23, 25, edd. ante Be. *narrantes*; rell. codd. R. in m. et Be. *narrantis*, prob. Ri. Recte *narrantis.* Cod. Iust. om. *non ut suum — arbitrium.* Sich.—Go. *arbitrium. Hoc est.* s) 25 *hoc est quod manifestum.* 13 *testatore se.* 22 *manifesti testari sint ubi hisdem.* 25 *sub sedem testibus.* Multi codd. *hisdem* s. *hiisdem.* Mox 16 om. *eo.* Rittersh. *sive scriptura.* t) 19 *tempore dici* et om. *non.* 22 *tempore dicant* (ita etiam 25) *n. f. sive vol.* u) 1 *promittit.* 25 *promittant.* v) 11, 12, 18, 20 *si quid*, sed corr. in cod. 12 a sec. man. *quis.* 19 *Si qui.* 25 om. *Si.* x) 1 *testamentum.* Etiam 22, 23 *testamentū iure.* Aur. Lugd. *iure profecto.* y) Ita 1; rell. *venerit.* 6 *postea aliud fecerit.* 21 *postea aliud.* In cod. 23 a sec. demum manu add. *testamentum — factum.* z) 22 *non ad alias.* 1 *alias quodquod ante.* *) 1 *infirmare.* 23, Sich. om. *est* et paullo supra Rittersh. *ante.* a) Cod. Iust. *quam si id.* b) 1 *secundū faceri testator instituti ore fuerit.* 22 *secundum fecerit testatorum institui in iure.* Etiam 11, 12, 18, 21, 23, Sich. add. *in.* 6 *iure fecerit.* c) Rittersh. *priore matrimonio.* Nonn. codd. om. *his.* Sich.—Cui. 2* *hiis.* Go. *iis.* d) 22 *attestatoris.* 15 *testatores.* e) Cod. Iust. *hereditatem vel successionem venire.* 16 om. *hereditatem.* 1 *succensione* et om. *ve.* 11, 18 *successionem* et om. *ve.* 13, 16 *successiones* et om. *ve.* 6, 15, 19, 21, 25, R. in m. *successione* et om. *ve.* 22, 25 *successionis* et om. *ve.* 19 *devenire.* Vv. *successionemve — hereditatem* bis scripta sunt in ed. Rittersh. Infra 22 *poterat.* f) 6, 13, 25 *inscribere.* 15, 22 *eo scribere.* g) 1 *qui ab intestatu ad eius hereditate.* 22 *ab eius hereditate.* 15 *quia ab.* h) 13, 16 *licet infecta.* i) 1 *secunda e. vol.* 22 *secđm voluntate eius.* 15 om. *non — voluntatem.* Infra Ri*. *volutatem.* Mox 15 *intestata.* k) Cod. Iust. *sancimus.* 22 *censuimus.* l) 11, 23 *depositioni*, sed corr. in cod. 23. 12, 19 *depositionis.* 15, 20 *depositione.* 22 *duratorum dispositiones.* m) 6, 13, 15, 21, 25 *sufficiant.* 22 *quod non.* n) 13 *in eos.* 25 om. *in eo.* 11 *conscripti.* o) 1 *perspecimus.* 6 *prospicimus.* 15, 21, R. in m. *praecipimus.* 25 *credidimus*; c. 21 Cod. Iust. cit. *prospeximus inserendum, ut etiam graece omnibus liceat testari* et des. rell. p) 1 *testare.* 13 *ut quod graece iam testatori.* 20 *et quoniam grecae iam testatori.* 22 *ut qm̄ grā testatori.* 23 *testatori*, ut Sich.—Lugd. Rittersh. Go. q) 6 *concessimus.* Videtur imperator legem deperditam indigitare. Cf. Glück. l. c. T. XXXIV, p. 397. r) 13, 18 *Legatas.* 15, 21 *legato.* 25 *legatus.* Sich. *leg. cuique, ac.* s) 16 om. *tutores — libertates.* 22 *quoque hereditas libertates est tutores.* Hinc inc. c. 8 Cod. Iust. cit.: *Tutores etiam Graecis verbis licet in testamentis relinquere, ut ita tutores dati videantur, ac si legitimis verbis eos testator dedisset:* et c. 14 Cod. Iust. cit.: *Directas libertates graecis verbis liceat in testamentis relinquere, ut ita libertates directae datae videantur, ac si legitimis verbis eas testator dari iussisset.* Infra nonn. codd. *relecta* et *directe.* t) Nonn. codd. *tutores vel.* 15, 21 *tutores sui.* 25 *dari.* 16 om. *dati — testator.* u) 22 *iussit Florentius.* 25 *iusserit.* v) 11, 12, 18—20 *parens karissime augustorum consultissimam* et om. *Illustris — tua.* 22 *p̄ k aug aug̅. ul* (cum virg. traiecta per literam *l*) *itaque* (om. *et*, ut in codd. 15, 21) *magnifica.* 25 om. *atque amantissime.* Sich.—Lugd. Rittersh. Go. *Praefecte* (sed apud Go. deest *Praefecte*) *charissime Augustorum. Illustris* etc. 6 *ac magnifica.* x) Nonn. Br. Al. codd. et R. in m. *perferre.* 22 *proferri.* y) Nonn. codd. et R. in m. *II.* 32, 33 *VI.* Rittersh. *Eid.* 24 *Dat* `*sūbd̄* *id.* 22 *IIII.* z) 23, 32, 33, Sich. *Febr.*, male. Eodem igitur die haec Nov. data est atque Nov. 1 tit. antec. Ne curialis. Nonn. codd. om. *Constantinop.* a) Multi codd.

INTERPRETATIO. *Haec lex multa confirmat, quae de testamentis in Theodosiani* [d] *corporis auctoritate conscripta sunt. Sed hoc amplius continet* [e], *ut, si aliquis iure* [f] *praetorio condiderit testamentum, id est, quod septem testium subscriptionibus confirmatur, auctor testamenti, si literas* [g] *scit, octavus ipse subscribat: sin autem aut subscribere* [h] *non potest, aut literas nescit, tunc octavum pro se adhibeat subscriptorem* [i]. *Nam etsi subscriptores nesciant, quid in testamenti pagina continetur, testamentum ex hac re non habetur* [k] *infirmum. Testamento vero nihil detrahitur, si per plures dies dicatur fuisse dictatum, dummodo uno* [l] *die sub praesentia testatoris simul omnes rogati a testatore* [m] *subscribant, ac suis sigillis subscriptum muniant testamentum. Per nuncupationem quoque, hoc est sine scriptura, qui suam publicare maluerit voluntatem, convocatis simul una hora septem testibus, primum pro qua re eos venire rogaverit, evidenter explanet, ut, quia testamentum non fecit, illi apud gesta defuncti publicent et allegent voluntatem. Si quis autem facto legitimo testamento, aliud postea* [n] *facere voluerit testamentum* [o], *non aliter quod prius factum est reddatur infirmum, nisi sequens testamentum* [p] *omni fuerit firmitate conscriptum* [q] *et legitimo testium numero roboratum. Nam si imperfecta forsitan* [r] *fuerit deficientis voluntas* [s], *secunda voluntas tunc valeat, si in primo testamento, quod fecerat, extraneos scripsit heredes, et postea in secunda voluntate illos instituit vel ad successionem vocavit* [t], *qui, etiamsi non testatus fuisset, poterant in hereditate* [u] *defuncti ab intestato succedere: quae tamen posterior voluntas defuncti, licet non sit perfecta, sic in omnibus* [v], *quae scripta sunt, valeat* [x], *ut quinque testes iurisiurandi religione confirment, testatorem ad hoc eos convocasse* [y], *ut remoto priori testamento, secundam* [z] *in propinquis suis, quam perficere non valuit* [a], *conderet voluntatem: quae in omnibus vel circa omnes firma permaneat* [b].

TIT. XVII. DE COMPETITIONIBUS.

1. *Impp. Theodosius et Valentinianus AA. Florentio Pf. P.* [a] Suggestionem viri illustris*) comitis sacrarum largitionum Marcellini, vicem agentis viri illustris comitis rerum privatarum [b], admodum comprobamus, quae et pio nostro proposito convenit, et in commune omnium subiectorum commoditatibus consulit [c]. Felicissimis namque imperii nostri temporibus haec nobis praecipua [d] cura est, quemadmodum liberalitatibus nostris sine cuiusquam pernicie omnes possint divitiis abundare. Imperatoriae quippe provisionis munus esse censemus, ut omnes nostris dispositionibus gaudeant, nemo suis inique nudatus facultatibus defleat. §. 1. Quare hac perpetuo

---

Tit. XVII. 1, Am. *Tit. XVI.*, sed sec. ord. *Tit. XV.*, ut Zir. in ind. titt. 6 (ubi est ultimus tit. Novv. Theodos.), P. P [a]. P [b]. *Tit. XLV.* pro *XLIV.* Vid. supr. tit. IV, not. sup. et Nov. Val. tit. XXXV, not. sup. 2, 3, P. in ind. titt. Cui. 2, 2*. P [a]. et P [b]. in ind. titt. Ri. Ri*. *Tit. XLVII.* Lugd. Go. *Tit. XLIV.* Rittersh. inter Novv. Valent. *Tit. XLV.* pro *XXIX.*, falso. Be. *Tit. XVII.* Commemoratur etiam in Cui. 1. Aur. inter titt. Novv. Valentin., qui desiderantur, improb. Zir. Cf. sup. tit. I — IV, VII, not. sup. In codd. 2, 3, 6 et in edd. P. — Ri*. ex una (prima) constat Novella; in cod. 1, ap. Zir. Am. Be. ex duabus. Vid. Nov. 2, not. sup. C. Th. X, 8, 2; X, 10; X, 14; IX, 42. Nov. Maior. tit. V. de Bonis caducis. Nov. Anthemii tit. III. de Bonis vacantibus. Cod. Iust. X, 10 et 12. — N. 1. 2, 3, 6, edd. ante Be. *N.* 1, i. e. *un.* 1, Am. in ind. titt. Be. *N.* 1. Primam eam esse in cod. 1, nuntiat etiam Zir. Be. add. (*XXIV.*), i. e. omnium Novv. in ed. Be. In cod. 3 praeter initium Nov. solae §. 1 et 4 supersunt. Vid. infr. not. *g*, *, *z*. Paullo post, *VI. Kal. Dec.* h. ann. ad Florentium data est c. 6 Cod. Iust. (IX, 27).

Theud. s. *Teod.*; alii om. *A.* 36 *dno nro Th. ppo ag.* b) 15, 21, R. in m. *XIII.* 20, 28, 37, epit. Mon. *XVI.* 4 *VII.* 34 *XV.* 13 om. *XVII.* c) Nonn. codd. *Fisto.* Male Be. *Fausto.* Nonn. codd. et Cod. Iust. om. *V. C.*, pro quo siglo alii codd. habent *vic* aut *viro claro.* d) Multi codd. *Theudosiani.* Rittersh. *Geostosiani.* e) 4, 5, 8 — 13, 15, 22, 23, 38, alii codd. *continet*, sed 11 *contenet*; rell. et edd. *habet.* f) 11, 12, 19, 20 et multi alii codd. *in iure.* Sich. in m.: „*Iure praetorio testamenta condere.*“ 22 *iure praeterito.* g) Nonn. codd. *quae septem — confirmatur si auctor testamenti literas* et mox alii *scit ut octavus.* h) 11, 12, 19, 20, 22, 23, 38, alii codd. *scribere*; recte *subscribere.* Vid. Nov. §. 3. Nonn. codd. om. *aut* post *sin autem.* i) 11, Sich. Cui. 1— Lugd. Rittersh. Go. *scriptorem.* Deinde Rittersh. *etsi testatores nesciant.* k) Plerique codd., etiam 11, 12, 22, 23, *quid in testamenti pagina continetur — habetur.* Edd. *quae in pagina testamenti continentur — habeatur.* Mox nonn. codd. *testamentum vero* et 22 *detrahetur.* l) Edd. *una.* m) 22 *testare*; nonn. codd. *rogati aut testatores*; alii mox *sigillis subscriptis* et *rogaverit venire* et 22 *unam horam.* n) 11, 12, 19, 20 *propterea.* 22 *factum legitimum testamentum aliud postea.* o) Ita 4, 5, 8 — 13, 18 — 23, 38, alii codd.; rell. et edd. *vol. f. test.* p) 11, 12, 19, 23 om. *non aliter — testamentum*, sed add. *et* ante seq. v. *omni* (*voluerit testamentum et omni*). In cod. 23 vv. illa, quae des., a sec. manu add. sunt in m. q) 11, 12, 19, 20, 22, 23, Sich. in m. *subscriptum*; in 23 a sec. man. em. *conscriptum.* Fere omnes codd. *fuerit firmitate.* Edd. *firmitate fuerit.* Nonn. codd. *fuerint.* r) Plerique codd. *forsitan fuerit.* 23 et edd. *fuerit forsitan.* s) In multis codd., veluti 4, 5, 11 — 13, 18 — 23, om. *voluntas.* Nonn. *secundo et valeat* et *scripsisse heredes.* t) Vv. *illos — vocavit* des. in cod. 23, sed restit. sunt a sec. man. u) 22 *poterat in hereditatem defuncti* et om. *ab intestato — defuncti.* Supra 23 *testatus non fuisset* et Go. *fuisse.* v) 11, 12, 19, 20 *si in his omnibus.* 38 *sic nominibus.* Go. *sit.* 22 *perfectum sed in omnibus.* x) Nonn. codd. om. *ut.* Sich. *valeant.* y) Rittersh. *vocasse.* Infra edd. *priore.* z) Nonn. codd. Sich. *secundum* aut *secunda.* a) Rittersh. *voluit.* Aur. Lugd. Rittersh. Go. *condere.* Mox nonn. codd. *quam in omnibus.* b) Ita codd. Sich.; rell. edd. *permaneant.*

a) P [a]. P [b]. Rittersh. *Pf. Pon.* *) 1 *inluster.* b) 1 *inlus scrp admodum.* Till. l. c. T. VI, p. 130, not. 1 em. *Marcellini et vicem agentis.* c) 2 *consolit*, em. a P. Rittersh. *Felicissimus.* d) 1 *hec nob pcipua* lege valitura sancimus, ut nemini liceat bona defunctorum caduca, vel quamlibet [e] rem aliam ad fiscum nostrum pertinentem, vel eam, quae ei paritur [f], actionem ullo modo a nostra serenitate competere, nisi [g] annus ex die mortis defuncti excesserit, vel ex quo fiscus locum habuit vel habere potuerit [h]. §. 2. Et si sacrum oraculum mansuetudinis nostrae secundum hanc legem ab aliquo fuerit impetratum, nullo modo [i] competenti iudicio intimari, nisi prius officio productum in iudicio [k] liberae conditionis delatorem tradiderit, vel in hac alma urbe, si res [l] ad fiscum pertinentes hic inventae fuerunt [m] competitae, quorum interest periculo sub carceralibus vinculis observandum [n], vel moderatori provinciae sub arctissima custodia transmittendum. Servos namque nec ab initio [o], quasi nec personam habentes, in iudicium [p] admitti iubemus, et, si hoc ausi fuerint, continuo eos flammis tradi vel bestiis *). §. 3. Neque vero praedicti temporis praescriptionem [q] neque delatoris concessione [r], vel speciali annotationis [s] beneficio, aut sacra pragmatica iussione posse convelli; et si forte quisquam, quod non credimus, huius modi quid per subreptionem elicuerit, id a nullo iudice admittendum esse [t] decernimus; quod si admiserit, non modo poenae sacrilegii eum [u] esse obnoxium, sed etiam damna ei, quî eius iniquitate laesus fuerit, resarcire [v]. §. 4. Illud etiam pro communi omnium commoditate censemus [x] sanciendum, ut, si ab aliquo quicquam petitum fuerit, et semel cuius interest officii *) instructio praecesserit, nullus id possit a nostra deinceps clementia postulare, neque de eadem caussa denuo fieri liceat instructionem: officio, quod id permiserit [y], decem librarum auri poena pro [z] tali obreptione feriendo, Florenti, parens carissime atque amantissime [a]. §. 5. Illustris igitur et magnifica auctoritas tua saluberrimam legem edictis propositis ad omnium notitiam faciat pervenire, ut sciant provinciales nostri, pro eorum quiete serenitatem nostram iugi sollicitudine vigilare. *Dat. XIII.* [b] *Kal. Nov. Constantinopoli, Theodosio A. XVII. et Festo V. C.* [c] *Coss.* (439.)

2. *Iidem AA.* [d] *Zoilo Pf. P.* Pro magnitudine be-

— N. 2. 1, Am. Be. *N.* 2. In rell. codd. et edd. deest. Primum ed. est a Zir. l. c. p. VIII — XII. et doctissimo commentario instructa p. 172 — 259, cui add. p. 469 sqq., 481, 484 sq., 487, 491 sq. Post Zir. eam cum notis ed. Am. p. 21 — 36. Ex Am. descripta est a Be. Innotuit vero iam Br., qui l. c. p. 867 sq. inscriptionem et subscr. ex cod. Ott. affert. Cod. Iust. X, 12, 2 et Cui. ad c. 2 cit. l. c. p. 244 sq. Eodem anno, *V. Kal. Mart.* Zoilo inscriptae sunt Cod. Iust. I, 51, 11 et XII, 9, 1 (gemin.) et omissa subscr. XII, 37, 6; XII, 53, 3.

cura est que admodo; rell. *praecipue.* Proba est lectio *praecipua.* e) 3 *quaelibet.* f) 1 *vel eā que eā parit.* 2 *eam quae ei pariter* et em. P. *paritur.* 3, 6 *vel eam quae ei paret.* Vulg. scriptura nititur igitur Pithoei em. Falsam eam esse, non contendo, sed suspecta videtur. Sec. codd. 3, 6 scrib. est *paret*; idem inest in v. *parit*, quod 1 habet; nam saepe in eo ponitur *i* pro *e.* Si probum est illud v., cohaeret cum antecedd. vv. *nemini liceat.* g) 1, 2 *si.* P. in cod. 2 em. *nisi.* 6, edd. *nisi.* In cod. 3 deest *nisi — transmittendum* (§. 2). h) 6 *potuit.* i) 1 *nullum modum.* k) 6 *producto et in iudicium.* l) 1 om. *res.* m) 1 *inventi fuerunt.* n) 1 *vinculum observandum.* 6 *observandis — transmittendis*, male. o) 6 om. *nec ab initio.* p) 6 add. *non,* quia om. *nec ab initio.* *) Cod. 3 *bestiis aut decem* et om. *Neque — quod id permiserit* (§. 4). q) 1 *neque* (om. *vero*) *prediti temporis pscriptione.* r) 2 *concessionem*, em. a P. 6 *concisionem.* Mutilus hic locus videtur Zir. Emendat igitur l. c. pag. 240 *praescriptionem, neque delatoris oblationem* (sive *traditionem*) *simplicis rescripti concessione vel* etc. aut *neque delatoris traditionem ulla rescripti concessione vel.* s) Ita 1, probb. Zir. p. 237, Am. p. 83, not. 17, et Be. 2, P. — Ri *. *donationis.* 6 *ordinationis beneficio vel sacra pragmatica* (om. *iussione*) — *huiusmodi* (om. *quid*) *per subreptionem aliquid elicuerit.* t) 2 *discernimus*, em. a P. 6 om. *esse.* u) Ri. Ri *. mendose *non* pro *eum.* 2 *pene.* v) 2 *et quie ius* (em. a P.) *i. lesus fuerit sarcire.* 6 *lesus sit sarcire.* P. — Ri *. *sarcire.* 1, Be. *resarcire.* x) 2, 6, edd. *censemus.* 1 *censuimus* (quod ferri potest) — *ab alico.* 6 *omnium utilitate.* *) Rittersh. *officio.* y) 1, Be. *quod id permiserit.* 2, P. — Ri *. *quod miserit*, sed P. in not. et P [b]. in m. em. *admiserit.* 6 *quod omiserit.* z) 1 *pena tale* et om. *pro.* 3 *penam feriendo*, et des. rell. a) Codd. edd. sigla ponunt, sed 1 *pok. āā.* et P. P [a]. P [b]. Rittersh. *P. K. A.* b) 1 *Dāt. XIII.* 2, 6, edd. *Proposita XIV.* Cf. etiam Br. l. c. pag. 862. c) Ex codd. 1, 6 addidi *V. C.*, sed 6 *et Fausto viro clarissimo Coss.* 2, edd. om. *V. C.* Rittersh. *Cons.* Novellarum *Florentio Pf. P.* inscriptarum haec ultima est, nec ulla lex post annum 439 superest neque in Novellis neque in Cod. Iust., quae huius magistratus nomen ferat. Quaeritur igitur, unde deprompta sint fragmenta legis, quae in Corpore Finium Regundorum (ed. Berol. p. 1556) leguntur: *Iidem AA. Florentio Pf. P. Or. Ope atque auxilio nostrae clementiae de magisteriis agrorum geometriae vel de finium regundorum, vel maxime de discipulis eorum cura magna sancimus, ut spectabiles scribantur, et usque dum professi fuerint clarissimi scribantur.* — Et post alia: *Quoniam qui non fuerit professus super hac lege sancimus damnari; si sine professione iudicaverit, capitali sententia feriatur. Nam et usu* (leg. *usum*) *armorum discere compelluntur agrimensores. Dat. V. Kal. Mart. Constantinopoli Theodosio A. Cos.* Quod in plerisque codd. et edd. *Florentino* invenitur, falsum est; tamen quia *Florentius Pf. P.* etiam in legibus ann. 428, 429 commemoratur, facile quis fragmenta illa ex Th. C. derivaret. Huic sententiae obstat subscriptio, quae Theodosium consulem nominat; Florentius enim inter ann. 429 et 438, quo anno XV. Kal. Mart. Codex Theodosianus editus est, non nominatur. Hoc et sq. anno Theodosius consulatum gessit. Videtur igitur lex, ex qua fragmenta illa exscripta sunt, post Codicem Theodosianum quidem, sed ann. 438 s. 439 data, et ex ampliori quadam Novellarum Collectione ab auctore Corporis Finium Regundorum sumpta esse, praesertim cum inter alias Novellas, quarum ultima tit. XX. Theod. Novv. De Alluvionibus est, commemoretur. Neque vero quod *Florentius Pf. P. Or.* (i. e. Orientis) dicitur, inter Novellas haec lex ponenda est; nam etiam anno 429 Florentius Pf. P. Or. fuit; ut mittam, siglum illud ambiguum esse, et ex siglo *P. P. O.* ortum videri. Commentitiam esse dignitatem, quae in hac c. agrimensoribus tribuitur, probavit clar. Rudorff in doct. libro: Ueber die Gränzscheidungsklage (Zeitschrift für geschichtliche Rechtswissenschaft, T. X, p. 343—437) p. 421 sq. d) Br.

neficiorum, quibus singulari circa nos benevolentia superna maiestas Romanum amplificavit imperium, sinceri nostri propositi, quo solo divinitas colitur, munere vicissitudo [e] reddenda est. Quantum quippe sit, illaesum hominum genus et ab omni iniquitate defendere, nostrum est potissimum intelligere, qui ad hoc nos electos esse cognoscimus. §. 1. Igitur omne semen [f] alienas appetendi fortunas stirpitus eruere cupientes, nulli deinceps volumus petitionis rerum esse licentiam, etsi [g] intestatus quisquam quaeve, ac nullis e numero propinquorum exstantibus, vel uxore, vel marito [h], fati munus impleverit, et cuiuscunque sit conditionis aut sectae [i], seu quolibet titulo res caduca fuerit, vel fiscalis [k], vel in caussam caduci ceciderit. §. 2. Quod idem in tantum de cetero [l] volumus observari, ut, etiamsi qua petitio iam oblata responsum meruit, cuius tamen etiam nunc pendet eventus, nec ullum finem vel ex transactione [m] vel iudiciaria auctoritate sortita est [mm], infirmetur, omnisque controversia, omnis actio, quae ex huius modi responso [n] orta sit, seu in iudicium sit deducta, seu minime, penitus exstinguatur. Nam si vel definitiva sententia iudicis vel decisionibus interpositis in anteactum tempus quaecunque petitio terminata sit, hanc deinceps retractari [o], non patimur. §. 3. Nemo igitur [p] audeat ad petitionem rerum defuncti defunctaeve, cuiuscunque fortunae vel sectae sit, etsi fisco [q] nostro locus pateat, adspirare, cum [r] ne illis quidem, quorum actu atque officio petitionum procedebat effectus, impune liceat nostris sanctionibus [s] adversari. Sed vir illustris quidem, cuiuscunque temporis, quaestor si oblatae petitioni [t] subscripserit, vel etiam responsum dederit, virque illustris comes rerum privatarum [u] si vel instrui [v] permiserit, vel petitionem, si qua insinuetur [x], admiserit, indignationem nostri numinis sustinebunt, ceterisque fient vindictae [y] temeritatis exemplum. Memoriales vero, qui [z] excipienda eius modi rescripta vel implenda curaverint, et palatinos, qui instruxerint [a], vel gesta admissae petitionis ediderint, bonorum proscriptione puniri decernimus. §. 4. [b] Plane si quem vel si quam intestato *) ac nullis propinquis exstantibus, vel uxore maritove diem obisse contigerit, sive eiusdem [bb] sectae mortuus vel mortua fuerit, ut eius bona ex divalibus sanctionibus fisci viribus vindicanda sint, seu caduca sit res, vel alio titulo fiscalis, vel in caussam caduci ceciderit (cuius rei cognitionem iudicio viri illustris praefecti praetorio specialiter delegamus [c]), huius bona ex parte quidem tertia praetorianae praefecturae arcae, ex altera vero tertia sacris largitionibus, ex residua portione, eadem praefectura distribuente, privato vindicabuntur aerario. §. 5. Pari forma res etiam civiles et ad ius publicum pertinentes ab omni petitione [d] muniendas esse censemus, scilicet nec pragmatica iussione, nec sacra [e] annotatione, vel quolibet oraculo divino, vel mandatis [f], si cui contra hanc sanctionem nostram fuerit impetratum [g], quicquam roboris habere valituris [h]. §. 6. Si quis autem vel aliquid contra huius sacratissimae constitutionis tenorem nobis crediderit suggerendum, vel pro eo, qui dissimulatae huius legis poenae se obnoxium fecerit, intervenire tentaverit, implacabilem tam supernae maiestatis, quam nostri numinis incurret offensam: scituris omnibus, et suppliciis, quae contra delatores promulgatis iam constitutionibus ordinata sunt, nihil per hanc legem esse penitus imminutum, Zoile, parens carissime atque amantissime. §. 7. Illustris igitur et magnifica auctoritas tua edictis per omnes urbes imperio nostro subiectas solenni more propositis neminem prorsus, quae salubriter pro humano genere sanximus [i], latere con-

---

l. c. dicit in cod. 1 esse *SD. AA.*, quae sigla interpretatur *Supradicti Augusti*, sed cod. habet *Id. AA.* Cod. Iust. *Florentio P. P.*, improb. Zir. l. c. pag. 199. e) 1 *quibus singulare — amplefecavit — divinetas coletur munere vicissitudo.* Etiam Zir. Am. add. *munere.* Be. om. *munere.* f) 1 *inlesum hominum — intellegere — electus esse cognuscimus. Igitur omnem semen.* Vv. *Omne semen* prima sunt vv. c. 2 Cod. Iust. cit. g) 1 *sterpitu* (non *strepitu*, quod Am. nuntiat) *servire — et si.* Am. *et si.* Cod. Iust. *quisquam quaequamve.* h) 1 *ac nulli. se numerū* (Am. *nūmerū*) *propinquorum extantis* (sec. Zir. cod. 1 *extantes*) — *vel mariti.* Cod. Iust. *nullis ex numero p. existentibus.* i) 1 *et cūius cūque* (Am. *cuiuscūque*) *sede c. a. secte*, improb. Zir. Cod. Iust. om. *et* ante *cuiuscunque.* k) Cod. Iust. *res fuerit fiscalis* et om. *vel in — non patimur* (§. 2). 1 *fiscales.* l) 1 *de ceterum volumus observare.* Zir. *intantum.* m) 1 *oblatā responsum — pendit — extransactione.* mm) Sec. Zir. in not. deest *est* in cod. 1. Ego non recordor, deesse hanc vocem, neque apud Am. omittitur. n) 1 *omnes. que contraversia* (Am. falso *controversia*) — *responsū.* Zir. *eiusmodi resp.* o) 1 *in iudicium sed deducta. seu minimae — retractare.* p) Cod. Iust. om. *igitur.* 1 *adpetitionem.* q) Cod. Iust. *fortunae aut sectae sit, si fisco.* r) 1 *aspirare eum.* s) Cod. Iust. *sanctionibus nostris.* 1 *sancionibus.* t) 1 *petitionis.* u) 1 *vir qui inlūst. C̄Rprū.* Zir. *C. R. PRVM.* v) 1 *strui.* x) Cod. Iust. *insinuatur.* 1 *insenuetur — nostri nominis sustenebunt.* y) 1 *ceteris que fient vindicte temeritatis* (sec. Am. *temeratatis*) *exemplum.* Zir. ed. *vindicatae* et ita omnino legendum esse in not. dicit. Am. *vindictaē*, sed em. *vindicatae.* Etiam Be. *vindictae*, recte; nam verbis *vindictae temeritatis* duplex genitivus continetur. Cod. Iust. *sustinebit*, *ceterisque fiet vindictae et temeritatis exemplum.* Herrm. v. *et* ex geminatione oriundum videtur. z) 1 om. *qui.* Zir. Cod. Iust. *huiusmodi.* 1 *excipianda.* a) 1 *palatinus qui extruxerint.* b) §. 4 om. in Cod. Iust. *) 1 apud Zir. *intesta.* bb) Zir. em. *eius* aut *eiusmodi.* 1 *ac nullis — obisse.* Zir. Am. Be. *obiisse.* c) 1 *caduca sed res — fiscale — ceçederit cui* (sec. Zir. *cuius*) *rei cognitionē. iudiciū viri inl. p̄p̄ii sp. deligamus.* Zir. *Inl. Pf. P.* d) 1 *p̄turiane p̄fecture arce — p̄fecturā destribuente privatu — etiā et viles — petitionem.* e) Cod. Iust. *vel sacra.* f) 1 *oracolo divinisve mandatis*, sed add. a libr. *l* supra *ve.* Zir. *oraculo*, *divinisve mandatis.* Cod. Iust. *divino*, *seu mandatis*, *si qua contra.* Zir. placet scriptura *si qua.* g) 1 *sancionem n. f. inpetratā.* Cod. Iust. et Zir. *fuerint impetrata*; praeterea Cod. Iust. *quodcunque* pro *quicquam.* h) Seqq. des. in Cod. Iust. i) 1 *sacratissime — credederit — dissimulate — pene se — timptaverit — superne — nominis — offinsam* (sic Am.; equidem post *i* inveni literam erasam esse) *scitoris — que contra — inlūs — niminem — sacximus* (ita Am., ego legi cedat. *Dat. X.*[k] *Kal. Mai. Constantinopoli, Theodosio A. XVIII. et Albino*[l] *Coss.* (444.)

TIT. XVIII. DE LENONIBUS[a].

1. *Impp. Theodosius et Valentinianus AA. Cyro Pf. P.*[b] Fidem de exemplis praesentibus mereantur historiae[c], et omni[d] dehinc[e] ambiguitate liberetur antiquitas, quae nobis, summos viros praetulisse rem publicam facultatibus[f], indicavit, cum[g] virum illustrem Florentium, praefecturae praetorianae[gg] administratione[h] subfultum, cernamus, non iam cum maiorum laudibus, sed cum suis magnis in rem publicam meritis praeclari animi aemula virtute certantem[i], existimationem rei publicae non solum consilio suo ac providentia, sed etiam devotione ac munificentia pudendae turpitudinis labe atque ignominia liberasse. Nam cum lenonum calliditate damnabili[k] circumventam veterum videret[l] incuriam, ut sub cuiusdam lustralis praestationis obtentu corrumpendi pudoris liceret[m] exercere commercium, et[n] iniuriam sui ipsam quodammodo ignaram cohibere[o] rem publicam, pio circa omnium verecundiam proposito mansuetudini[p] nostrae amore pudicitiae castitatisque[q] suggessit, ad iniuriam nostrorum temporum pertinere, si aut lenones in hac liceret urbe[r] versari, aut eorum turpissimo quaestu aerarium videretur augeri. Ac licet nos illud adverteret[s] exsecrari etiam cessante vicaria oblatione vectigalis[t], tamen, ne ullum ad aerarium incommodum perveniret[u], propriam possessionem obtulit, ex cuius reditibus possit accedere[v], quod praedictum pessimum genus consueverat[x] pensitare. §. 1. Unde, providentiam et munificentiam eius libenter amplexi, hac mansura in omne[y] aevum lege sancimus, ut, si quis posthac mancipia tam[z] aliena, quam propria, aut ingenua corpora qualibet taxatione conducta prostituere sacrilega[a] temeritate tentaverit, in libertatem prius miserrimis mancipiis vindicatis, vel ingenuis personis conductione impia liberatis[b], gravissime verberatus huius urbis finibus, in qua vetitum nefas crediderit[c] exercendum, ad exemplum omnium emendationemque pellatur[d], Cyre, parens carissime atque amantissime[e]. §. 2. Illustris[f] igitur auctoritas tua ea, quae tuendae honestatis decrevimus[g] gratia, veneratione debita iubeat custodiri[h], officio amplitudinis tuae viginti[i] librarum auri poenam,

---

Tit. XVIII. 1, P[b]. Rittersh. Am. *Tit. XVII.*, sed sec. ord. 1 *Tit. XVI.* 6, Zir. in ind. titt. *Tit. XVI.* 2, 3, P. in ind. titt. Cui. 2, 2*. Lugd. P[a]. et P[b]. in ind. titt. Go. Ri. Ri*. Be. *Tit. XVIII.* Numerus om. ap. P. P[a]., ubi Nov. edita est, sed sec. ord. Novv. est *Tit. XVII.*, pariter atque in Rittersh. ed. sec. ordinem *Tit. XXIII.* Vid. supr. titt. I—IV, VII, not. sup. Cod. Th. XV, 8. Cod. Iust. I, 4, 12. Commemoratur in Cui. 1. Aur. ind. titt. Novv. Theod. — N. 1. Codd. edd. *N. un.* Be. add. (*XXVI.*), i. e. omnium Novv. in Be. ed. In cod. 2 a Pithoeo deleta est linea per totam Nov. ducta. In cod. 3 nihil legitur, nisi §. 2. Eodem anno ad Cyrum datae sunt Cod. Iust. I, 2, 9 (geminat. XI, 17, 1) *X. Kal. April.* et VIII, 12, 20 *Kal. Nov.*

---

săcximus). Male supra Am. sigla *pk̄. āā.* interpretatus est *Praefecte carissime Augustorum.* k) Cod. Iust. *XI.* et om. *Constantinopoli.* l) 1, Zir. Am. om. *et Albino*; restit. haec vv. Be. ex Cod. Iust. Vid. etiam Br. l. c. p. 868 et Zir. l. c. pag. 247 sq.

a) P. in m. cod. 2 *Bon.* b) 1 *ciro ppo*, quod iam Br. l. c. p. 864 atque Ri. ex cod. Ott. notant. 2 *Cyro et Alyppo Pf. PO PM*, ubi P. corr. *Alypio* et in m. notat *PP PPO.* 6 *Idem aā Ciro praeposito.* P. *Cyro et Alyppio Pf. Po. Pm.* Cui. 2, 2*. Lugd. Go. Ri. Ri*. Be. *Cyro et Alyppio* (Be. *Alypio*) *Pf. P. PM.* P[a]. Rittersh. P[b]. *Cyro et Alyppio Pf. Pon. Pm.* Ri. deleto *Alyppii* nomine, quod ex sequentibus siglis a scribis inventum sit, em. *Cyro Illyr. PPO. et PV.* Cyrum enim successisse Thalassio in Praefectura pr. Illyrici; una eum Praefectum urbis fuisse. Praef. urb. appellari in c. 9 Cod. Iust. de Sacros. eccl. (I, 2) et c. 20 Cod. Iust. de Oper. publ. (VIII, 12), eodem anno 439 datis. Be., discedens a Ritteri sententia, „Nec tamen, inquit, temere expellendum *Alypii* nomen crediderim, quippe successoris fort. hoc ipso tempore *Cyri* ad praef. praet. Illyr. vix promoti.“ Equidem, etsi veram esse puto Ritteri sententiam, cum crebro a librariis sigla dignitatum confundantur, tamen in ancipiti re codd. 1 et 6, qui iunctim auctoritate cod. 2 superant, secutus sum; nam quod in cod. 6 scriptum est *preposito*, id esse scriptum pro *ppo*, ex multis aliis exemplis supra prolatis apparet. c) 6 *Fidem exemplis mer. hist. praesentibus.* 1 *Fedem.* d) 2 *omne*, em. a P. Etiam 1 sec. Am. *omne.* e) 2, 6, P. — Ri*. om. *hinc* (*omni de ambiguitate*). Be. ex cod. 1 rep. *dehinc*; neque illud falsum est. f) 1 *virus retulisse* (Am. em. *praetulisse*) *reipublicae.* 6 *protulisse remp.* Go. om. *viros.* g) Ex 1, 6; 2, edd, om. *cum.* gg) 1 sec. Am. *preturiane prefecture.* h) 1 *administrationem*, Am. em. *administratione.* 2 *admistratione.* i) 1 *in rei publice meritis praecl. animie. mola virtute certante.* 6 *virtute aemula certantem.* Ri. Ri*. *exstimationem.* k) 1 *calliditatem dānabile.* l) 1 *viderit.* 2 *igminia — circumventa*, em. a P. m) 2 *praestationes obtenta — licere*, em. a P. n) Ri. em. *nec.* P. in m. cod. 2 *et ad*, bene, sed melius *iniuria.* Vid. not. sq. o) P. in cod. 2, P. in not. et P[b]. in m. Ri. em. *connivere*, sed P. in cod. 2 del. em. Verum tamen scrib. *connivere* (vid. not. antec.). Iam saepe vidimus, v. *connivere* a librariis mutatum esse in *cohibere.* p) Ita cj. Be.; coniecturam confirmat cod. 6; rell. *mansuetudinis*; iam non opus est *amori* scribere, ut Be. vult. q) 2, P. — Ri*. *nostrae more pudicitiaeque* (Rittersh. *pudicitiae*) *suggessit.* P. in m. cod. 2, P. ms. em. *mori* pro *more.* Nostram scripturam Be. rep. ex cod. 1. Etiam P. in m. cod. 2 in textu codicis esse *amore* scribit. r) 2 *turpe*, em. a P. s) 2 *adverteretet*, corr. a P. 6 *adverterit.* t) 1, 2 *vectigal*, P. corr. *vectigalis* in cod. 2. u) 1 *pervenerit.* v) P[a]. P[b]. *accidere.* x) 1 *consuerat.* y) Ex cod. 6; rell. om. *omne.* Ceterum cod. 6 *hac in o. a. l. m. s.* et err. Ri*. *mensura.* z) 1 *ut si qui post hanc m. t.* 2 *mancipatam*, corr. a P. in m. a) 1, Be. *sacrilega*; 2, 6, P. — Ri*. *sacrilegii*; illud usitatius. b) 2 *libertatis*, em. a P. c) 6 *crediderat.* d) 1 *appellatur.* e) 1 *pk̄ āā.* 2, P. P[a]. Rittersh. P[b]. *P. K. A.*; rell. edd. *P. K. AA.* s. *p. k. a. a.* 6 *p̄ k̄ āā.* f) 2 *Inlustras*, em. a P. g) 1 *tua eque tuende honestates decrivimus.* h) 3 *custodire.* i) 3 om.

si praecepta nostra neglexerit[k], luituro. *Dat. VIII.*[l] *Id. Dec. Constantinopoli*, *Theodosio A. XVII.* *) *et Festo*[m] *V. C. Coss.* (439.)

TIT. XIX. DE RESCINDENDIS VENDITIONIBUS[a] FUNDORUM REI DOMINICAE.

1. *Impp. Theodosius et Valentinianus AA. Eudoxio Comiti R. P.*[b] Amorem circa rem publicam sublimitatis tuae suggestio nuper oblata[c] testatur, quippe si observatione diligenti fuerit custodita, reditus nostros inhibet a[d] deminutione perpetua. Occupationibus etenim *) nostris, quibus pro mundi commoditatibus occupamur, abuti quorundam noxiam cupiditatem[e] non sinit, qui paulatim canonem possessionum ad divinam nostri numinis[f] domum pertinentium comparantes sub specie[g] contractus furtiva subreptione patrimonium nostrum exhauriunt. Hac itaque perpetuo valitura lege[h] sancimus, nullum dempto[i] canone ad comparationem dominicae possessionis accedere. §. 1. Quod si quis post hanc legem[k] ad interdictum contractum[l] accesserit[m], eum volumus pretia perdere[n], fundos reddere, fructus redhibere perpetuo[o], nec expensarum vel melioratae rei fructuum[p] exactioni compensationem opponere, nec temporis sibimet contra nostra[q] commoda praescriptione blandiri. §. 2. Palatinum etiam officium, si quoquo[r] modo contractus eius modi fuerit celebratus, vel si talem petitionem instruxerit, quinquaginta pondo auri poenae nomine inferre privato nostrae maiestatis[rr] aerario, nulla liberalitate nostrae clementiae, nulla sanctione contra tanta privatae rei commoda valitura, licet annotatio vel divina pragmatica sit, quae contra vetita[s] canonem vendi concedet, vel poenam[t] palatino remittet officio[u], Eudoxi, frater amantissime[v]. §. 3. Illustris itaque auctoritas tua legem hanc edictis propositis ad omnium notitiam perferri[x] praecipiat. *Dat. XIII. Kal. Iun. Constantinopoli, Anatolio*[y] *V. C.*[z] *Cos.* (440.)

Tit. XIX. 1, 6, Am. in. ind. titt. *Tit. XVIII.*, sed 1 sec. ord. Zir. in ind. titt. *Tit. XVII.* 2, 3, P. in ind. titt. Cui. 2, 2*. Lugd. P[a]. et P[b]. in ind. titt. Go. Ri. Ri*. *Tit. XXVIII.* P. P[a]. Rittersh. P[b]. *Tit. XXVI.*, sed Rittersh. sec. ord. titt. *Tit. XXXII.* Be. *Tit. XIX.* Vid. supr. tit. I—IV, VII, not. sup. Commemoratur in Cui. 1. Aur. in ind. titt. et a Cui. in Comm. ad c. 7 Cod. Iust. de Fundis rei priv. (XI, 65) l. c. p. 408. C. Th. V, 14. Cod. Iust. XI, 65. — N. 1. Codd. edd. *N. un.* Be. add. (*XXVII.*), i. e. omnium Novv. in Be. ed. In cod. 3 sola §. 1 superest. Vid. infr. not. *l*, *o*, *p*. Cod. Iust. XI, 65, 7. Bas. LVI, 15, 7.

---

viginti. k) 2, 3 *neglexerint* et 2 *luituros*; utrumque em. P. l) 1 *V.* *) Rittersh. *XVIII.* m) 6 *Fausto.* 1 om. *V. C.*

a) 1 *De Rescenda vindicione fundorum r. d.*, i. e. *de rescindenda venditione fundorum* etc. 2, P.—Ri*. om. *fundorum* et 6, Cui. 1. Aur. *fundorum rei dominicae.* Ceterum 2 *vinditionibus*, sed em. a P. b) 2 *comite rep*, corr. a P. *C. R. P.* Etiam 1, 6 *crp.* Cod. Iust. *ad Eudoxium* et om. dignitas. c) 2 *suggessio*, em. a P. 1 *suggestione inp oblata.* d) 1 *nostrus inhibita deminutione perpetuat occ.* 2 *reditos nostros inhibita*, sed P. em. *reditus n. inhibet a.* Edd. ante Be. *diminutione.* Ri*. *inbibet.* Be. cj. *inhiberet*, sine caussa. *) Ri*. *etiam.* e) 1 *noxia cupiditatē.* 2 *noxia cupiditates non sinit*, sed P. in m. cod. 2 *cupiditas non desinit.* 6 *noxiam cupiditatem n. s.*, recte, sc. *sublimitatis tuae suggestio non sinit quorundam noxiam cupiditatem abuti occupationibus nostris.* Edd. *noxia cupiditas.* In codd. 1, 2 virgula excidit scribendumque erat *noxiā.* f) Codd. edd. ante Be. *nominis.* Ri. mavult *numinis*, quod Be. rep. Sic quoque corr. P. in cod. 2. Saepe dictum est de hac re. g) 1 *sub speciem.* h) 1 *perpetuo valetura legē.* 6 *valitura lege.* 2, edd. *lege valitura.* i) 1 *demptu canone.* 2 *nullo adempto*, em. a P. *nullum.* 6 *nullos adempto.* P.—Ri*. *adempto.* Be. ex 1 repos. *demto.* Cum vv. *Nemo dempto* inc. c. 7 Cod. Iust. cit. Paullo post Ri*. mendose *Domicae.* k) Cod. Iust. *accedat. Quod si quis in posterum ad.* l) 2 *interdicum.* 3 om. *contractum.* m) 2 *accesserat.* n) 2, P.—Ri*. *volumus praeperdere.* P. in m. cod. 2, P. in not. P[b]. in m. P. ms. em. *pretia perdere* convenienter cum codd. 1, 3, Cod. Iust. Hoc ed. Be. 6 *volumus pretia reddere fundos pdere*, sed pon. *a* supr. *de.* In m. Cui. 2, 2*. Lugd. em. *pretium perdere.* In Cod. Iust. om. *fundos r., fr. redhib.* o) 2 *fructos redebere perpetuo ne*, quae a P. corr. in *fructus redhibere perpetuos nec*; hoc habent P.—Ri*. 6 *redibere perpetuos.* Be. ex cod. 1 ed. *perpetuo*, quod etiam Cod. Iust. habet. 3 om. *nec — rei.* p) 2 *fructu.* P. in m. cod. 2: „lego *fructuū.*“ 6 *fructuū exactioni compensationem expensarum vel melioratae rei opponere nec.* Cum v. *opponere* terminatur cod. 3. q) Ex cod. 1 et ex Cod. Iust.; rell. om. *nostra.* In Cod. Iust. post *commoda praescriptione* propter c. ult. Cod. Iust. de Fund. patr. (XI, 61) ab imp. Anastasio data add. *excepto vetustatis auxilio*, prob. Ri. Cf. Unterholzner, Ausführliche Entwickelung der gesammten Verjährungslehre. Leipzig 1828. 8. T. I, p. 507, not. 508. r) Be. ex Cod. Iust. ed. *quoquo modo.* Confirmatur haec scriptura codd. 1, 6. 2, edd. ante Be. *quo modo.* rr) Cod. Iust. *mansuetudinis.* s) 1, 6 *vetitum*, quod vituperari non potest; 2, edd. Cod. Iust. *vetita.* t) 1 *concedit vel pena.* 2 *concedet vel pena* et corr. a P. *penam.* 6 *concedat vel poenam.* Cod. Iust. *vendere concedit.* Vid. not. sq. Supra Cod. Iust. *rei privatae.* u) 1 *remitti* pro *remittit*, quod 2 habet, sed P. mutat in *remittet.* 6, Cod. Iust. *remittat.* Aut scrib. *concedit — remittit* (quod 1 habet) aut *concedat — remittat.* Seqq. des. in Cod. Iust. v) 1 *eudosi fā.* Be. *Eudoxi f. a.*, sed scrib. esse putat *fr. k. a. a.* exemplo al. leg. 2 *Eudoxi p̄ k̄ ā.* 6 *Eudoxi p k.* P.—Ri*. *Eudoxi P. K. A.* 2 *Inlustras*, sed em. a P. Infra Go. mendose *editis.* x) 1 *deferri.* y) 2, P. P[a]. Rittersh. P[b]. *Anatholio.* z) 2 *vecariis*, em. a P. *V. C.* 1 om. *V. C.*

TIT. XX. DE ALLUVIONIBUS ET PALUDIBUS ET PASCUIS [a].

1. *Impp. Theodosius et Valentinianus AA. Cyro Pf. P. et consuli designato* [b]. Suggestionibus tui culminis [c] semper magnum aliquid rei publicae conferendi [d] materiae ministrantur, semper nobis aliquid porrigitur [e] emendandum. Quanta itaque magnitudinis tuae provincialium cura est, per eas quoque non dubie declaratur [f]. §. 1. Alluvionum, quae contingere solent in praediis [g], quae ripis quorundam fluminum terminantur [h], ea natura est, ut semper incerta possessio, incertum sit [i] eius dominium, quod possessori [k] per alluvionem accrescit [l]. Nam [m] quod hodie possidemus, nonnunquam altero die vicini fundi dominio, in [n] alteram fluminis ripam translatum, acquiritur, nec tamen apud eum, cui accrescit [o], semper remanet [p] acquisitum, sed plerumque redit ad priorem dominum [q] cum augmento. Saepe nec ad [r] posteriorem manet, nec ad priorem redit [s], sed in arenam fluminis inundatione [t] dissolvitur. §. 2. Ideo suggestionem tui culminis [u] admittentes [v], non Aegyptiis solis [x], nec de Nili tantum alluvionibus loquimur, sed quod salubre est orbi terrarum atque [y] omnibus provinciis, promulgamus [z]. Et [a] ea, quae per alluvionem

---

Tit. XX. 1, Am. *Tit. XIX.*, sed sec. ord. *Tit. XVIII.*, ut Zir. in ind. titt. 3—5, 8—13, 15, 16, 18—35, 37, 38, 40, Aeg. Cui. 1. Aur. Lugd. P. in ind. titt. Cui. 2, 2*. P [a]. in ind. titt. Rittersh. Go. P [b]. in ind. titt. Ri. Ri*. L. R. U. *Tit. X.* 6 *Tit. VIII.* 36, Sich. *Tit. IX.* Be. *Tit. XX.* Vid. supr. tit. I—III, VII, IX, X, not. sup. et tit. XVI, not. *r*, ubi etiam de codd. 1, 2, 7, 14, 17, 36 dictum est. Cod. Iust. VII, 41. — N. 1. Codd. edd. *N. un.* Be. add. (*XXVIII.*), i. e. omnium Novv. in ed. Be. Cod. Iust. VII, 41, 3. Bas. L, 16, 3. Est etiam inter constitutiones imperatorum a Finium Regundorum scriptoribus collectas; cf. Sich. fol. 171 [b], Turneb. p. 42, Rigalt. p. 49, Goes. p. 343. Inveni eam in codd. scriptorum illorum, veluti Bruxel. Cf. Richteri Annales citt. T. I, p. 760. Integra cum interpr. est in codd. 11—13, 15, 16, 18—23; omnia praeter interpr. des. in cod. 40; inscr. et textus in codd. 4, 5, 24, 30; textus et subscr. in codd. 26, 35; subscr. et interpr. in cod. 25; solus textus in codd. 8—10, 27—29, 31—34, 36—38; sola interpr. in cod. 6. Sola explanatio in nonn. codd. titulis adiecta superest in cod. 3.

---

a) 1 *de allubionibus et paludibus* et deest, ut in omnibus fere codd. et ap. Sich., *et Pascuis*, sed 6 om. *et Paludibus et Pascuis.* 3 *De Alveonebus nile egipcia et paludebus.* Nonn. codd. *paludis* s. *Palludis.* In ind. titt. P. P [a]. P [b]. et Cui. 2, 2* *De Alluvionibus Nili Aegiptiacae* (Cui. 2, 2*. P [b]. *Aegyptiacae*) *dioeceseos et quae in omnibus provinciis fiunt et de paludibus et pascuis*, sed Ro. ms. del. vv. *Nili — fiunt* et *de* et *et*. Cod. Iust. add. *ad alium statum translatis.* Mendose Ri*. *Pasculis.* b) Vv. *et consuli designato* des. in codd. 1, 3, 6, ap. Sich., in omnibus quos inspexi Br. Al. codicibus et in Cod. Iust. In Corp. Fin. Reg. Cyrus appellatur *Pf. P. Orientalium* (Sich. l. c. *PF. Orient.*), quod ex male intellecto siglo dignitatis ortum esse puto, pariter atque in cod. 15 *Ciro* (ita omnes fere codd.) *praefecto populi* scriptum est aut in aliis *pfū.* 36 *Ciro inl. ppo̅.* Cod. Brux. *Circa* pro *Cyro.* Plerique codd. *Theud.*; alii *Valentinus.* c) Sich. (fol. 171 [b]) Turn. cod. Brux. om. *Sugg. t. c.* Nonn. codd. *Suggessionibus.* d) 15, 21, 25 *confirmandae.* 22 *conferendum.* 13 *per* pro *semper.* 6 *semper aliquid magnum reipublicae conferendeque materie ministratur semper aliquid nobis.* Cod. Brux. Sich. (fol. 171 [b]) Turn. Rig. Goes. *semper magnum aliquid reipublicae conferendi materia ministratur* etc. Etiam Go. 15, 21 *ministratur.* Edd. rell. codd. *semper magnum aliquid reipublicae conferendi materiae ministrantur.* Fortasse in Corp. Fin. Reg. *materia ministratur* scriptum est ambiguitatis evitandae caussa. Cave enim, ne *materiae* secundo casu accipias. e) 22 *corrigitur.* Cod. Brux. Turn. Sich. (fol. 171 [b]) *quod semper nobis aliquid* (Sich. *aliquid nobis*) *porrigitur emendandum.* Idem prop. Goes., qua em. opus esse negat Ri. Mox nonn. codd. *magnitudine* s. *magnitudini* et Sich. Cui. 1 — Lugd. Rittersh. Go. *igitur* pro *itaque*, sed Sich. (fol. 171 [b]) *itaque.* f) Cod. Brux. *per eas quoque que indubie declarantur.* Sich. (fol. 171 [b]) Rittersh. *per eos quoque.* Sich. (fol. 171 [b]) Turn. Rig. Goes. *indubie.* Turn. *declarantur.* 12 *dubiae.* 25 *decl. alluvionumve.* g) 6 *in praediis solent.* Cod. Brux. *solet.* 15, 21 *praediis ripisque quorundam.* 19 *quae ipsis quorundam.* Sich. (fol. 171 [b]) Turn. *contingi.* h) 22 *terminatur.* i) 1 *si.* Cod. Brux. *in tertium sit.* 6 *semper incertum dnm̄ inserta sit possessio semper eius quod.* 25 *incertumque sit.* Sich. (fol. 171 [b]) *incertum sit eius dominū.* k) 19, 22 *possessioni.* l) Cod. Brux. Turn. *adcrescet.* m) 19, 22 om. *nam — cui accrescit.* n) 11, 13, 16, 20, 23 *inter* et 20 *dominis.* 6 om. *fluminis.* o) Aur. Lugd. Go. *qui accrescit.* Cod. Brux. *nec tamen apud quem adcrescit romanorum sed plerumque reddet priorem in dominiū* (*in dominium* etiam codex Goesii) *cum aut merito sepe hec ad posteriore manerit ad priorē fidē in arena fluminis in undatione solvetur ideoque suggestionem culminis tui.* Sich. (fol. 171 [b]) *Nec tamen apud quem accrescit remanet, sed plerunque — in harenam fluminis inundatione solvitur. Ideoque sugg. culminis tui.* Turn. Rig. *Nec tamen apud quem adcrescit remanet, sed — nec redit ad priorem sed in harena* (Rig. *harenam*) *fluminis inundatione solvitur. Ideoque suggestione culminis tui.* Goes. *Nec tamen apud eum cui adcrescit remanet, sed plerumque — nec redit ad priorem, sed in harenam fluminis inundatione solvitur. Ideoque suggestione culminis tui.* p) 15, 21 *manet.* q) Nonn. codd. *ad prius dominium.* 1 *cum augmentu sepe.* r) Bondam l. c. *ād*, i. e. *apud* antiquitus scriptum fuisse putat; ita quidem habet 25, neque vero em. opus est. 22 *ad priorem.* s) 22 *ad posteriorem manet.* Nonn. codd. *harena* s. *arena.* Vid. not. *o.* t) 6 *inundatione fluminis.* 16 *mundatione fl.* u) 22 *Ideo sucgestione.* Nonn. codd. *suggessionem.* Rittersh. *Igitur.* Vid. not. *o.* Hinc inc. c. 3 Cod. Iust. cit.: *Ea, quae per alluvionem, sive in Aegypto per Nilum, sive in aliis provinciis per diversa flumina possessoribus acquiruntur.* v) Cod. Brux. Turn. Rig. Goes. *admittitur* et add. in Corpore Fin. Reg. *ut iudicio agrimensoris finiatur.* Goes. em. *ne* pro *ut*, impr. Ri., qui vv. illa pro glossemate habet, recte. x) 1 *non Aegyptiis solis nec delini tantum allubionibus.* 11 *non Aegyptiis solis nec de marī* (sec. Ri. *maris*, ut 22, qui vero om. *solis*) *tantum.* 12, 18—20 *non Aegyptiis solis nec de maritantum*, sed sec. man. in cod. 12 corr. *Nili.* 23, Sich. in m. *non Aegyptiis solis nec de militantum.* Sich. (fol. 171 [b]) Turn. Rig. *Non de Aeg.* et praeterea Sich. utroque loco *limi* pro *Nili*, ut Turn. Cod. Brux. *Non egyptiis solis nec de limitatori alluvionum.* Mox Sich. (fol. 171 [b]) *alluuonibus* et nonn. codd. *loquitur* et *salubri.* y) 6 *et.* z) 11, 12, 18 *promulgatam*, sed corr. in cod. 12. 19 *promul-*

possessoribus acquiruntur, neque ab aerario vendi, neque a quolibet peti, nec separatim censeri vel functiones exigi [b], hac [c] perpetuo lege valitura [d] sancimus, ne vel alluvionum [e] ignorare vitia, vel [f] rem noxiam possessoribus videamur indicere [g]. §. 3. Similiter nec [h] ea quidem, quae paludibus antea [i] vel pascuis videbantur adscripta, si sumptibus ac laboribus possessorum nunc ad frugum [k] fertilitatem translata sunt [l], vel vendi, vel peti, vel quasi fertilia [m] separatim censeri, vel functiones exigi concedimus, ne [n] doleant diligentes [o], operam suam agri [p] dedisse culturae, nec [q] diligentiam suam sibi damnosam intelligant [r]. §. 4. Huius legis temeratores [s] quinquaginta librarum auri condemnatione coerceri decernimus [t]. Inter quos [u] habendum est officium quoque tuae sedis excelsae, si aliquid [v] eius modi suggesserit disponendum, vel si preces instruxerit petitoris [x], Cyre, parens carissime atque amantissime [y].

§. 5. Illustris itaque et [z] magnifica auctoritas tua, suggestione [a] tui culminis hac [b] dispositione non admissa [c] tantum, sed etiam collaudata [d], legem hanc [e] edictis propositis ad omnium notitiam perferri [f] praecipiat [g]. *Dat. XI.* [h] *Kal. Oct.* [i] *Constantinopoli, Valentiniano A. V.* [k] *et Anatolio* [l] *V. C. Coss.* (440.)

Interpretatio. *Hac lege sancitum est* [m], *ut, si fluvius alveum suum paulatim in aliam partem* [n] *contulerit, terram ille* [nn] *acquirat* [o], *cuius* [p] *finibus spatium terrae dignoscitur contulisse. Quam rem beneficio aquae possessoribus acquisitam* [q] *nullus velut fiscalem* [r] *audeat vindicare: cui rei* [s] *tributum nullus adiiciat. Si quis etiam* [t] *paludes suo studio derivaverit et ad usum fertilitatis adduxerit, similiter hoc is* [u], *qui excoluit, sine censu perpetuo iure possideat, neque quisquam hoc audeat a nostra munificentia* [v] *postulare.*

---

gatū. 22 *promulgatur.* a) 6, cod. Brux., ms. Goesii *ut*, unde Goes. cj. *ut ea, quae per alluvionem possessoribus acquiruntur, neque possint ab aerario vendi.* 16 *quae alluvionibus possessionibus.* 22 *acquirantur — neque ea a quolibet peti, ne.* Sich. (fol. 171 b) *nec a quolibet.* b) Cod. Brux. *vendi neq; quolibet p̄cii s. partē recenseri vel f. exegi.* Sich. *functionem exigi.* 23 *functione exigi.* c) Om. ap. Sich. (fol. 171 b) Turn. *hac*, ut in cod. Brux. d) 6 *valitura lege*, ut Cod. Iust. 15, 21 *perpetua valitura lege.* 16 *exigi ad perpetua valitura lege.* 28, cod. Brux. Sich. (fol. 171 b) Turn. *perpetua lege valitura.* e) 11, 13 *ne per all.* 12, 16, 19, 20, 22, 25 *nec per all.* 15, 21 *nec vel all.* 23, Sich. utroque loco *ne per alluvionum.* Cod. Bruxelensis om. *ne* et Turn. *vel.* f) 11, 12, 18 *ignorare vel tanta*; sec. man. in cod. 12 corr. *ignorantiā.* 20 *alluvione ignorare vel tanta vel.* 22 *alluvionem ignorare vel tantam.* 23 *all. ignorare vetita vel rem.* Sich. *ignorantiam vetitam rem, et maxime noxiam.* Sich. (fol. 171b) *ignorantiā, vel rem.* g) 15, 21 om. *indicere — possessorum.* 6 *inducere videamur.* 19, Rittersh. *videantur indicere*, sed corr. in cod. 19 *videatur*, quod 22 habet. Cod. Brux. Sich. (fol. 171 b) Turn. Rig. Goes. *indicere videamur.* Ri*. *videamus.* h) 11, 12, 16, 18, 19 *ne.* 13, 23 *nec ad quidem.* Sich. (fol. 171 b) Turn. om. *ea.* i) 1 *ante ea.* 22 *ante.* k) 15, 21 *nunc et frugum.* 16, 19 *non ad frugum.* 22 *nunc affligunt.* In Cod. Iust. om. *ac laboribus.* l) Edd. ante Be. *sint*, sed Sich. (fol. 171 b) *sunt*, ut codd. et Cod. Iust. m) 22 *fertilitatem.* 16 *fertilia reparatum censiri.* n) 22 *nec.* Cod. Brux. Sich. (fol. 171 b) add. *hii* et Turn. Goes. *hi*, improb. Ri. o) 23, Sich. (utroque loco) Turn. Rig. *diligenter.* p) Rittersh. *agro.* 16 *agri dedi sese.* 6 *operas suas* et 25 *culturam.* q) 1, 6, 11—13, 19—23, 25, cod. Brux. Sich. (fol. 171 b) Turn. *ne.* r) 22 *suam si damnorum* (in m. *damnatorum*) *intelligant.* Rittersh. *damnosam esse intelligant.* Cod. Iust. *Cuius legis.* s) Cod. Brux. Sich. (fol. 171 b) Turn. Rig. Goes. *temeratorem.* t) 21 om. *coerceri.* 22 *choherceri decrevimus.* Nonn. codd. *cohercere*, ut Rittersh. u) 1 *inter quod.* 22, 25 *in quis.* 6 om. *quoque.* v) 11, 12, 18—20 *excelsae qui aliquid.* 16 *eiusmodi suo gesserit.* 23 om. *si.* Nonn. codd. Turn. Rig. Goes. et Cod. Iust. *huiusmodi*, impr. Heimbach. in Ephem. Lit. Ienens. 1843, No. 4, p. 15. Cod. Brux. *suggerit.* x) 15, 21, 22, 25 *instruxerint petitores.* Sich. in m. *petitor.* Etiam in Corpore Fin. Reg. est *petitor*, sed Sich. et Goes. in m. em. *petitoris.* Seqq. des. in Cod. Iust. et *Cyre — amantissime* in Corp. Fin. Reg. Plerique codd. *Cire.* y) 11, 12, 19, 20 *parens carissime augustorum.* 22 *p. aug aug.* Sich. — Lugd. Rittersh. Go. *Praefecte charissime Augustorum.* 25 om. *atque amantissime* et *itaque.* z) In Corp. Fin. Reg. est *ac* pro *et.* Ceterum haec valde depravata sunt in codd., veluti 22, ubi *itaque emāgntua.* a) Nonn. codd. *suggestionem* (ut 11, 12, 22) s. *suggessionem.* 25 *suggestio.* b) Ita 11, 12, 15, 20, 21 et Goes. in not., prob. Ri.; rell. *ac*; solus cod. Brux. *ad dispositionem tuam non.* Etiam nonn. Brev. Al. codd. *dispositionem* habent. Turn. Goes. *dispositione tua non.* c) 11, 12, 20 *omissa.* 13, 16 *admissam.* 22 *omnes* pro *admissa.* d) 1, 13, 15, 16, 21, 22 *conlaudatam.* 6, cod. Brux. Turn. Rig. *laudata.* 25 *conlaudanda.* Turn. Rig. om. *etiam* et cod. Brux. *sed etiam.* e) Sich. (fol. 171 b) Turn. Rig. Goes. *hanc legem.* Cod. Brux. *hac lege.* Nonn. codd. *editis* pro *edictis.* f) Plerique Br. Al. codd. *perferre.* 22 *pervenire.* g) In cod. Brux. ap. Sich. (fol. 171 b) Turn. Rig. (om. subscript.) add. *haec agrimensorum semper esse iudicia* et apud Goes. *Praecipiat haec agrimensorum semper esse iudicia*, recte impr. Ri., qui haec vv. glossema esse dicit. Etiam Sich. (fol. 171 b) in m. „*Haec*, inquit, *clausula alicunde arrepsit, cum in nōnullis codicibus non legeretur.*" h) 28, 34, 37 *XII.* 30, 32, 33, 36 *Dat. sub die XI.* 16, 24 om. *XI.* i) Seqq. des. in cod. 13 et *Oct.* in cod. 6. 1 sec. Am. *Kal. aug. octb.* k) 36 *dōm nr Theodosiū ppō ā XVII.* 1 *ualent. XV.*, recte improb. Am. 28, 34, 37 *VI.* 11, 12, 18, 20 *quinquies.* Nonn. codd. om. *A. V.* aut *V.*; alii habent *Valentinianus* s. *Valentiniano.* l) 11, 12, 16, 18—20, Sich. — Lugd. Cui. 2, 2*. Go. Goes. *Anatholio.* 24 *Anato.* Nonn. codd. *Anatolio v̄vc̄c̄* et om. *coss.*, alii *Anatolio viro claro Coss.* s. *Anatolio cl* (cum virgula traiecta per lit. *l*) *s̄* et om. *Coss.*, alii *ūīc.*, alii denique om. *V. C.* s. *Coss.* m) Scripsi cum codd. 13, 16, 18, 23, 24, Sich. in m. *sancitum.* 22 *censuimus.* Rittersh. in m. *constitutum est.* Rell. *censitum est.* Nonn. codd. om. *ut.* n) 8—12, 19, 20; alii codd. *in alia parte.* nn) 22, 23, Cui. 2, 2*. Ri. Ri*. *illi.* o) 11, 12, 13, 22, 23, alii codd. *acquirit.* 19 *adversus*, sed 22 *adquirit adversus cuius.* In cod. 13 post *acquirit* nonn. literae deletae sunt. p) 8—12, 18—20, 23, alii codd. *cui.* 13 *eius.* 22 *finium.* q) Nonn. codd. *adquisita et nullus.* 22 *acquisitam et nullus vel fisc.* r) 11, 12, 22 et multi alii codd. *fiscali*, sed em. a sec. man. in cod. 12. Cui. 2, 2* *fiscale.* s) Multi codd. Cui. 2, 2* *cuius rei.* 22 om. *rei.* 23 *cur ei.* t) 8—13, 18—20 et multi alii codd. *autem.* Supra 23 *ediciat* et Rittersh. *adliciat.* u) 11, 12 *similiter his.* 19, 22 *similiter de his.* Plerique codd. *his.* Nonn. codd. *coluit.* v) 22 *audeat munificentiam nostram postul.* Nonn. codd. *postulari.*

TIT. XXI. DE SCHOLARIBUS ET [a] COMITIBUS SCHOLARUM ET DE DOMESTICIS EORUM.

1. *Impp. Theodosius et Valentinianus* [b] *AA. Flegetio* [c] *Magistro officiorum.* Scholarium nostrorum devotio probata [d] nostris parentibus circa nostrae maxime serenitatis affectionem enituit [e]. Inde quicquid ad fovenda servandave [f] eorum privilegia postulatur, statim credimus [ff] admittendum: inde [g] suggestionem tui culminis approbantes, viris spectabilibus [h] comitibus [i] scholarum verberandi regradandive senatores ac ducenarios [k] licentiam denegamus. Ea namque, quae tali commotione [l] digna sunt, ad tuae sublimitatis volumus referri [m] notitiam. §. 1. Domesticos etiam [n] eorum a gradibus lege praeterita *) designatis fieri non senatores vel ducenarios centenariosve [o] decernimus. §. 2. Quae super his observandis poena circa temeratores statutorum promissa [p] tua statuit [q] celsitudo, ut [r] quinque librarum auri [s], qui de gradibus supra dictis ad indebitum domesticatus accedit officium, decem librarum auri scrinium barbarorum [t], si tale quid vel attentari [u] passum fuerit, vel attentatum contra legem non [v] suggesserit, quinque etiam librarum auri [x] vir spectabilis comes scholae [y], si quid adversum hanc legem vel commiserit, vel committi concesserit, percellatur, firma [z] per istius quoque legis auctoritatem esse praecipimus [a]: eum, qui contra vetitum ad domesticatum quoquo modo tentaverit adspirare, post quinque librarum auri condemnationem [b],

---

Tit. XXI. 1, Am. *Tit. XX.*, sed sec. ord. *Tit. XIX.*, ut Zir. in ind. titt. 2, 3, P. in ind. titt. Cui. 2, 2*. Lugd. P [a]. in ind. titt. Go. P [b]. in ind. titt. Ri. Ri *. *Tit. XXIX.* P. P [a]. Rittersh. P [b]. *Tit. XXVII.*, sed Rittersh. sec. ser. titt. *Tit. XXXIII.* 6 *Tit. XIX.* Be. *Tit. XXI.* Commemoratur in indice titt. Cui. 1. Aur. C. Th. VI, 13 et 35. Cod. Iust. XII, 11 et 30. Cf. supr. tit. I—IV, VII, not. sup. — N. 1. Codd. edd. *N. un.* Be. add. (*XXIX.*), i. e. omnium Novv. in Be. ed. Cod. Iust. I, 31, 3; XII, 30, 1 mut. Bas. VI, 1, 59. In cod. 3 nihil superest, nisi §. 4.

---

a) Codd. 1—3, Cui. 1. Aur. P. P [a]. P [b]. Cui. 2, 2* in ind. titt. add. *Et.* Edd. ibi, ubi Nov. profertur, omnes om. *Et.* 6 om. *Et—Eorum* et Cui. 1. Aur. in ind. Novv. desider. *Et de D. Eorum.* b) 6 *Id. Ag.* c. 1 Cod. Iust. cit. *Imppp. Theod. Arcad. et Valent. AAA.*, sed Cui. ut nos. c) 2, 6, edd. c. 3 Cod. Iust. ed. Herrm. et Cont. 76 *Flor.* s. *Florent.* s. *Florentio.* 1 *Flegetio* et infra *Flegeti.* In Cod. Iust. utroque loco codd. et edd. similiter habent *Plegitio*, *Pleitio*, *Plegio*, *Negotio*, aut quod Cui. in c. 1 Cod. Iust. cit. rep. *Phlegrethio.* Quod in ed. Cont. Herrm. scr. est *Florent.*, verum esse nomen *Florentii*, non probat: factum enim est illorum virorum mera cj.: imo falsum esse perspicitur illud nomen, quia convenit cod. 1 cum Iust. Cod. libris mss.; neque propter consensum codd. 2, 6 vulgata huius Nov. scriptura tuenda est. Utriusque enim codicis fons est eadem collectio; iam vero, qui Novellas collegit, sine dubio in exemplo legis, quo usus est, nomen magistratus legere non potuit et cum primas literas *Fl* detexisset, Florentii nomen reposuit, illud quidem notissimum. Scripsi igitur *Flegetio* pro *Florentio*, praesertim cum Florentius magister off. nusquam commemoretur. Scripsi autem *Flegetio*, non *Plegetio* aut simile quid, cum propter cod. 1, qui bis constanter *Flegetii* nomen profert, tum quia primae eius literae librarium videntur in errorem induxisse. Etiam Zir. l. c. p. 149 et p. 339 scrib. iubet *Flegetio* sive potius *Phlegetio.* Neque verisimile est, duobus magistratibus Novellam inscriptam fuisse, *Florentio* et *Flegetio*, hincque diversitatem in Collectionibus Novellarum ortam. Duo enim eodem tempore magistri officiorum non fuerunt. Ceterum Cod. Iust. in utraque lege *Comiti et Magistro offic.* d) c. 3 Cod. Iust. add. *a*; recte Ri. prob. nostr. script.; Go. *pareutibus.* e) 2, edd. ante Be. *innituit.* Be. ex cod. 1 et ex Cod. Iust. rep. *enituit.* Iam P. in cod. 2 et Ri. prop. *enituit*; praeterea P. in cod. 2 *innotuit*; et hoc habet 6. f) Cod. Iust. *Unde — servandaque.* ff) Ri. „Rectius, inquit, Cod. Iust. *credidimus.*“ Nostro tempore etiam in Cod. Iust. legitur *credimus.* g) 1 *admittenda. inde.* 2, 6, edd. ante Be. *inde.* Cod. Iust. *Ideoque*, prob. Ri.; hoc Be. rec.; reposui ex codd. *Inde*, quod aeque bonum est. 2 *suggessionem*, corr. a P. h) Hinc inc. c. 1 Cod. Iust. cit.: *Viris spectabilibus Comitibus scholarum, verberandi degradandive senatores ac ducenarios, licentiam denegamus. Ea namque, quae tali commotione digna sunt, ad tuae sublimitatis volumus referri notitiam. Insuper etiam domesticos eorum, non senatores vel ducenarios centenariosve fieri decernimus; poena quinque librarum auri plectendo, quisquis hanc divinam iussionem excesserit, scrinio vero barbariorum, si tale quid vel attentari passum fuerit, vel attentatum contra leges non suggesserit, decem librarum auri condemnatione plectendo. Illud etiam observari* etc. (§. 3). 2, edd. ante Be. *V. V. S. S.* 6 *Viris sublimissimis.* i) 2 *omnibus*, corr. a P. k) 1 *Ververans dire gradandi ve sanatoris ac ducenarius.* 2 *regradinandive*, sed em. a P. 6 om. *regradandive.* Cod. Iust. in utraque lege *degradandive* (impr. Ri., sed Cui. in c. 1 cit. *regradandive* et Herrm. cj. in c. 3 cit. *degrassandive*) et *et ducenarios.* l) Gutherius de off. dom. aug. III, 10 em. *commonitione*, recte impr. Ri. m) 1, Cod. Iust. Be. *referri.* 2, 6, edd. ante Be. *deferri.* Utraque v. proba est. Cum v. *notitiam* desinit c. 3 Cod. Iust. cit. n) 1 *domesticus* et om. *etiam.* *) Periit haec lex. Vid. Praef. C. Th. p. XXXIV. o) 2 om. *centenarios*, add. a P. 6 *ducenarios vel centenarios.* p) 1 *que super his observandis. pena circa temeratores. statutorum promissa.* Sic quoque 2, ubi vero P. corr. *quam — poenam — praemissa*; id in edd. transiit. Ri. pro *praemissa* scribi vult aut *praeclarissima* aut *amplissima.* 6 convenienter cum codd. 1, 2, sed transpositis vv. *pena promissa que super his observandis temeratores statutorum.* Recte se habet codicum scriptura, quam reposui. *Quae celsitudo tua statuit, poena promissa circa temeratores statutorum*, (ea scil. poena, *ut — percellatur*) ea *firma* (hoc enim habet 1) *per istius quoque legis auctoritatem esse praecipimus. Promissa* est pro statuta, indicta, cauta. q) 6 *censuit.* r) 1, 6 om. *ut* et abesse potest, si quidem verba ipsa edicti a magistro off. propositi exponuntur. s) 6 add. *ei.* Sec. Am. in cod. 1 excid. vv. *qui de gradibus — decem librarum auri.* t) Ita 1, 2, edd. Hal. Cui. et Herrm. in c. 1 Cod. Iust. cit. repos. et P. in m. cod. 2 em. *barbariorum*; melius cj. Ri. Be. *barbaricariorum.* 6 *X librarum officio* et om. *a. scr. b.* Cf. etiam Go. comment. ad C. Th. X, 22, 1, Tom. III, pag. 552 sq. (ed. Ri.) et Böcking l. c. pag. 245. u) 1 *sit aliquid vel adtimptari.* 6 om. *vel.* v) Go. mendose *contra scholae non — Com. legem si quid.* x) 6 *librarum multa Vir sublissimus.* 1 *auri US.* 2, edd. *V. S.* y) 1 *scholarum.* 6 *Si quis.* z) 1 *pcelatur firma.* 2, edd. *firmam.* 6 om. *firma.* Rep. ex cod. 1 *firma.* Vid. not. *p* antec. a) 6 om. *esse.* 2 *praecepimus*, em. a P. Rittersh. *cum, qui — domesticarum.* b) 1 *inlatio-*

militia quoque pelli, non immerito decernentes. §. 3. Illud etiam observari non sine ratione conveniet, ne quis [c], cui domestici officium per militiae gradum vel [d] quinquennii tempus interdici censuimus, familiaritate [e] comitis simulata [f] rem prohibitam alio [g] nomine valeat usurpare, Flegeti [h], frater amantissime [i]. §. 4. Illustris itaque auctoritas tua legem hanc perpetuo valituram ad devotissimorum scholarium notitiam perferri praecipiat. *Dat. XV. Kal. Mai.* [k] *Constantinopoli*, *Cyro* [l] *V. C. Cos.* (441.)

TIT. XXII. DE BONIS DECURIONUM ET DE NATURALIBUS FILIIS EORUM IN CURIAM MITTENDIS HEREDIBUSQUE SCRIBENDIS [a].

1. *Impp. Theodosius et Valentinianus AA. Apollonio Pf. P.* [b] Nulla professione virtutis nullaque re alia [c] potius homines deo [d], quam prona liberalitate iunguntur. Nam cum beneficiorum fontibus genus amplificetur humanum, divinam benevolentiam nobis credimus [e] obligari, unde spes tota vicissitudinis exspectatur [f]. Quod si quis bene de se meritum [g] laedat [h], ex amore omnium, quem liberalitas meruit, communi necesse [i] est odio condemnetur ingratus. §. 1. Huius iniquissimae rei acerbitate commotam celsitudinem tuam a nobis remedium postulasse, praesens suggestio declaravit [k]. Multi enim saepe nullam trahentes sorte maiorum [l] decurionatus originem, sua sponte liberalique sententia pietatis quoddam insigne duxerunt, magnificis patriam muneribus beneficiisque donare [m]; alii, cum exstruendi publici [n] operis nulla eis [o] necessitas immineret [p], diversis eam aedificiorum ornatibus [q] extulerunt.

Tit. XXII. 1, Am. *Tit. XXI.*, sed sec. ord. *Tit. XX.*, ut Zir. in ind. titt. 3—5, 8—13, 15, 16, 18—21, 23—35, 37—41, Aeg. Cui. 1. Aur. P. in ind. titt. Cui. 2, 2*. Lugd. P [a]. in ind. titt. Rittersh. Go. P [b]. in ind. titt. Ri. Ri*. L. R. U. *Tit. XI.* 6 *Tit. IX.* 22, 36, Sich. *Tit. X.*, sed in 22 sec. seriem *Tit. XI.* Be. *Tit. XXII.* Vid. supr. tit. I—III, VII, IX, X, not. sup. et XVI, not. *r*, ubi etiam de codd. 1, 2, 7, 14, 17, 36 dictum est. C. Th. XII, 1, ubi vid. not. sup. Cod. Iust. X, 31—35. In codd. 3, 24, 28, 34, 35, 37, 40, 41 hic tit. ex una tantum Novella constat, in rell. codd. et in edd. ex duabus. Vid. Nov. 1 h. tit., not. sup. — N. 1. Codd. edd. *N.* 1, sed in codd. 3, 24, 28, 34, 35, 37, 40, 41 *N. un.* Etenim in cod. 24, om. inscr., textu et subscr., interpretatio huius Nov. conflata est cum interpretatione Nov. 2 eiusque subscriptione; at in codd. 3, 28, 34, 35, 37, 40, 41 om. Nov. 2. Be. add. (*XXX.*), i. e. omnium Novv. in Be. ed. Integra cum interpr. est in codd. 11, 12, 15, 18—23. Omnia praeter interpr. des. in codd. 40, 41; inscr. et textus in codd. 4, 5, 30; textus et subscr. in codd. 13, 25, 26, 35; solus textus om. in codd. 8—10, 27—29, 31—34, 36—38; sola subscr. in cod. 16; sola interpr. in cod. 6; sola particula textus superest in cod. 39; sola explanatio in nonn. codd. titulis adiecta in cod. 3. Am. videtur hic inspexisse cod. 20, neque vero cod. 5. Cod. Iust. V, 27, 3, partim mut. (vid. infr. §. 9, not. *b*) et subscriptione ex hac et sq. Nov. conflata (vid. subscr., not. *l*). Superiore anno 442 *Apollonio* inscriptae sunt c. 9 Cod. Iust. (II, 7), c. 3 Cod. Iust. (X, 30) et fortasse c. 4 Cod. Iust. (XII, 55), *Thomae* vero c. 60 Cod. Iust. (X, 31) et *Artaxi* c. 11 Cod. Iust. (III, 26); quarum legum fons ignoratur, cum nulla Novella Theodosii ann. 442 ad nos pervenerit. Hoc vero anno *V. Kal. Febr. Anatolio Mag. mil.* inscripta est c. 3 Cod. Iust. (I, 46).

---

nem melitia. Bene habet *inlationem.* c) Cod. Iust. *convenit, ne is.* d) *vel* deest in codd. 1, 2, 6, edd. ante Be.; sed P. ms. Ri. ex Cod. Iust. add. volunt *vel*, quod fecit Be., recte. Rittersh. *qunquennii.* e) 2 *familiaritatem.* f) 1 *cōmitissimo. lata.* 2 *simulatam*, em. a P. g) 1 *alio*, ut Cod. Iust., recte; id est alio titulo; rell. *alieno.* h) *Fleg.—praecipiat* deest in c. 1 Cod. Iust. cit. Edd. *Florenti.* 1 *flegeti*, apud Am. *flegiti.* Vid. supr. not. *c.* i) 2, 6 *p̄ k̄*; P. P [a]. P [b]. Rittersh. *P. K.*; rell. edd. ante Be. *P. K. AA.* 1 *f̄. ā* et Be. *fr. a.*, i. e. *frater amantissime.* Ita scrib. esse docet Zir. l. c. p. 339. 2 *inlustras*, em. a P. k) c. 1 Cod. Iust. *Dat. XVI. Kal. April.*, ad quae Ri. „Vereor, inquit, ne illa subscriptio sit eius legis, cuius in novella nostra Theodosius fecit mentionem. Ex utraque enim constitutione legem suam compilasse Tribonianum, facile patebit inspicientibus.“ Non patet, neque verisimilis est Ritteri sententia. Fortasse in c. 1 remansit dies, quo data est lex, in Novella dies, quo proposita est, ut aliquid inter *Dat.* et *XV.* exciderit necesse sit. l) Iam Ri. ex cod. Ott. (vid. Br. l. c. pag. 864) add. *Cyro*, qui consul deerat in cod. 2 et in edd. P.—Go. In P. P [a]. lacuna asterisco indicata est, sed P. in not. P [b]. in m. haec habent: „ex L. 1. C. de privileg. scol. emendata subscriptione haec quoque ita supplenda est *Cyro* (P [b]. in m. *Coro*), *VC. Cos.*“ P. in cod. 2 notat: „Cod. Iust. *Caro*, lego *Cyro*“ et P. ms. Cui. 2, 2*. Lugd. in m. add. *Cyro*, recte. Etiam 6 habet *Cyro*. Ceterum 1 sec. Ri. *Ciro.* c. 1 Cod. Iust. om. *V. C.*

a) Ita 1 et fere omnes Br. Al. codd. Aeg. Sich.—Lugd., Cui. 2, 2* in m., Go. Rittersh. L. R. U., sed nonn. codd. *curionum* (ut Aeg.) s. *curialium* pro *Decurionum*, alii codd. Sich.—Rittersh. Go. *et naturalibus filiis*, alii habent *coriā* (ita 1) s. *curia* (ut L. R. U.) et *dandis* pro *mittendis*; denique etiam in nonn. scriptum est *asscribendis.* 15, 21 *De Bonis decurionum* et 6 *De bonis curionum* et des. rell. 19 om. *hered. scrib.* Cui. 2, 2*. Ri. Ri*. Be. ex ind. titt. ed. P. P [a]. et P [b]. *De His Qui Sponte Munus Aliquod Vel Honorem Largiuntur, Et De Naturalibus Filiis In Curiam Dandis, Heredibusque Scribendis, Vel Bona Parentum Accipiendis*, sed Ro. ms. rep. nostram scripturam. Praetuli codicis 1 et antiquissimorum codd. scripturam uni soli, qui ubi sit nescitur, ita ut Pithoei, non codicis auctoritate niti videatur, qui quam P. habet rubricam, recipiat. b) 15 *Imperatio teod.* et 15, 21 *appollonio praefecto popúli.* 34 *ad Apollonium*, ut Cod. Iust. 36 *adpolinio.* Multi codd. siglum praefecti urb. ferunt, alii *teod.* s. *theūd.* habent. c) 1 *virtutum—alta.* Non male se habet *virtutum.* d) 1 *hominis—pronā liberalitatē.* 11, 12, 18—20, 22 *hominis de eo.* e) 22 *amplificatur—credidimus.* Multi codd. *obligare.* 23 om. *nobis*, sed add. in m. f) 22 *spectatur.* Edd. ante Be. *exspectetur.* g) 6 *de se bene meritum.* 18 *meritum bene de se.* 19, 22 om. *de.* h) 22 *laedā.* i) 6 *libertas—communi cum nec.* 11, 12 *communio nec. est.* 22 *necessitudinum condemnetur—iniquissimus—tuam* et om. *a.* k) 6 *declarat.* 19 *suggessio declaruit.* 22 *Multis.* l) 6 *nullam maiorum trahentes sortem* (hoc etiam 19) *decur.* 16 *malorum.* 21 *maiore* et mox nonn. codd. *liberarique* et *quosdam* et *mulieribus* pro *muneribus.* m) 6 *ditare.* 15, 21 *donare malui.* n) Cui. 2, 2* *publicis.* o) 11 *est.* p) 1 *imminere.* 22 *immineri d. eos.* q) 6 *ornatibus aedificiorum.*

Id augendae patriae desiderium, maximis laudibus ac praeconiis efferendum [r], alios curialibus oneribus [s], alios discussionum [t] laqueis implicavit [u]. Et quod ultra omnem indignationem [v] est, rationem [x] liberalitatis suae dare cogitur [y], qui luxuriae non dedisset [z]. Quod nisi provida dispositione curetur, quotusquisque [a] erit tam sui suaeque [b] utilitatis ignarus, qui vel in operibus construendis largitatem exercere [c] velit, cui discussor immineat, vel in conferendo [d] aliquo munere gloriari, cum id [e], quod munus fuerat, incipit esse [f] iam debitum? qui denique [g] sic patriam suam diligat [h], ut, cum frui liceat opibus [i] otiosis, iactura [k] patrimonii sui sollicitam redimat egestatem? §. 2. Quapropter ipsis civitatibus [l] potissimum [m] consulentes, quibus suorum civium benevolentiam [n] nolumus interclusam, huius aeternae legis saluberrima ratione [o] decernimus, ut, si quis sua sponte nullique eiusmodi oneri [p] subditus in qualibet civitate per se alteriusve [q] personam quodcunque munus ediderit, vel honorem gesserit, nullum ex voluntaria largitate vel praeiudicium sui status incurrat [r], vel discussionis [s] ratiociniis obligetur. Hoc enim pacto [t], cum ex voluntate praebeatur, quod, si [u] necessitas immineat, evitetur, nec gratos suae [v] circa patriam benevolentiae poenitebit, nec excusatio relinquetur ingratis [x]. §. 3. Illi etiam parti sollicita [y] nobis circa res humanas providentia suggerente [z] consulendum esse credidimus, ut [a] quantum favoris splendorisque legitimae proli ex legum suffragatione praestatur, tantum naturali ac degeneri soboli [b] derogetur [c]. Nam cum de successionibus [d] paternarum facultatum quaedam severiora, quaedam humaniora circa eos iura prolata sint, nulla lex eis adeo [e] pepercit, ut eius modi sorte conceptos saltem [f] in aliorum loco poneret [g], quos naturae coniunctione proximos invenisset [h]. Sed nos, a quibus solet in hominum [i] genus semper aliquid procedere, quo iuventur [k], una eademque [l] saluberrima sanctione et horum conditioni et curiarum [m] commoditati subveniendum esse perspeximus [n], ut, cum et [o] naturalium liberorum vilitas [p] splendidiorem fortunam, et decurionum nobilitas multitudinem desideret [q] auctiorem, utriusque generis utilitatibus in commune perpensis, ab altero [r] commodetur, quod alteri deficit [s], lexque [t] undique temperatissima collocetur, quae et naturae [u] vitium dignitatis impertitione [v] soletur, et ordinum dignitatem [x] a corporum exiguitate defendat. §. 4. Hac igitur perpetuo duratura promulgatione decernimus, ut, si cui et [y] legitimorum et naturalium libe-

---

Mox nonn. codd. *desiderio*. 22 *agendae — desideria*. 19 *augenda est*. r) 6, 15, 21 *efferendo*. 22 *differendo*. s) 1 *aliis curialibus honeribus alius*. 6 *aliis eam curialibus oneribus*. 15, 21 *honeribus*. 16 *moribus*. 22 *honoribus*. t) 6 *discursionum* et om. *alios*. '15, 19 *alios decurionum*. 22 *alitus decurionum*. u) 6 *explicabit*. 22 *ut ei* pro *Et*. v) 11, 12, 19, 20 *dignationem*. 22 *dignitatem*. x) 20, edd. ante Be. *rationes*. 16 *et rationem*. y) 6 *cogetur*. 22 *dare suae cogetur*. z) 22 *dedisse*. a) 6 *curetur unusquisque erit*. 15, 21 *curetur coetus quisque*. 18 *curetur quod unusquisque*. 16 om. *tus quisque — ignarus*. 22 *quousque*. b) 6 *tam sue eq̄q̄m publice utilitatis quis enim vel in*. 11, 12, 18 — 20, 22 *suae suique util*. c) 15, 21 om. *vel in — exercere*. 22 *largitate*. d) 11, 12, 18 — 20, 22, 23 *in quo ferendo*, sed 19 *furendo*. e) 22 add. *quo*. f) 11, 12, 18, 20, 22 *invenit*. 19 *invenientes se*. Be. em. *incipiat*, sine necess. g) 1 *debetum quiddeneque*. 6 *quis denique*. Etiam Rittersh. in m. cj. *quis*, quod mihi non probatur. 15, 21 om. *qui*. h) Edd. ante Be. *diliget*. 15, 21 om. *ut*. 16 om. *sic — frui*. 22 *ut confrui liceat*. Rittersh. *patriam suam sic diliget*. i) 15, 16, 21 *operibus*. k) 11, 12, 20 *iacturam*. 19 *otiosam iacturam*. 22 *odiosum iacturam — redimunt aegestatem propter*. l) 11, 12, 18 — 20, 22 *civibus*. 16 *ipsius civitatibus*. m) 6 om. *potissimum*. n) Nonn. codd. *civum* aut *civibus*; 11, 12, 19, 20 *benevolentia*. 6 *nolumus esse interclusam*. o) 1 *eterni* (Am. em. *aeternae*) *legis saluuerrima latione*. 15, 21 *sanctione*. Bene se habet *ratione*. Mox 19 *ut si qua sua*. p) 20 *huiuscemodi oneris*. 15, 21 *honeris*. 22 *oneris*. q) Plerique codd. *alterius vel*. 6 *seu per alterius personam*. Mox 22 *honore* et Rittersh. *edicerit*. r) Cf. C. Th. XII, 1, 177. s) 22 *dispositionis*. t) 1 *oblegatur* (est vero linea ad perpendiculum ducta per literam *a*). *Hoc enim pactū*. u) 11, 12, 18, 20, 22 *nisi*. v) 1, 11, 12, 15, 19 — 21 *nec gratus suae*. 22 *evidetur ne gratus suae circa patria*. Rittersh. *sua*. 6 om. *suae*. 16 *quodsi enim in ea devitatur ne gratus*. x) 6 *ingratis relinquetur*. 1 *excussatio relinquitur ingratis illi etiam parte*. y) 1, 15, 21 *solita*, quod non ineptum est. z) 1 *providentiā suggerente*, em. ab Am. 15 *suggesserint exconsulendum*. 21 *suggesserint*. a) 6 add. *ut*. Vid. not. *c*. Deest enim in rell. codd. et edd. *ut*. R. *quantum enim favoris*. 22 *quantum favores*. 15, 21 *quantum favores splendoresque*. Reposui *ut* ex cod. 6; nam aliquid deest. Hoc iam Be. sensit, qui em. *ne quantum — derogetur* aut ante *quantum* addi vult *nam*, quod fere concinit cum R. *Ne quantum* non quadrat in h. l. b) 22 *suffragationum — degeneris subole*. Rittersh. *suffragatione spectatur*. 1 *naturale hac denegere*. c) 6 *derogetur*. Vid. not. *a* antec. Rell. *derogatur*. 20 *et cum*. d) 16 *functionibus*. 19 *successibus*. 22 *Nam* (om. *cum*) *de successionibus facultatum paterna* et om. *quaedam — iura*. 6 om. *severiora quaedam*. 19 *eos iuris*. e) 12 om. *eis*. 11, edd. *adeo eis*; rell. codd. *eis adeo*, praeter 22, qui *nulla ex* et om. *adeo*. Cui. 1. Aur. Lugd. *perpercit*. f) 19 *conceptus saluti*. 22 *conceptus soluti*. 11, 12, 15, 20, 21, 23 *conceptus*. g) 6 *loco componeret*. 20 *ponerent*. 18 *locum poneret*. h) 22 *coniunctioni pr. invenisse*. i) 1 *homine*. k) 1 *qui iubentur*; rell. codd. praeter 6 *quod iubentur*, sed 19 *prodere quod*. Cf. C. Th. XIII, 3, 11, not. *i*. l) 1 om. *que*. m) 1 *saluuerrima sancione eorum* (rectius *et horum*) *conditione* (em. ab Am.) *et curiarium*. 16 *honore conditione*. 22 *conditione*. 21 *commodatatus*. n) Recte *perspeximus*. 1, 12, 19, 20 *praespeximus*. 15, 21 *esse proximus*. 19, 22 *et* pro *ut*. 1 om. *ut*. o) 11, 12, 15, 19 — 22 om. *et*. p) Go. *utilitas*, ut 6, 15, 16, 21. 22 *splendorem*. q) 11, 12, 22 *demonstret*. 19 *demonstraret*. 20 *demonstrat*. 16, 19, 20, 22 *auctorem*. 23 *autorō*. 1 *desiderit autiorem*. Sich. *desideret*, *autori utriusque*. Cui. 1. Cui. 2, 2* *desideret, auctiorem utriusque*. r) 1 *perpenses*. *ab alterus*. 6 *perpensis dum ab a. movetur*. s) 15, 19, 21 — 23 *defecit*, ut Sich. t) 6 *lex quae sit undique*. 12, 15 *lex quae*. u) 22 *collegitur quae*. 15, 21 *et mature*. v) Sich. — Cui. 2*. Ri. Ri*. *impartitione*, ut 23. Falso Ri. Sichardum habere dicit *impertitione*. Go. *impartitio desoletur*. 15, 21 *in perditione*. 20 *inpertione*, 22 *infertione solutus*. 1 *temperatissime conlocetur que et naturaliū dignitatis imp̄titione*. x) 19, 22 *et hominis dignitatem*. 1 om. *a*. y) Nonn. codd. *Haec igitur*; *dura-*

rorum progenies suppetat, veterum illibata*) constitutionum auctoritate servata, iustae ac legitimae[z] sobolis iura nulla imminutione decrescant[a]. §. 5. Si quis[b] vero parentibus amissis naturalem duntaxat[c] foecunditatem, non etiam legitimam sortiatur, seu liber ipse, seu curiae sit nexibus obligatus, et tradendi filios[d] vel omnes, vel quos quemve maluerit[e], eius civitatis curiae, unde ipse oritur[f], et in solidum heredes scribendi[g] liberam ei concedimus[h] facultatem. §. 6. Parentibus vero superstitibus si naturalis[i] pater vitae munus impleverit, quartam partem[k] bonorum, contemplatione gradus legitimi, patri matrive[l], avo vel aviae salvam[m] intactamque servamus, ut, si quis eorum vel[n] praeteritus, vel parum, quam ei[o] debebatur ex legibus, fuerit consecutus, movere de inofficioso testamento querelam pro iuris ordine[p] concedatur. Quos[q] ex hac nostra dispositione[r] nec laedi credimus, nec offendi. Nec enim aliquid ex eorum iure decoquitur[s], cum nequeant, ad quoscunque[t] heredes sorte transmissa, quicquam amplius ex filiorum suorum[u] nepotumve facultatibus praeter memoratam defendere quantitatem[v]. Nisi forte moleste ferendum sit, natura sibi cohaerentes, licet iure seiuncti[x] sint, alienissimis anteferri, rerumque esse participes, quos consortes sanguinis confitentur. §. 7. Quod si[y] cui non ex urbe, sed vico vel[z] possessione qualibet oriundo naturales liberi contigerint[a], eosque velit[b] sub definitione[c] praedicta[d] et curiae splendore cohonestare[dd], et hereditatis opibus adiuvare[e], eius civitatis adscribendi sunt ordini[ee], sub qua vicus ille vel[f] possessio censeatur[ff]. §. 8. Quod si alterutram[g] regnantium civitatem[gg] patriam[h] sortiatur, sit ei liberum[i], susceptam[ii] ex inaequali[k] coniugio sobolem cuiuscunque civitatis[kk] decurionibus immiscere, dummodo civitas[l], quae eligitur totius provinciae teneat principatum. Indignum est enim[ll], ut, qui sacratissimae urbis ubere[m] gloriatur, natales[mm] suos non illustris[n] ordine civitatis illuminet. §. 9. Haec[nn] sive cum postrema definiat, sive cum[o] donationem cuiuslibet quantitatis, habita ratione parentum[p], in liberos naturales[q] pater conferat, quod de subeunda[r] sorte curiali seu testamento seu actorum fide constituat[s], ita ratum esse stabiliterque[t] volumus observari[u], ut, sive abstinendo[v] hereditatibus,

---

tur a prom. et *sicut et.* 21 om. *et.* Supra Rittersh. *permulgatione* et Ri. *pepetuo.* *) 6 om. *illibata.* z) 19 *servatae ac leg.* Nonn. codd. *subolis* s. *subulis.* a) 11, 12, 16, 19, 20, 22 *decrescat.* 15, 21 *decrescunt.* 18 *decriscunt.* b) 11, 12, 15, 16, 19—22, 23 *Si qui.* Cum vv. *Si quis seu liber* inc. Cod. Iust. c) 19, 22 *naturalem dum ad foecund.* d) 22 *legitima tradendis filiis.* Cod. Iust. *obligatus, tradendi filios naturales, vel omnes.* e) 15, 21 *vel quosque mal.* 16 *vel quoscunque mal.* 22 *vel quoscunque maluere.* Aur. Lugd. Rittersh. Go. *quamve.* f) 11, 12, 19; 20 *unde peroritur.* 18 *curie peroritur.* 22 *unde peroretur.* g) 15, 21 *solidum scribendum heredes scribendi.* 20 *heres.* 22 *solitum heres.* h) 1 *concedemus.* 11, 12, 16, 18—20 *concessimus.* Mox 22 om. *vero.* i) 1 *naturale.* Rittersh. om. *vitae.* §. 6 deest in Cod. Iust. k) 11, 12, 19, 20, 22 *portionem.* l) 11, 12, 18—21 om. *ve.* m) Rittersh. *salvum.* 19 *intractamque.* n) 6 om. *vel.* o) 6 *praeteritus vel minus quam.* 11 *vel patrum.* 15, 21 *partem quae ei.* p) 1 *de inoffitioso* (om. *testamento*) *querellam pro iures ordene.* 22 *querelam post iuris.* q) 16, 19, 20, 22 *ordinem concedatur. Quod.* r) 11, 12, 20, 22 *propositione,* impr. Ri. s) 15, 21 *dequoquitur,* unde natum est *de quo agitur,* quod 11, 12, 16, 18—20, 22 habent, sed in 11 sec. man. em. 23 *de quo scitur.* 15, 21 add. *neque.* Rittersh. *et eorum i. d.* t) 1, 6, 15, 16, 21, *in quoscunque.* 12 *neq. ant ad* etc. Librarii, qui hoc non intellexerunt, male id interpretati sunt; nam 11, 18—20, 23 habent *cum neque anti quoscunque* et 22 *cum neque ante quoscunque.* Sich. *cum neque, ad quoscunque,* impr. Ri. Apud Ri*. *forte.* u) 16 *ex filiae suae.* 22 om. *suorum.* v) 6 add. *licuisset.* Sich. *defenderit,* impr. Ri. x) 11, 23 *iurisve iunctae sint,* impr. Ri. 16 *liciti iuris evinctae sint.* 18 *iure sue coniuncta ei sit.* 19 *iurisve iuncta ei sint.* 20 *licet iuri suo iuncte et sint.* 22 *licet iuris vel iunctae sint.* Sich. *licet iure non iunctae sint.* Rell. et edd. *seiunctae.* Ri. em. *seiuncti* et hoc habet 6, recte. Supra nonn. codd. *molestae.* y) 18 om. *Quod.* 15, 16, 21 *quod si forte cui.* 22 *ei se participes — sanguines.* Rittersh. *ex orbe.* z) 19, 22 *sed* pro *vel,* est autem in cod. 19 spatium quattuor literarum post *sed.* a) 1, 11, 12, 15, 22, 23 *contigerunt.* 18—20 *contegerunt.* 21 *contingerunt.* Retinui *contigerint* propter sq. *velit.* 22 *naturalis.* b) 1 *velut.* 11, 12, 19, 20, 22 *velint.* 15 *vellit.* 18 *vellint.*

c) 22 *defensione.* d) 11, 16, 19, 20, 22, 23 *praedictae.* Cod. Iust. om. *et,* impr. Ri. dd) Cod. Iust. *honestare.* 6 *definitione sub praedicta conditione et c. s. honestare.* 15 *quohonestare.* 19 *cohonorare.* 22 *quohonorare.* e) 11 *et hereditatibus adiuvare.* ee) 22 *ordinis.* f) Ita 1, 6, 12, 15, 16, 18—22, Cod. Iust.; rell. et edd. *seu.* ff) 1, 6, 11, 12, 15, 16, 18—23, Cod. Iust. *censeatur*; edd. *censetur.* Falso Be. in 1 esse dicit *censentur.* g) 1, 15, 21 *alterutrū.* 6 *alterutra regione civ.* 22 *alterorum.* gg) Cod. Iust. *regalium civitatum.* h) 15, 21 *civitate patria.* Cui. 1 — Ri*. *patriamque,* sed Ri. placet *regnantium civitatum patriam.* Regnantes civitates esse Romam et Constantinopolim. i) 18 *Si ei liberum.* 23, Sich. add. *et.* ii) 11, 12, 18, 20 *exustae s. exuste.* 19, 22 *exutae.* k) 21 *ex sine quali.* 22 *ex ut aequali c. subolem.* kk) 1 *cuiusque civitatibus.* l) 22, Rittersh. Aur. Lugd. Go. *civitatis* et Aur. Lugd. Go. *eligetur.* ll) Cod. Iust. *Indignum enim est.* Ri*. *prncipatum.* m) 6 *sacratissimam urbem subire.* 19 *urbi subire.* 22 *urbis habere.* mm) 6, 15, 21, Cod. Iust. *naturales,* impr. Ri. n) Edd. ante Be. *illustri.* Ri. prob. *illustris.* 22 *illustrium.* nn) 19 *Et haec.* 15, 21 *Haec sibi cum.* 6 om. *Haec — definiat.* 22 *postrema cum.* Cod. Iust. *Haec sive* (om. *cum*) *postrema definiat, sive* (om. *cum*) *donationem.* Bo. l. c. p. 220 em. *Haec sive cum postrema definitione sive cum datione.* Ri. cj. *Hoc sive,* quia infra sequatur *ratum esse.* At illa vv. *ratum esse* me non movent, ut scribam *Hoc* pro *Haec.* o) 6 *Si vero donationem.* 15, 21 *sibi cum donatione.* 11, 12, 15, 19 *cum donationem,* prob. Ri.; rell. *donatione.* Reposui *donationem,* nam infra est *pater conferat.* Supra Rittersh. *postrema deaviat.* p) 1 *parentium in liberus.* 15, 21 *ratione querentium.* 16 *habitatione parentum.* 22 *habitura ratione parentum.* In Cod. Iust. om. *habita r. parentum.* q) 23 *naturalis.* Sich. — Go. *parentum in liberos, naturalis pater.* Ri. Ri*. *parentum, in liberos naturalis pater,* sed em. Ri. *parentum, in liberos naturales, pater.* r) 1 *quod desubeundā. sorte curiali seu testamentū seu auctorum* (hoc quoque 15, 19, 21) *fidem.* 22 *de sub una sorte.* s) 1, 23, Sich. *constituant,* impr. Ri. 6 *constituerit.* Cod. Iust. *constituit,* quod prob. Ri. t) 22 *ratum stabilitumque volumus.* 15, 21 *stabilemque.* 19 *ratum stabiliumque.* u) 1 *observare.* v) 15, 21 *sive ab intestato.* 1 *abs-*

sive abdicando donationes naturales liberi curialem voluerint evitare fortunam, posteaquam[x] paternarum opum vel in solidum vel ex parte reperti fuerint possessores, licet eas alienaverint, omni modo ad conditionem, in qua pater eos[y] amplificatis[z] opibus esse voluit[a], etiam inviti cogantur accedere[b], Apolloni[c], parens carissime[d] atque amantissime. §. 10. Illustris igitur[e] et magnifica auctoritas tua, quae sanximus, edictis propositis ad universorum nostro imperio[f] subiectorum notitiam commeare perficiat[g]. *Dat. Kal.*[h] *Ian. Constantinopoli, Maximo II.*[i] *et Paterio*[k] *VV. CC. Coss.*[l] (443.)

Interpretatio. *Si quis habuerit legitimos filios*[m] *et naturales, id lex ista constituit, ut id observetur*[n], *quod est in Theodosiani corpore constitutum, hoc est, ut exstantibus legitimis filiis*[o] *octavam hereditatis naturalibus vel eorum matribus pater, si voluerit, derelinquat*[p]. *Si vero legitimos filios non habuerit, et naturales habuerit, et eos*[q] *heredes fortasse facere*[r] *voluerit, non aliter poterit*[s], *nisi ut primitus eos corpori curiae sub gestorum testificatione coniungat, et sic, si voluerit*[t], *integras ad eos sive donatione sive testamento heredes scribendo transferre poterit facultates: quarta vero patri vel matri, avo, aviae, quibus de inofficioso testamento actio suppetit, specialiter servata*[u]. *Hoc, seu curialis, seu liber a curia, naturalibus filiis ita conferre legis istius ordinatione permittitur, ita ut in ea civitate, in qua vel in*[v] *cuius territorio habitat, naturales filios constituat curiales. Quod si*[x], *ut assolet, in duabus provinciis ei possessio*[y] *vel habitatio fuerit, et voluerit in civitate sua eos*[z] *facere curiales, hoc lex ista permittit, ut in qua*[a] *provincia elegerit, dummodo in metropolitana civitate*[b], *instituendi naturales filios curiales pater habeat potestatem.*

2. *Iidem AA. Apollonio Pf. P.*[c] Nulla paene[d] res adeo pro utilitate humani generis invenitur, quae non callidis hominum consiliis ad fraudem malitiamque con-

— N. 2 deest in codd. 3, 28, 34, 35, 37, 40, 41. In rell. codd. et in edd. est *N.* 2, etsi in Cui. 2, 2* *I.* errore add. est. Vid. N. 1 h. t., not. sup., ubi etiam de cod. 24 dictum est. Be. add. (*XXXI.*), i. e. omnium Novv. in Be. ed. Integra cum interpr. est in codd. 11, 12, 15, 18—23. Inscr. et textus des. in codd. 4, 5, 8, 9, 29—33, 36; textus et subscr. in codd. 13, 25, 26; solus textus in codd. 27, 38; sola interpr. in cod. 6; sola particula textus superest in cod. 39. De cod. 17 vid. infr. §. 3, not. *q* et de cod. 16 infra §. 14, not. *v*. Cod. Iust. X, 34, 2; V, 27, 3; X, 35, 1. Cf. C. Th. XII, 1, not. sup. et XII, 4, 1, not. sup.

tenendū. x) 1, 15, 21, Cod. Iust., male intellecto siglo, *posteaque.* 11, 12, 16, 19, 20, 22 *postquam.* Supra 22 *hereditatibus* (om. *sive*) *abdicando donationis naturalis.* Aur. Rittersh. *addicando*, sed Lugd. *abdicando*, memorabilis locus. Cf. Praef. C. Th. p. XVI. et Praef. Novv., not. 190. Mox 15 *opes vel.* y) 19, 22, Aur. Lugd. Go. Rittersh. *parte eos*, impr. Ri. z) 11, 12, 18—20, 22 *publicatis.* Ri. mavult *amplificatis.* a) 6 *voluerat.* b) Seqq. des. in Cod. Iust., sed add.: *Et si filiam naturalem vel filias habuit, et eam vel eas curiali vel curialibus civitatis, ex qua oriundus est vel sub qua vicus vel possessio, unde oritur, consistit, vel eius civitatis, quae principatum totius provinciae tenet, matrimonio collocavit, haec eadem et in persona eius vel earum ad exemplum marium obtinebunt. Quid enim interest, utrum per filios, an per generos commoditatibus civitatum consulatur, et utrum novos lex faciat curiales, an foveat, quos invenit? Dat. etc.* Conflata sunt haec ex §. 7 et 8 huius Nov. et ex §. 11 Nov. 2 h. tit. c) 1, 23 *Appolloni.* d) Sich. *Praefecte chariss. AA.* Cui. 1. Aur. Lugd. Rittersh. Go. *Praefecte Kariss. AA.*, sed Rittersh. in m. em. *parens.* 12, 18, 20, 22 *p̄k̄* s. *pk* et om. *atque amantissime.* e) 1, 6, 15, 16, 18, 21 recte add. *igitur*, quod v. deest in rell. codd. et in omnibus edd. Mox 22 *ciuae sanctimus.* f) 1 *nostrorum imperiū.* 6 *imperio nostro.* 15 *subiecturum.* g) 6, 15, 21 *praecipiat*, bene quidem, sed recte se habet etiam *perficiat.* Vid. Nov. Theod. XIV. in fin. et Nov. 2 tit. XV. in fin. *faciat pervenire* et Nov. XXIV. in fin. *venire perficiat.* 22 *edictis ꝑcumineare perficiat* et om. *propositis — notitiam.* h) 1, 15, 21, 31 *Dat. XVII. Kal. Ian.* 4—6, 8—12, 18—20, 23, 36, Sich. — Ri*. Cod. Iust. *Dat. XVI. Kal. Ian.* 29, 30, 32, 33, 38 *Dat. XV. Kal. Ian.* L. R. U. *Dat. VI. Kal. Ian.* 22, 27, 28, 34, 37, Be. om. *XVI.*, recte; nam apposito numero aliquo ante *Kal. Ian.* haec Nov. perturbaret temporum rationem et recentior fieret sequenti et Nov. titt. XXIII. et XXIV., quod hac de caussa admitti non potest, quia in seq. Nov. ad hanc provocatur. 33, 36 *Iun.* et 34 *Aug.* pro *Ian.* i) 11, 12, 18—20, 22, 23, Sich. om. *II.* L. sec. Be. habet *secundo*; idem habet cod. 38. Videtur igitur Be. hoc siglo significare codicem Caroli de Savigny, qui olim Lusazii fuisse dicitur. 19 *ConstantinoIMP* pro *Constantinopoli.* k) 15, 21, 22, 34, 37, Cui. 1 — Ri*. *Paterno*, prob. Br. l. c. p. 865. *Paterio* rell. codd. et Sich. Be. habent. Ri. tuetur *Paterio.* Cf. Ri. ad h. l., not. *mm.* l) Nonn. codd. *v̄ic̄ Coss.* aut *vircl. coss.* aut *v̄c̄ Coss.* ut edd. 1 om. *VV. CC. Coss.*; alii codd. om. *VV. CC.* aut *Coss.* s. *Consulibus.* In Cod. Iust. (ubi vid. Herrm., not. 31) ponuntur consules Novellae sq. h. t. (*post consul. Eudoxii et Dioscori Coss.* 443), ubi vid. not. *b*. Scripsi *VV. CC. Coss.* cum codd. 11, 12, 16, 19, 20. m) 8—13, 15, 16, 18, 20, 22, 23, 33 et multi alii codd. Sich. Cui. 1. Rittersh. *Si q. h. l. f. et naturales habuerit*, sed 11 om. *habuerit* post *quis.* n) 25 *observandum est.* Rittersh. *Theodosiano.* o) Ita plerique codd., etiam 8—13, 16, 18—22, 25, 38; edd. *filiis legitimis.* 23 om. *filiis.* Nonn. codd. *stantibus* et *octava.* Etiam Sich. Cui. 1. Rittersh. *octava.* p) H. l. in cod. 26 ponitur ultima pars interpretationis: *Hoc, seu curialis — potestatem.* q) Nonn. codd. *eosque.* r) Ita plerique codd. interque eos 11, 12, 22, 23. Rell. codd. et Cui. 2, 2*. Ri. Ri*. *facere fortasse.* Sich. Cui. 1. Aur. Lugd. Rittersh. Go. om. *fortasse* et nonn. codd. *facere* et infra *ut.* s) Haec interpretem non cepisse Ri. dicit. Mox nonn. codd. *corporis curiae sub testatorum.* t) 11, 12, 16, 19, 20, 22, alii codd. *et si sic voluerit.* Nonn. codd. *donatione*; edd. *donationes*; illud restitui; alii codd. *in.* Infra *scribendum* (s. *in scribendo*) *perferre potuerit f. quartam* s. *quanta*; alii om. infra v. *actio.* u) Multi codd., velut 8—10, 12, 13, 16, 18—20, 22, 23 *reservata.* v) Nonn. codd. om. *in qua*, alii *in.* x) Nonn. codd. *Quod sic*, alii *cui si.* y) Nonn. codd. *et possessio*, alii *et possessioni.* z) 11, 12, 16, 18—20, alii codd. *in civitate sua eos*; edd. *eos in civitate sua.* a) Nonn. codd. om. *ut in* aut *ut* aut *in.* b) Multi codd. *metropolitanam civitatem.* Mox in aliquot codd. om. *filios.* c) Nonn. codd. *pū* s. *Pf. ū.* 13 *ad populum.* 15, 21 *praeposito.* c. 1 Cod. Iust. cit. *ad Apollonium.* d) 15 vertitur. Nonnulli enim curiales, quorum corpori [e] semper volumus esse consultum, parum habent [f], sua commoda [g] nostris beneficiis adiuvari, nisi eis ad aliorum abutantur incommodum [h]. Sed nos, quibus ingenitum est prodesse cunctis, obesse nemini [i], sicut eorum utilitatibus providendum esse censemus [k], ita fraudibus etiam ducimus [l] obsistendum. Hic enim est [m] expeditissimae sanctionis effectus, qui, dum aliis prospicit, aliorum iura non minuit. §. 1. Meminimus quippe, nuper [n] emissa lege divali [o] portionem quartam de facultatibus curialium fati munus implentium ex qualibet novissima voluntate, vel ab intestato etiam, ad quemcunque [p], praeterquam si ad filios [q], deferantur, curiarum deputasse [r] corporibus. Sed multi, tanquam corrumpendi totius patrimonii occasione *) captata, uniuscuiusque rei sibi particulam vindicando adeo totas dilacerant facultates, ut, dum participibus [s] relictarum opum nocere cupiant [t], sua quoque iura praecipitent [u]. §. 2. Quorum nimiam licentiam provida dispositione frenantes [v], ipsis quidem curialibus occupandi [x] sua auctoritate res mortui copiam denegamus, optionem [y] vero damus heredi, ad quem vel ab intestato [z] vel ex postrema voluntate directis [a] vel fideicommissariis verbis decurrit hereditas, utrum aestimationem quartae partis curiae velit offerre, an omne [b] patrimonium, quod relictum est, in partes quattuor [c] pro sua voluntate dividere, ut, rebus [d] totis in sortitum casumque [e] deductis, vel curiae quadrantis, vel heredi ac [f] fideicommissario per universitatem dodrantis electio ex sortis conditione [g] contingat. Ita scilicet et praefati successores et curia promiscui rerum dominii [h] liberabuntur incommodo [i]. Naturale [ii] quippe vitium est, negligi [k], quod communiter possidetur, utque [l] se nihil habere, qui non totum habeat, arbitretur. Denique suam quoque partem [m] corrumpi patitur [n], dum invidet [o] alienae. §. 3. Sed ubi [p] quarta pars [q] bonorum mortui curiae debet offerri, immobiles quidem res [r], quae nec latere facile possunt, nec quicquam [s], si divulgentur, officiunt, sub adspectu etiam curialium aestimari dividive [t] concedimus: mobiles autem res, vel se moventes, vel instrumenta, vel si quid etiam [u] in huius modi [v] iure consistat [x], in medium proferri divulgarique non patimur, sed iuratis successoribus, cum apud se diligenter aestimaverint, quae quantique sint pretii facultates, credi oportere decernimus. Quid enim tam durum tamque [y] inhumanum est, quam publicatione pompaque rerum familiarium et paupertatis detegi vilitatem, et invidiae [z] patere divitias? In exigendis vero debitis si pretium, quod pro quarta parte actionum curiae competit, successores praestare noluerint, cautionibus iurata fide [a] prolatis in medium unus-

---

poena. e) Nonn. codd. *corpore.* 19 *semper esse volumus.* f) 11, 12, 18—20, 22 *habeant.* g) 19 *in sua incommoda.* 22 *sua in commoda* et om. *nostris — incommodum.* h) 6, 11 *incommoda.* 12, 15, 19, 20 *incommodo.* i) Rittersh. *nomini*, mendose. k) 6, 19, 22 *censuimus*, quod Be. rectius fortasse videtur. 20 *providendum est esse c.* l) 19 *dicimus.* 15, 21 *duximus.* 22 *docemus etiam obsistendum.* m) 6 *est enim.* 16 om. *est.* Mox 22 *alios.* n) 1 om. *nuper.* Cum vv. *Meminimus*, *nuper* inc. c. 2 Cod. Iust. cit. 22 *Meminibus.* o) 1 *divale.* 22 *divalium.* Respicit Theodosius c. 1 C. Th. de Impon. lucr. descr. (XII, 4). p) 22 *impletum — ob intestato* etc. Cod. Iust. *ad quemque.* q) Rittersh. *ad liberos.* Cod. Iust. *ad filios curiales deferatur, curialium.* 1 *ad filius deferantur depotasse* et om. *curiarum.* r) i. e. *nos deputasse.* Nonn. codd. *deferentur* et *depotasse* s. *deportasse.* Infra 11, 12, 20 *corporumpendi.* *) 15, 21 *occasionem capta.* Sich. *accusatione captata.* s) 22 *vindicandi — delacerant* (om. *facultates*) — *particibus* (etiam 19 *delacerant* et *particibus*). t) 6, Cod. Iust. *cupiunt*, bene. u) 22 *praecipiant.* v) Cod. Iust. *refrenantes.* x) 15, 16, 21, 22 *occupandis.* 22 ad v. *copiam* in m. *capi iam.* y) 22 *obsistionem.* z) 1 *heredi adque ab intestatu*; etiam 6, Cod. Iust. *ab intestato*, sed Cod. Iust. *denegamus*; *heres autem ad quem ab intestato.* 12, 15, 18—22 *vel ex intestato*; rell. *vel intestato.* Reposui *ab*, codd. 1, 6 et Cod. Iust. secutus. a) 11, 12, 15, 19, 20, 23, Sich. *derelictis.* 16 *decretis.* 22 *relictis.* Mox nonn. codd. *verbi*, *decucurrit* (ita etiam 23 et Sich.), *extimatione* s. *extimationem* s. *aestimatione*, *quarta*, *partes.* Sich. *extimationem.* b) In Cod. Iust. om. *utrum — an.* 15, 19, 21 *conferre* et 22 *velle conferre.* c) 19 om. *quattuor.* Cod. Iust. om. *pro sua voluntate.* d) 15, 21 *dividere in rebus.* Cod. Iust. *dividi procuret: ut.* 22 om. *ut.* e) R. in m. Cod. Iust. *sortium casum deductis*, quod idem significat, sed minus elegans est, quam Novellae scriptura. 19, 22 *cassumque.* 23 *in sortitum* et est lacuna octo literarum; deest enim *casumque* pariter atque in Sich. ed., ubi asterisco lacuna indicata est (*sortitum * deductis*), sed in m. ann.: „*Visum est in veteri exemplari deesse verbū, quamvis sententiae id minime officiat.*“ Rittersh. *casum deductis.* f) 1 *curie quadratis vel heredi hac.* 6, 16, Cod. Iust. *heredi aut.* 22 *fideicommissari.* 16 *fideicommissariis per unius diversitatem.* g) 15, 21 *exortus.* 22 *exortis.* Cod. Iust. *ex sortis felicitate.* 23 *et lectio.* Mox nonn. codd. *successuris* aut *successoris.* 6 om. *et* post *scilicet.* h) 11, 12, 15, 19—23 *primis cui r. domini*, sed 15, 21 *curiae*, ut 6. Sich. *curia imprimis ceu rerum domini.* i) 16 om. *incommodo.* 1 *in quomodo.* ii) Rittersh. et Ri. provocant ad Aristotel. Polit. II, 3 et 5. k) 1 *nec lege.* 22 *humanum est nec liti.* 16 om. *quod.* l) 6 *nihil se.* Nonn. codd. *ut qui* s. *ut quae.* Go. *totum habere arbitr.* m) 1 *sua quoque parte.* 11, 12, 15, 18—22 *Dum* (22 *Cum*) *suam quamque partem.* n) 16 *patiatur*, ut Cod. Iust. o) Ita 1, 6, 15, 22, Cod. Iust. Go., prob. Ri.; 16 *invadit*; rell. *invidit.* Rittersh. *aliena.* p) 22 *Dum* pro *Sed ubi.* q) Hic iterum incipit cod. 17. Vid. supr. tit. IX, not. *p.* 1 *pars bono* | *mortui c. d. offerre.* r) 22 *afferri.* 19 *immobiles quippe res.* 23 *immobilis.* s) Cod. Iust. *cuiquam.* Nonn. codd. *devulgentur.* t) 1 *extimari dividere concidimus.* 18 *dividi* et om. *ve*; rell. codd. Sich. — Cui. 2*. Go. — Ri*. *dividive.* Rittersh. *aestimati, dividire.* Be. ex Cod. Iust. *dividique.* Reposui cum codd. *dividive.* Aut dividenda sunt bona aut aestimanda, si quidem dividi nequeunt. 11 *concidemus.* 12, 15, 19—21 *condemus.* 17 *condimus.* u) Cod. Iust. *Si quid aliud etiam.* Plerique codd. *strumenta.* v) Ita 1, 11, 12, 15, 16, 18, 20—22, Cod. Iust.; 23, edd. *eiusmodi.* 15 *uere* pro *iure.* x) 11, 12, 15—22 *consistant.* 22 *in medio proferendi vulgarique — cuius apud.* y) 1 *tamquam inhumanum.* 18 *duarum tamquam.* z) Rittersh. *pompaeque — familiarium paupertatis.* Etiam Aur. Lugd. Go. *familiarium paupertatis.* Nonn. codd. *familiarum paupertates, vilitate.* Mirum est legi in Lugd. *utilitatem*, recte vero in Aur. *vilitatem.* 22 *et in inviciis*, non *inimicitiis*, ut Be. nuntiat. Cod. Iust. *invidiae exponere.* a) 22 *debetis — quo — noluerunt cautionibus iura fide.* Hoc quisque[b] a debitoribus convenientem sibi exigat portionem: eque[c] diverso aes alienum, si cui defunctus fuerat obligatus, tam iidem successores, quam curia pro sua sorte*) restituere compellantur[d]. §. 4. Quod si saepe dicti successores sacramentum sibi crediderint excusandum, tum vero, ad similitudinem rerum immobilium, diligentior[e] curialibus omnium rerum indago praebebitur[f]: scilicet ut[g] universis mortui facultatibus in aperto propositis, vel aestimatio rerum, vel divisio, prout successores elegerint[h], sub praesentia curialium celebretur[i]. §. 5. In omnibus autem casibus, ubi quarta[k] pars curiae competit, transactiones interpositas firmas illibatasque manere decernimus. §. 6. [l]Ad filiorum vero numerum, ad quos integras opes[m] venire censuimus, filium, nepotem, pronepotem[n], patrem, avum et proavum, ad virilis[o] sexus originem pertinentes, etsi alieni sint curia[p], iubemus adiungi, ut ad[q] has quoque personas ex ultima voluntate vel ab intestato delapsae facultates[r] nullius partis imminutione decrescant. §. 7. Filiam quin etiam, neptem proneptemve[s] principali eiusdem civitatis, unde pater, avus vel[t] proavus oriuntur[u], nuptam rerum vel ab intestato vel ex dispositione voluntatis ultimae[v] quaesitarum integrum nullaque parte[x] minutum dominium habere sancimus. §. 8. Quod si[y] post parentum obitum inveniantur innuptae vel viduae, impuberibus[z] quidem post transactam pubertatem, in aliis vero, quae pubertatem excesserint[a], vel etiam in viduis post mortem parentis triennium duntaxat volumus exspectari[b], ut interim quarta portio suspensa vel[c] apud eam, si in matrimonio curialis eiusdem civitatis fuerit collocata, perpetuo iure permaneat[d], vel si intra id[e] temporis alienum[f] eadem curia sortiatur[g] maritum, penitusve nupta non fuerit, memorata pars[h] curiae cum triennii[i] tam urbanorum, quam rusticorum praediorum duntaxat fructibus addicatur[k]; ita tamen, ut et optionis conditio in offerendis rebus quartae partis sive eius pretio[l], et sacramenti[m] tam de quantitate, quam de aestimatione rerum mobilium deque actionibus inferendis excipiendisve[n], sicut in extraneis personis dictum est, ratio conservetur[o], ceteris videlicet, quae super hac re prolata constitutio continet, firmiter duraturis[p]. §. 9. Sed et si mater mortui vel avia tempore, quo filius neposve[q] moritur, in coniugio[r] curialis inventa fuerit, ne ipsas quidem patimur[s] quartae portionis subire iacturam. §. 10. Extraneum quin etiam[t] heredem, propinquitatis quidem[u] iure discretum,

---

etiam 15, 19, 21. b) Notatu dignum est, editum esse in Aur. *uniusquisque*, recte vero in Lugd. *unusquisque*. 22 *eam debitoribus*. c) 1 *conveniente* (Am. em. *convenientem*) *sibi exigat actionem. eque diverso es alieni si cui.* 6 *portionem eque diverso si aes alienum alicui defuncto fuerat obligatū tam idem.* 11, 12, 18 *aeque diverso — obliget tam idem.* 15, 21 *aeque diverso — si cui qui defunctus fuerat obliget tam hi de succ.* 17, 20 *aeque* (sed 17 *aeque e div.*) *diverso — si cuique — obliget* etc. 19 *aequae diverso — si cui qui defunctus fuerat obliget tam idem.* 22 *eaquae diverso est alienum si cuique — obligent tam idem.* 23 *Eque diverso* etc. Sich. — Lugd. Rittersh. Go. *Eque* s. *ęque diverso.* Cod. Iust. *Aeque ex diverso.* Cui. 2, 2*. Ri. — Be. *portionem*, *atque e div.* Scripsi *eque diverso.* Id enim habent 1, 6, 23 et inest in rell. codd. scriptura, ubi *aeque* mendose scriptum est pro *eque*, id e. *et ex diverso.* Vid. infr. §. 12, not. z. *) 23, Sich. *curia per suam sortem.* d) 1 *compellentur*, quod ferri potest. 11, 16, 18, 20, 23 *compelluntur.* 6 *Quod si praedictae.* 22 *Quod* (om. *si*) — *tum virum.* Cod. Iust. *tunc vero.* e) Sich. *diligenter.* Be. etiam 22 *diligenter* habere dicit, de qua re dubito. f) 1, 23, Sich. *praebetur*; 11, 12, 15, 17, 18 — 22 *omnibus requirendarum actio praebetur*, sed 15, 21 *praebeatur*, ut Be. em., qua em. non opus; nam neque *praebetur* falsum est. g) 19 om. *ut.* 11, 20 *mortuis.* 1 *stimatio.* 22 *aestimatione.* h) Cod. Iust. om. *prout succ. elegerint.* 22 *dividi ipso vel success.* i) Rittersh. om. *celebretur* et 22 *autem.* k) Rittersh. *quartae.* l) In Cod. Iust. §. 6 mut. est: *Ad filiorum vero curialium, vel nepotum, ac pronepotum, scilicet decurionum similitudinem, ad quos integras opes pervenire censuimus, filiam, quin etiam neptem.* m) 18 om. *opes.* 1 *a quos integras.* n) 11, 12, 15, 16, 19 — 23, Sich. om. *pronepotem.* 19 *censemus.* Rittersh. *proneptem.* 22 *avum proavum.* o) 15 *viriles.* Hic etiam inter se differunt Aur. et Lugd.; nam Aur. *viriles*, Lugd. autem *virilis.* 22 *virilem ex usu originem.* p) 11, 12, 17, 18, 20, 22, 23, Sich. *curiae*, sed Sich. *sint*, *Curiae iub. adiung.* 15, 19, 21, 22 *alienae sint curiae.* q) 1 *ut asquoque personas* et om., ut in codd. 6, 11, 12, 15, 16, 18 — 23 *ad*, sed recte a sec. man. add. *ad* in cod. 12. 22 *eas.* Mox 11 *ex ultimo.* r) 15, 19, 21, 22 *ab intestato vel ab se facultates*, sed 22 *facultatis.* 6 *his quoque personis — delatae facultates.* 20 *delapsa.* s) Nonn. codd. *proneptemvel.* 19 *neptam.* 20 *principalis.* t) 6 om. *vel.* u) 1, 6 *oriuntur.* 22 *orietur*; rell. codd. et edd. et Cod. Iust. *oritur.* v) Cod. Iust. *ultimae voluntatis.* 22 *in dispositione.* x) 1 *nullamque partem.* Etiam 15, 21 *partem* et 22 *integram nullamque partem minimam dominum h. sanctimus.* 6 *imminutum.* 16 *munitum.* y) 15, 19, 21, 22 *sancimus. Nisi.* z) Cod. Iust. *in impuberibus.* 6 *impuberibus qđ q̄ post.* a) 23 om. *excesserint*, pro quo verbo rubr. col. crux picta est. Sich. — Ri*. *adeptae sunt*, sed Cui. 1 — Cui. 2* et Rittersh. in m.: „*aliàs excesserint.*“ 22 om. *vel etiam.* Mox 19, 22 *parentes.* b) 11, 12, 15, 17, 19 — 22 *exspectare.* 6 om. *duntaxat.* c) Cod. Iust. *aut.* d) 22 *matrimonium curiales — permaneant.* 15, 21 *civitates permaneat ut si.* Ri*. *collacata — permaneant.* e) 6 *idem.* Cod. Iust. *tempus.* f) Omnes codd. praeter 1 *ex eadem curia*; bene cod. 1. R. in m. Cod. Iust. *ab eadem.* g) 15, 16, 19 — 22 *sortietur.* Nonn. codd. *penitus vel.* 17 *mariti.* 19 *punitus vel.* h) Cod. Iust. add. *totius substantiae.* Go. *immemorata.* Etiam Lugd. *immemorata*, sed Aur. recte *memorata.* i) 1 *tricennii.* 17 *cum triente.* 22 *triennio.* k) Go. *abdicatur.* 22 *addicatur attamen.* l) 1 *quarta partes seu eius.* 22 *eius preditum.* 23, Sich. om. *sive eius pretio*, sed in 23 spatium est et asteriscus ap. Sich. (*partis * et*), annot. autem apúd Sich. in m.: „*Deest verbū, quale est, maneat.*“ Cod. Iust. R. in m. *partis vel dodrantis et sacram.* m) 6 *sacramentis.* Mox nonn. codd. *de qua actionibus et si quo in.* 1 *de extimatione.* n) Cod. Iust. *inferendis vel excipiendis.* 11 *ueque actionibus.* o) 11, 12, 15 — 21, 22 *conservetur et ceteris* (22 *conservatur et ceteris*), sed 15, 21 *ceteri.* Rittersh. *hae re.* Cod. Iust. om. *ceteris — duraturis.* p) 15 *firmentur duratores — si materni ortus vel.* 16 *firmiter iuraturis.* 22 *firmetur duraturis.* q) 15, 21 *neptisve.* r) Cod. Iust. add. *eiusdem civitatis.* 22 *nec ipsas.* s) 1 *paciamur* curiae tamen eiusdem civitatis obnoxium supra dictae portionis[v] dispendio liberamus[x]. §. 11. Femineo vero sexui non hac tantum provisione, sed illa insuper iuris[xx] adiectione consulimus*). Praecipimus namque, ut ad similitudinem naturalium filiorum, quos decurionatus sorti[y] paterna sententia dedicavit, filia quoque naturalis in matrimonium curialis adscita[z], si tamen nulla patri eius suppetat[a] legitima soboles, idque[b] paternae visum fuerit voluntati[c], et omnes res patrias donationis titulo consequatur[d], et heres scribatur[e] ex integro: ita tamen, ut et[f] parentum, quibus quarta pars[g] patrimonii relinquenda est, et locorum, unde gener[h] eligitur[i] principalis, ad formam nuper[k] emissae constitutionis ratio conservetur[l]. Quid enim interest, utrum per filios, an per generos civitatum[m] commoditatibus consulatur? et utrum novos lex faciat curiales, an foveat, quos invenit? §. 12. Aliam quoque de negotio curiali[n] caliginem suggestione tui culminis[o] moti[p] recenti interpretatione discutimus, et inprimis descriptionis onere[q] siliquarum quattuor, quas[r] lucrativis iugationibus tantum, non humanis vel animalium censibus, neque mobilibus rebus iubemus[s] indici, etsi curiales non sint[t], maiores ac posteros liberamus; ut, si pater, avus vel proavus filio, nepoti pronepotive vel filiae, nepti[u] proneptive (nec interest[v], nuptae sint curialibus, necne) postrema[x] voluntate vel inter vivos etiam donatione quicquam de suis opibus largiatur, memoratae descriptionis cesset indictio[y]: eque[z] diverso, ut, si posteri[a] ad maiores praedicta sibi consanguinitate devinctos praefatis titulis suas conferant facultates, nullius accessione gravaminis[b] huius modi liberalitas oneretur[c]. Ita enim necessariis sibi coniunctisque personis sub liberalitatis[d] appellatione debitum naturae persolvetur[e]. §. 13. Cuius auctoritatem iuris pariter valere sancimus[f], et si ab intestato succedant praefati[g] sibi generis ordine sociati. Ex his enim successionibus maxime debiti potius solutio, quam muneris oblatio comprobatur[h], quae, non largientibus etiam dominis, ipsa propinquitatis serie deferuntur. Ceteri vero licet quadam[i] inter se cognatione iungantur, nunquam tamen[k] curiale praedium sine praedicto onere[l] lucrabuntur, nisi forte is[m], cui lucro res cesserit[n], eiusdem civitatis ordini sit obstrictus[o], qui, licet inter extraneos numeretur[p], vacuum tamen ea functione[q], quod datum est, consequitur[r]. Nam cum

---

quarte. t) 1 *extraneā ú quin etiam.* u) 6 om. *quidem.* 22 *discreta.* v) 22 *possessionis.* x) 1 *dispendium liberamus.* Hic desinit c. 2 Cod. Iust. cit. Mox 15 *provisioni.* xx) 1, 6 *illa insuperioris.* 11 *illi insuper ius.* 12, 15—21 *illa insuperius.* 22 *sexu non ac t. provisionis, sed illa insuperius.* Rell. codd. et edd. *insuper iuris.* *) 22 *consulemus* et 21 *ut et simil. namque filiorum.* y) 1 *sorte.* 11, 20 *de curia natus.* 22 *de curio natos.* Cui. 2, 2* *Decurionatus, sorti.* Aur. Lugd. Rittersh. Go. *patrimonium.* z) Nonn. codd. *filiam — adscitam.* a) 6 *patri eius nulla.* 21 *patriae subpetat.* b) 1, 15, 21 *subolis idque.* 12, 17 *suboles idq.* 16 *suboles si id quae.* 18, 20, 22 *suboles idque.* Rell. codd. et edd. *id quod.* Reposui *idque.* c) 1 *voluntate.* d) 22 *consequantur.* e) 15, 21 *heredes* et nonn. codd. *scribantur.* Recte Aur. *ita tamen*, sed Lugd. *ira tamen.* f) 1, 6, 11, 12, 15, 16, 18, 20—23, Sich. *ut et parentum*; rell. om. *et.* g) 11 sec. Ri., Sich. et in m. Cui. 2, 2* *matrimonii*, impr. Ri. 22 *relinquentia.* h) 11, 12, 20 *genere* et 16 *est in locorum uno genere*, h. e. *gener eligitur.* 15, 19, 22 om. *gener.* i) 1, 6 *eligitur* (cf. not. *h*); rell. et edd. *legitur.* k) 6 om. *nuper.* Propter vv. *nuper emissae constitutionis* Ri. utramque huius tit. Novellam eodem anno datam esse putat; recte. Vid. infra subscript., not. *b.* l) 1, 22, Be. *consequatur.* 11 *consequenter.* 12, 16, 18, 20, 23, Sich. —Ri*. *consequetur.* 15, 21 *consequitur.* 6, Cui. 1—2* et Rittersh. in m. *conservetur*, prob. Ri. et Am. In c. 3 Cod. Iust. cit. (V, 27) recepta sunt vv. *Quid enim interest —invenit.* Vid. Nov. 1 h. t. §. 9, not. *b.* m) 15, 19, 20—22 *cui tantum.* Rittersh. *generos. Civitatum.* Nonn. codd. *consolatur.* Infra 22 *novus lex — quo invenit* et 16 *facit aut curialis.* n) 1, 6, Rittersh. *curiali*; rell. codd. et edd. *curialis*, sed 22 *denegatio curialis — suggestionem*, ubi nonn. codd. *suggessione.* o) 1 *tue celsitudinis.* Utroque nomine imperatores appellarunt praefectos praetorio. p) Mirum etiam in cod. 1 (ubi vero ab Am. em.) pro *moti* scribi *morti*, quod invenitur in codd. 11, 12, 16, 18, 20, 22. 18 *recensi.* 20 *regenti.* q) 1 *discriptionis honere.* 11, 12, 17, 19—21 *honorem.* 15, 16, 22, 23 *honore.* 23 *de scriptionis.* 16 *reliqaarum* pro *siliquarum.* Hinc incipit c. 1 Cod. Iust. cit. *Descriptionis onere.* r) In Cod. Iust. add. *ex*, ut in cod. 6, qui praeterea *iurgationibus.* 16 *quam lucr. iurgationibus.* s) 22 *invenimus — curialis non sit.* Supra Ri*. *animalum.* t) 1 *etsi curialis non sint maioris* (supr. *ris* add. *e*). *hac posterus.* 15 *hac posteriores.* 21 *ac posteriores.* 18 *posterius.* u) 22 *aut si pater* (17 *et si pater*) — *nepotive* (om. *pronepotive*) *vel filiae neptae.* Cod. Iust. *avus* (om. *vel*) — *pronepoti* et om. *ve.* v) Ita Be. ex cod. 1, Cod. Iust. convenienter cum codd. 6, 17. 11, 12, 15, 16, 18—22 *ne quidem res nuptae.* 23 *nec in heres nuptae.* Sich.—Ri*. *nec referet nuptae.* Ceterum 1 *nuptiae*, sed em. ab Am. x) 11, 12, 18—20 *curialibus nectos postrema*, sed em. sec. man. in cod. 12 *nec ne.* 15, 21 *curialibus neptos postrema.* 17 *curialibus nunc postrema.* 22 *curialibus nec eos postrema.* Mox 22 *donationem.* y) 1 *discriptiones cesset indictio.* Nonn. codd. *indicio* s. *inditio.* z) Nonn. codd. *aeque.* 22 *ea quae.* Vid. supr. §. 3, not. c. Cod. Iust. *aeque ex diverso* et om. *ut.* 17 *diversa aut si.* a) 1 *si deposteri.* 11, 12, 19, 22 *si posterum.* 15, 20, 21 *postremum.* Cod. Iust. *posteriores.* b) Nonn. codd. *devinctus*, *suis*, *nullus*, *gravam in his* pro *gravaminis*, sed 23 *devictos.* c) 1 *huiuscemodi* (sec. Am.) *liberalitas honoretur.* 15 *huius mundi l. o.* 16 *h. liberalitas sanetur.* 22 *h. liberalit honoretur.* Cod. Iust. *In tam enim.* d) 19, 22 *libertatis.* e) 1 *debetum nature persolvetur*; etiam 6 *persolvetur.* Rell. codd. et edd. *debitum naturale persolvitur.* 22 *Cum ius* pro *Cuius.* f) 22 *censuimus.* g) 6 *ut si ab intestato praefato.* Cod. Iust. *etiamsi ab intestato succedant sibi praefiniti gen.* Ri*. *itestato.* Infra nonn. codd. *hiis*, ut Sich. Cui. 1. Cui. 2, 2*. Ri. Ri*. Etiam Aur. *hiis*, sed Lugd. *his.* h) 11, 12, 15, 16—18, 20, 22 *comprobetur.* Ante 22 *deberi — numeris.* i) 22 *propinquitatis servare — quidam* et om. *inter — curiale.* 23, Sich. *Caeterum vero.* k) Nonn. codd. *cognationem.* 19, 20 *iungantur. Nam tamen.* l) 1 *sine praedictū honere.* 18 *sine praeiudicio onere.* 15, 21, 22 *honore.* m) 1 et nonn. alii codd. *his* pro *is.* 22 om. *nisi — obstrictus.* Cod. Iust. *is forte.* n) 15, 19, 21 *lucro recesserit.* 1 *lucrum recesserit eiusdem.* o) 11, 12, 15, 17, 19—21, 23 *ordinis obstrictus.* p) 22 *nominaretur.* Sich. in m. *lucrum* pro *vacuum.* q) 6 *tamen a functione.* r) 1, personae conditio non[s] mutetur[t], ne rei quidem statum convenit immutari. §. 14. Lucrativas vero res eas tantum volumus appellari et[u] praedictae descriptionis gravamen excipere, quae hereditatis[v], legati, fideicommissi iure, mortis caussa donatione, vel cuiuslibet postremae voluntatis arbitrio ad quempiam delabuntur[x]. §. 15. Inter vivos etiam donatio simplici liberalitate confecta lucrativae merebitur et[y] nomen et sarcinam. Si vero vel socer futurus filii, nepotis vel pronepotis[z] sponsae affinitatis coeundae caussa[a] donaverit, vel parens etiam filiam[b], neptem vel proneptem curiali seu extraneo nubentem dotaverit, licet casus eventu res[c] eius, cui data est, vertatur ad lucrum, nec inter lucrativas numerabitur, nec descriptionis oneri subiacebit. Nec enim iuris optimi[d] est, matrimonium, cum tot[e] tantisque suis difficultatibus opprimatur, adventitiis etiam cumulare ponderibus. §. 16. Res vero, quae memoratis caussis lucrativae semel nomen exordiumque sortita est, licet ab eo, qui susceperit[f], ad alterum emtionis vel cuiuscunque contractus iure[g] migraverit, cum praedicto descriptionis gravamine procul dubio transferetur[h], ut vel sciens sibi imputet, qui accepit oneratam[i], vel si ignoraverit, quod interest consequatur; contraque[k], si cuiuslibet contractus exordio lucrativae nomen evaserit, et si postea lucri titulo in dominatum[l] alicuius ceciderit, sarcinam memoratae descriptionis effugiet[m]. Nulla enim in huiusce modi[n] caussis confusionis intercedit occasio, si ad primordium tituli posterior quoque[o] formetur eventus, nisi forte res[p] decurionis, quae ad eum cuiuslibet mercimonii[q] iure pervenerit, ad alterum fuerit postrema eius voluntate vel[r] ab intestato vel inter vivos donatione translata. Tunc enim, quia semel in personam[s] cecidit principalis[t], veterum titulorum nequaquam ratione perspecta, conditionem et onus[u] merebitur lucrativae, Apolloni[v], parens carissime atque amantissime[x]. §. 17. Illustris igitur[y] et magnifica auctoritas tua edictis ex more propositis sanctionem nostrae clementiae[z], quam in perpetuum volumus observari, ad omnium notitiam pervenire constituat. *Dat. VIII.*[a] *Id. Mart. Constantinopoli, post cons.*[b] *Dioscori et Eudoxii VV. CC.*[c] (443.)

Interpretatio. *Lege hac curiales minime prohi-*

6, 11, 12, 15, 16, 18, 20, 21, 22, 23, Sich. *consequitur*; in rell. codd. et edd. est *consequetur*. Cod. Iust. *consequatur*. s) 6 om. *non*. 1 *Nam con persone*. t) 15, 19, 20 *movetur* et 22 *movetur nec — statu*. Etiam Cod. Iust. et Ri*. *nec*. u) 6 *eas tantum res volumus appellari ac*. Etiam 11, 12, 18, 19, 22, 23 *ac* et 15, 17, 21 *hac*. Cod. Iust. *appellari, atque a pr. descriptionis gravamine*. Etiam Sich. *gravamine*. 1 *discriptionis* (ut nonn. Br. Al. codd.) *gravā enexcipere*. 22 *descriptioni gr. excaeperit*. 16 *gravamen exemere*. v) Cum v. *hereditatis* desinit fol. 34 cod. 16 et des. folia; proximum folium incipit cum v. *compuleris* §. 14 Nov. Valent. de Episc. iudicio. Rittersh. *hereditates*. Infra Cod. Iust. *causa donationis*. x) 21 *ad quem pravide labuntur*. y) 22 om. *et*. 23 *merebatur*. z) 6 *futurum filie nepti vel pronepti*. 1, 11, 12, 15, 17, 19, 21, 23 *futurus filii nepotes vel pronepotes*. 22 *filii futurum nepotes pronepotes*. Sich. *futuros f. nepotes, vel pronepotes*. Cod. Iust. *filii vel nepotis*. a) 1 *coeunda causa*. 15, 19, 21 *affinitatis eundae caussa*. 22 *affinitatis eandem caussam*. Mox 15 *vel praesens etiam* et 19 *vel parentes etiam*. b) In Cod. Iust. add. *vel*. 11, 12, 15, 19—21 *neptem proneptemve*. 18 *proneptem ne cur*. 22 *neptem proneptemvae curialis — donaverit*. c) Recte Be. ex Cod. Iust. *eventu res*; nam 1 *casus eventurus*, sed corr. est a librario *eventures*, ut in Cui. 1 ed. est. Etiam Ri. prop. *casus eventu, res*, quod dicit esse eventu mortis, morte. 6 *casus sit venturus eiusmodi ut cui donata est*. 11, 12, 18 *casus eventuris eius*. 15, 19, 21 *casu eventurum eius*. 20 *casu eventuris cui*. 22 *casu eventuram eius — ad locum*. 23, Sich. *casus eventusve eius*. Aur. — Ri*. *eventurus*. Infra 18 om. *nec* post *numerabitur*. d) 1 *discriptionis onere subiacebit. nemo enim iuris optime est*. 6 *est optimi*. Nonn. codd. *honori subiacebit*. e) 1 *con tot*. Infra 22 *adventiquos*. f) Cod. Iust. *susceperat*. g) 6 *contractus caussa*. 22 *exordio quae — aemtionis — inremigraverit*. h) 11, 12, 15, 19 — 22 *transferentur*. 23 *transferuntur*. Sich. *transfertur*. i) 15, 19, 22 *cum accipit honeratam*, sed 22 *honoratam*. 21 *tum accipit oneratam*. k) Nonn. codd. *contra quae*. 22 *ignoraverint — ansequatur*. l) Cod. Iust. *dominium*. Rittersh. *dominatum alterius*. 22 *dom. a. caederit*. m) 15, 20, 21 *effugiat*. 22 *effugit nullam — si a primordio*. n) 1, 6, 11, 12, 19, 22, 23, Sich. Cod. Iust. *huiuscemodi*; rell. *huiusmodi*. Infra Cod. Iust. *etsi ad primordium*. o) In cod. 23 hic rubro colore crux picta est. p) 22 *forte est decur*. q) 1 *mercimuniis*. Ri*. *iuri*. r) 23, Sich. — Ri*. om. *vel*. s) 22 *donatio*. 15, 17, 19, 21 *in persona*. t) Sich. *cecidit, principali*. Cui. 1 *cecidit, principalis*. Aur. *cecidi, principalis*, sed recte Lugd. *cecidit principalis*. u) 1 *honos*. 6 *et opus lucrativae merebitur*. 22 *conditione et honus*. v) 1 *Appollone*. Go. *Apollini*. Mirum est Lugd. habere *Apollini*, cum in Aur. sit *Apolloni*. x) 15 *kar. auguste*. 22 *pk aug aug*. Sich. — Lugd. Rittersh. Go. *Praefecte charissime AA*. 17 om. *parens — tua*. c. 1 Cod. Iust. cit. terminatur v. *lucrativae*. y) 1 *inluster* (Am. em. *inlustris*) *igitur*. Etiam 11, 12, 15, 19—21, 23 *igitur* pro *itaque*, quod edd. habent. 22 *Ill magnš āt. aedictis*. z) 6 *sanctionis nrē clementiam*. 23 *sanctione*. Infra 22 *observare*. a) 1, 22, 36 *VIII*. 19, 20, 38 *VI*. 4, 5 *III*. 31 *V*. 30, epit. Mon. om. *VIII*., 32 *Dat. — Mart.* et 33 *Dat. — Constantinopoli*. Rell. codd. edd. Cod. Iust. *Dat. VII*. Rittersh. *Eid.* pro *Id*. b) 4—6, 8, 9, 11, 12, 17—21, 23, 24, 30—33, Epit. Mon., Sich. Be. c. 3 Cod. Iust. (ubi extremam subscriptionis partem ex hac subscriptione depromptam esse dixi ad subscript. Nov. 1 huius tit.) add. *p̄c* s. *pc* s. *post cons̃*. et 38 *post* (om. v. *cons.*). 15 *Constantinopolitano praefecto*; rell. om. *post cons.*, etiam cod. 1 et c. 2 et 1 Cod. Iust. citt. Recte a Be. iubente Ri. add. *post cons.*, quia his vv. omm. hac Nov. recentior esset prima, quae quidem est opinio Am. Praeterea quia in codd. consules falso scripti sunt, etiam in cod. 1 (vid. not. sq.), neque Cod. Iust. sibi constat. Vid. subscr. Nov. 1 h. t., not. *h*, *l*. c) 1 *Dioscoro e Theodosio c̄s*, impr. Br. l. c. p. 865 et Am. 4 *D. et Eudosi v̄ic̄*. 5 *D. et eodoxi vc*. 8, 9 *D. et Eudoxi ūc̄ cons.*, sed 9 *consulibus*. 10 *D. et Eudoxi vicario consulibus*. 11, 12 *Didoscori et Eudoxi ŪŪC̄ C̄S̄S̄*. 15 *didoscori et eodem viris claris consulibus*. 18 *Didoscori et Eudoxi VV. CC*. 19 *didiscori* (corr. *Didoscori*) *et Eudoxi V̄V̄C̄C̄*. 20 *doscori et eudoxi v̄v̄c̄c̄*. 22 *didostoro et eudoxio ccs. s*. 23 *didoscori et theod̄ v̄ic̄ cōss*. 24 *Dioscuriae et Heudoti* et om. *VV. CC.*, ut in cod. 30 *et*, qui vero *Cons.* pro *VV. CC*. 31 *D. et E. v̄c̄ Coss*. 36 *dioscoro et eovodio cons*. 38 *dioscori et eudoxi uū cc̄*. Sich. *Didoscore, et Theod. VV. CC. Coss.*

bentur testamentum facere[d], *sed ita ut legitimis filiis, si voluerint, facultates suas integras sine imminutione aliqua derelinquant. Ceterum si filii legitimi defuerint, quemlibet etiam extraneum a curia scribere permittantur heredem*[e], *sed ita ut heres, qui conditionem curiae nullam debet, quartam hereditatis acceptae curiae sine aliqua imminutione mox refundat. Quod si is, qui heres scriptus est, integram hereditatem habere voluerit, pro quarta illa, quae curiae deputatur, pretium, quantum valuerit, dare non differat. Agri, domus, vel quicquid latere non potest, communi aestimatione taxentur. De praesidio*[f] *vero, aut quicquid latere potest, heres scriptus curiae praebeat sacramenta, secundum fidem pretium soluturus. Quod si noluerit*[g], *prolatis omnibus, tres partes heres, et quartam curia vindicabit. De cautionibus vero, quae testatori curiali debentur*[h], *simili ratione divisis etiam, quae*[i] *testator curialis debuisse convincitur, tres partes heres, et quartam curia creditoribus*[ii] *sine dilatione dissolvat. Pactiones, quae inter heredem et curiam de hereditatis divisione factae fuerint, firmae permaneant. Filii vero, nepotes et pronepotes, qui avis et proavis per virilem gradum successerint, seu scripti heredes sint, seu ab intestato succedant, sive curiales sint, sive a curia liberi, de hereditate sibi debita vel dimissa quartam partem curiae nomine penitus non amittant. Filia etiam curialis, neptis, proneptis, si curiali ipsius*[k] *civitatis in matrimonio iuncta fuerit*[kk], *avo, proavo intestatis in integra hereditate succedit. Et si testatus fuerit et has personas relinquat heredes, quartam portionem curiae refundere non coguntur. Quod si filia, neptis aut proneptis a patre, avo vel proavo vel in minore aetate vel viduae relinquantur heredes, posteaquam ad annos pubertatis accesserint, triennio exspectentur, ut si curiali eius civitatis nupserint, integram hereditatem, sicut eis vel debita est vel dimissa, sine aliqua imminutione possideant. Si vero ei*[l] *nupserint, qui curiae nihil debebat*[m], *quartam partem hereditatis a die mortis auctoris curiae cum fructibus sine aliqua*[n] *dissimulatione restituant. Et si sine maritis voluerint perdurare, quartam similiter curiae cum fructibus reddant. Quod si rem relictam a parentibus tenere maluerint, sacramento praebito de quantitate hereditatis quartam partem curiae in pretio mox refundant. Matri quoque vel aviae, si tamen curiales maritos habuerint, quartam portionem hereditatis defuncti filii vel nepotis, quae eis acquisita est, lex ista a curia non iubet auferri. Nam si quis curialis quemlibet extraneum, et tamen curialem scribat heredem, et ipse quartam, quia*[o] *portio curiae ipsius est, non refundat. Curialis etiamsi legitimos filios non habuerit, et habuerit naturales, si voluerit eos curiae iungere, et heredes scribere, vel donatione in eos propriam conferre substantiam, faciendi habeat potestatem. Filia quoque naturalis*[p] *si curiali nupta fuerit, licet ei*[q] *proprias et donare et relinquere facultates, ea conditione, ut patrem matremve*[r], *vel quibus actio de inofficioso testamento competit, nullatenus praetermittat. Sed eis legibus debitam vel donationis vel mortis tempore, hoc est quartam portionem reservet*[s].

Cui. 1. Aur. *Didoscoro*, *et Eudoxio VV. CC. Coss.*, sed Lugd. *Dioscoro, et Eudoxio VV. CC. Cos.* Cui. 2, 2*. Go. Ri. Ri*. Cod. Iust. c. 1 et 2 citt. *Dioscoro, et Eudoxio VV. CC.* (sed c. 2 Cod. Iust. cit. om. *VV. CC.*) *Coss.* (442.) Rittersh. *Diaboscoro et Eudoxio VV. CC. Coss.* Cf. Zir. l. c. p. 436 et 439 sq. not. d) 8, 9, 19—23, 38, alii codd. *test. fac. minime prohibentur*; nonn. codd., ut 23, et Sich. *sed id aut.* 5 om. *filiis.* e) Ita 8, 9, 11, 12, 15, 17—23, 38 et multi alii codd.; rell. codd. et edd. *scribere heredem permittantur.* Ceterum mendose hic et ille codex *aut curia* s. *aut curiae* s. *ad curiam* — *ut heredes* — *nullam habent* — *immunitione* (ita etiam Go.) *mox refundant. Quod si his* s. *Quod si quis heres adscriptus est* — *quam curia* — *voluerit* (ut Aur. Lugd. Rittersh. Go.) — *latere* (et om. *non*) *potest communia* s. *communi ita aestimatione.* f) Nonn. codd. *praedio*, male. Tamen etiam Rittersh. cj. *praedio.* 38 *peculio.* 22 *praecio* et Sich. *pretio*, impr. Ri., sed Sich. in m. *praesidio.* Rittersh. *vero ac quicquid latere non potest.* g) Recte multi codd. interque eos 19, 20, 22 *noluerit*; rell. et edd. *noluerint.* 8, 9, 11, 12, 15, 19—21, 23, 38, alii codd. *probatis.* Mox nonn. codd. *quarta c.* s. *curiae vindicavit* — *testatorum* s. *testamentorum*, sed 11 *quae excitatori curiali.* h) 4, 8, 9, 11, 12, 19, 20, 22, 38, alii codd. *debentur*; rell. codd. et edd. *debebantur.* Nonn. codd. *soli* pro *simili.* i) 11, 12, 19, 20 om. *quae.* ii) Rittersh. om. *creditoribus.* Ceterum hic et ille cod. *curiales* — *quartam curiae* — *permaneant. Filii vero* (aut *si vero*) *et nepotes* — *per gradum virilem* (aut om. *virilem*) — *seu* (ut Rittersh.) *curiales sint seu a* — *dimissam* (Aur. Lugd. Go. Rittersh. *demissa*, sed Rittersh. cj. *dimissa et relicta*) — *omittant* — *neptes proneptes se* (nonn. om. *si*). k) 11, 12, 19, 20, alii codd. *illius.* kk) Rittersh. deesse videtur *patri.* In seqq. hic et ille codex *intestati in integram hereditatem succedat* — *curialis* (11, 12 *curiales*) *refundere non cogantur* — *neptis avo* (aut om. *aut*) *proneptis* (Go. *pronepotis a patre*) *aut patre suo* (11, 12 *suo*) — *in minori* (ut Rittersh.) — *sine* (et om. *aliqua* ap. Rittersh.) — *possideat* (ut 11, 23). l) Nonn. codd. *eis.* Rittersh. *eo.* 23, Sich. om. *ei.* Nonn. codd. *nupserit.* m) 11, 12, 15, 38 *debebant*; alii codd. *debeant.* 22 *habeant.* Mox nonn. codd. *mortis aut auctoris* s. *actoris* s. *auctores* aut *curia.* n) 8, 9, 11, 12, 15, 19—21, 23, 38 et multi alii codd. om. *aliqua.* Aur. *aliqna.* In seqq. nonn. codd. *restituat* — *marito noluerint* (ut Cui. 1 — Lugd. Go. Rittersh.) — *reddantur* — *relictam aut parentibus* (et om. in aliquot codd. *tenere*) — *noluerint sacr.* (aut *voluerint sacr.*) *prohibito* s. *praelato* — *in pretium* — *refundat* (hoc 11, 19, 20). *Matri quoque et aviae* — *vel nepotes* (hoc 11, 12, 20, 22) s. *vel nepte* — *si quis curiales* — *sed tamen* (et add. in aliquot codd. *et*) *curialem scribet* (hoc 11, 19, 20, 22, 23). o) Sich. Cui. 1. Aur. Lugd. Rittersh. Go. *quae.* Nonn. codd. om. *quia.* p) Hic et ille codex *portionem curiae ipsius* (et om. *est*) — *fundat. Curiales etiam* (hoc 11) *filios legitimos non habuerint et habuerint* (22 om. *et habuerint*) *naturales si voluerint* — *iungere vel heredes* — *donationem* — *habent* s. *habeant potestatem. Filia quoque naturales.* Rittersh. cj. *Filiae q. naturali*, quia om. *ei.* Cf. not. sq. q) 11, 12, 19, 20, 23, Sich. Cui. 1. Aur. Lugd. Rittersh. Go. om. *ei.* r) Nonn. codd. om. *ve.* Alii in seqq. *Sed eius.* s) Nonn. codd. *reservat.* 23 *reservent.* In Br. Al. add. *Expl Novellarum Divi Theodosii* aut *Explicit Liber Novellarum* (*Divi*) *Theodosii* aut *Explicit Novellae Divi Theodosii* aut *Finis Novellarum Legū D. Theodosi A.* aut *Expliciunt Tituli Novelle Divi Theodosiani.* Sich. *Novellarum*

TIT. XXIII. DE LOCIS REI PUBLICAE[a] QUOQUO MODO POSSESSIS CIVITATIBUS RESTITUENDIS.

1. *Impp. Theodosius et Valentinianus AA. Apollonio Pf. P.*[b] Cum summo studio totisque viribus nitamur[c], civitates ditioni nostrae subiectas in perpetua felicitate versari, nihil tam[d] iniquum esse, neque a nostris temporibus dissentiens arbitramur, quam si eas adventitiis quidem subsidiis adiuvari velimus[e], propriis vero facultatibus nudari spoliarique patiamur. Quapropter cum voti[f] caussa per Heracleotanam[g] civitatem transitum faceremus[h], petitionibus civium eiusdem[i] maxima sumus cum miseratione commoniti[k], qui tam murorum[l] suorum, quam aquaeductus, nec non etiam aliorum[m] operum publicorum, utpote longo tempore neglectorum, curam[n] fieri oportere nostris provisionibus flagitarunt. Et quoniam saepe ab una civitate vel homine postulatum remedium generalem solet formam correctionis afferre, horum desideriis annuentes, liberalitatem nostram ad omnes provincias ducimus[o] propagandam. Tunc enim maxime[p] vota proficiunt, cum statui rei publicae, quae caussa votorum est, consulatur[q]. §. 1. Omnibus itaque consiliis diu nostro animo volutatis[r], nullam salubriorem caussam revocandae pristinae beatitudinis invenimus[s], quam si praedia tam urbana, quam rustica, nec non etiam tabernae[t], quae ad ius civile[u] pertinent, et a[v] quibusdam quolibet modo intra triginta annos, abhinc retro[x] numerandos, detentae[y] sunt, universis civitatibus *) assignentur[z]: exceptis videlicet tantum his, quae vel a[a] procuratore divinae domus vel a viro illustri comite rerum privatarum[b] iussu[c] nostrae clementiae, vel communi consensu civitatum cum scripturae interpositione distractae sunt. Nemo igitur quodcunque[d] memorati iuris, praeter civitates, quas suis volumus[e] opibus frui, sibi deinceps existimet[f] possidendum, ne propositum nostrae pietatis offendat, quod divinitus[g] nobis in mentem venisse confidimus. §. 2. Et credimus quidem, nostris praeceptionibus divulgatis[h] neminem tam incautum esse, ut dispositionibus nostris obviam ducat esse veniendum[i]: verum quia nulla paene[k] res adeo tuta[l] atque inviolata[m] est, contra quam ho-

---

Tit. XXIII. 1, Am. *Tit. XXII.*, sed sec. ord. *Tit. XXI.*, ut Zir. in ind. titt. 2, 3, P. in ind. titt. Cui. 2, 2*. Lugd. P[a]. in ind. titt. Go. P[b]. in ind. titt. Ri. Ri*. *Tit. XXX.* 6 *Tit. XX.* P. P[a]. P[b]. in ipsa ed. Rittersh. *Tit. XXVIII.*, sed Rittersh. sec. ser. *Tit. XXXIV. s. ult.* Novv. Theod. Be. *Tit. XXIII.* Cf. tit. I — IV, VII, not. sup. Commemoratur in indice Novv. Cui. 1 et Aur. Cf. Nov. Mart. tit. III. — N. 1. Codd. edd. *N. un.* Be. add. (*XXII.*), i. e. omnium Novv. in ed. Be. In cod. 3 nihil superest nisi particula §phi 1. Vid. infra not. *s* et *z*. Cf. c. 1 C. Th de Locat. fund. iur. emphyt. (X, 3).

Theodosii A. Finis. In cod. 21 add. *Hic quaere de Theodosiano Novell libro in hera VIII. Si quis hereditate positus sibi ancillam in coniugio copulaverit, agnatio matrem sequatur. Simili modo, si liberta servo* (l. *servum*) *acceperit marito* (l. *maritum*), *agnatio patrem sequatur, quia inferiore parte vadit.* In codd. 4, 5 sequuntur novem Novellae a Visigothis non receptae, de qua re vid. Praefationem.

a) *Quoquo — restituendis* om. in cod. 6. b) 6 *praeposito.* Rittersh. *Pf. Pon.* c) 1 *enitamur.* d) 1 *tamen.* Supra Ri*. *soelicitate.* Infra Go. *adventitis.* e) 1, 6, Be. *velimus.* 2 *vellimus*, em. a P. *velimus.* P. — Ri*. *vellemus.* Rittersh. *adiuvare.* f) 1 *moti*, em. ab Am. *motus.* 2, edd. *cum vocati*, sed superscr. est in cod. 2 a P. *commorati.* P. in not. et P[b]. in m.: „*Doctor meus emendat cum voti causa per Heracleonam* (P[b]. in m. *Heracleonem*). *quod perspicue verum est.*" Doctor ille Cuiacius est. In m. cod. 2, in P. ms. et in m. Cui. 2, 2*. Lugd. em. *voti*, impr. quidem Ri.; sed 6 perspicue habet *voti*, cui respondent ea, quae infra dicuntur: *Tunc enim maxime vota proficiunt, cum statui rei publicae, quae caussa votorum est, consulatur.* Ri. quamquam illa vv. ad Quinquennalia, quae Theodosius anno 443 celebraverit, respicere concedit, tamen em. *metati.* Duxisse enim ait superiore anno Theodosium exercitum adversus Persas metatique caussa per Heracleanam civitatem transiisse. Simplicius est em. *voti*, quod convenit cum cod. 6 et latet in scriptura codd. 1, 2. g) Ita 1, Be. 2 *Dracleotantam*, sed corr. a P. *Heracleonam.* P. — Ri*. *Heracletantem.* In m. Cui. 2, 2*. Lugd. *Heracleonam.* Vid. not. *f.* Ri. in not. doctissime disputans de h. l. em. *Heracleanam.* h) 1 *facerimus*, non *fecerimus*, ut Am. et Be. nuntiant. i) 6 *eius.* k) 1, 2, edd. *cum miseratione commoniti.* P. in cod. 2 supr. h. vv. notat *cōmiseratiōe cōmoti*, quod videtur ex codice, ex quo 2 descriptus est, deprompsisse. Idem prop. P. in not. et P[b]. in m., impr. Noordkerk. Obs. Dec. p. 21, qui ex prisco more scribendi *cummiseratione* pro *commiseratione* illud retinere vult. Ri. em. *commiseratione moti.* 6 *commiseratione.* Non video caussam mutandae vulg. scripturae, etsi non nego, bonam esse emendationem Pithoei. l) Go. *multorum.* m) 1 om. *quam — aliorum.* n) 1 *cura.* o) 6 *duximus.* p) 1 *maxima.* q) 6 *consulitur*, idem P. in cod. 2 em. Go. *votum est, cons.* r) 2, P[b]. *voluntatis*, em. a P. in cod. 2 *volutatis.* P[a]. *nostro animo volūtatis.* s) 2 *inveniamus*, em. a P. Cum vv. *quamsi* incipit cod. 3. t) Cf. Go. ad C. Th. XV, 1, 9 et Ri. ad h. l., not. *g.* u) Cf. Zirardin. l. c. p. 234 sq. v) 1 *ad* et infra *annus.* x) 1, 3, 6 *retro.* 2, edd. *vero.* Iam Rein. et Ner. l. c. em. *retro.* 1 *abinc — numerandus.* y) 6 *detenta.* Idem repon. P. in cod. 2. 1 *detente.* *) A Rittersh. om. *civitatibus.* z) 3 *accingentur* et desinit 3 cum h. v. a) 1 *hisque vel* et om. *a.* b) 1 *crp.* 2 *comite repta*, em. a P. *rerū privatarū comite.* P. P[a]. *comite * reperta.* Cui. 2 — Ri*. *Comite reperta.* P. in not. et P[b]. in m.: „*Quis non ferat emendantem, R. P. id est Rerum Privatarum?*" In m. Cui. 2, 2*. Lugd. em. *R. P.* P. ms. et Ri. em. *rei privatae*; id Be. restituit. Scripsi cum cod. 6 *rerum privatarum*, quod inest etiam in siglo cod. 1 et convenit cum Notitia Dignitatum Orientis et Occidentis. Etiam Am. et Zir. (l. c. p. 235) siglum cod. 1 explicant *comite rerum privatarum*, quae res nota est. Vid. etiam Zir. l. c. pag. 145, not. *E.* c) 6 om. *iussu.* 1 *climencie.* Paullo infra apud Go. deest *scripturae.* d) 2 *quocunque*, em. a P. *quodcunque.* e) 1, 6 *quas suis volumus.* 2, edd. *quas sui iuris volumus*, sed Go. *quas sui iuri vol.* f) 6 *estimet.* g) 2 *divinitatis*, em. a P. *divinitus.* h) 2, P. — Ri*. *devulgatis*; em. a Ri. *divulgatis*; hoc habent 1, 6 reposuitque Be. i) 1 *ducat essē eniendum.* 2 *virum*, em. a P.; P[a]. P[b].

minum uaturalis aviditas [n] non unquam [o] aliquid existimet [p] moliendum, totius rei perfectionem amplitudini [q] tuae, cuius provisionem amoremque circa rei publicae commoda [r] ipsis rerum documentis saepe sumus experti, una cum viro illustri [s] magistro officiorum, cuius administratio probatissima nobis est, delegamus, Apolloni [t], parens carissime atque amantissime [u]. §. 3. Illustris [v] itaque auctoritas tua, certo scitura, quod tam nobis haec caussa huiusque rei efficacitas [x] cordi est, ut omnibus eam paene aliis praeponamus, quae per hanc divinam legem sanximus [y], ad omnium provinciarum notitiam edictorum propositione pervenire constituat, quatenus summa cum celeritate [z] modisque [a] omnibus impleantur [b]. *Dat. XI.* [c] *Kal. Iul. Aphrodisiade* [d], *Maximo II.* [e] *et Paterio* [f] *VV. CC.* [g] *Coss.* (443.) [h]

TIT. XXIV. DE AMBITU, ET LOCIS [a] LIMITANEIS INIBI REDHIBENDIS. [b]

1. *Impp. Theodosius et Valentinianus AA. Nomo* [c] *Magistro* [d] *officiorum.* Cum nulla paene res [e] adeo parva sit, quae non plurimum provisionis de nostra clementia [f] consequatur, praecipuam limitibus [g] curam impertiendam [h] esse censemus [i], quibus maxime communitur [k] universa res publica. Haec enim una res [l] diligentissime procurata multarum [m] nos rerum sollicitudine relaxabit [n],

---

Tit. XXIV. 1, Am. *Tit. XXIII.*, sed sec. ord. *Tit. XXII.*, ut Zir. in ind. titt. 2, 3, 5, P. in ind. titt. Cui. 2, 2*. Lugd. P [a]. in ind. titt. Go. P [b]. in ind. titt. Ri. Ri*. *Tit. XXXI.* 4 *XXI.*, mendose pro *XXXI.* Cui. 1. Aur. Rittersh. *Tit. XV.* P. in indice titt. (etiam P [a]. et P [b].) de hac Nov. haec habet: „*quae edita est XV. inter Th. Nov. sed non integra*“: quibus vv. eam iam a Cuiacio in Cui. 1 editam esse indicat. Vid. Praefationem. 6 *Tit. XXI.* P. P [a]. P [b]. eo loco, ubi titulus ipse editus est, *Tit. XXIX.* Be. *Tit. XXIV.* Vid. tit. I—IV, VII, not. sup. C. Th. II, 23, 1; V, 13—15; VII, 14—17. Cod. Iust. XI, 59. — N. 1. Codd. edd. *N. un.* Be. add. (*XXXIII.*), i. e. omnium Novellarum in Be. ed. Cod. Iust. I, 46, 4; XI, 59, 3; I, 31, 4 mut. Bas. VI, 1, 96, 60, LV, 6, 3. Commemoratur a Cuiacio in Comm. ad c. 3 Cod. Iust. cit. l. c. p. 398. In cod. 3 nihil superest nisi clausula §. 6.

---

verum quasi nulla. k) 6 om. *paene.* l) 1 *tuta adque.* 2 *totque adque*; sed del. est *que* post *tot* et scapus add. supra h. v.; in m. vero a P. em. *tuta.* m) 1, 2 *inviolanda*, em. a P. *inviolata* in cod. 2. n) 2 *aviditate*, corr. a P. o) 2, P [a]. P [b]. *nonunquam*; P. in not. P [b]. in m. Cui. 2, 2* et Lugd. in m. Be. *non umquam* s. *non unquam.* 1, 6, P.—Lugd. Rittersh. Go. Ri. Ri*. *nonnunquam*, ut corr. P. in cod. 2. Apparet leg. esse *non unquam.* p) 1 *extimet.* P. in cod. 2 supr. lin. *existimat.* q) 2 *amplitudinis*, em. a P. r) 1 *commoditatis* (em. ab Am.), non *commoditates*, ut Be. scribit. Nov. 2 tit. XXII. Theod. §. 11 *civitatum commoditatibus.* 2 *commodos*, sed corr. a P. *commoda.* s) 1 *una cū ū inl.* t) 1, 2 *Appolloni.* P. Cui. 2, 2*. Lugd. P [a]. Go. P [b]. *Appoloni.* u) 1 *p k̄ ā ā.* 6 *p̄ k̄ ā ā.* Be. *p. k. a. a.* 2 *p̄ k̄ ā.* Edd. ante Be. *P. K. A.* Cf. Zir. l. c. p. 500 sq. v) 2 *inlustras*, em. a P. 6 *igitur* pro *itaque.* x) 2 *efficacitatis*, em. a P. y) 2, edd. ante Be. *sancimus.* 1, 6, Be. *sanximus.* z) 1 *celebritate*, recte impr. Amadutio. a) 1 om. *que*, quod v. abesse potest. b) 1, Be. *impleantur*, recte et prob. Am. 2, P. in not. Cui. 2, 2*. Lugd. Go. P [b]. in m. Ri. Ri*. *impleatur.* P. P [a]. Rittersh. P [b]. *impletur.* 6 *compleatur.* c) 1, 2, 6, P. P [a]. Rittersh. P [b]. *XI.*, quem numerum et *Iun.* pro *Iul.* iam Br. l. c. p. 866 et Ri. in cod. 1 esse dixerunt. Rell. edd. *II.*, ex mendo Cui. 2. d) 1 *afrodisiade* habere iam Br. l. c. et Ri. nuntiant; idem proposuit Go. ad C. Th. XI, 1, c. ult. et Br. l. c., prob. Ri. Similiter Val. in m. *Aphrodisiade.* 2 *frodosiade.* Edd. ante Be. *Frodosiadae.* 6 *frodisiade.* Be. ed. *Aphrodosiadae.* Rein. em. *Prusiade.* Rep. *Aphrodisiade.* e) 1 om. *II.* f) 6 *Paterno.* Vid. tit. XXII. antec. Nov. 1 in f., not. *k.* g) 2 *Vecariis*, corr. a P. *VV CC.* P. in not. et P [b]. in m.: „*vet.* Vecariis *ut et alibi pro* Viris clarissimis *errore ex notis orto.*“ Cf. Zir. l. c. p. 145, not. *E.* 1 om. *VV. CC. Coss.* et 6 *VV. CC.* h) Fortasse inter hunc et sq. tit. inculcandum est fragmentum Novellae, quod a scriptoribus Finium Regundorum, in ed. Berol. inter Fragmenta Finium Regundorum p. 1555 servatum est: „*Impp. Theodosius et Valentinianus AA. Numo Magistro officiorum. Post alia. Praecipimus itaque agrimensoribus, ut pro laborum vicissitudine geometricae artis fundo, cui finem restituens in trifinii rationem steterit, et convenientiam trium centuriarum ibidem esse signaverit, tres aureos accipiat, absque sua pulveratica. Quodsi limitem direxerit, volumus, ut per singulas possessionis uncias singulos aureos accipiat, pro intentione, quae inter partes sopietur* etc.

a) Cui. 1. Aur. Rittersh. *lucris.* 3 *limilitaneis.* b) 1 *limitaneis linili redebendis.* Etiam 2, 5, P. P [a]. et P [b]. in ind. titt. *inibi redebendis.* Rell. *inibi redhibendis*, impr. Zir. in ind. titt., qui scripturam cod. 1 secutus, pro *inibi* edidit *limiti*, i. e. militibus Romani imperii limites custodientibus, probabiliter. Vid. §. 4 et ad interpretandum v. *limiti* §. 2 *facultatibus — limitibus assignandis* et §. 3 *solutionem — addicendam limitibus.* c) 1 *Ciro* et infra §. 5 *Cyre*, impr. Br. l. c. p. 869 et Am. et Ri.; rell. codd. et Cui. 1—Ri*. *Numo.* P. in not. et P [b]. in m. ad §. 5: „*Hic* (Numus) *et Nonius et Nomius aliàs scribitur.*“ Ri. ad h. l. not. *a* Nomum scribendum esse probat. Vid. tit. sq. Nov., ubi 1 *Nomo.* Be. consentiente Cod. Iust. rep. *Nomo.* Supra 6 *Id. Aug.* et 2—5 *Theud.* d) 4 *magnum.* 2 *magistri officio.* e) 5 *poena res* et ponitur uncinus supra *r* et litera *o* supr. *e.* 4 *poenae.* Cui. 1. Aur. *adeo pervasit, quae.* f) 1 *provisionis n̄re climencia consequatur.* 2 *provisionis de nostre clemencie consequatur.* 4, 6 *provisionis nostrae clementiae conservatur.* 5 *provisionis de* (del. virgulis *de*) *n̄rae clementiae* (del. ult. lit. *e*) *conservatur*, sed ponitur *e* supr. *a.* Cui. 1. Aur. *provisione nostrae clementiae conservatur.* Rittersh. *plurimum nostrae clementiae provisione conservatur.* Rell. *provisionis de nostra clementia consequatur:* bene quidem; sed tamen perpensa diversa illa scriptura puto del. esse *de* et leg. *provisionis nostrae clementiae consequatur* aut *provisionis nostra clementia consequatur.* g) 2, 4—6, edd. ante Be. *militibus.* Recte Zir. l. c. p. 457 et Be. ex cod. 1 rep. *limitibus.* Ceterum 1 *precipua*, sed Am. em. *praecipuam.* h) 4 *inpercipiendam.* i) 1 *censimus.* 2 *censuimus.* k) 5 *maximae commonitur* et add. *e* supr. *i* (*commonetur*), sed in m. scriptum est: *l. communitur.* l) 1 *haec una res enim dilig.* m) 5 *nos* cum virgula supra *o*; in m.: „*l. nobis.*“ n) 2, 5 *sollici-*

nec singulis cogemur [o] adhibere medicinam, si generali remedio cuncta sanemus [p]. §. 1. In primis itaque [q] duces limitum, et praecipue quibus [r] gentes, quae maxime cavendae sunt, appropinquant [s], iudicio nostrae clementiae provehi volumus [t], quorum integritatem [u], fortitudinem, vigilantiam prolata [v] rerum documenta commendant: capitali poena videlicet [x] ambitus libidine restinguenda. Eos igitur, quos [y] nostra aestimatio, sicut iam [z] dictum est, promovendos esse [a] censuerit, in ipsis plerumque [b] limitibus commorari, et milites ad antiquum redigere [c] numerum imminentibus magisteriis potestatibus, diuturnisque [d] eorum exercitationibus inhaerere praecipimus. Castrorum quin etiam ipsis lusoriarumque [e] pro antiqua dispositione [f] curam refectionemque [g] mandamus [h]. §. 2. Quibus cum principe [i] castrorumque praepositis [k] pro laborum vicissitudine limitanei tantum militis [l] duodecimam annonarum [m] partem, distribuendam videlicet inter eos magisteriae potestatis [n] arbitrio, deputamus [o]. De Saracenorum [p] vero foederatorum aliarumque [q] gentium annonariis alimentis [qq] nullam penitus eos decerpendi [r] aliquid vel auferendi [s] licentiam habere concedimus [t]. Sciant plane, quod, si quid amplius, quam eis ex nostra auctoritate statutum est, audeant usurpare, utpote sacrae [u] pecuniae violatores et ipsi [v], facultatibus suis tui [x] culminis dispositione [y] limitibus assignandis [z], poenam gladii sustinebunt: et qui tanti flagitii vel potius proditionis publicae ministros participesve se dederint [a], pari [b] supplicio subiacebunt, nullum effugium nec sacra annotatione, nec lege pragmatica divinisve mandatis, nullam spem salutis habituri. §. 3. Viros [c] autem illustres magistros militum priorem integritatem [d] suae administrationis imitaturos, in posterum quoque ab omni limitaneorum militum ac foederatarum [e] gentium concussione temperatu-

---

tudinem relaxavit. 4, 6 *relaxavit.* o) 4 *singulis agemur.* p) 1 mendose *cunctas animus.* 2, 4, 5 *cunctas sanemus,* sed del. in cod. 5 litera *s* v. *cunctas.* q) Hinc inc. c. 4 Cod. Iust. de Offic. milit. iud. (I, 46). r) 2, 4 — 6 om. *quibus* et in 5 *praecipuae* est. Rittersh. *gentes maxime.* s) 5 *adpropinquant*, sed pon. *e* supr. *a.* Cod. Iust. om. *iudicio — censuerit.* Mox Ri*. *nostxae.* t) 2 *prohibere.* 5 *clementiae conservatur* (sed circumducitur hoc v. linea) *probei* (corr. *provei*) *volumus*, sed ponitur *e* supra *o.* u) 4 *integritate.* 5 *integritate fortitudinem vigilantiam*, sed del. lit. *m* in vv. *fortitudinem* et *vigilantiam.* v) 1 *probata.* Go. om. *prolata.* x) 6 om. *videlicet.* y) 1 *libidinis extringuenda. E. i. quos*, quod aut *libidine restringenda* aut *libidine exstinguenda* explicari potest. 4 *restringendā. Eos igitur post nostram.* Etiam 2, 5 *post*, sed supra lin. add. *prout* et in m. *quos.* z) 2 om. *iam.* 4 *sic iam.* a) 6 om. *esse.* Rittersh. *censuerit, ut in ipsis.* b) Cod. Iust. om. *plerumque.* Rittersh. *pleraque.* c) 1 *commorari et ad militis antiquūm redere numerum*, ubi noli legere *redire* propter Bas. Cod. Iust. *ad proprium redigere.* Rittersh. *commorare.* d) 5 *diuturnisquae* (corr. *diuturnisque*) — *praecepimus.* In Aur. deest *inhaerere.* Ri*. *castrorum quinque etiam.* Reponerem, si codices consentirent, *diurnisque.* e) 1 *lusuriarūque.* 2, 4, 6, P. P [a]. P [b]. Lugd. Cui. 2, 2*. Rittersh. Go. — Ri*. *luxuriarumque.* 5 *luxuriārum quae.* Cui. 1 et Aur. *lusoriarumque*, sed in m. Cui. 1. Aur. *clusoriarumquae.* Cf. Cui. Obs. III, 24. P. ms. Cod. Iust. *clusurarumque.* P. in not. et P [b]. in m.: „*Mirum quam constans fere sit huiusmodi scriptura in vetustis exemplaribus. Clusura etiam* πρίων *veterib. dicta est ut in libro Iudith. cap. IIII. Unde Serrae nomen plerisque Galliae nostrae clusuris.*“ Recte Ri. em. *l soriarumque* ex C. Th. VII, 17, ubi vid. nostram ed. not. *q*: cui scripturae a Cui. antea editae, a Be. denuo repositae, non repugnat cod. 1, in quo saepissime *u* pro *o* usurpatur. Cf. etiam Dirksen. l. c. p. 361, Herrmann. ad c. 4 Cod. Iust. cit., not. 24, Böcking. in Not. Dign. Or. p. 446, 489. Ceterum Cod. Iust. *Castrorum quin etiam refectionis clusurarumque curam habeant. Quibus.* Bas. κλουσοριῶν. Vid. infra §. 5, not. *y.* f) Cf. Go. ad C. Th. VII, 4, 28 (apud Ri. Tom. II, p. 323). In Cui. 1. Aur. om. *dispositione — mandamus* et indicatur lacuna quattuor asteriscis. g) 1 *reiectionemque.* Rittersh. *refectionumque.* h) 2, P. P [a]. P [b]. Rittersh. *mandari.* i) Ita 1, 6, nonn. codd. Cod. Iust. P. — Ri*.; sc. princeps legionum. Cf. Go. l. c. 2, 4, 5 *principem*, sed del. *m* in cod. 5. Cui. 1. Aur. Be. Cod. Iust. *principibus.* k) 5 *castrorumq*; (sed del. *q*;) *repositis.* 4 *c. positis.* In Cui. 1. Aur. omittitur *castrorumque — vicissitudine* indicaturque lacuna tribus asteriscis. l) 1, 2, 4, 5 *milites.* 6 *militibus.* Recte *militis.* Cod. Iust. *limitaneorum militum.* Rittersh. *limitanti tantum.* m) 4, Aur. *annorum* et 4 *duodecim.* n) 5 *potestates*, corr. *potestatis.* 4 *magisterii.* o) 4 *deportamus.* Hic Cod. Iust. c. 4 cit. desinit. p) Cod. 1 *De S. verum.* 5 *Sarracenorum.* Cf. Go. ad C. Th. ed. Ri. T. II, p. 391; Spanhem. Obs. ad Iuliani Or. I, p. 164 (in Ri. ed. C. Th. T. II, p. 322, not. *a*); Ri. ad h. l. not. *f*; Böcking. ad Not. Or. p. 295. q) Rittersh *aliorumque* et om. *gentium.* 5 *gestium*, sed corr. *gentium.* qq) 4, 6 *elementis.* 5 *clementis* et ponitur scapus supr. lit. *i.* Cui. 1 et Aur. *emolumentis.* r) Rittersh. *decerpendo.* Cui. 1. Aur. om. *aliquid* et 6 *eos.* s) 4, 5 *afferendi.* Go. ad C. Th. VII, 4, 29, not. *c* tuetur *auferendi*, recte. t) 1 *concedemus.* u) 1 *audiant usurpare utpotesacre pecunie.* 2, 6 *ut pute* (6 *ut pote*) *sacre pecuniae.* 4 *audent usurpare ut potest ut potest exsacre pecuniae.* 5 *statutum est usurpare praesumpserint ut potes acrae pecuniae.* Edd. omnes *ut pote* s. *utpote super exactae pecuniae*, sed Cui. 1. Aur. supra *audent usurpare.* Omnes igitur codd. *sacrae*, quod optime h. l. dicitur. Reposui igitur *sacrae.* v) Ri. Ri*. *viol., et ipsi facultatibus suis, et tui culminis — adsignandis, poenam g. s.* In Cui. 1 — Go. edd. non interpungitur. Be. *violatores et ipsi facultatibus suis, et — assignandis poenam.* Nullus codex confirmat egregiam Ri. em. *exuti*; nam 1, 2, 4, 5 habent *viol. et ipsi* et 6 *violatores ipsis.* Locus suspectus, si vulg. scripturam sequimur. Sed vid. not. sq. x) 1 *suis cui*, omittitur igitur *et*, quod orationem in rell. codd. et in prioribus edd. turbavit (vid. not. antec.) et delendum est. y) 4 *dispositionem.* 5 *dispositione in lim.* z) 4, Cui. 1. Aur. om. *assignandis.* 2 *pena.* a) 1 *proditionis publice ministro spartecepes uesedederint.* 2 *proditionis publice ministros participesve ediderint.* 4 *prodictionib. supplice ministros participesve ediderint.* 5 *proditionis publice ministros participesuae ediderint.* Cui. 1. Aur. *proditionis supplices ministri participesue extiterint.* P. — Ri*. *proditionis publicae* (Rittersh. *publice*) *ministros participesve ediderint.* P. ms. P. in not. et P [b]. in m. pro *ediderint* em. *exstiterint.* Ri. em. *non ediderint*, obstantibus tum codd. tum sententia loci. Be. Cui. 1 secutus ed. *proditionis publicae ministri participesve exstiterint.* Leg. est cum cod. 1 *proditionis publicae ministros participesve se dederint.* Eadem scriptura inest in rell. codd., modo quod litera *s* vocis *se* occasione antec. syll. *pesve* absumpta est, quo facto librarii literam *e*, quae superfuit, cum v. *dederint* coniunxerunt. b) 4, 5 *patris.* c) 4 *adnotationem — divinis sui — viro.* d) 4 *priori integritate.* 5 *priori ingregitatem* (sed corr.) — *emitaturus*, corr. *imitaturus.* e) 2 *ac federato.* 5 *foedera-*

ros[f] suaque officia prohibituros esse confidimus. Quod si quid huius modi[g] fuerit perpetratum, apparitiones, quae his obsequuntur, quadrupli[h] solutionem agnoscere iisdem addicendam[i] limitibus[k] imperamus. Id enim ipsis[l] quoque viris[m] eminentissimis magistris militum amicum esse non dubium est, qui semper omnia[n] sua compendia pro salute rei publicae contempserunt. Quis enim dubitat, eos communem statum suis opibus praelaturos[o]? qui defensione strenua bellicisque conflictibus imperium nostrum suo saepe sanguini[p] praetulerunt: universis videlicet, qui hoc nefandum[q] atque illicitum facinus perpetrare tentaverint, adeo tam sacrae annotationis, quam legis[r] pragmaticae mandatorumque nostrorum[s] subsidio, etsi aliqua forsitan obreptione[t] meruerint, excludendis, ut neque intimatio, licet admissa fuerit, penitus prosit, et ducis seu magistri[u] militum vel cuiuslibet iudicis[v], qui insinuationi annuerit[x], officium centenarum librarum auri damnatione mulctetur[y]: quam summam ad eorundem limitum[z] refectionem volumus proficisci[a]. §. 4. Agros etiam limitaneos[b] universos[c] cum paludibus omnique iure, quos ex prisca dispositione limitanei milites ab omni munere vacuos ipsi curare pro suo compendio atque arare consueverant, et si in praesenti coluntur, ab his firmiter ac sine ullo concussionis gravamine detineri, et si ab aliis possidentur[d], cuiuslibet spatii[dd] temporis[e] praescriptione cessante, ab universis detentoribus[f] vindicatos[g] iisdem militibus sine ullo prorsus[h], sicut antiquitus statutum[i] est, collationis onere[k] volumus assignari: in his etiam contra eos, qui praeceptionibus nostris obviam venire tentaverint, eadem poenarum acerbitate[l], quae adversus ducum aviditatem[m] prolata est, valitura. Nam si quis forte, quod minime audere debuerat, emptionis titulo[n] memorati iuris possidet praedia, competens ei actio adversus[o] venditorem intacta servabitur[p]. §. 5. Id autem curae perpetuae tui culminis credimus[q] iniungendum, ut tam Thraci[r], quam Illyrici[s], nec non etiam Orientalis[t] ac Pontici limitis[u], Aegyptiaci insuper, Thebaici, Lybici[v] quemadmodum se militum numerus habeat[x], castrorumque ac lusoriarum[y] cura pro-

---

torumq.; 6 *militum et foederatorum.* Etiam Go. *foederatorum.* f) 4 *concussionem temperaturus.* Lugd. *prohibituros.* g) 6 *quod eiusmodi.* Rittersh. *huiusmooi.* h) 1 sec. Am. *quadruplici*, em. ab Am. *quadrupli.* 5 *quadruplē.* i) 1 *solutione* (Am. em. *solutionem*) *agnuscere hisdem addicendam lim.* 2, 4—6, edd. ante Be. *s. a. hisdem* (Go. *iisdem*) *limitibus* et om. *addicendam.* Be. ex cod. 1 recte rec. *addicendam.* k) 6 *militibus.* l) 2, 5, 6, edd. ante Be. *Idem ipsis.* Sola Rittersh. ed. *Idem ipsos*, mendose. 4 *Idem ipsi.* Be. ex 1 recte *Id enim ipsis.* m) 4 add. *eminentes.* n) 5 *semper per omnia.* o) 2, 4, 5 *relaturos.* 6 *relevaturos.* Rittersh. *opibus suis.* p) 1 *sanguine.* q) 4, 5 *nefandam*, corr. in cod. 5 *nefandum.* r) 1 *timptaverint ad eum tam sacre a. q. l.* 2 *annotationes q. l.* 5 *leges*, sed em. *legis.* s) 2, 4—6, Cui. 1. Aur. P[b]. Go. *nostrorum.* Rittersh. om. h. v. 1 *nostrum.* Rell. edd. *nostrum* s. *nostrûm.* t) 5 *aliquam f. obreptionem.* 6 *obreptionem.* u) Ita 1, Be.; 2 *penitus possit et duces seu mag.* 4, 5 *poenitus possit et ducis seu magistri.* 6 *poenitus possit prodesse officio magri.* Cui. 1— Ri*. *paenitus prosit, et duces seu magistros.* v) 5, Cui. 1. Aur. *iudices.* 1 *iudecis* et om. *qui*, quam v. Zir. Am. uncis inclusam addunt. x) 1 *insinuatione adnuit*, sed Am. em. *insinuationi annuerit.* 4 *insinuatione annu* et om. *erit — damna.* Vid. not. sq. de Cui. 1 et Aur. y) 2, Rittersh. *officium cum centenarum — damnatione ulterius quam.* 5 *officium cum centenarum libras a. d. ulterius* (in m. *multam'*) *quam.* 6 *iudicis centenarum l. a. d. multando si annuerit insinuationi quam.* Cui. 1. Aur. *qui insinuatione coniunctionem alterius*, *quam*, om. igitur *annuerit — mulctetur.* P.— P[a]. *annuerit officium, cum centenarum — damnatione ulterius * quam.* Go. P[b]. Ri. Ri*. *annuerit officium, cum centenarum — damnatione ulterius quam.* Ritterus cj. *centenarum librarum auri condemnatio ultura sit*, male, et P. ms. *multemus.* Nostram scripturam restituit Be. ex cod. 1. Vid. etiam Zir. l. c. p. 457, not. z) 1 (sec. Zir. l. c. p. 457), 4, 6 *ad eorundem militum*, impr. Zir. Cui. 1. Aur. *et eorundem limitum.* a) 1, 2, 6, Cui. 1. Aur. P. P[a]. P[b]. Rittersh. *proficisci.* 4, 5 *profisci.* Rell. edd. *proficere* ex cj. Cui., ut videtur. Cf. Cod. Iust. V, 39, 3. *Proficisci* h. l. dicitur pro *conferri, adhiberi, redire.* Cf. Zir. l. c. b) Cum vv. *Agros limitaneos* inc. c. 3 Cod. Iust. cit. c) 1 *universis.* d) 1 *concussiones gravamine detenire* etc. 5 *vacuus* (em. *vacuos*) *i. cura..re — consuerant* (ut 4)— *concussiones* (em. *concussionis*) *gr. deteneri — possedentur* (em. *possidentur*). 4 *possidentes.* Cui. 1. Aur. *consueverunt.* dd) Ri. cj. *cuiuslibet spatii, temporis praescr.*, ut spatium sit certa agri portio. Cf. Go. ad C. Th. VII, 15, 1, not. *b* (ap. Ri. T. II, p. 398) et II, 23, 1 comment. et not. *c* (ap. Ri. T. I, p. 219, not. *d* et p. 221, col. 1). Equidem nil muto. e) 1 *spatium temporis.* 6 *spatii et temporis.* Non perspicitur, utrum in cod. 5 scriptum sit *proscriptione* an *prescriptione.* Saepe in codd. confund. *pro* et *prae.* f) 1, 2, 6 et Rittersh. *detentoribus*; rell. et Cod. Iust. *detentatoribus.* g) 5 *vindicatus*, corr. *vindicandus*; Cod. Iust. *vindicandos.* 2, 4, edd. ante Be. *hisdem*, praeter Go., qui *iisdem.* h) Pro v. *prorsus* in cod. 5 est lacuna quattuordecim literarum. Deest etiam *prorsus* in cod. 4. i) 1 *statū est.* Rittersh. *antiquitas.* Cf. C. Th. II, 23, 1, §. 1. k) 2, 5 *honore* et 5 *adsignare.* 4 *conlocationis.* Rittersh. *assignari. His.* l) 6 *nostris obviant ea penarum acerbitate.* 5 *eadem* (corr. *eandem*) *p. acerbitatē.* 2 *penarum acervitateque.* Rittersh. *obviam ire* et Ri*. *obiam venire.* m) 2 *aviditate.* 5 *valituram.* Cod. Iust. *tentaverint*, *proscriptionis poena valitura.* Infra Rittersh. *forte quoque minime.* n) 1 *audire debuerat actionis* (male) *titulo.* 5 *audire* (corr. *audere*) et infra *possedit.* 6 *a. debuerat temptationis titulo.* Etiam Cui. 1. Aur. *possedit.* o) 1 *conpetens et actio contra vinditorem.* Etiam Cod. Iust. *contra.* 4 *adversus vendicatorem.* p) Hic terminatur c. 3 Cod. Iust. cit. q) Cum verbis *Curae perpetuae tui culminis credimus* incip. Cod. Iust. I, 31, 4. 1 *credemus.* 2, 5, edd. ante Be. *credidimus.* Neque hoc male. Cod. Iust. *credimus iniungendum, ut super omni limite, sub tua iurisdictione cōnstituto, quemadmodum se.* r) 1 *trachici.* 2, 4, 5, P.— Ri*. *Trachi*, sed Rittersh. *tum Trachi.* Cui. 1. Aur. *Thraici.* Cf. Go. ad C. Th. VI, 2, 3 (T. II, p. 13, col. 1 ed. Ri.) et ad VII, 17, 1 (p. 408, col. 1 l. c.). Böcking. l. c. p. 290. Similem librariorum errorem notavimus in C. Th. VI, 2, 9, not. *h*, VII, 17, 1, not. *p*. s) 1 *inlirici.* 2, 4—6 *illirici.* Etiam Go. *Illirici.* t) 1, 5 *orientales.* u) 2 *limites egiptiaci.* 5 *limites.* 6 *limites et egiptiaci et insuper.* Go. *militis.* v) 2 *th. et libici.* 4 *thibapci lipiti quam admodum.* 5 *thybaici l. quam admodum.* 6 *tebaici et libici.* 1 *lybici queadmodum semeli cū* (Am. *se melicum*, sed em. *militum*) *numerus.* Aur. Rittersh. *Lybicique, quemadmodum.* x) 1, 6, Be. Cod. Iust. *habeat*, prob. Ri.; 2, 4, 5, edd. ante Be. *habet.* y) 1, 2, 5, cedat, quotannis [z] mense Ianuario in sacro consistorio significare nobis propria suggestione procures, ut, uniuscuiusque tam industria, quam desidia [zz] nostris auribus intimata, et strenui digna praemia consequantur, et in dissimulatores competens indignatio proferatur. Credimus [a] namque, quod re militari ad eum modum, quem [b] disposuimus, observata, quocunque terrarum se hostis movere tentaverit [c], victoria nobis, propitia secundi numinis voluntate [d] nuntiabitur ante quam praelium [e], Nome, frater amantissime [f]. §. 6. Illustris igitur auctoritas tua [g], cuius integram fidem rebus ipsis experta est nostra perennitas, hanc generalem saluberrimamque nostrae clementiae sanctionem et [h] observationi perpetuae effectuique mancipari [i] praecipiat, et [k] edictis ubique propositis ad omnium notitiam venire perficiat [l]. *Dat. prid.* [m] *Id. Sept. Constantinopoli, Maximo II. et Paterio VV. CC.* [n] *Coss.* (443.)

TIT. XXV. DE METATIS.

1. *Impp. Theodosius et Valentinianus AA. Nomo Magistro officiorum* [a]. Cum inter multa privilegia, quae militaribus [b] detulit viris antiqua provisio [c], habitaculis [d] etiam eorum certae portionis [e] domorum sorte prospexerit [f], nos, quibus [g] familiare est [h] universa negotia competenti temperatione disponere, suggestione tuae [i] magnitudinis moniti ita [k] hospitiis militantium volumus [l] esse consultum, ut [m] tamen honore praeditis in excusationibus [n] aedium [o] debita dignitati reverentia conservetur [p]. §. 1. Meminimus quippe, nos divina promulgatione [q] tam consularium virorum, quam [r] praefecturae infulis ornatorum ceterorumque illustrium, nec non etiam silentiariorum [s] certas domos in hac sacratissima urbe sitas metatorum praebendorum onere [t] liberasse: cui nunc addi oportere censemus, ut his consu-

---

Tit. XXV. 1, Am. *Tit. XXIV.*, sed Am. sec. ser. *Tit. XXIII.*, ut Zir. in ind. titt. 2, 3, 5, P. in ind. titt. Cui. 2, 2*. Lugd. P [a]. in ind. titt. Go. P [b]. in ind. titt. Ri. Ri*. *Tit. XXXII.* 4 *Tit. XXVII.*, err. pro *XXXII.* 6 *Tit. XXII.* Cui. 1. Aur. Rittersh. *Tit. XVI.*, i. e. sec. ordinem a Cui. in Cui. 1 institutum. P. P [a]. P [b]. in ipsa ed. *Tit. XXX.* Be. *Tit. V.*, falso. Vid. infr. subscr., not. *e.* Cf. etiam supr. tit. I—IV, not. sup. et inprimis subscr. Nov. Th. tit. III. de Iudaeis, not. *x.* P. in ind. titt. (etiam P [a]. P [b].) add.: „*Quae extat in Th. Nov. XVI.*", i. e. in Cui. 1. C. Th. VII, 8. Cod. Iust. XII, 41. Commemoratur a Cui. in Comm. c. 9 Cod. Iust. de Metatis (XII, 41) l. c. p. 492 et c. 2 Cod. Iust. Ut dignitatum ordo servetur (XII, 8) l. c. p. 433. — N. 1. Codd. edd. *N. un.* Be. add. (*VII.*), i. e. omnium Novell. in Be. ed. Sola §. 3 superest in cod. 3. Membra §. 4 et 6 producuntur a Cui. in Comm. c. 2 Cod. Iust. cit. l. c. Cod. Iust. XII, 41, 9. Bas. LVII, 12, 9. Concordat cum c. 15 C. Th. de Metatis (VII, 8). Eodem anno sed sine subscr. ad Nomum videntur dat. esse Cod. Iust. XII, 19, 7 et 8; XII, 22, 6 et XII, 27, 2, nisi ad superiorem annum haec vel illa pertinet. Data est praeterea ad eundem c. 4 Cod. Iust. (I, 24) *V. Kal. April.*

P.—Ri*. *lusuriarum*, sed corr. in cod. 5 *luxuriarum.* 4 *luxuriarum.* 6 *lixarum.* Cod. Iust. *clausurarum*, impr. Ri. Cui. 1. Aur. *clusoriarum.* Cf. supra §. 1, not. *e.* Ceterum 5 *hac.* z) 2, 5 *quod annis.* Cui. 1. Aur. P. P [a]. P [b]. *quoDannis* s. *quodannis.* Cod. Iust. om. *mense — consistorio.* zz) 2 *suggessione procuris — quam dissidia.* 5 *sacra* (corr. *sacro*) — *suggessione procuris aut* (corr. *procuresut*) — *inlustria* (corr. *industria*) *q. d.* Cod. Iust. c. 4 cit. terminatur v. *procuret* (sc. *cura tui culminis*). 4 *suggestionem — quam industriam quam disidia.* Infra Rittersh. *dissimulatorum.* a) 1 *credemus.* b) 4, 5 *quod.* 6 *quo.* c) 1 *terrarum si ostis moviri timtaverit.* 6 *hostis terrarum se temptaverit.* 5 *victoriam*, corr. *victoria.* d) 1 *propicia secundum nobis* (Am. em. *nostram*) *voluntatem.* 2, 5 *propicia s. nominis voluntate.* 4 *provintia secundi nomines voluntatem.* Go. *propria secundi.* Ri. cj. *superi* pro *secundi.* Recte se habet vulg. scriptura. e) 1 *nuntiabitur. secundū plium*, quod non vitupero (*nuntiabitur, secundum proelium*), sed praefero vulgatam scripturam. 2, 5 *nuntiabitur antiquam prelium.* 4 *nuntiabitur antiquam prohelium.* f) 1 *Cyre fā.* 2, 6, P.—Ri*. *Nume frater A.*, sed 2 *frater ā inlustras.* 4 *nomen fecerat.* 5 *nomen fateram.* Be. *Nome frater a.* Cui. 1. Aur. *Nome P. K. A.* Vid. inscript. h. Nov., not. *c.* g) 4, 5 *tunc*, sed corr. in cod. 5 *tua.* h) Omnes codd. add. *et.* Edd. om. copulam. i) 1, 2 *observatione perpetue.* 5 *observationem* (hoc etiam 4) *perpetuae* (corr. *perpetui*) *affectui* (corr. *affectus*) *quaé emancipari* (corr. *mancipari*). k) 2, 4, 5 om. *et.* l) Sola vv. *edictis — proficiat* supersunt in cod. 3. 4 *perficiant.* Cui. 1. Aur. *pervenire perf.* m) 6 *II.* n) Addidi ex Nov. 1 tit. XXII. *VV. CC.* 1 *Vīc* pro *VV. CC.* Rell. et edd. et Cod. Iust. om. *VV. CC.* et praeterea Go. *et.* 4—6, Cui. 1. Aur. Rittersh. in m. *Paterno* et 5 *consulibus.* Vid. supr. tit. XXII. Nov. 1 in f., not. *k.*

a) 2, 4, 5 *Theud.* et 5 *magistri officiorum.* 6 *Id. Aug. eidem Numo* et om. *Mag. off.* Etiam 2, 4, 5, edd. ante Be. *Numo.* P. ms. „alias *Nonio.*" Be. ex 1 et Cod. Iust. *Nomo.* Cf. tit. XXIV. de Ambitu Nov. 1, not. *c.* b) 1 *militariis*, secundum Am. *militaris*, sed em. Am. *militaribus.* Cui. 1. Aur. *in militaribus.* c) Cui. 1. Aur. *antiquitas* pro *antiqua provisio.* d) 1 *habiculis*, em. ab Am. *habitaculis.* e) 5 *certe* (ut 2, 4, sed em. in 5 *certae*) *portionis*, sed ponitur *e* supr. *is.* f) 2, 5, edd. ante Be. *prospexit.* 4 *prospex.* g) 2, 4, 5, Cui. 1—Ri*. *nos a quibus* et infra 2, P.—Ri*. *disponi.* In err. Cui. 2 del. *a.* h) 2 *familiare universa.* 4 *familiari universa.* In cod. 5 *est* add. est a sec. demum manu. P [a]. P [b]. *competendi.* i) 1 *tua.* 2 *suggessioni tue.* 4 *suggessionem tuae.* In 5 est *suggestione*, sed supra *ne* ponitur *is.* 6 *magnitudinis tuae.* k) 2, 4, 5 *monitis ita ut*, sed del. in cod. 5 *ut* a sec. manu. l) 4 om. *volumus.* m) In 2 deest *ut.* n) 1 *excussationibus*, em. ab Am. *excusationibus*, quod Be. edidit. 2, 4, 5 *honorem praedictis in exactionibus.* 6 *honor eis in praedictis exactionibus.* Etiam Cui. 1—Ri*. *in exactionibus* et Aur. *praedictis.* o) 1, 2 *edium.* 4 *editum.* p) 1 *dignitate reverentia conseruitur.* In 2 deest *conservetur.* 4 *dignitatem reverentiam conservetur.* 5 *dignitate*, sed corr. *dignitatis.* 6 *dignitate et reverentia conservetur.* q) 4, Cui. 1. Aur. *divinam promulgationem.* Vid. c. ult. C. Th. de Metatis (VII, 8) ibique Go. r) 4 *consulari vel verorumquae.* 5 *consolari — quae*, sed corr. *consulariū — quā.* s) 2 om. *illustrium — silentiariorum.* Go. *silentariorum.* 5 *domus.* Etiam Cui. 1. Aur. *domus.* t) 1 *sacratissimas urbis ita metatorum preuendorum honore.*

laribus [u], qui auspiciis [v] etiam patriciatus exsultant, ternarum [x] domorum excusationis [y] licentia concedatur; in heredibus etiam eorum, quibus excusationis ius datum est, immunitatis aedium privilegio [z] pro tenore sacratissimae constitutionis [a], quae super hac re loquitur, firmiter valituro [b]. §. 2. Sed ne liberalitate nostra laxius, quam [c] oporteat, propagata vel [cc] hospitalis commoditas militantibus abnegetur, vel nihil emolumenti referatur [d] in publicum, id in primis statuendum [e*] esse censemus, ut, si quis vel ius excusandarum aedium non habens, vel licet habeat [f], in pluribus tamen domibus, quam ex sacratissima constitutione concessum est beneficium excusationis, ut metati onere sit [g] immunis, seu sacro oraculo seu quocunque modo [h] vel iam consecutus est, vel consequetur in posterum, tertiae partis domus super quem oportuit numerum excusatae pensionem arbitrio tui culminis in rationes publicas conferre cogatur [i], ut aurum ex huius modi titulo [k] profligatum pro iussu nostri numinis, cura tuae [l] sublimitatis, quo visum nobis fuerit, erogetur. Idque in omnibus huius almae urbis domibus custodiri [m] decernimus: ceteris videlicet omnibus [n], qui metata in suis domibus praestant, sive hospitia praebuerint [o] metatoribus, seu quolibet pacto satis eis fecerint [p], nullam vel pensionis [q] vel discussionis domus gratia molestiam sustinere cogendis [r]. §. 3. Deinde neminem [s] volumus, cuiuslibet loci vel ordinis, in hac florentissima urbe [t] domum propriam excusantem metatum sibi in alienis domibus privilegio militiae vindicare [u]. §. 4. Et his quidem, quibus iam praebendi metati immunitatem illustris favor dignitatis indulsit, licet vacantis [v] militiae cingulo usi sint [x], vel utantur, vel honorariae praerogativae potiantur [y] insignibus, inviolata, ut cautum est [z], excusationis iura largimur. In posterum vero hi quidem, quibus [a] illustrem dignitatem ius actae administrationis attribuit, domos suas pro modo, quem sacratissima constitutio praefiniendum censuit [b], excusabunt, ceteris vero, quibus illustris dignitas cum cingulo vel citra cingulum pro solo [c] honore delata est [d], excusandarum aedium licentiam penitus denegamus [e]. §. 5. Hoc iuris in his etiam [f] praecipimus [g] observari, quos [h] ipsa quidem administrationis conditio spectabiles [i] novit, honor tamen additus [k] a nostra liberalitate reddit illustres [l]: excepto [m] videlicet viro spectabili primicerio notariorum, cui vo-

---

4, 5 *honore* et 5 *urbes ita* (add. *s* supr. *a*) *imitatorum*. u) 1 *adioportere censimus* (hoc etiam 2) *ut his consolariis*. 4 *oportet recensimus*. 5 *consolaribus*, corr. a sec. manu. 6 om. *oportere*. v) 2, P. P [a]. P [b]. Rittersh. *qui hospitiis etiam patriatus*. 4, 5 *quia hospitiis*, sed corr. in cod. 5 *qui auspiciis*. Cui. 1. Aur. *qui a hospitii* et om. *etiam — domorum*. Lacuna indicatur tribus asteriscis. P. in not. P [b]. in m. P. ms. em. *qui auspiciis patriciatus*, quod in Cui. 2 receptum est. x) 2, 4, 5 *terrenarum*, sed om. *domorum* in cod. 5. P. P [a]. *exultant*,* *terrenarum*. Rittersh. P [b]. *exultant*, *terrenarum*. P. in not. et in m. P [b]. P. ms. em. *ternarum*, quod in Cui. 2 receptum est. y) 4 *excusationes licentiā*. Cui. 1. Aur. *excusatio* * * *cionis ius*, quibus asteriscis indicatur deesse syll. *nis* (v. *excusationis*) — *excusa* (v. *excusationis*). 5 *excusationes*. z) 6 *qui excusationis ius habent immun*. Cui. 1. Aur. *immunitatis et divino privilegio*. 1 *inmunitates edium previlegiū*. Rittersh. *pro tempore sacrat*. a) 5 *sacratissime constitutiones*, em. a sec. man. Vid. c. 4 C. Th. de Decurion. (VI, 23) et Go. ad c. 4 cit. T. II, p. 129 (ed. Ri.). b) 2 *valituros*. 5 *hoc* (em. *hac*) *reloquitur*. c) 1 *laxiusque*. Cui. 1. Aur. P. P [a]. P [b]. Rittersh. *latius*. 6 *oportet*. cc) Apud Rittersh. om. *vel — abnegetur*. d) 5 *aemolumenti praeferatur*. 4 *in populi cum*. e) 1 *constituendum esse*, quod recte se habet. In 5 *esse* supr. lin. add. est. Idem habet infra *excusendarum*, sed corr.; 2 *censimus*. f) Addidi ex cod. 1 *habeat*. 6 *habens*; rell. codd. et edd. om. *habeat*. g) 1 *excusationis ut metatione resit*, Am. corr. *res sit*. 2 *exc. rationes res sit*. 4 *resistit* et om. *ut metatione*. 5 *excusationis rationes res sit* et corr. *ratione sit*. 6 *beneficio immunitatis utatur seu sacro*. Cui. 1. Aur. et in m. Cui. 2, 2* et Lugd. *excusationis ratione resistit*, prob. Ri. et Be., sed non prob. Am.; P. — Ri*. *excusationis ratione res sit* et Rittersh. *communis* pro *immunis*. Be. *ut metatione res sit immunis*, de Am. cj. Reposui *ut metati onere sit immunis*, quod inest in cod. 1 scriptura. h) 1 *oracolo seu cūque modo*. 4 *oraculo suo*. 5 *oraculosu* et del. sunt literae *os*; sed a sec. man. add. *e* supr. *u*. Cui. 1. Aur. *oraculo quod quoc. m*. Rittersh. *seu quoq; modo*. 5 *consequitur*, sed em. *consequetur*. i) 1 *excusate pensione — in racione publicas se conferre cogitur*. 2, 4, 6 *publicas se conferre cogetur*. 5 *pensionem* (em. *pensionis*) — *publicas se* (punctis deletur v. *se*) *conferre cogetur*. Cui. 1 — Ri*. *cogetur* et supra Cui. 1. Aur. *super quam*. Nego scribi posse cum codd. *se conferre*. Mirum est in codd. et edd. ante Be. legi *cogetur* (quod in cod. 1 latet), cum antecedat *ut*; quare Be. corr. *cogatur*. k) 1 *aurum eiusmodi tit*., quod mihi placet. l) 1, 2, 6 *nominis c. tue*. 4 *nomines curat vel*. 6 *nominis curaque tuae*. m) 4, 5 *custodire*. 6 om. *custodiri*, sed habet *decernatur*. n) Hic inc. c. 9 Cod. Iust.: *Omnes, qui*. o) 6 *auspicia*. p) 1 *quolibet facto*. 4 *quodlibet pactus satis ei* (*ei* etiam Cui. 1. Aur.) *fecerit*. 2 *fecerit*, ut 5, ubi vero corr. *fecerint*. Cod. Iust. *sive quolibet*. q) 1 om. *vel pensionis*. 4 *nulla vel pensionis* et om. *vel discussionis*. r) 4 *gratiam modestia s. c*. 5 *gratiam*, sed del. *m*. Cod. Iust. *sustinere cogantur*. Rittersh. *modestiam*. s) 4, 5 *minime*. 6 *volumus vel loci vel ordinis cuiuslibet*. t) 2 *florentissimam urbem*. 5 *urbem*, sed em. *urbe*. u) Cod. Iust. *alienis aedibus pr. m. vindicare: quod et in provinciis observari oportet* (om. *Et his — excusabunt*): *Ceteris vero*. v) 5 *fabor*, corr. *favor*. 4, 6 *vacantes*. x) 5 *usi sunt*. Cui. l. c. p. 433 profert vv. *licet — insignibus*, sed om. *usi sint vel*. Cf. etiam Go. ad c. 4 C. Th. de Primicerio (VI, 10) T. II, p. 91 (ed. Ri.). y) 4, 5 *patiantur*, em. *potiantur* in cod. 5. 4, 6 *praerogativel*. z) Cui. 1. Aur. *ut iustum est* et Rittersh. *largiamur*. a) 1 *hii* (hoc etiam 2, 5) *quidem* et om. *quibus*. Rittersh. *eiús* pro *ius* et infra 5 *domus suas*. b) 2, 4 *praefiniendo censivit*. Cui. 1. Aur. *praesumendo censivit*. 5 *excusabant*, sed em. c) 5 *cetera cingulum* (sed corr. *citra cingulum*) *p. s*. Cod. Iust. *dignitas sub cingulo — pro suo solo*. d) 2, 4 — 6 *delatum est*. e) 4 *denegemus*. 6 *aedium penitus* (5 *poenitus*) *lic. denegemus*. f) Cod. Iust. *etiam in his*. g) 1 *p̄cipus*. 2, 5 *praecepimus*. 4 om. *praecipimus*. h) 2 *quo*. 4 *observare quos*. 5 *quo ipsa quidam*, em. *quod* et *quidem*. i) 2 *exspectabilis*. 4 *exspectabiles*. k) 1 *aditus*. l) 4 *reddi illustris*. 2, 5 *reddi*, corr. *reddit* in cod. 5. m) In Cod. Iust. om. *excepto — alienum*. 1 *ūs primicirio*. 2, 4 *viro exspectabili*. 5 *veros* (em. *viros*) *pectabili pri-*

lumus in excusandis aedibus illustrium magistratuum privilegium convenire [n]. §. 6. Sed et si quis iam [o] illustrem dignitatem inter vacantes vel honorarios consecutus [p] domum postea in hac sacratissima civitate possederit [q], hunc quoque iubemus esse privilegiorum excusationis [r] alienum. §. 7. Scituris omnibus, quod si quis, cum cingulo perfruatur [s], et excusationem ita propriae domus impetraverit [t], ut a pensione etiam portionis tertiae sit immunis [u], et militiae caussa metatum in alienis domibus sibi crediderit vindicandum, si quidem honore praeditus [v] excusationis ius habeat, carebit legum privilegiis, quas fraudare conatus est: si vero inter eos, quibus nulla suffragatur dignitas, numeretur, centum [x] librarum auri sacratissimis largitionibus pendendarum illatione [y] mulctabitur, Nome, frater amantissime [z]. §. 8. Illustris igitur [a] auctoritas tua [b], quae per hanc divinam legem duximus [c] sancienda, solenniter ad omnium notitiam pervenire constituat. *Dat. XVII. Kal. Febr. Constantinopoli, Theodosio* [d] *A. XVIII.* [e] *Cos.* (444.)

TIT. XXVI. DE RELEVATIS, ADAERATIS VEL DONATIS POSSESSIONIBUS [a].

1. *Impp. Theodosius et Valentinianus AA. Hermocrati Pf. P.* [b] *Orientis* [c]. Perfecta est [d] ac plena liberalitas [e], qua [f] praecedens [g] munificentia communitur [h], tuncque se [i] maxime unusquisque tuto confidit habere,

---

Tit. XXVI. 1, Am. Be. *Tit. XXV.*, sed sec. seriem titt. 1, Am. *Tit. XXIV.*, ut Zir. in ind. titt. Cui. 1. Aur. *Tit. XVII.*, i. e. sec. ord. titt. a Cui. constitutum. 2, 3—5, P. in ind. titt. Cui. 2, 2*. Lugd. P [a]. in ind. titt. Go. P [b]. in ind. titt. Ri. Ri*. *Tit. XXXIII.* P. P [a]. P [b]. in ipsa ed. et Rittersh. *Tit. XXXI.*, sed Rittersh. sec. seriem Novv. *Tit. XVII.* 6 *Tit. XXIII.* P. in ind. titt. ann. (etiam P [a]. P [b].): „*edita inter Th. Nov. XVII.*“, quod de Cui. 1 intelligendum est. Vid. supra titt. I—III, IV, XXV, not. sup. C. Th. V, 13 et 15; XI, 20 et 28 ibique not. sup. — N. 1. Codd. edd. *N. un.* Be. add. (*XXXIV.*), i. e. omnium Novellarum in Be. ed. In cod. 3 particula tantum §. 3 invenitur. Cod. Iust. X, 28, 1 et XI, 58, 17. Post annum 444 praeter Novv. Th. tit. II. de Confirm. L. Nov. Theod. A. anno 447 datum nulla Theodosii Novella superest, etsi sex leges habentur in Cod. Iust. et ann. quidem 445 c. 11 (I, 2), gemin. cum c. 2 (X, 48) et c. 21 (XII, 51), ann. 446 c. 8 (I, 14), ann. 448 c. 3 (I, 1) et c. 1 (XI, 21), ann. 450 c. 3 (XII, 17) et c. 1 (VI, 52).

---

mocirio, corr. *primycerio*. Aur. *primiscerio*. Cf. Go. ad c. 2 C. Th. de Primicerio (VI, 10). n) 2 *conveniri*. 1 *privilegiū nonuenire sedet*. o) 6 om. *iam*. Cui. in Comm. Cod. Iust. l. c. profert vv. *illustrem — consecutus*. 5 *vacentes*, corr. *vacantes*. p) 6 *vel erarios consecutus*. q) 2, 5 *possiderit*. Cui. 1. Aur. *civitate iubemus*, om. igitur *poss. h. quoq*. r) 1 *excussationis*. 2 *excusationes*. 4, 5 *excusationis*. 6 *excusationis esse alienum*. Edd. *excusatione*. In Cui. 1. Aur. om. *esse — alienum*. Lacuna indicatur tribus asteriscis. s) 4 *cingulum profruatur* et om. *et*. Etiam 6 om. *et*. Go. *singulo*. t) 2, 5 *imperaverit*, corr. in cod. 5. 6 *domus propriae*. u) 1 *ut ad pensionem. etiam portionis terciaesid inmunis*. 5 *pensionem*, sed corr. Mendose Rittersh. *pensionis* pro *portionis*. v) 4 *honorem praedictis*. 5 *praedictus*, corr. *praeditus*. Mox 2 *cognatus*. x) 1, Cod. Iust. *centum*. Rell. *centenarum*. Rittersh. *numeratur*. y) 1, 2 *inlatione multabitur*. 4, 5 *inlationem*, del. in cod. 5 *m*. c. 9 Cod. Iust. terminatur v. *mulctabitur*. Apud Rittersh. excid. *sacratissimis — illatione*. z) 1 *nomen finem*. 2, 4, 6 *Nume fr̄ ā*. Cui. 1. Aur. *Nume P. K. A.* P. Cui. 2, 2*. Lugd. P [a]. P [b]. Go. — Ri*. *Nume Fr. A.* s. *FR. A.* Rittersh. *Nume F I. A.* Be. *Nome fr. a.* a) 1, 5 *igitur*. 2 *inlustras itaque*. Edd. *itaque*. 4, 6 om. *itaque*. b) 6 add. *ea*. c) 4—6 *ducimus*. 4 *sanciendū* et 5 *sanccienda*. Cui. 1. Aur. *quod per — sanciendum*. d) 4, 5 *Theud*. e) 1, Ri. Ri*. Be. *XVII*. Vid. Br. l. c. p. 861 sq., quo auctore Ri. Be. add. ann. 439 et Be., ut seriem Novellarum restitueret, hunc titulum revocavit ante tit. de Iudaeis (ubi vid. subscr., not. *x*) eique numerum *V*. adscripsit contra codicum auctoritatem. 2, 4—6, P. — Go. om. hoc loco *XVII*. Cui. 1. Aur. *Theod. et Valent. AA. Coss.* 5 *coñs*. Lugd. Go. *Coss.* et Rittersh. *AA. Coss.* Scrib. est *Theodosio A. XVIII.* (444.) Flagitat hunc numerum series chronologica titulorum in cod. 1 observata. Etenim antecedentis tituli de Ambitu Novella anno 443 data est, sequentis tit. de Relev. Nov. ann. 444. Idem ordo est in reliquis codd., qui, quamquam praemissis Br. Al. Novellis, titulorum ordine a cod. 1 differunt, tamen inter eosdem titulos hunc quoque proferunt, ut librarii illorum eum eodem loco in collectione, qua usi sunt, invenerint necesse sit. Aut igitur anno 443 aut 444 Novella scripta est. Illud quominus accipiamus, impedit nomen *Theodosii*, qui ann. 443 consul non fuit. Tribuenda est igitur Novella anno 444. Accedit, Nomum magistrum officiorum hoc quidem tempore fuisse, neque vero, quantum scimus, anno 439. Facile denique errare poterat librarius codicis, si quidem numerum *VI* signo, quod non multum differt ab litera unciali quam dicunt, *G* in codice, quem descripsit, expressum pro *V* habuit. Quibus ex caussis non anno 439, sed 444 hic titulus tribuendus est et scrib. *XVIII.* pro *XVII.* Postremo eo confidentius emendare licet, quo certius cum ex mendosa Cui. 1, tum ex hiulca rell. codicum et Codicis Iust. scriptura apparet, numerum subscriptionis male sive obscure expressum fuisse in ipso Novellae authentico exemplo.

a) 1 sec. Am., 4, 5 *adheratis*. Go. mend. *revelatis*. 6 om. *adaeratis — possessionibus*. Cod. Iust. X, 28 *de Collatione donatorum vel relevatorum, aut translatorum seu adaeratorum*. b) 2, 4, 5 *Theud*. 4, 5 *Hermograti* et 6 *praeposito*. Cui. 1 om. *et*. Cod. Iust. c. 1 *Impp. Val. et Theod. AA.* c) Codd. 2, 4—6, edd. ante Be. et Cod. Iust. om. *Orientis*, quod v. Be. ex cod. 1 restit. Cum Zoilus ann. 444 praefectus pr. Orientis fuerit (cf. Zir. l. c. p. 73, 199 et Am. p. 11, 84), suspecta est cod. 1 scriptura, quae nasci poterat ex siglo. Ri. Hermocratem praef. pr. Illyrici fuisse putat. At Rittero obstat cod. 1, qui in subscriptione *Theodorum praef. pr. Illyrici* nominat. Vid. infr. not. *f*. Am. Zoilum et Hermocratem diversis eiusdem anni mensibus praefectos praet. fuisse putat, et in eiusdem praefecturae munere Zoilo eodem anno suffectum Hermocratem, quod verum esse videtur. d) Cui. 1. Aur. om. *est*. 1 sec. Am. *hac*. e) 4 *libertas*. f) 1, 2, 5, 6 *qua*. 4, edd. *quam*. g) 1 *praecedens munificia* (Am. em. *munificentia*); rell. codd. *praesens*, ut edd. h) 1 *cummunitur* pro *communitur*, quod 4 habet. 5 *communiter*, sed in m. corr. *communitur*. 2 *commonitur*, corr. a P. 6 *subvenitur*. Edd. *quam praesens munificentia communit*. Codicem 1 secutus restitui *qua praecedens munificentia communitur*. i) Ita 1, qui vero quod meruit, si, quod singulis specialiter indultum est, generali provisione firmetur. Cum itaque multorum possessiones meminerimus[k] nostro beneficio aliquatenus tributorum onere[l] sublevatas, eisque[m] postea certam[n] concessae quantitatis partem, quia id[o] necessitas flagitabat, indictam[p]: ut, quod liberalitati[q] nostrae derogatum est, non poenitentiae potius videatur fuisse quam temporis[r], summam, quae iam[s] ex descriptione illata est, profligatione contentionis[t] in posterum ab huius modi exactionis[u] inquietudine liberamus, ut et praeteriti temporis pro sublevatis praediis reliquorum exactio[v] concedatur, et in posterum nulla talis descriptio[x] formidetur. Hoc enim necessario nobis hac generali sanctione fuerat[y] promulgandum, cum multo[z] sit onerosius, simul et in aggere coacervatam[a] solvere quantitatem, quam particulatim reddere, quod debetur. §. 1. Haec tamen liberalitas nostra nihil dispositionis[b] amplissimae recordationis Antiochi[c], quae[d] certam quantitatem ante se relevatis possessionibus[e] nomine canonis indixit, imminuit[f]. Id enim, quod iam[g] in canonem cecidit, et anniversaria debet pensitatione[h] persolvi, nec in praeteritum, nec in posterum patimur[i] esse concessum: [k]nullique deinceps copia relinquitur[l], inspectores sibi specialiter expetendi, nisi secundum[m] sanctionem nostram, quae ad viri illustris et consularis Florentii suggestionem[n] emissa[o] est, ex communi civitatis aut provinciae desiderio postuletur[p]. §. 2. Indulgentiam vero memoratae descriptionis et in anteactum et in posterum tempus non solum in relevatis, verum etiam in donatis, adaeratis translatisque, seu quodlibet aliud nomen novae descriptionis excogitatum[q] est, volumus observari, nullamque[r] super his unquam exactionis molestiam formidari, quibus non tantum reliqua praeteriti temporis relaxamus, sed nec in posterum quicquam innovationis aut oneris addendum esse[s] censemus. §. 3. [t]Quod et si qua innovatio post administrationem illustris memoriae Antiochi[u] facta est, aut aliquid eis indictum[v] esse monstratur, hoc irritum fieri, omnemque innovationem aut indictionem[x] viribus carere decernimus. Sufficere etenim[y] novimus illud, quod illustris

---

infr. *toto.* P. — Ri*., prob. Am., et Be. *tuncque maxime u. tuto se confidit habere.* 2 *tuncque maxime — tutor c. h.* 4, Cui. 1. Aur. *tuncque maxime — totum conf. h.* 5 *tunc quae* (corr. *quam*) *maxime* (add. supr. lin. *cum*) *unusquisque toto* (corr. *totū*) *c. h.* 6 *tuncque m. u. tuto c. h.* Deest igitur in codd. 2, 4—6, Cui. 1. Aur. *se*, quod in rell. edd. post *tuto* inculcatum est, ni fallor, emendatione quidem Pithoei. Mox Rittersh. *metuit.* k) 4 *numerimus.* 5 *mimerimus — aliquatinus*, sed corr. utrumque. l) 1 *honore*, em. ab Am. *onere*, quod iam Zir. l. c. p. 267 ex Ottob. cod. rest. vult et Be. rec. 2, 4—6, edd. ante Be. *munere.* 4 *tributum.* m) 2, 4, 5 *eisqui.* 6 *eosque.* n) 4, 5 *certa.* 6 om. *certam.* o) 5 *partem id*, sed add. est *ut* supr. *id.* p) 4 *indicta.* 6 *indicta persolvent* (s. *persolvert*) *in posterum ab h. m. e. i. liberam' suma q. i. ex descriptione illata est contenti, ne quod lib. n. d. est penitentiae pot. vid. f. q. temporis. Praeteriti ergo temporis.* q) 2 add. *nos.* 4 *liberalitate.* r) 1 *videatur futuris temporis.* s) 1 *summae que iam ex discr.* 2, P. P. ms. P[a]. Rittersh. P[b]. *temporis summa quae* (2 *que*) *iam.* Cui. 1 *temporis summam quae iam.* Aur. *temporis summam, quae iam.* Etiam P. in not. et P[b]. in m. em. *summam.* 4 *summam quae tam.* 5 *summāq; tam.* Cui. 2, 2*. Lugd. Go. *temporis, summam quae iam.* Ri. Ri*. Be. *temporis, summam, quae iam.* Vid. not. sq. t) 4 *profligatione contentiones.* 5 *profligationem contentiones*, corr. in cod. 5 *profligatione contentionis.* Cui. 1. Aur. *profligationem, contemptiones.* Locus corruptus, quem Zir. l. c. p. 268 ita sanare studet: *Summae — profligatione contenti omnes in posterum ab eiusmodi exactionis inquietudine liberamus.* Ex duabus nimirum hisce vocibus *contenti omnes* a librariis perperam unam vocem *contentionis* factam esse. Recte. Nam si spectamus codd. 4, 5 et Cui. 1. Aur. scripturam, antiquitus scriptum fuisse videtur *contenti oēs.* Virgula deinde omissa ansam dedit librariis ad contrahendas voces; quam opinionem videtur confirmare cod. 6. Vid. not. *p* antec. Denique *summae* est in cod. 1 et illa cj. locum expedit omni difficultate. u) 4 *exactiones inquietudinē.* v) Be. em. *excusatio*, sed nullo confirmatur codice. Videtur non comprehendisse, quid v. *concedatur*, quod sequitur, significet h. l. Rittersh. *praesidiis* pro *praediis.* x) 5 *discriptio*, em. *descriptio*, et sic saepe. Cui. 1. Aur. om. *talis.* y) 4, 5 *sanccione fuerit.* 6, Aur. *ac gener.* z) 4 *multum.* 2, 5 *honerosius.* a) 5 *in hac greco a cerbatum*, et pon. *i* supr. lit. *u* v. *cerbatum.* b) 4 *quantitate qua — depositionis.* Cum v. *Dispositionem* inc. c. 1 Cod. Iust. cit. 5 *amplissime.* c) 1, 5 *anthyoci.* 2 *Anthioci.* 4 *Antioci.* Cf. C. Th. XI, 20, 6. d) Cui. 1. Aur. *qui.* 1, 2 *que.* e) 1 *quantitatem in se relev. p.* 6 *possessoribus.* f) Cod. 1 *indix̄ et minuit.* 2, 4, 5 *induxit et minuit*, sed add. in cod. 5 super *et* literae *di* (diminuit). 6 *induxit minuit.* Cod. Iust. *indixit, non imminui decernimus: id enim.* g) Cod. Iust. *quoniam.* Go. om. *et* post *cecidit.* 5 *caecidit.* h) 4 *anniversariae debet penseaccionē.* i) 4, 5 *patemur*; in 5 corr. *fatemur.* k) Cod. Iust. om. *nullique — postuletur.* l) 5 *relinquetur.* m) 4 *sanctione nostra.* 5 *sanccionem.* n) 1 *quea viri inlūs et consolaris Florenti. suggestionē.* 2 *que ad v. inlustri — Florenti suggessionem.* 4 *quae ad v. inlustris* (om. *et*) *consolaris* (hoc etiam 5) *Florentii suggessionem.* Cui. 1. Aur. P. P[a]. Rittersh. P[b]. *Florenti.* Lugd. Cui. 2, 2*. Ri. Ri*. *Florentī.* Go. *Florent ī.* et hic et infra. o) 4, 5 *missa*, ut Cui. 1. Aur. p) 5 *civitates* (corr. *civitatis*) — *postulentur* (corr. *postuletur*). In Cui. 1. Aur. om. *provinciae desiderio postuletur*; lacuna indicatur duobus asteriscis. Mox 5 *antea actum.* q) 1 *adheratis translatis. ue quodlibet aliquod nomen noue servari* et om. *descriptionis — volumus ob.* 2 om. *translatisque seu quodlibet.* 4 *et adaeratis et translatisue* (om. *seu*) *quodlibet* etc. 5 *adaeratis translatiuae ḋlibet — cogitatum*, sed a sec. manu corr. *vel adaeratis aut translatis vel quodlibet.* 6 *translatisue et quodlibet.* Ri*. *quolibet* et *descriptioni sexcogitatum.* Codices illi persuadent antiquitus scriptum fuisse *translatis vel quodlibet.* r) 4 *observare in unāq;.* 5 *in un nam quae*, corr. *nullāq;.* Infra 6 *reliquum.* s) 1 *honeris addicendum. esse.* 4 *honoris addendum esse.* 5 *formitari* (em. *formidare*) — *honoris.* Cod. Iust. *adiiciendum esse.* t) In Cod. Iust. om. §. 3 et 4 usque ad vv. *infructuosum sibi hoc esse* §. 5; sed ex §. 4 facta est c. 17 Cod. Iust. cit. (XI, 58). Vid. not. *g* sq. Infra 5 *innovato*, sed corr. u) 2, 4 *Anthioci.* 5 *anthyoci.* 2 *inlustras.* v) 5 *indictum*, videtur del. esse *e.* P[b]. *inductum.* x) 1 *innovationem aut adiectionem.* 4 *omnēque invocationem aut indictioni.* P. *inuouattonem.* y) 1 *sufficere enim* memoriae Antiochus[z] ante se relevatis vel adaeratis vel donatis[a] vel translatis possessionibus nomine canonicae solutionis indixit[b]: quod suam firmitatem convenit obtinere, in possessionibus tantum[c] videlicet, quae ante eius administrationem huius modi beneficium meruisse noscuntur; post eius vero administrationem nec innovationem quandam, nec adiectionem[d], nec excogitationem contra eas[e], nec aliquam dispositionem prolatam firmam esse concedimus[f]. §. 4. Verum et si quis ex auctoritate nostri numinis[g] vel praeceptis amplissimae praefecturae de fundis patrimonialibus steriles sub certi canonis pollicitatione susceperit, firmiter eum[h] volumus possidere, sub eiusdem tantum[i] canonis solutione, quem[k] nostrae maiestatis auctoritas aut praeceptum magnificae tuae sedis[l] per annos singulos solvendum esse praescripsit, nullamque eos descriptionem aut adiectionem[m] aut innovationem in posterum sustinere, quoniam nimis absurdum est, eos, qui nobis hortantibus aut magnifica praefectura fundos inopes atque ieiunos[n] magno labore impenso aut exhausto patrimonio vix forte meliorare potuerint[o], utpote deceptos[p], inopinatum onus suscipere, illudque[q] velut quadam circumventione deposci[r], quod, si se daturos praescissent[s], fundos minime suscipere aut etiam colere paterentur[t]. §. 5. Sed ut his, qui ante legem datam ex suggestione viri illustris Florentii[u] possessiones suas relevarunt[v], magna liberalitate[x] prospeximus, omni timore in perpetuum, sicut[y] convenit, absolutis, ita eos, qui post memoratae constitutionis tenorem suas possessiones relevare conati[z] sunt, nihil commodi capere volumus. Quapropter sciant omnes, qui tale beneficium post huius modi[a] constitutionem meruerint, infructuosum sibi hoc esse, nullique[b] licere deinceps contra divalia statuta aut[c] relevare suas possessiones[d], aut adaerationem translationemque deposcere[e]: quod et si subreptitiis[f] precibus fuerit impetratum, nihil valere beneficium tale[g] sancimus. §. 6. Noverit tamen[h] amplissimae tuae sedis officium, quod, si aliquando nobis vel suggestio huic nostrae sanctioni contraria[i] porrigatur, vel si legi sacrisve mandatis[k] (si qua forte citra suggestionem[l], his piis dispositionibus adversa, manaverint) obsequatur, et aliquos tanquam debitores ex huius modi titulo crediderit[m] exponendos[n], ducentarum librarum auri se condemnatione mulctandum[o]. Omnibus enim[p] circa res proprias am-

---

iobimus. 2, 4, 5 *sufficeret enim.* 5 *sufficerit*, corr. *sufficere.* z) 1 *illud quali int m. antiocus.* 2, 4 *anthiocius*, sed 2 *inlustri.* 5 *illud* (add. supr. lin. *qd* aut *quoque*) *int m. anthyocius*, corr. *anthyocus.* In cod. 3 vv. *ante se — obtinere*, sed ea sola servata sunt. a) 4, 6 *vel addonatis.* b) 1 *canonece possessionis indixit*, mendose. c) 1, 2, 6, P. P [a]. Rittersh. P [b]. add. *tantum*; 4, 5, rell. edd. om. *tantum.* Infra 4 *nascuntur.* d) 1 *nec invocationem q. n. adiect.* 4, 5 *adlectionem.* e) 1, 5, 6 *contra eas*, sed in cod. 1 a sec. man. Antea erat *contra eos*, ut 2, 4, edd. habent. f) 4 *aliqua d. prolata firma e. c.* 1 *concedemus.* Rittersh. *formam.* g) 1 *nostre nominis.* 4 *nomines.* 2, 5, 6, Cod. Iust. *nominis* et ante 4, 5 *auctoritatem*, sed corr. in 5 *auctoritate.* Cum vv. *Si quis auctoritate* inc. c. 17 Cod. Iust., sed om. *vel pr. a. praefecturae.* Etiam 4, Cui. 1. Aur. om. *praeceptis.* Infra 4 *praefucturae.* h) 1 *sterelis sub certe canonis pollicitatione suscepit firmiter enim vol.* 2 *steriles* (om. *sub*) — *suscepit f. e. v. possedere.* 4 *steriles — pollicitationem suscepit* etc. 5 *sterilis — suscepit* etc. 6 *sterile — suscepit* etc. Omnes igitur codd. *suscepit*, quod non falsum, sed plerumque imperatores utuntur coniunctivo. i) 1, 2, 4, 5 *sub eiusdem tantum canonis.* 6 *sub eiusdém canonis tantum.* Cui. 2, 2*. Lugd. Go. Ri. Ri*. *vel eiusdem tantum canonis.* Rell. edd. Cod. Iust. *sub eiusdem tamen canonis*, prob. Ri. k) 2, 5 *solutionem quem*, corr. in 5 *solutione quam.* l) In Cod. Iust. om. *aut — sedis.* 6 *tuae magnificae sedis.* Rittersh. *magnificentiae t. s.* m) 2 *discriptionem.* 4 *nullaque eos.* 6 *nullamque eum d.* 5 *abiectionem.* Cod. Iust. *sive adiectionem.* n) 1 *absurdum. eos qui nobis ortatibus aut magnifica p̄fecta fundus. inopes adque* (*adque* etiam Cui. 1. Aur.) *ieiunus.* 2 *ortantibus* etc. 4 *nobis orantibus — praefectura in fundus inopes a. i.* 5 *nobis orantibus aut* (corr. *a*) *m. p. in fundos* (em. *fundis*) *i. a. i.* 6 *nobis orantibus.* Cod. Iust. om. *aut m. praefectura* et pro *ieiunos* habet *egenos*, improb. Ri. o) Cod. Iust. *potuerunt.* p) 2 *ut puta deceptus.* 4 *deceptus.* q) 2, 4, 5, edd. ante Be. *illud quoque.* 6 *id quoque.* Be. ex cod. 1, Cod. Iust. *illudque.* r) 4, 5 *circumventionem*, sed corr. in cod. 5. 1 *deposce*, quod Am. corr. s) 1 *daturus pscripsissent fundus.* 2, 4 *preces sint.* 5 *praecissent* (em. *praescissent f. minimae.* 6 om. *fundos* et infra *etiam.* t) Rein. em. *poterant.* Hic terminatur c. 17 Cod. Iust. cit. u) 1 *viri inlūs florenti.* 2, 5 *inlustri Florenti.* 4 *qui aū legem datū — Florenti.* 6 *illustris viri Florenti.* Cui. 1. Aur. P. P [a]. Rittersh. P [b]. *Florenti.* Cui. 2, 2*. Lugd. Ri. Ri*. *Florentİ.* Go. *Florent I.*, ut supra. v) 1 *liberarunt.* x) 1 *magne* (Am. em. *magna*) *liberalitate pspeximus* (sec. Am. *prospeximus*). Similiter 6, Cui. 1. Aur. *magna liberalitate prospeximus*, quod cj. etiam Ri. et Be. repos., recte. 2, P. — Ri*. *magnam libertatem prosp.* 4 *magna libertatē prespeximus.* 5 *magnam libertatem praespeximus*, sed corr. *prospeximus.* y) 6 om. *in perpetuum.* 4 *tinore* et *secuti.* 2, 5 *sicuti*, ut Cui. 1. Aur. In 5 v. *absolutis* videtur corr. esse in *absolutos.* z) 1 add. *nati.* a) 4, 5 *post aut huiusmodi.* Cui. 1. Aur. *post, aut huiusmodi con* et om. *stitutionem — suas.* Lacuna indicatur quattuor asteriscis. b) 2 *influctuosum — nullasque.* P. — Ri*. *nullisque.* Cf. §. 3, not. *t.* c) Cod. Iust. om. *aut.* d) In Cod. Iust. om. *aut — sancimus.* Cui. 1. Aur. *possessionis.* e) 6 *translationemque suscipere.* f) 1 *quod* (om. *et*) *si subreptiis.* 2 *subreptivis.* 4 *subreptiis.* g) 6 *tale beneficium.* h) Ex cod. 1 et Cod. Iust. 6 *Noverit ergo*; rell. codd. et edd. omnes om. *tamen.* i) 1 *suggestio huius nostre santione contraria.* 2 *suggessio huius nostre sanctionis c. porregatur.* 4 *suggessio huius nostre sanctione contrariā p.* 5 *suggessio* (corr. *suggestio*) *h. n. sanctione* (corr. *sanctioni*) *contraria p.* 6 *huius nostrae sanctionis contraria.* Videtur igitur, collata inter se codicum scriptura, antiquitus scriptum fuisse *suggestio huius nostrae sanctionis contraria*, quod quamquam non displicet, non praeferendum est vulgatae lectioni Codice Iust. confirmatae, ubi *nobis suggestio huic n. sanctioni.* k) 4, 6 *lege.* 5 *lege sacrisuae*, sed del. *a* ante *e.* Cod. Iust. *vel si sacris mandatis.* l) 2 *fore c. suggessionem.* 4, 5 *suggessionem.* 6 *vel si qua forte contraria legi manaverint* (hoc etiam 2) *mandatis obsequatur CC librarum auri se condemnatione multandum.* 1 *depossitionibus.* Cf. Dirksen. l. c. p. 503. Cui. 1. Aur. *hiis.* m) 4, 5 *credederint.* Supra Cui. 1. Aur. *et alios tanquam.* n) Be. em. *exigendos* codicibus non confirmatur. Sed etiam Cont. in m. (Cod. Iust.) habet *exigendos.* Cui. in Comm. c. 1 cit. l. c. pag. 268 cj. *alios* pro *aliquos.* o) 1 *multar* (cum putanda[q] tristitia est, quibus ex salute nostra vera sensimus gaudia[r] contigisse, ut non minus[s] commoditatibus domesticis, quam sospitate[t] laetentur, Hermocrates[u], parens carissime atque amantissime[v]. §. 7. Illustris igitur[x] et magnifica auctoritas tua, quae per hanc[xx] saluberrimam legem pro multorum commoditate statuimus, solenniter edictis[y] ubique propositis ad omnium notitiam venire perficiat[z]. *Dat. III.*[a] *Id.*[b] *Dec. Constantinopoli*[c], *Theodosio A. XVIII.*[d] *et Albino V. C.*[e] *Coss.* (444.) *Eodem exemplo Theodoro viro illustri Praefecto praetorio Illyrici*[f].

(TIT. XXVII?)

1. [a]*Impp. Theodosius et Valentinianus AA.....*[b] Cum pietatis nostrae animo ad quaerenda[c] remedii publici adiumenta perpetuae cogitationes se ingerant, nihil tam necessarium cura serenitatis nostrae perspicit, sicut omnium sensibus non[d] optamus occurrere, quam ut defessis rebus afflictoque publico, tantum robur numerosi exercitus praeparetur; sed nec tam salubris, in qua omnium plenae securitatis fundamenta ponenda sunt, per varia erogationum[e] clementiae nostrae conatum odoraturus, ut ipso experimento non[f] modo his, qui novis sacramentis obligantur, sed ne veteri quidem exercitui, quae ab exhaustis aegerrime[g] conferuntur, ad victum vel ad vestitum posse praeberi: quos nisi indigna et pudenda armato nomini negotiatio aleret, vix possent a famis periculo et a frigorum pernicie vindicari. Quae ergo his angustiis remedia providenda

Tit. XXVII. Primus divulgavit hoc edictum Cuiacius in Observ. XVI, 23 ex ignoto codice. Qui Aurelianensem ed. curavit, posuit id in fin. Novellarum Valentiniani III., numero tituli omisso, qui sec. seriem *XVIII.* est. Cuiacius in Cui. 2, 2* Theodosianis Novellis subiunxit, praefixis vv. *Titulus LI.* In Lugdunensi et Gothofredi editione bis positum est: in fine Novellarum Theodosii et in fine Novellarum Valentiniani. Illo loco in utraque ed. *Titulus XLVIII.* appellatur, hoc loco tituli numero in Lugd. ed. caret, sed sec. seriem *XVIII.* est, ut in Aurel. ed., at numerum *XVIII.* habet in Go. ed. Rittersh. imitatus est Aurelianensem editionem, neque vero Lugdunensem eo loco, ubi edictum repetitum est. In Ri. Ri*. *Titulus LI.* Theodosianarum Novellarum est, ut in Cui. 2 ed. Be. add. numero *Tit. XXVI.* edictum inter Novellas Theodosianas ultimo loco posuit; Valentiniani Novellis annumeratur a Rittero et ab Hugone l. c. p. 158; illius argumentis rem confici negat Beckius. Equidem quamquam incertum est, utrum Theodosii an Valentiniani lex sit, — deest enim praeter magistratum, ad quem missum est, etiam locus, quo publicatum est edictum — propter rem, de qua agit, potius ad Occidentem quam ad Orientem eam credo spectare. Illius enim statum publicum illo tempore, in quod lex propter imperatores nominatos incidit, tristissimum fuisse, perspicitur ex nonnullis Valentiniani legibus. Eo etiam spectat Novella de Afris, quam ex eodem codicis fragmento non dubito, quin Cuiacius in Obs. XVI, 22 ediderit. Accedit, quod antecedenti titulo annectuntur Valentiniani Novellae in cod. 1, nec quicquam videtur deesse. Vid. in f. antec. tit., not. *f.* Nolui autem in incerta re locum a Cuiacio legi assignatum mutare. Ut dignosceretur, quid diversitatis in priori, quid in secundo Lugdunensis et Gothofredi edd. loco esset, diversas scripturas, ubi inter Theodosianas Novellas lex est, siglo Lugd[a]. et Go[a]., ubi vero inter Valentinianas est, siglo Lugd[b]. s. Go[b]. distinxi. Be. praeter tituli numerum add. (*XXXV.*), i. e. omnium Novellarum in ed. Be.

virgula transversa per lit. *r*). *omnibus*. 4 *condemnationem*. 5 *auris* (corr. *auri*) *se condemnationem m.* Vid. not. *l* antec. Hic terminatur c. 1 Cod. Iust. cit. p) 4, 5 *Omnibus omnium circa.* q) 2 *amputandam tristitiam*. 4 *conputandam*. 5 *amputandam tristitiam*, sed corr.; Rittersh. *properas amputanda.* r) 2 *sensemus*. 4 *gaudii*. s) 5 *ut nos minus*. 6 *ut non maius*. t) 6 add. *nostra*. Lugd. et Go. *hospitate*. u) 2 *ermogratess*. 4, 5 *Hermogratis*. Rittersh. *Hermocratos*. v) 1 *p̄kā ā*. 2 *p̄k̄* et om. *atque amantissime*, ut in edd. P. P[a]. P[b]. Rittersh.; 4—6 *p̄ k̄ ā*. Cui. 1. Aur. *parens Karissime Augustorum*. Cui. 2, 2*. Lugd. Go. Ri. Ri*. *Parens Karissime AA*. Be. *parens karissime a. a.* x) 1 *inl̃ itaque— statuemus solempniter*. xx) P. P[a]. P[b]. *per hac*. y) 5 *edictum*. Cui. 1. Aur. om. *edictis*. z) 6 *pervenire p̄*. a) 4, Cui. 1. Aur. om. *III.*, sed in m. Cui. 1. Aur. *XIII.* Cod. Iust. *XII.* utroque loco. b) 1 sec. Am. *k*. Cod. Iust. et in m. Cui. 1. Aur. *Kal.* Rittersh. *Eid.* c) In c. 1 Cod. Iust. codd. om. *Constantinopoli*. 1, 2, 4, 5 *Theud.* d) 2, 4—6, Cui. 1. et Aur. in m., Ri. Ri*. *XVIIII.*, improb. Am. et Ri. In Cui. 2, 2*. Lugd. Go. est *Theodosio A. et Albino XVIIII. V. C.* P. P[a]. Rittersh. P[b]. om. *XVIII.*, sed est asteriscus in P. P[a]. e) 4 *v̄ic̄*. Cui. 1. Aur. P. P[a]. Rittersh. P[b]. *Viro clarissimo*. 6, Cod. Iust. om. *V. C.*, quae sigla scio omitti etiam in cod. 1, quicquid dicit Br. l. c. p. 867. f) Hanc memorabilem clausulam, qua suppletur notitia praefectorum praetorio Illyrici, addidi ex cod. 1, cum in rell. codd. et in edd. desit omnibus. In cod. 1 sic scripta est: *eodem exemplo theudoro. ū inls* (cum virgula traiecta per literam *l*) *p̄p̄ō inlyrici* et add. literis uncialibus expressum: *Titulo Legum Novellār Diui Valentiniani Augusti*, quibus vv. terminatur fol. 68[b]. Deinde fol. 69 et primo folii 70 versu continetur index rubricarum, quem sequitur inde a secundo folii 70 versu tit. I. Novellarum Valentiniani III. De Indulgentiis reliquorum. Rittersh. add.: „*Hactenus ex C. Th. appendice fuerunt Novellae. Seqq. addidi ex P. Pithoei editione.*"

a) Aur. Lugd[b]. Rittersh. Go[b]. add. rubr. *de Siliquarum Exactionibus*, quae vv. inscripta sunt quidem Cuiacii Observationum Capiti cit., neque vero edicto ipsi. Cui. 2, 2* in indice Novellarum, R. *de Iure Nundinarum* rubricam habent; in rell. edd. rubrica deest. Et de siliqua et de nundinis sermo est. b) Aur. Lugd[b]. Go[b]. add. *PP.* et Rittersh. *Pp.* Cui. 2, 2*. Lugd[a]. Go[a]. sex add. puncta lacunae indicandae caussa; quattuor Ri. Ri*. Be. In Cui. Obs. nullum est lacunae signum. c) Aur. Lugd[b]. *querendum*. Rittersh. Go[b]. *quaerendum*. d) Aur. Lugd[b]. Rittersh. Go[b]. om. *non*. Be. cj. *nos*. Vid. not. *f* sq. Infra Go[b]. *plene securitatis*. e) Go[a]. add. *Erogatio militaris annonae*. Go[b]. om. *clementiae*. f) Locus corruptus, ad quem Be. haec: „totus locus vehementer perturbatus. Fort. ita: *sed nec tam salubre, in quo — sint: sed per v. erog. clementia nostra conatum adorta* (*adortura*), *intellexit ipso etc.* vel ita: *sed n. t. salubrem — sunt, clementia nostra conatur adoriri, cum per var. erog. et in ipso exp. intelligat non etc.*" Mihi in mentem venit sic corr.: *sicut omnium sensibus optamus* (aut *nos optamus*) *occurrere — sed nec tam sulubre* (*in quo — sunt*) *per varios — conatus odorati sumus ut — possent praeberi* etc. aut *sed rei tam — clementia nostra conatum odoratura scit ipso experimento, non* etc. g) Cui. 2, 2*. Lugd[a]. Go[a].

sunt [h], mens nostrae serenitatis exaestuat. Nam si a [i] possessore super alia, quae praestat, has expensas requirat, ultimas tenuesque eius vires compulsio talis exstinguet: si a mercatoribus rursus hoc efflagitet, necesse est, eos depressos tanti oneris mole succumbere. Inter haec animo fluctuante hanc viam reperimus, primum cuius lenissima functio publici quaestus habeat magna compendia, deinde quae ad universos pertinens [k] a paucis intolerabilia damna submoveat, atque ita sine sensu dispendiorum sit, ut, cum plus hinc publicae utilitati conquiri valeat, nullus se speciatim queratur [l] affligi, et neque a tenuissimis possessorum reliquiis vel defectu miserabili negotiatorum quicquam impossibile postuletur. §. 1. Placuit itaque, ut omni venditione per solidum dimidia siliqua ab emptore, dimidia a venditore per omnem contractum aequaliter publico conferatur: in omnibus mobilibus immobilibusque rebus venditiones tantum emptionesque duntaxat tali conditione * [m]. §. 2. Tam bonus rei effectus aliter non poterit provenire, nisi huic muneri certi, qui praeficiendi sunt, eligantur communi procerum nostrorum consilio atque tractatu, quod electionis iudicium reservabitur circa eos, qui in aliorum locum adiectionis augmento voluerint [n] subrogari. Per singula igitur negotiationum genera singulos praeponi oportere, hac edictali lege decernimus, quos fides atque industria [nn] huic officio sustinendo idoneos comprobaverit. Utilius quippe est, distributis procurationibus mercium omnium, ut in talibus rebus fieri solet, depulsa permixtionis caligine, apertius et liquidius declarare, quid quisque pro conducta mercium nundinatione dependat. §. 3. Omnis autem contractus, qui clanculario [o] vel emente vel vendente in fraudem legis initus fuerit, careat firmitate. Quod ne fiat, ea ratione prospicimus, ut gestis municipalibus immobilium rerum contractus constet initus, mobilium vero emissis pictaciis [p] transigatur, et is, qui praepositus fuerit huic muneri [pp], profiteatur, se id, quod per hanc legem compendiis publicis decretum est, consecutum, ita ut post annum securitatis amissae discussio minime requiratur. §. 4. Qui si a tabellione vel contractoribus [q] conventus ad gesta venire distulerit, illato curialibus, quod huius edicti lege inferendum est *), venditio perfecta stabilitate nitatur: ille autem, qui huic rei praepositus spe lucri proprii [r] publicum commodum putaverit differendum, tali afficiendus incommodo est, ut tantundem ipse fisci viribus inferat, quantum de ipso contractu, cui conventus praesentiam suam negavit, a contrahentibus publico fuerit illatum, quod ab eo magistratus et curiales exigere curabunt; quam poenam neque ordines effugiant, neque moderatores provinciarum, si qua ipsi fraude vel colludio publica emolumenta distulerint. §. 5. Sed haec, quae tam [rr] salubriter ordinamus, in omnibus provinciis atque urbibus una eademque volumus ratione servari, quod absque ullius erroris impedimento explicabitur, si certae nundinae civitatibus [s] earumque territoriis ordinentur. Iubemus enim, et in oppidis et in regionibus certo loco ac tempore [t] emendis atque vendendis rebus per honoratorum dispositionem, nec non ordinum seu civium sub praesentia moderatoris [tt] provinciae manifesta definitione constitui. Nulli itaque mercatori, praeter hanc observationem, nisi ad designata loca temporibus praestitutis ad negotiationis suae species distrahendas passim licebit accedere, ut certa ratio emendi atque vendendi ibi constare possit, ubi nundinandi ius provincialium tractatu *) fuerit deputatum, et id, quod praeberi supra statuimus, facilius eorum, qui praepositi fuerint, valeat diligentia reperire: quae vero ex his supplenda et minutius ordinanda sunt, amplissima *** [u]

Ri. Ri *. *agerrime*. Rell. edd. etiam ed. pr. lib. XVI. Observ. Cuiacii *aegerrime*. h) Be. em. *sint*, probabiliter. i) Cui. Opp. ed. Francof. *ex*. k) Aur. Lugd [b]. Rittersh. Go [b]. *pertinent*. Edd. ante Be. *intollerabilia*. l) Cui. Obs. ed. Col. Agrip. 1578 *quaeratur*. Etiam Aur. Lugd [b]. Rittersh. *quaeratur*. m) Rittersh. Go. lacunam non indicant et continuo scrib. *conditione tam*, sed Go [b]. *duntaxat. Tali c. t. b.* Ri. suppl. *fient* (*fiant?*) aut *celebrentur*. Simile quid excidit, nisi plura verba desunt. Iam in pr. Obs. Cui. ed. asteriscus est. n) Aur. Lugd [b]. Rittersh. Go [b]. *noluerint*. nn) Aur. Lugd [b]. *industriae*. o) Aur. Lugd [b]. *clanculatio*. Go. *clanclulario*. p) Ri. Be. em. *pittaciis*, recte. pp) „sc. qui praepositus muneri siliquatico.“ Ri. ad h. l. not. g. q) Rittersh. *vel contractibus*, ut Aur. Lugd [b]. et Go [b].

*) Rittersh. om. *est*. r) Rittersh. Aur. Lugd [b]. Go [b]. *spe fuerit proprii* et om. *lucri*. rr) Aur. Lugd [b]. Go [b]. *publice emolumenta — que* (Go [b]. *quae*) *tam*. s) Aur. Lugd [b]. *expblicabitur si certe nund. civitatibus*. Etiam Go [b]. *certe*. t) Be.: „*tales* scil.“, i. e. *nundinas*. tt) Rittersh. *moderatis*. *) Aur. Lugd [b]. Rittersh. Go [b]. *tractatum*. u) Aur. Lugd [b]. lacunam indicant tribus asteriscis, Cui. Obs. ed. Col. Agrip. Cui. 2, 2 *. Lugd [a]. Go [a]. Ri. Ri *. v. *etc.*, Be. duobus asteriscis, qui vero „*deesse*, inquit, *nihil videtur nisi clausula generalis annecti solita*“, i. e. *magnitudo* s. *auctoritas tua* etc. In ed. Rittersh. Go [b]. nullum est lacunae indicium. Praeterea in Rittersh. ed. post totam Novellam haec add.: „*Deinceps sequuntur complures Tituli et Novellae ex Petri Pithoei editione.*“

LIBER
LEGUM NOVELLARUM
D. VALENTINIANI III.[a]

TIT. I. DE INDULGENTIIS RELIQUORUM[b].

1. *Impp. Theodosius et Valentinianus AA. Fausto*[c] *Pf. P.* Quaecunque de provincialium levamine conferri praesentium rerum conditio patitur, prona benignitate clementiae nostrae relaxat humanitas. Quid est enim vel iustitiae tam proximum, vel nobis magis familiare, quam piam manum porrigere defessis, et eorum, quos regimus, angustiis in tempore subvenire? Praesertim cum defectui publico praeceptisque serenitatis nostrae subiectorum certatim semper famulentur*) obsequia, cuius devotionis meritum recentium pariter votorum sacra festivitas, velut sub cuiusdam muneris debito[d], exigit, ut ad occasionem praestandi alacrius incitemur, Fauste, parens carissime atque amantissime[e]. §. 1. Unde illustris et praecelsa magnitudo tua secundum saluberrimam suggestionem suam[f], quae, proposito nostro placere gestiens, cogitationes suas ad provinciarum re-

---

Tit. I. 1, Zir. Am. Be. *Tit. I.* 2 *Tit. VIII.*, err., nam sec. ord. titt. est septimus titulus. 3, 8—10, 13, 15, 17—34, 37, 38, Aeg. Sich. Cui. 1. Aur. Lugd. P. in ind. titt. Cui. 2, 2*. P[a]. in ind. titt. Rittersh. Go. P[b]. in ind. titt. Ri. Ri*. *Tit. VII.*, h. e. Novellarum Valentiniani a Visigothis in Br. Al. receptarum. 6 *Tit. XXVII.* inter Valentiniani Novellas. Antecedunt enim Novellas ex Br. Al. depromptas viginti alii tituli. 36 *Tit. VI.* Vid. infra tit. XXIV, not. sup. In codd. 4, 5, 35 et in L. R. U. totus titulus omissus est. Vid. tit. XVII. de Manich. et tit. XXII. de Sepulc. viol. et Nov. 3 h. tit., not. sup., de codd. 7, 14, 16 tit. III, XVI. et nov. 2 tit. XXII. Novv. Theod. In cod. 1, apud Zir. et Am. hic tit. ex duabus constat legibus, apud Be. ex tribus; in rell. codd. et edd. ex una tantum lege, tertiam dico, quam Be. huc transtulit, et recte quidem hoc factum esse iudico. Positus quidem est hic titulus in Br. Al. eiusque codd. ut in edd. Sich. — Ri*. post titulum de Libertis, qui in cod. 1 *XXIII.* est inter Valentiniani Novellas, quasi earum alius titulus *de Indulgentiis reliquorum* et posterioris quidem temporis fuerit; impedit autem, quominus id credam, ipse codex 1, in quo praeter hunc titulum alter *de Indulgentiis reliquorum* non invenitur. Nodus ita fortasse expediri potest. Visigothi cum in Br. Al. reciperent Novellas, seriem chronologicam servare studuerunt. Fecerunt id in Theodosianis Novellis, nisi quod titulum de Confirmatione Legum Novellarum Theodosii anteposuerunt, de qua re ad titulum illum disputavi; fecerunt etiam in Novellis Valentiniani. Sed cum ex hoc titulo solam tertiam Novellam seligerent, eam autem sex aliis titulis, quos in Breviarium transscribebant, recentiorem esse perspicerent, ne series chronologica turbaretur, eam post titulum VI. posuerunt, quamquam rectius post titulum, qui in Br. Al. VIII. est, collocassent. Pertinuisse autem hanc Novellam ad hunc titulum, infra demonstrabo, quicquid dicit Am. p. 48, not. 16, p. 57, not. 1 et p. 86. Cf. ad C. Th. XI, 28; Nov. Martiani tit. II.; Nov. Maior. tit. II. Vid. infr. N. 3 h. t., not. *m.* — N. 1. Primus commemorat eam Br. l. c. p. 861, divulgavit autem ex cod. 1 Zir. l. c. p. XIII—XV. et comment. instruxit p. 259—299; deinde una cum notis edidit Am. l. c. p. 37—48; postea Be. ex utraque ed. reposuit. Est in cod. 1 et in illis edd. *N.* 1, add. autem a Be. (*XXXVI.*), i. e. omnium Novellarum in Be. ed.

---

a) Novellis Valentiniani in codd. et edd. longe aliter inscriptum est quam Theodosii. Cf. quae supra p. 1, not. *a* de Theodosii Novellis notata sunt. De cod. 1 vid. tit. XXVI. Novellarum Theodosii, not. *f.* Similiter 4, 5, 11, 12, 19, 36, Epit. monachi *Incp.* s. *Incipiunt Novellarum divi Valentiniani A.* 18, 20, 22 *Inc. D. Valentiniani*; sed 22 *Valentini.* 23 *Tituli Legum D. Valentiniani A.* et sqq. rubricae. Sic quoque fere omnes codices, ubi titulorum indicem exponunt, modo quod nonnulli *Incipit* sive *Incipiunt* habent, alii *Novellarum* post *Legum* addunt, alii *Novellarum* pro *Legum* habent. 42 et multi alii secundi ordinis codd. *Incip Tituli Divi Valentiniani Aug. Cap.* 1. 8—10, alii *Incpt Novellae D. Valentiniani Ag.* 34 fere solus *Explicit Novellarum Lib. I. Incipit Novellarū Divi Valentin. Lib. II.* Similiter cod. Guelpherb. *Explic. Novell. Lib. I. Incpt II de Fructibus.* Aeg. *Incipiunt Tituli Legum Novellarum Divi Valentiniani Aug.* Sich. *Legum Novellarum Divi Valentiniani A. Liber.* Cui. 1. Cui. 2, 2*. Rittersh. Ri. Ri*. *Legum* (Rittersh. *Incipit. Legum*) *Novellarum Divi Valentiniani A. Liber II.* Aur. Lugd. Go. *Legum Novellarum Divi Valentiniani A. Liber I.*, errore. L. R. U. (ed. Canc.) *Incipit Novella Di. VII. Valentin.*, sed S. Galli code.. *Incipit Novii Valentinini* et codex Piperinus *Incipit Novella Divii Valentiniani.* Zir. *Imperatoris Valentiniani III. Novellae.* Be. *Novellarum Legum Liber II. Novellae Valentiniani III.* b) 1 *relicorum.* c) Br. l. c. p. 861 vult *Florentio* pro *Fausto*, recte impr. Am. Nam Florentius praef. pr. Or. fuit; haec autem Novella ad Occidentem spectat. *) Be. err. *famulenter.* d) 1 *debetū*, ut apud Am.; libr. corr. *debetis*; alia manus videtur correxisse *debeto.* e) 1 *pok aa*, sed impr. Zir. l. c. p. 318. Zir. *P. K. AA.* Am. male et impr. Be. *Praefecte Carissime Augustorum.* Be. *parens karissime a. a.* f) 1, Zir. *suam*, recte. Am. Be. ed. *tuam.*

media semper extendit [g], universis possessoribus hac [h] pragmatici nostri auctoritate sciat [hh] esse consultum, ita ut, quicquid in reliquis [i] superiorum temporum residere [k] calculi publici ratio deprehenderit, in quartam usque indictionem [kk] per omnes provincias atque insulas Italiae, per Africam vero tertiae indictionis debita titulis fiscalibus eximantur [l]. Quae cum nihil publico nomine proficiant [ll], exhaustum tamen possessorem redimentemque semper inducias continuis dispendiis inquietant [m]. Quod nunc omne et in perpetuum penitus remittentes, nihil ex hac functione constituimus [n] tabularia publica retinere, omnisque [o] recidivae calumniae aditus praestruentes praecipimus, nihil exactoribus de praedictarum duntaxat indictionum reliquis unquam [p], nihil licere iudicibus. *Dat. VIII.* [q] *Id. Iul. Ravenna* [r], *Theodosio A.* [s] *XVI.* [t] *et Fausto V. C. Coss.* (438.)

2. *Iidem* [u] *AA. ad Maximum II. Pf. P.* [v] Remissio tributorum pro vastitatis qualitate concessa redivivae devotionis fomitem subministrat: neque ingruentibus morbis revocari [x] sanitas potest, nisi industriam suam medicina praestiterit, Maxime, parens carissime atque amantissime [y]. §. 1. Unde illustris et praecelsa magnitudo tua [z] pragmatici nostri [a] tenore [b] comperto sciat, secundum suggestionem suam, quam tam possessoribus utilem, quam fisci [c] commodis approbamus, Siculum possessorem cum circumiectis insulis, barbaricae vastitatis intuitu, de eo censu, qui praesentibus chartis tenetur [d], septimam partem tributis fiscalibus oportere [e] dissolvere.

Syracusanus [ee] vero, Catanensis [f], Aetnensis [g], Lilybaetanus [h], Thermitanus [i], Soletinus [k]. . . . . (441 ? [l])

3. *Iidem AA.* [m] *consulibus*, *praetoribus* [n], *tribunis plebis*, *senatui suo salutem dicunt* [o]. Si vos liberique vestri valetis, bene est, nos exercitusque nostri valemus [p]. Licet aliae occupationes [q] exstiterint, ultra differri [r] non potuit: apud verecundam enim conscientiam

---

— N. 2. Primum ed. est ex cod. 1 a Zir. l. c. p. XVI. sq. et comm. instructa l. c. p. 300—343; deinde una cum notis ed. ab Am. l. c. p. 49—56; denique a Be. ex utraque ed. reposita. In cod. 1 et in illis edd. est *N.* 2, add. autem a Be. (*XXXVII.*), i. e. omnium Novellarum in Be. ed. — N. 3 deest in cod. 1, edd. Zir. et Am. Cohaeret enim in cod. 1 cum v. *Sollentinus* (vid. Nov. 2, not. *k*) fragmentum Novellae seq. tit. a Zir. et Am. ex cod. 1 editum. Be. *N.* 3 h. t., sed add. (*XXXVIII.*), i. e. omnium Novell. in Be. edit. Num huius tituli lex sit, partim disputavi in not. superiori huius tituli, partim disputabo eodem sequentis tituli loco. Vid. ibid. etiam not. *a*. In Br. Al. et in edd. Sich. — Ri*. est *N. un.* tituli de Indulgentiis reliquorum (tit. VII.). Integra cum interpr. vv. est in codd. 2, 8—13, 17—23, 27—29, 31—34, 36—38; subscr. et interpretis vv. des. in cod. 25; interpretis vv. in codd. 15, 24; subscr. om. in codd. 26, 30. In codd. 3, 39, 40 non adsunt, nisi fragmenta Nov.; in codd. 8—10, 24, 31 textui interpretationis siglum affigitur; tota Novella deest in codd. 4, 5, 35. In Aur. Lugd. Rittersh. Go. edd. pro interpretis vv. Summa Aeg. add. est. De subscr. vid. infr. not. *h*—*m*. Perspicitur ex his, in omnibus fere Br. Al. codicibus hanc Novellam reperiri, cuius rei haec caussa est, quia nullam interpr. habet. Incredibilem igitur a me collectam esse diversarum copiam scripturarum non mirum est. Sed cum inutile sit omnem diversitatem enumeratis singulis codicibus annotare, quippe quae maximam partem ex librariorum mendis constet, satius esse duxi eam ita proponere, ut multos codd. si consentirent, uno verbo (*nonn. codd.*, *plerique codd.* etc.) appellarem, nisi quando sententia hac vel illa scriptura recepta aut reiecta mutaretur. Idem consilium sequar in nonnullis aliis Novellis, quae pariter atque haec in longe plurimis libris mss. supersunt.

---

g) 1 *expendit*, quod ferri potest; sed tamen Zir. Am. Be. rectius *extendit*. h) 1 *hanc*. hh) 1 apud Am. *sciet*. i) Ita 1, Zir. Am.; mendose. Be. *calculis*. k) 1, Am. *resideri*. Mox 1 *adque*. kk) 1 apud Am. *inditionem* — *provincas*. l) 1 *extimantur*, err.; ita enim in codd. scrib. pro *existimantur*. ll) 1 ap. Am. *proficiat*. m) 1 *inquietat* et paullo infr. sec. Am. *imperpetuum p. remittentis*, n) 1 *constituemus tabolaria*. o) 1, Am. *omnisque*. Be. ex Zir. ed. *omnesque*. Non est cur mutetur cod. 1 scriptura. p) 1 *reliquis umquam nihil licere iudic.* Am. *reliquis umquam*, *nihil licere Iudicibus*. Zir. *Reliquis*, *nihil unquam licere Iudicibus*; quem Be. secutus ed. *reliquis*, *nihil unquam licere iudicibus*. Cohaeret *unquam* cum antecedd., neque vero cum sequentibus. q) Falso Br. l. c. cod. 1 dicit habere *VII*. Vid. etiam Zir. l. c. p. 298 et Am. l. c. p. 47, not. 14. r) Ita 1, Am.; Be. *Ravennae*: quod etiam Zir. (p. XV, not. *e*) usitatius videtur. s) 1 *theu āā*. Zir. alterutra litera *a* deleta recte edidit *A*. Etiam Be. *A*. Am. *Aug*. t) Falso Br. l. c. ait in cod. 1 esse *XVII*. Vid. etiam Am. l. c. pag. 48, not. 16, qui coniecerat emendandum esse *Theod. A. XVII. et Festo*. Vid. eund. p. 41, not. 5 in fin. u) 1 *Id*, ut Zir. v) Zir. *UPP*, quod siglum, utrum significet *quintum Praefectum praetorio* an conflatum sit ex numeri romani *II*. lineis, multis vv. disputat p. 305 sqq. et p. 498; sed cod. 1 habet numerum *II.*, quamquam eo literarum ductu expressum, qui haud multum ab illo numero differt. Am. *ad M. Iterum Praefectum Praetorio*, quem vid. p. 50, not. 2. Br. l. c. p. 867 *ad Massimum VPPo*. x) 1 *revocare* et infra apud Am. *medicinā prestiterit*. y) 1 *pok āā*, sed sec. Am. *p̄ō k̄ āā* et sec. Zir. *POK. AA.*, impr. Zir. l. c. p. 318, ubi vero sibi non constat et in cod. 1 esse *PO. K. AA.* dicit. Ipse ed. *PK. AA.* et Am. *Praefecte Carissime Augustorum*. Be. *parens karissime a. a.* z) *tua* deest in cod. 1; add. ex Zir. et Am. a Be., recte, quamquam non offendimus, si desit. a) Zir. *pragmaticae nostrae*. b) 1 *tenire*. c) 1 *possessorebus utili quā fisci*. d) 1, Zir. *tenetur*. Am. Be. *continetur*. Recte *tenetur*. e) 1 *portere*. ee) 1 *Siracusanus*. f) 1 *cathenensis*. Zir. admittit etiam *Catinensis*. g) 1 *etnensis*. h) 1 *lilibitanus*. Zir. *Lilybetanus*. Am. *Lylibitanus*. Be. *Lylibetanus*. Be. em. *Lilybaetanus*, recte. i) 1 *Termitanus*. Zir. *Thermitanus*. Am. Be. *Tremitanus*, dubito an recte. k) 1 *Sollentinus*, quae ultima huius Novellae vox est. Videtur maxima eius pars deesse. Vid. Nov. 3 h. t. et tit. II. sq., not. sup. Zir. *Solentinus*. Am. Be. *Soletinus*. Docte de his nominibus disputat Am. not. 10—14. l) Addidi annum 441. Spectat enim haec Novella ad Gensericum, qui anno 440 Siciliam vastavit. Anno vero 441 *Maximus II. Pf. P.* fuit. Cf. Zir. l. c. p. 301 sqq. et Am. not. 15 et 2. m) 13 *Id̄ āā*, ex quo apparet, librarium illum novellam descripsisse ex codice, in quo antecesserint aliae eorundem imperatorum Novellae eiusdem tituli. 2 et rell. Br. Al. codd. Sich. — Ri*. *Impp. Theodosius* (s. *Theūd.* s. *Teod.*) *et Valentinianus* (s. *Valentinus*) *AA.* Be. edidit *Iidem AA.*, quia ad hunc tit. duae ex cod. 1 Nov. accesserunt. n) 13 add. *et*. 23 *praēsb. trib̄.* o) Nonn. codd. om. *sal. dicunt*. Go. *saltem*. p) 15, 21 om. *Si* — *valēmus*, alii *nos* s. *nostri*;

mendacii [s] genus est, promissa tardare. Sciamus [t] licet, devotionem possessorum fiscalia nulla vel parva debere [u], tamen quod in huius discussionis [v] officio et nullius et [x] modici una eademque conditio [y] est, evidenter exponimus, cur [z] designatae necessitati [a] placeat subveniri. Putabitur enim conniventia, nisi nostro studio corrigàtur. §. 1. Quantum ad propositum [b] nostrum attinet, provincialibus undique volumus esse consultum, et diversis [c] fessos incommodis súfficientibus beneficiis adiuvare *). Verum obstitit [d] invida [e] plerumque subreptio, quoniam iam [f] non potest tantum, quantumlibet intenta, cogitatio [g] providere, ut [h] improbis etiam latentes [i] nocendi aditus obstruantur [k]. §. 2. Discussores [l] ad provincias non electi, sicut comperimus, sed ambientes ire dicuntur [m], quod nobis [n] et proceribus nostris aliarum sollicitudinum [o] mole [p] constrictis efficere inveniuntur [q] otiosi. Hoc modo facultates possessorum miserabiliter conciderunt [r], et hinc maius incommodum [s], unde remedia certa [t] debuere provenire. Ubi trepidam provinciam talis discussor adierit [u], stipatus calumniarum ministris, superbit elatus [v] inter obsequia sumptuosa, expetit adminicula provincialis officii, scholares [x] etiam saepe coniungit [y] multiplicato et hominum numero et officiorum, ut [z], quantum avaritiae libuerit, terror extorqueat [a]. Prima sunt venientis [b] exordia, ut proferat [c] et revolvat super diversis numerosisque titulis terribiles iussiones: praetendit minutarum [d] supputationum [e] caligines inexplicabili obscuritate confusas, quae [f] inter homines versutiarum nescios [g] hoc amplius agunt [h], quo minus intelligi possunt. Securitates expetunt [i] annorum serie et vetustate consumptas, quas servare nescit simplicitas et fiducia [k] nihil debentis. Revera enim aut [l] quoquomodo [m] pereunt [n], quasi iusta contingit [o] occasio depraedandi, aut [p], si exstant, redimendum est, ut fe-

---

alii habent *libertique ee s. esse* pro *est*, *excitosquae* et *noster*; sed 34 *noster exercitus quia nos valemus* et 22 *nr̄ bene valemus.* 18 *valeamus.* Etiam Sich. *noster.* Cf. Zir. l. c. p. 366 sqq. q) 11, 12, 19, 22, alii *occasiones.* 22 *occansiones.* 19 add. *scribe.* 26 *aliis occupationibus.* r) Multi codd. interque eos 2 *deferri.* 22 *defferri.* s) 12, 20 *aput v. e. c. par mend.* 19 *apud verecundiam e. c. par mend.* Nonn. alii codd. *verecundia s. verecundiam* et *conscientia.* 25 *deferri non valuit.* Sich. in m. „*Mendacii genus promissa tardare.*" t) 15, 21 *tarda nesciamus.* Nonn. codd. *devotione s. devotionum*, ut Sich. u) 8—13, 15, 20—25, 28, 30, 31, 34, 36—38 (in 37 per corr.), L. ap. Be. Sich. *deberi*, quod fortasse admitti potest, si supra scrib. *devotione.* 18 *deberit.* 26 *possessore fiscalem ad nulla v. patrua.* 31 *prava deliberet.* Nonn. codd. *vel parū.* 6 om. *vel parva.* Nonn. codd. *possessorem.* v) 11 *discutionis.* 9 *huiusmodi.* x) Nonn. codd. om. *et.* 18 *modici ut ne eadem.* 22 *modi.* 36 *modicae unae.* Sententia haec est: nihil interest, utrum nihil an parvum debeant. Suppl. igitur ex antecedd. *debiti.* y) Nonn. codd. *condictio.* 6 om. *conditio*; ex aliis codd. exc. *est.* 26 *exposuimus.* z) 6, 10, 28, 37, Sich. *cui*, sed Sich. in m. *quae*, ut 23. a) 23, Sich. *designata necessitate.* 37 *designatio.* Nonn. codd. *necessitate.* Mox 10 *conscientia*, sed plerique codd. *conibentia, cohibentia*, nonn. *conibentiam* et *si nostro — corrigitur.* b) 33 *Quantum expositum*; alii *p̄positum.* c) In cod. 10 exc. *attinet — diversis.* 33 *attendit* pro *attinet.* 19 *diversis posteros.* 22 *diversos posterum sine commodis.* 30 *div. fiscus.* Nonn. codd. *fiscus.* *) Ponerem *adiuvari*, si codices consentirent. d) 6 *Verum q̄m obstat.* 15, 21, 32, 33 *obstat.* 19 *obsistit.* 24 *obstet.* Nonn. codd. *vero.* e) 19, 22, 36, Rittersh. *invidia.* 28 *invidiae.* f) A nonn. codd. abest *iam.* 13 *q̄d iam.* 6 *et non potest.* g) Nonn. codd. *in tanta* aut *cogitationum.* Go. add. *non.* h) 6, 15, 21 om. *ut.* 10, 24 *ut probis.* 32, 33 *et improbis.* 26 *improbi.* i) Nonn. codd. *latentis s. latendi s. latentibus.* 33 *lat. etiam nocendi.* k) 6, 8—12, 15, 19—21, 24, 25, 29, 31, 37, 38 *obstruatur.* 26 *substituatur.* 30, 32, 33, 36 *observatur.* Pauci igitur codd. *obstruantur*, ut edd., sed recte. l) 30 *discussoribus.* 32, 33 *hac* (33 *nec*) *discussoribus — electis* (hoc etiam 2). Nonn. codd. *discussoris.* m) 31 *comp. non ambientes.* 13 *ambisidere dicuntur.* 36 *amb. in re dic.* n) Nonn. codd. *nos.* Mox 33 *processoribus.* 36 *nobis ex proceribus.* o) Nonn. codd., veluti 11, 12, 18—20, 22, *aliut cum sollicitudine*; nonn. *aliorum.* p) 11 *male.* Nonn. codd. *more* et *constrictus.* q) 11, 12, 19, 20, 22 *incipiunt otiosi*, non male quidem, sed praestat vulg. scriptura. 8—10, 15, 18, 21, 24, 25, 30, 37, 38, alii *inveniunt otiosi*, sed 21 *otiosis* et 25 *otium.* 26 *inv. tuos.* 36 *inveniunt si.* In m. Cui. 2, 2 * hic locus asterisco notatur, quasi mendosus sit; sed eum bene se habere recte dicit Ri. r) 11 *convaliscunt*; alii codd. *concederunt*, *consciderunt.* s) Nonn. codd. *hic*, alii *magis* et *incommodo.* 22 *ut hic maius.* t) 6, 10 *remedia directa provenere.* 8, 9, 11, 12, 13, 18—20, 23, 25, 29, 33, 38 *debere certa* et 15, 21, 22 *debuere certa*, quod propter illos codd. verisimile videtur. Nonn. codd. *c. debere* et *pervenire.* 24, 36 om. *debuere.* 10 *trepediam.* u) Nonn. codd. *adiret*, ut 11, 12, 22, 23. 32, 33 *adiecerit stipulatus* et 37 *stupulatus in cal.* Nonn. codd. *discussorum.* v) 15, 21, 33 *supervenit elatus.* Nonn. codd. *calumniatorum superbia.* 31 *elatus calumniarum inter.* x) 2 *oscula si.* 6 *officii obsonatores et saepe.* 10 *officiciis osculario.* 19 *officiis colores.* 38 *officii scoris etiam.* Plerique codd. *scolares.* Sich. *scalares.* y) 6, 31—33, 38 add. *ut.* Vid. not. sq. Nonn. codd. *multiplicatum* et *minimum* aut *nomimum* pro *hominum* et *numerum.* 22 *coniunge multiplicatoque hominum.* z) Plerique codd., etiam 2, 6, 8—13, 15, 18—23, 31—33, 38 om. *ut.* Vid. not. anteced. a) 19 *conlibuerit error ext.* 20, 23 *libuerit error ext.* 22 *avar. cum libuerit errore exerceat.* Nonn. codd. *libuerit error extorquet.* Etiam Sich. (ex 23) *error.* 38 *terrore*, ut L. apud Be. 33 *avaritia.* b) Multi codd. *venientes*, inter eos 2, 11, 12. c) Nonn. codd. *praeferat.* Mox ab aliquot codd. abest *numerosis.* d) Nonn. codd. *minutiarum*; alii om. *minutarum.* 22 *praetendant.* 25 *pertendit.* e) 6 *supputationum ambages.* Nonn. codd. *caliginis.* f) 8, 23, alii *confusasque.* 33 *confessasque.* Nonn. codd. *qui inter*, alii *inter omnes.* g) 33 *versutiarum honestius.* Nonn. codd. *nescius.* h) 28, 34, 37, Sich. *habent*, sed Sich. in m. *agunt.* Nonn. codd. *qui minus*, alii *quod minus*, ut 2, et *possint.* i) Nonn. codd. *expediunt* et mox *seriem.* 37 om. *serie.* 23 *consumptos quae.* k) 19, 22 *fides.* Nonn. codd. *fiduciam* et *debentes.* 18 *nihil habentes.* Cf. C. Th. XI, 26, 2. l) 13 *Reversa.* 19 *quocummodo.* 22, 25, 31, 33, Rittersh. *quomodo.* m) Go. ad c. 2 C. Th. cit. (XI, 26) em. *perierunt*, qua em. non opus esse dicit Ri. 26 *pereant.* n) 6, 8—13, 15, 18—23, 26—34, 37, 38, Sich. Cui. 1. Aur. Lugd. Rittersh. Go. add. *aut* et 24 *et.* Rell. om. *aut*, quod rectius omitti videtur. o) Nonn. codd. interque eos 22 *contigit*, impr. Ri. Nonn. codd. *vix cont.* Rittersh. *occasione praedandi.* p) 6, 8, 9, 11, 12, 15, 18—20, 22, 23, 25, 28, 29, 31—34, 37, 38, in m. Sich. et rantur accepto [q]. Ita fit, ut apud improbum rei arbitrum [r] merito noceat, chartula [s] cum perit, nihil proficiat, non perisse. Innumerae [t] deinde clades, saeva custodia [u], suspendiorum crudelitas et universa tormenta, quae interea laetus [v] et crudelitatis pertinax et [x] egregius quaesitor exspectat. Collega furtorum palatinus hortatur [y], instat apparitio turbulenta, urget [z] immitis [a] exsecutio militaris. Indignum facinus, haec de civibus [b], velut inter hostes, pecuniae placitis [c], non allegationum iustitia, non miseratione finiri. Tanta vexatio cum nihil unquam [d] fisci utilitatibus [e] prosit, tamen non desinit [f] iterari: quasi aliquid efficaciter gestum, vix dum uno e [g] provincia decedente [h] cum novis [i] auctoritatibus alter excurrit. Si utilis publico esse non potuit [ii], qui ante perrexit, superfluum est ire [k] alterum, aeque provincialibus obfuturum. §. 3. Hunc nos, patres conscripti [l], fomitem perniciosi ardoris [m] exstinguimus, nec patimur ulterius [n] ad exhaustorum [o] interitum desaevire [p]. Nobis perit deterior possessor effectus, nobis proficit non gravatus [q]. Venduntur induciae his, qui non possunt esse solvendo [r], cum dilationis redemptio publicam magis attenuet [s] functionem. Amittit [t] sine dubio fiscus, quod commodo [u] suo exactor augmentat. Superiorum igitur, patres conscripti, omnium temporum reliqua tam arcalium [v], quam utriusque aerarii [x] usque ad incipientem primam indictionem iubemus [y] ad indulgentiam pertinere: nemo prorsus quaelibet usque ad [z] designatum tempus transacta discutiat. Sola est nunquam calumnianda [a] securitas, quam aeternitas nostra concedit [b]. §. 4. Licet hanc humanitatem cunctis ad [c] quietem sciamus posse sufficere, tamen addimus [d], quo provisio nostra magis possit grata praestari [e], nemini deinceps licebit ad hoc negotium [f] arbitrio unius iudicis adspirare. Utrum mitti debeat inspector publicus, tractatus ante deliberet sublimis viri parentis patriciique nostri, nec non magnificus vir praefectus praetorio, qui communionis utilitatem [g] virtutum suarum magnitudine [h] nobiscum pervigiles et

---

Cui. 2, 2* *ut.* 24 *et.* Ri. prob. *aut.* Nonn. codd. *existant.* 6 om. *aut — accepto.* q) Nonn. codd. *acceptum* aut *accepta*, ut Sich. 37 *est offerantur accepto.* Mox nonn. codd. *improbos* et Rittersh. *Ita fuit ut.* r) 8—12, 15, 18—23, 28—31, 33, 37, 38, L. ap. Be. Sich. Aur. Lugd. Rittersh. Go. *arbitrium*, impr. Ri., sed Aur. Lugd. Go. *ei arbitrium* et Rittersh. *et arbitrium.* 6 *arbitrum et merito.* 25 om. *merito.* 11 *noceant.* s) 2 *cartholam* et nonn. codd. *cartulam.* 13 *comperiit.* 15, 19, 21, 22, 25, 30, 37, alii *conperit* s. *comperit.* 37 *rumperit.* 6 *cartula periisse et nihil.* t) 22, 37, Sich. *periisse in munere. Deinde*, sed Sich. in m. *numero.* Nonn. codd. *cladis.* 22 *clavis seu a cust.* u) 11, 12, 19, 20, 23 *custodiat.* 6 *custodiae.* 26 *seu custodias.* Nonn. codd. *dispendiorum, crudelitatis* et *universorum.* v) 2, 31 *inter alitos.* 6 *inter quae cred.* 10 *inter alitos ad crud.* 19, 25 *inter elatus.* 22 *interea luctus.* Nonn. codd. *crudelitates.* 18 *incredulitatis.* x) Ex cod. 6 add. *et.* Ri. vult *egregiusque.* Id cod. 31 habet. *Et* deest in rell. codd. et in edd. Nonn. codd. *quaesitur* et *excogitat* pro *exspectat.* y) 6, 9, 31—33 *orator*; alii *ortatur* s. *ortator.* Sich. *oratur*, sed in m. *hortatur.* 25 om. *pal. hort.* et Rittersh. (neque vero Sich., quod Ri. dicit) *hortatur — militaris.* Nonn. codd. *palatinos* et mox *apparatio* s. *apparacio.* 22 *inparitio.* Supra 36 *collega futurorum* et Go. *Collegia.* z) 11, 12, 15, 20—22, 38 *urguet.* 8, 19, 25, 26, alii *urguit.* a) 11, 12, 19, 20 *in minis.* 18, 22 *imminens.* 37, Sich. *exactio.* b) Rittersh. *palatinus indignum facinus. Haec.* Vid. not. *y.* Nonn. codd. *Hoc de civibus*, alii *civilibus.* 36 *indignum faciamus — civibus ut inter.* c) Nonn. codd. *pecuniam.* 22 *pecunuae.* 25 *pecuniam adplicitis.* Mox alii *alligationum* et *iustitiam.* 33 *finirit promiserationem* et 20 *finirit ante vexatio.* Go. *placitis, et alleg.* d) Go. *cum nonnunquam*, impr. Ri. e) 11, 12, 19, 20, alii *utilitas.* Sunt etiam qui habent *prosis.* f) Complures codd. *desinet.* 24 *desint.* Nonn. codd. *iterare.* 26 *iterari et quasi.* 37 *tamen de se iterari.* 23 *tũ non.* g) 6 *gesto vix dum uno de.* 24 *unum et.* 26, 37 *uno et.* 36 *uno vix dum se provinciae.* Plerique *uno ex.* h) 8—10, 15, 21, 31 *decidente.* 11, 12, 18—20, 24, 38, L. (sed 38, L. a sec. man.), alii *discedente.* 33 *decidende.* i) Nonn. codd. *nobis* et *auctoribus.* 36 *novissimis.* 21 *excurrit surcilis.* 30 *excussit.* ii) Ri. provocat ad C. Th. XIII, 11, 10 ab init. k) 22 *in re.* Rittersh. *aequo.* l) Nonn. codd. et edd. *P. C.* 15, 21 *nos praefectum.* 22 *Hii nos.* 23 *patres cons.* 32 om. *fomitem — patres conscripti*, sed nonnullis foliis post add. in fol. 104 et annotatur: „*Require in Novellarum lib. II. in tit. VII de Indulgentiis reliquorum.*" m) 22 *ardorem.* Aur. Lugd. *adoris.* Rittersh. *odoris.* Nonn. codd. *extinguemus.* n) 8, 9, 36, 37 *alterius.* o) 9, 22, 25, 33 *exactorum* et add. 33 *inde.* 26 *exauctorum.* p) 2, 8—10, 19, 22, 27—33, 38, L. apud Be. *deservire.* 20, 26 *deservisse.* Aliquot codd. om. *Nobis* et habent *peri.* 22 *posser.* q) 37 *gratus.* Sich. *non ingratis*, sed in m. habet *gravatus.* Mox Sich. — Cui. 2*. Ri. Ri*. cum multis codd. *hiis*, Go. *iis.* 33 *indutia vel his.* r) 6 *non possunt solvere cum dilationibus redempti.* Etiam 2 *redempti* et 10 *dilationibus redempti publica*; alii codd. *solvendum.* 26 *dilationem.* 25 om. *redemtio.* Rittersh. *dilatationis.* s) Permulti codd., etiam 2 *adtenuit.* 6 *adtenuant.* 24 *adtinuat.* Nonn. codd. *publica.* t) 11 *amittet.* 26, 33 *admittat.* 29, 36 *admittit.* u) 2, 20, 22 et multi alii *quomodo*; nonn. om. *quod.* Rittersh. *exactos.* v) Nonn. codd. et edd. *P. C.* 15, 21 *igitur praefectum omni temporum quam arcalium.* 33 *tam mercalium reliqua.* 32 *reliqua autem.* Multi codd. *archalium.* Rein. em. *arcarum* et Ri. *arcalia*, utrumque bene. x) 6 add. *debita.* 19 om. *aerarii usque.* 12 *utriusquae.* 26 *utriusquam errori huiusque ad.* Nonn. codd. *incipientes.* y) 15, 21 add. *quod.* z) 2 *quolibet* et om. *usque ad.* Idem habent multi alii codd.; in aliis scriptum est *quodlibet* aut om. *usque.* 6 *prorsus quolibet modo per designatum.* 13 *quelibet neque ad.* Go. v. *quaelibet* uncis inclusit. Mox nonn. codd. *designato* s. *adsignatum, transacto* et *discutiet.* a) Cui. 2, 2*. Ri. Ri*. *calumniandi.* Ri. probatur *calumnianda.* b) 24 *perennitas n. concedet.* 6 add. *Et.* Nonn. codd. om. *hanc.* c) Aur. Lugd. Rittersh. Go. *ac*, improb. Ri. 26 *posse sufferre tamen.* d) Multi codd. *addemus* et nonn. *quod*, sed 36 *quos.* Praeterea alii habent *provisione* s. *provisionem, nostram, maius* pro *magis, posset* et *tracta* s. *rata* s. *gratia* pro *grata.* 6 *quae provisio nostra intelligit magis grata posse.* e) Ri. sine necessit. em. *praestare.* Sunt cum Ri. soli codd. 24, 30, quorum librarii errarunt. 15, 21 *praesentari.* 19 *praestari nimia.* Nonn. *pr. nemine* s. *neminem.* f) 19, 22 *ex hoc negotio.* 12, 20, alii *ex hoc n.* Nonn. om. *hoc.* Rittersh. *luebit.* Nonn. codd. *arbitrium*, alii *arb. huius.* Infra 23 *liberet.* g) 6 *Utrum m. debeat ante sublimis viri parentis p. nostri publicus tractatus deliberet nec magn. vir pr. pr. desit qui comm. utilitatam —*

cogitant et tuentur: cum aulicis potestatibus pro sua moderatione disponant[i], si iusta necessitas cogit[k], qualis persona mittatur. Nihil impudenter audebit, quem elegit talium virorum examinatus[l] assensus. Necesse est ab eo integritatis reverentiam custodiri[m], qui novit, tot se[n] custodes habere, quot iudices. §. 5. Aliter pergenti[o] ad provinciam et fortunarum et famae iubemus esse discrimen; revocetur[p] publici timore periculi, quem occulta[q] cupiditas festinare compellit[r]. Similis conditio manebit officium eius potestatis, quae discussorem mittere cupiens, non fideliter suggesserit attestatione gestorum formam[rr] mittendi, quam statuimus[s] debere servari. §. 6. Sardiniam ab hoc excipi placuit, quoniam apud nonnullos calliditate quadam maxima pars pecuniae residet[t], quam exactam publicis oportuit erogationibus applicari[u]: cum satisfecerit, ad ipsam quoque beneficia nostra perveniant[v]. §. 7. Illustris viri comitis rei privatae insinuatio patefecit, dudum nostram clementiam[x] praecepisse, intra[y] Africam, sicut per alias provincias, adiectione quinquennii, pretium distractorum praediorum ab emptoribus debere suppleri: palatinos super hac re olim directos[z], necdum quid profecerint[a] retulisse. Quare nolumus, hunc titulum[b] interpretationi[c] huiusce[d] iussionis[e] adiungi, ne sub occasione orationis accepta[f] consumant. Dici enim reliqua non possunt, unde non residua pars, sed et[g] omnis, quae sperari potest, summa debetur. *Et manu divina: Optamus vos felicissimos ac florentissimos nostrique amantissimos per multos annos bene valere, sanctissimi ordinis P. C. Et ad latus*[h]: *Dat. III.*[i] *Non. Mart. Roma, Valentiniano A. VII.*[k] *et Avieno*[l] *V. C. Coss. Recitata*[m] *in Senatu per virum illustrem Postumianum prid. Id. Mart.* (450.)

ISTA[n] LEX INTERPRETATIONE *non indiget.*

---

tuentur hi cum aliquibus pot. Rell. etiam codd. diverso modo; nam hic et ille habet *u. mitti de ea re an insp.* — *ante liberet*; *sublimes* aut *sublimi* aut *sublimiores*, *parentes*, *patrisque* aut *patriique* aut *patriciiquae*, *nec non et m,*, *magnifici viri*, *praepositus* et om. *praetorio* s. *ppo praetoris*, *communis* s. *commonitionis* s. *communi* et *utilitate*. Ri. prop. *communem utilitatem*, neque vero insistit em. 22 *utrum menti — tractatur* et om. *qui communionis*; in aliis exc. *non* ante *magnif.* h) 11, 12, 15, 19 — 23, 26, 38 *magnitudinem.* 31 *magnitudines bonos cum.* 19 add. *cum*; idem mox *tuuntur* et 30 *cogitanti vocetur.* 24 *cum lucis pot.*, ubi 22 *cum audaces.* Praeterea etiam in aliqnot codd. scriptum est *per vigilias.* i) Nonn. codd. *disponent* s. *disponunt* et *si iniusto.* k) 11, 12, 19, 32 *coget*, alii *cogitur* et infra *amittatur.* l) 22 *impudentes audebit quamquam el. t. v. ex agmine adsensus*, ubi alii codd. *imprudenter* s. *imp. agebit* s. *nihil in potestate audebit. quemquam elegit alium* s. *quam el.* et *examinator* (hoc etiam 2) s. *examinatur.* Etiam Cui. 2, 2* *imprudenter* et Rittersh. *quam* pro *quem.* m) 2 et nonn. alii codd. *custodire*, multi *reverentia.* n) 6, 8 — 10, 38, alii *se tot.* Nonn. codd. om. *tot*; plerique *quod.* Scriptum etiam est *dicis* pro *iudices.* o) 2 *aliter pergentia*; alii *alter pergentium, aliter per negligentiam, aliter perpergenti*, *alter pergunt* et infra *fort. et feminae.* p) 11, 12, 18 — 20, 22, 24, 37, alii et Sich. *revocatus.* Sunt etiam qui *revocatur* habent. 23 *revocitus.* 33 *publice temporum peric.* Nonn. codd. *timores* et *pericli.* q) Rittersh. *occultata.* Nonn. *quam* s. *qui occ.* r) 11, 12, 20, 23, 33, alii *compellet.* 22 *contendit*, sed *compellit* in m. Mox in hoc vel illo cod. scriptum est *officii*, *off. et pot.*, *off. et vim pot.*, *qui* aut *quem*, *discussio* s. *discussore*, *remittere*, *cupient* s. *cupiens si non*, *fidel. iusserit*, *attestationem.* rr) 8 — 10, 12, 23, 29, 31, 38, alii *forma.* 26 *firma.* 28, 34, 37, Sich. *normam*, sed Sich. in m. *formam.* s) 23 *quod statuimus.* 24 *q. st. ius habere.* 26 *quam testavimus.* Nonn. codd. *quem*, *qua*, *deberi*, *servare* s. *servati* et infra *Sardinia ad hoc* s. *Sardinia ob hoc* et *quondam apud*, *calliditatem.* 2 *apud nutlos.* t) Non male 2 et permulti codd. *resedit*; 37 *reddidit.* 22 *pecununiae*; alii *quae extam* s. *exacta*, *p. potuit*, *arrogationibus.* u) 2 *adpublicari.* Infra nonn. codd. *ad ipsa.* v) 6 *perveniet.* Similiter 8 — 13, 18 — 20, 24, 29, 31 — 33, 36, 38, L. sec. Be. *pervenient* et 15 *pervenienti.* Nonn. codd. *illustri.* 26 *iniusti.* x) Nonn. codd. *nra clementia* aut *clementiae* et *percepisse.* y) 6 *infra.* 25, 37 om. *intra.* Rittersh. *Affricam.* 22 *Afr. sicut in al.* Mox nonn. codd. *adiectionem* s. *abiectione* s. *obiectione*, *pretio*, *detractorum*, *pretiorum* et 22 *praed. adeptoribus.* z) 11, 15, 18 — 21, 23, 28, 30, 34, Sich. *palatinus — directus*, impr. Ri. 24 *supplecari pal. super hec olim.* 37 *supplicari pal.* 18 *super arce direct.* 25 *pal. superasse olim dir.* 37 om. *olim.* a) 2, 8 — 10, 23, 26, 38, alii codd. *proficerent* s. *proficerint.* 11, 12, 19, 20, 36, alii *proficeret.* 15, 18, 21, 32, 33 *proficerit.* 30 *profeceret.* Sich. — Ri*. *profecerit.* Be. iussu Ri. ex cod. 22 et ex L. *profecerint*, recte. Nonn. codd. *quis pr.*, alii *rettulissent* et *nulumus.* 26 *Quur enim nolumus.* Rittersh. *volumus.* b) 37 *hunc a titulum.* Sich. *hunc articulum*, sed in m. *titulum.* c) Multi codd. *interpretationis*, ut Sich. 22 *interrogationis.* d) 2, 13, 33 *huiuscemodi.* 15, 21 *huius* et om. *ce.* e) 28, 34, 37, Sich. *rationis*, sed Sich. in m. *iussionis*, quod etiam in cod. 34 a sec. manu rep. Nonn. codd. *adiungere*, alii om. *ne*, alii habent *nec sub.* 37 *adiungi inde s. occansionis* et om. *orationis.* Go. *rationis* pro *orationis.* f) 13 add. *iussionis.* 36 *cons. decet enim.* Ri. ann.: „oratio est haec ipsa novella, recitata in senatu." g) 2 *sed omnes que.* 11, 12, 19, 20, 24, 36, alii *sed et omnis.* 15, 21 *sed hominis quae.* 22 *sed et omnes.* Rell. codd. et edd. om. *et*, quod optime se habet. Nonn. codd. *qui sper.*, *seperari* et *debeatur.* 36 om. *quae.* h) Supersunt vv. *Et manu divina — ad latus* in solis codd. 15, 21, 32, 33 et in edd. Cui. 1 — Be.; absunt a rell. codd. et a Sich. 15, 21 *sanctissimis ordinibus spectabiles et adlatos.* 32 *bene habere.* 33 *et humane divine.* Cf. Biener, Geschichte der Novellen Iustinians p. 22 et praef. mea Codici Theodosiano praemissa p. XLI, not. 242. i) Nonn. codd. om. *III.* 24 *II.* 31, 32 *IIII.* Mox Rittersh. *Mai.* pro *Mart.* et Cui. 1 — Lugd. Rittersh. Go. *Romae.* Sich. om. *Rom.* k) 2, 6, 8, 9, 11, 12, 15, 18 — 21, 23, 29, 31, 33, 36 — 38, Sich. *septies*, *septimo* s. *VII.*, recte, quem num. repos., sed etiam Br. l. c. p. 871 requirit. 24 *V.* 32 *IV.* Cui. 1 — Rittersh. Ri. Ri*. Be. *VI.* 22 et nonn. alii codd. Go. om. *VII.* 13, 17 om. *A.* — *Mart.*, etiam Sich. om. *A.* l) 2, 6, 8 — 10, 22, 24, 29, 31, 33, 34, 36, 38 *Albino.* 11, 12, 19, 20, 37 *Abieno.* Aur. Lugd. Rittersh. Go. *Anieno.* Almeloven mavult *Habieno.* 18 om. *et Avieno — Mart.* Multi codd. om. *V. C.* et *Coss.*; nonn. habent *Vic.* m) Vv. *Recitata — Mart.* desunt in omnibus, quos inspexi codd. et in Sich. edit. Unde Cui. ea hauserit, ignoratur. Cf. Zir. l. c. p. 378 sq. et praef. mea cit. p. XLI. Aur. Lugd. *per virum Iul. Post.* Rittersh. *per virum Iul post.* n) Nonn. codd. om. *Ista* et Ri*. *lex*; 23 *expositione* pro *interpretatione*, ut alii codd.; alii habent *Haec et eget.* De Aur. Lugd. Rittersh. Go. vid. not. sup. huius Nov.

TIT. II. DE POSTULANDO [a].

— — — — — — — — — — — — — —

— — — — — — — — — — — — — —

2. *Impp. Theodosius et Valentinianus AA. Fausto Pf. P.* Gaudemus admodum, haec nobis amplitudinis tuae insinuatione suggesta, quae nostris concordare iudiciis privilegia dudum causidicis [b] delata testantur, quorum ut merita maior [c] beneficiorum nostrorum cumulus augeret, etiam novis insuper [d] amplificamus indulgentiis [e]. Quo [f] enim impares [g] honore [h] credamus eos [i], quorum vitam, eloquentiam per tot [k] officii huiusce annos non solum privatorum, verum etiam publicorum iudiciorum explorat [l] auctoritas? Fauste, parens carissime atque amantissime [m]. §. 1. Illustris igitur [n] et praecelsa magnificentia tua laudabilium suggestionum [o] suarum contemplatione hoc a nobis in admittendis, retinendis [p] honorandisque causidicis edictali lege noverit constitutum,

Tit. II. 1 in indice titulorum Novellarum Valentiniani, Zir. in indice titulorum, Am. (ex indice titulorum codicis 1) *Tit. II.* Commemoratur in Cui. 1. Aur. in indice Novv. Valentiniani subiuncto. 2, 3, P. P [a]. P [b]. in ind. titt. *Tit. XXXIV.*, *Divi Valentiniani*, quasi in codice, ex quo sumptus est, prope ab initio Novellarum Val., ut in cod. 1, fuerit. Cui. 2, 2*. Lugd. Go. Ri. Ri*. inter Theod. Nov. *Tit. XXXIV.*, sed Go. in Proleg. cap. VIII. titulum inter Valent. poni vult. P. P [a]. P [b]., ubi Novella edita est, *Tit. XXXII.* et 6 *Tit. X.*, falso. Rittersh. sine num., sed sec. ordinem, quem instituit, *Tit. XIX.* Novv. Valent. Duo igitur in codicibus et in editionibus tituli *de Postulando* inter Novellas Valentiniani exhibentur, II. et XXXIV (s. XXXII.). Eos Be., qui chronologiam titulorum ex subscriptionibus legum restituere vellet, in *XXXVII.* et *XI. Tit.* mutavit. Equidem unum tantum titulum *de Postulando* censeo fuisse; nam unum solum codex Ottobonianus nominat, neque verisimile est, cum Valentiniani Novellae colligerentur, per duos titulos *de Postulando* distributum esse, quod uno comprehendi poterat. Unus igitur titulus *de Postulando* fuit, et is quidem *II.*, cum series titulorum a Pithoeo primum editorum perturbata sit, perturbata etiam in codd. 2, 3, 6. Quae Novellae ad hunc titulum pertineant, difficile quidem definiri potest, sed tamen explicari coniectura. In Ottoboniano sive 1 codice nihil superest nisi fragmentum ultimae h. t. Novellae (*Storaci, parens — Coss.*), quod Zir. et Am. primi edd. Id cohaeret in sexto aversae folii 70 paginae versu cum v. *Sollentinus*, ultimo secundae antecedentis tituli Novellae verbo, et reliquam paginum complet. Fol. 71 incipit cum *III. titulo de Successionibus curialium.* At fragmentum illud neque subscriptione neque sententia cum N. 2 tit. I. cit. cohaeret; accedit quod statim sequitur III. titulus. Secundum igitur titulum de Postulando, qui in indice illius codicis commemoratur, fere totum excidisse apparet. Verum in cod. 1 h. l. membranarum nihil deest; quare in codice, ex quo 1 transscriptus est, lacuna fuerit necesse est. Ibi post v. *Sollentinus*, quod sine dubio ultimum alicuius folii erat, et ante v. *Storaci*, primam sequentis folii vocem, membranae aliquot perierunt, quibus praeter clausulam Novellae 2 de Indulgentiis reliquorum tertiamque eiusdem tituli Novellam, priores h. tituli Novellae et pars ultimae comprehensae erant. Lacuna librarium codicis 1 induxit, ut omnia continuo scriberet, quasi ad I. titulum pertinerent. Cf. etiam Zir. p. 344, not. *A* et p. XVIII, not. *a*. Iam vero plures huius tituli Novellas fuisse, perspicitur ex subscriptione fragmenti in codice 1 superstitis, nam omnium Novellarum Valentiniani recentissima est. Series autem titulorum, quae in codice illo ex prima quaque singulorum titulorum Novella pendere solet, impedit quominus Novella, ad quam fragmentum codicis pertinet, unica huius tituli fuisse existimetur. Et plures quidem eam antecessisse, persuadent Novellae quaedam, quae de Postulando agunt, quid quod una in codicibus 2, 3, 6 et in editionibus, praeeunte Pithoeo, titulo de Postulando tributa est, ut mittam ipsius rei gravitatem, quae pro hac sententia facit. Prima Novella, si quidem seriem titulorum spectamus, quam ex subscriptione primae cuiusvis tit. Novellae pendere dixi, inter VIII. Id. Iul. anni 438 et V. Kal. Sept. ann. 439 data erat. Nam ille dies subscriptus est primae primi tituli de Indulgentiis reliquorum Novellae, hic primae sequentis s. tertii tituli de Successionibus curialium. Huius vero temporis nulla de Postulando Novella superest; unam igitur (nisi plures) periisse apparet. Itaque quia Novella prima deest, lacunam lineis indicavi. Secundam eam fuisse puto, quam librarius eius codicis, qui Novellas a Pithoeo editas suppeditavit, ex titulo de Postulando solam delegit, hac opinor de caussa, quia reliquas suo tempore inutiles esse crederet. Tertium locum occupat Novella Albino inscripta, quam Cuiacius in Observ. (XVI, 22) divulgavit et Be. *Tit. XIII.* quem finxit tribuit; quartum ea, quae Storacium in fronte fert et partim (*Impp. Valentinianus et Martianus — quam reliqua omnia*) a Cuiacio l. c. ex lacera quadam veteri scheda, quae agglutinata erat involucro libri cuiusdam theologici, partim (*Storaci parens karissime — et Studio Coss.*) a Zir. (p. XVIII. et 343 sqq.) et Am. (p. 57—62 et in praef. p. XXXI.) ex codice Ottoboniano edita, a Be. autem composita et in *Tit. XXXVII.* coniecta est. Ut Novellam Albino inscriptam ad h. t. revocarem, duae potissimum caussae me moverunt. Primum eam verisimile est a Cuiacio in eadem scheda inventam esse, ex qua fragmentum Novellae ad Storacium edidit, praesertim cum utramque in eadem Observatione divulgaverit, neque illam se alio loco atque hanc invenisse dixerit. Deinde huius fragmentum cum fragmento codicis 1 cohaerere iam Zir. et Am. demonstrarunt; utrumque ad titulum de Postulando pertinere, ex codice 1 constat. At similis argumenti est Nov. ad Albinnm data. Dubitari igitur non potest, quin haec eodem loco fuerit, quem Novella ad Storacium tenet, praesertim cum in alio titulo apte collocari nequeat. Ex iis, quae dixi, apparet tituli de Postulando numerum in edd. ante Be. falsum et fictum esse ab eo, qui titulis Theodosii in Br. Al. translatis ex Novellarum aliquo codice complures Theodosii et Valentiniani Novellas a Visigothis omissas admiscuit; deinde falso Am. contendere, diversum esse titulum de Postulando codicis 1 ab eo, quem Pithoeus divulgaverit, falso etiam Be. diversas illas Novellas, quae de Postulando agunt, per tres diversos titulos distribuisse; denique huius tituli, si non plures, certe quattuor Novellas fuisse. C. Gr. I, 12. C. Th. II, 10. Nov. Th. tit. X. Nov. Val. tit. XXXI. §. 7 et 8. Cod. Iust. II, 6—9. — N. 1 deest. Vid. not. sup. h. t. — N. 2. Vid. not. sup. h. t. Primum edita est ex cod. 2 a P. Deest in cod. 1, in Br. Al. codd. et in Sich. Cui. 1. Aur. Zir. Am. edd. In cod. 3 solum fragmentum superest. Vid. §. 3, not. *r*. In rell. codd. et edd. *N. un.* est. Be. add. (*LIII.*), i. e. omnium Novellarum in Be. ed.

a) Vid. not. sup. h. t. Ad illud *D. Valentiniani* P. in not.: „*Sic vet.*“, i. e. codex, ex quo 2 transscriptus est. In m. cod. 6 add. *De Causidicis.* Ro. ms. add. *Ut in mores advocatorum inquiratur.* b) 2 *causedicis*; em. a P. 6 *prolata.* c) 2 *maiora*; corr. a P. *maior.* d) 2 *comulus augere etiam nobis insuper*; corr. a P. 6 *cumulus augeat iam $\overline{nris}$ insuper.* Melius *novis.* e) 2 *indulgentes.* P. corr. *indulgentiis.* f) Rittersh. in m. *Quomodo*, male. g) 2 *impar est.* h) 2, 6 *onere*; corr. a P. in cod. 2 *honore.* Go. *honores.* i) 2 *eorum*; P. em. *eos.* Rittersh. *vitā et eloquentiam.* k) 2 *totum.* l) Be. prop. *exploravit*, sine necess. m) 2 *p̄. k.* P. — Ri*. *P. K.* Be. *p. k.* Recte 6 *p̄kaa.* n) Addidi ex cod. 6 *igitur*, quod usitatum est in hac forut in eo, qui se causidicorum[q] numero optat adiungi, inprimis studia, mores, natales, vel si perfunctus est muneribus, quibus patriae suae nascendi generositas debet esse munifica, neque per calumniam, neque perfunctoria examinatione quaerantur. Etenim[r] oportet eos, quos semel adsciveris in seminarium dignitatum, omnino ita[s] ad omnia esse aedificatos[t], ut idcirco digni universis honoribus habeantur, quod advocati esse meruerunt. §. 2. Quibus ad agendum[u] viginti annos, non ut appropinquare vicesimum[v], sed ut explere fas sit, legis huius auctoritate decernimus[x]; in provincialibus vero foris si[y] sedecim aut eo amplius numero advocati sint, [z]unum ex his, qui in agendo annorum numero praestat, ad praetorianum forum, si hoc praefectura iubeat, avocari[a]: atque omnes sive utriusque praetorianae sive urbanae[b] praefecturae causidicos expleto vicesimo vel, ad alium vitae cursum maturius transeuntes, quinto decimo advocationis anno vicariae dignitatis ius potestatemque obtinere[c], ita ut in salutationibus nostris, in conventibus publicis, omnibus, qui post se vicariae[d] potestatem adepti erunt, merito praeponantur. Neque enim perpetiendum[e] putamus, huius modi dignitatem in his, qui advocatione functi sunt, imaginariam aut vacantivam videri[f], cum eam non gratiae singulorum, sed ipsi ordini et professioni iudicia nostra restituant, quamvis tam magno, tam necessario, et tam sancto officio si servetur[g] reverentia literarum, etiam hoc parum[h] esse videatur, nisi illis salvum esset, sperare cum omnibus, quod optimus quisque ac sibi bene conscius de nostris iudiciis non frustra debet optare. §. 3. Neque enim tali fine meritum professionis arctamus, aut futurae spei intercludimus viam, qui[i] praeterita interim remuneramus. Nam ut nullus[k] civilium officiorum oneribus aut exactionibus aut operibus publicis ad suggestiones numerariorum[l] vel ad praeceptum sacrae nostrae[m] huius modi hominum meritum, quod supra[n] memoratos annos in quolibet praetoriano sive urbano foro studium probatae defensionis impendit, post diutinum laborem sollicitetur et[o] quies, providebit[p] amplissimae praefecturae debita et[q] iusta commotio, quae triginta[r] librarum auri condemnationem[s] ab officiis provincialibus vel suo illico[t] iubebit exposci, si quemquam ex his, qui praedicta observatione[tt] caussis patrocinia praestiterunt, ad huiusce modi iniuriam suggerendum esse crediderint. §. 4. His[u] hoc etiam literatae militiae contemplatione praestamus, ut, si in familia fuerint constituti, quicquid quolibet titulo positi in advocatione quaesiverint[v], tanquam peculium

mula solenni. 2, edd. om. *igitur*. 2 *inlustras*; em. a P. o) 2 *suggessionem*; corr. a P. p) P. P[a]. *a nobis in admittendis * retinentur*. 2, Cui. 2, 2*. Lugd. P[b]. Rittersh. Go. — Ri*. *a nobis in admittendis retinentur*. Cui. in Obs. XVI, 22, P. ms. Cui. 2, 2*, Lugd. et Rittersh. in m., Ro. l. c. p. 189, Ro. ms. em. *retinendis* pro *retinentur*. P. in not. et P[b]. in m. *reverenter*. Recte Be. rec. *retinendis*, quod et sententia postulat et 6 tuetur. q) 2 *causedicis — noverat — causedicorum*; em. a P. r) 6 *studia requirantur mores — neque calumniosa — examinatione* (om. *quaerantur*) *Neque enim*. 2 *querantur enim*; em. a P. *quaerantur etenim*. Vid. not. sq. Supra P[a]. *perfunctiora*. s) 2, 6 *dignitatum non ita*. P. pro *non* corr. *oio*, ediditque *omnino*, quod in sqq. edd. transiit. Cf. P. in not. et P[b]. in m. Cum dubia sit cod. 2 scriptura, leg. esse puto cum cod. 6 *Neque enim — non ita*. t) Go. *aedificaturos*. 6 *defecatos*. Suspecta est v. *aedificatos*. u) 6 *ad advocandum*. v) 2, edd. praeter Go. et Be. *vicensimum* et paullo infra *vicensimo*. x) 2 *discernimus*; P. em. *decernimus*, quod etiam 6 habet. P[a]. *auctoritare decern*. Falso Be. h. l. §. 3 signum add., quo sententia perturbatur. Vid. not. *c* sq. Minus plene interpunxi. Cf. Zir. l. c. p. 138, not. *C*. y) 6 add. *si*. Vid. not. sq. Edd. om. *si*, ut 2. z) Edd. hoc loco add. *et*, praeeunte P.; sed 2, 6 om. *et*. Leg. est cum cod. 6 *In provincialibus vero foris si sedecim — advocati sint, unum* etc. Cohaerent enim haec cum v. *decernimus*. Ceterum Go. *amplus* et P[b]. *advocati sunt*. a) 6 *advocari*. b) Rittersh. *Orbanae*. c) 2 *ut potestat.*, quod P. in not. *in vet.* (sc. codice) esse dicit. P. in cod. 2 pro *ut* corr. *ius*, sed P. ms. *vim*. 6 *dignitatis* (om. *ius*) *potestatem posse obtinere*. Sana est vulg. scriptura. Be. post *obtinere* suppl. esse putat *decernimus*. Non opus est aliquid add.; omnia pendent ex superiori v. *decernimus*. d) Sc. *dignitatis*; quare non admitto cod. 6 scripturam *vicariam*. 2 *vecaria*; corr. a P. e) 2, edd. ante Be. *perpetuandam*. Zir. l. c. p. 140, not. em. *perpetuandum*, i. e. „neque enim committendum putamus, ut perpetuo atque in posterum maneat, aut manere sinamus, quod hactenus obtinuit" etc. Cui. in Observ. l. c. Cui. 2, 2* et Lugd. in m. P. ms. em. *perpetiendum*, quam em. 6 confirmat, ego vero recepi. Be. *perpetiendam*. f) P. P[a]. *imaginaria aut vacantiva * videri*. Cui. 2, 2*. Lugd. Rittersh. — Ri*. *imaginaria aut vacantiva videri*, sed Cui. in Observ. l. c., prob. Ri., P. ms., Cui. 2, 2* et Lugd. in m. *imaginariam aut vacantivam* (P. ms. Cui. 2, 2* et Lugd. in m. *vocantivam*) et P. in not. P[b]. in m. *videlicet* pro *videri*. Be. Cuiacii em. recepit, quam etiam Zir. l. c. p. 140, not. habet et codd. 2, 6 tuentur. Miror codicem 2 h. l. a Pithoeo corr. esse in *imaginaria aut vacantiva*, nisi fortasse veteris codicis scripturam notare voluit. g) 2 *serventur*; P. corr. *servetur*. h) 2 *pervim*, P. corr. *pervium*, quod in cod. 6 est et ex P. ed. transiit in Cui. 2 — Ri*. Cui. Observ. l. c. P. ms. Cui. 2, 2* et Lugd. in m. em. *parum*, prob. Ri.; Be. rec. *parum*, recte. i) 2, 6 *qui*. P. in cod. 2 corr. *quin*, quod in edd. est. Recte *qui*. k) 2, edd. *remuneratione, ut nullus*, obscura sententia. Be. rep. vult *nullis* vel *nullius*. Bene *nullis*, sed retinui scripturam a P. ms. propositam et a cod. 6 confirmatam: *remuneramus. Nam ut nullus*. l) 2, 6, P. P[a]. P[b]. Rittersh. *numerariorum* et 2 *suggessiones*. Mendose Cui. 2, 2*. Lugd. Go. — Be. *numeratorum*, pro quo Ri. recte leg. vult *numerariorum*. m) Ita 2, 6, Be.; P. P[a]. *nostrae * huiusmodi*; Cui. 2, 2* et Lugd. Rittersh. — Ri*. *nostrae, huiusmodi*. P. ms. Cui. 2, 2* et Lugd. in m. ad v. *nostrae* add. *iussionis*, qua voce non opus esse, recte dicit Ri. n) 6 *quod per supra*. Rittersh. *qui supra*. o) Ita 6. 2, edd. om. *et*. Iam Be. in not. recte add. *et*. Cohaerent enim ita: *ut nullus — hominum meritum — sollicitetur et quies*. p) Rittersh. *providebat*. q) 6 om. *debita et*. r) Sola vv. *triginta — praestiterunt* supersunt in cod. 3. s) 2, 3, 6, edd. ante Be. *condemnatione*. P. in not. P[b]. in m. P. ms. em. *condemnationem*, quam em. Be. rec. t) 3 om. *vel suo illico* et *si* post *exposci*. 6 om. *vel suo*. P. ms. *ac* pro *vel*. tt) P. *obsertione*. Infra P[a]. P[b]. *huiusmodi* pro *huiuscemodi*. u) P. in not. et P[b]. in m. „*fortasse ex hac Novella addita sunt ad L. VIII. C. de advocat. divers. iud. illa verba*, his omnibus etiam etc." Neque vero verba illius loci (II, 8) eadem sunt, quae hic leguntur. v) 2 *familiam* (corr. a P.) — *quverunt*, sed castrense[x] defendant, ne praemium laboris alieni aut in alios transferat, aut sibi vindicet patrum potestas. §. 5. Hanc autem legem edictis amplitudinis tuae omnibus iudicibus ac provinciis facias[y] innotescere. *Proposita Id. Aug. Romae in foro Traiani, Dioscoro*[z] *V. C. Cos.* (442.)

3. *Impp. Theodosius et*[a] *Valentinianus AA. Albino Pf. P. Illyrici*[b]. Ex affectu publico convenit eorum necessitatibus subvenire, qui[c] fatales miserias inciderunt. Imperatoriae si quidem vis maior[d] laudis est, aliqua decreta mollire, quando vis maior inopinatae cladis fatale[dd] generarit incommodum, Albine, parens carissime atque amantissime[e]. §. 1. Unde illustris et praecelsa magnificentia tua pragmatici nostri tenore comperto sciat, Afros[f], qui infortunio hostilis cladis expulsi, eiectique fortunis omnibus spem[g] sui actus et conversationis solitae[h] perdiderunt, et imbuti studiis literarum caussas agere destinarunt sive agere iam coeperunt, apud omnes iudices his advocationis copiam, remoto legis vinculo[i], esse permissam, ut aerumnas, in quibus nunc sunt, tali possint remedio sublevare, praeter praetorianam togam forumque urbanum, in quo agendorum negotiorum licentiam tribus[ii] pietas nostra permisit. Nec enim non eos oportet studiis favorabilibus adiuvari, quibus hoc[k] solum remansit, quod sibi non potuit vindicare captivitas[kk]. *Dat. XIII.**) *Kal. Sept. Ravennae, Maximo II. et Paterio Coss.*[l] (443.)

4. *Impp. Valentinianus et Martianus*[m] *AA. Storacio*[n] *Pf. P.* Multa in sanciendis legibus non solum[o] sibi vindicat, verum etiam[p] temporis ratio persuadet, non, quod praeceptorum diversitas placeat, sed quod eventuum qualitas pensius[q] facit esse iudicium, et firmius constituto robur est, quoties priori sententiae magis magisque probata succedit. Dudum lata lex[r], exceptis illustribus, foris ceteris[s] ac provincialibus perpetuitatem concesserat actionis, sed nunc, accrescente pube et literariae indolis iuventute, aditi exoratique sumus, ne sub aliorum perpetuitate succedentium studiorum fervor evanescat. Quis enim se ei officio novus professor inferat, quod veteranus insederit, ut non sit tam actor, quam observator alterius? Et quia haec, quae ab homine caduca sunt, fiunt subrogatione per-

— N. 3 deest in codd. et in edd. Sich. Cui. 1. P. P[a]. P[b]. Primus eam ed. Cuiacius in Observation. lib. XVI, cap. 22, sed sine numero tituli et sine rubr. Vid. not. sup. huius tit. Bis eam habet Lugd. et Go. ed., primum inter Theodosianas, deinde inter Valentinianas Novellas, impr. Ri. Priorem locum siglo Lugd[a]. Go[a]., alterum siglo Lugd[b]. Gō[b]. significavi. Aur. Lugd[b]. Rittersh. sine numero tituli, sed sec. seriem *Tit. XVII.* Nov. Val., addita rubrica *De Afris, Vandalis, Alanis*, inepte et impr. Ri. et Be. Go[b]. *Tit. XVII.* Nov. Valent. eadem rubr. addita. Cui. 2, 2*. Ri. Ri*. *Tit. L.* Nov. Theodos., omissa rubrica, quamquam in indice rubricarum Cui. 2, 2* *de Advocatione Afris concessa* nominatur. Lugd[a]. Go[a]. *Tit. XLVII.* Nov. Theod., sed om. rubr. In Proleg. c. VIII. Go. hanc Nov. inter Valentinianas referri vult. Be. *Tit. XIII.*, sine rubr., quam vero in indice titt. p. 1586 ex indice titt. Cui. 2 add. Movit Be., ut eam illi loco tribueret, subscriptio legis. In omnibus edd. est *N. un.* Be. add. *LV.*, i. e. omnium Novellarum in Be. ed. Contulit hanc novellam et sequentis prius fragmentum in usum meum cum prima Cuiacii Obs. ed. Rudorff, clar. Berolinensis Literarum Universitatis antecessor, cui viro optime de me merito debitas gratias ago. Haec Novella fuisse videtur in aversa pagina eiusdem schedae, in qua Cuiacius etiam sequentis fragmentum invenit. Id ita intelligendum est, hanc paginam agglutinatam fuisse libro, alteram igitur non obtectam et priorem in involucro fuisse. Illam igitur, quam prius vidit, Cuiacius priore loco edidit, alteram, quam avulsa ab involucro membrana invenit, secundo, converso igitur paginarum ordine. — N. 4. Prius fragm. deest in codd. et in edd. Sich. Cui. 1. P. P[a]. P[b]. Primus id ed. et sine rubrica quidem Cuiacius in Observation. lib. XVI, cap. 22. Vid. not. sup. huius tit. Aur. Lugd. Rittersh. sine numero tituli, sed sec. ser. *Tit. XVI.* Nov. Val., qui numerus in Go. ed. est, improb. Ri. Rubrica *De Advocatis Non Perpetuandis* in edd. illis addita, non ipsi legi inscripta erat in membrana, ex qua fragmentum a Cuiacio est erutum, sed Observationum capiti, in quo editum est, ubi ita se habet: *De Non Perpetuandis Advocatis. Et De His Constitutiones Quaedam Novae.* Cui. 2, 2*. Ri. Ri*. *Tit. V. Nov. Martiani*, sed sine rubr. Rein. adscr. *De Foris* ex indice titulorum Cui. 2, 2* adiecto. Alterum fragmentum ex cod. 1 ediderunt Zir. (l. c. p. XVIII. sq.; vid. etiam comment. p. 343—365) et Am. (l. c. p. 57—62), et cum priore in unum titulum conflavit Be., inter Valentiniani Nov. *Tit. XXXVII. de Postulando.* Deprompsit rubricam Be. praeeunte Am. ex cod. 1; ut autem ordinem titulorum mutaret, motus est subscr. huius fragmenti, de quo vid. not. sup. h. t. In omnibus edd. *N. un.* h. t. est. Be. add. (*LXXX.*), i. e. omnium Nov. in Be. ed. Innotuit hoc fragmentum etiam Br. l. c. pag. 872.

in m. *quaesiverint.* x) Ri. hic repetitam esse putat c. 3 (6) C. Th. de Postulando (II, 10). y) 6 *facies.* z) 2 *augustas — Dioscore Rome.* Etiam P. — Be. h. l. add. *Romae*, sed Ri. Be. in not. del. *Romae*, recte. Deest etiam in cod. 6. a) Aur. Lugd[b]. Rittersh. Go[b]. *V.* pro *et.* Ri*. om. *et.* b) Ri. Be. propter Nov. Val. de Pecunia Afris credita *Pf. P. Italiae* em., aut *Illyrici* ex siglo *Iter.* (*Albino Pf. P. Iter.*) a librariis excogitatum esse putant. Albinum enim fuisse hoc tempore *Pf. P. II.* In Aur. Lugd[b]. v. *Illyrici* disiunctum est ab inscriptione additumque ipsi contextui (*Illyrici Ex adfectu*). c) Aur. Lugd[b]. Rittersh. Go[b]. add. *in.* d) Rittersh. Rein. Be. vv. *vis maior* deleri iubent. dd) Rittersh. *inopinata* et om. *fatale.* Supra Cui. Obs. ed. Francof. *molliri.* e) Edd. sigla habent. f) Be. em. *Afris.* Infra sequitur *his.* Qui legem scripsit, excidit ex oratione. Est quem dicunt accusativus absolutus. g) Aur. Lugd[b]. Rittersh. Go[b]. *opem.* h) Cui. 2, 2*. Lugd[a]. et Go[a]. *solidae.* i) N. 2 h. t. ii) Go. utroque loco *tribui.* k) Aur. Lugd[b]. Rittersh. Go[b]. om. *hoc.* kk) Deest clausula generalis, monente Be. *) Cui. Obs. ed. Halens. *Dat. VIII.* l) *Maximo II. V. Paterio Cos.* Aur. Lugd[b]. Rittersh. et Go[b]. m) Cui. Obs. ed. Francof. *Impp. Theodosius et Valentinianus.* Be. *Impp. Theod. et Mart.* Est Nov. Valentiniani. Vid. Am. l. c. pag. 58, not. et Zir. p. 349. n) Aur. Lugd. Rittersh. Go. *Stauratio.* Ri*. *Storiacio.* Sec. Relandum Pagius, monente Almelovenio in Fastis legit *Sporatio.* Idem vult Ri. Cf. Am. l. c. p. 60 sqq. n. 2, Zir. p. 349 sqq., Ri. ad h. Nov., not. *b*, Br. l. c. p. 872. o) Rittersh. *solum* [*prudentia*] *sibi.* p) Aur. Lugd. Go. Rittersh. *verum et.* q) Rein. em. *perpensius.* r) Cf. Nov. Th. tit. X, n. 2. s) Go. *lex* (*exceptis illu-*

petua, ne interdicentibus [ss] studiis ipsa pariter officia conquiescant, hac generali constitutione decernimus, universa fora, tam illustrium praefectorum praetorii ac praefecti urbi*), quam reliqua omnia [t], — — — — — — — [u] Storaci, parens carissime atque amantissime [v]. Illustris [vv] et praecelsa magnificentia tua lege salubriter constituta [x] edictis propriis [y] in universorum faciet [z] pervenire notitiam, ut, quid erga [a] servanda advocatorum tempora dispositio iusta praefixerit, et agnoscere [b] valeant et servare contendant. *Dat. V. Kal. Nov. Roma* [c], *Aëtio et Studio Coss.* (454.)

TIT. III. DE SUCCESSIONIBUS CURIALIUM, QUI AD CLERICATUM TRANSIERUNT [a].

1. *Impp. Theodosius et Valentinianus AA. Maximo* [b] *II. Pf. P.* [c] In augendo statu urbium singularum [d], servata catholicae religionis veneratione, tam praecedentia veterum parentumque nostrorum statuta renovamus*), quam nostris legibus observanda decernimus [e], ne passim imminutione [f] municipum, cum numerositas ex abundanti clericatus augetur, publica damna generentur. Non dubium est enim, cum non expletis muniis ad obsequium venerabilis ministerii [g] curialis admittitur [h], relisum [i] in paucos publicae functionis onus nequaquam posse tolerari, et rursus [k] migrantibus patrimoniis curialium ad personas, quae [l] functionibus municipalibus non tenentur, propriam civitatis nutare substantiam. §. 1. Propterea [m] praesenti lege sancimus, ut, quisquis ante [n] huius sanctionis diem suscepit clericatus officium non expletis urbis propriae [o] muniis ac muneribus, in ea quidem, quam meruit [p], religionis observatione perduret, sed omnia per suffectum tam personalia, quam patrimonii onera cogatur agnoscere, facultates suas pro virili portione [q] singulis filiis dividat, sibimet simili parte servata. Quod si filios non habuerit, duas partes facultatum suarum, praeter ullam alienationis fraudem, propinquis ad curiam pertinentibus tradat. Qui [r] si defuerint, easdem octo uncias ordini proprio [s] proficere debere censemus [t], quoniam non minor est affectio patriae, quam parentum; tertiam sane propriae substantiae servaturus*). §. 2. Qui vero redditis patriae

---

Tit. III. 1, Zir. in ind. titt. Am. *Tit. III.* 6 *Tit. XIV.* 2, 3 (qui nihil habet, nisi prima Nov. verba) a v. *tam — decernimus*), P. P [a]. P [b]. in ind. titt. Cui. 2, 2*. Ri. Ri*. *Tit. XLI.* Nov. Th., sed P. P [a]. P [b]. in ipsa Nov. edit. *Tit. XXXIX.* pro *XXXVIII.* Lugd. Go. Tit. *XXXVIII.* Nov. Th., sed in Prol. c. VIII. Go. eam Valentiniani Novellis annumerat. Desunt enim in his edd. post tit. XXXIV. de Postulando Novellae *de Confirmatione Legum Novellarum Divi Theodosii*, *de Principibus Agentium in rebus* et *de Suariis*, quae iam ex Cui. 1. in Aur. Lugd. edd. Valentiniani Novellis adiectae erant. Rittersh. sine num., sed sec. ord. *Tit. XXIII.* Be. *Tit. II.* Vid. Nov. Th. tit. IV, not. sup., Nov. Val. tit. II. et XXXV., not. sup. Commemoratur in ind. titt., qui in Cui. 1. Aur. Novellis Valentiniani adstructus est. C. Th. XII, 1, not. sup. — N. 1. Codd. edd. *N. un.* Be. add. (*XXXIX.*), i. e. omnium Nov. in ed. Be.

---

stribus foris) *ceteris.* Ri. Ri*. *exceptis illustribus foris, ceteris.* ss) Rein. cj. et Rittersh. edidit *intercidentibus*, recte. *) Cui. Obs. in ed. Francof. *praefect. urbi* et in ed. Halens. *praefectorum urbi*; Aur. Lugd. Go. *praefec. urbi.* Rittersh. *praefer. urbi.* Cui. 2, 2*. Ri. Ri*. Be. *praefecti urbi.* t) Aur. Lugd. lacunam indicant tribus stellulis, Cui. 2, 2*. Ri. Ri*. v. *etc.*, Be. abruptis versibus et 19 punctis interpositis; Rittersh. Go. lacunam non indicant. u) Hinc inc. fragmentum ex cod. 1 erutum. v) In cod. 1, ap. Zir. Be. sigla sunt. Am. *Praefecte Carissime Augustorum.* vv) In aliis Nov. *Illustris igitur* sive *Illustris itaque* sive *Unde illustris.* x) 1 *saluberiter.* Zir. *legem sal. constitutam*; idem cj. Am. l. c. pag. 63, not. 3 et prop. Be., recte puto. Sed defendi potest *constituta*, nimirum *ea, quae lege constituta sunt.* y) Am. p. 62 sq., not. 3 multis vv. defendit v. *propriis*, neque legi vult *propositis.* Similiter infr. tit. XXI. de Offic. et de numer. §. 5. tit. XXII. de Sepulcri viol. §. 9 cod. 1 habet *propriis*, quod retineri potest, nam aliis in locis dictum est *programmate suo*, nisi utroque loco librarii siglum *pp* s. *ppo* falso interpretati sunt. z) Be. *faciat.* 1 sec. *Am. p̄venire*, i. e. *praevenire.* a) Zir. p. 547 leg. esse putat *circa.* b) 1 *agnuscere.* c) Zir. mavult *Romae*, quod Be. edidit. 1 literis maioribus *Nob. Roma* (sec. Am. *Romā*). *Etio. Et Studio Consoleb.* Propter hanc subscriptionem iam Zir. l. c. p. 348 et Am. l. c. p. 58 fragmentum a Cuiacio editum ad Valentiniani Novellas revocaverunt.

a) Ex cod. 1, Zir. Am. ita reposui, sed 1 *clerecatum.* Codd. 2, 3, 6, Cui. 1 et Aur. in ind. titt., P. — Ri*. R. Be. *De Successione Curialium* et om. *qui ad cl. tr.* b) 1 *ad Maximum.* P. in cod. 2 corr. *M.* pro *Maximo.* c) P. *Pf. Pō.*, unde P [a]. Rittersh. P [b]. *Pf. Pon.* Ri*. om. *P.* 6 *preposito.* Rein. in Chron. const. Cui. 2, 2* add.: „L. *Italiae* vel *Iterum.*" d) 1 *singolare.* *) Cf. C. Th. XII, 1, 121, 123, 163, 172; XVI, 2, 19; Cod. Iust. I, 3, 21. e) 1 *observandā decernimus.* 2 *discernimus*; em. a P. Seqq. des. in cod. 3. Mox 2 *habundanti.* f) 1 *inminutionem.* g) Ex codd. 1, 6, sed 1 *ministirii.* 2, P [b]. *misterii*; rell. edd. *mysterii*; iam P. in m. cod. 2, P. in not. P. ms. P [b]. in m. Cui. 2, 2* in m. Lugd. in m. et Rittersh. in m. corr. *ministerii*, recte. Cf. C. Th. XII, 1, 121. Ri. impr. *ministerii*, quia C. Th. XII, 1, 123, §. 5 *sacrosanctis mysteriis* dicitur; neque vero illa vv. codd. 1 et 6 scripturam refutant. *Venerabile ministerium* significat *sacerdotium.* Infra §. 3 *ecclesiastica ministeria* et *ministerium clericatus.* Verisimile est v. *misteriis*, quod cod. 2 habet, sed edd. in *mysteriis* mutarunt, ortum esse ex compendio *mīsteriis.* Am. utramque vocem sustineri posse credit, nec ego dico falsum esse *mysteriis.* Equidem sequor codd. auctoritatem. h) 6 *remittetur.* i) Ita codd. P. in m. cod. 2 em. *recasum* et P. in not. Cui. 2, 2* et Lugd. in m. *recisum*, ex sequenti videtur Novella. P [b]. in m. *recesium.* Dubitari potest de h. v. An *relatum*, *relapsum*, *remīssum?* sed nil muto. k) 1 *rursum.* l) Lugd. Go. *qui.* m) 1 *civitatis nature sustanciā.* 2 *preterea*; P. corr. *propterea.* n) 1 *lege decernimus. ut que ante*, i. e. *lege decernimus*, *ut qui ante.* o) 1 *propriis*, sed del. est a librario lit. *s.* 6 *susceperit — expletis civitatis propriae.* p) 1 *ad muneribus — quā meruit.* Etiam 6 *quam.* 2, edd. *qua.* Mihi prob. *quam.* q) 1 *prouili portione.* 6 om. *singulis.* r) Be. ex cod. 1 *Qui si*, sc. propinqui. 2, 6, P. — Ri*. *Quodsi*, neque hoc falsum. Supra *Quodsi filios non habuerit.* s) 2 *proprii*, corr. a P. *proprio.* t) 1, 6, Be. *censemus.* 2, P. — Ri*. *censuimus.* Paullo ante 1 sec. Am. *ordine*; em. ab Am. *ordini*; infra Lugd. *miror*, mendose. *) Nominativus absolutus. Vid. infr. tit. XV, muneribus [u] dudum ad officium clericatus accessit, filiis, quos sibi proculdubio [v] curia vindicat, facultatum suarum, sicut iam diximus, virilem singulis portionem tradere non moretur. Qui si filios non habuerit, ea, quae superius et [x] de patrimonii distributione talis personae [y] constituta sunt, observare cogetur [z]. Decet enim eum, qui sacrosanctis desiderat [a] inhaerere mysteriis, fide magis divitem, quam facultatibus approbari [b]. §. 3. In futurum vero [c] ad ecclesiastica ministeria curialem suscipi praesenti lege prohibemus, ut fiscales necessitates numerositate municipum facilius impleantur. Si quis sane ad clericatus obsequium etiam contra legum vetita animi devotione [d] properaverit [e], si propriae non compleverit onera civitatis universa, per suffectum reddere compelletur [f]: simili legis observatione facultates suas, sicut supra scriptum est, aut cum filiis aut cum propinquis aut cum patria divisurus. Quod si expletis muniis sacrosanctae religionis fuerit ministerio coniunctus, facultates suas viritim filiis distribuere per iudicium mox [g] cogetur, sibimet virilem portionem inter liberos servaturus. Qui si filios [h] non habuerit, duas partes patrimonii sui propinquis, qui tamen curialitatis [i] oneribus obnoxii sunt, absque ullo imminutionis commento, sicut superius dictum est, sciat protinus conferendas [k], omnibus in medium deductis, quae post honorem [l] clericatus in fraudem legis alienanda crediderit: tertiam cui voluerit proprio dispensaturus arbitrio. Quae nostram serenitatem temperasse [m] humanitatis intuitu vetera legum constituta [n] testantur, quibus omne patrimonium cedere ordini proprio curialis praeceptus est, quoties ad ministerium clericatus eligitur [o]. §. 4. Illam quoque partem dispositio nostra [p] non praeterit, ut, quisquis [q] civis vel incola deinceps in nullo obnoxius, cuius tamen substantia trecentorum solidorum non exsuperet [r] quantitatem, fuerit repertus, habeat adipiscendi clericatus liberam facultatem. Eum vero, cuius patrimonium maiore, quam definivimus *), aestimatione censebitur, liceat curiae secundum vetera statuta **) sociari: exceptis his, qui sacris scriniis nostris et agentium in rebus scholae militant, et aliis, qui continuatae militiae observatione desudant, ut multis provisionum generibus ordinum numerus suppleatur [s], nec tamen desint ministri venerandae religionis obsequiis, Maxime, parens carissime atque amantissime. §. 5. Illustris [t] et praecelsa magnificentia [u] tua huius legis saluberrima constituta sub edictorum promulgatione faciat [v] in omnium notitiam pervenire, ut sacrilegii reatus involvat, ac [x] viginti librarum auri mulcta percellat, quem non obedisse [y] claruerit edictalibus constitutis. *Dat. V. Kal. Sept.* [z] *Ravenna* [a], *Theodosio* [b] *A. XVII.* [c] *et Festo* [d] *V. C.* [e] *Coss.* (439.)

TIT. IV. IN DAMNUM PUBLICUM ELICITUM [a] NON VALERE RESCRIPTUM, NEC SPECIALIA BENEFICIA GENERALIBUS PRAEFERENDA.

1. *Impp. Theodosius et Valentinianus AA. Maximo Pf. P. II.* [b] Usu rerum frequenter agnovimus, specia-

Tit. IV. 1, Zir. in ind. titt. Am. Be. *Tit. IV.* 6 *Tit. XVI.* 2, 3, P. P [a]. P [b]. in indice titt. *Tit. XLII.* Nov. Th. et Val., sed P. P [a]. P [b]. in edit. *Tit. XL.* pro *XXXIX.* Rittersh. *Tit. XL.* et sec. titt. seriem *Tit. XXIV.* Nov. Val. Cui. 2, 2*. Ri. Ri*. *Tit. XLII.* Nov. Th. Lugd. Go. *Tit. XXXIX.* Nov. Th., ponitur autem a Go. in Prol. c. VIII. inter Novv. Valent. Vid. tit. III, not. sup. et infr. tit. XXXV, not. sup. Commemoratur in Cui. 1. Aur. in indice titt. Novellis Valentiniani adiecto. De cod. 3 vid. not. *l.* Cod. Th. I, 2; Cod. Iust. I, 19 et 22. — N. 1. Codd. edd. *N.* 1 sive *un.* Be. add. (*XLI.*), i. e. omnium Novellarum ed. suae.

not. g. u) 6 *redditis muneribus patriae.* v) 1 *quosibi proculdubiū.* 6 om. *proculdubio.* x) 6 *Quodsi filios — superius* et deest *et.* y) 1 *persona.* z) 2 *cogitur*; corr. a P. *cogetur.* a) 1 om. *desiderat.* Mox 2 *misteriis.* Rittersh. in m. *ministeriis*, ut supra not. g. Nam infra etiam legi *ministerio.* b) 1 *adprobare.* c) Ex codd. 1, 6. 2, edd. om. *vero.* Paulo post Rittersh. *curiali.* d) 1 *ut fiscales necessitatibus numerositastem municipum — divocione.* e) Codd., P. P [a]. Rittersh. P [b]. *properaverit*; rell. edd. *properavit.* Recte *properaverit*; paullo infra *compleverit.* f) 1, 2 *compellitur.* P. in cod. 2 em. *compelletur.* Mox Lugd. Go. *leges.* g) 1 *aut cum patri divisurus — per iudici* | *mox.* h) Hic, neque vero supra in §. 2, ut Be. notat, 1 *Qui si liberus* (Am. em. *liberos*) *non habuerit.* Ri*. mendose *patres.* i) 2 *propinquis* (om. *qui*, sed add. *qui* a P.) *tamen curialitates*, em. a P. *curialitatis.* k) 1 *Sciant protinus conferendas.* 2 *protenus*, corr. a P. Etiam 6 *conferendas.* 2, edd. *conferenda*, male. Recte *conferendas*, sc. duas partes patrimonii. l) 2 *post hanc rem*, sed annotatur a P. in cod. 2 et in P. ms. *characterem* vel *honorem.* Similiter P. in not. et P [b]. in m.: „*an* characterem, *an potius* honorem, *quod Cuiacio magis probatur.*“ Nam P. P [a]. *post * hanc rem* habent, et rell. edd. ante Be. *post hanc rem*, sed Cui. 2, 2*. Lugd. in m. *honorem*, quod Be. recepit. Pithoei et Cuiacii em. confirmatur cod. 1. In cod. 6 om. *honorem.* m) 1 *alienanda est* (em. *esse*). *credederit — arbitriū — serenenitatē.* | *phasse humanetates.* Non recordor, utrum 2 habeat *sperasse* an *tesperasse*, em. a P. *temperasse.* n) 6 *statuta.* o) 1 *patrimonio. credere ordine proprio curiales — elegitur.* p) 6 om. *nostra.* q) 1 *quisque*; 2, 6, edd. *quisquis.* r) 1 *substanciā — exuuerit.* 2, P. — P [a]. P [b]. Ri. Ri*. Be. *exuberet.* 6, Go. *exuperet* pro *exsuperet*, recte, quod restitui. *Exuberare*, quod v. neutrum est, h. l. non quadrat. Rittersh. mendose *exhiberet.* *) P [b]. *definimus.* **) Vid. supr. pr. h. Nov., not. *. s) 1 *secunda vetera — agentum* (saepissime ita dicitur) *in rebus — numerū suppleatur.* 2 *supplicatur*, corr. a P. *suppleatur.* t) 2 *p̄k̄ā Inlustras*; corr. a P. *inlustris.* P. P [a]. Rittersh. P [b]. *P. K. A.* u) 1 *magnitudo.* Ita etiam in aliis Nov. Vid. Nov. seq., not. *h.* v) 1 *faciet.* x) 2, edd. ante Be. om. *ac.* y) 1 *oedisse.* P [b]. Be. *obèdiisse.* z) 1 *Sep̄b.* 2, 6, edd. *April.* Iam Br. l. c. p. 862 et Zir. l. c. pag. 303 nuntiaverant in cod. 1 esse *Sept.* a) 1, 6 Raū. 2, edd. *Ravennae.* b) 1 *teūd.* c) Recte Be. ex cod. 1 rest. *XVII.* 2, 6, edd. ante Be. *XV.*, male. Iam Br. h. l. commemorat in Fastis ann. 439 et verum numerum in cod. 1 esse dicit. Etiam Ri. em. *XVII.* Cf. Zir. l. c. p. 303. d) 6 *Fausto.* e) 1 *uūc.* 6 om. *V. C.* Rittersh. *Cons.* Ri. Ri*. om. annum.

a) In 2, 3, P. — Ri*. deest *elicitum.* 6, om. vv. *In — nec*, habet: *Specialia beneficia generalibus non prae-*

libus beneficiis generalem devotionem [c] gravari, recidente [d] in reliquos tributorum sarcina [e], quae singulis quibusque subducitur, Maxime, parens carissime atque amantissime [f]. §. 1. Et ideo illustris [g] et praecelsa magnificentia [h] tua pragmatici nostri secuta decretum sciat, secundum suggestionem [i] suam, manentibus his, quae dudum de removendis specialibus [k] beneficiis censuimus, omnia, quae specialiter contra vetitum impetrata sunt, non valere, et [l] functionem publicam aequaliter ab omnibus oportere cognosci [m], ut et quod in commune statutum salubriter fuerat perseveret, nec denuo in haec ambitus redeat, quae iterata praeceptione removemus [n]. *Dat. VIII.* [nn] *Kal. Febr. Romae, Valentiniano A. V.* [o] *et Anatolio V. C. Coss.* [p] (440.)

TIT. V. DE PANTAPOLIS [a] AD URBEM ROMAM REVOCANDIS [b], ET QUI A TIRONUM PRAEBITIONE EXCUSANTUR [c].

1. ***Impp. Theodosius et Valentinianus AA. Edictum*** [d] ***ad populum.*** Urbis Romae [e], quam merito caput nostri veneramur imperii, in tantum nos cura non deserit, ut quieti eius atque abundantiae modis omnibus consulamus. Graecos itaque [f] negotiatores, quos pantapolas [g] dicunt, in quibus manifestum est, maximam inesse multitudinem, magnamque [h] in emendis vendendisque mercibus diligentiam, ulterius non patimur sacrae [i] urbis habitatione secludi [k], licet eos dissensio et maxime [l] invidia tabernariorum magis [m] quam venerabilis urbis [n] Romae utilitas, a negotiatione submoverit. §. 1. Idcirco hoc edicto singuli universique cognoscant, pantapolis ad urbem Romam redeundi negotiandique licentiam restitutam, ut cura pervigili ubertas populo [o] ministretur, et in rebus suspectis a maiore multitudine civitas [p] possit habitari [q], ita ut, si quis statuta pretia non servaverit, in eum [r] pro qualitate facti vindicta procedat, nec ob unius aut alterius delictum omne corpus liceat excludi. Ita enim cura multorum nec abundantia [s] deerit, et profutura civitati [t] augebitur multitudo. §. 2. Ex illa sane parte totam sollicitudinem omnemque formidinem vestris animis censuimus auferendam, ut huius edicti serie cognoscat universitas, nullum de Romanis civibus, nullum de corporatis ad militiam esse cogendum, sed tantum ad murorum portarumque custodiam, quoties usus exegerit, illustris viri praefecti urbis [u] dispositionibus ab omnibus [v] obsequendum [x]. §. 3. Cuius ordinatio etiam in muris, turribus et [y] portis, quae sunt labefactata, restituat [z], ita ut [a] reparatione murorum vel omnium, quae supra dicta sunt, nullus penitus excusetur [b]. §. 4. Illud quoque pro

---

Tit. V. 1, Zir. in ind. titt. Am. Be. *Tit. V.* 6 *Tit. XVI* (*bis*). 2, 3, P. P [a]. P [b]. in ind. titt. *Tit. XLIII.* P. P [a]. P [b]. in ipsa ed. *Tit. XLI.* pro *XL.* Rittersh. *Tit. XLI.*, sed sec. ordinem *Tit. XXV.* Nov. Val. Cui. 2, 2*. Ri. Ri*. *Tit. XLIII.* Nov. Th. Lugd. Go. *Tit. XL.* (vid. Nov. Th. tit. IV. et Nov. Val. tit. III. et XXXV, not. sup.) Nov. Th., sed ponitur a Go. in Proleg. cap. VIII. inter Novellas Valentiniani. Commemoratur in Cui. 1. Aur. in indice titulorum Novellis Valentiniani adiecto. Explicatur a Cuiacio in Obs. X, 19. C. Th. XIV, 6 et XV, 1. De cod. 3 vid. infr. not. g. — N. 1. Codd. edd. *N. un.* Be. add. (*XLII.*), i. e. omnium Novellarum in Be. editione.

---

ferenda. In ind. titt. Cui. 1. Aur. om. non solum *elicitum*, sed etiam *nec — praeferenda.* Be. add. *elicitum* ex cod. 1, sed 1 sec. Zir. l. c. pag. XXV, not. *g elicetum.* b) 2, P. P [a]. P [b]. Rittersh. *II. Pf. P.*, sed P. *Pf. Po.* et P [a]. Rittersh. P [b]. *Pf. Pon.* 6 *II pposito.* Rell. edd. *Pf. P. II.*, ut 1. c) Cf. Zir. l. c. p. 316. d) 1 *recidenti*, em. ab Am. *recidente.* 6, Be. *recidente.* 2, edd. ante Be. *recedente.* Iam Rittersh. vult *recidente.* e) 1 *sarcinā*; em. ab Am. *sarcina.* f) 2 *p̄ k ā.* P. P [a]. Rittersh. P [b]. *P. K. A.* g) 2 *inlustras*; corr. a P. h) 1 *magnitudo.* Vid. Nov. anteced. §. 5, not. *u.* i) 2 *suggessionem*, corr. a P. Rittersh. *secunduw.* k) 1 om. *specialibus.* P. in not. et P [b]. in m. indigitari putat epistolam illam ad Senatum, cuius partes sunt c. 3 Cod. Iust. de Legibus (I, 14), c. 5 Cod. Iust. Si contra ius (I, 22) et c. 7 Cod. Iust. de Precibus imp. off. (I, 19). l) 1 om. *et.* In cod. 3 praeter vv. *specialiter — valere*, nihil huius Novellae superest. m) Ri. vult *agnosci.* Solenniter enim dici in tit. C. Th. de Ann. et trib. (XI, 1) *agnoscere tributa*; sed ipse in c. 14 ed. *cognoscere functiones* scribi concedit. 6 *publicam ab omnibus aequaliter debere cognosci.* n) 1 *perseverit — removimus.* nn) 1 sec. Am. *VIIII.* o) Br. l. c. p. 864, ubi hanc subscriptionem ex codice 1 profert, om. *V.*, quare Ri. dicit, in cod. Ottob. *V.* deesse, quod falsum sit. Sed tamen ibi esse *V.*, iam exposuit Am. p) Go. *Val. R. V.* et Rittersh. *Anatalio V. C. Cons.* 1 om. *V. C.*

a) 3, 6 *de Pantabolis* et om. in cod. 6 *ad — excusantur.* Ri., qui disputat de h. v. not. *a*, ubique scribi vult *Pantopolis.* Rittersh. in m.: „*al. Pentapolitanis*“ et hoc quidem est in ind. titt. Cui. 1. Aur. b) 3 *sevocandis* et *tyronum.* c) 1 *prebitionē excusentur.* Reciperem *excusentur*, nisi duo codd. adversarentur. Cui. 1. Aur. in ind. titt. om. *et qui — excusantur.* d) 1 om. *edictum.* e) 2 *Urbem Romam*, corr. *Urbis Romae* a P. f) 6 *Itaque Graecos.* Petitus Comm. in Leg. Att. V, 5 interpung. *consulamus Graecos. Itaque negotiatores.* g) 6 *Pantabolas.* Vid. not. *a.* 3 nihil habet nisi vv. *Pantabolis greci negotiatores sunt.* h) 6 *multitudinem unamque.* Ro. ms. *multus in aliqua re* ad v. *multitudinem.* i) 6 *patimur a sacrae.* k) 1 *habitationi secludi.* Mox Lugd. et Go. *dissentio.* l) 1 *maxima.* m) P. in cod. 2 notat: „*graeca phrasis, ubi subauditur magis.*“ Vid. C. Th. XII, 6, 9, not. *. Reposui *magis* ex cod. 6, quae v. deest in codd. 1, 2 et in edd. n) 2, 6 om. *urbis*, ut edd. ante Be. Addidit Be. h. v. ex cod. 1. o) 1 *populi.* p) 2 *civitatis*, em. a P. *civitas.* q) 1 *habitare.* r) 1 om. *in eum.* 6 *in eum solum pro.* s) 1 *curā multorum nec habundancia deherit.* 2 *habundancie.* 6 *nec abundantia.* Edd. *abundantiae.* t) 2 *civitate*; corr. *civitati.* u) 1 *praefectus. urbis*, em. ab Am. *praefecti.* 2, edd. *urbis praefecti.* 6, ut nos. v) 2 *omnium*; P. corr. *omnibus.* x) P. in cod. 2 corr. *obsequendis.* y) 6 om. *et.* Paullo post Lugd. et Go. *labefactura.* z) 1 *restituet.* a) 6 add. *a*, recte. b) 1 *extur*, corr. *exsetur.* 6 *nulli p. excusentur.* Ri. falso hanc sententiam assutam esse dicit c. 12 Cod. Iust. de Oper. publ. (VIII, 12), quae hausta est ex tuendo statu venerandae [c] urbis decernimus, ut a collatione tironum et ab exsolvendis septem solidis per millenas [d] nuper indictis cespes formensis [e], aëtrinsis [f], calcarius et victurarius [g] habeatur immunis [h], ut promptius [i] devotionem solitae functionis agnoscat [k]. *Dat. VI.* [l] *Non. Mart. Romae, Valentiniano A. V. et Anatolio V. C. Coss.* (440.)

TIT. VI. DE TIRONIBUS [a] ET OCCULTATORIBUS DESERTORUM.

1. *Impp. Theodosius et Valentinianus AA. Sigisvuldo* [b] *Comiti et magistro utriusque militiae.* Frequentari [c] saepius constituta temeritas plectenda compellit, ut inexcusabilis [d] culpa sit, quam etiam recens prohibitio non emendat. Nulli enim concedi fas est, si toties vetita, nunc quoque severius interdicta, tentaverit. §. 1. Reparandi [e] feliciter exercitus cura conferri [f] debere tirones a [g] possessore censuimus. Ne qui [h] tamen damni publici abusus occasione lucrum capere se credat de fiscali dispendio, si personam semel insignitam militari titulo ruris [i] colendi caussa vel negotiationis exercendae gratia aut cuiuslibet ministerii occasione detentet [k], Sigisvulde [l], parens carissime atque amantissime [m]. Et [n] idcirco illustris et praecelsa magnificentia [o] tua hac nos sciat edictali lege iussisse, quisquis [p] de tironibus aliquem, nec non prioris militiae virum proprios numeros [q] et signa deserentem rustico urbanove [r] praedio crediderit occultandum, et ipsum restituat [s], quem celavit, et tres alios aptos militiae poenae nomine cogatur inferre [t]. Colonus, conductor actorve loci si id aetatis sit, ut stipendia [u] ferre possit, militiae protinus aggregetur. Quod si nesciente*) domino desertor in cuiuslibet aedibus latuerit, colonum, conductorem actoremve [v], qui id scierit, capitali supplicio esse feriendos. §. 2. Veruntamen ne occasionem

---

Tit. VI. 1, Zir. in ind. titt. Am. Be. *Tit. VI.* 6 *Tit. XVII.* 2, 3, P. P [a]. P [b]. in ind. titt. *Tit. XLIV.*; in ipsa ed. P. P [a]. P [b]. *Tit. XLII.* pro *XLI.* Rittersh. *Tit. XLII.* inter Novv. Val., sed sec. ord. *Tit. XXVI.* Cui. 2, 2*. Ri. Ri*. *Tit. XLIV.* Nov. Th. Go. Lugd. *Tit. XLI.* Nov. Th., sed ponitur a Go. in Prol. c. VIII. inter Nov. Val. Cf. Nov. Val. tit. III. et XXXV, not. sup. Commemoratur in indice Novellis Val. in Cui. 1. Aur. adiecto. Constat in cod. 1, in ed. Am. ex duabus Novellis; ex tribus in codd. 2, 6 et in edd. P. — Be. Etiam in Cui. 1. Aur. indice tres Novellas complecti dicitur. In cod. 3 nihil superest, nisi ultima sententia Nov. 3. Vid. Nov. 3, not. *u.* C. Th. VII, 13 et 18; XI, 18; VI, 12 et 18. — N. 1. 1, 2, 6, edd. *N.* 1. Be. add. (*XLIII.*), id e. omnium Novv. in Be. ed. Savigny über den Römischen Colonat (Zeitschr. f. geschichtl. Rechtswissensch. T. VI, p. 291).

C. Th. XV, 1, 34. c) 6 *eterne.* Mox 2 *tyronum.* d) 2 *millena*, corr. a P. *millenas.* Go. *milenas.* Ri. em. *millenos*, impr. Savign. (Zeitschr. f. gesch. Rechtsw. T. XI, p. 42). Cf. C. L. Fr. Schulz, Staatswissenschaft der Römer p. 657. Carlo Baudi di Vesme dei Tributi nelle Gallie. Torino 1839. 8. p. 12. Ferd. Walter, die Geschichte d. Römischen Rechts bis auf Justinian; praef. p. XII. Codex. 6 *solidis oms Romanus civis habeatur immunis* et om. *nuper — victurarius.* e) 1 *formenses.* Vid. Go. ad XIV, 6, 3 et 1 (comment.), ad XV, 2, 1 et in Paratitl. ad XV, 6; Ri. ad h. l. not. *l.* Go. enim vult *formensis*, dict. *a formis.* Cf. C. Th. XIV, 6, 3 et XV, 2, 1. Go. cj. confirmat cod. 1. 2, edd. *formonsis.* Ri. cj. *Formiensis*, quasi a Formiis prope Terracinam dictum sit, sed ipse se revocat. Etiam Dirksen. in Manual. Latin. *formensis*, quae scriptura Ri. quoque probabilis videtur. f) Go. ad C. Th. XV, 2, 1 comment. em. *aëriensis*, quacum em. fere convenit cod. 1, qui *arenses.* 2, edd. *aetrinsis* s. *aëtrinsis.* Ri. cj. *Aletriensis* (Aletrium in Hernicis), neque vero insistit em. suae. Dirksen. l. c. ut Go. g) 1, 2, edd. ante Be. *victurarius.* Cf. C. Th. XIV, 6, 1. Ri. em. *vecturarius*, quod Be. reposuit. h) P. in not. P [b]. in m. P. ms. em. *habeantur immunes*, quia sequitur *agnoscant*; *inmunes* habet 1; sed vid. not. *k.* sq. i) Ita 1 (*proptius*), 6. Edd. ex cod. 2 *propitius.* Iam P. in not. P [b]. in m. P. ms. Rein. em. *promptius*, prob. Be. Vid. etiam Zir. l. c. p. 316. k) 1 *solite. functiones agnuscant.* 2, edd. *agnoscant*, sed rectius 6 *agnoscat.* l) 1 *V.* Infra Rittersh. *Cons.* 1 om. *Coss.*

a) 2, P. P [a]. P [b]. Rittersh. *tyronibus* et fere ubique infra, quod semel moneo. 6 om. *et occultatoribus desertorum.* b) 2, P. — Ri*. *Sigisvaldo.* 6 *Sigiswaldo.* 1 *Segisvuldo.* Iam Ri. em. *Sigisvuldo*, quod Be. rec. Cf. infr. tit. IX, not. *k*, Ri. not. *b* et ad tit. IX. Nov. Val. de Redd. iure arm. (ap. Ri. tit. XX. Nov. Th.), not. *e*, Zir. l. c. p. 319 et p. 500, qui vero ultimo loco *Sigisvulte* scribit. 1 om. *Comiti — militiae.* c) 1 *Frequenter et sepius.* 6 *Frequentare.* d) 1 *incusabiles* (Am. em. *incusabilis*) *culpas. id* (Am. em. *culpa sit*) *quā.* Be. *incusabilis.* 2, P. Cui. 2, 2*. Lugd. P [a]. P [b]. Go. — Ri*. *excusabilis.* P. in cod. 2 corr. *inexcusabilis*, convenienter cum cod. 6. Etiam Rittersh. *inexcusabilis*, quod cur improb. Ri., non video, praesertim cum *inexcusabilis* a scriptura cod. 1 paullum discrepet, cuius librarium errasse puto. Praetuli igitur duorum codicum scripturam; nam P. ex eo codice, unde 2 descendit, correxit *inexcusabilis*, quod ad sermonem latinum magis convenit quam *incusabilis.* P. in notis et P [b]. in m. em. *non excusabilis*, et infra deleri vult *non* ante *emendat.* Rittersh. *prohibito.* e) 1 *reparandis.* f) 2 *confessi d. tyronis*, corr. a P. 6 *conquiri.* g) 1 om. *a.* h) 1 siglum habet v. *neque.* i) 1 *titulū roris.* 2 *insignanitam*, corr. a P. 6 *militari titulo insignitam.* k) 1 *detentet, non detentat*, ut Be. nuntiat. Etiam 6 *detentet.* 2 *detenet* (sola lit. *t* post *n* exc.); corr. a P. *detinet.* P. — Be. *detinet.* Restitui *detentet.* Cf. Dirksen. Manuale, v. *detentare.* l) Recte Be. ex cod. 1 rest. nomen *Sigisvuldi*, quod deest in cod. 2 et in prioribus edd. Etiam 6 add. *Sigiswalde.* Cf. Zir. l. c. p. 319. m) 2 *p̄ k̄ ā.* Edd. ante Be. *P. K. A.* n) Codd. add. *Et*, recte. Edd. om. *Et.* Vid. tit. IV. antec. §. 1, tit. XIV. sq. de Fructibus §. 2. 2 *inlustras*; corr. a P. o) 1 *magnitudo*, quod v. in cod. 1 pro *magnificentia* positum esse iam supra vidimus et videbimus infra. p) 1 *quisque.* 6 *iussisse si quisquis aliquem de tironibus.* q) 1 *virū propriū numerus.* 2 *proprius numerus* et *signa deferentem*, corr. a P. r) 1 *urbano. uepdia credederit.* 6 *rustico praedio urbanove.* Rittersh. *urbanoque.* s) Codd. *restituet*; em. a P. in cod. 2 *restituat*, recte, nam infra *cogatur.* 6 *ipsum quem celavit restituet.* t) 6 *poenae cogatur nomine inferre.* u) 1 *etates. situtspendia.* *) Ri*. mend. *Quod nesciente.* v) 1 *actorē ue qui id.* 6 *actorumve qui id.* 2 *actorem vel quid*, corr. a P. *qui id.* Edd. *actorem vel qui id.* Restitui *actoremve, qui id.* Vulgata scriptura hanc sententiam habet, ut quisquis desertorem latere sciverit, neque vero detulerit, capitali supplicio feriatur, quod calumniae [x] dedisse videamur, si temporaliter, habitandi caussa, miles vel tiro cuiuslibet praedium forte [y] successerit, id servata moderatione censemus [z], ut intra [a] tricesimum diem, postquam in eodem loco esse coeperit [b], correptum is, quem superior legis poena constringit, ad civitatem quamque proximam deducat [c], officio publico ac primoribus civitatis [d] tradat sub confectione gestorum ad [e] provinciae moderatorem protinus perducendum [f], ut eius cura ad signa propria reducatur et poenis competentibus subiugetur [g]. §. 3. Iudicem sane, si conniventiam [h] in his exsequendis [i] negligentiamque praestiterit, decem libras auri, eiusque officium similem quantitatem poenae nomine fisco iubemus exsolvere. §. 4. Quam legem ne quis se ignorasse confingat, per omnes provinciarum civitates edictis solennibus divulgabis [k]. *Dat. XIII.* [l] *Kal. April. Romae, Valentiniano A. V. et Anatolio V. C. Coss.* (440.)

2. *Iidem AA. Quadratiano Pf. P.* [m] Dispositionem cunctis salubriter profuturam certatim debet omnium praevenire [n] devotio. Quid enim magis professis est desideriis expetendum [o], quam ut adiectis viribus per delectum [p] roboris militaris [q] Romanus augeatur exercitus? Quadratiane, parens carissime atque amantissime [r]. §. 1. Unde illustris magnificentia [s] tua pragmatici nostri tenore comperto sciat, secundum pragmatici prioris tenorem [t], quod de delectu [u] novo agitando datum est [v], senatores vel universos possessores oportere [x] a se conveniri, ut actores [y] et conductores suos sine ulla tam necessariae rei dissimulatione his repraesentandos noverint, quibus per suburbicarias provincias tironum congregandorum munus iniunximus, quo facilius ad effectum publicae utilitatis valeat perveniri. §. 2. Quisquis [z] vero conventus ad eos, qui id exsequuntur, deducere gubernatores agrorum suorum aliqua cunctatione distulerit, cognoscat, se decem libris auri [a] mulctandum, et tirones eius numeri, qui deprehensus fuerit, nihilominus traditurum. Aversum [b] quippe animum a communi defensionis studio iure talis [c] severitas insequitur. Superest igitur, ut nullius [d] animus retardet iniuncta, quia, quisquis in hac parte cessaverit, sese quodammodo [e] confitetur non [f] esse Romanum. *Dat. VIII. Kal. Iun. Ravenna* [ff], *Maximo II. et Paterio V. C.* [g] *Coss.* (443.)

3. *Iidem AA. Hisiodoro* [h] *Comiti.* Cogit diversarum rerum necessitas equidem [i] pro utilitate communi, ut suggestio sublimitatis tuae provida nimis pro qualitate temporis esse videatur. Parvo etenim unusquisque contentus [k], sperare debet securitatem futuri. Nec enim grave esse credimus, quod honoris [l] contemplatione deposcitur, Hisiodore, frater amantissime [m]. §. 1.

— N. 2. 1, 2, 6, edd. *N.* 2. Be. add. (*XLIV.*), id est omnium Novellarum in Be. ed. — N. 3. Deest in cod. 1 et ap. Am. 2, 6, P. — Be. *N.* 3. 3 *N. un.* Sed vid. infra not. *u.* Be. add. (*XLV.*), i. e. omnium Novv. in Be. ed.

nimis atrox videtur. Iam soli coloni, conductores, actores, qui tironem in aedibus domini latere sciunt, poena illa feriuntur. Convenit hoc cum antecedentibus, ubi de colonis, conductoribus actoribusve sermo est, neque vero de aliis. Vid. etiam C. Th. VII, 18, 8 et 12. x) 2, P. P [a]. *calumnij.* P [b]. *calumnii.* Rell. edd. *calumniis* de cj. Cuiacii. 1 *calumnia ededisse*, i. e. *calumniae dedisse.* 6 *calumniae.* Etiam P. in cod. 2 corr. *calumniae*, et *calumniandi.* Scripsi cum codd. 1, 6 *calumniae.* y) 1 *causam miles — predium forti.* z) Edd. *sancimus*, sed 1, 6 *censemus* et 2 *censuimus.* a) 2, edd. *in*, sed 1, 6 *intra.* 2 *trecensimum*, corr. a P. *tricensimum.* Etiam 1, edd. ante Be. *tricensimum*; solus Go. *trigesimum.* b) 2, edd. ante Be. *ceperit.* Mox 2 *his*, corr. a P. *is.* c) 6 add. *et*, quae copula videtur rectius addi quam omitti. d) 6 om. *civitatis.* Paulo supra Rittersh. om. *ac.* e) Rittersh. *ac.* f) 1 *producendum.* 6 *dirigendum* et om. *protinus.* Non magni interest, utrum *perducendum* an *producendum* legatur. g) 1 *subiungitur.* P [a]. P [b]. *subiungetur.* h) 1 sec. Am. *conhivenciam.* P. P [a]. P [b]. Rittersh. *cohibentiam.* 2, 6, Cui. 2, 2*. Lugd. Go. Ri. Ri*. *conhibentiam*; iam Rittersh. Ri. em. *conniventiam*, prob. ut videtur Am. i) 1 *exhibendis.* k) 1 *devulgavit.* 2 *divulgavit*, em. a P. *divulgabis.* l) 6 *VIII.* Rittersh. *Cons.* m) 1 *Id aa ad quadraciano p̄u.* 6 *prepõ.* P [a]. Rittersh. P [b]. *Pf. Pon.* n) 1 *dispositione cunctis s... profutura certatim debit omnium uenire.* o) Lugd. *pofessis.* 2 *expectendum*, corr. a P. *expetendum.* p) 2 *delictum*, corr. a P. *delectum.* 6, P. — Ri*. *dilectum*, sed P. in not. P [b]. in m. em. *delectum.* q) 6 om. *militaris.* r) 1 *Quadraciane pk̄aa.* Zir. l. c. p. 500. 2 *p̄kā.* P. — Ri*. *P. K. A.* Lugd. Go. mendose *Quadratione.* s) 2 *inlustras*, corr. a P. 1 *magnitudo.* Rittersh. om. *tua.* t) 2, P. — Ri*. om. *pragmatici nostri — secundum* et habent *tenore* pro *tenorem.* Vid. not. *v* seq. u) 1 *de delectū* (corr. Am. *dilectu*) et om. *novo.* 2, 6, Rittersh. *dilectu.* P. Cui. 2, 2*. Lugd. P [a]. P [b]. Ri. Ri*. *dilecto*, sed Ri. em. *dilectu.* Go. *delicto.* P. in m. cod. 2 em. *delicto* et *delectu.* Cf. C. Th. VII, 13, 10. v) P. ms. P. in not. P [b]. in m., ut locus recte se habeat (vid. not. *t* anteced.), addi volunt *sciat*, vel quid aliud simile. Iam lacuna codicis 1 ope expleta, nihil add. est. 6 ut codex 1. x) 2 om. *oportere*, additur a P. in m. 1 *universū possessorē.* y) 2, P. — Ri*. *auctores.* 1 *actores vel conductores suos sine ullā . tā necessariā.* Iam Ri. em. *actores* ex super. Nov., prob. Am.; Be. *actores*, ut 6. Rittersh. *suas sine.* z) 1 *utilitates valeat pervenire. Quisque.* a) 6 add. *esse.* b) 2 *ausum.* P. P [a]. P [b]. Rittersh. *Aversum*, recte. Rell. *Adversum.* c) Lugd. Go. *tali.* d) P [a]. P [b]. om. *nullius.* e) 1 *cessaverit esse quod admodo.* f) 2 *nomen*, em. a P. *non.* ff) P. P [a]. P [b]. *Ravennae.* g) Ex cod. 1 addidi *V. C.*, quod sigl. om. in rell. Cf. Nov. Th. tit. XXII, Nov. 1, not. *k.* Rittersh. *Cons.* h) 2 *Insiodoro*, corr. a P. *Hisiodoro.* 6 *Id ag Isidoro consulari.* Ri*. *Hisidoro.* Puto scrib. esse *Isidoro.* Isidori in legibus mentio fit anno 436. i) 2, P [b]. Go. Rittersh. *necessitas se quidem*, sed P. in m. cod. 2 em. *Licet quidem.* P. *necessitas * se quiden.* P [a]. Cui. 2, 2*. Lugd. Ri. Ri*. *necessitas * se quidem.* Be. *necessitas * * se quidem.* Ro. l. c. p. 191 em. *necessitas equidem*, convenienter cum cod. 6. Ro. ms.: „forte transponendum *cogit quidem* f. *quidem.*“ Reposui *equidem*, quod non absonum est ab huius aetatis more dicendi. k) 2, edd. *contemptu.* Rittersh. in m. em. *contentus*, prob. Be. et convenienter cum cod. 6. Reposui *contentus.* Supra Ri*. *Parvo enim.* l) Bene 6 *honoris.* Infra enim commemorantur, quibus ob honorem tironum praebitio s. adaeratio imponitur. 2, edd. *oneris.* m) 6 *Isiodore fr. k. aa.* Vid. not. *h.* 2 *inlustras*, em. a

Unde illustris auctoritas tua sciat secundum suggestionem suam[n] pragmatici auctoritate firmatam[o], hoc nos praesenti tantum tempore censuisse propter imminentium expensarum necessitatem, quibus sufficere aerarii vires nequeunt, id, quod conferentes plurimum non gravet, nos[p] parte aliqua valeat adiuvare. Idcirco illustres vacantes*) per omnes nostras provincias constitutos ternos tirones in adaeratione debere persolvere: comites quoque consistorianos**) vel primi ordinis, nec non tribunos et notarios, sed et eos, qui administrationes ordinarias[q] in provinciis gubernarunt, dare singulos oportere: tribunos vero vacantes sive comites secundi vel tertii ordinis omnesque clarissimos tertiam partem tironis agnoscere, ita ut unius tironis pretium[r] triginta solidis taxetur (exceptis Afris, qui hostili necessitate sedibus suis nuper expulsi sunt[s]): pro excubiis autem praesentibus viginti consistorianos comites[t], triginta[u] notarios immunes esse debere. Gaudere enim debent[v], quos labor suus[x] et desudatae vigiliae probabili ratione commendant[y]. *Dat. prid.*[z] *Id. Iul. Ravenna, Theodosio A. XVIII. et Albino V. C.*[a] *Coss.* (444.)

TIT. VII. DE PALATINIS.

1. *Impp. Theodosius et Valentinianus AA. ad Maximum II. Pf. P.*[a] Palatinae exactionis[b] enormitas, deducta saepius in querelam, necessitatem[c] nobis formandae sanctionis imposuit, cuius obstinatio quae refugere debuit augere[d] contendit, ad hoc praeteritae impunitatis praesumptione decepta, ut continuato[e] scelere graviores aculeos[f] severitatis incurreret. Unde magnificentiae tuae suggestionem numerosis administrationibus et virtutibus congruentem libenter accepimus[g], quae possessoribus et negotiatoribus consuli generaliter postulavit, quorum brevi devotio concidisset, si, quantum fisco inferendum est, aut tantum aut amplius exigendum sibi avaritia vindicaret, non dissimulandam obiectionem[h] nostris saeculis generans, cum devotum publico privatis utilitatibus dispendia profutura comitantur. §. 1. Quapropter sublimis excellentiae tuae saluberrimam[i] suggestionem secuti[k] veneranda in aevum[l] lege sancimus, ne quisquam palatinorum superindicti vel aurariae ceterasque ad utrumque aerarium pertinentes exigens functiones ultra summam traditis sibi, iuxta[m] praesentem censum, de scrinio brevibus comprehensam[n] commodi nomine accipiendum aliquid noverit aut petendum; cessantibus caussarum titulorumque[o] instructionibus fictis, quos[p] odio calumniarum cessare praecipimus, et quos non[q] in usum publicum, sed in aviditatis exemplum calliditas compulsorum minatur[r], sacrilegii percellendis reatu, proscriptionis etiam, suppliciogue dedendis[s], cum huius modi usurpationem probatio confutarit.

Tit. VII. 1, Zir. in ind. titt. Am. Be. *Tit. VII.* 6 *Tit. XVIII.* 2, 3, P. P^a. P^b. in ind. titt. *Tit. XLV.*, sed P. P^a. P^b. in ipsa ed. *Tit. XLIII.* pro *XLII.* Nov. Th. et Val. Cui. 2, 2*. Ri. Ri*. *Tit. XLV.* et Lugd. Go. *Tit. XLII.* Nov. Th., ponitur autem a Go. in Prolegom. cap. VIII. inter Novv. Val. Rittersh. sine num., sed sec. ord. *Tit. XXVII.* Vid. Nov. Th. tit. IV. et Nov. Val. tit. III. et XXXV, not. sup. Commemoratur in indice titt. Cui. 1. Aur. Novellis Val. adiecto. Constat in codd. 1, 2, 6 et in edd. ex tribus Novellis. In cod. 3 nihil superest, nisi fragmentum Nov. 1, ubi vid. not. *t.* C. Th. VI, 30; XI, 7 et 8. Cod. Iust. XII, 24. — N. 1. 1, 2, 6, edd. *N. 1.* 3 *Nov. un.* Be. add. (*XLVI.*), i. e. omnium Novv. in Be. ed. Derogatur Nov. sq.

P. Rittersh. *FU. A.* n) Lugd. Go. *tuam.* o) 6 *firmata.* p) 6 *vires aerarii nri nri nequeant — gravet et nos.* Voluit librarius locum, qui mendosus est, corrigere. Potius scribendum est *ut* pro *id*, quod codd. et edd. habent. *) Cf. Zir. l. c. p. 62 et Go. ad C. Th. VI, 18. **) Cf. Go. ad C. Th. VI, 12 et Hollweg, Handbuch d. Civilprocesses T. I, p. 110, not. 60. q) 2 *ordinarios*; P. corr. *ordinarias.* r) 6 *unius pretium tironis.* 2 *treginta*, corr. a P. s) Edd. ante Be., omm. uncinis, *sunt. Pro.* t) 6 *comites consistorianos.* P. in not. P^b. in m. Cui. 2, 2*. Lugd. Go. interpungunt *consistorianos*, *comites triginta*, *notarios*, male. Vid. paulo supra. Est tit. C. Th. de Comitibus consistorianis (VI, 12). P. abrogari putat c. 1 C. Th. Qui a praeb. tir. excus. (XI, 18). u) 2 *treginta*, corr. a P. Sola vv. *triginta — ratione condemnat* supersunt in cod. 3. v) 6 *Debent enim gaudere.* x) 2 *suos*, corr. a P. y) 2 *condemnant*, corr. P. *commendant.* 3 *condemnat.* z) 6 *II.* P. P^a. P^b. Rittersh. *Ravennae.* Rell. *Rau.* a) 2 *vecar.*, corr. P. *V̄. C̄.* Rittersh. *Cons.*

a) 1 *ad Maximo. II. ppō.* 6 *praēpo* et add.: *Hic Maximus eundem Valentinianum per dolum a satellite Etii fecit occidi cuius fraude idem Valentinianus Etium occiderat. regnavit idem Maximus sed a Romanis discerptus est.* P^a. P^b. Rittersh. *Pf. Pon.* b) 2 *exactiones inormitas*, corr. a P. c) Go. Lugd. *necessitate.* d) 1 *obtinatio. quie refugire del . . . augere.* Erasae sunt post *del* tres literae, sed postea super lacun. appositae literae *buit.* 6 *effugere debuit augere.* e) 1 *ut com* (a sec. man. corr. *cum*) *continuato.* f) 2 *continuatio — acutu*, em. a P. 6 *graviores* (om. *aculeos*) *severitates incurreret.* Recte *incurreret*; rell. *incurrerit.* Rittersh. om. *severitatis.* g) 1 *suggestione — accipimus que possessorebus.* 6 *accipimus.* h) 1 *brevis devotio — si quantō fisco — avariciā vindicare et non dissimolandū obiectionē.* Rittersh. *dissimulandum.* i) 6 *cum devotos privatis et publicis utilitatibus dispendia* (om. *profutura*) *comitantur — tuae*, om. *saluberrimam.* k) 2 *suggessionem sicuti*, corr. a P. l) Aliis locis dicitur *in omne aevum.* Sed vid. Nov. 1 Val. tit. VIII. de Invas. §. 2. Mox Ri*. *supe indicti* et infra *summam rtraditis.* m) 1 *si iuxta.* n) 6 *censum scrinio brevibus comprehensam* sed del. *scrinio*, ut desint vv. *de scrinio.* 1 *conprehensum*, quasi *censum* supplendum sit. Melius *comprehensam*, sc. *summam.* o) 6 om. *titulorumque.* p) 2, P. — Ri*. *quod*; recte Be. propter sqq. *et quos* corr. *quos.* Assentiunt codd. 1, 6; nam ille habet *instructionis fictis. quos*, hic *instructionibus fictis quos.* Iam P. in cod. 2 corr. *quos.* Bene praeterea 1, 6 *fictis*, quod reposui pro *factis*, quod 2, edd. habent. q) 1 om. *non.* 2 *nominosum*, corr. a P. *non in usum.* r) P. P^a. *compulsorum * minatur.* Rittersh. *terminatur.* Ro. ms. Ro. l. c. p. 191 em. *comitatur.* Vid. paulo supra v. *comitantur.* Recte se habet *minatur.* Mox Cui. 2, 2*. P. P^a. P^b. *percellandis.* s) 1 *supplitio quededendis.* 2 *supplitioque de edendis*, corrigitur a P. *damnandis.* 6 *sup-*

§. 2. Quam examinationem atque vindictam si aditi illustres[t] viri comites utriusque aerarii fortasse neglexerint, amplitudinem tuam nobis oportet[u] suggerere, ut neglectas iustissimas provincialium querimonias[v] vindicemus. §. 3. Tantum autem nos licentia huius cupiditatis offendit, ut, inveteratam usurpationem resecare[x] cupientes, moderatores provinciarum rapinis ire obviam[y] censeamus, et ad magnitudinem tuam sine ullo metu suae condemnationis referre. §. 4. Praeterea cunctis excusationibus aditus obstruentes, quibus agenda necessario aliquoties[z] negliguntur, hoc constituto nostro[a] adiicimus, ut illustres viri comites[b] utriusque aerarii a condemnationibus iudicum et[c] curialium noverint abstinendum, delicta[d] eorum vel dissimulationem tam clementiae nostrae, quam sedi tuae amplitudinis[e], cum exstiterint[f], ingerentes, quo praedictae sedis tantum secuta[g] correptio praesentia resecet[h], futura componat. Quam rem vetustatis et disciplinae publicae amore decernimus, Maxime, parens carissime atque amantissime[i]. §. 5. Illustris igitur et praecelsa magnificentia[k] tua edictalem legem et functionibus publicis iugiter profuturam programmate suo in cunctorum provincialium iubebit ire notitiam, ut agnoscat universitas, nostro[l] saeculo improbis ausibus[m] nihil licere. *Dat.*[n] *prid. Non. Iun.*[o] *Ravenna*, *Valentiniano A. V.*[p] *et Anatolio V. C. Coss.* (440.)

2. *Iidem AA. Paterio Pf. P.*[q] Cum pietas nostra ad provincialium quietem tuendam, simul ad[r] avaritiam palatinorum, quae caussa nuper fuerat ferendae legis, arcendam remedia quaereret[s], data[t] nuper lege censuerat, ut illustres viri sacri ac[u] privati aerarii comites facultatem condemnandorum iudicum[v] non haberent, similiter a desidia ordinum mulctanda se eorum severitas abstineret[x]. §. 1. Sed quia nunc suggestio magnitudinis tuae indecorum[y] hoc illustribus viris et inefficax[z] publicis necessitatibus explicandis provisione necessariae suggestionis insinuat, et experiendo[a] cognovimus, nec satis prodesse[b] id possessorum commodis, et plurimum consuetis aerarii[c] exactionibus obfuisse, abrogata lege[d], quam prius super his rebus observari statuimus, ius omne ad praedictos illustres[e] viros, quod[f] longo tempore iam tenebant, illibata[g] pristinae censurae auctoritate revocamus, ne qua illis morae aut negligentiae excusatio de expensarum[i] destitutione tribuatur, quibus non solum mulctandorum iudicum, sed et curialium (segnitiem condemnari et a rationalibus[k] licet) auferebatur facultas. §. 2. Et tamen sub hoc prae-

— N. 2. Codd. 1, 2, 6, edd. *N.* 2. Be. add. (*XLVII.*), i. e. omnium Novellarum in Be. ed.

plicioque dedendis quos huiusmodi usurpatio probata. Edd. *supplicio condemnandis.* Codices igitur habent *supplicioque dedendis.* Construendum est, *sacrilegii percellendis reatu, proscriptionis etiam* (scil. *percellendis reatu*), *supplicioque dedendis.* Mutavi hac de caussa interpunctionem, quae haec est in edd. P. P[a]. P[b]. Be. *minatur sacrilegii p. reatu, proscriptionis etiam supplicio condemnandis*; Cui. 2, 2*. Lugd. Go. Ri. Ri*. *minatur: sacrilegii p. reatu, pr. etiam supplicio condemnandis*; Rittersh. *terminatur sacrilegii p. reatu proscriptionis etiam supplicio condemnandis.* Fortasse leg. est *proscriptioni.* t) In cod. 3 sola vv. *inlustris — vindicemus* supersunt. 1 videtur habere *inlustris*, ut apud Ri*. est. u) 1, 2 *oportere.* 3, 6 *oportē.* P. in cod. 2 corr. *oportet*, quod in edd. transiit. Utrumque probum est. v) 6 *querelas.* Infra Rittersh. *in veteratam.* x) Be. ex cod. 1 *resecare*, recte. 2, 6, P. — Ri*. *resarcire.* Infra *resecet* in §. 4. y) 6 *obviam rapinis ire.* z) 6 *necessario agenda aliquotiens.* a) 1, 2, 6 *constituto nostro.* P. in cod. 2 corr. *constitutioni nostrae*, quod in edd. transiit. Ceterum P. Cui. 2, 2*. Lugd. Rittersh. Ri. Ri*. *adicimus*, ut 1 et 2. b) 1 *uc utriusque erarii*, i. e. *viri comites utriusque aerarii.* Idem est in cod. 6. Vid. etiam supra §. 2. Codex 2, edd. *viri aerarii utriusque comites.* c) 1 *ei.* d) 2 *dilecta*, corr. a P. Rittersh. mendose *delecta.* e) 6 *dissimulationes — amplitudinis tuae.* f) 1 *steterint.* g) 6 om. *tantum secuta.* h) 1 *psencia resecit*; Am. corr. *resecet*, recte et convenienter cum cod. 6, qui *correptio et praesentia resecet et futura componat.* Be. igitur repos. *resecet.* Male 2, rell. edd. *recitet.* i) 2 *p̄k ā.* P. — Ri*. *P. K. A.* k) 1 *magnitudo.* 2, 6, edd. *magnificentia.* l) Rittersh. *noticia — nostra.* m) 1 *inprouis auribus.* 2 *inprovis usibus.* 6 *inprobis ausibus.* P. in cod. 2 corr. *inprobis abusibus*, quod transiit in edd., except. Rittersh. Codicibus spectatis leg. est *improbis ausibus*, quod recepi, sed etiam Rittersh. edidit. Vid. Nov. Val. tit. VIII. de Invasoribus Nov. 1, §. 2: *illicitis ausibus.* Praeterea 1 *nil licere.* n) 6 om. *prid.* o) 1 *Ian.*, male, propter antecedentes titulos. p) 6, edd. ante Be. om. *V.* et 2, Go. *V. et.* 1 add. *V.* Iam Br. l. c. p. 864 et Ri. cod. 1 scripturam nuntiant et comprobant. Be. recte add. *V.* Rittersh. *Cons.* q) P[a]. P[b]. Rittersh. *Pf. Pon.* 6 *Paterio preposito* et add. *Hec lex priorem derogat.* r) 6 *simul et.* Postea Rittersh. *qua causa.* s) 1 *arcenda remedia quererit.* t) Ro. ms. *lata.* u) 6 *et.* v) 1, P[b]. *iudicium.* 6 *haberent et similiter.* x) 1 *multanda se eorum severitas abstinerit.* Etiam 6 *multanda se.* 2, edd. om. *se.* y) 2 *indeeorum*, corr. a P. 6 om. *indecorum — viris.* z) 2, 6 *efficax*, corr. a P. in cod. 2 *inefficax.* a) 1 *experiendum.* 6 *provisionem — et quia experiendo.* b) 6 *satis id prodesse.* Rittersh. *res satis prodesse.* c) 6 *aerarii actionibus.* d) 2, edd. *abrogatam legem.* Ri. Be. em. *abrogata lege.* Illam em. confirmant codd. 1, 6. Intellig. est Nov. 1 huius tituli, §. 4. e) 6 om. *illustres.* 1 *praedictus — viris.* f) Haec Ritteri cj. est, sed et scriptura codd. 1, 2, 6; *quos* P. male corr. in cod. 2, unde in edd. transiit. Turbavit Pithoeum v. *tenebat*, quod sequitur in cod. 2; eo rectius 1 *tenebant*, ut Ri. cj. Etiam 6, edd. *tenebat.* P[a]. *temporei am.* g) 1, 6 *inlibata.* 2, edd. *inlibatum.* Ri. in not. coniungit h. v. cum v. *tenebant.* i) Ri. h. l. in Cui. 2, 2* asteriscum esse notat. Est in m. eodemque loco in Lugd. Addit Ri. mutilum esse locum. „Tantum, inquit, video, Palatinos exactores excusasse negligentiam moramque, cum ipsi destituerentur plena potestate, neque Comites S. L. et R. P. haberent condemnandorum iudicum facultatem.“ Sed asteriscus in m. illarum edd. uno versu altius positus ad v. *rationabilibus* pertinet, ubi P. eum add. Vid. not. sq. 6 *expensarum distributione.* Rittersh. *expensorum.* Be. cj. *exsecutionum*, quod non confirmatur codicibus. 2 *distitutione*, corr. a P. Non est quod mutetur *expensarum*: v. *expensarum* significat erogationes. k) Locus in edd. corruptus, quem Ri. desperat emendari posse. 1 *segnitiem condemnari* cepto [l] nullum possessorum seu curialium palatinorum mancipamus aviditati. De quorum fraudibus, si quae exstiterint, aut si modum veri census sub occasione titulorum ad se pertinentium supergressi fuerint, et aliquid commentitium [m] praeter id, quod explorata fides chartarum [n] continet, studio depraedationis invenerint [o], iubemus, gravatis patere accusandi eos liberam facultatem, sed ita, ut ad proprios iudices laesorum querela perveniat, hisque [p] solis in eorum commissa permittatur inquirere, de quorum factis, si qua in [q] reprehensionem venient, non modo [r] praesentium querelis, sed et absentum relationibus instruentur. §. 3. Sane si quid est, quod vindictae censuram [s] exigat acrioris, erit illustribus viris palatinorum iudicibus consulendae serenitatis nostrae copia, ut [t] genus ultionis agnoscant [u], sed de his duntaxat criminibus, quae contra ius stimulo illicitae [v] cupiditatis admiserint, Pateri, parens carissime atque amantissime [x]. §. 4. Illustris igitur et praecelsa magnificentia [y] tua hanc omnibus innotescere [z] sanctionem iubebit, remotaque ea, quae de his ordinem solitum commutaverat, huic legi, quam nunc statuimus, perpetuo valiturum sciat robur [a] impositum, quippe moderatione tali [b] et status provincialium inviolatus [c] manebit, et decus potestatis suae ad genuinos [d] iudices revertetur. *Dat. V. Kal. Oct. Spoleti, Dioscoro* [e] *et Eudoxio VV. CC.* [f] *Coss.* (442.)

3. *Iidem AA. Floriano Comiti S. L.**) Aequum est, serenitatem nostram provida oraculi nostri constitutione [g] sancire, ne aut [h] impune [i] quemquam temerario contemptu, deserta officii sui militia, licuerit segnis otii [k] elegisse desidiam, aut in posterum proposita interminatione [l] cavere, ne quis audeat [m] inconsulto iudicis sui testimonio militiae sacramenta deponere, Floriane, frater amantissime. §. 1. Unde illustris auctoritas tua pragmatici nostri secuta praeceptum sciat, secundum suggestionem suam [n] palatinos omnes sacrarum largitionum, qui stipendiis non peractis sine testimonio vel auctoritate [o] praesulis sui, ad ecclesiastica obsequia et [p] ad aliam transiere [q] militiam, nomine clericorum et privilegio cinguli superioris exutos [r] palatino officio ac militiae, quam contumaciter [s] reliquerunt, protinus esse reddendos: atque hoc circa universos oportere servari [t], quos intra triennium [u] post militiae commutationem pragmatica huius sanctionis forma

— N. 3. Codd. 1, 2, 6, edd. *N.* 3. Be. add. (*XLVIII.*), i. e. omnium Novellarum in ed. Be. Eodem die data est Nov. Val. de Negotiatoribus.

et a rationalibus licet auferebatur facultas. 2 *segnitiem condemnari et a rationabilibus licet auferebatur facultas.* 6 *segnitiem condemnari facultatem tribuimus*; corr. igitur librarius suo ingenio. P. in cod. 2 corr. *condemnandi*, quod in edd. transiit, et *rationalibus*. P. P [a]. Be. *segnitiem condemnandi et a rationabilibus * licet auferebatur facultas*, modo quod Be. comma ponit post *condemnandi*; rell. edd. *segnitiem condemnandi et a rationabilibus licet auferebatur facultas*, sed est asteriscus in m. Cui. 2, 2*. Lugd. Vid. not. *i*. Ro. ms. em. *segnitiem condemnandi et ut a rationabilibus quilibet auferebatur facultas.* Ri., qui in not. *p* pro *rationabilibus* habet *rationabilium*, em. *rationalium*. Be. locum mutilum esse putans, em. *condemnandi restituimus*, *antea licet auferebatur*, *facultatem* et addit: „Rationalium vero novellam non meminisse puto, si quid valet in hoc iudicio et prioris et huius novellae analogia.“ Be. em. nimis recedit a codicum scriptura, qui consentiunt in v. *condemnari*; simul apparet ex codd. 1, 2 scribendum esse *rationalibus*; nam *rationabilibus* est merus error librarii. Locus obscurus fit in edd. v. *condemnandi et a rationabilibus licet*. Scribi potest *curialium segnitiem condemnandi et a rationalibus scilicet auferebatur facultas.* Sed cum codd. habeant *segnitiem condemnari et a rationalibus licet*, iis verbis interiectam aliquam sententiam contineri existimo. Inclusi igitur haec vv. uncinis, quo facto locus videtur expeditus. Vv. *auferebatur facultas* cohaerent cum *quibus*, vv. *segnitiem — licet* separatam a reliquis sententiam de rationalium potestate condemnandi curialium segnitiem continent. Construendum est: *abrogata lege — ius omne ad praedictos illustres viros*, *quod longo tempore iam tenebant, revocamus, ne qua illis — excusatio tribuatur*, *quibus non solum mulctandorum iudicum*, *sed et curialium auferebatur facultas.* Ablata erat facultas §. 4 antec. Novellae. l) 1 *p̄sepio.* 2 *presepio.* Edd. *praesepio*, pro quo P. in cod. 2, Ro. ms. Ri. Dirksen. in Manual. Ro. l. c. p. 191 em. *praesidio.* 6 *praecepto*, recte. Rep. *praecepto.* m) 2 *commentitū*, corr. a P. Supra Rittersh. *extiterunt.* n) 1 *aviditate. de quorum fradibus — aut si morum viri census — explorate fedes cartarum.* o) 1 *invenerit.* 2, 6, edd. *invenerint*. Be. prop. *invexerint* et Ro. ms. Ro. l. c. p. 191 *iniverint*. Non licet in dubium vocare v. *invenerint*. p) 1 *hisqui.* Go. *iisque.* q) 6 add. *eorum*, sed del. *eorum* a sec. manu. Rittersh. *in re reprehensionem.* r) 1 *modū.* Infra Ri*. *absentium.* s) 6 *instruantur — censura.* t) 2 *aut*, corr. a P. *ut.* u) 6 *cognoscant.* Rittersh. *agnoscat.* v) 1 *stimolo inlicitate.* x) 2 *p̄k̄ā*; edd. ante Be. *P. K. A.* 1 *Inlustribus*, corr. ab Am. *inlustris.* 2 *inlustras*, corr. a P. y) 1 *magnitudo.* z) 6 *innotescere omnibus.* Go. *inhibebit* pro *iubebit.* a) 1 *perpetuo valitura sciat.* 2 *scit*, em. a P. *sciat.* 6 *statuimus in perpetuo valituram sit robur.* P. P [a]. Cui. 2, 2*. Lugd. Rittersh. Go. Ri. *robor.* b) Be. ex cod. 1 rep. *tali*, consentiente cod. 6. 2, P. — Ri*. om. *tali.* P. in m. cod. 2 reponi vult *hac.* c) P. *inviolutus.* Cui. 2, 2*. Lugd. *involatus.* d) 1, 6 *ad genuinos iudices* et 1 *revertitur.* Etiam P. in m. cod. 2 notat *genuinos* et *germanos*, sed delet *germanos.* 2, edd. *geminos*, quod Ri. interpretatur comites S. L. et R. P. Reposui ex codd. *genuinos*, i. e. ad iudices, quibus olim competebat ius mulctandorum curialium et iudicum, antequam sublatum erat Novella 1 h. t., ad iudices, quorum proprium est, sc. ad Comites S. L. et R. P. e) 1 *epolitidio scoro.* Iam Ri. ex Br. l. c. p. 865 corruptam hanc codicis 1 subscriptionem profert. 2 *discoro*, em. a P. 6 *spoleto.* f) Ita cod. 1; rell. *V. C.* 1 *Cons̄.* Rittersh. *Edoxio V. C. Cons.* *) 6 om. *Comiti S. L.* g) 1 *constitutionem.* Go. *nostra provida.* h) 2, 6, edd. *ne aut.* Be. delendum videtur *aut*, deinde reponendum *et in posterum.* 1 *nec aut.* Nihil mutandum est. i) 2 *puni*, P. corr. *impune.* 6 *in posterum quemquam*, del. a sec. man. *in posterum.* k) 1 *signis otii.* 2 *segne socii*, corr. a P. l) 1 *interminationē.* m) Rittersh. *audiat.* n) 1 *suam*, ut in permultis Novv. Rell. *tuam.* o) 6 *sine auctoritate vel testimonio.* 2 *praesolis auctoritate.* p) 1 om. *et.* q) 1, 2 *transire*; corr. a P. in cod. 2 *transiere.* r) 2 *exutus*, corr. a P. s) 2 *obtumaciter* et mox *protenus*, quod P. mutat in *protinus.* t) 1 repererit [v], ceteris vero non movendam [x] penitus quaestionem, qui [y] prolixioribus [z] temporum spatiis muniuntur: §. 2. hac in futurum praeceptione servata, ne cui [a] liceat sine iussu et testimonio praesidentis vel deserere vel commutare militiam: provincialium iudices [b] esse cogendos, ut [c] tabularios largitionalium [d] titulorum ad amplitudinis tuae sedem cum [e] ratiociniis instructionibusque transmittant, noverintque in [f] procurandis exactionibus legibus se teneri [g]. Dubium enim non est, eum fore et nobis et legibus nostris obnoxium, quisquis maiestatis nostrae praecepta lentaverit. *Dat. VII. Kal. Mai. Roma, Calypio* [h] *V. C. Cos.* (447.)

TIT. VIII. DE INVASORIBUS.

1. *Impp. Theodosius et Valentinianus AA. Pierio* [a] *Pf. U.* Si divalium sanctionum [b] nulla pervasorem [c] poena perculleret [d], nostris proculdubio remediis esset temeritas persequenda, ne [e] alieni iuris usurpator [f] praesumptionis suae fructu impune [g] potiatur, cum ea, quae disceptationis examinatione decursa posset recuperare legibus, poscendi [h] festino cupiditatis ardore pervaserit. §. 1. Movet si quidem serenitatem nostram viri illustris Auxiliaris [i] tam iusta, quam vindicanda conquestio, cuius querelis et subiectorum series fidem [k] tribuit et magna assertio virtutum [l], multis perennitati [m] nostrae administrationibus comprobata, qui se domus suae possessione [n] intra urbem venerabilem positae nullius litis actione [o] pulsatum per illustrem virum Apollodorum [p] patefecit esse depulsum, absentiae videlicet suae occasione captata, dum, si qua precatio [q] fuisset in caussa, non parvis temporibus Romae in eadem domo [r] consistens, a memorato illustri viro actione proposita potuerit conveniri [s]. Quando hoc [t], quod in praedicto viro illustri [u] non perspicimus observatum, possessorum praetermissa conventio est? quando dominis non sunt [v] denuntiata litigia,

Tit. VIII. 1, Zir. in ind. titt. Am. Be. *Tit. VIII.* 2, 3, P. P [a]. et P [b]. in ind. titt. *Tit. XIX.* Cui. 2, 2 *. Lugd. Go. Ri. Ri*. *Tit. XVIIII.* Nov. Th. Est etiam in codd. 4, 5 et in cod. S. Germani 366 fol. 210 [a], col. a. Cf. Diss. mea de Constitutionibus, quas Iac. Sirmondus ed. p. 7, not. *t.* In cod. 4 est *Tit. XVIII.* et in cod. 5 *Tit. XVII.* Nov. Th.; in utroque cod. debebat scribi *XVIIII.* In cod. S. Germani pro numero tit. scriptum est: *In libro primo Novellarum.* 6 *Tit. XVII.* Nov. Th., sed add. *Ista lex et sequens debuisset scribi cum legibus Valentiniani.* Cui. 1. Aur. *Tit. XIII.* N. Th., secundus enim est titulus, qui Novellis Theodosii in Br. Al. receptis adiectus est. Vid. Nov. 2 h. tit., not. sup. et not. *q.* P. P [a]. P [b]. in ipsa ed. *Tit. XVIII.* Nov. Th. et Val. Rittersh. per duos titulos Novellas h. t. distribuit; prima enim efficit *Tit. XVIII.* (sec. ord. *Tit. XXIV.*) N. Th., altera *Tit. XIII.* N. Th. Go. in Proleg. cap. VIII. titulum inter Novellas Valentiniani poni iubet. In codd. 1, 2, 6 et S. Germani, in edd. P. — P [a]. Go. — Be. Am. titulus ex duabus constat Novellis, in codd. 3, 4, 5 et in Cui. 1. Aur. ex una sola Novella. Vid. Nov. 1 et 2 h. t., not. sup. Idem significatur in ind. titt. P. P [a]. P [b]. vv.: „*II.* (i. e. duae Novellae h. t. sunt) *quarum posterior edita est XIII. inter Theodosii Novellas sed non integrâ, ob idque maxime eam adiecimus.*“ De Rittersh. ed. vid. supra. C. Th. IV, 22; IX, 10 ibique not. sup. L. R. B. tit. XXXIX. i. f. Ed. Athal. §. 1. — N. 1. 1, 2, 6, cod. S. Germani, P. Cui. 2, 2*. Lugd. P [a]. P [b]. Go. Ri. Ri*. Be. *N.* 1. Rittersh. *N. un. Tit. XVIII.* Vid. not. super. In codd. 3 — 5 et in Cui. 1. Aur. haec Novella deest. Be. add. (*XLIX.*), i. e. omnium Novellarum in Be. ed. In cod. S. Germani haec Novella mutila est. Vid. infr. not. *z* §. 2, Go. ad C. Th. IV, 22, 3 (ed. Ri. p. 457, col. 2 i. f.) et Ri. praef. T. II C. Th. fol. III [b].

opportere servare. u) 1 *triennium.* 2 *trecennium,* corr. a P. *tricennium.* 6, edd. *tricennium.* Iam Be. cj. *triennium.* v) 1 *repperit.* x) 2, edd. *novandam.* Rittersh. in m. recte proponit *movend.*, prob. Am. Be. ex cod. 1 rep. *movendam,* consentiente cod. 6. y) Omnes codd. P. P [a]. P [b]. Rittersh. add. *qui.* Cui. 2, 2*. Lugd. Go. Ri. Ri*. Be. om. *qui*, mendose, sed Be. in not. addi vult *qui.* z) 2 *pro levioribus*, em. P. *prolixioribus.* P. *proxilioribus*, mendose. Mox 2 *hanc.* a) 1 om. *cui*, quod non falsum est. b) 2 *praesedentis — iudicis,* em. a P. 6 *provinciarum iudices.* c) 2, edd. *atque.* Ri. em. *ut*; confirmant hanc em. codd. 1, 6, sed 1 habet *cogendus.* d) 1 *tabularius largitionarium.* e) P. P [a]. *tuae* * *eodem* et om. *cum*; rell. edd., cod. 2 *tuae eodem,* om. *cum.* Cui. 2, 2*. Lugd. in m. em. *sedem,* prob. Ri. et Am. Rectius etiam 1, 6 *tuae sedem cum,* quod Be. repos. f) 2, edd. ante Be. om. *in.* g) 1 *tenere* pro *teneri,* optime. 2 *reteneri,* corr. a P. *retineri,* quod 6, edd. habent, sed 6 om. *se.* In m. Cui. 2, 2*. Lugd. asteriscus est. h) 1 *Calepio*, prob. ut videtur Ri. Vid. etiam Br. l. c. p. 870. 2 *Calupio*, corr. a P. *Calypio.* 6, Ri*. *Calipio.* 2, edd. ante Be. add. *Aug.*, quod om. 1, 6 et iussu Ri. Be. delevit, etiam Br. l. c. improb. G. scribi vult *Callypio et Ardabure VV. CC. Coss.* Scrib. *Callipio.* Ceterum Ri*. *Romae.*

a) Corsini in Serie Praef. urb. ad ann. 440, p. 346 *Hierio* scribendum esse suspicatur. 6 *preposito.* Cui. 2, 2*. Lugd. Go. Ri. Ri*. Be. om. *Impp.*, err. b) 1 om. *sanctionum.* c) 1 *nulla pervasoris:* cui scripturae si fides habenda est, antiquitus videtur fuisse *pervasores.* d) 1 *percellat*, sed add. a librario *e* supr. *a.* 6 *Si divales sanctiones nulla invasores pena percellerent.* e) 2, 6 om. *ne*, add. a P. in cod. 2. f) 2 *usurpatur,* corr. a P. g) 2 *pune,* corr. a P. *impune.* 6 *pena.* h) 1 *examinationē decursa* ‖(fol. 79 [b])‖ *legibus poscenti festino*; deest igitur *posset recuperare.* Praeterea pro *poscenti* antiquitus scriptum erat *poscendi.* 2 *poscenti*; P. in m. cod. 2 add. *possidenti,* quo deleto corr. *in qua post disceptationis examinationem decursam posset recuperare legibus, ante.* 6 *poscente.* P. P [a]. *legibus * poscenti.* Cui. 2 — Ri*. *legibus, poscenti,* sed Ri. em. *poscendi* et in m. Cui. 2, 2*. Lugd. add. asteriscus. Be. *legibus, poscendi.* Ro. ms. *possidendi* aut *deposci*, quia infra *legibus deposci.* Ro. l. c. p. 188 prop. *recuperare et legibus deposci* aut *recuperare legibus, possidendi festino*; Rittersh. in m. *recuperare legibus, poscente* (improb. Ri.) *festino.* P. ms. *possidenti.* Bo. l. c. p. 223 em. *recuperare, legibus poscentibus, festino.* Leg. aut *potiendi* aut *possidendi.* Ferri etiam potest *poscente.* i) 2 *auxiliariis,* corr. a P. In P [a]. P [b]. est *tam iuxta.* k) 1 *subiectorum se es fide*; antea scriptum erat *sedes,* sed erasa est litera *d.* l) 2, 6, edd. ante Be. *virtutis,* quod fere melius est, quam *virtutum*, quod Be. ex 1 edidit. m) 1 *perennitatis.* n) 1 *possessionē.* o) 6 *actionis lite.* p) 1, Go. *appollodorum.* q) P. in m. cod. 2 corr. *praecautio*, sed postea del. h. v. P. ms. P. in not. et P [b]. in m. em. *precarium.* Ri. pro *petitione* accipit. r) 1 *domū.* Mox P. P [a]. Rittersh. P [b]. *inlustre.* s) 1 *vero actione proposita potuerit convenire.* t) Ri. em. *haec.* Uncinos delevi, quibus Be. inclusit vv. *quod — observatum.* u) 1 *quod in praedictū ū inl.*, quod non falsum est. v) Ita Be. ex cod. 1. 2 *domini non sunt,* et [vv] de cognito potius [x] negotio exspectata sententia? aut [y] quae patrimoniorum potest esse securitas, si toties insidietur invasor, quoties possessores esse contingit absentes? §. 2. Verum [z] quia illicitis ausibus videmus [a], quae sunt pro possessorum quiete [b] salubriter constituta [c], calcari, et frequenter pro multorum negotiis specialis querela commonuit [d], omnibus profutura decerni, merito praecedentia inclitorum principum parentumque nostrorum statuta renovamus. Idcirco mansura in aevum lege sancimus, ut, quisquis inconvento domino, non exspectata [e] vel adversus praesentem vel in contumacem definitiva sententia possessorem de praedio rustico urbanoque [f] depulerit, possessione protinus restituta, caussae totius, sicut dudum constitutum est [g], amissione mulctatus, aestimationem [h] rei occupatae mox cogatur inferre: hoc etiam coniuncto, ut, si iudex in huius modi negotiis hanc putaverit sanctionem nostram [i] dissimulandam [k], ac non in exsecutionem [l] mittendam esse sententiam, quae de inferenda aestimatione prolata est, iustitia statutam [m] taxationem, cum fuerit accepto successore privatus, exsolvat. §. 3. In praesenti vero caussa viro illustri Auxiliari domum restitui iubemus [n] invasam, omni, si qua viro illustri Apollodoro competere potuerat [o], actione consumpta, qui, quod legibus debuerat postulare [p], inconvento possessore pervasit. Quem ulterius prosequi lites caussasque non patimur [q] earum rerum, quas aliis possidentibus non debuit comparare, quique [r] debet in acceptum referre, quod ei [s] aestimationem rei, de qua agitur, nostrae pietatis humanitate concedimus, quae potuit multiplicium legum securitate [t] deposci. §. 4. Eas vero mulieres, quas aut vendendo litigium, aut invasioni participando temeritatem [u], constat negotium non habere, ne qua instaurandi litigii quaeratur occasio [v], omni actione privamus: non praeiudicantibus contractibus, si quos occupatores fortasse [x] cum quibuscunque personis de eadem domo in praeiudicium domini inire voluerunt, quoniam res pervasa in alium transferri [y] iure non potuit. §. 5. Restituturum quoque censemus [z], quaecunque [a] de rebus eius illo expulsionis tempore a quocunque [b] pervasa sunt. Neque enim ita remittimus ultionem, ut diripi aut occultari aliena patiamur, Pieri, parens carissime atque amantissime [c]. Quare illustris [d] magnificentia [e] tua in traditionem [f] aedium pervasarum [g] Marcianum, agentem [h] in rebus, vel officium suum [i] iubebit parere decretis [k], nec ullam saluberrimis praeceptionibus nostris tarditatem, sub impedimento cuiuscunque personae, patiatur afferri. §. 6. Ut vero ea, quae pro possessorum [l] omnium quiete sancimus, in omnium possint notitiam pervenire, hanc legem nostram amplitudo tua propositis vulgabit [m] edictis. *Dat. V. Id. Iun.* [n] *Ravenna, Valentiniano A. V.* [o] *et Anatolio* [p] *V. C. Coss.* (440.)

---

sed P. in m. cod. *domino non.* 6 *qm̃ dn̄is.* P.—P [a]. Go. Ri. Ri*. *domini * sunt.* Rittersh. P [b]. *domini sunt.* P. ms. *domi non sunt.* P. in not. et P [b]. in m. prop. aut *domino non sunt* aut potius *domi non sunt*, improb. Ro. ms. Bo. l. c. legi vult *dominiSunt* pro *dominis sunt.* Ro. ms. *quando de dominio non.* Ri. em. *dominii non sunt*, recte, modo quod *dominis* scribere debebat. 1 *denonciata.* vv) Ro. ms. em. *nec*, quia infra §. 2 *non exspectata sententia.* Nil muto. x) 6 *pus.* y) 2, P.—Ri*. *ut quae.* 6 *et quae.* Idem corr. P. in cod. 2, P. in not. P [b]. in m. et Ri. Etiam Ro. ms. vult *et* vel *sed* pro *ut.* 1 *autque*; inde Be. *aut quae.* Leg. est *et* s. *aut*, sed praefero *aut*, quia error cod. 2 explicatur antecedenti v. *sententia*, quo absorpta est litera *a* v. *aut.* z) 1 *absentes verō.* 6 *contingit esse absentes. Verum.* Cum v. *quia* inc. Novella in cod. S. Germani 366. a) 1 *videmur.* 6 om. *videmus.* Vid. not. *c* sq. b) Ex codd. 1, 2, 6 et ex edd. P.—Go. Vid. infra §. 6 huius Nov. Cod. S. Germ. Ri. Ri*. *quae sunt possessorum quiete.* Be. suo ingenio *quae sunt possessorum quieti.* c) 6 add. *scimus.* Vid. not. *a* antec. d) 2, cod. S. Germ. P.—Ri*. *commovit.* e) 6 *inconventum dn̄m et non exspectatum* et om. *vel — sententia.* Cod. S. Germ. supra *in eum lege — inconventu — exspectato.* f) 1 *urbano. depulerit.* Rittersh. *urbanove.* Ri. cf. Cassiod. Var. IX, 18. g) Cod. S. Germ. *constitum.* Vid. C. Th. IV, 22, 3, ex qua hausta est c. 7 C. Iust. Unde vi (VIII, 4), ad quam Rittersh. in m. provocat. h) 1 *estimatione.* 6 *occupatae rei.* i) 2, 6, cod. S. Germ. P.—Ri*. *sanctionis nostrae.* Be. ex cod. 1 recte rest. *sanctionem nostram.* k) 1 *potaverit* et *dissimolandā.* 2 *dissimulanda hac*, corr. a P. l) 2 supr. lin. *excusatione*, corr. a P. *executione.* Cod. S. Germ. *executione.* m) 1 *iusticie ipsam statutā.* 2, 6, cod. S. Germ. edd. *iustitia statutam taxationem.* P. in m. cod. 2 em. *iuxta* et sic in Nov. 27 esse dicit. P. ms. *iustam.* Proba est cod. 1 scriptura, neque vero mala illa reliquorum codd. n) 1 *iubeamus.* 6 *invasam etiam omni.* Cod. S. Germ. *vir inl.—invasam et omne si qua vero.* Ri*. *Appollodoro.* o) 6 *potuit.* p) 1, 6, cod. S. Germ. *postulare*; 2, edd. *postulari* et cod. S. Germ. *inconventu.* q) 1 *patemur.* 6 *caussas litesque prosequi.* r) 1 *non debui. et conpare quoque.* P. in m. cod. 2 *occupare.* s) 1 om. *ei.* 2 *quod ei in estimationem*, sed P. del. *in.* Cod. S. Germani *quod in aestimationem.* Recte edd. t) 1, 2, cod. S. Germani, edd. *securitate.* P. in cod. 2, P. ms. P. in not. P [b]. in m. et Ri. em. *severitate*, quod cod. 6 habet et aptius est h. l. quam *securitate.* P. tamen in not. et P [b]. in m. add.: „Vetus tamen lectio temporis praescriptione secura est.“ u) 1 *vindendo litigium aut invasione partecepando temeritatem.* 6, cod. S. Germani *invasionis.* 2, Go. Rittersh. P [b]. Be. *invasioni participando temeritatem.* P. P [a]. Cui. 2, 2*. Lugd. Ri. *invasioni participando * temeritatem* et Ri*. *participando ** temeritatem*, quasi aliquid desit. Sed in not. nihil deesse Ri. dicit et ita interpretatur h. vv.: quas constat, aut lit. vend., aut invasioni participando, temeritatem quidem, negotium vero non habere. Si scribitur *invasionis*, omni locus expeditur difficultate (*mulieres, quas — participando invasionis temeritatem, constat, negotium non habere*), etsi non nego *participare* aliquem alicui rei dici. Haec sententia abrogatur sequenti Nov. v) 1 *ne qua instaurā diligitii queratur occassio.* x) 2 *furtasse*, corr. a P. *fortasse.* y) 1, 2, cod. S. Germ. *transferre*, sed P. in cod. 2 corr. *transferri.* z) 1, 6, cod. S. Germ. *censemus.* 2, edd. *sancimus*, sed P. in cod. 2 supr. lin. add. *censuimus.* a) 1 *decūque.* b) In cod. 2 add. *de rebus*, sed del. a P. c) 2, cod. S. Germ. *p̄k̄ā.* P. P [a]. Rittersh. P [b]. *P. K. A.* d) 2 *que inlustras*, corr. a P. 6, cod. S. Germ. *itaque.* e) 1 *magnitudo.* f) 6 *traditione.* g) 2, cod. S. Germ. *invasorū*, sed corr. a P. in cod. 2. h) 1 *agente.* i) Cod. S. Germani *officio suo.* k) 6 *edictis.* l) Cod. S. Germ. *pro possessorē.* Deinde 1 *quietem.* m) 1 *deuulgauit.* 2 *vulgavit*, corr. a P. Etiam P [b]. *vulgavit.* n) 2, 6, cod. S. Germ. P.—Ri*. *Ian.* 1 *iun.*, quod Be. reposuit, sed iam Br. l. c. p. 863 et ex eo Ri. nuntiave-

2. *Iidem AA. Auxentio Pf. U.*[q] Habet hoc insitum sollicita[r] aequitatis examinatio, habet secundarum cogitationum[s] subtilior et exactior[t] cura, ut, si quid in legibus ferendis post impetum primum deliberatio properata[u] deliquerit, hoc consilio propensiore[v] revocetur[x]. Permittit enim consuetudo ipsa rerum, adstipulantur innumera vetustatis exempla, multas leges[y] a suis latoribus, dempta[z] aut addita[a] parte, posse corrigi[b], multas tractatu maturiore penitus abrogari. Quod nunc de abolenda constitutione[c] decernimus, quam non ante multos menses ad preces[d] illustris viri Auxiliaris promulgaveramus, moti ingesta nobis pervasionis[e] invidia. Sed quia obsecratio viri illustris Apollodori[f] nuper nos[g] attentiores ad aestimandam[h] iustitiam fecit, ob[i] hoc, tractatis[k] omnibus et plena aestimatione[l] discussis, propter illa praecipue, quae[m] negotii modum, de quo[n] tunc actum est, supergressa fuerant, et immerito[o] personas mulierum pariter illigaverant[p], supra memoratam legem praesentis[q] edicti auctoritate removemus[r], Auxenti, parens carissime atque amantissime[s]. §. 1. Unde illustris magnificentia[t] tua hanc, qua[u] praecepti superioris vacuatur incautior definitio, programmatis lectione vulgabit[v], ut agnosci ab omnibus possit, his, quae in illa displicent, abolitis id[x], quod solum de vetustate repetitum probabile videtur[y], priscarum tantum legum definitione servandum. *Dat. VI. Kal. Febr. Ravenna, post consulatum*[z] *Valentiniani A.*[a] *V. et Anatolii*[b] *V. C.* (441.)

TIT. IX. DE REDDITO[a] IURE ARMORUM.

1. *Impp. Theodosius et Valentinianus AA. Populo*[b]

— N. 2. 1, 2, 6, cod. S. Germ., edd. P. — Ri*. Am. Be. *N.* 2. 3—5, Cui. 1. Aur. *N.* 1, i. e. *un.* Be. add. (*L.*), i. e. omnium Novellarum in Be. ed. In codd. 4, 5, S. Germ., omissa inscriptione positum est interpretationis siglum. In cod. 3 nihil superest, nisi particula §. 1. Etiam in Cui. 1. Aur. mutila est. Vid. infr. nott. *q*, *r*, *u*. In m. ed. Rittersh. notantur diversae scripturae addito v. „*al.*"; eae omnes ex Cui. 1 aut ex Aur. descriptae sunt.

Tit. IX. 1, Zir. in ind. titt. Am. Be. *Tit. IX.* 2, 3, P. P [a]. P [b]. in ind. titt. *Tit. XX.* Cui. 2, 2*. Lugd. Go. Ri. Ri*. *Tit. XX.* N. Th., sed ponitur a Go. in cap. VIII. Prol. inter Valent. Nov. 6 *Tit. II.* P. P [a]. et P [b]. in ipsa ed. *Tit. XIX.* Nov. Th. et Val. Rittersh. *Tit. XIX.* N. Th., sed sec. ord. *Tit. XXV.* Commemoratur in ind. titt. Novellis Theod. Cui. 1. Aur. adiecto. Cf. Nov. Maior. tit. VIII. — N. 1. Codd. edd. *N.* 1, i. e. *un.* Be. add. (*LI.*), h. e. omnium Novv. in Be. ed. De cod. 3 vid. infr. not. *r*.

rant. Rectius *Iun.* propter antecedd. titt. Novellas, quae anno 440 datae sunt, et quia in Nov. 2 huius tituli VI. Kal. Febr. ann. 441 data de hac lege dicitur: *quod nunc de abolenda constitutione decernimus, quam non ante multos menses — promulgaveramus.* o) 2, 6, cod. S. Germ. P. — Ri*. om. *V.* Be. add. *V.* ex 1, sed in 1 deest *A.* Etiam Br. l. c. Ri. Am. probatur hic numerus. p) 2, cod. S. Germ. *anatholio.* 6 *et auxentio*, male. 1, 6 om. *V. C.* P. P [a]. P [b]. Rittersh. *Ravennae* et *Cons.* q) 1 *ppo.* 6 *Id. A. auxentio praeposito.* Auxentii Pf. U. hoc anno non vidi nisi in hac Novella mentionem fieri. Cui. 1. Aur. pro inscr. haec vv. habent: „*Deerat initium istius, et alia Constitutio.*" Vid. not. sup. et Nov. 1 h. t., not. sup. r) 5 *sollicitate.* s) In cod. 5 supr. hoc v. scriptum est *cognitionum.* t) Ita 1, 4, 6, cod. S. Germ. Cui. 1. Aur.; rell. *subtilior exactiorque cura.* u) Cui. 1. Aur. *praepropera.* Rittersh. in m. *praepopera.* 5 *dereliquerit*, corr. *deliquerit.* v) 1 *propinsio*, antiquitus in eo scriptum erat *propinsione.* Go. in comment. ad C. Th. I, 1, 2 et Rein. cj. *perpensiore*, quod mihi placet. x) 2, 4, 5, cod. S. Germ. *revocatur.* y) 1 *multis legis.* 4, cod. S. Germ., 5 supr. lin. *legis*, sed praeterea 5 *multa.* Supra Go. *immunera.* z) 1, 4—6, cod. S. Germ. Cui. 1. Aur. Rittersh. in m. *dempta.* 2, P. Cui. 2 — Be. *adempta.* a) 2 *adita.* b) 2 *corregi.* 5 *corregi multas*, a sec. man. corr. *corrigi multa.* Mox Cui. 1. Aur. Rittersh. in m. *maturiori.* c) 1 *de ambulenda constitutione.* 4 *nunc se abulendā constitutionē.* 5 *nunc se abolendā constitutionem*, sed ponitur *es* supra *se*, id e. *esse* et corr. *constitutione.* Cui. 1. Aur. Rittersh. in m. *nunc abolendam constitutionem.* d) 2, 5 *de preces*, sed corr. in 5 *prece* et in cod. 2 a P. *ad preces.* 4 *de precis* et om. *illustris.* 6, cod. S. Germ. *de prece.* 2 *inlustri.* e) Cui. 1. Aur. Rittersh. in m. *persuasione invitis*, sed Cui. 1. Aur. in m. „γρ. *peruasione.*" f) 5 *inlustri appollodori*, corr. *inlustris.* Etiam Aur. *Appollodori.* g) Ex codd. 1, 6, S. Germ.; rell. om. *nos.* h) 1 *adtentiones ad estimandas iusticiam.* 4 *adstimandam.* 5 *adstimandum*, corr. *ad estimandum.* Rittersh. *attentiorem.* i) 4, Cui. 1. Aur. Rittersh. in m. *ab.* k) 4, 5 *tractis*, sed corr. in 5 *tractatis.* l) 2 *planā estimationē.* 4, 5 *planā stimationem*, sed corr. in 5 *plenaestimationem.* Cod. S. Germ. *plana aestimatione.* Rittersh. *plenae.* m) 4 *illā praecipui qua.* 5 *precipui qua*, corr. *precipue quae.* 2 *precipue qua*, sed in m. add. *quae.* n) 1 *negotii modo. de quo.* 4, 5 *equo*, sed corr. in 5 *quod.* Cui. 1. Aur. Rittersh. in m. *negotium de quo.* o) Cui. 1. Aur. Rittersh. in m. *fuerant in medio.* p) 1 *inlegaverat.* 2, Cui. 1. Aur. P. P [a]. P [b]. Rittersh. *inligaverat*, sed a P. in not. P [b]. in m. corr. *inligaverant.* 5 *inle* (corr. *inli*).... *gaverat.* q) 5 *presentes*, corr. *presentis.* r) 4 *renovemus.* Ro. ms. *revocemus*, ut supra *revocetur.* Cui. 1. Aur. *supra me * res vacuatur * removemus.* Lacunam iam Rittersh. in m. commemoravit. s) 1 *autxenti. post k āā.* 2, 4, 5 *p̄ k̄ ā.* Cui. 1. Aur. *Auxenti Parens Karissime. Incautior definitio* et des. vv. *Unde — vacuatur.* P. P [a]. P [b]. Rittersh. *Auxenti Parens Karissime. A.* Cui. 2, 2*. Lugd. Go. Ri. Ri*. *Auxenti Parens Karissime AA.* Be. *p. k. a. a.* t) 1 *magnitudo.* 2 *inlustras*, sed corr. 4 om. *illustris.* u) 2, 4, 5 *quam.* Inde a vv. *hanc qua praecepta* incipit cod. 3, continuatur usque ad v. *servandum.* v) 1 *vacuatur incaucis* (add. est *o* supra *is* [*incaucior*]; antiquitus videtur scriptum fuisse pro *ca pa* [*in paucis*], sed a librario pro *p* repos. esse *c*) — *lectione uulgauit.* Verisimile est fuisse *vulgabit.* Nam 2 *programmaticis lectionem vulgavit.* 3 *lectione mulgabit.* 4, 5 *programmaticis lectionē mulgavit* et 5 *aut*, sed corr. *ut.* Etiam 6 *vulgabit* et cod. S. Germani *pragmatica lectione vulgabit.* Cui. 1. Aur. *lectionem evulgavit, ita ut.* Rell. *evulgabit.* Rittersh. in m. „al. *lectionem.* al. interp. *ita.*" x) Cui. 1. Aur. Rittersh. *abolitis. Id.* Supra Rittersh. *omnibus posset.* y) 1 *probabilem videtur.* 3 *e vetustate petitum probabile vinditur.* Cui. 1. Aur. Rittersh. in m. *repetitur.* z) Cui. 1. Aur. om. *post consulatum.* a) 1 *agusti.* Seqq. des. in codd. 2, 4, 5, S. Germ. et in edd. Cui. 1 — Ri*. Cf. Br. l. c. p. 863 et Corsin. l. c. p. 347 et Zir. l. c. p. 256. Lacuna in Cui. 1. Aur. indicatur asterisco. 6 *Valentiniano ipso augusto consule.* Veram subscript. restit. Be. ex 1. b) 1 *Anatolio*, impr. Br. l. c. Zir. l. c. et Ri., qui corrigunt *Anatolii.* Ceterum 1 post *V. C.* add. *Cosl.*

a) 6 om. *Reddito.* 1 apud Am. *redito.* b) 1 *AA*

Romano. Quoties publica poscit[c] utilitas, universitatis sollicitudinem ducimus[d] advocandam, ut omnibus profutura impleantur ab omnibus; nec molestum esse[e] provincialibus nostris credimus, quod pro ipsorum salute disponitur, ut resistendi praedonibus cura subeatur. Gensericus[f] hostis imperii nostri non[g] parvam classem de Karthaginensi portu nuntiatus est eduxisse, cuius repentinus excursus et fortuita depraedatio cunctis est litoribus formidanda. Et quamvis clementiae[h] nostrae sollicitudo per diversa loca praesidia disponat, atque invictissimi principis Theodosii, patris nostri, iam propinquet exercitus, et[i] excellentissimum virum patricium nostrum Aëtium cum magna manu adfore mox credamus, cumque vir illustrissimus magister militum, Sigisvuldus[k], tam militum atque[l] foederatorum tuitionem urbibus ac litoribus non desinat[m] ordinare, tamen quia sub aestiva navigandi opportunitate satis incertum est, ad quam oram[n] terrae possint naves hostium pervenire, singulos universosque hoc admonemus[o] edicto, ut Romani roboris confidentia et[p] animo, quo debent[q] propria defensare, cum suis adversus[r] hostes, si vis[s] exegerit, salva disciplina publica servataque ingenuitatis modestia, quibus potuerint, utantur armis, nostrasque provincias ac fortunas proprias fideli conspiratione et iuncto umbone tueantur: hac videlicet spe laboris proposita, ut suum fore non ambigat, quicquid hosti victor[t] abstulerit. *Et manu divina: Proponatur*[u] *amantissimo nostro populo Romano; et ad latus: Dat. VIII. Kal. Iul. Ravenna*[v], *Valentiniano A. V.*[x] *et Anatolio V. C. Coss.* (440.)

TIT. X. NEQUE DOMUM DIVINAM NEQUE ECCLESIAM AUT ALIQUAM PERSONAM A[a] QUOLIBET MUNERE PUBLICO EXCUSANDAM[b].

1. *Impp. Theodosius et Valentinianus AA. Maximo II.*[c] *Pf. P.* Cum publice privatimque in omnibus rebus ac negotiis iustitiam conservari oportet[d], tum praecipue in his[e] tenenda est, quae vectigalium nervos sustinent[f], quae attenuatis[g] devotorum viribus utili aequitate[h] succurrunt. Quod plurimi respuunt, qui, domesticis tantum compendiis obsequentes, bonum commune destituunt, quo vera ac solida utilitas continetur, melius plane ad singulos perveniens, cum proficeret[i] universis, maxime exigente hac[k] tributorum necessitate, sine quibus nihil in pace aut bello[l] curari potest. Neque ultra valebit perpetuitas eorum manere paucis atque defessis imposita sarcina, quam potior detrectat,

Tit. X. 1, Zir. in ind. titt. Am. Be. *Tit. X.* 2, 3, P. P[a]. et P[b]. in ind. titt. *Tit. XXI.* Cui. 2, 2*. Lugd. Go. Ri. Ri*. *Tit. XXI.* N. Th. 6 *Tit. VIII.* P. P[a]. et P[b]. in ipsa edit. *Tit. XX.* N. Th. et Val. Rittersh. *Tit. XX.* N. Th., sed Rittersh. sec. ord. *Tit. XXVI.* Commemoratur in indice Novellarum Theod. Cui. 1. Aur. adiecto. Go. hunc tit. in Prol. cap. VIII. inter Novellas Val. poni iubet. ⟶ N. 1. Codd. edd. *N.* 1, i. e. *un.* Be. add. (*LII.*), id est omnium Nov. in Be. ed. De cod. 3 vid. infr. not. *y* §. 2.

popolo Romano; rell. *ad Populum.* Infra *proponatur populo Romano*; quare secutus sum cod. 1. c) 1 *possit.* d) 6 *sollicitudinem credimus.* e) 2 add. *ad*, sed corr. a P. *id.* Edd. add. *id.* 1, 6 om. *id* et commode abesse potest. f) 6 *Geisericus.* Cf. Zir. l. c. pag. 302. g) 1, 6 *non.* 2 *ut.* P. in m. tentat *haud*; hoc transiit in edd. Mox Rittersh. *Cartaginensi* et mendose Go. *fortuita depraecatio.* h) 2 *dementiae*, corr. a P. i) Go. *et et.* k) 1 *magister* (om. *militum*) *Segisuuldos tā.* 2, Cui. 2, 2*. P. P[a]. Lugd. P[b]. Go. — Ri*. *Sigisundus.* Rittersh. *Sigismundus*, impr. Ri. 6 *Sigisuualdus.* P. ms. em. *Sigisuultus.* P. in not. P[b]. in m.: „Sigisundus *in No. de Tyronibus* Sigisualdus, *scribitur et* Sigisuultus *ut in Prosperi Chronico, alias et* Sigisbaldus. *Nomen etiam fortissimi viri conservari Reip. interest.*" Similiter P. in m. cod. 2. Rein. em. *Sigisvaldus.* Ri. not. *e* huius Novellae scribendum esse probat *Sigisvuldus*, quocum etiam cod. 1 fere concinit. Be. igitur repos. *Sigisvuldus.* Vid. supra Nov. 1 Val. tit. VI, not. *b.* l) 6 *militum quam.* De foederatis cf. Go. ad C. Th. Tom. II, p. 391 (ed. Ri.). m) Cui. 2, 2*. Lugd. Ri. Ri*. *desinet*, impr. Be. n) 2 *incestum — horam*, corr. a P. o) 1 *singulus* (Am. em. *singulos*) *universus. que hoc admonimus* (Am. em. *admonemus*) *edicto.* 6 *universosque nostro monemus edicto.* 2, edd. *universosque nostros monemus edicto.* Quam velis scripturam, bonae omnes sunt, equidem vero legi cum cod. 1. p) 1 *et*; rell. *ex.* Probo *et.* q) 2 *quod debet*, corr. a P. *quo*, quod transiit in edd. 1 *quod debent — defensari.* Praefero vulg. scripturam, quam 6 tuetur, sed non male in 1 scriptum est *defensari.* r) In cod. 3 nihil superest, praeter vv. *quamvis adversus — publica servatur.* s) 1 *si usus.* 2 *ius*, corr. P. *vis.* Praeterea 1 *exigerit* et infra Ri*. *tuantur* pro *tueantur.* t) 1 *oste victur.* u) P[b]. *Proponantur.* 6 *nostri.* In cod. 1 om. *Et manu — latus.* v) 1 *Rau*, id est *Ravenna*, et desunt sqq. Iam Br. l. c. p. 863 et ex Brencmanno Ri. nuntiant in cod. 1 esse *Rau.* 2, 6, edd. *Romae.* Zir. l. c. p. 302 et Ri. probatur *Ravennae*, recte, nam Valentinianus hoc tempore *Ravennae* constitit. Vid. supra tit. VII, Nov. 1, tit. VIII, Nov. 1, quarum Novellarum subscriptiones Ravennae neque vero Romae urbis nomen habent et paullum temporis distant ab hac Novella. Reposui *Ravenna.* x) 2, edd. om. *A. V.* et 6 *V.* De cod. 1 vid. not. antec. Ex Novellis quas dixi reposui *A. V.* Ceterum Rittersh. *Anatolino.*

a) 2, 3, P. — Ri*. om. *a* et Cui. 1. Aur. (ind. titt.) *aut aliquam personam a.* Zir. *aut quamlibet personam ab.* Be. *a* ex 1. Ceterum P. P[a]. P[b]. in ind. titt. et Cui. 1. Aur. in ind. titt. *divinam domum.* b) 1, Zir. Am. *munere publico*; rell. *publico munere.* In cod. 6 rubrica mutata est in *Nullam domum a publico munere excusandam.* c) 6 om. *II.* d) 1 *conservare oporteat.* Non male se habet *oporteat.* e) 6 *in his praecipue.* f) 1 *nervus*, corr. Am. *nervos.* P. — Ri*. *substinent*, corr. Ri. *sustinent.* g) 1 *quam* (Am. corr. *quae*) *adtenuatis.* h) Ita Be. ex cod. 1, sed 1 *equitate.* 2, Cui. 2 — Lugd. Rittersh. P[b]. Go. — Ri*. *uti equitatum*, sed est asteriscus in m. Cui. 2, 2*. Lugd.; P. *uti * equitatū* et P[a]. *uti * equitatum.* P. ms. P. in not. P[b]. in. m. em. *uti aequum.* Ro. ms. Ro. l. c. p. 189 *sua aequitate.* 6 *salva aequitate.* Ri.: „Emenda, *uti et civitatum*, quam emendationem ipsa constitutio suadet. Posset et ita quis tentare, *adtenuatis devotarum viribus civitatum*," improb. Am. Recte Be. secutus est cod. 1. P. *succurunt.* i) 1 *domestici statum — bone commune — cum proficerit universi.* Ro. l. c. vult *profecerit*, sine caussa. k) P. in not. P[b]. in m. *hoc.* l) 6 *in bello aut pace.* P[a]. P[b]. *sive* locupletior recusat[m], et validiore reiiciente[n] solus agnoscit infirmior. §. 1. Hanc itaque iniquitatem corrigentes[o], primo capite huius sanctionis decernimus, ut omnes, quicunque ex iure domus regiae vel a[p] pietate mea vel a qualibet persona[pp] sacrarum necessitudinum mearum praedia adepti sunt, sive usufructuaria[q] largitate, seu donatione directa, seu[r] commutationis vel emptionis ratione quaesita, parem cum ceteris possessoribus subeant functionem[s]: in hac sorte numerandis his quoque, qui retento sibi[t] usufructu proprietatem iuris sui venerabilium pignorum meorum vel[u] pietatis meae domui contulerunt: quos omnes ea conditione tributa volumus agnoscere, ut nihil sibi ex aurariis[v] titulis vel superindictitiis vindicent, quos, ad similitudinem domus nostrae, qualibet sacri praecepti impetraverunt[x] sanctione. §. 2. Secundo gradu[y] huius legis cavemus, ut, quicunque census[z] illustrium dignitatum, sive ecclesiasticus vel in urbe sacratissima[a], vel in quibuslibet provinciis, ad exemplum domus nostrae, quocunque praecepto diversam[b] sibi ab aliis ipsius census, quem solvere videbatur, conditionem fecerit[c], onus consuetum absque ulla[d] privilegii exceptione sustineat[e], nec in arcalibus tantum titulis, sed et his[f], quos sacri vel privati aerarii partibus deputavit vetustas, ut[g] ita demum difficultati expensarum vexationique[h] inopum, divinam moderationem secuti, gemina salutaris constituti remedia[i] porrigamus. §. 3. Nunc iam non dissimile[k] superioribus, immo cuius utilitas paene latius patet, hac edictali lege complectimur, sine ulla honorum[l], personarum, privilegiorum distinctione generaliter sancientes, ut itinerum reparatio aliaque munia[m] huius modi omnium[n] certante studio quo[o] cum facilius, tum firmius impleantur. Haec enim superioris aetatis principes et divorum parentum nostrorum liberalitas illustribus titulis, redundantes opulentia[p] saeculi, minore aliorum possessorum pernicie conferebant. Quod[q] quamvis et tunc iniustum, tamen inter initia lenius[r] videbatur. Sub difficultate autem praesentis temporis non modo rei ipsius natura iniquum, sed et[s] impossibile paucis ac tenuioribus[t] constat, qui, multiplicato suae alienaeque functionis onere[u] depressi, procumbent[v] penitus, nisi aliquando idoneorum societate[x] respirent. An forte contumeliosum putandum est inventum contraria ratione[y] nomen munerum sordidorum, quo instauratio militarium viarum[z], quo armorum fabricatio, quo murorum refectio[a], quo apparatus annonae, quo reliqua opera, per quae ad splendorem defensionis[b] publicae pervenitur, prava appellatione censentur? sine quibus nullus maximarum[c] rerum procedit eventus, quorum adminiculo salutem[d] pariter et decus tuemur[e] imperii, ac, ne singula prosequamur, sine quibus nihil necessarii operis effici[f] potest? [g]Repetita clementiae nostrae praeceptione san-

---

quibus. m) 2 *decertat.* 6 *potior aut locupletior recusat.* n) 1 *reiciente solus agnuscit.* 2, P. — Ri*. *rei cedente.* P. in not. Rittersh. in m. Cui. 2, 2*. Lugd. in m. P b. in m. corr. *recedente*, quod 6 habet et Ri. prob. Et *recedente* et *reiiciente* bonam sententiam praebet, sed cod. 1 scriptura non solum Am., sed mihi etiam concinnior videtur. Be. quoque *reiiciente.* o) 1 *corrigente.* p) Recte 1, 6 add. *a*, quae praepositio deest in 2 et in edd. 2 *pietatem ea*, em. a P. pp) Rittersh. om. *persona.* q) 1 *usufructum. aria*, unde Am. Be. *usufructuaria.* 2, 6, P. — Ri*. *fructuaria*, sed P b. *fructaria.* Recte *usufructuaria.* r) 1 *sive* et paullo infra *querita.* 6 *sive emtionis vel commutationis.* s) 1 *possessoribus conditione subeant funcione* (corr. *funccione*) *in hac sorte.* 6 *possessoribus conditionem subeant functionum.* Comparatis inter se codd. 1 et 6 scripturis, videtur scrib. esse *possessoribus conditionem subeant functionum*, sed neque vulg. scriptura impr. est. t) 1 *siue.* u) 6 *iuris sui sive venerabilium pignorum sive.* v) 1 *exauriis titulis vel superindictiis vindicent*; eodem vv. ordine 6; 2 *exaurariis titulis vel*, sed del. *titulis* a P. P. P a. *aurariis* * * *vel superindictitiis titulis vindicent*, sed P. in not. deleri iubet asteriscos. Rell. edd. *aurariis vel superindictitiis titulis vindicent.*, sed P b. *super indictitiis.* x) 1 *inpetraverant.* y) 2 *secundum.* 6 *secundum gradum.* In cod. 3 adsunt vv. *Secundo — videbatur*, omnia rell. desunt. 1 *gra* et deest *du.* z) 6 *census dignitatum illustrium.* Omnes codd. habent v. *census*, quod Be. male interiectum videtur. Ri. sic: „Haec vox retrahenda est ad illa infra, *diversam sibi.* Sensus hic est, *quicunque illustrium dignitatum, sive ecclesiasticus, vel in urbe sanctissima, vel in quibuslibet provinciis, ad exemplum domus nostrae, census diversam sibi ab aliis, ipsius census.*" Mihi non videtur abundare *census*, si *census* accipiatur pro *qui census est.* a) 1, 6 *sacratissima.* 2, edd. *sanctissima.* Mox 1 *vel quibuslibet.* b) 1 *quecūquepceptum diversā.* c) 1 *condicione* (Am. em. *conditionem*) *fecerat.* 2, edd. *fecerat.* 6 *fecerit*, quod iam Be. vult, ego vero restitui. d) Vv. *onus — ulla* restituit Be. ex cod. 1; sunt etiam in cod. 6; desunt autem in 2 et P. — Ri*. Sed debebat Be. pro *sine* cum codice 1 scribere *absque*, quod etiam 6 habet. Vid. Zir. l. c. p. 521. e) 1, 2, edd. *sustineant.* Am. et Zir. l. c. em. *sustineat*, recte et consentiente cod. 6. Ri. cj. *abstineat.* Vid. not. anteced. et Zir. l. c. 1 *archalibus.* f) 6 *sed etiam his.* g) Be. ex cod. 1 restituit *ut*; deest *ut* in codd. 2, 6 et in edd. P. — Ri*. Quare Ri. interpungendum legendumque censuerat *vetustas. Ut demum — porrigamus: nunc iam* etc. h) 1 *expensarum. uexatione. que.* Am. em. *vexationi*, quod Be. dicit in 1 esse. Recte *vexationique* (supr. §. 1 *iniquitatem*). 2, 6, edd. *exactionique.* i) 6 *salutaris remedii constituta.* k) 2 *dissimilis.* l) 1 *horum.* m) 6 *reparatio atque munia.* n) 1, 6 add. *omnium*; 2, edd. om. *omnium.* Cf. c. 4 C. Th. de Itin. mun. (XV, 3) *certatim studia cunctorum — volumus festinare.* o) 1 *studium.* 2 om. *quo.* p) 2 *opulentie.* P. — Ri*. *opulentiae.* Ri. em. *opulentia*, quod Be. rep. ex 1. 6 ut 1; sed 6 *redundante* et 1 *reddundantes.* q) 1 add. *si.* r) 1, 6 *lenius*; 2, edd. *levius.* s) Optime *et* interponitur in codd. 1, 6; 2, edd. om. *et.* t) 1 *paucis ante moribus.* u) 1 *suae aliene neque functionis honere.* 6 *suae et alienae f. o.* 2, edd. *suae alienoque f. o.* v) 2 *procumbant*; corr. P. *procumbent.* x) 6 *aliquando sordidorum munerum societate.* y) 1 *contraria racione. nomen numerū sordidorum.* 2, 6, edd. ante Be. *contra rationem.* Be. ex cod. 1 ed. *contraria ratione*, recte. z) 2, 6, P. — Ri*. *virorum*, male et impr. Ri. Iam P. in not. P b. in m. et Ri. em. *viarum*, etsi P. quin utrumque ferri possit non dubitat. P. ms. *viarum* vel *virorum* vel *tyronum.* Be. ex 1 *viarum.* a) 6 *quo armorum refectio quo murorum fabricatio.* Rittersh. *annorum fabr.* b) 2, 6 *distinctionis*, ut P. — Ri*. Ex 1 Be. *defensionis.* c) 2 *maximorum.* d) 1 *adminicolū* (Am. corr. *adminiculo*) *salutē.* 2, 6, edd. ante Be. *amminiculo statum*, quod aeque bonum est, atque *salutem.* e) 2 *tuimur.* f) 6 *perfici.* g) Edd.

cimus, ut antiquatis omnibus privilegiis, quae vel dignitatibus delata fuerunt [h], vel diversae militiae collegia meruerunt [i], aut nomine venerandae religionis obtenta sunt [k], omnis ubique census, qui non personarum est, sed agrorum, ad universa [l] munia a nona [m] duntaxat indictione, ut supra [n] definivimus, absque ulla discretione cogatur. In qua parte [o] quo quisque honoratior aut opulentior est, eo alacriorem publicis necessitatibus animum debet, quarum sibi procurationem magis intelligit profuturam, Maxime, parens carissime atque amantissime [p]. §. 4. Illustris igitur et praecelsa magnitudo tua hanc legem consuetae sibi provisionis vigore in omnium provinciarum populorumque notitiam perferet [q] et celeriter universos diu exspectati remedii salubritate iubebit potiri [r], ut sero saltem difficultati rerum [s] devotio locupletum pariter ac pauperum iustis aequata partibus libentius obsecundet. *Dat. X.* [t] *Kal. Mart. Ravennae. Accept. prid. Idus Mart. Ubi sup. post consulatum* [u] *Valentiniani A. V. et Anatolii V. C.* [v] (441.)

TIT. XI. DE HONORATIS, ET QUIS IN GRADU PRAEFERATUR [a].

1. *Impp. Theodosius et Valentinianus AA. Storacio* [b] *Pf. U.* Studiose niti atque agere [c] clementiam nostram decet, ut quicquid ad cumulandum consularium [d] titulorum nomen proficit [e], sanciamus, quos pro sui magnitudine ac reverentia vetustatis etiam nobis libenter adsciscimus [f]. §. 1. Et quoniam certum est, lege divi [g] parentis nostri Gratiani cautum (quae amplissimis dignitatibus definitum venerabilis constitutio ordinem dedit [h], ut patriciatus honor et infulae consulares, si copulata sibi unius personae meritis iungantur, eum [i], cui utrumque contigerit, potiorem faciat illo, qui ex his alterius honoris tantum fulgorem consequutus videtur, plenum rationis et aequitatis putavimus, ut, quisquis bis consulatus [k] adipisci meruisset insignia, praeferatur his, qui semel functi sunt hoc [l] honore. Quod si alterius [m] adiectio dignitatis hanc solam superat, quanto magis duplicatae tanti [n] suggestus infulae, et curulium ornamenta geminarum [o] obtentis semel anteferenda sunt fascibus? Storaci, parens carissime atque amantissime [p]. §. 2. Illustris igitur et praecelsa magnificentia tua hac nos generali [q] lege sanxisse cognoscat, quam propositis edictis vulgare debebit, ut, quisquis [r] consulare fastigium secundo [s] conscendere meruerit, illis etiam praeferatur, qui uno anno fastis nomen dederunt, quamvis anteriore tempore consulatum cum patriciatu [t] pariter

---

Tit. XI. 1, Zir. in ind. titt. Am. *Tit. XI.* 2, 3, P. P [a]. et P [b]. in titt. indice *Tit. XLVIII.* 6 *Tit. XIX.* P. P [a]. P [b]. in ipsa ed. *Tit. XLVI.* pro *XLV.* Nov. Th. et Val. Cui. 2, 2*. Ri. Ri*. *Tit. XLVIII.* Nov. Th. Lugd. Go. *Tit. XLV.* Nov. Th. Rittersh. *Tit. XLVI.*, sec. ord. *Tit. XXX.* Nov. Val. Be. *Tit. XII.* Vid. Nov. Th. tit. IV. et Nov. Val. tit. II, III. et XXXV, not. sup. Commemoratur bis in indice Nov. Valent. Cui. 1. et Aur. subiuncto, sed primo loco *de Honoratis* dicitur, rell. om., quod unde factum sit, cum Novellae ipsae desint, iudicari non posse, Be. recte quidem monet, sed tamen errore Pithoei, qui titulos in usum Cuiacii transscripsit, videtur accidisse. Go. in Prol. h. tit. inter Valentiniani Novellas ponit. Commemoratur a Cui. in Comm. c. 1 Cod. Iust. de Consul. (XII, 3) l. c. p. 424. C. Th. VI, 5 et 6; VII, 3. — N. 1. Codd. edd. *N.* 1, id e. *un.* Be. add. (*LIV.*), scil. omnium Novv. in Be. ed. De cod. 3 vid. not. *c.*

---

add. *Quare*, sed deest in codd. h. v. Primum add. est a P. in cod. 2. Etsi imperatores solent epilogum cum antecc. copulativa coniungere, tamen sine offensione hic om. potest. 2 *reperta*, corr. a P. h) 1 *dilata fuerant.* 6 *fuerant.* 2, edd. *fuerunt.* i) 6 *meruerant*, bene, nam ante habet *fuerant.* k) Ex cod. 6. Etiam Ri., nisi hic quid desit, em. *obtenta sunt.* 1, 2, edd. *obtentum est.* l) 2 *adversa*, corr. a P. *ad universa.* m) 2 *annona.* 6 *annone.* n) 6 *indictione quam supra.* o) 2, P. — Ri*. *cogatur in quarta parte. Quo*, sed P [b]. *cogatur. In quarta parte quo.* P. in not. P [b]. in m. P. ms. Cui. 2, 2* et Lugd. in m. em. *In qua parte quo quisque*, prob. Ri. et convenienter cum cod. 1, ex quo Be. veram scripturam rest. 6 *In quartam partem quo enim quisque opulentior et honoratior.* Cui. 2, 2*. *honorarior.* Infra 2 *intellegit.* p) 2 *p̄k̄ ā.* P. P [a]. Rittersh. P [b]. *P. K. A.* 2 *Inlustras*, corr. a P. q) Codd. *perferret* pro *perferet.* P. in cod. 2 corr. *perferre*, quod in edd. transiit. Certe debebat corr. *perferri.* r) 1 *diu spectati remedii sabritate iuberi. poteri.* 2 *potiori*, corr. a P. 6 *iubebit salubritate potiri.* s) 6 *difficultate remota devotio.* Edd. praeter Go. et Be. *saltim.* t) 6 *XV.* u) 1 om. *Accepta — sup.*, sed sec. Am. etiam *Rau.* 6 om. *Accepta — consulatum.* P. P [a]. Cui. 2, 2*. Lugd. *sup post* (Rittersh. *sub post*), quod Ri. falso interpretatur *supposita* seu *proposita*, nam *sup.* significat *supra. post* pertinet ad v. *consulatum*; annum autem 441 requirit series titulorum. v) 1 *Valent. aug̃.* (deest *V.*) *et Anatolio V̄C̄. Cons̃.* 2 *anatolio cons̃.* 6 *Valentiniano Aug̃. cons.* P. P [a]. P [b]. Rittersh. *Valentiniano A. V. et Anatolio Cons.*; rell. edd. ante Be. *Valentiniano A. V. et Anatolio Coss.*, impr. Br. l. c. p. 863 sq., qui cod. 1 subscriptionem profert et corr. *Anatolii.* Ex Br. illius cod. subscriptionem repetiit Ri., qui recte em. *Valentiniani A. V. et Anatolii.* Ri. secutus est Be., qui ex 1 supplevit *V. C.*

a) 3 *perferatur.* 6 *Quis in gradu cui praeferatur.* b) 2 *stauratio. p̄c̄*, sed Zir. l. c. p. 349 *Storacio* scribi vult, quia infra idem codex secundum suum et Ruggierii apographum *Storaci* habet. Am. em. *p. u.* 2, 6, P. P [a]. P [b]. Cui. 2, 2*. Rittersh. *Storatio.* Rein. in Chron. const. Cui. 2 cj. *Asporatio.* Cf. Br. l. c. p. 871 sq. et Am. ad Nov. Val. de Postul. p. 60, not. 2. c) In cod. 3 sola vv. *clementiam — sanciamus* supersunt. d) 2 *comulandum consolarium*, corr. a P. Rittersh. *titulorium.* e) 1 *proficet.* 3 *profecit.* f) 2, P. — Ri*. *adscimus.* P. in cod. 2 et Rittersh. em. *adsciscimus*, recte et consentientibus codd. 1, 6. Ri. cj. *adcimus s. accimus.* Be. ex cod. 1 *adsciscimus* ed. g) Go. *Divini.* Vid. c. 1 C. Th. de Consulibus (VI, 6). h) 6 *quae venerabili constitutione amplissimis dignitatibus definitum ordinem dedit.* i) 1 *ei.* k) 2 *consolatus*, corr. a P. 6 *ut quisque bis* et om. *adipisci.* P. in not. et P [b]. in m. h. l. abrogari putat c. 1 C. Th. cit. l) 6 om. *hoc.* m) Go. *Quod alterius.* n) 1 *duplicatā tantū.* o) 1 *currulium hornamenta geminarum*, unde Be. recte ed. *curulium orn. geminarum*; nam P. — Ri*. habent *curialium ornamenta gemmarum*, etsi in cod. 2 est *curialium ornamenta geminarum.* P. ms. *curulium et geminarum.*

sunt adepti. Ea enim dignitas, quae nomini quoque Augusto quoddam [u] decus videtur acquirere, secundo delata [v] privatis personis, absque superioris praescriptione temporis [x], iure universis honoribus antecellit [y]. *Dat. III. Id. Mart. Roma* [z]. *PP. in foro Traiani* [a], *Maximo II.* [b] *et Paterio* [c] *V. C. Coss.* (443.)

TIT. XII. DE PECUNIA AFRIS CREDITA ET DE FIDEIUSSORIBUS EORUM [a].

1. *Impp. Theodosius et Valentinianus AA. Albino II. Pf. P.* [b] Si afflictis Afrorum fortunis [c], qui omnes facultates suas per [d] acerbissima supplicia amittere sunt coacti, decet miserationem publicam quocunque potest humanitatis genere vel singulis vel in commune consulere, quanto dignius est infortunia [e] eorum contra molestias improbas creditorum clementiae nostrae remediis sublevari [f]? Quos enim constat pericula famis aliter non posse depellere, nisi ope aliena auxilioque recreentur [g], quam magnae acerbitatis [h] putandum est, hos ipsos, inopes omnium rerum et precario victu egentes, compelli ad iniuriam, restituere ea [i], quae improviso cladis impetu vis maior abstraxit, sibique [k] inter omnium spolia vindicavit [l]? Et certe solet etiam salva re [m] prodesse debitoribus, si quid his calamitatis acciderit. Hic vero, ubi omnium fortunarum diluvium, ubi etiam, quod per ignorantiam dominorum latere potuit, intolerabilis [n] inquisitionum cruciatus extorsit, quisquam dubitare poterit, quin immanitatem [o] superet hostilem, si quis, quod [p] integris et florentibus dederat, nunc ab spoliatis, egentibus [q] et extorribus [r] patria [s], recuperare conetur, nec eos vereatur exigere, quos erubescendum est non iuvare? Albine, parens carissime atque amantissime [t]. §. 1. Ob hoc illustris et praecelsa magnificentia tua pragmatici nostri secuta [u] praeceptum sciat, miseriarum circa Afros intuitu clementiam nostram statuisse, ut nulli nomine chirographorum [v] creditae pecuniae sive fideiussorum usque ad recuperationem rerum suarum quolibet pulsante teneantur [x]; pro quibus neque fideiussores, neque mandatores eorum quolibet genere obligatos inquietari volumus, qui plerumque a creditoribus nomine debitorum conveniri pro arbitrii sui interpretatione consuerunt [y]. Quae forma circa eos debitores servabitur [z], quos cum patria omnia sua amisisse [a] constiterit, hoc est exceptis, qui alibi locupletes atque idonei non debent uti excusatione miserorum. §. 2. De his quoque, quae intra provinciam [b] gesta sunt, in qua liberum modo non est, sub quolibet caussarum vel litium titulo solitum ius a quoquam conventionis [c] exigere, amissis aut relictis ibidem neces-

---

Tit. XII. 1, Zir. in ind. titt. Am. *Tit. XII.* 2, 3, P. P [a]. P [b]. in ind. titt. *Tit. XXII.* Cui. 2, 2*. Lugd. Go. Ri. Ri*. *Tit. XXII.* N. Th. 6 *Tit. III.* P. P [a]. P [b]. in ipsa ed. *Tit. XXI.* Nov. Th. et Val. Rittersh. *Tit. XXI.* N. Th., sed sec. ord. *Tit. XXVII.* Be. *Tit. XIV.* Vid. tit. II, not. sup. Go. in Prol. cap. VIII. hunc tit. inter Nov. Valent. ponit. Commemoratur in indice Novellarum Theodosii Cui. 1. Aur. adiecto. — N. 1. Codd. edd. *N.* 1, id e. *un.* Be. add. (*LVI.*), omnium scil. Novellarum in Be. ed. De cod. 3 vid. infr. not. *s* §. 4.

Idem est in m. Cui. 2, 2*. Lugd., probb. Zir. l. c. p. 118 et Am. et Ri., recte. P. in cod. 2, P. in not. et P [b]. in m. corr. *curulium.* 6 *et gemina curiarum ornamenta obtentis.* Quin cod. 1 habeat *geminarum*, dubitari non potest, quicquid dicit Zir. l. c. p) 2 *p̄k̄ā.* P. — Ri. *P. K. A.* Ri*. *P. R. A.* q) 1 *magnitudo tua hanc nos gerali.* r) 1 *ut quisque.* 2 *consolare*, em. a P., ut infra *consolatum.* s) 1 *secunđ*, id e. *secundum.* Mox 6 om. *etiam.* t) 1 *conpatriciatu.* Go. *cum Patriarchatu.* 6 *sint adepti.* u) 2 *quodam.* P. in m. cod. 2 corr. *quoddam* s. *quodammodo.* v) 1 *secundū delata.* Go. Lugd. *deluta.* Vid. Zir. p. 119. x) Vv. *praescriptione temporis* des. in cod. 2 et in edd. P. — Ri*. Restituit ea Be. ex cod. 1, qui vero *superiores*, quod Am. corr. Iam Zir. l. c. pag. 119 locum ex cod. 1 supplet, id vero falso dicit in cod. esse *superioris.* 6 *praescriptione superioris temporis.* y) 1 *antecellet.* z) Br. l. c. p. 866 scribit in cod. 1 esse *Dat. XIII. Kal. Nov. Rau.*, quae subscr. hac de caussa Ri. placet, quia Valentinianus mensibus Mai. August. et Octob. h. anni Ravennae dicitur constitisse. Sed iam Am. docuit codicem 1 non differre a vulg. scriptura et errorem esse Br., qui Nov. sq. in mente habeat. Vid. ibi. 6 *Maii.* a) Vv. *PP. in foro Traiani* des. in cod. 1. b) P [a]. P [b]. *I.* c) 1 om. *V. C. Coss.* et 6 *V. C.* Vid. subscript. Nov. 1 Th. tit. XXII, not. *k.* Rittersh. *Cons.*

a) 1 *Afr. credita et* et om. *de.* Etiam Zir. Am. om. *de* et 6, Cui. 1. Aur. (in ind. titt.) *Et — Eorum.* 3 *Aficis* pro *Afris.* b) P [a]. P [b]. Rittersh. *Pon.* 6 *Albino preposito et patricio.* c) 6 *personis.* d) 2, P. — Ri*. *super.* 1, 6, Be. *per*, recte. e) 2 *in fortuna*, corr. P. *infortunia.* f) 1 *sublevare.* g) 1 *recehenter*, sed corr. est *recehentur.* h) 2 *acervitatis*, corr. *acerbitatis.* i) 6 *iniuriam et ea restituere.* k) 2, Cui. 2, 2*. Lugd. P [b]. Rittersh. Go. — Ri*. *ubique inter omnium.* P. P [a]. *ubique inter * omnium.* P. in not. P. ms. Cui. 2, 2* et Lugd. in m. Ro. ms. em. *sibique*, prob. Ri., recte; tuentur hanc em. codd. 1, 6, quos Be. secutus est. Non ferenda est em. Ro. l. c. p. 189 *abstraxit et ubique interemtorum.* Pro *inter omnium* etiam Ro. ms. ponit *interemtorum* et P. ms. *hostium* pro *omnium.* l) 2, P. — Ri*. *vindicabit*, sed P. in cod. 2 corr. *vindicavit.* Etiam P. in not. Ro. ms. Ro. l. c. Ri. recte em. *vindicavit.* Confirmant h. em. codd. 1, 6; ex illo Be. ed. *vindicavit.* m) 2 *salvare*, dividitur a P. in *salva re.* Mox 2 *accederit.* n) 1 *poterit intollerabilis.* o) 2 *quin humanitatem*, corr. P. *qui inhumanitatem*; etiam 6, edd. *quin inhumanitatem*; sed 1 *quin inmanitatē*, quod cum multo melius sit quam vulg. scriptura, a me receptum est. p) 1 om. *quod.* q) 1 *spoliantibus*, sed del. est *bus* (spolianti). 6 *spoliatis et egentibus.* r) 2 *extortibus*; sed P. in m. *extorribus.* s) Ita Be. ex cod. 1. 2, 6, P. — Ri*. *patriae.* Iam Ri. tentat *patria.* t) 2 *p̄k̄ā.* P. P [a]. Rittersh. P [b]. *P. K. A.* 1 *post k̄ aa.* Mox 2 *inlustras*, corr. a P. u) 1 *magnitudo tua pr. n. secuti.* Rittersh. om. *secuta.* v) 1 *cyrografforum credete.* 2, P. Cui. 2, 2*. P [a]. P [b]. Ri. Ri*. *cyrograforum.* Go. *chirograforum.* Lugd. *chirogaforum.* Rittersh. *Cyrographorum.* x) 2 *teneatur*, corr. *teneantur.* y) 1 *inquietare — convenire — conservent.* P [a]. P [b]. *consueverunt.* Rittersh. *censuerunt.* z) Rittersh. *servabitur debitores.* a) 2 *admisisse*, corr. P. *amisisse.* P. P [a]. *amississe.* b) 2 *provincia*, corr. a P. *provinciam.* c) 1 *titulū solitū* sariis instructionibus, nemo pulsabitur, nisi forte alia evidenter approbatione [d] doceatur. Quod observari [e] volumus, sicut dictum est, usque ad illud tempus, quo [f] qualibet ratione atque eventu patriae vel propriorum recuperatio optata contigerit. §. 3. Illud etiam pari iustitiae ratione [g] servandum est, ne creditae pecuniae cuiuslibet temporis a personis, quarum supra infortunia [h] expressa sunt, usurae penitus postulentur, cum abundare [i] debeat creditoribus, si postremum integrationem [k] ad sortem potuerint [l] pervenire. §. 4. Quae ut [m] inviolata serventur, mulcta [n] decem librarum auri dispendio ferietur, quisquis contra statuta numinis [o] nostri, quae circa Afros moti aerumnis [p] protulimus, venire tentaverit. Quam rem et [r] his ipsis rationabilem videri posse credimus, qui [s] aequitatis tramitem, stimulis cupiditatis animum depravantibus, vel nolunt tenere vel nesciunt. *Dat. XIV.* [t] *Kal. Nov. Ravenna* [u], *Maximo II. et Paterio V. C.* [v] *Coss.* (443.)

TIT. XIII. DE FRUCTIBUS INTER MARITUM ET UXOREM EXPENSIS FILIIS VEL HEREDIBUS MINIME IMPUTANDIS [a].

1. *Impp.* [b] *Theodosius et Valentinianus AA. Albino II.* [c] *Pf. P.* Auctoritatis suae memorem amplissimum senatum gratanter agnovimus *), cuius consilium improbis rebus semper occurrit. Hinc est, quod nuper illustribus ac sublimibus viris, quos evocari [d] ad sacratissimum comitatum utilitas publicae necessitatis [e] exegit, nobis suggerenda [f] mandavit, ne abhorrenda usurpatio [g] ab omni honesta [h] conversatione vires diutius obtineret. §. 1. Comperimus enim, quasdam [i] post maritorum [k] obitum filios suos proposita [l] indecora actione [m] nudasse, cum ab his patrimonii sui fructus quaererent, quos utique stante matrimonio in illa aequalitate vivendi in commune consumptos convenit aestimari, quorumque ratiocinium perplexum atque confusum ad veritatis fidem

---

Tit. XIII. Tituli sq. Novellarum ann. 444 et 445 datarum non recto ordine in cod. 1 positi sunt. Ordo enim is est: 1) de Tributis fisc. (XI. Kal. Iul. 445) *Tit. XIII.*; 2) de Fructibus (III. Id. Sept. 444) *Tit. XIV.*; 3) de Episcoporum ordin. (VIII. Id. Iun. 445) *Tit. XV.*; 4) de Manichaeis (XIII. Kal. Iul. 445) *Tit. XVI.*; 5) de Homicidiis (VI. Id. Dec. 445) *Tit. XVII.*; 6) de Corporatis (XVIII. Kal. Mai. 445) *Tit. XVIII.* Ex subscriptionibus, quas addidi, apparet, primo loco ponendum esse titulum de Fructibus, secundo titulum de Corporatis, qui in cod. 1 ultimus est anni 445; tertio titulum de Episcoporum ordinatione, quarto titulum de Manichaeis, quinto titulum de Tributis, sexto titulum de Homicidiis. Beckius verum ordinem recte restituit. Eum secutus sum, modo quod ante titulum de Corporatis posui titulum de Pretio solidi, qui ap. Be. tertius Novellarum Valentiniani est. Vid. tit. sq., not. sup. et not. *n.* 1, Zir. in ind. titt. Am. *Tit. XIV.* 2—5, 8—13, 15, 17—38, 40—42, Aeg. Sich. Cui. 1. Aur. Cui. 2, 2*. Lugd. Rittersh. Go. Ri. Ri*. *Tit. I.* et add. in m. cod. 2 a P.: *Incipit Liber Legum Valentiniani augusti impressus.* Nov. 1 Valent. *edita.* 6 *Tit. XXI.*, antecedunt enim XX tituli, quos Visigothi non receperant, iam sequuntur in codice tituli in Br. Al. recepti. Be. *Tit. XV.* De codd. 7, 14, 16 vid. tit. XVI. Nov. Th., not. sup. et §. 14 Nov. 2 Th. tit. XXII, not. *v.* In edd. P. P [a]. P [b]. commemoratur in indice, neque vero editus est, quia iam ex Breviario innotuerat. Ob eandem caussam reliqui tituli Breviarii omissi sunt. Vid. tit. II. et tit. sq., not. sup. C. Th. VIII, 18, 19. Nov. Sev. I. — N. 1. Codd. edd. *N.* 1, id est *un.* Be. add. (*LVII.*), sc. omnium Novv. in Be. ed. Integra cum interpr. est in codd. 2, 11—13, 15, 17—23; omnia desunt in cod. 40, sed addita est interpr. tit. XIX. (Br. Al. tit. III.) de Homicidiis, qui ipse om.; omnia praeter interpr. des. in codd. 3, 41, 42; inscr. et textus in codd. 4, 5, 24, 30; textus et subscr. in codd. 25, 26, 35; solus textus in codd. 8—10, 27—29, 31—34, 36—38.

---

ius conventionis a quoquam. d) 1 *nisi forte alique videntur adprobatione.* 6 *evidenti — doceantur.* e) 1 *observare.* f) Rittersh. *pro.* g) 6 *iustitia et ratione.* h) 2 *in fortuna*, corr. a P. *infortunia.* 6 *sunt expressa.* Vid. init. h. Nov., not. *e.* i) 1 *abulare.* k) 1 *si postremum integratione.* 2, Cui. 2, 2*. Lugd. P [b]. Rittersh. Go. Ri. Ri*. Be. *si postremum integrationem*, sed corr. a P. in m. cod. 2 *post demū redintegrationem.* P. P [a]. *si * postremum integrationem.* 6 *si post rerum integrationem.* Idem vult Be. in not. P. ms. P. in not. P [b]. in m. em. *si post rerum integrationem* vel *si post demum redintegrationem*, nisi quod P. ms. praeterea *post redintegrationem* prop. pariter atque Cui. 2, 2*. Lugd. in m. Scrib. *si post rerum integrationem.* l) 2 *potuerit*, corr. a P. *potuerint.* m) 1 *quā ut.* n) 6 *multe.* 1 *multa. X. libras.* o) Codd. *numinis.* P. in cod. 2 corr. *nominis*, quod transiit in edd. Equidem restitui *numinis.* p) 1 *afros muti erūnis.* r) 1 om. *et.* s) 1 *credimus quia equitatis* pro *qui aequitatis.* 2, Cui. 2, 2*. Lugd. P [b]. Go. — Be. *credimus aequitatis* et P. P [a]. *credimus * aequitatis.* 3 *credidimus qui aequitatis.* 6 *credimus qui aequitatis.* Rittersh. *credimus, adde qui aequitatis*, errore typographi, qui notam Rittersh. inter ipsa contextus verba inculcavit. P. in m. cod. 2, P. ms. P. in not. post *credimus* add. *nisi*, sed rectius Rittersh. Ri. et Be. in not. *qui*; omnes enim codd. praeter 2 habent *qui.* In cod. 3 nihil receptum est, praeter vv. *quam rem — aequitatis.* t) 1 *XIII.* Vid. Nov. anteced., not. *z.* u) 2, P. — Ri*. om. *Rav.* Be. ex cod. 1 recte add. *Rav.*, quod urbis nomen iam Br. l. c. p. 865 et proinde Ri. in cod. 1 esse nuntiaverant. Congruit praeterea cod. 6 cum cod. 1. v) Go. om. *C.* Cf. subscriptio Nov. 1 Th. tit. XXII, not. *k.* 1 om. *V. C. Coss.*

a) 6 om. *Expensis — imputandis*; alii *vel — imputandis.* Scribitur etiam *et* pro *vel.* 1 *heredibus n̄ inputaneis*, id est *heredibus non imputandis*, ut Zir. Nonn. codd. habent *De fructibus inter virum et* aut *filiis vel nepotibus minime.* 25 *a filiis.* 22 *maritum uxoremque.* b) 13, 15, 21, 23 *DD. NN. Impp.* c) 15, 21 *ad Ablavium praepositum.* Br. l. c. p. 868 negat stare posse inscriptionem huius Nov.; datam enim eam Albino consule, ut eodem tempore praefectus praetorio esse nequiverit. At Am. et Ri. refutant Br. dubitationem. Plerique codd. *ad Albinum* et om., ut Sich. — Ri*. *II.* Be. add. *II.* ex 1. 6 *praeposito.* Multi codd. *Theud.* et *pfū*, improb. Ri. *) Rittersh. *cognovimus.* d) 21 *probis — hic est — vocari.* 19, 22 *hic est quod.* e) 6 *necessitatis publicae.* 2, 11—13, 18—21 *exigit*; corr. a P. in cod. 2 *exegit.* f) 1, 19 *suggerendā.* g) Sich. in m. deesse dicit v., quale sit *aliena*; recte Ri. vulg. script. tuetur. h) 1, 2, 11—13, 15, 18—22 *ab omni honesta conversatione.* 13 *ab homine hon.* et 20 *vires huius.* Rell. codd. Sich. — Be. *ab omni conversatione honesta.* Aur. Rittersh. *obtinere.* i) 11, 12, 18, 19, 22, 23, Sich. *quosdam*, impr. Ri. k) 1 *post uxorem obitum.* 2 *obitu.* l) 15, 21 om. *proposita.* m) 22 *inde oratione*; alii *indecorā* discuti posse non credimus. Cumque [n] illud frequentius noverimus accidere [o], ut maiores expensas flagitet matronalis ornatus, et cum nunquam [p] viri post uxorum obitum huius modi aliquid credant communibus filiis opponendum [q], durum est, muliebri tantum licentiae [r] ista permitti. §. 2. Ideoque [s] Albine, parens carissime atque amantissime [t], illustris ac praecelsa magnitudo [u] tua hac edictali sciat [v] nos lege sanxisse, ne de coniugii copula eorum alter superstes [x] defuncti heredes super hac repetitione redituum aestimet lite pulsandos. Hac enim conditione et uxores teneri [y] volumus, et maritos. Sive enim intercesserit dos, seu oblata non fuerit, omne iurgium huiusce repetitionis et ratiocinii conticescat [z]. §. 3. Hanc autem legem utilitati et concordiae humani generis profuturam edictis per provincias [a] propositis amplitudo tua in omnium notitiam faciet pervenire [b]. *Dat. III.* [c] *Id. Sept.* [d] *Ravenna*, *D. N.* [e] *Theodosio A. XVIII.* [f] *et Albino V. C.* [g] *Coss.* (444.)

INTERPRETATIO. *Si vir uxore superstite moriatur, fructus, quos stante* [h] *coniugio constat expensos, nullam postea a communibus filiis seu ab heredibus mater repetendi* [i] *habeat facultatem. Quod* [k] *et si uxor vivo marito decesserit, maritum praecipit* [l] *eadem lege constringi, ut et* [m] *ipse a filiis vel heredibus* [n] *uxoris de ipsis fructibus, qui in commune expensi sunt, penitus nihil requirat* [o].

TIT. XIV. DE PRETIO SOLIDI, ET NE QUIS SOLIDUM INTEGRUM RECUSET [a].

1. *Impp. Theodosius et Valentinianus AA. Edictum ad populum urbis Romae.* Frequens ad nos, Quirites [b], temerarii [c] ausus querela pervenit, ut in parentum nostrorum contumeliam insigniti solidi eorum nominibus ab omni emptore recusentur: quod diu impunitum esse non patimur. Hoc ergo edicto agnoscat [d] universitas, capitale manere supplicium, si quisquam vel domini patris mei Theodosii, vel sacrarum necessitudinum nostrarum, vel superiorum principum solidum [e] aureum integri ponderis refutandum esse crediderit, vel pretio minori taxaverit. Vir autem illuster [f] praefectus urbis eiusque officium decem librarum [g] auri dispendio subiacebit, si quemquam contra hoc statutum venisse fuerit approbatum. §. 1. Quo praecepto etiam illud in perpetuum [h] volumus contineri, ne unquam intra septem millia nummorum solidus distrahatur [i], emptus a collecta-

Tit. XIV. Vid. not. *n*. Deest in cod. 1, Zir. Am., neque lacunae signum in cod. 1 perspicitur (vid. Zir. l. c. p. XXVII, not. *i* et Am. p. 104, not. *X*.), cum etiam in indice titulus desit, quae res probat, Novellarum Valentiniani librum ms., ex quo codices Pithoei et Seldeni, Fuldensis et Phillippicus 1735 descendant, ab eo, quem Ottoboniani s. 1 codicis librarius descripsit, diversum fuisse. Vid. infr. tit. de Praediis pist. et tit. III, not. sup. 6 *Tit. V.* 2, 3, P. P [a]. P [b]. in ind. titt. *Tit. XXV.* Cui. 2, 2*. Lugd. Go. Ri. Ri*. *Tit. XXV.* Nov. Th., sed Go. in Prol. h. t. Valentinianis assignat. P. P [a]. P [b]., ubi tit. ipse editus est, *Tit. XXIII.* Nov. Th. et Val. Rittersh. *Tit. XXIII.* Nov. Th., sed sec. ord. *Tit. XXIX.* Be. *Tit. III.* In brevem summam contractus est in cod. Phillipp. 1735 post subscriptionem Breviarii Alarici, add. numero *XXII* (*hr̄ XXII.*). Commemoratur in Cui. 1. Aur. in ind. Novellis Th. adiecto et a Cuiacio in Comm. c. 2 Cod. Iust. de Suariis (XI, 16) l. c. p. 355. C. Th. IX, 22. — N. 1. Codd. edd. *N. un.* Be. add. (*XL.*), i. e. omnium Novellarum in ed. Be. De cod. 3 vid. not. *e*.

act. Mox Sich. Cui. 1. Aur. Lugd. *ab hiis*, Go. *ab iis* et nonn. codd. *suis* — *quaeret* (aut *quaereret*) *utique in tanta matrimonii nulla* — *consumptus* — *ratiocinio*. n) 11, 17, 19, 22, 23, R. Sich. add. *in*. 2 *Cum illud*. o) 2, 11—13, 19, 20, 22, 23 *accedere*. Mox 13 *matrimonialis*. p) Cui. 2, 2*. Ri. Ri*. et 6, 11, 12, 17, 19, 22, 23 *nonnumquam*, impr. Ri. 19, 22 *viros*. 11 *post uxorem*, ut 1, sed Am. corr. 21 *obitum uxorum*. q) 11, 18, 19, 20, 22 *opprimendum*. Supra 17 *reddant* pro *credant*. r) 2, 11, 12, 19, 20 *licentia*. 15, 21 *licentiam*. 22 *mulieri tantum licentiam permitti*. Nonn. codd. *permittere*. s) 1, 15, 21, R. *Ideoque*; rell. *Et ideo*. t) 2 *p̄ k̄ ā inlustras*. 15 *p̄ k̄ auguste*. 22 *p k aug aug*. Sich. *Praefecte charissime Augustorum*. Cui. 1. Aur. Lugd. Rittersh. Go. om. *atque amantissime*. Mox nonn. codd., etiam 1, *et* pro *ac*. u) 1, 15, 17, 19, 21 *magnitudo*. 6, 11, 12, 18, 23 *p̄ m̄ tua*, i. e. *praec. magnitudo tua*. 17 *praeeminens m. t.* 20 *praemissa m. t.* 22 *ils et magnificenā ūct haec*. Sich. *ac magnifica autoritas tua*. Rell. edd. *praecelsa auctoritas tua*. v) 1 *hanc edicta lisceat*. 2 *editali*. x) Nonn. codd. *coniungit* et Aur. *coniungii*. 22 *ne coniugii culpa eorum*. Multi codd. *superstis* s. *superstitis* et *heres*. 6 om. *eorum* post *copula*. y) 1 *estimet et lite pulsandus* — *tenere*. 22 *Hanc enim conditionem*. 2 *ut uxores*. z) Nonn. codd. *huiusmodi* s. *huiuscemodi* et *conticiscat*. 22 *rep.* (om. *et*) *rat. conticisscat*. 1 *fuerit omniū iurgiū* — *repetionis et raciocinii*. a) Sich. — Ri*. *provinciam*, ut 23. b) Nonn. codd. *faciat*. c) 2, 8, 32, 33 *IV*. 36 *VI*. Epit. Mon. *VII*. L. R. U. ap. Canc. *VIII*., sed codd. S. Gall. et Piper. *IIII*. d) 32, 33 *Febr*. e) 13 om. *Rav.* — *Coss.*; alii codd. (etiam 1) om. *D. N.* aut *N.*, ut edd. f) Plerique codd. Sich. — Lugd. Rittersh. Go. *XVII*., impr. Ri. 4, 20, 22 *XVI*. 1 *VIII*., improb. Am. Vid. etiam Br. l. c. p. 867. g) Plerique codd. om. *V. C.* (8 *vk̄*) et supra nonn. *A*. h) Fere omnes codd. *stante*; edd. *constante*. In ipsa lege *stante matrimonio*. Supra nonn. codd. *uxorem*. i) Nonn. codd. *repetendi mater*. k) 22 om. *Quod*. l) Aliquot codd. *praecipiat* s. *praecepit* et *marito*. m) Nonn. codd. om. *et*. n) 15, 21 *filiis vel ab heredibus*. o) 11, 12, alii codd. *quaerat*. Nonn. *nihil penitus*. 23 *nil*.

a) 6, Cui. 1. et Aur. in ind. titt. om. *Et* — *Recuset*. Cod. Phill. *De pretio solidi et reprobati. Ymp̄ theod et Valentinian' aa ad Pr̄ In Libro Novellarum hr̄ XXII.* b) 2 *Quiritis*, corr. a P. c) P. *temerarj*. P [a]. Go. *temerarij*. Cui. 2, 2*. Lugd. *temerari*. Ri. Ri*. *temerarI*; rell. edd. *temerarii*, convenienter cum codd. 2, 6, quare non opus est Ri. interpretatione, qui de siglo *temerarI* loquitur. d) 6 *contumeliam solidi eorum nominibus insigniti ab omni* — *cognoscat*. e) In cod. 3 supersunt sola vv. *Si quis solidum* — *taxaverit* — *X lib. auri dispendio subiacebit*. Similiter cod. Phillipp. *Si quis solidum aureum integri ponderis et certe monaetae ausus fuerit reprobare X l̄b auri dispendio subiacebit, quo p̄cepto etiam illud volumus continere* — *milia numerū* — *collectarlis. VII. CC. aequalitas* — *custodiet*. f) 6 *pretio minore* — *illustris*. Defendi potest *illuster*. Vid. Gest. in Sen. de recip. C. Th. (edit. meae pag. 82), not. *h*. g) 2 *libras*; corr. P. *librarum*. 6 siglum habet. Vid. not. *e*. h) 6 *perpetuo*. i) Cf. Go. in C. Th. T. IV, p. 579, rio[k] septem millibus[l] ducentis. Aequabilitas enim pretii et commodum venditoris et omnium rerum venalium statuta custodiet. §. 2. De ponderibus quoque ut fraus penitus amputetur, a nobis aguntur[m] exagia, quae sub interminatione superius comprehensa sine fraude debeant custodiri. *Et manu*) divina*: *Proponatur amantissimo nostri populo Romano*: *et ad latus: Dat. XV. Kal. Febr. Romae*, *Valentiniano A. VI.*[n] *Cos.* (445.)

TIT. XV. DE CORPORATIS URBIS ROMAE, QUI[a] AD MILITIAM VEL AD CLERICATUM TRANSIERUNT[b], REVOCANDIS.

1. *Impp. Theodosius et Valentinianus AA. Auxentio Pf. U. II.*[c] Quaecunque utilitatem sacratissimae urbis respiciunt, oportet clementiam nostram salubriter ordinare[d]. Providam[e] itaque amplitudinis tuae et geminis fascibus[f] comprobatam suggestionem[g] secuti, Auxenti, parens carissime atque amantissime[h], illustris magnificentia[i] tua pragmatici nostri tenore comperto sciat, corporatum[k] urbis Romae, qui non expleto ordine coepti officii, priusquam ad primum inter suos[l] locum emeritus pervenerit[m], ad militiae cuiuslibet cingulum se crediderit transferendum, corpori[n], cui nomen suum ante dicaverat, oportere revocari; sive etiam[o] in clericorum numero reperitur, usque ad diaconis[p] locum similis praecepti conditio[q] teneatur, quatenus necessitatibus urbis venerabilis hoc salubri constituto restitutis ministeriis consulatur[r]. *Dat. XVIII.*[s] *Kal. Mai. Romae*, *Valentiniano A.*[t] *VI. et Nomo*[u] *V. C. Coss.*[v] (445.)

TIT. XVI. DE EPISCOPORUM ORDINATIONE.

1. *Impp. Theodosius*[a] *et Valentinianus AA. Aetio*[b], *viro illustri Comiti et Magistro utriusque militiae et*

Tit. XV. 1, Zir. in ind. titt. Am. *Tit. XVIII.* 2, 3, P. P[a]. P[b]. in ind. titt. *Tit. XXVI.* Cui. 2, 2*. Lugd. Go. Ri. Ri*. *Tit. XXVI.* N. Th. 6 *Tit. VI.* P. P[a]. P[b]. in ipsa ed. *Tit. XXIV.* Nov. Th. et Val. Rittersh. *Tit. XXIV.* N. Th., sed sec. ord. *Tit. XXX.* Commemoratur in indice Nov. Th. in Cui. 1. Aur. adiecto. Ponitur a Go. in Prol. cap. VIII. inter Nov. Valent. Vid. tit. II, XIII, XIV, not. sup. C. Th. XII, 1 et XIV, 2. Nov. Severi tit. II. — N. 1. Codd. edd.**N.* 1, id e. *un.* Be. add. (*LVIII.*), s. omnium Novell. in Be. ed. De cod. 3 vid. not. o.

Tit. XVI. 1, Zir. in ind. titt. Am. *Tit. XV.* 2, 3, 5, P. P[a]. P[b]. in ind. titt. *Tit. XXIV.* Cui. 2, 2*. Lugd. Go. Lab. Ri. Ri*. *Tit. XXIV.* N. Th. In ind. titt. P. P[a]. P[b]. add.: „*quae edita est XIIII. inter Nov. Th.*“, quare ipsa Novella in P. edd. om. est. 4 *XVIIII* (err. pro *XXIV.*, ut in cod. 5). 6 *Tit. IV.* Cui. 1. Aur. Rittersh. *Tit. XIV.* N. Th. Be. *Tit. XVII.* Vid. supr. tit. XIII, XIV, not. sup. A Go. in Proleg. cap. VIII. ponitur inter Nov. Val. C. Th. XVI, 2. Invenitur hic titulus in libris iuris ecclesiastici et manu scriptis (veluti Oxon. Coll. Oriel. T.V, p. 203 (ed. Ri.).

k) Cf. Go. l. c. T. III, 203 sq., T. IV, 600. l) 6 om. *millibus.* Infra Go. *venialium.* m) 2 *agentur.* 6 *venalia st.* — *fraus penitus omnis auferatur a nobis dabuntur exacta.* Mendose Rittersh. *axagia.* In Cui. Comment. l. c. proferuntur vv. *De ponderibus* — *custodiri.* Cf. Go. l. c. T. IV, 91 et 584. *) Go. *Ex manu.* n) Codex Phill. *Valentiniano āg VI. Conss.* Tribuitur igitur Nov. anno 445. 2, 6, edd. *V. A.* (440). In codd. 2, 3, 6 collocatus est tit. inter titulum de Episc. ord. et tit. de Corporatis, qui anni 445 sunt, omittitur autem inter quinque illos Novellarum titulos, qui anni 440 sunt et ibi eodem atque in codice 1 ordine commemorantur (tit. III — VII. Novv. Valent.), nisi quod in cod. 6 Nov. de Praediis pist. anni 451 post Nov. de Successione curialium interposita est, errore librarii, qui titulorum ordinem in codd. 2, 3 observatum suo consilio et arbitrio mutavit. Accedit quod data est haec Novella *Romae*, ubi Valentinianus anno 445 quidem constitit, neque vero anno 440. Vid. supra tit. IX, not. *x*. Quibus ex caussis cod. Phill. secutus titulum revocavi ad ann. 445., posui autem ante titulum de Corporatis et de Episcop. ordin., quia in codd. 2, 3, 6 series titulorum, si menses spectantur, turbata est, quod non semel in illis factum esse recordor. Nomi consulis nomen fortasse ideo omissum est in subscriptione, quia nondum innotuerat Romae. Ceterum Go. *Valentiano* et Rittersh. *Coss.*

a) 3 *Romanae et qui.* In ind. Cui. 1. Aur. om. *Romae* — *Revocandis* et in cod. 6 *Qui* — *Revocandis.* P. P[a]. P[b]. in ind. titt. *vel clericatum.* b) 2, P. — Ri*. *transeunt.* 3 *transeant.* 1, Am. Be. *transierunt.* Zir. *transierint.* c) 1 *ad Auxentio pū.* 2, P. P[a]. Rittersh. P[b]. *II. Pf. urbis.* 6 *Id. āā ā preposito.* P. in not. P[b]. in m.: „*sed et in antiqua epigraphe Auxentius.* II. P. V. *inscribitur.*“ d) 2 *ordinari*, corr. a P. *ordinare.* e) 2, P. — Ri*. *providentiam.* 6 *clem. sal. nostr. ord. Providentiam.* f) P. in not. P[b]. in m.: „Sic nos cum in vet. esset faricib.“ g) 2 *suggessionem*, corr. a P. 6 *secuti sumus.* Nisi h. l. nonnulla exciderunt, negligentiae arguendus est scriptor legis, quippe qui non recordatus est eorum, quae antecedunt. *secuti* est nominativus, quem dicunt absolutus. Vid. Nov. Val. tit. III, §. 1 *servaturus.* h) 2 *p̄ k̄ ā inlustras*, em. a P. *inlustris.* 1 *post k̄ aa inl.* P. P[a]. *P. K. A.* Ill.* Cui. 2, 2*. Ri. Ri*. *P. K. AA. Inlustris.* Rittersh. P[b]. *P. K. A. Inl.* Lugd. Go. *F. K. AA. Inl.* i) 1 *Inluster* (em. ab Am. *Inlustris*) *magnitudo tua.* k) 1, 2 *corporatus*, em. a P. in cod. 2 *corporatum*, quod transiit in edd. et in cod. 6 est. Mox Rittersh. *caepti* — *oprtere.* l) 1 *ad primum inter uos locum.* 2 *ad primum iter favos locum*, corr. a P. *inter.* 6 *primum* (om. *inter suos*) *locum.* P. P[a]. *ad primum * iter favos locum.* Rittersh. P[b]. *ad primum iter favos locum.* Cui. 2, 2*. Lugd. Go. Ri. *ad primum iter favos ad locum* et Ri*. *ad primum inter favos ad locum*, improb. Be. P. in m. cod. 2, P. ms. P. in not. et P[b]. in m. Cui. 2, 2* et Lugd. in m. em. *inter suos*, prob. Ri. et Am. Eos secutus Be. rep. *ad primum inter suos locum.* m) 1 *perveniret.* n) 2, P. — Ri*. *credidit* — *corporibus.* o) In cod. 3 sola vv. *Si quis locum clericorum* — *teneatur* supersunt. p) 1 *subdiaconis*, 6 *diaconi.* q) 6 *praeceptionis conditione.* r) 2 *consolatur*, corr. a P. *consulatur.* s) 1 *VIII.* t) 1 om. *A.* u) 1 *Nomo.* Rein. in Chron. Cui. 2, 2* legi vult *Nonio.* Rel. in Fastis *Nonio.* 2, 6, edd. *Numo.* Br. l. c. p. 868 sq. mavult *Nomo* ex cod. 1, recte; vid. N. Th. tit. XXIV, XXV, ubi *Nomus* mag. off. ann. 443 commemoratur. Zir. l. c. pag. 257. v) 1 om. *Coss.* et 2 *V. C. Coss.*, sed rep. a P. in cod. 2.

a) 2, 4, 5 *Theud.* In cod. 1 inscr. tota deest. b) 2, 6 *Etio.* 4, Cui. 1. Aur. Rittersh. *Accio.* Cui. 2, 2*.

Patricio[c]. Certum est, et[d] nobis et imperio nostro[e] unicum esse praesidium[f] in supernae divinitatis favore, ad quem[g] promerendum praecipue Christiana[h] fides et veneranda nobis religio suffragatur. Cum igitur sedis[i] apostolicae primatum[k] sancti Petri meritum, qui princeps est episcopalis coronae, et Romanae[l] dignitas civitatis, sacrae etiam synodi firmarit auctoritas[m], ne quid praeter auctoritatem[n] sedis istius illicita[o] praesumptio attentare nitatur: tunc enim demum[p] ecclesiarum pax ubique servabitur, si rectorem suum agnoscat universitas. §. 1. Haec cum hactenus[q] inviolabiliter fuerint custodita, Hilarius Arelatensis[r], sicut venerabilis viri Leonis, Romani papae, fideli relatione comperimus, contumaci ausu illicita quaedam[s] praesumenda[t] tentavit, et ideo transalpinas ecclesias abominabilis tumultus[u] invasit, quod recens maxime testatur exemplum. Hilarius enim, qui episcopus[v] Arelatensis vocatur ecclesiae, Romanae urbis inconsulto pontifice, iudicia sive ordinationes[x] episcoporum sola temeritate usurpans[y] invasit. Nam alios incompetenter removit[z], indecenter alios invitis et repugnantibus civibus[a] ordinavit. Qui quidem[b], quoniam non facile ab his, qui[c] non elegerant, recipiebantur, manum sibi contrahebat[d] armatam, et[e] claustra murorum in hostilem morem vel obsidione[f] cingebat, vel aggressione reserabat, et ad sedem quietis pacem praedicaturos[g] per bella ducebat. §. 2. His[h]

B. 4, 5. Vid. infr. not. *c*) et prelo divulgatis. Cf. Am. l. c. p. XLII, not. 93. Vid. inter al. Pet. Saxii Pontificium Arelatense. Aquis Sextiis 1629. 4. p. 43. Bar. ad ann. 445, n. 7. Bou. l. c. p. 768. Sirmond. p. 1252. Lab. l. c. p. 499. S. Leonis Opp. Venetiis 1748. T. I, p. 119[a] et T. I, p. 642 ed. Baller., in quibus libris codices et edd., in quibus titulus insit, nominantur. Mansi l. c. T. V, p. 1252, ubi Baller. ed. repetita est. Vid. etiam Cui. Observatt. XV, 38. Praeterea notat Am. p. XLII, not. 93: „Consule Ioh. Salinasium (Salinas) Canon. Regul. Lateran. in Vita Sancti Hilarii, qui hunc Titulum ex Vatic. Ms. Cod. emendavit, ut, ipso tacente, testatur Petrus Thomas Cacciarius Carmelita, ac postea ex eo edidit idem Cacciarius ad Epistolas Sancti Leonis Part. II. eiusdem Operum pag. 41. edit. Roman.“ — N. 1. Codd. edd. *N.* 1 sive *un.* Be. add. (*LIX.*), id e. omnium Novv. in Be. ed. De cod. 3 vid. not. *m.* Docte est explanata haec Nov. a Rittero, sed Rittershusio suspiciosa videtur esse; annot. enim: „Novella ὕποπτος.“

Lugd. Go. — Ri*. *Actio*, sed in m. Cui. 2, 2*. Lugd. *Aetio*, prob. Ri., quem vid. not. *b*. Ceterum Rittersh. om. *viro*, habet autem 2 *comite* et *militum*. c) 4, 5, Cui. 1. Aur. Rittersh. om. *et patricio*. Sec. Ball. Mss. Thuan. et Vat. hanc inscriptionem praeferunt: „*Imperator Valentinianus Augustus omnibus sub imperio aeternae Urbis Romae ubique terrarum degentibus.*“ Notant enim: „Quesnellus in secunda ed. varias lectiones apposuit ex Ms. Thuaneo Colbertino. Nos eandem recognovimus cum MS. Vat. 3883. Collectionis canonum Cardinalis Deus dedit, qui hanc legem ex vetustiori exemplari sumptam eidem Collectioni inseruit lib. 1. p. 48. Ex MS. Ottob. Vat. solius chronicae notae lectionem posterius accepimus.“ d) 2, Sax. om. *et.* e) 1 *imperium nostrum.* f) 5 *praesidio*, corr. *praesidiū.* g) 1 *adque.* 2 *devinitatis favore atque.* 4 *favore atque.* 5 *fabore ad que*, corr. *favore ad quos*, sed distingui non potest, utrum corr. sit *quo* an *quos.* h) Codd. Thuan. et Vat. *christianorum.* 5 *praecipuae.* Rittersh. om. *fides.* i) 5, 6, cod. Oriel. *sedi.* 4 *sede ap. primitū*, *ig sed apostolice.* k) Cod. Oriel. add. *et.* l) 4 om. *et Romanae.* m) 1 *sacra etiam synodi firmasset auctoritates.* 2, 4, 5 *sacra etiam sinodi firmasset auctoritas.* 6, cod. Oriel. *firmasset.* Cod. 3 (in quo sola vv. *Cum — custodita* et ex §. 4 *praesentis — annos* supersunt) *civitas sacram — firmasset.* Codd. Thuan. et Vatic. *firment.* Videtur servandum esse *firmarit*, sed Rittersh. *firmavit.* Mox 3 om. *ne.* Synodi, sc. Nicaenae. n) Cod. Oriel. om. *praeter.* Idem *auctoritati.* 6 *ne quid* (om. *praeter*) *auctoritate.* Vid. not. sq. o) Be. ex cod. 1 *illicita*; in rell. codd. et edd. est *illicitum*, sed 6 *sedis istius obnitente illicitum praesumptio* et Quesn. *in licitum*, impr. Lab. Utrumque recte, etsi mihi videtur praeferenda esse cod. 1 scriptura. Similiter enim imperatores aliis in legibus loquuntur. Postea Go. *adtemperare nitatur.* p) 1 om. *demum.* q) 5 *Haec auctenus*, supr. lin. add. *cum.* Mox 3 *fuerit.* r) 1 *costodita Helarius arelatenensis.* 5 *arelatenses*, corr. a libr. s) 1, 4 *inlicite quedam.* 2 *inlicito*, antea scriptum erat *inlicitate.* 5 *Romanae papae fidelis elatione — contumatia usu* (corr. *usus*) *inlicitae* (corr. *inlicita*). 6 *contumatiae ausu q̄dam inlicita.* Cod. Oriel. inverso ordine *sicut relatione fideli viri venerabilis Leonis Romani Papae comperimus contumaci ausu quaedam illicita.* Aur. *Romanae.* Rittersh. om. *Papae fideli.* t) Ball. ex codd. Thuan. Vat. Mans. Lab. *praesumendo.* 6 *praesumenda putavit.* 1 *timtavit*, ut aliis in locis. u) 5 *abominabiles*, corr. *abominabilis.* Idem infr. *maximae.* 4 *tumulus.* Mox 1 *Helarius* et Ri*. *restatur exempl.* v) Cui. 1. Aur. Rittersh. Quesn. add. *civitatis.* 1 *Aleratenensis.* 4 add. *sc̄i* et 6 *sc̄e.* 5 *ep̄is sc̄e arelatenses*, corr. *arelatensis.* Cod. Oriel. *episcopus sanctae Arelatensis ecclesiae vocatur.* Edd. *vocatur, ecclesiae Romanae urbis.* Mutavi interpunct., ut concinnior fieret oratio. x) 1 *inducias. sive ordinatione*, nisi *ordinationes* scriptum est, quod non recordor. 2, 6, edd. *pontifice indebitas sibi ordin.* 4 *pont. indebilitas sibi ord.* 5 *pontificae indebitas sibi ordinationis episcorum*, corr. *ordinationes episcoporum.* Aur. *ordinationas.* Quesn. *pont. indebitas* et om. *sibi.* Ball. ex codd. Thuan. et Vatic. et Mans. *pontifice, iudicia, sive ordinationes*, prob. Coustant. Restitui ex Ball. ed. *pontifice iudicia sive ordinationes*, quae scriptura latet in cod. 1. y) 1 *usurpantes*, em. ab Am. *usurpante.* 2, 4, 5 *usurpantis.* 6 *usurpandi.* Quaevis scriptura eligatur, bona est. z) 1 *nam alius invitis* et om. *incompetenter — alios.* 2, Cui. 1. Aur. Cui. 2, 2*. Lugd. Go. Ri. Ri*. Sax. *removet*, sed Sax. in m. *removens.* 4 *alias i. removet.* 5 *incompetenter removet*, corr. *incompetenter alios removent.* Cod. Oriel. *removit alios indecenter.* 2 *indicenter.* Cod. Thuan. *Nam aliquos invitis et repugnantibus civibus ordinavit*, rell. omm. a) 2 *quibus.* b) 1, 4 — 6, cod. Oriel. cod. Thuan. om. *quidem* et habent 4, 5 bis *quoniam*, nisi in 4 scriptum est *ord. qūi qūu qm̄.* 2 *quie quoniam.* Recte abesse potest *quidem.* c) Cod. Oriel. add. *eos.* Rittersh. om. *recipiebantur.* 1 *recipiebatur*, sc. Hilarius; rectior vulg. script. d) Cui. 1. Aur. Rittersh. *contrahebant — cingebant — reserabant — ducebant.* e) Aur. Rittersh. om. *et.* 4 *mortem vel.* 5 *in hostile morem*, corr. *hostili more.* f) 2, 4, 5 *obsidionem*, corr. in cod. 5. g) 1, 2, 4, 5, Cui. 2, 2*. Lugd. Go. Ri. Ri*. Sax. Bou. *praedicaturus*, sed Sax. in m. *praedicaturum.* Cod. Oriel. *praedicatoris.* 6, Cui. 1. Aur. Rittersh. Be. Quesn. Ball. *praedicaturos*, quod rectius. h) 6 add. *et.*

talibus et[i] contra imperii maiestatem et contra reverentiam apostolicae sedis admissis, per ordinem religiosi viri *), urbis papae, cognitione decursa[k], certa in eum et de his, quos[l] male ordinaverat, lata sententia est. Et erat quidem ipsa[m] sententia per Gallias etiam sine imperiali sanctione valitura[n]. Quid enim tanti pontificis auctoritati in ecclesias non liceret? Sed nostram[o] quoque praeceptionem haec ratio provocavit[p], nec[q] ulterius vel[r] Hilario, quem adhuc episcopum nuncupari, sola mansueti praesulis[s] permittit humanitas, nec cuiquam[t] alteri liceat[u] ecclesiasticis rebus arma miscere, aut praeceptis Romani antistitis[v] obviare. Ausibus enim[x] talibus fides et reverentia nostri violatur imperii. §. 3. Nec hoc solum, quod est maximi[y] criminis, summovemus[z], verum ne[a] levis saltem inter ecclesias[b] turba nascatur, vel in aliquo minui religionis disciplina videatur, hac[c] perenni sanctione decernimus[d], ne quid tam episcopis Gallicanis, quam aliarum[e] provinciarum contra consuetudinem veterem[f] liceat sine viri venerabilis[g] papae urbis aeternae auctoritate tentare. Sed hoc[h] illis omnibusque[i] pro lege sit, quicquid sanxit vel sanxerit[k] apostolicae sedis auctoritas, ita ut, quisquis episcoporum ad iudicium Romani antistitis evocatus venire[l] neglexerit, per moderatorem eiusdem provinciae adesse cogatur, per omnia servatis, quae divi parentes[m] nostri Romanae ecclesiae detulerunt[n], Aeti[o], parens carissime atque amantissime[p]. §. 4. Unde illustris et praeclara[q] magnificentia tua[r] praesentis edictalis[s] legis[t] auctoritatem[u] secuta[v] faciet[x], quae sunt superius statuta[y], servari: decem librarum[z] auri mulcta protinus exigenda[a] ab unoquoque iudice, qui passus fuerit praecepta nostra violari. *Et manu divina*[b]: *Divinitas te servet per multos annos*[c], *parens carissime. Dat. VIII. Id. Iun.*[d] *Romae*[e], *Valentiniano A. VI.*[f] *et Nomo*[g] *Coss.* (445.)

---

i) Go. Sax. om. *et*. *) Codd. Thuan. et Vatic. om. *religiosi viri*. Vid. not. sq. k) 1 *per ordinē urƀ pape cognitione descursa*; Am. corr. *discussa* et Be. *decursa*. 5, 6, cod. Oriel. *decursa*. 2 *decursam*. 4 *de caussa*. Edd. *discussis*. Recte *decursa*, id e. absoluta, completa. l) 2, 4 *eum ex his quo*. 5 *quo*, corr. *que*. 6, cod. Oriel. de corr. *in eum et hos quos*. 4, cod. Oriel. Cui. 1. Aur. Cui. 2, 2*. Lugd. Rittersh. Go. Ri. Ri*. Sax. *eum ex his quos*. Bou. Lab. *eum ex his quae* et Lab. sensus planus videtur, modo *ex his* accip. pro *ob ea*. Sirm. *eum ex his quae*. m) Sax. *ipsa quidem*. n) 1 *imperialē sanccione valetura*. 5 *imperiale* (corr. *imperiali*) — *valitu .... ra*. Go. om. *tanti*. o) 1 *ponteficis auctoritate in ecclesias non liceret. sed nostra*; Am. corr. *nostram*. 4, Sax. *auctoritate*. 5 *auctoritati* (corr. *auctoritate*) *in ecclesias* — *haec*, corr. *ecclesiis* — *hac*. Codd. Thuan. Vat. Quesn. Ball. Mans. *ecclesiis*, impr. Lab. Cui. 1. Aur. Rittersh. Quesn. *nostra q. praeceptio et ratio*, impr. Mansio. Rein. in m. (ad vv. *in eccles. non*) *non in Imperium Rom.* p) 1, cod. Vat. Quesn. Ball. Mans. Cui. 1. Aur. Rittersh. *probavit*. 2 *provocabit*, corr. a P.; recte *provocavit*. q) 4, 5, cod. Oriel. Cui. 1. Aur. Rittersh. Sax. Ball. Mans. Bou. Lab. *ne*. r) 1, Ball. Mans. ex cod. Vat. *nec* propter seqq. *nec cuiquam*. In 1 corr. *ne*. Idem *elario*. Si scribitur *ne ulterius*, scribend. est *nec*, et pendet haec sententia a vv. *haec ratio prov.*; nihil vero mutandum est, si haec vv. cum superioribus coniunguntur. s) 6 *pontificis*. t) Aur. Rittersh. *quicquam*, sed Rittersh. in m. *cuiquam*. 1 *noc cuiquam*. u) Ita 1, 2, 4—6, cod. Oriel. Vid. not. sq. v) 1, 2, 4—6 om. *liceat*, quod h. l. edd. habent. 1 *antestetis* et 2 *antestitis*, sed Sax. *pontificis*. 5 *antistitae*, sed corr. x) Bou. *etiam*. Cod. Oriel. *obviare actibus enim*. y) 1 *nostra* (supr. lin. *nostri*) *inviolatur* — *maxime*. 5 *reverentiam* — *violator*, corr. utrumque. z) Cui. 1. Aur. Rittersh. Quesn. *submovimus*. Sax. *submonemus*. a) 1 *nec*. 4 *hec*. 5 *servum ne*, corr. *verum ne*. Cui. 1. Lugd. Cui. 2, 2*. Aur. Rittersh. Ri. Ri*. *saltim*. b) Cod. Or. *ecclesiam* — *disciplina religionis*. c) 1 *hanc perhenni santione*; Am. corr. *hac*. 4 *hec*. Cui. 1. Aur. Cui. 2, 2*. Lugd. Rittersh. Go. Ri. Ri*. Ball. Mans. Bou. Lab. *hoc*. d) 1, Ball. Mans. ex codd. Thuan. et Vat. *censemus*. 2 *discernimus*. 4, 5 *ne qui*, sed add. in cod. 5 *et* supra *ne*. e) 4, 5 *alienarum*. 1 *episcopis gallinacis*. f) 4—6, cod. Oriel. *veterum*. g) 6 *venerabilis viri*. 1 *veterabilis papae*. 5 *aeternae*, corr. *aeterna*. Rein. provocat ad c. 62 C. Th. de Haeret. (XVI, 5). h) 2, 4—6, cod. Oriel. cod. Vat. Quesn. (ed. 1) Sax. Bou. Lab. Cui. 1—Ri*. om. *hoc*, quod Be. ex 1 et Ball. addidit. i) 2 *illi*. 4, 5 *illi hominibus*, corr. in cod. 5 *illis omnibus*. Ceterum 5 *quae*, corr. *que*. k) Cod. Oriel. *sanxit*, *sanxeritve*. Rittersh. *apostolica*. l) 2 *venerit*. 5 *antestitis* (sed corr.) — *nexglexerit*. 1 *nexlexerit*. m) 4 *servantis*. 5 *que divi parentis*, corr. *parentes*. Infra Aur. *Romana*. n) 4, cod. Oriel. *detulerint*. 5 *detullerunt*. Ball. Mans. *contulerunt* et desinunt h. l. codd. Thuan. Vat. o) Cui. 1. Aur. Rittersh. *Acci*. Go. *Acti*. 4 *ac̄*. Cod. Oriel. *Eti*. Certum est 1 habere *aeti*, quamquam Am. dicit ibi esse *Eti*, sed corr. *Aëti*. Rell. *Æti*, pro quo Ri. em. *Aeti*. p) 1 *pater. pkaa*. Cf. Zir. l. c. p. 335. 2, 4, 5 *p̄k̄ā*. Cui. 1—Ri*. Mans. Bou. Lab. *P. K. A.*, quod praeeunte Brissonio de Formulis III, 63 Lab. pro *parens charissime Augustorum* habet, recte impr. Mansio. Sax. *parens charissime Augusti*. 2 *inlustras*. q) 1, 6 *praecelsa*, ut multis in legibus. Rittersh. om. *magnificentia*. r) Cod. Oriel. add. *per*. Rittersh. *tuae*. s) 5 *etdictalis*, corr. *edictal*. t) 2 om. *legis*. 1 *leges*; Am. corr. *legis*. u) 2, 4—6 (sed 5 a sec. man.), Cui. 1—Ri*. Sax. Bou. Ball. Mans. Lab. *auctoritate*. Vid. not. sq. v) 2, 4—6, cod. Oriel. Cui. 1—Ri*. Sax. Bou. Mans. Lab. om. *secuta*. Vid. not. anteced. x) 5 a sec. man. *facias*. y) 1 *constituta*. z) 3 *serviat decem libras auri* et om. *mulcta*. 4, 5 *libras*. a) 1 *exigendi*. 5 *iudicae*. b) 1, Cui. 1. Aur. Rittersh. om. *divina*, quam v. Am. supplet. 4 *manū divinām*. 5 *manus divina divitate* (sed del. est v. *divitate*) *servet*. 6 *manus divina* (om. *divinitas*) *servet te*. Cod. Oriel. *manus divina te conservet*. 2 *divinitate servet*. c) 1 *per multus annus* (corr. ab Am.) *pater k̄ aa*. Zir. igitur l. c. p. 336 et p. 504, not. *T* addi vult *atque amantissime*. d) 1, codd. Oriel. Vat. Thuan. Ball. Mans. *Iul.*, quo mense recept. Nov. ponenda est post sq. Iam Br. l. c. p. 869 et ex eo Ri. subscript. cod. 1 notaverant. Vid. etiam Zir. l. c. p. 256. e) 5 *Roma*. f) 5 *Victore* pro *VI*. Lab. om. *A*. Val. Thuan. codd. om. *A.* — *Coss.* 1 sec. Am. *IV.* pro *VI.*, de qua re dubito. g) 2, 4—6, cod. Or. Sax. Quesn. Bou. Lab. Cui. 1—Ri*. om. *et Nomo*. 1 *et Nomo* (add. supra *No* litera *u*, id est *Numo*) *u*, quod siglum persuadere videtur suppl. esse *c*, i. e. *et Nomo V. C.*, quod etiam Am. Zir. l. c. Br. l. c. Ri. coniiciunt. *Nomo* ed. Mans., *Numo* Be. Vid. tit. antec., not. *u*. Cui. 1. Lugd. Cui. 2, 2*. Go. Ri. Ri*. *Cons.* Bou. Lab. *consule*. 5 *consulibus*. 1 om. *Coss.*

TIT. XVII. DE MANICHAEIS[a].

1. *Impp. Theodosius et Valentinianus AA.*[b] *Albino II.*[c] *Pf. P.* Superstitio paganis[d] quoque damnata temporibus, inimica publicae disciplinae, et hostis[e] fidei[f] Christianae, ad excidium[g] sui clementiam nostram non immerito provocavit[h]. Manichaeos loquimur, quos exsecrabiles[i] et toto orbe pellendos omnium retro principum statuta iudicarunt. Nec dissimulationem[k] crimina nuper detecta patiuntur. Quae enim, et quam dictu[l] audituque obscoena in iudicio[m] beatissimi Leonis papae, coram senatu amplissimo, manifesta[n] ipsorum confessione patefacta sunt[o]? adeo, ut eorum quoque qui diceretur episcopus, et voce propria proderet[p], et omnia scelerum suorum secreta perscriberet[q]. Quod notitiam nostram latere non potuit, quibus tutum[r] non est, negligere tam detestandam divinitatis iniuriam, et impunitum[s] relinquere scelus, quo[t] non solum corpora deceptorum, sed etiam animae inexpiabiliter polluuntur. §. 1. Unde Albine, parens carissime atque amantissime[u], illustris et praecelsa magnificentia tua[uu] hac nos in aeternum victura lege statuisse[v] cognoscat, quam in omnium provinciarum faciet[x] notitiam edictis propositis pervenire, ut, ubicunque[y] terrarum quisquis[z] Manichaeorum fuerit[a] deprehensus, poenas, quas in sacrilegos[b] iura sanxerunt, auctoritate publicae severitatis excipiat[c]. §. 2. Sitque publicum crimen[d], et omni volenti sine accusationis periculo tales[e] arguere sit[f] facultas. §. 3. Nec cuiquam licitum tutumque sit[g] aut celare tales, aut talibus connivere[h], cum omnia de his a nobis confirmata sint retro principum constituta[i], ut noverint universi hac edictali lege proposita[k], Manichaeos digni-

---

Tit. XVII. 1, Zir. in ind. titt. Am. *Tit. XVI.* 2, 3, 8—13, 15, 17—34, 36—38, 40, Aeg. Sich. Cui. 1. Aur. P. in ind. titt. Lugd. Cui. 2, 2*. P[a]. in ind. titt. Rittersh. Go. P[b]. in ind. titt. Ri. Ri*. L. R. U. *Tit. II.* 6 *Tit. XXII.* Be. *Tit. XVIII.* Totus titulus deest in codd. 4, 5, 35, sed tamen sequentium titt., qui in Br. Al. recepti sunt, numeri retinentur. Vid. Nov. Th. tit. XVI, XXII. et Nov. Val. tit. II, XIII, XIV. Est etiam in S. Leonis Opp. ed. Ball. T. I, p. 626 et ex hac ed. rec. a Mansio l. c. T. V, p. 1238. Bar. ad ann. 445, n. 8, in cod. Oxoniens. Coll. Orielensis. Cod. Greg. XIV, 4. C. Th. XVI, 5, 7. — N. 1. Codd. edd. *N.* 1 s. *un.* Be. add. (*LX.*), i. e. omnium Novellarum in Be. ed. Integra cum interpr. est in codd. 2, 8, 10—13, 15, 17—23, 25, 27, 29—31, 38; omnia praeter interpretis vv. desunt in codd. 24, 40, sed in cod. 24 mutata sunt vv. interpretis. Inscr. et pars textus des. in codd. 28, 34, 36, 37; pars textus inde a §. 1 in codd. 32, 33; sola subscr. in codd. 9, 26. In cod. 3 ipsa Novella deest; pro ea titulo adiecta est explanatio. In cod. 36 nihil deest; transpositum autem est folium, in quo postrema pars legis est. Cf. C. Th. XVI, 7, 3.

---

a) 37 *Manucheis.* Plerique codd. *Manicheis.* 3 *de Mandatis.* b) 22, 38 add. *DD. NN.* ante *Impp.* 6 *Id. aug.* Nonn. codd. *Theud.* s. *Teod.* et *Valentin.* c) Plerique Br. Al. codd. interque eos 1 *Albino II ppo*; nonnulli *bis ppo*; alii *praefecto* aut *praeposito* pro *Pf. P.* 22 *Albino Pfū* (impr. Ri.) et om., ut in aliis codd. *II.* Edd. *Pf. P. II.* d) 1, 2, 11, 12, 15, 17—21, 23, Sich.—Lugd. Rittersh. Go. *paganis.* 22, Cui. 2, 2*. Ri. Ri*. Ball. Mans. Be. *paganorum* et 25 *paganorum priorum.* e) 29, 38 *honestis.* 6 om. *et.* f) 26 *fidei catholicae christianae.* 32 *publice christianae.* g) 26 *exitium.* 22 *exilium.* h) 6 *excitavit.* Nonn. codd. *prov. De Manichaeis loquimur*; alii om. *quos* post *loquimur.* i) Nonn. codd. *execrabilis.* 22, 33 *exsecr. ex toto.* Go. om. *et.* k) 13, 21 *Ne dissimulatione.* 22, 25, 26, 32 *dissimulatione.* 33 *dissimulationū.* l) 6 *Quae enim capiet dictu.* 32 om. *audituque.* m) 1 *iudio.* 2, 6, 8—13, 15, 19—21, 23, alii codd. Sich.—Ri*. *beatissimi Papae Leonis.* 22 *Leonis papae quorum.* 32, 33 *a beat. papae Leonis quorum.* 30 om. *beatissimi — eorum.* n) 1 *senatu amplissimū manefestissima.* 6, 13 *manifestissima.* 22 *manifesta eorum.* 33 *senatus amplissima man.* o) 1, 2, 8, 13, 17, 18, 20, alii codd. *sint.* 38 *sint*, corr. *sit.* 26 *ideo ut*; nonn. codd. *sunt adeorum.* Mox nonn. codd. om. *qui.* Go. *ut eius quoque.* p) Nonn. codd. *prodere*, *proderit*, *procederet.* 26 *qui discernitur episcopus — prodiderit.* 13, 22, 33 om. *et.* 30 *omnium.* q) Nonn. codd. *praescribent*, *praescriberet*, *perscriberent*, *perscribere.* r) Nonn. codd. *totum*, ut 1, qui mox *neglere.* 19 *colligere* pro *negligere.* s) Nonn. codd. *punitum.* t) Nonn. codd. *quod* s. *qui* et infra *polluantur.* Mox 2 *inexpingnabiliter* et 22 *animi.* u) 22 *pf. aug aūg il.*; alii *paa ill.* s. *p̄ k ā ill.* 2 *illustras.* Nonn. codd. om. *illustris.* Sich. *Praefecte Augustorum.* Cui. 1. Aur. Rittersh. Lugd. Go. *Parens Karissime Augustorum.* uu) Ita 13, 15, 21, 22, 23, multi alii codd., qui per compendium *et p̄m̄tua*, nisi quod nonn. *praeclara* habent. Similiter 1 *p̄celsa magnificentia tua*, sed om. *illustris et.* 2 *praecelsa auctoritas tua.* 17 *praeminens ampla magnitudo tua.* Sich. Cui. 1. Cui. 2, 2*. Go.—Be. Ball. Mans. *et magnifica auctoritas tua.* Rittersh. *ill. auctoritas tua.* Aur. Lugd. *illustris* (om. *et*, ut cod. 38) *magnifica auctoritas tua.* Nonn. codd. *hoc* s. *ac* et *nobis* s. *nostra* pro *hac* et *nos.* v) 1, 11, 12, 17—20, 22 *instituisse.* x) Nonn. codd. *faciat.* 6, 23 *notitiam faciet.* y) In nonn. codd. est *ubi* pro *ubicunque*, alii om. *terrarum.* 22 add. *reus* post *terrarum.* z) Ita 1, 8, 11, 12, 15, 17, 21, 23, alii codd. Cui. 2, 2*. Ri. Ri*.; 2, 13, 18, 20, Sich. Cui. 1. Ball. Mans. Be. *quisquam.* 6, 22, 26 *quis.* Aur. Lugd. Rittersh. Go. *quispiam.* 19 om. *quisquis manichaeorum.* a) 37 (neque vero 22, ut Be. nuntiat), Sich. om. *fuerit.* 22 *reprehensus.* 28 *depr. fuerit.* b) 1 *sacrilegio*; alii codd. *sacrilegis.* 34 *sacr. vera* (corr. *iura*) *sane erexerunt.* c) Nonn. codd. *auctoritatem* s. *aucte*, *publice*, *severitates* s. *serenitas* s. *serenitatis*, *excipiant.* 26 *exhibeat.* d) 1 *sedque publicum criminem.* 22 *Sicqua.* 26 *Si quis.* e) 34, 37 *violentissime.* 28 *volentis.* Nonn. codd. *accusatione p. talis.* 26 om. *tales.* f) Nonn. codd. om. *sit.* 1 *arguere sed facultas.* g) 2 *Ne cuiquam l. tuumque sit.* Etiam 28, 34, 37 *ne.* Multi codd. *totumque.* 6 *tutum licitumque sit.* Aur. Lugd. Rittersh. Go. om. *licitum*, sed Rittersh. *tutum* habet. 28 *t. sit ut derelictis aut talibus.* 34, 37 *t. sit ut delere talibus.* h) 1 *cohiberi.* 2, 8—13, 17, 18, 22, alii codd. *conhibere*, ut Cui. 2, 2*. Ri. Ri*. 6 *conuiere cum omnia a nobis de his confirmata.* 19 *couibere.* 23 *cohibere*, sed em. *cobibere.* Sich. Cui. 1 *convivere.* Ri. prob. *connivere*, quod Aur. Lugd. Rittersh. Go. et Be. habent, recte. Mox nonn. codd. *de his quae a nob. confirmata sunt* s. *confirmanda sint* et 2, 36 *cum omni.* Plerique codd. Sich. — Cui. 2*. Ri. Ri*. *hiis.* Go. *iis.* i) 23, Sich.—Lugd. Go. Rittersh. *statuta*, neque vero 22, ut Ri. Be. nuntiant. k) Nonn. codd. *noverit* s. *noviter*, *universis* s. *universa*, *hec*, *edicta lege.* 22 *con-*

tate militiae[l] et urbium habitatione privandos[m], ne quis innocens talium conversatione aut societate capiatur. Successiones nec capiant *), nec relinquant, sed fisci nostri viribus aggregentur. Nec his[n] quod palam interdicimus, ulla fraude quaeratur[o]. Iniuriarum careant actione, contractus[p] liberos omnino non habeant. §. 4. Primates[q] uniuscuiusque militiae vel officii mox exigenda per apparitionem vestram X librarum auri mulcta percellat, si quem hac superstitione pollutum siverint militare. Neque enim aliquid nimium[r] in eos videtur posse decerni, quorum[s] incesta[t] perversitas religionis nomine lupanaribus quoque ignota vel pudenda committit. *Dat. XIII.*[u] *Kal. Iul.*[v] *Romae, Valentiniano A. VI.*[x] *et Nomo*[y] *V. C. Coss.* (445.)

Ex INTEGRO *sic ponenda, quia* EXPOSITIONE *non eget*[z].

TIT. XVIII. DE TRIBUTIS FISCALIBUS ET DE SACRO AUDITORIO ET DE CETERIS NEGOTIIS[a].

1. *Impp. Theodosius et Valentinianus AA. Albino II.*[b] *Pf. P.* Numidarum et Maurorum Sitifensium nuper acta legatio, quam Palladius vir spectabilis[c] comes et tribunus vir clarissimus, et Maximinus[d] vir laudabilis[e] probabiliter exsecuti sunt, huius legis praeceptum de nostra perennitate promeruit. Proinde quia aequum est aegris provincialibus et publica clade vexatis humanitatis nostrae beneficiis subvenire[f], hunc tributi modum ab his magnitudo tua sperandum esse cognoscat, ut, retractis septem partibus, octavam tam privatae quam emphyteuticae[g] glebae possessor agnoscat; pro qua octava[h], omnibus titulis ad unum redactis, quos

---

Tit. XVIII. 1, Zir. in ind. titt. Am. *Tit. XIII.* 2, 3, P. P[a]. P[b]. in ind. titt. *Tit. XXIII.* Cui. 2, 2*. Lugd. Go. Ri. Ri*. *Tit. XXIII.* Nov. Th. 6 *Tit. IX.* P. P[a]. P[b]. in ipsa ed. *Tit. XXII.* Nov. Th. et Val. Rittersh. *Tit. XXII.* Nov. Th., sed sec. ord. *Tit. XXVIII.* Be. *Tit. XIX.* Vid. supra tit. II, XIII. et XIV, not. sup. Commemoratur in indice titt. Novellarum Theod. Cui. 1. Aur. adiecto, sed ponitur a Go. in Prol. cap. VIII. inter Novellas Valentiniani. Commemoratur etiam a Cui. in Comm. c. un. Cod. Iust. de Lit. custod. (XII, 45) l. c. p. 495. Iam Leonh. Adamus Volsiniensis et Hoffmannus (Hist. Iuris Rom. Iust. Lips. 1734. Vol. I, Lib. 1, c. 2, Sect. III, §. 11, p. 486, not.) hunc tit. ex cod. 1 ed. Cf. Ri. not. *v*, Am. l. c. p. XXIII, XLIII. et 92 et nostra praefatio, not. 42, 43. Cf. tit. II. Nov. Val. de Postulando. C. Th. X, 1. — N. 1. Codd. edd. *N.* 1 s. *un.* Be. add. (*LXI.*), id e. omnium Novv. in Be. ed. De cod. 3 vid. infr. §. 15, not. g. Errores typographi, qui ap. Hoffmannum sunt, non indicavi, quia nimis multi sunt. Etiam codicem 1 male expressit.

---

stituta agnoverint et universi — propositam. l) 2, 6 *militiae dignitate.* Nonn. codd. *dignitatem*, alii om. *dignitate.* 19, 36 *malitia.* 20, 23, Sich. *militiae turbium.* 36 *urbium et habitatione.* Sec. Ball. cod. Oxon. *militia dignitate et urbium habitatione.* m) Cod. Oxon. sec. Ball. om. *ne quis — capiatur.* Nonn. codd. *privandus* s. *privandis* (sed 6 *pellendos*), *successione* s. *successionis* aut *capiatur ut successiones* (17 om. *nec capiant*) *nec dum capiant nec derelinquant — adgregetur.* *) Go. Lugd. *rapiant.* n) 1, 2, 6, 8 — 13, 15, 17 — 20, 22, 23 et fere omnes rell. codd. *his*; pauci *hiis*; edd. *eis.* Multi codd. *intercedimus.* Sec. Ball. cod. Oxon. om. *sed fisci — habeant.* o) 6 add. *intercessio.* 28, 34, 37 *requiratur.* Nonn. codd. *iniuriam* s. *iniuria.* p) 1 *contractos liberus omnino non maneant.* Etiam 15, 23, 38, Sich. — Lugd. Rittersh. *contractos.* 13 om. *non.* 28, 34, 37 *careant actione cum fructus.* 26 *constrictus.* Hinc ordo in cod. 36 turbatus est. Nam v. *contractus* sequitur inscr. Nov. de Sepulcri viol. additis vv. *Item alia Interp̄*; haec §. 2 dictae Novellae inde a vv. *Quisquis igitur* usque ad *magnificentia tua legem.* Cum his vv. continuo cohaeret posterior pars Novellae de Manichaeis inde a §. 4. Eam sequuntur tituli de Homicidiis et de Testamentis, denique post interpretationem Nov. 2 de Testam. posita est, praefixo v. *Explanatio*, §. 9 et subscr. Nov. de Sepulcr. q) Nonn. codd. *primatis.* 1 *primate.* Aur. Lugd. Rittersh. Go. *Primatus.* Mox scribitur etiam *officio* s. *officium*, *apparationem vestram X* (Sich. *nostram* et Rittersh. *V.*) *libras* (sed 30 *peracta ratione nostra X libr.* Etiam Sich. *libras*) — *percellant* s. *p̄cellāt si quidem hac* (s. *hanc*) *superstitionem pollulatam* s. *pullulatam siverit* (s. *quiverint, si velint, qui venerint, si vellint, si noverint, sinerent, sciverint, senserint, miscuerint*). Go. *sicuerint.* Sec. Ball. cod. Oxon. om. *vel officii — vestram.* Idem habet *si aliquem ex his sciverint militare.* r) 2, 6 *in eos nimium videtur.* Nonn. codd. *videre.* 11, 12, 19, 20, sec. Ball. cod. Oxon. *nimietate.* 22 *nimietatis.* 29 *nimium nec sui detur posse.* Nonn. codd. *discerni.* s) 2 *in quorum.* t) 1 *quorum incerta perversitas relegionis nominae — ignata.* Etiam 13, 22, 28, 38 habent *incerta* et 22 *quoque nata — committi*; alii *lupare rebus, quoque nota, pudentia.* 2 *obmittit.* Sec. Ball. cod. Oxon. om. *vel pudenda.* u) Nonn. codd. *III.* 11 *XIIII.* v) 30 *Febr.* x) 1 (quod iam Br. l. c. p. 869, et Ri. nuntiant), 11, 12, 15, 17, 19 — 21, 23, alii codd. Sich. — Lugd. Rittersh. Go. *VII.*, recte impr. Am. et Ri.; nonn. codd. *V*; 22 om. *VI.* et Rittersh. *A.* y) Multi codd. Sich. — Ri*. *Numo*, sed Ri. vult *Nomo*, quod Be. ex 1, 11. 19 *Nomidae.* 22 *nomideo* et om. *V. C.* Nonn. codd. *cons.* z) Cui. 1 — Ri*. cum nonn. codd. *Ista* (22, alii codd. *Haec lex*) *interpretatione non eget* (nonn. codd. *indiget*). Sich. *ponenda est.* 24 hanc interpretationem habet: *Lex ista manicheis ita damnat, ut in nulla urbe eis facultas sit vivendi propter scelerum suorum legem.* Rittersh. om. interpr. h. l., sed ponit post rubrum tituli *de Homicidiis*, ubi vid. not. *a*.

a) 1, Zir. Am. *De Tributis fiscalibus et de* (apud Zir. deest *de*) *diversis negutiis.* 2 *De — auditorio vel* (em. P. *et*) *de c. n.* 6 *De Tributis et Fiscalibus* et om., ut Cui. 1. Aur. (in ind. titt.) *et de sacro — negotiis.* b) 2, 6, P. — Ri*. om. *II.* 6 *praeposito* pro *Pf. P.* et P[a]. P[b]. Rittersh. *Pf. Pon.* c) 2 *Palladius Vir comes et tribunus V. C. et.* Edd. *Palladius V. C. comes et tribunus et.* 1 *Palladius. US̄.* (h. e. *vir spectabilis*) *comes tribunus. UC̄. et.* 6 *Palladius vir spectabilis comes et tribunus et.* Correxi vulg. scripturam ex codd. 1, 2, 6. Videtur tribuni nomen excidisse. d) 2, 6, P. P[a]. P[b]. Lugd. Cui. 2, 2*. Go. — Ri*. *Maximianus.* Rittersh. *Maximinianus.* 1 *Maximinus*, quod nomen placet Am. et a Be. restit. est. e) 1 mendose *vel sacerdotales* pro *vir laudab.* f) 1 *humanitates* (corr. ab Am.) — *subvenire.* Ri. prob. *subvenire*, quod Be. repos. 2, P. P[a]. P[b]. *subveniri.* 6 *humanitatis beneficio nostrae subveniri.* Rittersh. *subveneri.* Rell. edd. ante Be. *superveniri.* g) 1 *enphite utice glebe.* 2 *enfiteutice glebe*, corr. P. in m. *em-*

possessor vel civis [i] quolibet nomine praestare consueverant [k], quattuor millia ducentos [l] tantum solidos, et mille ducentas militares annonas, et ducentum capitum Numida provincialis exsolvat [m], ita ut [n] praedia domus divinae, quae a perpetuariis detinentur, simili modo octavam partem inferant etiam argentariae functionis [o]. §. 1. De telonio [p] vero statuimus, ut ex [q] quinque centesimis duae Rusicadiensis et Coluanae [r] civitatibus, tres sacris largitionibus [s] inferantur: de salinis, alumine [t], caractere [u], herba rubea, lini maceratura et clavi vitrei [v] tantum tituli a [x] sacris largitionibus [y] pro numero hominum et possibilitate poscantur, ab [z] hoc actu vel cura curialibus [a] penitus remotis. §. 2. Quinta etiam, quae in privilegiis domus [b] pietatis [c] nostrae vel necessitudinum nostrarum recedit [d], superfundatur [e] cunctis possessoribus, ut [f] promissa [g] summa, quae ad arcam defundenda est [h], impleatur. Quae [i] omnis exactio per provinciale procuretur officium, a [k] curialibus submota molestia. §. 3. Has [l] autem militares annonas cum provinciales pro longinqua difficultate [m] itineris in adaeratione persolverint, unius annonae adaeratio quattuor per annum solidis [n] aestimetur. §. 4. Ne vero necessitatis occasione, in expeditione milite [o] constituto, carioris cuiquam vendere liceat pretia [p] necessariarum rerum, sub hoc modo, quo [q] annonam adaeramus [r], iubemus inferri [s]: id est tritici ad singulos solidos Italicos modios [t] quadraginta, et carnis pondo [u] CCLXX [v], vini sextarios [x] [Italicos] ducentos. §. 5. Mauri vero Sitifenses, servatis omnibus privilegiis dudum sibi a retro principibus indultis, pro omnibus titulis totius annonae nomine quinque millia solidorum [y], et quinquaginta capitum [z] in annonis ducis consueto [a] tempore annua functione depen-

---

phiteuticae, quod transiit in edd. h) 1 *octavā*. i) 6 *possessor cuiuslibet*. Guth. de Off. Dom. aug. III, 17 em. *quivis*, impr. Ri. k) 6 *consueverat*. l) 1 *ducentus*. Mox Rittersh. *ducentas mulieres annonas*. m) 6 *ducenta capita provinciales Numidie exsolvant*. P [b]. *Numidia*. n) 2, edd. ante Be. *aut* pro *ita ut*. P. in m. cod. 2 corr. *ut*. P. ms. et P. in not. *at*. Ri. prob. cod. 1 scriptura *ita ut*, quam Be. rec. Mox 2 *detenentur*, corr. a P. *detinentur*. o) 2 *functiones*, corr. a P. *functionis*. p) 1 *theulonio*, sec. Am. *theuloneo*, sec. Hoffm. et Ri. *thealoneo*. 2 *colono*. 6 *colonis*. P. P [a]. *functionis*. * *De colone*. Rittersh. *functionis*. *De colore*; rell. edd. ante Be. *functionis*. *De colone*. Guth. l. c. em. *De coloniis*, Ri. *teloneo*. q) 2, edd. ante Be. om. *ex*. Ri. in not. add. *ex*, quod 1, 6, Be. habent. r) 1 *centissimis . due . rusiccadiensis* (non *russicadiensis*, quod Be. dicit, neque *rusicaniensi*, ut apud Hoffm. et Ri. est) *et collectane*. 2 *coluane*. 6 *colitaneae*. P. P [a]. *centissimis* * *due rusi* * *canienses et coluane* * *civitatibus*. Cui. 2, 2* *centisimis due rusi canièses et coluane* et est asteriscus in m.; Lugd. Go. *centesimis due rusi canienses et coluane* et est asteriscus in m. Lugd.; P [b]. Rittersh. *centissimis* etc. ut Go.; Ri. Ri*. *centisimis* etc. ut Go. Em. Rein. *ut duae e Rusicaniense et e Colusitana civitatibus*. P. in not. abstinet ab em., hoc loco et infra. Val. *rusci canensi et cullianae civ.* et Guther. l. c. *Rusicadensi et Culluanae civ.*, prob. Ri., cui displicet quod Adamus cj., *Rusicadiensi et Collatanae civitatibus*. Cullu esse municipium Numidiae maritimum prope Tuccam civitatem, ad ostia fluminis Ampsagas, Rusicaden coloniam Numidiae ad mare sitam. Vid. Ri. not. *v*, ubi multa de his locis disputat. Be. *Rusicaniensis*. s) Ita 1, 6, prob. Ri.; 2, P. — Ri*. *largitionabilibus*, sed Rittersh. *largitionalibus*. Be. ed. *largitionibus*. t) 2 *salini salumine*, sed em. P. *salinis alumine*. 6 *alumine salinis*. u) 1, 2, P. P [a]. Rittersh. P [b]. *caractere*; rell. edd. *charactere*. Quid h. v. significet, non apparet. Itaque Ri. putat leg. esse *carraria* et Numidiam marmore eximio abundasse vett. scriptorum testimoniis probat. Fortasse leg. *carbaso*. Mox dicitur *lini maceratura*. In re dubia secutus cum codd. 6 om. *caractere* — *vitrei*. P. hunc locum in ambiguo relinquere mavult quam emendare. v) 1 *erba robe alini* (non *robea lini*, ut Am. scribit) *maceratura et clauetrii* et pon. *ui* supr. *ue*, quare non accurate Ri. et Hoffm. codicem 1 *clavi vetrei* habere dicunt. *Herba rubia* et *clavis citreis* scribendum esse Ri. l. c. demonstrat. x) Ita 1, Be.; 6 *ut tantum* (et om. *tituli*) *a*. 2, Rittersh. P [b]. *titul a*. P. P [a]. *titul* * *a*. Cui. 2, 2*. Lugd. *titul. a* et est asteriscus in m. Go. Ri. Ri*. *titul. a*. y) Ita 1, 6. 2, edd. praeter Go. *largitionalibus*, prob. Ri., sed corr. P. in cod. 2 *largitionibus*. Go. *largitionabilibus*. 1 *pro numerū*, sed em. Am. z) 2, edd. ante Be. *ob*. P. in not. P [b]. in m. Rein. em. *ab*, consentiente cod. 1 et prob. Ri., quem Be. secutus est. Etiam 6 *ab*. Vid. not. sq. a) 1 *curalibus*, em. Am. Vv. h. l. partim transposita, partim mutata sunt in cod. 6, qui sic: *largitionibus poscatur quantum pro numero hominum visum fuerit ab hoc actu vel cura curialibus penitus remotis*. b) 2 *remotis quintam omnibus quae iugiis* (P. in m. *iugis*) *domus*. P. P [a]. Rittersh. P [b]. *remotis*, *quintam omnibus quae iugiis etiam domus*. Cui. 2, 2*. Lugd. Go. Ri. Ri*. *remotis*, *quintam omnibus quae iugis etiam domus*. Rein. em. *Quin etiam omnis*, *quae a iugis e. d.* P. et Ri. abstinent ab em. 6 *Quinta etiam omnibus privilegiis domus*. Vid. not. *d* et *e*. Be. secutus est cod. 1. c) 1 sec. Am. *pietates*, corr. ab Am. d) 6 om. *recedit*. Rein. add. *et*. Be. em. *resedit*, optime. e) Be. ex cod. 1 *superfundatur*. 2, 6, P. — Ri*. *superfunditur* et om. in cod. 6 *cunctis*. f) P. — Ri*. *sit*. Falsum est, quod Hoffm. et Ri. dicunt, 1 habere *sit* — *qua ad*. g) Rein. mavult *remissa*. h) Be. ex cod. 1 *defundenda est*. Similiter et fortasse melius 6 *deferenda est*. 2, P. — Ri*. *defendentes*. i) 1 *qua*. k) 1 om. *a*. l) P [a]. P [b]. *Ha! autem*. m) 1 *longinqui difficultati*, corr. Am. *difficultate*. Bene scriptum est *longinqui*. Infra 1 *adheratione*. n) 2 *solidi*, corr. P. *solidis*. o) 1 sec. Am. *milti*, corr. Am. *militi*. Ego legi in cod. 1 *militi*. 6 *militi*. 2, edd. *milite*. Malo *militi* (ne cuiquam liceat carioris vendere militi). p) 2 *cariore c. vindere l. p.*, corr. a P. 6 *cariore* — *pretio*. q) 2 *quod*, corr. P. *quo*. r) 1 *aderavimus*. s) 1, Be. *inferri*, prob. Am. et Ri*. 2, 6, P. P [a]. P [b]. Lugd. Cui. 2, 2*. Rittersh. Ri. Ri*. *ferri*. P. in cod. 2, P. in not. P [b]. in m. P. ms. Cui. 2, 2*. Lugd. in m. em. *farris*, quod Go. rec. P. in not. P [b]. in m. notat: „*Ad id quod sequitur pertinet nonnihil Novella constitutio de Suariis*." t) 1 *modius* (non *modios*, ut ex Hoffm. Ri. notat) et corr. Am. *modios*. 2 *singula* (P. corr. *singulos*) *s. Ital. modios*. P. — Ri*. *singulos s. I. modia*. u) 1, 6, Be. *carnis pondo*, prob. Ri. 2, P [b]. Rittersh. Go. Ri. Ri*. *carnes pondus* et add. P. in m. cod. 2 *et carniū pondo CCLXX. In No.* 39 *cp CCXL*. P. P [a]. Lugd. Cui. 2, 2* *et* * *carnes pondus*. v) 1 *ducenta septuaginta*. x) 1 *vini sestarius ducentus* (corr. Ri. et Am.), om. igitur *Italicos*, quare hoc v. Be. uncis inclusit. 2, P. — Ri*. *sextaria*. y) 1 *milia . soledus*. 2, 6 *milia solidos*, em. P. in cod. 2 *solidorum*, quod transiit in edd. Codd. igitur *solidos*, quod aeque bonum est atque vulg. script. z) 6 *capita*. a) 2 *consuetudo*, sed P. in m. em. *consueto*.

dant, pro octava portione soluturi[b], quod tributum[c] erit, exceptis praediis divinae domus, quae tamen exemplo[d] Numidiae provinciae collatura sunt pensiones[e]. §. 6. Desideriis vero, quae probabiliter insinuata sunt auribus nostris, singillatim responsa praestamus, ne cuiquam passim titulos[f] in praediis propriis, vel alienis, vel pietatis nostrae nomine, vel sacrarum necessitudinum nostrarum, vel cuiuslibet alterius fas sit[g] affigere: ita ut[h] et si qui post recuperationem provinciarum impositi sint[i], illico a possessore praedii deponantur: eosque[k] haec poena maneat[l], ut, si qui[m] suo fundo apposuerit titulos, quinque libras auri fisco nostro cogatur inferre, si alieno, amissa negotii repetitione[n], quaecunque[o] ei competit, decem libras auri qui fuerit titulos apposuisse convictus exsolvat. §. 7. Interest etiam publicae commoditatis, ne vexatae[p] provinciae ambitione extraordinaria subruantur[q]. Ad has[r] itaque provincias praeter ducem vel consularem et praesidem, qui vetustatis privilegio ordinariorum iudicum nomen[s] obtinent, nec curiosos littorum[t], nec quemquam sub alicuius[u] actionis occasione illuc dirigi, sublimitas tua adspirare*) patiatur. §. 8. Ne quis vero de hac ipsa raritate[v] colonorum clericatus[x] vel militiae privilegio se existimet[y] excusandum, superioris legis, quae hoc inhibet[z], formam praecipiet custodiri[a]. §. 9. Praeterea Constantiniensis civitatis plebi vel curialibus concessa dudum privilegia debere servari, ita ut aquam civitatibus deputatam ad privatos usus[b] non liceat usurpare: loca quoque publica, si sine legitimo[c] praecepto ab aliquo tenentur, pristino iuri oportere restitui. Advocatis vero intra Africam manentibus non debere imputari[d] ad annorum numerum tempora[e] incursibus interrupta barbaricis: quae tamen cum expleverint, clarissimatus[f] honore potiantur. §. 10. Illud etiam permoti[g] iustis allegationibus libenter annuimus, ut, quia publico infortunio ad paucos redactus est ordinum numerus, in municipalium confectione gestorum[h] sit firmitas, si apud tres curiales publico fuerint exceptore perscripta[i]. §. 11. Cautiones[k], quae expensarum nomine viro spectabili Octaviano emissae sunt[l], cognitis per proceres[m] nostros caussis earum, iusta ratione vacuamus. §. 12. Quicunque etiam intra provincias Africanas ad ius nostrum pertinentes a cuiuslibet iudicis sententia[n] provocaverint, quoniam decreti antiquitus cognitoris cessat officium, illustris urbanae praefecturae[o] examine ex appellatione[p] se noverint iurgaturos[q]: sed quia transmarinae regionis sunt, inducias temporis[r] annum debere praestari. §. 13. Illud etiam, iustitiam petitionis secuti, salubriter ordinamus, ut, quoniam militaris[s] opera tunc maxime necessaria est, si in limite[t] constituta barbarorum discursibus opportune semper occurrat, evagandi ex his[u] locis licentia denegetur; ne tamen hi[v], quibus in mediterraneo familia est atque possessio, a[x] domiciliis propriis penitus excludantur[y],

---

b) 1 *pro octabā poscionē solituri*. 6 *pro octava parte*. c) Ri. *tributum* pro *attributum* accipit. d) Go. *ex templo*. 1 *exemplū*. e) 2, P.—Ri*. *possessiones*. 6 om. *pensiones*. Ri. probatur *pensiones*, quod 1 habet et Be. repos. f) 1 *nec cuiquam passim titulus*. Mox Ri*. *sacrarum*. Supra Be. *sigillatim*. g) 2 *fassit*, em. P. *fas sit*. Rittersh. *adigere*. h) 1, 6, Be. *ita ut*. 2, P.—Ri*. *itaque*. i) 1 *sunt* (non *sint*, ut Hoffm. Ri. Am. Be. notant). 2 *inposite reperiantur*, sed em. P. *inpositi reperiantur*, quod transiit in edd. 6 *sint*, quod mihi probatur. k) 6 add. *post*. l) 2 *peneat* et corr. P. *teneat* vel *puniat*. P.—Ri*. *teneat*. Falso Adam in edd. scribit esse *manet* et in cod. 1 *teneat — opposuerit*. Nam 1 *maneat — appos*. m) 1, 6, P[a]. P[b]. *quis*. Rittersh. *fundo suo*. n) Sic Be. ex cod. 1. Ri. tentat *amissa fundi* (pro *negotii*) *petitione*. 2, P.—Ri*. *amisso secundum petitionem*, em. P. in m. cod. 2 *petitione*. o) 6 *quodcunque*. p) 2 *vexe*, corr. a P. q) 6 *obruantur*. r) 2 *abbas*, corr. a P. s) 6 *nomina*. Rittersh. *iudicium nomen*. t) 6 *lictorum*. Cf. Hollweg, Process, T. I, p. 44, not. 33. u) 2 *alicui*, corr. a P. *) Ri. v. *adspirare* abundare dicit. Qua ex caussa Be. videtur uncis inclusisse vv. *nec quemquam — dirigi*. v) 1 *raretate*. 2, P[b]. Rittersh. Go. Ri. Ri*. *ipsa veritate*. P. Lugd. Cui. 2, 2*. P[a]. *ipsa * veritate*. P. in m. cod. 2 tentat *varietate*. Ri. difficile videtur emendare locum. x) 2, P.—Ri*. *clericus*, corr. P. in cod. 2, P. ms. P[a]. in not. P[b]. in m. Ri. *clericatus*, quod Be. ex 1 repos. et 6 habet. y) 1 *estimet*. z) 2 *inibet*, corr. P. *inhibet*. 1 *superiores leges . que* (om. *hoc*) *inhibet*. a) 1 *furmā. praecipiet costodire*. Etiam 2 *praecipiet*. 6 *iubebit*. Supra §. 7 *sublimitas tua*. Edd. *praecipies*, ex P. corr. in cod. 2. Cf. C. Th. XII, 1, 64. b) 2 *usos*, corr. a P. c) 1 *usurpare locaque publica sine legitimo*. 2 *usurpare* et add. est *i* supra *e*, i. e. *usurpari*, quod P.—Ri*. habent. d) 1 *pristino iure — imputare*. e) 2 *numero tempore*, corr. a P. f) 1 *expleberint carissimatus*. 6 *tamen si expleverint clar*. g) 2 *permotis*, corr. a P. h) 1 *confectio gestorum*. 1 *iustorum*, corr. a P. i) 2, P.—Ri*. *praescripta*. 6 *exceptae rescripto*. 1 *perscripta*, prob. Ri. Be. rec. *perscripta*, et hoc iam P. ms. P. in not. prop. k) 6 add. *autem*. l) 2 *nomine viri Octaviano emisse sunt* et corr. P. in m. *viri*. *Ubi octavo anno* vel *ubi octavū annū emisse sunt*: neque vero insistit huic cj.; nam lineis sua verba iterum del. P. P[a]. *nomine * viri* (om. *spectabili*) *Octaviano emissae sunt*. Cui. 2, 2*. Lugd. Rittersh. P[b]. Go.—Ri*., impr. Ri., *nomine viri Octaviano emissae sunt* et est asteriscus in m. Cui. 2, 2*. Lugd., qui vero etiam ad sq. not. pertinere potest. P. ms. *iuri Octaviano*. P. in not. P[b]. in m. *iuris Octaviano*, sed dubitat. 6 *nomine viro sublimissimo Octaviano*. 1 sec. Hoffm. et Ri. *V. C. Octaviano*, quod Ri. vult restitui, sed 1 habet *US*, i. e. *viro spectabili*, quod ed. Be., qui vero in not. recte addit *a* (*a viro*). m) Hoc consentientibus codd. 1, 6, prop. P. in cod. 2, P. ms. P. in not. P[b]. in m. Val. Rein., prob. Ri., edidit Be. pro *cognitis proces nostros*, quod 2, Cui. 2, 2*. Lugd. Go. P[b]. Rittersh. Ri. Ri*. (vid. not. *l*) habent. P. P[a]. *cognitis * proces nostros*. 1 *nostrus*, em. ab Am. n) 6 *pertinentes ad cuiuslibet iudicis sententiam*; similiter 1 *pertinentes ad cuiuslibet iudices sententia — cognitores*. Cf. C. Th. I, 6, 10, Go. ad C. Th. XI, 30, 3 (T. IV, p. 236), Hollweg. l. c. T. I, p. 64, not. 18. o) 2 *illustri urb. praefecti*, unde P.—Ri*. *illustri urbis praefecti*. 6 *illustris viri urb praefecti*. Ri. vult *in inlustri*. p) 6 om. *ex appellatione*. q) 1, Rittersh. *iurgatores*. Cui. 2, 2* *iurgatutos*. r) 1, 6 *tempori*. s) 2, P[b]. Cui. 2, 2*. Lugd. Rittersh. Go.—Ri*. *quoniam politaris*. P. P[a]. *quoniam * politaris*. P. in cod. 2, Cui. 2, 2*. Lugd. in m. em. *militaris*, prob. Ri. et consentientibus codd. 1, 6. Itaque Be. ed. *militaris*. t) 1 *limine*, impr. Ri. u) 2, P.—Ri*. *ex domini locis*. 1, 6, Be. *ex his locis*, prob. Ri., qui tamen mavult per annum huius modi militibus [z] unius mensis inducias debere concedi [a]. §. 14. Erit etiam sollicitudinis ducis provinciae [b], ne cuiquam ad occasionem vexandarum provinciarum [c] armatos habere liceat, nisi forte his, qui sub periculo proprio laudabili animositate contra hostem manus suas viresque promiserint pro utilitate communi: quorum animositatem ita erigendam [d] esse censemus [e], ut, quicquid de praeda hostium conquisierint [f], sibi habeant, exceptis hominibus, quos se provinciales docuerint perdidisse. §. 15. Iudicibus vero administratione perfunctis [g] ante exactos tres menses discedendi de provincia licentia denegetur, ut aut [h] coram positus bene actae rei fruatur [i] laudibus, aut certe, si direptionis alicuius docebitur [k] conscius, se repetitioni [l] discessus celeritate [m] non subtrahat, Albine, parens carissime atque amantissime. §. 16. Illustris [n] et praecelsa magnificentia tua ad utriusque provinciae legationem beneficia praesentis legis propositis vulgabit [o] edictis, ut relevati [p] concessa [q] cognoscant, iudices statuta custodiant, prohibiti [r] interdicta non ambiant. *Emissa* [s]. *Dat.* [t] *XI. Kal. Iul. Romae, Valentiniano A. VI. et Nomo* [u] *V. C.* [v] *Coss.* (445.)

TIT. XIX. DE HOMICIDIIS CASU AN VOLUNTATE FACTIS [a].

1. [b] *Impp. Theodosius et Valentinianus AA. Maximo* [c] *Pf. P. II. et Patricio* [d]. Criminosos quidem aversamur [e] omnes et praecipue humano cruore pollutos [f], quorum crescit [g] audacia, cum [h] impunitas per simplicia [i] vel etiam [k] personalia rescripta donatur. Nefas dictu [l], per ignorantiam facinora defensione vallamus [m]. Sed quantum est, quod occupationibus nostris astutia plectendae subreptionis [n] illudit? cum rescripta huius modi etiam viro illustri quaestore [o] nesciente procedant [p], quem custodem statuimus esse iustitiae, qua

Tit. XIX. 1, Zir. in ind. titt. *Tit. XVII.* Am. *Tit. XVI.*, err. pro *XVII.* 2—5, 8—13, 15, 17—34, 36—39, 41, Aeg. Sich. Cui. 1. P. in ind. titt. Aur. Lugd. Cui. 2, 2*. P [a]. in ind. titt. Rittersh. Go. P [b]. in ind. titt. Ri. Ri*. L. R. U. *Tit. III.* 35 *Tit. II.* 6 *Tit. XXIII.* Be. *Tit. XX.* Vid. Nov. Th. tit. XVI, not. sup., tit. XXII, Nov. 2, not. *v*, Nov. Val. tit. II, III, XIII, XV, not. sup. C. Greg. XIV, 3. C. Th. IX, 14. L. R. B. tit. II. Ed. Athal. c. X. Cod. Iust. IX, 16. — N. 1. Codd. edd. *N.* 1 s. *un.* Be. add. (*LXII.*), id e. omnium Novv. in Be. ed. Integra cum interpr. est in codd. 2, 11—13, 15, 17—21, 23. Omnia praeter interpr. des. in codd. 3, 41; inscr. et textus in codd. 4, 5, 24, 30; textus et subscr. in cod. 35; pars textus et subscr. in codd. 22 (vid. infr. §. 2, not. g), 39; solus textus in codd. 8—10, 26—29, 31—34, 36—38; sola subscr. in cod. 25.

limitaneis locis aut *domicilii locis.* v) 2 *hii.* x) 2 *ad*, corr. a P. *a.* 6 *est et possessio a.* y) 6 *penitus exsolvantur.* z) 1, Be. *militibus*, prob. Ri. et Am. 2, P.—Ri*. *limitibus.* 6 *militibus inducias unius mensis.* a) 2 *non cedi*, corr. P. *concedi.* b) 6 *comitis provinciae.* c) 1 *vexandarum reliquiarum armatus*, sec. Hoffm. *reliquarum*, quod falsum est. Mox Ri*. *fortes his.* d) 1 *virisque promiserit — communi* (om. *quorum*) *animositatem ita erigendam.* 2 *ante regendam*, em. P. in cod. 2 *integrandam.* P. P [a]. *mite * regendam*; rell. edd. ante Be. *mite regendam.* P. ms. P. in cod. 2, P. in not. P [b]. in m. em. *integrandam* et Cui. in m. Cui. 2, 2*. Lugd. *ita augendam*, prob. Ri. e) 2, P.—Ri*. *censuimus.* f) 1 *conquesiverint*, i. e. *conquisiverint.* g) §. 15 exstat in cod. 3; is *adm. percunctis* et om. *ante exactos.* 6 *administrationis perfunctae.* h) 2, 3, 6, P.—Ri*. *ita ut* et 3 *quorum.* Ri. prob. cod. 1 scriptura, quam Be. rec. Lugd. Go. *positis.* i) 1 *fruetur.* k) 3 *decebitur.* l) 1 *se repetione*, corr. Am. *repetitioni*, quod Be. rec. 2, 3, 6, P.—Ri*. om. *se repetitioni.* m) 3 om. *celeritate.* 2, 6, P.—Ri*. add. *se.* Vid. not. anteced. n) 2 *p̃k̄ā inlustras*, em. P. *inlustris.* P. P [a]. Rittersh. P [b]. *P. K. A.* o) 2 *leges — vulgavit*, corr. a P. p) Ri. Ri*. mendose *revelati.* q) 1 sec. Am. *concessas*, corr. Am. *concessa.* r) 1 *cognuscant proibiti* et om. *iudices statuta custodiant.* 2 *prohibenti*, em. P. *prohibiti.* s) 1 *ambiante missa.* 6 hanc sententiam ita habet: *ut revera concessa iud. cogn. stat. cust. prohibeant interd. non abnuant emissa.* Cf. Go. ad C. Th. VIII, 7, 11. t) Ri. *Dat.* a sciolo librario additum esse putat, ut scribendum sit *Emissa XI. Kal.* Etiam Am. alterutrum verbum (aut *emissa* aut *data*) supervacaneum esse videtur. Sed errant Am. et Ri. Omisit librarius addere, quo die emissa sit Novella. Vid. Praef. C. Th. p. XLI, not. 242. u) 2, 6, edd. *Numo.* Ex 1 *Nomo*, quod videtur etiam Ri. velle. v) 2 *vecariis*, corr. a P. 1 *conss.*

a) 1, Zir. Am. *De homicidiis casu factis nec ne.* Multi codd. veluti 11—13, 15, 18—21 om. *An Voluntate.* 6 *De Homicidis* et des. *casu* etc. P. P [a]. P [b]. in ind. titt. *vel voluntate.* 23, Sich. *De Homicidio casu facto*, sed Sich. in ind. titt. *De h. casu, et voluntate facto.* Cui. 1—Lugd. Go. *De Homicidio casu an voluntate facto.* Rittersh. *De Homicidio casu an voluntate facto. Ista interpretatione non eget*; pertinent autem vv. *Ista — eget* ad tit. XVII. de Manichaeis, qui ap. Rittersh. et in Br. Al. proximus ab hoc titulo est. Errore ea huc translata esse manifestum est. Ri. *An* pro *sive* accipit. Puto aut codicis 1 rubrum rec. esse, aut cum plerisque codd. scrib. *De Homicidio Casu facto.* b) Nonn. codd. add. *DD. NN.* Multi *Teod.* s. *Theud.* c) Be. *Albini* nomen scrib. esse putat. Ne unus quidem codex confirmat Be. sententiam. Cf. Zir. l. c. p. 315, not. *C.* Error videtur latere in nomine *Maximi.* d) 2, 13 *Maximo viro illustri.* Multi codd. om. *II. et Patricio* aut *Pf. P. II. et*, ut 1 et 22 (quod Zir. l. c. videtur probari) aut *II.* 11, 13, 15, 21 *Maximo patricio II.* 23 *Maximo II. mı̃li patr̃.* Similiter Sich. *Maximo II. militi et patritio*, quare Zir. cj. *Maximo M. Militum et.* Cui. 1. Aur. Lugd. Rittersh. Go. *Maximo II. PP. et.* Zir. cj. *Expr. P. II. et.* e) 6, 15, 21 *adversamur.* 22 *omnes adversamur.* R. *sed* pro *et.* f) 23 *humano pollutos* et est spatium ante v. *quorum.* Sich. *humano pollutos sanguine.* g) Nonn. codd. *crescet.* h) 22 *auctoritas dum*, sed in m. *audacia.* 2 om. *cum — simplicia.* Go. *impunita.* i) 22, Sich. *post supplicia*, improb. Ri. Cui. 2, 2* *vel simplicia.* Rein. add. *per* post *vel.* 6 *per supplicationes et per divalia rescripta.* k) 15, 19, 21, 22 om. *etiam.* Infra Sich. *donantur.* l) Rittersh. *Ne fas.* 22 *dictum per ignorantia.* m) 1 *defensionem bellanus.* 18 *vallemus.* n) 22 *occupationi nos — rurreptionis.* Cum v. *illudit* desinit Novella in cod. 39. o) 1 *vir inl. questore.* 22 *ul.* (cum virgula in utroque codice traiecta per literam *l*) *Quaestore.* p) 15, nullum carere [q] debet oraculum. §. 1. Merito ergo male usurpata prohibentes hac [r] edictali lege sancimus [s], ut homicidii [t], quod tamen casibus imputaverit confessio supplicantis [u], non aliter indulgentia [v], nisi nostri numinis [x] annotatione praestetur, quoniam rariora [y] erunt facinora sub nostrum ventura iudicium [z], nec ulla [a] nisi discussis [b] rebus venia continget [c]. §. 2. Postquam tamen ad cuiuscunque cognitoris tribunal annotatio nostra [d] pervenerit, examinari fidem precum diligenter iubemus, ut, si homicidium [e] vel casu [f] vel vitandae mortis necessitate constiterit admissum [g], venia [h] tribuatur orantibus. Deprehensos [i] vero in mendaciis illico poena percellat. His [k] enim tantum [l] volumus ignosci, in quorum lapsibus sola potest fortuna culpari. Homicidas autem in hominum caedem nefaria voluntate grassatos, aliorumve capitalium criminum reos nec per annotationes nostras licebit [m] absolvi. §. 3. Vir spectabilis [n] magister scrinii, qui interdicta supplicantibus responsa praebuerit, quinque librarum [o] auri mulctam sacro aerario nostro cogatur [p] inferre. Memorialis [q] quoque cuiuslibet scrinii, qui adversus vetita [r] rescriptum fuerit exsecutus, spoliatus [s] militia quinquennii relegatione plectatur [t]. Quod enim fas [u] non est vel per annotationes nostras nocentes mereri, multo magis vetamus [v] rescriptis simplicibus impetrare [x], Maxime, parens carissime atque amantissime [y]. §. 4. Illustris [z] itaque et praecelsa [a] magnificentia tua necessariam [b] humano generi sanctionem cunctorum notitiae [c] publicari propositis iubebit [d] edictis, ut salubria constituta [e] nullus ignoret. *Et manu divina* [f]: *Divinitas* [g] *te servet per multos annos, parens* [gg] *carissime atque amantissime. Dat.* [h] *VI.* [i] *Id. Dec.* [ii] *Romae* [k], *D. N.* [l] *Valentiniano A. VI.* [m] *et Nomo* [n] *V. C. Coss.* [o] *PP.* [p] *pridie* [q] *Id. Dec.* [r] *in* [s] *foro Traiani* [t]. *Subscripsi* [u]. (445.)

Interpretatio. *Lex ista praecipit* [v], *ut si quis ad principem convolaverit, asserens se* [x] *casu homicidium perpetrasse* [y], *non voluntarie a se homicidium fuisse commissum, et si per supplicationem a rerum dominis veniam potuerit impetrare, a rectore* [z] *provinciae, ubi casus iste* [a] *commissus est, id specialiter debet* *) *inquiri et si certa fuerit suggestio supplicantis, veniam mereatur obtentam* [b]. *Ceterum si voluntarie habita discussione convictus fuerit homicidium commisisse, eandem poenam excipiat, quae de homicidiis legibus habetur ex-*

19, 21 *procedent.* 22 *procedunt.* q) 22 *quae nullum capere.* r) 23 *haec.* Nonn. codd. *ac.* 25 om. *hac.* 19 *ediciali.* s) Nonn. codd. *sanximus.* t) 1, 2, 15, 19, 21, 22, R. *homicidii.* 11—13, 20, 23, 25 *homicidium.* Edd. *homicidio.* u) Nonn. codd. *supplicantes.* v) Nonn. codd. *indulgentiam.* x) Omnes codd. praeter 11, 12, Sich.—Ri*. *nominis.* 11, 12, Be. *numinis*, impr. Ri., sed prob. Zir., quem vid. l. c. p. 243 sq. y) 1 *quoniam rara.* 13 *quod rariora.* z) 22 *nostro ventura iudicio.* 25 *veniet iudicium.* a) 25 *nec ullam.* 6 om. *nec ulla — continget.* b) 11, 12, 19, 20 *discursis.* c) 11—13, 20 *contingit.* 15, 19, 21 *contigit.* 22 *contingat.* d) 25 *ad notitiam nostram.* 2 *cognitores.* 22 om. *cognitoris.* Idem *exanimari.* e) 15, 19, 21, 22 om. *ut si homicidium* et 25 *si.* f) 15, 21, 22 *causa*, improb. Ri.; Cui. 1—Lugd. Rittersh. Go. om. *vel casu.* g) Sqq. des. in cod. 22, etiam subscript. h) 1 om. *venia.* Nonn. codd. *veniā* et *honorantibus* pro *orantibus.* i) 1 *deprehensus.* Rittersh. om. *vero*, postea habet *mendacio.* k) Nonn. codd. Sich.—Cui. 2*. Ri. Ri*. *hiis.* Go. *iis.* l) Ita 1, 6, 11—13, 15, 17—21, 25; 23, edd. *tantummodo*, praeter Rittersh. qui *tantum nudo.* Mox nonn. codd. *cede nefaria* et *crassatos.* 23, Sich. *in hominis caedem.* m) 1 *liceuit.* n) 1 *US.* 15 *Ut spectabilis.* Nonn. codd. *exspectabilis.* 6 *Vir aū spectabilis.* o) 1 *quinque librarum auri multam*, sed sec. Am. *multa*, qui vero corr. *multam.* Rell. *quinque auri librarum*, nisi quod codd. nonn. *multas* habent et 20, 23 *multa.* 25 *multam secretario nostrō.* p) 2 *cogitur.* 11, 12, 17, 19, 20 *cogetur.* q) Nonn. codd. *Memoriales.* 20 *Memoriale.* Mox plerique codd., etiam 1, 2, 11, 12 *adversum.* r) 23, Sich.—Lugd. Rittersh. Go. *vetitum.* s) 1, 13 *expoliatus* et 15, 21 *exspoliatus.* t) 1, 2, 11, 12, 18—20, 23 *plectetur.* Supra *cogatur.* u) 25 om. *fas* et mox 6 *nocentes*, Rittersh. *nostras.* v) 15, 21 add. *veniam.* 1 *merire multū magis vetamus ꝑscriptis.* x) 1, 2, 6, 11 (sec. Ri.), 13, 15, 19—21, 25 *impetrare*; 25 *simplicibus est vel per annotationes nostras nocentes impetrare*; rell. codd. et edd. *impetrari.* y) 1 *maxime postkaa.* 2 *pater karissime eamque amantissime.* 15 *parens karissime auguste.* Sich. *praefecte charissime AA.* Cui. 1—Lugd. Rittersh. Go. *charissime.* z) 2 *Inlustras.* 1, 18, 25 om. *Illustris* et 13 *Itaque.* a) Sich. *praeclāra*, neque vero 22, de quo loquitur Be. Vid. supr. §. 2, not. g. 23 om. *magnificentia.* b) 15, 19, 21 *necessaria* et om. 15, 21 *humano — notitiae.* Rittersh. *generis.* c) 6 *sanctionem in cunctorum notitiam.* 11 *notiae.* d) 13 *iubet.* 25 *publicari iure interdictis ut.* e) 11, 15, 19, 21 *statuta.* 20 *stuta.* f) 1 om. *Et manu divina — amantissime.* Vid. Zir. l. c. p. 336. Cf. Cui. in Comment. ad c. 2 Cod. Iust. de Petit. bon. (X, 12) l. c. p. 245. g) 19 *divinitatē.* In cod. 6 deest *divinitas.* gg) 23 *pater.* Sich. *Praefecte charissime Augustorum.* Cui. 1. Aur. Lugd. Rittersh. Go. *Parens charissime Augustorum.* h) 13 om. *per — Dat.* i) 2, 4, 5, 8, 36 *V.* 32, 33 *VIII*; alii *II* aut *VII.* ii) Nonn. codd. *Sept.* k) 24 *Raū.* 28, 34, 37 om. *Romae — Dec.* et 13 *Romae — Subscripsi.* 26 *Dat. prid. Kal. Aug.* l) Nonn. codd., etiam 1, om. *D. N.*, alii et edd. *N.*, alii codd. habent *D N. s. dom. n̄.* et *Valentinianū.* m) Nonn. codd. om. *VI. s. A. VI.* ut Sich. 4 om. *D. Val. — Nomo.* n) Nonn. codd. Sich.—Ri*. *Numo.* Multi codd. om. *V. C.* et 24 *et Numo V. C.*; alii habent *vic.* pro *V. C.* 29 om. *V. C. — Subscripsī.* o) 33 *Constantinopoli* pro *Coss.* 17, 18, 38 om. *Coss. — Subscripsi* et Ri*. *Coss.* p) 1, 6, 9, 11, 12, 15, 19—21, 24, 30 om. *PP. — Subscripsi.* q) 26 *VII.* 4 om. *pridie.* r) 31 *Dec. Constantinopoli.* s) 23, Sich. om. *in foro — Subscripsi.* t) Nonn. codd. *Traiano.* u) 4, 5, 26 *Traiani consulibus* et om. *Subscripsi.* 33 *Traiani Constantinopoli Subscripsi.* 2, alii codd. om. *Subscripsi.* Ri*. add. *Coss.* Am. Ri. Be. videtur deesse nomen quaestoris, qui subscripserit: de qua caussa Be. add. asteriscum. v) Nonn. codd. *praecepit.* x) Nonn. codd. Sich.—Lugd. Rittersh. Go. om. *se*, alii *casu.* y) Multi codd. add. *nam.* Sich.—Lugd. Rittersh. Go. om. *homicidium — voluntarie* et scrib. *homicidium a se fuisse commissum.* Nonn. codd. *ad se.* 22 om. *a.* Idem mox *publicationem* (pro *supplicationem*) et *potuerint.* z) Sich. *a correctore*, sed in m. *rectore.* Sunt codd. ubi *aut rectore.* a) Aliquot codd. om. *iste* et habent *emissus.* Etiam Sich. om. *iste.* *) Leg. *debeat.* b) Nonn. codd. *mereantur* aut *obtineri.* Sich. *obtenta.* In seqq. nonn. codd. *eadem poena suscipiat — expraessum — sed capitali.*

pressa; impetrata non valeant, et capitali sententia feriatur *). *Reliqua constituta lex ipsa declarat*[c].

TIT. XX. DE TESTAMENTIS.

1. *Impp. Theodosius et Valentinianus AA. Albino II.*[a] *Pf. P. et Patricio.* Iam dudum quidem[b] divus avunculus noster, testamentorum compendia generali lege complexus, formulam[c] iuris antiqui et inanem verborum conquisitionem[d] non necessariam[e] iudicavit, validissimam statuens[f] voluntatem, cum de nostris altaribus coniuges petunt, ut decedenti[g] prius succedat superstes. §. 1. Sed[h] quoniam Leonius, vir spectabilis[i], munitus[k] veteribus constitutis nostram[l] supplex maluit[m] exspectare sententiam, occasionem[n] novandae legis amplectimur[o], salubri definitione censentes, ut, sive[p] inter se coniugum, seu[pp] quorumcunque consensus oblatis serenitati[q] nostrae precibus optaverit[r], morte praeventis[s] heredem superstitem fieri oportere[t] personam, hoc ita ratum[u] firmumque permaneat[v], ut nihil robustius aestimetur. §. 2. Et in augustam[x] notitiam pervenisse sufficiat, etiamsi[xx] nullum processerit ex hac parte responsum[y]. Nam cum liceat[z] cunctis iure civili atque praetorio[a], liceat per nuncupationem, liceat municipalibus gestis iudicia suprema componere, procul dubio manebit firmior haec voluntas, quae testimonio[b] principis et subscriptione conditoris firmatur[c], si tamen nullum defuncti posterius exstabit arbitrium[d]. §. 3. Leonius[e] vero et Iucunda[f], uxor eius, tanta vicissim caritate certarunt, ut fusis simul precibus ius poscerent liberorum, et propter incertum sortis humanae superstitem coniugem precarentur heredem: licet superfluo illud addentes[g], ut intestatae successionis ius ac licentiam sortirentur (cum hoc ipsum, quod serenitati nostrae preces pariter obtulerunt, sit testamenti ordo praecipuus); praeterea, sicut supplicationi[h] connexa[i] monstrarunt[k], quamvis in unius[l] chartae volumine supremum votis paribus condidere iudicium[m], septem testium subscriptionibus roboratum. Cui nos aeternam tribui[n] firmitatem legis huius definitione censemus[o], quoniam nec

---

Tit. XX. 1, Zir. in ind. titt. Am. *Tit. XIX.* 2—5, 8—13, 15, 17—34, 36—38, 40, 41, Sich. Cui. 1. Aur. P. in ind. titt. Lugd. Cui. 2, 2*. P[a]. in ind. titt. Rittersh. Go. P[b]. in ind. titt. Ri. Ri*. *Tit. IV.* 35 *Tit. III.* 6 *Tit. XXIV.* Be. *Tit. XXI.* Cf. Nov. Th. tit. XIV, not. sup., tit. XXII, N. 2, §. 14, not. *v* et Nov. Val. tit. II, XIII—XV. et XVII, not. sup. C. Th. IV, 4. Nov. Th. tit. XVI. Nov. Mart. tit. V. L. R. B. tit. XLV. Ed. Th. c. XXVIII. Cod. Iust. VI, 23. L. Visig. II, 5. — N. 1. Codd. (praeter 3, 6, 26) edd. *N.* 1. 3, 6, 26 *N. un.* Be. add. (*LXIII.*), id e. omnium Novv. in Be. ed. Integra cum interpr. est in codd. 2, 11—13, 15, 17—23; omnia praeter interpr. desunt in codd. 3, 40, 41; inscr. et textus in codd. 4, 5, 24, 30; textus et subscr. in codd. 26, 35; subscr. et interpr. in cod. 25; solus textus om. in codd. 8—10, 27—29, 31—34, 36—38.

---

*) Sich. *teneatur*, in m. *feriatur*. c) Multi codd. om. *Reliqua* etc. Hanc interpr. in cod. 23 et ap. Sich. sequitur tit. II. L. R. B. Eum iterum ex Sich. ed. Ri. Ri*. not. *t* h. Nov. Cf. Zir. l. c. pag. 525, Am. praef. p. LVIII. et Barkow ad L. R. B. p. 7 et 137.

a) Nonn. codd. om. *II.* ut Sich. aut *II.* et *et Patricio* aut *et Patricio*; alii habent *Albino bis p̄p̄o*, ut 11, 12, aut *Pf. P. II.*, ut 2, Cui. 2, 2*. Ri. Ri*. Be. Multi codd. *Theūd.* s. *Teod.*; 15, 21 *praeposito* et 6 *proposito* pro *Pf. P.* Aur. Lugd. Rittersh. Go. *AAA.* b) 22 *quibus.* Vid. c. 19 Cod. Iust. de Testam. (VI, 23). Sich. Cui. 1 *quidam.* 13 *avocabis* pro *avunculus.* c) Nonn. codd. *formula.* d) 22 *conquestionem.* Sich. *compositionem.* 25 *in conquisitionem.* e) 2 *necessaria.* 19 *necessarie.* f) 11—13, 17—20 *instituens.* g) 1 *altaribus cū iudices petus ut decedenti*; nonn. codd. *decidenti.* Sich. *succedenti.* h) 11, 12, 15, 17—23, 25, Sich. om. *Sed.* Nonn. codd. *superstis.* i) 1 *ŪS*; plerique codd. *expectabilis.* k) Nonn. codd. *monitus.* l) 22 *nam.* m) 6 *voluit.* n) 22 *occasione.* 15 *novam de legis.* o) 25 *complectimur.* p) Nonn. codd. *ut seu*, *coniugium*, *quarumcunque.* Rittersh. *ut si re.* pp) Cui. 2, 2* *sed*; Rein. em. *seu.* q) 11—13, 20, 23, 25 *serenitatis.* r) Rittersh. *optarit.* s) 1 *p̄uentes.* 2 *preventis.* 13, Cui. 2, 2*. Ri. Ri*. *praeventi*, bene. 15, 21, 22 *praeventus.* 19 *praebentis.* Aur. *praeventit.* Lugd. Go. Rittersh. *praevenit.* 6 *optaverit heredem ś fieri alteram personam hoc.* t) 19 *oportet.* 22 *heredes superstite f. o. persona.* u) 19 *iteratum.* v) 15, 21 *maneat.* x) Miro modo in inepta scriptura *angustam* congruunt 1, 11, 12, 19, 20. Sec. manus in 12 corr. *augustam.* 22 om. *Et.* 23 *Et ad n̄r̄am not.* Similiter Sich. *Et ad nostram not.* Inutilis est Glückii disputatio (l. c. T. XXXIV, p. 167) de Sichardi scriptura. xx) Go. *etiam.* y) 6 *parte consensus.* z) 19 om. *liceat.*

a) 1 *iure civile adp̄turio — procul dubiū.* b) 1 *testimonium.* Am. in cod. 1 corr. *testimonio.* 11, 12, 19, 20 *testimonia.* c) 1, 6, 13, 15, 21 *condetur.* Am. et Be. in cod. 1 dicunt legi *conceditur*, quod nego verum esse. Similiter 2, 25 *conditur.* 12, 17—23 *conditoris*, sed est lacuna in cod. 23. Solus igitur 11 habet scripturam per edd. vulgatam *conditoris firmatur*; rell. codd. omnes om. *firmatur.* d) Edd. *si tamen n. d. posterius eius exstabit arbitrium*; sed Rittersh. *posterioris eius.* Verum omnes codd. (praeter 23, qui *posterior eius e. t.*) om. *eius* et iure quidem. Itaque delevi v. *eius.* Ceterum 1 *posterius stabit* et 20 *nullam.* e) 23 *Leoninus.* f) 1, 2, 6, 13, 15, 20, 21, 25 *Iocunda.* Rittersh. *iucunda.* Mox nonn. codd. *tantum*, *certarint* sive *excertarunt*, *poscerint*, *leberorum*, *precarentur ne heredem*, *superfluum.* Ceterum Rittersh. *peterent* pro *poscerent* et *coniugere* pro *coniugem.* g) 2 *adherentes.* Seqq. in codd. 11, 12, 17, 18, 20, 22, 23, 25 et ap. Sich. inverso ordine ita scripta sunt: *ut intestatae serenitati nostrae preces pariter obtulerunt, si successionis ius ac licentiam sortirentur, cum hoc ipsum testamenti ordo praecipuus praeterea.* Est vero in hoc vel illo cod. *ut testandi*, *serenitatis* s. *serenitates*, *obtulerint* (ut Sich.), *huius hac licentia*, *ipsum* (s. *ipsud*) *quod* (ut Sich.) aut *ipso ut quod*, *ordo praecipit praeterea* (ut Sich.). 19 *superfluo preces pariter obtulerint si successionis ius hac licentia sortirentur ipsum quod testamenti ordo* etc. 1 *intestate successione.* 2 om. *ius.* h) 1 *supplecatione.* 11, 12, 17, 19, 20 *publicatione*; alii *supplicatione.* i) 1 *conexa.* 22 *connexam*; hoc alii quoque codd. k) Nonn codd. *monstrant*, ut Sich. — Ri*. l) 2 *ius.* m) 13 *condere vicissim.* 22 *suppremunt votis parentibus condere iudicium — testibus.* Nonn. codd. *condedere.* 6 *quamvis supremum iudicium votis paribus in* (om. *unius*) *cartae volumine condiderunt septem.* n) 6, 13, 18, 25 *tribuimus.* 22 *tribuemus.* o) 11, 12, 17—19, 23, captatorium dici [p] potest, cum duorum [q] fuerit similis affectus et simplex religio testamenta condentium [r], cunctisque iam liceat, quoquomodo et [s] quibuscunque verbis ultimum dictare iudicium, sicut eorum principum statuta declarant [t], qui removerunt [u] sanctionibus suis meliore prudentia vetusti [v] iuris ambages. §. 4. Idcirco, quia minutiis priscae consuetudinis et obscuritate submota solam defunctorum convenit inspici [x] voluntatem, cui [y] multum roboris erit [z], si vel septem vel quinque testibus muniatur, et virum spectabilem Leonium, praeter fiduciam precum pridem [a] cum uxore communium, voluntas quoque alia [b] et subscriptionibus [c] testium munita defendit, apud eundem solida successione [d] Iucundae [e] coniugis suae iugiter permanente, quisquis [f] voluerit [g] delata nobis supplicatione testari, habeat liberam facultatem [h]. §. 5. Cuius heres [i] ex edicto divi Hadriani [k] hereditaria corpora consequetur [l], nec bonorum possessionis [m] petendae sustinebit necessitatem, quam generaliter omnibus relaxamus. §. 6. Ne [n] tamen hoc testamenti genus plus iusto muniisse [o] credamur [p], si quis sibi vel inofficiosi querelam [q] vel praeteriti [r] competere duxerit [s] actionem, hanc utramque [t] secundum iuris et legum statuta [u] servamus [v], Albine, parens [x] carissime atque amantissime. §. 7. Idcirco illustris et praecelsa magnificentia tua [y] saluberrimam sanctionem mox in omnium pervenire notitiam propositis iubebit edictis [z], ut possit facile cognosci, condendarum servandarumque [a] legum curam [aa] nobis esse praecipuam [b]. *Dat. XII.* [c] *Kal. Nov.* [d] *Romae, Aetio* [e] *III. et Q. Aurelio* [f] *Symmacho* [g] *VV. CC. Coss.* [h] *PP.* [i] *in foro divi Traiani* [k]. *Antelata* [l] *edicto Albini* [m] *iterum* [n] *Pf. P. et Patricii* [o]. (446.)

Interpretatio. *Haec lex de aliis titulis testamentorum id amplius habet, ut in coniugio positi, si filios non habeant, seu maritus uxorem, seu uxor maritum voluerit, relinquant heredem, quod ius dicitur liberorum: quia, etiamsi una charta suam condere maluerint voluntatem, ut invicem se heredes scribant, qui alteri superstes exstiterit, dimissam rem iuxta legis huius ordinem vindicabit; ita tamen, ut his personis, quibus lex concedit, si fuerit de inofficioso querela, actio reservetur* [p].

Sich. — Ri*. *censuimus*, sed 1, 2 et rell. codd. Be. *censemus.* 6 om. *legis — censemus.* 13 *censemus quod nec.* 19 om. *quoniam.* p) Nonn. codd. *captatorum* et 15, 21 *decipi* pro *dici.* 25 *acceptatorium.* 13 *captatoria.* q) Rittersh om. *duorum.* r) Nonn. codd. *condendum* s. *condentum*, ut 1. 22 *condempnatum.* s) 19, 22 *liceat hunc et.* t) 22 *coram principum instituta declarent.* 23, Sich. *declamant.* u) 1, 2, 6, 11 — 13, 15, 17 — 22 *removerunt.* 23 *remober'.* Sich. — Be. *removere.* v) 2 *vetustati.* 11, 12, 19, 20, 22 *veterum.* 1 *sancionibus s. meliorae p. v. i. ābeges.* Ceterum 22 *meliorem* (alii *meliori*) *prudentiam veterum iuris adsubages.* x) Nonn. codd. *minutis — obsecuritate remota — inspicit.* y) 22 *cum.* z) 18 om. *erit.* 13 *sive septem.* Mox nonn. codd. *aut quinque* et *expectabilem*, sed 1 *verum spectabilem.* a) 15, 21 *precum primum cum.* 19 *precum fidem.* Apud Sich. deest *pridem.* Mox Go. *commuuium.* b) Cui. 2, 2* *voluntas neque alia.* 11 — 13, 18 — 20, 22 *aliena*; recte *alia.* Vid. §. 3 *praeterea — roboratum.* c) 1 *subscriptione.* 22 *id subscriptionibus.* d) 11, 12, 18 — 20, 22, 23 add. *et.* Sich. *solidam successionem et Iucundae.* e) 1 *iucunda.* 2, 6, 13, 15, 20, 22 *Iocundae.* Vid. §. 3, not. *f.* 25 *successionem iudicandae.* Cui. 1. Rittersh. *iucundae coniugis.* f) 19 *quicquid* et 22 *permanentem quicquid.* 6 add. *ergo.* Etiam 23, Sich. *permanentem.* g) Be. ex cod. 1 rep. *voluerit.* Rell. codd. omnes, Sich. — Ri*. *maluerit.* Aeque bonum atque *voluerit* est *maluerit.* Memorabile est, in cod. 1 post v. *testari* repeti *voluerit*, quasi librarius in animo habuerit, sed omiserit delere post *quisquis* v. *voluerit.* Nonn. codd. *dilata.* h) 1, 2, 6, 11, 12, 15, 19 — 22, 25 *habeat* (sed 11 *habent*) *liberam facultatem*; rell. codd. et edd. omnes *liberam habeat facultatem.* Cf. Nov. 2 h. tit., §. 1. i) 25 *hereditas.* 21 add. *et.* k) 15, 21 *arriani*; plerique codd. *adriani*, ut Go. l) 1, 2, 6, 13, 15, 21, 25, Sich. *consequitur.* 23 *conseqtur.* 11, 12, 17 — 20, 22 *consecuntur.* Infra *sustinebit.* Nonn. codd. *ne bonorum.* m) 1 *possessiones . petendi sustenebit neccessitas tā qūā.* Nonn. codd. *possessione.* 22 *possessionem.* n) 13, 15, 21, 22, 25 *Nec.* o) Nonn. codd. *iustum* et *munisse*, ut 1. 17 *iuste.* p) 19, 22 *credamus.* 25 *credatur.* q) 22 *querela ad.* 23 *querela.* 15, 21 om. *vel.* 19 *veluti in officia quaedā vel.*

r) 11, 12, 18 — 20 *praeterita.* 17 *praeteritam.* s) 6, 11, 12, 15, 19 — 23, 25 *dixerit.* 15 om. *competere.* t) 11, 12, 19, 22, 23 *utrumque.* 22 *secundum et iuris.* u) 11, 12, 19 *instituta.* 18 *institutione.* v) 1 *servandus.* x) 1, 2 *pater.* Sich. *Praefecte charissime.* Cui. 1 — Lugd. Go. *Praefecte karissime.* Rittersh. *praefecte karissime*, sed in m. em. *Parens.* Deinde 2 *inlustras*, corr. a P. *inlustris.* y) Ita 1. Plerique codd. *pm̄ta* s. *p̄m̄tua.* Sich. *praeclara magnificentia tua.* 20 *praemissa magn. tua.* 25 *et praefectus salub.* z) 15, 21 *iubeat.* 25 *iube.* 6 *notitiam edictis propositis faciat pervenire ut facile possit.* 1 *facilem cognusci.* a) 1, 11 — 13, 15, 20 — 23, 25 *servandarumque*; rell. et edd. *conservandarumque.* aa) 1 *cura*, Am. em. *curam.* b) 1, 2, 6, 15, 19, 22, 25 *nobis esse praecipuam*; rell. et edd. *esse nobis praecipuam.* c) Nonn. codd. *XIII* aut *XV.* 8 *XI.* 33 om. *Dat. — Aurelio.* 36 *alruli.* d) 4, 5, 28, 34, 37 *Dec.* e) 1 *ecio patricio III.*, sed Am. corr. *Aëtio.* Etiam alii codd. *ecio*; alii *Actio* et *ter* pro *III.* 22 *ethiochi* et om. *III.* f) Nonn. codd. *V.* pro *Q.* s. *Quinto*, quod nonn. codd. habent. 1, 15, 21, 31 om. *Q. Aurelio* et 24 *Q.* 34, 38 *Auriliano.* g) Codd. *Simmaco*, *Simaco*, *Simmacho*, *Simacho*, ut 1. 24 *aurelio V et*; etiam 8 — 10, 20, 38 add. *et.* Vid. Br. l. c. p. 869. h) Nonn. codd. om. *VV. CC. Coss.* et 29, 38 *Coss. — Patricii*; alii habent *V. C.* aut *VV C.* 34 *vir c̄s.* 22 *vic̄t* et om. *Coss.* i) 1, 6, 8, 13, 15, 21, 24. 28, 34, 36 om. *PP. — Patricii.* 23 *promp̄ in.* k) 27 *Traiani et Maioriani Coss.* l) Nonn. codd. *antelato dicto.* 10 *antelate.* 22 *ante vice dicto.* 32, 33 om. *Antelata — Coss.* Go. ad C. Th. T. IV, p. 107 (ed. Ri.) vituperat eos, qui em. *Antelato.* m) Be. *Albino.* 4, 5, 9 *Albi.* n) 22 om. *iterum*; nonn. codd. *II* pro *iterum.* o) Nonn. codd. *patricio*; alii *patricii cónss.* 22 om. *et.* p) Hic et ille codex *positis* (om. *si*) *filios — habuerint* (s. *haberent*) *seu maritos — maritum voluerint* (s. *mar. si voluerint*) — *relinquat* (ut edd.) — *etiamsi in unam chartam* (aut *in una charta*) — *maluerit — superstis — dimissa* (om. *rem*) — *legis huiusmodi* (alii om. *huius*) *ordine vindicavit — fuerint de inofficiosi* (ut edd.) — *servetur.* In cod. 3 interpr. superest inde a vv. *si filios.* Praeterea Sich. — Lugd. Rittersh. Go. *charta sua — aut invicem* (ut 23); Sich. — Cui. 2*. Ri. *hiis personis* (Go. Ri*. *iis pers.*) et

2. *Iidem AA. Albino II.*[a] *Pf. P. et Patricio.* Cum sciamus, et divos[b] principes et clementiam nostram condendarum legum[c] fomitem frequenter invenisse de precibus, iuvat[d], ex facto, quod nuper evenit[e], cunctis profutura sancire. Illustrem feminam Pelagiam[f] cum Micce[g] illustris femina[h] dictare vellet heredem, sed testium copiam non haberet, per holographam[i] scripturam votum circa praedictam feminam[k] supremae prodidit voluntatis. Nam, quod[l] solum potuit secretius licere morienti[m], indicem iudicii sui paginam Caesario[n] viro spectabili, tribuno et notario, fratris sui filio[o], secura commisit, quem natalium decus et propinquitatis religio fidem cogerent[p] servare defunctae[q]. Nec sane electionis suae cura testatricem[r] fefellit. Desideriis amitae Caesarius obsecutus[s] chartam fidei suae creditam, iuris et conscientiae memor, eadem, qua sumpserat, simplicitate vulgavit[t]. Sed illustris heres[u], ab ambitu cupiditatis aliena[v], nihil de successione praesumpsit, nihil de corporibus hereditariis vindicavit, intra hos modestiae terminos manens[x], ut subdito precibus ultimae voluntatis arbitrio, non prius se putaret heredem, nisi nos caussae iustitiam probaremus. Recensitis[y] igitur omnibus, defunctae iudicium roboramus, cui, praeter filium fratris[z] et literas suas, testes habere non licuit. Idcirco illustris femina Pelagia[a] pro ea parte, qua heres scripta est[b], defunctae potietur arbitrio[c]. §. 1. Ne[d] tamen huius statuti salubritatem generi negemus humano, mansura iugiter lege[e] decernimus, ut, quisquis per holographam scripturam supremum[f] maluerit ordinare iudicium, habeat liberam facultatem. Multis enim casibus saepe contingit[g], ut morientibus testium numerus[h] et copia denegetur. Quibus erit de legibus nostris inter ipsa vitae deficientis[i] pericula caussatio[i], si propriae manus literis[k] scribere, quos voluerint, non sinantur heredes. Aliis testes[l] itinerum necessitas, aliis solitudo[m] villarum, aliis[n] navigatio servis tantum comitibus expetita[o] subducit. Aliorum testatas esse prohibent[p] voluntates hi, qui, velut obsessos, conclavibus[q] suis solent custodire languentes. Nostrae posthac[r] beneficio sanctionis intestatus nemo morietur, cui fuerit sollicitudo[rr] testandi, late viam supremis aperimus arbitriis: si[s] holographa manu testamenta condantur[t], testes necessarios non putamus. Scripto enim[u] taliter sufficiet[v] heredi, asserere etiam sine testibus fidem rerum[x], dummodo reliqua congruere demonstret[y], quae in testamentis debere servari tam veterum principum, quam nostrae praecipiunt sanctiones, ut in hereditariorum corporum possessionem probata scripturae veritate mittatur[z]. §. 2. Cum tamen testium praesentiam testator elegerit, legitimum numerum semper oportebit adhiberi. §. 3. Necessitatem quoque praecipitem submovemus, quae testatores hacte-

— N. 2. Codd. (praeter 3, 6, 26, ubi haec Nov. deest) edd. *N.* 2, sed Cui. 2, 2*. Ri. Ri*. *I.*, err. Be. add. (*LXIV.*), id e. omnium Novell. in Be. ed. Integra cum interpr. est in codd. 2, 11—13, 15, 17—23; omnia praeter interpr. des. in codd. 40, 41; inscr. et textus in codd. 4, 5, 24, 30; textus et subscr. in cod. 35; subscr. et interpr. in cod. 25; solus textus deest in codd. 8—10, 28, 29, 31—34, 36—38, et textus usque ad §. 6 in cod. 27.

Ri*. *e quibus lex.* a) De inscr. eadem dicenda sunt, quae dicta sunt de inscriptione Nov. 1. Sich. hic habet *II. Pf. P.* et 13 *III. Pf. P.* Ceterum reposui ex codd. 1, 2, 13, aliis codd. *Id. AA.* pro *Impp. Theodosius et Valentinianus AA.*, quod rell. codd. et edd. habent. b) Nonn. codd. *divus.* c) Nonn. codd. add. *et* et 25 *vel.* d) 1, 2 *iubat.* 15, 21, 22 *iubet.* e) 1 *venit.* 25 *ex pacto.* Antiquitus 23 *invenit*, sed corr. *evenit.* f) R. 15, 21 *illustris femina Pelagia.* 22 *Pellagiam.* 18 om. *Pelagiam — femina.* g) 15 *cummiccae.* 21 *cummicae.* R. *cum Miccae.* 22 *cōmunice.* 23 *micae.* Sich. om. *Micce*, sed habet in m. *Cummicae.* h) 11, 12, 15, 19, 21, 23, Sich. *illustrem feminam.* 2 *ditare.* 1, 15 *vellit.* 22 om. *illustris — copiam.* Mox Aur. *copaim* et 22 *habere.* i) Plerique codd. *olografam.* 15, 19, 21 *olografiam.* 1 *olograffā.* k) 1, 2, 13, 15, 21, 23, Sich.—Ri*. om. *feminam* et omitti potest. Nonn. codd. *praedicta, supme, prodedit.* 25 *predidit voluntatem.* l) 25 om. *quod.* m) Sich. *morientem.* n) 1 *cessario us.* 15 *Cesareo*; plerique codd. *cesario viro exspectabili.* o) Nonn. codd. *filios.* Rittersh. *patris sui.* p) 11, 13, 15, 21 *cogerint.* 19 *cogent.* 1, Cui.—Ri*. *cogeret*, quod aeque bonum est. q) 2 *defuncti.* 25 *defunctis.* r) 15, 21 *contestatricem.* Infra Sich. *amicae.* s) 1 *cessarius.* 15, 21 *desiderii — subsecutus.* 22 *secutus.* 25 *causam* pro *chartam.* t) Rittersh. *vulgarit.* u) 1 *inlustris uere.* Multi codd. *heris.* v) 19 *ab habitu cupiditatis alienae.* Sich. *alienus*, male. Intelligitur Pelagia. Mox 25 om. *hereditariis.* x) 1 *in hos modestiae terminus manens.* 15, 21 om. *ut.* 25 *manens et subdito.* Rittersh. *vindicarit — manere.* Mox Lugd. *percibus*, Go. *percitus*, mendose. y) 1 *nos causa iustitie probaremur recensetis.* 2 *retentis.* 19 *iustitiae. Recentis.* 22 *causam iustitiae pr. Rec.* 25 *arbitrium — se poterit humilior nisi — recensetis.* z) 1 *patris.* Mox 2 *inlustras.* a) 25 *feminam Pelagiam.* b) 22 *quae h. s. e.* Rittersh. *heres scripturae defunctae potiebatur.* 13 om. *qua.* c) 22 *arbitrium.* 25 *defuncto p. a.* d) Nonn. codd. *nec* et mox *salubritate.* e) 19 *negato humano.* 22 *negato humano mansuram iugiter legem.* 2 *discernimus.* f) Cui. 2, 2* *horographam*, sed corr. a Rein. 25 *holographa scriptura supremo.* Plerique codd. *olographam* s. *olografam.* g) Nonn. codd. *contigit.* Cf. Nov. Iust. LXVI, cap. 1, §. 4. h) 1 *ut morientes testium numerum.* Nonn. codd. *numero.* 22 *testibus.* i) 1 *deficientes pericola.* 11, 12, 17—20 *cautio.* 22 *periculo.* 25 *periculosa — propria manu — voluerit.* 12, 20 *propriae manu.* k) 11, 12, 18, 19 om. *literis* et mox 19 *quos.* l) 1 *sinantur heredis alii testis.* 15 *aliis testis.* 19, 20, 23 *alii testes.* m) 1 *alii sullicitudo.* Etiam 15, 21 *alii sollicitudo.* 22, 23, Sich. *sollicitudo*, impr. Ri. n) 1 *malus* pro *aliis.* o) Rein. em. *expedita.* p) 2, 20, edd. *prohibent esse*, sed Rittersh. om. *esse* et habet *prohibent et vol. his.* Go. *ii.* Rell. edd. ante Be. *hii*, ut codd. 1 *uoluntatis*, sed Am. corr. *voluntates.* q) 1 *obsessus. cū clauibus.* 22 *vol. iniqui vel obsessos cum clavibus.* r) Nonn. codd. *post hec.* rr) 22 *moriatur* et 19, 22 *fuerit solummodo.* s) 15, 21 om. *si.* 20 *hi.* Codd. *olografa, olographa, olographam.* Ante 25 *via supremis* et om. *aperimus.* t) 1 *condonantur.* u) 11, 12, 18—20, 22 *Scriptorum.* 15, 21 *Si scripto.* v) 1, 22, 23, Sich. *sufficiat*, sed corr. a librario in cod. 1 *sufficiet.* x) 11, 12, 18—20, 22 *rei.* y) 13 *demonstrarent.* 22 *demonstrentur.* 1, 23 *demonstrent* et 1 *qua* et 20 *congrue dem.* Mox 2 *sanctionis* et Rittersh. *deberi.* z) 15, 21 *probatam scr. veri-*

nus compulit, sub unius diei spatio supremum[a], festinato[b] nimis, ordiri[c] et implere iudicium. Quibus nos licentiam tempusque largimur, ut voluntatem[d], quam de rebus propriis mente[e] conceperint, frequenter scribant, frequenter retractent[f], frequenter emendent, et[g] quot voluerint diebus in tantae[h] praesertim caussae meditatione versentur[i]. Haec enim deliberatio nihil immaturum[k] relinquit, cui licebit saepe dictata[l] corrigere. §. 4. Testes autem subscriptiones[m] suas uno die vel omnes pariter, vel, si legitimus numerus exiguam moram fecerit[n], horis praebere diversis sub obtutibus testatoris[o] iubemus. §. 5. Praeterea, quoniam plerique[p] deficientium voluntates suas cupiunt esse secretas, nec ante vulgari, quam luce priventur, statuimus ac iubemus, ut, si testes rogati paginae[q], cuius arcana nescierint[r], coram[s] testatore subscripserint, nihil ex ignoratione testium testamentorum firmitatibus derogetur, Albine, parens carissime atque amantissime[t]. §. 6. Idcirco illustris et praecelsa magnificentia[u] tua iustissimam legem et cunctis generaliter profuturam[v] in omnium celeriter ire notitiam propositis iubebit edictis, ut facile[x] possit agnosci nostrarum salubritas sanctionum. *Dat. VII.*[y] *Kal. Ian. Romae, Aetio*[z] *III. et Symmacho*[a] *VV. CC. Coss. Acc.*[b] *VI.*[c] *Kal. Ian. Romae*[d]. *PP. V. Kal. Ian. in foro Traiani. Subscripsi*[e]. (446.)

Interpretatio. [f]*Haec lex licet alia replicet, quae in aliis legibus habentur*[g] *exposita, tamen hoc amplius observandum esse praecipit, ut, si cui fuerit testandi voluntas, et testes forsitan defuerint, voluntatem suam propria manu perscribat, quae prolata post defuncti obitum plenam obtineat firmitatem.*

TIT. XXI. DE OFFICIO ET DE[a] NUMERARIIS PRAEFECTORUM PRAETORIO[b].

1. *Impp. Theodosius et Valentinianus AA. Albino II.*[c] *Pf. P. et Patricio.* Iustitiam suggestionis[d] probamus, cuius omnis[e] haec mens est, ne quid unquam contra innocentiam male petentibus licere patiamur. Scimus enim, quanta saepe miseros vexet[f] invidia, quos iniquitas iudicantum fastigio potestatis affligit. Officium[g] sedis celsitudinis tuae, sine quo necessitates[gg] publicae nequeunt expediri, per infortunia multa iam saucium, medicinam nostrae curationis[h] exposcit, quae dudum potuisset adhiberi, si suggestio[i] similis ante

---

Tit. XXI. 1, Zir. in ind. titt. Am. *Tit. XX.* 2, 3, P. P[a]. P[b]. in ind. titt. *Tit. XLIX.* 6 *Tit. XX.* P. P[a]. P[b]. in ipsa ed. *Tit. XLVII.* Nov. Th. et Val. pro *XLVI.* Cui. 2, 2*. Ri. Ri*. *Tit. XLIX.* N. Th. Lugd. Go. *Tit. XLVI.* N. Th., sed ponitur a Go. in Prol. cap. VIII. inter Nov. Val. Rittersh. *Tit. XLVII.*, sed sec. ord. *Tit. XXXI.* Be. *Tit. XXII.* Commemoratur in indice Nov. Val. in Cui. 1. Aur. adiecto. Vid. Nov. Th. tit. IV, not. sup. et Nov. Val. tit. II, XIII, XIV. et XXXV, not. sup. C. Th. I, 5; VI 6; VIII, 1. L. R. B. tit. XXX. — N. 1. Codd. edd. *N.* 1 s. *un.* Be. add. (*LXV.*), id e. omnium Novv. in Be. ed. In cod. 3 nihil superest, nisi §. 5.

---

tatem. 22 *probatam scr. ver. mittantur.* 25 *probatae scr. — praesentia.* a) Nonn. codd. *oportet — necessitate — compellit — spatium supremo.* 21 *subpremiū.* Rittersh. *spacia.* b) 1, 21 *festinatio.* Am. in cod. 1 corr. *festinato*; idem fit in cod. 21. c) 1, Sich. *ordinare.* 13, 15, 21, 23 *ordinari.* d) 1 *largimur et uol.* Nonn. codd. *largimus.* e) 11, 12, 17, 19, 20, 22, 23 *mentemque.* 15, 21 om. *mente* et 18 *largimur — mente.* 25 *mentique.* Nonn. codd. *conciperint.* f) 25 om. *frequenter scribant.* Nonn. codd. *frequenter tractent.* g) 2 om. *et.* 2, 11, 12, 20, 21, 22 *quod.* h) 1 *tanta.* 2 *inite praesertim.* 15, 21 om. *praesertim.* 25 *in diebus tantae.* i) Nonn. codd. *serventur.* 25 *versentur quis haec.* 22 om. *enim* post *haec.* k) 2 *maturum.* 15, 21 *Haec enim meditationibus immaturum.* Mox nonn. codd. *relinquet.* l) 13 *sua dicta.* 25 *dicta.* m) 15, 21 *Testes etiam subscr.* 1 *subscriptionis.* 22 *subscriptionis seu.* n) 2 om. *omnes — fecerit.* Nonn. codd. *oris.* o) 13 om. *diversis* et 19 *testatoris.* p) 13 *quod plerique.* 15, 21 *plerumque.* 11 *deficientiam.* Mox codd. aliquot *secretius ne ante — lucem — statuemus.* q) 1 *testis rogate pagine.* Lugd. Go. *rogari.* r) 1 *escierunt.* s) 23 om. *testatore — testium*, sed est lacuna. Sich. *coram * testamentorum* et om. *testatore — testium.* Aur. Rittersh. om. *testatore — testamentorum.* Lugd. *infirmitatibus.* t) Sich. *Praefecte charissime Augustorum.* Cui. 1 — Lugd. Rittersh. Go. *parens karissime Augustorum.* 23 *pater* pro *parens.* u) Sich. *illustris ac magnifica autoritas tua.* 2 *inlustras.* v) Vv. *iustissimam — profuturam* instar rubricae novi tituli in cod. 22 scripta sunt. x) Nonn. codd. *in omnibus — irae — iubemus* s. *proposita iubebit* e. *ut facilius.* y) 13 *VIII.* 19, 22, 24 *VI.* 4, 5 om. *Dat. — Kal.* et 23 *Dat. — Symmacho,* est vero spatium. Sich. *Dat. * IIII. Coss. Acc. III. Cal. Iun. Romae.* z) 1 *ecio.* 22 *evotio*, improb. Ri. 24 *agetio*; alii *aetio et.* 30 *aetio I.* 31 *aetio II.* Cui. 1. Aur. Lugd. Rittersh. Go. *IIII.*, impr. Almelov. Br. l. c. pag. 869 et Ri. 2, 28 om. *Aetio — Romae*, 13 *Aetio — Subscripsi*, 37 *Aetio — Coss.* 11 et alii *ter* pro *III.* a) Codd. *Simaco*, *Simmaco* etc. Vid. Nov. 1 h. t. Nonn. codd. *V. C.*, ut 1; multi om. *VV. CC.* b) 1 *cons̄* et 24 *Coss sstis* et des. rell. Etiam 8, 15, 21, alii codd. om. *Acc. — Subscripsi.* c) Nonn. codd. *VII.* 22 om. *VI.* 23 *III.*, ut Sich. d) 18 om. *Romae — Ian.* 2 *PP. in foro traiani. V. Kal. Ian.* 22 om. *PP. V. Kal. Ian.* Nonn. codd. *Iun.*, ut Sich. e) Nonn. codd. *Traiano consulibus* aut *Traiani conss sstis.* 31 *Valentiniani* et om. *in foro.* Multi codd. et Sich. om. *Subscripsi.* In cod. 36 subscriptio haec est: *Dat. — Rom. ppos̄ in foro Tr. ul̃scb̄ etio III et Simaco cons.* et sequitur §. 9 Nov. Val. De Sepulcri, omisso eius initio. f) 22 add. *de Sepulcris.* Est enim huic interpretationi antepositus numerus tit. V., qui cum rubrica deest in seq. tit. g) Nonn. codd. *habetur expressa* (ut Sich. Cui. 1 — Lugd. Rittersh. Go.) *tamen — praecepit — praescribat* (s. *conscribat. praescribat* habent etiam Aur. Lugd. Rittersh. Go.) — *obtinet* s. *obtinebit.*

a) 2, 3, 6, P. — Ri*. et Cui. 1. Aur. Zir. in ind. titt. om. *De.* b) 3, 6 om. *Praetorio.* P[a]. Rittersh. P[b]. *Praefectorum Pon.* c) 6 om. *II.* P[a]. Rittersh. P[b]. *Pf. Pon.* d) 1 *suggestione*, sed videtur antiquitus scriptum fuisse *suggestiones.* 2 *suggessionis.* e) 2 *omnes hec*, corr. a P. *omnis.* f) 1 *vexit.* 6 *vexet.* 2, edd. *vinxit.* Recte *vexet*, quod inest etiam in cod. 1. g) 1 *offitio.* gg) Rittersh. *necessitudines.* h) P. — Ri*. *mediçinae nostrae curationes.* Non recordor, num manasset. §. 1. Hac igitur mansura iugiter lege decernimus [k], ut, quisquis ex officio praetoriano prius, quam militandi finem consummatis per ordinem temporibus sortiatur, sub attestatione gestorum, testimonio praefecturam regentis honestam meruerit [l] missionem, seu quietis studio, sive alterius amore militiae, nullam sustineat [m] de non peractis stipendiis quaestionem, fiduciam perpetuae securitatis habiturus [n]. §. 2. Praeterea numerarios praetorianae [o] sedis, penes quos publicarum rationum notitia [p] consistit, sive privatos, sive aliam [q] militiam fortasse sortitos, post quinquennium discussionibus [r] subiacere prohibemus. Intra hoc enim tempus vestigari [s] facile, quamvis latens, veritas potest. Et certe nullius tam gravis debet esse conditio, ut terminum non habeat sollicitudinis et timoris. §. 3. Munimen [t] uberius consideratio flagitat aequitatis. Officium praetorianum [u] sub quolibet expensarum [v] colore in praeiudicium cautionum vetamus urgeri [x], in cuius perniciem nequitia creditorum frequenter excogitat, ut pecuniam pro [y] publica necessitate numeratam privatis [z] simulent profecisse compendiis; quibus hanc poenam praesenti constituimus sanctione, ut, si quando pecuniam suam sub tali credendam putaverint esse [a] contractu, eius protinus amissione mulctentur [b], nihilque vel ab his, quos adversum vetita deceperint, vel de publicis rationibus consequantur. §. 4. Haec officio praetoriano salutis fortunarumque praesidia tribuisse sufficiet [c], cui etiam mensores, quos pridem habere desiderat pro mansionum suarum quiete, concedimus [d], Albine, parens carissime atque amantissime [e]. §. 5. Illustris igitur et praecelsa magnificentia tua iustissimam legem propriis vulgabit [f] edictis, ut omnibus [g] innotescat, nostro saeculo rei publicae nihil amplius esse praestandum, nisi quod deceat [h] acquiri [i]. *Dat. XVIII.* [k] *Kal. Ian. Romae, Aetio III. et Symmacho VV. CC. Coss.* [l] (446.)

TIT. XXII. DE SEPULCRI VIOLATORIBUS [a].

1. *Impp. Theodosius* [b] *et Valentinianus AA. Albino* [bb] *II.* [c] *Pf. P. et Patricio.* Diligenter quidem legum veterum [d] conditores prospexerunt [e] miseris [f] et post fata [g] mortalibus, eorum, qui sepulcra violassent, capita persequendo [h]. Sed quoniam noxiae mentes caeco semper in facinus furore rapiuntur, et se ad poenas [i] dudum statutas existimant [k] non teneri [l], necesse est severitatem novari [m],

Tit. XXII. 1, Zir. in ind. titt. Am. *Tit. XXI.* 2—5, 8—13, 15, 17—34, 37—40, Aeg. Sich. Cui. 1. Aur. P. in ind. titt. Lugd. Cui. 2, 2*. P [a]. in ind. titt. Rittersh. Go. P [b]. in ind. titt. Ri. Ri*. L. R. U. *Tit. V.* 6 *Tit. XXV.* Be. *Tit. XXIII.* Vid. Nov. Theod. tit. XVI, not. sup., tit. XXII. Nov. 2, §. 14, not. *v*, Nov. Valent. tit. II, XIII—XV, not. sup. et tit. XX. interpr., not. *f*. Totus titulus deest in cod. 35. C. Th. IX, 17, ibique not. sup. — N. 1. Codd. edd. *N.* 1 *s. un.* Be. add. (*LXVI.*), id e. omnium Novellarum in Be. ed. Integra cum interpr. est in codd. 2, 4, 8—11, 13, 15, 17—23, 25, 27—34, 37, 38; in cod. 24 om. inscr.; in cod. 3 haec Nov. in breve contracta est; in codd. 39, 40 fragmenta textus tantum supersunt. De codd. 5, 12, 26 vid. infr. pr. not. *t*, *k* et §. 5, not. *c*; de cod. 36 tit. XVII, §. 3, not. *p* et infra §. 2, not. *n*.

ita habeat 2, etsi eum *nostre* habere scio. i) 2 *suggessio*, corr. a P. k) 6 *iugiter mansura d.* 1 *sancimus* pro *decernimus.* l) 1 *testimoniū p̄fectura regentes honesta meruerit.* 2 *t. p. regentes* (corr. a P. *regentis*) *h. meruit messionem*, corr. a P. *missionem.* 6 *praef. gerentis h. meruerit.* Edd. *meruit.* Reposui *meruerit.* Utrum scribatur *gerentis* an *regentis* non multum interest. m) 2 *quietes — sustenuit*, corr. a P. Be. *nullum.* P. P [a]. P [b]. Rittersh. *substineat.* n) 2 *habituros*, corr. a P. o) 1 *nonmeraris p̄turiane.* p) 1 *rationē notitiā.* 2 *notitiam*, corr. a P. *notitia.* q) 1 *alia milicia.* 2 *aliam — sortitus*, corr. a P. *sortitos.* 6 *aliā mil.* Edd. *alias mil.* Be. in not. em. *aliam.* Repos. *aliam*, scil. quam antea sortiti erant. Supra §. 1 *alterius amore militiae.* r) 1 *discursionebus.* s) 2 *vestigare*, corr. a P. t) 6 *sollicitudinis et munimen timoris* et om. *uberius — aequitatis.* Lugd. *Munimem.* u) 6 *officium ergo praetorianum.* v) 1 *pretorianum sub quolibet exsuarum*, corr. ab Am. *expensarum.* 2, 6, P.—Ri*. om. *sub quolibet.* Be. ex 1 restit. hunc locum, sed praeterea ab initio copula videtur ei excidisse. x) 1 *urguere.* 2 *urgueri*, ut P. P [a]. P [b]. Cui. 2, 2*. Rittersh. (in m. *urgeri*) Ri. Ri*. y) 2, P.—Ri*. om. *pro.* z) 1 *privati.* a) 6 om. *esse.* b) 2 *protenus multetur*, corr. P. *protinus.* c) 1 *sufficiat.* d) 1 *habere desiderant p̄ mansionum suarum quietem concedemus.* e) 2 *p̄ k̄ ā.* P.—Ri*. *P. K. A.* 2 *inlustras* (corr. a P.) et 1 *p̦celsa.* 3 om. *igitur et.* f) 2 *vulgavit*, corr. a P. De v. *propriis* vid. Nov. Val. tit. II. de Postulando, Nov. 4, not. *y*. g) 3 *actis cum omnibus.* h) 1 *quoddocit.* 6 *quam deceat.* Lugd. Go. *nihil aliud amplius.* i) 3 *adquirat.* k) 1, 6 *XVIII.* 2, P. Cui. 2, 2*. Lugd. Rittersh. Go. Ri. — Be. *XIX.* P [a]. P [b]. *XXIX.* Deinde 1 *aecio* (falso Br. l. c. pag. 869 et Ri. dicunt *et tio*). l) 1 *simacho ūc. consl̄.* 6 *Simmacho V. C. Coss.* 2, P.—Ri*. om. *VV. CC.* Rittersh. add. *Explicit Liber Novell. D. Valentiniani.*

a) P. P [a]. P [b]. in ind. titt. Zir. *De sepulchrorum violatoribus*, dicit autem Zir. 1 habere *De Sepulchris violatoribus.* Sed 1, etiam apud Am. *De Sepolcri violatoribus*, unde Be. *De Sepulchri Violatoribus* edidit. 13 *de Sepulcris violatis.* 27 *De Sepulchris violatorum.* Rell. *de Sepulchris* s. *Sepulcris.* b) Multi codd. *Theūd.* s. *Teod.* 4, 5 *Dominis Impp. Theūd.* bb) 1 *basilio*, sed infra §. 8 *Albine.* 22 *Albi.* c) Plerique codd., etiam 1, 11, 12, 23, s. *bis Pf. P. II.* ut Sich.—Lugd. Go. Rittersh. Ri*.; pauci et Cui. 2, 2*. Ri. Be. *Pf. P. II.* Nonn. codd. om. *II.* aut *et Patricio*; alii habent *praeposito* pro *Pf. P.* d) 24 om. *veterum.* Idem *conditorum.* e) 11, 12, 18—20 *prospexisse.* 6 *prospexerant.* 38 *prospexerint*, corr. *prospexerunt.* f) Nonn. codd. *miseriis.* 24 *ut miseris.* 6 om. *et.* g) 4, 5, 22, 24, 26, 29, 32, 33, 38, Rittersh. *facta*, sed corr. in codd. 5, 22. Praeterea 22 *mortalium.* h) 1 *capete p̦sequenda.* 2, Rittersh. (prob. Ri.) Be. *persequendo*, sed plerique codd. et rell. edd. *persequenda.* 19, 20, 23 *prosequenda.* 8 *persequendos.* 13 *Sed quod* et mox nonn. codd. *mentis — funere sapiuntur.* i) 32 *et eos*, om. *ad poenas*, ut 33. k) Nonn. codd. *aestimant*, *estimant*, *exaestimant.* 9 *existiment.* l) 2, 6 *contineri.* m) 1 *severitate novare.* Etiam 15 *novare.* 24 *renovari.* Mox multi codd. *vidimus actenus.* 24 om.

quam videmus hactenus impune contemptam [n]. Quis enim [o] nescit, quietos [p] sollicitari [q] funestis ausibus [r] manes [s] et horribilem violentiam [t] defunctorum cineribus inferri [u]? Luce palam sepulcra caeduntur [v], et quicquid religio vetat [x], in usum licentiae traxit [y] sacrilega [z] praesumptio. Finis [a] malorum iam nec [b] mortuis datur, in [c] quorum supplicia constructio miserandae sedis eripitur [d]. Scimus enim, nec vana [e] fides est, solutas [f] membris animas habere sensum, et in originem suam spiritum redire [g] coelestem. Hoc libris veteris sapientiae, hoc religionis [h], quam veneramur et colimus, declaratur arcanis [i]. Et licet occasus [k] necessitatem mens divina non sentiat, amant [l] tamen animae sedem [m] corporum relictorum et, nescio qua sorte [n] rationis occultae, sepulcri honore [o] laetantur, cuius tanta permanet [p] cunctis cura temporibus, ut videamus [q] in hos [r] usus, sumptu nimio, pretiosa montium metalla transferri operosasque moles, censu laborante, componi. Quod prudentium certe intelligentia recusaret [s], si nihil crederet [t] esse post mortem. Nimis barbara est et vesana [u] crudelitas, munus extremum luce carentibus invidere et, dirutis [v] per inexpiabile crimen sepulcris, monstrare coelo corporum reliquias humatorum [x]. §. 1. Huius nefandi sceleris inter ceteros reos vehementior clericos querela persequitur [y], quos portentis talibus [z] immorantes frequenter adspexit dies tristior [a]. Ferro accincti vexant sepultos, et obliti numinis [b] coelo ac sideribus praesidentis [c] cinerum contagione pollutas sacris altaribus manus inferunt, tanto in profundam caliginem conscientiae suae [d] stupore demersi [e], ut reverendis audeant interesse mysteriis [f], et post excidia funerum credant Deum posse [g] placari, quem nocentes precantur incassum [h], quem vita melior exorat [i]. §. 2. Commissorum [k] talium foeditatem [l], ne diutius tempora nostra maculentur, hac edictali lege [m] damnamus. Quisquis igitur [n] sepulcra, profundae violator quietis et lucis [o] ipsius hostis, effoderit [p], quisquis [q] ex his quaelibet marmora aut [r] saxa sustulerit, poenae mox habea-

---

hactenus. n) 6 *impune contemni.* o) Nonn. codd. *Quis non.* p) 2 *quieto.* Nonn. codd. *quietus.* q) Multi codd. *sollicitare* s. *solicitare.* 24 om. *sollicitari.* r) 24 *funestatis.* 1 *funestis auxibus.* s) Nonn. codd. *manere*, *maneret*, *inmanes*, *manens.* 6 *funestis ausibus quietos sollicitari manes.* t) Nonn. codd. *horribili violentia.* 24 *horribilis in violentiam.* Cum vv. *violentiam defunctorum* desinit cod. 5. u) Nonn. codd. *ferri*, *inferi*, *inferre*, 22 *deferri.* Alii habent *lucem.* 33 *lucē bella.* v) Multi codd. *ceduntur.* 22 add. *ea.* x) 33 om. *vetat.* 28 *regio.* y) 11, 12, 17, 19, 20, 22 *tradidit.* 18 *tradedit.* z) Nonn. codd. *sacrilege*, *sacrilegi*, *sacrilegia* et *praesumptione.* a) Multi codd. *fines.* 9 *praesumptio funesta.* 23 *fines — dantur.* b) 20, Sich. — Lugd. Rittersh. Go. *nec iam.* c) 15, 21, 32 om. *in.* 25 *mortuis quies datur in.* 28, 34, 37 *mortuis datur requies in.* d) Nonn. codd. *structio*; alii *miserandae* s. *miseranda his.* 25, 26 *miseranda* et om. *sedis.* 19 *miseranda e. diseripitur.* 20 *miseranda esse die eripitur.* 22 *constrictionis servandaest sedis eripitur.* 23 *miseranda est disripietur.* 9 *sedisrepitur.* Cui. 1 — Lugd. Rittersh. *miserandae caedis.* 25, 26 om. *sedis.* 6 *datur quibus sepulturae miserandae sedis.* e) Nonn. codd. *nec una.* 37 *nec una fide*, sed corr. Ante 33 *sed scimus.* f) 15, Cui. 1 — Lugd. Rittersh. Go. *fides*, *et solutas*, sed repon. in m. Aur. Lugd. *fides est*, *solutas* et in m. Rittersh. *fides esse solutas.* Nonn. codd. *solutis.* g) 18 *reddi.* 25 *redigere celestim.* h) 18, 34, 37 add. *norma*, sed 37 *religionis norma quam venerabilis sapientiae.* 24 om. *quam.* Nonn. codd. *veteres — religiones*, *veneramus*, *columus.* i) 24 *declaratum archanis.* 22 *dedeclaratur.* k) Nonn. codd. *hoccasus.* Hic terminatur fol. 190 cod. 12 et pergitur in fol. 191 cum vv. *adhibemus itaque libertus* §. 2 Nov. Val. de Libertis. Multi codd. *necessitate.* Mox alii om. *non.* l) 13 *sentiat manet*; alii *sentiant.* m) Multi codd. *sedes.* n) 19, 28, alii *forte.* o) Multi codd. *honere*, *onere.* 22 *ledantur.* p) 24 *permaneat.* Aur. Lugd. Rittersh. Go. *permaneat* et om. *cunctis*, ut in cod. 21. 19, 22 *p. c. cura testibus.* q) 30 *debeamus*, alii codd. *videamur.* r) 4, 8 — 10 *hoc* et om. *usus.* 11, 17 — 20, 23 om. *hos.* Multi codd. *sumto.* 6 *in huius sumptum nimium.* Similiter 24 *sumptuū nimiū.* 15, 21 *usum sumptum.* 22 *hoc usu sumto.* Mox 2, 15, 21 *pretiosam* et 8 *et alta* pro *metalla.* s) Nonn. codd. *molis* et *laborantis — quo prudentium* (ubi 25 *certe prud.*) — *intelligentiae recusare* s. *recusarit.* Rittersh. *laborantes — prudentiā.* t) 1, 22, 23 *crederit.* 4, 8 — 11, 27, 28, 32, 34, 37 *crediderit.* 30 *credederit.* 24, 25 *crederent.* 26 *crederitis.* u) 1 *nimis . barba reste* || *tuesana.* Sich. *barbara est et insana*, sed Sich. in m. *vaesana.* Nonn. codd. om. *et.* Alii habent *vesane* et infra *lucem.* v) 9, 13, 15, 21, 26, 29, 38 *diruptis.* 24, 33 — 33 *disruptis.* 37 *dilutis*, sed corr. 11, 30, Cui. 2, 2*. Ri. Ri*. *derutis.* 37 *perexpiabile.* 25 *dirutis conperi inexpiabile.* x) Cui. 1 *reliquas.* 6 *reliquias corporum humatorum.* 10 *humaniorum.* 9, 30, 32, 33, 38 *humanatorum.* 31, Go. *humanorum.* Ante nonn. codd. *coelum* et *corporibus*; infra multi *clericus* et 38 *vehementiores*, sed corr. y) 15, 21 *prosequatur*; nonn. codd. *prosequitur*, ut Go. z) 6 *quos pertentos et talibus*, aliquot codd. *potentis* et *immorati.* a) 2, 15, 21, 32 — 34, 37 *aspexit districtior* s. *districcior.* 6 *aspexit inquisitio districtior.* Sich. *aspexit districtio*, sed in m. *dies tristior.* b) 1 *sepultus et obliti nominis.* 15, 32 *Sepultos ferro accincti vexant et obliti nominis*, sed 32 *nomine.* Multi alii codd. Sich. — Lugd. Rittersh. in m. Go. *nominis*; 2 *oblitis nominibus.* Ceterum nonn. codd. *vexantur*, *sepultus*, *oblitis.* 26 *sepulcris* pro *sepultos.* 33 om. *sepultos.* c) 1, 15, 17 — 19, 21, 24, 26 — 28, 32 — 34, Rittersh. Be. *praesidentis.* 9, 13 *praesedentes.* 2, 4, 8, 10, 11, 20, 22, 23, 29, 31, 38, Sich. — Lugd. Rittersh. in m. Go. *praesidentes.* 30 *resedentis.* 37, Cui. 2, 2*. Ri. Ri*. *residentis.* 6 *sideribus illudentes.* In sqq. nonn. codd. *cinero*, *contagionum*, *pollutus* s. *pollutos*, *infuderunt* s. *infuerunt*, *tantum*, *in profundum* s. *in profundo* s. *in provida*, *caliginum*, ubi vero 38 et sec. Be. L. *in profunda caligine*, 11 *profunda caliginum*, 32 *profunda caligine tantum* et 22 *in providum caliginum.* d) 22 om. *suae.* e) 9, 29 *dimissi.* 20 *dimersi.* 37 *demersit.* 24 *sapore demersi ad rev.* 25 *demersi ut venerandis.* f) Nonn. codd. *ministeriis*; alii *misteriis*, ut Aur. Lugd. Go. Ante nonn. codd. *audiat* et Rittersh. *audiant.* 32 *m. sed post.* g) 1 *credunt dm̄ esse posse.* Etiam 31 *credunt*; alii *diu posse* et mox *innocentes.* h) 17 om. *incassum — exorat.* 22 *incassum quae*; alii *et cassum.* i) 22 *exortat*; alii *exorata* aut *exorant.* 26 *vitā melius.* k) 6 add. *igitur.* l) Multi codd. *feditate.* 24 *firmitate.* 1 *ne ducius.* m) Codd. *Haec dicta lege*, *haec edicta* s. *edictali lege*, *hanc edictam legem.* Nonn. codd. *macularentur.* 17 *macul. hoc et hac e. l.* n) 9 *Si quis igitur.* 11, 17, 18, 20 *Quicquid igitur.* 37 *quis igitur.* Rittersh. *igitur sepultura.* Hinc incipit haec Nov. in cod. 36. o) Multi tur obnoxius [s]. §. 3. Servos colonosque [t] in hoc facinore deprehensos duci protinus ad tormenta conveniet [u]. Si de sua tantum fuerint [v] temeritate confessi, luant [vv] commissa sanguine suo: si dominos inter supplicia [x] nullo interrogante nexuerint, pariter puniantur. §. 4. Ingenui quoque [y], quos similis praesumptio reos fecerit, si fortasse plebeii et nullarum fuerint facultatum, poenas [z] morte persolvant: splendidiores autem vel dignitatibus noti [a] bonorum suorum medietate mulctati [b], perpetua notentur infamia. §. 5. [c] Clericos vero, quos tam diri operis constiterit [d] auctores, dignos credimus [e] maiore supplicio; vehementius enim coërcendus est, quem peccasse mireris: [f] scelus omne gravius facit [g] claritudo personae. Intolerandum [h], nimis [i] exsecrabile, non ferendum, induere nomen et titulum sanctitatis, et abundare criminibus. Quisquis igitur ex hoc [k] numero [l] sepulcrorum violator exstiterit, illico clerici nomen amittat, et stilo [m] proscriptionis addictus, perpetua deportatione plectatur. Quod ita servari [n] oportere censemus, ut nec ministris, nec antistitibus sacrae [o] religionis in tali caussa [p] statuamus esse parcendum. Facessant [q] querelae, nullius innocentiam sauciamus [r]: nocentes tantum lex nostra [s] persequitur. §. 6. Sed quoniam plerumque statutis salubribus dissimulatione venalium iudicum negatur effectus, praesenti iubemus edicto, ut provinciae moderator, adminiculo municipum fultus, censuram nostrae legis exerceat. Et licet nemo reus possit fascibus ac securibus [t] reluctari [u], si quis tamen exstiterit sic superbus, sic impotens [v], sic rebellis, in cuius nequeat ire [x] supplicium, amplissimas potestates directa relatione mox instruat, ne severitas iusta [y] lentetur. §. 7. Quod si violatores sepulcri [z], quos potuerit [a], secundum formam sanctionis huius punire [b] neglexerit, vel de superioribus [c] referre distulerit [d], facultatibus et honore privetur. §. 8. Cuius quisquis [e], sive adhuc in potestate positi, sive privati [f], propter

---

codd. *locis*. 37, Sich. om. *ipsius*. 24 *profundae vitae quietis et l.* 32 *profundae victor quietis et l.* 9 om. *et* ante *lucis*. Ri. pro *lucis* cj. *pacis*. Antecedere enim *quietis*. Infra (§. 9 in fine) sequi *pax sepultis*. Recte *lucis*; nam sepulcrorum violator in profundum et tenebras sepulcrorum descendit; in locum se confert, ubi lux non est. p) Nonn. codd. *effoderet, effuderit* aut *offoderit*. q) 11, 17, 18, 20 *Quicquid*. Plerique codd. Sich. — Cui. 2*. Ri. Ri*. *hiis*. Go. *iis*. Nonn. codd. *quilibet*, alii *qualibet*. r) Multi codd. *vel* et *subtulerit*. 34 *tulerit*. s) 6 *innoxius*. t) Multi codd. *Servus colonusve* s. *colonusque* — *deprehensus*. Nonn. habent *colonusqui* et 37 *colonus vel qui*. 13 *colonosquem*. 6, 15, 21 om. *que*. 22 *servus vel colonus seu quos* — *comprehensos*. Sich. — Lugd. Go. Rittersh. *colonosve*. u) 22, 25 *conveniat*. 4, 10, 28, 31 — 33, 37, 38 (ubi vero corr.), Sich. — Ri*. *convenit*. 15, 21, 32, 33 add. *et*. 6 *conveniet. Qui si*. v) Nonn. codd. *fuerint tantum*. 29, Cui. 2, 2* om. *fuerint*. 26 om. *Servos* — *fuerint*. vv) Sich. *solvant*. x) Nonn. codd. *dominum* pro *dominos*. 6 om. *inter supplicia*. Nonn. codd. *nexuerit*. y) Aur. Lugd. Rittersh. *puniantur ingenui quoque*. Nonn. codd. *quod* pro *quos*; 27, 29 om. *quos*. Nonn. codd. *plebeii ex* et 2 *plebegi*. Rittersh. *praesumptiores fecerit*. z) 25 *facultate ditati poenas*. Mox nonn. codd. *persolvant si splend*. a) 24 om. *nullarum* — *noti*. Nonn. codd. *nati*. b) Est in aliquot codd. *medietatem, notati, multi* pro *mulctati, multa*. Nonn. codd. *perpetuo*. c) Seqq. des. in cod. 26, et ponitur pro iis, quae om. sunt, haec interpr.: *Cuius quisquis sive Gai* (?) *huc in potestate positus sive privàti propter omissam poenam violatoris sepulchri violaverint accusare habeant liberam facultatem*. 36 om. *Clericos vero*. d) 11, 18 — 20, 22 *constat*. 23, 25, 30, 38 *constitit*. 24 *constabit*. 9, 27 *constituerit*. Multi codd. *duri* pro *diri*. e) 1 *auctoris dignus credemus*. 11, 18 — 20, 22 *credant*. 38, L. sec. Be. *credimus esse*. Mox nonn. codd. *maiores, erit* pro *enim* et Rittersh. *cohercendi ei*. Vid. C. Th. XI, 39, 10, not. sup. f) 15, 21 *miraris*. 6 *miseri'*. 23 *miseris*, ut Sich. 22 *peccasse memores esse*. 8 *mirari*. 9, 10, 25, 30, 37 *peccasse memores*, sed 25 *quae p. m.* 28 *peccasse constiterit memorem quia scellus omne*. 36 *peccasse memorias*. 30 *peccasse meroris*. g) Nonn. codd. *fecit* aut *facient*. h) 6 *Intolerabile*. 11, 19, 23 *Intolerandae*. 20, 22 *Intoleranda*, sed 20 *Intoleranda enim his et exsecr*. i) Multi codd. add. *et*. 21 *execrabilique*. Mox hic et ille codex *feriendum, inducere, nomine, abundasse*. k) 11, 18 — 20, 22 *ex isto*. Ante in nonn. codd. deest *igitur*. l) 22 add. *clericorum*. 37 om. *sepulcrorum*. Multi codd. *violatur*; alii infra *nomine mittat*. m) 22, 24, 37 *et sit stilo*. Sich. — Lugd. Rittersh. Go. *et sic stilo*. Multi codd. *perscriptionis*; alii *praescriptionis*. 2 *adictus*; nonn. *addictis* et infra *plectantur*. *Quid ita* s. *Quod si ita*. Rittersh. *deploratione plect*. n) 13, 19, 22 *observari*; multi codd. *servare*; alii *oportet* et *censimus* — *antestibus* s. *antestitibus*. 36 *censemus ad nec*. 22, Sich. *antistibus*. o) 11 *sanctae*. p) 11, 20, 23, 37 *casu*, ut Sich. 22 *in caussa tali*. 25, 36 *statuimus*; infr. nonn. codd. *parendum*. q) 6 *facessat*. 8 — 10, 15, 21, 22, Cui. 1 — Lugd. Cui. 2, 2*. Go. Ri. Ri*. *facescant*, sed Ri. prob. *facessant*. 4, 20, 24 *facessent*, sed corr. in cod. 4 *facessant*. 36 *fecissent*. 37 *facessens*. 33 *facient*. r) 36 *nullus innocentia sentiamus*. 37 *sociamus*. 24 *innocentes tantum*. s) 11, 13, 17 — 20, 22 *lex ista* et 22 *perquiritur*. Mox nonn. codd. *salubrius, dissimulatio, iuditium, negat* s. *negatur, affectus, iubemur, amminuculo* (11 *admiraculo*), *municipium* (ut Rittersh.), *fultis, exercent* s. *exerceant*, et om. *Et*. 1 *nimo* pro *nemo*. t) Multi codd., etiam 1, *hac*. 4 om. *ac securibus*. 31 *a securibus*. 11 *pascibus* pro *fascib*. u) 1 *reluctare*; hoc quoque 38 ex corr. 32 *relaxari*. v) 15, 21, 22 *sic potens*. 4 *impetens*. 10 *in poenis*. Cui. 2, 2*. Ri. Ri*. *impudens*. Utramque scripturam probam dicit Ri., sed praefert *impotens*. Hoc etiam Be. exquisitius videtur. 37 *rebellis inimicus*. x) 1 *in cu* (est lacuna) *negatire supplicio*. Multi codd. *neq. adire* s. *neque adire*. 13 *nequeat iure*. 27 *neque habere*. 36 *neque adherere*. 15, 21 *neque adire supplicium ad amplissimas*. Nonn. codd. *iudicium* pro *supplicium* et infra *relicta relatione, instruant* s. *infirmat*. Cave, ne scribas *iri*. V. *nequeat suppl. moderator*. y) 6 *securitas iniusta*. 15, 21 *severitatis iustitia*. 18 *severitas eius ralentetur*. 30 *severitatis iusta lege nitentur*. 33 *nisi lex veritas iusta violentatur*. Nonn. codd. *laetetur, laetentur*, Rittersh. *tentetur*. z) Nonn. codd. *violator esse*. 24 *violatur esse sepulcro*. 1 sec. Am. *sepulchi*. a) 11 *potuerint*. 17 — 20, 22, alii codd. Sich. — Ri*. *potuerint* — *neglexerint* — *distulerint* — *privenlur*. 23 *potuerit* — *neglexerint* — *distulerint* — *prvietur*. 1, alii codd. *potuerit* — *neglexerit* — *distulerit* — *privetur*, sc. moderator provinciae, quod probatur Am. et a Be. repos. est. 15, 21 *poterit*. b) 1 *puniri*, em. Am. *punire*; alii *ponere*. Cui. 2, 2* *pure*, Rein. in m. em. *punire*. 15 om. *huius*. 37 *potuerit secuti dum forma*. c) 6, 15 *superbioribus*. d) 37 om. *vel* — *distulerit*. 11 *referrendis tulerint*. Infra nonn. codd. *honoribus*. e) 20 *Cuiuscunque quisquis*. 31 om. *cuius*. 23, 34, Sich. — Lugd. Rittersh. Go. *quisque*. f) Nonn. codd. *positus* — *privatus*. Rittersh. *possit* pro omissam poenam violatoris sepulcri[g] voluerit accusator emergere[h], habeat liberam facultatem. Nec delatoris formidet invidiam[i], cum praemio magis dignus[k] sit, qui se constanter[l] improbos[m] odisse monstraverit, Albine, parens[n] carissime atque amantissime. §. 9. Illustris et praecelsa[o] magnificentia tua legem, quam pietatis et religionis amore concepimus[p], provinciis provinciarumque[q] rectoribus celeriter innotescere propositis[r] iubebit edictis, ut criminosis poena reddatur, innocenter viventibus gratulatio, pax sepultis. *Dat. III.*[s] *Id. Mart. Romae.*[t] *Acc. VI.*[u] *Kal. April. Romae*[v], *Calypio*[x] *V. C. Cos. PP. in foro Traiani*[y] *VIII. Id. April.*[z] *Antelata edicto Albini*[a], *viri illustris, II.*[b] *Pf. P. et Patricii.*[c] (447.)

ISTA LEX INTERPRETATIONE *non indiget*[d].

TIT. XXIII. DE NEGOTIATORIBUS.

1. *Impp. Theodosius et Valentinianus AA. Floriano*[a] *Comiti S. L.*[b] Inter cetera, quibus[c] perennitatis nostrae mansurum[d] saeculis ordinamus imperium, hoc quoque et *) aerarii nostri commoda tueri posse[e], salubri suggestione[f] probamus, quod[g] maiestatis nostrae sancimus[h] oraculo, ne[i] ulterius furtiva negotiatio et claris urbibus rarum faciat mercatorem, et obscuris ac reconditis[k] locis in damnum publicae functionis lateat turba mercantum, Floriane[l], frater amantissime[m]. §. 1. Idcirco illustris[n] auctoritas tua pragmatici nostri tenore comperto sciat, iuxta suggestionem suam[o] omnes, qui declinatis urbibus per vicos portusque[p] quamplures possessionesque diversas exercent negotiationis officium,

---

Tit. XXIII. 1, Zir. in ind. titt. Am. *Tit. XXII.* 2, 3, P. P[a]. et P[b]. in ind. titt. *Tit. XXVII.*, sed P. P[a]. P[b]. in ipsa ed. *Tit. XXV.* Nov. Th. et Val. 6 *Tit. VII.* Cui. 2, 2*. Lugd. Go. Ri. Ri*. *Tit. XXVII.* Nov. Th. Rittersh. *Tit. XXV.* Nov. Th., sed sec. ord. *Tit. XXXI.* Be. *Tit. XXIV.* Est etiam, sed mutt. vv., in cod. Phillippsii 1735 his add.: *In Novell Lib hr̄ XXIII.* Commemoratur in indice titt. Novellarum Theodosii Cui. 1. Aur. adiecto. Ponitur a Go. in Prol. cap. VIII. inter Nov. Valent. C. Th. XIII, 1. — N. 1. Codd. edd. *N.* 1 s. *un.* Be. add. (*LXVII.*), id e. omnium Novv. in Be. ed. Eodem die et ad eundem magistratum data est Nov. 3 Val. tit. VII. de Palatinis. De cod. 3 vid. infr. not. *v.*

---

positi. g) 1 *penā violatores sesepulchri.* Alii codd. *commissam — violatores* s. *violaverit.* h) 2, 9, 10 *mergere.* 15, 21, 23, 27, 38, alii *accusatorem mergere.* 22 *voluerit se accusatorem mergere.* 20 *accusatore mergere.* Infra nonn. codd. *ditatores.* i) 28, 34, 36 *formidat iniuriam.* k) Nonn. codd. *praemiū* s. *primum* et *dignū* s. *dignum.* l) 11, 19, 20, 22 *constat.* 1 om. *constanter.* m) 1 et multi alii codd. *improbus.* 23, Sich.—Lugd. Go. Rittersh. *improbum.* Nonn. codd. *monstratur* et *Albinae.* 36 *improbo dimisso monstratur.* Etiam 9, 10, alii codd. habent *monstratur.* n) 2 *pater k̄ ā inlustras.* 9 *pater.* 31 *albine II k̄ ags̄.* 36 *albino ppo kl ag. inl.* Sich. *Praefecte charissime Augustorum.* Cui. 1—Lugd. Go. *Praefecte Karissime Augustorum.* Rittersh. *praefecte Carissime Augustorum.* 37 *albine praefecte.* 9, 38 om. *amantissime. Illustris.* 22 *p̄k. aug. ag.* o) Nonn. codd. *inlustrissima et praeclara.* p) 1 om. *legem — concepimus.* Nonn. codd. *rel. more* et *concipimus* s. *concipiemus.* 25 *composuimus* pro *cōncepimus.* 24 om. *religionis*, 23 *et* post *pietatis.* q) 1 *provinciis earū. querectoribus.* 25 om. *provinciis.* Nonn. codd. *rectoribusquae.* 11 *provincialiumque.* r) 1, 2, 4, 8—11, 13, 18, 19, 22—24, 29, 30, 32, 33, 38, L. apud Be. *propriis*, quod defendit Am. l. c. pag. 62 sq., not. 3. Vid. Nov. Val. tit. II. de Post., Nov. 4, not. *y.* 1 *iobebit*; alii *iubet, criminosi, reddantur, innocenterque.* s) 15, 21 *VI.* 24, 27, 30—33, cod. Piper., epit. Mon. *IV.* 28, 34, 37 *VII.* t) Nonn. codd. om. *Romae*, 1, 15, 19, 21, 24 *Acc.—Romae* et 29, 38 *Romae — viri.* u) Nonn. codd. *VII.*; in aliis om. *Kal.* et in cod. 32 *VI.— Traiani.* Go. *Acc. VI. VII. Ad Kal.*, mendose. Epit. Mon. *Ian.* pro *April.* v) In cod. 19 exc. *Romae — April.* x) Codd. *Callypio*, ut Sich.—Lugd. Rittersh. Go., aut *Calipio*, ut Cui. 2, 2*. Ri. Ri*., aut *Calepio* (1, 11). Scrib. *Callipio.* Rein. in Chron. constt. Cui. 2 videtur corr. *Alypio.* Cf. Br. l. c. p. 870. 22 *victoriosissimo* pro *V. C.* Multi om. *V. C.*; alii habent *consulibus* aut *Coss.*, ut Aur. Lugd. Rittersh. Go.; 1 *uiro clarissimo cons̄* et om. *PP.* etc., ut in codd. 15, 21. y) Nonn. codd. *Traiano VII*; alii habent *Troiani*, 22 *VII.* pro *VIII.* z) Seqq. des. in cod. 24. Nonn. codd. *Antelatae*, *edictio* (Rittersh. etiam) sive *dicto.* a) 22 *ab Albino.* In nonn. exc. *viri illustris.* Sich. *viri inclyti.* b) Cui. 1—Ri*. *Pf. P. II.*; multi codd. et Sich. om. *II.*; sed plerique codd., in quibus haec subscriptionis pars est *II.* (s. *secundo*) *Pf. P.* Pauci codd. habent *et* pro *II.* Vid. supra inscr., not. *c.* c) Nonn. codd. *patricio*; alii om. *et patricii.* d) Nonn. codd. *Haec lex — non eget.* Rittersh. interpretis vv. h. l. om., adiecit autem rubricae tit. de Libert. et succ., qui in ea edit. proximus est. Vid. ibi not. *b.*

a) 1 *ad Florian̄.* P. in not. P[b]. in m. P. ms. P. in cod. 2 pro *Floriano* corr. *Florentio* et provocant ad Nov. 3 de Palatinis cit., sed ibi *Floriano*, neque vero *Florentio* scriptum est. In cod. 2 inscriptio quidem deest, sed rep. a P. Cod. Phill. *De Negutiatoribus Ymp Theōd et Valentiniani aa* et om. *Floriano Comiti S. L.* b) 2, edd. ante Be. om. *Comiti S. L.* Vid. not. antec. 1 *con̄*, non *con.*, ut Am. scribit. Am. em. *comitem*, unde Be. *com.* 6 *consulari.* P. in m. cod. 2 *PPō.* P. in not. P[b]. in m. em. *P. P.* Reposui ex Nov. 3 cit. *Comiti S. L.*, quod iam Ri. reponi vult. Etiam Am. *Comitem S. L.* intelligit. c) Utrum 2 *que* habeat an *quei*, non recordor; alterutrum habet; in m. cod. corr. P. *queis.* P. P[a]. Cui. 2, 2*. Rittersh. P[b]. Go.—Ri*. *queis.* Lugd. *quei.* 1 *q:, Phennitatē nrāe.* Recte Be. corr. *quibus.* Mox *hoc quoque et aerarii nostri commoda tueri posse — probamus.* d) 2 *mansuram*, corr. P. *mansurum.* 6 *mansuro — imperio.* *) Ri. videtur abundare *et.* Defenditur copula codicibus et optime stat h. l. Ordo is est: *Inter cetera, quibus — ordinamus imperium, hoc quoque, quod maiestatis nostrae oraculo sancimus et aerarii nostri commoda tueri posse, salubri suggestione probamus.* e) 6 *tueri posse commoda.* f) 2 *suggessione*, corr. a P. g) 2, 6 om. *quod*; P. in cod. 2 add. *quod*, sed in m. codicis notat: „Videtur deesse *Si.*" In cod. Phill. om. *Inter cetera — quod.* Vid. not. sq. h) 1 *sanctimus oraculo.* Codd. Phill. sic inc. *Magistratis* (leg. *Maiestatis*) *nr̄e santiemus oraculo omnes qui* et om. *ne ulterius — suggestionem suam* (§. 1). i) 2 *nec*, corr. P. *ne.* k) 1 *obcuresacreconditis locis*; similiter 2 *obscurisacreconditis.* l) P. in m. cod. 2 *Florenti.* Vid. supra not. *a.* m) 1 *fā*, 2 *f̄t. ā*, i. e. *frater amantissime*, quod 6 habet et Am. prob. P. P[a]. Rittersh. P[b]. *P. A.* Cui. 2, 2*. Lugd. Go. Ri. Ri*. *P. K. AA.* Be. *frater k. a. a.* n) 2 *inlustras.* o) 1 *iusta suggestione suā.* 2 *suggessionem*, corr. a P.

pro aerarii nostri commoditate retinendos, ut [q] secundum modum, quem iustitia suaserit, aurariam functionem cogantur agnoscere [r]: gravis mulctae condemnatione proposita his [s], qui huius modi negotiatores in fiscale [t] dispendium putaverint contuendos [u]. Aequum enim est, eum, qui praeceptis nostris crediderit obviandum, facultatum suarum subire discrimen [v]. *Dat. VII.* [x] *Kal. Mai. Romae, Calypio* [y] *V. C. Cos.* [z] (447.)

TIT. XXIV. DE LIBERTIS ET SUCCESSIONIBUS [a] EORUM [b].

1. *Impp. Theodosius et Valentinianus AA. ad Albinum II. Pf. P. et Patricium* [c]. Cum iuris aequitas omnibus dominis in commune permiserit, fructu libertatis [d] et praemio fortunam mutare servorum, nec manumissoris posteros his [e] graves esse conveniat, quos meliore iudicio tanti muneris auctor evexerit [f], duras nimis benemeritis credimus [g] sanctiones, quae sic opprimunt sub ingrati actione [h] libertos, ut [i] ab heredibus defunctorum praecipiant [k] in servitutem [l] vocari, tanquam [m] contra [n] iniuriarum [o] vel superbiae reos nulla, nisi abrogandae libertatis, poena sufficiat. §. 1. Huius ergo statuti vigorem [p] benignius corrigentes, mansura iugiter lege decernimus [q], ut, si quis ex familia sua cuiuslibet [r] sexus homines libertate donaverit, eius heredes, sive extranei, sive filii sive filiae, sive nepotes neptesve fuerint [s], vel propinqui cuiuscunque cognationis et nominis, manumissos [t] non teneant ad obsequiorum necessitatem, nullamque contra ingratos habeant actionem. Sed [u], quod minime remur, si [v] contumeliam fortasse pertulerint, ad coërceñdos [x] iniuriarum reos utantur iure communi. Nemo sibi nostrae legis obstaculo [y] credat perire vindictam: late adversum noxios severitas patet. Hoc unum genus [z] ultionis nostro saeculo venturisque temporibus [a] nulli prorsus sperare per-

Tit. XXIV. Cod. 1, Zir. in ind. titt. Am. *Tit. XXIII.*, complet autem in cod. 1 et pessime quidem scriptus folium, quod sine numero est inter fol. 99 et 100. 2 *Tit. VII.*, err. pro *VI.*, nam sextus tit. est sec. ord. titt. 3, 4, 8—11, 13, 15, 17—34, 37, 38, 40, 41, Sich. Cui. 1. Aur. P. in ind. titt. Cui. 2, 2*. Lugd. P [a]. in ind. titt. Rittersh. Go. P [b]. in ind. titt. Ri. Ri*. *Tit. VI.* 6 *Tit. XXVI.* 35 *Tit. IV.* 36 *Tit. V.* Be. *Tit. XXV.* Vid. Nov. Th. tit. XVI, not. sup., tit. XXII, §. 14, not. *v*; Nov. Val. tit. II, XIII—XV, XVII, XXII, not. sup. et tit. XVII, §. 3, not. *p*, tit. XXII. pr., not. *t*, *k*. C. Th. IV, 10. L. R. B. *Tit. XLIV.* — Nov. 1. Codd. edd. *N.* 1 s. *un.* Be. add. (*LXVIII.*), id e. omnium Novell. in Be. ed. Integra cum interpr. est in codd. 2, 11, 13, 15, 17—23. Omnia praeter interpr. particulam des. in codd. 3, 40, 41; inscr. et textus in codd. 4, 24, 30; textus et subscr. in codd. 26, 35; subscr. et interpr. in cod. 25; solus textus om. in codd. 8—10, 27—29, 31—34, 36—38. C. Th. IV, 10, 3, not. *v*. Huschke, Studien, T. I, p. 164.

Seqq. ita in cod. Phillipp. scripta sunt: *omnes qui declinatis urbibus et per diversa loca negutia exercent, ut publici functionis lateant secundum modum — cogatur agnoscere hi vero qui uiusmodi — potaverit contuendus aequum est enim facultatum suarum subire discrimen, qui praeceptis nostris crediderit obviandū.* p) 2 *portosque*, corr. a P. q) P. in m. cod. 2, 6 add. *ut*; in cod. 1 et in edd. deest *ut*. Iam Be. add. vult *ut*, recte. r) 1 *cogatur agnuscere.* 2 *cogatur agnoscere*, sed P. corr. *cogantur.* s) 1 *proposi his.* 2 *multe c. p. his.* 6 *multae his condemnatione proposita.* t) 1 *negotiatore in fiscale.* u) 2 *putaverit* (corr. a P. *putaverint*) *continendos.* Rittersh. *Aequum est enim.* v) In cod. 3 sola vv. *Aequum — discrimen* recepta sunt. x) Cod. Phill. *XII.* 6 *VI.* y) 1 *calepio.* 2 *calipio*, ut P. — Ri*. 6 *alipio.* Cod. Phill. *calyppio.* Scrib. *Callipio.* z) Cod. Phill. *conss.* Cf. Br. l. c. p. 869 sq. et Ri. ad hanc Nov., not. *e*.

a) Nonn. codd. *Successoribus.* 2, 36 *Susceptoribus.* P. P [a]. et P. in ind. titt. *De liberis et susceptoribus eorum.* 6 om. *Et Successionibus Eorum.* b) 3 add. *et Paracidiis* et Rittersh. inepte interpretis vv., quae debebat antecedenti Novellae de Sepulcri viol. subiicere. Vid. tit. XXII. interpr., not. *d*. In multis codd. exc. *Eorum*; alii habent *Eorum dnis nris Impp.* s. *DD. NN. Impp.* c) Ita 1, 17, 18; alii codd. edd. *Pf. P. II.* Plerique codd. om. *II.* et nonn. *II. et Patr.* 6 *Idem augusti eidem patritio*; alii habent *AA. Albino* (s. *ad Albino*) — *patricio*, ut 1. 22 *Albino — patricio consulibus.* Supra multi codd. *Theūd.* s. *teod.* d) 6 *liberalitatis.* 17 *fructus libertatis et praemium.* 22 *omnibus damnis in — fructus liberalitatis.* 19 *lib. et pr. fortuna.* 25 *fructum libertatis et praemio vitare fortuna.* Infr. Go. *mutare* | *ervorum — conve* | *sniat.* e) 6 *manumissores posterius hiis.* Plerique codd. Sich. — Lugd. *hiis.* Go. *iis.* Nonn. codd. *gravis — meliori.* 18 *melior.* Rittersh. *manumissonis p. his.* f) 1 *auctori. uexerit.* 6 *auctoritate evexerint.* 22 *auctore vexerit.* g) 1, 6, 13, 17—20, 22, 25 *credimus sanciones* s. *sanctiones*; rell. et edd. *sanctiones credimus.* Vid. C. Th. IV, 10, 2. Mox 25 *si conpremunt.* h) 22 *ingrata actione.* 1 *liberus ut hab heredibus.* i) 15 *aut.* k) Be. notat: „fort. *permittant*, quod huic instituto rectius convenire videtur." Nullus cod. confirmat Be. cj. et recte dicitur *praecipiant.* l) 1 *seruitutemuocare.* 21, 22 *in servitute vocari.* 25 *servitute vocare.* m) 2 *vocaturi quam.* 17 *revocare cum tanquam.* n) 19, 22 om. *contra.* o) 1, 22, 25 *iniuriam.* Mox nonn. codd. Rittersh. Go. *paena* et 23 *sufficiet.* p) 1 *stati uigorem benignus.* 11, 17, 22, 23, 25 *vigore.* q) 2 *discernimus.* r) 1 *ex familias a cuiuslibet.* 25 *hominis.* s) 1 *extraneis . fili seu filie seu nepotes neptisque fuerant.* 2 *extranei* (om. *sive filii*) *sive filiae seu* (om. *nepotes*) *neptesve fuerint.* 6 *seu extranei sive filii seu filiae seu nepotes neptesue fuerint.* 15, 18—21 *seu filiae seu nepotes neptesque fuerint.* 22 *seu extraneis sive filiis seu filiae seu nepotes neptaeque fuerint.* 23 *seu filiae seu nepotes n. f.* 11, 13, 17, Rittersh. *neptesque.* 25 *si extranei si filii* (om. *sive*) *filiae si ncpotes.* t) 2 *manumissus.* 22 *manumissis.* u) 15, 21 om. *Sed.* 25 *actione sed* et om. *quod.* Nonn. codd. *minimae.* v) 11 *reor si.* 17, 20, 23, Sich. *remorsi.* 22 *contumelia.* x) 1 *pertullerant adquo hercendus.* 22 *protulerint a quo arcendos.* Multi codd. Sich. — Ri*. *cohercendos.* 19 *iniuriam.* 25 *utuntur.* y) 25, Aur. Lugd. Rittersh. Go. *obstacula.* 13 *credat pro eum vind.* Mox 23, Sich. *vindictam data adv.*, impr. Ri., et 25 *patitur* et 20 *noxios si veritas.* z) 1, 6, 13, 17—20, 22, 23, 25 *genus ultionis*; 15 om. *ultionis*; rell. et edd. *ultionis genus.* a) 19, 22 *ven-*

mittimus, ut [b] in ius vocati [c] postulet servitutem. Iustitiam [d] praesentis edicti, si bene sentiant [e], famae praestamus heredum, ne videantur non*) agere caussam doloris, sed exercere [f] potius cupiditatis ardorem. §. 2. De successionibus etiam, quas [g] latius et obscurius veteres protulerunt [h], compendium lucidae [i] definitionis [k] adhibemus. Itaque libertus, qui civis Romani privilegium fuerit consecutus, sive unicum pignus, sive [l] plures cuiuslibet sexus habeat [m] filios, cum mori coeperit, soboli [n] suae omnes proprias [o], si maluerit, facultates supremo securus dimittat [p] arbitrio. §. 3. Quod si nulla prole [q] gaudebit, quattuor uncias bonorum suorum manumissoris [r] filio vel, si plures erunt, filiis [s] derelinquat [t], aut, si filiorum nullus exstiterit, nepoti ex filio, vel*) nepotibus eandem deputet portionem [u]. §. 4. Filias vero manumissoris [v] earumque filios et nepotes impune [x] praetereat, nisi forsitan aliud amor suaserit [y] voluntasque morientis. §. 5. Ne quid [z] autem scaevis [a] interpretationibus calumniantium moliantur insidiae, quod pro liberto [b] statuimus, pari sibi munere etiam liberta [c] defendat. §. 6. Praeterea intestatis libertis [d] filius filiave [e], nepos neptisque, vel si plures superstites fuerint, dummodo liberi civesque Romani [f], pro totius patrimonii soliditate succedant. §. 7. Nam si nec filios habuerint, nec nepotes, reliquerint tamen patrem [g], matrem, fratrem [h], sororem, pari libertate gaudentes, medietatem sibi intestatae [i] successionis haec de supra dictis [k] persona defendat, quae gradu potior [l] invenitur, aliam vero medietatem manumissorum reservamus heredibus, quos [m] tunc respiciet omnis hereditas [n], si intestato expressa necessitudinum nomina [o] defuisse constiterit [p]. §. 8. Ipsis vero manumissoribus nihil penitus derogamus, quibus [q] ius patronatus integrum semper manebit [r], salvumque durabit, quicquid vel [s] prisci iuris auctoritas vel superiorum principum sanctiones contra ingratos detulere libertos. §. 9. Sed ne [t] penitus sibi reverentiam posteri [u] caussentur negatam, statuimus et iubemus [v], ut adversum manumissoris [x] filios et nepotes liberti libertaeve [xx] in nullis omnino caussis testimonium dicant. Quod si, licet [y] nihil valiturum, dixerint [z], puniantur, Albine, parens carissime atque amantissime. §. 10. Illustris [a] et praecelsa magnificentia tua [b] propositis [c] reverenter [d] edictis cunctorum sensibus aequitatem nostrae legis insinuet, ut, quanto stu-

---

turumque temporis. 11, 20 *temporis.* Rittersh. *venturis a temporibus.* Ante 25 *n̄rm seculum.* b) 1 *nullus prorsus sperare p. ut.* 11, 17—20 *prorsus supplicare p. ut.* 6 *prorsus omnino concedimus ut.* 13 *prorsus expectare p. ut.* 22 *nulli supplicare perremittamus* (corr. *permittamus*) *ut.* 25 *nullis prorsus sperare permittat* et om. *ut.* Sich. *sperari.* Go. *nullis prorsus.* c) 22 *iudicato.* 25 *servitute.* d) 6 *Iuditium.* Nonn. codd. *praesentes.* e) 13 *edicto sive bene sentiant.* 19 *edicto bene sententiant* et om. *famae.* 20 *edictio si bene sentiant.* 22 *edicti sibi bene sentiant* et om. *famae.* 6 om. *si bene sentiant.* *) 2 om. *non.* f) 22 *excipere.* g) 19 *quam latius.* 22 om. *quas* et mox *veteres.* h) 22 *pretulerunt.* Go. *portulerunt.* i) 20 *luce.* 25 *conpendio lucidae.* k) Hic pergitur in cod. 12 fol. 151. Vid. Nov. Val. tit. XXII, pr. not. *k.* l) 22 *Itaque libertis, qui cives Romani privilegio — seu unicum pignus seu.* Etiam alii codd. *seu — seu* et 25 *Romanae* et infra 20 *arbitrium,* m) 6 *habuerit.* n) 22 *communi coeperit suboli.* 2 *ceperit sobole.* Plerique codd. *suboli.* o) 6 om. *proprias.* p) 1 *facultates su...mo securus demittat.* 13 *simulaverit facultates* etc. 22 *si maluerint facultates securus supremo dimittit arbitrio.* 23 *securos.* q) 6 *prole nulla.* r) 2 *manumissores filio.* s) 6 om. *vel — filiis.* 22 *filii.* t) 6 *relinquat* et om. *aut.* 22 om. *aut — exstiterit.* Mox 25 *filius nullus.* *) 6 om. *nepoti ex filio vel.* u) 1 *nepotibus candede putet portionem.* 11, 18, 19, 20 *neptibus.* v) 2 *manumissores.* x) 6 *earum subolem impune.* 15, 21 *nepotes imponere.* Rittersh. *impunae.* y) 15 *mors suaserit.* z) 13 *Ne quis.* 1 *uoluntasque morienti. ne quid.* Rittersh. *quid ā.* a) 1 *scebis.* Plerique codd. *scevis.* Cui. 1—Lugd. Rittersh. Go. R. *saevis,* impr. Ri. In cod. 23 et in Sich. ed. exc. *scaevis*, sed suppletur in m. Sich. ed. *iniquis*; in cod. 23 est spatium. Mox plerique codd., etiam 1, Sich.—Lugd. Rittersh. Go. *calumniantum.* Vid. tit. XXIII. *mercantum.* b) 2 *pro libero.* 12, 20 *pro libertos.* 22 *pro libertis.* 25 *per libertos.* Rittersh. *insidiae, q p liberto.* c) 1 *libertate defendit.* 11, 12, 19, 22, 23 *libertate.* 25 *libertatem.* 15, 21 *defendit.* d) 25 *intestati liberti.* 2 om. *libertis.* 15, 21 *praeterea in testamentis liberti.* e) 1, 11, 12, 15, 19, 20, 21, 23, 25 *filiave*, ut Sich. 2 *filiave nepotes* et om. *neptesque.* 22 *filios filiasve.* Rell. *filius filia.* Nonn. codd. *nepus neptesque.* 18 om. *si* post *vel.* f) 1 *liberti civisque Romani.* 22 *civisque Romani potius patrimoniis.* 23, Sich. om. *superstites.* g) 6 *reliquerit sed tantum.* 19 *tam patrem.* 22 *relinquerint tamen* et deest *patrem.* 25 *pater mater frater soror.* h) 2, 6, 11—13, 17, 18, 20, 22, 23, Sich. om. *fratrem.* 22 *sororem patri.* i) 23, Sich. *intestatam.* k) 11, 12, 19, 20, 22 *supradicti.* 13 *personas.* Rittersh. *hic de.* l) 13 *potius.* 19 *gradu optior.* m) 19, 22 *quae.* n) 6 *hereditas omnis respiciet.* Aur. Lugd. Rittersh. Go. *recipiet.* 19, 22 om. *si.* o) 6 *nomina necessitudinum.* p) 11, 12, 18—20, 25 *constiterint.* In meo Rittersh. exemplo (literae enim paululum evanuerunt) videtur scriptum fuisse *Ipsis veto.* 13 *Ipsius.* q) 22 *manumissoribus* et om. *nihil — quibus.* 25 *manumissori.* Cui. 2, 2* *derogamur.* 18 om. *ius* post *quibus.* r) 1 *permanebit.* s) 22 *duravit.* 25 *duravit quicquid dum prisci.* 15, 21 om. *vel.* Infra 18 *detuleret* et 25 *contractus distulerit libertos.* t) 2 *libertos neque.* u) Ita codd. Edd. *causentur posteri*, sed 25 *reverentia posteri causentur negata* et Rittersh. *posteritati.* v) 2 *statuidure iubemus.* 19 *statuimus ac iubemus.* x) 11, 12, 19, 20, 22 *manumissorum.* xx) 22 *libertive* (om. *libertae*) *in nullius.* 2 *liberofficii in nullis.* y) 2, 15, 17, 19, 21, 23 *Quod scilicet.* 18 *Quod si fecerint.* 22, Sich. om. *licet.* z) 11, 12, 17, 19, 20, 22 *edixerint.* a) 1 *albine . post k̄ agustus.* 2 *albine p̄ k̄ ā inlustras et praeclara.* 22 *p̄ k̄ aūg. aūg il̄s.* 25 om. *atque amantissime illustris.* Sich. *Albine Praefecte charissime Augustorum.* Cui. 1—Lugd. Go. *Albine Praefecte Karissime Augustorum.* Rittersh. *Albine Praefecte Carissime Augustorum*, sed in m. *parens.* b) 1, 2 *magnificentia tua.* 6, 22 *p̄ m̄ ī.* 23 *p̄ m̃ t̄. ā.* Similiter alii codd. 15, 21 *magnitudo tua.* Edd. *magnificentia auctoritatis tuae*, sed Aur. Lugd. Rittersh. *tua.* c) 1, 2, 6, 11, 12, 15, 18—23, Sich.—Lugd. Rittersh. Go. *propriis*; rell. *propositis,* recte; nam illud natum est ex male intellecto compendio v. *propositis.* Vid. tit. XXII, §. 9, not. *r.* d) Ita omnes codd. Sich.—Lugd. Rittersh. Go.; solus 25 om. *reverenter.* Cui. 2, 2*. Ri. Ri*. Be. *evidenter.* Postea Aur. Lugd. Rittersh. Go. mendose dio et detestemur iniustos, et [e] libertati tribuamus favorem, totus, ubi noster est, orbis agnoscat [f]. *Dat. III. Non. Iun.* [g] *Romae*, *Calypio* [h] *et Ardabure* [i] *VV. CC. Coss.* [k] *PP.* [l] *in foro Traiani* [m] *V. Id. Iun. Antelata* [n] *edicto Albini V. C.* [o] (447.)

Interpretatio. *Lex ista constituit, ut liberti, qui cives Romani effecti sunt, ab heredibus manumissorum, sive filii sint sive extranei, proposita iniuriae actione* [p], *qua se dicant laesos, pro occasione istius ingratitudinis ad servitium nullatenus revocentur. Sed si talis casus emerserit, quasi contra alios ingenuos, sic de iniuriis apud iudicem actio proponatur. De successionibus vero libertorum, hoc est civium Romanorum, id censuit observandum, ut libertus sive liberta, si unum filium seu plures habuerint, ipsis facultatem suam morientes, si voluerint, integram derelinquant. Contra cuius voluntatem nec filii ex patrono, nec nepotes* [pp] *ex filio ulla venire poterunt* [q] *ratione. Quod si libertus libertave, qui defuncti fuerint, filios non habuerint* [r], *et testari fortasse* [rr] *voluerint, tertiam facultatis suae manumissorum filiis vel nepotibus, qui ex masculis nati fuerint, derelinquant. Filias vero manumissoris, earumque filios et nepotes ab hac hereditate, salva pagina testamenti, securi, si voluerint, praetermittant: quia feminae ad istas hereditates penitus non vocantur: nisi forte illi liberti de duabus partibus per gratiam aliqua* [s] *filiabus vel nepotibus ex filia patronorum suo voluerint conferre iudicio. Si vero liberti nec filios dimiserint, nec nepotes, si patrem, matrem* [t], *fratrem, sororem, et ipsos libertos civesque Romanos* [u] *factos esse constiterit, quos superstites derelinquunt, tunc medietatem sibi patroni heredes vindicent, et medietatem supra scriptis personis* [v] *de gradu defuncti liberti, qui proximior invenitur. Nam si* [x] *liberti, qui cives Romani fuerint, vivo manumissore decesserint, si sine voluntate patroni condere voluerint testamenta, penitus non valebunt: quia auctoritati manumissorum omnia lex ista servavit* [y]. *Contra filios vero* [z] *vel nepotes nec libertus, nec liberta testimonium dicere in quacunque caussa praesumant* [a]: *quod si fecerint, licet recipi nulla liceat* [b] *ratione, tamen quicunque liberti contra filios vel nepotes patroni contrarium testimonium dederint, puniantur.*

TIT. XXV. DE CONFIRMATIONE LEGUM DIVI THEODOSII AUGUSTI, QUAE LATAE SUNT POST THEODOSIANUM [a] (CODICEM).

1. *Impp. Theodosius et* [b] *Valentinianus AA. Albino*

Tit. XXV. 1 *Tit. XXIII.*, err. pro *XXIV.* Zir. in ind. titt. Am. *Tit. XXIV.* 2—5, P. P [a]. P [b]. in ind. titt. *Tit. XXXV.* et add. apud P. P [a]. P [b].: „*quae extat inter Novellas Valent. XIII. 1.*“ (P [a]. P [b]. male *XIIII.*) Cui. 2, 2*. Ri. Ri*. *Tit. XXXV.* Nov. Th. 6 *Tit. I.* Cui. 1. Aur. Lugd. Rittersh. Go. *Tit. XIII.* P. P [a]. P [b]. in ipsa ed. om. titulum, quia integer editus erat in Cui. 1. Be. *Tit. XXVI.* — N. 1. Codd. edd. *N.* 1 s. *un.* Be. add. (*LXIX.*), i. e. omnium Novv. in Be. ed. De cod. 3 vid. not. *h.*

---

cunctorum censibus. e) 15, 21 *studio* (om. *et*) *detestemur iniusto sit.* 19 *detestamur.* 11 *pavorem* pro *favorem.* f) 15, 21 *tribuimus f. totos — orbis ammoneas.* Non clare perspicio, utrum in meo exemplo ed. Rittersh. scriptum sit *ubi notet et o. a.* an *ubi nocet et o. a.* g) Nonn. codd. *IV* et *Ian.* Etiam L. R. U. *Ian.* Epit. Mon. *Iul.* Nonn. codd. om. *Romae*, ut 1. h) 1 *Callipio*, recte. Vid. subscr. tit. XXII, not. *x.* 11 *Caelino*, impr. Ri. 15, 21 *Alipio.* Rell. codd. *Calipio*, *Callipio*, ut Cui. 2, 2*. Ri. Ri*. s. *Callypio*, ut Sich. — Lugd. Rittersh. Go. i) 2 *ardure*; alii codd. *ardebore*, *ardebure*, *ardabole.* 1 om. *et Ardabure.* k) 1 *V. C. console.* Vid. not. anteced. et Br. l. c. pag. 870. 2 *V. C.*, ut multi codd., et om. *Coss.* 6 *V. C. Coss.* Aur. Lugd. Go. *Cos.* In cod. 38 exc. *Coss.* — *V. C.*, in codd. 1, 6, 15, 21, 24 *PP.* — *V. C.* et in nonnullis *VV. CC.* s. *Coss.* s. *VV. CC. Coss.* l) Nonn. codd. *Acc.* pro *PP.* 36 om. *in foro.* 22 om. *PP.* m) Nonn. codd. *Troiani*, *Troiano*, *Traiano* et *VI id. Ian.* s. *Iul.* 36 *Trai. accept. V.* n) 28 om. *Antelata* — *V. C.* Nonn. codd. *Antelatae dicto.* 4 *et antelata.* 22 *antelatine.* o) Nonn. codd. *Albino*, *Albinae* s. *Alb̄ c̄* s. *Albini c̄cl.* 31 *vicario cos.* Multi codd. et Sich. om. *V. C.*; alii add. *Coss.* p) Aur. Lugd. *sine extranei.* Go. *inuriae act.* Sich. infra *actio deponatur.* pp) Nonn. codd. *per occasionem* et *ingravitudinis* — *talis caussa emerserit qualis contra filios* — *successoribus vero liberorum* — *id censemus* (22 *censuimus*) *observari dum ut* — *ipsi facultatum* (etiam Rittersh. *facultatum* et infra *integrum derelinquant.* 19 om. *ipsis* — *voluerint*) — *neque filii* — *neque nepotes.* q) 19, 22 om. *venire*; alii codd. *nulla venire potuerunt.* 22 *poterunt rationi obsistere quod* — *liberave quae defuncta.* r) 11—13, 15, 18, 20, 21, 23, Sich. — Lugd. Rittersh. Go. *habebunt.* Nonn. codd. *habuerit.* rr) Sich. — Lugd. Rittersh. Go. *forsitan* 23 *fortasse voluissent.* s) Nonn. codd. *masculo* — *filiis* — *manumissorum* — *vocentur* — *pro gratia* et *aliquam.* Etiam Cui. 1 — Lugd. Rittersh. Go. *pro gratia.* Sich. *duabus partibus praerogativam aliquam.* 22 *pro duabus.* 23 supra *nati sunt derel.* t) Nonn. codd. *nec filios nec filias dimiserint* — *patrem vel matrem* et om. *fratrem.* Reponerem *sed* pro *si*, si codd. assentirentur. §. 7 ipsius Novellae: *Nam si nec filios habuerint nec nepotes, reliquerint t a m e n patrem.* Sed scio saepe dici *si* — *si.* u) Nonn. *liberos* et *cives Romanos*, ut Sich. Cui. — Lugd. Rittersh. Go. v) Nonn. codd. *constiterint quod* s. *derelinquant* s. *derelincunt* — *vendicent mediae* (s. *medietatem*) *de suprascriptis* s. *suprascriptas personas.* x) Nonn. codd. om. *qui* — *Nam si.* 23 *qui proximus invenitur.* y) Nonn. codd. *qui auctoritate* — *servabit* et add. in m. cod. 20 *vel si liberti contrarium testamentum dederint.* Etiam edd. *servabit.* Sed reposui ex 22, aliis *servavit*, quod etiam Ri. probatur. Ceterum supra 23 *testamentum penitus.* z) Multi codd. et Sich. om. *vero.* a) Sich. — Lugd. Rittersh. Go. *nepotes libertus libertave* (om. *nec*, *nec*) *testimonium* — *caussa non praesumant.* b) 22 *licebit* et om. *ratione.* Sich. *nulla debeat*, sed in m. *liceat.* Nonn. codd. *nullo.*

a) 1 *De Confirmatione Legum* (om. *Novellarum*) *Divi Theūd. āg. que late sunt post theūdosianū.* Similiter Am., qui vero *legū* et *Theud. ag.* Zir. *De Confirmatione Legum Divi Theodosii Aug., quae latae sunt post Theodosianum.* 2—5, P. P [a]. P [b]. in ind. titt. Cui. 1 — Ri*. Be. R. *De Confirmatione Legum Novellarum Divi Theodosii*, sed 5 *Novelli* et 2 *Theudosi.* 6 *De Confirmatione Legum Theodosii.* Reposui rubricam codicis 1, sed addidi v. *Codicem* perspicuitatis caussa. b) 1, 2, 5 *Theud.* s. *Theūd.*

II.[c] *Pf. P. et Patricio.* Gloriosissimus principum[d] dominus Theodosius, clementiae meae pater[e], leges a se post Codicem nominis[ee] sui latas nuper*) ad nos, sicut repetitis[f] constitutionibus caverat, prosequente sacra praeceptione direxit[g], Albine, parens carissime atque amantissime[h]. §. 1. Illustris et[i] praecelsa magnificentia tua nostrorum quoque apicum[k] tenorem secuta, perferri[l] eas in notitiam[m] omnium cum supradicta venerabili iussione[n] simul missa, quae nihil[o] dubitationis relinquit[p], tam suis, quam provincialium iudicum decernet[q] edictis, ut, sicuti[r] uterque orbis[s] individuis ordinationibus[t] regitur, iisdem[u] quoque legibus temperetur. *Dat. III.*[v] *Non. Mai.*[x] *Ravenna, Postumiano et Zenone*[y] *VV. CC.*[z] *Coss.* (448.)

TIT. XXVI. DE TRIGINTA ANNORUM PRAESCRIPTIONE OMNIBUS CAUSSIS OPPONENDA[a].

1. *Impp. Theodosius et Valentinianus*[b] *AA. Firmino Pf. P.*[c] Boni[d] principis cura vel prima vel maxima est, quietem provincialium propitia sollicitius mente tractare, quibus, quanto plus fuerit humanitatis impensum, tanto pronius amor devotionis[e] incumbit. Haec est enim natura mentis humanae, ut, quod amittit ex commodo[f], compenset in gratia, et animos[g] praestitis largiores[h] interiore quodam vinculo caritatis obstringat. Iuvat itaque, iuris perpetui, emphyteutici, patrimonialis, iuris rei publicae vagas[i] aeternasque calumnias et nullo temporum[k] fine conclusas certis et designatis terminis limitare. Quam nobis necessitatem ferendae legis iusta imposuit querimonia plurimorum. Quis ferat, institui iurgia, quae avi ac proavi nescierunt? quae[l] alia improbum litigatorem tam valida defensio submovebit[m], si possessorem nec saecula in[n] infinitum transacta defendunt?[o] §. 1. Praeter tantae aetatis iniuriam vehementer offendit, quod quibusdam nec militiae suae privilegia suffragantur. Diuturno excubiarum labore perfunctis impingi contumeliosam status comperimus[p] quae-

---

Tit. XXVI. 1 *Tit. XXIIII.*, err. pro *XXV.* Zir. in ind. titt. Am. *Tit. XXV.* 2, 3, 8—13, 15, 17—34, 37—40, 42, Aeg. Sich. Cui. 1. Aur. Lugd. P. in ind. titt. Cui. 2, 2*. P[a]. in ind. titt. Rittersh. Go. P[b]. in ind. titt. Ri. Ri*. *Tit. VIII.* 6, Be. *Tit. XXVII.*, sed sec. ord. 6 *Tit. XXVIII.* 4 *Tit. VII.* 35 *Tit. V.* 36, L. R. U. *Tit. VII.* Vid. Nov. Th. tit. XVI, not. sup., tit. XXII, Nov. 2, §. 14, not. *v*, Nov. Val. tit. I, tit. XVII, not. sup. et §. 3, not. *p*, tit. XXII, not. sup. et pr. not. *t*. Exstat etiam hic tit. in cod. S. Germ. 366 et in cod. Phill. 1741. C. Th. IV, 13 et 14 et

---

6 om. *Theod. et* et 4 *et.* c) Ex cod. 1; rell. om. *II.* 2, 4, 5 om. *et* post *Pf. P.* d) 3 *princeps.* 1 *domnus.* 1, 2, 5 *Theudosius.* e) 1 *me pater.* 5 *legis*, sed corr. ee) Go. *numinis* et 3 *nomina.* *) 4 *latas nobis.* 3 *latas non per.* f) 4, 5 *rei petitis.* 3 om. *sicut — praeceptione.* Intelligit c. 5 C. Th. de Const. princ. (I, 1) et Const. de Theodosiani Codicis Auctor. g) 2, 4 *direxerit.* 5 *direxerat.* 3 *dixerit.* Vid. tit. II. Nov. Theod. h) 2 *p̄k̄ā.* Hic terminatur Novella in cod. 3. Cui. 1. Aur. Lugd. Cui. 2, 2*. Go. *parens Karissime Augustorum.* Rittersh. *parens carissime Augustorum.* i) 2 *inlustras.* 6 *inlustris igitur et.* 5 *inl. et*, sed *ut* a sec. manu. k) Cui. 1 — Lugd. Rittersh. Go. *opicum*, sed Rittersh. in m. em. *apicum.* 4 *tenore.* l) 4 *perferas.* 5, Cui. 1 — Go. *perferre*, sed antea in cod. 5 *perferret.* Ri. Ri*. *perferet.* m) 4 *nocentiam.* n) 2 *venerabile.* 5 *iussionem*, corr. *iussione.* o) Cui. 1 — Lugd. Rittersh. Go. *quod nihil*, sed uncis includ. ap. Go. *quod — relinquit.* p) 1 *dubitationis reliquid.* 2 *relinquet.* Corrig. in 5 *relinquens.* q) 1, 4, 5 *decernit*, sed Am. corr. in 1 *decernet.* r) 1 *secuti.* 6 *sicut.* s) 1, 5 *urbis*; hoc etiam P. rep. in cod. 2. t) 1 om. *ordinationibus.* u) Codd. Cui. 1 — Rittersh. Ri. Ri*. *hisdem.* v) 1, 2, 5, 6 add. *III.*; 4, edd. om. *III.* x) 1 *N̄N̄.* *Iun.* Am. coniicit, ex anteced. Nov. librarium mutuatum esse mensem *Iun.* Eadem est opinio Br. l. c. p. 870. 2 om. *Mai.* y) 4, 6 *genone.* 5 *zenoane.* z) 1 *V̄C̄ Cons̄.* 2, 4 — 6, Cui. 1 — Ri*. om. *VV. CC.* Aur. Lugd. Rittersh. Go. *Cons.* Cf. Br. l. c. p. 870.

a) 1 *perscriptione.* 22 *perscriptionem.* 2 *De pr. tr. ann. omn. c. oppon.* ut P. P[a]. P[b]. in ind. titt. 13 *De pr. tr. ann. omn. litibus opponenda.* Alii codd. *praescriptionibus.* 34 *praestitioni.* Nonn. codd. *proponenda.* Cui. 1 — Lugd. in ind. titt. om. *omnibus c. opponenda.* b) Nonn. codd. *Theūd.* s. *Teod.* 37, Sich. *Honorius et Theodosius*, sed Sich. in m. *Theodosius et Valentinianus.* 29 *Gratianus et Valentinianus.* c) 6 *praeposito et patritio.* Go. add. (*Italiae.*) d) In sqq. hic et ille codex *principes, curā, primis — quiete* (s. *qui et* aut *quietiam*), *propiciata* (aut *proprios* s. *propria.* Etiam Cui. 2, 2* *propitiata*), *solacius* (s. *sollicitus* s. *sollicitos*) — *quantum* (s. *quando*) — *ferit h. expensum tantum plenius.* 1 *quantū pronius.* e) 22 *devotionis amor.* Rittersh. in m. *devotinni* cj., pro *devotioni*, falso. Nonn. codd. *incumbet hoc est — ut quid* s. *et quod amittet* s. *admittet.* Etiam Sich. Go. *admittit.* f) 11, 12, 15, 17 — 22 *am. incommodo*; alii *ex quomodo.* Aptam sententiam praebet *incommodo.* Nonn. codd. *compenset.* 22 *gratiam.* g) Sich. *animum.* h) 1, 4, 9 — 12, 15, 19, 20, 22 — 24, 31, 38, codd. Phill. et S. German. Cui. 1 — Lugd. Rittersh. Go. *largiores*, sed 1 *prestetis largiores* et 15, 21 *praestat ut hos largiores.* 8, 25, 26, 28, 32, 34 *largioris.* 29 *largitiones.* 24 *largiores in quandā.* 13 *laetiores.* Sich. *praestita largitas.* Rell. *largioribus.* Recte *largiores*, i. e. *paratiores.* Ceterum 38, L. sec. Be. *praestet*, 22 *praestitos* et mox nonn. codd. *interiores* (ut 22, sed in eo corr. *interiore*) — *obstringet. Iubet* (hoc ortum est ex *Iubat*, quod alii codd. habent) — *enfiteutici* s. *infiteutici.* i) 1 *patrimuniales iures reipublici vacas.* 6 *perpetui iuris e. p.*, exc. *iuris.* Aur. Lugd. Rittersh. Go. om. *publicae* post *rei.* k) 6 *cal. per nullos temporum.* 32 *cal. q. in nullo tempore.* 28, 34, 37 *cal. in nullo tempore.* Etiam alii codd. *tempore f. clusas*; in nonn. deest *fine* et infra *limitare*, ubi 22 *militare.* Rittersh. *clausas* pro *conclusas.* l) Hic et ille codex *Qua n. necessitate* s. *quā n. necessitates — referendae l. iustitia composuit que re munia pl. qui ferat* s. *quid differat* et *instituit — avi hac* (alii om. *ac*) *pr. nescirent.* 34, 37, Sich. *Et quae.* Est etiam scriptum *avia aut proavis* et *aviae proavi.* Cod. Phill. om. *ac proavi.* m) 2 *validam.* 24 *defensio non submovit sibi.* 28, 34, 37 *defensione submovet ne si.* Etiam alii codd. habent *defensione*, multi *submovit* et *qua — litigatorum.* 15, 21 om. *tam* post *litigatorem.* n) 10, 37, Ri*. om. *in.* o) 1 *defendent p̄t̄ tue tue etatis iniuriā.* 9, 32 *defendant.* 22 *def. Praetereunte aetatis iniuria.* 32 om. *Praeter.* Nonn. codd. *tanta — offendi.* p) 37 om. *quibusdam* et habet *privilegia sua.* 11 *privilegio.* 15, 21 om. *iniuriam — privilegia.* Nonn. codd.

stionem, et quos verecundiae attestatione[q] natalium splendor conspicuus[r], praeclara scriniorum officia[s] probaverunt, naevo[t] erubescendae obiectionis urgeri: emeritos[u] aulicis honoribus[v] viros trahi ad laqueos vilissimi colonatus, et[x] tunc periculosius[y] laborare, quando post continuos observationum labores et[z] residuo vitae optata debent[a] quiete gaudere. §. 2. Domini vernulas suos[b] fidelius[c] servientes, cum libuerit, iugo[d] servitutis absolvunt, et quod esse non poterant qualitate nascendi, manumissionis beneficio consequuntur[e]. Indignum facinus, deteriorem conditionem liberis esse, quam servis, ut humilis abiectaque fortuna[f] legibus, quod non habebat, acquirat, nobilior*), quod habuit, obtinere non possit[g]. Absit a temporibus nostris[h], ut id conscientia[i] nostra permittat. Quin imo hunc nobis gloriae[k] titulum vindicamus, ut nostro studio gravissimae consuetudinis licentia comprimatur: decet nostris[l] specialiter remediis veternosae valetudinis adversa curare. Medicinae huius[m] laus aeterna contingit, cum nos tam[n] salubris aequitatis auctores aetas et[o] praesens et futura declarat[p]. §. 3. Ad quam benevolentiam praecipue[q] nos hortata est lex domini patris clementiae meae[r], Theodosii perennis Augusti, qua[s], virtutum suarum morem secutus, humano generi profunda

---

V, 10. Nov. Val. tit. XXXIV, §. 12 sqq. L. Vis. X, 2, 3. L. R. B. tit. XXXI. L. Burg. tit. LXXIX, c. 2—5. Cf. Unterholzner, Entwickelung der Verjährungslehre, Leipzig 1828, T. I, p. 64 et 67 — 69. Cod. Iust. VII, 33 et 39. Indigitare videtur hunc tit. aut C. Th. IV, 14 Heros Patricius in Bas. XXIII, 3, 74. Coll. Can. Ans. V, 20. Const. Chlotarii a. 560 pr. et c. 13. Cf. C. Th. IV, 14, 1, not. sup. — N. 1. Codd. edd. *N.* 1 s. *un.* Be. add. (*LXX.*), id e. omnium Novellarum in Be. ed. Commemoratur in interpr. c. 1 C. Th. de Actionibus certo temp. (IV, 14), de qua conf. Gothofredus. Cf. etiam C. Th. V, 10, 1, interpr. Integra cum interpr. est in codd. 2, 4, 8—13, 15, 17—23, 27—34, 37, 38, cod. S. Germ. 366 et in cod. Phill. 1741; fragmenta tantum textus supersunt in codd. 3, 39, 40, 42. In cod. 35 Novella inc. cum vv. §. 4. *Post triginta* et in cod. 36 inde a §. 4. In cod. 25 des. subscr. et interpr.; in cod. 24 om. inscr. Pars textus et subscr. exc. in cod. 26. Vid. infra §. 5, not. *f.* De cod. 14 vid. §. 7, not. *x.*

---

suffragatur, diurno — perfunctus impingui s. impendi contumeliosi (s. *contumeliosa* s. *contumeliosum*) *st. c.* Rittersh. om. *impingi* et scribit *contumeliosum status. Comperimus.* Nonn. codd. *statutus.* 22 om. *et* post *quaestionem.* q) 2, 4, 8, 25, 27—31, 34, 38, cod. Phill. cod. S. Germ. R. Cui. 2, 2*. Ri. Ri*. *contestatione*, sed 26 *quod ds v. c.* 29, 38 *verecunda contestatione* et 31 *contestationem.* 9, 10 *constitutione.* 11 *attentione.* Rell. *adtestatione*, sed 21, 32 *adtestationem*, Cui. 1—Lugd. Go. *verecunda attestatio natalium*, *splendor* et Rittersh. *verecunda attestatio natalium splendor.* Ceterum 24 *quos iurgundiae* et 32, 32 *quos fuerit v. — talium.* r) 11, 12, 18, 19, 22, 23, 37, Sich. *splendore conspicuos*, sed 22 *conspicuo.* Multi alii codd. *conspicuos.* 26 *conspicitur.* s) 6, 9, 10, cod. Phill. et cod. S. Germ. *officiorum scrinia.* 23, 24 *criminorum officia.* 15, 21 om. *scriniorum.* t) 2, 8, 9, 24, 27—29, 31, 37, 38, cod. Phill. cod. S. Germ. *nemo.* 15 *in evo.* 22 *evo.* 25 *ne er.* 34 *freno.* 32, 33 om. *naevo.* Go. *novo.* Multi codd. *erubiscende*, etiam 1. u) Multi codd. *urgueri* (ut Cui. 2, 2*. Ri. Ri*.) s. *urguere.* Etiam 22 *urgueri*, quem falso Ri. scribit habere *urgeri.* 26 *arguere aut meritis.* Etiam 27 *arguere.* Multi codd. *meritis.* 22 *emeritis.* v) Sich. in m. *oneribus.* Nonn. codd. *viris.* 27 *honoris aut verus.* x) 11 *colonium.* 2, 4, 6, 8—12, 15, 17—26, 29, 38, cod. Phill. cod. S. Germ. Cui. 2, 2*. Ri. Ri*. om. *et.* Nonn. codd. *residua.* y) 1 *periculosius.* 2, 4, 9, 13, 15, 21, cod. Phill. cod. S. Germ. *periculosius.* 6 *laboriosius periclitari quando.* Rell. *perniciosius*, sed Go. *perniciosus.* Nonn. codd. *labore* s. *laborando post.* z) 1, 2, 4, 6, 8—13, 17—19, 22—26, 29—34, 38, cod. Phill. cod. S. Germ. Cui. 2, 2*. Ri. Ri*. *lab. et resid.*; rell. om. *et.* Nonn. codd. *laboris* et 11, 12, 17—20, 24 *residua*, 13 *et in residuo*, 22, 33 *residuae.* 26 *praesidio.* 27 *lab. ad res.* 31 *residuum.* Rittersh. *observationum tales res residuo.* a) 1, 2, 6, 11, 12, 15, 18—22, 24—26, 29, 31—33, 38, cod. Phill. cod. S. Germ. *debent.* 23 *dnt.* Nonn. codd. *optatae, obtute.* b) Multi codd. Rittersh. *suas*; nonn. *vernulos.* 22 *vernaculos.* 8—10, cod. Phill. cod. S. Germ. *vernullas suas.* c) 15, 24, 28, 34, Sich. —Ri*. *fideliter*, sed Rittersh. *videliter.* 4 *fidelior.* 26 *fideles.* 18 om. *servientes.* d) 1 *cum liberit iugū.* 2, 25, 28 *cum lib. a iugo.* 6 *cum iugo libuerit.* 31, 32 *iugum.* 26 *iurgiis.* Mox nonn. codd. *absolvant — potuerant* s. *poterat*; alii om. *et.* 32 *quod de se non pot.* Etiam Rittersh. *potuerant — nascenti.* e) 1 *manomissis beneficiū. consecuntur*; nonn. codd. *consequitur* et infra *dignū f. deteriore* s. *deteriores — liberi* (s. *liberisque* et om. *esse*) — *et humilis*, ut Sich., sed in m. habet Sich. *ut* pro *et.* f) 13, 25, 30, Cui. 2, 2*. Ri. Ri*. *persona*, non inepte. 15, 21, 30 *obiectaque.* 1 *non habe. adquirat.* Multi codd. *habeat.* 24 *habeant*, *adquirant* et 32, 37 *quod non habuit.* *) 2 *mobilior.* g) Nonn. codd. *potuit* et *obsit.* 1 *absid.* Nonn. codd. om. *a.* h) 1, 11, 12, 15, 17—20, 23, 27, 38 om. *nostris.* i) 2, 37 *ut id quod consc.* Nonn. codd. *permittit.* k) 1 om. *gloriae — studio.* 28, 34, 37 *nobis gloriae hunc.* Infra nonn. codd. *titulo vindicemus* s. *vind. ut — licentia* et om. *comprimatur*; alii *lic. non compr.* aut *licentiā cōmpmatur.* 1 *gravissime.* 22 *ut hoc nostro.* l) 11, 12, 19, 20, 22, 23 *docet nos nris*, sed corr. in cod. 12 *decet.* Sich. *decet nos enim nostris.* 6, 8—10, 28, 30, 31, cod. Phill. cod. S. Germ. *decet enim nostris.* 33 *de nostris.* Mox nonn. codd. *remediis ut vet. val.* Alii habent *vetera nosse* pro *veternosae.* 4 *terminosae.* m) 23, Sich. *curare medicina. Huius.* Nonn. codd. *contingat.* 27 *laus coniungit.* Aur. Lugd. Rittersh. Go. *adversae curare.* Rittersh. *aeternae.* n) 1, 4, 8—10, 28, 29, 38, cod. Phill. cod. S. Germ. Cui. 1—Lugd. Go. *cum nos tam sal.* Rittersh. *cum hos tam sal.* 6, 24 *cum nostrae sal.* 11, 12, 17—20, 22, 23, 25, 26, 31, 33, 37 *cum nostra sal.*, sed corr. in cod. 12 *cum nos.* 2, 15, 21 *cum nostram sal.* 30 *quod nri. sal.* Sich. *continget*, *cum nostra sal.*, improb. Ri.; rell. *quod nos tam sal.* Reposui *cum.* o) 15, 21 *salubres aequitates* (hoc praeterea multi codd.) *auctoris*; alii *salubria* aut *salubri*, *auctoritas et pr.* s. *auctoritates pr.* Sich. *aequitatis autoritas et pr.*, sed in m. *autoris aetas.* 22 *aequit. auctoritas praesens.* Nonn. codd. om. *aequitatis.* 6 *sal. aeq. statuta aetas.* p) 1 *declarat*, sed em. a sec. manu *declaret.* Nonn. codd. *ac quam* s. *adque.* 4 om. *Ad.* q) Sich. *praecipua*, ut 34. r) Multi codd. *nostrae*; nonn. *meae et Theod.* Rittersh. *mea.* 1 om. *meae.* Saepe dixi, scribi plerumque *Theudosii*, etiam in 1. Cf. C. Th. IV, 14, 1. s) In sqq. nonn. codd. *quia — more* (ut Cui. 2, 2*) *s. h. honori — constituens ut post — annorum — motae non fuerunt* (s. *fuerat.*

quiete prospexit, constituens, post XXX annos nulla penitus iurgia, quae medio tempore mota non fuerant, excitari. Cuius invicti principis laudibus etiam praesentem legem necesse est applicari. Illa namque pia mente praestando, viam huic alteri praebuit, qua beneficia eius latius panderentur. Praecipimus igitur [t] propter quorundam pravas interpretationes, quibus sanctio memorata non sufficit, dum minutias iuris et captiosa verba sectantur, ut, quae specialiter iussa sunt*), specialiter abrogentur, cum generalitatis designatio universa consumat**), nec aliquid esse [u] possit exceptum, quod non per illud venerabile constitutum hoc peremptorio vocabulo [v] concludatur. Dicendo [vv] enim, *omnia*, nullum penitus cuiuslibet [x] litis aut caussationis fomitem derelinquit [y]. §. 4. De originariis et colonis, inquilinis ac servis [z] utriusque sexus, peculiis atque agnationibus designati iuris, id est perpetui [a], patrimonialis, emphyteuticarii et rei publicae, post XXX annorum curricula nulla deinceps actio moveatur. Et negotium, de quo per expressa tempora solenniter nemo pulsavit [b], novum nemo proponat [c]. §. 5. Quod et [d] in omnium consummatione caussarum iussum [e] est debere servari. [f]Aequum est enim, tot annos sine interpellatione decursos, nullo nomine, nulla prorsus occasione subverti, ac si constiterit, memorati temporis intercessisse silentium, etiam has caussas, quae sub fiducia legum praesenti sanctione ablatarum [g] motae sunt, nec finitae, huius sacrae praeceptionis auctoritate volumus aboleri, quia, ut inchoari [h] tales nolumus actiones, ita male inchoatas haberi oportet exstinctas. §. 6. Intra haec sane tempora si coepta lis fuerit de originariis vel agnatione [i] cespitis designati, hanc formam erga possidentes servari praecipimus [k], quae lege divi parentis nostri Honorii de colonis utriusque sexus iuris privati evidenti definitione conscripta est: scilicet ut a persona feminea viginti annorum, a virili triginta repetentem praescriptio obiecta [l] summoveat. Quam et [m] in illa parte observari convenit, quae statuta [n] est de agnatione talium personarum [o]. §. 7. Et licet rem omnibus caussis generaliter [p] profuturam a nemine temerari posse [q] credamus, tamen, ne quos [r] sacrilega temeritas [s] ad [t] surreptionem quacunque compellat audacia [u], praesumentes

---

6 *tempore non fuerant mota) excitare* (etiam 1 *excitare.* Aur. Lugd. Go. *excitati* et Rittersh. *fuerunt excitati) c. iniusti — laudabilem etiam p. lege — applicare s. conplicari — praestandum s. p̄sentandam* et *praestandam* (1 om. *pia mente*) — *alterius pr. quia* (etiam 2 *quia*, ut Go., alii habent *qui*, sed corr. a P. in 2 *qua* s. *quae*) *beneficia — panderetur.* 25 infr. *huic alteri viam.* t) 1 *precepemus igitur.* Etiam 2, 4, 6, 8—12, 20, 22, 23, 25, 26, 29, 31—33, 38, cod. Phill. et S. Germ. *igitur*; rell. et edd. *itaque.* 32, 33 om. *propter* et mox 6 *pravas.* 22 *praecibus ig.* *) 4 om. *specialiter iussa sunt*, 25 *iussa sunt.* Nonn. codd. *per quorundam — sufficiat minutia* (s. *minutiarum, minuti ad, deminutia*) — *copiosa verba recitantur* (om. 22 *ut*) — *specialiter obrogentur — generalis.* **) 1 *consumant.* u) 1, 2, 4, 8—10, 13, 15, 19, 20, 22, 23, 29, 38, cod. Phill. cod. S. Germ. *esse possit*, sed 2 in m. *posset.* 24 *aliquid de se possit.* 32, 33 om. *possit.* Rell. codd. et edd. *possit esse.* Mox nonn. codd. *illum.* v) 1 *hoc pemptoriū uocabulū.* 6 *constitutum et peremptoriū vocabulū.* 11, 12, 20, 23 *haec p. v.* 19 *execrabile const. et p. v.* 25 *c. ac p. v.* 22 *const. et p. v.* Mox nonn. codd. *vocabula* et *concludantur — nulla* s. *nullo* s. *nullus.* 25 om. *nullum penitus.* Etiam Go. *concludantur.* vv) 1 *Incendio enim.* x) 1 *cuius* et om. *libet*, quod v. Am. add. 9, 10 *latis* pro *litis.* 33 *cuilibet.* Mox 19 *causionis* et 33 *cautionis.* y) 1, 15, 20, 21 *derelinquid*, corr. ab Am. in cod. 1 *derelinquit.* 4, 6, 11, 12, 29, 30, 37, 38, L. sec. Be. *derelinquit.* 8, 9, cod. Phill. et cod. S. Germ. *derelinquet.* Edd. *dereliquit.* z) Ri*. om. *et colonis*, 34, 37 *et colonis inquilinis*, 36 *colonis.* 11, 12, 17, 19, 20, 22 *et servis.* 25 om. *et* et 6 *ac.* In cod. 13 bis est *De — servis.* 22 hic et infra *agnition.* a) 25 *designati id est perpetui iuris.* Scriptum est etiam *idem* pro *id est* et *designatis* et *perpetuis*, *patrimoniis.* Multi codd. *enfiteuticarii* (*infiteut.*), *enfiteuticariis* et *emphiteuticiarii.* 6 *infiteutici* et om. *et*, ut in cod. 22. Infra nonn. codd. habent *curriculum* (et om. *nulla*), *negotio*, *negotia.* b) Sich. — Ri*. *nemo puls. sol.* 18 *pulsaverit.* c) 23, Sich. *proponet.* 9, 10 *praeponat.* 1 *nimo.* d) 1, 24, 25, 33, 36, Sich. — Ri*. om. *et* et omitti quidem potest. 6, 22 *omni* et nonn. codd. *consummatione* s. *consummationum.* e) Cui. 2, 2*. Ri. Ri*. *iustum.* Ri. prob. *iustum*, quia sequitur *Aequum.* Nonn. codd. *deberi*, *servare* (etiam 1). f) Seqq. et subscr. des. in cod. 26. 25 *etenim ut tot.* 15, 21 *annis — decursis.* Alii codd. *cursus* s. *decursus* et infr. *nullum* s. *nullo protinus o. subvertit — constituerint — sil. enim* (19 om. *etiam*) *has causas quas* (om. *sub*). 22 *intercessit.* g) 1 *p̄senti sanciarum ablatarum.* 4 *adlatarum.* 6 *latarum.* 9, 10 *fiducia nemo praesentis actione ablatarum.* 11, 12, 18, 20, 22 *appellatarum*, improb. Ri. 15, 21 *praesentes actione oblatarum.* 17, 19 *praesentes actione appellatarum.* 23 *ablatorum.* 24 *p̄senti auctionum abl.* 28, 34, 37 *ablata submota sunt.* 29 *mota sunt.* 30 *ablata re submotae sunt.* 35, 36 *oblaturum.* h) 1 *quia ut inquoari tales.* 2, 4, 13, 20, 21, 27, 32, 33 *qui aut inchoari tales.* 4, 11, 12, 17, 18, 22—24, 31, 36, 38, cod. S. Germ. *quia ut.* 35 *quia et.* 29 *quia in quo artalis.* Edd. *quia sicut tales inch.* Mox nonn. codd. *ita semel — habere* (ut Sich.) — *in haec — acceptalis — de originali* s. *de originaria vel agnitione.* 15 om. *oportet* et 36 *inchoatas.* i) 18 om. *si coepta lis fuerit* et 2 *vel agnatione.* Nonn. codd. *agnitione* et *cespetis.* 2 *cespites.* Rittersh. *designet.* k) 1 *praecipemus.* Complures codd. Sich. Cui. 1. Cui. 2, 2*. Ri. Ri*. *praecepimus.* Mox nonn. codd. om. *divi*; alii habent *lex d. parentes Honori* s. *Hon.* (Rittersh. *honorarii* pro *Honorii*) *id de col. — iuri — ut aut* s. *ad personam feminā.* In hoc vel illo cod. om. *a* post *ut.* 23, 36, Sich. *feminae.* Cf. C. Th. V, 10, 1. l) 1 *femine a. XX. anr̄. uirili* et om. *a*, ut Ri*. 19 *a viri triginta removentem* (ut 22) *praescriptio observata* (ut 22). 30 om. *a vir. triginta*, 22 *virili*, sed 22 habet *aut* pro *a.* m) 1, 2, 4, 8, 9, 15, 21, cod. Phill. cod. S. Germ. *Quam et.* 30 *et quod in.* 36 *et quam.* 24 om. *et*; edd. *Quod-et.* Rest. *Quam*, scil. *praeceptionem.* Nonn. codd. *commoveat — observare* et *illam partem.* n) 1 *instatuta*, em. Am. *instituta.* 25 *q̄ instituta.* 22 *statuta sunt.* o) 6 *est de talibus personis.* Multi codd. *agnitione.* p) 2 *licet remotis omnibus.* 6 *rem in omnibus generaliter causis.* 15, 21 *licet legem*, alii codd. *licet in rem* s. *rem in omnibus.* q) 22 *temperari possit.* 35 *profuturam minime.* Alii habent *profutura* aut *temerare.* 24 om. *a nemine.* r) 1, 28 *ne quo*, quod admissum est propter v. *sacril.*, quod sequitur. 2 *tamen neque.* 11 om. *ne* et 6 *quos.* s) 1 *sacrilegā. timeritas ad* s. *quecunque c. a.* 2, 4, 6, 9—13, 15, 17—23, 25, 28—34, 37, 38, L. apud Be. cod. Phill. Sich. — Lugd. Rittersh. Go. *sacrilega temeritas*; rell. codd. Cui. 2, 2*. Ri. — Be. *sacrilegae mentis temeritas.*

triginta librarum auri poena percellat[v]. Eadem manebit[x] palatinum officium utriusque aerarii, nec non officium[y] culminis tui vel cunctarum[z] iudicum provinciarum, ut pari sorte*), quae salubriter[a] constituimus, periculo etiam salutis suae illibata conservent[b], Firmine, parens carissime atque amantissime[c]. §. 8. Illustris et praecelsa magnitudo[d] tua, per quam novimus universitatis quietem studiosa diligentia custodiri[e], legem cunctis provinciis, universis litibus applicandam propositis vulgabit[f] edictis, ut post triginta, sicut dictum est[g], annos perniciosa diversarum omnium[h] caussarum propositio conquiescat. *Dat. XV.*[i] *Kal. Iul. Ravenna, Asturio*[k] *et Protogene*[l] *VV. CC.*[m] *Coss.*[n] *PP. in foro Traiani XIII.*[o] *Kal. Aug., sub edicto Firmini, viri illustris Pf. P.* (449.)

ISTA LEX IDEO INTERPRETATA*) *non est, quia sequens sub titulo de*[p] *episcopali iudicio et*[q] *diversis negotiis*[r] *et de tricennio loquitur, et omnia, quae hic comprehensa non sunt, evidenter habet expressa.*

TIT. XXVII. DE PRINCIPIBUS AGENTUM[a] IN REBUS.

1. *Impp. Theodosius et Valentinianus AA. Opilioni*[b] *Magistro officiorum.* Libenter accipimus[c], quoties necessaria suggeruntur[d]. Tantum enim laudis est veterum[e] statuta servare, quantum necessaria provida mente sanxisse; eadem ratio est praestare[f] beneficia, et praestita[g] custodire. §. 1. Igitur sublimitatis tuae[h], quae magnanimitate sui[i] nostris temporibus proficere iudicat[k], quicquid rationabili sollicitudine providetur, suggestionem[l] sequentes[m], agentum in rebus scholae, quorum

Tit. XXVII. 1 *Tit. XXVIII.* Etenim in cod. 1 quattuor titulorum ordo inversus est, si temporis ratio habetur: a) tit. XXVI. de Colonis vagis: *Dat. prid. Kal. Febr. Romae — Acc. III. Non. Febr.* 451; b) tit. XXVII. de Naviculariis amnicis — *Dat. VIII. Kal. Mai. Romae* 450; c) tit. XXVIII. de Principibus ag. in reb. — *Dat. III. Id. Sept. Ravenn.* 449; d) tit. XXIX. de Lampadariis — *Dat. V. Non. Oct. Romae* 450. Debet autem hic esse: a) tit. XXVI. de Princ. ag. in reb. — *Dat. III. Id. Sept. Rav.* 449; b) tit. XXVII. de Naviculariis amnicis — *Dat. VIII. Kal. Mai. Romae* 450; c) tit. XXVIII. de Lampadariis — *Dat. V. Non. Oct. Romae* 450; d) tit. XXIX. de Colonis — *Dat. prid. Kal. Febr. Romae* etc. 451. Iam Be. in verum ordinem restituit hos titulos. Illud autem ita accidisse coniicio, quod in codice, cuius apographum codex 1 est, nonnulla folia transposita fuerint, eaque eodem quo invenit ordine, librarius transscripserit. Casu igitur s. errore, non consilio ordo Novellarum in codice 1 turbatus esse mihi videtur. 2 — 5, P. P[a]. P[b]. in ind. titt. *Tit. XXXVII.* et add. in ind. titt. ap. P. P[a]. P[b].: „*quae edita est inter easdem Nou.* (scil. Valent. apud Cui. Vid. tit. XXV, not. sup.) *XIIII.* 1.“ 6 *Tit. XII.* Cui. 1. Aur. Lugd. Rittersh. Go. *Tit. XIV.* P. P[a]. et P[b]. in ipsa ed. *Tit. XXXIV.* Nov. Th. et Val. Cui. 2, 2*. Ri. Ri*. *Tit. XXXVII.* Nov. Th. Zir. in ind. titt. Am. Be. *Tit. XXVIII.* Vid. Nov. Theod. tit. IV. et Nov. Val. tit. II, XIII, XIV, not. sup. C. Th. VI, 27 et 28. Cod. Iust. XII, 20 et 22. — N. 1. Codd. edd. *N.* 1. s. *un.* Be. add. (*LXXI.*), id e. omnium Novellarum in Be. ed. Commemoratur a Cui. in Comm. c. 1 Cod. Iust. de Princ. ag. in reb. l. c. p. 455. Vid. infr. not. * et de cod. 3 §. 3, not. *l.*

t) Nonn. codd. add. *huius*, ut 38 et L. sec. Be. 24 om. *ad subreptionem — praesumentes.* u) 13 *cuiuscunque.* Nonn. codd. *quamcunque* aut *quemcunque* s. *quoscunque* et *compellet.* Sich. *quamcunque c., audatiā.* Rittersh. *in quacunque c. aud.* Etiam 34 *audatiā.* Mox multi codd. *praesumentis tr. libras.* 18 *praesumere.* v) 8 — 11, 17, 19, 23, 28, 29, 33, 34, 38, cod. Phill. et S. Germ. Cui. 1 — Cui. 2*. Go. Ri. Ri*. *percellet.* 4 *percellit.* 22, 25 *praecellit.* Rittersh. *percedet.* 28, 34, 37 add. *et.* Nonn. codd. *poenam.* x) Cum vv. *manebit palatinum* pergit cod. 14. 22 *palatino officio.* Go. *utriusquae.* y) 6 om. *utriusque — officium* et 34, 37 *officium — vel.* Nonn. codd. *nec non et officium.* z) 11, 12, 17 — 20, 22 *cunctis.* 6, 8 — 10, 36, cod. Phill. cod. S. Germ. Cui. 1 — Ri*. *cunctorum.* Multi codd. *iudiciū* s. *iuditium*, ut Sich. Falso Ri. Be. in 22 esse dicunt *cunctarum.* *) 2 *parte.* a) 1 *qua sal.* 15, 21 *quae sublimiter.* 37 *sorte suae sal.* b) 1 *periculū eciā inlibata conserue'* 36 *seu ill.* 24 om. *ut*, 37 *inlibata.* Nonn. codd. *conservit.* c) 1 *Firmini pk̄* et om. *atque amantissime*, ut in codd. 14, 25. 2 *Firmine f̄ k ā.* 22 *Firminae.* 37 *Firmine pfe. kar.* 29, 38 om. *atque am. ill.* 31 *Firmine p̄. k̄ ags.* R. *F. praefecte atque amantissime.* Sich. *Praefecte charissime Augustorum.* Cui. 1 — Lugd. Rittersh. Go. *et amantissime.* d) 1, 4, 8 — 10, 15, 21, 22, 31, cod. Phill. cod. S. Germ. *magnitudo.* 2 *praeclara magnitudo.* 25 *pr. mater.* 30 *ill. et prumta auctoritas.* Rell. *p̄m. tua* s. *p̄mag tua.* Edd. *magnificentia.* Nonn. codd. om. *tua*, alii *per quam.* Infra nonn. *quietum.* e) 4 et multi alii codd. *custodire.* 11, 19 *diligentiae studeri.* 22 *quietem diligentiae studere legem.* 20 *diligentia studeri.* R. *custodia diligenti.* Mox nonn. codd. *universis litoribus* s. *univertates.* 17 *provinciis vel universis.* 22 *applicandum.* f) Multi codd. *vulgavit.* 28, 34, 37 *iubet* pro *vulgabit.* 13 *iubebit.* 25 *vocavit.* Nonn. codd. *praepositis.* g) 23 *annos sicut dictum est.* Cod. Phill. et S. Germ. *sicut iam dictum est.* h) 17 om. *omnium caussarum* et Sich. — Lugd. Rittersh. Go. *omnium.* i) 1 om. *XV.* 4, 6, 15, 32, alii *XII.* 11, 19, 20, 22 *XVI.* 18, 33 *XI.* 22 om. *Rav.* Sich. — Lugd. Rittersh. Go. *Ravennae.* k) 1 *austurio*, alii codd. *Asterio*, prob. Almelov., *astyrio*, *Astorio*, *Hasterio*, *Austorio.* 13 om. *Rav. — edicto.* l) Nonn. codd. *Protegere*, improb. Ri., s. *Progenio.* Aur. Lugd. Rittersh. Go. *Crotogene*, impr. Br. l. c. p. 871, qui vero falso in cod. 1 *Protogeno* esse scribit, qui error repetit. est apud Ri. Cf. etiam Am. ad hanc Nov., not. *XVIII.* m) Nonn. codd. *V. C.*, alii *vic.* 1 et multi codd. om. *VV. CC.* In codd. 14, 30 exc. *Coss.* etc. 28, 34, 37 post *Coss.* add. *transscribenda lex et ad finem facienda* et sequitur interpr. n) 1 et fere omnes codd., praeter 12, 32, 33, om. *PP. — Pf. P.*, ut Sich. o) 32, 33 om. *XIII.* *) Vid. infr. interpret. tit. XXXI. de Confirmandis in fin., not. *s.* p) In 22 deest *de.* Supra in 11 deest *ideo.* q) 11, 12, 19, 22, alii codd. *ac.* r) Sich. add. *Clericorum.*

a) 1, 3 — 5, Zir. Am. *Agentum*; rell. *Agentium*, hic et infra. Vid. C. Th. VI, 28. b) 1 *oppilioni.* 4 *Pilione.* 5 *Opolioni.* 6 *āā eidem Opilioni* et om. *Magistro off.* Ante 1, 2 *Theūd.* c) 1, 2, 4 *accepimus*, sed corr. a P. in cod. 2. d) 2 *suggeruntur.* 4, 5 *suggerantur*, sed corr. in cod. 5. e) 2 *virum.* f) 4 *rationē praestare.* 1 *ratio* et om. *est.* g) 4, Cui. 1. Aur. Lugd. Go. *praesentia.* h) 5 *sublimitatem tuae*, sed corr. *tuā.* i) 1, 2, 5, 6, P. Cui. 2, 2*. P[a]. P[b]. Rittersh. Ri. Ri*. *sui.* 4 *sue.* Rell. *sua*; melius *sui.* Go. *mugnimitate*, mend. k) 4, Cui. 1. Aur. Lugd. Go. om. *iudicat.* l) 4 *rationabile sublicitudinē pr. subgessio-*

labores[n], sollicitudines, vigiliae tantae sunt[o], ut soli, quicquid oneris[p] est, et profiteri, et efficere videantur, hac edictali lege consulimus[q], ut[r], quae vetustas pro remuneratione sui praestitit et intercepta iam diu fuerant, consequantur, scilicet*) ut inconsulto principe, qui ex eadem schola ad[s] obsequia praefecturae praetorianae[t] post infinita discrimina et consumpta[u] aetatis parte meliore pervenit[v], primores designati[x] officii nihil usurpent, neque[y] praefectianus aliquis summae sumat[z] militiae sacramenta, neque matriculis eximatur[a] praeter eius conscientiam atque consensum: ita ut eadem matricula[b] officii praetoriani in principis potestate consistat. §. 2. De[c] annonis atque emolumentis[d] principibus nihil per iudicum avaritiam[e] subtrahatur. Debent enim plurimis remediis adiuvari, quos novimus, ut ad hoc veniant[f], plurima pericula sustinere, Opilio[g], frater amantissime[h]. §. 3. Illustris itaque auctoritas[i] tua haec, quae merito constituta sunt, praecipiet pro sua aequitate servari, ut[k] spe certa recuperandi praemii antiquitus deputati in necessitatibus publicis fidelius elaborent[l], quoniam, ubi certus fructus est, illic studiosius laborare delectat[m]: mulcta decem librarum auri statuta, si quis legis huius obviaverit constitutis[n]. *Dat. III. Id. Sept. Ravenna*[nn], *Asturio et Protogene*[o] *VV. CC. Coss.*[p] (449.)

TIT. XXVIII. DE NAVICULARIIS AMNICIS[a].

1. *Imp. Valentinianus*[b] *Epitincano*[c] *Pf. U.*[d] Publicis commodis et sacratissimae urbis utilitatibus[e] amica suggestio magnitudinis tuae clementiam nostram[f] more solito provisionis admonuit, ut naviculariorum corpori, per tot detrimenta lassato, remedia praestaremus[g]: quorum privilegiis sufficere constituta vetera potuerunt, nisi haec temeritas illicitae usurpationis infringeret[h], Epitincane[i], parens carissime atque amantissime[k]. §. 1. Unde illustris[l] magnitudo tua hac nostri pragmatici[m] sanctione[n] cognoscat[o], iuxta suggestionem suam[p] navicularios[q], qui munus proprium diffugerunt, ad corpus suum cum[r] agnatione et peculiis reducendos, omni vel[s] coniunctionis vel obnoxietatis vel cuiuslibet personae[t] privilegio et defensione summota[u]:

Tit. XXVIII. 1, Zir. in ind. titt. Am. *Tit. XXVII.* 2, 3, P. P[a]. et P[b]. in ind. titt. *Tit. XXXVIII.* 6 *Tit. XIII.* P. P[a]. P[b]. in edit. *Tit. XXXV.* Nov. Th. et Val. Cui. 2, 2*. Ri. Ri*. *Tit. XXXVIII.* Nov. Th. Lugd. Go. *Tit. XXXVI.* Nov. Th. Rittersh. sine num., sed sec. ord. *Tit. XXI.* Be. *Tit. XXIX.* Commemoratur in ind. titt. Nov. Valent. in Cui. 1. Aur. adiecto. Eam Go. in Prol. cap. VIII. inter Nov. Val. reponi iubet. Cf. Nov. Th. tit. IV, Nov. Val. titt. II, XIII, XIV, XXVII, not. sup. C. Th. XIII, 5—7; XIV, 21. Nov. Th. tit. VIII. — N. 1. Codd. edd. *N.* 1 s. *un.* Be. add. (*LXXII.*), id e. omnium Novell. in Be. ed. De cod. 3 vid. infr. not. *q.*

---

nem. 2 *suggessionem*, sed corr. a P. m) 1, 4, 5 *agentum.* Vid. not. *a.* Cui. 1—Lugd. Go. *subg. sequendam* et om. *agentum — sollicitudines*; sed indicatur lacuna asterisco. n) 4 *schola qui ad labores.* 1 *scole.* o) 1 om. *sunt*, ut P. P[a]. P[b]. Rittersh.; 5 *sint*, a sec. man. rep. *sunt.* In Cui. 1. Aur. Lugd. Go. om. *sunt — videantur* et indicatur lacuna asterisco. p) 2 *honeris*, corr. a P. 4 *honore sem.* q) 1, 4, 5 *consulemus*, sed corr. in 5 *consulimus.* r) 2 om. *ut*, sed rep. a P. 6 *ut quod — interceptum iam diu fuerat.* Mox 5 *remuratione.* *) Seqq. usque ad v. *consistat* commemor. in Cui. Comm. l. c. s) 4 *principē qui ex eadem schola qui ad.* Cui. 1. Aur. Lugd. Go. *principe* (*qui ex eadem schola*) *qui ad.* t) 4, 5 *praetoriano*, corr. in 5 *praetoriane.* u) 5 *consumptae* et 2, 4 *consumpte.* v) 4 *meliore et pervenit.* 5 *meliores et pervenit*, sed del. *et* in cod. 5 a sec. manu. 6 *meliore parte.* x) 4 *designat.* 2 *primo res designa*, P. rep. *primores designati.* Ri. hic revocari putat c. 3 et 6 C. Th. de Princ. ag. in reb. (VI, 28). y) In cod. 4 exc. *praefectianus — neque.* 1 *perfectianus.* z) 1 *aliquis* (om. *summae*) *sumat militiae.* Cui. 1. Aur. Lugd. P. in not. Cui. 2, 2* in m. P[b]. in m. Go. *suae praesumat* et add. Be. in not.: „*eodem sensu, sed clarius.*“ Ri. prob. *summae sumat.* a) 5 *matricolis stimatur*, sed sec. man. *matricolus estimetur.* Go. om. *praeter.* b) 4, 5 *matriculā*, corr. in cod. 5 *matricula.* c) 1 *potestatem consistat. De.* 4 *pot. cons. et de.* Rell. codd. *p. cons. De ann.*, ut Be. Edd. ante Be. *p. consistat, et ann.* d) 5 *emolaementis*, sed corr. e) 2 *pre iudicū avaritia.* 4 *p̄ iudiciū avaritiā.* 5 *iudiciū.* 6 *nichil p̄ iudicum avaritia.* P. in m. cod. 2 not.: „*pro vindicū* vel *pro iudicū.*“ f) 4 *veniat.* Supra Rittersh. *pluribus* (om. *remediis*) *adiuvari.* g) 4 *oppolio.* 5 *opolio.* Go. *sustineri.* h) Cui. 1. Aur. Lugd. Go. *P. K. A.* 2 *inlustras*, em. a P. i) 5 *auctoritate.* k) 4, 5 *aut.* Postea Go. *praedii pro praemii.* l) Seqq. tantum, sed om. subscr., sunt in cod. 3. m) 1 *delecta multā.* 2—5 *delectat multa.* P. in not. P[b]. in m. et Rittersh. in m. em. *delectat.* Edd. *delectant*, praeter Go., qui *delectat*, quod reposui. n) 6 *h. l. obv. institutis.* nn) P[a]. P[b]. *Raum.* Falso interpret. sunt siglum *Raū.* apud P. o) 1 *asturioet protegene*, impr. Br. p. 871 et Ri. 2 *protogeni*, sed corr. a P. 5 *asterio et protagene*, corr. *protogene*, p) 1 *uc. cons.* 2, 6, Cui. 1. Aur. Lugd. Go. om. *VV. CC.* 4 *vic Coss.* 5 *victore consl.* Aur. Lugd. Go. *Cons.*

a) 1 *Danavigolariis.* Am. *Navicolariis* ex ind. titt. cod. 1. 3 *amicis.* 2, 6 om. *Amnicis.* b) 1, 2, 6, edd. *Imp. Valentinianus*, sed P[a]. P[b]. Rittersh. *Impp.* Scrib. *Impp. Theodosius et Valentinianus AA.*, nondum enim Theodosius de vita decesserat. c) 1 *epiticano.* Edd. *Epitincano.* Be. notat: „rectius *Epitynchano.*“ Vid. not. *i.* Sine dubio secutus est Be. Corsinium l. c. p. 352, qui vero nihil, quo em. suam tueatur, addit. Sed *Fl. Furiolus Epitynchanus VC Praef Urb* commemoratur in Rein. Inscr. VII, p. 161. d) 6 *preposito.* e) 6 *necessitatibus.* f) 2 *suggessio — clementia nostra*, sed corr. a P. g) 1 *solite provisiones — rē . media p̄stamus.* Rittersh. *lassata, remed.* h) 1 *infringere.* 2 *usurpationes infringerent*, em. a P. i) 1 *epytincane.* k) 2 *p̄k̄ā.* P. P[a]. P[b]. Rittersh. *P. K. A.* l) 2 *inlustras*, corr. a P. m) 1 *nostra pragmaticis*, Am. em. *pragmatici.* 6 *pragmatica.* n) 2, P.—Ri*. *actione.* P. in cod. 2, P. ms. P. in not. Rittersh. et P[b]. in m. em. *sanctione*, prob. Ri., sed impr. Ro., qui mavult *auctione.* Verum 1, 6 habent *sanctione* (etsi 1 *sancione cognuscat*), quod Be. edidit. o) 1, 2 add. *ut.* p) 2 *iusta suggessionem suam*, sed corr. a P. 6 om. *iuxta* et habet *suggestione tua.* q) In cod. 3 sola vv. *navicularius — reducendus* supersunt. r) 2 om. *cum*, sed add. a P. Ante Lugd. Go. *defugerunt.* s) 6 *omnive.* t) 1 eorum, qui sine heredibus obierunt, substantiam quolibet alienatam titulo ab his vindicari[v], qui memoratae[x] serviunt functioni[y]. §. 2. Navem nec facere novam, nec instaurare intra capacitatem quadraginta cuparum liceat, quo hoc munus videtur esse susceptum[z]. Privatorum naves legitimae capacitatis necessitatem[a] huius functionis singulis cursibus, minores vero binis[b] solidis adiuvabunt, ut[c] necessarium corpus saluberrimae provisionis auxilio sublevatum devotionem solitam[d] redintegratis viribus[e] possit agnoscere. *Dat. VIII. Kal. Mai. Romae, Valentiniano A. VII.*[f] *et Avieno*[g] *V. C. Coss.*[h] (450.)

TIT. XXIX. DE LAMPADARIIS[a].

1. *Imp.**) *Valentinianus A. Opilioni*[b] *Magistro officiorum.* Merito amplitudinem tuam de statutis praedecessorum[c] tuorum contrariis inter primicerium lampadariorum et sequentes eius habitis videmus retulisse, ut[d], quod pro verecunda moderatione ipse non poteras nostra sententia definire, magnae prudentiae est, reverentiam melioribus servare decretis[e], Opilio, frater amantissime[f]. §. 1. Illustris[g] itaque auctoritas tua iuxta rationabilem suggestionem suam[h] perpendentes et brevia nimis[i] et longiora tempora hac edictali lege[k] nos statuisse cognoscat, ut primicerius lampadariorum tres annos in primatus[l] administratione consistat, quatenus hoc labore perfuncto[m] sequentibus ad processum copia tribuatur, ut neque ille diuturnitate posterioribus onerosus exsistat, neque sequentes nimia exspectatione languescant. §. 2. De absentibus quae[n] amplitudinis tuae suggestio patefecit, serenitas nostra confirmat: hoc est ut, si biennio[o] suis abfuerit, unum ei, triennio duo, quadriennio tres merito praecipiat[p] anteponi, si vero[q] quinquennio, matriculis eximatur, ut et desides[r] poena percellat, et sedulis observationis suae[s] competentia

---

Tit. XXIX. 1, Zir. in ind. titt. Am. *Tit. XXIX.* 2, 3, P. P[a]. P[b]. in ind. titt. *Tit. XXXVI.* 6 *Tit. XI.* P. P[a]. P[b]. in ed. *Tit. XXXIII.* Nov. Th. et Val. Cui. 2, 2*. Ri. Ri*. *Tit. XXXVI.* Nov. Th. Lugd. Go. *Tit. XXXV.* Nov. Th. Rittersh. sin. num., sed sec. ord. *Tit. XX.* Be. *Tit. XXX.* Commemoratur in ind. Nov. Val. Cui. 1. Aur. adiecto. Ponitur a Go. in Prol. cap. VIII. inter Nov. Val. Cf. Nov. Th. tit. IV. et Nov. Val. titt. II, XIII, XIV, XXVII, not. sup. — N. 1. Codd. edd. *N.* 1 s. *un.* Be. add. (*LXXIII.*), id e. omnium Novv. in ed. illa. De cod. 3 vid. infr. not. *s.*

---

persona. u) 2 *defensionis,* corr. a P. 6 *defensionis submoto.* Go. *submotae.* v) 1 *titulum ab his vindicare,* sed videtur linea traiecta esse per ultimam literam e, ut et *vindicare* et *vindicari* legi possit. x) 2 *quia memorate,* corr. P. *qui.* y) 1 *functionem.* z) Ita 1, 2, edd. 6 *liceat quibus an̄* (ante) *hoc munus videtur* (om. *esse*) *susceptum.* Locus obscurus. a) 6 *necessitate.* 1 *navis legitimi cap. nec.* b) 1 *mores vero uinis.* 2 *bonis,* sed em. a P. *binis.* P. in not. P[b]. in m.: „*vel.* bonis." Go. secundo loco (vid. not. seq.) *bonis.* c) Go. bis habet vv. *necessitatem huius — ut.* d) 1 *provissionis auxilium — devotione soletam.* e) 2, P. ms. P. P[a]. Rittersh. P[b]. *urbibus*; sed P. in not. Rittersh. in m. P[b]. in m. em. *viribus*, quod iam in Cui. 2 tacite editum erat. f) 2, 6, P. — Ri*. om. *VII.*, quod Be. ex 1 repos. g) 1 *abieno.* 2 *anieno,* em. P. *auieno.* h) P. P[a]. Rittersh. P[b]. *Cons.*

a) Go. *Lampandariis.* De Lampadariis vid. Ri. not. *a.* *) P[a]. Rittersh. Ri. Ri*. Be. *Impp.* In cod. 2 add. *I* post *A.*, sed del. a P. b) 1 *ofilio,* improb. Br., qui l. c. p. 872 hanc cod. 1 script. notavit. 2 *Apolioni*, sed rep. a P. *Opilioni.* 6 *Opilio.* 2 *officii*, corr. a P. *officiorum.* c) 1 *p̄decessorum.* 2 *processorum*, corr. a P. *praecessorum.* 6, Go. *praedecessorum.* Rell. edd. *praecessorum.* Falso Am. eumque secutus Be. nuntiat in cod. 1 esse *praedecessorum.* Reposui ex codd. *praedecessorum*, etsi id pariter atque *praecessorum* infimae latinitatis v. est, nec probari videtur Am. d) 1 *habetis vidimus* (bene) *retullisse ut.* Rittersh. *videtur retul.* Be. notat: „*ut* i. e. quemadmodum." e) 2 *poteras nostra servare decretis.* P. corr. *p. nostra servaret decretio*, quod transiit in edd. P. — Ri*. 1 *quod p*, (sed Am. *pro*) v. *moderatione i. n. poterat* (Am. em. *poteras*) *nostra sentencia definire magne prudentie est. reverencia melioribus servare decretis,* unde Be. ed. *quod pro verecunda moderatione ipse non poteras nostra sententia definire, magnae prudentiae est, melioribus servare decretis.* 6 *quod pro — definires etenim magnae — est reverentiam melioribus servare decretis.* Recepi *reverentiam.* f) Cui. 2, 2*. Lugd. Go. Ri. Ri*. *FR. AA.* g) 2 *Inlustras*, corr. a P. 1 om. *itaque.* h) 1 *suggestionem suā.* 2 *iusta — suggessionem suam,* corr. a P. *iuxta — suggestionem tuam,* ex quo *tuam* in edd. transiit. 6 *iustam rationabilemque suggestionem suam.* Omnes igitur codd. habent *suam*, non *tuam*. *suam* recte se habere puto. Vid. Nov. anteced. §. 1 et multos alios titulos. i) 2 *brevi animis*, corr. a P. *brevia nimis.* k) 1 *hec dictali lege*, sed haud absimile est v. *dictali* v. *divali.* l) 2, Cui. 2, 2*. Lugd. Rittersh. — Ri*. *in privatos.* P. P[a]. *in * privatos.* P. in cod. 2, P. ms. P. in not. P[b]. in m. (sed P. hanc conj. Cuiacio acceptam refert) Cui. 2, 2* et Lugd. in m. em. *primatus,* prob. Ri. Confirmat hanc cj. cod. 1, ex quo Be. rest. *primatus.* 6 *in privata.* m) 1 *perfunctus.* 2, P. — Ri*. *perfunctos.* P. in cod. 2 corr. *perfuncti* et *perfunctus.* Ri. em. *perfuncto*; hoc ed. Be., recte et consentiente cod. 6. Scriptum est enim in codd. per alliterationem (proximum v. est *sequentibus*) *perfunctos* pro *perfuncto*; ex *perfunctos* factum est *perfunctus.* n) 1 *languescant* (om. *De*) *absentibus. que.* Mox 2 *suggessio,* sed corr. a P. o) 1 *si biennio s. uisafuerat,* sed ponitur a libr. *i* supr. *a* (*fuerit*). 2 *biennium suis adfuerit*, corr. a P. *abfuerit.* 6 *biennium suis affuerit* et om. *unum ei.* P. — Ri*. *biennium suis abfuerit.* Be. ex 1 *biennio,* quod etiam Am. probatur. Pro *suis* Ri. vult *quis* et Be. *iugis.* Neutrum codicibus confirmatur. Bene quidem est, quod Ri. cj., sed *suis* accipi potest pro corpore suo. p) 1, 6 *praecipiet*, unde Be. *praecipiat.* 2, Cui. 2, 2*. Lugd. Rittersh. — Ri*. *merito propiet* et P. P[a]. *merito * propiet.* P. in cod. 2, P. ms. P. in not. P[b]. in m. Cui. 2, 2* et Lugd. in m. *properet.* Recte *praecipiat,* sc. amplitudo tua, quod etiam Am. praefert Cui. coniecturae. q) 1 *sin vero quinquenio.* r) 1, 6 *ut et desides poena percellat.* 2, Cui. 2, 2*. Lugd. Rittersh. Go. P[b]. Ri. Ri*. *ut de sua poena percellat*, sed P. in cod. aut *eū* aut *desidem* pro *de sua* legi vult. P. P[a]. *ut de sua poena percellat * et.* P. ms. P. in not. P[b]. in m. Cui. 2, 2* et Lugd. in m. pro *de sua* em. *desides*, quod prob. est Ri. et confirmatum codd. 1, 6, ex quibus addidi *et.* Be. enim *ut desides poena.* s) 1 *sidolis obseruationes sue,* sed em. ab Am. *sedulis observationi.* 2 *observationi sue*, sed P. em. *observationis.*

praemia[t] concedantur. *Dat. V. Non. Oct. Romae, Valentiniano A.*[u] *VII.*[v] *et Avieno*[x] *Coss.*[y] (450.)

TIT. XXX. DE COLONIS VAGIS VEL[a] AGNATIONE EORUM, ET DE[b] ADVENIS.

1. *Imp. Valentinianus A.*[c] *Firmino Pf. P. et Patricio*[d]. Cum pure[e] et fideliter observari debeant, quae caventur in legibus, latam[f] dudum de colonis originariis fucum pati[g] quorundam maligna mente cognovimus. Nam cum is, a quo[h] discessit[i] obnoxius, triginta annorum repellatur[k] obiectu[l], eundo*) per hos atque alios**) designatum tempus assumit[m]; ita contingit, ut[n], cum illi pereat[o], a quo fugit, nec huic, ad quem venit, possit acquiri, mansionum[p] permutatione desinat*) esse, quod natus est, libertatem, quam[q] nascendo non habuit[r], fugae sibi assiduitate[s] defendens. Nulli unquam, nisi colono fugitivo[t], culpa sua praemium fuit: ea caussa[u] incipit melior effici[v], qua poenam[x] meretur. §. 1. Quod tamen sufficit huc usque licuisse[y]. Nam cum prior dominus obice[z] legis excluditur[a], illi eum iubemus acquiri, apud quem eosdem annos statuti temporis[b] probatur implesse. Quod si propter conclusionem[c] tricennalem et ad vim praescriptionis eludendam[d] aequaliter habitet[e] per diversos[f], is eum vindicet[g] iure colonario serviturum, penes[h] quem a die primae fugae XXX annorum posteriora tempora concluduntur[i],

---

Tit. XXX. 1, Zir. in ind. titt. Am. *Tit. XXVI.* 2, 3, 8—15, 17—34, 37—42, Aeg. Sich. Cui. 1. Aur. P. in ind. titt. Cui. 2, 2*. Lugd. P[a]. in ind. titt. Rittersh. Go. P[b]. in ind. titt. Ri. Ri*. *Tit. IX.* 4 *Tit. VIII.* 6 *Tit. XXIX.* 35 *Tit. VI.* 36 *Tit. VIII.* Be. *Tit. XXXI.* L. R. U. *Tit. VIII.* Vid. Nov. Theod. tit. XXII, Nov. 2, §. 14, not. *v*; Nov. Val. tit. I, not. sup.; tit. XVII, not. sup. et §. 3, not. *p*; tit. XXII, not. sup. et pr. not. *t*; tit. XXVII, not. sup. et tit. XXXIV. de Episc. iud. §. 6. C. Th. V, 9 et 10. Nov. Val. tit. XXVI. de Trig. ann. praescr. Ed. Th. art. LXIV—LXVIII. L. R. B. tit. VI. et XXXVII. — N. 1. Codd. edd. *N.* 1 s. *un.* Be. add. (*LXXIV.*), id e. omnium Novell. in Be. ed. Eodem die data est eidemque magistratui inscripta atque sq. Nov. Eundem etiam diem habet cum Novella tituli XXXII. Integra cum interpr. est in codd. 2, 11—15, 17—23; omnia praeter interpr. des. in codd. 24, 39—42; inscr. et textus in codd. 4, 30; textus et subscr. in codd. 26, 35; subscr. et interpr. in cod. 25; solus textus om. in codd. 8—10, 27—29, 31—34, 36—38. In cod. 3 nihil superest nisi interpr. in breve compendium contracta.

In cod. 3 sola vv. adsunt *sedulas — concitantur.* t) 2, P.—Ri*. *compendia praemio concedantur.* 3 *compendia pr. concitantur.* P. ms. em. *pro praemio.* u) 1 sec. Am. *AA.* v) 2, edd. ante Be. *VI.*, impr. Ri., qui cj. *VII.* Hunc numerum habent 1, 6, Be. Vid. etiam Br. l. c. p. 871. x) 1 *Abieno.* Am. vituperat Brenckmannum, qui dicat in cod. 1 esse *Albieno.* Quod iniuste factum est ab Am.; nam etiam Br. l. c. p. 871 *Abieno* in cod. 1 se invenisse dicit. 2, 6, edd. ante Be. *Albino*, impr. Ri., qui *Avieno* cj. Add. *V. C.* Vid. Nov. antec. y) 2, edd. ante Be. om. *Coss.* 6 *Cons.* 1 sec. Am. *cos.*

a) 1 om. *vel agnatione eorum.* In codd. 6, 18 exc. *vel — advenis* et in codd. 15, 21 *et de advenis.* 13 add. *de.* 28, 34, 37 *et de agnatione.* b) Nonn. codd. om. *de.* c) Plerique codd. et edd. *Impp. Theodosius et Valentinianus AA.* Iam Muratorius, Hist. Ital. ad ann. 451 deletis vv. *Theodosius et* scribi vult *Imp. Valentinianus A.*, quia Theodosius Imp. d. XXVIII. mensis Iulii ann. 450 de vita decesserat. Et bene quidem inscriptionem emendat; nam in sequentibus duabus Novellis, quas cum hac Novella eodem die datas esse dixi, solus Valentinianus nominatur; quid quod et antecedens Novella, V. Non. Oct. ann. 450 data, eundem habet imperatorem, neque vero Theodosium in inscriptione admixtum. Muratorii sententiam confirmant codd. 13, 17; confirmat etiam 6, qui *Id. aug̅ eidem Firmino.* Codicum, qui vulg. inscr. habent, nonn. *Theũd* s. *Teod.*; alii om. *AA.* d) Multi codd. om. *et Patricio*, sed 6 *Pf. P. et.* Ri*. *Firminio.* e) 22 *purae*, sed corr. f) 14 *datam.* 21, 22 *lata.* 6 *latam legem.* V. *legem* librarius interpretationis caussa supplevit. Cf. C. Th. V, 10, 1. g) 1 *origenariis fugum pati.* 11 *orig. supati.* 12 *origenariis fucati*, sed a sec. man. em. *fucum pati.* 20 *orig. fugam pati.* 22 *or. factum pati.* 23 *orig. fugati.* 25 *focum pati q. malignitate cogn.* Sich. *orig., fucari quorundam.* 6 *or. corrumpi quorundam indigna mente comperimus.* h) 1 *Nam cum his . quod.* 2, 20 *his.* 15, 21 *hiis.* 22 *Nam cum in his — obnoxios.* i) 19 *discussit.* Sich.—Lugd. Rittersh. Go. *discesserit.* k) 25 *repetatur.* l) 22, 23 *obiectum.* Rittersh. *obiecturis eum.* In codd. 15, 19 (add. siglo *HS*), 21, in edd. Cui. 1—Ri*. haec add.: *is eum sibi* (15, 19, 21, Rittersh. *vindicet*) *vindicat, apud quem triginta annos probatur implesse: si vero aequaliter habitet* (15, 19, 21 *habet et*) *per diversos, is eum sibi* (19 om. *sibi*) *vindicat, penes quem triginta annorum tempora concluduntur: alias huic competit* (15, 19, 21 *competat*), *cum quo maximam tricennii partem habitavit.* „Sed manifesto, inquit Be., haec spuria sunt, atque, ut videtur, summae loco in marg. Cod. MS. cuiusdam posita postea inscitia librarii in textum recepit. Atque cum vere sensum ordinemque loci turbarent, omisi ea ed. S. Codd. Ott. M. G. auctoritate, in quibus ne levissimum quidem lacunae signum apparet.“ *) Cui. 1—Lugd. Rittersh. Go. *eundem*, impr. Ri. **) Sich. in m. *illos* pro *alios.* m) 6 *absumit.* n) 15 *contigit.* 13 om. *ut.* o) 14 *per ea.* 15, 21 *per eũ.* 19 *ille pereat.* 25 *illo pergat.* p) 6 *acquiri et mansionum.* 22 *acq. nam si unum permutationem.* 25 *adquiri manumissionum.* *) 1 *designat.* q) 11 *libertatem cui iam.* 12, 20, 22 *libertatem civiam.* 1 *lib. quā nascendum.* r) 25 *non meruit.* s) 22 *fugitae sibi assiduitatem.* 15 *defenderis.* Rittersh. *ass. def. Nullium quam.* t) 6 *fugitivo colono.* u) 21 *et causa.* v) 13 *fieri.* 25, Sich.—Ri*. *esse.* 6 om. *effici.* x) 1, 2, 15, 19, 21, 25 *pena.* 22 *quam poena.* y) 1 *sufficit huiusq licuisse.* 11, 22 *quod tamen* (22 *quo tamen*) *sufficit utriusque illisse.* z) 2 *prior ordo dominus obice legis.* 11, 12, 17, 18, 20 *priore domino.* 14 *prior dominus obiectae legis.* 22 *priorem dominus abiecit legis.* 25 *pr. d. obici legis.* a) 12, 20, 23, Sich. *excludetur.* b) 1 *annus instituti temporis.* Rittersh. *eosdem amor stat.* 19 *statuit temporis.* 11, 12, 17, 20, 22 *probetur.* c) 19 *pro conclutionem.* d) 1 *ad ui̅ p̄ceptionis cludendam.* 6 *et aditum praescriptionis eludendum.* 15, 21 *praeceptionis excludendam.* 20 *eludendum.* 22 *perscriptionis eludendam.* 25 *elevandam.* Rittersh. *eludendam et qualiter.* Plerique igitur codd. *praescriptionis*, neque vero falsum est v. *praeceptionis*, quod 1 habet. e) 2, 14, 15, 19, 21, 22, 25 *habet et per.* 6 *habitarit per.* f) 18 *diversis* et om. *is.* Plerique codd. *his* pro *is.* g) 23, Sich. *his* (Sich. *is*) *autem vindicet.* Rittersh. *servito-*

alias huic lucro cedat[k], cum quo maximam tricennii[l] partem vagus et infidus habitator[m] efficit[n]. Quod etiam de mulieribus[o] originariis aeque vagantibus[p] praecipio[q] custodiri. §. 2. Colona vero, quae petitori[r] post XX[s] annorum curricula denegatur[t], si quem partum ante designatum tempus edidit, priori domino convenit[u] non perire: aequum est[v], ut ad eum soboles redeat suscepta[x] tunc temporis, cum adhuc mulier[y] competebat, ut damnum amissae[z] matris, quod processu[a] contingit annorum, prolis saltem vindicatio consoletur[b]. Quem casum[c] iubemus vicariorum compensatione[d] finiri, ne, quod impium est[e], filii a parentibus[f] dividantur. §. 3. Item placet, ut pars[g], cuius maritum esse constiterit, pro[h] uxore eiusdem meriti[i] vicariam reddat, quatenus prava forsitan dominorum obstinatio a faciendo divortio[k] conquiescat, quia et[l] in eius modi[m] personis salva et inconvulsa[n] debet coniunctionis affectio[o] permanere. §. 4. Sane sicut colonas commutari posse[p], priora statuta[q] iusserunt, ita etiam de viris licentia sit[r]. Igitur commutationes factas lex[s] nostra confirmat, ac[t] si aliqua cessio[u] sine personarum commutatione[v] processit[x], vel deinceps facta fuerit, non valeat[y], ne ad alterum[z] coloni, ad alterum[a] possessio exhausta perveniat. §. 5. Advenae plerumque tenues abiectaeque fortunae[b] quorundam se obsequiis iungunt, ut[c], simulata laboris et obsequiorum patientia, accepto sumptu ac[d] vestitu illuviem et squalorem[e] egestatis evadant[f]. Ubi de[g] angustiis cladis[h] suae et[i] humanitate et miseratione[k] colligentes fuerint liberati, iam repleti[l], iam nihil de miseria[m] cogitantes eligunt[n] feminas ad patremfamilias pertinentes, solertia, forma, utilitate[o] meliores: cum satias ceperit[p], derelinquunt: non statu priore[q] perpenso, non assuetudine[r] coniunctionis, non[s] dulcedine filiorum[t], nulla lege prohibente disce-

---

rum. h) 1 *colonario servitur penes.* Codd. aliquot *poenes, poenis.* i) 1, 2, 6, 11—15, 17—21, 23, 25 *concluduntur*; rell. et edd. *concludantur.* 22 *concludantur alias vero huic.* k) 15, 21 *credat.* l) 22 *triennii.* 23, Sich.—Lugd. Rittersh. Go. *maxima tr. parte.* m) 11, 12, 18, 20, 23, 25 *habeatur*, ut Sich. n) 6, 22, 25 *effecit.* 15 *efficitur.* 18 om. *efficit.* Be. cj. *exstitit.* o) 19, 22 *quod et de mul.* p) 2, 23 *vacantibus.* 21 *atque vagantibus.* 18 om. *aeque vagantibus.* q) 1 *p̄cipio* (*praecipio*) *costodiri.* Etiam 6, 15, 18, 21 *p̄cipio.* 25 *p̄cipuo* et 18 *custodire.* 23, Sich.—Ri*. *praecipit custodiri.* Be. ex 11, 22 *praecipimus.* Recte *praecipio.* Similiter in pr. Nov. seq. *Censeo igitur*, §. 6 eod. *Statuo igitur* et infra in hac Nov. §. 6 *iubeo.* Accedit *praecipio* ad vulg. script. *praecipit.* r) 22 *petitur.* s) 1 *XXX.* Sed vid. C. Th. V, 10, 1, §. 3. t) 22 *denegetur.* 25 *denegetur—partum vel ante.* u) 15, 21 *domino competit.* 22 *tempus ediderit priori domino et hoc convenit.* v) 1, 11, 12, 15, 19—21 om. *ut*, et 25 *est ut.* Nonn. codd. *Aecum* et infr. *subolis* s. *sobolis* s. *suboles.* Edd. ante Be. *perire. Aequum.* x) 15, 21 *redeant suscepti.* y) 6 *cum ei mulier.* z) 22 *amisisse.* 25 *et damnum amissae.* a) 1 *processu contigit an̄r prolis.* 6, 15, 21 *pr. contigit.* 22 *pro casu contingit.* 19 om. *processu.* Utrumque rectum est, *contingit* et *contigit.* b) 11, 12, 18, 20, 23 *consuletur.* 25 *consolis.* Nonn. codd. supra *saltim.* c) 22, 25 *casu.* d) 13 *vicariorum pensatione.* 2 *vecariorum.* e) 2 om. *est.* 6 *est impium.* 22, 23 *nec quod i. est*, ut Sich. f) 20 *filia parentibus.* 22 *filiae parentibus.* 21 *dividentur.* 14 *div. item placuit.* g) 2 *paris.* 15 *ut pars cuius maritus.* h) 6 *constiterit et pro.* i) 1, 2, 6, 15, 17, 21 *meriti*, recte. *Meriti*, id est pretii; rell. et edd. *mariti.* Iam Barkow l. c. p. 21, not. acute em. *meriti.* 2 *vecariam.* 11, 12, 20 *vicaria.* Mox nonn. codd. *quatinus.* k) 2 *ad fac. div.* 15, 21, 22 *ad faciendum divortium.* 19 om. *a* post *obstinatio.* l) 1 om. *et.* 11 *qui in.* 18 *qui et.* 20 *quiete.* 25 *qua* et om. *et.* m) Fere omnes Br. Al. codd. *huiusmodi.* n) 2 *invulsa.* 22 *saluta et inc.* o) 25 *officia.* Idem infra om. *Sane.* p) 1 *commutare.* 22 *commutare per se.* q) C. Th. V, 10, 1. 25 *iusserint.* r) 11, 12 *etiam diversis licentia si*, sed corr. in cod. 12 a sec. man. 15, 21 *ita enim de v. l. sit.* 17 *diversis lic. s.* 18 *diversis licentiam si.* 20 *diversis licentia sugitur* (pro *si igitur*). 23 *diversis licentia. Si.* 25 *etiam virilis licentia sit iterum eo igitur.* Sich. *diversis licentiā. Si*, et scribit Sich. in m. ad v. *licentia*: „deest quidpiam." s) 2 *facultas lex.* 6 *commutationis facultatem lex nostra concedit.* 11, 18, 20, 23, Sich. *commutationis facta lex.* 13 *commutationis factum lex.* 19 *commutationis facta lex ista.* t) 1, 15 *hac.* 2, 6, 11—13, 17—19, 23, Sich.—Ri*. *ac.* 22 et rell. codd. *at*, quod Ri. prob. est et repos. a Be. Non minus probum est *ac*, quod vetustissimi codd. et ii quidem, qui Br. Al. non complectuntur, habent. u) 1 *cessione* et om. *sine.* 2, 11, 18, 23 *cessione.* 25 *successione.* Sich. *cessione, sive pers. comm.* 15, 21 *si alia cessio.* 6, 17 om. *sine.* v) 25 om. *sine personarum commutatione.* x) 11, 12, 15, 17, 20, 25 *praecessit.* 22 *processerit.* y) 1 *valeat*; rell. codd. et edd. *valebit.* z) 1 *ne alterum.* 2, 15, 21 *nec ad alterum.* 14 *nec ad alium.* 22 *nec alterius.* 18 om. *ad alterum coloni.* a) 1, 2, 15, 21—23, 25 *ad alium.* 1 *exausta.* b) 1 *abiectique fortune.* 11 *tenues abissetaeque fortunae.* 12, 20 *tenues abissent aeq. personae.* 18 *tenus abissent eaq; fortunae.* 19 *tenue subiectaeque personae fortunae.* 15, 21 *abiectaque persona.* 22 *personae*, non male. c) 18 *obsequiis funguntur sim.* 15, 21 *quorum se o. iungant.* 22 *iungant ut dissimulata.* Mox nonn. codd. *labores.* Rittersh. *simuluta.* d) 6, Rittersh. *et* pro *ac.* e) 15 *illuvie et squalore.* 22 *sualorem.* f) 15, 21 *evadunt.* g) 6 *ubi vero.* 22 *ubi ad.* h) 25 om. *cladis—licentiam non habeat recedendi.* i) In codd. 2, 6, 12, 14, 15, 18—22 om. *et.* k) 22 *humanitatem et miserationes*, quae scriptura elegans videtur Ri. 6 *colligentis.* 19 *colligentes fierent.* l) 22 *patriati*, in m. *repleti.* 6 om. *iam.* m) 14 om. *miseria—pertinentes.* n) 22 *elegerunt* et 20 *ad patrem filias.* o) 1, 19 *utilitatem.* Ante 22 *solerti.* p) 1, 2 *cum satias ceperint.* 6 *cum socias ceperint.* 11—14, 17—21 *cum satiasse coeperint.* 15 *cum sotiasse se coeperint.* 22 *cum suasisse ceperint.* 23, Sich. *cum satiasse se coeperint.* Cui. 1. Aur. Lugd. Rittersh. Go. *cum satiare se coeperint.* Cui. 2, 2*. Ri. Ri*. Be. *cum satias ceperit*, quod defendit Ri., recte, scil. *eos feminarum.* Fortasse scriptum erat *satiasse se coeperint*, nam omnes codices habent *coeperint*, et 15, 23 *se coeperint.* Id quod in Cui. 2, 2*. Ri. Ri*. edd. scriptum est, *satias coeperit*, non dubito, quin Cuiacii coniectura sit, cum nullus codex *coeperit* habeat. Similiter iam in prima ed. Cuiacius correxit *satiare se coeperint.* q) 18 *derelinquant.* 19 *derel. nos statu.* 20 *derel. non statuto.* 22 *derelinquant nos tanto.* 15, 21 *perpendunt.* r) 2 *adconstitudine.* 6 *consuetudine qua tenentur addicti non dulcedine.* 11, 12, 20 *adconsuetudine.* 14, 22 *a consuetudine.* 19, 23, Sich. *ad consuetudinē.* 23 *dulcedinem.* s) 15, 21 om. *non—discedunt.* t) 22 *officiorum.* 14

dunt. Itaque si nulli[u] quolibet modo obnoxius[v] civitati ad praedium se[x] cuiuscunque rusticum[y] urbanumque collegerit[z], et mulieri obnoxiae sociari[a] voluerit, gestis municipalibus profiteatur[b] habitandi, ubi elegerit, voluntatem[c], ut hoc vinculo praecedente nec habitaculum, quod placuit, deserat, nec consortium mulieris abrumpat. Qua professione[d] deprompta, salva ingenuitate, licentiam non habeat recedendi[e]. §. 6. Pari lege mulieres ingenuas iubeo[f] detineri, a[g] quibus coniunctio appetita est et electa servorum vel[h] colonorum[i], ut his abire[k] non liceat. Filii earum[l], si denuntiatio non praecessit[m], in eorum iure et dominio[n], apud quos creati sunt vel creantur, colonario nomine perseverent: post denuntiationem vero editos[o] secundum scita divalia servos esse censemus[p], ut illos nexus, sicut dictum est, colonarius teneat semper obnoxios[r], hos conditio servitutis, Firmine, parens carissime atque amantissime[s]. §. 7. Illustris et praecelsa magnificentia[t] tua huius generalis constitutionis formam edictis propositis[u] ad omnium faciet[v] notitiam pervenire. *Dat. prid.*[x] *Kal. Febr.* *) *Romae*[y]. *Acc. III. Non. Febr. Romae. PP. in foro Traiani, Adelphio*[z] *V. C.*[a] *Cos.* (451.)

Interpretatio. *Lex ista constituit, ut, si colonus proprium dominum fugerit, et XXX annis per diversorum domos aut agros fortasse latuerit, et*[b] *non nisi impletis XXX annis*[c] *a die fugae suae praedictum colonum dominus potuerit invenire*[d], *ab eo, apud quem inventus fuerit*[e], *tricennali annorum praescriptione dominus, qui fugam*[f] *coloni sequitur, excludatur. Secunda iterum condicione currente, ut, si forte apud tres personas denis annis colonus ipse habitaverit, ille eum vindicet, apud quem posteriori tempore invenitur. Tertia condicio est, ut, si*[g] *inter eos, apud quos per*[h] *tricennium habitaverit, fuerit orta contentio, ipsi praedictus colonus addicatur, apud quem per illos XXX annos* *) *maiori annorum numero dignoscitur habitasse. De colonae vero fuga, par, apud quoscunque habitaverit, forma servetur, ea tamen condicione servata, ut, sicut de coloni iure proprius dominus XXX annorum praescriptione excluditur, ita et impleto XX annorum numero, de repetitione colonae domini petitio repellatur*[i]. *Ita tamen, ut filii*[i], *qui intra*[k] *XX annos nati fuerint, quando adhuc colona domino competebat, a domino*[l], *qui colonam praeiudicio*[m] *temporis perdidit, secundum constitutionem*[n], *quae sub titulo De Episcopali iudicio*[o] *processit, debeant revocari. Post vicesimum autem annum*[p] *nati illius dominio acquiruntur*[q], *cui colonam tempus addixerit*[r]. *Iubetur etiam, ut de talibus personis commutatio non negetur, ita ut vicaria mancipia tam pro colona, quam pro portione filiorum dare coloni dominus mox procuret, quod etiam si convenerit, et pro colono is, cuius*[s] *colona est, pari constitutione*[t] *debebit*

---

nullo. 18 *ulla lege.* u) 18 *Itaque singuli.* v) 6 *civitati obnoxius.* x) 1 *si.* 15, 21 *sese.* y) 23 *rusticorum.* Sich. Cui. 1. Aur. Lugd. Rittersh. Go. *rusticanum.* 6 *rust. aut urbanum.* z) Aur. Lugd. *collegerit.* a) 1, 2 *sociare* et 22 *voluerint.* 6 *colligere et m. obn. se sociare voluerit.* b) 13 *proficiatur.* 15 *mancipalibus.* c) 11 *voluntante.* 22 *voluerint* pro *eleg.* 18 *elegerint voluntate et hoc.* 12, 19, 20 *voluntate.* Sich. — Go. *voluntatem. Ut.* d) 17, 18, 20 *provisione.* 11, 20, 22 *prorisione.* e) 1 *licencia non habeat recendi.* 2 *redendi.* 6 *discedendi.* 22 *licentiamque non habeat recedendi.* f) 15, 21 *ing. p̄cipit.* 22 *ing. ab eo.* 11 *mulieris.* g) 1 *detenere.* 14 om. *a.* h) Plerique codd. *seu.* 21 *electa seviorum servorum seu.* 6 *coni. serv. adp. est* (om. *et electa*) *servorum seu.* i) 23 *colonum.* Mox plerique codd. Sich. — Cui. 2*. Ri. Ri*. *hiis.* Go. *iis.* k) 1, 2, 22 *habere.* l) 6, 11, 18—20 *filii eorum.* 22 *filiorum si.* m) 15, 21 *processit.* 18 *nuntiatione.* 23 *denunciatioēs p̄cessit.* Sich. *denuntiationē praecesserint.* n) 1 *dn̄o.* Mox nonn. codd. *perseverint.* o) 2, 15 *edictos.* p) 2 *censimus.* 22 *censuimus.* 25 *iussimus.* r) Ita 1, 2, 6, 11—14, 17—22; sed 11, 12, 20 *colonarios* et 1 *obnoxius*, ubi Am. em. *obnoxios.* 22 *obn. quos.* s) 1 *firmini*, sed em. ab Am. *Firmine.* 21 *firme.* 22 *Firminae p̄ k̄* et om. *atque amantissime.* 2 *p̄ k̄ ā.* 2 *Illustras*, sed corr. *Illustris* a P. Sich. *Firm. Praefecte charissime Augustorum.* t) 1, 15, 21 *magnitudo.* 22, 23, alii *m̄t̄* sive *mḡ tua.* 14 om. *et — tua.* Mox 15, 21 *generali c. formae dictis.* u) 1 *propriis.* Vid. tit. XXIV. de Libert. et succ. §. 10, not. *c.* v) 1, 11, 12, 15, 18—21 *faciet.* Rell. codd. et edd. *faciat.* x) 6 *II.* 13, 30, Epit. Mon. *III.* 15, 21 *XII.* 28, 34, 37 *prid id.* Sich. in m. *Id.* *) Nonn. codd. *Ian.* y) 1, 2, 4, 6, 8—13, 15, 17—21, 23, 27—34, 36—38, Sich. om. *Acc. — Traiani* et 22 *Romae — Traiani.* z) 1, 12 et plerique Br. Al. codd. *Adelfio.* 37 *adeffio.* 11 *adefio*; alii *delfio.* a) Nonn. codd. *v̄īc̄, viro claro, v̄īc̄ c̄c̄* s. *v̄v̄ c̄c̄* (pro *V. C. Cos.*). 22 *victissimo.* Br. l. c. p. 871 „in subscriptione, inquit, illud memorabile est, quod solius Adelphii mentio fit, exclusa imperatoris mentione“ (sc. Marciani). 11 *conss.* Rittersh. Go. *Coss.* b) Nonn. codd. hic et illic *dominium — et a triginta annorum p. div. domum* s. *domus — latuerit* et om. *et.* c) 11, 12, 14, 15, 19—22 et multi alii codd. *nisi impleat tricensimum* s. *tricesimum annum.* 8—10, 23, 38 *impletum tricesimum annum.* 12 a sec. manu *antea* pro *nisi.* d) 8—13, 20, 22, 38 *pervenire*, quod etiam alii codd. habent; sed corr. in cod. 12 *invenire.* Nonn. codd. *poterit.* e) 2, 4, 8—15, 17—23 et multi alii codd. *fuerit*; edd. *est.* Nonn. codd. et Sich. add. *in.* Alii *perscriptione* habent. f) Ita fere omnes codd. Rittersh. *qui Colonum sequitur*; rell. *coloni fugam.* g) Nonn. codd. *Secunda igitur cond. concurrente quod si* (22 *corrigente ut si*) — *personas quas per denis — colonus in se habitaverit* (s. *habitaverint*) *eum sibi — posteriore — est quod si.* h) 22 om. *apud quos per.* *) Apud Go. deest *annos.* i) Nonn. codd. *triennium — ipsius praedictus* s. *ipse praedictus — illos* (om. *XXX*) — *servetur ita tamen conditione servata* (om. *ut*) — *proprios* s. *prius — triginta annorum perscriptione* s. *perscriptionem exclusit* (s. *annorum numero de repetitione exclusit*) — *repetitio repellatur — ut si filii.* Sich. *impleto XXX. ann. — domini repetitio rep.* k) Plerique codd., etiam 2, 12, 22, 23 *intra*; rell. et edd. *infra.* Mox 8—10, 12, 19, 20, alii codd. *annis* et *ad hoc*, 23 *annis — colono.* 22 *natos fuerint*, sed corr. *nati fuerint.* l) Nonn. codd. *aut domino qui colona.* Sich. *ad dominum*, in m. *a domino.* m) 22 *de praeiuditio.* n) 22, Sich. *consuetudinē.* Mox nonn. codd. *titulo quae de.* Nonn. codd. om. *de*, ut Rittersh. o) Vid. infr. tit. XXXIV. de Episc. iudicio, §. 6. 22 *praecessit.* p) Ita 8—10, 12—15, 18—23, alii; rell. et edd. *XX autem annos.* q) 11, 12, 14, 18, 19 et multi alii codd. *dominio acquiruntur.* Sich. *domino acquirentur*; rell. *domino adquirantur.* r) Fere omnes codd. *addixerit.* 10 *adduxerit.* 22 *addixerint.* Edd. et nonn. codd. *addixit.* s) Nonn. codd. *vicariam — dari colonae* (etiam *implere. Advenae ingenui, qui se colonae iungi voluerint*[u] *alienae, quia saepe fit, ut contubernia electa contemnant, gestis profiteantur, se de domo domini colonae, cui iunctus fuerit, nulla ratione discedere, et ingenuitate manente, nullam habeat licentiam evagandi, aut cui coniunctus*[v] *fuerit, deserendi. Ingenua itemque*[x] *mulier, si contubernium coloni elegerit alieni, si ei denuntiatum non fuerit, coloni sint domino*[y] *profuturi, quoscunque eius partus ediderit. Post denuntiationem vero quoscunque ediderit, non colonos, sed servos noverit*[z] *esse futuros.*

TIT. XXXI. DE CONFIRMANDIS HIS[a], QUAE ADMINISTRANTIBUS VEL[b] PUBLICUM OFFICIUM GERENTIBUS[c] DISTRACTA SUNT VEL DONATA, ET DE ADVOCATIS[d], VEL DE[e] CETERIS NEGOTIIS.

1. *Imp. Valentinianus A.*[f] *Firmino Pf. P. et Patricio*[g]. Quae plerique in legibus[h] constituta dissimulant, necesse est, praesenti[i] iussione sanciri, ut, omni ambiguitate summota, instauratione solidiora[k] reddantur. In administratione enim[l] et in[m] militia positis emendi licentiam denegatam[n], superflua nonnullorum dicitur esse persuasio[o], cum lex divi Honorii[p] ad Palladium Pf. P.[q] missa[r], in Theodosianum[s] redacta corpus, hanc copiam talibus legatur dedisse personis. Quem non taedeat alioquin ista conditio[t], his solis, qui ad honores[u] aliquos evehuntur[v], libertatem in contractibus non patere? et cum huic obstaculo[x] nulla fortuna subiaceat[y], non mediocris[z], non nobilis, non plebeia[a], universitatis ius[b] et commodum solis militantibus[c] denegari?[d] Censeo igitur, ut in quibuslibet[e] administrationibus, officiis, in[f] quocunque militiae gradu positis[g] emendi quae[h] ceteris copia sit, dummodo emptio et venditio[i] celebretur iure communi. Neminem volo potestatis[k] iussu et[l] impressione compelli[m]. Volenti vendere, definitam et conscriptam pecuniam oportet inferri[n]. Videat instrumentorum[o] scriptor, sciant ii[p], apud quos

---

Tit. XXXI. 1, Zir. in ind. titt. Am. *Tit. XXX.* 2, 3, 8—15, 17—34, 37, 38, 40, Aeg. Sich. Cui. 1. Aur. P. in ind. titt. Cui. 2, 2*. Lugd. P[a]. in ind. titt. Rittersh. Go. P[b]. in ind. titt. Ri. Ri*. *Tit. X.* 6 *Tit. XXX.* 35 *Tit. VII.* 36 *Tit. IX.* Be. *Tit. XXXII.* A cod. 4 titulus abest. Vid. Nov. Theod. tit. XXII, Nov. 2, §. 14, not. *v*; Nov. Val. tit. I, not. sup.; tit. XVII, not. sup. et §. 3, not. *p*; tit. XXII, not. sup. et pr. not. *t* et infra h. tit. §. 1, not. *a*. C. Gr. I, 12. C. Th. II, 10; III, 1; VIII, 15 et XII, 1. Nov. Th. tit. X. Nov. Val. tit. II. Nov. Maior. tit. VII. L. R. B. tit. XXXV. Eodem die et ad eundem magistratum data est Nov. antecedens. Vid. ibi not. sup. — N. 1. Codd. edd. *N.* 1 s. *un.* Be. add. (*LXXV.*), id e. omnium Novv. in Be. ed. Vid. Nov. antec., not. sup. Integra cum interpr. est in codd. 2, 11—15, 17—23; omnia praeter interpr. des. in cod. 40; inscr. et interpr. in codd. 24, 30; textus et subscr. in cod. 35; subscr. et interpr. in cod. 25; solus textus in codd. 8—10, 26—29, 31—34, 36—38. In cod. 3 nihil est, nisi interpr. in compendium redacta.

Sich. *colonae*) — *etiam convenerit* — *colono* (om. *is*) *cuius*. 22, Rittersh. *et pro colonis tuius*. Sich. *cui*. Infra Rittersh. *impleri*. t) Sich. *consuetudine*, sed in m. *constitutione*. u) 8, 11, 12, 19, 20 et multi alii codd. *voluerit*. Nonn. *coniungi voluerit* et *dum* pro *quia*. v) Nonn. codd. *contubernia invita* — *proficiantur sed de domo dominio colonae cui coniunctus* (s. *cunctus*) *fuerit* — *nulla habeat lic. evacandi aut cui vinctus* s. *iunctus*. Cf. L. R. B. tit. XXXVII. x) Multi codd. *Idemque*. Rittersh. *Ingenuitatemque*. y) Nonn. codd. *si eidem* — *dominio*. Rittersh. *profuturi quocunque*. Sich. *foetus* pro *partus*. z) Multi codd. *aediderint* — *noverint*. 22 *Post denuntiatione*. 38 om. *post* — *ediderit*.

a) Plerique codd. Sich. Cui. 1. Aur. Lugd. Cui. 2, 2*. Ri. Ri*. *hiis*. Go. *iis*. 6, 10, P. P[a]. P[b]. om. *his* et 31 *His quae administrantibus*. Nonn. codd. *vel adm.* b) Nonn. codd. *seu*; alii om. *vel*. c) 6 om. *vel* — *gerentibus* et 15, 21, 29 *gerentibus* et 10, 31 *gerentibus* — *negotiis*. Nonn. codd. *publico*. d) 13 *et de curialibus*. Nonn. codd. *advocandis*. e) Ita 1, 11—15, 18, 19, 23, 32—34, 37, 38, Sich.; 20, 22, 26, Aeg. L. R. U. *vel ceteris*. 2, 8, 17, P. P[a]. P[b]. *et de ceteris*. 21, 25 om. *vel de c. n.*; rell. *et ceteris negotiis*. f) 6 *Impp. Valentinianus et Martianus AA.* 9 *Impp. Theod. Valent. AA.* Rittersh. Go. Ri. Ri*. *Impp.* g) *Pf. P. et Patr.* abest a cod. 6, a cod. 36 aliisque *et Patricio*. Nonn. *praeposito et P.* h) 1, 2, 6, 11, 12, 14, 15, 17, 19—23, Sich. Cui. 1. Aur. Lugd. Rittersh. Go. *plerique* (22 *plerumque*) *in legibus*; rell. om. *in*. 1 *dissimulant ne*|| *necesse est*. i) 1, 13 *recenti*, quod non displicet. 15, 21 *recentique*. 23 *praesentibus*. 22 *sanctiri*. k) 11, 12, 20, 22 *solidata*. 25 *solidiore*. l) 19 *etenim*. 25 om. *enim*. Go. *administration* | *enim*. m) 6 om. *in*. n) 6 *licentia denegata*. 22 *licentia denegatum*. Mox 13 *nonnullarum*. Rittersh. *nonn. dare esset pers.* o) 6 *esse peruasio*. 22 *esse pars vacatio*. p) Nonn. codd. *Honori*. Vid. C. Th. VIII, 15, 8, not. *x*. q) Sich. *Praefectum Praetorii*. Cui. 1. Aur. Lugd. Rittersh. Go. *praefectum praetorio*. 6 *Palladium praepositum*. r) 2, 6 *emissa*. 15, 21 *premissam*. s) Nonn. codd. *Theodosiani* s. *Theodosiano* s. *Theudosianum*. 15, 21 *Theodosiani corpus redacta*. Mox 1 *tedead* (corr. ab Am. *tedeat*) et multi codd. Sich. — Ri*. *alioqui*, ut infra §. 8. Utroque loco 1 *alioquin*. t) Sich. *ista concedi*. Plerique codd. Sich. — Cui. 2*. Ri. Ri*. *hiis*. Go. *iis*. 19 *his solidis*. u) 22 *honorem*. v) 13 *venihuntur*. 11, 19, 22 *subvehuntur*. 20 *se vehuntur*. x) 1 *obstaculum*. y) 13 *subiiciat*. z) 1, 2, 15, 22 *mediocres*. a) 1, 2 *nobiles*. 6 *non plebeii non nobiles*. 15 *nobiles plebei aut*. 22 *nobiles non plebei*. b) 1 *universitates*. 11, 17, 19, 20, 23, Sich. *universitatis huius*. 22 *aversitatis huius*. 25 *iussit*. c) 19 *mutantibus*. 22 *militibus*. 23 *in solis militantibus*. Sich. *in solis militibus*. d) 2, 6, 11, 12, 17—20, 22, 23, 25, Sich. — Ri*. *negari*. 13 *denegare*. 17 add. *non convenit*. e) 11, 12, 19, 20 *ut in quibuscumque libet*. 22 *ut quibuscunque libet amministrationibus*. 6, 17 *amministrationis*. f) 2 *quacunque*. 11, 12, 19, 20, 22 om. *in*, sed 20 *quorumque* et 22 *quodcunque* pro *quocunque*. g) 15, 21 om. *positis*. h) 2, 11, 12, 20, 22, 23 *emendique*. 15 om. *quae*. 21 *veniendi ceteris copiosa sit*. Rittersh. *emendi a caeteris*. i) 6 *dummodus* (om. *emptio et*) *venditioque*. 18, Rittersh. *celebratur* et 25 *cel. in re communi*. 13 om. *et venditis*. k) 22 *vel potestate*. l) 2 om. *et*. m) 2, 6 *convelli*. 15 *et in pmissione compelli*. n) 20 *oportet conferri*. 11 *inferre*. o) 2 *Videmus instrumentorum*. 6 *Videat ius instr.* 18 *instr. scriptura*. 22 *Vide at instr. scriptorum*. Multi codd. *strumentorum*; similiter infra *strument*. Etiam Rittersh. *scriptorum*. p) 13 *Sciat is*. 11, 12, 20 *Sciant hi*. 22 *sciant hi ad quos*. Sich.

venditionis documentum[q] necesse est allegari[r]. Nihil refert, quis emat, cum publica fide pretium venditor consequatur. §. 1. Quod si emptor officio et administratione perfunctus[s], intra anni metas, aut super illata violentia lege conscripta[t] carceris, catenarum[u], custodiae publicae vel privatae[v], vel in quolibet genere factionis[x], aut non annumerato pretio evidenter fuerit confutatus[y], vel se de iudicio tergiversatione subtraxerit, et agat, ne gestae rei veritas[z] possit agnosci, venditori solidorum numerum inferat, qui tabulis continetur, possessionem[a] nihilominus perditurus, ut[b] ad dominum redeat, cui taliter probatur ablata[c]. §. 2. Item si venditor nihil horum sustineat, quae ponimus, et[d] callida refragatione caussetur, manente contractu perpetua firmitate, et pecuniam reddat emptori, quam eum in pretium constiterit[e] accepisse. §. 3. Hac sanctione eos quoque iubemus esse munitos[f], quos administrantes et ulla gerentes[g] officia praedia rustica vel urbana certum est dato pretio comparasse. §. 4. Donationes quoque habitas et commutationes circa eas personas, quarum immerito hactenus emptio fluctuabat[h], similiter roboramus. Ita fit, ut in actu publico positos[i] fidelius laborare delectet[k], cum vident[l], seu emptione[m], seu commutatione[n], quae instar obtinet emptionis, seu donatione[o], seu alio quolibet titulo venientia[p] apud se posterosque suos inconvulsa mansura. §. 5. Non patimur praeterea, nonnullorum alio[q] genere iura turbari[r]. Notum est, post[s] fatalem hostium ruinam, qua Italia laboravit[t], in quibusdam regionibus et caussidicos[u] et iudices defuisse, hodieque[v] gnaros[x] iuris et legum[y] aut raro aut minime[z] reperiri. Nam haec necessitas fecit, perpetuitatem dari provincialibus advocatis. §. 6. Si quis curiali venditori[a] aliqua laboranti necessitate subvenit, cum modo ab exactore fiscalium functionum, modo[b] a[bb] creditoribus urgeretur[c], et sine cautela vendidit, quam premente[d] iniuria quaerere non vacabat[e], ne diutius suspendiis, squalore[f] custodiae, sportulae[g] concussione, usuris in maiorem[h] cumulum crescentibus vexaretur, cur[i] non maneat venditio, quae praestitit obnoxium a dispendiis et suppliciis liberari? Alii destituta atque inculta[k] propterea vendiderunt, quia ieiuni cespitis onerosam[l] professionem non poterant sustinere. Iniquum est, tam iustis[m] praecedentibus caussis confectae venditioni[n] ob hoc solum, quia decreti[o] interpositio defuit, adimi firmitatem. Statuo itaque[p] a tempore, quo Italiam Alaricus[q] intravit,

---

sciat apud quos. 23 om. *ii.* q) 14 *documenta.* 22 *instrumentum.* r) 11 *delegari.* 6 *Nichil differt.* 14 *nil fert — publicam fidem.* 22 *alligare* (hoc etiam 2) *Nihil referat quis eminat — pretium vendicetur.* s) 11, 12, 17 — 20, 22 *defunctus.* 25 om. *si* post *Quod.* t) 6 om. *lege conscripta.* 12 *carcaris.* Go. *illa violentia.* u) Sich. *catenarumque.* 14 *custodia.* v) 15 *publice vel privatim.* 21 *privatum.* x) 1 *facionis* (a sec. manu corr. *faccionis*) et om. *aut.* 2, 6 *functionis.* 11, 12, 17 — 19, 22 *actionis.* 20 *factionis ac,* sed corr. *actionis.* Mox nonn. codd. *videnter.* y) 19 *fuerit comprobatus.* 23, Sich. *fuerit computatus.* 13 *vel si.* 22 *annumeratio pretium — confutatus vel si.* z) 22 *tergiversationis substraxerit agatur ne gestae severitas.* 14 *agat necessitate rei.* a) 6 *talibus continetur.* 22 *numero i. quae tabulis connetur p. n.* In cod. 17 post literas *tabulis con* est lacuna usque ad vv. *publice debentur* interpr. Nov. Val. de Episc. iud.; exciderunt enim nonnulla folia. 15, 21 add. *vero.* Supra 25 om. *numerum.* b) 21 *perdituras.* 22 *perdituros* et om. *ut.* 13 om. *ad.* c) 1 *ablatā.* 18 *adlatā.* 19 *oblata.* 25 *oblatum.* 22 *Item si venditorum.* d) 1, 2, 6, 11 — 13, 15, 18 — 23 *et*; edd. *sed*; nonn. codd. *punimus* et 22 *calida suffragatione.* Etiam 19 *suffragatione.* e) 1 *consteterit.* 18 *constitit.* 6 *contractus perpetua firmitate etiam quod cum constat in pretium accepisse.* 22 om. *et* post *firmitate.* 11, 13, 15, 18 — 20 *in pretio.* f) 13 *munificos.* g) 6 *et aliqua gerentes.* 14 *et nulla.* 19 om. *et ulla gerentes.* h) 2 *actenus empti fluctuabat.* 18, 19 *emptor fluctuabat.* 13 om. *hactenus* — *roboramus.* 22 *donationis quaque habita sit commutationis — actenus emtorum.* i) 6 *Ita enim fit — positos* et om. *fidelius.* Etiam alii codd. *positos.* 22 om. *in.* Cui. 1. Aur. Lugd. Rittersh. Go. *posito.* Rell. edd. *positus,* ut 1, 2 et plerique codd. k) 1, 2, 6, 11—13, 15, 19 — 22, 25, Cui. 1 — Cui. 2*. Go. Ri. Ri*. *delectet.* 18 *delectit.* 23 *dilectet.* Rittersh. *delectat.* Sich. Be. *delectetur.* Falso Be. in 22 esse dicit *delectetur.* Reposui ex codd. *delectet.* Vid. not. antec. l) 1 *uindet,* corr. ab Am. *videt,* sed aperto errore librarius scripsit *uindet* pro *vident.* 2, 6, Cui. 2, 2*. Ri. Ri*. *videant,* improb. Am. 14 *divident*; rell. codd., etiam 22 (nam falsum est, 22 *videat* habere, ut Be. scribit), Cui. 1. Aur. Lugd. Rittersh. Go. *vident.* Sich. Be. *videat.* Recte *vident.* Vid. not. *i*, *k* antec. m) 1 *emptionis.* 11, 12, 15, 19 — 21 *emptionem.* 22 *emtores.* n) 11, 12, 15, 19 — 21 *commutationem.* 14 om. *seu commutatione — donatione.* o) 6, 21, 22 *donationis.* 19 *donationes.* p) 11, 12, 15, 19, 21 *quolibet alio.* 22 *seu quodlibet aliud titulo venia — mensura.* 25 om. *alio.* 2 *venienti* pro *venientia.* q) 2 *nonnullorum quod est alio.* r) 6 om. *Non — turbari.* 23 *mansura non patimur. Praeterea.* s) 11, 12, 19, 20 *pro.* 22 *pro fatalium hostium ruina.* 23 *turbari notum est, post.* 1 *hoscium.* t) 2 *quam Italia laboravit.* 15 *qui Italia laboravit* et om. *in*; deest *in* etiam in cod. 21. 22 *quia in tali labor.* u) 2 *causedicos.* 12, 19, 20 *causidicos* et deest *et.* 13 *religionibus.* 22 *regionibus haec causidicus* (om. *et*) *iudicis.* v) 19, 22 om. *defuisse hodieque.* x) 2, 11, 12, 15, 18 — 20, 23, 25, Sich. *ignaros.* 14, 22 *ignarus.* 21 *ignoras.* y) 2, 6 *iuris aut legum.* z) 1, 13 *repperire.* 11, 12, 19 *rara aut minima rep.* 20 *rata aut minima rep.* 22 *rara aut minima reperire — dare.* Vid. Nov. Val. tit. II. a) 12, 19, 23 *venditurі.* 25 om. *venditori.* Nonn. codd. *vinditori.* 22 *vinditori aliqua laborantis* (om. *necessitate*) *obvenit.* b) 1 *quomodo — functionū modū,* sed corr. est a sec. manu *modo.* 11, 12, 20 *cum modo ad exactores f. functionem.* 19, 22 *commodo ad exactores capitalium modo.* 15, 21 om. *ab exactore — functionum modo.* 23, Sich. Cui. 1. Aur. Lugd. Rittersh. Go. *cum modo ad exactores f. f.* 2 om. *a et* 15, 21 *ab exactore — modo.* bb) 2 om. *a.* c) Plerique codd. Cui. 1. Aur. Lugd. Cui. 2, 2*. Ri. Ri*. *urgueretur.* 13 *surgeretur.* 22 *urguatur aut sine.* Sich. *argueretur.* d) 6 *quem premente.* e) 14, 22 *vacavit.* f) 21 *stipendiis.* 22 *suspendii sualore.* g) 15, 21 *custodiae et sportulae.* h) 18 *usurae in maiorem.* 19, 22 om. *maiorem.* i) 2 om. *cur* et 6 *cur — liberari.* Postea 22 *praestit.* k) 1 *destituta adque inculta.* 2 *distituta atque inculta.* Etiam 6, 11 — 13, 15, 18 — 23, 25 *destituta atque inculta,* sed 22 ante *liberare.* Edd. *destituta et inculta.* l) 1 *ieiu cespitis honerosam.* 2, 15 *cespites.* 19 *ieiuna cespitis.* 22 *eiuna cespites onerosa professione non poterat.* m) 6 *Iniustum est tam quis.* 21 *Iniustum est enim tam iustis.* 22 *est cum iustis.* n) nullam moveri quaestionem his [r], quae curiales taliter de facultatibus propriis vendiderunt [s]. A die sane latae [t] huius saluberrimae iussionis cum praedia sua distrahunt curiales, primores etiam curiae, qui vendendi necessitatem [u] ignorare non possunt, in collegae venditionem subscribant. Hoc ordine omnis caussatio [v] sopietur, nec emptor his [x] auctoribus quicquam de resolutione [y] formidat, nec venditor potest sub tali assertione fraudari. Quem si [z] deceptum oppressumve claruerit [a], ab ipsis etiam subscriptoribus [b] reddi iubemus indemnem, ut utilitati eius cum emptore improbo pariter addicantur [c]. §. 7. In diversis provinciis vacuas curias derelinquunt [d], qui certatim ad privilegia caussidicis illustris praetorianae sedis atque urbanae delata festinant: cum [e] meliores natalibus suis effici volunt, non curant; urbes proprias [ee] spoliatas ministeriis et officiis debitis [f] interire. Nos neque [g] meliora desideria volumus impedire, neque passim destitui civitates [h]. Quisquis ergo ad hoc officium venire contendit, non ante sibi sciat esse permissum, quam universa [i] munia, quae patriae suae debet, exsolvat. Cuius tamen indulgemus arbitrio [k], ut, si ad togam properat, suffectum curiae praestet [l], cuius studio perficiat universa, quae per ipsum [m] fuerant procuranda [n]. Nec absolutum statim credat appositione [o] subiecti, quia, si [p] inefficax ullo debito actu [q] fuerit, recursum ad ipsum praebemus auctorem, nihilominus ad eos concuriales [r], qui minus idoneum susceperunt. Professurus igitur gesta secum deferat [s] apud moderatorem confecta provinciae, ut et officio iudicis [t] notum sit, locum absentis quae [u] persona susceperit [v], quae possit publicis necessitatibus sufficiens dare responsum: hac [x] providentia nihil negligens [y] in totum potest urbibus evenire [z]. §. 8. Iubeo sane, ut [a], si in provinciali foro quattuor constat esse caussidicos, quorum patrocinium in controversiam parti [b] possit utrique [c] sufficere, cum voluerit is, qui ultra memoratum modum potuerit inveniri, veniat ad praedictas sedes ob negotia peroranda [d]. Alioquin licentiam non habebit, si illic [e] non fuerit numerus designatus. Providere [f] enim decet, ne provinciales, tenues [g] homines, defensionis inopia ad [h] auditoria sumptuosa venire cogantur. Is [i] ergo illustribus iudiciis ad actionem

---

11, 12, 19, 20, 22, 23 *confecta venditione* et mox 20 *adimis*, 22 *ademi*. o) 1 *solūque via decreti*. p) 1, 6, 11—13, 15, 19—23 *itaque*; rell. et edd. *igitur*. 22 om. *Statuo*. 23 *Statuto*, sed corr. q) 1 *Alicus*. Nonn. codd. et Sich. *Halaricus*. 22 *Italia Alargicus i. nulla m. questione*. r) Nonn. codd. Sich. — Cui. 2*. Ri. Ri*. *hiis*. Go. *iis*. 14 *hi*. 19 *quaest. siq; cur*. s) 15, 21 om. *taliter — curiales*. 6 *curialis* (hoc quoque 22) *aut alter — vendiderit*. 1 *uinderunt*. t) 14 *latae legis huius*. 12, 19 *diem sanae*. 20 *diem sane late*. u) 22 *curtales priores* (utrumque corr. in m.) — *necessitate*. v) 1 *possunt* (om. *in*) *college vindicione suscribant* etc. 6 *possunt in contrahenda emptione subscribant*. *Hoc modo enim omnis causatio*. 15 *venditiones — cautio*. 11, 12, 19—21 *venditione* etc. 22 *possunt in qua lege* (om. *venditionem*) — *omnis occasio*. 23 *possunt in quo lege vendione*. Sich. *possunt*, *hac lege venditioni subs*. — *accusatio*. 25 *possunt ut in collegae* etc. Ex cod. 1 scriptura coniici potest, antiquitus fuisse *possunt*, *collegae venditioni subs*. x) 2 *sopitetur nec emptoribus* et om. *his*. 6 *emtor et auctor*. 14 *hic*. Sich. — Cui. 2*. Ri. Ri*. *hiis*. Go. *iis*. y) 1, 6, 11—15, 18—23, Sich. Cui. 1. Aur. Lugd. Rittersh. Go. *resultatione*, improb. Ri., sed em. in m. Cui. 1. Aur. Lugd. *resolutione* et deest in cod. 22 *formidat*. Recte *resolutione*; barbara vox est *resultatione*. 23, Sich. *formidet*. z) 13 *quae si*. Supra 25 *poterit sub*. a) 1 *oppssum . uelaruerit*. 18 *claruit*. 19 *oppressumvel claruit*. b) 2 *subscreptionibus*. 6, 11, 12, 19, 20, 22, 23, Sich. *subscriptionibus*. Recte *subscriptoribus*. c) 2, 22 om. *ut* et est in 22 *utilitatibus cum emptore improbum* (11 *improbe*) *pariter abdicantur*. 15, 21 *indemnem tum — abdicantur*. d) 11, 18 *derelinquant* et 14 *qui certa*. Mox nonn. codd. *causedicis*. e) 6 *festinant et cum*. 15, 21 om. *cum*. 2 *melioris*. ee) Sich. *urbis propriis*. f) 22 *effici his debitis* et om. *volunt — officiis*. 15, 21 *spolitanas* et 20 *spolitas* pro *spoliatas*. Sich. Cui. 1. Aur. Lugd. Rittersh. *volunt*. *Non*. 2 *interiore*. 13 *interiori*. g) 14, 22 *nosque meliora*. 6 om. *volumus* post *desideria*. h) 14 *civitatibus*. 22 *civitatis*. Is infra *sciat sibi*. i) 23, Sich. *quam si universa*. 6 om. *munia — perficiat*. k) 19 *arbitris*. 22 *arbitrium*. l) 12 add. *et*. Mox 20 *studium* et 15 *perfici*. m) 1, 2, 6 *per ipsum*; rell. et edd. *per se ipsum*, sed 22 *per se ipsa*. n) 6 add. *solvantur*. Cui. 1. Cui. 2, 2* *procurenda*. o) 6 *abs. se credat*. 11, 12, 18—20, 22 *expositione*. 21 om. *subiecti*. Paullo ante *suffectum*, *curiae praestet*. p) 2 om. *si*. 22 *qua si ineficax*. q) 13, 22 *actus*. 14 *ulto actum*. 18 *decursum*. 6 mutatis vv. *subiecti sed ad ipsum statim recurret auctorem et nichilominus ad ipsos concuriales*. r) 2 *cuncuriales*. 11, 12, 18—20, 22 *adeo cumcuriales*. 13 *eos curiales*. 23, Sich. *ad eos cum curiales*. Supra 23, Sich. Aur. Lugd. Go. Rittersh. *auctorem*. *Nihilominus ad* e. c. s) 25 *secum exhibeat*. Ante 22 *professuris*. t) 1 *moderatorem* (om. *confecta*) *pusciae ut et off. iud*. 14 *officium*. 22 *officium iuris*. 25 *provinciae eo officio*. Rittersh. *ut ex officio iudicis*. 15, 21 om. *et* post *ut*. u) 6 *sit* (om. *locum*) *quae absentes*. v) 15, 21 *persona suffecerit*. x) 1 *respossum*. 6 *quae publicis necessitatibus sufficiens dare possit responsum hac*. 2, 11, 12, 19, 20, 23, Sich. *ac*. 22 *hoc* et 11, 12, 20 *providentiam*. Sich. *prudentia* pro *provident*. y) 1, 11, 12, 15, 18—21, 23, 25, Sich. add. *et*, sed 22 *est*. 14 *negligens iunctum*. z) 15, 21 *post urb. evenire*. Etiam in m. Cui. 1 — Cui. 2* notatur: „*alias*, *post*.“ 22 *in totis urbibus potest evenire*. 25 *poterit orbis venire*. Ri. ann.: „Videtur ita interpungendum legendumque esse, *dare responsum*. *Haec providentia* etc.“ Non assentior Ri.; nam *nihil negligens* est pro *nihil negligentiae*, *nihil mali* (potest urbibus evenire). a) 22 *ubi in*. 14 *Iubeo plane ut*. 15 om. *si*. Infra nonn. codd. *causedicos* et 19 *constant*. b) 1 *in controuersia parte*. 6, 15, 19, 21, 22 *controversia* et 11 *introversia*. Non magni differt, utrum scribatur *con troversia* an *controversiam*. c) 19 *utriusque*. 25 *unusquisque*. Infra 22 *volueritis — memorato — invenire*. Etiam 1, 13 *invenire*. d) 11 *perpetrānda*. 18 *sedes ut neg. peror*. 19 *Aliaequin*. Vid. pr. huius Nov., not. *s*. e) 11, 12, 18—20, 22 *si talis*. 25 *illi cum fuerit*. f) 1 *providiri*. 6, 11, 13, 15, 19—22 *provideri*. g) 23 *provinciales tenueis*. In cod. 6 haec sic scripta sunt: *ne tenuis provincialis defensionis inopia auditoria sumptuosa cogatur requirere*. *Iudices ergo intra provincias sibi creditas tot provideant esse causidicos qui*. h) 1, 13, 15, 21 om. *requirenda*, quam vocem edd. habent. 2 add. *requirere*. 11, 18—20, 22 add. *id requirere*. 14, 25 *inopia adquirere auditoria*. Rein. em. *adiutoria* (theure Advocaten). i) 13 *sumptus advenire cogantur*. *His*. 2, 14 *cogantur*. *Cur his* et infra *debet*. 19, 20, 22 *His ergo*.

caussarum debebit admitti, qui probat relatione iudicis[k] competentis, tantos intra provinciam sibi creditam[l] esse caussidicos, qui possint controversiae sustinere conflictum, Firmine, parens carissime atque amantissime[m]. §. 9. Illustris igitur[n] et praecelsa magnificentia[o] tua hanc saluberrimam sanctionem[p] programmate suo ad universorum faciet[q] notitiam pervenire. *Dat. pridie*[r] *Kal. Febr.*[s] *Romae*[t], *Adelphio*[u] *V. C.*[v] *Cos.* (451.)

Interpretatio. *Haec lex praecipit, ut, quia in administratione positis vel in quolibet officio militantibus leges anteriores id*[x] *specialiter praescribebant*[y], *ut nihil aut comparare aut commutare aut donatum suscipere tempore militiae vel administrationis eis ulla ratione liceret*[z]. *Sed nunc Valentiniani Imperatoris hac lege praeceptum est, ut omnes administrantes vel militantes*[a], *aut in quocunque officio publico*[b] *constituti sunt, et comparandi et commutandi et accipiendi donationis titulo habeant liberam potestatem. Solum est, ut nullus probet huiusmodi scripturas aut per metum aut per fraudem suppositae personae aut violenter extortas, id est, aut in carcere constituto, aut in quibuslibet vinculis posito*[c], *aut aliquod*[d] *se tormentorum genus*[e] *suppliciorumque perpesso*[f] *aut forsitan*[g] *pretium se, quod instrumentis inscriptum est, non docuerit percepisse. Tunc vero non solum instrumentum, si fuerit, vacuatur, sed talis emptor et possessionem reddat, et pretium venditori, quod instrumentis continetur insertum, cogatur implere. Si vero nihil horum venditor, ut dictum est, fortasse pertulerit*[h], *et contra venditionem hanc voluntarie factam sub tali obiectione venire tentaverit, cum proposita poena, quae non valuerit comprobare, merito durante possessione in iure illius, a quo fuerat comparata*[i], *pretium venditor, quod accepit*[k], *emptori, cui calumniam intulit, absque ulla dilatione restituat. Curiales etiam, quibus hucusque sine decreti interpositione res suas vendere aut alienare a corpore curiae non licebat, si certa fuerint necessitate constricti, ut debitum, quod pro utilitate publica contraxit, dum creditorum poenas metuit, supplere festinet, quicquid sub tali necessitate vendiderit*[l], *omni firmitate subsistat. Nec*[m] *interpositio decreti quaeratur, sed tantum concuriales sui, quos necessitas eius poterit non latere, in ea venditione subscribant, et nihil emptori de empta re calumniae penitus opponatur, sed rem comparatam*[n] *emptor perpetuo iure possideat. Ita tamen, ut si forsitan*[o] *se aliqua fraude, intercedentibus concurialibus suis, qui subscriptores iubentur*[p] *accedere, venditor se probaverit fuisse deceptum, tam emptoris, quam subscriptoris dispendio venditor reddatur indemnis. Curiales vero si ad advocationem venire voluerint, aut aliquam militiam sperare, provideant huius modi personas, quae munia ipsorum debeant expedire, provisuri, ut nihil per eos rei publicae possit imminui: nam ad se omne*[q] *dispendium noverint pertinere, et se ad locum, in quo alium substituerant, revocandos*[r]. *Reliquum vero huius legis*

Mox 22 *actione* et Aur. Lugd. *iudicis ad*, sed Rittersh. *iudicis et actionem*. Etiam 2 *iudicis*. k) 1 *relationis iudicis*. 11, 12, 20, 23 *relationem*. 19 *relationem iudices competentes* (etiam 15, 21, 23 *competentes*). 22 *probarelatione iudicis*. 25 *prolatam relationem iudicis*. Sich. *competente*. l) 13 *credita*. 22 *provincia sibi credita esse pro causidicos — conflictus*. m) 2 *p̄k̄ ā*. 22 *firminae p̄f aūg aūg*. Sich. *Praefecte charissime AA*. Cui. 1. Aur. Lugd. Go. *Praefecte karissime AA*. Rittersh. *Praefectae Carissime AA*. n) 1 om. *igitur* et 14 *Illustris*. Edd. *itaque*. o) Plerique codd. *m̄t* s. *m̄gt̄* s. *m̄tā*. 14 *m̄tam*. 1, 15, 21 *magnitudo tua*. p) 22 *haec saluberrimae sanctionis*. 6 *legem*. 18 *programmateco suo*. 19 *programmati*. q) 1, 22 *faciat*. 21 *devenire*. 6 *universorum notitiam faciat pervenire*. 13 *notitia*. r) Nonn. codd. *II* et *Id*. 24 *III*. s) 28, 34, 37, in m. Sich. Cui. 1. Aur. Lugd. Cui. 2, 2* *Septemb*. t) 18, 22 om. *Rom.* et 36 *Rom. — Coss*. u) Plerique codd. *Adelfio*, etiam 1, 2, 6, 22. v) Nonn. codd. *vic̄* aut *viro claro* aut (pro *V. C. Cos.*) *vir clariss c̄c s̄*. 1 et multi alii om. *V. C.* aut *Cos.* aut *V. C. Cos.* Go. Rittersh. *Coss*. x) Nonn. codd. hic et illic *Lex ista praecepit ut quicquid* s. *praec. qui in a. p. vel* (om. *in*, ut apud Sich.) — *anteriores* et deest *id*. y) 11, 12, 20, alii *proscribant*; 8—10 *praescribant*; 15, 19, 21, alii *perscribant*; 22 *perscribantur* et om. *ut*. Falso Ri. in 22 esse dicit *praescribebant*, potius hoc habent 23, Sich. Cui. 1. Aur. Lugd, Rittersh. Go., recte. Cui. 2, 2*. Ri. Ri*. *perscribebant*. z) Nonn. codd. hic et illic *administrationis eius* (s. *suae*) *nulla r. licere* s. *licuerit*. Sich. *donatum suscipie*. a) 22 om. *vel militantes*. b) Ita fere omnes codd.; pauci et edd. *officio constituti sunt publico*. 15 om. *publico*. c) In sqq. hic vel ille cod. *probet in huiusmodi scripturas ut pro metum — extortas idcirco aut — constitutum aut in quolibet v. positum*. Etiam Cui. 1. Aur. Lugd. Rittersh. Go. *constitutum — positum*. d) 8—10, 19, 20, 22, alii *aliquo*. e) 8—15, 19—23, 38, alii *genere*. f) Nonn. codd. Cui. 1. Aur. Lugd. Rittersh. Go. *perpessum*. 22 *suppliciorumquae*. g) In sqq. hoc et illo loco nonn. codd. *pretium sicut strumentis scriptum est — solum instrumentorum* (s. *strumentum* et sic infra) *si fuerint vacuatum sed et talis* (etiam Sich. *sed et talis*) — *possessionis — quod in strumento* s. *instrumentum — sin vero*. h) 8, 10, 28, 34, 37, Sich. Cui. 1. Aur. Lugd. Rittersh. Go. *protulerit*. In ipsa lege (§. 2) est *nihil horum sustineat*. Itaque retinui *pertulerit*. i) Nonn. codd. hic et illic *contra venditionem* (23 *et q̃ vendit.*) *ac voluntariae* s. *voluntatem — tali occasione — propositam poenam quam* (s. *qua*) *non valuit* (s. *valeret* aut *quam invaluerit*) — *a quo fuerit comparatam*. k) Sich. Cui. 1. Aur. Lugd. Go. Rittersh. om. *quod accepit*. l) Nonn. codd. hic et illic *si decreti — alienare corporis* (s. *alienare aut corpore*) — *non liceat — constricti* (om. *ut*. Etiam Sich. om. *ut*) — *metuunt* s. *metuit supplicare festinent — vendiderint*. m) 19, 22 om. *Nec*. 11, 12, 20, 23, alii codd. *Et*. Mox multi codd. *cumcuriales* et 22 *cumcurialibus quos necessitas poterit*. Sich. *curiales sui*. n) Nonn. codd. hic et illic *latere in* (om. *ea*) *vindicione — comparata* (22 *sed qui comparat*). Sich. *rem corporatam*. o) 22 *Ita tamen paternum ius si forsitan*; alii *Ita tamen et si forsitan se aliqua* aut *Ita tamen ut si* et om. *forsitan se*. Mox nonn. codd. *cumcurialibus*, sed 23, Sich. *curialibus* et nonn. codd. *scriptores*. 22 *intercedente*. p) 8, 9, 11, 12, 19, 20, 22, 23, Sich. *videntur*. q) Hic et illic nonn. codd. *venditor si prob.* (s. *venditor probaverit se*) — *emptores quam subscriptores* (s. *scriptores*) — *si* (om. *ad*) — *voluerit — querimunia eorum debeant — posset — omnes dispendium*. Nonn. codd. infra om. *quo*. r) Ita 11, 12, 19, 22, alii. 20 *substituerunt*. 23, edd. *substituerat, revocandum*, praeter Sich., qui *instituerat, revocandum*, sed *ideo interpretatum* [s] *non est, quia hoc in usu provinciae istae non habent.*

TIT. XXXII. DE PARENTIBUS, QUI FILIOS SUOS PER NECESSITATEM DISTRAXERUNT [a], ET NE [b] INGENUI BARBARIS VENUMDENTUR, NEQUE AD [c] TRANSMARINA [d] DUCANTUR.

1. *Imp. Valentinianus A.* [e] *Aëtio* [f] *Patricio.* Cum diebus omnibus [g] et momentis studium [h] celsitudinis tuae et [i] sollicitudinem pervigilem circa [k] utilitatem publicam comprobemus, etiam [l] praesenti insinuatione monstrasti, qua [m] nullum pateris benigna et salubri [n] providentia addictae [o] per necessitatem ingenuitati praeiudicium provenire [p]. Ostendis [q], non omnia sinistrae [r] licere fortunae, ut status, quem illa voluit inopia [s] cogente mutari [t], ad splendorem suum humanitatis nostrae beneficio reducatur [u]. Notum est, proxime obscoenissimam [v] famem per totam Italiam desaevisse, coactosque [x] homines filios [y] et parentes vendere, ut discrimen instantis mortis effugerent. Tantum unicuique miseranda macies [z] et letalis pereuntium pallor extorsit, ut totius, quem natura concessit [a], amoris obliti, alienare suos, genus [b] pietatis putarent. Nihil est enim, ad quod non desperatio [c] salutis impellat: nil turpe [d], nil vetitum credit esuriens [e]: sola cura est, ut qualicunque sorte vivatur [f]. Sed iniquum iudico [g], ideo libertatem perire, quia vita non perit, et agi horrore [h] vilissimae servitutis, ut exitium pudeat [i] evasisse. Cui non ingenuo mori [k] satius

---

Tit. XXXII. 1, Zir. in ind. titt. Am. *Tit. XXXI.* 2, 3, 8—15, 18—34, 37—41, Aeg. Sich. Cui. 1. Aur. P. in ind. titt. Cui. 2, 2*. Lugd. P [a]. in ind. titt. Rittersh. Go. P [b]. in ind. titt. Ri. Ri*. *Tit. XI.* 4 *Tit. IX.* 6 *Tit. XXXII.* 35 *Tit. VIII.* 36, L. R. U. *Tit. X.* Be. *Tit. XXXIII.* Vid. Nov. Theod. tit. XXII, Nov. 2, §. 14, not. *v*; Nov. Val. tit. I, not. sup.; tit. XVII, not. sup. et §. 3, not. *p*; tit. XXII, not. sup. et pr. not. *t*; tit. XXXI, not. sup. et §. 1, not. *a*. Vid. const. Sirm. V. C. Th. III, 3; V, 8; XI, 27. — N. 1. Codd. edd. *N.* 1 s. *un.* Be. add. (*LXXVI.*), i. e. omnium Novellarum in Be. ed. Integra cum interpr. est in codd. 2, 11—15, 18—23; omnia praeter interpr. des. in codd. 3, 39—41; inscr. et textus in codd. 30, 31; inscr., pars textus et subscr. in cod. 24; textus et subscr. in codd. 26, 35; subscr. et interpr. in cod. 25; solus textus om. in codd. 8—10, 27—29, 32—34, 36—38. Vid. tit. XXX, XXXI, not. sup. Baron. ad ann. 450, n. 61. Pars Novellae est in cod. Berol. 270. Vid. infr. not. *d*.

---

in m. habet *substituerat*, et Cui. 2, 2*, ubi est *substituerāt*, *revŏcandum.* s) Nonn. codd. *interpretandum*, quod melius, quam vulg. scriptura *interpretatum*, sed vid. supra interpr. tit. XXVI. de Triginta etc., not. *. Nonn. codd. *in usum pr. ista* (etiam Sich. *ista*) *non habebit.*

a) 1 *De P. qui filiis* (Zir. *filios.* Am. *filius*) *distraxerunt et ne — neque* (Zir. Am. *nec*) *ad tr. d.*, om. igitur *suos* et *per necessitatem*, quare haec vv. *per necessitatem* Be. uncis inclusit. 2 *De P. q. filios s. per necessitatem distraxern̄t* etc., unde P. P [a]. P [b]. *De P. q. f. s. per necessitatem distraxerunt* etc., cum qua scriptura conveniunt 4, 8—13, 15, 18—22, 24, 30—38, L. apud Be. et in ind. titt. Sich. Cùi. 2, 2*; ita tamen, ut 15, 21, 30, 31 om. *suos*, in 36 sit *filiis*, in 22 *distrahunt* et in 13 add. *ingenuis* post *parentibus.* 6 *De P. q. f. vendiderunt* et desunt reliqua omnia. Rell. codd. et edd. *De p. q. f. s. distraxerint per necessitatem*, nisi quod om. in codd. 25, 28 *suos* et in nonn. scriptum est *distraxerunt*, in aliis *filiis suis* et in codd. 28—30 deest *per necessitatem*, ut in cod. 1. Reposui *per nec. distraxerunt.* b) 2, P. P [a]. P [b]. et Cui. 2, 2* in ind. titt. *Et ne* (nonn. codd. om. *ne*) *ingenui a barbaris venundentur.* 14 *et non barbari alieni vindicentur.* 15 *et de ing. b. vendantur.* 19 *venunduntur.* 32 *venundant.* 36 *ingenuis.* c) 2, 9, 35 *a.* d) 15, 19 *transmarinas.* 21 add. *loca.* 25 om. *Neque ad tr. d.* Post *v. ducantur* apud Sich. in ind. titt. haec add.: *Et qui eos comparant, quale debeant recipere pretium.* e) 1 *Impp̄ theud̄ et Valentinianus AA.*, male. Ri. Ri*. *Impp.* f) Plerique codd. *Etio*, nonn. *Aethio*, *etilio*, alii add. *et*; habent etiam nonn. *patritio cons.*; a paucis abest *Patricio.* g) 12, 18, 20 om. *omnibus.* 24 *Cum de bonis omnibus vel.* h) In cod. 1 deest *studium.* 14, 25 *studio.* i) 2 om. *et.* 22 *ut.* 2, alii *solicitudinem.* 14 *sollicitudine.* k) 1 *pvigil circa.* l) 22 *et in.* 24 *conprobamus etiam.* m) 1 *monstras. qua.* 25 *quia.* 24 *insinuatinostrae qua.* Mox nonn. codd. *patiris.* n) 2 *salubra.* 22 *benigne salubri.* o) 11, 12, 19, 20, 22, 23, Sich. *aditae.* 18 *adita.* 24 *addite.* Praeterea 22 *prae necessitate* et 25 *providentiam — necessitate ingenuitate officio.* p) 2, 15, 21 *providere.* 6 *ingenuitatis praeiudicium sustinere.* q) 1, 2, 11, 15, 20, 21, 23, 25 *ostendis.* 18 *ostendes*; rell. codd. *provenire ostendens.* Sich.—Ri*. *provenire. Ostendis*; recte, etsi neque altera scriptura falsa est, quae prob. Ri. et repos. est a Be. (*provenire, ostendens*). r) 2, 22 *si nostrae*, corr. a P. in cod. 2 *sinistrae.* 6 *ost. non sic omnia debere licere.* Mox 2 *statutus.* s) Edd. ante Be. *voluit, inopia*, del. comma a Rein. in Cui. 2. t) 1, 2, 6, 11, 12, 19, 22, 23 *mutari*; rell. *mutare*; reposui *mutari.* u) 22, 25 *reducantur.* Seqq. usque ad v. *vivatur* habet Baron. l. c. v) 22 *obstinatissimam.* 19 om. *famem.* x) 19 *desevis.* 22 *disivisse coactusque hominis.* y) 2, 6 *filios vel parentes.* 22 *filius et p.* 24 *f. et p. videre.* Infra nonn. codd. *effugerint.* z) 11 *miserandam maciem.* 19 *Tantam unic. miserandam maciem.* 20, 22 *miserandam aciem et loetalis*, om. *pereuntium.* Mox 14 *et totius.* a) 11 *amores.* 22 *amorem.* In cod. 24 seqq. desunt. b) 1 *alienare suus genus pietates*, sed apud Am. *pietatis.* Etiam 2, 6, 20, 22, 25 *genus pietatis.* 13 *genus ultionis.* 15, 21 *genitos pietatis*; rell. *pietatis genus.* 21 *putaret.* c) 2 *ad quo vos disperatio.* 11, 12, 19 *id quod.* 22 *id quod* (om. *non*) *disperatio salutis.* 15, 21 *speratio.* d) 6 *nichil vetitum, nichil turpe.* Cum vv. *impellat nihil turpe nihil vetitum* inc. cod. Berol. Nonn. alii codd. *Nichil* s. *Nihil.* e) 2, 25, Cui. 2, 2*. Ri. Ri*. *esuries*; praeterea 2 *credet* et 25 *credat.* f) 15, 21 *vivat.* Sich. (neque vero 22, ut Be. nuntiat) *iuvetur.* Cod. Berol. *quali cunquae.* g) 2 *iudicium ideo libertate.* 13 *iuditii* et om. *ideo.* 14 *Sit in. i.* 22 *iudicium deliberat temtemperare quia visa.* 25 *iudicium i. libertate nòn perire.* 23, cod. Berol. L. ap. Be. Sich.—Go. Ri*. *iudico*; rell. codd. Ri. Be. *iudicio.* Aut repon. est *iudicium* aut *iudico.* Hoc reposui; infra *patior, censeo,* sc. Valentinianus imp. h) 1 *perit. exagi horrore.* 6 *perit ita ut horrore.* 14 *periet.* 15 *orrorem.* 21, 22 *horrorem.* Sich. *agri horrore.* 25 *periit.* Mox 19 *servitutes.* i) 14 *iubeat.* 22 *exitum pudeat.* Cod. Berol. *exitium prodeat evadere.* Sich. *puderet.* k) 6 *Ingenuo enim* est, quam iugum servile perferre? Illa sunt dulcia [l], quae praestita non deformant, quae accepisse delectet, quibus [m] uti non turpe sit. Dici beneficium non potest, si pereat [n], quod servis pro summa remuneratione praestatur. Igitur [o] libero statui, cui [p] specialiter sapientissimi conditores iuris [q] legesque voluerunt esse consultum, nullum praeiudicium patior irrogari; renovans statuta maiorum, venditionem [r] censeo summoveri, quam praedicta fames de ingenuis fieri persuasit [s]: ita sane, ut emptor pretium sub quintae [t] adiectione recipiat, hoc est, ut quinto solido unus addatur, decimo [u] duo, similiter [v] crescente numero, quamcunque summam venditio [x] facta designat. Ita fit [y], ut neque illum rebus afflictis ac [z] desperatis emisse poeniteat, qui amplius recipiat [a], quam ad pretium dederat, nec pereat sub tanta clade distracta libertas. §. 1. Si quis sane barbaris venditionem prohibitam fecerit, vel [b] emptum ingenuum ad [c] transmarina transtulerit [d], sciat, se sex auri uncias fisci viribus illaturum. §. 2. Quam saluberrimam legem, Aëti, parens carissime atque amantissime [e], illustris et praecelsa magnificentia [f] tua notitiae [g] omnium [h] propositis vulgabit [hh] edictis. *Dat. pridie Kal. Febr.* [i] *Romae, Adelphio* [k] *V. C. Cos.* (451.)

Interpretatio. *Hoc praecepit* [l] *haec lex: Quicunque ingenui filios suos in qualibet* [m] *necessitate seu famis tempore* [n] *vendiderint, ipsa necessitate compulsi, emptor si quinque solidis* [o] *emit, sex recipiat, si decem, duodecim solidos similiter recipiat* [p], *aut si amplius, secundum suprascriptam* [q] *rationem augmentum pretii consequatur. Nam si huius modi personas aliquis aut ad extraneas gentes aut transmarina loca transferre aut venundare praesumpserit* [r], *ipse, qui hoc contra statuta praesumpserit* [s], *sex auri uncias fisco* [t] *se noverit illaturum.*

TIT. XXXIII. DE PRAEDIIS PISTORIIS AFRIS DEPUTANDIS [a].

1. *Imp. Valentinianus A. Firmino Pf. P.* [aa] *et Patricio.* Ad auctores [b] suos beneficia delata respiciunt [c], nec minus plenam gratiam [d] meretur, qui praestanda suggessit, quam qui suggesta concedat [e]; unum providi iudicis est, alterum munificentiae principalis, et

---

Tit. XXXIII. deest in cod. 1 et in edd. Zir. Am. Vid. Zir. p. XXVII, not. *i*, Am. p. 104, not. *X*. in fin. 2, 3, P. P [a]. et P [b]. in ind. titt. *Tit. XL.* 6 *Tit. XV.* P. P [a]. et P [b]. in ipsa ed. *Tit. XXXVIII.*, err. pro *XXXVII.* Nov. Th. et Val. Cui. 2, 2*. Ri. Ri*. *Tit. XL.* Nov. Th. Lugd. Go. *Tit. XXXVII.* Nov. Th. Rittersh. sine num., sed sec. titt. ordin. *Tit. XXII.* Be. *Tit. XXXIV.* Commemoratur in ind. titt. in Cui. 1. Aur. Novellis Valent. adiecto; reponitur a Go. in Prol. cap. VIII. inter Novellas Valent. Vid. Nov. Th. tit. IV, not. sup. et Nov. Valent. titt. II, III, XIII, XIV. et XXXV, not. sup. C. Th. XIV, 3.— N. 1. Codd. edd. *N.* 1, id est *un.* Be. add. (*LXXVII.*), id e. omnium Novellarum in Be. ed. De cod. 3 vid. not. *c*.

---

mori. 25, cod. Berol. *Cuinam ingenuo mori.* Infra 2 *iugo.* l) 14 *illas indulcia.* m) 2 *delectat et quibus.* n) 1 *quibus utin potest dici beneficium. n̄ potest si pcat.* 6 *si liberis pereat.* 14 *ut non turpe* etc. Cod. Berol. *Quibus ut non turpe scit.* 22 *beneficio.* o) 25 *Ideo.* 14 *pro sui timore muneratione pr. I.* p) 14, cod. Berol. *statu.* 19 om. *cui.* 21 *liberum statui cui.* q) 6 *iuris conditores.* 2 *conditorse i. legisque.* Etiam 11, 19, 20, 22 *legisque*; cod. Berol. *leges quae* et 20, 25 *voluerint.* r) 21 *revocans statuta.* 22 *renovans statutam maiore vendicione.* Sich. Cui. 1. Aur. Lugd. Rittersh. Go. *maiorum. Venditionem.* s) Nonn. codd. *famis.* 22 *fieri personas se ita sane.* 2 *fuerit peruasit.* Edd. ante Be. *persuasit. Ita.* 25 om. *ita.* t) 2, 6, 13, 15, cod. Berol. *quinta.* 22 *quinta ea die clione.* Mox 25 *sub quinque.* Sich. *percipiat.* u) 1, 2, 15, 21, 23, 25, Sich.—Ri*. *decem.* 6 *addatur de X crescant n̄ ut neque illum q̄ amplius recepit quam dederat rebus afflictis ac desperatis subvenisse peniteat.* Qui *decem* restituit, mente suppleat *solidis*, necesse est. v) 22 add. *et.* x) 11, 12, 15, 21, 25 *summa*, sed 15, 21 *quantuncunque.* 22 *quacumquè summa vindicio.* Cod. Berol. *quam cun quae summa v.* In m. Cui. 1. Aur. Lugd. Rittersh. *quantuncunque summae* et in m. Cui. 2, 2* *quantumcunque summa.* y) 2 *designata fit.* 22 om. *neque.* z) 2, 22 *disperatissimis se poen.* 15, 21 *affl.* et *desperati.* a) 1 *peneat qui amplius recepit*, sed apud Am. Be. *recipit.* Etiam 2, 19, 22, 25 *recepit.* 11 *quis a. recipit*, impr. Ri. Etiam cod. Berol. 13, 15, 20, 21 *recipit* et praeterea 13, 25, Cui. 2, 2*. Ri. Ri*. *quia.* 22 om. *qui.* Mox nonn. codd. *ne* et 14, 25 *substantia clade.* b) 15 om. *barbaris — vel.* 1 *barbaris vindicione prohibitā fecit.* 22 *b. vindicionem prohibita fecerint.* 18 *emptam et ingenuam.* c) 2 *a.* 25 om. *ad.* d) 1 *contulerit.* 22 *transmarinam tr.* 25 *transierit sciat* et om. *se.* 22 *uncias auri.* e) 2 *p̄ k̄ ā.* 14 *aeti patrici p̄ k̄ ā ā.* Nonn. codd. om. *atque am.* 22 *saluberrima* (om. *legem*) *aethio patricio k̄ ā ā.* Sich. *Aeti Praefecte charissime.* 11 sec. Ri. *pater* pro *parens.* f) 1, 2, 15, 21 *magnitudo*; rell. maximam partem *m̄ta* sive *mag̃t*, sed 14 *tam* pro *tua.* Edd. *magnificentia.* g) 2, 6, 18, 22 *notitiam.* 11, 12, 19, 20, 23, cod. Berol. *notitia.* h) 6 *communem.* 11, 12, 18—20, 22, 23, cod. Berol. *communium.* hh) Nonn. codd. *vulgavit.* i) 14 *Decembr.* 13 om. *Febr.* 8 *ian.* Nonn. codd. *II.* aut *V. Febr.* k) 11, 12, 18—20 *Aetio.* 22 *aethio victissimo Cos.* Multi codd., etiam 1, *Adelfio.* Praeterea nonn. codd. om. *V. C.* aut *Cos.* Alii habent *vic̄.* s. *viro claro.* Rittersh. *Coss.* l) Aur. Lugd. Rittersh. Go. *praecipit*, ut nonn. codd., quorum alii om. *haec.* 14 *Haec lex hoc pr.* 22 add. *ut* post *lex.* m) 22 om. *suos*; in aliis codd. deest *in* aut habent *in quacunque.* n) Sich. *timore*, sed in m. *tempore.* Nonn. codd. *uendiderit* et 22 *necessitudine compulsus.* o) Multi codd. *solidos*; nonn. *emat.* p) 15, 21, Sich. Cui. 1. Aur. Lugd. Rittersh. Go. om. *si decem — recipiat.* q) Nonn. codd. *suprascripta — aliqua* s. *aliqui* aut *aliquid.* 13, 14 om. *si* et *personas.* r) Nonn. codd. *aut vendere praesumpserint.* s) Sich. Cui. 1. Aur. Lugd. Rittersh. Go. *ipse qui contra statuta venit.* t) Sich. *fisco nostro se.*

a) 6 *De praediis* (om. *pistoriis*) *Afris Restituendis.* aa) P [a]. Rittersh. P [b]. *Pf. Pon.* Rittersh. *Impp.* et om. *Firmino.* b) 2, 6, P.—P [a]. Go.—Ri*. *auditores*, sed corr. est a sec. manu in cod. 6 *actores.* 3 *auditoris.* P. in m. cod. 2, P. ms. P. in not. in m. Cui. 2, 2*. Lugd. et P [b]. *auctores*, quod probatum est Ri., editum autem ab Rittersh. et Be. Praeterea P. in not. P [b]. in m. Rittersh. in m. cj. *adiutores.* c) Hactenus cod. 3. d) 2 *plena gratia*, sed corr. a P. e) 6 *concedit*, bene. 2 *sugesta* insinuatio benevolentiae titulo[f] praestando gloriam cumulat insinuationis effectu. §. 1. Censeo igitur, ut iuxta suggestionem[g] culminis tui honoratis Afris[h] et possessoribus hostili vastatione nudatis isto remedio consulatur, ut, quod fortunae impressio sustulit, id, quantum potest, largitas augusta compenset[i]. Dulce est, remedia fessis optata largiri, et licet habeat inexhaustum dolorem atque aeterna[k] suspiria propriarum[l] amissio facultatum, tamen, quae in tam tristi fuerint sorte[m] collata, amissa solantur[n]. §. 2. Igitur intra Numidiam provinciam ex desertis locis, de quibus, sicut[o] celsitudinis tuae suggestio[p] loquitur, nihil emolumenti accedit[q], honoratis et possessoribus, quos praediximus, XIII millia fere[r] centuriarum sub quinque annorum vacatione[s] concedimus: duo millia praeterea solidorum*), qui ex titulo vicenarum[t] siliquarum, quae per singulas centurias[u] exiguntur, et superesse et fisco perire[v] dicuntur, exacta per officium magnitudinis tuae ad arcam praetoriam deferri praecipio, ut hostili vastitate nudatis atque depulsis[x] ad eandem summam, quemadmodum iuxta[y] merita personarum per ordinem annis singulis dividi debeat[z], pro tua moderatione decernas. §. 3. Et in Sitifensi et in Caesariensi provincia (Mauritania et Numidia) praedia iuris emphyteutici et domus[a] divinae, quae ab accolis[b] post Vandalicam vastationem fuerant[c] competita, et a diversis hodie possidentur, auferri ab iisdem[d] censeo, et sub eo pensitationis[e] modo, quo nunc tenentur, subsignatione cessante[f] honoratis proconsularis[g] provinciae ac Byzacenae[h] potius collocari, quos a barbaris sublatis patrimoniis etiam de sedibus propriis constat expulsos. §. 4. De pistoriis autem praediis statuo[i], quoniam his, quos barbaries afflixerat, et ob alimoniam[k] ante fuerant lege concessa, ut[l] ad eos tantum debeant pervenire, quos ab hostibus certum est facultates captivitatis infortunio perdidisse[m], iisdem[n] pulsis, quos

---

f) 6 *benevolentia titulum* et mox *effectu* pro *affectum*, quod rell. habent. Optime legitur *effectu*. Ri. em. *praestandi*, quod minus placet. Interpungitur autem apud Ri. Ri*. ita: *insinuatio, benevolentiae titulo praestando gloriam, cumulat.* P. — P[b]. *gloriam, cumulat.* 2 *comulat*, em. a P. g) 2 *iusta suggessionem*, em. a P. h) 2 *Affris.* i) 2 *quod fortunae in precio sustulit ad quantum — augusta competens et dulce*, sed corr. a P. *quod fortunae impressio sustulit id quantum — compenset. Dulce.* 6 *quod fortunae pretio sustulit ad quantum potest largitas angustet. Competens et dulce.* P. in not. et P[b]. in m. notat, in vet. cod. (nimirum ex quo 2 descriptus est) esse *in pretio s. ad q.* et *competens et.* P. P[a]. Rittersh. Go. P[b]. *quod fortunae impressio sustulit ad quantum potest largitas Augusta compenset. Dulce.* Rell. edd. *quod fortunae impressio sustulit, id, quantum potest, largitas Augusta compenset. Dulce.* Vulg. scriptura solis Pithoei et Cuiacii cj. nititur. Sec. codd. legendum esset *fortunae in pretio s. ad quantum p. largitas angustet. Competens et dulce.* Uterque quidem codex habet *pretio*, sed solus 2 *in*, quare suspecta est scriptura *in pretio*, qua praestat *impressio. Ad quantum* et cod. 2 et 6 habet, aperto errore pro *id*; neque enim *ad quantum potest* dicitur, sed *in q. p.*; v. *angustet* solus 6 habet, et *competens et*, quod in utroque cod. est, mendose scriptum est pro *compenset.* Accedit quod *angustet* bonam sententiam non offerat et recepta scriptura *competens et dulce* diminuatur gravitas v. *dulce*, quod primum sequentis loci est. Requievi igitur in vulg. scriptura. Ceterum supra 2 *consolatur*, em. P. *consulatur.* k) 6 *et aeterna.* l) 2 *propria*, em. P. *propriarū.* m) 2, Cui. 2, 2*. Lugd. Go. *forte*, sed P. in cod. 2 em. *sorte.* n) 2 *solvantur*; P. em. *solantur.* Mox Rittersh. *disertis.* o) Ro. ms. Ro. l. c. p. 190 em. *fiscus ut* pro *sicut.* Vid. not. *q* seq. p) 2 *suggessio*, em. a P. q) 2 *emolumentis agnoscet*, sed P. em. *emolumentis fiscus agnoscit.* Edd. *emolumenti agnoscet*, et em. P. in not. P[b]. in m. P. ms. *emol. fiscus agnoscit*, impr. Ro. l. c.; vid. not. *o.* Be. vult *agnoscit.* 6 *emolumenti accedit*, quod probum est. r) 2 *milia ferte.* Rittersh. P[b]. *millia ferte*; P. P[a]. *millia* * *ferte*; rell. edd. *millia ferre.* Cui. (vid. P. in not. et P[b]. in m.) P. in cod. 2, P. ms. Cui. 2, 2* in m. em. *terrae* pro *ferre* s. *ferte*, prob. Ri., sed in m. Lugd. *terra.* Ro. ms. Ro. l. c. p. 190, Be. (cui tamen abundare videtur haec vox) malunt *fere*, quod 6 habet, equidem vero restitui. s) 2 *vagatione*, corr. a P. *) P[a]. P[b]. *solidum.* t) 2, P. — Ri*. *vicinarum.* Cuiacius (vid. P. in not. et P[b]. in m.), P. in cod. 2, P. ms. em. *vicenarum.* Idem est in m. Cui. 2, 2*. Lugd., prob. Ri. Etiam 6 habet *vicenarum.* Recte Be. rest. *vicenarum.* u) 2 *centorias*, corr. a P. v) 2, edd. *et superesse fisco perire dicuntur*, sed P. P[a]. *superesse fisco * perire dicuntur.* P. in m. cod. 2 *per se* et ponit *te* supra *se.* Cui. (vid. P. in not. et P[b]. in m.) P. ms. Cui. 2, 2* in m. et Lugd. in m. em. *superesse fisco per se dicuntur*, impr. Ro. l. c., qui *superesse fisco pro parte dicuntur* prop. 6 om. *superesse*, qua voce deleta librarius locum emendare studuit, sed debebat etiam delere *et.* Cum vero deletis his vv., unde librarius cod. 2 prompserit v. *superesse*, ignoretur, consultius est servare hoc v. et addere *et*, quod propter compendium v. *esse* facile a librario post *esse* poterat omitti. *Superesse* autem h. l. significationem habet v. *residere.* x) Vv. *praetoriam — depulsis*, quae desunt in cod. 2 et in edd., restitui ex cod. 6. y) 2, 6 *iusta*; P. in cod. 2 corr. *iuxta.* z) Recte 2, 6 *debeat*, scil. summa. P. in cod. 2 corr. *debeant*, quod transiit in edd. a) 2 *emfyteutici et domos*, corr. a P. *domus.* P. P[a]. P[b]. *emfitheutici.* Cui. 2, 2* *emphtheutici.* Lugd. Go. *emphitheutici.* Rittersh. *Emphiteutici.* b) 2 *quia a vaculis*, sed P. em. *quae a vagulis.* Edd. ante Be. *quae a Vaculis.* Ri. quoque cj. *vagulis*, scil. Afris, qui per Wandalos bonis exuti et ad ultimas miserias redacti essent. Be. rep. *a vagulis*, etsi Ri. se nescire fatetur, quomodo emendandus aut intelligendus sit locus. Iam vero omnem dubitationem tollit 6, in quo *ab accolis* scriptum est. c) 6 *fuerint.* d) 2 *aufferri ab hisdem.* Edd. ante Be., praeter Go., *hisdem.* e) 2, edd. *insitationis.* P. in cod. 2, Dirksen in Manual. malunt *insitionis.* Be. v. *insitationis* nusquam reperiri affirmat et cj. *insinuationis.* Praeterea P. in m. cod. 2 notat: „*insitatio emphyteusis*“ et P. in notis et P[b]. in m.: „insitationis. *idest*, *Emphyteuseos*, *sive insitionis.*“ Locus sanatur ope codicis 6, qui *pensitationis.* f) 6 *subsignante cessatione.* Rittersh. *sub signatione.* g) 2, edd. *proconsulis.* P. in cod. 2, P. in not. Cui. 2, 2* et Lugd. in m. P. ms. P[b]. in m. em. *proconsularis*, prob. Ri. Coniecturam illam confirmat cod. 6. Itaque repos. *proconsularis.* h) 2, edd. *Abidiacenae.* P. ms. Ri. em. *Byzacenae*; hoc latet in cod. 6 scriptura, qui *bizanzine.* Ri. em. *ac Byzacenae*, recte; vocis *ac* vestigium superest in vulg. scr. Praeterea Be. scribit a P. in m. em. *Arzacenae*, quod ubi factum sit a P., nescio. Recepi Ri. cj. i) 6 *censeo* et om. *quoniam — concessa.* k) 2 *alimonia*, corr. a P. l) In cod. 2 et in edd. deest *ut*; solus 6 habet *ut.* m) 6 *captivitatis infortunio facultates perdidisse.* n) 2 *idem.* P. in cod. 2 em. *iisdem* vel ad[o] hoc beneficium indecenter[p] constat admissos: nec liceat quemquam amplioribus, quam eius loci ratio postulat, remediis adiuvari. Aequum enim[q] est, ùt, quod perculsis graviori sorte contulimus, iusta singulis distributione[r] proficiat; penes[s] quos salvo urbis Romae privilegio haec humanitas permanebit, donec meliore auspicio ubertas rerum Africae contingat. §. 5. Praedia obeuntium, eiusdem scilicet[t] iuris, ad filios eorum, quibus data sunt, successionis iure perveniant, salvo tamen, ut dictum est, privilegio urbis aeternae; qui, si defuncto fortasse non fuerint, auctoritate[u] iudicis huic dari praecipio, cui magis consuli[v] iusta necessitas persuadet; maioribus[x] enim debent[y] beneficiis adiuvari, quos dubium non est[z] adversa vehementiora perpessos[a], Firmine, parens carissime atque amantissime[b]. §. 6. Itaque illustris[c] et praecelsa magnificentia tua ad assignatos[d] provinciales sub programmate suo nostra edicta faciat pervenire, ut, quanta nobis eorum cura sit, praesenti lege cognoscant[e]. *Dat. III. Id.**) *Iul. Romae, Adelphio*[f] *V. C. Cos.* (451.)

TIT. XXXIV. DE EPISCOPALI IUDICIO, ET DE[a] DIVERSIS NEGOTIIS[b].

1. *Imp. Valentinianus A.*[c] *Firmino Pf. P.*[d] *et Pa-*

Tit. XXXIV. 1, Zir. in ind. titt. Am. *Tit. XXXII.* 3, 8—15, 18—34, 37—42, Aeg. Sich. Cui. 1. Aur. Lugd. Cui. 2, 2*. Rittersh. Go. Ri. Ri*. *Tit. XII.* 4 *Tit. X.* 6 *Tit. XXXI.* 35 *Tit. IX.* 36, L. R. U. *Tit. XI.* Be. *Tit. XXXV.* In cod. 2 et in ind. titt. P. P[a]. et P[b]. deest. Vid. Nov. Th. titt. XXII, Nov. 2, §. 14, not. *v*; Nov. Val. tit. XVII, not. sup. et §. 3, not. *p*; tit. XXII, not. sup. et pr. not. *t*; tit. XXXI, not. sup. et §. 1, not. *a*. De cod. 16 cf. infra not. *e* §. 14. Rec. est in cod. S. Germani 366 et Phillippsii 1741, sed sparsis per diversa loca et ipsius Novellae et interpretationis fragmentis omissaque posteriore parte inde a §. 8 et 9. Est praeterea haec Nov., sed non integra (vid. infra §. 18, not. *o*) in cod. Paris. Suppl. Lat. 215 (quem infra num. 215 designo) et ap. Lab. l. c. p. 767—769 usque ad §. 8. Prooem. autem Witte l. c. p. 35 ed. esse dicit a Seldeno de Synedr. Vett. Hebr. 1. Opp. I. col. 965. C. Th. III, 5; IV, 14 et 15; V, 9 et 10; VIII, 18; XIV, 2 et 7; Nov. Valent. tit. XV, XXVI. et XXX. Nov. Maior. tit. XI. Nov. Severi tit. II. Const. Sirmond. I, XVII, XVIII. L. R. B. tit. XXVI. et de interpr. L. R. B. tit. XXXI, XXXVI. Docum. Francic. ann. 838 et Hincmari Opp. II, 545. Nominatur in interpr. Nov. Val. tit. XXVI. de Trig. ann. praescr. et tit. XXX. de Colonis vagis. Haenel, de Constitutionibus quas Sirmondus ed. diss. p. 23. Abrogatam in Gallia per Karolum M. hanc Novellam putat Le Gendre de Episcopali Iudicio p. 56. Pertz, Monumenta III, 191 et c. VI. Sirmond., not. sup. — N. 1. Codd. edd. *N.* 1 s. *un.* Be. add. (*LXXVIII.*), i. e. omnium Novellarum in Be. ed. Integra cum interpr. est in codd. 11—15, 19—23, 30; omnia praeter interpr. quae quidem truncata est s. in compendium redacta, des. in codd. 3, 39—42; inscr. et textus in codd. 4, 24; textus et subscr. in codd. 26, 28, 34, 35; pars textus et subscr. in cod. Par. Suppl. Lat. 215; subscr. et interpr. in cod. 25; solus textus om. in codd. 8—10, 27, 29, 31—33, 36—38; pars textus in cod. 18. De cod. 16 vid. infr. §. 14, not. *e*.

iis demum vel *iis depulsis*; recte *iisdem*; etiam 6 habet *eisdem*. o) 2 *ab*, corr. P. *ad*. p) 6 om. *indecenter*. Rittersh. *indecedenter*. q) 2 *etenim*. P. em. *Aequum est*. 6 om. *enim*. r) 2, edd. *quos — iuxta singulos distributione proficiat*. P. in cod. 2, P. ms. P. in not. P[b]. in m. em. *iusta singulis*, recte. Val. in m. vult *queis — sorte consulimus iuxta singulis distributio pr*. Be. praeterea cj. *quod* (et hoc quidem recte) vel *quae — proficiant*. Iam sanus est locus cod. 6 ope. s) 6 *apud*. t) 6 *donec meliore auspicio ubtas rerum Africe contingat ut praedia obeuntium eiusdem* et om. *scilicet*. 2, edd. *donec auspice deo Africam redire contingat. Praedia* etc. Vulg. scripturae praetuli scripturam cod. 6, quippe cuius ope haec Novella suppleta et emendata est; sed omisi *ut* et retinui *scilicet*. Ri*. *salvos — permunebit* et Rittersh. *ac filios*. Apud Go. deest *iuris*. u) 2, P.—Ri*. *auctoritatem*. P. in cod. 2, P. ms. P. in not. P[b]. in m. Cui. 2, 2* et Lugd. in m. em. *auctoritate*, prob. Ri., quem Be. secutus reposuit *auctoritate*, recte. 6 confirmat hanc em., sed habet *fortasse defuerint auctoritate*. v) 2 *consulti*, P. em. *consuli*. x) 2 *maior ibi*, P. em. *maioribus illi*. y) 2 *debet*, em. a P. *debent*. z) 2 om. *non*, sed rep. a P.; *non est* exc. in edd. P. P[a]. Rittersh. P[b]., sed in m. notat Rittersh. haec vv. omitti a P. P. in not. et P[b]. in m. negationem deesse recte vidit. Primus illa vv. restit. Cui., recte. 6 *non dubium est*. a) 2 *perpensos*, P. corr. *perpessos*. b) 2, P. P[a]. Rittersh. P[b]. om. *parens — amantissime*, sed add. a P. in cod. 2. c) 2 *inlustras*, corr. a P. d) 2, P.—P[a]. Go.—Ri*. *adsignatos*. Ri., quem Be. secutus est, vult *ad signatos*, id est definitos, designatos. Antequam Be., iam Rittersh. ediderat *ad signatos*. Melius 6 *ad assignatos*, sed deest *provinciales*. e) 2 corrupte *suo facit pervenire, ut quanta nobis doralium* (?) *cura sit presenti lege cognoscat*. P. em. *faciat*, *eorum* (pro *dotalium*) vel *curialium* (quod iterum del.) et *cognoscant*. P.—P[a]. *suo faciat — nobis * doralium*, ubi asterisco indicatur non tam lacuna quam obscura sententia, cum *doralium* nulla sit vox, sed P. in not. et P[b]. in m. post *quanta nobis* deesse quaedam videntur. Rittersh. et Go. *suo faciat — nobis doralium*. P[b]. Ri. Ri*. Be. *suo faciat — nobis dotalium*. Val. suppl. *praediorum*. Ri. propter c. 7 et 13 C. Th. de Pistoribus (XIV, 3) tuetur *dotalium*. Praedia enim pistoria proprie dicta fuisse in illis legibus *fundos dotales*, quia alienari non possent et corpori pistorum instar dotis essent attributa (cf. Cui. Observv. XVI, 5), quae quidem vera sunt, neque vero in hunc locum cadunt. Iam ex cod. 6 apparet, nonnulla vv. excidisse in cod. 2 et in edd., et P. recte emendasse *eorum*. Ita enim habet 6: *sub pragmatico suo nostra edicta faciat pervenire, ut quanta nobis eorum cura sit, praesenti lege cognoscant*. Restitui ex cod. 6 *nostra edicta* et *eorum*, sc. *provincialium*. *) Ri*. om. *Id*. f) 2, P.—Ri*. *Adelfio*.

a) *De* habent 1, 3, 11, 12, 22 et plerique codd.; Sich. *De e. i. et diversis negotiis clericorum*. 23, Cui. 1—Be. *et diversis*. 6, Zir. in ind. titt. om. *Et de div. negotiis*. 1 De *Episcupali*. b) In omnibus fere, quos inspexi codd., etiam in codd. 1, 6, uti apud Sich. et Zir. in ind. titt. om. *Et Ne Quis Clericus Invitus Ordinetur*, quod Cui. 1—Be. h. l. addunt. Delevi illa vv., cum desint etiam in cod. 1, neque huius rei lex quicquam contineat; nam §. 3 et 6 de alia re agunt. Supersunt in solis codd. 27, 28, 34, 37, sed in cod. 28 *invitus clericus* est et in 37 *invitis clericis*, quod melius. Non constat, ex quo codice Cui. in Cui. 1 illa vv. apposuerit. In explanationibus titt. multa praeterea add. sunt, quae huc non pertinent. c) 1 *AA*. 6 *Idem Aug*. 27, 28, 34 *Imp. Valentinianus Africa A*. Rittersh. *Impp.—Firmio*. d) Multi codd. om. *et Pa-*

tricio. De episcopali iudicio diversorum saepe caussatio [e] est. Ne ulterius querela [f] procedat, necesse est praesenti lege sanciri [g]. Itaque cum inter clericos iurgium vertitur, et ipsis litigatoribus convenit, habeat [h] episcopus licentiam iudicandi, praeeunte tamen vinculo compromissi. Quod et laicis [i], si consentiant [k], auctoritas nostra permittit. Aliter eos [l] iudices esse non patimur, nisi voluntas iurgantium interposita, sicut dictum est, conditione praecedat, quoniam [m] constat, episcopos et presbyteros [n] forum legibus non habere [o], nec de aliis caussis, secundum Arcadii et Honorii divalia [p] constituta, quae Theodosianum [q] corpus ostendit, praeter religionem, posse [r] cognoscere. Si ambo eiusdem officii litigatores nolint, vel alteruter [s], agant [t] publicis legibus et iure communi: sin*) vero petitor [u] laicus, seu [v] in civili seu in [x] criminali caussa [y], cuiuslibet loci clericum [z], adversarium suum, si id magis eligat, per auctoritatem legitimam in publico iudicio respondere compellat. §. 1. Quam [a] formam etiam circa [b] episcoporum personam observari [c] oportere censemus [d]: ut, si in huiusce [e] ordinis homines actionem pervasionis [f] et atrocium iniuriarum dirigi necesse fuerit, per procuratorem solenniter ordinatum apud iudicem publicum inter leges et iura confligant [g], iudicati exitu ad mandatores [h] sine dubio reversuro. Quod his [i] religionis et sacerdotii veneratione permittimus. Nam notum est, procurationem [k] in criminalibus negotiis non posse concedi. Sed ut sit ulla [l] discretio meritorum [m], episcopis et presbyteris tantum id oportet [n] impendi: in reliquis [o] negotiis criminalibus, iuxta legum [p] ordinem, per se iudicium subire cogantur [q]. Si ab exsecutore [r] conventi parere detrectent [s], servato iuris ordine sententia [t] teneat contumaces. §. 2. In clerico [u] petitore consequens erit, ut [v] secundum leges [x] pulsati forum sequatur, si, ut [y] dictum est, adversarius suus [z] ad episcopi vel presbyteri audientiam [a] non praestat assensum: poena defensoribus [b] negotii, qui in eodem extraordinario iudicio [c] adfuerint atque egerint, huius modi constituta, ut [d] caussidicum officii amissio [e], iurisconsultum [f] existimationis [g] et interdictae civitatis damna

---

tricio; nonn. *praeposito* pro *Pf. P.* 22 *Prefecto et patricio.* e) 20 *cognatio est.* 19 *iud. de diversorum.* f) 6 *est. Quam ne.* 19 *est. Ne de te unquam querela.* 22 *Nisi de eo unquam querela procaedat.* 215 *est et ne.* g) 1, 215 *sancire.* 22 *sanctire.* Et *sanciri* et *sancire* h. l. dici potest. Rittersh. *praesente.* h) 215 *verteretur* (etiam 30 *verteretur*) — *ut habeat.* 22 *convenisse habet* — *praecunctet tamen.* i) 6, 15, 18—23, Sich. Cui. 1. Aur. Lugd. Rittersh. Go. Lab. *Quod et de laicis.* 215 *vinculum primis sicut et de laicis* et om. *si.* 13 om. *Quod* — *iudices.* k) 11, 19, 22 *consentiat*, ut Rittersh. Go. 20 *consenciet.* 215 *conscientia auctoritas permittat.* Cod. S. Germ. *sicut sentiant.* l) 1 om. *eos.* 14 *eius.* Infra 19 *interpositas.* m) 6 *dictum est voluntate praecedat.* 13 *conditionem.* n) 1 *eps. et presbiter.* Multi alii codd. *presbiteros.* o) 18 *adhibere.* 20 *habe.* 22 *habere nec de altis.* p) 22 *secundum Archadii et Honorii secundum divalia.* 215 *et alia* pro *divalia.* Cui. 2, 2* *constitura.* Vid. C. Th. XVI, 11, 1. Cod. Iust. I, 4, 7. Diss. mea cit. pag. 23. Praef. C. Th. pag. XXXIV, not. 203. Non omnes superesse antiquas leges, etiam Ri. concedit in not. ad exemplar editionis suae adscripta, si quidem non solum c. 1 cit. intelligit, sed etiam alias leges Arc. et Hon., quibus potestas cognoscendi episcoporum ad compromissum partim restricta sit. q) 6 *quae in Theodosiano corpore ostenduntur.* 18, 30 *quae et Theodosianum.* 15, 21 *Theodosiani opus* et 20, 215 *Theodosiani.* r) 22 *possit.* 30 *prae rel. posse.* s) 6 *nolent vel alter* et om. *uter.* 18 *nollent vel aliter.* Cod. Phill. *nolunt.* t) 22, Sich. Cui. 1. Aur. Lugd. Go. *agunt.* *) Ri. Ri*. *si.* u) Nonn. codd. *petitur.* v) 215 om. *seu.* Ceterum haec non satis cohaerere dicit Sich. in m., verum cohaerent. x) 20, 30, Sich.—Ri*. om. *in.* 215 *civili et in.* y) 6 add. *voluerit.* z) 11 *luci curiarum.* 12, 19, 20 *curiarum.* 22 *curialium adversariorum suorum.* 30 *quoslibet loci clericorum.* Rittersh. *adversarii.* a) 22 *publico* (om. *iudicio*) *respondere compellit.* Cod. 215 *legitimam de publico i. r. c.* (om. *Quam*) *firmam.* b) 11, 20, 22, 23, Sich. om. *circa.* Mox 22 *personas* et 30 *persona.* c) 1, 215 *observare.* Cod. Phill. *obs. ut* et deest *si.* d) 19 *censimus.* 30 *censuemus.* Sich.—Ri*. *censemus. Ut.* e) Edd. et nonn. codd. *huiuscemodi.* 1 *huiusce* (om. *modi*) *hordinis hominis.* Etiam 11—14, 19, 20, 22 om. *modi.* Bene om. *modi.* 215 *huiusmodi* Ceterum 22 *ordines hominis* et 14 *homini sanctione.* f) 19 *pervationis.* 22 *praevaricationis.* 11, 12, 23, Sich. Rittersh. Ri. Ri*. *persuasionis.* 20 *atrociarum ini. durigi.* Mox 30 om. *per.* g) 11 *inter legis.* 19, 20 *intra legis et i. c.* 14, 215 *confligit.* 20 *configant.* Sich. *confligunt.* h) 1 *extituat. mandatores.* Cod. S. Germ. et cod. Phill. *exitu ad mandatorem.* 23, 30 *exitum.* 22 *exito.* i) 11 *rev. Quod iis.* 22 *reversurum quod si huius.* 30 *rev. quos his.* 215 *reverso. quod in his.* Cod. S. Germ. cod. Phill. *reversurum. Quod his.* Sich. — Cui. 2*. Ri. Ri*. *hiis.* Go. Lab. *iis.* 14 *religionibus* et infra nonn. codd. *sacerdoti.* k) 11, 12, 18—20 *procuratorem.* 22 *venerationi permittamus. Nam totum est procuratorum*, non *procuratorem*, ut Ri. Be. notant. l) 6 *ut aliqua sit.* 14 *ut sit illa.* m) 22 *meritorum discretio.* 13 *descriptio meritorum.* 30 *distructio meritorum.* n) 6, cod. S. Germ. et Phill. *presbyteris in tantum oportet.* 19, 22 *presbyteris his tantum id op.* 13—15, 21, 30, 215 *presb. id tantum.* o) Sich. — Ri*. *impendi. In reliquis.* p) 15 *ius legum.* q) 14 *cogatur.* 30 *ordine — cogatur.* 215 *iudicio subire cogatur.* Sich. — Ri*. Lab. *coguntur.* 1 *cogantur se ab.* r) 14 *exercitore.* Cod. Phill. *exactore.* Cod. S. Germ. *actore.* s) 15 *decertent.* 18, 19, 22 *detractant.* 11, 12, 20, cod. S. Germ. *detrectant.* t) 6, 15 *sententiam t. contumacis.* Cod. Phillipps. *s. teneant contumacis.* Etiam 22, cod. S. Germ. *contumacis.* u) 19, 22 add. *in.* 22 *petitorem.* v) 1 *et.* x) 15, 21 *legem — sequantur.* Etiam 22 *sequantur.* Cod. Phill. *lege.* 6 *forum pulsati.* 14 *foro.* 13 om. *forum sequatur.* y) 1 *sequatur ut si ut dictum est.* 12, 14, 15, 19—23, cod. S. Germ. cod. Phill. *sicut.* z) 1, 11, 12, 19, 20, 23, cod. Phill. cod. S. Germ. *adversarios suos.* 22 *adversariis suis ad episcopum vel presbyterum in audientia.* 30 *adversarii suos.* 6 om. *ad.* a) 6 *audientiae non praestet.* Cod. Phill. *audientie non praestat.* Cod. S. Germ. *audiente non praestat.* 18 *audientiae non praestans.* Vid. not. z. b) 11, 12, 19, 20 *defensores.* 22 *poenam defensoris.* Sich. — Ri*. *adsensum. Poena.* Mox 30 *in eadem*, ut Sich. c) Cod. S. Germ. om. *iudicio.* d) 18, 20 *aut.* 22 *constet ut aut causedecus.* e) 11, 12, 19, 22 *amissi.* 15 *amissione.* 21 *admissione.* 30 *namisso.* f) 19 *iuris consulium.* Cod. Phill. et cod. S. Germ. *iurisconsultorum.* 30 *iuriconsultorum.* g) 1 *extimationes.* 11, 12, 14, 15, 20, 21, 22, cod. Phill. cod. S. Germ. Sich. *aestimationis s. estimationis.* 19 *aestimationes.* 6 om. *existima-*

percellant. §. 3. Nullus [h] originarius, inquilinus, servus vel colonus ad clericale munus [i] accedat, neque monachis et [k] monasteriis aggregetur, ut vinculum [kk] debitae conditionis evadat: non [l] corporatus urbis Romae, vel cuiuslibet urbis alterius, non curialis [m], non ex primario [n], non aurarius, civis, collegiatus sit vir [o] aut publicus servus. §. 4. Iubemus, ut [p] clerici nihil prorsus negotiationis exerceant. Si velint [q] negotiari, sciant, se iudicibus subditos clericorum privilegio non muniri [r]. §. 5. Defensores ecclesiae de expressis urbium ministeriis [s] non liceat ordinari, acquiescentes huic officio rerum suarum amissio comitetur [t], quas curiae vel corpori suo praecipimus applicari. Si custodire [u] haec et [v] exsequi neglexerint [x] iudices competentes [y], facultatibus suis et status [z] privilegiis exuantur, primoribus officii capitali discrimine constituto [a], ipsis nihilominus a tali officio [b] repellendis, ut ab urbis suae [c] competentibus obsequiis non recedant [d]. Hi autem, qui intra decennium transactum a [e] die latae [f] huius legis diaconi [g] ordinati sunt, suffectos pro se dare debebunt. Si non habent, unde sibi hac ratione [h] prospiciant, ipsi ad nexum proprium reducantur [i]; ceteris inferioris gradus ad competentia ministeria retrahendis [k], exceptis episcopis atque presbyteris, servatis [l] tamen, quae de patrimonio talium personarum legum praecedentium [m] statuta sanxerunt [n]. §. 6. Originarii sane [o] vel servi, qui iugum natalium declinantes ad ecclesiasticum se ordinem transtulerunt [p], exceptis episcopis, ut dictum est [q], et presbyteris, ad dominorum iura redeant [r], si non in eodem officio annum tricesimum compleverunt [s]: ita ut huius [t] conditionis diaconus domino pro se vicarium reddat, omni pariter [u] peculio restituto [v]. Circa quem nihilominus, si copia vicarii [x] dandi non suppetat, quae de ministeriis urbium superius sunt statuta, ser-

---

tionis et. Sich. in m. cj. *iurisconsultorum aestimatione,* improb. Ri. h) 14 *interdicta.* 30 *interdicta civitates d. percellat. Ut nullus.* 22 om. *damna.* Rittersh. *Nullius.* 15 *pcellant.* i) 19 *clericalem onus.* k) 22 *monachis in.* 12 *monastheriis.* 30 om. *et monasteriis.* kk) 1 *adgregentur ut vinculum.* 6 *vincula.* l) 15, 21 om. *debitae* et 30 *evadat.* Sich. — Ri*. *evadat. Non.* Sich. *corporatur.* m) 22 om. *non curialis* et 20 *non.* In cod. 12 haec vv. bis scripta sunt. n) 11, 12, 18, 20 *ex primarius.* 22 *exprimariis.* Edd. *exprimario,* sed Ri. in not. *ex Primario.* Rein. cj. *Xprimarius,* i. e. e decem primis. o) Locus impeditus, qui Be. non integer esse videtur. 1 *aurarius civis collegiatus seuir aut publicus servus.* 11, 12, 18—20, 23 *aurarius civis colleiatus* (s. *collegiatus*) *sit vir aut publicus servus.* 6, Selden. l. c. *aurarius civis non collegiatus fori aut p. s.* 13 *aurarius civis collegiatus seu vir aut publicus servus.* 14 *aurarius sive collegiatus revera ut publicus servus.* 15, 21 *aurarius civis collegiatus sive aut publicus servus.* 22 *aurarius cives collegiatus sit vir aut publicus servus.* 30 *aurarius cives collegiatus se vira ut publicus servus.* 215 *aurarius civis collegiatur se vir aut publicus servus.* Cod. S. Germ. *aurarios sive collegiatos fieri aut publicus servus.* Cod. Phill. *aurarios cives collegiatos fieri aut publicus servus.* Sich. Aur. Lugd. Rittersh. Go. Lab. *aurarius, cuius collegiatus sit vir aut publicus servus.* Cui. 1 *aurarius, cuius collegiatus si vir aut publicus servus.* Cui. 2, 2*. Ri. Ri*. *aurarius quivis collegiatus se vir aut publicus servus.* In m. Cui. 1. Aur. Lugd. ad v. *cuius* et in m. Cui. 2, 2* ad v. *quivis* annot.: „alias, *civis. ἴσως, sive.*" Praeterea in m. Cui. 1 ad v. *si vir,* in m. Cui. 2 ad v. *sevir* annot.: „alias, *sevorilis. ἴσως, seu libertus*"; similiter in m. Aur. Lugd. ad *sit vir*: „alias, *severilis. ἴσως, seu libertus*" et in m. Cui. 2* ad *sevir*: „alias, *servilis. ἴσως, seu libertus.*" Unde Cui. diversas illas scripturas hauserit, nescio. Be. *aurarius, sive collegiatus, seu libertus* (ex m. Cui. 1 et Cui. 2), *aut publicus servus.* Ri. prob. scriptura *aurarius quivis,* intelligit enim *susceptorem aurarium,* qui et ipse ex ordine curialium eligi solebat. Reponendum est *civis,* quod fere omnes codd. (pauci tantum om. *civis*), etiam 1, 6 habent et ex quo facile nasci potera. *quivis* aut *cuius.* Pro *collegiatus sevir aut publicus servus* Ri. cj. *collegiatus civitatis publicus servus.* Iam vero comparata inter se scriptura codicum 1, 11—13, 15, 18—23, 30, 215, Sich. — Ri*. videtur reponendum esse *sit vir.* Vv. enim *civis — servus* ad v. *aurarius* pertinent (*aurarius, sive civis sive collegiatus sit sive publicus servus*). Scripsi igitur *aurarius, civis, collegiatus sit vir aut publicus servus,* etsi inutile est v. *vir,* quod codices tuentur. Be. scriptura *seu libertus* ideo displicet, quia sola Cuiacii cj. nititur, neque vero codicibus. Non solum ex curialibus aurarii eligebantur, verum etiam ex officialibus, negotiatoribus, poenae etiam nomine. p) Rittersh. add. *servi.* 21 *nihil denegationis.* 215 om. *iubemus.* q) 15, 18, 21 *si vellint.* 30 *si vellent neg.* et om. *sciant.* Rittersh. *veluit.* 22 *negotiare.* r) 6 *non munere.* s) 21, 22, 30 *ministris.* t) 1 *officio* (om. *rerum suarum amissio*) *comitetur.* 6, cod. Phill. cod. S. Germ. *off. r. suarum amissione multandos.* 22 *off. r. s. a. comitetur quia quos curia.* 30 *officium r. s. admissio comitetur.* 15 *commitetur.* 21, Aur. Lugd. Rittersh. Go. *committetur.* u) Cod. S. Germ. cod. Phill. *custodiri.* v) 18, 215 om. *et* et 21 *haec.* x) 6, cod. Phill. cod. S. Germ. *noluerint.* y) 11, 12, 18—20, 22 *consentientes,* improb. Ri. 6 *iudiciis competentibus.* 215 *competentibus.* z) Aur. Lugd. Go. Rittersh. *statu.* 15 *privilegii.* a) 20 *constitutis.* 21, cod. Phill. *constituo.* 22 *consuetudo.* 30 *constitutum.* b) 1 *a tali officii repellendi.* 6 *nihilominus ab officio suo.* 14 *ad officio.* 22 *a tali fidutia rep.* c) 19, 22 *ut ab urbibus sibi.* 30 *ut ab orbibus.* Rittersh. *et ab urb.* 15, 21 om. *ut.* d) 18 *praecedant.* Plerique codd. Sich. — Cui. 2*. Ri. Ri*. *Hii.* Go. *Ii.* e) 22 *autem* (om. *qui*) *intra decennio transacto* et deest *a.* 215 om. *intra.* f) Om. *latae* in cod. 15, *huius* apud Rittersh. g) 1 (sec. Am.), 11, 12, 15, 20, 22, 23, cod. Phill. cod. S. Germ. Sich. *diacones.* 30 *diaconis.* Mox 22 *suffectus.* h) 19 *unde sibi actione.* Nonn. codd. *hac* pro *ac.* 21 om. *unde.* 30 *prospectant.* Supra 1 *debebunt se non.* i) 1 *ab nexum.* 20 *ad nixum p. r.* 22 *ad necessaria propria revocantur ceteros inferiores.* 215 *ducantur.* Cod. Phill. cod. S. Germ. *deducantur.* Sich. — Ri*. *reducantur. Ceteris.* k) 11 *a competentiā.* 12, 20 *a competentia.* 19 *competentiam m. subtrahendis.* 22 *ministeria subtrahendis exc. episcopis et presb.* 215 *ac presbyteris.* l) 13 *servantes.* 19, 22 *servent.* m) 19 *praecedentium legum personarum.* n) 11 *sanxerint.* 22 *sancserunt.* o) 1 *vero.* 215 *Originariae sane — qui in iugum.* Go. *iungum.* Vid. interpr. tit. XXX, not. *o.* Mox 18 *declinatae sunt ad.* p) 15, 21 *transtulerint.* 22 *ad aecclesiasticos ordines transt.* q) 1 om. *ut dictum est.* 6 *ut ductum est.* 11, 12, 18, 22 *atque s. adque presbyteris.* Nonn. codd. *presbiteris,* ut Go. 22 add. *hi* post *presbyt.* r) 215 *iurare debeant.* 15 om. *in* post *non.* Go. *recedant* pro *redeant.* s) 1 *conpleverant.* 6, cod. Phill. *impleverint.* Sich. — Ri*. *compleverunt. Ita.* t) 1 apud Am. *Itaque ut huius.* 22 *ius* pro *huius.* 19 *diaconi* et 30 *condictionis.* u) 215, cod. S. Germ. *omni* ventur[y]. §. 7. Universis clericis, praeter[z] ecclesiasticos actus, nihil omnino[a] cum aliis caussis decet esse commune, nec[b] cum locis iuris publici, quae, quasi destituta[c] plerumque et non necessaria, elicitis[d] supplicationibus[e] velut ad usum quendam religionis evertunt[f]: poena XX librarum auri[g] scriniorum proximis[h] interposita[i], si aditus huic supplicationi fuerit attributus[k]. §. 8. Opportunum duximus occasione legis, ea de[l] successione decernere, quae anterioribus constitutis non sunt[m] evidenter expressa. Itaque si vir sine liberis uxore superstite moriatur, sponsalium, quae mulier accepit, obeuntis[n] patri matrive[o] mediam restituat portionem, sibi residuam servatura[p]. Si desint personae, quas loquimur, ipsi universa proficiant[q] pro pudore percepta, quae non exstantibus tam caris religiosisque nominibus imminui non oportet. §. 9. Similis erit de dote conditio, quam dari[r] praesentis oraculi decernit auctoritas[s], ut, si nullis interpositis[t] conditionibus viro fuerit attributa[u] (quae lucrativa esse potest), uxoriae mortis eventu[v] patri matrive defunctae maritus acceptae dotis mediam restituat quantitatem. Pars vero feminae tantum dare debebit[x], quantum[y] sponsalibus maritus intulerit, ut dantis et accipientis[z] sit aequa conditio, ne placita futuraque coniunctio[a] uni lucrum, alteri faciat detrimentum. §. 10. Muliere[b] in matrimonio intestata deficiente superstitibus filiis derelictis, pater ususfructus totius patrimonii habeat potestatem usque ad vicesimum filiorum aetatis annum: post medietatem[c] restituat filio filiaeve[d], sibi in diem vitae suae medietate detenta[e]. Si expleto[f] filiorum vicesimo anno medietatem portionis suae unicuique dare noluerit[g], soboli, quae medietatem ex bonis maternis[h] a patre non fuerit consecuta, post obitum patris a successoribus aestimatione habita iubemus exsolvi, ut, quod in familia quis constitutus amisit, futura saltem compenset aetate[i]. §. 11. In ipsorum autem matrimoniorum reverentia et vinculo[k], ne passim et temere deserantur, antiquata[l] novella lege, quae solvi[m] coniugia sola contraria voluntate permiserat, ea[n], quae a divo patre nostro Constantio[o] decreta sunt, intemerata serventur. §. 12. Tricennali temporum definitione[p] concludi ea praecipimus, quae perpetuis aut infinitis saeculis servabantur[q], exceptis Afrorum negotiis, qui se probaverint[r] necessitatem Vandalicam pertulisse: ut de eorum[s] caussis illa tempora praefixo tricennio subtrahantur[t], quae claruerit[u] sub hostilitate con-

parte. v) 11, 12, 19, 20, 22 *destituto*. Cod. Phill. *peculii destit*. x) 1 *si copii vic*. 22 *vicaria dandi non* et om. *suppetat — sunt*. 6 *dandi non sufficit*. 20 *non suppetunt*. 215 *non superat*. y) 1 sec. Am. *sunt superius statuta serv*. 22 *servetur*. 215 *Diversis clericis*. z) 14 *praeterea*. 30 *praeterea et eccl*. 14, 23 om. *actus*, sed est spatium in cod. 23. a) 15, 22 *nihilominus*. b) 12, 15, 20, 21, 215 *communem ne cum*. 11, 22 *communem nec cum*. 30 *causis dictis commune*. 1, cod. S. Germ. cod. Phill. om. *nec*. c) 19, 22 *destituuntur*. 30 *destita*. 15, 21 om. *quae*. Cui. 2, 2* *distita*. d) 14, 15, 19, 21, 30, 215 *necess. electis*. 20 *necessariae licitis*. 22 *necessariae licet his*. Cod. S. Germ. cod. Phill. *necessariis licitis*. Zir. l. c. p. 179 not. *B* em. *illicitis*; elicita quidem dici rescripta, neque vero supplicationes elicitas. Ferri etiam potest *elicita*. e) 11, 12, 18 — 20, 22, 23 *subpcationibus* s. *subpraecationibus*. Cod. Phill. *s. vel ad*. f) 1 *relegionis severunt*. 6 *religionis emerentur*. Vid. Zir. l. c. g) 1 *libras*. 22 *poenam*. 21 om. *scriniorum*. 23, edd. *auri libr*. h) Sich. in m. *praepositis* pro *proximis*. Cod. Phill. *proximus*. i) Zir. l. c. p. 180 et Be. em. *imposita*, quod ne unus quidem codex confirmat. k) Seqq. desunt in cod. Phill. et in ed. Lab. Apud Go. om. *attributus*. l) 6 *legis etiam*. 13 *lex eadem*. 22 *occasionem legis eadem occasione*. 11, 12, 19, 20, 215 *eadem*. 21 *discernere*. m) 22 *quam anterioribus nostris constitutis non sunt*. 13, Sich. — Ri*. *sint*. C. Th. III, 5 et 13; VIII, 18. n) 1 *obeuntes patre*. 6 om. *obeuntis*. Vid. not. sq. 11, 12, 20 *obeuntes*. 19 *obiecti*. 21 *obeunti*. 22 *accipit* (30 *acceperit*. 215 om. *acc.*) *obeunti matri patrive*. 23 *abeuntes*. Sich. *abeuntis*. Ri. Ri*. *obeuntis, patri*. o) 6 add. *defuncti*. 14 *media*. p) 1 sec. Am., 6, 11—13, 15, 18, 20, 22 *servatura*; rell. et edd. *reservatura*. 13 *residua*. Mox 30 *qua loquitur*. q) 11, 12, 20, 23 *proficiunt*. 22 om. *pro pudore percepta*. 215 *pro pudore recepta quae non stantibus*. Infra 13 *relig. in omnibus* et 30 *relig. omnibus*. r) Sich., neque vero 22, ut Be. dicit, *dare*. 215 *de re*. s) 22 *auctoribus*, sed in m. *auctoritus*. t) 1 *nullus interpositis*. 22 *nullis interpositus*. 30 *i. c. vero*. u) 1 *fuerit contribuerit*. Similiter 15, 21 *contributa*. 22 *utrum* *fuerit* et deest *attributa quae*. Etiam 19, 215 om. *quae*. Hic terminatur cod. S. Germ. 20 *lucrative*. v) 1 *uxorie morientes eventu*. 22 *luxuriae m. e*. x) 1, 12—14, 18—20, 22, 30, 215 *tantum dare debebit quantum*. 15, 21, 23 *tantum dari debebit quantum*. 11 *dare*; rell. codd. et edd. *Pars vero feminae tanta dari debebit, quantam etc.*, quae scriptura propter seqq. vv. *ut — detrimentum* ferri nequit. *Pars feminae ut pars viri* in L. R. Burg. tit. XXI. y) 1, 11, 12, 15, 18—22 om. *in*, quod rell. codd. et edd. habent (*in sponsalibus*). 18 *intulit*. z) 1 *ut dantes et accipientes sidequa' condicione placita*. 19 *dandis et accipientes*. 215 om. *ut*. 23 *ne dantes* et Sich. *ne dantis et accipientis non sit*. 215 om. *ut*. a) 1 *condicio*. 22 *ni placita f. condicio*, sed in m. *coniunctio*. Sich. *nec pl. f. conditio*. b) 19 *mulier*. 22 *Muliere habeat in matrimonio* et om. *intestata — habeat*. 30 om. *in*. c) 6 *Postea med*. Sich. *restitutam*. 18 *medietate*. 22 *annum aetatis filiorum post — restitutam — die*. d) 11, 19, 20, 23 *filiave*. 6 om. *sibi*. e) 1 *medietatem detenda*. 14 *deteneat*. f) 6 *Si vero expleto*. g) 14, 23, Sich. *voluerit*. 22 *suae ac cuique dare voluerit subolique* et om. *medietatem*. 15, 21 *subolisque*. h) 6 *bonis paternis*. i) 1 *saltim compenset etatem*. 11 *compensit aetate*. 6, 12, 19, 23, 30, 215 *compenset*, sed om. *futura* in cod. 6. 15, 21 *futuram compenset aetatem*. 20 *saltim compensit et aetate*. 22 *futurum saltim penset aetate*. Vulgo *compensetur*, quod aeque bonum est; secuti sumus codices. k) 1, 6 *vinculum*. 15, 21, 30 *reverentiae vinculo*. 215 *aut vinculo*. Mox 215 *desiderantur*. l) 13 *antiqua*. Cf. Nov. Th. tit. XII. de Repudiis. m) 11, 12, 19, 20, 22, 23, Sich. *exsolvi*. n) 23, Sich. *permiserat et ea*. 22 *perm. aeque*. o) Ri. em. *Constantino* et intelligit C. Th. III, 16, 1. *Constantino* habet 14. p) 6 add. *ne*. 22 *tempore definitione*. 30 *praecepimus*. 215 om. *Tricennali — concludi*. q) 15, 21, Sich. — Ri*. *servabuntur*. 22, 30 *servantur*. Nonn. codd. *exceptis* et 14 *arrarorum* pro *afrorum*. r) 18 *provocaberint*. 22 *probaverunt*. s) 1 *ptullisse ut deorū*. 11, 12, 19, 20 *horum*. 15, 21 *necessitate Vandalica p. et de horum*. 22 *pertulisse de illorum caussis illo tempore*. Rittersh. om. *caussis*. t) 12, 19, 20 *subtrahuntur*. 22 *subtrahentur*. 23 *subtrahatur*. u) 6, sumpta[v]. Ceterum alia intra expressa metarum suarum censemus spatia contineri[x]. §. 13. Sane sicut non coeptam[y] intra tricennium[z] quamlibet caussam vetuimus[a] inchoari, ita quae contestatae litis[b] sumpsit exordium, excepto privilegio pupillaris[c] aetatis, quod divae memoriae patris nostri Theodosii lege[d] concessum est, intra eadem tempora terminetur[e], nisi forte post[f] vicesimum quintum annum, ex quo[g] competere actio coeperat[h], contestata lis fuerit. Cui si is casus[i] eveniat, emenso hoc tricennio[k], quod statutum est[l], aliud quinquennium prorogamus, intra quod debent[m] negotia universa consumi, ne[n] a malitiosis ingeniis[o], calumniando legem priorem contestatis litibus, aliud tricennium vindicetur. Abunde[p] enim sufficit[q] quinquennii adiectio, qua evoluta[r], nulli penitus actioni[s] copia tribuetur. Quae autem intra vicesimum quintum annum contestata lis fuerit, statuto tricennio[t] modis omnibus consumatur. §. 14. Petitorem iubemus, postquam edito[u] actionis genere adversarium suum tenuit, et ad respondendum coegit[v], propositae litis probationibus imminere, quoniam ad[x] damnosam iudicii observationem quemquam[y] prius non debet ullus attrahere[z], quam omnia documenta praepararit[a], quibus exhibitum[b] in disceptatione convincat. Quod et scitis[c] veterum principum continetur. Alias, si quis ad iudicium quem venire[d] compulerit, et[e] eodem in[f] officio, vel fideiussionis vinculo[g] constituto non urgeat, quo intra[h] quattuor menses institutas peragat actiones[i], et constiterit[k] iudicem caussas alias cognovisse, petitor[l], qui secretarium vitio suo[m] noluit introire, sumptus expensasque restituat, quoniam actoris[n] tergiversationem esse non[o] convenit impunitam. Pulsatus his recuperatis[p] ab observationis[q] necessitate, integro petitori[r] negotio, liber abscedat. §. 15. Quod si pulsatus quis[s] adesse neglexerit, evocatus[t] secundum ordinem iuris sententiam excipiat contumacis[u]. Exhibitus sane si de solo[v] pulsatus fuerit, cessante fideiussionis necessitate, periculo negotii observationem[x] se subiturum promittat. In pecuniariis autem caussis non nisi pro[y] quantitate debiti, quod fuerit[z] postulatum, praesentiae suae fideiussorem dabit[a], si maluerit subire conflictum: si tamen eum in his[b] locis, in quibus pulsatus fuerit, patrimonium petitae summae conveniens[c] constiterit non habere. §. 16. Si quis a suspecto[d] iudice illustri[e] viro praefecto urbis Romae,

---

13, 15, 21, 22 *claruerint.* 19 *claruit.* v) 22 *consummata.* Postea Rittersh. *alia inter.* x) 1 *continere.* 30 *censuemus.* y) 11, 12, 15, 19, 20, 22, 23 *coepta* s. *cepta.* z) 22, Rittersh. *triennium.* a) 22 *venimus.* 30 *veteremus.* b) 1 *itaque contestate* (sed ponitur *a* supr. ult. lit. *e*) *nelitis.* 11 *ut quae in cont.* 19 *itaque.* 22 *itaque c. l. exordio sumsit.* c) 19 *pupillari.* d) 1 *theudose.* 12 *theudosi.* 15, 21 *theodosi.* 22 *thoeodosii.* Cf. C. Th. IV, 14, 1. 30 *Th. l. consensum.* Rittersh. *nosti Theod.* e) 6 *terminentur.* 1 *terminitur.* f) 1 om. *post.* Idem et alii codd. *vicensimum.* g) 1, 15, 21, 30 *ex eo.* 6, 11 sec. Ri., 12—14, 18—20, 23, 215, Sich. *ex eo quo.* 22, Cui. 1. Aur. Lugd. Rittersh. Go. *ex eo quod.* Ceterum 1 *petere* (pro *competere*) *actio ceperat.* h) 13 *coeperit.* i) 1 *cui si his* (hoc etiam 12, 20) *causa eveniat.* 22 *contestalis fuerit. Cuius casus.* 14 *casu.* 215 *contestata* (om. *lis*) *fuit* et deest *Cui.* k) 1, 12, 20 *triennio.* 13, 30, 215 *emisso* et 30 *tricennium.* 23 *quo.* l) 1 *instatutum est.* Vid. L. R. B. tit. XXXVI. i. f. m) 1, 11, 12, 14, 15, 18—23, 30 *debent*; rell. et edd. *debeant.* 6 *negotia universa negotia.* n) 22 om. *ne.* o) 19, 22 *ingenuis.* 1, 6 om. *calumniando — litibus.* p) 6 *tricennium inchoetur.* 22 *alio tricennio vindicetur. Habunde.* 1 *vindicitur habunde.* q) 1, 6, 15, 21 *sufficit.* 18 *sufficiat.* Rell. *sufficiet.* r) 1, 22 *adiectio quevoluta.* 6 *adiectio quo evoluto*, sc. *quinquennio.* 20 *adiectio quae voluta.* 215 *adiectio quae devoluta.* 30 *adictio quae devoluta.* s) 22 *otio.* 30 *adiectionis copia.* 215 *a. c. retribuatur.* 15, 19, 21 *tribuatur.* t) 19, 20, 22 *triennio.* u) 1 *Petitorem . iobemus* (om. *postquam*) *edito.* 6 *Petitorem enim i. p. e.* 11 *aedito.* 30 *edicto.* v) 14 *coepit.* 18 *cogit.* 22 *coegit proposita lis.* x) 1 *inminire.* 6, 13 *imminere quod ad.* 11, 12, 20, 22, 30 *imminere quam ad.* In cod. 18 inde a v. *quoniam* omnia des. usque ad §. 19. Mox 22 *damnosa* et 19 *iudicis.* y) 1 *quemquem.* 21 *quamquam.* 20, 30, 215 *obs. quam.* z) 19, 22 *nullus* et 22 *abstrahere.* a) 1, 11—15, 19—21, 23, 215 *praeparet.* 6 *doc. prius comparet.* 22 *pararit.* 30 *praeparare*; nullus igitur codex *praepararit*, quod editiones habent, at vero melius est, quam *praeparet.* b) 6 *exhibitos.* 19 *exhibitinum.* 22 *exhibitis.* 30 om. *in — principum con.* c) 1 *quod et sciens veterum principium.* 22 *quod ei sicut eis veterum principium.* 15 *principem.* 20 *principium.* 215 om. *et.* Ri. cf. vult. c. 1 et 2 C. Th. de Dilationibus (II, 7). d) 22 *iudicium convenire.* 6 *iudicium aliq̄ venire.* 30 *tenetur aliquas si — compellerit.* 15, 21 *quemquam venire comp.* 215 om. *quem.* Rittersh. *venire quem.* e) Cum v. *compulerit* pergitur in cod. 16. Vid. Nov. Th. tit. XXII. Nov. 2, §. 14, not. *v.* f) 1 *eodem in officium vel fideiussiones.* 6, 19, 20, 22, 23, Sich. — Go. *in eodem officio.* 13, 16 om. *in.* g) Sich. Cui. 1. Aur. Lugd. Rittersh. Go., neque vero 22, ut Ri. nuntiat, *titulo.* h) 6 *urgueat* (hoc etiam alii codd.) *ut intra.* 30 *urgue quod inter.* 215 *urg. quod intra.* i) 1 *constitutas pagant actionis.* 30 *instituta.* k) 11, 12 *constituerit.* l) 22 *constituere — petitur.* 14 *petitur quae qui.* m) 1, 6, 12, 13, 19, 20, 23 *vitio suo.* 22 *vitio se voluit introire cum tot expensas rest.* 215 *viro suo*; rell. *suo vitio.* In cod. 30 haec omnia mutt. vv. ita scripta sunt: *cogn. sumto exp. rest. quoniam pet. qui secretar. v. s. n. introire actoris tergiversationem.* n) 21 *auctores.* 22 *quō actores.* 13 *rest. quod act.* o) 21, 215 om. *non.* 22 *non venit impunitum.* 23 *cognovit imp.* p) 11, 12, 19 *reciperatis.* Plerique codd. Sich. — Cui. 2*. Ri. Ri*. *hiis.* Go. *iis.* 14 om. *his.* q) Rittersh. *ac observat.* 30, 215 *ab observationibus.* 16, 21 om. *ab.* r) 1, 11, 12, 15, 19—22 *petitori.* 23 *petituri.* Edd., rell. codd. *petitoris.* Ceterum 11, 20 *necessitatem.* s) 1 *quoniam si pulsatus quis.* 11, 12, 20, 23, 215 *Quodsi pulsatus his.* 13 *Quodsi pulsatus quid.* 14, Sich. *Quodsi pulsatus is.* 19 *Nisi pulsatus his.* 22 *Nisi pulsatus is.* 30 om. *si* post *Quod.* t) 6 om. *evocatus.* u) 1 *excapiat contumaces.* 22 *contumaces exibitus.* 23 *contumacis exhibitus. Sane si.* v) 215 om. *solo.* Rittersh. in m. *dolo*, impr. Ri. 14 *fuerit ius sanctae.* x) 1 *periculū. negutio observatione.* 11, 12, 19, 20 *observatione* et om. *se.* 22 *periculum n. observatione* et deest *se.* y) 22 om. *pro.* z) 19, 22 *fuerat.* a) 6 *fideiussorem praes. suae dabit.* 11, 12, 19, 20 *fideiussorem det.* 22 *fideiussore det.* 23, Sich. *fideiuss. debet.* 30 *fidei. dabis.* 16 om. *dabit.* b) Plerique codd. Sich. — Cui. 2*. Ri. Ri*. *hiis.* Go. *iis.* c) 13 om. *conveniens.* 30

propter aliquas domesticas et privatas[f] simultates, vocem appellationis emiserit, apud successorem eius sequentem mox, quas ante timuit, exserat actiones[g], ut relationibus difficultatum ac morarum[h], quas intercedere ad respondendum[i] nolumus[k], necessitas auferatur. §. 17. Nec[l] quisquam provocet[m] a praefato cognitore in caussa, cuius meritum intra centum solidos continetur. §. 18. Si forte duorum praediorum unus dominus[n] atque possessor[o] ex referto originariis et colonis agro[p] ad alterum rus[q] aliquos homines propria voluntate et[r] ordinatione transtulerit, ita id[s] maneat, ut, sive venditione seu donatione[t] seu quolibet alio modo ad diversos dominos res utraque pervenerit, translatos[u] originis iure et titulo[v] revocari non liceat. Indecorum est, auctoris[x] facta convelli, quae pro consilio suo et tractatu[y] necessaria iudicavit, cum magis deceat[z] ad eius[a] reverentiam, quae illi visa sunt, inviolata servari. §. 19. Quod autem[b] antehac promulgata lege censuimus[c], amissae temporibus originariae sobolem priori domino non perire, id in argumentum[d] trahi aperta definitione prohibemus[e]: scilicet, secundum legem ad Palladium datam[f], sobolem dividi censemus[g], quae de originario suscepta fuerit alieno, Firmine, parens carissime atque amantissime[h]. §. 20. Quare illustris et[i] praecelsa magnificentia[k] tua hanc[l] saluberrimam edictalem[m] legem, etiam pendentibus in foro negotiis profuturam, propositis vulgabit[n] edictis, ut, quanta nobis disponendae[o] quietis publicae cura sit, omnibus innotescat. *Dat. XVII.*[p] *Kal. Mai.*[q] *Romae*[r], *Herculano*[s] *V. C.*[t] *Cos.*[u] (452.)

INTERPRETATIO. *Lex ista de diversis rebus multa constituit: sed inprimis de clericis quod dictum est, ut nisi per compromissi vinculum*[v] *iudicium episcopale non adeant, posteriori lege Maioriani *) abrogatum est*[x]. *De reliquis praecepit, ut si quis laicus clericum sive*[y] *in civili seu in criminali negotio per auctoritatem iudicis ad publicum provocaverit*[z], *pulsatus sine dilatione respondeat. Episcopi etiam sive pro pervasione*[a] *rei alicuius, sive pro quibuscunque gravibus iniuriis ad iudicium fuerint provocati, licet in criminalibus caussis per alium nulli liceat respondere. Episcopis tamen et presbyteris hae lege praestatur, ut in talibus caussis misso procuratore respondeant*[b], *sine dubio ut ad eos redeat sententia iudicati. In reliquis vero criminalibus caussis, ubi de scelere persona convincenda est, suam in iudicio praesentiam exhibere procurent. Quod si tertio conventi per exsecutorem, ad iudicium venire noluerint, sententiam excipiant contumacis. Clericus si aliquem lite pulsave-*

---

conv. non debere. d) 14 *suscepto.* 19 *ac senatusconsulto iudice.* 22 *ad senatū consultū iudice.* e) 1 *inlm* (cum virgula per literam *l* traiecta) pro *ill. vir.* 15 *illustre.* 16 *ill. iudice.* 30 *inlustris vero praefecti.* 215 *inlustris viri praefecti.* 21 *urbis.* f) 22 om. *et privatas.* Be. notat „fort. scriptum fuit: *suspecto propter al. dom. et priv. simult. iudice ill. v. pf. u. R.* etc." g) 16 *quasi ante extractionis.* 22 *quas ante tenuit exerat actiones.* h) 6 *morarum ac difficultatum.* 22 *difficultate*, sed sup. lin. *difficultatum.* 1 *relationis difficultatū.* i) 12, 20 *ad respondendam.* 22 *interdicere ad respondendum.* 30 *intercredere — noluimus.* k) Cui. 1. Aur. Lugd. Rittersh. Go. *volumus*, impr. Ri. l) 15, 21 *Ne.* m) 6 *provocetur.* 11, 12, 19, 20, 22 *provocat a s. provocata.* 16 *provocat ad p̄fecto.* 23 *provocatā.* n) 6 *dominus unus.* 215 *forte quorum praediorum unus dominus.* 20 *duorum forte.* o) Cum v. *possessor* terminatur Novella in cod. 215 et sequitur interpretatio. p) 22 *uriginariis et colonis* et deest *agro.* q) 1 *ad alterum rosalu* || fol. 113[a] || *ticus quos homines.* 14 *ius.* In 6, 15, 19, 21 om. *rus*, est vero in codd. 15, 19 spatium. 22 *rusticos* et 30 *alterum vel aliquos.* r) 16 om. *et.* s) 22 om. *id.* t) 6, 13, 14, 30 *venditionis seu donationis.* 22 *si vinditionis seu donationis.* Mox 21 *utra.* Paullo post apud Rittersh. deest *dominos.* u) 14, 21, 22, 30 *translatus.* 15 *translatis.* 15, 21 *origini.* v) 11, 12, 19, 22, 23 *originis iuris et titulo.* Sich. (neque vero 22, ut Ri. Be. scribunt) *et originis et iuris titulo.* 6 om. *titulo.* x) 16 *auctori.* 22 *auctorum.* 30 om. *facta.* Ri*. *convellli.* y) 13 *concilio — iudicabit.* 22 *tractato.* Sich. — Ri*. *iudicavit. Cum.* z) 22 *doleat.* a) Sich. Cui. 1. Aur. Lugd. Rittersh. Go. *id eius.* Ri*. *ad ius.* 15, 21 *reverentia.* b) 11, 12, 19, 20, 22 om. *autem* et 6 *Quod — alieno.* 14 *antehoc.* Vid. Nov. Val. tit. XXX. c) 19 *censimus.* 30 *admissae.* d) 1 *priori dn̄o non periret. dinargument.* 22 *subolis — argumento.* e) 11 *def. prohibimus.* 22 *definione prohibemus.* Sich. — Ri*. *Prohibemus. Scilicet.* 1 om. *ut*, quod h. l. edd. et plerique codd. add. Vid. infra not. g. f) 1 *data soboli*, em. ab Am. *datam sobolem.* 22 *legem appellantium datam sobolem.* 30 *Palladio data subole.* Ri. cf. vult C. Th. V, 10, 1. g) 1, 15, 21 *censemus*; edd. et rell. codd. *censeamus.* Vid. supr. not. e. Aur. Lugd. *senseamus.* Mox 19 om. *de.* *) Cui. 2, 2* *originaaio*, sed corr. in Corr. h) Sich. *Praefecte charissime Augustorum.* 30 om. *Firmine — tua.* Ceterum Sich. Cui. 1. Cui. 2, 2* *alieno. Firmine.* i) 6, 16 om. *Quare.* 22 *Qua regibus et.* 6 *Illustris igitur.* 16 *Ill. itaque.* k) 1, 15, 21 *magnitudo*; rell. codd. maximam partem *et p̄ m̄.* l) 11, 12, 19, 30 *ac.* 14 *tam hanc.* 22 om. *tua hanc.* m) 14 *edictam.* 22 *saluberrime dictalem.* n) 11, 12, 19, 22, 30 *vulgavit.* 14 *evulgavit.* Ri*. *propsitis.* o) 14 *disponenda.* 30 *disponendi.* 19 *ut tamen nobis disponendae.* 22 *edictis at tamen novi disponendae.* Mox nonn. codd. *innotiscat.* p) 4 *VI.* 6, 9, 18, 31, 36 *VII.* 30, 32, 33, epit. Monachi *XVI.* Sic quoque L. R. U. ap. Canc., sed cod. Piper. *XV.* 22 om. *XVII.* q) 13 *Ja.* 36 *Mad̄.* 8 *XVII ū mai̅.* r) 14 om. *Romae.* s) Plerique codd. *Ercolano*; alii *Hyrcolono*, *nrcolano*; 1 *erculano.* t) Nonn. codd. *v̄ic*, aut *ūcc* s. *ūucc*, aut *viro claro.* Nonn. om. *V. C.* u) Nonn. codd. et Rittersh. *Coss.*; alii om. *Cos.* 1 *consolebus.* v) 8 — 12, 19, 20, 22, 23, 38 et multi alii codd. *vinculo.* Sich. *pro comp. vinculo* et mox *adeant. Posteriori.* *) Val. „forte *Martiani* pro Mai. in l. 13 C. de Episc. aud. quia nullam de ea Maioriani legem habemus." Similiter Jungk p. 65. Non dubito quin intelligenda sit Nov. Maioriani IX. de Episc. iud., quam vero Visigothi truncarunt. x) 13 *confirmatum est.* Mox nonn. codd. *praecipit.* y) Multi codd. *seu* pro *sive* et sic infra. 13 *seu in vinculis.* 22 *laicus* (om. *clericum*) *seu in* (om. *civili seu in*) *criminali.* z) 9 *publicaverit.* Mox nonn. codd. *sine nulla — episcopus.* a) Sich. in m. *persuasioni.* Codicum hic et ille habet *persuasione*, *prevasione*, *per uagationem*, *pervationem*, *persuasione regali cuius* et infra *episcopus tantum*, ubi 13 om. *per alium — talibus.* b) Hic et illic codices *sine dubio respondeat ut* (nonn. *et*) *ad eos sedeat sententia iudicali — ubi disceptare — in iudicium — procurent. Ut si — contumaces* et om. *Clericus.* 23 *vero causis criminalibus.*

rit, in foro illius, quem ad iudicium[c] *provocat, audiatur: si tamen pulsatus non acquieverit ad episcopi vel presbyteri venire iudicium. Quod si aliud fecerit ille, qui pulsat, defensores caussae ipsius taliter notari praecepit, ut ab omni officio et prosecutione*[d] *caussarum habeantur extranei. Nullum etiam originarium, inquilinum, servum*[e] *sive colonum ad clericatus officium iubet*[f] *accedere, neque in monasteriis recipi, ne per hanc occasionem debitam conditionem possint evadere. Nam nec corporatus civitatis alicuius, qui publicum servitium debet, nec curialis nec collegiatus clericus esse praesumat. Clericos quoque praecepit*[g]*, ut negotiationes nullatenus exercere praesumant: quod si fecerint, velut alii negotiatores, a iudicibus emendentur. De corporibus namque publicis nullum fieri defensorem ecclesiae, lex ista constituit. Quod si quis ex curia acquieverit, ut fiat defensor ecclesiae, noverit, res suas omnes curiae aut illi corpori, unde discesserat, applicandas, et se ad servitium civitatis in suo corpore revocandum. Nam et iudicem et officium eius provinciae, si eos non revocaverint, gravi, sicut ipsa lex loquitur, dicit poena feriendos. Diaconis*[g]*, qui ex curialibus vel ex quolibet corpore publico facti sunt, praecepit*[h]*, ut pro se ad agenda, quae utilitati publicae debentur, suffectos dare debeant. Quod si non dederint, ipsi ad conditionem debitam revocentur. Nam episcopos atque presbyteros non iubet hac lege constringi, nisi tantum, ut de patrimoniis suis, quae sunt Maioriani lege constituta, evidenter observent. Originarios vero vel servos, qui ad honorem ecclesiasticum adspiraverint, debere intra XXX annos a dominis revocari. Ita tamen, ut diaconus pro se vicarium, si habuerit, reddat, et omne peculium suum dominus eius usurpet. Quod si vicarium non habuerit, unde reddat, ipse ad conditionem propriam revocetur. Nam omnes clericos iubet, ut nullas alias caussas, nisi*[i] *actus tantum ecclesiasticos agant, et ut publica loca pro ecclesiarum reparatione non destruant. De successione*[ii] *quoque hoc specialiter credidit inserendum, ut, si vir uxore viva moriatur, et filios non habeat, sed aut patrem aut matrem dimittat, de sponsalitia donatione, quam fecit, medietatem sibi uxor vindicet, medietatem patri aut matri*[k] *defuncti mariti, qui superstes eorum fuerit, sine difficultate restituat. Quod etiamsi uxori talis casus evenerit, de dote, quam ab uxore maritus accepit, simili ratione, id est, medietatem parentibus, aut si unus eorum superstes fuerit*[l]*, se noverit redditurum. Quod si nec parentes superstites fuerint, nec filii, persona coniugis, quae altero supervixit*[m]*, et dotem et donationem sibi iure perpetuo vindicabit*[n]*, ita ut faciendi de his, quicquid voluerit, habeat liberam potestatem. Mulier vero, quae filios*[o] *dereliquit, si marito superstite intestata defecerit, maritus eius, hoc est pater eorum, facultates ab uxore dimissas*[p] *pro usufructu in sua habeat potestate: ita ut cum unusquisque filiorum ad vicesimum aetatis suae annum pervenerit, medietatem portionis suae sine dilatione recipiat*[q]*, et medietatem sibi pater in diem*[r] *vitae suae ad usumfructum retineat. Quod si alicui transacto vicesimo anno medietatem portionis suae dare noluerit, fructus eius medietatis, quam daturus erat, post mortem patris filius*[s] *de paterna hereditate a successoribus*[t] *eius habita aestimatione recipiat, quos patri*[u] *exigere pro sua potestate non valuit. De divortiis vero inter coniuges, sublata Novella lege, quae sunt a divo Constantio ordinata, praecepit observari. Tricennalem vero legem in omnibus negotiis ita iubet evidentius custodiri, ut omnia tempora, quae in infinitum negotia extendebant: quia diversi in quadraginta annos, diversi iurisconsultores de aliquibus rebus perpetuam fecerant*[v] *actionem; specialiter commemoravit*[x]*, ut omnia de omnibus caussis*

---

c) 22 et alii codd. Sich. Cui. 1. Aur. Lugd. Rittersh. Go. Lab. *quem in iudicium* et mox Rittersh. *acqueverit.* Mox nonn. codd. *Quod si aliter* s. *alter faceret — caussae illius.* d) Nonn. codd. Sich. Cui. 1. Aur. Lugd. Rittersh. Go. Lab. *persecutione*; alii codd. habent *excusatione* s. *excutione.* e) 28, 34, 37, alii codd. Sich. *inq. vel servum*; alii codd. habent *inq. ac servum.* f) Nonn. codd. *iubeat — occasione debita — possit evadere* (et om. *Nam*) *nec conparatus — debent nec curialis vel* (ut Sich. Cui. 1. Aur. Lugd. Rittersh. Go. Lab.) s. *ne collegiatos* s. *colligiatus* (ut Aur. Lugd. Rittersh. Go.) *clericos e. pr. clericus* (s. *clericis*) *praecipit ut negotiationis — praesumat — vel alii — de corporalibus — quis de curia — unde decesserat* (aut *discesserit* s. *discenderant*) *applicandas* (om. *et*) *— ad servitium servitutis in s. c. vocandum. Manet* (alii om. *Nam*) *iudicium — feriendus.* 23 *lex ipsa.* g) Multi codd. *Diaconus*, alii *diacones.* Sich. *diaconi.* h) In sqq. hic et ille codex *praecipit ut pro se accedam — suffectus — non crediderint* (Ri*. om. *ipsi*) *— non debet hoc — maiorani* (ut Go.; al. *Maiora*; Sich. *Maioriana*) *lege — ecclesiasticam adsciverint debere* (om. *intra*) *— dominos observentur* (s. *a domino*) *revocare — pro se si habuerit vicarium — ut nullas* et om. *alias.* Etiam apud Go. om. *alias.* Cf. Nov. Maior. tit. VII. de Curialibus. i) Fere omnes codd., etiam 8—13, 19 - 23 *nisi*; edd. *praeter.* In sqq. nonn. codd. *actos — agant* (om. *et*) *— per e. reparationem* s. *pro e. separatione non distrahant.* V. *destruant terminatur* Lab. ii) Cui. 1. Aur. Lugd. Rittersh. Go. add. *coniugis.* Sich. *hoc quoque.* k) Nonn. codd. *patri vel matri — medietate sibi uxor eius vindicet et* (etiam Sich. *vendicet et*) *medietatem — superstis.* l) 22 om. *se noverit — fuerint.* Infra nonn. codd. *superstes fuerint* (alii *superstis*, alii om. *superstites*) *— personam.* m) Nonn. codd. *supervixerint*, sed plerique, etiam 11, 12, 22, 23 *supervixit.* Edd. *supervixerit.* Deest et in multis codd. n) Nonn. codd. *vindicavit — de iis* s. *de id — liberam habeat.* 22 om. *de his.* Go. *iis.* Rell. edd. *hiis.* o) Plerique et optimi antiquissimique codd., veluti 11, 12, 19, 20, 22 et multi alii *filios dereliquit.* 23 *filios derelinqt.* Edd. *filium derelinquet*, sed Sich. *derelinquet*, et *marito* additque in m. *si* pro *et.* p) Nonn. codd. *demissas — ita ut eum unusquis — pervenerint.* Aur. Lugd. Rittersh. Go. *dimissas usurpet*, *et pro usufructu.* q) Plerique et antiquissimi codd., interque eos 11—15, 19, 20, 22, 23 *recipiat*, ut Sich.; rell. *percipiat.* §. 10 Nov. *restituat filio.* Sich. *dubitatione*, sed in m. *dilatione.* r) Nonn. codd. *in die* aut *pater sibi in d.*; in aliis om. *sibi.* s) In nonn. codd. *et mater superstiti filio et alii propinqui non fuerint.* t) Cui. 1 *successribus.* Nonn. codd. *successoribusque eius.* u) Nonn. codd. *quos pater* s. *patrem — Constantino ord. praecipit — in infinita n. extendebat — annos* (om. *diversi*) *— iurisconsultoris* (ita etiam Sich.) s. *iurisconsultore in aliquibus.* 22 *lege Novella.* Ceterum haec paullo obscuriora sunt et ab Interprete ad-

intra[y] *XXX annorum curricula concludantur, praeter, sicut de postliminio*[z] *dictum est, ut illi anni salvo tricennio captivis imputari non debeant, in quibus hostium dominatione detenti sunt. Quae tamen lex tricennalis, sicut illa tempora ad XXX annos revocat, quae amplius lites fecerant*[a] *propagari, ita reliqua, quae intra XXX annos suis quibusque locis evidenter iussa sunt observari, in omnibus praecipit*[b] *custodiri. Nam etiamsi lis intra tricennium inchoata fuerit, et non definita, quasi nec coepta*[c] *fuerit*[d], *habeatur exstincta: excepta pupillari caussa*[e], *quibus pro aetatis fragilitate, sicut lex divi Theodosii continet, constat esse consultum: ut ea tempora in tricennio non imputentur, in quibus minores sub tutorum iubentur potestate consistere. A quibus tamen, si post XXV. annum, ex eo, quo competere actio coeperat, lis fuerit contestata, quintum tantum annum supra tricennium pupillis iubet augeri. Ita ut completis XXX et quinque annis, sicut reliquorum caussae intra XXX annos, ita et eorum intra XXX quinque annorum spatia*[f] *concludantur. Pupillorum vero caussae vel lites, quae, antequam ad XXV.*[g] *annum perveniant*[h], *contestatae fuisse probantur, intra tricennium sine adiectione quinquennii modis omnibus consumantur. De petitoribus vero constitutum est, ut si petitor adversarium suum pulsatum in iudicio deferre voluerit: quem aut sub fideiussione aut cautione fecit adduci, et non festinet intra quattuor menses, in quibus tamen iudex ad audiendas caussas vacare dignoscitur*[i], *actionem, quam proposuit, debeat expedire*[k]. *Ille, quem compulit ad audientiam, observare sumptus et expensas litis a petitore recipiat, et liber abscedat: salva tamen integritate negotii illius petitoris, qui ad praesens pro tarditate sumptuum vel expensarum damna sustinuit. Nam si quis pulsatus in iudicio adesse noluerit, post trinam*[l] *conventionem sciat se contumacis sententiam subiturum: id est, ut quicquid, si adfuisset, in iudicio addicendus erat, petenti litigatori quasi victus exsolvat. Quicunque autem si de agro vel de domo*[m] *fuerit pulsatus, sine*[n] *fideiussione alicuius caveat se adfuturum esse in iudicio. Nam si pecuniam quis ab eo repetat, fideiussionem pro quantitate pecuniae dare debebit*[o], *si de hoc debito voluerit parare conflictum: tunc tamen fideiussor ab eo requiri non debet, quando pulsatus in his locis, in quibus audientia est, non minoris debiti ipsius possessiones habere probatur. Si quis iudicem pro quibuscunque caussis adversum sibi esse*[p] *senserit, aut habuerit*[q] *fortasse suspectum, vocem appellationis exhibeat, ut cum ei successum fuerit, integro negotio apud alium iudicem amotis dilationibus possit audiri. In ea vero caussa iudiciariae potestati, id est inlustri appellari non debet, in qua usque ad centum solidos fuerit iudicatum. Si quis dominus duorum fuerit praediorum, et de una possessione ad aliam, quae iuris sui est, mancipia originaria vel colonaria transtulerit, et ad diversos dominos fundus uterque pervenerit, nihil contra ordinationem domini prioris aliunde translatis mancipiis repetere aut pulsare praesumat, sed cui aut venditus, aut donatus, aut dimissus ager fuerit, in eo eum statu possideat, in quo ab auctore constat fuisse dimissum. De colonarum vero agnatione id remota ambiguitate hac lege*[r] *constat esse praeceptum, ut secundum legem, quae ad Palladium data est de colono et colona, inter*

---

iecta. v) Fere omnes codd. *faciant*; Rittersh. *fecerunt*; rell. edd. *fecerant*. 13 *f. actionem haec lex specialiter*. 22 *speciali*, sed corrig. x) Plerique codd. *commemoravit*, ut 11, 12, 22, sed 22 in m. *censuit*, ut edd. et rell. codd. y) Reposui hic et in sqq. ex codd., veluti 11, 12, 22, *intra* pro *infra*, quod in edd. est. Etiam Ri. prob. *intra*. z) Nonn. codd. *postliminium dictum est et* (alii om. *ut*) — *a* (Sich. om. *ad*) *triginta annis revocant*. Rittersh. *hostium denominatione*. a) 11, 12, 22 et multi alii codd. *faciant* et mox *videntur* pro *evidenter*. b) Nonn. codd. *praecepit* — *fuerit*, et om. *et*. Rittersh. om. *revocat* — *annos*. c) Fere omnes codd., etiam 11, 12, 23, *coepta*, recte. Vid. §. 13 Nov. 23 *concepta*. Edd. *incepta*. d) Fere omnes codd. add. *ita*, quod edd. om. Respexit interpres §. 13 cit., neque vero ibi aliam esse coniunctionem vv. perspexit. Multi codd. *stincta*. e) Fere omnes codd. *Excepto pupillares caussae*, ubi interpres iterum male intellexisse videtur §. 13 cit. In sqq. hic et ille codex *Theudosii* — *consultum* (om. *ut*) — *inputetur* — *sub tuorum* (etiam Go. *tuorum*) — *annum et ex eo quod* — *quinque tantum annos* (nonn. om. *annum*) *super tricennio pupillis sic iubeatur* — *triginta* et om. *et*. f) Sic plerique codd., etiam 11, 12, 22, 23, nisi quod nonn. *spatio* et (ut 11) *in* pro *intra*. Edd. *XXX et quinque* (om. *annorum*) *spatium*. Nonn. codd. *compleatur* pro *concludantur*. Mox Cui. 2, 2* *ut* pro *vel*; deest etiam *ad* in multis codd. g) Sich. Cui. 1. Aur. Lugd. Rittersh. Go., neque vero 22, ut Ri. scribit, *XXX et V*, impr. Ri. h) Nonn. codd. *pervenerant* — *intra tricennio* — *quod si petitor* — *differre noluerit* — *aut causatione* — *tam iudex*. i) Fere omnes codd. *dignoscitur actionem*. Sich. *cognoscitur, actionem*. Rell. edd. *cognoscitur* — *ut actionem*. §. 14 Nov. *constituerit iudicem caussas alias cognovisse*. k) Nonn. codd. *debeant experire* sive *expetere* — *sumptos* (om. *et*) — *lites a pet. accipiat* (*accipiat* habent etiam Sich. Aur. Lugd. Rittersh. Go.) *et liber* — *tarditatem* — *sustinuit* et add. *quasi petenti litigatori vectus* s. *victus exsolvat*, quae vv. paullo infra repetuntur. l) Multi codd. *tertiam*. Edd. *trinam*. Nonn. *coniunctionem*. Vid. Tractatum de Trina conventione, quem inveni in nonn. codd. et Wenckius ex schedis meis ed. in Hauboldi Opp. T. II, p. 910 — 912. Mox nonn. codd. *vectus* pro *victus*. m) Ita fere omnes codd., sed nonn. ut 11, 23, *vel domo*. Edd. *Sive de domo vel de agro fuerit pulsatus*. n) Male 11, 12 et alii codd. *sub*. Vid. supr. §. 15 *cessante fideiussionis necessitate*. Mox edd. *adfuturum se esse*. In nonn. codd. deest *in* post *esse*, alii *iudicium*. o) Sic plerique et optimi codd.; edd. *repetit et fideiussionem* (nonn. codd. *fideiussorem*) *pro quantitate pecuniae, unde pulsatur, dare debet* — *tamen ab eo fideiussor requiri non debebit*. Nonn. codd. om. *in* ante *his*, alii habent *possessionis*. p) Edd. om. *esse*, quod v. plerique codd. habent. q) In sqq. hic et ille codex *forte* — *exhibuit ut cum eo* (s. *eis*) *s. f. integrum negotium* — *motis* — *potestatis* (etiam Sich. *potestatis*. Go. *iudicariae*) *id est industriae* — *praediorum* (om. *et*) *de* — *ad aliquam* s. *aliam qui* — *trigenaria vel* (ita 23. Rittersh. *Originari vel*. Go. *voluntaria* pro *colonaria*) — *fundos* — *sed cum aut* (s. *sed aut cui*) *vendet aut donet aut commissus* — *in eo cum* (etiam Cui. 2, 2* *cum* pro *eum*. Alii codd. *in eo enim*) *statuto* (s. *statum*) — *ab actore* — *dimissū* (s. *perceptu*) *de colonorum*. r) Vv. *hac lege* des. in edd. Nonn. codd. *p̄ceptū* — *de colonis* *duos dominos dividatur agnatio, id est, ut coloni dominus duas partes filiorum, et*[s] *tertiam colonae dominus sibi debeat vindicare. Quae vero actiones perpetuae fuerunt*[t], *et ad tricennium revocatae*[u] *sunt, placuit annecti, id est, hereditatis petitio, si tamen ab auctore, cui competebat, fuerit inchoata finalis actio, homicidii, furti, tutelae gestae, de fugitivis, de curialibus, vel de collegiatis revocandis, empti, venditi, locati et conducti, negotiorum gestorum, mandati, pro socio*[v].

TIT. XXXV. DE SUARIIS, BOARIIS ET PECUARIIS[a].

1. *Impp. Valentinianus et Marcianus AA. Firmino Pf. P. et Patricio*[b]. Non miramur, inter[c] bellicas curas et obstrepentes lituos ordinatione[d] magnifici[e] viri parentis patriciique nostri Aëtii[f] formam publicae dispositionis in meliorem statum fuisse mutatam[g], cuius sollicitudini[h] facillimum effectum praestitit amplitudinis[i] vestrae in aeternum consulens laudanda provisio, quae sacrae urbis privilegiis et administrantis providentia[k], et optimi civis affectione[l] subvenit, et iamiamque[m] occidui corporis functionem[n] ita salubri dispositione*) constituit[o], ut remotis dispendiis nunquam defectum virium[p] devotio servientis[q] incurrat, quippe cui et permutatione provinciarum et exactionis qualitate et pretii moderata adaeratione[r] prospexit, Firmine, parens carissime atque amantissime. §. 1. Unde[s] illustris[t] et praecelsa magnificentia[u] tua pragmatici[v] nostri tenore comperto[x] sciat, secundum saluberrimam suggestionem[y] suam, quae ex magnifici viri parentis patriciique[z] nostri Aëtii[a] dispositione processit, patronis corporis suariorum[b] intuitu sacrae urbis Romae in primis hoc beneficium debere praestari[c], ut, delegatione[d], quae his intra provinciam[e] Sardiniam praebebatur[f] (de qua propter incertum navigationis illatio fluctuabat), ad ar-

---

Tit. XXXV. 1, Zir. in ind. titt. Am. *Tit. XXXIII.* 2—5, P. P[a]. P[b]. in ind. titt. *Tit. XXXIX.* 6 *Tit. XXXIII.* Cui. 1. Aur. Lugd. Rittersh. Go. *Tit. XV.* Ad Cui. edit. referenda sunt, quae apud P. P[a]. P[b]. in ind. titt. leguntur: „*edita inter easdem Nov. XV.*" P. in edit. *Tit. XXVII.* Nov. Th. et Val., err. pro *XXXVI.*, quem numerum P[a]. et P[b]. habent. Cui. 2, 2*. Ri. Ri*. *Tit. XXXVIIII.* Nov. Th. Be. *Tit. XXXVI.* Cf. Nov. Th. tit. IV, not. sup., praefatio not. 156, et Nov. Val. tit. II, XIII, XIV. Commemoratur a Cui. in Comm. c. 2 Cod. Iust. de Suariis (XI, 16) l. c. p. 355. C. Th. XIV, 4. — N. 1. Codd. edd. *N.* 1 s. *un.* Be. add. (*LXXIX.*), id e. omnium Novell. in Be. ed. De cod. 3 vid. §. 8, not. *d.*

---

et colona. s) Copulam, quam plerique et antiquissimi codd. habent, om. edd. et omitti potest. Nonn. codd. *et tertia.* t) Ita fere omnes codd.; edd. *fuerint.* u) Nonn. codd. *provocatae — petitionis* (s. *pretio*) — *actore* (etiam Sich. *actore*) *cui — de fugitivis* (Cui. 2, 2* *sugitivis*) *et de curialibus — mandare* (s. *mandaret*) *pro socio.* v) In codd. Br. Al. diversis formulis terminatur liber Legum Novellarum Valentiniani: *Expl. Novellarum D. Valentiniani; Expliciunt Novell. Divi Valentiniani Aug.*; *Legum Novellarum D. Valentiniani Aug. Finis*, ut Sich. etc. Pauci add. *II.* In cod. 22 multa vv. cum interpretatione huius Novellae uno tenore cohaerent; adduntur enim nonnulla ex §. 7 tit. I. Novv. Martiani; deinde principium et rubrum tituli illius, tum pars §. 3, 4 et 5 eiusd. Novellae; postea sequitur omissis tit. II. et III. pars tituli IV. Nov. Martiani et annectitur Novella I. Martiani, ita tamen ut rubro eius legis siglum adscriptum sit *Interpret.* et add. inscriptio et pars principii Novellae. Post illius subscriptionem scripta est formula: *Explicit Novellarum Divi Valentiniani III. augusti. Incipit Novellarum Divi Marciani Augusti liber.*

a) 6 *De Suariis et Boariis*, om. *et Pecuariis.* P. ms. P. P[a]. P[b]. in ind. titt. et P. in not. P[b]. in m. *Pecorariis.* 4 *Pecoariis.* Mendose Go. *Pecuniis.* b) 1 *p̄* pro *Pf. P.* 4, 5, Cui. 1. Aur. Lugd. Go. om. *et Patricio*, sed Go. *Firmino p. p.* [*Italiae*]. Be. in not.: „fort. idem simul urbi praefuit." Edd., except. Cui. 1. Aur. Lugd. Go., *Marc.* P. in not. P[b]. in m. *Marcianus.* c) 4 *in bellicos.* d) 4 *ordinationē.* e) Ita 1; rell. codd. et edd. *viri magnifici.* Go. *parentes.* f) 4 *eti formam poplici.* 1 *aeti.* g) 4, 5 *mutatum*, corr. in 5 *mutatam.* h) 4, 5 *sollicitudine*, corr. *sollicitudini* in cod. 5. i) 4 *amplitudine.* Mox Rittersh. *laudandae.* k) 4 *providentie.* Val. *providentiâ.* 5 *providentiae*, ut Cui. 1. Aur. Lugd. Go. 6 om. *et.* Aur. Lugd. Go. *administrandis.* l) 4 *optimi cuius affectionē.* 5 *optimi eius vis affaectioñ.* Cui. 1. Aur. Lugd. Go. *adfectioni.* m) 4 *subveniat etiam iamque.* 5 *etiam iamque*; videtur in cod. 5 v. *iam* deletum esse punctis. n) 4, 5, Aur. Lugd. Go. *iunctionem.* Cui. 1 *iūccionem.* *) 4 *dispositionē.* o) 1 *constituet.* p) 4 *iuriū.* q) Cui. 1. Aur. Lugd. Go. *inservientis.* r) 1 *cui et pmutatione provinciarum et exactionis qualitate et pretii moderata adaeratione.* 2, 4 (sed hi omiss. comm.), P. P[a]. P[b]. Cui. 2, 2*. Ri. Ri*. Be. *cui per mutationem provinciarum, exactionis qualitate* (in m. cod. 2 *aequalitate*, sed del. a P.) *et pretii moderata ad.* 5 *cui per mutatione provinciarum exactionis qualitate et pretii moderatae adaeratione*, corr. a sec. man. *adaerationis.* 6 *cui per mutatione* etc., ut 2. Cui. 1 *cui perimitationem* etc., ut 2. Aur. Lugd. Go. *cui per imitationem provinciarum exactionis qualitate ex pretii moderata adaeratione.* Rittersh. *cui permutationem provinciarum, exactionis qualitate et pretii adaerata moderatione prospex.* Ri. displicet *per imitationem*, sed etiam quod ipse edidit, emendat igitur *per nutationem*, i. e. *defectum virium*, ut paullo ante dictum est. Hanc fuisse caussam moderatae pretii adaerationis. Confirmari hoc iis, quae infra dicuntur: „*plurimum in reliquis habere probantur.*" Sed *mutationis* v. est in omnibus codd.; latet etiam in Cui. 1. Aur. Lugd. Go. edd. scriptura; praeterea de mutatione provinciarum sermo est in §. 1. Recepi cod. 1 scripturam; sequitur *exactionis qualitate, pretii adaeratione.* s) 2 *p̄k̄ā* et om. *Unde.* Etiam 4—6 om. *Unde.* Cui. 1—Ri*. *P. K. A.* et om. *Unde.* Vid. not. sq. Be. rest. *Unde* ex 1. t) 6 *Inlustris igitur.* 2 *inlustras*, corr. a P. u) 1 *magnitudo.* v) Cui. 1 *pragmitici.* x) Cui. 1. Aur. Lugd. Go. *confecto.* y) 2, 4 *suggessionem*, sed corr. est in cod. 2. z) 5 *parentes patriciiquae*, sed corr. est a sec. manu. a) 1, 5 *aeti.* 4 *eti.* b) 1 *patronis corporis intuitu*, om. *suariorum.* Cui. 1. Aur. Lugd. Go. *patronis et corpori.* 5 *suap* (videtur deleta esse una litera) *riorum* et add. *i* supra *a* syll. *suap.* c) 4 *praestare.* 1 *praestare debere*, sed Am. em. *praestari.* d) 1, 2, 4, 5, edd. *delegatio.* Ri. em. *delegatione*, recte et consentiente cod. 6. P. in m. cod. 2 tenta *legatione.* e) Cui. 1. Aur. Lugd. *intra provinc.* * * *provinciis sub* et excid. *Sardiniam — cum aliis.* Ita etiam Go., nisi quod post *provinc.** lacuna in medio versu incipit et maiorem ambitum habet. f) 4 *praebeatur.*

cam praetorianam reducta, cum aliis provinciis sub refusione [g] universorum titulorum (qui dispersi antehac [h] plurimum in reliquis habere probantur [i]) de vicinis provinciis, id est [k] de Lucania [l] sex millia quadringentorum, Samnio quinque millia quadringentorum [m], Campania MDCCCCL solidorum [n] debita emolumenta oporteat [o] decerni. §. 2. De boariorum etiam vel pecuariorum praestatione nongentos quinquaginta solidos exactos [p] sibi noverint profuturos: centum millia aequi ponderis porcinae [q] de interpretiis [r] iuxta priora constituta praebeant [s], ducentena quadragena [t] pondo ad solidos secundum promissionem [u] suam illaturi [v], quoniam certa emolumenta [x], amota solita dubitatione, percipiunt, ita [y] ut centum quinquaginta diebus obsoniorum praebitionem sine ulla caussatione [z] singulis annis a se noverint procurandam [a], quae quantitas in tricies sexies centenis viginti octo millibus libris [b] cum duarum decimarum ratione colligitur [c]. §. 3. In ipsorum autem patronorum sit arbitrio [d] constitutum, utrum per praetorianum officium, adiunctis ei quinque de [e] corpore suo, quos elegerint, quibus ducenariae militiae honorem praeberi [f] iubemus, an per suos tantummodo, ne forte onerosi sint apparitores [g], id ipsum munus velint [h] exactionis impleri, non exspectata deinceps praetorianae sedis annua delegatione, quae [i] hactenus servabatur. §. 4. Nec ante [k] quicquam de Lucania Samnioque [l] provinciis arca praetoriana deposcat, quam suariis exigentibus debitum [m] omne solvatur [n]. Moderatores provinciarum eorumque [o] officia sub periculo [p] facultatum suarum diligentiam [q] et efficaciam huic operi commodabunt, ut ea ipsa, quae [r] providimus [s], facilius impleantur. §. 5. Baonio [t] priori corporis cum dignitate lege concessa etiam cingulum militiae iubemus adiungi, quo [u] in rebus ordinandis sub privilegio militari maior huic auctoritas suffragetur; quod circa successores eius venientes per ordinem volumus custodiri. §. 6. Quos [v] ad nullum aliud praeterea [x] onus convenit devocari [y], nisi ut [z] huic officio vacantes, a ceteris habeantur immunes [a]. §. 7. Suarios ipsos nullius apparitionis neque iniuriae [b], neque dispendiis subiacere, manentibus circa eos, quae superiora scita sanxerunt. §. 8. Obnoxias [c] sane suario [d], boario et pecuario corpori personas ad debita praecipimus cum agnatione *), peculiis et praediis onera revocari, amotis [e] omnibus, quae sibi contra

---

g) 1 *sub refusionem*, ut Cui. 1. Aur. Lugd. Go. h) 1 *antea.* i) 1 *probabantur.* 4—6, Cui. 1—Lugd. Go. *probatur.* 6 *in reliquum pr. haberi.* k) 4 *divitiis* (pro *de vicinis provinciis*) *id est.* 6 om. *de.* Aur. Lugd. Go. *i.* pro *id est.* l) 4 *de lunia ex milia quadr.* 1, Cui. 1—Ri*. *quadrigentorum*, sed Cui. 1. Aur. Lugd. Go. *de* (omitt. in Aur. Lugd. Go. *de*) *Lucania Aemilia quadr.* P. in not. et P [b]. in m. *Sic vet. Cod. alias*, *Aemilia.* m) 1 *quadrigentorum.* 4, 5, Cui. 1—Ri*. om. *Samnio—quadringentorum.* n) 1 *campinia . milli* (Am. em. *mille*) *n̄gentos . quinquaginta sold̄* ||fol. 114 [a]|| *sex actus* (Am. *exactus* et em. *exactos*) *sibi noverint*, et om. vv. *debita—solidos*, duo igitur vel tres versus. 5 *campaniam* (a sec. man. supra add. *de* et corr. *campania*) *millae nonagintorum quinquaginta solidorum.* Rittersh. *Camparia.* 2 *debite*, P. corr. *debita.* 5 *emulamenta.* o) 2, 4, 5, Cui.—Ri*. *oportet.* 6 *oportere.* P. in cod. 2, Ri. em. *oporteat*, quod Be. rec. p) 4 *vel pecuniarū praestationē n. q. solidorum exacto.* Aur. Lugd. Go. *exacto sibi noverit.* P. P [a]. Cui. 2, 2*. Rittersh. P [b]. Ri. Ri*. *noningentos.* q) 1 *profuturus cento milia . equo ponderes porcinae.* 4 *eque ponderis portionē.* 5 *aequae portione*, corr. *aequi.* Cui. 1 *portionē.* Aur. Lugd. Go. *portionem.* Rittersh. *portionis*; rell. *portione.* Ri. em. *portiones*, quod quidem inest in cod. 4 scriptura. Restitui cod. 1 scripturam. 6 om. *centum—illaturi.* r) 2, P. P [a]. Rittersh. P [b]. *de interdictis pr̄etiis*, sed P. in not. et P [b]. in m. P. ms. em. *de interpretiis*, quo v. utatur etiam Cassiod. Var. epist. II, 26. Vid. Ri. ad h. l. not. *n*; Go. ad C. Th. XIV, 4, 4. 4 *iusta.* 5 *inter praeciis iusta*, sed em. *iuxta.* Go. *iuxa.* Haec constituta non inveni. s) Ri. legi vult *habeant*, sed omnes codd. habent *praebeant.* t) 1 *ducena* et om. *quadragena.* 2, P. P [a]. Cui. 2, 2*. Rittersh. P [b]. Ri. Ri*. *ducentena quadraginta.* u) 1 *pondo ad solidum . secundā promissionē.* 4 *pondus ad solidor* (cum virgula per literam *l* traiecta) *sec. promissione.* 5 om. *promissionem.* Cui. 1. Aur. Lugd. Go. *pondus ad solid. secundum.* v) 6 *ut quoniam.* x) 1 *certe molum̄ta.* 4 *dubitationē.* y) 6 om. *ita ut.* z) 6 om. *ulla caussatione.* 4 *causationē.* a) 6 *a se noverint procur. singulis annis quae.* b) 1 *in tricies. sexies centinis. XXVIIII milibus libris.* 4 *tricies sexies centis.* 5 *tricies sexes* (corr. *sexies*) *centenis.* Cui. 1 *tricies*, *sexties*, *cēties* etc. Aur. Lugd. Go. *tricies sexies*, *centies* etc. Ri. Ri*. Be. om. *sexties.* c) 1 *cum duarum decem marū racione colligitur.* 2 *collegitur*, corr. a P. d) 1 *arbitri.* P. *constitum.* Paullo post apud Ri. Ri*. deest *per.* e) Cui. 1. Aur. Lugd. Go. *adiuncti ei, quique de.* 4 *quinque quinque de.* f) 1 *p̄bere*; Am. em. *p̄beri.* 2 *ducenariae milie* (corr. a P. *militiae* et om. *honorem*) *pr.* 4 *ducenarie miliae* (om. *honorem*) *pr.* 5 *decenariae miliae* (corr. *militiae* et om. *honorem*) *pr.* Cui. 1—Ri*. *ducenariam militiam praeberi.* 6 om. *quibus—praeberi iubemus.* g) 1 *tantummodo nene forte—adparitoris.* h) 2 *id i. m. vel inter*, sed corr. a P. *velint.* 4 *ad ipsum munus velint.* 5 *in ipsum munus vellint*, sed corr. *velint.* Etiam Rittersh. *in ipsum.* 6 om. *ipsum.* i) 4 om. *quae.* k) 5 *Non ante.* l) 1 *somnioque.* 4 *samnique.* Cui. 1. Aur. Lugd. Go. *Samique.* 5 videtur habere *bucania.* m) 1 *soariis exegentibus debetum.* 5 *exgentibus.* n) Cui. 2, 2*. Ri. Ri*. *salvatur*; Rein. corr. *solvatur.* 5 *maderatores propuinciarum*, utrumque em. a sec. man. o) 6 *earumque.* p) 1 *sub periculū.* q) 4 *diligentie.* r) 4 om. *quae.* s) 5, 6 *providemus.* t) 1, 4—6, Cui. 1. Aur. Lugd. Go. in m. Cui. 2, 2*. in m. Rittersh. (ubi vero err. scriptum est *Barnio*, quod iam in textu est rec. ex P [b].) *Baonio.* 2, rell. edd. *Barnio.* Restitui *Baonio.* Vid. infr. §. 9, not. *i.* Rein. ann. *Handwerksmeister.* Praeterea 5 *prior*, sed corr. *prius*, ut videtur. u) 4 *quod.* 5 *quo rebus*, sed supr. lin. add. *in.* v) 1 *quod.* 5 *qđ*, corr. *quo* a sec. man. Cui. 1—Lugd. Go. *subfragetur.* x) 4, 5 *praetereat*, sed corr. in 5. Cui. 1. Aur. Lugd. Go. om. *aliud.* y) 2, P. P [a]. Rittersh. Cui. 2, 2*. P [b]. Ri. Ri*. *revocari.* z) 1 add. *ut*, ni fallor recte. In rell. codd. et in edd. deest *ut*, quare Ri. cj. *sed—habeantur* aut potius *nam—habentur.* a) 1 *habeantur inmunus*, sed Am. em. *immunes.* 2, 4, 5, Cui. 1—Ri*. *habentur inmunes*; corr. *habeantur* in cod. 5. b) 1 *suarius ipsus nullius adpatriciones.* 4 om. *nullius.* 5 *nullus* (corr. *nullius*) *apparationis — iniurae*, corr. *iniuriae.* Cui. 1. Aur. Lugd. Go. *Suarios ipsius apparitionis*, impr. Ri. c) 2 *obnoxios.* d) 3 habet sola vv. *suario—revocari.* 6 add. *et* post *suario.* 4 *peccario.* *) 5 *p̄cepimus cum agnationem*; corr. *agnatione.* e) 1 *honerare vocare amotis.* 2 *onerare vocari amotis.* 4 *honera revocare conmotis.* 5 *honerare vocari. ammotis*, corr. *amotis.* Edd. *remotis.*

leges [f] praesumptio et ambitio [g] vindicavit. §. 9. In quibus exsequendis [h] memoratus Baonius [i], vel successores eius fidelem operam commodare debebunt, quo statutis [k] nostris congruus [l] praestetur effectus [m]. Devotos enim ob hoc non solum provisione, sed etiam honore [n] duximus adiuvandos, ut splendidiores [o] in ministerio urbis aeternae [p] semper invigilent, suisque compendiis [q] aestiment [r] aggregari, quicquid iugis [s] procurarit [t] illatio. *Dat. III. Kal. Iul. Romae* [u], *Herculano* [v] *V. C.* [x] *Cos.* [y] (452.)

Reposui *amotis.* f) Cui. 1. Aur. Lugd. Go. *legem.* Vid. C. Th. XIV, 4, 10. g) Cui. 1. Aur. Lugd. Go. om. *et ambitio.* h) 4 *exigendis.* i) 1, 4—6, Cui. 1. Aur. Lugd. Go. in m. Cui. 2, 2* et Rittersh. *Baonius*; 2 et rell. edd. *Barnius.* Vid. supr. not. *t.* Praeterea totus locus in Cui. 1. Aur. Lugd. Go. mutatis vv. et omissis ita scriptus est: *Baonius prior corporis eius fideliter * praestetur,* sed om. a Go. asteriscus. 6 *et* pro *vel.* k) 1 *cōmodate . debebunt.* (om. *quo*) *statutis.* 4—6 *debebunt ut* et 4, 5 *institutis.* Non interest, utrum scribatur *quo* an *ut.* l) 4, 5 *congruis*, ut Rittersh. m) 2, P. Cui. 1. Aur. Lugd. Cui. 2, 2*. P [a]. Rittersh. P [b]. Go. Ri. Ri*. *affectus,* male; cf. init. h. Nov. 4 *debotus.* 5 *debotos,* sed corr. n) 1 *honorem.* Ante 4 *provisionē.* o) 4 (a sec. man.), 5 *splendoris.* Rittersh. *et splendidiores.* p) 6 *eternae urbis.* q) 1 *inpendiis.* r) 1, 4 *extiment.* 2 *existiment.* 5 *stiment*, corr. *estiment.* s) In cod. 1 in extremo fol. 114 [b]. exc. syllaba *gis* verbi *iugis.* 6 *quicquid iuris.* t) 5 *procuraret*, sed corr. *procurarit* a sec. man. 6 *procurare.* u) 5 *romā.* v) 1, 2, 5, 6 *Hercolano.* x) 4 *v̄ic.* 5 *coñs.* y) In cod. 1 add. (fol. 115 [a] med.) *explic. feliciter am̄* et sqq. *Tituli Legum Novellarum Divi Maioriani augusti.*

LEGUM NOVELLARUM

DIVI MAXIMI A.[a]

FRAGMENTUM DE SUMMA SILIQUATICI[b].

— — — Humanitati[c] concidemus[d] si recusaverint[e] admittetur: quid autem de concessa[f] sibi condicione ubium singularē[g] maticiae[h] obieccione viri p̄feritur prepter[i] pullata nobis coria ꝑquaeret[k] cuius ad omnis ꝓvincies nostre[l] serenitatis aedicto mox scripta remiscitis[m].

In cod. Vatic. 1023 fol. 1[b] haec scripta sunt: „*In Christi No | mine Incipiunt | Sententiae Cum Diebus | Et Consulibus Excerptae | Cum Interpretationibus | Libri Legum Ex Corpore Teo | dosii. Ipsius Teodosii sunt Libri XVI. | Novellarum cum auctoribus eorum id est | Valentiniani Martiani Maiurani | Severi* MAXIMI *Lib. V. | Hic in finem istorum et ante | initium Gagi arborum iure | require | Gagi Liber I. | Pauli Sententiarum Libri V. | Gregoriani Lib. I. | Hermogeniani Lib. I. | Papiani Lib. I. | Anthemi Lib. I.* || Fol. 2[a] || *Fiunt insimul veterum ac novellarum libri legum. XXXI.*“ Eadem vv., sed paullulum mutata, leguntur in cod. Reg. Par. 4412 fol. 8[a]: „*Incipiunt Sententiae Cum Diebus | Et Consol̄. Excerpte Cum Interpretationi | Bus Libri Legum Ex Corpore Theudosii | Ipsius Theudosii Sunt Libri XVI. | Novellarum Libri Cum Auctoribus Eorum Id Est | Valentiniani | Martiani | Maiuriani | Severi |* MAXIMI *| Sunt Libri Quinque Insimul | Hic In Fine Istorum | Et Ante Inicium Gagy Arborem Iure Require | Gagy Libro I | Pauli Sententiarum Libri V. | Gregoriani Libri I | Hermogeniani Libro I | Papiani Libro I | Antimi Libro I | Fint Insimul Veterum Ac Novellarum Libri Legum | XXX Et Uno |* . In indice titulorum codici Fuldensi praemisso Gregoriani atque Hermogeniani codd. titulos et Papiniani fragmentum sequuntur: a) *II* (tit. II. Novv. Severi) *de reorum custodia*; b) tituli Martiani; c) tituli Martiani (leg. *Maioriani*); d) titulus Novellae I. Severi. e) *Incipiunt Tituli Divi Maximi | De Summos laquidi | I. Humanitati concidemus* || fol. 14[a] || *Expliciunt Tituli Maximi |* ; f) Tituli Novellarum Anthemii, quibus additur: „*Explicit ad integrum | scintilla de libro | legum*“ et posteriore manu saec. X. interpr. c. 18 C. Th. de Accusat. et inscr. (IX, 1). In tribus igitur codicibus Novellarum Maximi mentio fit, ita tamen ut in Fuldensi (fol. 132[b] et 133[a]) unius Novellae fragmentum sit, id quidem misere corruptum, in reliquis omittatur. Inesse in codice aliquo Vaticano Maximi Novellas innotuit ex Montfauconii Bibliothecarum T. I. p. 38. Verba illa codicis Vaticani 1023 transscripsit Ruggerius communicavitque cum Zirardino, quem vid. l. c. p. 29 sq. et p. 421 sqq.; eadem vv. usque ad *Maximi Lib. V.* ex eodem codice habet Amadutius l. c. p. XXXVIII. sq., quem praeterea vid. p. 50, not. 2. Apographum fragmenti codicis Fuldensis dedi amicissimo STIEBERO, a quo in Hauboldi Opuscc. Acad. T. II, p. CLIV. editum est. De qua re agat, incertum quidem est, consentio autem cum Stiebero, de Siliquatico agi. Siliquarum mentio fit in Nov. 2 Th. tit. XXII. de Bonis decur.; Nov. Th. tit. ult.; Nov. Valent. tit. XXXIII. de Praediis pist.; Nov. Maior. tit. VII. de Curialibus (ubi *siliquaticum* commemoratur); etiam ex C. Th. aliisque iuris locis v. *siliquae* nota est. Vid. Stieber. l. c. p. CLV. et Dirksen. Manual. Latin. v. *Siliqua*. Quin exstiterint Novellae Maximi imp., dubitari non potest, quae si ad nostram memoriam pervenissent, ponendae essent post Valentiniani Novellas; nam Valentiniano III. occiso anno 455 Maximus successit, sed post aliquot menses obiit, antequam Martianus Orientis imperator mortuus est. Quod in codicibus ultimo fere loco Maximus est, non obstat; locus enim Novellas Maximi a libris Novellarum, quos Visigothi adhibuerunt, abfuisse quidem, sed a librariis appendicis loco, sicut Anthemii leges additas esse demonstrat. Verum eas extra libros illos superfuisse certum est; aliter enim librarii neque Maximum imperatoribus iis, quorum Novellae superessent, adnumerassent, neque legis alicuius fragmentum transscribere potuissent. Dolendum est fragmentum Novellae Maximi ita corruptum esse, ut sententia apta restitui nequeat. Edidi igitur, prout singula verba scripta sunt in codice, quae emendarem posui in notis. Solum libri et tituli rubrum mutavi.

---

a) Index codicis *Incipiunt Tituli Divi Maximi*, sed fol. 132 *Tituli Dui Maximo*. b) Index codicis *De summos laquidi*; fol. 132 *De Summo Silaquadio*, sed litera *a* post *l* aperta est et *u* similis (*siluquadio*). Eodem modo *a* in v. *recusaverint*, *admittetur*, *singularem*, aliis picta est. Stieb. *De Summo Siliquadio*. c) Ita in indice codicis; altero loco, ubi fragmentum ipsum est, et apud Stieberum *humanitate*. d) Leg. *concedimus*. e) Hic multa excidisse puto. Post syllabam *re* novus versus incipit et in sequentibus post vv. *quid*, *condicione*, *maticiae* (ubi fol. 132[b] terminatur et sequens fol. incipit), *prepter*, *cuius*, *serenitatis*. f) Incertus sum, utrum in codice scriptum sit *concesso* an *concessa* s. *concesse*. Stieb. ed. *concessa*. g) Leg. *urbium singularum*; nisi in vetusto codice scriptum erat *ob vim singularem*. Stieb. ed. *singularem*. h) V. incerta. Scripsi, quod ductus literarum codicis scribi iubent, nam prima specie facile aliquis leget *muticiue*. Quid si *materiae* scriptum fuisse dicamus? nam literae *ic* post *t* imperfectae videntur esse. i) Stieb. *praefertur*. An *praefecti praetorio*, aut *praefecti praeter* s. *profertur*, *propter*. Hoc malo, etsi facile quis legeret *preptes*. Leg. igitur fortasse est: *Quid autem de concessae* (s. *concessa*) *sibi conditione ob vim singularem materiae obiectione viri profertur*, *propter* etc. Si legitur *preptes*, latere in hoc v. puto *praeceptis* reponendumque: *quid autem de concessa sibi conditione urbium singularum materiae* (an *muti sive?*) *obiectione* (exciderunt nonnulla) *viri* (exc. *illustris*) *praefecti praetorio praeceptis pullata*. k) Leg. *perquiret* et add. *is*. l) Leg. *ad omnes provincias nostrae*. Stieb. *a domnis — serenitatisue dicto — remiscitur*. m) Leg. *edicta* (om. est *solenni*) *more scripta remittitis*, aut *edicto mox scripta remittitis*. Referendum est *remittitis* ad magistratum, cui lex inscripta erat.

LIBER
LEGUM NOVELLARUM
DIVI MARTIANI A.[a]

TIT. I. NEMINEM EXHIBERI DE PROVINCIA AD COMITATUM, NISI AD RELATIONEM IUDICIS[b], A QUO FUERIT APPELLATUM[bb].

1. *Impp. Valentiniani et Martiani*[c] *AA. Edictum*[d]. Multa remediorum genera nostrae clementiae, provincialibus suis prospicere gestienti[e], et crebra cogitatio suppetit[f], et ipse rerum usus apportat. Nam cum venalem iudicum[g] ambitum radicitus amputasset[h], et ad res privatas vel publicas sincerissime gubernandas homines spectandos[i] atque consultos traxisset[k] invitos, sciens quippe, felicem fore[l] rem publicam, si a[m] nolentibus et actus publicos repulsantibus regeretur[n], cogitanti nostrae pietati statim occurrit[o], quonam modo possint[p] longi itineris intervallo et enormibus[q] sumptibus legitimo egentes auxilio liberari. Videtis enim agmina[r], videtis catervas adeuntium[s] infinitas non solum a[t] finitimis provinciis, verum extremo orbis[u] Romani limite confluentes[v], et adversum suos adversarios conquerentes[x]. Quod profecto nullatenus accidisset[y], si in locis integritas vel severitas iudicum floruisset. Et[z] ne igitur huius modi flagitia etiam ulterius[a] porrigantur, ne quis desertis laribus[b] suis aut certe[c] dulcibus pignoribus per incognitas mundi partes diutius pervagetur, hoc consultissimo edicto statuendum pariter[d] et omnibus declarandum pietas nostra decernit.

Tit. I. Martiani Novellae desunt in codd. 1, 2 et edd. P. P[a]. P[b].; supersunt igitur in iis codd., quorum potissima pars Breviarium Alarici est: 3, 4, 6, 8—38, 41 et partim 40; in edd. Sich. Cui. 1. Aur. Lugd. Cui. 2, 2*. Rittersh. Go. Ri. Ri*. Be., in quibus libris omnibus hic titulus primus est. Vid. Nov. Val. tit. XXII, pr. not. *t*. — N. 1. Codd. edd. *N.* 1 s. *un.* Be. add. (*LXXXI.*), id est omnium Novellarum in Be. ed. L. R. B. tit. XXXIII. Ep. II. Felicis I. P. (Knust l. c. p. 60) et ad Interpr. Ep. II. Iulii P. (Knust l. c. p. 69). Decr. Grat. cau. III, qu. 6, can. 16 et 17. C. Th. I, 19, 2. Cod. Iust. VII, 51, 4. Bas. IX, 3, 68. Integra cum interpr. est in codd. 11—21, 23, 25; omnia praeter interpr. des. in codd. 3, 41; inscr. et textus in codd. 4, 8—10, 24, 30; textus et subscr. in cod. 35; subscr. et interpr. in cod. 26; solus textus in codd. 27—29, 31—34, 36—38; in cod. 22 ipsius Novellae fragmenta tantum adsunt cum inscr., subscr. et interpr. Vid. interpr. Nov. Val. tit. XXXIV, not. *v*; infra pr. not. *e*; §. 3, not. *s*; §. 5, not. *; §. 7, not. *g* et *z*. Intra ann. 450 et 455 incid. c. 10 Cod. Iust. de Metatis (XII, 41) et c. 2 Cod. Iust. de Praet. (XII, 2).

---

a) Codd. *Incp̄ Divi* (*D.*) *Marciani A.* (et om. *Novellae*, quia antec. *Finiunt* s. *Expl. Novellae Valentiniani*) s. *Incp̄t Novllr Divi Martiani* s. *Incp̄t Capitula Novell. Divi Martiani* (sequitur titulorum index eumque rubr. *Novellae D. Martiani A.*) s. *Incipiunt Legum Novellarum D. Martiani Imp. A.* et similiter. Pauci codd. add. *Lib. III.* Vid. Novv. Theod. tit. I, not. *a*. Sich. *Legum Novellarum Divi Martiani A. Liber*. Cui. 1—Cui. 2*. Go.—Ri*. *Legum Novellarum Divi Martiani A. Liber III.* Be. *Novellarum Legum Liber III. Novellae Divi Martiani A.* Rittersh. *Incipit Legum Novellarum Divi Martiani Liber III.* b) Nonn. codd. *Nemini*, alii *exhibere*, *relatione* aut *rationem* et *appellatus*. 12 *comitatus*. 31 *de provincia sua ad c. ne ad.* 6 om. *de provincia* et *a quo* etc. In cod. 14 et apud Go. excid. *iudicis*. bb) Nonn. codd. add. i. e. *ut actor forum rei sequatur* ex Explan. c) Nonn. codd. *Valentinianus et Martianus*, alii *Val. et Martianus*. d) 6 *augusti edictum ad omnes iudices*. Cod. Iust. add. *ad populum*. e) 22, 25 *gestiendi*. 11 *gestuenti—usum*. Etiam 25 *usum*. In cod. 22 post v. *gestiendi* omnia des. usque ad §. 3 vv. *neglexisset nostrae*; sed vid. infr. §. 7, not. *z*, ubi principium h. Nov. repetitur. f) Rittersh. in m.: „f. *suggerit vel suppeditat. an suppetit*, pro *suppeditat*.“ g) 14 *venale iudicium*. 19 *iudicium*. 16 om. *cum*. Mendose Go. *indicum*. h) 12, 19, 20, 23, 26, Sich. *amputasse*. 6 *amputare et ad res privatas et publ.* i) Plerique codd. et Sich. *exspectandos*. *Spectandos*, i. e. qui digni sunt, qui suspiciantur, sed malim *spectatos*. Mox 13 *consultus*. Vid. not. sq. k) 11, 12, 15, 17—21, 26 *tradidisset*. 6 *homines spectabiles etiam invitos tradere vellet sciens* et om. *quippe*. Nonn. codd. *invitus* et infra *actos*, ubi 26 *actus suppliciis*. l) 6 *fore felicem*. 26 *sciens qui furore*. m) 25 om. *a*. n) 6 *publicos recusantibus regeretur haec cogitanti*; rell. codd. omnes et edd. om. *regeretur*. In m. Cui. 1—Lugd. ann.: „*videtur esse, administretur*“ et in m. Cui. 2, 2*: *videtur deesse, administretur*.“ Ri. et Be. probatur Cui. coniectura. Rittersh. in m. suppl. vult *administretur* vel *regatur*; hoc recte. Recepi cod. 6 scripturam. o) 13, 16 *occurrerit*. p) 6 *quo iure p.* 11 *quoniam modo p.* 13 *quodammodo* (hoc etiam 26) *opus sint*. 15, 19, 21 *quo vrae p.* 16 *qd̄ admodo vestrae opus sint*. 25 *quomodo p.* Sich. *quonā mō.* q) 6 *et inermibus*. 23, Sich. *et in omnibus*. 25 *et inarmibus*. 18 om. *sumptibus — enim* et Rittersh. *modo*. r) Nonn. codd. *augmina*. s) 6 *Vidimus enim c. ad.* 13 *audientium*. t) 14 *in*. 25 om. *a*. u) Nonn. codd. *urbis*. 6 *Romani orbis*. v) 6 *commeantes*. 11, 12, 15, 18—21, 25 *confluentibus*. Meum Ri*. exemplar habet *confluentes*, | *set — integritas vel* | *everitas*. x) Nonn. codd. *conquirentes*, ut Cui. 2, 2*. y) 11, 12, 20, 25, 26 *occidisset*, sed corr. in cod. 12 *accidisset*. 13 *nullatenus concidissent occidisset*. 15, 16, 19 *concidissent*. z) 6 om. *et*, bene. a) 11, 12 *ulterior*. 18—21 *ulteriora*. 25 *flagitia huiusmodi* et om. *etiam*. Sich. in m. em. *prorogentur*. b) 14—16, 25, alii codd. *laboribus*. c) 19 om. *aut certe — et omnibus*, sed vid. infr. §. 2, not. *y*. d) 6, 18 om. *pariter et omnibus declarandum*. Sich.—Lugd. Rittersh. Go. *sta-*

§. 1. Quicunque [e] civilem actionem vel certe criminalem accusationem adversariis suis intendere moliuntur, viros clarissimos adeant provinciarum rectores [f], et expositis querimoniis insinuatisque desideriis suis paratissimum promptissimumque posthac subsidium iuris exspectent [g]. Illi noxiae potentiae vim legum benignam opponant [h]: illi divitiis [i] integram mentem obiiciant [k]. Non illum [l] supercilium, quod hoc tempore nullum est, terrebit [m]: non effeminabit [n] mentem severam quilibet census oblatus: sed unicuique, non altiore suspecta, non despecta humiliore [o] fortuna, nostrae mandatorum non immemores pietatis, et antiquo et nostro iure [p] succurrent, et querimonias suas probantibus aut indemnitate servata aut legitima vindicta consulent subsecuta [q]. §. 2. Has ergo ob caussas nullum adversarium suum a proximis [r] vel longinquis partibus [s], non per sacros [t] affatus [u], non per magnificentissimorum vel illustrium iudicum [v] sententias, volumus exhibere [x], nisi forsitan aut propter potestatem adversarii*), aut ipsius rei difficultatem, aut publici [y] debiti molem deficiente [z] rectore provinciae spectabilis iudicis, qui in locis vel [a] proximo deget, vel [b] amplissimae potestatis vel aliorum maiorum iudicum [c] auxilium postuletur. §. 3. His pro commodo vestro [d] et pro nostri imperii humanitate [e] dispositis, unusquisque vestrûm, cum sint in locis iudices [f], legum custodes et earum pervigiles defensores, prout [g] quisque possit sine peregrinatione, sine sumptibus super dubiis [h] rebus et adire iudicem [i], et auxilium amicum legibus adipisci [k], haec, quae dicta sunt*), observare debebit. Si vero vel ab [l] adversario, tanquam [m] excedente provinciale praesidium, fuerit contemptus, vel a iudice non auditus, hocque [n] in amplissimae potestatis, vel alio maiore, competenti [o] tamen, examine per relationem [p] iudicis contra adversarium emissam [q], seu ipsum iudicem, documentis [r] quibusdam, neglexisse nostrae maiestatis edicta [s], sui periculi memor, se promiserit [t] probaturum, tunc post indemnitatem ei legibus servatam [u] etiam vindicta iuri congrua in convictum protinus subsequetur [v]. §. 4. Quod si appellatio apud iudicem fuerit subsecuta [x], ea, quae super provocationibus legibus antiquitus [y] statuta sunt, diligentius modis omnibus complebuntur. §. 5. His additur [z] aliud maius, quod innocentes [a] praecipue hactenus conterebat [b]. Nonnulli namque suis allegationibus diffidentes [c], vexare suos adversarios*) tantummodo cupientes, non iure cum his, sed arte [d] pugnabant, et

---

tuendum, pariter et. 23 *consulentissimo edict.* e) 6 *decernit. Ut quicunque.* 26 *Quecunque civile actione.* f) 6 *rectores provinciarum.* g) 12, 15—18, 20, 25, Sich. *expetant*, sed Sich. in m. *expectent.* 11 *expetint.* 13, 19, 21 *expectant.* 23 *expetent.* 14 om. *que* post *promptissimum.* 22 *promptumque.* h) 6 *benignam vim legum apponant.* 25 *benigna ut opponet.* 13 *potentiae de legum ben.* Cui. 1 *begninam.* i) 11, 12, 23, Sich. *de vitiis.* k) 6, 11, 12, 15, 17, 18—21 *observent*, pro quo Heyse em. *obserent.* 13, 16, 23, 25 *obiicient* s. *obiiciant.* 19 *integra mente.* l) 11, 12, 15, 17—21 *non illius.* 13, 23, 25 *illo*, sed 25 *illo supercilio.* 16 *illi supercilio.* Pungit, inquit Ri., Chrysaphium, eunuchum, qui ecclesiam et rempublicam impotenti libidine turbavit. m) 6 *est aliquem terrebit.* n) 11 *effeminavit — non altior suspecta* et 25 *sed veram.* 15 *quelibet* pro *quilibet.* o) 6 *humiliore despecta.* Infra nonn. codd. *immemoris.* p) 6 *novo iure.* 18 *succurrerent.* q) 15, 21 *indemnitates — subsecutas.* 19, 20, 23 *subsecutas.* 6 om. *subsecuta.* Sich. *consulent. Subsecutas has.* r) 26 *suum aut pr.* 25 om. *suum* et 6 *adversarium suum.* s) 19 *longisque patribus.* t) Sich. — Lugd. Rittersh. Go. *sacras.* u) 12—14, 18, 20, 25 *adfectus.* 26 *adfectibus.* 6 mutt. et transpositis vv. *a longinquis vel proximis partibus ad comitatum volumus exhiberi nec per sacros affatus nec per magnificentissimorum et illustrissimorum iudicum sententias nisi forsitan aut.* v) 19 *iudicium s. v. e.* Vv. *dicum* (iudicum) — *potestatem ad* (adversarii) bis sunt in Cui. 1. x) Sich. — Ri*. *exhiberi.* Etiam 6 *exhiberi*, sed in 6 res alia est. Vid. supr. not. *r.* 25 *exigere.* Mox 20 *nisi forte an aut.* *) 21 *propter necessitatem adversarii.* Cf. C. Th. I, 19, 2. y) 19 *publicis* et inculcatur, sed addito signo *H. S.*, id quod supra pr. not. *c* omissum erat. z) 25 et in m. Cui. 2, 2* *definiente*, qua em. Ri. negat opus esse. Sed incertum est, utrum sit cj. Cuiacii an scriptura codicis alicuius. 26 *deficientem rectorem.* Mox nonn. codd. *spectabiles iudices.* 25 *exspectabilis.* a) 13, 16 add. *in.* 6 om. *locis vel.* b) 6, 11 sec. Be., 12, 15, 17, 20, 23, 25, Sich. om. *vel.* Nonn. codd. *degit.* 13 *detegit* et 25 *deneget.* c) 11, 12, 15, 19, 20 *iudiciis.* 6 *postuletur auxilium.* Multi codd. Sich. — Lugd. Cui. 2, 2*. Ri. Ri*. *Hiis.* 26 om. *His.* d) 6, 11, 12, 15, 18—20 *tuo.* 25 *vestrorum.* 25 *nro*, unde Sich. *nostro.* e) 6 *nostri humanitate imperii.* f) 15, 19, 21 *locis iuris.* g) 6 *defensores utique.* 16 *defensores uti.* 25 *d. p. q. posset.* h) 19, 21 *sumptibus sine dubiis.* i) 6 *iudices et amicum legibus auxilium.* 11—15, 18—21, 23, 25 *iudices*, 16 *iudicis*, 25 *rebus et ire iudicis.* Mox 15, 21 *amicorum.* k) 6, 11—13, 15, 18—21, 23, 25 *adipisci.* 14 *adspeci.* 26 *adipisci.* Edd. *indipisci.* *) 15 *quae prodicta.* 21 *quae producta* et 26 *obs. debet — ad iudicem.* l) 6 om. *vel ab* et *tanquam* et *provinciale — vel*, habet igitur *Si vero adversario excedente a iudice.* 16 om. *ab.* 17 *Si vero aut ab.* m) 20 add. *ab.* Mox 16 *praedium* pro *praesidium.* n) 15, 21 *fuerat — additus hecque.* 25 *fuerit consecutus.* Sich. *hoc quod.* o) 11, 12, 15, 17—21 *alio non competenti.* 23 *alio recompetenti.* 26 *aliam non competenti.* Sich. *vel in alia re, competenti.* 6 om. *vel alio — tamen* et *iudicis.* p) 14 *pro relatione.* q) 6, 11, 12, 14, 19—21, 23 *missam.* 25 *missa.* r) 15, 21 *documentum.* 6 om. *seu ipsum — quibusdam.* s) 6 *neglecta mai. nrae edicta* et om. *sui periculi memor.* Go. *negligisse.* Vv. *neglexisset — vexare suos adversarios* adsunt in cod. 22. t) 11 *memorie promiserit*; nonn. codd. *memor si promiserit.* 22 *periculo memor si promiserit probatura — indemnitate et legibus.* u) 13, 14 *reservatam.* 22 *servata.* 11 *vindictam.* Mox 25 *in convicto.* v) 18, 19, 25 *subsequitur.* 6, 26 *subsequatur.* 22 *condicto p. suo sequentur.* x) 15, 21, 26 *obsecuta.* 22 *obsecutus atque super.* y) 16 *antiquis.* 6 *sunt statuta.* 22 *statuta sint.* Sich. *statata.* C. Th. XI, 30. 25 *super probationibus l. a.* z) 11, 12, 18, 20 *aditus.* Sich. — Lugd. Cui. 2, 2*. Ri. Ri*. *Hiis.* 26 *His auditis.* 25 *alius.* a) 11, 12, 15, 20, 21 *innocentem.* 22 *innocente.* b) Sich. *conterrebat.* 14 *cont. Nonnullis.* 6 *Quod hact. inn. praec. cont.* c) Nonn. codd. *defidentes.* 6 *diff. et vexare.* *) Rell. desunt in cod. 22; uno tenore adiunguntur vv. tit. IV. Sed vid. infr. §. 7, not. *g* et *z.* d) 12, 15, 19—21, 23 *cum his sedare* s. *sed a re.* Sich. *non* (om. *iure*, ut 23) *cum hiis sedate* per sermonem fucatum et phalerata [e] verba, nonnunquam legibus ante confusis, ad aliena eos [f] iudicia pertrahebant ita, ut hinc [g] saepius eveniret [h], ut et miles [i] in civili, et privatus in militari [k], sed sibi [l] incongruo, peregrinaretur iudicio. Ergo hanc quoque partem, ne ad laesionem nobis subiectorum patiamur iuris [m] et legum contemptum ulterius perdurare [n], hoc providentissimo edicto nostra pietas censuit emendandam [o]. Iubemus namque, omnes, pro priscis [p] ac saluberrimis institutis, suos adversarios satisfactionem forsitan [q] differentes in proprio foro [r], non in minime competenti, fictis quibusdam occasionibus, exposcere [s] litigatorem. §. 6. Actor rei forum sequatur. Quod sine [t] coelesti sententia non constat esse decretum, intactum inviolatumque servetur [u]; nemo a nostra serenitate postulet [v] (nec enim impetrabit [x], non rescriptum, non [y] mandatum [z], vel iussum, quod dicunt, sacrum), suos adversarios in minime competenti iudicio respondere, maxime cum [a] hoc tempore, quod superius dictum est, unusquisque clarissimorum [b] vel spectabilium iudicum, si tamen propter caussas praedictas ita usus [c] tulerit, et integras adeuntibus aures praebere, et omni [d] postposita invidia, omni spreta gratia recto proposito potuerit iudicare. §. 7. Quam formam etiam in militari parte volumus observari, nec [e] passim aliquem armatae militiae sociatum longinquis partibus trahi, sed [f] in locis apud competentem iudicem pulsari, nisi tamen super maximis [g] et necessariis caussis, et militarem iudicem in locis excedentibus [gg] fuerit accusatus: non ignorante eo, cuius ex [h] interpellatione aliquis secundum datam formam in longinqua [i] fuerit protractus examina [k], quod si culpa sui fuerit dilata cognitio, vel minime actioni [l] suae adfuerit, vel delata non [m] probaverit, pro calumnia quidem [n] poenam luat legibus constitutam, pro pecuniaria vero [o] caussa post dispendia, post sumptus, considerata quantitate postulatorum vel medii itineris intervallo [p], condemnationem [q] pro aestimatione iudicis sustinebit [r]. Nam dignum est, eos [s], qui maiorum nostrorum [t] nostrarumque legum avaritia [u] stimulante vel invidia [v] incitante fines perturbare, seu castra perfringere conabuntur.

---

pugnabant, sed per sermonem. Etiam Cui. 1—Lugd. Cui. 2, 2*. Ri. Ri*. *hiis.* Go. *iis.* e) 6, 13, 15, 16, 19, 21, 26 *falsata.* 16 *fucatum et pfellere et falsata.* Rell. codd. maximam partem *falerata*; nonn. *fugatum.* f) 6 om. *eos.* Rittersh. in m. cj. *arte* pro *ante*; praeterea habet *alienae.* g) 11—15, 17—21 *pertrahebant aut hic.* 16, 26 *pertrahebant aut hinc.* 23, Sich. *pertrahebant. At hinc.* 25 *protrahebant aut hic.* Nullus igitur codex habet vulg. scripturam a Cui. in Cui. 1 exhibitam. Si quis deleret *aut*, quod ex antecedentis verbi ultima syllaba (*bat*) ortum sit, posteaque legeret *evenit* (*pertrahebant. Hinc saepius evenit.* Vid. not. *h*), propius accederet ad codicum scripturam, quam Cuiacius, qui, non dubito quin correxerit *ita ut* pro *aut* et *eveniret* pro *evenit.* 6 om. *ita — iudicio.* Falso Be. in 11 esse dicit *At.* h) 11—13, 15—21, 23, 25, 26, Sich. *evenit.* 17, 25 om. *et* post *ut.* i) 16 *ut et mali civili et miles.* 19 *mules.* 11, 15—17, 19, 21, 23, 25, Sich. om. *in.* k) 11, 12, 15, 19—21, 23 *privato sit militari.* 17, 18, 26 *privato sit militaris.* In cod. 12 corr. a sec. man. *privatus in militari.* l) 11, 12, 15, 17—21 *sed sive*, sed corr. in cod. 12 a sec. man. *sed sibi.* 25 *militariis ei sibi.* 26 om. *incongruo.* Rittersh. *in congruo.* Mox 26 *in iudicio.* m) 6 om. *patiamur iuris.* 11—13, 15—21, 23, 25, 26 *subiectarum* (11, 23 *subiectorum*) *legum superioris et legum.* 14 *subiectarum legum sup priores legum.* Nullus igitur codex vulg. scripturam habet, quam utrum Sichardus de cj. an ex codice aliquo posuerit, ignoro quidem, sed agnosco. Ei ex codd. nihil substitui potest. n) 6, 17, 25 *perduraret.* Supra 11 *contemptus.* o) Be. cj. *emendandam.* Hoc tuetur cod. 6. Rell. *emendandum.* p) 6 *omnes propitiis.* 25 om. *omnes* et 26 *ac.* q) 25 om. *suos adversarios satis* et *forsitan.* 20 *satisfactione.* Plerique codd. Sich. *deferentes.* 26 *forsitan non deferentes.* r) 6 *in proprio foro convenire. Actor ergo forum* et om. *non — litigatorem.* Recepi ex cod. 6 *foro*, quod v. iam Sich. indicat deesse asterisco margini adscripto et Rittersh. ac Ri. addi volunt. Etiam Be. post *competenti* inser. *foro* iubebat. 13 *competente factis.* s) 18 *exposcere ut rei forum sequatur litigatorem auctor et actor* etc. 15, 19, 21, 26 *poscere* et 25, 26 *litigatore.* Rein. em. *litigatores.* Nonn. codd. *auctor* et 21 *fortunis sequatur.* t) 6 *Et quod sine.* 18 *Quod sive.* 26 om. *sine* et 17 *non.* u) 6 *servetur et inviolatum.* 25 *secretum intactum* etc. 26 *in tantum inviol. servetur.* Rittersh. *inviolatum servetur.* v) Rein. em. *serenitate aliud postulet.* 26 *postulent.* Go. *Serenitare.* x) 11, 23, 26 *impetravit.* y) Be. notat: „offendebat duplex negatio; fort. pro *non* utroque loco pon. est *per*, quod siglorum similitudo facile defendit; vel nihil mutandum, et comma pon. post *impetrabit.*“ Ea aetate, qua Novella scripta est, in duplici negatione non debet offendi. 13, 16, 18, 20 *impetrabit nostrum rescr.* z) 25 *mandatum datum* et om. paullo infra *sacrum*, ubi 26 *ad sacrum.* a) In cod. 6 om. *maxime cum — iudicare.* b) 11—13, 19, 23, 26 *clarissimū.* Mox multi codd. *exspectabilium* et 13 *iuditiū.* c) 25 om. *ita usus* et 16 *et* post *tulerit.* d) Nonn. codd. *omnis.* Mox 18 om. *gratia* et 25 *aliquem.* e) 19 *in limitari parte v. o. nec.* Sich.—Ri*. *observari. Nec.* 23 *observare.* f) 25 *longinquis parentibus.* 15 *longis quis.* 26 *trahisset in.* g) Vv. *apud quem et necessariis causis ex militarem iudicem locis excidentibus magis puniuntur quam edicto* adsunt in cod. 22. Vid. supr. interpr. tit. XXXIV. Nov. Valent., not. *v.* 26 *maxime sed necess.* gg) 6 *m. et n. causis et apud militarem iudicem.* Construendum est *et excedentibus iud. mil. in locis.* h) 11, 12, 19 *ignorantiae.* 22 *ignorantiae ex interp.* 25 *ignorantem cuius.* Cum vv. *Non ignoret is cuius* incipit Cod. Iust. c. 4 cit. i) 6 *longinquo.* 11, 15, 19—21 *longinquam.* 26 om. *fuerit — sui.* 25 *datum firmum in long.* k) 6 *examine.* 15, 21 *examina ad quod si.* 19 *examinia.* 22 *examine a quo si — dilatata cogniti.* In cod. 18 deest *protractus — fuerit.* Cod. Iust. *protractus fuerit.* l) 6 *accusationi.* 11, 15, 22, 23 *actionis* et 22 *affuerit.* m) 6 *delatam non probaverit*, ut Cod. Iust., qui vero *delata.* 11—13, 15, 19—23, Sich. *dilata* et om. in his codd. et in edd. *non*; supra quidem *minime*, quod vim suam exercet etiam in v. *probaverit*, sed clarior est sententia addito v. *non*, quod recepi, etsi Ri. impr. n) 22 *probaverit* (om. *pro*) *calumniam quidem poenalem aut legibus.* 26 *calumnia quae de poena iuvat — constituta.* o) Codd. *const. pro vero pecuniaria causa*, nisi quod 22 *viro* et 20 om. *vero.* Sich.—Lugd. Rittersh. Go. *constitutam. Pro vero pec.* Cui. 2, 2*. Ri. Ri*. *constitutam: pro vero pec.* Be. ex Cod. Iust. rest. *pro pec. vero c.*, quod iam Ri. prob. p) 6 om. *intervallo.* 22 *intervallū.* q) 6 *compellatione.* 22 *condemnatione p̄sumatiotione iudicis.* r) Seqq. des. in Cod. Iust. s) 22 *dignum est ut quos.* Cui. 1 *eos, qui maiotum.* Be. legi vult *eorum, qui maiorum*, quia infr. not. *y* in codice tur habitantium[x], saltem intentato[y], quo magis puniuntur[z], dispendio refrenari. §. 8. Ergo consulite[a] vestris commodis, nostris saluberrimis parete[b] praeceptis. Nemo a[c] nostra pietate, maioribus occupata, vel a[d] magnificentissimis seu illustribus iudicibus, nisi in[e] maximis ac necessariis, quod superius cautum est, rebus publicisve[f] debitis exhibitionis subsidium poscat. Nam si quis aliter, quam edicta[g] continent, petulanti[h] animo, his despectis[i], maiorem iudicem[k] vel nostram primum contra ordinem legum[l] adierit[m] maiestatem, sciat, se[n] non solum litis iacturae[o] atque plus petitionis periculo, verum etiam competenti motui[p] fore subdendum. *Dat. V.*[q] *Id. Oct. Constantinopoli, Valentiniano*[r] *A. VII. et Avieno*[s] *V. C.*[t] *Coss.* (450.)

Interpretatio. *Si quis adversarium suum*[u] *aut repetitione aut criminis*[v] *obiectione pulsaverit, in provincia, in qua consistit ille, qui pulsatur, suas exserat actiones, nec aestimet adversarium suum alibi aut longius ad iudicium*[x] *pertrahendum*[y]*: illi vero, qui pulsatus fuerit, si iudicem suspectum habuerit, liceat appellare. Simili etiam et militantes ordine teneantur, ut et ipsi*[yy] *apud competentes iudices, quas competere sibi credunt, exserant actiones, quia omnibus legibus constitutum est, ut actor rei forum sequatur*[z].

TIT. II. DE INDULGENTIIS RELIQUORUM.

1. *Impp. Valentinianus et Martianus AA. Palladio Pf. P.*[a] Curae nobis est, utilitati humani generis providere[b]: nam id die ac nocte[c] prospicimus, ut universi, qui sub nostro imperio vivunt, et armorum praesidio[d] ab hostili impetu muniantur[e], et in pace[f] libero otio ac securitate potiantur[g]. Ideoque mirati sumus laudabilem suggestionem celsitudinis tuae, quae[h] praeter alias virtutes, quibus sublimitas tua plurimum pollet, etiam humanitatem[i] tui culminis evidenter ostendit. Nam debitorum, quae in reliquis trahuntur, exactionem molestam[k] esse testatur obnoxiis[l], ac merito postulavit, ut praedicti debitores sacra nostra indulgentia liberen-

---

Tit. II. 3, 6, 8—38, Sich. Cui. 1. Aur. Lugd. Cui. 2, 2*. Rittersh. Go. Ri. Ri*. Be. *Tit. II.* In cod. 4 titulus deest. Vid. tit. I, not. sup. C. Th. XI, 28. Nov. Valent. tit. I. Nov. Maiorian. tit. II. — N. 1. Codd. edd. *N.* 1 s. *un.* Be. add. (*LXXXII.*), h. e. omnium Novv. in Be. ed. Integra cum interpr. est in codd. 11—23; omnia praeter interpr. des. in cod. 3; inscr. et textus in codd. 24, 30; textus et subscr. in codd. 10, 31, 35; subscr. et interpr. in cod. 25; solus textus om. in codd. 8, 9, 26—29, 32—34, 36—38. Ad interpr. cf. Capit. (Ben. Lev.) V, 369. Eodem anno datae sunt c. 2 Cod. Iust. (I, 39), c. 8 Cod. Iust. (V, 14) et c. 1 Cod. Iust. (XII, 2).

---

22 legi putat *intemperiem.* t) 26, Cui. 1—Ri*. om. *nostrorum.* u) 11, 12, 15, 17—21, 22 *auxilia*; sed corr. a sec. man. in cod. 12. 6 om. *avaritia — incitante.* 22 *stimulate.* Be. inspectis codd. scripturis legi vult *legum auxilia avaritia stimulante vel invidia incitante iudicii fines.* Vid. not. sq. v) 11, 12, 19, 20, 22 *iudicia*, sed corr. a sec. man. in cod. 12. 26 *iudiciorum.* 23 om. *invidia*, sed est spatium. Sich. vel * *incitante.* x) 11—13 *habitis tantum.* 15, 21 *perfringere* (om. *conabuntur*) *habitus tantum.* 22 *perfringere* (om. *conabuntur*) *habit testantum.* 25 *casta perfr.* etc. Rein. prop. *abundantium* pro *habitantium.* Sich. — Cui. 2*. Go. — Ri*. *conabuntur, habitantium saltem.* 6 *perturbant* et om. *seu castra — puniuntur.* Nonn. codd. *habitantum* et *saltim.* y) 11 *intemptatos.* 13, 14, 16, in m. Cui. 1 — Cui. 2*. Rittersh. *intimato.* 15, 19, 21, 22 *intemptemus.* 12, 23 *intemptato.* 25 *saltim timptato qui magis.* Vid. supr. not. *s.* z) 22 *puniuntur quam edicto* et adiungitur sine ullo signo principium huius Novellae usque ad vv. *usus appostat nec venale.* 23, Sich. *puniantur.* a) 6 *consulite ergo.* 11, 12 *consulete.* 15 *consulte.* 25 *consulenti.* 26 om. *consulite.* b) Nonn. codd. Ri. Ri*. *parere*, err. 18 *patete.* 6 *p̄ceptis parete.* c) 13 *ad nostram pietatem m. occupatam.* 26 om. *a* et habet *occupate.* d) 15, 16, 19, 26 *vel ad magn.* et 26 *magnificentissimos.* Rittersh. *vel* pro *seu.* e) 6 om. *in.* f) Nonn. codd. *publicisvel.* 6 om. *publicisve debitis.* 25 *publicis vel litis.* g) 6 *edictum.* 11, 12, 19 *qua edicta.* 13, 21, 23 *quae dicta.* 15, 21 *que dicta.* Sich. Cui. 1—Lugd. Rittersh. Go. *quam dicta*, neque vero 22; nam is nihil habet. Vid. §. 7, not. *z.* h) 6 om. *petulanti — despectis.* i) 11, 12, 20 *desperatis.* 15, 21, 25 *petulantia his desperatis.* 19 *petulantia hisdem speratis.* 26 *petulantia modo dispectis.* Sich. — Cui. 2*. Ri. Ri*. *hiis.* Go. *iis.* k) 6 *maiores iudices.* l) 26 *nostram promant contra.* 6 om. *primum contra ordinem legum.* Rittersh. *ordinum legem.* m) 15, 19, 21 *adiret.* 18 *audierit.* n) 26 om. *se.* o) 11, 12, 15, 21, 23, 25, 26 *iacturam.* 6 om. *atque — periculo.* p) 6 *multe*, i. e. *mulctae.* 11, 12, 20, 23, Sich. *mutui.* 15, 21 *mutua.* 19 *multa forte subdendā.* 26 *morti.* q) 6 *II. Non.* 22 *prid. Kal. Oct.* Nonn. codd. *VI.* Epit. Mon. om. *V.* r) 6 om. *Valentiniano — Coss.*; alii codd. om. *Valent.* s. *A.* Go. *Val. A. IV.*, err. s) Pro *Avieno* multi codd. habent *abieno, albino*, 24 *abiegeno*, 22 *aviano.* t) Nonn. codd. *vic.*, alii om. *V. C.*, uti etiam Sich., in aliis deest *V. C. Coss.* aut *Coss.* Aur. Lugd. *Cos.* u) Addidi ex multis codd., veluti 8—10, 20, 28, 34, 37 *suum*, quod edd. om. Vid. supr. §. 2. v) 11, 12, 20, alii *certis* pro *criminis.* 19 *certa obiect.* Rittersh. *tepetitione.* Nonn. codd. *repetitionem* et *obiectionem.* x) Nonn. codd. *illic — exerceat actiones — ad iudicii* s. *ad iudicem.* y) Fere omnes, quos inspexi codd., *pertrahendum* et multi *ille.* Edd. *protrahendum.* In Nov. §. 5 *ad aliena iudicia pertrahebant.* §. 7 *in longinqua protractus examina.* Infra in nonn. codd. om. *fuerit.* yy) Aur. Lugd. Go. *ut et ipse.* Rittersh. *ut et ipse ut et ipsi competentes.* z) Nonn. codd. *appellari — exerceant actiones — auctor* s. *actores rei futurum sequatur.*

a) Nonn. codd. om. *AA.*; alii habent *Palladio praeposito* et *Curiae* pro *Curae.* b) 11—13, 15—21, 23 *provideri.* Edd. *providere.* Neque vero falsum est *provideri.* c) 6 *id de hac nocte.* d) Nonn. codd. *praesidium* et mox *impetum.* 6 *ab hostium impetu.* e) 11, 12, 15 *muniuntur.* f) 6, 12, 13, 15—23, Rittersh. in m. *et in pace.* Edd. *ac in p.* Praeterea Rittersh. *liberi.* g) 11 *ponuntur.* 12, 19, 20 *potiuntur.* 22 *paciantur.* Mox 20 *summus aud.* h) 6 *tuae celsitudinis quibus.* 11, 14, 15, 18—23 om. *quae.* 17 *tuasque.* i) 25 *polleat — inter reliq.* 22 om. *etiam*, sed add. a sec. manu. Nonn. codd. *humanitate.* k) 11—15, 18—23 *molestiam.* 25 *molestum.* Ante nonn. codd. *exactione.* l) 6 *obnoxiis esse testatur.* 22 *esse testatur obnoxius.* 26 *esse testantur obn.* 21 om. *esse.* Rell.

tur. Quapropter [m] admirabilem insinuationem tuam probandam [n] esse censemus [o]. §. 1. Cesset igitur pro securitate provincialium exactio reliquorum, et a sextae indictionis initio [p] usque ad finem quintae [q] decimae nuper elapsae debita deleantur, sive ex possessionibus liberari [r], vel patrimonialis templorumve [s] aut civilis fiscalisve [t] iuris, seu in auro [u], seu in argento, seu in speciebus, vel in [v] metallica quacunque [x] materia, aliove quolibet collationis titulo in publicis calculis residere noscuntur. Et [y] sive arcae sublimitatis tuae, sive thesauris, sive sacro debentur aerario, sive cellario, vel privatae [z] rei nostrae, aut [a] dominicae domui [b], sive operibus huius inclitae [c] urbis, omnia collatoribus [d], nec non curialibus, seu cohortalibus, seu provincialibus officiis, et aliis, quicunque reperiuntur [e] obnoxii, remittantur. §. 2. Et ne qua [f] liberalitatem nostram caligo fraudis possit [g] impedire, etsi in privatum contractum [h] vel in cautionem [i] debitum publicum transiisse vel novatum [k] esse dicatur, aut [l] si quis curialis [m] exactor vel cohortalis compulsor pro obnoxio [n] se intulisse commemoret, nihilominus liberalitas nostra firma permaneat. §. 3. Curialibus etiam et cohortalibus [o] nulla superexactionis [p] adversus optiones vel actuarios vel devotissimos milites querelae permittatur occasio, ita ut et [q] optiones et actuarii [r] et devotissimi milites invicem taceant, et nullam [s] adversus curiales, seu cohortales, vel [t] collatores, seu officia provincialia, seu decuriones moveant pro debitis publicis [u] actionem [v], etiamsi quas expensas se pro aliis intulisse contendant. §. 4. Praeterea quicquid ex titulo senatorii [x] follis in provinciis debetur, hoc quoque remitti [y] iubemus. §. 5. Si quid autem ex quintae [z] decimae indictionis vel superiorum temporum debitis ad expensas primae indictionis seu posteriorum temporum deputatum est, et si [a] quid ex naulis ac pretiis materiarum, et relevatis [b] vel donatis, aut [c] translatis atque adaeratis, vel ab arca [d] sacratissimae Constantinopolitanae urbis debetur, id [e] huius donationis beneficio non tenebitur. Sed et si quid in auro, vel [f] in speciebus, vel in materiis civitatum [g] operibus deputatum est, et hoc erogatum non esse monstratur, eius quoque ratio servetur intacta [h], nec possint debitores huius donationis auxilio [i] niti, sed compellantur hi, qui noxii reperiuntur, implere suscepta opera, et sumptuum reddere rationes. Nec enim oportet hanc [k] liberalitatem nostram eo usque protendi, ut in aliorum lucra [l] iniuste proficiat, quod ornatui urbium delegatum [m] est. §. 6. Sentiant [n] universi, quantum sibi pietas nostra profuerit, et in posterum [o] devoto animo pensitationes publicas solvant, qui se sciant praeteritis debitis liberatos [p], Palladi, parens carissime [q]

---

codd. *esse testatur obn.* Edd. *testatur esse obn.* m) 15 *Quipropter.* 19 *Quia propter.* n) 13 *probata.* 17 om. *esse.* o) 6, 11, 12, 15, 16, 18—21 *censemus.* Rell. et edd. *censuimus.* p) 6 *et a sexta indictione* et om. *initio.* 17, Go. om. *a.* 12, 15, 18, 20, 21 *inditio* s. *indicio.* 22 *inditionis.* Go. *reliquormu.* q) 15, 16 *finem ad quintae.* Mox 22 *alapsae — suae ex.* r) Ita omnes codd. et edd. praeter 22, qui *liberalibus.* In m. Cui. 1 — Rittersh. em. *aerarii*, prob. Ri. Be. em. *sacri aerarii*, probabiliter. Infra *sacro debentur aerario.* Mox nonn. codd. *patrimoniales.* s) 11—16, 18—21, 23, Sich. *temporumve.* 22 *templorumque.* 25 *temporum vel.* t) 15, 19—21, 23 *aut fiscalis civilis fiscalisve.* Sich. *aut fiscalis civilis, fiscalisve.* 22 *fescalisve.* u) 22 *suae in auro.* 6 *seu ex argento seu in auro sive speciebus.* 17 om. *seu in auro.* v) 16 om. *in.* x) 15, 21, 25 *quecunque.* y) 22 *quolibet consolationis — resedere noscuntur et sive arcis.* Nonn. codd. om. *Et.* z) 11—13, 15, 17—19, 21, 23 *cellario vel privatae.* 14, 16 *cellariis vel priv. seu nostrae.* 20 *cancellario vel privatae.* 22 *cellario vel pravitate.* Sich. *cellario, sive priv.* Rell. edd. *cellariis, sive.* 6 om. *sive cellariis — cohortalibus.* a) Pro *aut* 15 *ut* et 19 *ut a.* b) Nonn. codd. *domus.* 19 om. *domui.* c) 15, 19, 21 *operibus sive incl.* 13 om. *operibus.* d) 16 *consultoribus.* e) Nonn. codd. *coartalibus.* 15, 18, 21 om. *seu cohortalibus*, 17 *seu provincialibus* et 6 *et aliis.* 16 *quicunque rei pereuntur obnoxii.* Nonn. codd. *obnoxiis* et 20 *remittuntur.* f) 19 *Et de ne qua.* 25 *quum.* 23 *libertatem.* 22 *libertate nostra.* g) 11, 12, 15—21, 25 *valeat.* 22 *fraudes valeat.* 6 *possit impedire si in.* 13 om. *possit impedire.* h) 22 *privatu contractu.* i) 12, 15, 16, 19, 21, 22 *cautione.* 6 *cautione publicum debitum.* Mox multi codd. *transisse*, ut Sich.—Ri*. k) 19, 25, alii *notatum.* 22 *locatum.* l) Nonn. codd. *ut.* m) 14 add. *vel.* Mox nonn. codd. *coartalis.* n) 14 *pro noxio.* 15, 19, 20 *pro obnoxio si intulisse.* 22 *prout noxiose intulisse.* 25 om. *intulisse.* 20 *nihilomnibus* pro *nihilominus* et 25 *nihil his liberalitas.* 23 *libertas nostra.* o) Nonn. codd. *coartalibus.* Go. *cohurtalibus.* p) Nonn. codd. Go. *super exactionis.* Rittersh. *super actionis.* Mox nonn. codd. *obtiones* (sic quoque infra) *vel auctuarios.* 20 *act. vel devotissimus milites quae permittatur.* q) 22, 23, Sich.—Ri*. om. *et*, quam copulam Be. ex cod. 11 apposuit. Rittersh. *opiniones* pro *optiones.* r) 22 *vel actuarios.* 14 *actuarii et devotissimos.* 20 *actuarius et devotissimus milites quae.* s) Nonn. codd. *nulla.* 25 *tacent et nullam.* Mox nonn. codd. *coartales* aut *curialis seu cohortalis.* t) Vv. *vel — actionem* bis scripta sunt in codd. 11, 12. Mox 20 *decurionis* et 22 *decuriores*, sed corr. u) 6 om. *pro publicis debitis.* v) 6 *quaestionem.* 25 *etiamsi quis.* x) 11, 12, 14, 16, 20, 23, Sich. *senatoris.* 13, 15, 19, 21 *senatoris solidis.* 22 *senatoris polles in pr. debitor.* Etiam 23 *debitor.* 25 *senatores ullis.* 6 om. *follis.* Sich. *follibus.* y) 11, 12, 15, 18—21 *non mitti.* z) 6 *a quintae.* 11, 12, 15, 18—21 *ad quintae.* 23, Sich. *quindecimae.* 22 om. *ex quintae — temporum.* Ceterum 6 *Si quis autem.* Mox nonn. codd. *inditionis* et *debetis.* a) Sich. *est. Et si.* b) Nonn. codd. *revelatis*, ut Rittersh. 22 *haec pretiis m. ex revelatis — aderatis*, ubi alii *adheratis.* c) 6' *et.* d) 22, 23 *vel ab archa.* 14 om. *ab.* e) 13, 15, 16, 18, 21, 25, Cui. 2, 2*. Ri. Ri*. *ad huius don. beneficium.* 6 *debetur* (om. *id*) *huius beneficio donationis* et deest *non.* 25 *tenetur.* f) 14, 17, 19, 22 om. *et*, 25 *auro vel* et 6, 13, 15, 16 *in.* g) 6, 11, 12, 15, 18—20 *comitum* et deest in cod. 6 *operibus.* Mox 22 *et de hoc.* h) 19 *inacta.* 22 *servetur ita nec possent.* Sich.—Ri*. *intacta. Nec.* i) 6 *donationis beneficio uti.* 22 *auxilio noti sint comp.* Mox plerique codd. Sich.—Cui. 2*. Ri. Ri*. *hii.* Go. *ii*, et infra 11 *sumptum*, 22 *rationis.* k) 11, 12, 19 *ea.* 15, 17, 18, 20 *eam.* 6 om. *hanc*, ut Sich. l) 6, 11—13, 15, 16, 18—21 *solacia* et 19 *iniustae.* 22 om. *lucra.* m) 6 *delegatur.* Rittersh. *deligatum est.* n) 11 *sensient.* 19 *sensimus un. tantum.* 15, 21 *Censemus universi si tantum sibi prof. ut in posterum.* 6 om. *Sentiant — profuerit et*, Rittersh. *Sentiant — pie* (v. *pietas*). o) 6 add. *ergo.* 22 *in po-*

atque amantissime. §. 7. Illustris igitur [r] et praecelsa [s] magnificentia tua huius saluberrimae *) pragmaticae [t] legis moderationem [u] per universos populos ac provinciarum iudices edictis propositis [v] divulgari [x] curabit [y], ut securi et beneficium nostrae pietatis et securitatis [z] suae fructum libenter agnoscant. *Scripta* [a] *Palladio viro illustri Pf. P.* [b] *Orientis: Hermogeni* [c] *viro illustri Comiti sacrarum largitionum: Gennadio* [d] *viro illustri Comiti rerum privatarum: Maximino* [e] *viro illustri Comiti et praeposito sacri cubiculi, D. N.* [f] *Valentiniano A. VII.* [g] *et Avieno* [h] *V. C.* [i] *Coss.* (450.)

INTERPRETATIO. *Lex ista hoc continet, ut per provincias relaxatae beneficio principis* [k] *tributorum reliquiae* [l] *non quaerantur, tamen quod exactum est, si apud exactores residere* [m] *constiterit, id praecipit* [n], *ut publicis debeat utilitatibus non perire, sed quod exactum est, a retentatoribus thesauris inferatur et a provincialibus vel a possessoribus, quod solutum* [o] *non fuerit, non quaeratur.*

TIT. III. DE PRAEDIIS CIVITATUM OMNIUM [a].

1. *Impp. Valentinianus et Martianus* [b] *AA. Palladio* [c] *Pf. P. Orientis.* Avaritiae suae culpam arguit, qui pro possessionibus, quas detinet [d], debitas [e] functiones inferre cunctatur [f]. Itaque inter ceteros egregios actus, quibus rei publicae tua sublimitas prodest, etiam suggestionem [g] de praediis iuris civilis oblatam iure laudamus, per quam [h] postulatum est, ut, si qui memorata praedia dempto [i] civili canone consecuti sint, veterem canonem in posterum cogantur agnoscere. §. 1. Celsitudo igitur [k] tua id nobis placuisse cognoscat, ut, si qui vel ex titulo donationis, vel ex emptione [l], sive ex alio quolibet titulo possessiones [m] iuris civilis tantummodo et cuiuslibet [n] civitatis, et praecipue huius

---

Tit. III. 3, 6, 8—38, Aeg. Sich. Cui. 1. Aur. Lugd. Cui. 2, 2*. Rittersh. Go. Ri. Ri*. Be. *Tit. III.* 4 *Tit. II.* Vid. tit. I. et II, not. sup. In L. R. U. tit. deest. C. Th. X, 3. Cod. Iust. XI, 69. Nov. Th. tit. XXIII. de Locis rei publ. — N. 1. Codd. edd. *N.* 1 s. *un.* Be. add. (*LXXXIII.*), id e. omnium Novellarum in Be. ed. Integra cum interpr. est in codd. 11—21, 23; omnia praeter interpr. des. in cod. 3; inscr. et textus in codd. 4, 24, 30; textus et subscr. in codd. 26, 35; subscr. et interpr. in cod. 25; solus textus deest in codd. 8—10, 22, 27—29, 31—34, 36—38. Cod. Iust. XI, 69, 5. Bas. LV, 13, 5. In Cod. Iust. eod. anno ad Palladium datae sunt I, 11, 7; I, 2, 12; IX, 39, 2; X, 5, 2; *ad Populum* I, 12, 5; anno 452 (cuius nulla Novella superest) *ad Palladium* I, 1, 4; I, 3, 23 et 24; I, 5, 8; I, 7, 6; II, 7, 10; et *ad Sporatium* XII, 3, 2.

---

stero — pensent actiones. p) 6 *sciant publicis debitis obligatos.* 22 *libertos. Pallidi.* Nonn. codd. *debetis.* q) Sich. *praefecte charissime.* Cui. 1—Lugd. Rittersh. Go. *Praefecte karissime.* 20 om. *atque am.* r) Fere omnes codd., etiam 11, 12, 22, *igitur.* Edd. *itaque.* s) 15, 21 *p̄clara.* Codd. maximam partem *et pm̄ tua.* 20 *et p̄mia.* *) 23, Sich. *saluberrima.* t) 11, 12, 19, 20 *pragmatici.* 22 *praumatiae.* 6 om. *pragmaticae.* Aur. Lugd. *progmaticae.* u) 11, 12, 19, 20, 22, 23, Sich. *moderatione*, recte impr. Ri., sed falsum est quod nuntiat, in codd. 11, 22 esse *saluberrima.* Nonn. codd. *per universus.* v) 6 *populos propositis vulgabit edictis ut et beneficium* et om. *ac prov. iudices* et *curabit* et *securi.* 23, Sich. *edictis prompte divulg.* x) 11, 12, 20 *dievulgare.* Nonn. codd. *devulgari.* Etiam Sich. *divulgare.* y) 15 *curabitur.* 16, 20, 25 *curavit.* z) 11, 12, 15, 18, 21 *sanctitatis.* 20 *scitatesuae.* 13, Ri. Ri*. *succuritatis.* a) Nonn. codd. *Scriptum.* Cf. Ri. not. *p* et supra Praef. C. Th. p. XLI, not. 246. 24 om. *Scripta — D. N.*, 29 *Scripta — Comiti*, 32, 33 *Scripta — cubiculi* et 38 *Scripta — privatarum.* 8 om. *Scripta — cubiculi* et pon. subscr. antecedentis Novellae, sed om. v. *Constantinopoli.* b) 6, 15, 21 *praeposito.* Sich. *Praefecto* et om. *Praet.* 13 *pfp̄ a or.* 21 *ppo or. e Herm.*, sed del. *e* a sec. man. 36 *ill. p̄p̄o sacris curiculo dn̄i nr̄i Valentiniani* et des. rell. c) 13 *Hermogeniano.* d) 6 *Gitecilio.* 11, 12, 23 *Geneclio.* 13, 14, 22, 26, 29 *Genedio.* 15 *Gitelicio.* 18 *Genecho.* 20 *neneclio.* Verum nomen Comitis R. P. *Genethlium* fuisse Ri. dicit. Infr. nonn. codd. *privatorum.* e) 6, 11—13, 15, 16, 18, 20, 21, 26, 38 *Maximiano.* 22 *Maximo.* Edd. *Maximino*, praeter Rittersh., qui *Maximiniano.* Mox nonn. codd. *p̄p̄ta.* Go. *sacro cubic.* f) 15 *dominici.* 22, alii *domini.* Sich.—Lugd. Rittersh. Go. *D.* et om. *N.* g) 6 *VI.* 23, Sich. *IV.* h) Codd. *Auieno, Aviano, Abieno, Albino, Avienno, abiegno, Albieno.* i) Nonn. codd. *VV. CC.*, alii *v̄ic*; alii om. *V. C.* aut *Coss.* Denique nonn. codd. *Cos.* s. *Cons̄.* In cod. 27 tota subscr. haec est: *Dat. III. Non. Mart. Romae domino Val. A. VII et Albino V. C. Conss̄*, et in codd. 28, 34, 37 *Data lex XVII consl et Albieno* (s. *Albiegno*) *v̄ir cl̄. cons.* k) Nonn. codd. *relaxato* et *principes, tributarum.* l) Ita plerique codd., etiam 11, 12, 19, 20, 22 et Ri*.; rell. edd. *reliquae.* Mox nonn. codd. *querantur* s. *quaerentur* et *actum est.* m) 11, 19 et multi alii codd. *residere* s. *resedere.* Rell. et edd. *resedisse.* n) Ita plerique codd., sed 22 *praecipis*, 23 et edd. *praecepit.* Supra *continet.* Nonn. codd. om. *ut*; alii mox habent *debeant — actum* (ubi 22 om. *est*) *retentoribus, in thensauris, inferatur ea provincia* s. *infertur et a prov.* Nonn. om. *a* post *et.* o) 23, Sich. *solitum.* Nonn. codd. *quod non solutum non* et multi *queratur.* Rittersh. *fuerit quaeratur.*

a) Nonn. codd. *praesidiis*; alii om. *Omnium.* b) 29 *Impp. Val. et Arcadius.* c) Nonn. codd. *Paladio.* 22 *AA. prefecto* et deest *Palladio* et *P. Orientis.* In aliis codd. om. *Pf. P. Orientis* aut *Orientis.* In Cod. Iust. *Imp. Valentinianus A.* et des. rell., sed Cui. in Comm. Be. et Herrm. concinunt cum Nov. d) 11, 12, 20 *detinent.* e) 6, 11, 12, 20, 25 om. *debitas.* f) 6 *inferre moratur.* 25 *cunctantur.* 23 *cunctatus.* g) 19 *reipublicae tuae — suggessionem.* 21 *suggestionem deprehensionis.* h) 25 *per quae.* Mox nonn. codd. *ut si quis.* i) 13, 14, 18, 20 *adempto.* 25 *adepta.* Mox 20, 25 *sunt*, 23 *consequuta sunt.* k) 6, 11—13, 18—21, 23, 25 *igitur*; rell. et edd. *itaque.* Mox nonn. codd. *placuit.* l) Cum vv. *Si qui ex titulo donationis* incipit c. 5 Cod. Iust. cit. 13 *Siquis.* Nonn. codd. *exemptionis.* 20 *donationis ut ex emptionis.* 23, Sich. *vel exceptione.* m) Nonn. codd. *possessionis.* 23, Sich. *alio modo, quolibet titulo poss.*, sed in m. Sich. *quolibet modo titulove.* Cod. Iust. *possessiones vel domus vel ergasteria iuris duntaxat civilis, quae huius iuris esse vere probantur, cuiuslibet.* n) 11, 12, 15, 18—21, 23 *tantummodo quae* (s. *que*) *cuiuslibet.* 23 *tant. qua.* Nonn. codd. *civitates et prae-*

aeternae urbis, cui maiorem debemus favorem [o], tam civilis [p], ut dictum est, iuris, quam etiam agonotheticas [q] possessiones, ex consulatu [r] Ausonii [s] et Olybrii [t] dempto civili canone acceperunt [u], impositum praediis canonem iuxta fidem publicorum monumentorum civitati, ad quam praedia pertinuerunt, praebere [v] iubeantur, ex [x] praesenti quoque quarta indictione, cessante [y] praeteriti temporis canonis exactione [z], manente penes eos successoresque eorum et detentatores [a] illibato dominio. Nam si privatis viris [b] debita non patimur denegari, multo magis praebenda sunt civitatibus, quae iure debentur [c], cum sufficiat possessoribus, quod apud eos dominium in perpetuum ex nostra liberalitate permaneat. §. 2. Si quae [d] tamen possessiones iuris civilis canonem privatis largitionibus [e] in praesenti praebent vel nunquam ademptum vel postea impositum, ad hanc pragmaticam [f] iussionem non pertinebunt, sed privato aerario canonem, quem nunc agnoscunt, inferre ex more debebunt, dominio firmiter apud eos successoresque eorum et detentatores [g] pari modo permanente [h]. §. 3. Illud etiam [i] dispositionis culminis tui probamus atque [k] firmamus, ut, si qui cuiuslibet iudicis commotione [l] mulctati sunt, et partem [m] seu totam mulctam adhuc debere noscuntur, hi quoque [n] indulgentia nostrae clementiae perfruantur [o], et nullam sustineant exactionem [p], Palladi, parens carissime [q] atque amantissime. §. 4. Celsitudo igitur tua haec, quae [r] per hanc pragmaticam legem sanximus [s], rectoribus provinciarum declarare non differat, ut [t] et civitates, et possessores, et ceteri, de quibus haec [u] constituimus, utilitati suae consultum esse laetentur. *Dat. XV.* [v] *Kal. Febr. Constantinopoli, Martiano A. I. Cos.* [x] (451.)

Interpretatio. *Si quid* [y] *de fiscalibus agris vel aedificiis donatione principis vel venditione vel qualibet ratione ad privatos fortasse pervenerit, id lex ista constituit, ut soluto canone a possessoribus in perpetuum teneatur* [z], *et impletis fiscalibus debitis, illi, qui possident, heredibus suis relinquendi aut quibus voluerint donandi habeant potestatem.*

TIT. IV. DE MATRIMONIIS SENATORUM.

1. *Impp. Valentinianus et Martianus AA. ad Palladium Pf. P.* [a] Leges sacratissimae, quae [b] constringunt omnium vitas, intelligi ab omnibus debent, ut universi, praescripto [c] earum manifestius cognito [d], vel

---

Tit. IV. Codd. 3, 6, 8—38, Aeg. Sich. Cui. 1. Aur. Lugd. Cui. 2, 2*. Rittersh. Go. Ri. Ri*. Be. *Tit. IV.* 4, L. R. U. *Tit. III.* Vid. tit. I—III, not. sup. C. Th. IV, 6. — N. 1. Codd. edd. *N.* 1 s. *un.* Be. add. (*LXXXIV.*), id e. omnium Novv. in Be. ed. Integra cum interpr. est in codd. 11—15, 17—21, 23; omnia praeter interpr. des. in cod. 3; inscr., subscr. et interpr. supersunt in cod. 22, ipsius autem legis fragmenta coniuncta cum tit. I. Vid. interpr. tit. Val. XXXIV, not. *v* et infr. pr. not. *a*, §. 1, not. *b*, §. 2, not. *e*, §. 3, not. *b*; inscr. et interpr. des. in codd. 4, 24, 30; textus et subscr. in codd. 26, 35; subscr. et interpr. in cod. 25; solus textus om. in codd. 8—10, 27—29, 31—34, 36—38; sola subscr. in cod. 16. Cod. Iust. I, 14, 9; V, 5, 7. Bas. II, 6, 14. Petri Exc. I, 1. Concil. Toletan. IX, c. 13.

---

cipuae. o) 15 *pavorem nostrae.* 19, 21 *favorem nostrae.* p) 6 om. *tam civilis — possessiones.* q) 11, 12, 20 *abonoteticas.* 13 *ex bono agono theticas.* 15, 21 *ex bono teticas.* 19 *ex bono tedicas.* 23 *abonotheiticas*, sed in m. *agonotheticas.* 18 *aboneticas.* 25 *agonothecas.* r) 13 om. *ex consulatu — canone.* Cod. Iust. *a consulatu.* s) 6 *Albini.* 11, 12, 15, 18, 21 *Albonii.* 17 *Alboni.* 19 *albinii.* 20 *albonis.* 23 *Auxonii.* t) Plerique codd. *Olibrii.* 14 *et Colebrii.* Nonn. codd. *adempto.* u) Cod. Iust. *acceperunt: eos impositum eis canonem — civitatis, ad quam eaedem res pertinuerint, praebere iubemus*, et om. *ex praesenti — dominio.* 6 *acceperunt in posterum.* 20 *acc. impensitum.* v) 6 *pertinuisse noscuntur praebere.* 11, 17 *pertinuerint.* 19 *iubeatur.* x) Sich. in m. *Et.* Sich.—Ri*. *iubeantur. Ex.* 25 om. *Ex praesenti — manente.* y) 6 om. *cessante.* z) 6 *canonum exact.* 12, 15, 19, 21, 23 *canone exact.* 19 *manentem poenas eos* (nonn. codd. *poenes*). a) 6, 15, 19, 21 *detentores.* Nonn. codd. *inlibata.* b) 6, 14, 15, 20, 21, Sich.—Ri*. Cod. Iust. *privati iuris*; rell. *privatis viris*, quod non solum Ri., sed etiam Herrm. in Cod. Iust. probatur et a Be. repos. est. Probum est *privati iuris*, i. e. *rei privatae principis.* c) 19 om. *quae — possessoribus.* 6 *sunt* (deest *civitatibus*) *quae tali iurę debentur.* Mox 15 *dominū.* d) Nonn. codd. *libertate*; alii *permaneant* et *Si qui* aut *Siquid.* 16 om. *Si.* Rittersh. *Sique quae.* e) 19 *privatis legibus*; nonn. codd. *largitionis* et infra *impositus* et 15 *praebentem nuper ademtum.* f) Cod. Iust. om. *pragmaticam.* Infra nonn. codd. *domino.* g) 6, 15, 19, 21 *detentores.* h) 19 *permanent.* Seqq. des. in Cod. Iust. i) 6 *etiam ex dispositione.* k) 6 om. *probamus atque.* l) 6, 15, 19, 21 *iuris communione.* 20 *iudices commoritione.* 23 *commutationem.* Sich. *commutatione.* m) 11—13, 15, 17—21 *sunt et quantitate seu.* 6 *sunt seu quantitatem seu.* n) 14 *noscuntur ideoque.* 11, 12, 15, 16, 19—23, 25 *nosc. id* (pro *ii*) *quoque.* Rell. codd. Sich.—Cui. 2*. Ri. Ri*. *hii.* Go. *ii.* 6 *adhuc dare noscuntur ii quoque indultu nostrae.* o) 15, 21 *perfruor.* 19 *perfruor ut nullam.* p) 15, 19, 21 *actionem.* 6 om. *et n. s. exactionem.* q) Sich. *Praefecte charissime.* Cui. 1—Lugd. Rittersh. Go. *Praefecte karissime*, sed Rittersh. in m. em. *Parens.* r) 13 om. *tua* et 25 *quaę.* s) 6, 11, 12, 15, 18 *sancimus.* t) 25 *differas* et om. *ut.* Nonn. codd. *civitatis.* u) Sich.—Ri*. *hoc.* 6 om. *et ceteri — constituimus.* Mox nonn. codd. *latentur.* v) Multi codd., interque eos 6, 8, 9, 11, 12, 14, 17, 19—23 *V.* Qui Cod. Iust. ediderunt, ex Cui. 1 videntur subscriptionem addidisse. 10, L. R. U., Epit. mon. *VI.* 24 *XVII.* 4, 13, 31 om. *XV.* x) 6 *A. II.* Nonn. codd. om. *A. I. Cos.* aut *A. I.* aut *I.* y) Hic et ille codex *Si quis — agris* (et om. *vel*) — *qualibet traditione ad probatos f. pervenerit* (om. *id*) *lex ista constituti soluto — in perpetuo.* z) Nonn. codd. *teneantur.* In seqq. hic et ille codex *fescalibus debetis illis qui s. debitis qd. illi — hereditatibus — a quibus noluerint.* Etiam Rittersh. *hereditatibus suis.*

a) 6 *Id augusti Palladio prepo.* Petr. *Impp. Valerius et Marcus* et om. *Palladio Pf. P.* 17, 22 om. *et Martianus* et habent *Imp. Val. A. Palladio ppo.* Prima Nov. vv. usque ad *praefuit* §. 1 des. in cod. 22. Vid. infra §. 3, not. *b*. Rittersh. *Paladium.* c. 7 Cod. Iust. cit. *AA. Palladio.* b) 13 *quem.* c) 6 *perscriptum* et om. *earum.* Vid. not. sq. 11, 12, 18—20 *perscripto.* 13 *universis prae-*

prohibita[e] declinent, vel permissa sectentur. Si quid vero[f] in iisdem legibus latum fortassis obscurius fuerit, oportet id imperatoria[g] interpretatione patefieri, ut omnis sanctionis removeatur[h] ambiguum, et in suam partem iuris dubia derivare litigatorum contentio alterna non possit, negotiorum[i] quoque cognitores[k], ac tribunalium praesides, apertam definitionem[l] legum secuti, suspensis nutantibusque sententiis[m] inter scita incerta non fluctuent. Plana enim[n] et facilis ad pronunciandum via patet iudici, quoties non[o] est illud ambiguum, iuxta quod necesse est iudicari[p]. §. 1. Magnificentia tua, in caussis omnibus terminandis rectum semper tramitem studens[q] tenere iustitiae, consuluit clementiam nostram super Constantinianae legis[r] ea parte, in qua aliquid exsistere videtur ambiguum. Nam cum sanciret, ne senatori, perfectissimo[s], duumviro[t], flamini municipali[u], sacerdoti provinciae habere liceret uxorem ancillam, ancillae filiam, libertam[v], libertae filiam, civem Romanam vel Latinam factam[x], scenicam vel scenicae filiam, tabernariam vel tabernarii[y] filiam, vel lenonis, aut arenarii, aut eam[z], quae mercimoniis publice[a] praefuit, vetitis[b] interdictisque personis adiecit etiam[c] humilem abiectamque[d] personam. Ex[e] matrimonio magnam dubitationem in iudiciis nasci, tua asseruit celsitudo, utrumne haec nomina etiam ad[f] pauperes ingenuas feminas referri debeant[g], easque a[h] matrimonio senatorum praescriptum legis excludat[i]. Absit, ut hoc nefas ullis[k] temporibus, ut[l] credatur cuiquam dedecori[m] data esse paupertas, cum[n] saepe plurimis multum paraverint[o] gloriae opes modicae, et continentiae fuerit testimonium census angustior[p]. Quis arbitretur, inclitae recordationis Constantinum[q], cum[r] geniales senatorios thoros[s] contaminari pollutarum mulierum faece[t] prohiberet, fortunae[u] munera bonis naturalibus praetulisse? et divitiis, quas varietas casuum tam potest adimere[v], quam tribuere, postposuisse[x] ingenuitatem, quae auferri[y] non potest, si semel nata sit? §. 2. Ille vero honesti[z] amantissimus et morum sanctissimus censor eas[a] humiles abiectasque iudicavit esse personas, et matrimoniis senatorum duxit[b] indignas, quas aut nascendi decolor

---

scripto. 15, 21 *deb et un. pr.* 25 *rescripto.* d) Petr. *praecognito.* 6 *manifeste facienda intelligant. Si quid autem cognito obscurum fuerit oportet* et des. intermedia vv. e) 11—13, 15, 18—21, 23, 25 *vel habita.* 16 *cognita vel habita.* c. 9 Cod. Iust. Petr. *inhibita.* 23 *declinant.* f) 11, 12, 17, 19 *Sin vero.* 15, 21 *Sint vero.* Nonn. codd. *hisdem*, alii *hiisdem.* Petr. terminatur v. *sectentur.* g) 15, 19, 21 *imperatorū.* h) 20 *omnes actiones.* 14, 25 *omnes actiones removeantur*, in qua scriptura videtur latere *omne*, quod ferri potest. 6 om. *sanctionis.* c. 9 Cod. Iust. cit. *patefieri, duritiamque legum nostrae humanitati incongruam emendari* et sequitur, rell. omm., subscriptio. i) 23, Sich.—Ri*. *possit. Negotiorum.* k) 15, 19, 21 *cognitiones.* 25 *cogn. hanc.* 6 om. *ac — secuti*, pro quo v. nonn. codd. *sicuti.* Alii habent *praesidis.* l) 14 *aperta definitione.* Rittersh. om. *legum.* m) 15, 19, 21 *nutantibus et sent.* Nonn. codd. *notantibus.* Rittersh. *nudantib.* n) 16 *Plenam enim.* o) 15, 21 *pronuntiandum die patet iudici* (21 *iudis*) *cursus non.* 19 *pronuntiandum pater quorsus non.* 20 *iudicii.* 25 *vita patit iudici ne.* 6 om. *Plana — iudicari.* Rittersh. *quoties illud non est ambig.* p) 19, 20, 23 *iudiciaria.* 6 *iudicari. Unde magnificentia tua.* 25 *iudicari amandandum tua.* q) 6 *studens tramitem.* Mox nonn. codd. *consoluit.* 25 *consulit.* r) 6 *super.* 25 *nostra super Constantiniana.* Edd. et rell. codd. *supra.* Recte *super* pro *de.* Vid. infr. §. 2 et 4. Mox 25 om. *ne.* Cf. C. Th. IV, 6, 3: quae lex etiam in Cod. Iust. legitur V, 27, 1. s) 20 *perfectissimū.* 23 *p̄fectiss.* Sich. *Praefectis*, impr. Ri. 25, Aur. Lugd. Rittersh. *Praefectissimo*, sed Rittersh. in m. *perfectissimo.* Cf. c. 3 C. Th. cit., not. *r.* t) 15, 23 *duumvero.* 16 *divum vero.* 19 *dumviro.* 25 *dumvero.* u) Nonn. codd. *municipalis sacerdotis.* 13 *sacerdotii.* 6, 11 *flumini m.* Cf. c. 3 C. Th. cit., not. *t.* v) 15 om. *libertam.* 6 *ancillam vel eius filiam libertam.* x) 13—16, 18—21, 23 *latinam faciat.* y) Nonn. codd. *tabernari.* 6 *vel tabernariae filiam.* z) 11, 12, 18, 20 *arenarii filiam autem s. aut eam.* 23, Sich. *harenarii filiam, aut.* Cui. 1—Lugd. Rittersh. Go. *arenarii filiam aut.* 6, 15 om. *vel lenonis aut arenarii.* 15 *aut ea* pro *aut eam.* 25 *arenariae aut.* a) 6 *mercimonia p. vendiderat vetitis.* 11, 12, 15, 20 *mercimonii publicae.* Etiam Go. Rittersh. *publicae.* 13 *mercimonii publici.* b) 25 *profuit vetitis.* 17 *indictisque.* Literae *inter* in cod. 11 ultimae sunt versus quarti decimi fol. 231[a] sive folii 1[a] quat. XXXII; reliqua paginae pars vacua est, nihil autem deest, altera enim pagina pergit cum syll. *dictisque.* Inde a v. *vetitis* nonn. leguntur in cod. 22 usque ad v. *sordentibus* §. 2. c) 16 *adiectam etiam.* 6 om. *etiam.* d) 15 *adiectamque.* 17 om. *personis — abiectamque* et 22 *humilem.* e) Ita codd. edd. Be. videtur deesse verbum aliquod, fort. *eo* vel *inde*, recte. Similiter sensit codicis 6 scriptor, qui mutt. vv.: *personam. Hinc dubitationem nasci asseruit tua celsitudo.* f) 16 om. *haec — ad.* 22 *nascitura ac celsitudo utrumve haec nomina* et om. *etiam.* Nonn. codd. *pauperis.* 20 *nesci.* g) 11, 12, 15, 19 *debeat.* h) 15, 16, 18, 22 om. *a.* Nonn. codd. *easquae.* Mox nonn. codd. *perscriptum legibus* et *excludant.* i) In cod. 6 mutt. vv. sic: *ingenuas seu pauperes feminas per hoc scriptum a matrimoniis senatorum lex excludat. Sed absit hoc nefas illis fuisse temporibus.* k) 6, 15, 21, 22 *illis.* 20 *ullius.* 25, Cui. 2, 2*. Ri. Ri*. *illius*, impr. Ri. Recte *ullis.* Sich. *Absit autem hoc nefas, ullis.* In codd. 11, 12, 15, 17—19, 21—23 et ap. Sich. om. *putemus*, quod rell. habent. Omitti potest. Pendent enim vv. *Absit — temporibus* a v. *credatur.* Deest etiam in 6. Vid. not. *i.* l) 17 om. *ut.* m) 17 *decori.* 20 *dedicari.* 25 *dedecora.* 13 *dedecoris.* 22 *credantur — dedecorata esse.* n) Sich. *paupertas. Cum.* o) 22 *paraverit.* 15, 21 *opus modice — sensus.* p) 22 *fuerint — anguitior.* Rittersh. *angustior, quis.* q) Nonn. codd. *inclita r. Constantini.* r) 6, 22 om. *cum.* s) 11, 12 *cum genialis senatorio torus.* 6 *cum geniales senatorii ordinis thoros.* 15, 22 *genialis senatorii toros.* 16 *congenitales toros.* 20 *geniales senatorio torus.* 25 *congeniales.* 23 *genialis senatoribus* (corr. *senatorius*) *thorus.* Rittersh. *senatores thoros.* Sich. *contaminata.* t) Ex cod. 6. 11—23, Sich. *facere*, impr. Ri. 25 *facile* et 22, 25 *prohibere.* Edd. *face*, nuptiali scil. sec. Ri. Etiam Rein. cj. *faece.* 23 *pollutorum.* u) 6 om. *fortunae — tribuere.* v) 22 *varietas sumpta potest ademere.* x) 11—13, 15, 19—21, 23 *tribuere potest potuisse.* 16, 17 *tribuere potuisse.* 22 *tribuere potuisset ingenuitate.* y) Nonn. codd. *auferre*; mox alii om. *si.* In cod. 22 exc. *non potest.* z) 6 *Immo honesti.* 22 om. *et m. sanctissimus.* a) 14 *censure has.* 12, 20 *censeor.* 22 *censurae has.* Mox nonn. codd. *adiectasque, iudicabit* et *matrimonii.* b) macula [c], aut vita probrosis quaestibus dedita [d] sordentibus notis [e] polluit, et vel per originis turpitudinem [f] vel obscoenitate professionis infecit [g]. Ideoque omnem dubitationem, quae quorundam mentibus iniecta fuerat [h], auferentes, manentibus et solidissima in perpetuum firmitate durantibus cunctis his, quae super [i] matrimoniis senatorum sanxit constitutio divae memoriae Constantini [k], humilem vel abiectam feminam minime eam [l] iudicamus intelligi, quae, licet pauper, ab ingenuis tamen parentibus nata sit. Sed licere [m] statuimus senatoribus, et quibuscunque [n] amplissimis dignitatibus praeditis, ex ingenuis natas, quamvis pauperes, in matrimonium [o] sibi adsciscere [p], nullamque inter ingenuas ex divitiis et opulentiore fortuna esse distantiam. §. 3. Humiles [q] vero abiectasque personas eas tantummodo mulieres esse censemus, quas enumeratas [r] et specialiter expressas copulari matrimoniis senatorum lex praedicta non passa est, hoc est ancillam, ancillae filiam [s], libertam, libertae filiam, civem Romanam vel Latinam factam [t], scenicam vel scenicae filiam, tabernariam [u] vel tabernarii, vel lenonis, aut arenarii [v] filiam, aut eam, quae mercimoniis [x] publice praefuit [y]. Quod quidem haud dubie credimus ipsum divae memoriae Constantinum in ea, quam [z] promulgavit, sanctione sensisse, ideoque [a] huius modi inhibuisse nuptias, ne senatoribus [b] harum feminarum, quas nunc enumeravimus, non tam connubia, quam vitia [c] iungerentur. §. 4. [d] Cetera etiam, quae ab inclitae recordationis Constantino, vel ab aliis post eum divis principibus super naturalibus filiis [f] eorumque matribus, de concubinis quoque ingenuis, et de his, quae post uxoris obitum in nuptias convenerunt [g] quaecunque sacris constitutionibus definita sunt, iubemus inviolabiliter custodiri: ita [h] tamen, ut promulgatas prius leges hae, quae [i] postmodum latae sunt, auctoritate praecedant, et quaecunque [k] ex ipsis est posterior tempore, sit validior sanctione, Palladi, parens carissime atque amantissime. §. 5. Illustris igitur et magnifica auctoritas tua [l] hanc serenitatis nostrae [m] legem perpetuo in aevum omne valituram [n] edictis ex more propositis ad omnium notitiam faciat [o] pervenire. *Dat. prid. Non.* [p] *April.* [q] *Constantinopoli, Aëtio* [r] *et Studio* [s] *VV. CC.* [t] *Coss.* (454.)

INTERPRETATIO. ***Hac lege permissum est*** [u]***, ut exceptis vilibus infamibusque personis quas lex ista commemorat, pauperes et sine ulla dignitate natalium, dummodo honestas et honestis parentibus procreatas, senatores, si voluerint, uxores eligendi et ducendi habeant potestatem. Quod et omnibus exemplo legis huius sine dubitatione permittitur.***

25, Rittersh. *dixit.* 6 om. *duxit.* c) 6 *decoloravit.* 22 *maculat aut vita prabrosi q. dedita.* 21 om. *aut.* d) Rittersh. *debita* pro *dedita.* e) 11, 12, 15, 19—21, 23 *nutis.* 25 *nuptos.* 6 *sordibus* et om. *notis.* In cod. 22 exc. *notis polluit — senatoribus* §. 3. f) 6 *et aut originis turpitudine aut.* 11, 12, 15, 19—21 *vel aut originis turpitudine.* Concinnum est, quod illi codd. habent, *originis turpitudine.* g) 19 *inficit.* 25 *fecit.* Rittersh. *infecit, ideoque.* h) Nonn. codd. *fuerit.* 19 *fuerat aut auferentes.* i) Nonn. codd. *solidissimam in perpetuo firmitatem — supra.* 14 *sana id* pro *sanxit.* k) 20 *Constantinae.* Cum v. *Humilem* inc. c. 7 Cod. Iust. cit. 6 *Humilem abiectamque.* l) 20 *enim.* 25 om. *minime.* Mox 23 *paupera* et 25 *pauperem.* m) Cod. Iust. *Unde licere.* n) 17 *et cuiuscunque.* Mox 13 *praedictis.* o) Nonn. codd. *matrimonio.* p) 11—15, 17—23, 25 *adscire.* 16 *scire.* Cod. Iust. *accipere*, impr. Ri. Mox 25 om. *ex.* q) In cod. 6 tota §. 3 in pauca vv. contracta est: *Humiles abiectasque personas eas tantum iudicamus, quas lex Divi Constantini complexa est.* 11 *Humilis.* Nonn. codd. *distantia.* r) Nonn. codd. *dinumeratas.* Cod. Iust. om. *quas — hoc est.* s) 25 *filiam vel quae supra iam sunt designatae personae. Quod quidem.* t) Cod. Iust. om. *civem — factam.* 21 *latine factam.* u) 11, 12, 14—16, 19, 21 *tabernariae.* 13 *tabernarii filia.* 23, Sich. *tabernarii* (sed Sich. *tabenarii*) *vel tabernariae vel lenonis.* v) Nonn. codd. Sich. *harenarii.* x) 13 *quae in mercimoniis.* y) 12 *publicae fuit.* 15, 18 *publice fuit.* 20 *publice ruit.* Cod. Iust. om. *Quod — sensisse.* 11, 12, 14, 15, 20, 21 *Quod quidem aut.* Nonn. codd. *dubiae.* z) Ante 20 *in eam quam.* 25 *in eam quae.* a) 16 *sanxisse.* Sich. *sanxisse. Ideoque.* Cui. 1—Cui. 2*. Go. *sensisse. Ideoquè.* Rittersh. *sensisse: ideoque.* Ri. Ri*. *sensisse: Ideoque.* b) 11, 12, 15, 19, 20 *ne senatorum.* 14, 25, Cod. Iust. om. *ne.* 25 *nubtas.* Infra Rittersh. *quos nunc.* Quae sequuntur, sunt in cod. 22. c) 25 *non tantum conubia quae vitia.* Cod. Iust. *enumeravimus, aequum est* et des. rell. d) §. 4 in cod. 6 sic scripta est: *Cetera etiam quaecunque idem inclitae recordationis vel ceteri post eum divi principes de matrimoniis diffinierunt, iubemus inviolabiliter custodiri ita tamen ut promulgatis prius legibus — sanctione* et om. *Palladi p. k. a. a.* e) 19, 22 *incaute.* f) 19 om. *filiis.* 14 *principibus per n. f.* 22 *post cum divis — filiis quorumque.* g) 13, 15, 19, 22 *obitum ante nuptias conv.* 23, Sich. *venerunt.* Ante 22 *ingeniis — que* et om. *post.* h) Sich.—Ri*. *custodiri. Ita.* Paullo post Go. om. *ut.* i) 11 *promulgata prius leges eae quae.* 12 *promulgata prius lege aequae.* 14 *pr. p. leges ea aeque.* 15, 21, 25 *promulgata prius lege hae quae.* 17 *pr. pr. l. ea quae.* 19 *promulgata prius legis haec.* 20 *pr. pr. legis aeque.* 22 *pr. pr. lege si ea quae postmodo.* 23 *pr. pr. l. eae quae.* Codices commendant *eae, quae.* k) 21 *ut quaecunque.* Sich. Rittersh. *praecedant. Et.* Infra 25 *temporis si sit.* l) 15 *kar. aūg. ill.* etc. 22 *p̄ k̄ il̄ g̃ dr̄c̄ p̄m̄t̄.* Ultimum siglum scriptor cod. 19 male intelligens finxit *magnifica mater tua.* Sich. *Praefecte chariss. Augustorum* etc. Cui. 1—Lugd. Rittersh. Go. *praefecte kariss. Augustorum* etc. m) 6 om. *serenitatis nostrae.* n) 6 om. *in aevum omne v.* 11, 12, 23, Sich. *valitura.* 22 *perpendo in eo omnem validituram.* 20 *valetur edictis.* 25 *edita.* 23 *praepositis.* o) 22 *facias.* 25 *faciet.* p) Nonn. codd. *Dat. II.*; alii om. *prid.* aut habent *prid. id.* Altero loco 22 *data sub die non.* q) 6, 8 *Mar.* 13 om. *Constantinopoli Aetio et*, 22 (altero loco) *Constantinopoli.* r) Nonn. codd. *aethio, ecio, etitio*, alii om. *et.* s) Nonn. codd. *Castorio, Asturio, Astatorio* aut *Astorio*, ut in Sich. Cui. 1—Lugd.; in multis codd. deest *et Studio.* t) Nonn. codd. *V. C.* s. *Vic.* s. *vc̄c̄ c̄ō c̄c̄s̄s̄.*; alii om. *VV. CC.* aut *Coss.* Aur. Lugd. Go. *Cos.* u) Nonn. codd. hoc et illo loco *promissum est — personas — ista censeat pauperes — honestos* s. *honestas sit* s. *honesta sit* (aut om. *et*) — *procreatos* (s. *procreata*) *si senatores voluerint u. elegendi — Quod ex omnibus exemplis regis* etc. 11 *dummodo honestis parentibus* et om. *honestas et.*

TIT. V. DE TESTAMENTIS CLERICORUM [a].

1. *Imp. Martianus* [b] *A. Palladio Pf. P.* [c] Saepe materiam scribendis ferendisque legibus negotia inopinato exorta [d] suppeditant, et aut novas constitui sanctiones, aut durius et asperius latas faciunt [e] abrogari. Aequalis enim in utroque [f] aequitas est, vel promulgare, quae iusta sunt [g], vel antiquare, quae gravia sunt. Nuper cum de testamento clarissimae memoriae Hypatiae [h], quae inter alios virum religiosum Anatolium [i] presbyterum in [k] portione manifesta bonorum suorum scripsit heredem, amplissimo senatu praesente tractaret [l] pietas mea, et dubium videretur, an vere esse [m] deberent hae voluntates viduarum, quae testamento suo aliquid his clericis relinquunt, qui sub praetextu [n] religionis huius modi feminarum domus adeunt [o], cum lex divae memoriae Valentiniani et Valentis et Gratiani [p] ecclesiasticos [q], vel eos, qui continentium se volunt nomine nuncupari, nihil quacunque [r] liberalitate viduarum [s] extremo iudicio permittat adipisci, contra *) haec autem divae memoriae Valentiniani, Theodosii et Arcadii [t] constitutio legeretur [u]: inspicientibus et aestimantibus nobis latoris [v] animum visum est, iusta ac rationabili poenitentia [x] priorum constitutionum vigorem antiquare voluisse [y]. Nam cum in prima lege viduarum tantummodo [z] mentio facta sit, in secunda autem tantummodo diaconissarum, intelligitur, eam constitutionem, quae [a] viduarum et diaconissarum meminit, de lege utraque dixisse [b]. §. 1. Quod cum de voluntate latoris et de sanctione [c] legis nobis videretur [d], universum testamentum [e] iussimus relegi atque replicari [f], et cum repertum fuisset, alias quoque partes eiusdem voluntatis ita [g]

Tit. V. Codd. 3, 6, 8—38, Aeg. Sich. Cui. 1. Aur. Lugd. Rittersh. Go. Lab. Be. *Tit. V.* 4, L. R. U. *Tit. IV.* 40 *Tit. II.* Cui. 2, 2*. Ri. Ri*. *Tit. VI.* Ibi enim antecedit hunc titulum Novella, quae iam in mea ed. Novellarum Valentiniani tit. II. de Postulando Nov. 4 est. Vid. supr. I—III, not. sup. et Nov. Valent. cit., not. sup. — N. 1. Codd. edd. *N.* 1 s. *un.* Be. add. (*LXXXV.*), id e. omnium Novellarum in Be. ed. Integra est cum interpr. in codd. 11—16, 18—23; omnia praeter interpr. des. in codd. 3, 40; inscr. et textus in codd. 4, 24, 30; textus et subscr. in codd. 26, 35; subscr. et interpr. in cod. 25; solus textus om. in codd. 8—10, 27—29, 31—34, 36—38; sola subscr. in cod. 17. Cod. Iust. I, 2, 13. Coll. Const. Eccles. I, 2, 13. Balsamo Paratitl. I, 3. Fabrotus Not. ad Coll. eccl. const. (in Voelli et Iustelli Bibl. Iur. Canon. T. II, p. 1244, 1265, 1382). Knust. l. c. p. 55. Baron. ad ann. 455, n. 26—28. Am. l. c. p. 172, not. 9. Eodem anno ad Palladium data est c. 12 Cod. Iust. (I, 51) et anno 456 c. 25 Cod. Iust. (I, 3), c. 13 Cod. Iust. (I, 4), c. 2 Cod. Iust. (IV, 41) et c. 3 Cod. Iust. (X, 22).

---

a) 6 *Religiosorum.* 22 *Testamento.* b) Ri. addendum esse censet nomen imperatoris *Valentiniani.* Licet enim is iam VII. Kal. April. hoc anno occisus fuerit, nuntium tamen non potuisse pervenire X. Kal. Mai. ad Martianum. Sed quamquam cod. 33, in quo *et Valentinianus A.* additur, videtur Ritteri sententiam confirmare, confirmare etiam Cod. Iust., in quo *Iidem AA.*, i. e. Valent. et Mart., tamen secutus sum rell. codicum auctoritatem, qui omnes tacent Valentinianum; praesertim cum libri mss. Cod. Iust. inter se differant, nec desint leges, quae in inscr. unum imperatorem ferunt, ubi duo aut tres commemorari debent. Denique locus, quo Valentinianus occisus est, non tantum distat a Constantinopoli, ut prohibeat, quominus nuntius ille intra mensem ad Martianum potuerit pervenire. Go. Rittersh. *Impp.* c) Nonn. codd. *praeposito*; alii om. *Pf. P.*; scribitur etiam *Paladio.* d) 23 *exorat.* Go. *exortata.* Rittersh. *in opinato.* 22 *Sepe materia scribendi deferendisque* (syll. *de* deletur a sec. man.) — *inopinata exorta.* 6 *Saepe materiam* (om. *scribendis*) *ferendis* (om. *que*) — *inopinate exorta.* Infra nonn. codd. *sanctionis.* 14 *inopinatum.* 18 *suppetant.* e) 22 *faciant.* f) 11, 12 *abrogari eligit enim intro quae.* 19, 20 *abrogari elegit enim intro quae.* 15, 21 *abrogari eligi enim* etc. 17, 18 *adrogari elegit enim in utroque* et add. in cod. 17 *aequalis.* 6 om. *est* post *aequitas.* 22 *abrogari elegit enim intra quaeque equitas.* g) 13 *promittit ea quae recta sunt.* 14 om. *vel — sunt* et 6 *sunt* et *cum* post *Nuper.* Vid. not. *l* sq. Rittersh. *qua gravia.* h) 6 *de testamento clericorum occasione feminae Hipatiae.* 19 *testam. clemem hypatie.* 22 *test. clamfembispacia.* 13 *Ippacie.* 14 *aepatiae.* 18 *Hipatiae.* 20 *Hypatia.* 25 *ypasie.* Cui. 2, 2*. Ri. Ri*. *Hipasiae.* Postea 23 *alias.* i) 6 *religiosum virum A.* 11, 12, 19, 23, Sich.—Lugd. Rittersh. Go. Lab. hic et infra *Anatholium.* 14 om. *presbyterum.* k) 6 om. *in — suorum.* l) 6 *heredem cum tractaret amplissimo senatu praesente pietas mea.* 11, 12, 19, 20 *tractare.* 13 *senatu praestent et tractare.* 16 *senatu p̄stante.* 22 *hereditatem umplissimum senatui praesente tractatore pietati meae et* om. *et.* m) 11, 12, 15, 18, 21, 23, Sich. om. *esse.* 14 *An vero esse.* 22 *annuere* (om. *esse*) *debuerunt haec voluntatis.* 19 *annuere deberent.* 20 *anvero* (om. *esse*) *debent haec voluntatis.* 21 *an vero esse deberetur.* 6 om. *vere esse deberent.* n) 22 *relinquent — praetexto.* Etiam alii codd. *praetexto.* o) 19 *modos adeunt.* 22 *adeant*, sed supr. lin. *adeunt.* Etiam 14 *adeant* et 11, 12 *domos.* Sich.—Ri*. *adeunt. Cum.* p) Cf. C. Th. XVI, 2, 20. 6, 15, 19, 21, 22 om. *et Gratiani.* q) 6, 11, 12, 15, 17—19, 21, 22 *clericos.* 13 *clericus ecclesiasiasticus.* Recte *ecclesiasticos.* Vid. C. Th. XVI, 2, 20. r) 22 *qui in continentium — nihil quaecunque.* 6 *nihil eorum quacunque.* s) 11, 19, 22 *viduarum ut extr.* 13—18, 20, 21, 25 *viduarum uti extr.* 23 *libertate vid. uti extr.* 6 *extremo relinquuntur iudicio.* 18 om. *iudicio — autem.* Illud *ut*, quod codices habent, verisimile est significare *ut*, i. e. *vel* (vid. infr. not. *y*) et reponendum esse *viduarum vel extr.* Nam etiam c. 20 C. Th. cit. *utnihil de eius mulieris — liberalitate quacunque vel extremo iudicio possint adipisci.* *) Sich. — Ri*. *adipisci. Contra.* t) Nonn. codd. *Valent. et Theodos.* (s. *Theud.*) *et Archad.* u) 6 *constitutiones et leges.* 11—22 *constitutio legis.* 25 *const. legitur.* v) 23 *nobis laturis animo visum.* 22 *nobis laturis animum* (om. *visum*) *iuxta hanc rat.* Nonn. codd. *laturis* s. *latores* et *animo.* 6 om. *latoris animum.* Sich.—Ri*. *legeretur. Inspicientibus.* Cf. C. Th. XVI, 2, 27, 28. x) 16 *rationabilis poenitentiae.* 25 *rationabili expetentia.* y) 22, 23 *antiquam re volvisse.* 6 om. *voluisse.* Mox 22 *in prima in lege.* Go. om. *lege.* Ante 25 *vigore.* z) 6 om. *modo* et 15 *tantummodo.* Codex 22 om. *mentio — viduarum et.* a) 6 *intelligitur ea lege* et om. *quae.* 25 *ea constitutione.* Rittersh. *quae diac. et vid. mem.* b) 22 *meminet de lege vira quae dixisse. Quo deinde vol.* 6 om. *lege.* 11 *Quod eum.* c) 11, 12, 15, 21, 22 *sanctionis.* 16 *Et dissensione.* 6 om. *et de s. legis.* d) 15, 19, 21, 22 *videtur* et 22 *universo testamento.* e) 11—13, 17—20, 22, 23, Sich.—Lugd. Rittersh. Go. Lab. om. *nobis*, quod rell. habent. Delevi *nobis*, cum paullo ante iam scriptum sit *nobis vid.* f) 6 om. *atque replicari.* Mox Go. *fuisse.* g) 6, 22 om. *ut.* Rittersh.

iuste ac prudenter institutas, ut [h] nullum [i] de se meritum neglexerit, multa [k] sacrosanctis ecclesiis, multa pauperibus, multa monachis religionis intuitu, multa captivorum redemptioni [l] commota miserabili eorum sorte contulerit [m], multa libertis suis eadem [n] latorum sibi obsequiorum contemplatione praestiterit [o], alteram quoque partem institutionis, in qua Anatolium [p] presbyterum reliquit heredem, advertimus ordine fuisse dispositam. Ea enim [q] mobilia, quae plurimis iuste ac pie reliquit, per hunc voluit universa compleri, ut non solum heredis, sed paene etiam [r] dispensatoris fungatur officio. Ideoque huius modi praedictae [s] clarissimae memoriae Hypatiae [t] voluntatem [u] etiam in ea parte, qua Anatolium presbyterum [v] instituit heredem, ea auctoritate firmavi [x]. §. 2. Sed ne in posterum vel ex [y] prioribus constitutionibus, quarum superius fecimus mentionem, et quas nunc praecipio penitus abrogari [z], vel ex praesentis negotii [a] dubitatione aliquid forte [b] relinquatur ambiguum, securitati vel fiduciae morientium providentes, generali perpetuoque victura hac lege sancimus, ut [c], sive vidua, sive diaconissa, sive virgo [d] Deo dicata, vel sanctimonialis mulier, sive quocunque [e] alio nomine religiosi [f] honoris vel dignitatis femina nuncupetur [g], testamento vel codicillo suo, quod tamen alia [h] omni iuris ratione munitum sit, ecclesiae, vel martyrio [i], vel clerico, vel monacho, vel pauperibus aliquid vel [k] ex integro, vel ex parte in quacunque re vel specie crediderit [l] relinquendum, id modis omnibus ratum firmumque consistat [m], sive hoc institutione sive substitutione [n], seu legato aut fideicommisso, per universitatem vel specialiter, sive scripta [o] sive non scripta voluntate fuerit derelictum: omni in posterum de huius modi negotio ambiguitate summota [p]. §. 3. Donationibus etiam vel qualibet liberalitate [q] tam viduarum, quam diaconissarum, sive virginum, quae Deo [r] dicatae sunt, vel sanctimonialium quaecunque in ecclesiam, vel martyrium [s], vel clericum, vel monachum, vel pauperes collata fuerint [t], pari robore firma esse praecipio, Palladi, parens carissime atque amantissime [u]. §. 4. Illustris igitur et magnifica auctoritas tua [v] ea, quae generali legis huius sanctione [x] decrevi, edictis ex more propositis ad omnium notitiam faciat [y] pervenire. *Dat. X.* [z] *Kal. Mai.* [a] *Constantinoppli, Anthemio* [b] *V. C. Cos.* [c] (455.)

---

et pro *ac*. h) 12, 17, 18, 20, 22 *instituta sunt nullum*. i) Nonn. codd. et Cui. 1—Be. *nullum bene de se meritum*. 25 *de se bene mer*. 6, 11—13, 15, 17—19, 21—23, Sich. om. *bene*. k) 6 *neglexerit sed multa*. 22 *multos agrossanctis*. Infra 25 *monachis legientes intuit* et nonn. codd. *intuitū*. l) 6 *multa ad captivorum redemptionem*. Nonn. codd. *redemptione*. 14 *red. commodata*. 22 *redemtione cummuta*. m) 6 *eorum miserabili sorte contulerit*. 22 *miserabiliorum*. 25 *sorte complebit*. n) 11—14, 18—20, 22, 23, 25 *idem*. 16 *libertis sibi idem*. In m. Sich.—Lugd. *id est* et in m. Cui. 2, 2* *id est, al. idem*. Plerique igitur codd. *idem*, num pro *item?* 6 om. *eadem*. Ri*. *libertatis suis*. o) 18 *praestiterunt*. 11, 12, 15, 21 *pr. altera q. parte*. 19, 22 *praestita altera quoque parte*. p) Vid. supr. pr. h. Nov., not. *i*. Mox 25 *ordinem*. 22 *anatolio presbytero — ordiñem*. q) 11, 12, 15, 19, 20 *disposita enim*. 19, 22 *dispositae enim*. 16, 22 *nobilia*, sed rep. in cod. 22 *mobilia*. r) 6 *sed plane etiám*. Nonn. codd. *dispensatores* et *officium*. Supra in 22 deest *voluit*. s) 6 om. *praedictae*. t) 11 *ipathiae*. 12 *ipatiae*. 15, 21 *epatiae*. 22 *hyppadiae*. 23, Sich.—Lugd. Rittersh. *Hyppatiae*. Cui. 2, 2*. Ri. Ri*. *Hipasiae*. u) 11, 12, 15, 19, 20, 22 *voluntati* et 25 *vol. et in eam partem*. 6 om. *etiam*. v) Vid. not. *p* antec. 22 *anatolio presbytero*. x) 6 *heredem n̄r̄a auctoritate f*. 25 *et auctoritatem firmavit*. 11, 12, 15, 17—22 *firmamus*, prob. Ri.; sed infra *decrevi* et *praecipio*. 13, 16 *firmavimus*. Rell. et edd. *firmavi*. Mox 15 om. *in*. y) 11, 12, 15, 16, 18, 21, 22, 25 *ut lex*. 6 *in posterum vel ex memoratis constitutionibus* (om. *quarum — et*) *quas* et om. *nunc*. Edd. *ut ex*. Reposui ex 6 *vel ex*, nam paullo post dicitur *vel ex praesentis* etc. Eandem scripturam innuunt illi codd., qui habent *ut lex*, nam pro *ut* antiquitus scriptum erat *ul*. Vid. supr. not. *s*. z) 14, 22 *obrogari*. 25 *praecipio postea subrogari*. a) 6 *negotio*. 15, 19 *abr. vel ex praesenti negotii*. 20 *ut ex pr. negotii*. b) 6 om. *forte* et mox *fiduciae*. c) 22 *perpetuum que victorab hac lege sanctimus et*. Etiam 11—13, 18, 20 *et* pro *ut*. 6 *perpetuo victura lege* etc. Cum vv. *Generali lege sancimus, sive vidua* inc. c. 13 Cod. Iust. cit. 22 *viduas s. diaconissas*. d) Plerique codd. Sich.—Lugd. Rittersh. Go. Lab. *seu virgo*. Cod. Iust. *vel virgo*. 22 *virgo dedicata*. e) 15 *sive quod alio*. 19 *seu quo alio*. 22 *sive quolibet alio*. Multi codd. *seu*. f) 6 *nomine religionis* et om. *honoris vel dignitatis*. 13, 15, 19, 20, Am. l. c. p. 172 *religiosa*. g) Cod. Iust. *nuncupata*. 25 *feminae nuncupentur testamentum* et om. *vel*. 6 *nuncupatur*. 22 *feminae nuncup*. h) 11, 12, 15, 17—20 *aliut* s. *aliud*. 16 *aliud homini a iuris ratione nominatum sit*. Etiam 13 *ratione nominatum sit*. 22 *testamentum vel codicellum suum quod tamen aliud omnis iuris rationem initum*. 6 om. *alia omni*. i) 25 *ecclesiae vel monasterio vel monachis vel clericis*. Cod. Iust. *vel clero*. Plerique codd. *martirio*; nonn. *monistero*, ut 13. Inde Am. l. c. p. 172 cj. *monasterio*. k) Nonn. codd. om. *vel*. l) 6 *re specieve crediderit*. 14, 25 *crediderit*, sed om. *re* in cod. 25. m) Go. *constat*. Seqq. desunt in cod. 6. n) 20 om. *sive substitutione*. 22 *seu legatio aut fidecommisso*. o) 11, 12, 15, 19 *per universitate seu specialibus sive scriptis*. 20 *per universitatis seu sp. sive scriptis*. 14 *p. u. seu specialiter s. scr*. 17, 25 *per univ. seu specialibus s. scr*. 18, 21 *p. u. seu sp. sive scriptis*. 22 *per universitatem seu specialibus sive scriptis*. 23 *p. u. vel specialibus s. scr*. Cod. Iust. *seu speciali, sive scr*. p) Cod. Iust. *fuit derelictum — in huiusmodi negotiis amb. subm*. et des. §. 3 et 4. 22 *de hismodis negotia ambiguitatis submota*. q) 22 *quamlibet liberalitatem*. 14 *libertate*, ut Go. 25 om. *qualibet* et mox *sive*. r) 22 om. *deo*. 25 *deo d. s. nam sanct*. Infra nonn. codd. *quaecunquae* et 22 *ecclesia*. s) 13 *martirum in monesterio*. 15 *vel in martirium*. 22, 25 *vel monasterium*, impr. Ri. t) Nonn. codd. *pauperis*. 22 *collatam fuerit*. 25 *monachum* (om. *vel*) *pauperibus*. u) Sich. *Palladi Praefecte charissime*. 11, Cui. 1—Lugd. Rittersh. Go. Lab. *P. K. A.* 25 om. *atque am*. v) 11, 12, 20, 22 *p̄m̄t* s. *p̄m̄ta*, id est *praecelsa magnificentia tua*. 17 *p̄mensa āt̄*. Nonn. codd. om. *et*. Go. *ea quam*. x) 11, 12, 15 *sanctionis*. 19 *lege h. sanctionis*. 22 *lege generali h. sanctionis decrevit*. y) 25 *facias*. z) 13, 16, 22 *XI*. Nonn. codd. Sich.—Lugd. Rittersh. Go. om. *X.*, sed est in m. Sich.—Lugd. *X*. a) Nonn. codd. *Mad̄*. b) Plerique codd. *Antimio* aut *Antemio*. 15, 21 *Partemio*. 28, 34, *Artemio*. 37 *tartemi*.

Interpretatio. *Sanctimonialibus, viduis, diaconissis omnibusque religiosis*[d] *matronis hac lege permittitur, ut seu testamento, seu fideicommisso*[e], *seu per nuncupationem, seu per codicillos vel quibuslibet aliis scripturis, quod voluerint*[f], *ecclesiae, episcopis, presbyteris vel*[g] *diaconibus et omnibus clericis relinquendi habeant potestatem. Et si voluerint heredibus suis quoscunque post eorum obitum substituere, habeant potestatem*[h].

Rittersh. *Authem. Coss.* 22 *ethio.* Cod. Iust. *Valentiniano VIII. et Anthemio Coss.* c) Nonn. codd. *vc ccss.* s. *vic cons.* s. *c.* Alii om. *V. C. Cos.* s. *V. C.*, ut Sich. — Lugd. Rittersh. Go. Lab. Praeterea Cui. 2, 2*. Rittersh. Ri. *Coss.* d) 22 *omnibus qui religonis*; alii codd. *omni omnibusque.* e) Multi codd. *per fideicommisso*, sed 22 *per fideicommissum seu nuncupatione seu per codicellos.* f) Multi codd. et Sich. *voluerit.* g) 22 om. *vel* et infra *Et.* Nonn. codd. *diaconibus, omnibusque — suiscunque — substituere ut* s. *vel habeant p.* Go. et (om. *si*) *voluerint.* h) Terminantur Novellae Martiani in codicibus formulis *Expl Novell. Divi Marcia* s. *Marciani*; *Explicit Novellarum Divi Martiani* (s. *Martiniani*) *A.*; *Explic Libri Novellarum Divi Marciani A.* et similiter. Nullus si recte recordor numerum addit. Rittersh. *Explicit Liber Novell. Martiani.*

LIBER
LEGUM NOVELLARUM
DIVI MAIORIANI A.[a]

TIT. I. DE ORTU[b] IMPERII DIVI MAIORIANI A.[c]

1. ***Imp. Maiorianus A. ad Senatum.*** Imperatorem me factum, Patres conscripti[d], vestrae electionis arbitrio et fortissimi exercitus ordinatione cognoscite[e]. Adsit ad existimationem omnium propitia divinitas[f], quae regni nostri augeat pro vestra utilitate et publica successus, qui ad sustinendi[g] principatus apicem non voluntate mea, sed obsequio publicae[h] devotionis accessi, ne aut mihi soli viverem, aut ingratus rei publicae, cui natus sum, sub hac recusatione iudicarer. Dicatis quoque Iano Kalendis suscepti[i] feliciter consulatus ereximus fasces, ut praesens annus, nascentis imperii nostri incrementa[k] suscipiens, nostro etiam nomine signaretur. Favete nunc principi, quem fecistis, et tractandarum rerum *) curam participate nobiscum, ut imperium[l], quod mihi vobis annitentibus datum est, studiis communibus augeatur. Praesumite[m] iustitiam nostris

Tit. I. Maioriani Novellarum, quae supersunt, collectarum tituli omnes reperiuntur in indice rubricarum cod. 1; tit. I—VII, XI. in cod. 7 et 8 (qui vero unum tantum codicem efficiunt. Vid. infr. tit. VI, §. 6, not. *c* et interpr. tit. VII, not. *p*), 9 et 10; index eorum est in ed. Aeg.; tit. III. in cod. 4 et tit. IX. in codd. 2, 3, 6; soli tituli VII. et XI. in Br. Al. codd. — Tit. I. est in cod. 1, in edd. Zir. (in ind. titt.) Am. Be. *Tit. I.*; in codd. 7, 8 (in ind. titt.; nam Novella ipsa ibi deest), 9, 10, ap. Aeg. in ind. titt., in edd. Cui. 1. Aur. Lugd. Cui. 2, 2*. Rittersh. Go. Ri. Ri*. *Tit. III.* Ad Maioriani Novv. cf. Iac. van Hengel, Specimen Iuridicum inaugurale de tribus Maioriani Novellis. Lugd. Bat. 1833. 8. et eiusdem Specimen Historico-Literarium Inaugurale de Maioriano. Lugd. Bat. 1833. 8. Zir. l. c. p. 419. — N. 1. Codd. edd. *N.* 1, i. e. *un.* Be. add. (*LXXXVI.*), scil. omnium Novv. in Be. ed. Cf. Hengel, Spec. Iuridic. p. 1—13.

a) In cod. 1 antecedit index titulorum praemissis vv. *Tituli Legum Novellarum divi Maioriani augusti*; eum sequitur Tit. I. *De ortu imp. sui.* Etiam in codd. 8—10 antecedit index titulorum. Is in cod. 8 ita incipit: *Incipiunt tituli Divi Maioriani*; terminatur vv.: *Explicit tituli Novel. Divi Maioriani A.* Tum sequuntur: *Incipit Novel. Divi Maioriani* et Novellae ipsae. Eodem modo in cod. 9 scriptum est: *Incpnt capl Nvellr Divi Maioriani*; sequitur deinde titulorum index; eo absoluto haec leguntur: *Explnt tituli Novellarum Divi Maioriani. Incpt Novllr Divi Maioriani.* 10 ita habet: *Incpt Novell Divi Maioriani*; tum indicem titulorum; denique haec verba: *Explicit Titulus. Novell divi Martiani (!) Incpunt Novell. Divi Maiorn.* Inter Br. Al. codd. multi, ut 11, 12, 38 *Inc* s. *Incip Divi Maiorani* s. *Maioriani* s. *Maiorani A.* Alii *Incipit quartus divi Maioriani*, ut 22; sed 23 cum multis codd. *Incipiunt Novell. Leg. Divi Maioriani A.* Sunt etiam qui simpliciter habeant *Incipiunt Novellae Divi Maioriani A.* Edd. *Legum Novellarum Divi Maioriani A. Liber IIII.*, sed Rittersh. *Incipit Legum* etc., Zir. Am. *Tituli Legum Novellarum Divi Maioriani Augusti* (ut 1), Be. *Novellarum Legum Liber IV. Novellae Divi Maioriani A.* Vid. Nov. Th. tit. I, not. *a*. b) 7, 8 (in ind. titt.) *hortu.* Cui. 1. Aur. Lugd. Rittersh. Go. *De ritu*, impr. Br. l. c. p. 872 et Ri. c) Ita 7, 9 et 10 in ind. titt.; 8 in ind. titt., 9 et 10 in Novella ipsa, edd. ante Be. om. *A.* et Aeg. *Divi M. A.* 1 in ind. titt. *de ortu imperii sui*, quod Zir. Am. Hengel. Be. rec., sed altero loco, ubi Novella ipsa scripta est, 1 habet *De ortu imperii dni maioriani ag. dni.* Comparata hac scriptura cum rell. codd. apparet *dni* errore pro *du* scriptum esse, alterum autem *dm*, pro quo leg. *dns*, ad inscriptionem Novellae trahendum, sublataque hac diversitate codices inter se consonare; quare id, quod in indice cod. 1 scriptum est, ab eo, qui indicem fecit, fictum esse, neque vero in rubro ipsius Novellae exstitisse credo. Restitui igitur *Divi Maioriani A.* In inscript. Novell. Rittersh. *Impp.* d) Ita codices; edd. *P. C.* e) 1 *ordinacione cognuscete*; 7, 9, 10 *ordinationem agnoscite.* Edd. *ordinatione agnoscite.* Melius *cognoscite* quam *agnoscite.* f) 1 *adsita extimatione omniu ppiciata divinitas*, sed sec. Am. *adsit aestimatione*, quod pro *aestimationi* accipit. 9 *adscita aestimationem o. p. d.* 10 *adsita aestimatione o. p. d.* 7, edd. *Adsit ordinationi o. p. d.* Ex rell. codd. rep. est v. *existimationis* s. *aestimationis.* Equidem credo, etiam in v. *aestimationis* latere v. *existimat.*; saepe enim in antiquis libris *aestimatio* invenitur, ubi *existimatio* scribendum erat. Illud *adsita* s. *adscita* mendosum est pro *adsit ad.* Utrum *propitiata* an *propitia* antiquitus fuerit in Novella, parvum refert. Videtur igitur sec. cod. 1 leg. esse: *adsit ad existimationem omnium propitiata divinitas* et sec. codd. 9, 10 *adsit ad aestimationem* (s. *existimationem*) *omnium propitia divinitas.* Correxi *Adsit ad existimationem.* In cod. 7 supr. lin. ad v. *propicia* est *adiutris* et in m. *propitius clemens.* g) Go. mendose *quiade | sustinendi.* h) 9, 10 *publice* et mox *rei publice.* In cod. 7 supr. lin. ad v. *apicem* est *sumitate* et *servicio* ad v. *obsequio*; infra *inoboediens* supra lin. ad v. *ingratus* et *estimarer* ad v. *iudicarer*, quae omnia glossemata sunt. i) 1 *kl susceptis.* In cod. 7 ad v. *fasces* supr. lin. est *honores.* Mendose Go. *sus | pti* et Rittersh. *feliter.* k) 9, 10 *incrementer.* 7 supr. lin. *aumtu* et mox *consentite* ad v. *Favete.* *) 7 supr. lin. *reru ad tractandu necessariaru*; infra *consentientibus* ad v. *adnitentibus* et *crescat* ad v. *augeatur.* l) 9, 10 vigere [n] temporibus, et sub innocentiae merito proficere posse virtutes. Nemo delationes [o] metuat [p], quas et privati in aliorum moribus condemnavimus, et nunc specialiter persequimur. Nullus calumnias reformidet, nisi quas ipse commoverit. Erit [q] apud nos cum parente patricioque [r] nostro Ricimere rei [s] militaris pervigil [t] cura. Romani orbis statum, quem communibus excubiis et ab externo hoste et a domestica clade liberavimus [u], propitia divinitate servemus. Puto [v] instituti nostri vobis inesse notitiam [x], quam mihi amore [y] vestrûm, vitae et periculorum quondam socius, indubitanter [z] spondeo [a]: enitar tamen rebus communibus [b], si superna concesserint, auctoritate principis et obsequio collegae, ut vestrum in me vobis non possit displicere iudicium. *Et manu divina*: *Optamus vos felicissimos et florentissimos per multos annos bene valere* [c], *sanctissimi ordinis patres conscripti* [d]. *Dat. III. Id.* [e] *Ian. Ravenna* [f], *Maioriano A. I. Cos.* [g] (458.)

TIT. II. DE INDULGENTIIS RELIQUORUM.

1. *Imp. Maiorianus A. Basilio* [a] *Pf. P.* Ut primum mundo [b] sacri principatus nostri rudimenta fulserunt, has potissimum [c] salubres rei publicae cogitationes, quibus universitati [d] remedia impendenda complectimur, sibi regni nostri novitas vindicavit: fessas [e] provincialium varia atque multiplici tributorum exactione [f] fortunas, et extraordinariis fiscalium solutionum oneribus attritas solutae illationis amisisse [g] substantiam, et defectum [h] sui etiam in his, quae merito fuerant solvenda [i], sensisse: superindictitiis si quidem [k] titulis in praeteritum possessor exhaustus, dum aegrae [l] solutionis trahit

---

Tit. II. 1, Zir. in ind. titt. Am. *Tit. II.* 7, 8 in ind. titt., 9, 10, Aeg. in ind. titt. Cui. 1. Aur. Cui. 2, 2*. Lugd. Rittersh. Go. Ri. Ri*. *Tit. IV.* Be. *Tit. III.* Vid. subscr. tit. sq., not. *i.* Zir. l. c. p. 419. C. Th. XI, 28. Nov. Val. tit. I. et Nov. Mart. tit. II. de Indulg. Reliq. — N. 1. Codd. edd. *N.* 1 s. *un.* Be. add. (*LXXXVIII.*), hoc est omnium Novellarum in Be. ed. Subscr. deest in cod. 9.

In imperium pro *ut imperium.* m) Cf. Dirksen, die Scriptores Historiae Augustae. Leipzig 1842. 8. p. 62, qui vero errore hanc Novellam partem esse dicit collectionis Novellarum quasi Theodosianarum. Hengel, Spec. Iurid. cit. p. 6. n) 7 *vigite.* 9, 10 *vigete.* o) 9 *dilationes*, ut Go. Sed cf. Go. ad C. Th. ed. Ri. T. III, p. 460. 1 sec. Am. *dilacionis*, sed *i* pro *e* scriptum esse dicit. p) Ita Be. ex cod. 1, quocum consentiunt 9, 10; 7, edd. ante Be. *metuet.* In codd. 7, 9, 10 om. *quas et* — *condemnavimus.* q) 7, Cui. 1 — Ri*. om. *Erit*, reposuit *Erit*, quod v. etiam 9, 10 habent, Be. ex cod. 1, prob. Hengel. l. c. pag. 9. r) 1 *parente patricio. quenostro.* 7, 10 *patrē patritioque nostro.* 9, edd. *patre.* s) 1 *ricimi . de rei.* 7, 10, Cui. 1 — Ri*. *Richemere rei.* 9 *Ricomere rei.* Cf. Hengel, Spec. Histor. Lit. p. 3 sqq. t) 1 *pervigel curant romani . urb̄ statutū quem cūmunibus.* 7 *pervigil* (ad quod v. supr. lin. *valde vigilans*) *c. r. urbis statumque c.* 9, 10 *pervigil c. r. urbis . statutumque comm.* Cui. 2, 2*. Ri. Ri*. *pervigili*, impr. Ri. et Hengel. l. c. p. 9. u) 9 *domestica clade deliberavimus.* 7, 10 *domesticam c. l.* 7 ad v. *excubiis* supr. lin. *officia diurna*, *extraneo* ad v. *externo* et *pestilencie* ad v. *clade.* v) Mendose Cui. 2, 2*. Ri. Ri*. *Peto*, impr. Ri., qui Bar. in Annalibus ad ann. 458 habere dicit *peto.* 7 *servi* pro *servemus.* x) 1 *instituti vestri vobis esse not.* 9, 10 *institutiones nostri* etc.; rell. *institutionis nostri* etc. Rep. *instituti*, i. e. consilii. Remanet *onis*, ex quo Hengel, l. c. diss. I. pag. 12 recte eruit *omnis.* Etenim sine dubio antiquitus scriptum erat *ōms*, ex quō factum est *onis* et postea *institutionis* pro *instituti omnis.* Optime igitur Hengel legit *instituti omnis nostri.* Utinam in sententia perstitisset, nam in pronomine *quam*, sc. *notitiam*, non est quod haereatur. Rittersh. *in esse.* y) 1 *amorē.* 9, 10 *qua mihi amore.* z) Rittersh. *periculorum, quondam socius indubitanter — enitat.* a) 1 *spondeo.* 7 *expondeo.* 9, 10 *expondeo*, ut Cui. 1, 2, 2*; rell. edd. *exspondeo.* Reposui *spondeo*; nusquam inveni v. *exspondeo*, ad quod fingendum elocutio v. *spondeo* ansam dedit. b) 1 *omnibus*, impr. Hengelio in Spec. Iurid. p. 11. 7 ad v. *enitar* supr. lin. *coner s. tento* et infra *aestimatio* ad v. *iudicium.* c) 1 *auctoritatem* — *displici* — *felicissimus et florentissimus . p multus annus . bene valere.* Etiam 7, 9, 10 *valere.* Edd. *annos . Bene valete.* Recte Be. in not. em. *annos bene valere.* Cf. Nov. Valent. tit. I. de Indulg. reliq. Nov. 3 in fin. 7 supra *collige* pro *collegae.* d) 1 *ordines patres conscribit.* e) Ita 1, 9, 10. 7, edd. om. *III.* Go. *Iann.* et 1 *Ianuarias.* f) 1 *Ravaenna.* 10 *ravenna.* Edd. *Rau.* s. *Rav.* 9 *Ravenn̄.* g) 1 *Dno* (i. e. *domino*) *Maioriano.* *Ā et* (pro *A. I.*) *cons.*; falso Br. l. c. et Ri. in cod. 1 esse dicunt *Dno Maioriano et cons.* 10 *consulibus.* Rittersh. *Coss.*

a) Ita 7, 9, 10, Be. iubente Am., qui, cum cod. 1 *Basiuo* haberet, corr. *Basilio*, recte. Cf. Am. l. c. p. XLIII. et 105, not. 1, infra §. 5, not. *r.* Cui. 1 — Ri*. male *Palladio*, Rittersh. *Impp.* b) 1 *Ut primū mundū.* 9, 10 *Ut primā mundo.* Gloss. interlin. in cod. 7 ad v. *primum* habet *mox* et *inicia* ad v. *rudimenta.* Fortasse legendum aliquis coniiceret *prima*, sc. *rudimenta*, sed optimam sententiam habet *Ut primum*, i. e. simulac, neque quicquam mutandum. Rittersh. *principiatus.* c) 9, 10 *his potissimum.* 7 supr. lin. *praecipue.* d) 1 *universitates.* Mox 7 ad v. *complectimur* supr. lin. *tenemus in nostro corde.* e) 7, 9, 10 *fessa.* 7 supra lin. *fatigata.* f) 7, 10 *exactionē.* g) 7, Cui. 1 — Ri*. *solutae inlationes amissae substantiam*, improb. Ri., cui hic et in seqq. aliquot videntur excidisse verba. Rein. em. *solitae* et Zir. l. c. p. 287 *solitae inlationes omissae testantur.* 9, 10 *solutae illationis amissae substantiae.* Be. ex cod. 1 *solutae illationis amisisse substantiam*, nec tamen vel ita locum sanum esse fatetur. *Solitae* ingeniose corr. est. Extraordinariis fiscalium solutionum oneribus provincialium fortunae attritae sunt, ut non habeant, unde solitam illationem, quae merito fuerat solvenda, sustineant. *Solutae* videtur ortum esse ex v. *solutionum*, quod paullo antecedit et librarii menti adhuc insedit. h) Rittersh. *defessum.* i) 7, 9, 10 *solvendas.* k) Ita 1. Infra §. 3 *Praefectiani si quidem.* Rell. codd. *sensisse superindicticiis quidem.* Cui. 1 — Go. *sensisse superindictitiis quidem.* Ri. Ri*. *sensisse*, *superindicticiis quidem.* Quare Zir. l. c. p. 287 punctum poni vult post *sensisse* et Be. colon eodem loco posuit. Ceterum 1 *superindiciis* et 10 *sensisise.* l) 7 *aegere.* 9 *aegre.* 1 *egere.* Cui. 1 — Ri*. *possessor: exhaustus*, sed etiam Zir. l. c. pag. 288 exturbari iubet co-

sub impossibili[m] devotione reliquias, et pro temporis cursu novis[n] subinde perurgetur venientium indictionum[o] tributis, et in redimendis attenuatur induciis[p], coacervata in unum sarcina[q] obnoxietatis obruitur, et, praecedentibus debitis[r] neutiquam sufficiens, ad futuram quoque illationem minus idoneus invenitur. Quapropter tribuendae immunitatis beneficiis provincialium spes viresque fovendae[s] sunt: interest[t] enim clementiae nostrae, piam manum dare defessis[u], et subiectorum angustiis in tempore[uu] subvenire, ut inveteratis nexibus liberi ad haec, quae[v] in posterum publicis secundum morem[x] compendiis inferenda sunt, possibilitatem incipiant[y] habere solvendi[z]. §. 1. Et idcirco mansura in aeternum lege sancimus[a], universorum fiscalium titulorum, vel ad arcam[b] magnificentiae tuae, vel ad utrumque aerarium pertinentium, reliqua usque ad praesentis undecimae[c] indictionis initium a possesso ibus[d] non petenda: quae sub generalis indulgentiae beneficio relaxamus obnoxiis[e]. Atque hoc ita pro cunctorum remedio constitutum sub aperta volumus definitione servari, ut, quicquid ex praeteritis indictionibus[f] usque in praesentem undecimam reliquorum est, quod vel apud possessorem residet, vel in privatum, ut fieri interveniente versutia assolet, nexum, emissa curialibus, vel canonicariis, vel quibuslibet aliis cautione[g] migravit, penitus non petatur, ut exactione[h] careat stipulatio, quam pro fiscalium calculo contempta[i] nostrae mansuetudinis relaxavit humanitas, excepta suarii canonis ratione[k], cui propter urbis[l] venerabilis copiam[m] nihil volumus indulgentia interveniente decerpi. §. 2. Ad illam quoque dispositionum[n] partem augustae mentis providentiam sensumque[o] conferimus, ut provinciales nostros, quos immunes a reliquis fecimus, devotos in posterum et semper idoneos remota feralium compulsorum acerbitate faciamus[p]. Praefectiani si quidem atque palatini, vel aliarum potestatum apparitores, competentium titulorum exactione suscepta contra veterem[q] morem per provincias discurrentes, enormibus[r] exactionibus possessorem curialemque concutiunt, et ita omnia pro arbitrio suae depraedationis extorquent, ut, cum aliqua pars certa vel[s] minima publicis compendiis inferatur, duplum[t] aut amplius sportulis[u] avidus et praepotens exsecutor accipiat[v]. Hinc[x] est, quod vetus providentia dispositioque maiorum, quam in omnibus sequimur atque reparamus, provincialibus iudiciis[y] exsequenda[z] commisit, quibus annitentibus[a] per singularum municipes civitatum moderatione tractabili fiscalium tributorum celebretur illatio: quam si acerbius humilis notusque[b] compulsor pro sui compendii utilitate tractasset[c], confestim depraedationibus vexatorum[d] aditu aucitique fiscalium provinciae cognitor subveniret[e]. Nunc vero canonicarios superioris[f] militiae auctoritate terri-

lon, quod ante v. *exhaustus* positum erat. m) 9 *inpossessibili.* n) Codd. *nobis*, sed recte edd. *novis*, nam saepe *b* pro *u* in codd. scriptum est. Praeterea 1 *subiende.* o) 1 *indictione.* p) 1 *indutiis.* Aur. Lugd. Rittersh. Go. *indiciis.* q) 1 *quoacervate in u. s. o.* 7, 9, 10 *coacervate in unā sarcinā* et 9 *obnoxiaetatis.* r) 7, 9, 10, Cui. 1 — Ri*. *diviciis s. divitiis.* Zir. l. c. p. 288 em. *debitis*; hoc Be. ed. ex cod. 1, ubi scriptum est *debetis.* 7 supra *neutiquam* habet *non.* Ceterum 1 *p̄cidentibus* et infr. *minis idoneus.* s) 7, Cui. 1 — Ri*. om. *immunitatis — fovendae.* 1 *tribuende.* Sed de Ri. et Zir. vid. not. *u* sq. 1 apud Am. *beneficis*, ego vero legi *beneficiis.* t) 7, Cui. 1. Cui. 2, 2*. Ri. Ri*. *ante res*, Aur. Lugd. Rittersh. *ante: res* et Go. *ante: ttes.* Vid. not. sq. u) 7 *piā mandare defensis.* 9, 10 *pia mandare defessis.* Cui. 1 — Ri*. *pia mandare defensis.* Zir. l. c. p. 285 sq. em. *Quapropter tribuendae sunt indulgentiae, interest enim Clementiae nostrae piam manum dare defessis*, optime, antequam cod. 1 scriptura innotuit, quam Be. rest. Ri. prop. *Quapropter tribuendae sunt indulgentiae: res enim clementiae nostrae, gratiam dare defessis.* uu) 1 om. *in tempore.* v) 1 *inveterati nexibus liberi ad ea que*, ubi Am. em. *inveteratis.* 7 *inveterate nexibus liberari ad hae quae.* 9 *inveterati nexib: liberi ad aeque.* 10 *inveterati nexibus liberi . ad aequae.* Go. *libertati*; rell. edd. *liberati.* Reposui *liberi.* x) 7, 9, 10 *more.* y) In cod. 9 deest *incipiant*, sed add. in m. z) 1, 9, 10 add. *Et.* 7, edd. om. *Et.* a) 10 *sanciamus.* b) 7 *titulo vel ad arca.* 9, 10 *t. v. ad arcae.* Cf. Zir. l. c. p. 226. c) 7 *praesenti sunt decimae.* Aur. Lugd. Go. Rittersh. *undecima.* 1 *pertenencium reliquā usq. ad pr. u. indicionis.* d) 9, 10 *possessoris.* e) 7, 9, 10 *obnoxios.* 1 *beneficiis r. obnoxiis.* Si quis ex cod. 1 rep. *beneficiis*, comparari possunt, quae supra leguntur: *tribuendae immunitatis beneficiis.* f) 1 *definitione servare ut qđquid ex peritis indicionibus.* 10 *diffinitione.* g) 1 *canonariis — caucionem.* h) 9, 10 add. *non.* i) 1 *calcolū contimta*; rell. codd. Cui. 1 — Ri*. *contempta.* Be. *contemta* et em. in not. *contemtam.* Puto recte esse in edd. *contempta*, sc. *humanitas.* Patet ex lege, modum exigendi, quem princeps (nostrae mansuetudinis humanitas) introduxerat, in obnoxiorum detrimentum atque fraudem laesum, igitur legem principis contemptam esse. k) 7, 10 *rationē.* 9 *exceptas uarii.* l) 1 *cui p purb̄.* m) 7 *copia hil*, sed del. est *hil*, quasi leg. sit *copia volumus.* 10 *copia.* Mox Aur. Lugd. *interurniente.* n) 10 *dispositionē.* o) 1 *auguste m̄tem ꝑvidenciam s.* 7 *august. mentes providentia sensūq;.* 9, 10 *auguste m. providentia s.* p) 7, 10 *facimus.* 9 *facinus.* q) 1 *apparatores conpetenciū . titolorum exacactione* (sed supr. lin. ad literas *x* et *a* ponitur *h*) *suscepta contra veterū morē.* Reciperem *veterum*, nisi rell. codd. dissentirent. r) 7 *discurrente senioribus.* 9 *discurrentes enoribus.* 10 *discurrentes. enorinibus*, unde perspicitur, quo modo orta sit cod. 7 et Cui. 1 — Ri*. scriptura *discurrentes senioribus*, pro qua Rein. *severioribus* et Ri. *saevioribus* prop.; nostram rec. Be. ex cod. 1, recte, nec multum recedunt codd. 9 et 10. s) 1 *sue depredaciones extorquent Tunc aliqua pars ceria vel.* 7, 9, 10 *s. d. extorquentium cum a. p. c. vel.* Locus videtur suspectus esse, nam quod in edd. scriptum est *detorquent, ut cum*, aliter est in omnibus codd. Sed tamen optimam esse puto vulg. scripturam. Go. *ut | ut cum.* t) 1, 9, 10 *duplum*; rell. *duplam*; rectius *duplum.* Supra 7 *publici.* u) Rein. mavult *pro sportulis.* 1 *sportulis habidus.* v) 7 *accipiet.* x) 7, Cui. 1 — Ri*. *Hoc.* y) 1 *iudicis.* 9, 10 om. *atque — iudiciis.* z) 9, 10 *et sequenda.* Ri. em. *exequendum.* a) 7, Cui. 1 — Ri*. *et nitentibus.* In m. Cui. 1. Aur. Lugd. em. *adniten.* et in m. Cui. 2, 2* *adnitentibus*, recte et consentientibus codd. 1, 9, 10. b) 1 *humiles notusque conpulsor.* In m. Cui. 1 — Cui. 2* em. *ignotusque*, quod quidem bene consentit cum antec. v. *humilis*, neque vero cum codd. c) 7, 9, 10 *tractatus et.* Cui. 1 — Ri*. *tractatus, et.* d) 9, 10 *vel exactorum.* e) 1 *aditu . aditū quefaciles. provincie . cognitur subveniret.* 9, 10 *a. a. fiscalis p.*

biles [g], et in provincialium viscera et damna saevientes [h] nec arguere quisquam apud provincialem iudicem [i] potest, cum resupina apparitori et totum sibi de superioris cinguli fastidio blandientes potestas provincialis examini [k] subiecta famuletur, nec de longinquis provinciae regionibus cum magno sumptuum expensarumque detrimento ad comitatum nostrum venire audeat ille, qui queritur [l], cui sub duro patientiae gemitu [m] tolerabilior videtur depraedatio saevientis [n], quam sub magno observationis incommodo sustinendus impetrandae [o] ultionis eventus. Hinc est, quod per iniuriam compulsorum destitutae ordinibus civitates idoneum nequeunt habere curialem, quod exigentium atrocitate perterriti [p] possessores propria rura destituunt [q], cum non iam amissio [r] fortunarum, sed saeva custodia et suspendiorum [s] crudelitas formidatur, quae immitis apparitor, et executio militaris pro commodo suae cupiditatis [t] exercet. Ac ne ulterius canonicariorum venalis improbitas [u] publicis fortunis inferat privatisque dispendium, veteri more revocato, provinciarum rectores celebrandae exactionis summa respiciat [v], per quorum officia profligari [x] iubemus annuas functiones, ita ut a [y] duodecimae indictionis [z] initio nullus ad provinciam magnificentiae tuae canonicarius, nullus palatinus, nullus armatae potestatis [a] minister accedat, sed universa fiscalia, quae de provinciis speranda sunt, per locorum iudices inferantur, quos aut negligentiae culpa [b] respiciat [c], aut laus manebit industriae [d], ita ut ipsis moderatoribus ad admonendum tantummodo directus exsecutor immineat. §. 3. Et quia totum pro remedio possessoris serenitas nostra [e] constituit, quem tributorum gratia solvendorum fruges suas sub opportunitate [f] vendentem volumus per temporis intervalla refoveri, trina per annum vice singularum [g] indictionum quantitas speranda solvatur, et quadrimenstruis [h] illationibus annuae functionis celebretur exactio, cuius summam [i], ita ut distinctum est, moderatoris annitente diligentia [k] ad arcam volumus congrua exactione [l] transmitti. §. 4. Habenda sane [m] ratio est potentium personarum, quarum actores [n] per provincias solutionem fiscalium negligunt, dum pro sui terrore [o] fastidii [p] minime perurgentur, ac se in praediis retinent contumaces, ne ad eos praeceptum iudicis possit aut conventio pervenire, et idcirco clarissimarum [q] domorum vel potentium iubemus actores [r] seu procuratores in his civitatibus iudici [s] per provinciam discurrenti sui [t] facere et exhibere praesentiam, in quarum territoriis [u] praedia suorum [v] sciant esse patronorum, et tam [x] diu publicis inhaerere conspectibus, quam diu in eodem [y] oppido morari viderint [z] cognitorem: quod [a] etiam sacrae domus nostrae observare iubemus actores [b]. Nam si quis ex memoratis defuerit, ac [c] se per totum annum pulsandus conveniendusque [d] subtraxe-

---

cognitus subv.; etiam edd. *cognitus*. Reposui ex cod. 1 *cognitor*; nam secundum modum scribendi, quo librarius codicis utitur, *cognitur* nihil aliud est, nisi *cognitor*. f) 1 *superiores*. g) 7, 9, 10 *terribilis*. h) 1 *damna de se uenientes*. An pro *desaevientes*? i) 1 *provincialium iudicem*; infra *provinciales iudices* nominantur. V. *potest* bis est in Go. ed. k) 1 *adpariture et totum sibi de superiores cingoli fastidio blandientes pot. provinciales examinis*. Etiam rell. codd. *fastidio blandientes*, ut edd. Rein. em. *fastigio blandiens* et Ri. *apparitoris — fastigio blandientis*. Non admitto *fastigio*, quod etiam Be. prob. Est *fastidium* pro *superbia*, quam apparitor ob cinguli honorem prae se fert; sed admitto *apparitoris* et *blandientis*, etsi neque haec em. locum corruptum, quem frustra corrigere studui, sanat. Vid. infr. §. 4, not. *p*. l) 7, 9, 10 *quaeritur*. m) 7, 9, 10, Ri. Ri*. *sub durum p. gemitum*. Cui. 1 — Go. *subdurum p. gemitum*. Iam Rein. corr. *sub duro p. gemitu*, quod Be. ex cod. 1 rep. n) 7 *saevientes*. o) 1 *sustinendus impetranda*. 7, 9, 10 *sustinendos inpetrandae* s. *inpetrande*. Paullo post apud Go. deest *per*. p) 1 *exhigencium atrocitate periti* (sed add. est supr. *r* altera litera *r* et Am. corr. *perterriti*); rell. codd. Cui. 1 — Cui. 2*. Go. Ri. Ri*. *auctoritate perterriti*. Rittersh. *auctoritate praeteriti*. Be. ex cod. 1 rep. *atrocitate*. Utraque v. *auctoritate* et *atrocitate* aptam sententiam habet, sed v. *atrocitatis* magis quam *auctoritatis* cum totius loci sententia videtur concinere. q) 1 *rura distituunt*. 7, 9, 10 *iura distituunt*. Edd. ante Be. *iura destituunt*. Be. ex cod. 1 rep. *rura*; id iam Ri. prop. r) 7, 9, 10 *tam amisso*. s) 1 *suspendorum*. t) 9, 10 *pietatis*. u) 1 *venalis probitas*. Cui. 1. Cui. 2, 2* *vaenalis* et mox Rittersh. *inserat*. v) 1 *celebrande exhactionis sub || ma respiciat*. x) 1 *profligare*. y) 7, 9, 10 om. *a*. z) 7 *indicitur initio*. 9, 10 *indictio initio*, et om. in his codd. et in Cui. 1 — Ri*. *nullus — canonicarius*, quae vv. Be. ex cod. 1 rest. Sec. Am. cod. 1 habet *ad* (Am. em. *a*) *duodecime*. a) 1 *armatule potestates*. Rittersh. *annatae*. Mox Aur. Lugd. Rittersh. Go. *ministret*, *accedat*. b) 1, 9, 10 *culpa*. 7, edd. *cura*. Rein. correxerat *negligentia curae*, sed postea del. Reposui *culpa*. c) Rein. Ri. et Be. propter seq. *manebit* em. *respiciet*, bene quidem, sed adversantibus codd. d) Ita 1, 9, 10, Rein. Go. (prob. Ri. et Am.) Be.; 7, rell. edd. *industria*. Ante Go. *au* pro *aut*. e) 1 *sereritas nostrae*. f) 1 *oportunitate*. 9, 10, Go. *oportunitatibus*. 7, rell. edd. *opportunitatem*. Recte Be. prop. *opportunitate*. Mox Rittersh. *reuoveri*, mendose pro *refoveri*. g) Cui. 1 — Rittersh. Ri. Ri*. *voce singulari*. Rein. legi vult et Go. ed. (prob. Ri.) *vice singulari*, consentientibus codd. 7, 9, 10. Be. rest. ex cod. 1 *vice singularum*, recte. h) 1 *quadrimestruis*. 7, 9, 10 *quadrumenstruis* et 10 *annae*. i) 1 *exatio cuius sūmam*. 7, 10, Cui. — Ri*. *exactio cuius summa*. Ri. em. *summae*. Recte Be. ex cod. 1 rest. *summam*. Rittersh. *id* pro *ita*. k) 7, 9, 10, edd. ante Be. *moderatores admonentes diligentiam*, sed Rittersh. habet *admouentis*. Ri. em. *moderatoris*, recte. Nostram scripturam rec. Be. ex cod. 1, quem praeterea dicit Am. *ad arca* (Am. em. *arcam*) habere. l) 7, edd. ante Be. *congrue* (s. *congruè*) *exactionē*. 9, 10 *congruae exactionem*. 1 *congrua exactione* (sec. Am. *exhactione*), quod Be. recep. m) 9 om. *sane*. 10 *sa* pro *sane*. n) Rittersh. *quarum amores*. 7 *quarum auctores*. o) 9, 10 *prosint errore*, nisi in cod. 9 scriptum est *prosiut*. p) Rein. Ri. Be. em. *fastigii*. Vid. supr. §. 2, not. k. q) Edd. ante Be. *clarissimorum*. r) 1 *iuvemus auctores*; etiam 7, 9, 10 *auctores* et 7 *procoratores*. s) 9, 10 *iudicii*. t) 1 *discurrente sui*. 9 *discurrentes. ui*. 10 *discurrentis ui*. Rittersh. *per iudici provinciam discurrendi*. u) 7 *terreturiis*. Rittersh. *territorii*. v) 9 *suarum*. 1 *suorū. sciunt*. Scribi potest etiam *sciunt*. x) 7, 9, 10, Cui. 1 — Ri*. *etiam*. Rein. Ri. em. *et tam*, consentiente cod. 1, quem Be. secutus est. y) 1 *quā diuini eodem*. z) 7, 9, 10 *viderint*; 1, edd. *viderent*. Iam Rein. em. *viderint*, quod reposui. a) 1 om. *quod*. b) 1, 9, 10 *auctores*. Paullo supr. Rittersh. *observari*. c) 1 *hac*. d) 7, rit, raptus ad supplicium id, quod exacto indictionis tempore minus intulisse convincitur [e], duplum cogatur exsolvere. Sicut enim vexari incongruae exactionis incommodis devotos [f] nolumus, ita rebelles iustae severitatis vigore persequimur. §. 5. Illud quoque providendum est [g], ne provinciales iudices falso in obiurgationem apparitorum suggestionibus commentisque deducantur, qui, ad eos hac exactione [h] translata, ereptam [i] immanium commodorum praedam e suis [k] fraudibus [l] lugent: ac propterea hoc eis tribuimus dignitatis, ut de iniunctis [m] actibus, et de suae assertione [n] diligentiae referendi ad [o] mansuetudinem nostram habeant [p] facultatem, ut nos potissimum de eorum administratione iudicemus, quorum suggestiones inter quaslibet publicas curas sacrae providentiae attentione dignamus [q], Basili, parens carissime atque amantissime [r]. §. 6. Illustris et praecelsa magnificentia [s] tua huius legis saluberrima constituta propositis divulgabit [t] edictis, ut ad provinciales remedia concessa perveniant, et iudices ex nostra praeceptione cognoscant, ita industriae ac vigilantiae suae exactionum [u] publicarum redditam potestatem, ut non leviter arguendi sint, si augusto non inertem dissimulationem nequiverint respondere iudicio [v]. *Dat. VI. Id. Mart. Ravenna. Acc. V. Id. suprascriptis Ravennae, D. N. Maioriano A. I. Cos.* [x] (458.)

TIT. III. DE DEFENSORIBUS CIVITATUM.

1. *Impp. Leo et Maiorianus AA. universis rectoribus provinciarum* [a]. De civitatum per omnes provincias positarum raritate [b] cogitantes, quibus, fugientibus incolis [c], defensorum auxilio destitutis, qui unumquemque civium ab improbitatibus insolentum [d] antiquae ordinationis*) studio vindicare consueverant [e], sollicitudo [f] nostris ordinationibus summovenda possidendi [g], priscae consuetudinis morem revocandum esse censuimus [h], ut

---

Tit. III. 1, Zir. in ind. titt. Am. *Tit. III.* 4, 7, 8 in ind. titt., 9, 10, Aeg. in ind. titt., Cui. 1. Aur. Cui. 2, 2*. Lugd. Rittersh. Go. Ri. Ri*. *Tit. V.* Be. *Tit. II.* Vid. infra not. *i.* In cod. 4 hic tit. additus est statim post tit. *de Episc. iud.*, qui in Br. Al. secundus est, neque ibi alius Maioriani titulus praeter eos, quos Visigothi receperunt, invenitur. C. Th. I, 20. Cod. Iust. I, 55. — N. 1. Codd. edd. *N.* 1 s. *un.* Be. add. (*LXXXVII.*), h. e. omnium Novellarum in Be. ed. In cod. 9 subscr. inter inscr. et legis vv. collocata est, deest autem in cod. 10. Cf. Hengel, Diss. Spec. Iuridic. p. 14—33.

9, 10, edd. *pulsandos conveniendosque.* 1 confirmat, quod Ritterus emendavit *pulsandus conveniendusque* idque recepi. Ceterum in cod. 1 lacuna est, qua exc. *per totum annum.* e) 9 *convicitur.* f) 1 *vexare incongrue* (hoc etiam 7) *exhactionis incomodis debetus.* 9, 10 *devotis.* g) Ap. Rittersh. deest *est.* h) 1 *deducantur qui ad eos . hac exactione.* 9, 10 *ducantur qui ad* (9 *quiad*) *eos haec exactione.* 7, edd. *quia, ad* etc. i) 7, 10, Cui. 1—Ri*. *erepta.* Rein. Ri. em. *ereptam*, recte et consentiente cod. 1, quem Be. secutus est. k) 7 *immaniū c. praedam messuis.* 9, 10 *i. c. praedam me suis.* l) Rein. Ri. em. *faucibus*, ingeniose quidem, sed adversantibus codicibus. Mox 9, 10 *dignitates.* m) 7, 9, 10, Cui. 1—Ri*. *inductis.* Be. ex cod. 1 recte rest. *iniunctis.* n) 7, 10 *adsertionē.* o) Cui. 1. Cui. 2, 2* om. *ad.* Rein. in Cui. 2 rep. *ad*, quod iam Aur. ed. add. p) 7, 9 *habent.* 10 *nostra habent.* Etiam Cui. 1 *habent.* q) 1 *adtemptatione dignā.* 7, 9, 10, Aur. Lugd. Rittersh. Go. *dignamur.* r) Cui. 1. Aur. Lugd. Rittersh. Go. *Praefecte Karissime Augustorum*, sed Rittersh. in m. em. *Parens.* In codd. et in rell. edd. formula siglis expressa est. De *Palladio* h. l. consentiunt omnes codd. et edd. Vid. inscript. not. *a.* s) 1 *magnitudo.* Paullo post in Cui. 2, 2* deest *legis.* t) 7, 10, Cui. 1 *divulgavit.* Aur. et sqq. edd. *divulgabit.* 9 *praepositis divulgavit.* u) 7, 9, 10 *exactionem.* 1 *et iudices ea praeceptione cognuscant — industria hac vigilancie sue exactione publicarū reddita potestatem.* v) 1 *si augusti non inertem dissimulacionem nequererint respondere iudicio.* 7, Cui. 1—Ri*. *si angusto non inertē dissimulatione nequiverint respondere iudicib;.* 9, 10 *si Augusto non inartem dissimulationem nequiverint respondere iudicibus.* Ri. em. *si augusto per inertem dissimulationem nequiverint respondere iudicio.* Be. partim cod. 1, partim Ri. secutus ed. *si Augusti per inertem dissimulationem nequiverint respondere iudicio.* Miror, v. *non*, quod sententiam turbat, in omnibus codicibus esse. Am. et Beckio probatur *per* pro *non.* 7 habet *dissimulatione*, fortasse etiam scriptum erat *inerte*; *non* significat *nostro*, quod expressum erat siglo *n̄o*, unde ortum est *non* et *n̄*, quod 10 habet. His positis verisimile est, fuisse in Novella *augusto nostro inerte dissimulatione nequiverint respondere iudicio.* *Per* nimis recedit a codicum scriptura. x) Subscriptionem rest. Be. ex cod. 1, ubi vero *ĀS.* pro *A. I.* scriptum est et *S̄S̄* pro *suprascriptis.* 7, 10 *Dat. VII. Idus Mart. Ravenna ipso augusto* (10 *ā*) *consulibus* et om. *Acc.—I.* In cod. 9 subscriptio deest. Cui. 1—Ri*. *Dat. VII. Idus Mart. Rau. ipso A. Cos.* sive *Cons.* (sed Rittersh. Go. *Coss.*) et om. *Acc.—I.* Am. sigla cod. 1 ita solvit: *suprascripti* (sc. mensis Martii) — *Augusto consule.*

a) In codd. 9, 10 vv. *universis — provinciarum* ab inscr. divulsa sunt et coniuncta cum vv. *De civitatum* etc., sed in 9 admiscetur etiam subscriptio, hoc modo: *Maiorianus ā·ā.* || *Dat. — consulibus.* || *Universis — provinciarum de civ.* b) Ita 7, 9, 10, Cui. 1—Ri*. Em. Ri. *vastitate*, quod non impr. Hengel. l. c. p. 19, quamquam longius a scriptura vulgari videatur recedere. Be. ex cod. 1 ed. *caritate*, praefert autem Hengel l. c. vulg. scripturam; *raritatem* esse pro *vastitate* civitatum, civitates incolarum multitudine carere, cum effugerint cives. Recte opinor. Infra dicitur: *fugientibus incolis*, *rurales habitationes et solitudines expetunt, repetiti domicilii habitatione.* 4 *raritatē.* c) 1 *fugientibus incomis.* Mox 4 *auxiliis* et 10 *distitutis.* d) 4, 7, 9, 10 *insolentem.* 1 *ab inprouitatibus .... lentum* et est spatium ante *lentum.* *) Cf. C. Th. I, 20, et sec. Ri. inprimis c. 2 illius tit. e) 4 *consuerat.* 7, 9, 10, Cui. 1—Rittersh. Ri. Ri*. Be. *consueverat.* Go. edidit *consueverant.* Etiam Be. (neque vero Hugo, quem Hengel pro Be. nominare solet. Vid. Praef. meam ad C. Th. p. XXI, not. 120) prop. *consueverant*, prob. Hengel. l. c. p. 19 et assentiente cod. 1. f) 1 *solitudinis.* 10 *sollitudo.* 7, Cui. 1—Be. *solitudo*, sed 7 a sec. man. et 9 *sollicitudo.* Idem vult Be., prob. Hengel. l. c. p. 18, cui tamen obloquor, quod hac lectione recepta, interpungendum esse putat post vv. *sollicitudo* et *submovenda.* Vid. not. sq. g) 1 *submonenda ..... dendi* et est spatium ante *dendi.* 4 *movenda possidendi.* Rittersh. *possidente.* Locus obscurus, quem Hengel l. c. p. 18 saprobis [i] moribus, honestate, providentia viri iudicio universitatis electi, auctoritatem [k] tuendae in civitatibus suis plebis accipiant, et quaecunque utilitatem [l] publicam respiciunt, concessae per leges privilegio dignitatis [m] vel exsequendi [n] vel insinuandi auribus mansuetudinis nostrae habeant [o] potestatem. Hoc enim modo fieri potest, ut, repressis per eos insolentiae vitiis quoque, qui accidentia [p] in provinciarum nostrarum parte [q] tractatum intenti curis maioribus ignoramus, eorum ad emendandum suggestionibus [r] instruamur, et ii [s], qui per iniuriam compulsorum rurales habitationes et solitudines expetunt [t], sub defensorum tuitione degentes publicis se urbium conspectibus [u], repetiti domicilii habitatione [v], restituant. Quapropter praeceptionis nostrae tenore comperto [x], universarum civitatum, quae sunt, inhabitantium frequentia celebres, in tuae potestatis arbitrio constitutae [y], municipes, honoratos plebemque commoneat [z], ut adhibito [a] tractatu atque consilio sibi eligant defensorem, factumque dematurent, ut sub hac solennitate [b] desideria urbium singularum ad nostram mansuetudinem [c] dirigant (quia ipsos provinciales [d] propter expensas vel itineris laborem [e] ad comitatum venire non patimur), ut [f] compertis eorum moribus atque personis, quos praeter ambitum dignos tali ministerio et honore [g] iudicemus, idoneos defensores confirmatio [h] constituat. *Dat. VIII. Id. Mai.* [i] *Ravenna* [k], *D. N. Leone et* [l] *Maioriano AA. Coss.* [m] (458.)

TIT. IV. DE AEDIFICIIS PUBLICIS [a].

1. *Impp. Leo et Maiorianus AA. Aemiliano* [b] *Pf. U.* [c] Nobis rem publicam [d] moderantibus volumus emen-

Tit. IV. 1, Zir. in ind. titt. Am. Be. *Tit. IV.* 7, 8 in ind. titt., 9, 10, Aeg. in ind. titt., Cui. 1. Aur. Cui. 2, 2*. Lugd. Rittersh. Go. Ri. Ri*. *Tit. VI.* C. Th. XV, 1. Cod. Iust. VIII, 12. Zir. l. c. p. 193. — N. 1. Codd. edd. *N.* 1 s. *un.* Be. add. (*LXXXIX.*), h. e. omnium Novellarum in Be. ed.

nat iniecta v. *est* (*sollicitudo*, *nostris ordinationibus submovenda*, *est possidendi*), optime, sed cave, ne commata ponas. Vid. not. *f.* Melius quid proponam, nescio. Antea Hengel in animo habebat delere v. *possidendi*, aut scribere *solitudo n. o. possidendi submovenda*, ac si *ordinationibus possidendi* sit pro *ordinationibus de possidendo.* h) 1 *prisce consuetudinis more oms contempdum esse censuimus.* i) 1 *puis*, qua scriptura confirmatur *probis*, quod Cui. 2, 2*. Ri. Ri*. Be. habent. 4, 7, 9, 10, Cui. 1. Aur. Lugd. Rittersh. Go. *provisi*, impr. Ri. Hengel. l. c. p. 23 prop. *probati*, quia in C. Th. I, 20, 3 defensores *probatissimi quique* esse iubentur. Mox Aur. Lugd. *providantia.* k) 1 *viri indicio universitatis edicti auctoritatem.* 7, 9, 10 *auctoritate.* Rittersh. *universitatis*, *electi auctor.* l) 7, Cui. 1. Aur. Lugd. Rittersh. Go. om. *utilitatem.* Go. *qnaecunque.* Cui. 1. *quecunque.* m) 1 *concesse per legis. privilegio dignitatis* et em. Am. *leges.* 9, 10 *c. p. l. privilegia dignitates.* 4 *c. p. leges privilegiā dignitatis.* 7, edd. ante Be. *c. p. leges privilegia dignitatis*, ubi Ri. em. *concesso per legem privilegio dignitatis*, bene quidem, neque vero opus erat cj. *concesso.* Be. ex cod. 1 rest. *privilegio*, prob. Hengel. l. c. p. 20. n) 4 *sequendi* — *mansuetudines.* o) 4, 7, 9, 10, Cui. 1. Aur. Lugd. Rittersh. Go. *habent.* p) 1 *uiciis quoque* (om. *qui*) *accedenciae.* 4 *accedentiā.* 7, 9, 10, Cui. 1 — Rittersh. Ri. Ri*. *accedentia.* Rein. em. et Go. Be. edd. *accidentia*, pr. Hengel. l. c. p. 25. q) 4 *pariter.* 10 *part&* *ractatū.* Locus impeditus. Rein. em. *tractatuum.* Ri. totum locum sic rest.: *quia accidentia in provinciarum nostrarum parte tractuque ignoramus*, prob. Be., nisi quod is *nos quoque*, *qui accidentia* etc. legi vult. Hengel. l. c. p. 25 prob. *quia*, neque vero *nos* et *tractu*; illud ei displicet, quia v. *quoque* arcte cum antecc. cohaereat, hoc, quia *tractus* de certa quadam et definita regionis parte dicatur, hic vero de toto imperio Occidentis sermo sit. Ipse em. l. c. p. 26 *tractata* (*quia accidentia, in provinciarum nostrarum parte tractata*, *ignoramus*). Neque hoc mihi placet. *Accidentia* recte habet, deinde a Ri. recte em. est *quia*; denique cum Rein. rep. est *tractatuum*, eadem sententia, qua infr. dicitur *tractatu atque consilio.* Sed tamen remanet aliquid obscuri, mendumque videtur latere in v. *quoque.* Ceterum Rittersh. *intendi.* r) 4 *demandandum suggessionibus.* 9 *emendum s.* s) In codd. 4, 7, 9, 10 et in edd. deest *ii*; restit. *ii* ex cod. 1, qui *et hii* qui habet; *hii* autem pro *ii* in cod. 1 scribi, iam saepe adnotavimus. t) 1 *rorales habitacionibus ei sollicitudinis exp.* 4 *curiales habitationis et solitudinis* — *tuicionem.* u) 1 *publices si urbiū* ..... | *ectibus* et est spatium ante *ectibus.* 9, 10 *urbiumque consp.* v) 4, 7, 9, 10 *habitationem.* x) 1 *conpto*, sed 4 *pcepto* et 7, 9, 10, edd. *percepto*, quod ex antec. v. *praeceptionis* ortum est, quare ex cod. 1 rest. *comperto.* 4 *in universa.* y) 1 *civitatum quā sint habitancium frequencium celebris in tue potestatē arbitrio constituti.* 4 *constitae.* Aur. Lugd. Rittersh. Go. *frequentia*, *celebres in.* Mox 9 *honeratos.* z) 9 *commemorat*; rell. *commoneat.* Ri. em. *commoneas*, quod prob. Hengel. l. c. p. 30. Aut *commoneas* scrib. est aut *āt* (auctoritas tua) s. *m̄t* (magnificentia tua) *commoneat.* Inscriptum fuisse legem magistratui alicui, fortasse Basilio Pf. P., qui eam cum universis rectoribus provinciarum communicaret, apparet ex antecc. vv. *in tuae potestatis arbitrio constitutae.* Quia rectores provinciarum in inscr. commemorati erant, nomen magistratus, quod eodem loco erat, omissum est a librariis, ex quo hoc quoque loco mendum ortum est. a) 1 *adhibitio.* Mox 10 *elegant.* b) 1, 4, 7 *solemnitatem* et mox 4 *orbium.* c) 1 *mansuetudine.* 10 *masuetudinem.* d) 4 *ipso provincialis.* e) 1 *labem* et 9, 10 *l. ad comiatum.* Am. non omnino improbabile videtur *labem*, maxime vero displicet Hengel. l. c. p. 31. f) 4 om. *ut.* Hengel l. c. p. 32 prop. *et*, sed cum codd. consentiant, abstinet a mutat. g) Go. *honores*, mendose. h) 9, 10 *confirmato.* Rittersh. *confirm. destituat.* i) 1, 4 *Mai*; rell. *Mar.* sive *Mart.*, quod Be. seduxit, ut hanc Novellam uno die recentiorem antecedenti putaret et ordinem contra codicum et editionum auctoritatem everteret. Si accurate inspexisset cod. 1 scripturam ab Am. exhibitam, verum vidisset. Ceterum 9 *Dat. VII Id. Marī.* k) Aur. Lugd. Rittersh. Go. *Ravennae*; rell. *Rau.* s. *Rav.*; sed vid. not. *m.* l) *D. N. Leone* et om. in codd. 4, 7, 9, Cui. 1 — Ri*. m) 4, 7, Cui. 1 — Ri*. *Maioriano A. I. Cos.* s. *Cons.* (ut scriptum sit *Rav. Maioriano A. I. Cos.*), sed 7, Ri*. *Maiorano* habent et Rittersh. *Coss.* 9 *Ravenn ipso ā consulibus.*

a) 8 in ind. titt., 9, 10 *de Aedif. curialium.* b) 1 *emiliano.* 7 *Aemeliano.* 9, 10 *Ameliano.* 7, 9, 10, Cui. 1 — Ri*. om. *AA.* c) Ita Be. ex cod. 1. Etiam 10 *pū.* Edd. ante Be. *Praet. praef.* siglum habent, ut 9. Vid. Am. l. c. p. XLIII. et p. 107, not. I. d) 1 *nobis publica* dari, quod iam dudum ad decolorandam[e] urbis venerabilis faciem detestabamur admitti. Aedes si quidem publicas, in quibus[f] omnis Romanae[g] civitatis consistit ornatus, passim dirui plectenda[h] urbani officii suggestione manifestum est: dum necessaria publico operi[i] saxa finguntur[k], antiquarum aedium dissipatur speciosa constructio, et ut parum[l] aliquid reparetur, magna diruuntur. Hinc iam occasio nascitur, ut etiam unusquisque privatum aedificium construens per gratiam iudicum in urbe[m] positorum praesumere de publicis locis[n] necessaria et transferre non dubitet, cum haec, quae[o] ad splendorem urbium pertinent, affectione civica[p] debeant etiam sub reparatione servari[q]. §. 1. Idcirco generali lege sancimus, cuncta aedificia, quae vel in templis aliisque monumentis a veteribus condita propter usum vel amoenitatem publicam surrexerunt[r], ita a nullo destrui atque contingi[s], ut iudex, qui hoc fieri statuerit, quinquaginta librarum auri illatione feriatur: apparitores vero atque numerarii[t], qui iubenti obtemperaverint, et sua neutiquam[u] suggestione restiterint, fustuario supplicio subditos, manuum[v] quoque amissione truncandos, per quas servanda vetera[x] monumenta temerantur. §. 2. Ex his[y] quoque locis, quae sibi competitorum hactenus vindicavit revocanda surreptio[z], nihil[a] iubemus auferri, quae[b], ad ius publicum nihilominus redeuntia, ablatarum[c] rerum volumus reformatione reparari, summota in posterum licentia competendi. §. 3. Si quid[d] sane aut propter publicam alterius operis constructionem, aut propter desperatum reparationis usum necessaria consideratione deponendum est, hoc apud amplissimi venerandi senatus ordinem[e] congruis instructionibus[f] praecipimus allegari, et[g] cum ex deliberato fieri oportere censuerit[h], ad mansuetudinis[i] nostrae conscientiam referatur, ut, quod reparari nullo modo viderimus[k] posse, in alterius operis nihilominus publici transferri iubeamus[l] ornatum, Aemiliane[m], parens carissime atque amantissime[n]. §. 4. Quapropter illustris magnificentia[o] tua saluberrimam sanctionem[p] propositis divulgabit[q] edictis, ut, quae[r] pro utilitate urbis aeternae provide[s] constituta sunt, famulatu[t] congruo et devotione serventur. *Dat. V.*[u] *Id. Iul. Ravenna*[v], *D. N. Leone et Maioriano AA. Coss.*[x] (458.)

TIT. V. DE BONIS CADUCIS, SIVE PROSCRIPTORUM[a].

1. *Impp. Leo et Maiorianus AA. Ennodio*[b] *Comiti R. P.*[c] Sublimitatis tuae insinuationem[d] probamus, qua[e]

Tit. V. 1, Zir. in ind. titt. Am. Be. *Tit. V.* 7, 8 in ind. titt., 9, 10, Aeg. in ind. titt., Cui. 1. Aur. Cui. 2, 2*. Lugd. Rittersh. Go. Ri. Ri*. *Tit. VII.* C. Th. X, 8 et IX, 42. Nov. Anthem. tit. III. C. Iust. X, 10 et IX, 49. Nov. Th. tit. XV, not. sup. — N. 1. Codd. edd. *N.* 1 s. *un.* Be. add. (*XC.*), h. e. omnium Novellarum in Be. ed. Subscr. in cod. 9 transmissa est post inscr. sq. Nov.

moderantibus et add. est supr. *pu* v. *res* a librario. e) Rittersh. Go. *decorandam*, sed praeterea Rittersh. *dudum est ad.* f) 1 *si quidem publicās in quibus.* g) 1 *omne romane. civitatis.* 7 *omnis siquidem civitatis.* 9, 10 *omnis Romae civitatis.* Rep. ex cod. 1 *romanae*, quod v. deest in edd. Etiam 9, 10 innuunt antiquitus in Nov. ipsa fuisse *Romanae.* h) Rein. ann.: „an *perlegenda*: vel *plena*. Rectū est plectenda. Sensus: Urbani Officii iussu, in quē merito animadverti debeat, dirui aedificia publica. t. I. (tit. VII. Nov. Maior. ab init.) Exactorū plectenda venalitas." i) 7 *operis.* k) 9 *figuntur.* l) Ita codd. Cui. 1. Cui. 2, 2*. Ri. Ri*. Be., recte. Aur. Lugd. Rittersh. Go. *earum*, bene quidem, sed sine necess. Ri. prop. *parvum.* m) 1 *inurbem.* n) 9, 10 om. *locis.* o) 1 *cum hec cum adsplendorē.* p) 1 *adfectionē civica.* 7 *affectione civicā.* 9, 10 *effectionē* (om. *civica*) *debeant.* q) 1 *seruare.* 9, 10 om. *Idcirco.* r) 1 *condita ppterquā. vel amoenitate. publica surr.* Etiam 9, 10 *publica.* s) 1 *nullo dextrui adque contingui.* 9, 10 *distrui.* t) Omnes codd. et edd. *numerarii.* Be. mavult *numerarios*, recte; infra *subditos — truncandos.* Go. *apparitotes.* u) 9 *et sua nae utiquam.* 10 *eis. uanae utiquam.* Mox 7, 9, 10 *restituerint.* v) 7 *manum.* x) 1 *vetera*; rell. *veterum.* Melius *vetera.* 7 *monumentū.* y) Ita codd.; edd. *iis.* Vid. ad h. l. Nov. Th. tit. XVII, not. sup. z) 1 *uindicavit uindicando subr.* 9, 10 *locis* (om. *quae sibi*) *conpetitor actenus* (etiam 7 *actenus*) *vindicaret revocanda subr.* Cui. 1. Cui. 2, 2*. Ri. Ri*. *vendicavit.* a) 9, 10 add. *se.* b) Cui. 1. Aur. Lugd. Cui. 2, 2*. Go. Ri. Ri*. *auferri, quae.* Rittersh. mendose *sufferri, quae.* Be. *auferri. quae.* c) 9, 10 *redeunti* et 9 *ablaetarum*, 10 *abletarum.* d) 1 *si quis.* Mox 7, 9, 10 *disperatum.* e) 1, 9, 10 *hoc apud amplissimi venerandi senatus ordinem*, sed Am. in cod. 1 esse dicit *ordinem senatus.* Be. in cod. 1 script. em. *amplissimum.* 7 *hoc amplissimi venerandi s. ordinē.* Edd. *hoc amplissimo venerandi senatus ordini.* Rep. codd. 1, 9, 10 scripturam, etsi *amplissimum* a Be. recte em. esse puto. f) 1 *structionibus.* Am. em. *instructionibus.* Mox 10 *p̄cepimus* et 9, 10 *alligari.* g) 9, 10, Cui. 1 — Ri*. *ut.* Be. ex cod. 1 ed. *et*, recte. 7 consentit cum cod. 1. h) 9, 10 *consueuerit.* i) 7, 10 *mansuetudini.* k) 7 *videremus.* Mox 10 *publi transferri.* l) 7, 9, 10, Cui. 1 — Cui. 2*. Ri. Ri*. *iubemus*, sed Rittersh. Rein. (em. in Cui. 2) Go. Be. *iubeamus*, confirmante cod. 1. m) 1, 7 *Emiliane.* 9 *Ameliane.* 10 *Amelianae.* n) 1 *post k̄aa.* 7 *p̄kā.* Cui. 1. Rittersh. *Parens Karissime Aug.* et Aur. Lugd. Go. *Parens carissime Aug.* o) 1 *magnitudo.* p) 1 *saluuerrima sancione.* 7, 9, 10, Cui. 1 — Ri*. *saluberrima sanctione.* Recte Be. rest. *saluberrimam sanctionem.* q) Codd. Cui. 1. Aur. Lugd. Go. *diuulgauit*, unde Ritterh. in m. „*vulg. divulgavit.*" Ceterum 1, 7 *deuulgauit.* Saepe adnotatum est, scribi in codd. *u* pro *b*; id perspexit h. l. iam Cui. in Cui. 2; vid. de simili cod. 1 commutatione not. *p* antec. r) Rittersh. *utque.* Ri. *qua*, mendose. 7 *utilitatis.* s) 7 *providae.* 9, 10 *provida.* t) 9 *famulatos.* 10 *famulatus.* u) 1, 9, 10 *V.* 7, edd. *VI.* v) 1, 7 *Raū.* 9 *Ravenn̄.* 10 *Ravenna.* Cui. 1 — Lugd. Rittersh. Go. *Ravennae*; rell. edd. *Rau.* s. *Rav.* s. *Ravenn.* x) 1 *Don̄. Leon̄. et Maioriano Consl̄.*, sed ap. Amad. *don. leon. — consl.*, quod non verum est. Rell. codd., edd. *ipsis AA.* (s. *ā.ā.*) *Coss.* s. *Consulibus.* Iam Ri. ex Br. l. c. p. 872 subscriptionem cod. 1 a vulgata differre indicavit, cum notasset: „MS. Ottobon. *Dn. Leone et Maioriano Cons.*" Restitui subscriptionem codicis 1 ope, sed addidi *AA.* ex antec. Nov.

a) 8 — 10 in ind. titt. *proscriptorib'* s. *proscriptori-*

fisci compendia[f] supprimi per provincias plerumque iudicum venalitate commemoras. Cum enim caduca bona, vel proscriptorum, sed et eorum, quos in scelere deprehensos sine legitimo herede iuris vigor insequitur, privato aerario competere videantur, occultata[g] quibusdam fraudibus aerarii nostri commodis[h] abiurantur; quod specialiter factum nuper in damnatione Severinae[i] mulieris, quae peregisse asseritur necem mariti in Piceni provincia, indiscussum praeteriri non debet[k], Ennodi, frater amantissime. §. 1. Unde auctoritas tua, cuius[l] suggestiones providas comprobamus, pragmatici nostri secuta praeceptum, ordinatis in articulo[m] palatinis, antelato nostrae serenitatis oraculo, provinciarum iudices interminatione[n] proposita auctoritatibus[o] propriis admonebit, ut, ab huius modi fraudibus temperantes[p], venalitatis studium aestimationis[q] suae periculo anteferre non debeant, curaturi post haec[r], ut, ubi similis casus occurrerit, palatinum instruatur officium. §. 2. Ad Piceni vero consularem districtior[s] praeceptio dirigatur, ut omni censu[t] praedictae mulieris disquisito, investigatis[u] quoque vel in unam substantiam[v] reductis, quae ex eo intercipi[x] aut perire potuerunt a tempore quaestionis vel poenae[y], qua nocens periit[z], fructus quoque vel pensionum emolumenta discutiat[a]. Si qua[b] etiam apud diversos retentatores sunt, conventis his, quibus non potuerint[c] iure conquiri, ad utilitatem fisci[d] reducta, ac de omnibus missa relatione, instruat amplitudinis tuae iudicium, ut[e], sicuti fisco commoda provisione repertum est, quod[f] latebat, ita[g] aerario[h] profuturum nulla fraude aut dissimulatione depereat. *Dat. pridie Non. Sept.*[i] *Ravenna*[k], *D. N.*[l] *Leone et Maioriano AA.*[m] *Coss.*[n] (458.)

TIT. VI. DE SANCTIMONIALIBUS, VEL[a] VIDUIS, ET DE SUCCESSIONIBUS EARUM.

1. *Impp. Leo et Maiorianus AA. Basilio Pf. P.* Susceptis regendi imperii gubernaculis, cogitare debemus, quemadmodum nostra[b] res publica et armis, et legibus, et integra religionis reverentia conservetur atque proficiat, cui plurimum[c] sub hac emendatione confertur, si nobilium feminarum amplectenda[d] generositas procreatis liberis multiplicata subcrescat, si piae necessitudines inter parentes[e] et filios nullis insidiarum vitiis immutentur[f], et verum Dei cultum mens non invita[g] suscipiat. Hoc enim quamprimum[h] nostri egere[i] ma-

Tit. VI. 1, Zir. in ind. titt. Am. Be. *Tit. VI.* 7 (sed vid. infra §. 6, not. *c*), 8 in ind. titt., 9, 10, Aeg. in ind. titt. Cui. 1. Aur. Cui. 2, 2*. Lugd. Rittersh. Go. Ri. Ri*. *Tit. VIII.* Eodem tituli numero addito legitur etiam ap. Lab. l. c. p. 773 sq. C. Th. III, 8 et 9; IX, 25. Const. Sirm. X. L. R. B. tit. XVI. et XXXVII. Hengel, Spec. Iurid. p. 34—87. — N. 1. Codd. edd. *N.* 1 s. *un.* Be. add. (*XCI.*), i. e. omnium Novellarum in Be. ed. In cod. 9 duplex est subscriptio, subscriptio Novellae antec. post inscriptionem huius collocata et huius subscr. in extrema Nov. Vid. Nov. antec., not. sup. De interpr. et clausula post subscr. in edd. Aur. Lugd. Rittersh. Go. adiecta vid. subscriptionem, not. *y*. Reg. II, 173. Vid. infr. §. 5, not. *b*. Derogatur ei Nov. Severi Tit. I. de Abrogatis capitibus.

bus. b) 1 *agustus Ennodio.* 9 *ā. Ennodo.* 10 *AA. ennodo.* c) 1 *c̄rp.* 7 *crispo.* 9, 10 om. *C. R. P.* d) 9, 10 *insinuationum.* e) 1 *probamus que.* f) 9, 10 *conpedita.* 7 *sup̄mi.* g) 7, 9, 10 *occulta.* Supr. Rittersh. *inscelere.* h) Be. ex cod. 1 *commodis*, recte. 7, Cui. 1 — Ri*. *commodi.* Ri. em. *commodo.* 9, 10 *commodia.* Cui. 1. Aur. Lugd. Cui. 2, 2*. Be. *abiurantur. quod.* Rittersh. *abiurantur. Quod.* Ri. Ri*. *abiurantur: quod.* Go. *abiurantur, quod.* i) 7 *Saeverine.* Mox Rittersh. *adseritur, necem* et 10 *provinciam.* k) 1, 7, 9, 10 *praeterire*, sed Am. in cod. 1 em. *praeteriri.* 7, Cui. 1. Cui. 2, 2*. Ri. Ri*. *debent*, impr. Ri., et 7 *Ennodo.* l) 9, 10 *Unde auctoritate cuius.* 1 *suggesciones.* 9 *successione*, 10 *successioñ.* m) 1 *in articulum palatilis.* n) 1 *iudicis. interminationē.* Aur. Lugd. Rittersh. Go. *in terminatione.* o) 9, 10 *auctoribus.* p) 7 *ad h. f. t.* 9, 10 *ad h. fr. temperantibus.* q) Scriberem *existimationis*, si codices em. tuerentur. *Aestimationis*, i. e. damni, mulctae periculo. r) 7, 9, 10 *curatori posthac.* Go. mendose *curararuri.* s) 9, 10 *distructior.* t) Aur. Lugd. Rittersh. Go. *sensu.* u) 7, Cui. 1 — Ri*. *vestigatis.* 9 *disquisitio.* 1 *praedicti mulieris disquisitio.* v) Cui. 1. Aur. Lugd. Rittersh. Go. *in tuam substantiam.* 9, 10 *in unum subst.* x) 9, 10 *intercepi.* Mox Rittersh. om. *perire.* Supra 10 *reductisque.* y) 1 *quescionis vel pene.* 9, 10 *questionis v. p.* Rittersh. *paenae.* z) Locus suspectus, nam 1 *nocens imperit.* 7, 9, 10 *nocens imperii.* Nullus igitur codex *periit* (sc. Severina), quod edd. habent. Sillaba *im*, quae in omnibus codd. invenitur, innuit antiquitus scriptum fuisse *interiit.* a) 1 *emulenta* (Am. *emolumenta*) *discuciat. Si.* Etiam codd. 9, 10 *discutiat si.* 7, Cui. 1 — Ri*. *discuti, ac si*, quae lectio nata est ex eo, quod scriptum erat *discutiat si* in codice, unde haustus est 7. Am. prob. *discutiat.* Be. *discutiat, ac, si*; Am. enim om. dicere, deesse in cod. 1 *ac.* Delevi *ac.* b) 7 *quā* et mox 1 *diversus.* 9 *re*tores*, sed add. *ten* supr. literam inter syll. *re* et *to* erasam. c) Ita 1; rell. *potuerit.* Iam Be. prop. *potuerint.* d) 1 *conquiri ad utilitatē fisci* et 9, 10 *conquiri ad utilitatem fisci.* Similiter 7 *conquiri aut utitatem fisci.* Cui. 1. Aur. Lugd. Rittersh. *conqueri, aut utilitatem fisci*, sed Aur. Lugd. *utilitaeem.* Cui. 2, 2*. Ri. Ri*. Be. *conquiri, utilitate fisci.* Go. *conqueri, ad utilitatem fisci.* Supra est *in unam substantiam reductis.* Reposui ex codd. 1, 9, 10 *ad utilitatem.* Mox 1 *hac* pro *ac.* e) 7, 9, 10, Cui. 1—Ri*. om. *ut.* 9, 10, Ri*. *iudicum* pro *iudicium.* f) 1 *qūd*, i. e. *quod*; rell. *quid*, sed 10 a sec. man., antiquitus ibi scr. erat *quod.* g) 7, Cui. 1 — Ri*. om. *ita*, quod Be. ex cod. 1 rep., sed etiam 9, 10 habent. h) 9, 10 *ratio* pro *aerario.* i) 9, 10 *Febr.* Vid. not. sup. h. Nov. k) 1, Cui. 2, 2*. Ri. Ri*. *Raū* s. *Rau.* Be. *Rav.* 9 *ravenñ.* 10 *Ravenna*; rell. *Ravennae.* l) Ex cod. 1, ubi *Don̄ Leon̄ et Maioriā.* Rell. om. *D. N.* m) 7, 9, 10 *v̄c.* 1, Cui. 1 — Ri*. om. *AA.* n) 1 *cons.* 9 *cons̄.* 10 *const.* Aur. Lugd. Go. *Cos.*

a) 1, 9, 10, etiam in ind. titt., Zir. Am. *vel.* 7, Aeg. edd. *et.* Ceterum codex 1 *Sc̄imunialibus* et Aeg. *eorum.* b) 9 om. *nostra.* c) 9 *cum plurimis.* 10 *cum plurimus.* Hengel', Spec. Iurid. p. 44 pro *sub* prop. *subsidii* et mox *conferetur*, sed concedit vulg. script. defendi posse. d) 1 *femenarum adplectenda.* e) 9 *nec. inter praesentes.* 7 *necessitudinis inter praesentes.* 10 *necessitudis. interpraesentes.* 1 *necessitudinis inter parentis filius.* Hengel l. c. p. 45 ne quis corrigendum putet *filios*, monet. f) 1 om. *vitiis.* 10 *inmutenter.* g) 1 om. *invita.* h) 7 supr. lin. *praecipue.* i) 7 supr. lin. *indigere.*

iores, ut rem publicam armis et religione fundarent, cuius sanctam [k] venerationem laedi commentis [l] mortalium figmentisque prohibemus. Quis enim ferat, parentes [m] filias, quas oderunt, his non tam dicare [n], quam damnare consiliis, ut eas [o] in annis adhuc minoribus [p] constitutas necessitati continuae virginitatis addicant [q], ac, ne adolescentibus animis aliud velle sit liberum, capitibus invitarum [r] sacrum velamen imponant [s], cum huius modi observatio [t], philosophiam [u] religiosa mente suscipiens, non cogentis imperio, sed spontanea et matura [v] deliberatione capiatur? Vitandae [x] etenim sunt et magnis [y] attentionibus transeundae humanae [z] cupiditatis illecebrae, in quas praecipue [a] primae aetatis ardor impellit, ut iuventutis calore sedato Deo dicata virginitas [b] praeter ullum [c] poenitentiae vitium ad senectutis [d] annos et coelestis [e] militiae palmam pervenire mereatur [f]. Quid enim prodest, si cupiditas virginalis patria potestate compressa subdolam voluntatem nubendi arte [g] concipiat, et a legitimo revocata consortio ad illicitas trahatur [h] illecebras? §. 1. Unde ne per huius modi impietatem parentum egestas et opprobrium personis nobilibus irrogetur [i], et, quod praecipue summovendum est, irrisionibus exsecrandis omnipotentis Dei contrahatur [k] offensio, edictali [l] lege sancimus, filias, quas pater materve a saeculari permixtione translatas Christianae fidei servire praeceptis [m] continuata virginitate censuerint [n], in beatae vitae proposito permanentes non ante suscepto honorato capitis velamine [o] consecrari, quam quadraginta annos aetatis emensae talibus infulis inoffensa meruerint [p] observatione decorari, et multi [q] temporis series et coelestis consuetudo servitii ad perfidam [qq] voluntatem novis desideriis aditum non relinquant. §. 2. Qui ante definitum [r] temporis spatium sanctimonialem puellam, aliis [rr] adulti sexus sui votis [s] calentem, memoratorum quisquam parentum velari fecerit [ss] atque permiserit, tertia bonorum parte [t] mulctetur: eadem poena constringi etiam illam, quae parentibus destituta [tt] intra praedictae aetatis annos [u] voluerit consecrari. Diaconi quoque, qui huic rei ministerium contra interdicta praebuerint, proscriptione plectantur [uu]. §. 3. Et quia earum coepit caussa tractari, quas ad divinae religionis cultum cupientes demigrare*) volumus, non coactas, si qua parentum odiis obligata propositum **) servandae virginitatis induerit, quae a fratrum consortio parricidali quodammodo [v] arte subtrahitur, ne aut copulae tradenda maritali [x] patris

---

k) 1 sec. Am. *sacrosanctam*; potius 1 habet *scām*, h. e. *sanctam*. Rell. codd. et edd. *sacrosanctae*, prob. Hengel. l. c. p. 47. Reposui *sanctam*. 7 *veneratione*. l) 7 supr. lin. *cogitationibus*. m) 1 *qui enim ferat parentis*. 7 *enim fecerat ferat*, sed del. *fecerat*. n) 9, 10 *ditare* et mox 10 *cosiliis*. o) 9, 10 *ut ea*. p) 7, Cui. 1. Aur. Lugd. Rittersh. Go. *annis ad minoribus*, sed a sec. man. in cod. 7 corr. *adhuc*. Lab. om. *adhuc*. Infra 9 *necessitatis* et Go. *viginitatis*. q) 1 *addicant hac ne adulesc*. Supra *addicant*. 7 *constringant*. r) 7 supr. lin. *nolentium puellarum*. s) Codd. *imponunt*. t) Hengel l. c. p. 48 ei, qui legem scripsit, in mente fuisse dicit v. *instituti*, *vitae rationis* s. *studii*. u) 9 *phylosophiam*. 10 *phylosophyam*. '7 supr. lin. *xpi servit*'. v) 7 supr. lin. *spontanea*, *voluntarie arbitrio*. x) 7 supr. lin. *proiciendae*. Rittersh. *enim* pro *etenim*. y) 7, 9, 10, edd. *magis*. Hengel l. c. p. 51 in hoc v. mendum odoratus erat et em. *magnis*; id confirmat cod. 1. z) Ri*. om. *humanae*. a) 9, 10 *praecipuae* et mox Go. *impelli*, *ut inventutis*. b) 1 sec. Am. *Deo dicata virginitas*; potius 1 *dō*. *dicat*. *autvirginitas*. 7, Cui. 1 — Ri*. *dei d. v.*, sed Rittersh. in m. et Ri. em. *Deo*. Etiam 9, 10 *dō*. Be. ex cod. 1 rest. *Deo*, pr. Hengel. l. c. p. 50. 7 supr. *sedato* habet *refrigerato*. c) 9, 10, Cui. 1 — Ri*. *illum*. Be. ex cod. 1 rest. *ullum*, pr. Hengel. l. c., qui impr. quod Ri. prop. *illud*. Etiam Lab. *ullum*. d) 1 *penitencie vicium ad senectutes annus* et em. Am. *senectutis annos*. 7 *senectutē*. 9, 10 *senectute*. Cui. 1 — Ri*. Lab. *senectae*, non impr. Hengel. l. c., sed quae de soloecismo dicit, non intelligo. Recte Be. rep. *senectutis*, quod commendatur etiam rell. codd. scriptura, quam Cui. suo ingenio videtur mutasse. e) 7 *coelestes*. f) 1 *mereantur*. g) Hengel l. c. p. 52 em. *arcte* aut *ante* aut *voluntatem nubendi subdola arte* legi vult, dissentientibus codd. 10 *sudolam*. 7 supr. *subdolam* habet *fraudulentam*. h) 9, 10, Cui. 1 — Ri*. *trahantur*, non impr. Hengel. l. c. p. 52, qui ex superioribus vv. *cupiditas virginalis* suppl. *virgines*. Rittershusius et Ri. em. *trahatur*, quod Lab. Be. rec. ac tuetur cod. 1. Utrum 7 *trahantur* habeat an *trahentur*, dubius sum. i) 7 supr. lin. *inponatur*. k) 7 supr. lin. *incurrat*'. l) 7 supr. lin. *decretali*. Mox 10 *matervae*. m) 1 *servire praeceptis*. 7, 9, 10 *servare praeceptis*. Edd. *servare praecepta*. Iam Hengel l. c. p. 56 haesit in h. l. Secutus sum cod. 1 scripturam, partim confirmatam rell. codd. n) 1 *censuerit*. 7, 9, 10, Cui. 1. Aur. Lugd. Rittersh. Go. Lab. *censuerint*. Cui. 2, 2*. Ri. Ri*. Be. *censuerunt*. Amad. et Hengel l. c. incerti sunt, utrum leg. sit *censuerunt* an *censuerit*. Restitui ex codd. 7, 9, 10 *censuerint*, nam in codice 1 virgula tantum om. est. o) 1 *permanentis* — *honorati capitis velamine*. 9, 10 *velanimae*. Go. *capitisve lamine*. Recte *honorato*; supra *sacrum velamen*. p) Aur. Lugd. Rittersh. Go. *meruerunt*. Rittersh. *in offensa*. q) 1, 9 *decorari ut multi*. 10 *docorari ut molti* — *caelestes*. Seqq. in Lugdunensi editione non ex Aurelianensi repetita, sed usque ad finem Novellarum denuo excusa sunt. qq) 9, 10 *perfidiam et* 10 *voluntetem*. r) 1 om. *definitum*. 7 *Quia ante d.* Aur. Lugd. Rittersh. Go. *relinquant*, *qui ante d.* Cui. 1. Cui. 2, 2* *relinquant. qui*. 9, 10 *diffinitum*. rr) 9, 10 om. *aliis*. s) 9 *sexui votis*. 10 *sexsui votis*. ss) 7 *velaficerit*. 9, 10 *vela fecerit*. Hengel l. c. p. 57 em. *aut qui* pro *atque*. t) 7 *tertiā b. partē*. tt) 7 *constringi etiam quae illa parentibus destituta ut intra*. Cui. 1 — Ri*. *constringi*, *etiam quae illa p. destituta, ut intra*. Lab. *constringitur etiam illa quae p. destituta intra*. Suppl. est sec. Be. *sancimus*. Ri. em. *constringenda etiam illa, quae p. destituta, intra*, non impr. Hengel. l. c. p. 58, qui praeterea prop. *constringatur puella, parentibus destituta, ut intra*, quasi *ut* significet *si quando*. Be. recte secutus est cod. 1. Ceterum 9, 10 *etiam illa* — *desit ut intra*. u) 1 sec. Am. *etates annus*. uu) 1 *praebuerit praescriptione plectantur*. 7, 9, 10 *plectentur* et 9 *qui earum*. *) Ri. Ri*. *cupientes, demigrare volumus*. Posui cum Hengel. l. c. p. 58 perspicuitatis caussa comma post *volumus*, quod in edd. h. l. deest. **) 1 *si quepar. odiis abligata pr*. 9, 10 *praepositum*. 7 *prepositum*, sed supr. lin. *propositum*. v) 7, 10 *quadammodo*. 9 *quamodo*. Ceterum 9 *cōtrahitur* et 10 *cobtrahitur*. x) 7 *copula trahenda maritalis*, sed corr. a sec. m. *tradenda*. 9 *cupule trahenda m.* 10

matrisve congrua largitate [y] aut eorum decedentium [z] aequa cum reliquis filiis successione potiatur, parentum obeuntium morte [a] iam libera [b], necdum quadraginta annos, quibus velari nequiverit, aetatis [c] egressa nubendi, ex quo suae potestatis esse iam coeperit [cc], licentiam sortiatur. Neque enim sacrilega iudicanda est, quae se hoc ante noluisse, aut certe non posse complere appetiti coniugii honestate prodiderit, cum Christianae religionis institutio [d] atque doctrina melius esse censuerit [e], virgines nubere, quam impatientiae ardore naturali professae pudicitiae non servare virtutem. Cum itaque in matrimonium, nuptias secuta, convenerit, exheredatio illi ob hoc a parentibus veniens [f], aut sola Falcidiae quantitas [g] relicta non noceat, sed scriptis heredibus vel suis in virilem portionem, vel extraneis in dimidiam tanquam praeterita secundum normam [h] veteris iuris accrescat. Digna [i] si quidem tali praemio [k] et successione censenda [l] est, quae procreationem liberorum professa generositatem [m] familiae suae ab interitu [n] nititur vindicare [o]. §. 4. Illis autem, quae spontaneo laudabilique proposito sanctimoniae observantiam [p] virginitatis amore susceperint [q], in tantum favemus, ut, si forte profana cupiditas improborum devotam Deo mentem per crimen raptus violare tentaverit, non solum divalium constitutorum, qui id admiserit [r], subiaceat ultioni, verum etiam cuiuslibet [s] accusationi reddatur obnoxius ita, ut, qui pollutum tanto [t] scelere hominem rebus probatis post haec constituta pertulerit [u], addicti censu facultatibusque [v] potiatur. Quod nos usque adeo a [x] religiosis [y] feminis iubemus arceri, ut etiam, si [z] quis simile aliquid in quamcunque [a] tentaverit, pari se noverit supplicio esse feriendum. §. 5. Viduarum sane obstinationibus permovemur, quae nulla [b] prole suscepta foecunditatem suam reparationemque familiae [c] repudiata coniugii iteratione condemnant, et solitariam vitam non eo eligunt [d], ut religioni pudicitiae amore famulentur, sed potentiae ambitum orbitatis suae casibus viduitatisque captantes [e] lascivam vivendi eligunt libertatem: quibus ad omnem licentiae [f] usum aut sollicitantium ficta [g] religio personarum, aut favore callidi captatores applaudent [h]. Has ad honestioris vitae tramitem prisca dispositione revocantes, aeternali lege sancimus [i], ut maritali obitu destituta [k] mulier quadragenaria minor, donec [l] procreare per aetatem liberos potest, intra quinquennium nubat; cui idcirco currentis [m] lustri largimur [n] inducias, ut, per spatium legitimi tem-

---

cupulae trahenda m. Cui. 1. Aur. Lugd. Rittersh. Go. Ri*. Lab. *trahenda.* Cui. 2, 2*. Ri. Lab. in m. Be. *tradenda*, quocum consentit cod. 1. Mox 7 *matrisvel* et 9, 10 *matris vel*, sed corr. in cod. 7 a rec. man. *maritali* et *matrisve.* Hengel l. c. p. 59 comma, quod Ri. Ri*. habent (*maritali, patris*), reponi iubet. y) 1, 9, 10 *largitate.* 7, edd. *largitione.* Utrumque recte, sed praestat plurimorum codd. auctoritatem sequi. z) Cui. 2, 2*. Ri. Ri*. *decendentium.* a) 1, 7, 10, Cui. 1. Aur. Lugd. Rittersh. Go. *mortem.* b) Cui. 1. Aur. Lugd. Rittersh. Go. *liberam.* c) 1: *nequi veritates.* cc) Cui. 2, 2*. Ri. Ri*. *ceperit.* Infr. 9, 10 *honestitate.* d) Cui. 1. Aur. Lugd. Rittersh. Go. Lab. *instituta.* e) 9 *consueverit.* f) 1 *exheradacio illi ob hoc apparentibus. ueniens*, sed conflatis inter se literis *e* et *n* sillabae *uen.* Rell. codd. et edd. *a parentibus vehemens.* Sed Rein. Be. in not. em. *veniens.* Restitui *veniens*, quamquam Hengel l. c. p. 63 non interesse dicit, utrum legatur *vehemens* an *veniens.* Ipse mavult *eveniens.* Cf. Cuiac. Obs. VIII, 18 (eo nomine irrogata). 9, 10 *exhereditatio.* g) 7 *sola fallatie quant.* 9 *solatiae quantitatis.* 10 *solatallatiae quant.* h) 1 *vel in suis inuirilem porcionem vel extranea in dimidia — normar vet.* Cui. 2, 2* *norman*, sed corr. a Rein. i) 1 *dignā.* 7, Cui. 1 — Ri*. Lab. *dignam.* Am. quidem auctore 1 habet *digna*, sed err. Am. Be. ex Am. ed. *Digna*, quocum consentiunt 9, 10. k) 1 *p̄mia*; Am. corr. *praemio.* l) 7, 10 *successionem censendum est.* 9, Cui. 1 — Ri*. Lab. *censendum est.* 1 *et s... censenda est.* Be. ex cod. 1 ed. *censenda*, pr. Hengel. l. c. p. 64. m) 9, 10 *generositate.* n) 7, 10 *interitum.* 9, 10 *nitatur.* o) 1 *vindicari.* Infra 10 *laudabiliquae.* p) 1 *observancia*, ut Rittersh. q) 7, 9, 10 *susceperit.* r) 7 *quid admiserit*, corr. *qui id admiserit.* 9, 10 *qui admiserit.* Aur. Lugd. Rittersh. Go. Be. *amiserit*, mendose. Rein. (in Cui. 2) comma addit post *admiserit*, quod deest etiam in rell. edd. ante Be. Cui. 2, 2* *intantum.* Cf. C. Th. IX, 25, 3. Rein. ann. c. 5 Cod. Iust. de Episc. et cler. (1, 3). s) 9, 10 *cuilibet.* t) 1 *tantum.* u) 1 *p̄culerit.* v) 1 om. *que.* x) 1 om. *a.* y) 9 et 10 *religionis.* z) 1 *iobemus.*

sarceri ut eā si. 7, 9, 10 om. *ut*, sed add. a sec. man. in cod. 7. a) 9, 10 *similem a. in quacumque.* Ri*. *ferendum.* b) 1 *permovemur... nulla.* Pro v. *quae* est spatium. Vv. *Viduarum sane — cum fisco patrimonium partiatur*, sed aliquantulum mutata et truncata, habet Regino II, 173. c) 7 *facunditatem.* 1 *fecunditatem quam reparationē. quefamilie.* Reg. *reparationem* et om. *que.* Cui. 2, 2* *rupudiata.* d) 7 *non colliguntur religioni.* 9, 10, Cui. 1. Aur. Lugd. Rittersh. Go. *non colliguntur religionis.* 7 a sec. man., Cui. 2, 2*. Ri. Ri*. *non colligunt, ut religioni.* Lab. *non eligunt, ut religioni.* 1 *solitaria* (Am. add. m) *uitam non eo eligunt ut religionis.* Reg. (ed. Wasserschleben.) *non, ut colligitur, religionis ac pudicitiae amore, sed potentiae lasciviaeque vivendi* et des. intermedia vv. Hengel l. c. p. 67 comparata inter se scriptura *eligunt* et *colligunt* aut leg. esse putat *eo consilio agunt* vel *ex eo agunt* aut vv. *solitariam vitam non colligunt* ita explicanda: vitam angustis his includunt finibus, ut caelebs agatur. Recte Be. ex cod. 1 rest. *non eo eligunt*; *religioni* non solum aptum est, sed etiam in cod. 7 invenitur. e) 1 *potencie sue amb. o. sue — captatis lascivam.* 7, 9, 10 *captantis* et 9, 10 *lasciviae.* Rittersh. *lascivìam.* In cod. 7 corr. *captantes.* f) 1, 7, Cui. 1. Aur. Lugd. Rittersh. Go. *licentiam.* g) Reg. *facta.* Mox 10 *exlidi.* h) 1, 9, 10 *adplaudet.* 7 *adplaude.* Reg. *adplaudent*, ex quibus scripturis patet, scrib. esse *adplaudent* pro *adplaudunt*, quod est in Cui. 2, 2*. Ri. Ri*. Be. Mendose Cui. 1. Aur. Lugd. Rittersh. *adblandè* et Go. *ablandè.* Lab. *adblandiuntur.* Ceterum Cui. 2, 2* *adplaudunt, has.* i) 9, 10 om. *prisca — lege.* Similiter Reg. *Has ad h. v. tramitem revocantes sancimus* et des. intermedia vv. 1 *eternabili l. s.* Supra 9, 10 *onestioris.* k) 9 *distituta.* 10 *distitutam.* l) 7 *mulierem quadragenariae minor d.* 9 *m. quadrigenariae inor d.* 10 *m. quadrigenariae . in ordo nec.* Reg. *quadragenaria cum adhuc procr. liberos per aetatem potest.* m) 1 *nubbat. Cui idcorco currentes.* Etiam 7, 9, 10 *currentes.* Cui. 1 — Ri*. *nubat, cui* etc. et Be. *nubat. cui* etc. *Currentes*, sc. *inducias*, sed praestat *currentis.* Reg. om. *cui — damnaverit.* n) 7 *largimus*; a sec. man. corr. *lar-*

poris luctus moerore deposito [o], eligendi honestiores nuptias habeat potestatem. Sin vero saecularem vitam et coniugales taedas perosa [p] damnaverit, emenso, ut dictum est, quinquennio in viduitate persistens mox cum germanis fratribus, vel sororibus, eorumque filiis, vel parentibus propinquisque [q], per quos familiae origo reparatur, suas dividat facultates, aut, si hi [r] fortasse defuerint [s], cum fisco patrimonium partiatur [t], nihil intra lustrum temporis illius, quod luctui deliberationique [u] deputavimus, alienaturam de praedictis sex unciis se esse cognoscens, quas parentibus vel propinquis statuit serenitas nostra proficere, usufructu tantum contenta *) vivendi, quae tum se probare potuerit [v] studio [x] castitatis secundas nuptias respuisse, cum liberalis fuerit in propinquis. §. 6. Illarum vero ratio diversa est, quae suscepta prole gaudentes ob hoc [y] ad secundas nuptias non demigrant [z], ut affectuosam decedentis [a] viri memoriam in alendis [b] et locupletandis [c] filiis sollicita [d] pietate conservent: quas nubendi, si hoc maluerint, libertate suscepta a conditione superius enarratae definitionis [e] absolvimus, ita ut [f] filiis ex matrimonio [g] priore susceptis, si hoc tamen pars voluerit filiorum, dato [h] fideiussore prospiciant, qui salva fore corpora omnia sponsalitiae largitatis evidenti [i] sponsione promittat. §. 7. Optionem sane continuae viduitatis matribus eatenus relaxamus [k], ut filios in gremio indulgentiae suae positos [l] vel donationibus pro merito prosequantur viventes [m], vel heredes suprema voluntate constituant. §. 8. Illud sane latus [n] divalis constitutionis abolemus [o], quo videbatur matribus fuisse permissum, ut ex quantitate sponsalitiae largitatis in unum filium, si vellent [p], portionem maximam conferendi habeant [q] liberam facultatem: in quam nos filios aequa iubemus lance [r] succedere, si quidem recte illa [s] donatio inter bona paterna numerabitur, quam in uxorem maritus contulit tempore nuptiarum. Si vero matri contra religionem sanguinis [t] propositumque pietatis externus heres insidiatorque subrepserit, quicquid ab ea, non [u] iustis caussis exheredationis [v] exstantibus, quas [x] sine dubio probaturus est, qui videtur [y] filiis anteferri, donatum fuerit vel relictum, aut irreligioso [z] alienatum translatumque commento, id totum ab eisdem filiis vindicetur [a]. §. 9. Et quia studiose [b] tractatur a nobis utilitas filiorum, quos et numerosius [c] procreari pro Romani nominis optamus augmento [d] et procreatis competentia commoda perire non patimur, hoc necessario [e] putavimus praecavendum, ut marem feminamque iungendos [f] copula nuptiali par conditio utrumque constringat, id est, ut nunquam minorem, quam exigit [g] futura uxor sponsalitiam largitatem [h], dotis titulo se noverit collaturam, scituris puellis ac parentibus puellarum vel quibuscunque nupturis, ambos infamiae maculis inurendos, qui fuerint sine dote [i]

---

gimur. Mox Go. *legitimis.* o) 1 *luctus memore dep.* 7 *luctos m. disposito*, sed corr. *luctus m. deposito.* p) 7 *Sin viro — tedias perossa*, sed corr. a sec. man. *Sin vero — tedas perosa.* 9 *in viro — tedias perosa.* 10 *in viro — tedi asperosa.* Mox 9, 10 om. *est* post *dictum.* q) 7, Cui. 1 — Lab. deest *que.* 9, 10 *propinquisquae.* Hengel l. c. p. 70 vult *propinquisve.* Infra enim dici *vel propinquis.* Mox 10 *repararatur.* r) 7, 9, 10, Cui. 1 — Lab. *si his.* 1 *dividet f. aut si hii.* Ri. em. *hi.* Inde Be. ed. *hi*, ut Reg. s) Aur. Lugd. Rittersh. Go. Lab. *defuerit.* t) 9, 10, Reg. *matrimonium.* Tota sententia mutt. et omm. vv. ap. Reg. sic formata est: „*Emenso quinquennio, si in viduitate persistit, mox cum propinquis suas dividat facultates, aut, si hi fortasse defuerint, cum fisco matrimonium dividat.*" u) 9 *deliberationemquae.* 10 *deliberationemque.* 7 *deliberationeque.* *) Aur. Lugd. Go. *contentata.* v) 9, 10 *poterit.* Pro *quae tum se* Hengel l. c. p. 73 scribendum fuisse dicit *atque haec revera.* Ri. Ri*. *tam* pro *tum.* x) 10 *cascastitatis.* y) 9, 10 om. *quae — ob hoc ad.* 7 *quae susceptū.* z) 1 *ob hoc non secundas* (om. *nuptias*) *non dimigrant.* Etiam 9, 10 *dimigrant.* a) 7 *decedentes.* 1 *adfectiosam decidentis.* b) Aur. Lugd. Rittersh. Go. *memoriam malendis.* c) Literis *locuple* terminatur quaternio XIII. cod. 7, et incipit quaternio XIV. in cod. 8 cum literis *tendis filiis* etc. Etenim unus solus est quaternio cod. 7, is quidem ab alia manu, quam reliqua codicis pars scriptus numeroque XIII. insignitus, qui Novellas Maioriani, sed non integras continet. Vid. infr. Interpr. tit. VII. de Curialibus, not. *p.* d) 1 *sullicitate.* e) 10 *libertatem — aenarrate diffinitionis.* Rittersh. *enarrata dafinitionis.* f) Cui. 1 — Ri*. *absolvimus. Ita.* g) 9, 10 *patrimonio.* h) Cui. 1. Aur. Lugd. Cui. 2, 2*. Rittersh. Go. *voluerit*, *filiorum dat.*, sed Aur. Lugd. Rittersh. Go. *datos fideiussores.* Mutatum est hoc in Nov. Severi tit. l. de Abrogatis capitibus. i) 8 *largitate evidenti.* 9, 10 *corporū omnia sponsaliciae l. evidente.* Aur. Lugd. Rittersh. Go. *promittant.* k) 1 *obtionem ... continuae v. matribus ...... relaxamus*, est vero spatium pro vv. *sane* et *eatenus.* Go. *Opinionem sane* etc. Rittersh. *continua.* l) 1 *ut filius — possitus*, sed Am. em. *ut filios — positos.* 8, 9, 10 *ut filius — positus*, consueto errore. Cui. 1 — Ri*. Lab. *ut filio — posito.* Be. ex cod. 1 vestig. repos. *ut filios — positos.* Hoc iam prop. Ri., recte; paullo post *prosequantur.* Hengel l. c. p. 77 prob. Be. em., sed defendit etiam vulg. scripturam, ita quidem, ut *filio posito* ablat. absol. sint ac suppleatur *eum.* m) 8 *viventis.* 9, 10 *prosequatur* et infra *subp̄ma.* n) Lab. *latum.* Hengel. l. c. p. 77 displicet *sane*; mavult *tamen.* o) Vid. C. Th. III, 8, 2. Nov. Theod. tit. XIV. de Paternis §. 5. p) 1, 9, 10 *si vellent p. m.* 8 *si velint portioni maxima.* Edd. *si velint portionem maximam.* Ante 9, 10 *exponsaliciae* et infra 10 *maxima.* q) 9, 10 *habent.* r) 1 *nos filius equa iuuemus lance.* 9, 10 *nos filias.* s) 1 *recte illam.* 8 *rectae illa.* 9, 10 *recta illa.* t) 9, 10 *religio personarum sanguinis*, sed 9 *sanguis.* u) 8 — 10 *quicquid habeat non* et 9 *iusti.* v) 1, 9, 10 *exhereditacionis.* x) 9, 10 om. *quas.* y) 8 *detur.* 1 *videtur filiis anteferre.* z) 9, 10 *inligionoso.* Cui. 1 — Go. *in religioso.* 1 *inreligioso alienato.* a) 8 *vindicentur.* 1 *vindicitur.* Rittersh. *ab iisdem — tractatur nobis.* b) 9 *Et quia se.* 10 *Et quia sae.* c) 8 *quos enumero siue.* 9, 10 *quos et numero sive.* Similiter 1 *quos enumerosius.* Edd. om. *et.* Vid. not. sq. Ceterum 1 *procreare.* d) 1 *aucmento et procr.* 9, 10 *augmento et procr.* Restitui ex codd. *et numerosius — et procreatis*, etsi antecedit *quos.* Suppl. *quibus.* 8 *augmentum.* Edd. om. *et*, ut 8. Iam Hengel l. c. p. 79 reticeri putat *et quibus.* Rittersh. *optamus, augmento procreatis.* 9 *conpetentiae.* e) 8 — 10 *necessaria.* f) 1 *feminam . que iugendūs.* g) 1 *exigi.* h) 1 *sponsaliciam largitatem dotestitolo.* 8 *sponsalia largitate.* Rell. *sponsalitia largitate.* Haeret in his vv. Hengel l. c. p. 79. Restit. est *sponsalitiam largitatem.* i) coniuncti, ita ut nec matrimonium iudicetur, nec legitimi ex his filii procreentur [k]. §. 10. Sane quoniam quorundam cupiditatibus [l] obviandum est, qui generorum exhauriunt facultates, ac sibi, vel filiabus suis [m], vel subornatis quibuscunque personis, priusquam aliquid de nuptiarum pactione [n] constituant, ab incautis iuvenibus et futuri coniugii desiderio concitatis multa faciunt occulta fraude conferri, quae secuta solennitate votorum filiabus refundant, aut forte maiore amore perfidiae sibi existimant acquisita [o], unde eius callidi frivolique commenti ita [p] nullum esse iubemus effectum, ut, infirmato talis [q] colore contractus, sui iuris [r] postea gener vindicet, vel actione proposita securus reposcat, quicquid per illiciti [s] posthac contractus imaginem alienare compulsus est. §. 11. Inter cetera captatorum etiam aviditas [t] comprimenda est, qui nonnunquam ignotorum paene [u] lectulis assidentes animos ipsa corporum aegritudine [v] fatigatos, et sincera iam iudicia [x] non habentes simulata affectione depravant, ut plerique [y], consanguinitatis et necessitudinum [z] suarum frequenter obliti, extraneos [a] scribere videantur heredes, cum insidiosa munuscula diriguntur [b], cum subornantur medici, qui prava persuadeant [c], et neglecto medendi studio fiant alienarum cupiditatum ministri. Quibus omnibus serenitas nostra diligenti examinatione perpensis hoc praesenti lege decernit, ut, si is [d], qui nulla testatori propinquitate coniungitur, neque ex iis [e] personis est, quibus etiam ab intestato deferri [f] quocunque gradu vel titulo poterat antiquo *) iure successio, heres fuerit institutus, legatum [g] fideicommissumve perceperit [h], ex relictis rebus atque corporibus tertiam publico [i] inferat portionem, quatenus [k] hoc saltem metu et testatorum iniquitas et captatorum cesset [l] improbitas. §. 12. Quae omnia constituta in futurum a die latae legis valere praecepimus [m], Basili, parens carissime atque amantissime [n]. Illustris igitur et praecelsa magnificentia tua saluberrimam sanctionem propositis divulgabit [o] edictis, ut omnes intelligant [p], remotis irreligiosarum [q] mentium fraudibus impiisque commentis [r] hoc constitutum fuisse [s], quod emendationi [t] morum utilitatique publicae [u], reducta in terras iustitia, votum [v] omnium socia pietate proficiat. *Dat. VII. Kal. Nov. Ravenna*, *D. N.* [x] *Leone et Maioriano AA. Coss.* [y] (458.)

8, 10 *sine dotem.* k) 8 *procreantur.* Aur. Lugd. Rittersh. Go. *filiis.* Respexisse hanc sententiam Rittero videtur Iustinianus in c. ult. C. de Dotis promiss. (V, 11) in vv. *Neque enim leges incognitae sunt — progenie.* Haec sola sententia ap. Aeg. in brevem summam contracta est: *Ut si inter coniugatos non fuerit aequa donatio, nec matrimonium iudicetur, nec legitimi filii procreentur.* l) 1 *cupiditatis.* Cui. 2, 2* *obviendum.* m) 1 om. *suis.* n) 9, 10 add. *nos.* o) 1 *estimant adquesita.* p) 1 *unde huius callidi friboli quecōmti ita.* 9, 10 *unde huius calidi frivoli quae conmentita.* Be. prop. *inde* pro *unde*, prob. Hengel. l. c. p. 81, sed Hengel cj. etiam *nunc.* q) 1 *iubus e. ut infirmatū talis.* 8—10, Cui. 1. Aur. Lugd. Rittersh. Go. Lab. *infirmato talis.* Cui. 2, 2*. Ri. Ri*. Be. *infirmato tali.* Scripsi cum codd. *talis.* r) 1 *sub iure postea gener vindicet.* 9 *sui iuris p. venerint vindicet.* 10 *sui iuris postea iuener vindicet.* 8, edd. *sui iuris p. gener vindicet.* Hengel l. c. p. 81 repudiata codicis 1 scriptura, quae in edd. sunt pro *postea, cum gener sit, suo iure* scripta esse putat. Recte *suo iure.* s) 1 *inlicite.* t) 1, 9, 10, Aur. Lugd. Rittersh. Go. *auditas* pro *aūditas.* u) Edd. ante Be. *penè* s. *pene.* 8—10 *poene* et Cui. 2, 2* *ignitorum*, quod corr. Rein. v) 1 *ipso c. egretudine.* 9 *animo si ipsa.* 10 *animo si ipsa c. aegritudinem.* Mendose Aur. Lugd Go. *adfidentes.* x) 1 *fatigatus et sincera* || *lem iudicia.* 10 *sinceram.* y) 9 *ut implerique.* 10 *ut inpleri que.* z) 9, 10 *necessitudinem.* a) 9 *frequentia c. extraneus.* 10 *frequen obliti. extraneus.* b) 9, 10 *dirigantur.* c) 9 *priva perseduant.* 10 *priva persudeant.* d) 1, 8—10 *si his.* Mox Rittersh. *propinquitatem.* Supra Go. *hac praesenti.* e) 1 *coniungetur neque ex his.* Etiam 8—10 *his.* Rittersh. *ex iis personis est, qui quo iure* et om. *bus etiam — poterat anti.* f) 1 *eciam .... deferri* et indicatur spatio, deesse *ab intestato.* 10 *defferri.* *) 1 *titulo .... antiquo* et est spacium, ubi debebat esse *poterat.* g) 1 *fuerit ..... legatum* et est spatium pro v. *institutus*, quod deest. 8 ante *heris.* Hengel l. c. p. 84 legi vult *aut legatum*, sine nec. h) 1 *perceperint.* i) 1 *publici.* k) Hengel l. c. pro *quatenus* mavult *quo.* l) 1 *et captatore cessat*, sed add. supr. *a* v. *cessat* litera e (cesset) et a librario quidem codicis. m) 1 *praecepemus.* 8—10 *praecepimus.* Edd. *praecipimus.* n) 8 *p̄ k̄ ā.* Cui. 1. Aur. Lugd. Rittersh. Go. Lab. *P. K. A.* o) 1 *sancionem proposita devulgauit.* 8—10, Cui. 1 *divulgavit.* p) 1 *ut omnis intellegant.* Rittersh. *intelligunt.* q) 1 *inrelegiosarum.* 9, 10 *inreligiosarum.* Cui. 1. Aur. Lugd. Rittersh. Go. Lab. *irreligiosarum.* 8, Cui. 2, 2*. Ri. Ri*. Be. *religiosarum.* Reposui *irreligiosarum*, quod etiam Hengel l. c. p. 86 flagitat. r) 8, Cui. 1—Ri*. *mentis.* 9, 10 *mentes.* Rein. Ri. em. *commentis*, prob. Hengel. l. c. p. 85. Be. ex cod. 1 ed. *commentis*, recte. Iam Lab. receperat Ritteri em. Supra §. 8 *irreligioso commento.* s) 9, 10 *fuisset.* t) 1, 8, Cui. 1. Aur. Lugd. Rittersh. Go. *emendatione.* u) 1 *publicis.* 8 *publice.* v) 1 *in terras uia votū.* 8 *in terra sui a votum.* 9, 10 *in terra sua votum.* Cui. 1. Aur. *in terra sui * a votum.* Lugd. *in terras * Iustitia votum.* Rittersh. *in terra sui à votum.* Cui. 2, 2*. Go.—Ri*. Be. *in terras iustitia, votum.* Lab. *in terras iustitia ad votum.* Locus in codicibus corruptus, quem em. Cuiacius in Cui. 2.; Ri. em. *voto*, non consentiente Hengel. l. c. p. 85, qui interpretatur *votum omnium*, quasi breviter dictum sit, *quod votum omnium est* et tam a sequentibus, quam a praecedentibus commate seiungatur. Quid restituerem pro codicum scriptura non invenio. Fortasse scrib. est: *reducta* (scil. *socia pietate*) *in terra sua* (aut *in terram*) *ad votum omnium.* Certe v. *iustitia* mera cj. Cuiacii est. x) 10 *Ravenna.* 9 *ravenñ*; rell. *Rau.* s. *Rav.* Addidi ex cod. 1 *D. N.* In rell. deest. y) In cod. 8 add. *Explicit Novellarum Divi Maioriani A.* et in codd. 9, 10 *Expliciunt Novellār* (10 *Novellae*) *Divi Maioriani Ā.* Cui. 1 add. *Desideratur Novella De adulteriis.* Praeterea in Aur. Lugd. Rittersh. Go. edd. haec sequuntur: „*INTERP. Hae sex sententiae praecedentes propterea non sunt defloratae, quia in aliquibus libris non inveniuntur, In aliquibus tamen inveniuntur.*“ Deprompta sunt haec vv. ex Aegidii Summa, quibus is, qui epitomen conscripsit, indicat, se invenisse quidem in codicibus (qui quidem ab illis, quos numeris 8—10 distinximus, non differant,) tit. I—VI, neque vero eos adhibuisse, quia in aliis libris non invenirentur. Monendum est, deesse ap. Aeg. v. *Interpr.*, quod in edd. illis inepte additum est. Deest etiam *praecedentes.* Ceterum vid. §. 9, not. *k*.

TIT. VII. DE CURIALIBUS, ET [a] AGNATIONE [b] VEL DISTRACTIONE [c] PRAEDIORUM EORUM [d], ET DE [e] DIVERSIS NEGOTIIS [f].

1. *Impp. Leo et Maiorianus AA.* [g] *Basilio Pf. P.* Curiales nervos [h] esse rei publicae ac viscera [i] civitatum, nullus ignorat. Quorum coetum [k] recte appellavit antiquitas minorem [l] senatum, huc [m] redegit [n] iniquitas iudicum*) exactorumque plectenda venalitas, ut multi patrias [o] deserentes, natalium splendore neglecto, occultas latebras et habitationem elegerint [p] iuris alieni [q], illud quoque sibi dedecoris [r] addentes, ut, dum uti volunt [s] patrociniis impotentum [t], colonarum se [u] ancillarumque coniunctione polluerint [v]. Itaque factum est, ut et [x] urbibus ordines [y] deperirent [z], et prope [a] libertatis [b] suae statum nonnulli per contagionem [c] consortii deterioris [d] amitterent [e]. §. 1. Quod ne ulterius possit licere, saluberrima lege sancimus, praeteritae praesumptionis [f] supplicium [g] relaxantes, ut praeter [h] illos, qui patrias suas aliqua munerum [i] collatione iuverunt [k], ac propterea nulla ordinibus praesumptione [l] depereunt [m], ubicunque intra triginta abhinc [n] retro annos inventi fuerint curiales, constrictis procuratoribus [o] vel conductoribus praediorum, dominisque conventis [p] ad urbes, quas deseruerant [q], cum uxoribus reducantur [r] (quod [s] ingratum esse agrorum dominis non oportet, cum debuerint poena severiore percelli [t]), amittant mulieres, quas illicitis [tt] consortiis iunctas esse noverunt [u]. §. 2. A quo constituto nec domum [v] nostrae serenitatis excipimus, quorum progeniem [x] ita dividendam esse censemus, ut, quotquot [y], fuerint [z] masculini sexus filii, patrem sequantur, feminis praedii domino [a] relinquendis: illa discretione [b] servata, ut, si ex colonabus [c] nati sint [d], curiae inserantur, si ex ancillis editi, collegiis deputen-

---

Tit. VII. 1, Zir. in ind. titt. Am. Be. *Tit. VII.* 3, 6, 8—38, 41, Aeg. Sich. Cui. 1. Aur. Cui. 2, 2*. Lugd. Rittersh. Go. Ri. Ri*. L. R. U. *Tit. I.* C. Th. XII, 1, not. sup. Ed. Th. c. CXLIX. Ed. Athalarici §. 2 (Cassiodor. Var. IX, 18). Edictum Athalarici ap. Cassiodor. l. c. IX, 2. Cassiodor. l. c. V, 14. Commemoratur in interpr. Nov. Val. tit. XXXIV. de Episc. iud. — N. 1. Codd. edd. *N.* 1 s. *un.* Be. add. (*XCII.*), h. e. omnium Novell. in Be. ed. Integra cum interpr. est in codd. 11, 12, 14—23. Totus dees: in cod. 4, sed spatio relicto. Omnia praeter interpr. partic. des. in codd. 3, 41; inscr. et textus in codd. 24, 30; textus et subscr. in cod. 35; pars textus cum subscr. in cod. 13 (vid. §. 7, not. *k*); subscr. et interpr. in cod. 25; solus textus om. in codd. 9, 10, 26—29, 31—34, 36—38. Pars interpr. deest in cod. 8 et ipsa Novella cum priore interp. parte in cod. 7. Vid. interpr. not. *p*. De cod. 1 vid. infr. princ. not. *i*.

---

a) Multi codd. (etiam 1 in ind. titt.) Aeg. Sich. in ind. rubr. add. *de.* b) 8—10 *actione*; nonn. codd. *agnationibus* s. *agnitione*, ut 11. c) 1, 15, 19, alii codd. *detractione*, sed 1 in ind. titt. *distract.* d) Add. ex codd. 1, 8—10, 13, 24, 29, 34, 38, Aeg. *eorum.* In edd. om. *eorum.* 20 om. *tione praediorum* et 24 *vel d. p.* e) Nonn. codd. om. *de.* f) 1 *ceteris negutiis.* Etiam Sich. in ind. titt. *caeteris* pro *diversis.* In cod. 6 inscriptio ita mutata est: *De decurionibus et diversis negotiis.* g) Nonn. codd. *A.* et *Basilio praeposito* s. *pū.* h) 1 *nervus.* 6, 14, 15, 23, Sich.—Lugd. Rittersh. Go. *servos*, improb. Am. et Ri., sed em. in m. Cui. 1—Lugd. Rittersh. *nervos.* 22 *servus.* Cassiod. l. c. IX, 2. i) Literis *essere publice ac vi* terminatur versus quintus folii 125 [a] cod. 1; reliqua pars paginae vacua est, et sequitur in sequenti Gaius, neque hic integer. Cf. Zir. l. c. p. 48 sq. Am. l. c. p. 109, 112. k) 11, 12, 19, 20, 22 *coetu.* Sich.—Ri*. *ignorat, quorum c.* l) 19 *minorū.* Similiter Rittersh. *minorum.* 22 *antiquitus min.* 23 om. *antiquitas.* Sich. *appellatū* (om. *antiquitas*) *minorē.* m) Rittersh. *huic.* Fere omnes codd., etiam 11, 12, 22, 23 om. *huc* et omitti quidem potest. 6 *sed ad hoc.* n) 6 *rediit.* 11, 12, 15, 20, 23 *rediget.* 19, 25 *redigit.* 22 *redigi.* 12 in m. a rec. man. *sed id egit.* *) 14 om. *iudicum*, ubi 20, 22 *iudicium* habent. o) 6 *multi possessiones proprias.* 11, 12, 15, 18—21, 23 *multi proprias* et 22 *multi propria.* 25 add. *suas.* Insolitum est *patriae*, i. e. civitates; vulgo dicitur *patria.* Quod scriptum est in nonn. codd. *proprias*, indicat aliquid excidisse, quare non inepta est scriptura cod. 6. Nolo autem quicquam mutare; nam §. 1 paullo infra repetitur v. *patrias*, neque ibi codd. a vulg. scriptura differunt. Mox 22 *spendore* et infr. 25 om. *et.* p) 6, 11, 12, 23, Sich.—Lugd. Rittersh. Go. *eligerent.* 19 *elegerent.* q) 11, 19 *rus alieni.* 15, 21 *ruris alieni.* 20 *ius alieni.* 22 *ius alienae.* 23 *iure suae alieni.* Sich.—Ri*. *alieni. Illud.* r) 6, 15, 19, 21, 22 *decoris.* 20 *si dedecoris.* s) Sich. *nolunt.* 11 *volint patroc.* t) Omnes codd. Sich. *inpotentum*; rell. edd. *potentum.* Recte *impotentum*, i. e. eorum, qui se continere non possunt, qui sui impotentes, fastu et potentia elati sunt. u) Nonn. codd. *seu*, sed 6 *et.* v) 6 *polluerent.* 25 *pollueunt.* Mox 22 om. *est.* x) 13, Sich.—Ri*. *et.* y) 6 *ordines urbibus.* Nonn. codd. *orbibus*, alii *ordinis.* z) 22 *dederint.* 25 *disperirent.* a) 22, 25 *pro.* 6 om. *prope.* b) 12 *liberatis.* 20 *liberalitates.* c) 6 *contagia.* d) Nonn. codd. *deteriores.* 22 om. *deterioris.* e) 11 *emitterent.* 13, 25 *admitterent.* 22 *omitterint.* Mox 11 *alterius.* f) 20 *praeterit de praesumptiones.* Ante 22 *leges sanctimus* aliique codd. *sanximus.* g) 6, 11, 12, 15, 17—22 *subsidium.* 23 *sufficiunt.* Sich. *officium.* Ceterum 6 *pr. subsidium praesumpt.* Ri. defendit v. *supplicium.* h) 6, 11, 12, 15, 18, 19, 21—23, 25, Sich. *propter*, improb. Ri., sed 22 om. *ut.* i) 15 *numerum.* Go. *aliquas.* k) 22 *iusserunt.* 25 *minuerunt.* l) 13, 16 *praescriptione.* 6 *nulla ab ord. pr.* m) 11, 12, 15, 19—22 *depereant.* n) 25 *triginta hic retro.* Mox 22 *annis.* o) 22 *constricti si proc.* 20 om. *vel conductoribus.* p) 22 *dum in hisque conv.* 20 *ad orbis.* q) 25 *deseruerunt.* r) 6, 11, 12, 15, 17, 19—22 *revocentur.* Sich.—Ri*. *reducantur. Quod — percelli, amittant.* s) 22 *quidquid.* t) 14 *percellere.* 25 *poenam s. praecelli.* tt) Mendose Go. *inclitis.* u) 6 *illicite quaesierunt* et om. *consortiis iunctas esse.* 11, 12, 15, 18—21, 23, Cui.—Lugd. Rittersh. Go. *quaesierunt* s. *quaesiverunt.* 14 *i. esse siverunt.* 16 *i. esse sciverint.* 22 *iusta esse quesierunt.* Sich. *consortiis iungere quaesierunt.* 25 om. *A.* v) 22 *donum* et om. *nostrae — dividendam.* x) 13, 16 om. *progeniem* et 6 *ita.* 25 *quarum p. i.* y) Nonn. codd. *quodquod.* 6 *ut quot* et 16, 22 *ut quod.* 25 *ut cum.* z) 22 *defuerit — filio.* 25 *fuerit.* 6 om. *masculini sexus.* a) 14, Cui. 2, 2*. Ri. Ri*. *praediis domini.* 25 *praediis dominis.* b) 19 *illa creatione.* Sich.—Ri*. *relinquendis. Illa.* c) 6, 11, 12, 15, 17—22, 25 *ex colona.* Sequitur *ancillis*, quare nihil mutavi. d) 11, 12, 15, 17, 19—23, Rittersh. Go. *sunt.* 16 *curiis.* Mox 22 om.

tur [e], ne materni sanguinis vilitate [f] splendor ordinis [g] polluatur. §. 3. De collegiatis [h] vero illa servanda sunt, quae praecedentium legum praecepit auctoritas. Quibus illud provisio nostrae serenitatis adiungit, ut collegiatis, operas patriae alternis vicibus [i] pro curialium dispositione praebentibus [k], extra territorium civitatis suae habitare non liceat. §. 4. Hoc de pendentibus [l] sanxisse sufficiat [m]. In futurum vero haec observanda censemus [n], ut, si quis actor procuratorve [o] domino nesciente susceperit curialem, aut non [p] intra annum propriae restituerit civitati [q], si ingenuus probatur, collegiis applicetur [r], si servus est, fustuario [s] supplicio interficiendum se esse [t] cognoscat. Quod si id sciente domino aut [u] volente [v] factum esse doceatur, et non intra statuti temporis metas, etiam cum ultione, correctum [x], ipsius praedii, in quo hoc [y] admissum fuerit, amissione mulctetur [z]. §. 5. Similiter si servo suo [a] actori procuratorique ullus [b] filiam iunxerit [c] curialis, aut certe [d] iunctam esse permiserit, et non intra praescripti temporis terminum [e] natalibus suis urbique reddiderit [f], illa quidem curiae restituenda [g] revocetur (quam [h] iubemus ab intestato [i] parentibus aequa [k] cum ceteris lance succedere, quia per eius quoque progeniem ordo reparandus est): ille [l] vero, si originarius erit, qui sibi frustra ac [m] temere mariti nomen contra interdictum legis [n] indiderit, collegiis nihilominus deputetur, si [o] famulus, servilibus poenis peribit [p]. §. 6. Filia curialis si genitalis soli amore neglecto in alia voluerit nubere civitate [q], quartam mox [r] omnium facultatum suarum ordini conferat [s], a quo se alienare [t] desiderat: illi urbi, ad quam migraverit [u], curialis sine dubitatione paritura. §. 7. Et quoniam [v] usquequaque obviandum est eorum dolis, qui nolunt esse, quod nati sunt, quicunque [x] se sub nomine clericatus [y] seu quodam religionis [z] obtentu curialis vel corporatus fortasse [a] subtraxerit, secundum praecedentium legum statuta, si intra [b] diaconatus gradum locatus probatur, ad originem suam sine dilatione revocetur, si [c] vero iam diaconus [d] aut presbyter aut episcopus [e] latae huius legis tempore reperitur, sive adhuc [f] obnoxius functionibus, sive muniis persolutis [g], nihil de patrimonio suo alienaturum se esse cognoscat [h]. Cui si masculini sexus prolem seu propinquos [i] esse contigerit, qui utique curiae necessitatibus obsequantur [k], mox medietatem omnium facultatum eis tradere non desistat, sibi ad usumfructum sex residuas uncias retentaturus [l]: si defuerit sexus virilis,

---

ex post *si.* Sich. — Ri*. *inserantur. Si.* e) 22 *collegiatis deputentur* et om. *ne.* Sich. *deputentur. Ne.* Cui. 1 — Ri*. *deputentur: ne.* 6 om. *ne — polluatur.* Ante nonn. codd. *edicti.* f) 11, 12, 20, 23 *vilitas.* g) 11 — 13, 15, 17 — 23 *ordinum*, ut Sich. — Lugd. Rittersh. Go. h) 11, 12, 15, 19, 21 *De collegia.* 13, 16, 17 *De collegiis.* Mox nonn. codd. *praecipit — provitio* et 14 *qđ illud*, sed 22 *provisi* pro *provisio.* i) 22 *pariae alt. civibus.* 19 *collegia operas.* k) 6, 19 *propositione.* 18, 20 *praehibentibus.* l) 6, 17 *praesentibus.* Rittersh. *dependentibus.* 22 om. *de.* m) 13, 16 *sufficient.* 11, 12, 15, 17 — 23 add. *et.* n) 22 *hae o. censimus.* 25 *hoc observandum esse censemus.* o) 6, 11, 12, 15 — 17, 19 — 21, 23 *procuratorque.* Nonn. codd. *auctor pr.* p) 6 *curialem et non.* 18, 20 om. *non.* 23, Sich. *non infra.* q) 6 *restituat.* 22 *restituat civitatis ingenuos.* 20 om. *si.* r) 15 *deputetur.* 17 *adplicentur.* 22 *collegiatis adplicitos.* Sich. — Go. *applicetur. Si.* Ante 25 *ingen. adprobatur* et 19 *adprobetur.* s) Nonn. codd. *furtuario*, *fustario*, *fructuario.* t) 6 *se esse interficiendum.* 25 om. *se.* u) 11, 12, 15, 18, 20 — 23, Sich. — Lugd. Rittersh. Go. *aut*; rell. *ac.* Repos. *aut*, antiquissimos codd. secutus, etsi neque *ac* falsum est. v) 14 *voluntate.* 22 om. *factum — amissione.* x) 11, 12, 15, 16, 19, 21 *c. u. correptum.* Ri. defendit v. *correctum.* 18, 20 *cumulatione correptum.* y) 11, 12, 19, 20 *haec.* z) 6 *admissum docebitur am. m.* a) 22 om. *si* et 6 *suo.* Nonn. codd. *auctori.* 6 om. *que* post *procuratori.* b) 11, 12, 18, 19, 22 *ullius.* 15, 21 *illius.* c) 22 *coniunxerit.* d) 6 om. *certe.* Idem mox *permiserit esse.* e) 11, 12, 15 — 21 *praescriptum terminum temporis*, sed 19 *in pr. t. t.* 14 *intra scriptum terminum temporis.* 22 *intra perscriptum terminum temporis.* 23, Sich. — Lugd. Rittersh. Go. *praescriptum.* f) 6 om. *et non — reddiderit.* 22 *urbisque.* Aur. Lugd. Rittersh. Go. *ubique.* g) 25 *illam quidem — restituendum.* h) 6 om. *quam — reparandus est.* i) Sich. — Lugd. Rittersh. Go. *intestatis.* k) 22 *eque.* Mox nonn. codd. *lancea* et 25 *et quia.* l) 22 *progenie* (etiam 12 *progenie*) *ordo neparandus* (sed corr. *reparandus*) *est illa.* Sich. — Lugd. Rittersh. Go. *reparandus est. Ille.* Mox nonn. codd. *origenarius* s. *origenarios.* m) 6 om. *frustra ac.* Nonn. codd. *timere.* n) 6 om. *contra i. legis.* 16 *legis inde dederit.* 22 *collegiatis.* o) Sich. *deputetur. Si.* Nonn. codd. *famulos.* p) 11, 12, 20 *poenis perhibet.* 17 *poenis adficiatur.* 6, 15, 19, 21 — 23 om. *peribit*, sed in 23 spatium est. Sich. *poenis * Filia.* Mox Go. *generalis soli.* q) 6 *in alia nupserit civitate.* 22 *neglectum in aliam in aliam v. n. civitatem.* r) 6 om. *mox.* s) 6 *facultatem curiae inferat.* t) 16, 25, Cui. 2, 2*. Ri. Ri*. *alienari.* 22 *alienienare.* Mox 17 *illius urbis.* u) 22 *migravit.* 23, Sich. — Lugd. Go. *migraverat.* 11, 12, 19 *curiales.* 17 *curia sine.* 6 om. *cur. s. d.* Recte Be. h. l. interpunxit; nam Sich. — Ri*. habent *migr. curialis, sine d. p.* v) Nonn. codd. *et qđ*; alii *et quia.* x) Sich. — Lugd. Rittersh. Go. *sunt. Quicunque.* 15, 19 — 22 *quique.* y) 15, 19 — 22 *curiatus.* 13 *civitatis.* 6 om. *sub nomine — corporatus* et 11, 12, 15, 18 — 23 *seu.* 16 *curialis sive.* z) 15, 19, 21, 22 *quod est religionis.* a) 22 *curiali vel c. forte.* b) 6 *infra.* c) 22 *diaconatum gradus l. pr. ab origine sua sine dubitatione revocatur* et om. *si — presbyter aut*, videtur autem pro *presbyter aut* scriptum esse *probat̃.* 25 *grado locus probatur.* 13 *revocetur sive iam.* Sich. — Ri*. *revocetur. Si.* d) 6, 19 *diaconatum.* e) 22 *episcopi.* f) 17 *reperiatur s. a.* 13 *rep. si vero adhuc.* 6 *episcopus est si adhuc est functionibus obnoxius* et om. *latae — reperitur.* g) 6 om. *sive muniis persolutis.* 25 *persolutus.* h) 6 *nichil se de suis alienaturum* (om. *esse*) *cogn.* 13, 16 *esse constiterit.* 25 om. *se.* i) Nonn. codd. *propinquus.* Haec §. inde a vv. *Cui si* in cod. 6 ita mutata est: *Cui si filii vel propinqui fuerint curiae obsequentes medietatem omnium eis facultatum impertiatur sibi — uncias servaturus. Si masculi defuerint filiabus easdem daturus, si tamen curialibus nupserint. Si et he defuerint totum patrimonium curiae proficiet. Si quis sane ex talibus se sub divini ministerii occasione in ecclesia occuluerit conventus eum archidiaconus repraesentet.* k) 22 *obsecuntur.* 13 *esse constiterit qui — obsequentur* et om. reliqua pars textus cum subscr. l) 11, 12, 15, 19 — 22 *retinemus.* 17 *retinens.* 25 *reteneant ut si.* Sich. — Ri*. *retentaturus.*

easdem [m] in filiabus sine dubio servaturus [n], si tamen curialium connubiis copulentur. Qui si in totum fortasse defuerint [o], ad ordinem urbis suae praedictum [p] patrimonium pertinebit. Si qua sane huius modi persona originis [q] suae vinculis obligata ex his, quos ad ordines iubemus reduci, sub divini ministerii [r] occasione intra ecclesiam se crediderit occulendam [s], eam constrictus [t] archidiaconus repraesentet. §. 8. Hic etiam [u] eorum nequitia comprimenda est, qui locum principalitatis indepti vendunt defugas [v] curiales et obnoxios corporatos [x], cum eos occulta depraedatione concusserint [y], quos utique, si [z] honestatis memores patriae suae aliquid affectionis impenderent [a], revocare deberent [b]. Quod ne deinceps existiment [c] se impune facturos, quicunque in tam sceleratis nundinis fuerit quocunque accusante convictus, capitalem poenam subibit [d]. §. 9. Praedia vel urbana vel rustica [e] nunquam sine interpositione decreti curialis alienet [f]. Quod ne forte provincialis iudex facile [g] aut gratificanter indulgeat, ad eminentium praefectorum [h] sub relatione notitiam [i] dirigatur, quibus [k] solis aestimare permittimus [l], utrum ineluctabilis necessitas venditorem faciat curialem. Aliter [m] contractus super [n] his [o] rebus initi non valebunt. In mancipio [p] tantummodo distrahendo non est decreti quaerenda solennitas, si quinque primorum curiae subscriptio atque consensio adiecta monstretur [q]. §. 10. Inter quae iustum est, ut his [r], quos reduci volumus, consulamus [s], ne iniuriis corporalibus pro civilis [t] plerumque iudicis commotione [u] subdantur. Unde quoties [v] aut culpa gravis aut aliquod curialis [x] crimen arguitur, sciant iudices, eo sub fideiussione ordinis constituto [y], ad magnificos viros praefectos [z] praetorio esse referendum [a], ut in ipsorum [b] sit arbitrio constitutum, qualiter, quod admissum probabitur, vindicetur [c]. §. 11. Nunquam curiae a [d] provinciarum rectoribus generali condemnatione mulctentur [e], cum utique hoc [f] et aequitas suadeat et regula iuris antiqui [g], ut noxa tantum caput sequatur, ne propter unius fortasse delictum [h] alii dispendiis affligantur [i]. §. 12. Strenarum, Kalendarum ac pulveratici nomine a [k] curialibus nihil petatur. Si quis horum [l] aliquid poposcerit, aut etiam offerentem [m] contra interdicta susceperit, singulas libras auri per singulos curiales a se noverit [n] exigendas. §. 13. Nec [o] hanc partem ducimus negligendam, in qua et ordinibus et

---

Si. m) 6, 11, 12, 15, 19, 21 *easdem*, sc. *sex uncias*. 22 *viriles easdem*. Rell. et edd. *eadem*. n) 19 *servaturas*. 22 *servaturos*. 20 *res. sit tamen*. o) 23 *defuerit*. 22 *in toto*. p) 11, 12, 14—22 *praedictum*. 23, 25, edd. *praedicti*, sc. *curialis*, quod cum interpr. convenit. Scripsi *praedictum*. Supra *nihil de patrimonio suo alienaturum se esse cognoscat*. Ceterum 25 *sui pr*. q) 22 *origini — ex his quod ad ordines*. 15 *ad origines iubemus*. Sich.—Lugd. Cui. 2, 2*. Ri. Ri*. *hiis*. Go. *iis*. 15, 21 *persone*. r) 14, 23, Sich.—Lugd. Rittersh. Go. *mysterii*, improb. Ri., sed Rittersh. em. *ministerii*, alii codd. *misterii*, ut 11. 22 *subdi ministerio*. s) 22, 25 *occultandum*. Falso Ri. Be. in 22 esse dicunt *occultandam*. t) Rittersh. in m. em. *constrictam*. In Interpret. est: *archidiaconus teneatur, ut eum debeat repraesentare*. Nonn. codd. *arcediaconus* s. *arcaediaconus* et *arcidiaconus*. 22 *arcidiacus*. u) 11, 12, 15, 17—22 *Sic autem*. 14, 16, 23, Sich.—Ri*. *Hic etiam*. Solus Be. *Hinc etiam*, err. Etiam in v. *sic* videtur latere *hic*. §. 8 in cod. 6 ita scripta est: *Eorum autem n. c. est, qui* (om. *locum — vendunt*) *refugas curiales* (om. *et obnoxios c. c. eos*) *occulte conclusos vendunt quos utique — debuerant. Quod ne d. extiment* (om. *se*) *impune — fuerit aliquo accusante — subibit*. Infra 22 *indempti vindunt*. v) 15, 21 *de fuga curialis*. 6, 17 *refugas*. Nonn. codd. om. *et*. *Defuga* est in C. Th. XII, 19, 3; *refuga* frequentius legitur. x) 15 *obnoxiis corporatus*. 20—22 *obnoxius corporatus*. 25 *o. conparatus*. Sich. *corporatos. Cum*. y) 15, 21 *callidatione*. 19 *callidatione concesserint*. 22 *callidatione concluserit*. 11, 12, 18, 20 *depr. concesserint*. z) 14 *q. utique per*. 6, 11, 12, 15, 17, 19—23 *utique sibi*. 16 *quod utique*. 25 om. *quos utique*. a) 11, 12, 15, 19—21, 23 *impenderint*. 22 *appenderem*, non *appenderent*, ut Be. dicit. 18 om. *aliquid affectionis*. b) 14 *revocare deserint*. 22 *debere*. 25 *debent*. 16 om. *revocare deberent*. c) Nonn. codd. *aestiment* s. *extiment* et infr. *facturus*. 22 *ut non d. estiment* et om. *se*. d) 22 *quoque* (ut 19) *a. c. c. poenem subicit*. 25 *quacunque occasione conv. c. p. s.* e) 6 *praedia rustica vel urbana* et om. *nunquam s.*-*i. d*. Infra 22 *interpositionem*. 23 *rusticanum quam*. f) 16 *alienent*. 25, Cui. 2, 2*. Ri. Ri*. *curiales alienent*. g) 22 *facere*. 14 om. *ne* post *quod*. h) 14 *ad ementium praefectum*. 16 *ad eminentiam*. 22 *adimentium*. i) 6 *notitiam sub relatione dirigatur*. 11, 12, 15, 19—21 *relationis*. 22 *relevationis notitia*. k) 6 om. *quibus — valebunt*. Sich.—Ri*. *dirigatur. Quibus*. l) 20 *permittemus*. 22 *stimare permittemus — vinditorem*. Cassiodorus Variar. IX, 2. m) 15, 19, 21, 22 *curialem. Ante*. n) 11, 17, 19, 20, 22 *supra*. o) Sich.—Lugd. Cui. 2, 2*. Ri. *hiis*, ut multi codd.; Go. *iis*. p) 20 *mancipium*. 22 *initium — in pancipio — quaerendam*. q) 19 *obiectā monstr*. 6 om. *si — monstretur*. 25 *monstrentur*. r) 25 *ut de his*, ubi Sich.—Lugd. Cui. 2, 2*. Ri. Ri*. *hiis*, sed Go. *iis*. s) 25 om. *consulamus*. 6 om. *ne iniuriis — subdantur*. t) 11, 12, 19, 20, 22 *pro cui*. 17 *pro cuiuscunque*. 23 *pro cui* et est spatium duarum vel trium literarum. 25 *pro culpa cui*. Sich. *corporalibus affecti plerumque*. u) 20 *iudices commotiones*. 22 *iudices*. Sich. *commotioni*. v) 6 *Quorum quotiens*. x) 6, 11, 12, 15—21, 23, Sich. om. *curialis — fideiussione* et 22 *Unde — constituto*. y) 6, 23, Sich. *constitutum*. 25 *eos sub f. ordinem constitutos*. z) 15 *p̄positos*. 22 *praefecto* et om. *praetorio*. a) 6 *est deferendum*. 12, 19, 22, 23 *esse ferendum*. 11, ni fallor *eferendum*. Sich. *est ferendum*. b) 6 *in eorum*. Mox 25 *arbitrum*. c) 6 *qualiter vindicetur, quod admissum probabitur*. 25 *vindicetur. Numquid*. Sich. *vindicetur, nunquam*. §. 11 deest in cod. 6. d) 22 om. *a*. e) 11, 15, 19, 20, 22 *multetur*. 23, Sich. *multetur. Cum*. Cui. 1—Ri*. *mulctentur. Cum*. f) 11, 12, 14, 15, 17, 19—23, Sich. *cum itaque hoc*. 17, 25 om. *et*. g) Sich. *antiquae*. Mox nonn. codd. *noxia* et supra 22 *vadit* pro *suadeat*. 16 *aut cum noxa*. Rittersh. et Ri. ann. c. 22 Cod. Iust. de Poenis (IX, 47). h) 15, 19, 21, 22 *ne forte unius f. delicto*. Etiam 11, 12 *delicto* et 20 *delecto*, sed 11 om. *ne*. 25 *alios* pro *alii*. i) 22 *adfliguntur strenuarum salendarum*. Etiam 11, 12, 15, 19, 20, 25 *strenuarum*. 6 *Strenarum et Kalendarum* et om. *ac pulveratici*. Sich. *adfligantur, strenarum*. Cui. 1—Lugd. Go. *adfligantur strenarum*. Rittersh. *adfligantur Strenarum*. k) 15, 19, 21, 22 om. *a*. Go. *curalibus*. l) 22 *eorum*. Rittersh. *Si quid*. m) 15 *offerente*. 6 om. *aut — susceperit*. 22 *susciperit — curiales* et om. *a*. n) 14—

possessorum [p] compendiis providetur. Itaque provinciali iudici [q] non solum faciendarum evectionum nulli [r] tribuatur facultas, verum ne ipsi [s] quidem, cum ad alteram pergere coeperit civitatem, plus [t] quam unam sibi angariam et duos paraveredos alteramque angariam [u] officio suo, sed [v] et paraveredos duos liceat postulare [x]. Si quisquam amplius aestimaverit praesumendum, octo equos constrictus [y] exsolvat, publicis mox mutationibus aggregandos. §. 14. Compulsor [z] tributi nihil amplius a curiali [a] noverit exigendum, quam quod ipse a possessore susceperit: quia ad hoc [b] tantummodo perurgendus est, ut [c] pariter exigat, et [d] publicum debitorem ostendat atque convincat. Praeterea [e] nullus solidum integri ponderis calumniosae improbationis [f] obtentu recuset exactor [g], excepto eo gallico [h], cuius aurum minore [i] aestimatione taxatur. Omnis concussionum removeatur occasio, nihil mutaturae [k] nomine postuletur, ita ut, quisquis hoc [l] posthac usurpandum esse crediderit [m], sive praetoriani sit miles officii, seu palatinus [n], vel sacri aerarii vel privati, seu professionem negotiationis exercens, fustuariae [o] subditus poenae [p] servilibus suppliciis periturum [q] se esse cognoscat [r]. §. 15. Illis quoque fraudibus obviandum est [s], quas in varietate [t] ponderum exactorum calliditas facere consuevit, qui vetustis [u] caliginibus abutentes, Faustinae [v] aliorumque numinum [x] nescientibus faciant [y] mentionem. Quibus penitus amotis atque in perpetuum hac lege damnatis, a praetoriana sede [z] ad singulas non solum provincias, sed etiam civitates pondera examinata mittantur [a], quibus tam omnis exactor, quam [b] negotiator utatur, capitale sibi sciens unusquisque supplicium [c], si constituta transscenderit. §. 16. Inter haec etiam officiorum pro laborum merito non est commoditas negligenda. Et quia per rectores provinciarum exigi [d] omnem canonem tam ad arcam praefecturae pertinentem, quam sacris vel privatis [e] largitionibus inferendum, sed et binos [f] per iugum vel millenos solidos [g] remunerationibus deputatos [h] compelli debere praecepimus [i], pos-

---

16, 21, 22, Rittersh. Be. in not. *noverit*. Rell. *noverint*. Restitui *noverit*; supra *Si quis*. 6 *singulos curiales* (om. *a se noverit*) *exsolvat*. o) 12, 18, 20 om. *hanc* et 6 *Nec — itaque*. Mox 22 *ducis negl*. p) 16 om. *negligendam — possessorum* et 22 *et*. q) 20, 22 *iudicii*. r) 6, Rittersh. *nulla*. 22 om. *nulli*. s) 6 *verum etsi* et om. *quidem*. 11, 12, 15, 21, 23, 25, Sich. — Ri*. *verum ne ipse*. 16 *verum nec ipse*. 17 *verum et ipse*. 22 om. *ipsi q. cum*. 19 om. *cum*. Nonn. codd. *ceperit*. t) 6 *ad alteram perrexerit civitatem non plus*. 25 *non pl. quae unam*. Rittersh. *quam ad unam*. u) 25 om. *et duos — angariam*. v) 16, 21, 23, 25, Sich. — Ri*. om. *sed* et 16 *officio suo*. x) 15 *et duos paraveredos*. 6 *et duos par. sibi tantundemque officio suo liceat postulare* et om. *Si — aggregandos*. y) 20 *constrictos*. z) 22 *Compulsus*. 23 *Compulsos*. a) 6 *a curiali exigat quam* (om. *quod ipse*) *a possessore suscepit* et om. *quia — praeterea*. 16 *a cur. noverit esse poscendum*. Nonn. codd. *a curiale* et infra 25 *quae quod*. b) 12, 20, 23, Sich. — Go. *qui ad hoc*, sed Sich. — Lugd. Go. *susceperit. Qui ad hoc*; Rittersh. *susceperit: qui ad hoc* et Cui. 2, 2*. Ri. Ri*. *susceperit. Quia ad hoc*. 15, 19, 21, 22 *qui ex hoc* et mox nonn. codd. *perurguendus*. c) 11, 12, 14, 15, 19 — 23, 25, Sich. om. *ut*. d) 14 *exigat ut*. 15, 19, 21 — 23, 25 *ex. et ut publ*. 17 *exigit*. Rittersh. *exeat, et p*. Ceterum 25 *perarguent et ut p*. Sich. *exigat ut et publ*. e) 15, 19, 21 *Propterea*. 22 *Pr. nullos solum i. ponderes calumniose*. In cod. 6 sqq. usque ad v. *taxatur* sic scripta sunt: *Nullus exactor solidum int. ponderis calumnietur pt̄* (praeter) *galli cum qui minore pretio taxatur*. f) 11, 12, 15, 17, 19 — 22, Cui. 1. Aur. Lugd. Rittersh. Go. *adprobationis* s. *approbationis*. g) 20 *rec. et actor*. 14 *exactores*. 22 om. *excepto*. h) 19 *eo callico*. 22 *eo galli*. i) 20 *minorum*. 22 *minorem*. 23 *in ore*. Mox 20 *Omnes* et 19 *occationi* pro *occasio nihil*. k) Plerique codd. *mutature*. 14 *mutare*. 23 *mutaře*. 25 *mutatore*. Sich. (neque vero 22, ut Ri. Be. scribunt) *mutato*. Ri. tuetur *mutaturae*. „Exactores, inquit, per calumniam solidos improbantes, cogebant provinciales eos *mutare* cum aliis, quos ipsi illis promptissime offerebant, et huius *mutaturae nomine*, lucrum capiebant ingens." Insolitum est hoc v. et in hac sola Nov. invenitur: quod mutassem, nisi fere in omnibus codicibus esset et infr. §. 16 repeteretur. 15, 16, 21, 22 om. *nomine*. In cod. 6 vv. *nihil mutaturae — cognoscat* sic contracta sunt: *nichil mutuum es* (aes) *postuletur; qui praesumpserit fustibus subditus servilibus suppliciis peribit*. l) Nonn. codd. Sich. *posthaec*. 25 om. *hoc*, sed habet *posthanc*. m) 22 *crediderit esse*. Mox nonn. codd. *milis*. n) 11, 12, 15, 17, 19 — 22 *palatini*. Nonn. codd. *herarii* et 22 *professione*. o) 11, 15, 20, 21, 22 *fustibus*. Sich. — Ri*. *fustiariae*. 23 *fustiarius*. p) 11, 12, 15, 17, 19 — 23 *poena*. q) 17 *servili supplicii perit*. 22 *perituram*. r) 22 *cognoscant*. 25 *cognoscant illius*. §. 15 in cod. 6 in breve compendium contracta est: *Illis quoque obviandum fraudibus quibus quidam servorum simplicitate abutentes in varietate ponderum vetusta religionis nomina apponunt. Quibus remotis a praetoriana sede omnibus annis per singulas civitates et provincias pondera exacta mittantur, quibus tam exactor quam negotiator utatur Basili p̄. k. aa.* et om. §. 16, 17. s) 19, 21 om. *est*. 22 *obviando* et om. *est*. Ed. Th. §. 149 et Ed. Athal. §. 2. t) 14 *quas varietate*. 15, 21 *qua sint var*. 20 *quasi in var*. 22 *quasi in varietatem*. u) 22 *quae vetustis*. 25 *ponderibus exact. calliditate — vetitis*. v) 15, 21 *latine*. 19 *lautinae*. 22 om. *Faustinae*. x) 11, 12, 16, 18, 23, Sich. *numinum*. Rell. *nominum*. Be. tamen in not. praefert *numinum* et Faustinam I. vel II., quae divae fuerint, hic intelligi putat. Sed quamquam *numinum* mihi quoque probatur, ceteros principes intelligo, quorum nominibus signata pondera circumferebantur. 22 *nomina*, neque vero *numinum*, ut Ri. et Be. scribunt. y) 25 *faciat*. Cur Be. malit *faciunt*, non video. z) 22 *Quibus p. amatis atque in perpetuo ac lege damnatis ad praetorianam sedem*. 25 *a lege damnatis* et om. *a*. a) 12 om. *examinata mittantur*. 22 *mittuntur*. Rittersh. *mittantur. Quibus*. b) 22 *quamquam*. c) 15, 19, 21, 22 om. *supplicium*. 25 *negotiator capitale sibi scientibus utantur — transscenderint*. d) 15, 21 *exactori*. 19 *commodatas — exactori*. 22 *necglegendam quia — exactori*. e) 22 *pertinentes quam ad sacris vel privatis*. 25 *probatis*. f) Sich. *inferendum decet, binos*, impr. Ri. Schultz l. c. p. 620 suppl. *solidos*. g) Cf. Walter, Geschichte des Römischen Rechts p. XII. et Car. de Savigny, Nachträge zu früheren Arbeiten (Zeitschr. f. geschichtliche Rechtswissenschaft T. XI, p. 42). 12, 19, 20, 23, Sich. Cui. 1 *millenas* et 14 *mellenas*. h) 11, 12, 15, 17 — 21, 23, Sich. *deputatus*, in quo latet *deputatos*, quod 14 (sed in 14 est *depotatos*), 16, 22, Cui. 1. Aur. Lugd. Rittersh. Go. habent et Be. reponi iubet. Etenim Be. ex Cui. 2, 2*. Ri. Ri*. *deputandos*. i) Nonn. codd. Sich. *praecipimus* et 22 sessori non putamus[k] onerosum, quem a multis molestiis et sportularum et numerosis mutaturae[l] dispendiis liberamus, si semissem solidi per iuga singula seu[m] singulas millenas[n] amplius iubeamus inferri, qui pro ordinatione nostra inter diversa officia dividatur. Ita ergo praedicta[o] summa inter compulsores, ut diximus, partienda est, ut palatinus siliquam mediam[p] pro siliquatico solidi remunerationis binorum[q] solidorum, exactor siliquam, quattuor autem siliquas tam curialis, quam officium provinciale percipiat[r], officium sane praefectorum sex semis siliquas[s] consequatur. Quisquis[t] ultra aliquid aut exigendum aut accipiendum esse crediderit, subditus verberibus et cingulo privabitur, et facultatibus exuetur[u]. §. 17. Illud quoque onus a civitatibus vel praecipue curiarum ordinibus ac negotiatoribus summovendum est, quibus non parva[v] dispendia provinciarum iudicum infligit adventus, ut eos in otio plerumque residentes deliciis[x] exquisitis alere quasi quadam[y] lege cogantur. Contra quam iniquitatem remedium providentes, hac evidenti[z] praeceptione decernimus, ut rectori provinciae totius[a] anni tempore non plus quam triduo una civitas alimonias[b] subministret, ita ut[c], si diutius voluerit commorari, de proprio sibi sciat esse[d] vivendum. Sed ne vaga[e] interpretatio eorum[f], quae pro humanitate praebenda sunt, nihilominus praedictos[g] fatiget, quid inferri diurnum[h] debeat, eminentissimae praefecturae pandetur[i] edicto, quod instar nostri volumus esse praecepti: hac conditione sociata, ut, si supra hunc modum quicquam a curialibus seu negotiatoribus iudex putaverit postulandum, aut sub nomine oblationis acceperit (quod magis extorsisse credendum est), mox administratione[k] depulsus, privilegio dignitatis amisso, proscriptione feriatur, Basili[l], parens carissime atque amantissime[m]. §. 18. Illustris sane[n] et praecelsa magnificentia tua[o] omnium provinciarum rectores[p] suis auctoritatibus admonebit, ut[q] principales vel seniores urbium singularum, tam curiarum, quam[r] reliquorum corporum, albos, quos conscripsit vetustas, proferre[s] compellant[t], obnoxiorum familias[u] sub confectione[v] gestorum capitis sui periculo detegentes, ita ut, quae[x] statuta sunt, edictis propositis in cunctorum notitiam perferantur[y]. *Dat. VIII.*[z] *Id. Nov. Ravenna*[a], *Leone et Maioriano AA. Coss.*[b] (458.)

Interpretatio. *Lex haec*[c] *Maioriani de curialibus quae custodienda sint*[d], *evidenti observatione constituit, ut*[e] *infra triginta tantummodo annos, sicut lex de*[f] *omnibus dudum lata testatur, ad ordinem suum, quem deseruerint*[g], *curiales debeant revocari. Nam de collegiatis illa specialiter custodiri*[h] *confirmat, quae lex in Theodosiani Codicis corpore scripta declarat. Itaque praecepit, ut, si curialem cuiuscunque possessionis actor domino nesciente susceperit, et non transacto anno ad civitatem curiae, cui debetur, fecerit revocari, si ingenuus fuerit is ipse actor, in collegio deputetur, si servare praecipimus.*

k) 15 *non inputamus.* 22 *patimur honerosum.* Postea 14 *que a multis.* 25 om. *a* post *quem.* l) 20 *mutaturiae* et infr. *seliquatico.* Vid. §. 14, not. *k.* 22 *sport. innumerosis mut. — semisse.* m) 22 om. *singula* et Cui. 1 — Lugd. Rittersh. Go. *singula seu.* n) Ita omnes codd. Ri. em. *singulos millenos* et Schultz l. c. *singulos millenos solidos.* o) 22 *iubeatur inferre — dividantur — praecepta.* Etiam 15, 16, 19, 21 *praecepta.* 19 *inferri qui per ord.* p) 22 *pertinenda est — seliqua media.* Etiam 25 *siliqua media.* q) 15, 19, 21 *siliqua s. r. b.* 22 *siliqua solida deremunerationis bonorum.* 20 *remunerationes.* r) 22 *curiales quam officio principale percipiat.* 25 *provinciae percipiat.* Go. *percipiant.* 18, 20 om. *officium.* Mox Rittersh. *Praefecto cum sex.* s) Edd. *semisiliquas.* Car. de Savigny l. c. p. 49, not. 57 em. *semis siliquas*; egregiam cj. confirmant omnes codices, praeter 23, 25. t) Nonn. codd. *quicquid.* Mox 25 *acc. a se cred.* 20 *subd. vel viribus* et 22 *cingulum.* u) 25 *exuitur.* 19 om. *exuetur — civitatibus* et 25 *onus.* v) 22 *praecipua curiarium ordinibus ac* (16 *ordinibus et*) — *non provida.* Etiam 11, 12, 14—17, 19—21 *provida.* x) 22 *iudicium* (ut 20, 23) *infligat* (ut 19) *adv. aut eos* (25 om. *eos*) — *residentes diliciis.* Cui. 2, 2*. Ri. Ri*. *resedentes.* y) 20 om. *alere.* 14 *a reliqua quadam.* 25 *a lege quam se quedam legem vocantur.* Mox Cui. 1 *iniquiratem.* z) 22, 25 *hec evidenti.* a) 15, 19, 21, 22 om. *totius.* Mox nonn. codd. *triduum.* b) 11, 12, 14, 15, 20, 23, Sich. — Lugd. Rittersh. Go. *alimoniam.* 19, 21 *alimonium.* 22 *civ. alimonium una.* c) 11, 12, 15, 20—22 *subministret aut si.* 23, Sich. *subministret. Aut si.* Eodem redit *aut si*, quo *ita ut si.* d) 25 *commemorare — se sciat viv.* Go. *videndum*, mendose. 22 *sibi* (om. *sciat esse*) *vivendo.* e) 16 *Sed ne vacua.* 23, 25, Sich. *Seu ne v.* 22 om. *ne.* Mox 25 *interpretatione.* f) 18, 20 om. *eorum.* g) 15, 19, 22 *praedictum.* 20, 23 *praedictus.* Rittersh. *fagitet.* h) 11, 12, 15, 19—21, 23 *diuturnum*, ut Sich. i) 14 *pendetur.* 25 *panditur.* 22 *panditur edictum q. actionem n. volamus esse pr. ita condictione.* Etiam 15, 19 *quod actionem* et 21 *quod actione nostri.* 15 *ac cond.* k) 22 *quicquam* (om. *a*) *cur. seu curatoribus — mox ministratione depulsus.* 14 *ad omnes ratione.* l) Cui. 2, 2*. Ri. Ri*. *feriatur . Basili.* 25 *praescriptione f. B.* m) Nonn. codd. *parens auge s. agē.* 19 *p. carissimae augustorum.* 22 *p̄ k. l̄. aa.* 12, 25 om. *aā.* Sich. Cui. 1 *Praefecte chariss. AA.* Aur. Lugd. Rittersh. Go. *Praefecte cariss. AA.* n) 6 *Ill. igitur.* 22 om. *et.* o) 19 *et ptā.* 25 *et p̄cellentissime tua.* 14 *magn. tam omnes.* 6 *t. oms̄.* 15, 21 *et praeclara m. t.* Multi *p̄ m̄t̄.* p) 12, 15, 18—21 *rectoribus.* 22 *restitutoribus.* 6 om. *suis auctoritatibus.* q) 19 *admonebitur.* 25 *admovet.* 22 om. *ut* et 6 *ut — ita.* r) 17 *curialium quam.* 22 *curiarum vel.* s) 22 *alcius q. c. vetusta ferre.* 19 *altius q. c. v. ferre.* Etiam 15, 16, 21 *ferre*, sed 14 *vetustos.* t) 25, Sich. — Ri*. *compellat.* u) 11, 12, 15, 17, 19, 21, 22, 23 *familiis.* v) Omnes codd. Sich. *confectione.* 22, Cui. 1—Be. *confessione*, male, sed 22 om. *gestorum.* x) 25 *detegentes aut quae — proponet.* y) 14 *perferatur.* 22 *perfruatur.* z) 19 *VII.* 22 *VI.* 27 *Dat. V. sub die VIII.* 30 *Dat. VIIII.* 8 *VII k̄ nov̄b.* a) Nonn. codd. *Ravennae.* Rell. et edd. *Rau.* s. *Raū.* s. *Rav.* s. *Ravenñ.* 22 *Raū Leo et.* b) Nonn. codd. om. *AA.*, alii *AA. Coss.* 22 c̄c̄s̄s̄ pro *Coss.* et Aur. Lugd. Go. *Cos.* c) Multi codd. om. *haec.* 8 *Illa lex* et deest *Maioriani — collegiatis.* d) 9—12, 23 et plerique codd. *sint*, ut Sich. Cui. 1. Aur. Lugd. Rittersh. Go.; 22, rell. edd. *sunt.* e) Nonn. codd. om. *ut.* f) Nonn. codd. om. *de* et 9, 10 *modo annos — testatur ad.* 20 *si cui lex.* Mendose Ri*. *lux.* g) 8—10, 20, alii *deservirent.* 22 *deseruerit curialis debeat.* h) 8—10, alii codd. *observari.* Mox multi codd. *declarant — praecipit — possessiones — susciperit — evocari — in collegiis*, ubi vero 14, 38 *fustibus deputetur*, sed corr. in 38. 23 *cui debitor.*

vus, fustibus verberetur. Nam si cum conscientia domini curialem[i] *ultra anni spatium tenere praesumpserit, et non ordini suo, sicut dictum est, post annum sine mora reddiderit, noverit, ipsum praedium, in quo inventus*[k] *fuerit curialis, se dominus praedii perditurum. Filia vero curialis, si aut servo aut actori aut procuratori sese coniunxerit, aut dominus agri iunctam*[l] *esse permiserit, et non post anni spatium curiae fuerit restituta, illa quidem continuo parentibus curialibus in hereditatem*[m] *successura reddatur, quia per eam, si se curiali iunxerit, ordo*[n] *poterit reparari. Ille vero, cuius contubernio curialis filia fuerit maculata, si colonus est, collegio deputetur, si vero servus fuerit, inter tormenta*[o] *deficiat. Filia vero curialis, si civitatis suae curialem accipere*[p] *noluerit maritum, et suam deserens ad aliam se contulerit civitatem, quartam portionis ordini curiae suae, quem despexit*[q], *de facultatibus suis cogatur inferre, ad illam*[r] *civitatem sine dubio, in quam se transtulit*[s], *curiales filios, si curialem maritum acceperit, sine dubio paritura. Si autem curialis vel corporatus*[t], *nolentes esse, quod nati sunt, clerici esse voluerint*[u], *et in quocunque officio ante diaconatum fuerint constituti, ad originis suae officium sine dilatione aliqua revocentur. Si vero iam diaconus aut presbyter aut certe episcopus fuerit ordinatus, sive munia*) sua solverit, sive non solverit*[v], *de patrimonio suo nihil alienare praesumat*[x]. *Qui si masculini sexus filios vel propinquos habuerit*[y], *quibus tantum personis curiae necessitas ut observari possit imponitur, illis statim*[z] *medietatem de facultatibus suis dare non differat, medietatem sibi ad usumfructum retineat. Quod si aut filios aut propinquos virilis duntaxat sexus non habuerit, sed*[a] *filias habebit, quas lex a necessitate publica facit alienas, tunc eis sex*[b] *uncias bonorum suorum tradat, si*[c] *tamen curiales maritos acceperint, per quos et necessitas publica possit impleri, et ex quibus nati curiales merito appellentur. Quod si curialibus non fuerint copulatae, curialis praedicti patrimonium ad civitatis suae ordinem pertinebit. Si quis*[d] *vero de his, quos superius diximus sine excusatione honoris debere ad suum ordinem vel originem revocari, ad ecclesiae septa*[e] *confugerit, archidiaconus teneatur, ut eum debeat praesentare. Sane si quis curialem latentem sub aliqua commodi intercessione vendiderit, qui eum magis debuit revocare, noverit, se capitali supplicio puniendum. Iubentur*[f] *etiam curiales, ut praedia urbana vel rustica sine decreti interpositione non vendant, nisi potestatibus*[g] *referatur, quia vendendi arcta*[h] *necessitas imminet curiali. Mancipia autem distrahendi sine decreto habebit*[i] *liberam potestatem, dummodo quinque priores curiae testes in ea venditione subscribant. Nam et hoc*[k] *curialibus voluit esse consultum, ne aut hi, qui revocantur ad curiam, aut illi, qui in gravi culpa tenentur obnoxii, tam facile tormenta sustineant, nisi ad potestatem dignissimam sub fideiussionis vinculo dirigantur, ut ipse de eorum factis possit*[l] *ferre sententiam, nec ut*[m] *ordo curiae pro unius culpa mulctam excipiat*[n], *nisi tantum is, qui probatur obnoxius. Nam*[o] *nec in his rebus, unde aliqua iudici*[p] *per spor-*

i) 22 om. *curialem*. Nonn. codd. *curialem intra anni sp. — suo ut d.*, alii *praesumpserint* et *ordine*, et infr. *reddiderint n. i. precium*. k) Aur. Lugd. *innentus* et mox Rittersh. *dominum*. l) 22 *precii perd. si filia v. curialis se si aut s. autraptori — iunctam* et om. *esse*. Nonn. codd. *iunctum*. m) 8, 11, 12, 19, 22, 23, alii, Sich. — Lugd. Rittersh. Go. *hereditate*. 11 *hereditates*. 20 om. *in*. Mox nonn. codd. *se se* pro *si se*. n) 28 om. *ordo — fuerit*. Nonn. codd. *potuerit*. o) Permulti codd. *in tormenta*. p) Hic desinit cod. 8; sequentia vv. huius interpretationis una cum reliquis Maioriani Novellis usque ad tit. VI. de Sanctimonialibus §. 6 (vid. tit. VI. l. c., not. *c*) exstant in cod. 7. 22 *acciperet* et 12 *voluerit*. 10 *accepere*, sed corr. *accipere*. q) 22 *quartam portionem ordinis* (alii *ordine* s. *ordinem*) *curiae* (om. *suae*) *quem despexit*. Etiam alii codd. et Sich. — Lugd. Rittersh. Go. *despexit*, quod repos. pro *dispexit*, quod in Cui. 2, 2*. Ri. Ri*. legitur. Nonn. codd. *quam* pro *quem*. r) Sich. *inferre. Ad illam*, sed in m. *aliam*, quod nonn. codd. habent. 9, 10 *Ad aliam civitatem sine dubio paritura in qua* (ut 23) *se transtulerit. curialis* (10 *curilialis*) *filius. si curialem maritum acceperit sine dubio paritura*. s) 11, 12, 22 et multi alii codd. *in qua se transtulerit*; alii *curialis filius*; sunt etiam qui habeant *curialis filia* (ut 23 et Sich.) aut *curialis filia curialem*. Mox multi *acciperit*. 19 om. *in quam se transtulit — sine dubio*. Vide quam negligenter egerit interpres: *ad illam civitatem sine dubio — sine dubio paritura*. t) Rittersh. *corporatui*. Nonn. codd. *curiales vel corp*. 10 *corporatum*. u) 9, 10 *maluerint*. 38 *noluerint et* et om. *in*. 14 *voluerint vel in quo officio*. 13 om. *et — fuerint*. 19, 22 *voluerint* (om. *et*) *in quo officio — ad ordinis sui* (sed corr. in 22 *originis suae*) *officium — diaconus vel presbyter aut* et om. *certe*. Sed 38 hoc ultimo loco *fuerint constituta ad origine s. o. s. dilatatione*. *) 10 in m. adscribit v. *officia*. v) 9, 10 om. *non solverit* et Sich. Cui. 1. Aur. Lugd. Rittersh. Go. *sua*. 13 *solverint*. x) 7, 9, 10, alii codd. *praesument*. Nonn. codd. *pr. qui se*. y) Multi codd. *habuerint*. z) Nonn. codd. *illis autem medietate — differant — reteneant — propinquis — habuerint*. 22 om. *medietatem — differat*. a) 12, 16, 19, 23 alii *et*. 7, 9, 10 *viriles d. sexus — et filias*. 22 *viriles d. rebus* (corr. in m. *sexus*) *n. h. et filios habet* (*habet* etiam alii codd. aut *habent*). 20 *virilis sexus dum tam non h. et*. 23 *masculos* pro *virilis*. b) 9, 10 *ei sex*. 22 *alienas et tunc eis sex*. 19 *tunc et sex*. c) Sich. *tradat. Si*. Mox 14 *maritos habuerint* et nonn. codd. *curialis — per quae ad necessitatem — implere — appellantur — curiales praedicti*. d) 7, 9, 10, 23, 38, alii codd. *Si qui*. 11, 12, 19, 20 *si quid*. e) 22 *quae ut surius — excusatione oneris* (*oneris* multi alii codd.) — *revocari si ad ecclesiae sectam*. 38 *revocari si ad eccl. septas*. 9, 10 *ad ecclesia esserta*. Nonn. codd. *arcaediaconus* et infr. *vindiderint*. f) 22 *iubetur*. Go. add. *qui*. 23 *etiam curialibus*. g) 38 supr. lin. *necessitatibus*. Mox 14 *quae vendendi*. h) 9, 10, 19 *arte*; multi alii codd. *arta* et *imminet* (s. *immineat*) *si curiali*, sed 22 *immini curiali*. i) Plerique codd. *habebit*; edd. *habeat*. 22 *liberam habebit potestatem*. k) 11 *Manet hoc*. Rittersh. om. *et*. Infra plerique codd. Sich. — Cui. 2*. Ri. Ri*. *hii*. Go. *ii*. l) 9 *de quorum f. posset*; etiam alii codd. *posset* et *referre*. Paullo ante 22 *fideiussore*, sed in m. corr. *fideiussionis*. Supra 19 *ut et ipse*. m) Cui. 1. Aur. Lugd. Rittersh. Go. om. *ut*. 20 *ne quod ordo c. prae*. n) 7, 9, 10, 12, alii codd. *unius culpam excipiat*. 20 *c. m. accipiat*. 22 *culpa suscipiant*. Alii codd. *culpam* aut *multa* et infr. multi *his* pro *is*. 20 *probantur*. o) 7, 9, 10, 22 om. *Nam*. p) 7, 10 *iudici aliqua*. 9, 11, 19, 20, 38, alii codd. *iudicia aliqua*. 22 *indicia aliqua*.

tulam[q] *conferuntur, curiam praecepit sentire dispendia. Reliqua vero pars legis interpretata non est, quia haec, quae continet*[r], *usu carent, et certe ad intelligendum non habetur*[s] *obscura.*

TIT. VIII. DE REDDITO IURE ARMORUM[a].

— — — — — — — — — — — — — —
— — — — — — — — — — — — — —
— — — — — — — — — — — — — —

TIT. IX. DE ADULTERIIS[a].

1. *Impp. Leo et Maiorianus AA.*[b] *Rogatiano Consulari Tusciae Suburbicariae.* Agitandam legibus adulterii quaestionem[c] imminente nostrae quoque[d] perennitatis oraculo te exercuisse commemoras, atque, ut relatione testaris, convictum confessumque Ambrosium in nefario crimine relegatione dignum temporaria censuisti; [e]et non solum leniter, immo negligenter[f] pensasti alieni doloris iniuriam, ut[g] maculam pudoris exstincti et eius summam criminis, in quo, quicquid viro[h] indignum est, continetur, elabi[i] vita superstite iudicares[k]. Eum tamen ipsum[l] temerasse sententiam, et confestim[m] locum perhibes exsilii defugisse[n], nosque consuluisti, quid fieri sanciamus. Quocirca tam *[o] exercitandae iudicationis formam perpetim mansura debeat adspirare: severitatem quippe res ipsa flagitat. Unde, Rogatiane carissime, noveris, ad rigorem veteris disciplinae hanc

---

Tit. VIII. Zir. in ind. titt. Am. *Tit. VIII.* Uterque rubricam Novellae ex indice titulorum codicis 1 deprompsit. Cf. Zir. p. 419 sq. Am. l. c. p. XXXVII. et ad h. t. Be. commemorat tit. in annotatione prima ad Nov. Maior. tit. I. de Ortu imperii. Debebat eum et reliquos, qui ex cod. 1 innotuerunt, suo quemque loco ponere et titulos sequentes ad codicis 1 ordinem numerare. Ipsa Novella omissa est in cod. 1. Nov. Val. tit. IX. de Reddito iure armorum.

Tit. IX. 1 in indice titt. Cui. 2, 2*. Lugd. Go. Ri. Ri*. Zir. in ind. titt. Am. *Tit. IX.* Vid. not. sup. antec. tit. et Am. p. XXXVIII. et p. 110. Codd. 2, 3 et in ind. titt. P. P[a]. P[b]. *Tit. L.*, nimirum omnium titulorum in illis libris recens divulgatorum; at vero in ipsa ed. P. P[a]. P[b]. *Tit. I.*, i. e. *un.* Novellarum Maioriani. 6 *Tit. III.*, ex quo codice a Seldeno editus est in Uxore Hebr. III, 12. London. 1646. 4. p. 388. Cf. Witte l. c. p. 30, 36. In rell. codd. deest. Rittersh. sine num., sed sec. ord. *Tit. IX.* Be. *Tit. VIII.* In Cui. 1 mentio fit huius Nov. hoc modo: „*Desideratur Novella De Adulteriis.*“ Deesse enim hunc titulum, cognoverat Cui. ex indice titulorum a P. Pithoeo accepto. Qui Aurel. editionem curavit, non solum vv. Cuiacii repetiit, verum etiam ex L. R. B. titulo XXV., ubi Maiorianus de Adulteriis statuisse dicitur, haec transscripsit: „*Summa. Maritus si adulterum cum uxore invenerit, ita ut unum sint, et sese commisceant, liberum arbitrium habebit utrumque uno ictu ferire.*“ Eam summam Rittersh. Novellae ipsi praeposuit, reliqui editores omiserunt. Falso Ri. a Germanicae nationis librario adscriptam esse dicit. P. ms. P. in not. (P[b]. in fin. huius Nov.) et Schulting ex tit. XXV. L. R. B., ubi verbis ab Aur. editore in Summam transformatis additum est: „*secundum legem Maioriani, quae exinde ad ius vetus cuncta revocavit*“, plures fuisse colligunt Maioriani de Adulteriis Novellas; aliter vero sentit Barkov. l. c. p. 75 in not. tit. XXV. cit., et recte quidem, nec valet argumentum, quod P. ex rubrica *de Adulteriis* ducit. Cod. Greg. XIV, 2. Cod. Herm. tit. XVIII. Cod. Th. IX, 7. Ed. Th. c. XXXVIII, XXXIX. Ed. Athal. c. IV. et V. L. R. B. tit. XXV. Cod. Iust. IX, 9. L. Vis. III, 4. — N. 1. Codd. edd. *N.* 1 s. *un.* Be. add. (*XCIII.*), i. e. omnium Novellarum in Be. ed. In cod. 3 pauca vv. recepta sunt. Vid. infr. versus finem not. *d.*

Etiam 23, Sich. *iudicia.* q) Sich.—Ri. *sportulum.* Correxi *sportulam* codicum 7, 9—12, 19, 20, aliorum auctoritate. Etiam Ri*. *sportulam.* 22 *conferunt.* 20 *conqueruntur.* Mox nonn. codd. *sentiri* et 10 *reliqua voro.* r) 22 *alia vero — continent.* 9, 10 *hoc quae continet.* s) 7, 9, 10, 14, 22, alii codd. *habentur*, quod non falsum est, si refertur ad v. *carent.* Sed etiam vulg. scriptura *habetur*, sc. *reliqua pars*, ferri potest. Nonn. codd. *obscure.*

a) 1 sec. Zir. *Arumorum*, sec. Am. *earumorum*, sed Am. a librario correctum esse dicit *armorum.* Cf. Zir. p. 420 et Am. p. 110.

a) 2, 3, P. P[a]. et P[b]. in indice rubr. *Novellae D. Maioriani.* | 50 *De adulteriis.* Similiter in ipsis edd. add. *D. Maioriani.* 3 *De Adulteris.* b) 6, Selden. om. *AA.* c) 2, P[a]. P[b]. Ri*. *questionem.* d) 6 *quoq; nre perhennitatis oraculo exercuisse te commemoras.* Seld. *quoquo nostrae perhenn. orac. exercuisse te.* 2 *oraculo et*, sed corr. P. *te.* e) 6, Seld. add. *et.* 2, edd. om. *et.* Ante 6, Selden. *relegatione temporaria dignum censuisti.* f) 2, Cui. 2, 2*. P[b]. Ri. Ri*. *leniter immemor esse et neglegenter.* P. P[a]. *leniter * immemor esse et neglegenter.* Lugd. Go. *leviter immemor esse et neglegenter.* Rittersh. omisso v. *leniter* habet *solum immemor esse et neglegenter.* 6, Selden. *immo negligenter.* P. in cod. 2, P. P[a]. in not. P[b]. in m. em. *immo et negl.*, prob. Ro. l. c. p. 191, sed P. ms. et in m. Cui. 2, 2*. Lugd. *immo etiam*, unde Be. ed. *immo etiam negligenter.* Delevi *etiam* auctoritate codicis 6, quod verbum mera cj. Pithoei et Cuiacii repos. est, et optime abesse potest; praesertim cum *et* add. ante *non solum.*

g) Codd. edd. *ut.* P. in cod. 2, P. ms. P. in not. P[b]. in m. em. *qui*, impr. Ro. l. c. et Ro. ms. Vid. infr. not. *k.* h) 2, 6 *in qua quicquid vero*, sed P. in cod. 2 corr. *in quo* et *viro.* Selden. *in qua quicquid * vero.* Rell. edd. ante Be. *vero*, sed P. ms. P. in not. P[b]. in m. et in m. Cui. 2, 2*. Lugd. Selden. em. *viro*, prob. Ro. l. c. Be. recte rec. *viro.* i) 2, P. Cui. 2, 2*. Lugd. P[b]. Go Ri. Ri*. *elaui.* 6, Rittersh. Selden. *elabi.* P. in cod. 2, P. ms. P. in not. P[b]. in m. et Cui. 2, 2*. Lugd. in m. em. *elui*, quod Ri. probatur et a Be. rec. est. Restitui *elabi*, sc. infamiam, quam contraxit Ambrosius adulterio et summam criminis, i. e. exitum iudicii, condemnationem. Eam infamiam et summam criminis Rogatianus lenitate et negligentia sua Ambrosium elabi passus est. Recepissem *elui*, nisi esset mera cj. k) 6, Selden. *iudicares.* Rell. *iudicaris.* l) Ro. l. c. Ro. ms. *ipsam.* m) Ro. ms. em. *constitum.* n) 6, Selden. *locum* (sed in 6 supr. lin. add. *loco*) *exilii perhibes diffugisse.* Infra P[a]. P[b]. *consulisti.* o) Rittersh. P[b]. Go. om. asteriscum, quo lacuna in rell. edd. indicatur. Omnes edd. *perpeti.* 6, Selden. om. *Quocirca — adspirare.* Rein. prop. *Quocirca eum e. i. forma perpetim m. d. a.* et Ro. l. c. p. 192 *quocirca tam execrandae iudicationis forma perpetim mansura debeat aspirare.* Provocat Ro. ad Nov. Th. tit. IV. Ne Duciani §. 2: „*aliter quippe litigantium timores et exsecranda iudicia iurgiorum compesci non poterunt.*“ P. in cod. 2 pro *mansura* corr. *mensura.* Ro. ms. em. *Quocirca tua execrandae iudicationis forma perpetim mansura debeat exspirare* et provocat ad l. 19 D. Soluto maperennitatem nostram observationis adiecisse mensuram[p], ut secundum legem divorum retro principum[q], qui in simili crimine talia censuerunt, relegationem probrosi ac nefandissimi[r] rei deportatio adiecta continuo sequatur[s], et bonis eius omnibus fisci utilitatibus[t] vindicatis, eum[u] a[v] congressu[x] totius Italiae summovendum, edictorum propositione denunciata omnibus perimendi licentia: qua passim ita insequendus est, qui sententiae abusus est lenitate, ut, si in comprehensa orbis[y] nostri parte repertus fuerit, caesus iure videatur, quatenus sanctionis procedente censura ab incursu flagitiorum tutam genialis tori[z] praestemus in posterum castitatem, ut[a] exemplo competenti luxuria[b] castigata ab expugnatione pudicitiae, quae sub publica quodammodo videbitur esse custodia, [c]libido et protervitas arceatur[d], manifestumque sit, generaliter ita nobis cordi esse violatum pudorem[e], ut, edictali[f] decreto iusta coërcitione proposita, intemperanter futuris quoque temporibus plecti commissum simile censeamus. *Dat. XV. Kal. Mai. Arelato*[g], *Ricimere*[h] *V. C. Cos.* (459.)

TIT. X. NEQUE SENATOREM URBIS ROMAE[a], NEQUE ECCLESIAM EX TESTAMENTO[b] SIBI A CERTIS[c] PERSONIS ALIQUID RELICTUM FISCO INFERRE COGENDUM[d], ET DE POPULIS URBICIS.

— — — — — — — — — — — — — —
— — — — — — — — — — — — — —
— — — — — — — — — — — — — —

TIT. XI. DE[a] EPISCOPALI IUDICIO, ET NE QUIS INVITUS CLERICUS ORDINETUR[b], VEL DE CETERIS NEGOTIIS.

1. *Impp. Leo et Maiorianus*[c] *AA. Ricimeri*[d] *viro*[e]

Tit. X. exhibuerunt ex indice titulorum cod. 1 Zir. in ind. titt. et Am., Be. commemorat in annot. Nov. I. Maioriani de Ortu imperii. Ipsa Novella periit. Vid. Novv. Maioriani tit. VIII, not. sup. Zir. l. c. p. 420. Am. l. c. p. XXXVII.

Tit. XI. 1 in ind. titt. Zir. in ind. titt. Am. *Tit. XI.* 3, 6, 7, 9—38, Aeg. Sich. Cui. 1. Aur. Cui. 2, 2*. Lugd. Rittersh. Go. Ri. Ri*. L. R. U. *Tit. II.* 4 *Tit. I.* Be. *Tit. IX.* Vid. tit. VIII. et X, not. sup. Nov. Val. tit. XV. et XXXIV. Const. Sirm. I, IX, XVII, XVIII. C. Th. IX, 45. Cod. Iust. I, 4, 13. Est etiam ap. Lab. l. c. p. 771 sq. — N. 1. Codd. edd. *N.* 1 s. *un.* Be. add. *(XCIV.)*, h. e. omnium Novv. in Be. ed. Integra cum interpr. est in cod. 23. Inscr., textus usque ad v. *permittimus*, subscr. et interpr. supersunt in codd. 11—22, 26, 29, 30, 33; inscr., pauca textus vv., subscr. et interpr. in cod. 10. Vid. not. *v.* Omnia praeter interpr. partic. desunt in cod. 3; inscr. et textus in codd. 4, 24; textus et subscr. in cod. 35; pars textus et subscr. in cod. 32; pars textus, subscr. et interpr. in cod. 25; solus textus in codd. 7, 9, 27, 28, 31, 34, 36—38; pars textus in cod. 6. Mutilam esse Novellam apparet ex interpr.

trimon. (XXIV, 2). Nonnulla post v. *tam* cum Ri. et Be. excidisse puto, quare asteriscum retinui. Sententia facile dignoscitur; transitus his verbis fit ad seqq. *Perpetim* scribendum esse patet ex v. *mansura*, cuius primae literae sono excidit *m* in fine v. *perpetim*. Praeterea aut *forma* aut *mansuram* scribendum est et fortasse totus locus ita restituendus: *Quocirca ad e. i. formam p. mansuram debeas adspirare.* p) 2 *mansuram.* P. in cod. 2 corr. *mensuram.* q) Vid. Cod. Th. IX, 7 et Cod. Greg. XIV, 2. r) 6 *ac nefandi.* Selden. *et nefandi.* s) Ita 6 et Be. ex Seldeno. 2, rell. edd. ante Be. om. *sequatur.* P. in m. cod. 2: „deesse videtur *consequatur* vel leg. *continuet bonis.*“ Hoc ultimum habet etiam P. ms. P. in not. P[b]. in m. Iam non opus Pithoei em. neque Ri., qui *comitetur* pro *continuo* vult. t) 6, Selden. *iuribus*, i. e. pro *viribus.* u) Non recordor, utrum in cod. 2 sit *eumquē* an *eumque*, quod edd. ante Be. praeter Selden. habent. 6, Selden. Be. *eum*, recte. Nota mutatam orationis structuram: antecedit enim *ut — sequatur*, sequitur accus. cum inf. *et — eum — summovendum.* Similiter in Nov. 2 tit. XXII. Nov. Th. De Bonis decurionum §. 2 *vitium est negligi — utque — arbitretur.* v) 6, Selden. om. *a*, sed inter lin. in cod. 6 add. *eum.* x) 6 supr. lin. *ingressu.* y) 2, edd. ante Be. praeter Selden. *ut si comprehensa urbis*, Rittersh. autem *urbis nostrae.* P. ms. P. in not. P[b]. in m. em. *orbis*, quod 6, Selden. confirmant et Be. recte rest. Ceterum 6, Selden. *uti si in c.* z) 2 *tota genialis stori*, sed corr. a P. a) Edd. ante Be. praeter Seldenum recte add. *ut.* 6, Selden. Be. om. *ut.* Vid. infra not. *c.* b) 2 *luxurie.* 6, Selden. *luxuria ab expugnatione pudicitiae castigata*, sed Selden. *castagata.* Rittersh. *videbatur.* c) 6, Selden. add. *si.* Vid. not. *a* anteced. d) Sola vv. *manifestum — violandum pudorem* sunt in cod. 3. e) 6, Selden. Be. add. *ulcisci.* Edd. ante Be. om. *ulcisci*; utrum desit in cod. 2, ignoro quidem, sed tamen deesse puto. f) Extrema vv. cod. 6 et Selden. ita habent: *ut edictali decreto dicta cohercitio* (om. *proposita intemperanter*) *futuris quoque temporibus simile commissum censeat plecti.* Etiam 2 *cohercitio*, sed P. corr. *cohercitione.* g) Be. *Arelati.* h) 2 *Ricemere vecariis*; sed P. in cod. 2 em. *Ricomere* et in m. add. *Clearcho VV. CC.* 6, Selden. *Richemere V. C. Cos.* P. P[a]. P[b]. Rittersh. *Ricomere et Clearcho VV. CC. Coss.* Cui. 2, 2*. Lugd. Go. Ri. Ri*. *Richomere et Clearcho VV. CC. Coss.* Depravatam esse vulgatam edd. subscriptionem, quae consules anni 384 ferat, iam monuerunt Tillem. l. c. T. VI, p. 559, not. 1, Ri. Be. eamque a Pithoeo fictam esse, docet cod. 2, quare viri illi restitui voluerunt *Ricimere et Patricio VV. CC. Coss.* (459.) Consentiunt codd. 2, 6, nisi quod om. *et Patricio* et *V. C. Cos.* Saepe autem codices, inprimis Novellarum, alterum consulem om. Recte igitur Be. subscriptionem a Seldeno exhibitam retinuisse videtur. Rittersh. add. *Explicit Liber Novell. Maioriani.*

a) 1 *saenatorem. urb̄ rome.* b) 1 *ex testamentū. sibi.* Am. *ex testamentū sibi.* c) In cod. 1 scriptum est *cer*, quod fuissē dicunt Zir. et Am. pro *certis*, recte. d) Zir. (et Be. l. c.) *cogendam*; sed codex *cogendū*, etiam apud Am.

a) Inverso ordine in codd. Br. Al. et in edd. est *De e. i. et de ceteris negotiis et ne q. i. c. o.* Rubricam cod. 1, quam restitui, veram esse, demonstrat ordo sententiarum Novellae. Monendum autem est, 1 omittere *De* ante *Episcopali*, habere 28, 34, 37 *Et de diversis negotiis*, deesse *vel de ceteris negotiis* in codd. 16, 25, *et — ordinetur* in codd. 6, 13 et in nonn. codd. *et* ante v. *ne.* Lab. *De Episcopali iudicio, etc.* b) 1, Am. *ordinentur.* 9 *ceris* pro *ceteris.* c) 19, 36 *Martianus.* d) Nonn. codd. *Ricomero*, *Ricomeri*, *Ricimaro*, *Rechimero*, *Ricchimero.* Edd. *Ricimero*, ut plerique codd.; sed 7, alii habent *Ricimeri*, quod restitui. e) 11 *vero.* 15, 21 om. *viro illustri Comiti et*[f] *Magistro utriusque*[g] *militiae atque*[h] *Patricio.* De re necessaria ad locum[i]: Ad suscipiendum[k] clericatus officium unicuique nos optionem dedisse[l], cognoscas, non legem, quia[m], quamlibet sanctum, onus[n] ut volentibus patimur imponi, ita[o] ab invitis iubemus arceri. Nonnullorum[p] enim persuasio sacerdotum reluctantibus onus istud[q] imponit, ut improvidas mentes violentiae[r] intercedentis[s] offensa ad[t] odium piae religionis instituat. Eo ergo[u] licentiam huius praesumptionis excludimus, ut, [v]si quispiam probatus fuerit vi coactus sub contumelia publica[x] clericatus officiis successisse[y], spontaneis accusatoribus, vel si ipse voluerit allegare perpessa[z], licentiam commodemus[a], apud iudices competentes huius modi admissa damnare[b]: ut, si inter leges obiecta[c] constiterint[d], decem libras[e] auri archidiaconus cogatur inferre ei, qui pertulerit, exsolvendas[f], dehinc, si ille desistit[g], accusatoris censibus[h] et civitatis ordini[i] profuturas: illo[k] suae reddito voluntati, qui coactus[l] non potuit consecrari. Et quia[m] ab huius modi ausu[n] nec episcopum a verecundia esse convenit alienum, ad apostolicae sedis devocetur antistitem[o], ut in illa reverendissima sede notam[p] illicitae praesumptionis incurrat. Sane quia non iniusta[q] suspicio est, huic operi[r] parentum colludia plerumque misceri, dum liberis aliis amore nimio[s] gratificantur, et alios iniusta sententia persequuntur, aeque[t] patres ac matres, si[u] comprobati fuerint invitos filios praefato oneri subdidisse[v], bonorum suorum tertia[x] iubemus affligi[y] ipsius filii censibus profutura[z]. Si qui[a] sane episcopus invitus[b] fuerit ordinatus, hanc consecrationem[c] nulla violari accusatione permittimus. [d][Illud quoque nobis eodem suspectu religionis occurrit, ut ho-

---

et 13, 16, 27, 36 *viro — Patricio.* f) Nonn. codd. om. *et* et 25 *Comiti et*, sed 38 *Comiti — Patricio.* g) 28, 34, 37 om. *utriusque militiae.* 9, 10 *magistro militiae utriusque militiae.* h) 6, 26 *et patricio.* 22 *patrocinio.* i) Nonn. codd. om. *De — locum.* In cod. 20 exc. *necessaria* et in codd. 9, 10 *ad locum.* In codd. 15, 21, 23 et in edd. Sich. Cui. 1. Aur. Lugd. Rittersh. haec formula cum Novellae verbis coniungitur, sed ita, ut ap. Sich. et in cod. 23 scriptum sit *De re necessaria ad locum ad*; in Cui. 1. Aur. Lugd. *De re necessaria . ad locum . ad* et in ed. Rittersh. *De re necessaria ad locum, ad.* k) 29 *suscipientium.* 15, 21 *susc. praedicatus.* 22 om. *ad.* 32 om. *clericatus — legem.* l) 22 *iussionem desisse*, impr. Ri. 13 *opt. nos ded.* 20 *nos oppone ded.* 26 *optinent dedissent.* V. *cognoscas* addidi ex cod. 6; deest enim in rell. codd. et in edd. Explendae lacunae caussa iam Be. v. *scias* aut eiusmodi quid addi voluit. m) Sich. *legem. Quia.* 6 om. *quamlibet* et 30 *quia.* n) 22 *Sancto honus.* 26 *sanctimoniis.* 15, 32, 33 om. *onus.* o) 29 *inponet ita.* 32 *inposita.* 33 *inpon. ita ut.* Mox nonn. codd. *arciri* s. *archeri.* p) 22 om. *enim.* Aur. Lugd. *Nonnullortm.* 30 *Nonnullarum.* q) 12, 15, 18, 19, 21 *istud onus.* 22 *istud onus imponitur* et om. *ut.* 6 *onus istud reluctantibus imp.* r) 6 *ut inprobitates seu violentie.* 15, 21 *inprobatas m. v.* 20 *improbitas m. v.* 11, 12, 17, 19, 22, 23, Sich. *improbitas mentis v.*, sed corr. in cod. 12 a sec. man. s) 6 *intercedente.* 29 *intercedentes.* 30 *intercedentes inofficiosa.* t) 6, 11, 12, 18, 20, 22, 26 *id.* u) 13 *inst. Adeo ergo.* 16 *instituta ad ergo.* 30 *inst. ego ergo.* v) 29 *excludemus ut.* Seqq. usque ad *consecrari* scripta sunt in m. codicis 10, sed mutt. et trunc. *Si quis probatus fuerit vi coactus clericatus officia succedisse decem libras auri argenti* (sed del. est *argenti*) *archidiaconus cogatur inferre ei qui pertulit. Quod si parentes invitos filios probato honore subdidisse bonorum suorum tertiam iubemus adfligi ipsius filii censibus profutura filio tamen suae — non poterit consecrari.* Mox 29 *viciatus sub* et 32 *vel coactus.* x) 13, 14, 25, Cui. 2, 2*. Ri. Ri*. *contumeliam publicam.* 32 *cont. supplicia.* y) 6 *officia successisse.* 11 — 16, 18, 19, 21, 23, 25, 26, 29, 30, 32, 33 *officiis succedisse.* 17, Sich. Cui. 1. Lab. *officiis successisse.* 20 *officii succedisse.* 22 *officii succepisse*, sed in m. *succedisse.* Aur. Lugd. *officia sucscepisse.* Cui. 2, 2*. Ri. Ri*. *officiis succidisse.* Rittersh. Go. (prob. Ri.) Be. *officia suscepisse*, quod a lectione codicum recedit, secundum quos *officiis successisse* leg. est. *Succedere officiis, muneri*, hac aetate dicitur pro subire off., suscipere officium, munus. Mox nonn. codd. om. *si.* z) 11, 12, 15, 21, 23, 25, 26 *perpessam.* 16 *propensa.* 20 *allegationibus perpessam.* 32 *perpessas.* Sich. *perpessam licentiam, commodemus apud.* 6 om. *perpessa — damnare ut.* a) 15, 19, 21, 22 *commodato.* 25 *commodamus.* 26 *commutemus.* 32 *commodatur.* Mox nonn. codd. *competentis.* b) 26 *clamare.* c) 22 *lege subiecta.* 30 *leg. subiecta.* Nonn. codd. *legis* et *constiterit.* d) 14 *contigerint.* Similiter 29 *contingerint.* 22, 25 *constiterit* et 26 *constituerit.* e) Nonn. codd. *librarum.* 6 om. *libras* et 25, 26 *auri.* Infra Rittersh. *inferri.* f) 13, 16, 23, 29, 30, Sich. *pert. ex solido.* 14 *et qui p. ex solido.* 25 *p. exolvendas ex eo quidem hinc.* 32 *pertulit exs.* 33 *pertulit exilio.* g) 6 *desistet.* 30 *destitit.* h) 19 *censemus.* 22 *accusatori sensebit*, sed in m. *accusatoris censibus.* 32, 33 *accusatoribus* et om. *censibus.* Nonn. codd. *censimus.* i) 14 *civitatibus ordine.* 22 *civ. ordine.* k) 11, 19, 20 *illius.* 29 *pr. illo suo redd.* Sich. — Ri*. *profuturas. Illo.* l) 22 *qui est coaccusatus.* m) 6 *Et quod.* 25 om. *quia.* Nonn. codd. om. *ab.* n) 13 *ausi.* 22 *usum.* 26 *h. aut suum.* 32 *h. ad usum.* 25 *h. a. ne.* Sich. *ausu avertendo nec Episcopum esse convenit*, sed in m. ad v. *avertendo* add. *a verecundia.* 6, 25 *convenit esse.* 32, 33 om. *esse* et 30 *ad.* o) 6 *antistitem et in illa.* 11, 12, 19 — 23, 26, Sich. Cui. 1. Aur. Lugd. Rittersh. Go. Lab. om. *ut*, et scrib. in his edd. *Antistitem. In.* 32, 33 *devocetur autem illam — inlicitam.* p) 6 *sede sententiam.* 22 *reverentissima s. notum.* 20 om. *notam.* Rittersh. *non tam.* q) Nonn. codd. *iusta.* 25 *iniusta praesumptio.* Rittersh. *iniusto.* r) 6 *opere plerumque parentum colludia misceri.* 19 *operi p. conludi plerumque miscendum liberis.* 30 *operae — miseri.* 26 om. *huic* et 32, 33 *operi.* Ri*. *concludia.* s) 6, 11, 12, 14, 15, 19 — 22, 28, 29, Sich. Cui. 1. Aur. Lugd. Rittersh. Go. Lab. *nimio.* Rell. *nimium.* Illud praefero; infra *iniusta sententia.* 23, 25 *amor enim gratificatur.* 20 *alii.* Mox nonn. codd. *iusta* et *persequitur.* t) 15, 21 *quique.* 20 *ea quae patris ac matris.* 22 *eque patris aut matris.* 12, 26 *eaq;.* Sich. *persequuntur. Atqui.* 6 om. *aeque.* u) 11, 12, 14, 19, 22, 23, 25, 26, 29, 30, 32, 33 om. *si.* Ceterum 32 *cum provocati fuerint.* 33 *cum privati fuerint.* Mox nonn. codd. *invitus filius.* v) 6 *fuerint praefato honore subd. fil. b. s. tertia parte.* 13 *subsedisse.* 14, 25 *honori.* 22 *honores subdedisse.* 30 *hon. subdedisse.* x) 6 *tertia parte.* Abesse potest *parte.* 25 om. *suorum* et habet *tertio iubemus.* 13, 16, 17, 32 *tertia iubemus.* Rell. *tertiam iubemus.* Vid. not. *z* sq. y) 11, 12, 19, 20, 22 *infligi*, sed corr. in 22 *adfligi.* 18 *infigi.* 26 om. *adfligi.* Lab. in m. *adimi.* z) 6, 11 — 13, 15 — 17, 19 — 23, 25, 26, 29, 30 *profutura*; rell. *profuturam.* Iam Ri. Be. reponi volunt *tertia — profutura*, quod edidi ex codd. Vid. not. *x.* Ceterum 29 *censibus filii.* a) 6, 15, 18, 21, 22, 29, 30, 32 *Si quis.* b) 6, 11, minem, qui ad ecclesiae[e] profugia recurrit, quicunque temerator aut sacris altaribus cogatur evertere[f], aut pro eo inhumana[g] dispendia sustinere exabundantia[h], ut multo[i] minus poenae obnoxios quoque foribus sanctis ad mortem vel cruciatum cogatur[k] eiicere, cum reis instituta haec consueverint esse profugia[l]. Quod si quis statuti nostri temerator emerserit[m], aut homines intra ecclesias constitutos ad poenam non reprehendit[n] adducere, capitali supplicio subiacebit.] *Dat. V.*[o] *Kal. April.*[p] *Arelato*, *Magno et*[q] *Apollonio VV.*[r] *CC. Coss.* (460.)

Interpretatio. *Haec lex ideo*[s] *ad integrum scripta non est*[t], *quia iam*, *quae de diversis negotiis loquitur*, *in reliquis legibus evidenti interpretatione*[u] *habentur expressa. Sed hoc amplius habet*, *quod ad locum scribi fecimus de his*, *qui inviti clerici ordinantur*, *quod per se sine interpretatione*[v] *intelligi potest.*[x].

TIT. XII. DE AURIGIS ET SEDITIOSIS.

— — — — — — — — — — — — — —

— — — — — — — — — — — — — —

— — — — — — — — — — — — — —

Tit. XII. Zir. in ind. titt. Am. et Be. in not. tit. I. Novellarum Maioriani ex indice rubricarum cod. 1 proferunt hoc rubrum. Titulus ipse periit. Vid. tit. VIII, not. sup. et Zir. l. c. p. 420. C. Th. IX, 14; IX, 33. Paullus V, 22.

12, 15, 18—22, 25, 30 *invitus* $\overline{eps}$ *f. ord.* c) 14 *hac consecratione.* 26 *ac consecratione.* 30 *hanc accusationem.* 22 *violare*, sed corr. *violari.* d) Vv. *Illud — subiacebit* des. in omnibus codd. praeter 23, ex quo Sich. ea ed. Transierunt autem in cod. 23 sine dubio ex codice Morpacensi. Etiam in m. Cui. 1 — Cui. 2*. Lugd. annot.: „*Sequentia non erant in vet.*“ Ri. ea supposititia esse dicit cum propter sermonem, tum quia interpres eorum nullam faciat mentionem. Etiam Be. mutila et supposititia videntur. Equidem mutila et depravata, neque vero supposititia esse puto, quandoquidem interpres Novellam non integram esse declarat. e) Aur. Lugd. *eeclesiae.* f) Go. Lab. *conatur avertere.* Puto leg. esse *a sacris altaribus conatur avertere*, *debeat pro ea inhumanitate dispendia sustinere substantiae; et multo minus* etc. g) Aur. Lugd. Rittersh. Go. *in humana.* h) 23 *ex habundantia ut*; vacuum enim interest inter utrumque v. spatium, quasi desit aliquid. Sich. — Ri*. *ex abundantia.* i) Go. Lab. *et multo.* k) Go. Lab. *conatur.* l) Lab. add. in m.“ *Subaudi*: illud, inquam occurrit, quod.“ m) 23 *emerserit ut.* n) Rein. em. *non deprehenditur*, male. Lab. in m. cj. *reformidarit*, quo sententia quidem, neque vero ipsum verbum restituitur. o) Nonn. codd. *XV* aut *II.* p) Nonn. codd. *id. Apr.*; alii om. *Kal. Apr.* Be. *Arelati.* 6 *Aurelianis.* 19 *Aurelio.* 22 *Arelate.* q) Nonn. codd. om. *et*; alii *Appollonio.* r) Plerique codd. Sich. Cui. 1. Aur. Lugd. Rittersh. Go. Lab. om. *VV. CC.*; alii habent *vic* pro *VV. CC.* aut $\overline{uc}$, ut 9 et 10. Go. *Cos.* s) Edd. et multi codd. *adeo*; melius *ideo*, quod ex rell. codd. rep.; nonn. om. *ad*, 22 *ideo.* t) 9, 10, alii *non habetur scripta quia iam quae.* 13 *integrum non habetur scripta quia interpretata iamque de.* u) 9, 10 *evidenter interpretata.* 22 *habetur.* v) 22 *interpretatione*, alii *int. non potest intelligi.* x) In codd. add. *Explicit Novellarum D. Maioriani* s. *Expl Novell Divi Maioriani* s. *Expliciunt Novellarum Divi Maioriani* s. *Finiunt Novellae Divi Maioriani A.* Pauci *Expl. Novell. D. Maioriani Lib. IIII.* Vid. supr. tit. VI. de Sanctimonialibus, not. *y* et tit. IX. de Adulteriis, not. *h*.

LIBER
LEGUM NOVELLARUM
DIVI SEVERI A.[a]

TIT. I. DE ABROGATIS CAPITIBUS INIUSTIS[b] LEGIS DIVI MAIORIANI A. AD LOCUM[c].

1. *Impp. Leo et Severus AA. Basilio Pf. P.*[d] *et Patricio*[e]. Abrogatis capitibus iniustae legis Maioriani, illud tantum ex eadem lege retinemus[f], quod veterum legum commendat[g] auctoritas, scilicet[h] ut post viri obitum sponsalia[i] in usumfructum[k] tantum mater habeat, et a[l] filiis alienare non possit, sive in alias[m] nuptias venerit, sive non venerit[n]: et ut[o] omnibus ex eodem matrimonio filiis ex aequo communia in unum aut alterum matri conferre non liceat[oo]. Nam quid est aliud, a filiis alienare[p], si hoc non est, cum proles numerosa contigerit, praetermissis ceteris uni vel alii prava velle intentione largiri[q]? Sint[r] sane matres, si ita libuerit, pro[s] impensis obsequiis in filiorum electione liberales, usumfructum suum, cui[t] voluerint, largiantur[u], proprietatis commoda cunctis pariter[v] filiis deputata non minuant[x]. §. 1. In illa tamen parte matribus[y] salva filiorum utilitate consulimus[z], ne eas ne-

---

Tit. I. 3, 6, 8 — 38, Aeg. Sich. L. R. U. *Tit. I.*, i. e. *un.* Cui. 1. Aur. Cui. 2, 2*. Lugd. Rittersh. Go. Ri. Ri*. Be. *Tit. I.* Vid. tit. II, not. sup. Nov. Maior. tit. VI. — N. 1. Codd. edd. *N.* 1 s. *un.* Be. add. (*XCV.*), h. e. omnium Novellarum in Be. ed. Inscriptio, textus, subscriptio et interpr. adsunt in codd. 6, 11 — 16, 18 — 23. Omnia des. in cod. 4, est autem spatium scribendae legi relictum. Inscr. et textus des. in cod. 24; pars textus, subscriptio et interpr. in cod. 17 (vid. infra not. *b*); textus et subscr. in codd. 25, 35; solus textus om. in codd. 8 — 10, 26 — 29, 31 — 34, 36 — 38. In codd. 3 et 41 nihil superest nisi pars interpr.; in cod. 30 pars interpr. desideratur. Partim derogatur Nov. Maior. tit. VI. de Sanctimonial. et sec. Ri. Nov. Th. tit. XIV. de Paternis §. 7.

---

a) Codices *Incipit Divi Severi Aug.* aut *Incipit Lex Severi ā* aut *Incipiunt Novellae Divi Severi ā* aut *Novellarum Divi Severi Augusti*, ut Sich. Pauci add. numerum libri, qui plerumque sic: *Incipit divi severi aūg. quintus* aut *Incipit Severi Divi Lib. V.* Cui. 1 — Ri*. *Novellarum Divi Severi Augusti*, *Liber V.*, sed Rittersh. *Incipit Novellarum* etc. et Ri*. *Legum Novellarum* etc. Be. *Novellarum Legum Liber V. Novellae Divi Severi A.* Vid. Nov. Theodosii tit. I, not. *a.* b) Nonn. codd. *iniusti.* 24, 25, 28, 34, 35, 37 om. *iniustis — ad locum*, 22 *Legis — ad locum*, 9, 10 *iniustis legis*, 31, 32 *ad locum.* 6 pro rubrica habet *Lex Severi.* Go. *Maiorani.* Rittersh. om. *A.* c) In 13, 16 add. *et de Donationibus sponsaliciis. Filiis matre fideiussores non esse dandos* et in Cui. 1 — Be. *id est de sanctimonialibus, viduis* (Ri. Ri*. Be. *sanctimonialibus viduis*), *de hereditatis tertia, vel de ceteris negotiis.* Haec interpretis esse verba, iam observavit Rittersh. in m., et revera huc translata sunt ex explanatione titulorum, quam in nonnullis codicibus inesse saepe dixi. Desunt in omnibus codd., quos inspexi, et apud Sich. A Be. uncis inclusa sunt. d) Nonn. codd. *praefecto* aut *pf. urb.* 33 *provinciali praefecto.* 9, 10 *Severius.* e) Nonn. codd. om. *et Patricio.* f) Lacunam explet cod. 6. Supplementum edidi in Themidis vol. IX. Parisiis 1828. p. 156. Cf. Hauboldi Opp. T. II, p. CLII. et Corollaria. Sich. — Ri*. nullo adhibito lacunae siglo sic: *et Patricio.* | *Illud tantum — retinentes.* Be. quinque punctis lacunam recte demonstravit: *et patricio* | ..... *illud — retinentes.* Orta est lacuna, quia Novella iisdem fere a vv. orditur, ex quibus rubrum constat; induxit fortasse interpres librarios in errorem, qui repetit vv. *Illud — retinentes.* Cum Sich. — Ri*. consentiunt codices omnes praeter 6, nisi quod 18, 20 *pertinentur* habent et 22 *autem* pro *tantum*, ubi vero in m. rep. est *tantum.* g) 22 om. *legum.* 19 *commendata.* In cod. 16 supr. *commendat* scriptum est *confirmat.* h) 16 add. *et.* i) 6 add. *quae.* 11, 15, 17 — 23 *sponsaliticia.* Sich. *obitum quod sponsalitia largitate.* Recte defendit Ri. *sponsalia* interpretaturque h. v. dona sponsaliorum nomine oblata s. donationes propter nuptias. Cf. C. Th. III, 5, 6. Nov. Valent. tit. XXXIV, §. 8. k) Nonn. codd. *usufructu.* l) 6 *habebat* et om. *et.* 14 *habeat ut filiis.* 16 *habeat mater* et om. *et a.* 11, 12, 15, 17, 20, 23, 30, Sich. om. *et* et 13, 19, 22 *et a.* 30 *habet.* Ri*. om. *a.* m) 11, 12, 20, 22, 23, Sich. *alienas.* Etiam in Interpret. *alias.* 13 om. *alias — filiis.* n) In cod. 6 deest *venerit.* Abrogari dicit Ri. Nov. Th. tit. XIV. de Paternis et Nov. Maior. tit. VI. de Sanctimon. o) 11, 12, 18 — 20 add. *in.* 22 *venerit ut in omnibus* (om. *ex*) *matrimonium.* oo) 6 *filiis communiter matri dare liceat.* 11, 12 *unum aut iterum* (*iterum* etiam 12) *matri coferre* (om. *non*) *liceat.* 15, 19, 21 *filiis — aut iterum offerre* (om. *non*) *liceat.* 17, 18, 20 *filiis — aut iterum matri conferre* (om. *non*) *liceat.* 22 *filiis ex quo communiat in unum aut* (om. *alterum*) *matri offerre* (om. *non*) *liceat.* 30 *filiis — aut in alterum — liceat.* Etiam 23, Sich. om. *non*, falso. Rittersh. *conferri.* p) 6 *aliud filios alienare.* 30 *aliena res.* 17 om. *si.* Mox nonn. codd. *prolis — contegerit* et Ri*. *contigeri.* q) 6 *uni omnia velle largiri.* 23, Sich. *parva* pro *prava*, male. r) 11, 12, 17, 19, 20 *Sunt.* Nonn. codd. *matris.* s) 17 om. *pro.* t) 6 *liberales et usumfructum sui cui.* 20 *liberabimus suum usumfr. cui.* 15, 21, 23, Sich. *liberales — suum cum.* 22 *liberari — cui.* 17 om. *suum.* u) 11 — 13, 16 — 20, 22 *largiuntur.* 6 add. *Sed.* v) 11, 12, 18, 19, 23 *pater.* 30 *commodum c. p.* 6 om. *commoda c. p.* x) 17 *minuat* et om. *in.* 21 *minuebit.* 30 *minuant. Illam tamen partem* et 17 *pater* pro *parte.* y) 16 om. *matribus* et 22 *salva.* Rittersh.

cessitas dandae fideiussionis adstringat, quia et factu [a] difficile est, et super hoc filiis abunde [b] vel prioribus constitutis vel praesenti lege prospicitur [c], quibus et alienatorum vindicatio [d] competit, et ex [e] maternis bonis perditarum redintegratio facultatum, Basili [f], parens carissime atque amantissime. §. 2. Quare [g] illustris et praecelsa magnificentia tua huius constitutionis oraculum edictorum faciet [h] solennitate proponi, ut legis asperitas, quae ad amplitudinem tuam primae praefecturae administratione data est, per te correcta atque emendata vulgetur [i]. *Dat. X.* [k] *Kal. Mart.* [kk] *Romae,* [l] *Basilio V. C.* [m] *Cos.* (463.)

Interpretatio. *Haec lex imperatorum Leonis* [n] *et Severi ea, quae Maioriani lex de diversis rebus, quas ipsa testatur* [o], *observanda* [p] *esse praeceperat, specialiter vacuavit, et id tantum* [q], *quod rationabile et pristinis legibus congruum fuit, credidit reservandum, quod ipse sua constitutione confirmat* [r] *dicens: ,,Illud tantum ex eadem lege retinentes, quod veterum legum confirmat auctoritas.“ Itaque, ut post viri obitum relicta uxor usumfructum tantum sponsalitiae donationis habeat, et nihil exinde alienare praesumat, sive ad alias nuptias* [s] *venerit, seu certe non venerit, neque aliis, nisi tantum omnibus filiis suis* [t] *ex eodem patre genitis, cuius donatio* [tt] *est, haec ipsa sponsalitia largitas aequaliter dimittatur* [u]. *Nec liceat matri, cui voluerit, de filiis aliquid exinde amplius* [uu] *pro sua voluntate donare. Sane de usufructu suo quod ei lege concessum est, donandi, cui voluerit, liberam habeat potestatem* [v]. *Nam ea, quae omnibus tantum filiis aequaliter iussa est reservare* [vv], *nec minuat* [x], *nec inter filios pro suo arbitrio dividere ulla ratione praesumat. Hoc tamen matribus hac lege praestatur, ut salva filiorum utilitate, fideiussores pro retinenda hac* [xx] *ipsa sponsalitia donatione dare non debeant, quia talis petitio gravis est, et sufficit filiis, quod vel hac lege vel prioribus statutis constat esse prospectum, ut etiamsi matres eorum secundo nupserint, eorum maritorum facultates loco pignoris obligentur, et si quid ipsae matres exinde praesumpserint* [y], *de facultatibus earum *) illata sibi filii damna resarciant* [z].

TIT. II. DE CORPORATIS.

1. *Impp. Leo et Severus AA. Basilio Pf. P. et Patricio.* Cum per virum illustrem Ausonium cunctorum ad nos provincialium querela pervenit, eo, quod

Tit. II. deest in omnibus, quos inspexi codd. et in ed. Aeg. Sich. Solus codex 3 particulam habet cum fragmento Papiniani coniunctam et hoc quidem modo: *Incipit Lib̄ | Paipilianus Spun | saliorum | I De Pactis Int̄ virū et uxorē. | Si quis servi vel colonis se cre | dederent copolandus agnacionē | errarum adds̄ dominis ptenirent | quorum inquilinus vel coloni fuisse consteterit. | de corporatis*, et sequitur praefixo titulo *II de Reorum Custodia* interpr. c. 18 C. Th. de Custodia reorum (IX, 3). Primus Cuiacius in Cui. 1 hunc titulum ex fonte ignoto edidit. Cui. 1 — Be. *Tit. II.* C. Th. XIV, 2. Nov. Val. tit. XV. Mutatis vv. invenitur in L. R. B. tit. XLVI. — N. 1. 3, edd. *N.* 1 s. *un.* Be. add. (*XCVI.*), h. e. omnium Novellarum in Be. ed.

aliorum pro *filiorum.* z) 6 *utilitate lex consulit.* 22, 23 et nonn. codd. *consulemus*, ut Sich. s. *consolemus* et *nec.* a) Nonn. codd. *facto* s. *factum.* 20 *eas necessitatem adstringat q. e. f.* Sich. — Aur. Lugd. Rittersh. Go. *adstringat. Quia et factu.* 16 om. *quia — filiis* et supr. 30 *dandae.* b) 22 *habundande*; alii *abundae.* Seqq. usque ad Paulum des. in cod. 17; exciderunt enim nonn. folia. 16 om. *et* ante *super.* c) 14 *prospicietur.* d) 11, 19, 20, 22 *vindicati.* 6 *quibus et alienatarum facultatum vindicta consistit et extra materna bona redindegratio perditarum.* Go. *alienorum.* e) 16, 22 om. *et* et 30 *ex.* 20 om. *bonis.* Mox nonn. codd. *re integratio.* 22 *perditurum redentigratio.* f) 15 *Bali pf. auguste.* 22 *p̄ kl̄ ā ā.* Sich. *Basili Praefecte charissime AA.* Cui. 1. Aur. Lugd. Rittersh. Go. *Basili Praefecte karissime AA.* 30 om. *Basili — Quare.* g) 15, 21 om. *Quare* et 23, Sich. *Quare — huius.* Vid. not. *f* antec. Mox 14 *magnificentia tum.* h) 15, 16, 21 *faciat.* Nonn. codd. *solemnitatem.* 16 om. *oraculum.* i) 16 *primae fecturae.* 22 *quaeque ad implitudinem — administratione dilata est — atque mundata vulgetur.* k) 28, Cui. 2, 2*. Ri. Ri*. *V.*; 22 et nonn. codd. om. *X.* kk) Nonn. codd. et Epitome monachi *Mai.* 13 *Mart. ā* et om. *Rom. — Cos.* l) 22 *Rav̄*, i. e. *Ravenna.* m) Nonn. codd. *viro claro* s. *v̄ic.* aut *consulibus*; alii om. *V. C.* aut *V. C. Cos.* aut *Cos.* Rittersh. Go. *Coss.* n) Nonn. codd. *Leoni.* 22 *L. et Severi atque M. lex* et om. *de.* o) Nonn. codd. *testatur.* Aur. Lugd. *testator.* 22 *quod ipse testatus.* 9, 10 om. *testatur.* Rittersh. *ipse testator* et Go. *ipse testator observandas.* p) Plerique codd., veluti 9 — 14, 19, 20, 22, 38 *observandum* et deest in nonn. codd. *esse.* Mox 19 *stabiliter* pro *specialiter* et 8 *illud* pro *et id.* q) 11, 12, 19, 22 et multi alii *tamen.* Nonn. *rationabili.* 22 om. *et* ante *pristinis.* r) 13, 14, 16, 18, alii, Aur. Lugd. Rittersh. Go. *firmat.* Mox nonn. codd. om. *tantum* et infra *confirmata* pro *confirmat — ut nihil — praesumant.* s) Ita fere omnes codd.; 23, edd. *alias ad nuptias.* t) 22 *neque in aliis — omnibus suis filiis.* 9, 10 *nec aliis.* tt) Sich. *donatione haec ipsa.* u) 11, 12, 15, 21, 23, alii codd. Sich. *dimittetur.* Nonn. codd. *demittatur.* Supra 11, 19, 22, 23 *sponsalitiae.* 9, 10 om. *cuius donatio — matri.* uu) 9, 10 om. *amplius.* Paullo post om. 9 *suo* post *usufructu.* Rittersh. *ei legi.* v) Nonn. codd. *habebit liberam potestatem.* 22 *Sane de usus-fructu — cui libuerit de filiis aliquid liberam h. pot.* Nonn. codd. *Nam aeque*; alii *nam ea quae in omnibus.* vv) Sich. Cui. 1. Aur. Lugd. Rittersh. Go. *servare.* x) 22 *minuit.* Aur. Lugd. Rittersh. Go. *ne* (pro *nec*) *inter.* xx) Apud Rittersh. deest *hac.* y) Nonn. codd. *ulla ratione praesumant — praestant* (10 *praestantur*) — *fideiussoris* (om. *pro*) — *debeat* s. *habeat. Quia t. pactio* (9, 10 *quia tales patio graves*) *grave* (om. *est*) *et sufficiat* s. *sufficiet* (om. *filiis*) — *pro rebus* (ut 22, ubi vero in m. rest. *prioribus.* In nonn. codd. om. *statutis*) — *prospectu ut etiam mater si* (om. *eorum*) *secundum nubserit — pigneris obligetur — praesumpserit.* *) 10 *facultatis loco — eorum.* Etiam 9 *eorum.* z) Nonn. codd. *resarciunt*; alii *resarciuntur*; 9 *resarciantur.* In codd. 11, 12, aliis add. *Expl. Lib. Legum Novellarum*; in aliis *Exp̄l. Lib. Legum Novell. Feliciter Amen* s. *Deo Gratias Amen* s. *Explicit Legum Novellarum* (ut 22) s. *Novellarum Legum Finis* (ut 23) s. *Explicit Legum Novellarum* s. *Explicit D. Severi* aut *Explicit Lex Divi Severi* (ut 9, 10). Numerus libri s. librorum non commemoratur. Vid. Nov. Th. tit. I, not. *a.*

* * * [a] aliaque corpora publicis obsequiis deputata quorundam se colonis vel famulis ignorantibus dominis sociassent, et nunc sub specie publicae corporationis procreatos liberos conantur iugo servitutis absolvere, idcirco agnoscat sublimis magnificentia tua, divali nos in aeternum lege sanxisse, si qui vel qua ex corporibus publicis vel ex corporatis urbis Romae servis vel colonis se [b] crediderint copulandos, agnationem eorum ad eos dominos pertinere, quorum inquilinus vel colonus fuisse constiterit, exceptis iis, qui ante eam legem non taliter latam sese iunxisse noscuntur. *Dat. VII. Kal. Oct. Hermenericho* [c] *et Basilisco* [d] *Coss.* (465.)

a) *Lacuna* in edd. tribus asteriscis indicatur. Recte Be. „videntur, inquit, singulorum corporatorum nomina intercidisse"; nam in L. R. B. dicitur *ut si ex Marcialitano lito, Andorinico* (cod. 1 *Marcianitano et Anderoneco* et om. *lito*) *vel quocunque alio corpore publico* (sic enim leg. est cum cod. 1), unde lacuna suppleri potest. Cf. Barkow l. c. p. 130, qui em. *Marcianopolitano.* Supra Rittersh. om. *querela pervenit.* b) Rittersh. *sed.* c) Be. corr. *Herminerico.* d) Rittersh. *Basilio.*

LIBER

LEGUM NOVELLARUM

DIVI ANTHEMII A.[a]

TIT. I. DE MULIERIBUS, QUAE SE SERVIS PROPRIIS VEL LIBERTIS IUNXERUNT[b], ET DE NATURALIBUS FILIIS[c].

1. *Impp. Leo et Anthemius AA. Luperciano Pf. P.*[d] Humano generi et fluctuantibus rebus mortalium una post Deum[e] ratione consulitur, si adversorum ingruentium[f] procellis occurrat saepius nostra serenitas. Nec dubium est, imminui materiam[g] conversationis humanae, nisi componat providentis[h] regentis imperium, quicquid per se non potest impetrare[i] mortalitas: eritque ita magis florida ac tranquilla civilitas*), si circa improvidos[k] hominum casus excubet circumspecti principis favor. Iulia quaedam preces nostris[l] fundit altaribus, adstruens, cum eo sibi matrimonium contigisse, qui familiae quidem suae servus exstiterit, sed libertatem morum claritate meruerit. Exorat quoque[m] nostri numinis[n] maiestatem, ne sibi noceat, quod venerabilis sanctio Constantini dominam[o] servorum suorum complexibus inflammari districtissimo rigore non patitur, incongruum quippe existimans[p], in suo casu de servorum coniunctionibus constituta[q] tractari, cum ipsa non servo nupserit, sed liberto: praecipue nuptias suas[r] in culpam[s] venire non posse, quod de[t] libertorum consortiis prohibendis evidens sanctio nulla processit. Licitum ergo aestimari, quicquid ante hoc lex ulla non vetuit[u]. §. 1. Geminatam igitur caussam huius modi casibus consulendi reperit nostra serenitas, ut nec confirmatio subtrahatur de suscepto[v] quasi errore nutantibus[x], et honeste ac probabiliter constituta sine aliqua deinceps ambiguitate serventur. Primum igitur edictali decernimus sanctione, ut[y], quae usque ad secundum

---

Tit. I. Novellae Anthemii supersunt in codicibus 2, 3, 4, 6, tituli earum in cod. Vat. Reg. Suec. 1023 (5) et auctore Zir. l. c. p. 424 (cf. etiam p. 42, not.) in cod. Vatic. Reg. Suec. 1128. Vid. notam extremo titulo XXXV. Nov. Val. additam. Indicem titulorum quorum notitiam a Petro Pithoeo videtur accepisse Cuiacius in Cui. 1 primus ed. Ex Cui. 1 index transiit in Aur. ed. Novellae ipsae primum a Pithoeo editae sunt ex codice, unde descriptus est cod. Reg. Par. 4420 (2); ex Pithoeo translatae in posteriores edd. Iam quod ad Tit. I. attinet, is *I.* est in codd. 2—6, in ind. titt. Cui. 1. Aur. et in edd. P. Cui. 2. Lugd. Cui. 2*. P[a]. Rittersh. Go. P[b]. Ri. Ri*. Be. C. Th. IV, 6; IV, 11; IX, 9. Cod. Iust. IX, 11. — N. 1. Codd. edd. *N.* 1 s. *un.* Be. add. (*XCVII.*), h. e. omnium Novellarum in Be. ed. Nihil superest in cod. 3 nisi §. 3 eaque mutila.

---

a) 2, 4, P.—Ri*. *Incipit Liber Legum* s. *Incipiunt Tituli Legum D.* sive *Divi Anthemii Aug.* s. *Augusti.* 5 *Incp Legum Divi Anthemii.* Similiter 3, 6. Cui. 1. Aur. *Desiderantur D. Anthemii A. Novellae quae sequuntur* et sequitur index titt. Be. *Novellarum Legum Liber VI. Novellae Divi Anthemii A.* Patet neque hic numerum libri, quem Be. habet, in codd. et in prioribus edd. inveniri. Cf. etiam infra tit. III in f. not. *q* et Zir. l. c. p. 424. b) 6 *servis propriis* (om. *vel libertis*) *coniunxerunt.* 4 *qui servis.* 5 *coniunxerunt* et om. *Et — Filiis.* P. P[a]. P[b]. Rittersh. om. *vel libertis*, sed a P. P[a]. in ind. titt. add. *vel libertis.* Cui. 1. Aur. in ind. titt. *quae servis propriis aut libertis se iunxerunt.* c) 3, 6, index titt. in Cui. 1. Aur. om. *et de nat. filiis.* d) 4 *Anthimius AA. Liperciano po.* 6 *Lupertiano preposito.* Rittersh. *Lupertiano Pf. P.* P[a]. P[b]. *Lupreciano Pf. Pon.* e) 2 *dn̄i.* P. corr. *deū.* 4 *dn̄i ratione̅.* f) 2 *ingeniū*, sed P. corr. *ingruentiū* s. *ingentium.* 4 *ingentium.* Ri*. *inguentium*, mendose. g) 6 *minui materiam.* 4 *inminui materia.* h) 2 *providendum*, corr. a P. *providentis.* 6 *providum.* 4 *providentes regentes. Providentis regentis*, i. e. providentissimi principis. i) 6, Lugd. Go. Rittersh. in m. (etsi ſs err. *iupetrare*) *impetrare.* 2, 4, rell. edd. *imperare.* Illud recepi. *) An *civitas?* k) 4, 6 *inprovidos*; 2, edd. *providos.* l) 2 *meis.* 4 *precis meus — adstrues.* 6 *fudit.* Mox 2 *contegisse.* m) 6 *Exoratque.* n) Codd. P.—Ri*. *nominis.* P. Rittersh. in m. em. *numinis*, pr. Ri. A Be. *numinis* repos. est. o) C. Th. IX, 9, 1 s. sec. P. Ri. Cod. Iust. IX, 11, 1. 4 *Constat in domino.* 2 *Const. domina.* Mox Rittersh. *in congruum — deservorum.* p) 6 *existimat.* q) 6 om. *constituta.* r) 4 om. *suas.* s) 4, 6, Rittersh. in m. *in culpam.* 2, P.—Be. *in culpa.* t) 4 om. *de.* u) 2 *prohibendis evidens nihilominus estimari quicquid ante hoc lex ulla non vetuit*, sed corr. P. *prohibendis evidens nihil o̅i̅o̅ estimari quib; quod ante — venit.* P. ms. *prohibendis evidens nihil omnino aestimari quitquid ante* etc. P. P[a]. *prohibendis,* * *evidens nihilominus aestimari quicquid ante hoc lex ulla non vetuit.* 4, Cui. 2. Lugd. Cui. 2*. Rittersh. Go. P[b]. Ri. Ri*. *prohibendis, evidens nihilominus aestimari quicquid ante hoc lex ulla non vetuit*, sed est asteriscus in m. Cui. 2, 2* et habet 4 *aestimare.* Be. *prohibendis, evidens * nihilominus aestimari, quidquid ante hoc lex ulla non vetuit.* P. in not. P[b]. in m. corr. *evidens nihil omnino aestimari quit quod ante hac lex ulla non vetuit.* Ri. locum depravatum et iam a P. et Cui. asterisco notatum ut mutilum em. *prohibendis, evidens nihil possimus aestimare, quippe quae ante hoc lex ulla non vetuit.* Restitui locum ex cod. 6 in Themidis vol. IX. Parisiis 1828. p. 156. Cf. Hauboldi Opp. T. II, p. CLIII. Habet autem 6 *lex nulla vetuit.* v) 6 *de suspecto.* x) 4 *notantibus et honesta hac.* y) 2 add. *matrimonium*, sed P. notat: „*deest in* numinis [z] nostri consulatum similia probabuntur iniisse [a] coniugia, legitima firmitate [b] non careant, sed hanc quoque munificentiam nostrorum fascium securitati suae adfuisse laetentur [c], ut, si quae sunt feminae, quae pro nobilitate natalium de eius modi forsitan [d] consortio quicquam verentur, superfluum pondus iniusti timoris [e] abiiciant, nec se non licito quasi [f] fecisse formident, quae [g] nulla nunc usque ad liquidum iura vetuerunt: ita ut cum libertis suis iustas nuptias contraxisse [h] videantur [i], natique et nascendi [k] ex his liberi nullam unquam de parentum suorum coniunctione [l] sustineant quaestionem, sed matris ac patris [m] hereditatem legum more percipiant. Ipsi quoque, inter quos huius modi est contractus [n] societas, testandi in se invicem vel succedendi [o] sibi iuxta formam iuris licentiam non amittant [p], neque quicquam matrimonii gratia a ceteris discrepare credantur [q], de quibus ante hanc nostri numinis [r] sanctionem nihil legum scita praescripserunt [s]. Et revera principalis gratiae est, eruere suis casibus suspicaces mortalium mentes, ne sibi non [t] licuisse, quod nemo prohibuerat, arbitrentur, universorum quoque notitiam evidenter instruere, ne sibi fas esse quisquam existimet [u], quod [v] fas esse non patimur. §. 2. Ex hoc ergo nostrae clementiae [x] consulatu decorem publicum augere [y] cupientes, cum servis et libertis dominas et patronas ineundi matrimonia [z] facultatem habere prohibemus, ne insignium familiarum [zz] clara nobilitas indigni consortii foeditate vilescat [a], et, quod splendore forsitan senatoriae generositatis obtinuit, contractu vilissimae societatis amittat, aut nudo tantum ingenuae [b] libertatis fulgore perspicuum [c] genus in femina [d] impudentior [e] complexus imminuat [f]; ea sine dubio cautione valitura, ut de consortiis servorum perpeti [g] firmitate servetur, quicquid divus Constantinus venerabili sanctione [h] constituit. §. 3. Circa eas vero, quae in libertorum suorum vota convenerint [i], custodiri in aeternum duratura lege sancimus, ut coniunctio vetita ne nomen [k] quidem matrimonii sortiatur, sed ad [l] illicita consortia exsecrabiliter adspirantes publicatione [m] omnium facultatum et [n] perpetua deportatione plectantur; his, qui ex huius modi societate nascuntur, non solum iure, sed et vocabulo liberorum privandis, servili [o] quoque conditioni [p] probabiliter addicendis, ita ut in his [q] dominium sibi [r] noster fiscus usurpet. §. 4. De coniunctionibus sane ancillarum et libertarum, nec non de naturalibus liberis [s] quoquomodo procreatis procreandisve [t] inter omnes decernimus [u] custodiri, quod divorum retro principum saluberrima constituta sanxerunt, Luperciane, pater carissime atque amantissime [v]. §. 5. Illustris igitur et praecelsa magnificentia tua sa-

---

M. vet." 4 *sanctionem ut matrimoniū q̄.* 6 add. *matrimonia.* Videtur v. *matrimonii* glossemate, quod interpretaretur *coniugia*, in codd. irrepsisse. Praeterea Rittersh. *utque.* z) Codd. P.—Ri*. *nominis.* P. in cod. 2 em. *numinis.* Vid. not. *n* antec. 6 *nostri nominis.* Be. *numinis.* a) 2, 4 *in his se*, sed P. in cod. 2 corr. *iniisse.* Etiam 6 videtur habere *in his se.* Recte *iniisse* (*quae*, sc. mulieres, *probabuntur iniisse matrimonia*). b) 2 *firmate*, corr. a P. *firmitate.* 4 *legitimam firmitatem — nr̄o f. securitates.* c) 6 *suae letentur adfuisse.* Mox 4 *nubilitate* et Rittersh. *sique sunt — pondū iniusti.* d) 6 om. *forsitan.* e) 6 *timoris iniusti pondus abiiciant.* f) 2 *in casu.* g) 2, 4, edd. *ut.* Be. em. *quae*, recte et consentiente cod. 6, ex quo rep. *quae.* h) 6 *contraxisse nuptias vid.* i) 4 *videatur.* k) 6 *et nascituri.* l) 4 *coniunctionē.* m) 6 *sed patris ac matris.* n) Rittersh. em. *contracta*, non male, sed refragantur codd., neque opus est em. *contracta*; construendum *inter quos est societas huiusmodi contractus*, i. e. individua vitae consuetudo inter coniuges obtinens. Infra §. 2 *contractu vilissimae societatis.* o) 6 *testandi inter se et invicem succedendi*; bene dicitur *inter se.* p) 4 *admittant.* q) 6 *videantur.* r) Codd. edd. ante Be. *nominis.* Ri. vult *numinis*, quod Be. ed. Vid. supr. not. *z* et *n.* s) 4 *nihil* (om. *legum*) *scita praescripserit.* 6 *p̄scripserint.* t) 2, P. P [a]. Rittersh. P [b]. om. *non*, sed add. a P. in cod. 2 et a Rittersh. in m. u) 4 *esset quisquam existime.* v) Ita 4, 6. 2, edd. *ut.* Iam P. in cod. 2, P. ms. P. in not. P [b]. in m. Be. em. *quod.* x) 6 *clementiae nostrae.* y) 2, 4, P.—Ri*. *agere*, sed P. in cod. 2, P. ms. P. in not. P [b]. in m. Cui. 2, 2*. Lugd. Rittersh. in m. Ri. em. *augere*, quod Be. rec., recte et consentiente cod. 6. Ceterum 4 *publico.* z) 6 *matrimonii.* zz) Lugd. Go. *familiarum.* a) 4 *consocii foeditatē valescat.* b) 2, 4, Cui. 2, 2*. Lugd. P [b]. Ri. Ri*. Be. *aut nude tante tum ingenuae*, sed 2, 4 *ingenue.* P. P [a]. *aut * nude tante tum ingenuae.* Rittersh. *aut * nude tanto tum ingenuae.* Go. *aut nude tantum ingenuae.* In m. Cui. 2, 2*. Lugd. em. *viduitate*, pr. Ri. Ro. ms. et Ro. l. c. p. 192 prop. *aut indubitatae tum ingenuae.* Be. cj. *aut nutitante tum ingenuae* pro *nutante.* Optime 6 *aut nudo tantum ingenuae*, quod rec. Displicet autem *nudo*; quid si em. *natae tanto cum ingenuae* etc.? c) 2 *praespicuum*, ut P. P [a]. P [b]. Rittersh. d) 6 *genus feminae.* e) 4 *impudentior.* Idem corr. P. in cod. 2, et certe praeferendum est vulgatae scripturae *imprudentior.* Rittersh. *in prudentior.* f) 2, 4, P.—Ri*. *inmineat.* P. in cod. 2, Cui. 2, 2*. et Lugd. in m. Ri. Ro. l. c. p. 192 em. *imminuat.* Be. ed. *imminuat*, recte. Habet hoc 6. g) 2 *perpetim*, sed P. corr. *perpetua.* P. P [a]. P [b]. Rittersh. *perpetua.* h) 2 *venerabilis sanctionem*, sed a P. corr. *venerabili sanctione.* Etiam 4 *venerabilis.* i) Non recordor, utrum 2 habeat *in libertorum suorum*; quin habeat, non dubito, cum ita scriptum sit in edd. P. P [a]. Rittersh. P [b].; praeterea 2 *converterit*, sed P. corr. *converterint*, quod apud P. P [a]. Rittersh. P [b]. legitur. 4 *in libertorum vo vata converterit.* 6 optime *in libertorum suorum vota convenerint.* Cui. 2, 2*. Lugd. Go. Ri. Ri*. Be. *in libertos suos vota converterint*, quod mera cj. Cuiacii scriptum est; quare quod cod. 6 habet partimque cod. 4 et prima ed. tuentur, reposui. k) 4 *vetati ne nomen.* Cum v. *nomen* incipit cod. 3. l) 3 om. *ad.* 2 *inclita*, sed corr. P. *illicita.* m) 3, 4 *publicatio.* n) 3 om. *et.* Mox 4 *deportationē.* Rittersh. *deplectatione plectantur*, mendose. o) 3 *liberorum privatis servilis* et om. *quoque — dominium.* Rittersh. *liberandis* pro *privandis.* p) 2, P.—Ri*. *conditione*, sed Rittersh. in m. Ri. em. *conditioni.* 6, Be. *conditioni.* 4 *conditionē.* q) Cui. 2, 2*. Lugd. Go. Ri. Ri*. Be. *ut his.* Recte Be. legi vult *ut in his*; ita omnes codd. habent et diu editum erat a P. P [a]. P [b]. Rittersh. r) 6 om. *sibi.* 4 *fiscus noster.* s) 6 *natur. filiis.* 4 *liberis quomodo.* Etiam Go. *quomodo.* t) 2 *procreandis sine*, corr. a P. *procreandisve.* 4 *procreandis sive.* 6 om. *inter omnes.* u) 2 *discernimus*, em. a P. *decernimus.* v) 2 *p̄ka.* Similiter P. Rittersh. *P. K. A.* et P [a]. P [b]. *P. A. K.* 4 *saluberrima pkaaa* luberrimam sanctionem ad omnium notitiam pervenire edictorum divulgatione[x] praecipiat, ne cui supersit ignorationis auxilium, quominus, caute[y] quae sunt decreta, serventur. *Dat. X.*) Kal. Mart. Romae, D. N. Anthemio A.*[z] *Cos. Accepta Id. Mart. Romae, ipso A. Cos.* (468.)

TIT. II. DE CONFIRMATIONE LEGIS[a] D. N.[b] LEONIS AUGUSTI.

1. *Impp. Leo et Anthemius AA. Luperciano Pf. P.*[c] Ad consultationem[d] clementiae nostrae dominus et pater meus princeps sacratissimus Leo super his, quae indulgentia principalis in diversos iam contulit, vel processu temporis largietur, certum huius legis venerabili sanctione[e] constituit, quod sub sacris[ee] suae perennitatis apicibus ad nostram quoque scientiam[f] destinavit. Cumque[g] mundanis compendiis proficit, ut circa regendum utrumque orbem id praecipue custodiendum credamus, quod deliberatio communis elegerit, legem directam[h] libenter amplexi[i], quod ad omnes tam saluberrima constituta perveniant, sub hac pragmatica iussione ad amplitudinem[k] tuam censuimus dirigendam, Luperciane, pater carissime atque amantissime[l]. §. 1. Illustris igitur et[m] praecelsa magnificentia tua venerabilia constituta propositis divulgabit[n] edictis, ne ullius[o] praetereat notionem[p], quod in aeternum valere serenitas nostra decrevit. *Dat. sub die XIV. Kal. April. Romae, D. N.*[q] *Anthemio A.*[r] *Cos. Actum sub die eodem.* (468)

TIT. III. DE BONIS VACANTIBUS.

1. *Impp. Leo et Anthemius AA. Luperciano Pf. P.*[s] Imperatoriae maiestatis est, ex praesentibus caussis etiam futuris providere temporibus, et reserata[t] ambiguitate sequenda decernere[u]. Nam cunctorum census vocatur in dubium, si per licentiam principalem iura dominorum suam[v] non habeant firmitatem. Itaque nos, quibus totius mundi regimen commisit superna provisio, et iuris[x] regulam et aequitatis rationem volumus custodiri. Pius ac triumphator semper Augustus filius noster Anthemius, licet divina maiestas[y] et nostra creatio

---

Tit. II. Codd. edd. *Tit. II.* — N. 1. Codd. edd. *N.* 1 s. *un.* Be. add. (*XCVIII.*), i. e. omnium Novellarum in Be. ed. In cod. 3 sola §. 1 superest eaque mutila. Eodem die in Occidente data est atque seq. Novella, ubi vero vid. §. 1, not. *z.*

Tit. III. Codd. edd. *Tit. III.* C. Th. IX, 42 et X, 8 et 10. Nov. Theod. tit. XVII. Nov. Mart. tit. V. et Nov. Maior. tit. V. — N. 1. Codd. edd. *N.* 1 s. *un.* Be. add. (*XCIX.*), h. e. omnium Nov. in Be. ed. In cod. 3 pauca vv. supersunt. Vid. infr. pr. not. *q* et §. 1, not. *m.* Vid. Novellam tit. II. antec., not. sup.

Luperciane constituta sanxerunt. 2 *Inlustras*, sed corr. *inlustris.* x) 2, P. — Ri*. *devulgatione.* 4 *devulgationē.* Mox P. Rittersh. *super sit.* y) 2, 4, edd. *cauta.* P. in cod. 2 em. *caute* et *cuncta*, sed delet *caute.* 6 *caute*, quod rep. *) Apud Rittersh. deest *X.* z) Ri. Be. addi volunt *II.*, recte cum propter vv. huius Novellae: *ut quae usque ad secundum numinis nostri consulatum similia probabuntur iniisse coniugia*, tum propter Novellam tertiam eidem Luperciano inscriptam. Supra 6 *XIII Kal. — Dno Anthemio.* P. P[a]. *Dno Anth.*, Rittersh. P[b]. *Domino Anth.*, Lugd. Go. *DN.*; rell. edd. *D. N.* Infra in fin. Cui. 2, 2*. Lugd. Go. Ri. Ri*. om. *Cos.* et supplet Ri. in not. *praesente.*

a) Edd. *Legum*; codd. *Legum* vel *Leḡ.* i. e. *Legis.* Be. in not. „*legis* (scil. proximae, quam in Oriente a Leone latam cum hac simul promulgasse Anthemium suspicatur) Ritt. em.“ Et recte quidem em. Infra: *legem — amplexi — ad amplitudinem tuam censuimus dirigendam.* Non omnes Leonis leges confirmantur, sed proxima tantum, quam ad Anthemii consultationem transmiserat Leo. b) 2 *dn̄i.* 5 *Divi.* 6 om. *D. N.* P. P[a]. *Dni.* P[b]. *Domini.* Rittersh. *Divi.* Rell. edd. *DN.* c) 4 *Antimius.* 6 *Iidem āā eidem Lupertiano* (etiam Rittersh. *Lupertiano*) *p̄posito.* P[a]. P[b]. Rittersh. *Pf. Pon.* d) Codd. *Ad consolationem*; sed in cod. 6 et a P. in cod. 2 corr. *consultationem.* e) 2 *huius venerabilis sanctione*, sed corr. P. *ius venerabili s.*, quod transiit in edd. (*certum ius venerab.*) 4 *huius venerabilis sanctionē.* 6 *huius legis venerabili.* Cum omnes codd. *huius* habeant, non dubito, quin *legis*, quod 6 habet, exciderit in codd. 2, 4, pro emendatione igitur P. reponendum sit *huius legis*, i. e. *tituli tertii de Bonis vacantibus*, qui annexus erat huic programmati, quo promulgatus est. Constr. *ven. s. h. l. certum constituit.* ee) Rittersh. *sacrae.* f) 2, 4, edd. *sententiam.* P. in cod. 2, Be. em. *serenitatem*, quod recepissem, nisi 6 haberet *scientiam*, quod literis inter se comparatis propius accedit ad *sententiam* et a me repos. est. g) 2 *destinavit Cum que*, et corr. P. *destinavit quoniamque.* 4 *qn̄que.* 6 *Et quoniam.* Edd. *Quumque* s. *Cumque.* Certe adhibitis codd. 4, 6, cum P. corr. est *Quoniamque*; sequitur *proficit.* h) 2, P. P[a]. Rittersh. P[b]. *defectam* et corr. P. in cod. 2, P. in not. P[b]. in m. *directam*, quod 4, rell. edd. habent. 6 *defecatam.* Recte *directam*; minus recte *derectam*, quod P. ms. prop. Paullo post *dirigendam.* i) 4 *conplexi.* 6 *amplexi ut ad.* Mox Ri*. *perveniant. sub* et Ri*. *perveniant. Sub.* k) 4 *complitudinem.* l) 2, 4 *p̄k̄ā.* P. P[a]. Rittersh. P[b]. *P. K. A.* m) 2 *Inlustras*, sed corr. a P. 4 *Illustr vir igitur.* 3 incipit *igitur praecelsa.* n) 2, 4 *devulgavit*, corr. a P. in cod. 2 *devulgabit*, ut est in edd. P. — Ri*. 3 *p̄positis devulgat.* Vid. Nov. anteced., not. *x.* o) 2, 4 *edictis nullius*, sed em. a P. in cod. 2 *ne ullius*, quod transiit in edd. 3 *edictis ut nullū.* 6 *edictis ut nullius.* Codicis 6 scripturam veram esse puto. p) 2 *noticionē.* 3 *notione quod digna aeterna etc.* 4 *noti n̄.* q) 2 *dn̄o.* 4 *diū.* P. P[a]. Rittersh. *Dno.* P[b]. *Domino.* Rell. edd. *DN.* r) 6 om. *A.* Vid. Nov. anteced. subscript., not. *z.*

s) Magistratus deest in codd. 2—4 et in edd., deesse eum asterisco indicatur in edd. P. P[a]. Cui. 2, 2*. Lugd. Go. P[b]. Sine dubio Leo omisit magistratum, quia legem in Occidentem ad Anthemium misit, Anthemius autem, cum legem promulgaret, Lupercianum Pf. P., magistratum Occidentis addidit, unde 6 *Id̄. augusti eidem p̄p̄ō.* et in m. add. „*Hanc legem fecit Leo.*“ Lupercianum add. esse iam Ri. ex clausula legis demonstravit. Cf. etiam infr. §. 1, not. *z.* t) 2 *reservata* et corr. a P. *reserata*, quod transiit in edd. et concinit cum cod. 6. 4 *reserta ambiguitatē.* Be. cj. *resecata.* Non haereo in vulg. scriptura. u) 2 *discernere.* P. em. *decernere.* v) 4 om. *suam.* Rittersh. *dominiorum.* x) P. P[a]. P[b]. *iuri.* y) 4 *Anthi-*

pietati eius plenam imperii commiserit potestatem, tamen prudenti et cauta, qua pollet, aequitate per sacros affatus [z] nos credidit [a] consulendos, asserens in Italiae partibus multa exorta negotia ex donationibus, quas de alienis rebus principes contra legum cauta fecere [b] (nam ut [c] quisque vel meruerit vel precatus est de imperatoria [d] veluti largitate plurima et magna, detentant [e]; emergunt autem personae, quae plerumque praedia vel res aliquas sui iuris asserant esse, quas ex principis munificentia diversi illicito titulo quaesierunt. Nam saepe ea, quae caduca dicebantur et donata sunt, consanguineus eius, qui sine herede [f] putabatur, emergens reposcit, vel de captivitate liberati iure [g] postliminii, quae sua vel propinquorum fuerant, et aliis a principe concessa sunt, reddi sibi iure desiderant, adstruentes [h] secundum sacratissimas constitutiones [i] legitimum sibi auxilium suffragari [k]: vel cum res aliqua vindicatur a possessore, cui domus venerabilis aut donatione [l] contulit, aut venditione, vel commutatione, aut ultima voluntate [m] transfudit, scilicet quam iniuste aut minus idonee contractam forsitan*) possidebat): utrum iure communi, quod [n] petitor probavit suum, recipiet, an [o] praeter leges, quibus omnes utuntur, circa donationem regiam pronunciandum erit, ut factum principis vel aliena re [p] donata aut vendita comprobetur. Nam cum de huius modi controversiis ab amplissimis cognitoribus tractaretur, prolata [q] est constitutio de Codice Theodosiano sub titulo de Bonis vacantibus [r], qua divus Constantinus cavet, ut, si rem, quam princeps donavit, suam quisquam [s] potuerit approbare, non eam recipiat, sed eo, cui donata est, firmiter possidente [t], princeps petitori extrinsecus, qua voluerit, ratione succurrat [u]. Haec cum nostris insinuarentur sensibus, relectis [v] gestis, quae ad nos [x] a filio nostro serenissimo principe sub praedicta consultatione directa sunt, habitis [y] inter procuratores Domninae [z] et Fortunati, illustrium personarum, serenitas nostra, cui cordi est, in dies singulos consultiore tractatu [a] et meliore deliberatione generi humano [b] prospicere, satis putavit incongruum, ut tanta [c] rebus negotiisque confusio vel iniquitas innectatur, et*) unicuique suis uti non liceat, neque pro suorum defensione legitimum habere tutamen, sed in arbitrio sit forte [d] surripientis [e] facilis et iniustà nonnunquam regiae [f] donationis auctoritas, et ut aliis iusta possessione [g] fraudatis, ab [h] aliis [i] liberalitate iniusta detineatur [k], cum et ipse titulus supra praedictae [l] constitutionis, unde consulta est nostra clementia, de vacantibus tantum, non de omnibus bonis atque substantiis evidenter loquatur. §. 1. Hac igitur [m] in perpetuum valitura lege sancimus, ut, si quidem de bonis revera vacantibus [n] imperator [o] aliquid pro sua liberalitate donaverit, hoc perpetuam obtineat [p] firmitatem, et nemo calumniam [q] patiatur de re, quam principalis in eum liberalitas iure [r] contulerit: sin autem aliquis rem suam, sive tanquam vacantem, sive alio quolibet titulo donatam, cupit [s] repetere, eamque sui iuris [t] esse, vel ad se devolutam ex legitima successione [u] monstraverit, communi legum fruatur auxilio, nec ex illa, licet imperiali, donatione seu commutatione, vel ex aliqua [v] cuiuslibet contractus specie contra generale praesidium omnino laedatur [x], sive etiam a retro principibus hoc beneficium asserat sibi esse delatum [y], sive post aliquid tale fuerit subsecutum [z].

---

mius — maiestatis — cautā quā pollet. z) 2, 4 *adfatos* et corr. a P. *adfatus* in cod. 2. a) 2, P. P [a]. Rittersh. P [b]. om. *nos credidit*. P. in cod. 2, P. ms. P. in not. P [b]. in m. supplent *censuit*. 4 *n̄ credidit*. Memorabile est quod annotat P. in cod. 2: „deesse videtur *censuit*, sed et in altero exemplari deest:“ quasi duos codd. habuerit; sed sine dubio intellexit eundem codicem, quem alias *Vet. MS.* appellat. b) 2, 4 *facere*. P. in cod. 2 corr. *fecere*. Etiam Lugd. *facere*. c) 4 om. *ut*. d) 2 *impetratoria*, corr. a P. e) 4 *det ante*. 6 *detentat*. Ri. Ri*. *detentant*. *Emergunt*. Utrumque dici potest, et *detentant* et *detentat*. Mox Rittersh. *principiis*. f) 4 *deputabatur*. g) Sec. P. in vet. exempl. deest *iure*; deest etiam in cod. 4, qui praeterea *postliminiū*. Abesse potest *iure*, nam infra sequitur, quamquam remotum est a v. *postliminii*. h) 6 *asserentes*. i) 4 *constitutionis*. k) 4 *suffragare*. l) 4 *venerabilis ad donationē*. 6 *possessore* (om. *cui*) *domus venerabilis quam aut don.* m) 4 *venditionē vel commutationē aut ultimā*. *) Rittersh. *forsan*. n) 2 *transfudit qua scilicet* (om. *quam*) — *quod*. P. in m. cod. 2: „lego, An sc., iuste aut minus,“ sed in m. superiore ex Vet. Exempl. totum locum ita restituit, ut hic editus est. 4 *contractū*. 6 *quam scilicet iniusto aut minus idoneo contractu*. P [b]. *idoneae*. Rittersh. *quod petitur*. o) 2 *recipiat hanc* et corr. P. *rec. an.* 4 *recipiet hanc — omnis — regia pronuntiatum erit*. 6 *recipiat an*. Recepissem *recipiat*, nisi sequeretur *pronuntiandum erit*. Mox P. *utunur* et Rittersh. *utimur*. p) 4, 6 *vel in aliena re*. Rittersh. *alienare* et infra Go. *eum* pro *cum*. q) 2 *probata*, corr. a P. Vv. *probata — succurrat* sunt in cod. 3. r) Cf. C. Th. X, 8, 3 ibique Go. In Go. ed. deest *bonis*. s) 2 *quisq;* et corr. P. *quisquam*. 3 *qui*. t) 2 *possedente*, corr. P. *possidente*. 3 *possidens*. u) 3 *vol. et ratione succurrat*. v) 2, 4, Go. *relictis*, corr. a P. in cod. 2. x) 4 *adq. nos*. Mox 4 *consultationē*. y) 2, 4 *habita*, sed P. in cod. 2 corr. *habitis*. z) 4 *domine*. Rittersh. *Dominae*. a) 4 *tractatū*. b) 6 *humano generi*. Mox Rittersh. *in congruum*. c) 2 *tantu*, corr. P. *tanta*. 4 *tanto*. Mox Rittersh. *vel ubiquitas innect.* et P. P [a]. Rittersh. P [b]. *nec* pro *neque*. *) P. in cod. 2 corr. *ut*. Mox 4 *defensionē*. d) 6 *habere certamen — sit* et om. *forte*. Rittersh. *si forte*. e) 2 *subripientes*, sed P. corr. *subripientis*. Go. ad c. 3 C. Th. cit. Zir. l. c. p. 189, prob. Ri., corr. *subrepentis*, bene. f) 6 *nonnunquam iniusta* et om. *regiae*. g) 4 *possessionē*. h) Codd. om. *ab*, sed add. in cod. 2 a P. Abesse quidem potest *ab*, sed addita praepositione clarior fit sententia propter antecedens *aliis*. i) 4, 6 *alii*. k) 2 *iniuste detineatur*, corr. *iniusta* a P. 6 *iniusta ditentur*. 4 *iniusto detenetur*. Edd. *iniuste*. Rittersh. *in iuste*. l) 6 *titulus supradictae*. P. P [a]. Rittersh. P [b]. *titulo*. Mox P [b]. *devacantibus*. m) Vv. *Hanc igitur — patiatur* supersunt in cod. 3 et cohaerent ibi cum v. *succurrat*. Vid. supr. not. *q*. n) 6 *si quidem revera de bonis vacantibus*. 4 *severa*. o) 2 *impetrator*, corr. a P. *imperator*. p) 2, 3 *obtinet*. 4 *perpetuum obtinet*. 6 om. *hoc perpetuam obtineat firmitatem et*. q) 4 *calumnia*. r) 6 om. *iure*. s) 4 *cupiet*. t) 4 *iure*. u) 4 *devolatam ex legitimā successionē*. 6 *devolutam esse ex l. s.* v) 4 *nec* (om. *ex*) *illa licet imperiale donationē seu commutationē vel ex aliquā*. x) Ri. Ri*. *laetatur*, mendose. y) 2 *principū*, corr. a P. *principibus*. 4 *principū ob hoc*. 6 *etiam ob hoc retro principū beneficium sibi asserat esse*

§. 2. Hanc igitur constitutionem in caussa [a] etiam Domninae [b] et Fortunati, illustrium personarum, quae huic legi praestitit occasionem, valere praecipimus, ut communi iure Cesiana massa, de qua quaeritur [c], praedictae Domninae [d], illustri feminae, restituatur. Neque enim aliud imperatoriae maiestati, cui semper debet aequitas inhaerere, et vigere iustitia, videtur accommodum [e], quam commune ius omnibus reservare subiectis, et nihil amplius bonis licere principibus, nisi quod liceat privatis, et hanc liberalitatem praetendere, quae legibus et aequitate subnixa [f] est, ut [g] nemo se alienis et illicitis ditatum laetetur, nemo bonis propriis defleat [gg] esse privatum, Luperciane [h], pater carissime atque amantissime [i]. §. 3. Illustris igitur et magnifica auctoritas tua [k], quae hac saluberrima lege serenitas nostra constituit, observari et ad [l] omnium notitiam edictis ex more propositis [m] iubeat pervenire. *Dat. XIV.* [n] *Kal. April. Romae, D. N.* [o] *Anthemio PP.* [p] *Aug. II. Cos.* (468) [q]

delatum, quam scripturam collatis inter se codicibus veram esse puto, etsi neque illa editionum falsa est. z) Ri. notat: * Hactenus *Leo* Imp. Reliqua sunt *Anthemii*, qui constitutionem hanc, in caussa Domninae a Fortunato Caesianam massam repetentis valere iubet." Recte. Memorabilis est haec Novella, quia docet, quo modo imperatores Occidentis singulas leges ex Oriente sibi transmissas promulgare soliti sint. Subscriptio Novellae Leonis omissa est, ei vero substitutus dies, quo promulgata lex in Occidente; ante eum diem igitur legem ipsam in Oriente datam esse clarum est. a) 6 *etiam in caussa.* b) 2 *Domine*, corr. a P. *Domninae.* 4 *dne.* Rittersh. *Dominae.* c) 6 *personarum valere praecipimus ut communi iure Cesiana massa de qua quae — ritur.* 4 *personarum quae huic lege praestitit — praecepimus — Cessiana massa de* (om. *qua*) *queritur.* Etiam 2, edd. *queritur*, praeter Rittersh., qui *quaeritur.* Etiam Be. prop. *quaeritur*, recte. Sententia flagitat *quaeritur*, habet hoc cod. 6 et fere semper in antiquis libris *e* pro *ae* scriptum est, unde *queritur* hic quoque accipiendum pro *quaeritur.* d) 2 *Domine*, corr. a P. 4 *Dominae.* Rittersh. *Domini.* e) 2, 4, 6 *adcommodum.* P. — Ri *. *ad commodum.* Iam Go. l. c. compulsis literis scribendum esse monuit *adcommodum*, pr. Ri. Cf. Cramer ad Brisson. p. 37. Be. igitur *accommodum.* 4 om. *videtur.* f) 2 *subnexa*, em. a P. *subnixa.* 4 *ligitibus ex aequitatem subnixa.* g) 2 *et*, corr. a P. *ut.* gg) Apud Ri *. est *debeat.* h) 4 *Lupercianas.* Lugd. Go. *Lupercianae.* i) 2 *p̄k̄ ā.* P. P [a]. Rittersh. P [b]. *P. K. A.* k) Go. *tuae.* l) 4 *hanc saluberrimā — nostrā — observari et ad.* Etiam 2, 6, P. P [a]. Rittersh. P [b]. *observari et ad.* Rell. edd. om. *et*, sed aliter interpungunt, *constituit observari, ad.* m) 4 *positis.* n) 4 *IIII.* o) 2 *domino.* 4 *Anthimio.* P. P [a]. *Dno.* Rittersh. P [b]. *Domino.* Rell. edd. *DN.* p) 6 om. *PP. Aug.* et 2 *PP.* et abesse quidem potest *PP.* Edd., praeter Lugd. et Go., *P. P.* q) In cod. 2 add. *Explicit Lib. legū Divi Anthemii. Incipit Liber divi Valentiniani augusti impressus* (scil. quatenus Novellae Valentiniani iam cum Br. Al. editae erant). 3 add. *Explicit ad integrum scintilla de libro lege.* 4 *Explicit Leges Divi Anthim̄ Aūg. Expl̄ Lib̄ Legū Feliciter Amen.* 5 *Expliciunt Capitula Legum Feliciter.* P. P [a]. P [b]. *Explicit Liber Legum Divi Anthemii A.* (P [b]. *Augusti*). Rittersh. *Finis Novellarum Constitutionum, quae ab Imperatoribus ante Iustinianum sunt promulgatae.* Go. *Finis.* Ri. *Finis Novellarum.* Vid. Nov. Anthemii tit. I, not. *a.*

SERIES CHRONOLOGICA NOVELLARUM.

IMPP. THEODOSIUS II. ET VALENTINIANUS III. AA.

Incerta.

Nov. Th. (?) tit. XXVII. — — —

438.

Theodosio A. XVI. (et qui fuerit nuntiatus) et Fausto Coss.

Nov. Th. tit. III. de Iudaeis — Florentio Pf. P. — Dat. prid. Kal. Febr. Constantinopoli — Eodem Exemplo viro illustri Pf. P. Illyrici.

Nov. Th. tit. I. de Theod. Cod. Auct. — Florentio Pf. P. Orientis — Dat. XV. Kal. Mart. Constantinopoli.

Nov. Th. tit. IV. Ne duciani — Florentio Pf. P. — Dat. V. Kal. Mart. Constantinopoli.

Nov. Th. tit. V. de Patrimonialibus, Nov. 1 — Marcellino Comiti R. P. — Dat. VI. Id. Mai. Constantinopoli.

Nov. Val. tit. I. de Indulg. rel. Nov. 1 — Fausto Pf. P. — Dat. VIII. Id. Iul. Ravenna.

Nov. Th. tit. VI. de Bonis fabricensium — Aureliano Comiti R. P. — Dat. prid. Non. Nov. Constantinopoli.

439.

Theodosio A. XVII. et Festo Coss.

Nov. Th. tit. VII. de Amota militantibus fori praescr. Nov. 1 — Florentio Pf. P. — Dat. XIV. Kal. Febr. Constantinopoli.

Nov. Th. tit. VIII. de Navibus
Nov. Th. tit. IX. Ne curialis } — Florentio Pf. P. Orientis et exconsule — Dat. VII. Id. April. Constantinopoli.

Nov. Th. tit. X. de Postulando Nov. 1
Nov. 2 } — Florentio Pf. P. Orientis — Dat. XIII. Kal. Mai. Constantinopoli.

Nov. Th. tit. V. de Patrimonialibus Nov. 2 — Florentio Pf. P. — Dat. VI. Id. Iun. Constantinopoli.

Nov. Th. tit. XI. de Tutoribus
Nov. Th. tit. XII. de Repudiis } — Florentio Pf. P. Orientis et exconsule — Dat. VI. Id. Iul. Constantinopoli.

Nov. Th. tit. XIII. Contra sententias — Thalassio Pf. P. Illyrici — Dat. III. Id. Aug. Constantinopoli.

Nov. Val. tit. III. De Successionibus curialium — Maximo II. Pf. P. — Dat. V. Kal. Sept. Ravenna.

Nov. Th. tit. XIV. de Paternis — Florentio Pf. P. — Dat. VII. Id. Sept. Constantinopoli.

Nov. Th. tit. XV. Ne Curialis ad Senatoriam Nov. 1 — ad Senatum urbis Constantinopolitanae.
Nov. Th. tit. XVI. de Testamentis — Florentio Pf. P. } — Dat. prid. Id. Sept. Constantinopoli.

Nov. Th. tit. XVII. de Competitionibus Nov. 1 — Florentio Pf. P. — Dat. XIII. Kal. Nov. Constantinopoli

Nov. Th. tit. XVIII. de Lenonibus — Cyro Pf. P. — Dat. VIII. Id. Dec. Constantinopoli.

440.

Valentiniano A. V. et Anatolio V. C. Coss.

Nov. Val. tit. IV. In damnum publicum — Maximo Pf. P. II. — Dat. VIII. Kal. Febr. Romae.

Nov. Val. tit. V. de Pantapolis — Edictum ad Populum — Dat. VI. Non. Mart. Romae.

Nov. Val. tit. VI. de Tironibus Nov. 1 — Sigisvuldo Comiti et magistro utriusque militiae — Dat. XIII. Kal. April. Romae.

Nov. Th. tit. XIX. de Rescindendis — Eudoxio Comiti R. P. — Dat. XIII. Kal. Iun. Constantinopoli.

Nov. Val. tit. VII. de Palatinis Nov. 1 — ad Maximum II. Pf. P. — Dat. prid. Non. Iun. Ravenna.

Nov. Val. tit. VIII. de Invasoribus Nov. 1 — Pierio Pf. U. — Dat. V. Id. Iun. Ravenna.

Nov. Val. tit. IX. de Reddito iure armorum — Populo Romano — Dat. VIII. Kal. Iul. Ravenna.

Nov. Th. tit. VII. de Amota militantibus fori praescr. Nov. 2 — Cyro Pf. P.
Nov. Th. tit. XX. de Alluvionibus — Cyro Pf. P. et consuli designato } — Dat. XI. Kal. Oct. Constantinopoli.

Nov. Th. tit. VII. de Amota militantibus fori praescr. Nov. 3 — Cyro Pf. P. — Dat. III. Kal. Ian. Constantinopoli.

441.

Cyro V. C. Cos. (post consulatum Valentiniani A. V. et Anatolii V. C.)

Nov. Val. tit. I. de Indulg. rel. Nov. 2 — ad Maximum II. Pf. P. — . . . .

Nov. Val. tit. VIII. de Invasoribus Nov. 2 — Auxentio Pf. U. — Dat. VI. Kal. Febr. Ravenna.

Nov. Val. tit. X. Neque domum divinam — Maximo II. Pf. P. — Dat. X. Kal. Mart. Ravennae. Accepta prid. Id. Mart. Ubi sup.

Nov. Th. tit. VII. de Amota militantibus fori praescr. Nov. 4 — Ariovindo magistro militum — Dat. prid. Non. Mart. Constantinopoli — Eodem exemplo Aspari viro illustri, comiti, magistro militum et exconsuli bis ordinario.

Nov. Th. tit. XXI. de Scholaribus — Flegetio Magistro officiorum — Dat. XV. Kal. Mai. Constantinopoli.

Nov. Th. tit. V. de Patrimonialibus Nov. 3 — Cyro Pf. P. — Dat. VI. Kal. Iul. Constantinopoli.

442.

Dioscoro et Eudoxio VV. CC. Coss.

Nov. Val. tit. II. de Postulando Nov. 2 — Fausto Pf. P. — Proposita Id. Aug. Romae in foro Traiani.

Nov. Val. tit. VII. de Palatinis Nov. 2 — Paterio Pf. P. — Dat. V. Kal. Oct. Spoleti.

443.

Maximo II. et Paterio VV. CC. Coss. (post Cons. Dioscori et Eudoxii VV. CC.)

Nov. Th. tit. XXII. de Bonis decurionum Nov. 1 — Apollonio Pf. P. — Dat. Kal. Ian. Constantinopoli.
Nov. Th. tit. XXII. de Bonis decurionum Nov. 2 — Apollonio Pf. P. — Dat. VIII. Id. Mart. Constantinopoli.
Nov. Val. tit. XI. de Honoratis — Storacio Pf. U. — Dat. III. Id. Mart. Roma. PP. in foro Traiani.
Nov. Val. tit. VI. de Tironibus Nov. 2 — Quadratiano Pf. P. — Dat. VIII. Kal. Iun. Ravenna.
Nov. Th. tit. XXIII. de Locis rei publicae — Apollonio Pf. P. — Dat. XI. Kal. Iul. Aphrodisiade.
Nov. Val. tit. II. de Postulando Nov. 3 — Albino Pf. P. Illyrici — Dat. XIII. Kal. Sept. Ravennae.
Nov. Th. tit. XXIV. de Ambitu — Nomo Magistro officiorum — Dat. prid. Id. Sept. Constantinopoli.
Nov. Val. tit. XII. de Pecunia Afris — Albino II. Pf. P. — Dat. XIV. Kal. Nov. Ravenna.

444.

Theodosio A. XVIII. et Albino V. C. Coss.

Nov. Th. tit. XXV. de Metatis — Nomo Magistro officiorum — Dat. XVII. Kal. Febr. Constantinopoli.
Nov. Th. tit. XVII. de Competitionibus Nov. 2 — Zoilo Pf. P. — Dat. X. Kal. Mai. Constantinopoli.
Nov. Val. tit. VI. de Tironibus Nov. 3 — Hisiodoro Comiti — Dat. prid. Id. Iul. Ravenna.
Nov. Th. tit. XV. Ne Curialis ad senator. Nov. 2 — Zoilo Pf. P. — Dat. XIII. Kal. Aug. Constantinopoli.
Nov. Val. tit. XIII. de Fructibus — Albino II. Pf. P. — Dat. III. Id. Sept. Ravenna.
Nov. Th. tit. XXVI. de Relevatis — Hermocrati Pf. P. Orientis — Dat. III. Id. Dec. Constantinopoli — Eodem exemplo Theodoro viro illustri Praefecto praetorio Illyrici.

445.

Valentiniano A. VI. et Nomo V. C. Coss.

Nov. Val. tit. XIV. de Pretio solidi — Edictum ad Populum urbis Romae — Dat. XV. Kal. Febr. Romae.
Nov. Val. tit. XV. de Corporatis — Auxentio Pf. U. II. — Dat. XVIII. Kal. Mai. Romae.
Nov. Val. tit. XVI. de Episcoporum ordinatione — Aetio viro illustri Comiti et magistro utriusque militiae et Patricio — Dat. VIII. Id. Iun. Romae.
Nov. Val. tit. XVII. de Manichaeis — Albino II. Pf. P. — Dat. XIII. Kal. Iul. Romae.
Nov. Val. tit. XVIII. de Tributis fiscalibus — Albino II. Pf. P. — Dat. XI. Kal. Iul. Romae.
Nov. Val. tit. XIX. de Homicidiis — Maximo Pf. P. II. et Patricio — Dat. VI. Id. Dec. Romae — PP. pridie Id. Dec. in foro Traiani. Subscripsi.

446.

Aetio III. et Symmacho VV. CC. Coss.

Nov. Val. tit. XX. de Testamentis Nov. 1 — Albino II. Pf. P. et Patricio — Dat. XII. Kal. Nov. Romae — PP. in foro divi Traiani. Antelata edicto Albini iterum Pf. P. et Patricii.
Nov. Val. tit. XXI. de Officio et Numerariis — Albino II. Pf. P. et Patricio — Dat. XVIII. Kal. Ian. Romae.
Nov. Val. tit. XX. de Testamentis Nov. 2 — Albino II. Pf. P. et Patricio — Dat. VII. Kal. Ian. Romae — Acc. VI. Kal. Ian. Romae. PP. V. Kal. Ian. in foro Traiani. Subscripsi.

447.

Calypio et Ardabure VV. CC. Coss.

Nov. Val. tit. XXII. de Sepulcri violatoribus — Albino II. Pf. P. et Patricio — Dat. III. Id. Mart. Romae — Acc. VI. Kal. April. Romae. — PP. in foro Traiani VIII. Id. April. Antelata edicto Albini viri illustris II. Pf. P. et Patricii.
Nov. Val. tit. VII. de Palatinis Nov. 3 — } Floriano Comiti S. L. — Dat. VII. Kal. Mai. Roma.
Nov. Val. tit. XXIII. de Negotiatoribus — }
Nov. Val. tit. XXIV. de Libertis — ad Albinum II. Pf. P. et Patricium — Dat. III. Non. Iun. Romae. PP. in foro Traiani V. Id. Iun. Antelata edicto Albini V. C.
Nov. Th. tit. II. de Confirmat. Leg. Nov. Theodosii A. — Domino Valentiniano nclito, victori ac triumphatori, semper Augusto filio — Dat. Kal. Oct. Constantinopoli.

448.

Postumiano et Zenone VV. CC.

Nov. Val. tit. XXV. de Confirmatione Legum D. Theodosii A. — Albino II. Pf. P. et Patricio — Dat. III. Non. Mai. Ravenna.

449.

Asturio et Protogene VV. CC. Coss.

Nov. Val. tit. XXVI. de Triginta annorum praescr. — Firmino Pf. P. — Dat. XV. Kal. Iul. Ravenna — PP. in foro Traiani XIII. Kal. Aug. sub edicto Firmini viri illustris Pf. P.
Nov. Val. tit. XXVII. de Principibus agentum — Opilioni Magistro officiorum — Dat. III. Id. Sept. Ravenna.

450.

Valentiniano A. VII. et Avieno V. C. Coss.

Nov. Val. tit. I. de Indulg. rell. Nov. 3 — Consulibus, praetoribus, tribunis plebis, senatui suo salutem dicunt — Dat. III. Non. Mart. Rom. — Recitata in Senatu per virum illustrem Postumianum prid. Id. Mart.
Nov. Val. tit. XXVIII. de Naviculariis amnicis — Epitincano Pf. U. — Dat. VIII. Kal. Mai. Romae.

IMPP. VALENTINIANUS III. ET MARTIANUS AA.

Nov. Val. tit. XXIX. de Lampadariis — Opilioni Magistro officiorum — Dat. V. Non. Oct. Romae.
Nov. Mart. tit. I. Neminem exhiberi — Edictum — Dat. V. Id. Oct. Constantinopoli.
Nov. Mart. tit. II. De Indulgentiis reliquorum — Palladio Pf. P. — Scripta Palladio viro illustri Pf. P. Orientis, Hermogeni viro illustri Comiti sacrarum largitionum, Gennadio viro illustri Comiti rerum privatarum, Maximino viro illustri Comiti et praeposito sacri cubiculi.

451.

Martiano A. I. et Adelphio V. C. Coss.

Nov. Mart. tit. III. de Praediis civit. omn. — Palladio Pf. P. Orientis — Dat. XV. Kal. Febr. Constantinopoli.
Nov. Val. tit. XXX. de Colonis vagis } — Firmino Pf. P. et Patricio — Dat. prid. Kal. Febr. Romae. Acc. III. Non.
Nov. Val. tit. XXXI. de Confirmandis } Febr. Romae. PP. in foro Traiani.
Nov. Val. tit. XXXII. de Parentibus — Aëtio Patricio — Dat. prid. Kal. Febr. Romae.
Nov. Val. tit. XXXIII. de Praediis pistoriis — Firmino Pf. P. et Patricio — Dat. III. Id. Iul. Romae.

452.

Herculano V. C. Cos.

Nov. Val. tit. XXXIV. de Episcopali iudicio — Firmino Pf. P. et Patricio — Dat. XVII. Kal. Mai. Romae.
Nov. Val. tit. XXXV. de Suariis — Firmino Pf. P. et Patricio — Dat. III. Kal. Iul. Romae.

454.

Aëtio et Studio VV. CC. Coss.

Nov. Mart. tit. IV. de Matrimoniis senatorum — ad Palladium Pf. P. — Dat. prid. Non. April. Constantinopoli.
Nov. Val. tit. II. de Postulando Nov. 4 — Storacio Pf. P. — Dat. V. Kal. Nov. Roma.

455.

IMP(P. MAXIMUS ET) MARTIANUS A(A).

Anthemio V. C. Cos.

Nov. Mart. tit. V. de Testamentis clericorum — Palladio Pf. P. — Dat. X. Kal. Mai. Constantinopoli.

IMPP. LEO ET MAIORIANUS AA.

458.

Leone et Maioriano A. I. Coss.

Nov. Maior. tit. I. de Ortu imperii — ad Senatum — Dat. III. Id. Ian. Ravenna.
Nov. Maior. tit. II. de Indulgentiis reliquorum — Basilio Pf. P. — Dat. VI. Id. Mart. Ravenna — Acc. V. Id. Suprascriptis Ravennae.
Nov. Maior. tit. III. de Defensoribus civitatum — Universis rectoribus provinciarum — Dat. VIII. Id. Mai. Ravenna.
Nov. Maior. tit. IV. de Aedificiis publicis — Aemiliano Pf. U. — Dat. V. Id. Iul. Ravenna.
Nov. Maior. tit. V. de Bonis caducis — Ennodio Comiti R. P. — Dat. prid. Non. Sept Ravenna.
Nov. Maior. tit. VI. de Sanctimonialibus — Basilio Pf. P. — Dat. VII. Kal. Nov. Ravenna.
Nov. Maior. tit. VII. de Curialibus — Basilio Pf. P. — Dat. VIII. Id. Nov. Ravenna.

458 — 459.

Nov. Maior. tit. VIII. de Reddito Iure armorum — —

459.

Ricimere V. C. Cos.

Nov. Maior. tit. IX. de Adulteriis — Rogatiano Consulari Tusciae Suburbicariae — Dat. XV. Kal. Mai. Arelato.

459 — 460.

Nov. Maior. tit. X. Neque senatorem — —

460.

Magno et Apollonio VV. CC. Coss.

Nov. Maior. tit. XI. de Episcopali iudicio — Ricimeri viro illustri Comiti et magistro utriusque militiae atque Patricio — Dat. V. Kal. April. Arelato.

460 — 461.

Nov. Maior. tit. XII. de Aurigis. — —

IMPP. LEO ET SEVERUS AA.

463.

Basilio V. C. Cos.

Nov. Severi tit. I. de Abrogatis capitibus — Basilio Pf. P. et Patricio — Dat. X. Kal. Mart. Romae.

465.

Hermenericho et Basilisco Coss.

Nov. Severi tit. II. de Corporatis — Basilio Pf. P. et Patricio — Dat. VII. Kal. Oct.

IMPP. LEO ET ANTHEMIUS AA.

468.

Anthemio A. II. Cos.

Nov. Anthemii tit. I. de Mulieribus — Luperciano Pf. P. — Dat. X. Kal. Mart. Romae — Accepta Id. Mart. Romae.
Nov. Anthemii tit. II. de Confirmatione Legis D. N. Leonis Augusti — Luperciano Pf. P. — Dat. sub die XIV. Kal. April. Romae — Actum sub die eodem.
Nov. Anthemii tit. III. de Bonis vacantibus — Luperciano Pf. P. — Dat. XIV. Kal. April. Romae.

TABULA I.

Constitutiones Impp. Theodosii II., Martiani, Leonis int. ann. 439—473 datae, quae in Iustiniani quidem Codice sunt, neque vero in Novellarum Constitutionum libris.

IMP. THEODOSIUS II.

439.

c. 22 de Episcopis (I, 3) — *Impp. Theodosius et Valentinianus AA. Florentio P. P.* — . . . . . .

c. 13 de Cohortalibus (XII, 58) — *Impp. Theodosius et Valentinianus AA. Florentio P. P.* — . . . . . .

c. 10 de Assessoribus (I, 51) — *Impp. Theodosius et Valentinianus AA. Florentio P. P. — Dat. XIII. Kal. Febr.*

c. 9 de Sacros. eccl. (I, 2)
c. un. de Collegiatis (XI, 17) } — *Impp. Theodosius et Valentinianus AA. Cyro P. U. — Dat. X. Kal. April.* (gemin.)

c. 3 de Statuis (I, 24) — *Impp. Theodosius et Valentinianus AA. Florentio P. P. — Dat. III. Non. April.*

c. 1 de Annonis (I, 52) — *Impp. Theodosius et Valentinianus AA. Florentio P. P. — Dat. III. Kal. Iun. Constantinopoli.*

c. 2 Ut nemo (II, 16) — *Impp. Theodosius et Valentinianus AA. ad Florentium P. P. — Dat. XV. Kal. Iul. Constantinopoli.*

c. 7 de Advocatis divers. iud. (II, 7) — *Impp. Theodosius et Valentinianus AA. Thalassio P. P. per Illyricum — Dat. VII. Id. Sept. Constantinopoli.*

c. 20 de Operibus publicis (VIII, 12) — *Impp. Theodosius et Valentinianus AA. Cyro P. U. — Dat. Kal. Nov.*

c. 6 ad Legem Iuliam repet. (IX, 27) — *Impp. Theodosius et Valentinianus AA. Florentio P. P. — Dat. VI. Kal. Dec. Constantinopoli.* Cf. Nov. Th. tit. XVII. de Comp. N. 1, not. c, §. 5.

440.

c. 32 de Appellationibus (VII, 62)
c. 4 de Tabulariis (X, 69)
c. 5 et 6 de Aquaeductu (XI, 42)
c. 2 Ut dignitatum ordo (XII, 8)
c. 5 de Princip. ag. in reb. (XII, 22) } — *Impp. Theodosius et Valentinianus AA. Cyro P. P.* — . . . . . .

c. 21 de Operibus publicis (VIII, 12) — *Impp. Theodosius et Valentinianus AA. Cyro P. U. — Dat. XI. Kal. Febr. Constantinopoli.*

c. 7 de Legibus (I, 14) — *Impp. Theodosius et Valentinianus AA. Cyro P. P. et Consuli designato — Dat. Non. April. Constantinopoli.*

c. 2 de Temporibus et reparat. appell. (VII, 63) — *Impp. Theodosius et Valentinianus AA. Cyro P. P. — Dat. XII. Kal. Mai.*

c. 1 Qui pro sua iurisdictione (III, 4) — *Impp. Theodosius et Valentinianus AA. Cyro P. P. — Dat. XIII. Kal. Ian.*

c. 8 de Advocatis divers. iud. (II, 7) — *Impp. Theodosius et Valentinianus AA. Cyro P. P. Consuli designato — Dat. III. Kal. Ian.*

440 — 450.

c. 7 de Aquaeductu (XI, 42) — *Impp. Theodosius et Valentinianus AA. Eutychiano P. P.* — . . . . . .

441.

c. 10 de Defensoribus civitatum (I, 55) — *Impp. Theodosius et Valentinianus AA. Cyro P. P. — Dat. XV. Kal. Sept. Constantinopoli.*

442.

c. 4 de Apparitoribus magist. militum (XII, 55) — *Impp. Theodosius et Valentinianus AA. Apollonio Magistro militum praesentali et Anatolio Magistro militum per Orientem* — . . . . . .

c. 60 de Decurionibus (X, 31) — *Impp. Theodosius et Valentinianus AA. Thomae P. P. — Dat. V. Kal. Mart. Constantinopoli.*

c. 11 Ubi caussae fiscales (III, 26) — *Impp. Theodosius et Valentinianus AA. Artaxi Praeposito S. Cubiculi — Dat. V. Id. April.*

c. 9 de Advocatis divers. iud. (II, 7) — *Impp. Theodosius et Valentinianus AA. Apollonio P. P. — Dat. XII. Kal. Sept. Constantinopoli.*

c. 3 de Discussoribus (X, 30) — *Impp. Theodosius et Valentinianus AA. Apollonio P. P. — Dat. V. Kal. Ian.*

443.

c. 3 de Officio militarium iudicum (I, 46)
c. 7 de Diversis officiis (XII, 60) } — *Impp. Theodosius et Valentinianus AA. Anatolio Magistro militum — Dat. V. Kal. Febr. Constantinopoli.*

444.

c. 6 de Castrensi peculio (XII, 37)
c. 3 de Apparitoribus pr. pr. (XII, 53) } — *Impp. Theodosius et Valentinianus AA. Zoilo P. P.* — . . . . . .

c. 11 de Assessoribus (I, 51)
c. 1 de Magistris sacror. scrin. (XII, 9) } — *Impp. Theodosius et Valentinianus AA. Zoilo P. P. Orientis — Dat. V. Kal. Mart.* (gemin.)

c. 4 de Statuis (I, 24) — *Impp. Theodosius et Valentinianus AA. ad Nomum Comitem et Magistrum officiorum — Dat. V. Kal. April.*

c. 7 et 8 de Proximis sacror. scrin. (XII, 19)
c. 6 de Principibus agent. in reb. (XII, 22)
c. 2 de Decanis (XII, 27) } — *Impp. Theodosius et Valentinianus AA. Nomo Magistro officiorum* — . . . . . .

445.

c. 11 de Sacros. eccles. (I, 2)
c. 2 de Quibus munerib. (X, 48)
c. 21 de Cursu publico (XII, 51) } — *Impp. Theodosius et Valentinianus AA. ad Taurum P. P. — Dat. XIII. Kal. Mart. Constantinopoli.* (gemin.)

446.

c. 8 de Legibus (I, 14) — *Impp. Theodosius et Valentinianus AA. ad Senatum — Dat. XVI. Kal. Nov.*

448.

c. 3 de Summa trinitate (I, 1) — *Impp. Theodosius et Valentinianus AA. Hormisdae P. P. — Dat. XIV. Kal. Mart. Constantinopoli.*
c. 1 de Metropoli Beryto (XI, 21) — *Impp. Theodosius et Valentinianus AA. Hormisdae P. P. —* . . . . . .

450?

c. 3 de Domesticis (XII, 17) — *Impp. Theodosius et Valentinianus (?) AA. Sporatio Comiti domesticorum peditum.* — . . . . . .
c. 1 de His, qui ante apertas tabulas (VI, 52) — *Impp. Theodosius et Valentinianus AA. Hormisdae P. P. — Dat. III. Non. April.*

IMP. MARTIANUS.

450—455.

c. 2 de Praetoribus (XII, 2) — *Impp. Valentinianus et Martianus AA. ad Senatum.*
c. 10 de Metatis (XII, 41) — *Impp. Valentinianus et Martianus AA.* . . . . . . *Magistro officiorum.*

450.

c. 8 de Pactis conventis (V, 14) — *Impp. Theodosius et Valentinianus AA. Hormisdae P. P. — Dat. V. Id. Ian.*
c. 2 de Officio Praetorum (I, 39)
c. 1 de Praetoribus (XII, 2) } — *Impp. Valentinianus et Martianus AA. Tatiano P. P. — Dat. XV. Kal. Ian. Constantinopoli.*

451.

c. 5 de His, qui ad eccles. confugiunt (I, 12) — *Imp. Martianus A. ad Populum — Dat. III. Id. Iul.*
c. 12 de Sacros. eccles. (I, 2)
c. 7 de Paganis (I, 11) } — *Impp. Valentinianus et Martianus AA. Palladio P. P. — Dat. prid. Id. Nov. Constantinopoli.*
c. 2 de His, qui latrones (IX, 39) — *Imp. Martianus A. Palladio P. P. — Dat. XII. Kal. Ian. Constantinopoli.*
c. 2 Ne fiscus rem (X, 5) — *Imp. Martianus A. Palladio P. P. Orientis — Dat. V. Kal. Ian. Constantinopoli.*

452—455.

c. 24 de Episcopis (I, 3) — *Impp. Valentinianus et Martianus AA. Palladio P. P. — Dat. VII. Kal.* — — —

452.

c. 2 de Consulibus (XII, 3) — *Impp. Valentinianus et Martianus Sporatio Com. Domest. et Consuli — Dat. —*
c. 4 de Summa trinitate (I, 1) — *Imp. Martianus A. Palladio P. P. — Dat. VIII. Kal. Febr. Constantinopoli.*
c. 10 de Advocatis divers. iud. (II, 7) — *Impp. Valentinianus et Martianus AA. Palladio P. P. — Dat. XIV. Kal. Iul. Constantinopoli.*
c. 23 de Episcopis (I, 3) — *Impp. Valentinianus et Martianus AA. Palladio P. P. — Dat. prid. Non. Iul. Constantinopoli.*
c. 8 de Haereticis (I, 5)
c. 6 de Apostatis (I, 7) } — *Impp. Valentinianus et Martianus AA. Palladio P. P. — Dat. V. Kal. Aug. Constantinopoli.*

455.

c. 12 de Assessoribus (I, 51) — *Impp. Valentinianus et Martianus AA. Palladio P. P. — Dat.* . . . . . .

456.

c. 2 Quae res exportari (IV, 41) — *Imp. Martianus A. Constantino P. P.* — . . . . . .
c. 13 de Episcop. aud. (I, 4)
c. 25 de Episcopis (I, 3) } *Imp. Martianus A. Constantino P. P. — Dat. VIII. . . . April.* (gemin.)
c. 3 de Apochis publicis (X, 22) — *Imp. Martianus A. Constantino P. P. — Dat. XV. Kal. Aug.*

IMP. LEO.

457—465?

c. 26 de Episcopis (I, 3)
c. 61 de Decurionibus (X, 31) } — *Imp. Leo A. Iuliano P. P.*

457—467.

c. 14 de Episc. aud. (I, 4)
c. 7 de Spectaculis (XI, 40) } — *Imp. Leo A. ad Populum* —
c. 22 de Cursu publico (XII, 51) — *Imp. Leo A. Pusaeo P. P.* — . . . . . .

457—474.

c. 9 de Proximis sacr. scrin. (XII, 19)
c. 3, 4 de Agentibus in rebus (XII, 20)
c. 1 de Praepositis ag. in reb. (XII, 21) } — *Imp. Leo A. Patricio Magistro officiorum.*
c. 10 de Proximis sacr. scrin. (XII, 19) — *Imp. Leo A. Illyriciano Comiti et Magistro officiorum.*
c. 1 Nulli licere in frenis (XI, 11) — *Imp. Leo A. Leontico* —

457.

c. 9 de Haereticis (I, 5) — *Imp. Leo A. — Dat. Constantinopoli Id. Aug.*

458.

c. 31 de Locato (IV, 65) — *Imp. Leo A. Aspari Magistro militum* —
c. 15 de Re militari (XII, 36) — *Imp. Leo A. Aspari Magistro militum* — *Dat. prid. Non. Iul. Constantinopoli.*

459?

c. 62 de Decurionibus (X, 31) — *Imp. Leo A. Constantino P. P.* —
c. 30 de Donationibus (VIII, 54) — *Imp. Leo A. Constantino P. P.* — *Dat. V. Non. Mart. Constantinopoli.*

460—474.

c. 63 de Decurionibus (X, 31) — *Imp. Leo A. ad Senatum* —
c. 2 de Eunuchis (IV, 42) — *Imp. Leo A. Viviano P. P.* —

460.

c. 11 de Advocatis divers. iudi. (II, 7) — *Imp. Leo A. Viviano P. P.* — *Dat. Kal. Febr. Constantinopoli.*

463.

c. 12 de Advocatis divers. iudi. (II, 7) — *Imp. Leo A. Eusebio P. P. Illyrici* — *Dat. X. Kal. Mart. Constantinopoli.*

465?

c. 4 de Praepositis S. Cubiculi (XII, 5) }
c. 22 de Cursu publico (XII, 51) } — *Imp. Leo A. Pusaeo P. P.* —

465.

c. 1 de Officio Comitis Orientis (I, 36) }
c. 3 de His qui sponte munera (X, 43) } — *Imp. Leo A. Pusaeo P. P.* — *Dat. V. Id. Nov. Constantinopoli.*

466.

c. 27 de Episcopis (I, 3) — *Imp. Leo A. Erythrio P. P.* —
c. 6 de His qui ad ecclesias confugiunt (I, 12) — *Imp. Leo A. Erythrio P. P.* — *Dat. prid. Kal. Mart. Constantinopoli.*
c. 2 de Seditiosis (IX, 30) — *Imp. Leo A. Erythrio P. P.* — *Dat. II. Non. Mart. Constantinopoli.*

467—469.

c. 1 de Officio iuridici Alexandriae (I, 57) — *Impp. Leo et Anthemius AA. Alexandro Duci et Praefecto Augustali* —

467—472.

c. 3 de Praepositis S. Cubiculi (XII, 5) }
c. 3 de Castrensianis (XII, 26) } *Impp. Leo et Anthemius AA. Ioanni Comiti et Magistro officiorum*
c. 6, 7 de Fabricensibus (XI, 9) — *Impp. Leo et Anthemius AA. Eufemio Magistro officiorum.*

467—468.

c. 13 de Advocatis divers. iud. (II, 7) — *Impp. Leo et Anthemius AA. Alexandro Duci Aegyptiaci limitis et Praefecto Augustali.*
c. 28 de Episcopis (I, 3) — *Impp. Leo et Anthemius AA. Nicostrato P. P.* —
c. 7 de Principibus agent. in rebus (XII, 22) — *Imp. Leo A. Nicosterio (Nicostrato?) P. P.* —

468.

c. 10 de Legibus (I, 14) — *Epitome graec. const. Leonis et Anthemii* — *Dat. VIII. Id. Febr.*
c. 15 de Episcopali audientia (I, 4) }
c. 8 de Postulando (II, 6) } — *Impp. Leo et Anthemius AA. Nicostrato P. P.* — *Dat. prid. Kal. April. Constantinopoli.* (gemin.)
c. 4 de Canone largit. tit. (X, 23) — *Impp. Leo et Anthemius AA. Heliodoro Comiti sacrarum largitionum* — *Dat. Kal. Iul. Constantinopoli.*
c. 3 de Canone largit. tit. (X, 23) — *Impp. Leo et Anthemius AA. Heliodoro Comiti sacrarum largitionum* — *Dat. VIII. Kal. Aug. Constantinopoli.*
c. 9 de Pactis conventis (V, 14) — *Impp. Leo et Anthemius AA. Nicostrato P. P.* — *Dat. XV. Kal. Sept.*
c. 10 ad Legem Iuliam de Vi (IX, 12) — *Impp. Leo et Anthemius AA. Nicostrato P. P.* — *Dat. V. Kal. Sept.*
c. 8 de Exactoribus tributorum (X, 19) }
c. 1 Ut nemo ad suum patrocin. (XI, 53) }
c. 1 Non licere habitatoribus (XI, 55) } — *Impp. Leo et Anthemius AA. Nicostrato P. P. Orientis* — *Dat. Kal. Sept.*
c. 4 de Bonis maternis (VI, 60) — *Imp. Leo A. Callistrato P. P. per Illyricum* — *Dat. Kal. Sept.*

469.

c. 32 de Episcopis (I, 3) }
c. 8 de Paganis (I, 11) }
c. 3 de Quibus muneribus (X, 48) }
c. 4 Qui militare possunt (XII, 34) }
c. 16 De Re militari (XII, 36) }
c. 9 de Numerariis (XII, 50) } — *Impp. Leo et Anthemius AA. Dioscoro P. P.*
c. 33 de Episcopis (I, 3) — *Impp. Leo et Anthemius AA. Erythrio P. P.*
c. 10 de Contrahenda stipul. (VIII, 38) — *Imp. Leo A. Erythrio P. P.* — *Dat. Kal. Ian. Constantinopoli.*
c. 35 de Episcopis (I, 3) — *Impp. Leo et Anthemius AA. Dioscoro P. P.* — *Dat. Non. Ian. Constantinopoli.*
c. 17 de Collationibus (VI, 20) }
c. 12 de Heredibus instit. (VI, 24) }
c. 4 de Bonis quae liberis (VI, 61) }
c. 3 de Vendendis reb. (XI, 31) } — *Impp. Leo et Anthemius AA. Erythrio P. P.* — *Dat. V. Kal. Mart.*
c. 6 de Secundis nuptiis (V, 9) }
c. 22 de Operibus publicis (VIII, 12) } — *Impp. Leo et Anthemius AA. Erythrio P. P.* — *Dat. II. Kal. Mart. Constantinopoli.*
c. 31 de Episcopis (I, 3) — *Impp. Leo et Anthemius AA. Armasio P. P.* — *Dat. VIII. Id. Mart. Constantinopoli.*

c. 14 de Advocatis divers. iud. (II, 7) — *Impp. Leo et Anthemius AA. Callicrati (Callistrato?) P. P. Illyrici — Dat. V. Kal. April. Constantinopoli.*
c. 34 de Episcopis (I, 3) — *Impp. Leo et Anthemius AA. Erythrio P. P. — Dat. V. Kal. April.*
c. 16 de Episcopali audientia (I, 4)
c. 13 de Iuris et facti ignorantia (I, 18)
c. 42 de Transactionibus (II, 4)
c. 5 de Sponsalibus (V, 1)
c. 8 de Interdicto matr. (V, 6)
c. 3 de Legitima tutela (V, 30)
c. 11 Qui potiores in pignore (VIII, 18)
} — *Impp. Leo et Anthemius AA. Erythrio P. P. — Dat. Kal. Iul. Constantinopoli.* (gemin. I, 4, 16 et V, 1, 5.)
c. 3 Quae sit longa consuetudo (VIII, 53) — *Impp. Leo et Anthemius AA. Alexandro — Dat. VII. Id. Sept.*
c. 11 de Feriis (III, 12) — *Impp. Leo et Anthemius AA. Armasio P. P. — Dat. Id. Dec. Constantinopoli.*

470.

c. 4 de Naturalibus liberis (V, 27) — *Impp. Leo et Anthemius AA. Armasio P. P. — Dat. Kal. Ian. Constantinopoli.*
c. 6 de Diversis rescr. (I, 23) — *Imp. Leo A. Hilariano Magistro officiorum et Patricio — Dat. VI. Kal. April.*
c. 14 de Sacros. eccles. (I, 2) — *Impp. Leo et Anthemius AA. Armasio P. P. — Dat. Constantinopoli.*

471.

c. 29 de Episcopis (I, 3) — *Impp. Leo et Anthemius AA. Zenoni Stratego — Dat. Kal. Iun. Constantinopoli.*
c. 13 de Officio Rectoris provinciae (I, 40) } — *Imp. Leo A. Constantino P. P.* { *Dat. VII. Id. Aug.* } *Constantinopoli.*
c. 14 de Cohortalibus (XII, 58) } — *Imp. Leo A. Constantino P. P.* { *Dat. VI. Kal. Ian.* } (gemin.)

472.

c. 15 de Advocatis divers. iud. (II, 7) — *Imp. Leo A. Dioscoro P. P. — Dat. XVII. Kal. Iun. Constantinopoli.*

473.

c. 1 de Monopoliis (IV, 59) — *PP. III. Id. Febr.*
c. 5 de Bonis quae liberis (VI, 61) — *Impp. Leo et Anthemius AA. Nepotiano Magistro militum Dalmatiae — Dat. Kal. Iun.*

Pith.	Aur.	Cui. 2, 2*.	Lugd.	Rittersh.	Goth.	Ri. Ri*.	Zir.	Amad.	Beck.
. XXVIII, *E.* XXVI	*I.*	XXVIII	XXVIII	XXVI, s. S. XXXII	XXVIII	XXVIII	XVII	XVIII	XIX
I. X	X	X	X	X	X	X	XVIII	XIX	XX
I. XXIX, E. XXVII	*I.*	XXIX	XXIX	XXVII, s. S. XXXIII	XXIX	XXIX	XIX	XX	XXI
I. XI	XI, 1, 2	XI, 1, 2	XI, 1, 2	XI, 1, 2	XI, 1, 2	XI, 1, 2	XX	XXI, 1, 2	XXII, 1, 2
I. XXX, :. XXVIII	*I.*	XXX	XXX	XXVIII, s. S. XXXIV	XXX	XXX	XXI	XXII	XXIII
I. XXXI, *E.* XXIX	XV	XXXI	XXXI	XV	XXXI	XXXI	XXII	XXIII	XXIV
. XXXII, *E.* XXX	XVI	XXXII	XXXII	XVI	XXXII	XXXII	XXIII	XXIV	V
. XXXIII, *E.* XXXI	XVII	XXXIII	XXXIII	XXXI, s. S. XVII	XXXIII	XXXIII	XXIV	XXV	XXV
	s. N., s. S. Val. XVIII	LI	Th. XLVIII, Val. s. N., s. S. XVIII	Val. XVIII	Th. XLVIII, Val. XVIII	LI			XXVI
							I, 1, 2	I, 1, 2	I, 1—3
I. VII	VII, 1	VII, 1	VII, 1	VII, 1	VII, 1	VII, 1			
. XXXIV, :. XXXII,	*I.*	XXXIV	XXXIV	s. N., s. S. XIX	XXXIV	XXXIV			XI
	s. N., s. S. XVII	L	XLVII Th., XVII Val. s. S.	s. N., s. S. XVII	XLVII Th., XVII Val.	L			XIII
	s. N., s. S. XVI	Mart. V	s. N., s. S. XVI	s. N., s. S. XVI	XVI	Mart. V	II	II	XXXVII
I. XLI, :. XXXIX, err. pro XXXVIII	*I.*	XLI	XXXVIII	s. N., s. S. XXIII	XXXVIII	XLI	III	III	II
. XLII, *E.* L, err. pro XXXIX	*I.*	XLII	XXXIX	XL, s. S. XXIV	XXXIX	XLII	IV	IV	IV
. XLIII, *E.* XLI, err. pro XL	*I.*	XLIII	XL	XLI, s. S. XXV	XL	XLIII	V	V	V
. XLIV, *E.* XLII pro LI, 1—3	*I.*	XLIV, 1—3	XLI, 1—3	XLII, 1—3, s. S. XXVI	XLI, 1—3	XLIV, 1—3	VI	VI, 1, 2	VI, 1—3
. XLV, *E.* LIII pro LII, 1—3	*I.*	XLV, 1—3	XLII, 1—3	s. N., s. S. XXVII, 1—3	XLII, 1—3	XLV, 1—3	VII	VII, 1—3	VII, 1—3
. XIX, *E.* VIII, 1, 2	Th. XIII, 1	XIX, 1, 2	XIX, 1, 2	XVIII, 1, s. S. XXIV et XIII, 1 Th.	XIX, 1, 2	XIX, 1, 2	VIII	VIII, 1, 2	VIII, 1, 2

TABULA V,

qua demonstratur cum Aurelianensem editionem et Cuiacianam primam in Theodosii, Valentiniani et Maioriani Novellis inter se convenire, tum Rittershusium ordinem titulorum ex Aurelianensi editione deprompsisse.

NOVELLAE THEODOSII IMP.

Titulus Novellarum.	Cui. 1.	Aurelianensis.	Rittershusius.
Tit.	I—XI	I—XI	I—XI, ut in Breviario (vid. tab. III).
De Repudiis	XII	XII	XII
- Invasoribus	XIII	XIII	XIII
- Episc. ordin	XIV	XIV	XIV
- Ambitu	XV	XV	XV
- Metatis	XVI	XVI	XVI
- Relevatis	XVII	XVII	XXXI, ut P., s. S. XVII

INDEX TITULORUM QUI DESIDERANTUR.

De Patrimonialibus	(XVIII) *)	(XVIII)			(XVIII)	
- Bonis fabricensium	(XIX)	(XIX)	XIII		XIX	
- Amota militantibus	(XX)	(XX)	XIV		XX	
- Navibus	(XXI)	(XXI)	XV		XXI	
- Postulando	(XXII)	(XXII)	XVI		XXII	
- Lenonibus	(XXIII)	(XXIII)	XVII		XXIII	
——	—	—	XVIII		XXIV	de Invasoribus, err.
- Reddito iure armorum	(XXIV)	(XXIV)	XIX		XXV	
Neque domum divinam	(XXV)	(XXV)	XX	s. S.	XXVI	
De Pecunia Afris credita	(XXVI)	(XXVI)	XXI		XXVII	
- Tributis fiscalibus	(XXVII)	(XXVII)	XXII		XXVIII	
- Pretio solidi	(XXVIII)	(XXVIII)	XXIII		XXIX	
- Corporatis urbis	(XXIX)	(XXIX)	XXIV		XXX	
- Negotiatoribus	(XXX)	(XXX)	XXV		XXXI	
- Rescindendis vendit.	(XXXI)	(XXXI)	XXVI		XXXII	
- Scholaribus	(XXXII)	(XXXII)	XXVII		XXXIII	
- Locis reipublicae	(XXXIII)	(XXXIII)	XXVIII		XXXIV	

*) Numeri uncis inclusi in editionibus desunt, sed hic ordinis demonstrandi caussa appositi sunt.

NOVELLAE VALENTINIANI IMP.

Titulus Novellarum.	Cui. 1.	Aurelianensis.	Rittershusius.
Tit.	I—XII	I—XII	I—XII, ut in Breviario (vid. tab. III).
De Confirmatione legum	XIII	XIII	XIII
- Principibus agentium	XIV	XIV	XIV
- Suariis, boariis	XV	XV	XV
- Advocatis		(XVI)	(XVI)
- Afris		(XVII)	(XVII)
- Siliquarum exaction.		(XVIII)	(XVIII)

INDEX TITULORUM QUI DESIDERANTUR.

Titulus Novellarum.	Cui. 1.	Aurelianensis.	Rittershusius.
De Postulando	(XVI)	(XIX)	(XIX)
- Lampadariis	(XVII)	(XX)	(XX)
- Naviculariis	(XVIII)	(XXI)	(XXI)
- Praediis pistoriis	(XIX)	(XXII)	(XXII)
- Successione curialium	(XX)	(XXIII)	(XXIII)
In damnum publicum	(XXI)	(XXIV)	XL } XXIV
De Pantapolis	(XXII)	(XXV)	XLI } ut P., s. S. { XXV
- Tironibus	(XXIII)	(XXVI)	XLII } XXVI
- Palatinis	(XXIV)	(XXVII)	(XXVII)
Ne Duciani	(XXV)	(XXVIII)	XLIV } ut P., s. S. { XXVIII
De Competitionibus	(XXVI)	(XXIX)	XLV } XXIX
- Honoratis	(XXVII)	(XXX)	Omissus est ut ficticius.
- Honoratis et quis	(XXVIII)	(XXXI)	XLVI } ut P., s. S. { XXX
- Officio et numerariis	(XXIX)	(XXXII)	XLVII } XXXI *)

NOVELLAE MAIORIANI IMP.

Titulus Novellarum.	Cui. 1.	Aurelianensis.	Rittershusius.
De Curialibus	I	I	I
- Episcopali iudicio	II	II	II
- Ortu (Ritu) imperii	III	III	III
- Indulgentiis reliquorum	IV	IV	IV
- Defensoribus civitatum	V	V	V
- Aedificiis publicis	VI	VI	VI
- Bonis caducis	VII	VII	VII
- Sanctimonialibus	VIII	VIII	VIII
- Adulteriis	(IX) desideratur textus	(IX) deest textus, sed add. Summa	(IX) **)

*) Martiani Novellae sequuntur eodem ordine, quo in Breviario sunt.

**) Summam et textum, sed sine numero tituli, Rittershusius dedit, illam ex Aurelianensi, hunc ex Pithoei libro. Ex Pithoeo addidit etiam Anthemii Novellas.

TABULA VI,

qua demonstratur, ordinem titulorum in altera Cuiacii et in Ritteri editione inter se convenire et sumptum esse ex indice titulorum Pithoei.

NOVELLAE THEODOSII IMP.

Titulus.	Index Pithoei.	Cui. 2.	Ritter.
Tit. I—XI, ut in Breviario Alarici. Vid. tab. III.			
De Patrimonialibus	XII	XII	XII
- Bonis fabricensium	XIII	XIII	XIII
- Amota militantibus	XIV	XIV	XIV
- Navibus	XV	XV	XV
- Postulando	XVI	XVI	XVI
- Repudiis	XVII	XVII	XVII
- Lenonibus	XVIII	XVIII	XVIII
- Invasoribus	XIX	XIX	XIX
- Reddito iure armorum	XX	XX	XX
Neque domum divinam	XXI	XXI	XXI
De Pecunia Afris	XXII	XXII	XXII
- Tributis fiscalibus	XXIII	XXIII	XXIII
- Episcoporum ordinat.	XXIV	XXIV	XXIV
- Pretio solidi	XXV	XXV	XXV
- Corporatis urbis	XXVI	XXVI	XXVI
- Negotiatoribus	XXVII	XXVII	XXVII
- Rescindendis	XXVIII	XXVIII	XXVIII
- Scholaribus	XXIX	XXIX	XXIX
- Locis reipublicae	XXX	XXX	XXX
- Ambitu	XXXI	XXXI	XXXI
- Metatis	XXXII	XXXII	XXXII
- Relevatis	XXXIII	XXXIII	XXXIII
- Postulando	XXXIV	XXXIV	XXXIV
- Confirmatione	XXXV	XXXV	XXXV
- Lampadariis	XXXVI	XXXVI	XXXVI
- Principibus agentium	XXXVII	XXXVII	XXXVII
- Naviculariis	XXXVIII	XXXVIII	XXXVIII
- Suariis	XXXIX	XXXIX	XXXIX
- Praediis pistoriis	XL	XL	XL
- Successione curialium	XLI	XLI	XLI
In damnum publicum	XLII	XLII	XLII
De Pantapolis	XLIII	XLIII	XLIII
- Tironibus	XLIV	XLIV	XLIV
- Palatinis	XLV	XLV	XLV
Ne Duciani	XLVI	XLVI	XLVI
De Competitionibus	XLVII	XLVII	XLVII
- Honoratis	XLVIII	XLVIII	XLVIII
- Officio et num. praef.	XLIX	XLIX	XLIX
Nov. Val. tit. II de Postulando Nov. 3		L	L
Tit. ult. Nov. Theodosii		LI	LI

NOVELLAE VALENTINIANI.

Tit. I—XII, ut in Breviario Alarici. Vid. tab. III.

NOVELLAE MARTIANI.

Titulus.	Index Pithoei.	Cui. 2.	Ritter.
Neminem exhiberi		I	I
De Indulgentiis reliquor.		II	II
- Praediis civitatum		III	III
- Matrimoniis senatorum		IV	IV
Nov. Val. tit. II de Postulando Nov. 4		V	V
De Testamentis clericor.		VI	VI

NOVELLARUM MAIORIANI

idem ordo est, atque in Cuiaciana prima, nisi quod ultimi tituli numerus et textus appositus est. Vid. tab. V.

TABULA VII,

qua in Novellis Theodosii et Valentiniani demonstratur convenientia Lugdunensis et Gothofredi editionis et simul Lugdunensis editio cum Cuiaciana secunda comparatur.

NOVELLAE THEODOSII IMP.

Titulus.	Editio Lugdunensis.	Editio Gothofredi.	Editio Cuiaciana secunda.
Ordo Titt. I—XXXIV idem est, atque in Cui. 2.			
De Lampadariis	XXXV	XXXV	XXXVI
- Naviculariis	XXXVI	XXXVI	XXXVIII
- Praediis pistoriis	XXXVII	XXXVII	XL
- Successione curial.	XXXVIII	XXXVIII	XLI
In damnum publicum	XXXIX	XXXIX	XLII
De Pantapolis	XL	XL	XLIII
- Tironibus	XLI	XLI	XLIV
- Palatinis	XLII	XLII	XLV
Ne Duciani	XLIII	XLIII	XLVI
De Competitionibus	XLIV	XLIV	XLVII
- Honoratis	XLV	XLV	XLVIII
- Officio et numerariis	XLVI	XLVI	XLIX
Nov. Val. tit. II de Postulando Nov. 3	XLVII	XLVII	L
Tit. ult. Nov. Theod.	XLVIII	XLVIII	LI

NOVELLAE VALENTINIANI IMP.

Titulus.	Editio Lugdunensis.	Editio Gothofredi.	Editio Cuiaciana secunda.
Ordo Titt. I—XII idem est, atque in Breviario Alarici. Vid. tab. III et V.			
De Confirmatione Legum	XIII	XIII	XXXV Theod.
- Principibus agentium	XIV	XIV	XXXVII Theod.
- Suariis	XV	XV	XXXIX Theod.
- Advocatis	(XVI) *)	XVI	Martiani V
- Afris	(XVII) **)	XVII	
- Siliquarum exact.	(XVIII) ***)	XVIII	

*) Sive Nov. Valent. tit. II. de Postulando Nov. 4.

**) Idem est titulus, qui inter Theodosianos XLVII. erat.

***) Non differt a XLVIII. titulo Theodosiano. Iam in Lugdunensi editione sequitur index titulorum Valentiniani, qui desiderantur. Vid. tab. V, ubi numeris (XIX—XXXII) signati sunt. Novellae Martiani ordine non differunt a Breviario. Novellae Maioriani et Anthemii in utraque editione et Lugdunensi et Gothofredi conveniunt cum altera Cuiaciana. Cf. tab. VI.

XVIII
CONSTITUTIONES

QUAS

IACOBUS SIRMONDUS

EX CODICIBUS LUGDUNENSI ATQUE ANITIENSI

PARISIIS A. MDCXXXI.

DIVULGAVIT

AD LIBRORUM MANUSCRIPTORUM ET EDITIONUM FIDEM
RECOGNOVIT ET ANNOTATIONE CRITICA

INSTRUXIT

GUSTAVUS HAENEL

LIPSIENSIS.

A. cIↃIↃcccxliv.

PROSTAT BONNAE APUD ADOLPHUM MARCUM.

Magnas constat concitatas esse inter doctos turbas Gothofredi sententia, qui illas constitutiones, quae modo a Sirmondo editore nomen ferunt, modo propter titulum ad primam appositum constitutiones de Episcopali iudicio vocantur, modo pro appendice Codicis Theodosiani habentur, *spurias* et ab *impostore* aliquo fictas et proinde a Codice Theodosiano removendas esse censuit. Fuerunt, qui Gothofredum malitiae accusarent, quippe qui, quod verum esse sciret, insimularet falsum esse, aut nefario odio in Romanam ecclesiam, cuius auctoritatem augeri intelligeret, incensus, aut invidia stimulatus Sirmondi, qui primus eas edidisset. Alii increpuerunt Gothofredi adversarios. Esse eos clamitant ecclesiae Romanae sectatores, eosque ut aliis scriptis, ita his quoque constitutionibus se decipi aut velle aut pati, quas clerici supposuerint amplificandae suae potestatis caussa; alii denique medium quasi tenentes hanc et illam constitutionem fictam esse affirmarunt, Romanorum imperatorum reliquas. Postremo eorum, qui iunctis armis impetum in Gothofredum faciunt, nihil commune est nisi odium Gothofredi; utrum constitutiones illae Theodosiani Codicis fragmenta sint an separatim collectae, de eo nullo modo consentiunt. Ita controversia per ducentos annos ducta tantum abest, ut longinquitate temporum sedata sit, ut nostra aetate expergefacta sit. Verum ut multae lites de veterum scriptorum locis librorum manuscriptorum ope, qua nulla validior est, tolluntur, ita, cum primum legi Sirmondi, summi viri, opera, hanc quoque doctorum dissensionem, si non omnino, at aliquantum eadem ratione componi posse mihi persuasi. Quare nihil antiquius habui in itinere meo, quam ut libros indagarem, in quibus essent Sirmondi constitutiones aut omnes aut singulae. Neque eventus spem meam frustratus est. Contigit mihi, ut non unum, sed plures eosque vetustissimos libros manuscriptos invenirem, qui non solum confirmarent opinionem meam, verum etiam multas novas res docerent.

Itaque cum constitutiones illas ut ederem [1]), Bonnenses Professores petiissent, constitui apud animum meum de iis, quantum quidem in me esset, exponere [2]). Ac primum quidem editiones, tum codices enumerabo, postremo de rebus disseram, quae in quaestione versantur. Hunc enim ordinem imperat natura rei, cum qui nesciat editiones et codices, neque de quaestionibus recte iudicare possit.

Editionum igitur, servato temporis, quo prodierunt, ordine, tres classes sunt. Prima non amplius tres constitutiones habet, altera unam et viginti, tertia hanc et illam, modo plures modo pauciores quam prima classis, omnino autem pauciores quam secunda. Et primam quidem Cuiacio debemus. Is enim post librum XVI. Codicis Theodosiani sua cura Lugduni MDLXVI. editi apposuit titulum *de Episcopali iudicio* constitutiones illas comprehendentem, quae apud Sirmondum prima, secunda et tertia sunt [3]). Cuiacium reliqui totius Codicis Theodosiani editores praeter Beckium, qui eas omisit, secuti sunt, nisi quod Gothofredus amplissimum commentarium adstruxit, et ex Collatione Carthaginiensi Honorii et Theodosii legem aliquam ad Marcellinum inter Codicem Theodosianum et constitutiones illas male inculcavit, Ritterus commentarium Gothofredi et leges illas eodem ordine repetiit, Italicus autem Ritteri editor Honorii et Theodosii legi totam Appendicem Codicis Theodosiani subiunxit, a Rittero ipso in extrema totius libri parte post Novellas collocatam. Secundam classem acceptam referimus Sirmondo, a quo „*Appendix Codicis Theodosiani Novis Constitutionibus cumulatior Parisiis MDCXXXI.*“ ex duobus codicibus, Lugdunensi atque Anitiensi, qui duodeviginti constitutiones ministrarunt, edita est, adiectis tribus constitutionibus (undevicesima, vicesima et vicesima prima) ex aliis codicibus. Repetita est qui-

1) Voluisse Gothofredum eas edere, Ritterus narrat in praef. C. Th. Tom. VI. P. II: „In eam (sc. Appendicem C. Th. a Sirmondo editam) animadversiones scripturum se esse alicubi professus est Gothofredus, sed fidem non liberavit“, quibus paullo post haec addit: „Erat tamen ideo cum lectoribus communicandum (Opusculum), quod *Gothofredus in Observationibus* ad Codicem ad id saepenumero provocavit.“ 2) Hoc quidem iam feci in dissertatione de Constitutionibus, Quas Iacobus Sirmondus Parisiis A. MDCXXXI. Edidit. Lipsiae MDCCCXL. 4. Eam vero hoc loco, ubi constitutiones ipsae a me eduntur, repetendam esse putavi, nonnullis rebus mutatis aut correctis aut additis. 3) Ex Cuiacii editione transscriptae sunt in Conciliorum Galliae Collectionis Tom. I. Paris. 1789. fol. pag. 755—758.

dem haec Appendix quater[4]), bis in Sirmondi Operibus, Parisiis MDCXCVI.[5]) et Venetiis MDCCXXVIII.[6]), bis quoque in Ritteri Codicis Theodosiani editione, Lipsiensi[7]) et Mantuana[8]); sed tantum abest, ut his editionibus incrementi quicquam ceperit aut emendata sit, ut mendis laboret, maxime in Ritterianis, quarum Lipsiensis ad exemplar Venetum videtur facta esse. Tertiam classem efficiunt illi scriptores, qui cum inquirerent, utrum constitutiones a Cuiacio et Sirmondo erutae Romanae essent an spuriae, earum nonnullas veluti I., II., III., XVII., XVIII. divulgarunt commentariis et critice illustratas, inter quos laudandi sunt Le Gendre, Iungk[9]) et scriptores aliquot historiae, Baronius, Seldenus, alii. Quartamne classem facerem, aliquamdiu haesitavi. Constat enim esse fragmenta c. I., III., VI., XI., XV. in Hincmari, Flori, Reginonis, Anselmi, Ivonis scriptis et in similibus potissimum ecclesiastici iuris libris. Verum cum ibi intermixta sint aliis rebus et frustatim edita, non seorsum, abieci consilium, quod fere ceperam.

Ut editiones, ita codices in tres classes describo, habita numeri legum ratione, quae in singulis codicibus insunt[10]). Et primae quidem classis codices duodeviginti constitutiones complectuntur, secundae septem priores aut hanc et illam constitutionem, sed nunquam ultra septem priores et constitutionis octavae lemma, tertiae denique solas eas constitutiones, quas Cuiacius primus edidit, primam dico, secundam et tertiam.

In primam autem classem tres codices refero: codicem Lugdunensis ecclesiae, Phillippicum MDCCXLV. et Regium Parisiensem MCCCCLII.[11]); ad secundam multo plures: a) S. Germani CCCLXVI., Phillippicum MDCCXLI., Vaticanum Reginae Sueciae MCCLXXXIII., quorum primus c. I — VII. continet, alter c. I., II. et principium c. III., tertius una cum extrema c. III. parte c. IV — VII.; b) Bodleianum MMMCCCLXII. (Seldeni XXXII.) sex constitutionibus auctum I., II., III., V., VI., VII.; c) Regium Parisiensem Suppl. Lat. CCXV. et Ambrosianum C. XXIX., quorum ille lemmata c. I., II., V., VIII. suppeditat, hic quintae et septimae; d) Berolinensem Mss. Lat. CCLXX.', Regium Parisiensem Suppl. Lat. DCCLXXIX. et Lugduno-Batavum CXIX. cum prima modo integra modo truncata constitutione.

Tertiae classis duo codices supersunt, a) Regius Parisiensis MMMMCCCCVI., in cuius membrana XLIII.[b] legem tertiam C. Th. de Religione (XVI, 11) in Breviarium Alarici receptam sequitur titulus *de Episcopali iudicio* cum tribus illis constitutionibus, quas supra nominavi[12]); b) Bibliothecae Capitularis Eporediensis[13]).

---

4) Hauboldus, Institt. Iuris Rom. Liter. Lips. 1809. 8. pag. 263, not. *f* hanc Appendicem et Paris. 1631. 8. et Francofurti ad M. 1642. 8. editam esse narrat: „Paris. 1631. 8. *rec. Frf. ad M.* 1642. 8.“ Quamvis studui Francofurtensem editionem comparare, ne id quidem mihi contigit, ut eam viderem. Primum enim eam frustra quaesivi in Lipsiensibus bibliothecis, deinde scripsi ad amplissimos viros, quos scirem aut bibliothecas antiquis libris refertas ipsos possidere, aut celebratissimis bibliothecis praeesse. Responderunt — Falkenstein, Föringer, Förstemann, Gersdorf, Huschke, Iacobs, Car. de Savigny, Schelling, Schrader, Wunderlich, Zachariae — se editionem illam non habere. Quid quod Haueisen eius mentionem fieri negavit in Catalogo Nundinarum Francofurtensium et in bibliothecarum veterumque librorum catalogis. Verum esse, quod nuntiaverit vir doctissimus, perspexi ex catalogis, quoscunque pervolutavi Lipsiae, neque in aliis libris editio Francofurtensis commemoratur veluti in Fabricii scriptis aut Niceroni (Memoires pour servir à l'histoire des hommes illustres T. XVII. Paris. 1732. 8. p. 169, n. 23) aut in vita Sirmondi. Quae cum ita sint èt editio illa desit in celebratissimis Germaniae bibliothecis, Berolinensibus (Regia et Car. de Savigny), Dresdensi, Erlangensi, Francofurtensi, Gottingensi (cf. Hugo, Götting. gel. Anz. n. 41. d. 15. März 1841. p. 407), Gothana, Halensi, Heidelbergensi, Lipsiensibus (Senatoria et Universitatis), Monacensibus (Regia et Universitatis), Tubingensi et Vratislaviensibus (Regia et Rehdigeriana), ad quas accedit Basileensis, num Francofurti Appendix a Sirmondo unquam edita sit, dubito. Unde Hauboldus rem hauserit, nescio. 5) T. I. p. 705 — 740. 6) T. I. p. 403 — 418. 7) T. VI. Part. II. p. I — XIV. 8) T. VI. Part. I. pag. 280 — 290. 9) Vid. infra not. 52. 10) Cf. quae dixi de codicibus in libro: Thémis ou Bibliothèque du Iurisconsulte. Paris. 1827. 8. p. 155 sqq. 11) Falso ap. Haubold. Opp. Tom. II. p. XCII. not. ** cod. S. Germani 936 omnes dicitur complecti constitutiones a Sirmondo editas; non insunt in eo nisi c. 13 et 20. 12) Hauboldi Opp. T. II. p. 907 (Promuls. p. 10). 13) Nuntiavit mihi Carolus Baudi de Vesme Ecclesiis in Sardinia XIII. Kal. Mart. MDCCCXLIV., duo Breviarii Alariciani codices primae classis in Capitulari quadam Subalpinae regionis bibliotheca nuper repertos esse, saeculi IX. vel X.: „Eorum primus, scribit, incipit a verbis *et manumittendi die festo* (C. Th. II, 8, 1) ad finem Breviarii, qui codex eo dignior, quod inter C. Th. et Novellas exhibeat titulum *de Episcopali iudicio*, ex quo suspicor, et XVI. librum in eo pleniorem haberi. Alter incipit a verbis *precii nomine vilioris* (C. Th. III, 1, 4), desinit *placuit pertinere*, *qui manumissi sunt* (Paul. sent. IV, 1, 16), deficientibus scilicet quibusdam foliis.“ Quo nuntio excitatus petii a viro illustri, ut mihi partes codicum explicaret, et quae ad perspiciendam eorum naturam facerent, rescriberet. Neque dubitavit vir humanissimus desiderium meum explere. Haec enim respondit XIII. Kal. Mai.: „Heri, vesperascente iam die, huc perveni, et literas tuas accepi; atque ecce prima mihi cura est collatio quam petis codicum Breviarii Eporediensium. Addo brevem codicum descriptionem, ex qua videbis, quanti sit eorum alter habendus. Hunc designabo litera α, alterum litera β. Uterque est saeculi IX. vel X. Cod. α incipit a verbis *et manumittendi die festo*, ut olim scripsi. Adest c. 1 *de incestis nuptiis*. Adest item clausula c. 7 *de testamentis*, cuius lectio similis est Rosanbinae. Liber XVI. est e genuino fonte integer et hoc quidem ordine (ex quo intelliges et quam hic codex sit Parisiensi affinis, et unde corruptus sit titulorum ordo in aliis etiam codicibus): Tit. I. *De episcopis, ecclesiis et clericis*: praecedunt leges e Breviario cum interpr.; sequuntur, nulla adposita distinctione, reliquae e C. Th. — *Tit. II, III, IV, V*, ut in C. Th. Titulus VI. *Ne sanctum baptismum* (sic) *iteretur*, habet omissis ceteris titulorum rubricis, continua serie reliqua libri XVI. e genuino C. Th., omissis ubique interpr.; desinit *dat̄ prid̄ īd octōb ravenna uarane uicario consule* (vid. c. 3 tit. XI. deReligione. — C. 22 et 23 *de paganis* ambae adsunt suo loco). Sequuntur VII *de apostatis*, VIII *de Iudaeis*, VIIII *ne christianum*, X *de religione*, iterum descripti e Breviario cum interpp. Tum *Expliciunt libri Theodosii feliciter*. Dein, sequentis paginae initio *De Episcopali iudicio impp̄. arcadius honorius . et | theodosius ā ablauio p̄re p̄r.*“ Iam sequitur diversitas scripturae codicis ab editione prima Sirmondi, quam infra addam. Post eam

Codex, quo Cuiacius usus est, ubi sit, ignoro quidem, sed usum esse Cuiacium alio codice atque Parisiensi MMMMCCCCVI., ex scripturae diversitate cognoscitur. Neque huc, sed in secundam classem referendum esse codicem Phillippicum MDCCXLI., etsi is easdem constitutiones, neque plures neque alias habeat, paullo infra demonstrabo. Praeterea inveni in aliis codicibus fragmenta c. I., III., VI., in Caroli de Savigny codice, in Martisburgensi, Bambergensi, Vindobonensi, Regio Parisiensi MMMMCCLXXVIII., quos quominus alicui classi tribuam, eaedem caussae me impediunt, quae me editionum classes augere prohibuerunt.

Enumeratis codicum classibus de singulis codicibus disserendum est. Lugdunensem a me frustra in bibliothecis quaesitum esse, alio loco dixi [14]). Eum Sirmondus in Praefatione Appendicis Codicis Theodosiani continuisse dicit synodos partim Africanas partim Gallicas [15]), Dionysium autem et synodos Gallicanas in Praefatione Conciliorum Galliae [16]). Concinit igitur cum reliquis primae classis codicibus. Eorum vetustissimus est Phillippicus MDCCXLV. (olim Claromontanus DLXIX., postea Meermani DLXXVIII.), ubi conciliis Galliae, quorum ultimum Matisconense I. est anno DLXXXI. habitum, Sirmondi constitutiones additae sunt [17]). Constat ex duabus partibus. Etenim usque ad membranam LXXXVII. literis scriptus est, quas a forma quadratas appellant, maximam partem uncialibus maioribus et formosis, nisi quod post membranam LXVII. librarius nonnunquam tremebunda manu scripsit; altera pars picta est literis, quae minusculae nominari solent, quamquam procerae et pingues sunt, inprimis literae *l*, *d*, *p*, et cum interiectae sint literae unciales, non multum differunt ab illo genere scripturae, quo veterum codicum librarii utebantur. Puto igitur priorem codicis Phillippici partem primis

---

Vesmius ita pergit: „In libro XVI. codex consentit cum ed. 1566, non cum codice Parisiensi; cf. Summaria tua, pag. XI. Novellae sunt e Breviario. Caius non est in libros distributus; titulus *de substitutionibus* deest. Paulum, Codices Gregorianum et Hermogenianum non animadverti e genuinis fontibus locupletatos. Fragmentum Papiani sequitur integra longior appendix, ut in cod. Par. 4406, non Klenziano ordine, sed eo, quem ipse statuis. Atque hic codicis finis. De cod. β vix habeo, quod addam iis, quae olim scripsi. Est item primae classis, sed deficientibus passim foliis mutilus, et purum exhibens Breviarium. C. 1 *de incestis nuptiis* deest. Caius in duos libros divisus est. Tit. *de substit.* item deest. En, festina manu, ex iis, quae petis pleraque misi; reliqua proximis literis.“ 14) Hauboldi Opp. Tom. II. p. XCIV. not. 15) „Habes igitur primo loco Imperatoriarum aliquot legum collectionem. cui dum nomen ac titulum quaerimus, Appendix Codicis Theodosiani dici posse idcirco visa est, quod ab iis tribus constitutionibus incipiat, quae Codici Theodosii appendicis loco subiici consuerunt. Cum his enim tribus coniungi et reliquas consuesse, quas nunc damus, docent veteres Scintillae, ut vocabant, seu breviaria Codicis Theodosiani, in quibus harum quoque nostrarum titulos sub finem et lemmata videre est. Ceterum codex Lugdunensis Ecclesiae, unde has primum descripsimus, et Anitiensis alter, cum quo postea contulimus, non Theodosianas leges, sed Synodos partim Africanas partim Gallicas continebant.“ 16) „In Lugdunensi, verbi gratia, Ecclesiae Metropolitanae codice, post Dionysianam collectionem, quam primo habet loco Synodi Gallicanae subiiciuntur XVIII. Arelatensis I. Valentina, Regensis, Arausicana I. Vasensis I. Arelatensis II. Agathensis, Aurelianensis I. Epaonensis, Arelatensis sub Caesario, Carpentoratensis, Arausicana II. Arvernensis, Aurelianensis III. Aurelianensis V. Arelatensis sub Ravennio, Vasensis II. Arelatensis sub Sapaudo, et alia manu post adiecta Matisconensis I.“ 17) Hauboldi Opp. T. II. p. XCII. not. **. In *Catalogo MSS. Codd. Collegii Claromontani* p. 203, n. 569 de hoc codice haec referuntur: „Codex membranaceus in fol. quadratae formae (constans foliis 116) saeculo VIII, charactere rustico maiori exaratus ac initio mutilus. Ibi continentur Collectio canonum Galliae — Notitia provinciarum et urbium Gallicanarum — Encyclica Leonis Papae adversus Hilarium, Arelatensem Episcopum — Rescripta varia Imper. Constantini, Valentiniani, Theodosii et Honorii. Labbaeus in sua conciliorum editione adornanda non videtur adhibuisse hunc codicem, in quo inserta sunt duo folia saeculo IX exarata, ubi habentur excerpta ex concilio Trecensi anni 878, epistolae Hincmari Remensis ad Imper. Carolum Calvum et alia duo scripta mutila.“ Catalogi Claromontani vv. repetita sunt in *Catalogo bibliothecae Meerman.* Mss. Lat. T. III. p. 99, n. 578: „In membr. saec. VIII. fol. 116, charactere rustico maiori, forma quadrata, initio mutilus, summis foliorum oris valde exesis. Inserta sunt duo folia, saec. IX. exarata, ubi habentur excerpta ex concilio Trecensi anni 878, epistolae Hincmari Remensis ad Imper. Carolum Calvum et lectio evangelii secundum Marcum.“ Utroque loco codicis partes negligenter expositae sunt. Haec enim insunt: fol. 1^{a} . . . . . niorem consequant' . . ut nullus epīs alium epīsm inculcet. expl. Chanones quos fecerunt epī sexcenti in civitate arelatensi. amen XV. Statuta synodi apud ecclesiam Valentinam Gratiano IV. et Aequitio Coss.; fol. 2^{a} XCI. Statuta concilii Foroiuliensis (pag. aversa huius folii vacua est); fol. 3 XCII. Synodus habita in civitate Regensi; fol. 6^{a} Constitutio XXVIII scāe synodus Arausic.; fol. 11^{a} Concilii Vasensis c. 4—7; fol. 12^{b} Concilii Arelatensis (II.) c. 1—36; fol. 16^{a} Concilii Agatensis c. 1—35 (fol. 23 pag. aversa vacua est); fol. 25^{b} Concilii Aurelianensis (I.) c. 1—27; fol. 30^{b} Concilii Epaunensis c. 1—40 (fol. 35 et 36 pag. aversae vacuae sunt); fol. 37^{b} Constitutio Sanctorum episcoporum, qui in civitate Arelatensi ad dedicationem Basilicae S. Mariae convenerunt; fol. 39^{b} Concil. Carpentoractensis c. 1; fol. 40^{b} Capitula XXI S. Augustini, quae debeant publica voce legere et manu propria suscribere, in quibus suspicio est, quod manichei sint; fol. 45^{a} Concilii Arausici c. 1—25 (fol. 46 partim vacuum est); fol. 52^{b} Synod. Arvernensis c. 1—18; fol. 56^{a} Synod. Aurelianensis II. c. 1—36 (fol. 64 pag. aversa vacua est); fol. 68 Concilii Aurelianensis III. c. 1—23 (fol. 69 pag. adversa et fol. 75 pag. aversa vacuae sunt). Dicendum est omnia concilia, quae modo commemoravi, subscriptiones plenas habere. Fol. 80 Exemplar epistolae generalis, quae ad aepiscopus invitandus (sic) in causa insulae Lerinensis missa est, et sequuntur statuta Concilii Arelatensis anno 524 habiti; fol. 82 Concilii Vasensis (II.) c. 1—7 (fol. 82 pag. secunda vacua est); fol. 85^{b} — 87 Conc. Arelatensis c. 1—4 (fol. 86 pag. adversa et fol. 87 pag. aversa vacuae sunt); fol. 88^{a} Adnotatio provinciarum atque urbium gallicarum ab alia manu scripta; fol. 91 Epistola Leonis ad Concilium Viennense; fol. 97^{a} Synodus Matesconensis I. c. 1—20; fol. 101^{b} sqq. Constitutiones a Sirmondo editae. Ceterum in fol. 34^{b} haec vv. scripta sunt: *Primus gradus pater mater secundus patrueles qui et germani vocantur fratres ideo vocantur qui de duos viros procreantur in una femina qui et uterini sed non est gradus si vero de primo grado filius et filia fuerit agnati sunt et cognati iste est secundus gradus. qui ab ipsis procreantur consubrini vocantur quod est gradus tercius. idem qui ab ipsis procreati uterini vocantur subrini et est gradus quartus.*

saeculi octavi annis, alteram paullo post scriptam esse. Maxima vero codicis pars, quae videtur Dionysii librum continuisse, periit. Deesse enim priores XXII quaterniones, cognoscitur ex numero XXIII., quo membranae octavae pagina aversa signata est. Cum eum primum vidi, videbar mihi codicem Lugdunensem deprehendisse; mox errorem intellexi ex verborum, si quidem Sirmondus recte legit, diversitate et ex concilio Matisconensi I., quod in Lugdunensi codice ab alia manu [18]), hic ab eodem librario scriptum est [19]).

Phillippico recentior est codex Reg. Parisiensis MCCCCLII. (olim Colbertinus CCCCXLIX., Regius MMMDCCCLXXXVII.) saeculo X. in membranis quadruplicatis scriptus. Quid complectatur, docet Catalogus Bibliothecae Regiae [20]), ex quo hic quoque constitutiones illas concilio Matisconensi I. additas esse perspicitur. Consonare igitur inter se utrumque codicem Parisiensem et in ea parte, quae restat Phillippicum clarum est, et recte illum Sirmondus in Praefatione Appendicis Codicis Theodosiani synodos partim Africanas partim Gallicas continere dicit. Esse enim eundem Anitiensem, quo Sirmondus usus sit, apparet cum ex verbis, quae Stephanus Baluzius in priore folii primi pagina inscripsit: „*Hunc codicem Canonici Anitienses Bibliothecae Colbertinae donarunt anno MDCLXXXI.*“, tum ex iis, quae ab antiqua manu inscripta sunt in priore membranae secundae pagina: „*Liber oblatus ad altare Sce Marie | Anitiensis Eccle Dono Adelardi Eiusdem | Sedis Epi.*“ Sed non solum loco, quo constitutiones inveniuntur, codices illi inter se consonant, verum etiam numero legum, defectu tituli generalis, ultimis verbis [21]), aliis rebus, quas descriptio codicum infra addita docet. Utrum autem codex Anitiensis apographum sit Phillippici aut Lugdunensis, an aliunde transscriptus, id non audeo dicere; pessime enim scriptus est.

Codicis Reg. Parisiensis MMMMCCCCVI. partes accurate ad literas meas enumeravit Hauboldus, Eporediensis clarissimus Vesme *), de altero Phillippico MDCCXLI. et S. Germani CCCLXVI. nonnulla retuli in Hauboldi Opusculis [22]), quibuscum conferantur, quae infra de eorum partibus dicta sunt. Est autem codex

---

18) Vid. supra not. 16. 19) *Editores Conciliorum Galliae.* Paris. 1789. fol. p. IX. et 945 videntur utrumque codicem pro uno habere. 20) *Catalogus Codicum Manuscriptorum Bibliothecae Regiae.* Pars Tertia. Tomus Tertius. Parisiis 1744. fol. p. 114: „Codex membranaceus, olim Colbertinus. Ibi continentur: 1. Canones Apostolorum. praefixus index rerum hocce volumine comprehensarum. 2. Canones concilii Nicaeni. 3. Canones concilii Ancyrani. 4. Canones concilii Neocaesariensis. 5. Canones concilii Gangrensis. 6. Canones concilii Antiocheni. 7. Canones concilii Laodicensis. 8. Canones concilii Constantinopolitani. 9. Canones concilii Chalcedonensis. 10. Canones concilii Sardicensis. 11. Canones concilii Carthaginensis. 12. Canones conciliorum Africanae provinciae. 13. Epistolae decretales Summorum Pontificum, *Syricii*, *Innocentii*, *Zosimi*, *Bonifacii*, *Caelestini*, *Leonis*, *Hilarii*, *Simplicii*, *Felicis*, *Gelasii*, *Anastasii*, *Symmachi et Gregorii.* 14. Concilia antiqua Galliae, scilicet Arelatensia, Taurinatense, Valentinum primum, Foroiuliense, Regense, Arausicanum primum, Vasense, Agathense, Aurelianense primum, Epaonense, Carpentoratense, Arausicanum secundum, Arvernense, Aurelianense secundum et tertium, Vasense secundum, cui subiicitur epistola *Leonis*, Papae, ad Episcopos provinciae Viennensis, et Matisconense primum. 15. *Constantini magni* et aliorum quorundam Imperatorum constitutiones de privilegiis Episcoporum et Ecclesiarum. 16. *Vigilii*, Papae, epistola ad Profuturum, Episcopum Bracarensem. 17. Notitia provinciarum et civitatum. 18. Instrumentum quo probatur Moriensem ecclesiam antiquitus Viennensi subditam fuisse. Is codex decimo saeculo exaratus videtur.“ — Consuluit hunc codicem Gothofredus ad v. *actores* c. 2 Sirm. (ed. Ritt. p. 346, not. *r*) memoratque in not. ad c. 39, 47 C. Th. de Episc. (XVI, 2), c. 64 C. Th. de Haeret. (XVI, 5), c. 5 C. Th. de Iudaeis (XVI, 8), c. 1 C. Th. Ne Christ. manc. (XVI, 9), c. 19 C. Th. de Paganis (XVI, 10). Apographum in not. c. 5 et 1 citt. ex codice Anitiensi ad se delatum esse narrat a Cl. Puteano; innotuisse igitur videtur codex Puteano, antequam a Sirmondo editus est; nam postea non opus erat transscribere eum. Cf. etiam *Conciliorum Galliae Collectio* cit. Praef. p. V. — *Constitutiones* Sirmondi complent fol. 188 ᵇ et sqq. usque ad fol. 196 ᵃ. Numeri constitutionum maximam partem desunt in codice, ob quam rem nonnunquam ab iis numeris, qui apud Sirmondum et in Phillippico codice sunt, differunt. Lemmata secunda manus, sicubi deerant, adscripsit. 21) Terminantur v. *cognitio* c. 18 Sirm. *) Vid. supr. not. 13. 22) T. II. p. XCIII — XCVI. Codex Phillippicus in *Catalogo Manuscriptorum Codicum Collegii Claromontani*, n. 496 et in *Catalogo Bibliothecae Meermanianae* l. c. p. 98, n. 571 ita describitur: „Codex membranaceus in fol. quadratae formae, saeculo IX exaratus. Ibi continentur: 1.° S. Gregorii Papae Rescripta quaedam cum epistolis ad ipsum directis. 2.° Excerpta ex capite 8° libri Novellarum D. Valentiniani (Imperatoris). 3.° Caput XIIum earundem ex interpretatione sententiae de Episcopali Iudicio. 4.° Capitula ex Romanis Synodis Apostolicorum Eugenii et Leonis. 5.° Canones Apostolorum, quibus praeponuntur Glossae (hic ad marginem legitur recentiori manu scriptum: Hinc incipit Collectio Canonum antiqua, quae vulgo Corpus canonum dicitur et edita habetur Moguntiae ann. Christi 1525 sub titulo: Canones Apostolorum etc.). Is codex fol. 205 complectens fuit olim S. Remigii Remensis.“ — Recte, nam vv. *Liber S. Remigii* inveni quinquies, fol. 35 ᵇ, 36 ᵇ, 37 ᵇ, 38 ᵃ et fol. 83, ubi scriptum est: *Lib. Sci. Remigii Rem. Vol. XXIIII.* Priora septemdecim codicis folia desunt, praeterea duo folia in medio codice; insunt autem: fol. 1 Gregorii epistolae quaedam; fol. 2 Epistola ad Maximum, Benedictum et caeteros Hispaniarum in partibus constitutos episcopos Melciadis; fol. 2 ᵇ Constitutio Dionysii de distantia parrochiae et Diocesis; fol. 3 ᵃ Epistola Gregorii III. ad Bonifacium „Desiderabilem mihi a te“; fol. 3 ᵇ Epistola Felicis ad Gregorium P., ubi in m. annotatur: „*Non est edita*“; fol. 5 ᵃ Rescriptum S. Gregorii P. ad Felicem: „Caput nostrum“; fol. 7 ᵇ Novella Valentiniani de Triginta annorum praescriptione; fol. 9 ᵃ Interpretatio Nov. Valentinianae de Episcopali Iudicio; fol. 11 ᵃ Epistolae diversae Gelasii, Augustini de adulterio et fornicatione; cap. 21 Concil. Toletani et cap. 7 Concilii Vasensis; fol. 13 ᵃ Epistola Hincmari ad Carolum Calvum Regem: „Sacrum carth. concilium dicit“; fol. 16 ᵇ Capitula novem ex Romanis synodis Apostolorum Eugenii atque Leonis Quarti; fol. 17 ᵇ ex Iuliani Epit. Novell. cap. 366 et 511; fol. 18 Nicolai P. decret. c. 220; Conc. Tolet. V. c. 35, 70, 71; c. 2 ex Conc. Matiscon.; ex Gelasio P. c. 11; cap. ex Conc. ap. Altheiam habito; c. 6 Conc. Remensis; c. 47 Conc. Carthag.; c. 54 Conc. Arausici; Epistolae P. Pii, Augustini, Alexandri; cap. Augustini de Civitate Dei; cap. ex Decretis P. Iulii; cap. Augustini ex eius dictis; quod tricennalis possessio firma sit; de

Phillippicus scriptus exeunte saeculo X. in membranis quadruplicatis, quarum CCVIII supersunt. Codex S. Germani [23]) ex CCXXXVII membranis, itidem quadruplicatis constat, et aetate paullum superat Phillippicum. Uterque legum et sententiarum ex Breviario Alarici, Theodosiano Codice et constitutionibus Sirmondi descriptarum magnam copiam, quae si codices integri essent, inter se non differret, continet, et ut codices primae classis

---

presbyteris nihil habentibus; de libertinis, qui a patrocinio ecclesiae discesserunt; de consuetudinibus ecclesiasticis, quae nunc sunt contra fidem; de sacramento corporis et sanguinis domini; de cottidiana perceptione eucharistia; fol. 19^a Glossae Canonum Apostolorum; fol. 22^a Notae Iuris; fol. 28^a Canones Apostolorum, veterum Conciliorum constitutiones, decreta pontificum eodem ordine, quo sunt in editione Io. Wendelsteini, Moguntiae 1525. fol. (Canones Apostolorum Veterum Conciliorum etc.), sed omisso Concilio Ephesino et tractatu de primatu Ecclesiae Romanae. Legitur haec collectio usque ad fol. 176^b, ubi dicitur: *Iste liber finitus est Deo Gratias Amen.* Fol. 176^b Enumeratio Conciliorum Apostolorum; fol. 177^a Epistola Augustini consacerdoti Senisanctippo: „Officio debito meritis tuis"; fol. 177^b Epistola Paulini episcopi Foroiuliensis contra Felicem hereticum de Heistulfo qui uxorem suam occidit caussa adulterii propter unius testimonium; fol. 178^b Enumeratio sex Conciliorum universorum; fol. 179^a add. rubrica *Incipit Liber XVI.* et sequuntur: I. c. 2, 3 C. Th. de Fide Cathol. (XVI, 1); II. c. 2, 12, 23, 35, 39, 44 (et omnes quidem cum interpret.) C. Th. de Episcopis, Ecclesiis (XVI, 2); III. c. 1—4, 8, 10, 14, 16, 19, 20, 26, 29, 30, 31, 34, 36, 38, 40, 41, 47 eiusd. tit. et c. 2 C. Th. de His, qui super relig. (XVI, 4); IV. c. 1, 4, 51—53, 60, 59, 63 C. Th. de Haeretic. (XVI, 5); V. c. 4 C. Th. Ne Sanct. Baptisma (XVI, 6); VI. c. 3, 1 C. Th. de Apostatis (XVI, 7); VII. c. 1, 5, 7, 6, 16, 27, 28 C. Th. de Iudaeis (XVI, 8); VIII. c. 1, 2, 5 C. Th. Ne Christianum mancip. (XVI, 9); IX. c. 10, 21 C. Th. de Paganis (XVI, 10); X. c. 1—3 C. Th. de Relig. (XVI, 11); XI. c. 1, 2 et pars c. 3 Sirmond. usque ad vv. *sibi nomina vindicant* sub tit. de Episcopali iudicio. Post haec inter fol. 189 et fol. 190 desunt duo folia, et pergitur in folio 190 in vv. c. 9 C. Th. de Accus. (IX, 1) *proposita sit, si vera detulerit.* Haec sequuntur c. 10 C. Th. de Accusation. (IX, 1); interpretatio Novellae I. Martiani: „Neminem exhiberi" et sub finem interpretationis haec vv.: „*Secundum has leges decrevit carthaginense concilium capitulum XXX*"; c. 11, 12, 14, 15, 18, 19 C. Th. de Accusat. (IX, 1) cum interpr.; c. 1, 2 C. Th. de Constitt. pr. (I, 1); interpretatio Novellae Valent. de Episcopali iudicio et Novella ipsa; fol. 192 Epistola S. Gregorii ad Iohannem et Hilarii Leontio, Verano, Victorio episcopis; 193^a Epistola Symmachi P. ad Caesarium epm; 194—208 Collectio septem Conciliorum Africae, quae finiuntur c. 85 Concilii Carthaginiensis IV.; folio 208 assuta sunt duo folia literis quadratis scripta cum vita S. Theodorae.

23) Codice S. Germani 366, de quo nonnulla dicta sunt in Conciliorum Galliae Collectione l. c. p. VIII. n. XXI., haec continentur: fol. 1, 2 Notitia Provinciarum ecclesiasticarum; fol. 2 c. f. Isidori Mercatoris praefatio; fol. 7 Praefationis alterius Collectionis quam Petrus de Marca in monasterio Rivipullensi invenit fragmentum; fol. 8^b Constitutio Dionysii de distantia parochiae; fol. 9 Collectionis quam Pasc. Quesnellus sub finem operum Leonis edidit, praefatio, sed pluribus Rufini verbis descriptis auctior; fol. 10^b Isidori Hispalensis Orig. lib. VI. c. 15; fol. 12^b Glossarium seu interpretatio quarundam vocum, quae in canonibus adhibentur; fol. 13—151^a. Collectio a Wendelsteino edita (ut in cod. Phillippico); fol. 151. Ordo veteris testamenti; fol. 153^a Poenitentiale Theodori; fol. 156^b Martini Bracarensis episcopi capitula; fol. 163^a Hadriani P. capitula Angilramno episcopo tradita; fol. 167^a Symmachi P. P. epistola; fol. 167^b Concilium Carthaginiense I—VI.; fol. 185 Tractatus anonymi de coniugio et viduis; fol. 187^b Series constitutionum ex C. Th. et ex Novellis depromptarum (ut in cod. Phillippico, hac differentia, ut hic, quia folium unum excidit, desint c. 59, 63 C. Th. de Haeret. (XVI, 5) et c. 4 C. Th. Ne Sanct. Baptisma (XVI, 6; vid. ed. meam Codicis Th. XVI, 5, 60, not. *i*); contra codex S. Germ. amplius habeat part. c. 3, c. 4—7 Sirmond., quarum c. 4 et 5 dicuntur esse *tit. XII.*; c. 6 *tit. XIII.*; c. 7 *tit. XIV.*; c. 1, 5 et part. c. 9 C. Th. de Accus. (IX, 1), et sub finem primo loco ponatur Novella Valent. de Episcop. iudicio, deinde Novella de Triginta ann. praescr. et ultimo loco interpret. Novellae Valent. de Episc. iud.); fol. 201^b Gelasii P. aliorumque testimonia pro tricennali lege et de aliis principum legibus servandis; fol. 203 Fragmentum Augustini lib. II. de Adult.; fol. 204^b Leonis Bituricensis episcopi, Victorii et Eustachii epist. de causis et iudiciis clericorum; fol. 208 Fragm. epist. Gregorii M. ad Iohannem, prim. Lusitaniae archiepiscopum; fol. 209^a Gregorii epist. ad Felicem Serdicae episcopum, ad Columbum et Victorem; fol. 210 c. 2 cum interpr. C. Th. Fin. reg. (II, 26); Nov. 1, 2 Valentin. de Invasoribus; fol. 211 ex Pauli Sent. cum interpret. §. 7, 8, 10, 13, 14, 16, 22 de Iniuriis (V, 4); §. 1, 5, 6, 7, 8, 10 de Effectu sentent. (V, 5); §. 1, 2 de Delator. (V, 13); tit. de Quaest. habendis (V, 14); §. 1, 3 de Testibus (V, 15); §. 1, 3 de Servor. quaest. (V, 18); §. 1 de Abolit. (V, 19); fol. 213^b cum interpr. c. 2 C. Th. de Re iudic. (IV, 16); c. 2, 5 C. Th. de Sententiis ex per. rec. (IV, 17). Hunc igitur codicem intelligit Go. in Comm. c. 2 C. Th. de Sententiis ex per. recit. (IV, 17): „Illud non abnuo, in MSS. Sirmondi, quem ipse vidi, cum in Comitatu Regis Christianissimi agerem, hanc vocem ita expressam, etiam in *Rubrica huius* tituli." Post interpr. c. 2 haec leguntur in fol. 214: *Secundum has leges decreverunt canones cartagn. concilii cap. XV cap. XVIIII et cap. XX et africani concilii cap. LXV et cap. LXXII et cap. LXXXVIII et LXXXVIIII et XC et Sanctus Gregorius multoties sicut subsequitur Gregorius:* „romano defensori Siciliae Pervenit ad nos", et sequuntur excerpta ex Gregorio. Fol. 216^b c. 2, 3, 7, 9, 10, 12, 13 C. Th. de Fide test. (XI, 39) partim sine interpr.; fol. 217 tit. ex Paulli Sent. Quando appell. (V, 32) cum interpr.; §. 1, 2, 4 de Cautionibus (V, 33) cum interpr.; tit. de Dimiss. Literis (V, 34); et seqq. libri quinti tituli, ut sunt in codicibus Breviarii primae classis. Post interpretationem ult. tit. haec vv. leguntur: „*In Africano Concilio cap. LXVIII de Sententia ferenda in contumacem in libro IX Theodosianae legis cap. XXVIII,*" et sequitur c. 3 C. Th. de Calumniat. (IX, 39) cum interpr.; c. 1, 20 C. Th. Quorum appellat. non rec. (XI, 36) cum interpr. et c. 21 eiusd. tit. sine ipsius legis vv. Interpretationi c. 21 haec vv. add. in fol. 219^b: „*Et in subscriptione synodi Calcedonensis de dioscoro alexandriae urbis epo scriptum est. Qui tertio conventus per reverentissimos patres et coepiscopos nostros admonitione canonica venire contemsit conscientiae detentus archano ipse contra se damnationis sententiam provocavit. Verum patrum saepius statuta conculcans. Epistola Sixti P. Leonis Quod ergo*" etc.; fol. 220^b c. 1, 2 C. Th. de Fructibus et lit. exp. (IV, 18) cum interpr.; c. 1 C. Th. de Usur. rei iud. (IV, 19) cum interpr.; c. 1, 3 Quib. bon. ex L. Iulia (IV, 20) cum interpr.; c. 1 C. Th. Quor. bonor. (IV, 21) cum interpr.; c. 1—6 C. Th. Unde vi (IV, 22) cum interpr.; Novellae Valentinianae de Episcopali iudicio §. 1, 2 cum interpr.; fol. 224 Epistola P. Gelasii ad Anastasium de Acacio; fol. 224^b Decretorum Gregorii Papae urbis Romae et epistolarum, aliorumque pontificum et conciliorum decretorum, ut refert nova manus in codice: „excerpta ex iis quae ad causas praesertim clericorum attinent accommodata. Postrema vero ad virgines, viduas, monachos

Dionysianam collectionem, eam vero aliis rebus adiectis, ad Dionysium non pertinentibus, aliis omissis, quae in codicibus primae classis aut omittuntur aut adduntur. Lacuna, quae in codice Phillippico post membranam CLXXXIX. est, suppletur duabus membranis codici Vaticano Reg. Sueciae MCCLXXXIII.[24]) assutis, quas invenit Heimbach, amicus suavissimus, et postea descripsit mihique transmisit Urlichs, vir officiosissimus. Sunt illae eiusdem formae, scripturae, aetatis, atque codex Phillippicus, incipiunt eodem loco, quo hic desinit, desinunt, quo incipit. Quare dubitari non potest, quin membranae Vaticanae a Phillippico codice avulsae sint, neque plures quam duo hoc genus codices ad nos pervenerint, S. Germani CCCLXVI. et additis membranis Vaticanis Phillippicus MDCCXLI., uterque continens septem primas Sirmondi constitutiones.

De codice Seldeniano sive Bodleiano multa dicere non opus est, qui descriptus sit[25]). Quamquam igitur easdem leges praeter quartam habet, quae in S. Germani codice et in Phillippico, addito Vaticano sunt, locorum tamen, in quibus sunt, magna est differentia, cum in his codicibus ad librum XVI. Codicis Theodosiani annectantur, in Seldeniano codice sparsae sint per eiusdem libri titulos.

Hactenus commemoravi codices praestantissimos, reliqui non magni faciendi sunt, neque vero plane negligendi. Nam in Ambrosiano codice lemmata c. V. et VII. indici titulorum Codicis Theodosiani addita sunt, et illa c. I., II., V., VIII. in Regio Parisiensi Suppl. Lat. CCXV. ultimo Codicis Theodosiani titulo. Pariter in codice Regio Parisiensi Suppl. Lat. DCCLXXIX. c. I. dicitur deprompta esse ex libri XVI. Codicis Theodosiani titulo VI., id est XI., quem numerum librarius scribere debuit. Eundem locum c. I. in codice Lugduno-Batavo CXIX. tribui, etsi antecedit, non sequitur Breviarii epitomen, perspicitur ex verbis praemissis: „*XI In Libro XVI Theodosii De Episcopali Iudicio.*“ Ita in Berolinensi quoque codice Mss. Lat. CCLXX. accipienda sunt vv., quae superscripta sunt c. I.: „*cap. XII teudosii VI*“, ubi manifesto errore *VI.* pro *XVI.* positum est. Denique Berolinensis codex constitutionem primam totam praeter subscriptionem exhibet. Omnes igitur cum reliquis secundae classis codicibus in eo consentiunt, ut constitutiones, quae insunt, cum ipso Codice Theodosiano cohaereant.

Sed supersedeo multa addere; nam duo codices accurate descripti sunt: Ambrosianus a Clossio[26]) et a me*), Berolinensis a me[27]) et a clarissimo Klenzio[28]). Reliqui ad Breviarium pertinent, in cuius editione a me commemorabuntur. Restat igitur codex S. Germani DCCCCXXXVI. (Reg. Par. Suppl. Lat. XXVI.), in quo Sirmondus praeter c. XIII. invenit appendicis suae c. XX. a me positam inter constitutiones ecclesiasticas, quas ut colligerem et in alio Corporis Iuris Anteiustinianei fasciculo ederem, mandatum est. Cui tribuam classi, ignoro; est enim habitus codicis plane singularis, neque vero obloquor, si quis eum secundae classi assignet. Inesse amplissimam collectionem canonum vetustissimis literis scriptam, iam demonstravit Coustant[29]). Sed quamvis multis verbis de codice disserat, tamen alia omittit, quae debebat commemorare[30]), alia non recte indicat, ut larga mihi esset de eo disputandi materia, nisi perdidissem chartas, in quibus singulas codicis partes consignaveram. Eum vero recordor olim fuisse in monasterio Corbeiensi; idem igitur est, ex quo Sirmondus c. XX. edidit et c. XIII. emendavit.

Descripti sunt in superioribus codices, quibus continerentur constitutiones. Summa haec est: primum plus quam duodeviginti constitutiones in uno codice nusquam esse, cum Sirmondus se constitutiones XIX., XX., XXI. ex aliis codicibus edidisse ipse dicat[31]); deinde constitutiones illas, si in quo codice omnes aut certe tribus

---

a proposito discedentes pertinent“; fol. 237 [a] Iuliani epit. Novell. cap. 366 et 511. — Deprompsi haec ex indice codici adscripto, exceptis iuris Romani locis, quos negligenter ibi indicatos correxi et supplevi. 24) Insunt in cod. Vaticano: pars c. 3 Sirm. inde a vv. *perpetrata contra leges*; c. 4, 5 Sirmond. add. num. XII.; c. 6 Sirm. add. num. XIII.; c. 7 Sirm. add. num. XIV.; c. 1, 5, 9 C. Th. de Accus. (IX, 1) usque ad vv. *coeperit urgere aut vindicta.* Incipiunt igitur haec fragmenta eodem loco, quo desinit fol. 189 codicis Phillippici, desinunt, ubi incipit fol. 190 eiusdem codicis, quare non dubito, quin hae membranae ipsae illae sint, quae desunt in codice Phillippico. Cf. de codice Vaticano *Mar.* Marini degli Aneddoti di *Gaetano Marini.* Rom. 1832. 4. pag. 113. 25) Cf. Stieber ex literis meis in Hauboldi Opusc. pag. XC, XCI, not. *; pag. XCIII, not. ** n. 5; pag. CXXXV. seqq. n. 64. *C.* Witte de Guilelmi Malmesburiensis Codice Legis Romanae Wisigothorum Diss. Vratislaviae 1831. 8. Praefatio mea ad Novellas Theod. etc. 26) Theodosiani Codicis Genuini fragmenta ex membranis Bibliothecae Ambrosianae Mediolanensis nunc primum edidit *W. Fr.* Clossius. Tubingae 1824. 8. p. XVII. sqq. *) Praef. C. Theod. p. IX. sq. 27) In Richteri Annalibus (Kritische Jahrbücher f. deutsche Rechtswissenschaft). Lips. 1837. 8. p. 379. sq. 28) Institutio Gregoriani aus der Pithouschen, ietzt Berliner Handschrift zum erstenmale herausgegeben von *Clem. A. C.* Klenze. Berlin 1838. 8. S. 3 — 6 (Zeitschrift für geschichtliche Rechtswissensch. T. IX. p. 237 sq.). 29) Epistolae Romanorum Pontificum etc. Tom. I. Paris. 1721. fol. Praef. p. LXII. sq. n. 61 — 69. Inde hauserunt fratres Ballerinii ea, quae scripserunt in libro de Antiquis Collectionibus et Collectoribus Canonum. P. II. c. 5 (in Appendice ad S. Leonis Opera. Tom. III. Venet. 1757. fol. p. CXII. sq.). Cf. etiam Montfaucon Bibliotheca Bibliothecarum Manuscriptorum. Paris. 1739. fol. Tom. II. p. 1124. *Conciliorum Galliae Collectio.* Tom. I. Paris. 1789. fol. Praef. pag. VIII. n. XXI. Mabillon de Re Diplomatica. Lutetiae Parisiorum 1709. fol. pag. 356, ubi in tabula VII. specimen scripturae codicis aeri incisum est. *Nouveau Traité de Diplomatique.* Tom. III. Paris. 1757. 4. pag. 218 et tabul. XLVI. n. III., in qua particula c. 13 Sirm. ex codice depicta est; T. VI. Paris. 1765. 4. Table Générale des Matières p. 640 sqq. 30) v. g. c. 13 et 20 Sirmondi. 31) Post c. 18: „*Hucusque codex Ecclesiae Lugdunensis. reliqua partim ex Pithoeano, partim ex Corbeiensi descripta sunt.*“ Constitutionem 19 inveni in cod. Reg. Par. 1564 et in exemplo editionis Codicis Theodosiani, Lugduni 1566, quod inter libros impressos Regiae Bibliothecae Paris. insignitum est num. F. 6. Cf. Hauamplius integrae sint, cohaerere cum collectionibus canonum; tum octo priores constitutiones in Breviarii et in iuris ecclesiastici codicibus, illis exceptis, ex quibus prima classis constat, pro extremis Codicis Theodosiani titulis haberi; porro Seldeni codicem ab omnibus in utraque re differre; denique titulum *de Episcopali iudicio* non inveniri nisi in codicibus secundae et tertiae classis.

Sed antequam venio ad controversias, quae de constitutionibus illis inter doctos fuerunt, paucis inquiram, quae forma earum sit potissimum in primae classis codicibus, quo ordine, loco, auctore, et quo tempore collectae sint. Earum enim rerum omnium tractationem arbitror non levis momenti esse ad dirimendas illas controversias.

Et primum quidem omnes aetate Codicem Theodosianum superant; nam dimidia fere pars ab Honorio et Theodosio imperatoribus data est. Temporis ratio, cum congererentur, habita non est; sed ut sese obtulerant, ita promiscue conscriptae sunt; quo factum est, ut recentissima lex sexta esset, antiquissima penultima. An communem titulum habuerint, dubito, qui neque in Sirmondi codicibus reperiatur, neque in illis, quibus ipse usus sum.

Forma non differunt a Novellis Theodosii et Valentiniani reliquorumque principum, qui ante Iustinianum regnarunt, nam paucis exceptis prologo et epilogo instructae sunt.

Singulis constitutionibus praeposita sunt lemmata, quorum in codicibus secundae classis usus factus est, praeterquam quod priores tres constitutiones omissis lemmatibus titulo *de Episcopali Iudicio*, qui in tertiae etiam classis codicibus est, insignitae sunt et reliquarum lemmata in titulos mutata, ut ad Codicem Theodosianum aptarentur. Quis fecerit lemmata, utrum is, qui constitutiones collegerit, an posterioris aetatis homo, incertum est. Illud suadet vetustas eorum, hoc commemoratio Codicis Theodosiani in lemmatibus c. XVII. et XVIII., quem, si quidem colligenti notus fuisset, non potuisset silentio praeterire, cum duodecim constitutiones per Codicem Theodosianum dispersae sint. Sed idem cadit in posterioris aetatis hominem. Quare lemmata singulis legibus a diversis ante adscripta fuisse arbitror, quam collectae essent. Solebant enim exceptores argumentum legum paucis verbis describere, scriniorum custodes memoriae caussa breves notas apponere. Hoc factum est in c. XVII. et XVIII., a clerico quodam videtur, qui eas in titulo Codicis Theodosiani de Episcopali definitione invenisset. Postero tempore mutata esse lemmata demonstrat diversitas scripturae, quae cum offenditur in codice Lugdunensi et in Phillippico MDCCXLV., tum maior est in secundae classis codicibus. Verum quae tempore prima sint, Lugdunensis codicis an Phillippici, cum Lugdunensis codex aut in tenebris lateat aut interierit, dici non potest.

Quo loco aut in qua terra collectae sint constitutiones, incertum quidem est, neque vero omnino obscurum. Carthaginiensem originem indicant et subscriptio c. IV.: *Data XII. Kalendas Novembris.* ***Proposita*** *VII. Idus Martias Carthagine*, et verba illa, quae Interpretationi Novellae primae Martiani in utroque codice Phillippico MDCCXLI. et S. Germani CCCLXVI. addita sunt: „*Secundum has leges decrevit carthaginense conciliū capitulū XXX*," in hoc solo autem interpretationi c. XVIII. C. Th. de Fructibus et lit. expens.: „*Secundum has leges decreverunt canones Cartaginensis concilii cap. XV cap. XVIIII et cap. XX et africani concilii cap. LXV et cap. LXXII et cap. LXXXVIII et LXXXVIIII et XC et Sanctus Gregorius multoties sicut subsequitur Gregorius*," et interpretationi tituli XXVII. libri V. Sententiarum Paulli: „*In Africano Concilio cap. LXVIII de sententia ferenda in contumacem in libro IX Theodosianae legis cap. XXVIII.*" Quod ad subscriptionem c. IV. attinet, similis formae non desunt exempla in Codice Theodosiano; quid quod c. V. C. Th. de Iudaeis et c. I. Ne Christianum mancipium ex illa c. IV. depromptae eandem subscriptionem habent, neque vero propterea Codex Theodosianus Carthagine factus esse dici potest; verba autem illa, ut mittam, quod in solis secundae classis codicibus, primae non item inveniantur, pertinent ad antecedentes sententias et leges ex Breviario Alarici huc transscriptas [32]). Quare repudianda est Africana origo et quaerenda alia patria. Eam Galliam esse, probabiliter demonstrari potest. Omnes enim codices in Gallia scripti sunt; praecedunt etiam in codicibus primae classis concilia Galliae, quorum canones non raro ex his constitutionibus videntur hausti esse [33]). Quapropter verisimile est [34]), constitutiones Sirmondi in scriniis ecclesiae alicuius Galliae latuisse et nonnunquam

---

boldi Promulsis, Praetermissorum in primis ad Breviarium Alaricianum pertinentium. Lips. 1822. 4. p. 14 (in eiusd. Opp. T. II. p. 915). Ultima c. (21) nullum codicem inveni in quo esset separatim sine aliis legibus scripta, nam in codice Phillippico 1741 reliquis libri XVI. C. Th. legibus interposita est.

32) Quos canones in mente habuerit, qui verba illa scripsit, non potui eruere, sed cf. Cod. Can. Eccl. Afric. c. 19, 30, 62, 65, 93; Epist. Concilii Africani ad P. Coelestinum; Concil. Carthag. II. c. 6, 13; Concil. Carthag. IV. c. 30; Concil. Carthag. VII. c. 2, 3.

33) Const. 3. Cf. c. 6. — c. 4. Concil. Aurelian. III. c. 13; Aurelian. IV. c. 30, 31. Cf. c. 5. — c. 5. Concil. Vasens. I. c. 9, 10; Concil. Matiscon. I. c. 16; — c. 6. Concil. Vasens. I. c. 7; Concil. Agathensis c. 32; Concil. Epaonensis c. 11; Concil. Arvernensis c. 9; Concil. Aurelian. III. c. 32; Concil. Matiscon. I. c. 7, 8, 13; — c. 10. Concil. Arelat. II. c. 3; Concil. Agathensis c. 10; Concil. Aurelian. I. c. 29; Concil. Arvernensis c. 16; Concil. Aurelian. III. c. 4, 16; Concil. Aurelian. V. c. 3; Concil. Matiscon. I. c. 1; — c. 13. Concil. Arausic. I. c. 5, 6; Concil. Arelat. II. c. 30; Concil. Aurel. I. c. 1, ubi lex Romana nominatur (*quod ecclesiastici canones decreverunt et lex romana constituit*).

34) Sententia mea videtur confirmari c. 6, quae in C. Th. in tres leges discerpta est, in c. 47 C. Th. de Episcopis (XVI, 2), c. 62 et c. 64 C. Th. de Haereticis (XVI, 5). In Codice quidem Th. inscripta est Basso C. R. P. et Fausto

ab episcopis, ut eas consulerent, adhibitas fuisse, mox autem a clerico aliquo aut sua sponte aut de alicuius sententia atque auctoritate non solum illas, quibus uterentur, sed etiam quotquot in scriniis ecclesiae invenirentur, libro conciliorum Galliae adscriptas esse.

Verum cum Galliae fines late pateant, demonstrandum est etiam, quo loco Galliae constitutiones collectae sint. Eum Lugdunum fuisse, variis ex caussis arbitror. Proxime in codicibus antecedunt canones concilii, quod prope Lugdunum Matiscone habitum est; Lugdunensis ecclesiae fuit codex, ex quo Sirmondus constitutiones edidit; Lugduni Florus Collectionem XV capitulorum congessit, in qua sex constitutionibus a Sirmondo editis usus est; Lugduni non dubito, quin Phillippicus quoque codex MDCCXLV. scriptus sit, literarum forma simillimus iis bibliis Latinis saeculi VIII., quae in Lugdunensi bibliotheca asservantur, et cum in S. Barbarae bibliotheca olim fuerint, haud dubie in insula S. Barbarae scripta sunt; Lugduni fuerat antiquissimus codex, ex quo Cuiacius Codicis Theodosiani librum VI — VIII. divulgavit; ibi fuisse probabile est codicem, cuius ope Miraeus se integrum Codicem Theodosianum editurum esse promisit. Quae cum ita sint, minime vereor, ne in temeritatis crimen incurram, cum Lugduni potius quam in alia quavis urbe illas constitutiones conscriptas esse dico [35]).

Quo tempore id factum sit, iam ostendere conabor; neque enim argumenta desunt, quibus illud tempus accuratius definiri possit. Nam cum in codicibus constitutiones proximum post concilia in Gallia habita locum teneant, eorumque conciliorum recentissimum Matisconense I. sit, quod anno DLXXXI. habitum esse constat, post hunc annum constitutiones collectas esse putemus necesse est. Atqui solebant regestorum scriptores membranas chartasque hoc ordine disponere, ut antiquissima prima esset, eamque recentiores deinceps sequerentur. Idem in conscribendis Galliae conciliis, quibuscum constitutiones Sirmondi cohaerent, factum est, in his autem fieri non poterat, cum ei, qui leges colligeret, series consulum ignota esset. Phillippicus codex ineunte saeculo VIII. scriptus est. Incidit igitur aetas in illud tempus, quod inter ultimos saeculi sexti annos et saeculum octavum centum et viginti circiter annos comprehendit.

Accuratiusne, quam a me factum sit, codicis S. Germani DCCCCXXXVI. ope, quem fratres congregationis S. Mauri saeculo VI. tribuunt, equidem saeculo VII., tempus circumscribi possit, inde pendet, utrum c. XIII., quam continet, ex XVIII constitutionum corpore an aliunde descripta sit. Id diiudicare nequeo.

Ceterum magnam collectarum constitutionum fuisse in ecclesia auctoritatem, inde cognoscitur, quod receptae sunt partes c. I., III., VI., XI., XIV. [36]), XV. in libros iuris canonici saeculo IX. et X. scriptos, quos qui composuerunt, primae potissimum classis codicibus videntur usi esse. Quod quidem hac de caussa suspicor, quia ne semel quidem *titulum de Episcopali iudicio* nominant. Tacent eum Concilium Valentinum III., Regino, Florus, Hincmarus, Ivo, Petrus. Solus Benedictus Levita, ex quo hauserunt Anselmus Lucensis et Gratianus, se verba constitutionis primae ex cap. XI. libri XVI. Theodosii imperatoris deprompsisse dicit. Ita-

---

Pf. U.; sed in c. 6 cit. *Amatio Pf. P. Galliarum.* Discrepantiam inscriptionum ita explico. Codicis Theodosiani compositores usi sunt exemplo, quod pluribus magistratibus inscriptum erat; in c. 6 Sirmond. servatum est exemplum legis, quod imperator miserat ad Amatium Pf. P. Galliarum. Vid. supra praefationem Codicis Theodosiani p. XLII. Ad praefectum praet. legem missam fuisse patet ex vv.: *Illustris itaque auctoritas tua*, quibus alloquebantur imperatores praefectos pr.; Galliae eum praef. praet. fuisse perspicitur ex Gallicanis regionibus, quae commemorantur et ex mentione Patrocli. Iam id commodi affert c. 6 Sirmond. inscriptio, ut suppleatur series praefectorum praet. Galliae, cum adhuc defuerit praef. pr. anni 425. Go. c. 6, quia Amatio Pf. P. Galliarum inscripta est, suppositam esse contendit. Contra Iohannem, qui imperium invasisset, datam esse c. 47 C. Th. cit. verbis cum c. 6 concinentem. Iohannem autem nihil iuris in Gallia habuisse. Verum aliud persuadet Prosper Aquitanus, qui relata Exsuperantii Pf. P. Galliarum nece, quam milites in civitate Arelatensi patrarant Castino et Victore Coss. (424), sic pergit: *Idque apud Iohannem inultum fuit.* Cf. *M.* Bouquet, Rerum Gallicarum et Francicarum scriptores. T. I. p. 629. Praeterea commemorantur in c. 6 *regiones Gallicanae*, mentio quoque fit *Patrocli*, Arelatensis episcopi, quem Theodosio XII. et Valentiniano II. Coss. (426) a barbaro quodam multis vulneribus interfectum esse idem Prosper Aquitanus narrat. Quae omnia tam apte inter se cohaerent, ut nulla suspicio supersit, hanc c. postero tempore fictam et a falsario quodam ex c. 47, 62 et 64 C. Th. citt. conglutinatam esse. Denique Go. aliquoties utitur c. 6 Sirm. ad emendandam c. 47; ipse igitur sibi obloquitur.

35) *Florus, Diaconus* Lugdunensis, *Collectionem XV Capitulorum* partim ex decretis Concilii Carthaginiensis partim ex fragmentis c. 1, 3, 6, 11, 15, 20 a Sirmondo editarum composuit, adhibuit igitur, cum a codicibus secundae et tertiae classis c. 11 et 15 absint, codicem quendam primae classis. Collegit autem illa capita Lugduni, ubi vixit, et tum quidem, cum Amalarium, Agobardo de sede depulso, in iudicium vocasset, quod fertur anno 835 fecisse. Quibus rebus sententia mea confirmatur de tempore et loco, quo constitutiones Sirmondi collectas esse dixi. Nam codicem, quem haberet Florus, ante annum 835 scriptum esse necesse est, et cum Lugduni fecerit librum suum, sine dubio invenerat codicem illum in bibliotheca quadam Lugdunensi. Ceterum falso in m. editionis Lucae d'Achery ad Flori librum additur: „*Anno circa* 865", falso etiam scribunt fratres S. Benedicti: „ce fût en ce même temps, que Flore travailla à une collection de decrets tirée *du Code Théodosien* et de divers conciles". Nihil deprompsit Florus ex Codice Theodosiano. Cf. Spicilegium, sive Collectio Veterum Aliquot Scriptorum, Qui in Galliae Bibliothecis delituerant. Op. et stud. *Lucae* d'Achery. Nova editio per *Lud. Franc. Ios. De La Barre.* Paris. 1723. fol. Tom. I. p. 597 sq. Dissertationes Philologicae de Scriptoribus Ecclesiasticis, auct. *Phil.* Labbe. Paris. 1660. 8. T. II. p. 820 sq. *P. Fr.* Chiffletii Notae in Breviaria Canonum Fulgentii Ferrandi (*Meermani* Thes. T. I. p. 223). Histoire Literaire de France *par des Religieux Bénédictins de la Congrégation de S. Maur.* Paris. 1740. 4. T. V. p. 213—240 (inprimis p. 215, 225). *Ioh. Chr. Fel.* Baehr, Geschichte der Römischen Literatur. III. Supplement-Band. Carlsruhe 1840. 8. p. 108 sq. 447 sqq. 36) c. 14 Hincmarum (Opp. T. II. p. 319) usum esse, non Codice Theodosiano, scripturae consensus

que adhibuit librum, in quo priores constitutiones cum Codice Theodosiano cohaeserunt. Ut vero Benedictus Levita constitutionis primae verba primum dicit in capite XI. libri XVI. Codicis Theodosiani inveniri, ita quoque tituli *de Episcopali iudicio* prima fit mentio in codice Parisiensi MMMMCCCCVI. et in Eporediensi codice, qui saeculi noni sunt. Ex quo efficitur, priores constitutiones in ultimum Codicis Theodosiani librum, quem locum eas in codicibus secundae et tertiae classis occupare narravi, iam saeculo IX. translatas esse.

Exposui, quae forma esset constitutionum a Cuiacio et Sirmondo editarum, et quid codices afferrent ad historiam earum indagandam. Iam inquirendum est, possitne ex iis probari, deesse titulos in editionibus Codicis Theodosiani. Induxit in hanc opinionem alios titulus: *Appendix Codicis Theodosiani*, quo quidem Sirmondus usus est, quem vero a Sirmondo factum esse, cum ex verbis eius perspicitur tum ex codicibus; alios titulus *de Episcopali Iudicio*, qui in nonnullis Codicis Theodosiani editionibus ultimus sexti decimi libri est et constitutionum illarum primam, secundam et tertiam complectitur; alios lemma constitutionis XVII. et XVIII.: *Lex... sub titulo XXVII de Episcopali definitione;* alios denique index titulorum codicis Ambrosiani a Clossio editi, in quo lemmata constitutionis quintae et septimae ultimi Codicis Theodosiani tituli dicuntur esse. Quare Wenck in editione Codicis Theodosiani p. 370 „unde iam liquido constat, inquit, postremum hunc librum ne in Cuiacii quidem codicibus fuisse integrum.“ Duo igitur affirmantur: mancum esse librum XVI. Codicis Theodosiani et addendos esse titulo de Religione, qui ultimus est in editionibus, titulos *de Episcopali iudicio* cum tribus prioribus Sirmondi constitutionibus, *de His, qui famis tempore sunt collecti* cum quinta constitutione, *de His, qui pro paschali festivitate de carceribus educuntur* cum septima et *de Episcopali definitione* cum septima decima et duodevicesima constitutione. Utrumque videtur confirmari duobus codicibus, Phillippico MDCCXLI. et S. Germani CCCLXVI., in quibus c. I — VII. libri XVI. Codicis Theodosiani tituli XI — XIV. fuisse dicuntur. Ego vero neutrum probo. Etenim numerus tituli *de Episcopali iudicio*, qui in plerisque codicibus undecimus est, et numerus ultimi Codicis Theodosiani tituli [37]) inter se repugnant, neque in codice Ambrosiano, quamquam is titulos addit ad Codicem Theodosianum, titulorum *de Episcopali iudicio* et *de Episcopali definitione* ulla fit mentio; apparere etiam puto, ut praeteream, receptam esse secundam constitutionem in Codicem Theodosianum, cum geminae leges non rarae sint, ex Seldeno et ex clarissimi Wittii libello de Seldeni codice, quam incertus sit locus c. I — III., V — VII. [38]); accedit quod argumentum utriusque constitutionis quintae et septimae non concinit cum libro XVI. Codicis Theodosiani, sed potius cum titulis eiusdem Codicis *de Expositis* et *de Indulgentiis criminum*; denique numerus XXVII. tituli *de Episcopali Definitione* non pertinet ad librum XVI. Codicis Theodosiani, cui XVI titulos deesse non probabile est [39]). Sed missa facio haec argumenta; id autem contendo, iam dudum ex duobus locis, quid verum esset, erui potuisse: ex Cuiacii prima Codicis Theodosiani editione, et ex codice Parisiensi descripto ab Hauboldo in ultimo, quem edidit libello academico [40]). Etenim apud Cuiacium ultimus titulus libri XVI. est *undecimus de Religione;* eum sequitur titulus *de Episcopali iudicio*, sed *sine numero*, quae res sola indicat, in Cuiacii libro manuscripto post undecimum libri XVI. titulum alium quidem *de Episcopali iudicio* fuisse, sed disiunctum a Codice Theodosiano. Disiunctum eum fuisse, Cuiacius ipse declarat verbis inter ultimam Codicis Theodosiani constitutionem et titulum *de Episcopali iudicio* interpositis: *Hic titulus decrrabat a Codice Theodosiano.* Cum Cuiacii editione consentit Parisiensis codex MMMMCCCCVI. Ibi in transversa membranae XLIII. pagina liber XVI. Codicis Theodosiani a Visigothis in brevem summam contracti illis terminatur verbis: *Expliciunt Libri Theodosii Feliciter.* Post ea demum, sed *sine numero ullo* positus est titulus *de Episcopali iudicio.* Similiter res videtur se habere in codice Eporediensi [41]). Manifestum est igitur, ne ibi quidem titulum *de Episcopali iudicio* cohaerere cum praecedente libro XVI. Codicis Theodosiani. Iam vero dubitatio, si qua superest, tollitur palimpsesti Taurinensis duobus foliis XLIII. et XLIV. aut foliorum a doctissimo Vesmio inventorum tertio decimo et quarto decimo. Etenim in adversa folii XLIII. pagina ultima lex, ut in editionibus, est *c. III. de Religione* (XVI, 11). Sub eam picta sunt ornamenta, quibus librarii codicem, cui scribendo operam navassent, ad finem perductum esse significabant. Denique in extrema pagina sequitur, omisso tituli *de Episcopali iudicio* aut alius tituli indicio clausula: (EXPL. T)*HEOD. CONSTITUTIONUM LIB. XVI UTERE FELIX FELICITER* [42]). In aversa pagina nihil scriptum est. Eadem ratione finis Codicis Theodos. describitur in proximo folio XLIV., ubi non mutato ordine tot libri XVI. tituli, quot in editionibus, neque alii neque plures enumerantur et post ultimum titulum *de Religione* nominantur imperatores, quorum constitutiones Codice Theodosiano comprehenduntur. In utroque igitur folio titulus *de Religione* ultimus est Codicis Theodosiani similiter atque in ea codicis Parisiensis MMMMCCCCVI. parte, in qua integer liber XVI. scriptus est, nulla admixta interpretatione. Iam vero cum in palimpsesto Taurinensi veri Codicis Theodosiani fragmenta contineantur, nullo modo dubitari potest, quin qui in Cuiacii et in sequentibus

---

probat. 37) In hoc offendit iam Seldenus ad Fletam cap. V. §. 6. 38) In eodem quidem codice alius est ordo titulorum secundi libri C. Th. (vid. editionem meam); sed ibi videtur casu mutatus esse, hic consilio. 39) Iungk l. c. p. 57 numerum XXVII errore librarii ex XVI et XI ortum esse putat. Neque haec emendatio rem conficit, nam ita colliduntur inter se titulus de Episcopali definitione, et tituli de Religione et de Episcopali iudicio, qui itidem XI vocantur. 40) Promulsis cit. p. 10 et Opp. T. II. p. 907. 41) Vid. supra not. 13. 42) Annales Critici editionibus finis dicitur Codicis Theodosiani, idem eius semper fuerit, et cum titulus *de Episcopali iudicio* tum reliqui tituli ab ultimo eius libro alieni sint.

Sed quamquam nego, titulos illos ad librum XVI. Codicis Theodosiani pertinere, tamen nihil impedit, quominus inquiratur, utrum hic et ille titulus in alio Codicis Theodosiani libro fuerit. Quod priusquam fieri potest, necesse est definiatur, quae constitutiones in hanc quaestionem veniant. Non veniunt c. V. et VII., quarum superscriptiones lemmata sunt, non tituli. Pariter eximuntur omnes constitutiones a Codicis Theodosiani conditoribus receptae aut consilio reiectae, veluti c. VIII., XIII. et fortasse c. V. et VII. Versantur igitur in quaestione solae c. I., III., XVII., XVIII. Et c. XVII. et XVIII. quidem memorabiles sunt propter rubricam *de Theodosiano sub titulo XXVII de Episcopali definitione* [43]), ex qua tria deducuntur: primum in Codice Theodosiano titulum *de Episcopali definitione* fuisse; deinde c. XVII. et XVIII. sumptam esse ex Codice Theodosiano, librum igitur a Sirmondo editum constare non solum ex constitutionibus, quae non sunt in Codice Theodosiano, verum etiam ex constitutionibus ex eo depromptis; denique eum post Codicem Theodosianum factum esse. Fateor, me olim prima specie inductum esse, ut quae modo exposui, omnia pro veris haberem. Nunc aliter sentio. Etenim quod de c. XVII. et XVIII. dictum est, verum esse nego cum propter originem libri, tum quia verisimilius est, eum, qui confecerit librum, si quidem Codicem Theodosianum adhibuisset, eo solo, qui legitimus esset liber legum, usum esse quam dispersis et partim abrogatis legibus. Praeterea ex rubrica c. XVII. et XVIII. nego concludi posse, librum illum post Codicem Theodosianum factum esse. Id quidem quin verum sit, non dubito, sed aliae sunt rationes, quas supra proposui. Ex Codice Theodosiano titulum *de Episcopali definitione* ductum esse concedo, nam accurata utriusque lemmatis cum c. XVII. tum c. XVIII. conceptio veri speciem prae se fert, et ut Codicis Iustinianei ita Theodosiani quoque Codicis singularem titulum de episcoporum iudicandi potestate egisse probabile est.

Quaeritur, ex quo libro ductus sit. Non esse eum libri XVI. titulum, probasse mihi videor. Neque pertinet ad librum secundum neque ad sequentes usque ad quintum decimum. Obstat argumentum librorum. Fuerit igitur necesse est in primo Codicis Theodosiani libro, qui si Codicis Theodosiani Summaria spectes, utique XXXIV titulos comprehendit [44]); certe — nam fides haberi non potest Summariis in Tiliano codice mendose scriptis — computatis, qui editi sunt, titulis cum illis, quos Vesmius in palimpsesto Taurinensi invenit et quos ipse ex Parisiensis codicis indice rubricarum enotavi [45]), XXVII aut XXVIII complexus est, addito autem titulo *de Episcopali definitione* XXVIII aut XXIX titulos. Numerus tituli *de Episcopali definitione* vicesimus septimus est; ergo titulus fere in extremo libro primo fuit. Magnam igitur eius numerus veri speciem prae se fert, praesertim cum calculi differentia lateat in indice Parisino mendis depravato. Non ignoro quidem, meam sententiam a communi discrepare, quae titulum *de Episcopali definitione* propter argumentum in librum primum Codicis Theodosiani referri ullo modo posse negat; verum propter argumentum ipsum persto in sententia. Agitur enim, praemissis quattuor titulis de fontibus iuris, Theodosiani potissimum Codicis, in quinto et sequentibus libri primi titulis de magistratibus, iudicibus eorumque officio, quos pari ratione collocatos fuisse puto, atque ipsum ius in sequentibus Codicis Theodosiani libris dispositum est, cuius ultimus liber ius ecclesiasticum complectitur, postquam in antecedentibus libris de iure civili expositum fuit. Itaque ut in prioribus libri titulis de civilibus magistratibus agitur, ita in postremis de ecclesiasticis iudicibus actum fuisse arbitror. Accedit Codex Iustiniani, cuius liber primus librum XVI. Codicis Theodosiani comprehendit et *praeterea* titulum *de Episcopali audientia* (mutata sola voce *definitionis* in *audientiam*) una cum XVIII. Sirmondi sive postrema tituli Codicis Theodosiani *de Episcopali definitione* lege. Eum ad Codicem Theodosianum quidem pertinere, neque vero ad librum XVI. Codicis Theodosiani probavi. Ex primo igitur libro Codicis Theodosiani a compositoribus Iustinianei haustus sit necesse est, cum reliquis libris propter argumentum assignari non possit.

Hactenus de lemmate c. XVII. et XVIII. Progredior ad c. I. et III. Multum cogitaveram, quem locum in Codice Theodosiano tenuissent, postea vero, cum non invenissem, quod aliis me probare posse sperarem, satius duxi nihil esse affirmandum. In ambiguo igitur relinquo, utrum in Codicem Theodosianum transierint, nec diiudico, utrum ibi titulus *de Episcopali iudicio* fuerit, in quem referantur c. I., II. et III. Sirmondi. Nam praeterquam quod c. II., etsi fons est legis XXXV. C. Th. de Episcopis (XVI, 2), titulo illi tribuitur, dubitationem iniicit c. I., quae c. VII. C. Iust. de Episcopali audientia (I, 4) abrogata est [46]), iniicit etiam is, qui lemmata c. XVII. et XVIII. fecit, quippe qui, sicut titulum *de Episcopali definitione* ex Codice Theodosiano enotavit, ita etiam alterum *de Episcopali iudicio* non omisisset indicare, si quidem ibi fuisset. Adde, nullum inveniri eius modi tituli in Codice Iustinianeo vestigium, neque credibile esse, duos eiusdem argumenti titulos a compositoribus Codicis Theodosiani factos esse, alterum *de Episcopali definitione*, alterum *de Episcopali iudicio*.

Iurisprudentiae Germanicae ab *Aem. Lud.* Richtero editi. T. I. p. 94. 43) In cod. Phill. 1745 deest quidem rubrica c. 17, neque vero ea sola, sed etiam prima verba legis desunt. Attamen cum sq. c. rubrica incipiat in vv. *Item alia*, lacunam librarii negligentia ortam esse manifestum est. 44) Ad c. 1 C. Th. de Relationibus (XI, 29): „*Similis Lib. I. Tit.* 34. c. 1.“ Vid. edit. meam p. 21. 45) In Richteri Annalibus l. c. T. I. p. 665 sq. 46) Cf. Iungk l. c. p. 52 sqq. Iungkium oppugnare tentat *C. Fr.* Eichhorn, Grundsätze des Kirchenrechts in Deutschland.

His de caussis titulum *de Episcopali iudicio* ab eo, qui primus constitutiones illas Codici Theodosiano in iuris ecclesiastici libris addidit, fictum esse puto et sumptum quidem ex Novella Valentiniani *de Episcopali iudicio*[47]), quae paullo post in iisdem libris manuscriptis veluti S. Germani sequitur. Si vero secus est, ne hic quidem titulus alii libro tribui potest nisi primo Codicis Theodosiani.

His expositis, meum esse puto breviter explicare, quo modo factum sit, ut in plerisque secundae classis codicibus si non omnes, tamen septem priores constitutiones et in codice Parisiensi octava constitutio ultimo Codicis Theodosiani libro tributae sint. Nodus, qui prima specie difficilis est, non dubito, quin facile expediatur duorum codicum ope, S. Germani CCCLXVI. et Phillippici MDCCXLI. additis Vaticani codicis membranis. In utroque enim codice paullo post concilia partim ex Codicis Theodosiani libro XVI. et Sirmondi constitutionibus partim ex Breviario Alarici magna copia legum conscripta est[48]). Illae Codicis Theodosiani primo loco positae sunt, praemissis verbis, quibus ab antecedentibus iuris ecclesiastici scriptis distinguerentur: *Incipit Lib. XVI* (Codicis Theodosiani). Leges autem selectae sunt non ex undecim, ex quibus liber XVI. constat, sed ex *decem* titulis, servato hunc in modum titulorum ordine: *I De Fide Catholica. II De Episcopis, Ecclesiis Et Clericis*[49]). *III De His Qui Super Religione Contendunt. IIII De Haereticis. V Ne Sanctum Baptisma Iteretur. VI De Apostatis. VII De Iudaeis, Coelicolis Et Samaritanis. VIII Ne Christianum Mancipium Iudaeus Habeat. VIIII De Paganis Sacrificiis Et Templis. X De Religione.* His adduntur *XI De Episcopali Iudicio. XII De Iudaeis. XIII De His Qui Famis Tempore Sunt Collecti. XIIII De His Qui Pro Paschali Festivitate De Carceribus Educuntur.* Post titulum XIV. demum progreditur librarius ad leges ex Breviario transscriptas, secernens eas ab illis, quas ex probis fontibus hauserat, ea rubrica: *Item alia ex Codice Theodosiano.* Iam postquam qui finis esset libri XVI. Codicis Theodosiani, exposui, titulos illos, qui titulum X. *de Religione* sequuntur, manifestum est non esse ipsius Codicis Theodosiani — adversatur enim numerus tituli *de Religione*, qui libri XVI. undecimus est, non decimus —, sed potius indicio esse, quot illorum codicum sint tituli. Undecimus igitur titulus et sequentes usque ad quartum decimum undecimus sunt, duodecimus, tertius decimus et quartus decimus illorum codicum, non Codicis Theodosiani. Mox autem librarii Breviarii Alarici, qui in codicibus titulos illos invenissent, non dubitaverunt, omissis decem primis titulis, quos in Codice Theodosiano esse perspexissent et partim descripsissent, hunc et illum titulum, inprimis titulum *de Episcopali iudicio*, quem cum argumento libri XVI. praeter ceteros convenire intelligerent, eodem loco, quo eum invenissent, in extremum XVI. Codicis Theodosiani librum recipere. Hinc ille error ortus est, qui in Benedictum Levitam, Anselmum et alios iuris libros permanavit et, cum irrepsisset in libros typis excusos, induxit doctos, ut titulos illos ex Codicis Theodosiani libro XVI. depromptos esse putarent.

Iam vero reliquum est, ut de Gothofredi sententia disputem, qui in Commentario tituli *de Episcopali Iudicio* tres priores constitutiones fictas esse contendit et ab *impostore* aliquo suppositas[50]), neque melius existimavit de reliquis constitutionibus in diversis Commentarii Codicis Theodosiani locis, etsi ibi nulla argumenta attulit, quibus sententiam suam defenderet. Gothofredum in offensionem nonnullorum, maximam partem Romanae ecclesiae sectatorum, quorum in primis nominandus est Le Gendre[51]), incurrisse et magnas inter doctos concitasse turbas, supra dixi. Cui opinionum varietatem et dissensionem noscere libet, is Iungkii librum[52]) consulat, ubi singuli scriptores nominati sunt. Equidem perlectis omnibus, quae in utramque partem scripta sunt, tantummodo de prima, secunda, tertia et septima decima constitutione, neque vero de reliquis, etsi has quoque Gothofredus respuerit, controversiam esse intellexi. Agam igitur de omnibus constitutionibus, neque tamen enumerabo singula argumenta, quibus doctorum illorum suam quisque sententiam defendere studuit. Nota sunt et multis verbis exposita apud Gothofredum, Le Gendrium, Hebenstreitium, Iungkium, quorum libri omnibus per-

---

Göttingen 1831—1833. 8. T. II. p. 132 sqq. 47) Iungk l. c. p. 56 titulum de Episcopali iudicio ex Breviario Cod. Th. receptum esse falso putat, nam talis titulus non est in Breviario Alarici. 48) Vid. supra not. 22, 23. 49) Omittitur titulus C. Th. de Monachis (XVI, 3). 50) Neque vero sibi constat Go., nam in Comment. c. 23 C. Th. de Episcopis (XVI, 2) utitur c. 3, ut demonstret, quod fuerit clericorum forum; agnoscit igitur eam legem veram esse. Utitur etiam c. 2 ad XVI, 2, 35, c. 11 ad c. 40 eod. not. *h*, c. 10 ad c. 44 eod. not. *n* et c. 6 ad c. 47 eod. 51) *Ant. Dad.* Alteserra, Constitutio Constantini de Episcopali Iudicio Vindicata. Tolosae. 8. Decembris 1672. 4. *Io.* Le Gendre, Episcopale Iudicium adversus calumnias Iacobi Gothofredi acerrime defensum, nec non ab omni falsi suspicione plenissime vindicatum. Lutetiae Parisiorum 1690. 4. et in *Meermani* Thesauro iuris civilis et canonici. Tom. III. p. 333—368. Similiter iudicarunt Tillemont, Histoire des Empereurs. Bruxelles 1734. 4. T. IV. Notes p. 278, n. LXX, LXXI. et editores Conciliorum Galliae cit. p. 755. 52) *Conr. Frid. Aug.* Iungk, Diss. de Originibus et Progressu Episcopalis Iudicii in caussis civilibus laicorum usque ad Iustinianum. Berolini 1832. 8. Iis, qui cum Gothofredo sentiunt, addendi sunt Ritterus sub finem praefationis T. VI. Cod. Theodosiani; Hoffmann in Historia iuris civilis, lib. I. cap. II. sect. III. §. 10; Löhr, Uebersicht der das Privatrecht betreffenden Constitutionen der römischen Kaiser von Constantin I. bis auf Theodos II. und Valentin III. p. 21, not. 3; Savigny, Geschichte des Römischen Rechts im Mittelalter T. II. p. 267, not. 18 (ed. I.) et p. 281, not. *c* (ed. II.), p. 280, not. 51 (ed. I.) et p. 296, not. *e* (ed. II.); Haubold in Inst. Liter. l. c.; Hugo, Lehrbuch der Geschichte des Röm. Rechts seit Iustinian ed. III. p. 322; Blume in Monumentorum German. a Pertzio edit. T. III. p. 191; Eichhorn l. c. Hebenstreit sibi non constat: in Diss. I. p. 41 c. 3 Sirm. genuinam, non spuriam esse dicit, consentiente Schillingio p. 36; in vulgati sunt et nullo negotio inspici possunt. Praestat, leges illas Romanas, non suppositas esse [53]), novis rationibus demonstrare, petitis ex fontibus iuris, quod ita instituam, ut constitutiones a Sirmondo editas bifariam distribuam [54]). Unum genus partim in Codice Iustinianeo partim in Codice Theodosiano receptum est, alterum receptum non est. Illius generis undecim sunt: II., IV., VI., IX — XII., XIV — XVI., XVIII., quae omnes, sed modo mutatis modo omissis verbis, in Codicem Theodosianum et ex hoc partim in Codicem Iustinianeum transscriptae sunt [55]). Nam Codicis Theodosiani compositores, si quam harum constitutionum plura capita habere videbant, unumquodque eorum disiunctum a ceteris apto collocaverunt loco; deinde ea tantum pro re nata reservarunt, quae ad rem pertinebant, praetermissis et circumcisis illis, quae declarandae legis caussa, non ex ipsa necessitate adiuncta erant, prologos dico et epilogos; denique ubi varietatem lectionum invenerunt, eam receperunt, quam ordine et tempore probari credebant. Hinc orta est diversitas scripturae, quae hic illic inter Codicem Theodosianum et constitutiones illas intercedit, et quemadmodum Novellae Theodosii Martianique demonstrant [56]), qua ratione Iustinianei Codicis compositores imperatoris iussui obtemperaverint, ita ex his constitutionibus cognoscitur, quo modo ii, qui Codicem Theodosianum congesserint, potestate sibi concessa in recipiendis legibus usi sint. Singularum quidem constitutionum partes Gothofredus existimat ab *impostore* ex utroque Codice, Iustinianeo et Theodosiano, collectas et ita coagmentatas esse, ut prologos et epilogos de suo adiiceret; vereor autem, ne Gothofredus praeiudicata opinione ductus animo suo nimis indulserit et artificem sua aetate solertiorem et ingeniosiorem finxerit. Certe constitutionum partes ita aptae sunt inter se et colligatae, ut fraudulentae coagmentationis vestigium non appareat, ipsaeque constitutiones adeo convenienter argumento proposito scriptae, ut ea aetate, qua eas in unum volumen congestas esse dixi, vix credibile sit, quemquam iuris Romani in Gallia peritum exstitisse, qui legumlatoris personam luculenter et perscienter gerere potuisset [57]). Neque patet, ob quam caussam coagmentatae fuerint. Omnis enim legis vis inest in sententia eius; reliquae partes, prologus, epilogus non continent nisi historiam, caussam, modum promulgandae legis, quare eas Theodosius Iun., quem Iustinianus secutus est, omitti iubet. Iam vero illarum constitutionum sententiae suum locum obtinuerant in imperatorum codicibus. Inutilis igitur labor erat, sententias illas conquirere et additis prologis atque epilogis denuo in scenam producere. Dicit quidem Gothofredus, veteratorem episcoporum potestatem his constitutionibus augere voluisse, sed aliae de rebus agunt a potestate ecclesiastica alienis, aliae tantum abest, ut augeant potestatem episcoporum, ut minuant eam, exceptis c. XIV. et XVIII.

Alterius generis septem sunt leges: c. I., III., V., VII., VIII., XIII., XVII. Earum quattuor: c. V., VII., VIII., XIII. sententia non discrepant a Codicis Theodosiani titulis *de Expositis* (V, 7), *de Indulgentiis criminum* (IX, 38), *de His, qui ad ecclesias confugiunt* (IX, 45), c. VII. C. Th. *de Carceris custodia* (IX, 3). Quare non magis quam illi tituli suppositae haberi possunt, certe in quinta ne verbo quidem potestatis ecclesiasticae mentio fit. Itidem tertiae legis argumentum confirmatur c. XII., XXIII., XLI., ult. C. Th. *de Episcopis* (XVI, 2) et c. I. C. Th. *de Religione* (XVI, 11); sententia denique c. XVII. non differt a priori parte c. XVIII., quam veram, non fictam esse probat Iustiniani Codex, in quo est c. VIII. *de Episcopali audientia* (I, 4) [58]). Accedit lemma c. XVII.: *Lex de Theodosiano sub Titulo XXVII. De Episcopali definitione* et illud c. XVIII.: *Lex alia de Theodosiano sub Titulo XXVII. de Episcopali definitione et hoc validior, quia omnibus* *posterior*, quae verba et leges illas a Codicis Theodosiani compositoribus in titulum *de Episcopali definitione* translatas esse significant et huius tituli ultimam legem, quod ipse annus, quo data est, ostendit, dictam c. XVIII.

Diss. III. p. 36 c. 13 suppositiciam esse contendit et *caeteras huius collectionis leges.* 53) Idem putant: *Friedr. Aug.* Biener, Beiträge zu der Geschichte des Inquisitionsprocesses und der Geschwornen Gerichte. Leipzig 1827. 8. p. 13, not. 8; Witte, de Guil. Malmesburiensis Codice p. 8; clar. Bickell in literis ad me datis; Hugo, Götting. Gel. Anz. l. c. p. 405 sq. Richter, Uebersicht der Literatur des katholischen und protestantischen Kirchenrechts aus den Jahren 1830—1833, in Ephemeridibus, quibus inscriptum est: *Allgemeine Literaturzeitung*. März 1834. Ergänzungsblätter Nr. 29, p. 228 nil certi dicit. Meam opinionem protuli in Hauboldi Opp. T. II. p. XCIV. 54) Id quidem Iungk l. c. p. 36 agere coepit, neque vero perfecit. 55) Veluti ex c. 2 Sirm. c. 35 C. Th. de Episcopis (XVI, 2. Cod. Iust. I, 3, 14 mut.); ex c. 4 Sirm. c. 1 C. Th. Ne Christianum mancipium (XVI, 9) et c. 5 C. Th. de Iudaeis (XVI, 8); ex c. 6 Sirm. c. 47 C. Th. de Episcopis (XVI, 2) et c. 62 et 64 C. Th. de Haereticis (XVI, 5); ex c. 9 Sirm. c. 39 C. Th. de Episcopis (XVI, 2); ex c. 10 Sirm. c. 44 C. Th. de Episcopis (XVI, 2. Cod. Iust. I, 3, 19) et c. 3 C. Th. de Raptu vel matrim. sanctim. virginum (IX, 25); ex c. 11 Sirm. c. 40 C. Th. de Episcopis (XVI, 2. Cod. Iust. I, 2, 5); ex c. 12 Sirm. c. 43 C. Th. de Haereticis (XVI, 5) et c. 19 C. Th. de Paganis (XVI, 10); ex c. 14 Sirm. c. 31 C. Th. de Episcopis (XVI, 2. Cod. Iust. I, 3, 10 mut.) et c. 46 C. Th. de Haereticis (XVI, 5); ex c. 15 Sirm. c. 41 C. Th. de Episcopis (XVI, 2); ex c. 16 Sirm. c. 2 C. Th. de Postliminio (V, 5. Cod. Iust. VIII, 51, 20 et I, 4, 11); ex c. 18 Sirm. c. ult. C. Th. de Episc. def. (I, 27. Cod. Iust. I, 4, 8). Ex c. 17 Sirm. lex aliqua C. Th. de Episcopali definitione (I, 27) sumpta est; sed cum incertum sit, quae sit illa lex, retuli c. 17 ad alterum genus. Non omnes constitutiones integras esse, perspicitur ex c. 35 C. Th. de Episcopis (XVI, 2), deprompta ex c. 2 Sirm. et coniungenda cum c. 24 C. Th. de Feriis (II, 8); nam c. 24 nec vola nec vestigium superest in c. 2 Sirm. Huc puto pertinere etiam c. 17 et 18 Sirm. 56) Usi sunt Iustinianei Codicis compositores Orientis imperatorum Novellis, neque vero Novellis eorum, qui in Occidente fuerant, Valentiniani, Maioriani, Severi et Anthemii. 57) Primae potissimum constitutionis apte inter se colligatae sunt et veri speciem prae se ferunt. Dicendum est etiam, amplas illas subscriptiones, quas c. 4, 12 habent, et convenientiam in plerisque constt. magistratuum cum consulibus infra scriptis me impedire, quominus constitutiones illas fictas esse existimem. 58) Go. utitur c. 8 cit. Debebat igitur agnoscere c. 18 cit., fuisse: quae descriptio loci, quo fuerint constitutiones XVII. et XVIII. in Codice Theodosiano, tam accurata est, ut quin vera sit, nullo modo dubitari possit, praesertim cum partim Theodosiano Codice confirmetur partim Iustinianeo [59]).

Tota caussa consistit in prima constitutione. Eam *spuriam* esse Gothofredus vehementer contendit. Duo argumenta affert, cur ita statuat, primum sermonem, tum sententiam legis. Illum Latinum esse negat, hanc dicit adversari Romani iuris regulis. Quod ad prius argumentum attinet, ex illis verbis, quae Gothofredus aspernatur, alia ex codicibus a me corriguntur [60]), alia, ut Le Gendre testatur [61]), in reliquis iuris civilis et ecclesiastici libris inveniuntur, alia constitutionibus comprobantur, quas Romanas esse supra declaravi, veluti c. VI., XI., XVII., XVIII. Omnino autem constitutiones non ipsorum imperatorum, a quibus latae sunt, verba videntur exhibere, sed talis earum sermo est, qualem exceptorum ingenium et ortus doctrinaque ferebat. Quae quidem caussa videtur esse, cur ipsius Constantini leges multum inter se differant, quarum pleraeque Latine scriptae sunt, multae autem tumido et barbaro quodam sermone, quas propter sententiam a clericis compositas esse probabile est [62]).

De altero argumento ipsa legis capita proferre consentaneum videtur: octo sunt:

I) Sententiae episcoporum quolibet genere latae inviolatae semper incorruptaeque serventur, sive quicunque litem habens possessor sive petitor erit;

II) Serventur sententiae episcoporum *sine aliqua aetatis discretione*, sive *inter minores* sive inter maiores ab episcopis fuerit iudicatum, sive caussae, quae vel praetorio iure vel civili tractantur, episcoporum sententiis terminatae sint;

III) Quicunque litem habens inter initia *vel decursis temporum curriculis*, sive cum negotium peroratur, sive cum iam *coeperit promi sententia*, iudicium eligit sacrosanctae legis antistitis, ad episcopum cum sermone litigantium dirigatur;

IV) Etiamsi *pars alia refragatur*;

V) Nec liceat ulterius retractari negotium, quod episcoporum sententia deciderit;

VI) Sententiae episcoporum apud praefectum praetorio et apud ceteros omnes iudices ad exsecutionem perveniant;

VII) Cum testimonium a qualibet parte fuerit repromissum, testimonium *ab uno licet episcopo* perhibitum omnes iudices indubitanter accipiant;

VIII) *Neque alius audiatur.*

Quae literis inclinatis distincta sunt, ea inprimis Gothofredum eosque, qui cum eo faciunt, adduxerunt, ut hanc constitutionem suppositam ducerent; nam reliqua perspicua sunt et aliis legibus confirmata. Quoniam Le Gendre [63]) et Iungk [64]) caput secundum, septimum et octavum a Gothofredi accusatione vindicarunt, restat, ut disseratur, nec in tertio neque in quarto quicquam inesse, quod impediat, quominus hanc constitutionem a Constantino esse latam putemus. Magnam auctoritatem episcopis eorumque sententiis a Constantino datam esse certum est. Rem testatur Sozomenus [65]), qui Constantinum de episcopis mandasse narrat: *κυρίαν*, inquit, *εἶναι τὴν αὐτῶν ψῆφον καὶ κρείττω τῆς τῶν ἄλλων δικαστῶν, ὡσανεὶ παρὰ τοῦ βασιλέως ἐξενεχθεῖσαν, εἰς ἔργον δὲ τὰ κρινόμενα ἄγειν τοὺς ἄρχοντας, καὶ τοὺς διακονουμένους αὐτοῖς στρατιώτας*: „*ut sententia eorum rata esset et potioris auctoritatis quam aliorum iudicum, haud secus ac si ab imperatore lata fuisset, magistratus vero iisque ministrantes ap-*

---

ex qua paucis verbis mutatis vel omissis deprompta est. 59) Nam c. 9—12 C. Iust. de Episc. aud. (I, 4) ex aliis C. Th. titulis haustae sunt et c. 13 et sqq. post C. Th. datae. Ultima igitur lex ex titulo C. Th. de Episc. defin. deprompta, c. 8 est, quod congruit cum lemmate c. 18 Sirm. 60) Correxi *prorogatae* pro *praerogatae; latas* pro *prolatas; pervenire* pro *pertinere*, quod apud Sirmondum est. Etiam subscriptionis nodos expedisse mihi videor. 61) *Sciscitari* pro *consulere* Latinum est. Consuluit praefectus pr. imperatorem, quia publice agnita iudicii episcopalis auctoritate ortae erant dissensiones et controversiae inter iudices civiles et episcopos, quas praefectus non audebat diiudicare. Iam v. *sciscitari* optime respondet v. *instrui*, quod pro *edoceri*, *certiorem fieri* de aliqua re, praesertim cum antecedat *a nobis*, sine ulla dubitatione accipi potest. Similia vid. Digest. XXVII, 8, 1, 3; XXVIII, 8, 5 princip. — Vv. *pro sanctis ac venerabilibus habeatur* huc translata videntur ex c. 17, quam Constantini legem esse docui. — *Sacrosanctae legis antistes* dictus est *Christianae religionis antistes*, neque vero antistes ipse *sacrosanctus* dicitur. Cf. c. 6 et 11 Sirmond., quas receperunt C. Th. conditores. — Vv. *cum sermone litigantium dirigantur* interpretanda sunt de modo, quo partes caussas perorabant in iudicio. Etenim non scriptis iudici porrectis, sed verbis, sermone, altercatione exponebant rem suam, quae caussae peroratio actis inferebatur (zu Protokoll genommen). Cf. Hollweg, Handbuch des Civilprozesses. 1. Abth. 1. Bnd. Bonn 1834. 8. p. 237, 259. Acta Constantinus episcopis transmitti iussit, ut lectis iis cognoscerent, de quo iudicandum esset. Ponitur autem pro *actorum* verbo *sermo litigantium*, qui in actis inest. Similiter in c. 17ª dicitur: *omnibus accepto latis* etc. — De vv. *promi* et *stabilitatis iure* cf. Dirksen, Manuale Latinitatis Fontium. Berolini 1837. 4. — Neque mirandum est repeti aliquoties v. *itaque*, cum Gaius eo saepe usus sit. Cf. lib. I. §. 144 sqq. Reliqua, quae omisit Le Gendre refutare, parvi momenti sunt. 62) *Constantini* legibus verborum ornatum non deesse, cognoscitur ex Codice Theodosiano; tumide autem scripta est §. 35 Vatic. Fragm. Eodem vitio laborant ecclesiasticae *Constantini M.* leges et quaecunque apud Eusebium servatae sunt. *Constantii* et *Iuliani* legum sermo maximam partem simplex est. A *Valentiniani I.* demum tempore male scriptae sunt, pessime vero post *Theodosium M.* Solae *Maioriani* Novellae nitore quodam orationis excellunt. 63) l. c. p. 38, 57. 64) l. c. p. 45, 51. 65) I, 9.

paritores iudicata ab his exsequerentur." Sozomeni narratio cum Eusebio congruit, quo teste [66]) Constantinus *cuivis iudici praeferendos esse* duxit *sacerdotes Dei*, iubetque postea c. XVIII. in Cod. Iust. recepta *episcoporum iudicationi eam reverentiam, quam praefectorum praetorio potestatibus deferri necesse sit, adhiberi, a quibus non licet provocare.* Itaque summorum iudicum sententiarum auctoritas iudicio episcoporum tributa est. Neque igitur mirum, quod in tertio capite Constantinus litiganti permittit, ut non solum inter initia litis, verum etiam *decursis temporum curriculis* et *cum iam promi coeperit sententia*, ad episcopum provocet. Moleste quidem fert Gothofredus, quod litem *decursis temporum curriculis* ad episcopos transferri licuerit. Sed quominus equidem haeream in illis verbis, impedior titulis C. Th. de Temporum cursu et reparationibus eorum (II, 6), de Dilationibus (II, 7), de Reparationibus appellationum (XI, 31) et de Secundo lapsu (XI, 32), qui de temporis certi potissimum cursu agunt, quod post litis denuntiationem vel editionem rescripti ad litem contestandam utrique parti concessum erat. Id eo spectabat, ut si alterutra pars ad constitutum tempus rationes suas non expressisset, allegationes suas non proposuisset [67]), temporis praescriptione summoveretur, lapsum temporis incurrisse diceretur, negotium temporibus eximeretur [68]), temporum curricula non dilatarentur [69]). Tamen interdum principes aequitate moti et precibus eius partis, quae rationes suas intra tempus statutum non expresserat, redintegrationem caussae praestabant, temporis cursum reparabant, reparationem denuntiationum admittebant [70]). Eiusmodi reparatio hic servata est, ubi provocante parte decursis temporum curriculis, episcopo de caussa cognoscere licet. Quare hoc ius episcopis datum sit, paullo post his verbis explanatur: *multa enim, quae in iudicio captiosae praescriptionis* [71]) *vincula promi non patiuntur, investigat et promit sacrosanctae religionis auctoritas.* Itaque cum diverso modo imperatores consuluerunt laesis, tum eis, qui captiosae praescriptionis vinculis caussa ceciderant, permisit Constantinus ad episcopos provocare, quorum magna vis ac potestas erat in eruenda veritate, si vel uterque vel alteruter litigans Christianus erat. Episcopos autem, cum effluxerant dies, caussas examinasse, testatur Ambrosius [72]) de se haec narrans: „*Cum iam conclusi essent dies, et paucarum horarum superesset spatium, quibus tamen alia audiret praefectus, petierunt caussarum patroni, prorogari paucorum dierum tempora, ut ego residerem cognitor.*" Testatur idem locus, etiam instante sententia iudicis ad episcopum provocari potuisse, quocum consentiunt verba c. XVII. a Constantino anno 318 s. 321 datae: „*Iudex — observare debet, ut si ad episcopale iudicium provocetur, silentium accommodetur. Et si quis ad legem Christianam negotium transferre voluerit et illud iudicium observare, audiatur, etiamsi negotium apud iudicem sit inchoatum: et pro sanctis habeatur, quicquid ab his fuerit iudicatum.* Illam enim constitutionem c. I. interpretatur; nam in c. XVII. *postquam negotium apud iudicem inchoatum est*, sine discrimine temporis ad episcopum provocare permittitur; in hac vero temporis momenta exponuntur, quibus id fieri possit. Etiamsi igitur in eo erat, ut iudex perorato negotio sententiam ferret, pergi poterat a provocante ad episcopum.

Quartum caput, quo episcopis permittitur de caussis cognoscere, etiamsi *altera pars refragetur*, gravissimum neque ab adversariis confutatum suppeditavit Gothofredo argumentum. Le Gendre [73]) enim inter alia, quae huc non pertinent, tam eximium ius Constantinum largitum esse episcopis dicit, ut Christianos iurisdictioni paganorum, apud quos in offensa essent, subtraheret. Sed aetate, qua c. I. data est, hoc providere non opus erat; iam potentia valebant Christiani, neque potuisset Constantinus caussam, cur episcopis hanc iudicandi potestatem dedisset, silentio praeterire. Aliam viam ingressus Iungk [74]) negat „hac lege licitum esse, *μονομερῶς* coram episcopo caussam perorare." Obstare huic interpretationi, quod subiicitur: *cum sermone litigantium dirigatur*, episcopum igitur u t r a q u e demum parte audita, neque vero alterutra absente sententiam ferre potuisse; idem praescribi in c. XVII. a Constantino M. [75]) Pertinere praeterea legem ad solam iurisdictionem *ecclesiasticam* inter *fideles*, ad quam iam ante Constantinum episcopi Christianos homines, qui morem non gererent, decretis et sententiis adegissent, ut ipsis iudicantibus se sisterent [76]). Civilem episcopis iurisdictionem de caussis laicorum ab imperatoribus nunquam concessam esse. Verum quamquam ingeniose Iungk nodum expedire studet, tamen ei non omni ex parte assentiri possum. Illa explicatio magis speciosa quam vera est. Haec explanari debebat. Nam quod ad illam spectat, non opus fuisset episcopis nova et solenni constitutione de eadem re, si quidem eam Constantinus iam ante agnovisset in c. XVII., neque quod ad alteram rationem attinet, lex

---

66) In Vita Constantini IV, 27: „*παντὸς γὰρ εἶναι δικαστοῦ τοὺς ἱερεῖς τοῦ θεοῦ δοκιμωτέρους.*" Dicunt quidem nonnulli Sozomenum Eusebii verba, ut ea ad interpretationem episcoporum accommodaret, arbitrio suo amplificasse. Sed ipsi incurrunt in errorem, cuius arguunt Sozomenum, qui in extremis vv. c. 1 Sirm. videtur usus esse. 67) c. 6 C. Th. de Denuntiatione (II, 4). 68) c. 1, 2 C. Th. de Temporum cursu (II, 6). 69) c. 4 C. Th. de Denuntiatione (II, 4). 70) c. 1, 3 C. Th. de Temporum cursu (II, 6). 71) Vituperat cautelas et captiones iuris civilis Z e n o, Veronensis episcopus, qui periit imp. Gallieno, Serm. de Iustitia §. 5: „*Inde fraus*, inquit, *periurium, rapinae, lites ac bella, quotidie mugitibus alienis quaeritur lucrum, et praescriptio industria vocitatur; et appetitio rei alienae, sub praetextu propriae defensionis ac negligentiae, callidissimis argumentis urgetur, ut quis indefensus et innocens, quod habet, legibus perdat, quod omni violentia deterius est: quia illud, quod vi eripitur, nonnunquam repeti potest, quod legum circumscriptionibus, non potest.*" 72) A m b r o s i u s lib. VI. ep. 49. Opp. Tom. V. edit. Paris. p. 307. 73) l. c. p. 51. 74) l. c. p. 49, 70. 75) *et pro sanctis habeatur, quicquid ab his* (episcopis) *fuerit iudicatum, ita tamen, ne usurpetur in eo, ut unus ex litigantibus pergat ad supradictum auditorium, et arbitrium*

distinguit iurisdictionis species, neque c. XVII. in primis huius legis verbis indicata, neque c. XVIII.: quin imo c. VII. Cod. Iust. de Episcopali audientia (I, 4) litigantibus *in civili duntaxat negotio sacrae legis antistitis iudicium experiri* permittit. Similiter Ambrosius[77]) *liberum* a Constantino iudicium sacerdotibus datum esse scribit. Adversatur etiam Ambrosius, qui se in difficillima de praedio controversia, de qua praefectus cognovisset, cognitorem resedisse dicit, in negotio igitur, quod spectaret caussam civilem laicorum. Quid quod Augustinus[78]) se distentum esse *negotiis saecularibus audiendis vel iudicandis* queritur, quocum Chrysostomus[79]) consentit, qui episcopos tradit perpeti odia et offensiones, cum tractent negotia in iudiciis, *quae tot difficultates afferant, quot ne forenses quidem iudices subeant.* Equidem episcopos caussas laicorum civiles cognovisse sententiasque tulisse arbitror, ita tamen ut veram iurisdictionem non exercerent, sed arbitrorum personam gererent, si quando partes eos arbitros sumpsissent, Constantinum autem hoc ius amplificasse, ut vel refragante altera parte cognoscerent. Et magnum quidem ius est atque omnino singulare, neque vero tantum, ut ob id solum haec constitutio supposita habenda sit. Ratio, cur Constantinus episcopis tantum tribuerit, duplex cogitari potest; altera est verecundia sacerdotum Christianorum, quam summam Constantinum habuisse veteres scriptores testantur[80]) et Constantinus ipse profitetur in epistola ex bibliotheca P. Pithoei eruta[81]), ubi sacerdotum iudicium non minoris fieri vult, quam si ipse dominus residens iudicet; alteram ipse indicat in extrema lege: *„Hoc nos edicto salubri aliquando censuimus, hoc perpetua lege firmamus malitiosa litium semina comprimentes, ut miseri homines longis ac paene perpetuis actionum laqueis implicati ab improbis petitionibus vel a cupiditate praepropera maturo fine discedant.“* Ut igitur miseros et perpetuis actionum laqueis implicatos sublevaret, potestatem vel invita altera parte cognoscendi episcopis detulit, quippe quos sciret arbitrorum more ex aequo lites sine sumptu, sine ambagibus prompte dirempturos esse et inopum innocentiam a potentium oppressione tuituros. Tale remedium tempora flagitarunt. Continua bella et civiles tumultus secuta erat morum corruptio, publici status conversio, iudiciorum confusio, perturbatio, contemptio. Potentiores humiliores tenuioresque possessionibus et iure expellebant. Testimonia scriptorum veterum proferre non opus est, cum multae leges satis superque doceant, imperatores hominum humiliorum inopumque misericordia commotos omnibus viribus in id incubuisse, ut et potentiorum hominum et iudicum latrocinia avaritiamque poenis gravissimis propositis reprimerent et coercerent. Constantinus igitur calamitosorum hominum solitudini atque inopiae iudicium episcoporum praesidio esse voluit, hisque caussas cognoscere permisit, etiamsi altera pars refragaretur, quae scilicet quod vel vi vel calliditate extorsisset, nollet rursus in iudicium deduci. Ius autem invita altera parte cognoscendi episcopis aliquando datum esse demonstrant c. VII. Cod. Iust. de Episcopali audientia (I, 4) ab Arcadio et Honorio data et Novella Valentiniana de Episcopali iudicio, quae cum episcoporum de civili negotio deque laicis iudicandi potestati eum statuerint modum, ut ne ii iudicarent, nisi utraque pars consentiret, etiam refragante altera parte antea cognovisse confirmant episcopos. Hoc enim dicunt verba c. VII.: *„Quod his obesse non poterit, nec debebit, quos ad praedicti cognitoris examen coactos potius adfuisse*[82]) *quam sponte venisse constiterit,“* neque minus verba Nov. Valent. cit.: *„De episcopali iudicio* d i v e r s o r u m s a e p e c a u s s a t i o *est. Ne ulterius querela procedat, necesse est praesenti lege sanciri. Itaque cum inter clericos iurgium vertitur et ipsis litigatoribus* c o n v e n i t, *habeat episcopus* l i c e n t i a m i u d i c a n d i, p r a e e u n t e t a m e n v i n c u l o c o m p r o m i s s i. *Quod et laicis si* c o n s e n t i a n t, *auctoritas nostra permittit.* *A l i t e r e o s i u d i c e s e s s e n o n p a t i m u r, nisi voluntas iurgantium praecedat.“* Episcopi igitur a l i t e r, id est citra compromissum iudicare consueverunt, quod Valenti-

---

suum enuntiet. Iudex enim praesentis caussae integre habere debet arbitrium, ut omnibus accepto latis pronuntiet. 76) Ita S i r i c i u s P. ep. II. c. 2 scribit: *non renuat venire.* 77) l. c. II, 13. 78) Lib. de Opere monachorum c. XXXVII.: „Quantum attinet ad meum commodum, multo mallem per singulos dies certis horis, quantum in bene moderatis monasteriis constitutum est, aliquid manibus operari et ceteras horas habere ad legendum et orandum aut aliquid de divinis literis agendum liberas, quam tumultuosissimas perplexitates caussarum alienarum pati de negotiis *saecularibus*, vel iudicando dirimendis, vel interveniendo praecidendis“; ad Psalmum CXVIII. serm. XXIV.: „Suis vitiosis et negotiosis cupiditatibus adiuvandis ut occupemur et eis nostra tempora impertiamur, efflagitant, aut certe infirmos premunt; et caussas suas ad nos conferre compellunt: *quibus dicere non audemus:* Dic homo, quis me constituit iudicem aut divisorem inter vos? constituit enim talibus caussis ecclesiasticos apostolus cognitores, in foro prohibens iurgare Christianos: ne illis quidem, qui non aliena rapiunt, sed sua cupide repetunt, dicimus: cavete ab omni cupiditate, constituentes eis ante oculos hominem, cui dictum est: Stulte hac nocte auferetur a te anima tua: quae praeparasti cuius erunt? quia, et quando dicimus, non recedunt, non declinant a nobis, sed instant, urgent, precantur, tumultuantur, extorquent, ut ipsis potius ad ista, quae diligunt, quam scrutandis Dei mandatis, quae diligimus, occupemur. — Obedientes fideles, qui pro suis *saecularibus* caussis raro nos quaerunt et iudiciis nostris facillime acquiescunt, nec nos conterunt litigando, sed obtemperando potius consolantur. Certe propter eos, *qui et inter se pertinaciter agunt et quando bonos premunt, nostra iudicata contemnunt,* faciuntque nobis perire tempora rebus eroganda divinis. Certe, inquam, propter istos et nobis liceat exclamare in hac voce corporis Christi: Declinate a me maligni et scrutabor mandata Dei mei.“ 79) Lib. III. de Sacerdotio v. fin. 80) E u s e b i u s in Vita Constantini I, 42. IV, 27. R u f i n u s, Hist. Eccl. X, 2. N i c o l a i P. ep. VIII. ad Michaëlem imp. 81) Ap. H a r d u i n u m (ex Appendice ad Optatum et Ms. Pithoei) I. p. 268. In eadem epistola et in Oration. in Concilio Nicaeno habitis episcopos appellat *fratres carissimos, sanctissimos antistites Christi, sanctissimos fratres, fratres dilectissimos, sanctos Dei ministros, propter animi modestiam et solertiam admirabiles, vestram sanctitatem.* 82) Ita leg. est cum Haloandro et veteribus codicibus. Vulgatae scripturae: *conventos potius afuisse* sententia obscura est.

nianus in posterum fieri vetat. Illa lege abrogatur Constantini M. constitutio [83]), hac confirmatur Arcadii et Honorii lex, quam episcopi, qui aegre ferrent, se iure spoliari a Constantino sibi concesso, perfregerant.

Et tantum abest, ut Constantinus episcoporum iurisdictionem iusto longius protulerit, ut eam definiverit. De delictis enim, nisi quae ad religionem pertinerent, nunquam eis permisit, ut iudicare possent. Praeter religionem igitur cognoverunt de solis negotiis civilibus, neque vero iudicum, sed arbitrorum more. Quapropter summis iurisdictionis ornamentis carebant, veluti exsecutione, quam ad ceteros iudices voluit pertinere imperator, apparitoribus, officio, et tituli Codicis Theodosiani atque Iustinianei, qui de eorum potestate cognoscendi agunt, *de Episcopali definitione s. audientia* inscribuntur, non *de officio*, ut illi, quibus magistratuum potestas et iurisdictio describitur. His limitibus circumscripta iurisdictio non est, cur suspicionem nobis moveat. Multo maiora privilegia clerici ab imperatoribus impetraverunt, necdum ullus leges, quibus concessa illa sunt, in dubium vocare ausus est.

Quas ob caussas et simul perpensis illis, quae de codicibus et origine libri a Sirmondo editi a me dicta sunt, hanc quoque constitutionem non suppositam, sed Constantini legem esse censeo [84]).

---

83) Sunt quidem, qui constitutione 7 constitutioni 1 Sirmond. derogatum esse negent, quia verba, quibus derogetur ei, desint; colligi igitur ex c. 7 posse, illam constitutionem revera a Constantino datam esse. Sed innumerabiles sunt leges et Codicis Theodosiani et Codicis Iustinianei, quae etsi clausulam derogatoriam non habent, tamen prioribus legibus derogant. Clausulam autem derogatoriam hac de caussa non habent, quia prologi et epilogi, quibus ea contineretur, a compositoribus illorum Codicum omissi sunt. Id in hac quoque lege factum est, quae eo spectat, ut pristinum ius, quod quidem Constantinus c. 1 introduxit, tollatur. Alii, quibus controversia esse videretur in utraque lege, c. 7 et Nov. Valent., forumne episcopi et ius vocandae refragantis partis in iudicium habuissent, suppositam esse putarunt Constantini legem, cum, si quidem vera lex esset, de episcoporum iure non potuisset disceptari. Equidem scire cupio, quibus verbis c. 7 haec controversia indicetur; mihi non contigit, ut ea reperirem. Sola Novella Valentiniani de Episcopali iudicio diversorum saepe caussationem fuisse narrat, quae vv. non ita interpretanda sunt, quasi dubitatum sit, anne ius illud episcopis unquam a Constantino datum esset, sed ita, ut controversum fuerit, num id episcopis post Arcadii et Honorii legem, quam respuerent illi, adhuc competeret. Eam igitur controversiam Valentinianus dirimit. Alii denique Valentinianum dictitant debuisse c. 1, si quidem in Codice Theodosiano, cui ab editoribus tribueretur, fuisset, pariter commemorare, atque Arcadii et Honorii statuta ex Codice Th. proferat: quod cum non fecisset, eam in Codice illo non fuisse; falsam igitur esse. Sed ut mittam, quae supra p. 426—430 de titulo *de Episcopali iudicio* exposui, et taceam leges, quae etsi non sunt in Codice Theodosiano, tamen quin verae sint, dubitari non potest, Valentinianus id egit, ut leges Arcadii et Honorii, quas neglectas esse videbat, confirmaret. Non opus igitur erat Constantini legem commemorare. 84) Cum in eo esset, ut ederem constitutiones Sirmondi, pervetustum aliquem, olim Coloniensem, codicem, qui eas contineret, in Darmstadtiensi bibliotheca a beato KNUSTIO inventum esse comperi. Cf. *G. H.* PERTZ, Archiv der Gesellschaft für ältere deutsche Geschichtskunde. VIII. B. Hannover 1843. 8. p. 110 sq. „*Ich habe in Darmstadt — gute Ausbeute gemacht, namentlich aus* 2 *Codd. s. VI. u. VII. Aus dem einen, der grösstentheils zur Zeit des Pabst Agapetus* 535, *jedenfalls ganz im s. VI. nach dem Pabstverzeichnisse, geschrieben ist, lassen sich die ältern Gallischen Concilien nicht bloss bedeutend verbessern, sondern auch ergänzen und vermehren — Der Codex enthält auch mehrere Leges, die nur nach einem Cod. durch Sirmond bekannt geworden sind, an deren Aechtheit man aber nach dem Alter dieses Cod. Colon. nicht zweifeln darf. Die Notitia provinciarum Galliae — hat hier noch eine kleine Einleitung und dann folgt gleich die lex Theodosii et Honorii bei Bouquet* T. I, 766. *a.* 418.“ Rogavi illius bibliothecae praefectum, ut sumptibus meis constitutiones illas aut describi aut cum editis conferri curaret. Sed ad hoc tempus nihil mihi responsum est.

Lipsiae Id. Iun. MDCCCXLIV.

Gustavus Haenel.

SIGNORUM EXPLICATIO.

Cod. 1 Codex Middlehillanus, Bibliothecae Phillippsii 1745.
— 2 — Reg. Paris. 1452.
— 3 — Selden. num. 32, Oxoniensis bibliothecae Bodleianae 3362.
— 4 — Middlehillanus 1741.
— 5 — Reg. Parisiensis, olim S. Germani de Pratis num. 366.
— 6 — Vaticanus Reginae Sueciae 1283.
— 7 — Reg. Parisiensis 4406.
— 7 [a] — Bibliothecae Capitularis Eporediensis.
— 8 — Reg. Parisiensis Suppl. Lat. 779.
— 9 — Lugduno-Batavus 119.
— 10 — Regius Berolinensis mss. lat. fol. num. 270.

NB. Vid. Praefationem p. 411—420. Reliqui codices hic et illic nominandi suo nomine a me commemorabuntur.

Sirm [a]. sive Appendix Codicis Theodosiani novis constitutionibus cumulatior opera et studio IAC. SIRMONDI. Parisiis. 1631. 8.
Sirm [b]. — — — — etc. in SIRMONDI Opp. Parisiis 1696. fol. Tom. I. p. 705—740.
Sirm [c]. — — — — etc. in SIRMONDI Opp. Venetiis 1728. fol. Tom. I. p. 403—418.
Sirm [d]. — — — — etc. in RITTERI editione Codicis Theodosiani. Lipsiae 1743. Tom. VI. Par. II. pag. I—XIV.
Sirm [e]. — — — — etc. in RITTERI editione Codicis Theodosiani. Mantuae 1750. fol. Tom. VI. Par. I. pag. 280—290.
Cui. 1 Editio Codicis Theodosiani curante IAC. CUIACIO. Lugduni 1566. fol. pag. 523—525.
Cui. 2 — — — — — — — — — — — Parisiis 1586. fol. pag. 527—529.
Aur. — — — — — — — — — — — Aurelianae Allobrogum 1586. 4. pag. 520—522.
Lugd. — — — — — — — — — — — Lugduni 1593. 4. pag. 520—522.
Go. Editio Codicis Theodosiani cum Commentariis IAC. GOTHOFREDI. Lugduni 1665. fol. Tom. VI. p. 303—312.
Ri. — — — — — — cura Io. DAN. RITTERI. Lipsiae 1743. fol. Tom. VI. Par. I. pag. 339—350.
Ri*. — — — — — — — — — — — Mantuae 1750. Tom. VI. Par. I. pag. 315—322.
Lab. Collectio Conciliorum Galliae T. I. Parisiis 1789. fol. p. 755—758.
LeG. sive Episcopale Iudicium adversus calumnias Iacobi Gothofredi acerrime defensum — Opera et st. IOANNIS LE GENDRE. Lutetiae Parisiorum 1690. 4. et in Meermani Thes. T. III. p. 333—368.
Iu. — CONR. FRID. AUG. IUNGK, Diss. de Originibus et Progressu Episcopalis Iudicii in causis civilibus laicorum usque ad Iustinianum. Berolini 1832. 8.
Haenel — De Constitutionibus, quas Iacobus Sirmondus Parisiis A. MDCXXXI. edidit Diss. Scripsit GUSTAVUS HAENEL. Lipsiae 1841. 4.

De reliquis signis vide signorum explicationem editioni Codicis Theodosiani, quam curavi, praemissam.

CONSTITUTIONES SIRMONDI.

I.

[a]DE CONFIRMANDO ETIAM INTER MINORES AETATES IUDICIO EPISCOPORUM, ET TESTIMONIUM UNIUS EPISCOPI ACCEPTO FERRI.

Imp. Constantinus A.[b] *Ablavio*[c] *Pf. P.*[d] Religionis est, clementiam nostram sciscitari[e] voluisse, quid de sententiis[f] episcoporum vel ante moderatio nostra censuerit vel nunc servari cupiamus[g], Ablavi, parens carissime. Itaque quia a[h] nobis instrui voluisti, olim prorogatae[i] legis ordinem salubri rursus imperio propagamus[k]. Sanximus namque, sicut edicti nostri forma declarat, sententias episcoporum, quolibet genere latas[l], sine aliqua aetatis discretione inviolatas[ll] semper incorruptasque servari[m]; scilicet ut[n] pro sanctis semper ac*) venerabilibus habeatur, quicquid episcoporum fuerit sententia[o] terminatum. Sive itaque[p] inter minores sive inter maiores[q] ab episcopis fuerit iudicatum[r], apud vos, qui iudiciorum summam tenetis, et apud ceteros omnes iudices ad exsecutionem volumus pervenire[s]. Quicunque[t] itaque litem habens, sive possessor sive petitor erit, inter initia[u] litis vel decursis temporum cur-

— c. 1. Codd. 1 — 5, 7 — 10, Martisburg., Vindob. Iur. Can. 99 (fol. 104), Paris. Suppl. Lat. 215, Caroli de Savigny XII, 66, Cui. 1. Aur. Lugd. Cui. 2, 2*. Go. Ri. Ri*. Sirm[a]. — Sirm[e]. Baron. Ann. ad ann. 314, n. 38 et ad ann. 326, n. 98. LeG. l. c. p. 4 sqq. Lab. p. 755 sq. Iu. l. c. p. 40 sqq. Integra est in codd. 1 — 5, mutila in codd. 7 — 10. Mutilam habent etiam Petri Except. IV, 37, Florus in Coll. XV capit. (ed. Lucae d'Achery T. I, p. 597 c. IV.), Concilium Valentinum ann. 855 habitum post can. 23. Capit. (Ben. Lev.) VI, 366. Regino II, 116. Coll. can. Anselmi Luc. III, 108. Ivo Decr. XVI, 312. Decr. Grat. cau. XI, qu. 1, c. 35 — 37, Innocentius III. c. 13 X. de Iudiciis (II, 1). Pastor. eccl. Paris. XIX, c. 15. Seldenus in Uxor. hebr. III, 28 (Opp. II, 1830), de Synedriis I, 10 (Opp. I, 965), ad Fletam V, 6 (Opp. II, 1068) particulas legis e codice suo ed. Vid. infr. not. *n, t, d, f, l, p, z.* Codd. 1, 2 *c.* 1 totius collect. a Sirmondo editae. Codd. 4, 5, 9, Par. Suppl. Lat. 215 (vid. infr. not. *y*) *c.* 1 *tit. XI* (C. Th. lib. XVI.) *de Episcopali Iudicio.* Codd. 7, 7[a], Cui. 1 — Ri*. *c.* 1 *de Episcopali iudicio* (om. num. tit.), sed add. in Cui. 1 — Lugd. *Hic titulus deerrabat a corpore Theodosiano* et in edd. Go. — Ri*. *Extravagans, Seu Subdititius Titulus.* In cod. 8 deprompta esse dicitur ex libri *XVI.* Codicis Theodosiani *titulo VI.* (i. e. *XI.*) et in cod. 10 ex *cap. XII teudosii VI.* Cf. Praef. p. 419, 420 et Haenel l. c. p. 8, 12 — 16. Est vero in codd. 8 — 10 c. *un.* h. tit. Sirm[a]. — Sirm[e]. *c.* 1 totius collectionis, ubi praemittitur rubrum *Appendix Codicis Theodosiani. Cum tribus iis, quae in fine libri XVI. legebantur, quindecim alias diversorum principum constitutiones continens*, quae verba primum a Sirmondo addita sunt, a codicibus absunt. Cod. 3 *c.* 26 C. Th. de Episcopis (XVI, 2), ubi vid. p. 1479, not. sup. Disceptatum est, utrum haec lex Constantini sit nec ne; cf. Praef. p. 433 sqq. Nov. Val. tit. XXXIV. et Nov. Maioriani tit. XI. de Episcopali Iudicio. Cod. Iust. de Episcopali audientia (I, 4). Eodem die ad Ablavium data est c. 1 C. Th. de Repudiis (III, 16).

---

a) Codd. 1, 2 add. *Exemplum legis*, sed cod. 2 a manu rec. Rell. codd. et Lab. Cui. 1 — Ri*. om. lemma, sed in cod. 5 int. lin. add. *Episcoporum sententie iure perpetuo firmentur.* b) 3 *Idem augusti*, i. e. *Impp. Honorius et Theodosius AA.*; antecedit enim c. 41 C. Th. de Episcopis (XVI, 2). 4, 5, 7, 8, Vesontinus aliique ap. Go. *Imppp. Archadius* (in 8 add. *et*), *Honorius et Theodosius aaa* (7 *Imp — Thed aa.* 7[a] *Impp arcadius — ā*), err.; nam Ablavius his impp. praefectus praetorio non innotuit. Videtur inscr. sequentis legis in hanc translata esse. In Decr. Grat. haec lex tribuitur *Theodosio Imp.*, in Petri Except. *Marciano Imp.* Cf. Car. de Savigny l. c. T. II, p. 145 (ed. I.) et p. 153 (ed. II.). Florus *ad Felicem Praefectum Praetorio* ex c. 4 Sirm. c) 10 *Arlavio.* d) 3 *p̄posito.* 7[a] *prē pr̄.* Ap. Ben. Lev. et in Decr. Grat. Ablavius inepte appellatur *Dux.* e) 2 *dementiam.* 10 *suscitari.* 5 *sciscitare*, sed corr. *sciscitari.* f) 7 *Religionis et — quod* (om. *de*) *sentenciis.* Etiam 7[a] *et.* g) 1, 2, 10 *cupimus.* Iu. *Ablave* et 7 *pariens.* 7[a] *papiens* cum litura ad *pi.* h) 5, 10 om. *a.* i) Ita 1, 4, 5, 7[a], Iu.; 7 *prōrogate*; rell. *praerogatae*, impr. Go. Cf. C. Th. VII, 7, 2 *prorogata iussione.* k) 3 *promulgamus.* Rein. cj. *prorogamus.* Hinc incip. Florus l. c. Infra LeG. *sicuti.* l) 7, 10, Cui. 1 — Ri*. Bar. LeG. Lab. Iu. *prolatas*; 1 *relatas*; Florus *illatas.* ll) 5 *involutas.* m) In cod. 10 add. *Ab omnibus iudicibus laicalibus sive epīs.* n) Hinc incip. codd. Vindob. et Martisburg. Mox Bar. *sanctis et ven.* 2 *salvet ut pro — a venerabilibus.* *) Sec. man. in cod. 7[a] *hac.* o) Iu. *sent. fuerit*, ut LeG. 7[a] *episcorum*, sed corr. p) Rec. man. in cod. 4 corr. *Quicquid itaque.* Flor. *Sive utique.* q) 7 om. *sive inter maiores.* 4 *si vel.* r) Cui. 1 *iudiūatum* et paullo post 7 *ab exsec.* 3 *iudicatum ab Epīs apud.* Mox om. in codd. 3 — 5 *ceteros.* s) 2, 4, 5, 7, 7[a], Sirm[a]. — Sirm[e]. *pertinere*, impr. Go. 10 *ad observandum volumus.* Seqq. usque ad v. *Multa* des. ap. Florum. In codd. 4, 5 h. l. rubro col. add. *INT.* Est deinde spatium aliquot literarum et sequitur *Quicunque.* t) Cum vv. *Quicunque litem* inc. codd. 8, 9, Ivo, Ben. Lev. Ans. (*ex Capitularibus Caroli Imperatoris*) cod. Savign. Decr. Gr. ll. cc. u) 9 *fuerit in initio litis vel decursus.* Ivo, Capit., Decr. *fuerit vel in initio.* Codex Savign.

riculis, sive cum negotium peroratur[v], sive cum iam coeperit[x] promi sententia, iudicium[y] eligit[z] sacrosanctae legis antistitis, illico[a] sine aliqua dubitatione, etiamsi alia[b] pars refragatur[c], ad episcopum cum sermone litigantium dirigatur. Multa enim, quae in iudicio captiosae praescriptionis[d] vincula promi[e] non patiuntur, investigat et promit sacrosanctae religionis auctoritas[f]. Omnes itaque*) caussae, quae vel praetorio iure[g] vel civili tractantur, episcoporum sententiis terminatae, perpetuo[h] stabilitatis iure firmentur[i], nec liceat ulterius retractari[k] negotium, quod episcoporum sententia deciderit[l]. Testimonium etiam, ab uno licet[m] episcopo perhibitum, omnes iudices indubitanter accipiant, nec alius audiatur, cum testimonium episcopi a qualibet parte[n] fuerit repromissum. [o]Illud est enim veritatis auctoritate firmatum, illud incorruptum, quod a sacrosancto homine conscientia mentis illibatae protulerit. Hoc nos edicto salubri aliquando censuimus, hoc perpetua[p] lege firmamus, malitiosa litium semina comprimentes[q], ut miseri homines, longis ac paene[r] perpetuis actionum laqueis implicati, ab improbis petitionibus vel a cupiditate praepropera[s] maturo fine discedant. Quicquid itaque de sententiis episcoporum clementia nostra censuerat, et iam[t] hac sumus lege complexi[u], gravitatem tuam et ceteros[v] pro utilitate omnium latum[x] in perpetuum observare conveniat[y]. *Dat.*[z] *III. Non. Mai. Constantinopoli*[a]. (331.)

II.

EPISCOPOS IUDICIO EPISCOPORUM DAMNATOS CENTUM MILIBUS CIVITATE, IN QUA FUERUNT, DEBERE EXCLUDI[b].

Imppp. Arcadius[c], *Honorius et Theodosius AAA.*

— c. 2. Codd. 1, 2 *c.* 2. Sirm[a]. — Sirm[e]. *c.* 2 *Append. C. Th.* Codd. 4, 5, 7, 7[a], Cui. 1 — Ri*. Lab. LeG. (p. 100 sqq.) *c.* 2 *tit. de Episcopali iud.* (vid. c. 1 antec., not. super.); in cod. 3 est *c.* 4 *C. Th. de Episc. et cler.* (vid. supr. C. Th. p. 1479, not. sup.). In rell. codd. h. c. deest. Coniungenda est cum c. 24 C. Th. de Feriis (II, 8), ubi vid. not. sup. Deprompta est ex h. lege c 35 C. Th. de Episc. (XVI, 2). LeG. l. c. p. 112 eam indicari putat can. 93 in fine Codicis Ecclesiae Africanae. Cf. C. Th. XI, 39, 10, not. sup.

sive petitor fuerit vel initio et om. *sive possessor.* v) 9 *perorator.* 10 *peroperatur.* x) 4 *coeperint*; alii codd. *ceperit.* 8 *coep. promi* (supra scriptum est *dici*) *sentia.* y) 9 *sententiam si iudicium.* Cod. Savign. *sentent. si iud. elegerit.* Ad v. *promi sent.* cf. C. Th. I, 5, 3. z) 1, 3—5, 8, 9 *elegit.* Ivo, Cap., Decr. *elegerit.* Iu. *elegit sacrosancti.* a) 9 *antistite silico.* 7 *antestitis.* b) 7 *aliqua.* Go. mavult *altera.* c) 2 *refrangatur.* LeG. *refragetur.* Sec. Go. in Comm. h. l. Vir doctus reponebat *Si tamen alia pars non refragatur*, sed add. Go.: „adversus apertissima huius legis verba." 9 *refr. ad episcoporum iudicium sermo litig.*, non male. Ivo, Capit., Decr. cod. Savign. *ad episcoporum iudicium cum s. l.* Mox 9 om. *in* post *quae.* d) 1 *perscribtionis.* 2, 10 *perscriptionis.* 9 *proscriptionis.* Ceterum in codd. Vindob. Martisburg. et in Decr. om. *Multa — auctoritas.* Cod. Savign. *quae iud. copiosae.* Errore Aur. Lugd. *indicio.* e) 10 *vincul . . | non paciuntur*, deest igitur *promi*, ut in Cui. 1 — Lugd. et apud Lab. f) 3 *investigata promit.* 7[a] *promet*, sed corr. 8 *investigata et promet.* Iu. *ecclesiae auctoritas.* Cum v. *Omnes* inc. cod. Bamb., Petrus, Selden. in Uxore hebr. l. c. *) Flor. *utique.* g) 9 *vel in pr. i.* 7 *pretoriae iurae.* 9 *pr. iure vel civili tr. negotio.* Cod. Savign. *quae praetorio.* 2 videtur habere *tractamur.* h) 7 *episcoporum provinciis terminate perpetuae st. iurae.* 9 *terminat perp. stabilitatem.* i) 3, Aur. Lugd. Florus *firmantur.* 10 *iure incorrupte firm.* 9 *firm. ne.* k) 10 *ulterius a comitibus vel iudicibus laicalibus tractari.* Decr. *nec ulterius liceat r. n.* Cui. 1 — Lugd. *retractare*, ut LeG.; Capit. *retr. iudicium quod.* l) 7, 7[a] *decederit.* 4, 5 *didicerit.* Cod. Savign. *sententiis.* Hic desinit Petrus l. c. Selden. codd. Bamberg. Vindob. m) 3 *Licet ab uno.* 10 *Testimonium enim ab uno licet epō peribitum.* Cod. Sav. *T. l. etiam ab uno.* 2 om. *episcopo.* n) 3 om. *a qualibet parte.* o) 10 om. *Illud — discedant.* Cod. Sav. *Illud enim a veritatis.* Mox 8 *conscientiā* et Florus *illibato protulerit. Hoc quod nos.* 5 om. *a* post *quod.* p) 7 *hec perpetuo.* Florus *hac perpetua.* Antea Ri*. *Eicto.* Cod. Sav. desinit in vv. *pertulerit h. n. e. salubri firmamus et perpetua lege tenendum censemus.* q) In v. *comprimentes* desin. Ivo et Decr. Grat. r) 7[a] *longe.* 8 *poenae.* 9 *poenis.* Mox 7 *laqueus.* s) 3 *petitionibus et cup. pr.* 2 *p̄profera.* 7 *propera.* 7[a] *praepopera*, sed add. *r* supr. lit. *po.* 9 *p̄p̄perā matura.* Capit. *cupiditate perpetua maturo.* t) 1—5, 10 *etiam.* 7 *ac* pro *hac.* 9 *etiam et ac.* Capit. *etiam et hac.* LeG. *et hac iam.* u) 1 add. *qm* cum siglo literae *u* haud absimili supra *m.* v) 9 *ceteris.* x) 1—5, 7, 7[a], 8, 10, Cui. 1 — Ri*. Iu. LeG. *latam.* 9, Capit. om. *latum.* Pro *omnium* 7 *hominum.* Lab. *latum*, ut Sirm[a]. — Sirm[e]., recte et prob. Go. y) Ita codd. et Cap.; edd. *conveniet.* In cod. Par. Suppl. Lat. 215 haec c. redacta est in epitomen: *XI De episcopali iudicio. Hoc est ut quod episcopi iustae definierint non refragetur ad iudicem et unius episcopi testimonium in causa sufficiat.* z) Subscr. adest in codd. 1—5, 7, 7[a], Cui. 1 — Ri*. Sirm[a]. — Sirm[e]. LeG. Lab. Iu.; deest in rell. codd. Pro subscr. in cod. 8 ponitur *Explicit Liber XVI Ex Corpore Theodosiani Aug.* et in cod. 10 *Et licet rem omnibus cristianis causis generaliter profutura neque . . | mitibus* (leg. *comitibus*) *neque ab scabinis sive iudicibus infringere audeant neque sacrilega temeritas vel cupiditas ad subreptionem vel disrumpere aliquem compellat audatia. Qui hoc facere praesumpserit XXX librarum a . . |* (leg. *auri*) *eum condempnamus ut sit ipsum aurum herario imperatoris profuturum et ne ulterius aliquis nostrum decretum violare praesumat tali pena sit multatus.* Ceterum 1, 3, 7 *Dat. IIII.* et 2, Sirm[a]. — Sirm[e]. *Maias.* a) 2 *Constantino.* Subscriptio manca est. Edd. om. annum. Add. *Basso et Ablavio Coss.* (331.), quo anno et die data est c. 1 C. Th. de Repudiis (III, 16) et Ablavius Praefectus pr. fuit. Baron. hanc c. assignat anno 326, quamquam Byzantium non est appellata Constantinopolis ante ann. 330, et in paucis tantum legibus ante ann. 330 latis scriptores Codicis Theodosiani posuisse videntur Constantinopolin. Vid. c. 2 C. Th. Familiae herc. (II, 24), c. 3 C. Th. de Veteranis (VII, 20), c. 12 C. Th. de Appell. (XI, 30), c. 8 C. Th. de Decur. (XII, 1) et infra c. 17 Sirmond. In Chron. const. Cui. 2, 2* tribuitur h. c. anno 339, impr. Go. in Comm. LeG. l. c. p. 33—35, Schilling, Diss. de Origine iurisdictionis ecclesiasticae. Lips. 1825. p. 15, Iu. l. c. p. 42 praeeunte Seldeno l. c. tuentur ann. 331. In c. 1 cit. deest urbis nomen. b) Ita Sirm[a]. — Sirm[e]. Codd. 1, 2 *Exemplum legis ad-*

Hadriano [d] *Pf. P.* Ut veneratio sacerdotibus debetur innoxiis, ita [e] et poena moderata inquietis atque deiectis [ee]. Quemadmodum enim Deo servientes et divini sacerdotii [f] integritate lucentes, non solum vitam suam proprio praestant ornamento, sed etiam subiectae plebis atque obedientis [g] exemplo: ita ii, quorum indigniora sunt sub integritatis professione peccata, si exclusi degradatique [h] ab episcopis comprobentur, qui resupinos spiritus [i] adversum definita retulerint [ii], separati ab his urbibus, quas errore proprio [k] tenuerunt, et sibi debent esse parti [l] et aliis constituta ablegatione [m] terrori [n]. Plurimos enim bonos faciunt et veneratio optimorum sacerdotum et notabilis reprehensio pessimorum. Suggerentibus episcopis didicimus [o], quosdam sacerdotes Christianae legis, quorum delicta coetu episcopali et [p] deprehensa fuerint, et eorum [q] sententia vindicata, in sinu earum urbium, in quibus talia commissa sunt, permanere et quaerere turbas populi [r], convocare turbatores quietis, exsistere tumultus popularis*) auctores, innocentes se post iudicium dicere, plebem colligere et velut adhuc episcopos salutari, comitatum sacrum petere [s], mereri mendaciis oracula et furtiva [t] rescripta. Sancimus itaque hac lege, ut quicunque [u] residentibus sacerdotibus fuerit episcopali loco detrusus et nomine, si aliquid vel contra sententiam [v] vel contra quietem moliri fuerit deprehensus, rursusque sacerdotium petere, a quo videtur [x] exclusus, procul ab ea urbe, quam indignus [y] infecit, secundum legem divae memoriae Gratiani [z] centum milibus vitam agat. Sit ab eorum coetibus [a] separatus, a quorum est societate discretus; careat urbe, quam tenuit, segregetur a plebe, quam mentitus vitae praeceptor infecit [b]. Sit [c] huius modi personis tenore huius legis illicitum [d], sacra nostra adire secreta et impetrare rescripta. Omnia abiectis [e] per culpam sacerdotio personis, quae impetrata sunt, infecta permaneant: scituris his [f], quorum defensione nituntur, absque sui reprehensione non futurum, si his [g] polliceantur suffragium, qui divinum non videntur meruisse

---

versus episcopos, qui iudicio episcoporum damnantur centum eos milibus — debere (2 add. *eos*) *excludi.* Sirm [e]. *in quae fuerunt*, err. Totam rubr. om. rell. codd. et Cui. 1 — Ri*. Lab. LeG., sed in m. cod. 4 add. *De honore bonorum episcoporum et contemptu pessimorum* et in m. cod. 5 *Qualis reverentia innoxiis sacerdotibus, qualis que improbis confusio.* In cod. Par. Suppl. Lat. 215 ponitur pro tota lege: *De sacerdotibus innoxiis et de inquietis atque deiectis ut ab epīs iudicentur.* c) Codd. *Archadius.* Sirm [d]. et Sirm [e]. *Impp.* Ceterum cod. 5 *Imppp* | . . . *archadius.* Tota inscr. deest in cod. 1; in cod. 2 erasa est. Del. Theodosii nomen. Vid. infra not. *m.* d) 2—5, 7, Cui. 1 — Ri*. LeG. Lab. *adriano*; 3, 5, 7 om. *AAA.* et 3 *Pf. P.*, pro quo siglo 7 habet *R̄rō* et 7 [a] *Prō.* e) 7 om. *ita.* ee) 1 *adque de deiectis.* 5 *devictis.* Rein. cj. *detectis.* Est *deiectis* pro *abiectis*, detrusis. f) 7 *Q. e. ideo serv. et d. sacerdotis.* 3 *divini servitii integr.* 2 *servientes ut — ornamentum.* g) Go. in not. (ad c. 2 de Episc. iud.) *subiectae plebi atque obedienti sunt exemplo.* 1, 2 *plebi adq. oboedientes.* 4, 5 *subiecti plebis atque oboedientis.* 7 *subiecti plebi atque oboedientes.* 7 [a] *subiecti — obedientes e. ita hi.* Mox codd. *hi* pro *ii.* h) 2—5, 7, Cui. 1 — Ri*. Lab. LeG. *depravatique*, impr. Rein. Go., qui em. *degradatique.* 7 [a] *depratiq.*, sed corr. a sec. man. i) 2—5 *resupino spiritù adv. diffinita s. difinita s. definita.* ii) Rein. cj. *tulerint* vel *sustulerint* vel *retinuerint.* k) 7 *propria.* l) 2 *te minuerunt et si hi debentes se reperti.* Sirm [a]. — Sirm [e]. *debent esse reperti*, impr. Go. et LeG.; 7 *debentes reperti.* 7 [a] *debentes seperti.* 3 *debent esse damnationi.* 4, 5 *debent esse periti.* 1 *parti.* Cui. 1 — Lugd. *debent esse parti * et aliis.* Go. mavult *separati*, prob. ut videtur Lab., at Rein. *pudori.*. An *periculo* aut *despectui?* m) 2, 4, 5, 7, Val. Cui. 1 — Lugd. Sirm [d]. et Sirm [e]. Val. Lab. *obligatione.* Recte *ablegatione.* Similiter C. Th. XVI, 5, 57, §. 1 *in exilium ablegandos.* n) 7, 7 [a] a sec. man., Cui. 1 — Lugd. *terreri.* Val. *terroribus.* 2 *terrore*, sed corrig. *terror.* Mox 2, 5 *notabiles.* o) 1 *dedicimus.* Mox 7 [a] *delecta*, sed corr. p) 1—3, 7 [a], Sirm [a]. — Sirm [e]. add. *et*, quod rell. om. Go. in Comm. mavult *in coetu.* q) 1—3, Sirm [a]. — Sirm [e]. *et eorum.* Rell. *iterum.* 7 *iterum sentenciam vindicata coetu episcopali in.* V. *vindicata* id e. punita, sc. delicta. *Eorum*, intell. *episcoporum.* Go. in not. *fuerunt* et *sacerdotio vindicato* (iterum sacerdotio vindicato) pro *sententia vindicata*, aut accipit *vindicata* pro irrita facta, neglecta, prob. Lab., quod ferri non potest. r) 4, 5 *populos.* Cui. 1 — Cui. 2*. Lab. Sirm. [a], [b], [d], [e] *et quaerere turbas populi convocare, turbatores quietis existere, tumultus popularis auctores.* Ita etiam Sirm [c]., ubi autem commate distinguitur etiam post v. *turbatores* (*turbatores, quietis*). Nostram interpunctionem, quae vera est, primus restit. Go. *) 7, 7 [a] *populares.* Male sec. Go. codex Anitiensis, qui 2 est, *actores.* Consuluit igitur Go. hunc codicem, cum Sirmondus hanc scripturam taceat. s) 4, 5 *epō salut. comitatos* (5 *comitatus*) *agrum petere.* 7 *comitatu s. paetere merere mendatiis.* 7 [a] *comitatu* et infra *a* pro *hac.* Etiam LeG. *merere.* t) Go. — Ri*. LeG. *futura rescr.*, err. Mox Ri*. *ua* pro *ut* et 7 *ac* pro *hac* et 2 *destrusus.* u) Cum v. *Quicunque* inc. c. 35 C. Th. de Episc. (XVI, 2). v) Cui. 1 — Lugd. Lab. om. *vel contra sententiam.* 3 *aliquid contra sententiam vel quietem.* c. 35 cit. *contra custodiam vel contra quietem publicam.* x) Cui. 1 — Lugd. *videretur*, et c. 35 cit. *vid. expulsus, pr.* y) 7 [a] *quem.* Deest *indignus* in c. 35. z) Vid. c. 35 cit., not. *x.* a) Cui. 1 — Lugd. *a beatorum coetibus.* Ri*. mend. *reparatus.* b) 3 *urbe quam polluit seggregetur ab eā quam m. v. p. i.* 4, 5 *segregetur ab ea, quam m. v. pr. i.* Ita dici potest. Similiter paullo supra *ab ea urbe, quam indignus infecit.* 7 *quem tenuit segr.* et om., ut 7 [a], *a plebe.* Cui. 1 — Lugd. *segregetur * quam m. v. praeceptae infecit.* Cui. 2 — Ri*. LeG. *segregetur* (om. *a plebe*) *quam* etc. Sirm [a]. — Sirm [e]. *vitae professori.* In c. 35 cit. om. *Careat — infecit.* c) Cui. 2 — Ri*. LeG. c. 35 cit. *sitque*, sed in c. 35 res alia est. d) Sirm [d]. *inclitum*, mendose. e) Cui. 1 — Lugd. *impetrare* (Aur. Lugd. *impetrata*, err.) *rescripta * Omnia abiectis.* Sirm [a]. — Sirm [e]. *Omnia deiectis.* 1 *omnia adiectis.* 2—5, 7, 7 [a] *omnia abiectis.* Cui. 2 — Ri*. Lab. et c. 35 cit. *omnibus abiectis.* Vid. c. 35 cit., not. *f.* Quadrat etiam *Omnia*, sc. *quae impetrata sunt, infecta permaneant, abiectis personis.* f) 1, 2, 4, 5 *impetrata sunt vel quae impetrata fuerant perm. s. h.* 3 *sacerdotio per culpam pers. q. inpetrata fuerant n̄ permaneant sc. h.* 7 *que impetrarunt vel que impetrata fuerint permaneant sc. his polliceantur* et om. *quorum — si his.* 7 [a] *quae inpretatar̄ | uel que inpetrata fuerant permaneat sciturі his* et om. *quorum — his.* Cui. 1 — Lugd. *personis quae impetrarunt vel quae impetrata fuerant, permaneat sciturі hies* (Aur. Lugd. *dies*) *polliceantur* et om. *quorum — si hoc eis.* Ri. *scitu- | his* et Ri*. *sciturі his*, mendose. g) 4, 5, Cui. 2* — Ri*. Lab. LeG. c. 35 cit. *si hoc eis.* 1, iudicium, Hadriane[h] parens carissime atque amantissime[i]. Hanc igitur legem sublimis magnificentia tua cunctas per dioeceses[k] sibi creditas publicabit edictis, ut id, quod pro quiete repertum, pro iudicii episcopalis confirmatione constitutum, pro reprimendis culpis inventum est, ab omnibus excolatur, a sacerdotibus servetur[l]. *Dat. pridie**) *Non. Febr. Ravennae, Stilicone II. Consule*[m]. (400.)

III.

NON LICERE CLERICOS IN CAUSSIS ECCLESIASTICIS AD PUBLICUM PERTRAHERE IUDICIUM[n].

Imppp. Valentinianus, Theodosius et Arcadius[o] *AAA. ad Optatum Praefectum Augustalem*[p]. Graviter admodum mota est nostra clementia, quaedam ab his[pp], qui episcoporum sibi nomina vindicant[q], perpetrata et contra leges non minus divinas quam humanas improba[r] temeritate commissa. Vexatos etiam nonnullos orthodoxorum clericos, quorum aetas huic iniuriae ac sacerdotium[s] repugnabat, fatigatos[t] itineribus, quaestionariis deditos, atque haec omnia per eos commissa, qui ad tegumenta frontis[u] sacerdotii nominis titulos praeferebant. Denique lectis in consistorio precibus, quibus episcopalis pietas aliquid postulans[v] refragatur denegatque, idcirco[x] continua lege sancimus, nomen episcoporum vel*) eorum, qui ecclesiae necessitatibus serviunt, ne ad[y] iudicia sive ordinariorum sive extraordinariorum iudicum pertrahatur[z]. Habent illi iudices suos,

— c. 3. Codd. 1, 2 *c.* 3. Sirm[a]. — Sirm[e]. *c.* 3 *Append. C. Th.*; codd. 4, 5, 6 (vid. not. *q*), 7, 7[a], Cui. 1 — Ri*. Lab. LeG. (p. 134 sq.) *c.* 3 i. e. *ult. Tit. de Episcopali iudicio*; cod. 3 *c.* 5 *C. Th. de Episcopis*. Vid. supr. p. 1479, not. sup. Hincm. Opp. T. II, p. 325, 740 (quo pertinet cod. Reg. Par. 4278 et cod. Bamb. I, 13). Florus l. c. VI. (IX.) Coll. Can. Ans. III, 109. Regino II, 116. Car. de Savigny Coll. Can. XII, 67. Decr. Grat. cau. XI, qu. 1, can. 5. Edidit hanc legem e codice suo Seldenus de Synedriis I, 10 (l. c. T. I, p. 969). Baron. Ann. ad ann. 385, n. 31. Mutilata est in codd. 4, 6, 7, Cui. 1 — Lugd., apud Hincm. Florum, Ans. Reg. Grat. Lab. hic et illic mutt. vv. Vid. infra not. *q*, *x*, *y*, *z*, *b*, *ι*, *k*.

2 *nituntur non absque sui* (om. *sui* 1) *repr. fut. si his*, sed 2 *si hi.* 3 *si eis.* Rell. *si his p.* 5 *pollicentur*, ut c. 35 cit. h) 3 *non metuisse videntur.* 5 *metuisse.* Cui. 1 — Lugd. *mer. rescriptum Adriane.* Lab. *mer. rescriptum, Adriane.* LeG. *mer. rescriptum. Adriane.* Cui. 2 — Ri*. *mer. rescriptum, Hadriane.* Codd. *Adriane.* In v. *iudictum* desinit c. 35 cit. i) 3 — 5 om. *atque amantissime* et 7, 7[a] *atqùe.* Cui. 1 — Ri*. Lab. LeG. *kar. ,et amant.* k) Codd. Cui. 1 — Lugd. *cunctis.* Ceterum 4, 5 *cunctis per diocesis* et Cui. 1 — Lugd. *dioceses.* 7 *cunctis praedio caesis s. cr. publicavit ed.* — *confirmationem.* 2 *constitum.* 7[a] *pubicabit* (sed corr.) — *constitum — reprimentis*, sed corr. l) Ita 1, Sirm[a]. — Sirm[e]., prob. Go.; rell. *reservetur.* Rein. cj. *vero servetur.* *) Nonn. codd. *II.* 7[a] *dataUI prid — raūn st. secundo consl.*, cum virgula per lit. *l* traiecta. m) 5 om. *II.* et Ri*. *Ravennae*, pro quo 7 *Ravenna*, ut c. 35 cit. Cui. 1 — Lugd. *II. et Antemio Coss.* Cui. 2 — Ri*. LeG. Lab. *Stilichone II.* (Cui. 2, 2*. Lab. *Stilicone*; nonn. codd. *Stillicone*; LeG. *Stelichone*) *et Anthemio Coss.* et add. ap. Go. — Ri*. LeG. Lab. ann. 405. Potius add. *et Aureliano Coss.* (400.) Vid. c. 24 et 35 citt. Suadet quidem ann. 405 Theodosii in inscriptione commemoratio, sed obstat c. 35 deprompta ex hac lege, cui consules anni 400 subscripti sunt, non anni 405, cuius anni consules serie constitutionum in tit. de Episcopis spectata locum ne habere quidem possunt. Del. est igitur in inscr. nomen *Theodosii.* Numerus *II* in subscr. natus est ex *et* (Aureliano). LeG. p. 119 h. c. repetitionem esse putat c. 35. Quod Till. l. c. T. V, Notes, p. 75, n. XIII. Honorium anno 400 Ravennae fuisse negat, falso negat. Cf. Chron. const. anni 400. Ceterum consules in editionibus de ingenio Cui. videntur mutati esse.

n) Ita Sirm[a]. — Sirm[e]. Codd. 1, 2 *Exemplum Legum. Ubi non licet clericos publicum adire iudicium.* Decr. Grat. *Ad secularia iudicia nullus clericus est pertrahendus.* Apud rell. deest rubrica. o) Codd. *Archadius.* 1 *Imperatur.* 3 *Idem Aug.*, sed Selden. nomina plene edidit. 2, 7, 7[a] om. *AAA.* Sirmond[d]. et Sirmond[e]. *Impp.* p) Optatum Praefectum Augustalem nusquam commemorari Go. dicit; quare Rein. cj. *Hypatium*, non male. Vid. c. 27 C. Th. Quorum appell. (XI, 36) et c. 17 C. Th. de Susceptor. (XII, 6) ann. 383 datas et ad ann. 392 c. 31 C. Th. Quorum appell. (XI, 36) et c. 20 C. Th. de Navicul. (XIII, 5). At LeG. p. 140 sqq. et Tillem. l. c. T. V, Notes, p. 37, n. XVII., qui contra Go. contendunt hanc legem Romanam esse, non fictam, Optatum recte scriptum esse demonstrant. 3 *ad Opt. proconsulem Augustalem*; ita etiam 4, sed per compendium. 7 *pec. agustalem.* 5 *Optatum agustalem* et om. *praefectum.* 7[a] *Opt. p̄et.* pp) LeG. *ab iis.* q) Cum v. *vindicant* desin. cod. 4 fol. 189 et pergit fol. 190 in vv. c. 9 C. Th. de Accus. (IX, 1) *proposita sit, si vera detulerit.* Perierunt duo folia cum reliqua parte h. legis, cum c. 4 — 7 Appendicis C. Th. et cum c. 1, 5 C. Th. de Accus. (IX, 1), ut patet ex' codd. 5, 6. In sq. v. *perpetrata* incip. cod. 6. Mox 7, 7[a] *legis.* r) Literae *inpro* bis scriptae sunt in cod. 6. Mox 3 om. *etiam* et 7 habet *nonnullis*, sed 7[a] *nonnullus.* s) 1, 2 *sacerdotio.* 5, 7[a], Cui. 1. Cui. 2 — Ri*. LeG. *a sacerdotio*, prob. Vesmio. 6 *á sacerdotio.* 7 *a sacerdocio.* Aur. Lugd. *a sacerdoio.* 3 *actas et sacerdotium huic iniuriae.* Iam Go. Rein. em. *ac sacerdotium.* Lab. *et sacerdotium.* 2 *rerepugnabat.* t) Ita 3, Seld. Rell. codd. et edd. *flagitatos.* Iam Go. Rein. Bar. Lab. em. *fatigatos.* Cf. LeG. l. c. p. 146. Sed fortasse etiam v. *flagitatos* explicari potest. Cf. c. 8 C. Th. de Fide testium (XI, 39) *Episcopus - ad testimonium flagitatur.* u) 3, Seld. *furoris sacerdotalis nom.*, quod placet Rein. et LeG. l. c. 5, 6 *fronti.* 7 *quia teg.* 7[a] *postulas*, sed corr. v) Go. ann.: „Est qui reponat *postulantibus*", et hoc habet Val. in m. Vid. not. sq. x) Seldenus e cod. 3 initium h. l. transpositis vv. ita mutatum edidit: *Graviter a. m. e. n. clementia lectis in Consistorio precibus, quibus e. p. a. p. refragatur*: (3 add. *denegatur*) *quaedam ab his — Vexatos nonnullos o. cl.; quorum aetas et sacerdotium huic iniuriae repugnabant, fatig. — tegumenta furoris sacerdotalis n. t. praeferebant. Atque idcirco* (ego legi in codice 3 *praeferebat atque idcirco*) *perpetua lege sanci-*

nec quicquam[a] his publicis[b] commune cum legibus: quantum ad caussas tamen ecclesiasticas pertinet, quas decet[c] episcopali auctoritate decidi. Quibuscunque igitur mota fuerit quaestio, quae ad Christianam pertineat sanctitatem, eos decebit[d] sub eo iudice litigare, qui praesul est in suis partibus omnium sacerdotum, id est per Aegypti dioecesim, Optate[e] carissime ac iucundissime. Quare laudabilis auctoritas tua, arbitrio temperato, quicquid negotiorum talium incidet, terminabit, habituro pontificium[f] sacrae disceptationis Timotheo[g] episcopo, quem sibi omnes[h] etiam suo iudicio praetulere[i]. Est enim vir cum omnium sacerdotum[k] suspectione[l] venerandus, tum etiam[m] nostro iudicio iam probatus[n]. *Dat. pridie Non. Febr. Constantinopoli*[o]. (384.)

IV.

[oo]NON DEBERE SERVOS A IUDAEIS CIRCUMCIDI, NEC INQUIETARI IUDAEOS, QUI CHRISTIANI FIUNT.

Imp. Constantinus A. ad Felicem Pf. P.[p] Iam dudum quidem constitutionis nostrae saluberrima sanctio promulgata est[pp], quam nostrae repetitae legis veneratione geminamus, ac volumus, ut[q], si quispiam[r] Iudaeorum Christianum mancipium vel cuiuslibet alterius sectae mercatus circumcidere non perhorruerit, circumcisus quidem istius statuti mensura libertatis compos effectus, eiusdem privilegiis potiatur[s]: non fas Iudaeo sit, qui circumciderit, mancipium generis memorati in obsequium servitutis retinere. Illud enim[t] hac eadem

— c. 4. Codd. 1, 2, Sirm [a]. — Sirm [e]. *c. 4 Append. C. Th.* Codd. 5, 6 *Tit. XII* (Cod. Theodosiani lib. XVI.) *De Iudeis*. Deest in rell. codd. Depromptae sunt ex hac lege, sed mutt. vv., c. 1 C. Th. Ne Christianum mancip. (XVI, 9) et c. 5 C. Th. de Iudaeis (XVI, 8). Iam ante Sirmondum hanc legem acceperat Go. a Cl. Puteano ex codice Aniciensi. Vid. Go. ad c. 5 de Iudaeis et ad c. 1 Ne Christ. manc. citt., not. *a*, ubi pro farragine eam habet.

mus, ut nemo Episcoporum — serviunt ad, prob. Rein. 1, 2, 5 — 7, 7 [a] *refr. in eo atque* (s. *adque*) *idcirco*, sed 2 *refrangatur*. Go. ann.: „pariter ut mox (scil. est qui reponat) *idcirco continua lege sancimus*," quod non intelligo. Et cod. 3 et Seldeni scriptura obscura est, pariter atque vulgata in rell. codd. et edd. recepta. Cf. LeG. l. c. p. 150. Apertior fit sententia, si corrigitur *postulantibus*. Vid. not. *v* antec. In v. *continua* inc. Hincm. Florus, Ans. cod. Savign. Grat. ll. cc. *) *Vel* sec. Go. pro *et*. y) 7 *ne a iuditia* et mox *extraord. iudicium*. 3 om. *sive extraord.*, sed in editione Seldenus habet *s. extr.* Cod. Sav. *sanctimus ut nullus episcoporum — necessitati serviunt ad iudicia*. z) 1 — 3, 5 — 7, 7 [a], cod. Sav. Selden. Florus, Ans. *pertrahantur*. In h. v. desin. Florus. a) 1, 2, Cui. 1 — Ri *. *quisquam*. Rein. Go. em. *quicquam*, quod rell. habent. Cod. Sav. *suos iudices*. b) 3, Seld. om. *publicis*, prob. Rein. In vv. *Commune cum legibus* desin. Hincm. et Grat. cod. Sav. Ans. c) 3, Seld. *qu. tamen ad c. e. p. q. d.* Cui. 1 — Lugd. *qua decet*. Rein. om. *tamen*. d) 1, 5, Sirm [a]. — Sirm [e]. *docebit*. Err. Go. *sactitatem*. Mox 5 *iudicio* pro *iudice*. e) 1 *litigare ut ille in suis autem partibus omnium*. 3, Seld. *litigare, qui praesul legis eius fuerit, Optate* et om. *in suis — dioecesim*. Vid. infr. not. *h*. 5, 6 *litigare ut ille praesul in suis aut omnium sacerd. i. e. p. egyp. d. debeant Opt.* 2, 7, 7 [a] *ut ille praesul in suis* (2 *sitis* sec. Millerum) *autem p.* 1 *diocissem*; rell. codd. *diocesim* (ut Cui. 1) s. *dyocesim*. f) 1 *negotiorum alium incidat*. 2 *arbitri — negotiorum talium incidat terminabituro* (ego legi *terminabiturus*) *pontificum*. 3, Seld. *neg. talium incidet* (mend. Seld. *indicet*), *omnium sacerdotum iudicio terminabit, h. p.* 5, 6 *negotiorum talium incidet terminabitur a pontificio*. 7, 7 [a] *neg. alium incidat termini hab. p.* Rec. ex codd. *talium* pro *aliunde*, quod edd. Lab. habent, praeter Seld. Rein. *Aliunde* explicant praeter caussas ecclesiasticas, proba quidem sententia, sed cum codd. *talium* habeant, *terminabit* explicandum est *exsequetur*. Vid. c. 1 et 18 Sirm., ubi exsecutio iudicibus civilibus mandatur. g) 3, 7, Cui. 1 — Lugd. *Thimotheo*. 5 *timothei epi* et ita etiam 6 de corr. Commemoratur Timotheus in c. 3 C. Th. de Fide Catholica (XVI, 1), anno 381 data. 2 *timoteo*. LeG. *Timothaeo*. h) 3, Seld. add. *per Egypti diocesim*. Vid. supr. not. *e*. Rein. in m. ann. scripturae diversitatem, quam e cod. 3 et ex Seldeno edidimus. i) Hic desin. Cui. 1 — Lugd. Lab. Ceterum 7 *presulere et enim*. 7 [a] *etenim*. 2 om. *est enim*. k) Cum v. *sacerdotum* conflata est in codd. 7, 7 [a] sine ulla distinctione aut rubrica Nov. Th. tit. III. de Iudaeis inde a vv. *obtentu et adquisitae dignitatis* §. 2 (ubi vid. not. *p*) usque ad vv. *amor religionis* §. 8 et sequuntur deinde ultima h. c. vv. (*enim omnium sacerdotum obtentu et — amor religionis susceptatione venerandus tum etiam nro iudicio adprobatus*). l) 3, 5, 6, 7 [a], Seld. *susceptione*. 7, Cui. 2 — Ri *. LeG. Bar. *susceptatione*, sec. Rein. Go. fortasse inversis literis pro *suspectatione*, i. e. suspectus admiratione, aestimatione, sed neque haec vox latina est. Recte se habet *suspectione*. m) 3, Selden. *et*. 2 *cum etiam*. n) 7, 7 [a], Cui. 2 — Ri *. LeG. Bar. *approbatus* pro *iam probatus*. o) 1 et alii codd. *II* pro *prid.* Subscr. et annus om. in codd. 7, 7 [a], in Cui. 1 — Ri *. et ap. LeG.; Rein. Bar. requirunt ann. 385; Seldenus h. l. suspicatur datam esse ante ann. 385, quo mortuus sit Timotheus, teste Socrate lib. V, c. 12. LeG. tuetur ann. 385 contra Go., qui et de inscriptionis et de subscriptionis fide dubitat. Verum est, legem datam esse intra ann. 383, quo Arcadius Augustus creatus est, et intra annum 385, quo obiit Timotheus. Reposui igitur ann. 384. Eundem poni vult Tillem. l. c. T. V, Not., p. 37, n. XVII.

oo) Codd. 1 et 2 *Exemplum Legis adversus* (2 *adversum*) *Iudaeos, ubi dicit, non debere Christianus* (2 *Christianos*) *a Iudaeo*, (2 *iudeis*) *circumcidi*. In codd. 5, 6 om. lemma. p) 1, 5, 6 *A. Felici ppo*, et om. 5, 6 *A.* ante *Fel.* 1, 2 om. *Imp.* pp) Deperdita lex. q) Hinc incipit c. 1 C. Th. cit. 2 *hac*, sed emend. *ac*. r) Ita codd.; sed Sirm [a]. — Sirm [e]. *Si quisquam*; c. 1 cit. *Si quis*. Paullo infra *Si quispiam*. s) 1 *eius privilegii patiatur*. 2 *cum post efectus* (em. *effectus*) *eius privilegii patiatur*. 6 *eius privilegii*, sed a sec. man. em. *eiusdem privilegiis*. c. 1 cit. *mercatus circumciderit, minime in servitute retineat circumcisum, sed libertatis privilegiis, qui hoc sustinuerit, potiatur* et des. rell. Ferri potest *obsequium*. Vid. C. Th. XVI, 3, 2, not. *ff*. Mihi non displicet *eius* pro *eiusdem*. t) 1, 2 *etenim*. LeG. *etiam*.

sanctione praecipimus, ut, si quispiam [u] Iudaeorum, reserans ianuam [v] vitae perpetuae, sanctis se cultibus mancipaverit, et Christianus esse delegerit, ne quid a Iudaeis inquietudinis vel molestiae patiatur. Quod si ex Iudaeo Christianum factum [vv] aliquis Iudaeorum iniuria putaverit esse pulsandum, volumus istius modi contumeliae machinatorem [x], pro criminis qualitate commissi, poenis ultricibus subiugari, Felix parens carissime. Quare divinitatis affectu confidimus [y], ipsum in omni orbe Romano cunctos pro debita veneratione servare: ac [z] volumus, ut excellens sublimitas tua, literis suis per dioecesim [zz] sibi creditam commeantibus, iudices moneat instantissime, huiusce modi debitam reverentiam custodiri [a]. *Dat. XII.* [b] *Kal. Nov.* (335.) [c] *Proposita VII.* [d] *Id. Mart. Carthagine, Nepotiano et Facundo Coss.* [e] (336.)

V.

COLLECTICIOS EORUM ESSE, QUI COLLEGERINT, AUT PRETII DUPLUM NUMERARI ET EXPENSAS [f].

[g] *Impp. Honorius et Theodosius AA. ad Proiectum Consularem* [h]. Inverecunda arte defenditur, si hi ad conditionem [i] vel originem reposcuntur [k], quibus tempore famis, cum in mortem penuria cogerentur, opitulari non potuit dominus aut patronus. Porro autem iniquum est, si expensis alterius servatum hominem in lucem quisque [l] sibi obnoxium quocunque titulo sperans audeat vindicare. Itaque magnificentia tua, inspecta serie de his, qui per necessitatem aut comparati sunt aut fortasse collecti, in eorum dominium eos faciat [m] perdurare; aut si ab aliquo flagitantur, enumerata dupli pecunia, quae data*) est, pretii nomine atque expensarum habita ratione, ita demum ad vindicantis auctoritatem eos redire permittimus, ne sit miserum, ita exhibuisse alimoniam morienti, ut servatus in vitam [n] postea commodis alterius in dispendio alterius prosit. *Dat. XV. Kal. Iun. Monaxio et Plinta* [nn] *VV. CC.* [o] *Coss.* (419.)

VI.

NON LICERE CLERICOS IUDICIO LITIGARE, ET HAERETICOS DEBERE DE CIVITATIBUS PROIICI. CHRISTIANOS NON DEBERE IUDAEIS SERVIRE, NEC IUDAEOS CAUSSAS AGERE VEL MILITARE [p].

Imp. [q] *Theodosius A.* [r] *et Valentinianus C. Amatio* [s] *V. Ill. Praefecto Praet. Galliarum.* Privilegia eccle-

— c. 5. Codd. 1, 2, Sirm [a]. — Sirm [e]. c. 5 *Append. C. Th.*; codd. 5, 6 *c.* 2 (sed sine numero) *Tit. XII de Iudeis.* Vid. c. 4, not. super. et c. 6, not. super.; cod. 3 (post c. 21, in cod. 3 *c.* 2 C. Th. de Paganis XVI, 10, in cod. 3 XV, 11) *Tit. XII. De his, qui famis tempore sunt collecti.* Vid. tit. C. Th. de Haereticis (XVI, 5), not. sup. Indigitatur h. c. in indice rubricarum cod. Ambros. C. 29, ubi post tit. C. Th. de Religione (XVI, 11) haec rubrica legitur: *De his, qui fames* (ex corr. *famis*) *tempore sunt collecti.* In epitomen redacta est in cod. Par. Suppl. Lat. 215. Vid. infra not. *n.* Go. in comment. ad c. 2 C. Th. de Expositis (V, 7) falsi suspecta videtur esse. Cf. C. Th. III, 3; V, 8; XI, 27; Nov. Val. tit. XXX.

— c. 6. Codd. 1, 2, Sirm [a]. — Sirm [e]. *c.* 6 *Append. C. Th.* In cod. 3 est *c.* 27 *C. Th. de Episc. et cler.* (XVI, 2 C. Th.) et antecedit c. 1 huius appendicis, ubi vid. not. super. Codd. 5, 6 *Tit. XIII* (C. Theodosiani lib. XVI.) *De*

6 *ac* pro *hac.* u) 5, 6 *Si quis.* v) 5, 6 *reserans sibi ianuam.* vv) c. 5 cit. ita se habet: *Eum, qui ex Iudaeo Christianus factus est, inquietare Iudaeos non liceat vel aliqua pulsare iniuria: pro qualitate commissi istius modi contumelia punienda.* x) 5, 6 *machinationem.* y) Vox mendose scripta in codd. et partim in edd.; nam codd. 1, 2, Sirm [a]. — Sirm [c]. habent *convidimus* et codd. 5, 6 *condidimus ipso.* z) 1, 2 *orbe Romano* (2 *orbo Romane*) *qui nostra deb. ven. servata ac — diocesim.* 5, 6 *romano qui nostri deb. v. servata ac.* zz) Codd. *diocesim, diocisem, dyocesim, diocesem.* a) 5, 6 *custodire.* Sirm [e]. err. *costodiri.* b) Olim c. 1, 5 citt. *XI.* Ego ibi restit. *XII.* c) Add. *Constantinopoli* ex c. 1 et 5 citt. d) c. 1 et 5 citt. *VIII.* 1 *septium.* Deinde c. 1 et 5 citt. *Mai.* Denique codd. *cartagine* s. *kartagine* et Sirm [a]. — Sirm [e]. *Chartagine.* e) Annus deest in edd. et hic et paullo ante.

f) Ita Sirm [a] — Sirm [e]. 1, 2 *Exemplum legis collecticiis* (in 2 emend. *collectitios*) *eorum esse, qui colligerint* (2 *collegerint*). In rell. codd. deest rubrica, sed vid. c. 6, not. super. g) In cod. 6 maioribus literis add. *ON. N.* 1, 2 *Dnnn* pro *Impp.* h) 3 *Proiecto Consulari* et om. *AA. ad.* Mox 1, 2 *hii.* i) 6 *def. sibi ad ad c.* 2 *condicione.* k) 5, 6 *reposcantur.* l) 3 *alt. hom. in lucem serv. qsq.* m) Ita codd.; edd. *faciet.* Ferri potest *dominium.* Vid. c. 4 Sirmond., not. *s* in f. *) 6 *dicta*, a secund. man. litera *i* ita alterata est, ut potius *c* esse videatur. n) 1 add. *tam.* In cod. Par. Suppl. Lat. 215 h. c. ita redacta est in epitomen: *De his qui tempore necessitatis collecti sunt, in eo legentis dominatio permaneant et qui eos recipere noluerit enumerata duplice pecuniam quae data est et expensarum rationis tunc eos recipiat.* nn) 1, 2, 5, 6, edd. *Plenta.* o) 1 $\overline{vcc}$ *oss.* 2 $\overline{vcc}$ et om. *Coss.* 5, 6 *Vic Cons.* 3 om. *VV. CC.* Sirm [d]. et Sirm [e]. *Pl. IV. CC. Coss.*, err.

p) Codd. 1, 2 *Non l. cl. i. publico litigare et omnes hereticos — proici* (ita etiam Sirm [a]. et Sirm [b].) *et christianos servos non — servire et Iudaeos non debere militare*, sed ponitur in cod. 2 rubrica inter inscriptionem et contextum legis. De codd. 5, 6 vid. not. super. In cod. 3 om. rubrica. Florus: *Caput legum in canonem receptum de cohertione Iudaeorum et de auctoritate ac firmitate iudicii et testimonii episcoporum* (Chifflet. *Item capitula legum et canonum recepta de coercitione*). Garn. add. *Constitutio Valentiniani III. ad Amacium PP. Galliarum de conveniendis per Patroclum Arelatensem quibusdam Pelagianis.* q) 5, 6, Sirm [c]., [d], [e] *Impp.* 1 *Thoedosio.* 2 *teodosius — valentiananus.* r) Codd. Florus l. c. Sirm [a]. — Sirm [e]. om. *A.* s) Bou. Lab. *Armatio.* 6 *Am. vel' ppo G.* 1, 2 *vl* cum virgula transiecta pro *V. Ill.*

siarum vel clericorum omnium[t], quae saeculo nostro[u] tyrannus[v] inviderat, prona devotione revocamus. Scilicet ut quicquid a divis principibus constitutum est, vel quae[x] singuli quique antistites[y] impetrarunt, iugi solidata aeternitate serventur, nec cuiusquam audeat titillare[z] praesumptio, in quo nos nobis magis[zz] praestitum confitemur. Clericos etiam, quos indiscretim ad saeculares iudices debere deduci infaustus praesumptor edixerat, episcopali audientiae reservamus, his manentibus, quae circa eos sanxit antiquitas[a]. Fas enim non est, ut divini muneris ministri temporalium potestatum subdantur arbitrio. Illustris itaque[b] auctoritas tua omni aevo mansura quae iussimus, in provinciarum missa notitiam, praecipiet[c] etiam sub poena sacrilegii custodiri[d], specialiter id illustribus comprehensura praeceptis, ut in omnibus circa ecclesiastica privilegia[e] veterum principum statuta serventur. Diversos vero episcopos, nefarium Pelagiani et Caelestiani[ee] dogmatis errorem sequentes, per Patroclum sacrosanctae[f] legis antistitem praecipimus conveniri. Quos quia confidimus emendari, nisi intra* viginti dies ex conventionis[g] tempore, intra quos deliberandi tribuimus facultatem, errata correxerint, seseque catholicae fidei reddiderint, Gallicanis regionibus expelli[gg] atque in eorum loco[h] sacerdotium fidelius subrogari: quatenus praesentis erroris macula de populorum animis tergeatur et futurae[hh] bonum disciplinae iustioris instituatur[i]. Sane quia religiosos populos nullis decet superstitionibus depravari[k], Manichaeos omnesque haereticos vel schismaticos sive mathematicos omnemque[l] sectam catholicis inimicam ab ipso adspectu urbium diversarum exterminari debere[m] praecipimus, ut nec praesentiae[n] quidem criminosorum contagione foedentur. [o]Iudaeis quoque vel paganis caussas agendi vel militandi licentiam denegamus: quibus Christianae legis nolumus servire personas, ne occasione dominii sectam venerandae religionis immutent. Omnes igitur personas erroris infausti iubemus excludi, nisi his emendatio matura subvenerit[p]. *Dat. VII. Id. Iul.*[q] *Aquileiae*, *D. N.*[r] *Theodosio A. XI.*[s] *et Valentiniano Coss.*[t] (425.)

---

his qui famis tempore sunt collecti: quam rubricam ad c. 5 pertinere manifestum est. Pars legis habetur in cod. Bamb. P. I, 9, p. 197. Florus, cap. I. et X. Bou. l. c. T. I, p. 767 (ex Sirm.) et Lab. p. 375 sq. (ex Bou.) Ex Sirmond. recepta est apud Baron. ad ann. 425, n. 7, Hard. I, 1269 sq., in Marii Mercatoris Opp. st. Ioan. Garnerii. Paris. 1673. fol. edit. P. I, p. 258 (cum Comm. in Bouquetium l. c.), in SS. Concil. Coll. ed. Mansii T. IV, p. 529 cum notis Iac. Sirmondi. Cf. Spicilegium s. Collectio veterum aliquot Scriptorum etc. Op. et st. Lucae d'Achery. Paris. 1723. fol. p. 597, P. F. Chiffletii Praenotanda de Ferrandi et Cresconii Breviariis in Meermani Thesauro T. I, p. 223 et praef. mea p. 421, not. 34. Cf. etiam Pertz, Mon. German. T. III, p. 191, ubi vero Blumius falso dicit nominari in Capit. Longob. h. c.; potius nominatur c. 20 Sirmond. Haustae sunt ex h. c. Codicis Theodosiani tres leges, c. 47 de Episcopis (XVI, 2) et c. 62 et 64 de Haeret. (XVI, 5). Vid. Praef. meam ad C. Th. p. XLII., unde patet, me iam c. 64 negare repetitam esse ex c. 62. Potius compositores C. Th. exemplo legis usi, quod diversis magistratibus diverso die apposito inscriptum erat, ad fragmenta, ex quibus c. 47 et c. 64 effecerunt, Bassum apposuerunt, ad c. 62 Faustum, quos utrosque annotatos invenerant, et in eodem quidem exemplo. Heimbach, vir doct., in Ephem. Lit. Ien. 1843. N. 177, p. 718 sq. plura exempla legis a C. Th. compositoribus adhibita esse putat, quae sententia non omnino explicat rem. Go. hanc legem pro farragine habet.

---

5 om. *V. Ill.* In c. 47 et 64 C. Th. citt. h. c. non inscripta est *Amatio Pf. P.*, sed *Basso Comiti R. P.* et in c. 62 C. Th. cit. *Fausto Pf. P.* Vid. praef. p. 421 sqq., not. 34 et praef. Cod. Theodosiani p. XLII. et not. sup. h. c. Florus *Almachio* (d'Achery *Almaghio*), recte sec. Chiffl. 3 om. *Praet.* post *Praef.* Sirm[c]. *Galiarum.* t) 3 om. *vel clericorum omnium* et c. 47 C. Th. *vel cler.* In v. *Privilegia* incipit c. 47 cit. u) 3 *nostro saeculo.* v) Sc. *Ioannes.* Cf. Lab. l. c., not. 2 et c. 47 cit., not. *i.* x) Ita Sirm[a]. — Sirm[e]. et c. 47 C. Th. cit.; codd. Lab. Bou. Hard. om. *constitutum est vel quae*, quae vv. deesse non possunt. y) Seqq. in c. 47 ita mutata sunt: *antistites pro caussis ecclesiasticis impetrarant*, *sub poena sacrilegii*, *iugi solidata aeternitate*, *serventur*, et desunt vv. *nec — confitemur.* 6 *iugi . . . . solidata*, ubi quattuor literarum ductus fuisse apparet. Cod. Ms. Collectionis Flori *iugi soliditate.* z) 1 *audiat*, sed em. *audeat.* 3 *aud. sollicitare pr.* zz) Sirmond[e]. om. *magis.* a) c. 47 C. Th. om. *his manentibus — antiquitas.* b) 1, 2, Lab. Bou. Hard. om. *itaque.* In v. *arbitrio* desin. c. 47 C. Th. cit. c) 2 *praecipiat*, sed antiquitus scr. erat *praecipiet.* Ceterum 2 *missam notitiam — poenas.* d) Hard. Sirm[d]. Sirm[e]. *custodire.* 1 *sacrilegei.* 2 om. *id.* e) 3 *eccl. praecepta vet.* ee) 5, 6 *caelestini.* f) 3, 5, 6 *sanctae* pro *sacrosanctae.* Ceterum siglum v. *per* in cod. 6 male scriptum est. g) 3 *dies a convent.* 5, 6 om. *ex.* gg) 2 *expedi*, emend. *expelli.* h) Vid. c. 4, not. *s* et c. 5, not. *m.* hh) 1, 2 *futuri.* 3 *futuros.* 2 *iustiores.* i) 2, 3, 5, 6 *instituat.* Mox 1 *religiosus populus*, sed em. a sec. man. k) Hinc inc. c. 64 C. Th. de Haeret. cit., quae paullo plura habet ex h. c. hausta quam c. 62 eod. l) c. 64 cit. *M.* (om. *omnesque*), *haer. sive schism.* (om. *sive mathematicos*) *omnemque.* 1 *scismathicos s. matematicos — aspectu — pacanis — nolomus — inmotent*, sed corr. a sec. man. *immutent.* 2 *scismaticos* (5, 6 etiam) *s. matematicos — aspectu* (ita etiam 5, 6, Sirm[a]. — Sirm[c].). m) c. 64 cit. om. *debere.* n) 1, 2, 5, 6, Florus, Lab. Bou. Hard. *pr. ne praesentiae.* c. 64 cit. om. *quidem.* 3 *praec. Nec cont. p̄sent. crim. quidq. fedentur.* o) Hinc incip. cod. Bamb., sed ita *Iudaeis vel paganis.* Vv. *Iudaeis — immutent* des. in c. 64 cit. p) Cod. Bamb. *mat. serviat.* q) c. 64 C. Th. cit. *Dat. VIII. Id. Aug.* c. 47 cit. *Dat. VIII. Id. Oct.* c. 62 cit. *Dat. XVI. Kal. Aug.* 3 *Dat. VI.* Cf. supr. not. *s.* r) 5, 6 *aquil'e Constantinopoli domino aug̃. th.* 2 *cons̃'* et Sirm[a]. — Sirm[d]. *Coss.* pro *D. N.* Bou. *Aquil. Cons. D. N.* c. 47 et 64 citt. *Aquileia.* Lab. om. *D. N.*, ut Sirm[e]. s) 1, 2 om. *XI.* t) 1, 2, 5, 6, Sirm[a]. — Sirm[d]. om. *Coss.* 3 *cesare cons.* Florus *Caesare III.*

VII.

UT EXCEPTIS QUINQUE SOLITIS CRIMINIBUS, ALIORUM OMNIUM REI CARCERIS CUSTODIA PROPTER PASCHALEM SOLENNITATEM LIBERENTUR [u].

Imppp. [v] *Valentinianus, Theodosius et Arcadius AAA. ad Eutropium Pf. P.* Placida beneficia lenitatis, Dei omnipotentis arbitrio [x] commoti, pro felicitate saeculi publicamus: ut illos, quos imminentis [y] supplicii terror exagitat, insperatae miserationis indultio, securitati perpetuae restitutos, ad communis vitae [z] gaudia, depulsa culparum acerbitate, perducat, ut novae reparationis luce perfusi melioris [zz] vitae teneant novitatem. Ideo denique pro festivitate Paschali, quam communi et praecelsa professione veneramur, noxas remittimus: ut ii [a], quos mansuetudinis nostrae indulgentia liberavit [b], melioris instituti [c] praecepta sectantes, nihil periculosum audeant [d] perpetrare, Eutropi parens [e] carissime atque amantissime*), exceptis his, quos quinque [ee] immanitas criminum minime patitur relaxare [f], ceteros carceris custodia liberatos statui pristino restituat, ut communi traditi [g] libertati concessae securitatis gratia perfruantur [h]. (384—387.)

VIII.

UT PRAETER QUINQUE CAPITALIA CRIMINA OMNES REI, QUOS PASCHALIS SOLENNITAS IN CARCERE INVENERIT, DIMITTANTUR PRO GAUDIO ET VENERATIONE TANTAE FESTIVITATIS [i].

Imppp. [k] *Valentinianus, Theodosius et Arcadius AAA. Antiochino* [l]. Studiis [m] nostrae serenitatis, quibus etiam praeter consuetudinem statutae atque annuae lenitatis ad propagandas ex more indulgentias naturali beneficio semper animamur, desideratum bonis mentibus tempus adhaeret [n]. Neque enim alias magis talibus [nn] beneficiis imperatoriam decet aequare pietatem, quam cum toto penitus orbe terrarum sacer dies festiva solennitate reparatur. Et nos quidem, praeter hanc velut indictam et maioribus traditam pro religionis observatione clementiam [o], liberandis paene omnibus, quos legum severitas strinxerit, effusa penitus humanitate, opera sacra mentis exserimus. Quin per omne hoc [oo], quod inter venerandos et celebres dies [p] medium fluit tempus, catenis levamus, exilio solvimus, a metallo abstrahimus, deportationibus liberamus, cum satis constet, nullum prope diem esse, quo non aliquid clemens sanctumque iubeamus; censentes nos etiam damnum [q] quoddam horarum pati, si qui liberetur, nullus occurrerit. Ex quo apparet, properato nos semper arripere istam necessariam exsolvendis [r], quatenus tamen iusta humanitas patitur, legibus sanctimoniam quamque [s] continuamus omnibus temporum metis, esse voluntariam. Neque enim convenit inter festivas ceremonias et venerabiles sacri temporis ritus [t] strepere infelicium dissonas voces, trahi ad communem misericordiam horrentes passis [u] feraliter crinibus reos, audiri [v] tractos ex imo pectore gemitus: cum utique bene sibimet sacra et laeta conveniant et [x] non deceat inter serena votorum ac dicatas aeterno numini pias [y] voces aliquid triste sentire, audire, conspicere. Unde notam beneficiis nostris [z] non supprimimus lenitatem. Aperimus quin etiam carcerem, vincula deponimus, impexos tenebrosae paedore custo-

— c. 7. Codd. 1, 2 *c.* 7. Sirm [a]. — Sirm [e]. *c.* 7 *Append. Cod. Theod.* Cod. 3 *Tit. XIII de Reis In Pascha de Carcere Educendis* post c. 5 Append. C. Th., ubi vid. not. super. Codd. 5, 6 *Tit. XIIII* (cf. c. 1, 4—6, not. sup.) *De his qui pro paschali festivitate de carceribus educuntur.* Eadem rubrica, sed sine numero, sequitur in cod. Ambros. C. 29 rubricam ad c. 5, not. sup. enotatam. Reliquae Appendicis C. Th. constitutiones non commemorantur in codd. 3, 5, 6, cod. Ambr. C. 29. Vid. infra not. *h.* Cf. tit. C. Th. de Indulgentiis criminum (IX, 38) et Go. l. c. T. III, p. 296 et 304 (ed. Ri.).

— c. 8. Codd. 1, 2 *c.* 8. Sirm [a]. — Sirm [e]. *c.* 8 *Append. C. Th.* Indicatur etiam in cod. Reg. Par. Suppl. Lat. 215. Vid. not. *i.* Cf. tit. C. Th. de Indulgentiis criminum (IX, 38) et Go. in Comm. ad illum tit. T. III, p. 296 et 304 (ed. Ri.).

u) Rubrica deest in codd. 1, 2. De rell. codd. vid. not. super. v) 1, 2 *Imperatores — Praef. Praetorii.* Sirm [d]. et [e]. *Impp.* Codd. *Archadius.* 3 *Eutropio ppo* et om. *et*, *AAA. ad.* 2 om. *AAA.* x) 1 *arbitria.* Ita etiam 2. y) 1 *emenentis.* 5, 6 *eminentis.* Infra 6 *securitatis.* z) 1, 2 *adque communis vitae.* zz) 2 sec. Mill. *ut non praeparationis luce perfrui melioris.* a) 3 *ut hi*; rell. codd. *ut hii.* b) 2, 5, 6 *liberarit.* c) 6 *institutionis*, sed em. *instituti.* d) 1 *audiant*, sed em. *audeant.* e) 5, 6 add. *O.* 1 *caressime adque.* *) Aliquid h. l. deest, quo referendum est *restituat.* Sine dubio excidit pars formulae, qua imperatores praefectos pr. alloquuntur, veluti *Illustris itaque et magnifica auctoritas tua.* ee) Vid. c. sq. et c. 2 C. Th. de Indulg. crimin. (IX, 38) ibique Go. in comment. T. III, p. 295 (ed. Ri.). f) 3 *exceptis ergo his quos inmanitas V criminum m. p. relaxari.* Etiam 5, 6 *relaxari*, quod mihi non displicet. g) 1, 2 *communiter aditi.* 3, 5, 6 *communiter additi.* h) Add. 384—387. Nam anno 383 Arcadius creatus est Augustus a Theodosio patre, et anno 388 Eutropius desierat esse Praef. praet. Cum Gratiani non sit facta mentio mense Augusto a. 383 occisi, h. c. aliquot tempus post mensem Augustum data sit necesse est. Et cum paschalis festivitas commemoretur, reposui illos annos. In cod. 3 sequitur tit. XIIII (C. Th. lib. XVI. tit. XI.) de Religione, in codd. 5, 6 c. 1 C. Th. de Accus. (IX, 1). Cod. Ambr. post rubricam supra nominatam add. *Expliciunt tituli — Lib' teodosiani.*

i) Rubrica deest in codd. 1, 2; habetur in cod. Reg. Par. Suppl. Lat. 215, ubi add. *Expliciunt Ex Corpore Teodosiani Codicis Libri Sedecim* et desunt seqq. Appendicis C. Th. leges. k) Sirm [d]. et [e]. *Impp.* l) 1, 2 om. *AAA. Antiochino.* Dignitas deest et in codd. et in edd., neque alicubi Antiochini mentionem inveni. Infra appellatur spectabilis. Fortasse scrib. *Antiocheno.* Vid. infr. not. *ee.* m) Sirm [b]. — [e]. *Studii.* Infra 1 *laenitatis ad propacandas* et 2 *animamus.* n) 1 *adiret.* 2 *adire.* nn) 2 *alias magistratibus.* o) 2 add. *a.* oo) 1, 2 *opere sacramentis exser. Quin pro homine hoc.* p) 1 *et celebrandos dies.* Sirm [d]. et [e]. *venerandos ac dies celebres.*

diae crines decenter amovemus [a]. Eripimus [b] omnes feralibus poenis, praeter eos, quibus pro magnitudine scelerum non decet subveniri. Habeant illa generalibus excepta indulgentiis crimina suum fatum, ut [c] competens maiorum scelerum reos exitus teneat. Nullius nos manibus in absolvendis iniuriam faciemus homicidis; nullius inultos toros remisso adulteriorum ac talium scelerum supplicio deseremus; caussam, quae [d] late tenditur, maiestatis integram reservamus. Non aliquos in astra peccantes, non venenarios aut magos, non falsae monetae reos absolvendorum felicitati connectimus: si quidem digni non sunt festivae lucis usura, a quibus graviora commissa sunt, quam prudens solet liberare clementia. Et ne diutius in hac criminum serie latior versetur oratio, exceptis solitis [e] quinque criminibus, alios relaxamus, Antiochine [ee] carissime ac iucundissime. Quocirca spectabilitas tua nostrae mansuetudinis scita quantocius iubebit impleri, ut velocius laeta propagentur, atque in communi omnium celebritate suspendi, quicunque merentur [f] absolvi. *Dat. X. Kal. Mai. Constantinopoli, Honorio N. P. et Evodio Coss.* [g] (386.)

IX.

[h] UT DAMNATOS AB EPISCOPIS CLERICOS ET AB ECCLESIA SEGREGATOS CURIA SIBI VINDICET.

Impp. Arcadius et Honorius AA. Theodoro II. [i] *Pf. P.* Utinam quidem hi tantum clericorum nomen induerent, quorum in deteriorem partem relabi vita non possit. Esset laetitia communis et facile pios [k] ritus cultusque divinos veneratio humana sequeretur. Sed facile vitia subrepunt [l], ut illuc etiam error irrepat [m], ubi esse nisi pura non possunt. Et si censura iudicii sacerdotalis in specula provideat, ut inter bonos non sint, qui boni esse non possunt, ne [n] tamen crimina deprehensa luxurient et sit libera peccantibus pertinacia, placet, ut, quemcunque [o] clericum indignum officio suo episcopus iudicaverit [p] et ab ecclesiae ministerio segregaverit, aut si qui [q] professum sacrae religionis obsequium sponte dereliquerit, continuo eum [r] curia sibi vindicet, ut liber [s] illi ultra ad ecclesiam recursus esse non possit, et pro hominum qualitate vel quantitate [t] patrimonii vel ordini suo vel collegio [u] civitatis adiungat [v], modo ut quibuscunque apti erunt, publicis necessitatibus obligentur, ita ut colludio quoque locus non sit: ut [x] per singulos binae librae auri inferendae aerario nostro a decem primis curialibus exigantur, si alicui [y] illicitam conniventiam [z] et colludia foeda praestiterint, omnisque hominibus improbissimis [a] ab omnibus officiis [b] militiae aditus obstruatur [c]. Nusquam enim fidi esse possunt, quos infideles Deo summo ecclesia refutaverit, Theodore *) parens carissime atque amantissime. Quod illustris magnificentia tua in omnium notitiam datis ad singularum iudices provinciarum [d] literis faciet pervenire, ut universis id proposita solenniter edicta declarent. *Dat. V.* [e] *Kal. Dec. Ravennae, Basso et Philippo VV. CC.* [f] *Coss.* (408.)

X.

UT CLERICI CUM EXTRANEIS FEMINIS NON HABITENT, ET SACRARUM VIRGINUM RAPTORES DEPORTATIONE PLECTANTUR [g].

Impp. Honorius et Theodosius AA. Palladio Pf. P. Religiosi sacerdotis fida suggestio exigit probabilem

— c. 9. Codd. 1, 2 *c.* 9. Sirm [a]. — Sirm [e]. *c.* 9 *Append. C. Th.* Ex h. c. deprompta est c. 39 C. Th. de Episcopis (XVI, 2). Coniungenda est cum c. 45 C. Th. de Haeret. (XVI, 5). Fere eodem die data est c. ult. C. Th. de Off. rect. prov. (I, 16). Ceterum cf. C. Th. XVI, 2, 39, not. sup. et IX, 40, 20, not. *bb.*

— c. 10. Codd. 1, 2 *c.* 10. Sirm [a]. — Sirm [e]. c. 10 *Append. C. Th.* Ex hac lege haustae sunt c. 44 C. Th. de Episc. (XVI, 2), mut. pr. et c. 3 C. Th. de Raptu vel matr. sanctim. virg. (IX, 25).

q) Sirm [e]. *domnum* et Sirm [c]. *quodam.* 2 *honorum* pro *horarum* et infra *quis.* r) 1 *ex te solvendis*, sed del. *te.* Obscurum est illud *exsolvendis legibus.* Significat *exsolvere* h. l. tollere. Quid si scrib. *Exsolvendi legibus?* Fortasse sufficit construere *sanctimoniam necessariam exsolvendis legibus*, h. e. quae necessaria est ad tollendas leges, i. e. ad concedendam indulgentiam. s) 1 om. *quam,* ut etiam 2. t) 1, 2 *venerabilis s. t. r.* Sirm [d]. et [e]. *temporis sacri ritus.* u) 1, 2 *horrentibus pastis.* Deinde 2 *criminibus* pro *crinibus*. *Passi crines* non solum ap. Virg. Aen. 1, 484, sed etiam apud Caes. de B. G. I, 51. v) 1, 2 *audire et tractos.* x) 1, 2 om. *et.* y) 1 *se renovatorum addictas aeternorum impias.* 2 *serenovatorum ac d. eternorum impias.* z) Sirm [d]. et [e]. *Unde nostris beneficiis notam.* a) 1 *amovimus.* b) 1, 2 *arripimus.* c) 2 *et.* d) 2 *qua.* Infra *obsolvendorum.* e) 1 add. *notisque.* Etiam 2 add. *notisque,* sed om. *quinque.* ee) 2 *antiochene.* f) 1, 2 *meretur.* g) *Coss.* deest in codd., sed in cod. 2 est *ↄss* post *Constantinopoli,* i. e. *Coss.* Edd. om. annum.

h) Rubrica deest in codd. 1, 2. i) 1, 2 *Th. iterum.* Vid. de hac inscr. c. 39 cit., not. *k*; falsa enim est. Edd. *Praef. praetorii.* 2 om. *Pf.* et c. 39 cit. *II.* k) 2 *plus ritas cultasque divinus.* l) Sirm [d]. et [e]. *subrepunt,* Sirm [c]. *subripunt,* codd. Sirm [a]. et [b]. *subripiunt.* Recte editum esse existimo *subrepunt* in Sirm [d]. et [e]. Etiam in seqq. codd. *inripiat* pro *irrepat.* Vid. not. *m.* m) 1, 2 *inripiat.* 2 *orror,* supra lin. *horror.* n) 2 *nec.* o) Cum v. *quemcunque* incip. c. 39 C. Th. de Episc. cit. p) Codd. *iudicarit.* q) Edd. *si qui*, ut c. 39 cit. 1 *quis* et 2 *aut quis.* r) 1, 2 *derel. ut continuo cum.* Sirm [c]. *derelinquerit.* s) 2 *et liber.* t) c. 39 cit. *et quantitate.* u) 1 *vel collictio.* 2 *vel collectio.* v) c. 39 cit. *adiungatur,* recte. x) c. 39 om. *Ut,* sed add. *igitur* post *singulos.* y) c. 39 *si aliquibus.* z) Codd. et edd. *conhibentiam.* a) c. 39 *pr., hominibusque improbissimis.* b) Sirm [d]. et [e]. *ab officiis omnibus.* c) Cum v. *obstruatur* desin. c. 39 cit. Propter vv. *Nusquam — refutaverit* Go. ad c. 39 cit. h. c. falsam esse dicit. At quid caussae in his vv. sit, ut falsa h. c. iudicetur, me assequi non posse fateor. *) 1 *Theodure.* Infra om. 2 *tua.* d) 1, 2 *provinciae.* e) Vid. c. 39 cit., not. *i.* f) 1, 2 *filippo vvccls.* Sirm [d]. et [e]. *Phil. IV. CC. Conss.*, err. c. 39 cit. om. *VV. CC.* et edd. annum.

g) 1, 2 om. non solum rubricam, sed etiam inscriptiosaeculo disciplinam. Agit enim bonis moribus, ne clerici sacris ministeriis servientes feminis iungantur externis, quas decolore consortio sororiae appellationis excusant. Credimus quidem, hanc devotis mentibus Dei inesse reverentiam, ut diversorii huius habitaculum conscientia pravae persuasionis ignoret. Sed hac societate seu amicitia non penetret*), fama contaminat, datque sinistris moribus[h] locum alterni sexus adiunctio, cum foris positos ac publico iure viventes ad illecebram criminis trahit obscoenae suspicionis exemplum. Quae cum ita sint, illustris et praecelsa magnificentia tua praesentis oraculi sanctionem propositis ubique divulget edictis, ut noverint cuncti, qui cuiuscunque[i] gradus sacerdotio fulciuntur vel clericatus honore censentur, extranearum sibi mulierum interdicta consortia: hac sibi tantum[k] facultate concessa, ut matres[l], filias atque germanas intra domorum suarum septa contineant. In his enim nihil scaevi[m] criminis aestimari foedus naturale permittit. Illas etiam non relinqui castitatis hortatur affectio, quae ante sacerdotium maritorum legitimum[n] meruere coniugium. Neque enim clericis incompetenter adiunctae sunt, quae dignos sacerdotio[o] sui conversatione fecerunt[p]. Illam vero desiderii partem legum quoque praeeuntium scita solidarunt, ut quisquis dedicatam Deo[q] virginem prodigus sui raptor ambierit, publicatis bonis deportatione plectatur: cunctis accusationis huius licentia absque metu delationis[r] indulta. Neque enim[s] exigi convenit proditorem, quem pro pudicitia religionis invitat humanitas. *Dat. VIII. Id. Mai.*[t] *Ravennae*, *D. N.*[u] *Theodosio Aug. IX. et Constantio*[v] *III. V. C. Coss.* (420.)

XI.
A QUIBUS ONERIBUS ECCLESIAE HABEANTUR IMMUNES[x].

Impp. Honorius et Theodosius AA. Melitio Pf. P.[y]

Recte clementiam nostram sacrosanctae religionis obsequiis devotis assiduitatibus servientem ad confirmationem privilegiorum, quae ecclesiis dicavit[z] vetustas, magnificentiae tuae suggestio[a] religiosa commonuit, ut temerariorum hominum conatibus penitus oppressis, quibus studium est, Christianam innocentiam semper appetere[b], eam nostri formam sanciamus arbitrii, cui deinceps[c] nullus impune refragator[d] exsistat. Placet igitur, rationabilis[e] consilii tenore perpenso, quoniam remedia confusa[f] nequissimis ausibus viam relinquunt, destricta moderatione praescribere, a quibus specialiter necessitatibus ecclesiae urbium singularum habeantur immunes. Primo[g] quippe illius usurpationis contumelia depellenda est, ne praedia usibus coelestium[h] secretorum dicata sordidorum munerum fasce vexentur[i]. Nulla iugationem talium privilegiorum sorte gratulantem[k] muniendi itineris constringat iniuria; nihil extraordinarium ab hac vel superindicticium[l] flagitetur; nulla pontium instauratio[m], nulla translationum sollicitudo gignatur. Non aurum ceteraque talia[mm] poscantur. Postremo nihil, quod praeter canonicam illationem adventiciae necessitatis sarcina[n] repentina depoposcerit, eius functionibus adscribatur[o]. Vacent ecclesiae solis, quibus bene consciae sunt[p], divinae praedicationis officiis, cuncta in orationibus[q] celebrandis horarum omnium momenta consumant. Gaudeant nostra in perpetuum liberalitate munitae, quarum nos erga cultum pietatis aeterna[r] devotione gaudemus. Quapropter sublimis magnificentia tua, religiosis motibus[s] in huiusce modi negotio nobiscum decenter accincta, oraculi praesentis atque in omne aevum perpeti firmitate duraturi serie comperta, roboratis[t] omnibus, quae sacrosanctae venerationis intuitu huiusce sanctionis auctoritate praescribimus, provinciarum iudices scriptis currentibus admonebit, quo evidenter agnoscant, universos, qui deinceps[u] temerariae praesumptionis adnisu in iniuriam ecclesiarum nostrique praecepti aliquid fortasse tentaverint, severissima inter-

— c. 11. Codd. 1, 2 *c.* 11. Sirm[a]. — Sirm[e]. *c.* 11 *Append. C. Th.* Deprompta est ex hac lege c. 40 C. Th. de Episcopis (XVI, 2). Florus l. c. IX. (XII.)

nem legis. *) Haec vv. aut obscura aut corrupta sunt. Fortasse leg. *penetrēt*, i. e. *penetrentur* (sc. devotae mentes clericorum). *Famam contaminat* etc. h) Codd. *moribus*, edd. *rumoribus*. Mox 2 *positus hac.* i) c. 44 C. Th. cit. ita incipit: *Eum, qui probabilem saeculo disciplinam agit, decolorari consortio sororiae appellationis non decet. Quicunque igitur cuiuscunque.* k) c. 44 C. Th. cit. *consortia cognoscant*; *hac eis tantum.* l) 1, 2 *matris.* Infra 2 *contineant ut in.* m) Sirm[c]. — [e]. *saevi.* n) 1, 2 *legitime.* o) Sirm[d]. et Sirm[e]. *sacerdotii.* 2 add. *vivos*, sine dubio errore pro *viros*, quod c. 44 C. Th. cit. h. l. addit. p) Cum v. *fecerunt* deficit c. 44 C. Th. cit. Sirm[c]. — [e]. *Illa.* q) Cum vv. *Si quis dicatam Deo* incip. c. 3 C. Th. cit. r) 1, 2 *dilationis.* Supra Sirm[a]. typ. errore *accusatiouis.* s) 1, 2 om. *enim.* t) Vid. c. 3 C. Th. cit., not. *g* et c. 44 C. Th. cit., not. *c.* u) 1 *Dom. non.* c. 3 C. Th. cit. om. *D. N.* c. 3 et c. 44 C. Th. citt. *Ravenna.* v) 1, 2 *Aug. VIII. et Constantio.* Sirm[d]. et [e]. *Constantino.*

x) 1, 2 om. rubricam. y) 1 *Dn̄n Imp Tr̄ — Praefecto.* 2 *Dn̄n imp̄tr honorius* etc. 2 et edd. *praetorii.* z) 1, 2 *confirmationem privilegii q. e. decavit*, sed in 2 emend. *dicavit.* a) 1, 2 *tuae suggeri.* b) Sirm[c]. — [e]. *apparere*, mendose. c) Sirm[d]. et [e]. *deinde.* d) 1 *reftagatur.* 2 *inpone refrangatur*, sed corr. *inpune refrangatar.* e) Cum vv. *Placet rationabilis* incipit c. 40 C. Th. de Episc. (XVI, 2). Infra 2 *perpensa.* f) 1, 2 *quoniam quid remedii conf.* Vv. *quoniam — relinquunt* des. in c. 40 cit. Mox edd. codd. *districta.* Ex c. 40 C. Th. cit. ed. *destricta.* g) c. 40 cit. *Prima.* 2 *habeatur — illi usurpationis.* h) 1 *ne dausibus cael.* 2 *nedatisibus.* i) 1, 2 *vexetur.* k) c. 40 cit. *Nullam iugationem, quae talium pr. s. gratulatur.* Vid. ibi not. e. l) c. 40 *ab hac superindicticiumve.* 2 *superindicium.* m) 1, 2, c. 40 cit. *instauratio*; edd. *restauratio.* mm) 2 *catolica.* n) c. 40 cit. *Postremo n., pr. c. i., quod a. n. s.* o) Pro seqq. in c. 40 cit. post v. *adscribatur* haec habentur: *Si quis contravenerit, post debitae ultionis acrimoniam, quae erga sacrilegos iure promenda est, exilio perpetuae deportatio-*

minatione quatiendos, ita ut in talibus deprehensi, contumacia fervente peccati, post debitae ultionis acrimoniam, quae erga sacrilegos iure promenda [uu] est, exilio perpetuae deportationis utantur*). *Dat. VIII. Kal. Iul.* **) *Ravennae, DD. NN. Honorio IX. et Theodosio* [v] *AA. IV.* [x] *Coss.* (412.)

XII.

ADVERSUS HAERETICOS ET GENTILES, ET DE UTRORUMQUE AEDIFICIIS ATQUE TEMPLIS AD USUM PUBLICUM VINDICANDIS [y].

Impp. Honorius et Theodosius AA. Curtio [z] *Pf. P.* Profanos haereticorum spiritus superstitionemque gentilium vel sola quidem religiosorum virorum sacerdotum Dei in observandis sollicitudo criminibus, sedulitas in monendo, auctoritas in docendo, emendare debuerat. Nec nostrarum tamen legum scita cessarunt, quae in Dei omnipotentis cultum, poenae [a] etiam terrore proposito, reducerent deviantes, ignaros quoque in ministeria divina formarent. Sed nimirum ipsa vis mali humana pariter ac divina permiscens, deceptos plerosque persuasionibus pravis, tam in praesens, quam in [b] futurum impellit exitium: et Deo simul ac nobis perdit infelicium vitas, quas et hic legibus dedit, et illic [c] cogit ferre iudicium. Compulsi igitur Donatistarum pertinacia, furore gentilium, quae quidem mala desidia iudicum [cc], conniventia [d] officiorum, ordinum contemptus accendit, necessarium putamus iterare, quae iussimus [e]. Quapropter omnia [f], quae in Donatistas, qui et Montenses [g] vocantur, Manichaeos sive Priscillianistas [h] vel in gentiles a nobis generalium legum auctoritate decreta sunt, non solum manere decernimus, verum in exsecutionem plenissimam effectumque deduci: ita ut aedificia quoque vel horum vel Caelicolarum etiam, qui nescio cuius dogmatis*) novi conventus habent, ecclesiis vindicentur. Poena vero lege proposita velut [hh] convictos tenere debebit eos, qui Donatistas se confessi fuerint vel Catholicorum sacerdotum scaevae religionis obtentu communionem refugerint [i], quamvis Christianos se [k] esse simulent. Iam vero templorum [l] detrahantur annonae et rem annonariam iuvent [m] expensis devotissimorum militum profuturae. Simulacra, si qua etiam nunc in templis fanisque consistunt et quae aliquem [n] ritum vel acceperunt vel accipiunt paganorum, suis sedibus revellantur [nn], cum hoc repetita sciamus saepius sanctione decretum [o]. Aedificia ipsa templorum, quae in civitatibus vel oppidis vel extra oppida sunt, ad usum publicum vindicentur, arae locis omnibus destruantur, omniaque templa in possessionibus nostris ad usus accommodos transferantur, domini destruere cogantur. Non liceat omnino in honorem sacrilegi ritus [p] funestioribus locis exigere [q] convivia vel quicquam solennitatis agitare [r]. Episcopis quoque locorum haec ipsa prohibendi ecclesiasticae manus tribuimus facultatem [s]. Nam et agentum in rebus exsecutionem, Maximi, Aeliani, Eutychi [t], ut ea, quae generalibus legibus contra Donatistas, Manichaeos atque huius modi haereticos vel gentiles statuta sunt, impleantur, indulsimus. Qui tamen scient, in omnibus modum statutorum esse servandum, ut ea, quae contra vetitum videntur esse commissa, mox iudicibus iuxta vim legum deferant vindicanda. Quos quidem viginti librarum auri poena statutae [u] dudum mulctae constringet [v], pari mulcta officiis ordinibusque proposita, si haec, quae statuimus, eorum fuerint dissimulatione neglecta, Curti [x] parens carissime atque amantissime. Quod ad continendos hominum mores religionemque [y] provisum et ad rectores provinciarum sublimis magnificentia tua faciet pervenire*), et digno per omnes iubebit vigore [z] servari. *Dat. VIII.* [a] *Kal.*

— c. 12. Codd. 1, 2 c. 12. Sirm [a]. — Sirm [e]. c. 12 *Append. C. Th.* Haustae sunt ex hac lege c. 43 C. Th. de Haeret. (XVI, 5) et c. 19 C. Th. de Paganis (XVI, 10).

nis uratur. A v. *Vacent* incip. Florus l. c. p) 2 *conscientiae sunt.* q) 1 *in rationibus.* 2 *in rationabilibus.* r) 1 *aeternae.* Florus *pietate et aeterna.* s) 1, 2 *mentibus.* Infra 2 *ad cuncta* pro *adcincta.* t) 1, 2 *roborati.* u) Sirm [d]. et [e]. *deinde.* uu) 2 *promerenda.* *) Scrib. *urantur.* Vid. c. 40 cit., not. *r.* **) c. 40 C. Th. cit. *Iun.* et *Ravenna.* v) 1 om. *IX. et Th.*, 2 om. *Honorio IX. et*, c. 40 C. Th. cit. *DD. NN.* x) Scrib. *V.*, uti habet c. 40 C. Th. cit.

y) Rubrica deest in codd. z) Codd. *Cursio.* 2, edd. *Praef. Praetorii.* Inscriptio deest in cod. 2, sed restituta est a secunda manu (*Imperator honorius eteodosius* etc.). c. 19 C. Th. de Paganis cit. *Imppp. Arcad. Honor. et Theod. AAA.* Vid. ibi not. *d.* a) Sirm [d]. et [e]. *poena,* mendose. Supra 2 *sed utilitas* pro *sedulitas.* b) Sirm [d]. et [e]. habent *tamen in pr., quam* et om. *in.* c) 1 *illico.* cc) Post v. *iudicium* duo versus et dimidius erasi sunt in cod. 2, sed deest nihil. d) Edd. *conhibentia.* 2 *coibentia*, supr. lin. *conibentia.* e) 1, 2 *nec. putamus quae iterare quaeiussimus.* f) 1, 2 *Quapropter ut omnia.* In v. *Omnia* incip. c. 43 C. Th. de Haeret. (XVI, 5) cit. g) 1, 2, Sirm [a]. — Sirm [d]. *Monteses.* Recte Sirm [e]. *Montenses.* Vid. C. Th. XVI, 5, 43, not. *l.* h) 1 *Priscilianistas.* 2, Sirm [a]. — Sirm [d]. *Priscillianitas.* Recte Sirm [e]. *Priscillianistas.* Post v. *Priscill.* in cod. 2 nonnulla vv. erasa sunt, sed constitutionis ipsius nihil excidit. *) 1, 2 *etiam nescuius docmatis.* hh) c. 43 cit. *veluti.* i) c. 43 *cath. communionem refugerint sc. religionis obtentu, quamvis Chr. esse se simulent*, cum quibus vv. desinit c. 43 cit. Sirm [d]. Sirm [e]. *effugerint.* Ante 1 *scaeve* et 2 *$\overline{sce}$ vere relig.* k) 1 om. *se.* l) In v. *Templorum* incip. c. 19 C. Th. de Paganis cit. m) 1, 2 *iubent.* Vid. c. 19 cit., not. *yy.* Sirm [c]. *annanoriam.* n) c. 19 cit. *alicubi.* nn) c. 19 cit. *evellantur.* o) 1, 2 *discretum.* Mox 1 *distruere* pro *destruere* et 2 *transferentur.* p) 1 om. *sacrilegi ritus.* q) c. 19 *exercere convivia.* 1 *exegere c.* r) Ex c. 19 rec. *agitare.* Codd. 1, 2 et edd. *agitari.* s) c. 19 *facultatem. Iudices autem XX librarum* et desunt intermedia vv. 2 *facilitatem* pro *facultatem.* t) 1 *Euthyci.* 2 *Iuliani Euthici.* u) 1 *p. statuta est* et 2 *poenas statuta est.* v) c. 19 desinit in vv. *auri poena constringimus et pari forma officia eorum, si haec eorum fuerint dissimulatione neglecta.* x) 1 *Curt́.* 2 *Curte.* y) 2 *religionumque.* *) 2 *provenire.* z) 1, 2 *pervigore.* a) Memorabilis est haec subscr., de qua vid. praefationem Codicis Theodosiani

Decembr. Romae. (407.) *Proposita Karthagine*[b] *in foro, sub programmate Porphyrii*[c] *Proconsulis Non. Iun., Basso et Philippo*[d] *VV. CC. Coss.* (408.)

XIII.

DE CONFUGIENTIBUS AD ECCLESIAS, UT QUINQUAGINTA PASSIBUS EXTRA FORES SECURI SINT. ET UT EPISCOPO CARCERES VISITANTI LIBER ADITUS PATEAT[e].

Impp. Honorius et Theodosius Pii Augg .....*) Convenit, nostris praescita[ee] temporibus ut iustitiam inflectat humanitas. Nam cum plerique vim fortunae saevientis aufugerint atque ecclesiasticae defensionis munimen[f] elegerint, patiuntur inclusi non minorem quam vitavere custodiam. Nullis enim temporibus in luce vestibuli eis aperitur egressus[ff]. Atque ideo quinquaginta passibus ultra basilicae fores ecclesiasticae venerationis sanctitas inhaerebit. Ex quo loco quisquis[g] tenuerit exeuntem, sacrilegii crimen incurrat. Nihil enim confugientibus miserationis impenditur, si aura liberior negatur afflictis. Eam quoque sacerdoti[h] concedimus facultatem, ut carceris ope miserationis aulas introeat, medicetur aegros, alat pauperes, consoletur insontes et cum singulorum caussas cognoverit[i], interventiones suas apud iudicem competentem pro iure[k] moderetur. Scimus enim idque crebris aditionibus supplicantum[l], frequenter ideo plerosque in custodia detrudi, ut adeundi iudicis libertate priventur: et cum[m] semel coeperit humilior persona pati custodiam, antequam caussa sciatur, iniuriae poenam sustinere compellitur. Confestim duas auri libras fisco nostro contumax solvet officium, si sacerdotem negotia tam sancta curantem ianitor feralis[n] excluserit. *Dat. XI. Kal. Decembr. Ravennae, Monaxio et Plinta*[o] *VV. CC.*[p] *Coss.* (419.)

XIV.[q]

DE EPISCOPIS IN AFRICA VEXATIS. UT CAPITALI SENTENTIA DEINCEPS IN EOS VINDICETUR, QUI ECCLESIIS VEL EPISCOPIS AC MINISTRIS INIURIAM INTULERINT[r].

Impp. Honorius et Theodosius AA. Theodoro viro Ill. Pf. P.[s] Dubium non est, conniventia[t] iudicum fieri et[u] culpabili dissimulatione inultum relinqui, quod ad turbandam quietem publicam in contemptum Christianae religionis, quam debito cultu veneramur, sub publica testificatione commissum addiscimus et pariter non punitum. Vicina[v] peccato in iudice dissimulatio est, quem ignoratio commissi criminis non defendit. Per provinciam Africam tantum quorundam temeritati licuisse comperimus, ut Christianae legis antistites de propriis domibus raptos, vel quod est atrocius, de ecclesiae catholicae penetralibus protractos, cruciatibus diversis afficerent: alios ad solam[x] divini cultus iniuriam, avulsa capillorum parte foedatos vel alio iniuriae genere deformatos concurrentium speculis exhiberent, ut esset[xx] circa eos venia gravior, quorum saluti contemptus ignoverat. Tanti sceleris nefas et immane flagitium nunquam ante compertum, Africanorum iudicum[y] auctoritas nec creditae sibi potestatis iure persequitur, nec debita cura referendi[yy] in nostram facit notitiam pervenire. Ignorari[z] ab his potuisse non credimus, quod commissum in civitatibus publice memoratur: quod iugi et magistratuum et ordinum cura, stationarii apparitoris sollicitudo, quae ministra est, nuntiorumque indicium[a] absentiae exhibet potestatum[b]. Licet enim insinuare levia, graviora reticere, non tacuisse, quod propriis innotescere rectoribus per alterum formidarent[c], nisi intelligerent, nolle iudicem vindicare. Exspectandum fuit institutis accusationibus contra professionis propriae sanctitatem, ut episcopus suas per-

— c. 13. Cod. 1 *c.* 13. Sirm [a]. — Sirm [e]. *c.* 13 *Append. C. Th.* In cod. 2 praefigitur numerus *XII.* Invenitur haec lex praeterea in codice S. Germani de Pratis 936 (nunc Reg. Par. Suppl. Lat. 26), ex quo Fratres Benedictini (Nouveau Traité de Diplom. T. III, p. 218 et tab. 46, num. III.) particulam eius ediderunt. Vid. infr. not. *h* et praefationem, not. 29. C. Th. IX, 45. Go. l. c. T. III, p. 402 (ed. Ri.).
— c. 14. Codd. 1, 2 s. num., sec. ser. *c.* 14. Sirm [a]. — Sirm [e]. *c.* 14 *Append. C. Th.* Depromptae sunt ex hac lege c. 31 C. Th. de Episcop. (XVI, 2), ubi vid. not. super., et c. 46 C. Th. de Haeret. (XVI, 5).

p. XLI, not. 242. Codd. 1, 2 *VII.* c. 43 et 19 C. Th. citt. *XVII.* b) 1, 2 *Cartagine.* Edd. *Carthagine.* In c. 43 et 19 citt. om. *Proposita — Iuniis.* Vid. c. 43, not. *u* et c. 19, not. *d.* c) 2 *porfiri.* 1, Sirm [a]. — Sirm [d]. *Porfyri*, sed *Porfyrii* Sirm [e]. d) 1, 2 *filippo* et om. 1 *VV. CC.*, ut c. 43 et 19 citt., sed 2 habet *uc.* Sirm [d]. et [e]. *IV. CC. Coss.* e) In codd. 1, 2 om. rubrica. Cod. S. Germ. 936 *Impp. Honorius et Theodosius de azilo eclesiarum.* *) In edd. post *Augg.* sunt duo asterisci; magistratus enim deest. Infra 2 *iustitia.* ee) Obscura vox. Fortasse corr. est *praescribere.* Interim mutata interpunctione edd. Sirm [d]. et [e]. (*Convenit n. pr. temporibus, ut* etc.) locum sanare studui. *Praescita*, sc. humanitas. In rell. edd. non interpungitur. f) 1 *munimine.* ff) Ita 1, 2, Sirm [a]. — [c]. Sed Sirm [d]. et [e]. *ingressus.* An *lucem*? g) 2 *quisque.* h) Vv. *sacerdoti — alunt pauperes* leguntur ap. Benedictinos l. c. in ann. super. 1, 2 *carceres.* i) 1, 2 *causas scrutatus agnoverit.* k) Codd. *competentem pro iure mod.*; edd. *suo iure.* l) Recte ita interpungitur in Sirm [a]. et [b], at in rell. edd. *aditionibus, supplicantum frequenter*, sed Sirm [d]. et [e], *supplicandum.* 2 *subplicatum.* m) 2 *ut cum.* Sirm [a]. — [c]. *et cum.* 1, Sirm [d]. et [e]. *vel cum.* n) C. Th. IX, 3, 6. o) Codd. edd. *Plenta.* p) 2 *uc. Coss.* Sirm [d]. et [e]. *IV. CC. Consulibus.* q) 2 *VI* pro *XIV.* r) Rubrica deest in codd. 1, 2. s) Sirm [a]. — Sirm [e]. *Praefecto praetorii.* c. 31 C. Th. de Episc. *Iidem AA.* (Impp. Arcad. et Honor. AA. Vid. infr. not. *d*) *Theodoro Pf. P.* et c. 46 *Iidem AA. Theodoro Pf. P. II. Post alia.* 1, 2 om. *AA.*, pro quo siglo edd. *Augg.* t) Codd. et edd. *conhibentia*, ut infra *conhibentiae.* u) 1 *ut.* v) 1 *una peccato.* 2 *uno peccato.* Sirm [d]. et [e]. *peccata.* x) 1 *alio satro ad solam.* 2 *alios atro ad solam.* xx) 2 *antestites — ut essent.* y) 1, 2 *iudiciorum.* yy) Sirm [d]. et [e]. *reverendi.* 2 *fecit.* z) Sirm [d]. et [e]. *ignorare.*

sequeretur iniurias et reorum[d] nece deposcerent ultionem, quos invitos decet vindicari. Deducitur in hanc necessitatem veniae persuasor alienae, praeceptor indulgentiae, ut de se non ipse tractasse videatur, quod et petenti alius non negaret, aut praeceptis obsecuturus sacerdotii criminosorum impunitati subiaceat[e]. Episcopos et alios ecclesiae catholicae ministros nisi[ee] vigor potestatum et fides iudicum laudabili auctoritate tueatur, erunt addicti audaciae pessimorum. Quapropter iubemus, ut eos, qui talia commisisse dicuntur, diversorum per Africam iudicum[f] sine innocentum laesione requirat auctoritas, ac proprio exhibitos examini, si convinci manifesta probatione cognoverit, cuiuslibet dignitatis et honoris reos probatos aut metallo tradat aut poenam deportationis subire compellat, facultatibus eorum fisco nostro sociatis, ut habeant vitam sibi clementiae nostrae more[g] concessam, quae similibus non donabitur tempore futuro criminibus. Si quidem praesentis legis aeternitate cunctis observandum[h] constituimus, Theodore[i] parens carissime atque amantissime, quod illustris magnificentiae tuae[k] praelatum literis, proponendum edictis, in omnium volumus notitiam pervenire: ut, si quisquam[l] in hoc genus sacrilegii proruperit, ut in ecclesias catholicas irruens, sacerdotibus et ministris vel ipsi[ll] cultui locoque aliquid importet iniuriae, quod geretur[m], literis ordinum, magistratuum et curatoris[n] et notoriis[o] apparitorum, quos stationarios appellant, deferatur in notitiam potestatum, ita ut vocabula eorum, qui agnosci potuerint[oo], declarentur. Et si per multitudinem commissum dicitur[p], si non omnes, possunt[pp] tamen aliquanti cognosci, quorum confessione sociorum nomina[q] publicentur. Atque ita provinciae moderator, sacerdotum et catholicae ecclesiae[r] ministrorum, loci quoque ipsius et divini cultus iniuriam capitali in[s] convictos vel[t] confessos reos sententia noverit vindicandam[u]. Nec exspectet[v], ut episcopus iniuriae propriae ultionem deposcat, cui sacerdotii[x] sanctitas ignoscendi solam[y] gloriam derelinquit[z]. Sitque cunctis non solum liberum, sed etiam[a] laudabile, factas[b] sacerdotibus vel ministris atroces[c] iniurias velut crimen publicum persequi ac de talibus reis ultionem mereri, ut hac[d] saltem[e] ratione, quod agi adversum se per episcopum non posse confidit, ex aliorum accusationibus malorum[f] audacia pertimescat. Et si[g] multitudo violenta civilis apparitionis exsecutione[h] et adminiculo ordinum possessorumve non potuerit praesentari, quod se armis aut locorum[i] difficultate tueantur, iudices Africani armatae apparitionis praesidium, datis ad virum spectabilem comitem Africae literis praelato legis istius tenore deposcent[k], ut rei talium criminum non evadant[l]. Et ne[m] Donatistae vel ceterorum vanitas haereticorum aliorumque[n] eorum, quibus catholicae communionis cultus non potest persuaderi, Iudaei atque gentiles, quos vulgo paganos appellant, arbitrentur, legum ante adversum se datarum[o] constituta tepuisse[p], noverint iudices universi, praeceptis earum[q] fideli devotione parendum[r] et inter praecipua curarum[s], quicquid adversus eos decrevimus, exsequendum. Si[t] quisquam iudicum peccato conniventiae, dissimulandi arte[u], exsecutionem[v] praesentis legis omiserit[x], amissa dignitate graviorem motum se nostrae clementiae subiturum, officium quoque suum, quod saluti propriae contempta suggestione defuerit, punitis tribus primatibus condemnationi viginti librarum auri subdendum[y]. Ordinis quoque viri, si in propriis civitatibus vel territoriis[z] commissum tale aliquid siluerint gratia obnoxiorum[a], deportationis poenam et propriarum amissionem[b] facultatum se noverint subituros. *Dat. XVIII. Kal. Febr. DD. NN. Honorio IX. et Theodosio V. AA.*[c] *Coss. Ravenna.*[d] (412?)

---

a) 1 *nunt. in indicium.* 2 om. *que* post *nuntiorum* et *indicium.* b) 2 *absentia exibet potestatem.* Mox 1 *laevia.* c) 1, 2 *propriam* (pro *propriis*) — *formidare.* d) 1, 2 *et eorum.* Praeterea 2 *necem — vindicare.* e) 1, 2 *crim. ea impunitae subiac.* ee) 2 add. *aut.* f) 1 *iudicium*; ita etiam 2. g) 1, 2 *morem.* h) 1 *observandam.* i) Sirm [b]. *Thodore.* k) 1, 2 *magnificentia tua.* l) c. 31 ita incipit: *Si quis in hoc.* ll) c. 31 *ipso.* Vid. ibi not. *l.* m) c. 31 *geritur.* n) c. 31 *curatorum.* o) Em. *notoriis* ex c. 31 cit., ubi vid. annot. *p.* 1, 2, Sirm [a]. — Sirm [e]. *notariis.* oo) 2 *potuerunt.* p) c. 31 cit. *dicetur.* pp) Bene se haberet oratio, si scriptum esset *possint*, quod referretur ad vv. *ita ut.* q) 1, 2 *soc. omnium.* r) Recepi *ecclesiae* ex c. 31 cit.; deest h. v. in codd. 1, 2 et in Sirm [a]. — Sirm [e]. Sed vid. c. 4 eod. (XVI, 2), not. g. s) 1, 2 om. *in.* t) c. 31 cit. *sive.* 2 *convinctos.* u) Sirm [d]. et [e]. *vindicandum*, ut 2. Olim etiam c. 31 *vindicandum.* v) Sirm [d]. et [e]. *exspectes.* 2 *exspectetur.* x) c. 31 om. *sacerdotii.* 1 *sacerdotio sanctitatis.* 2 *sanctitatis.* y) c. 31 olim *soli.* z) c. 31 cit. *dereliquit.* 1 *derelinquid.* 2 *delinquid*, corrig. *delinquit.* a) c. 31 cit. vulg. *sedet.* In mea edit. est *sed etiam.* b) 1, 2 *factū.* c) c. 31 *fact. atr. sac. aut min. ini. veluti publ. crim. pers.* d) c. 31 om. *ut hac — pertimescat.* e) 2 *salutem* pro *saltem.* f) 2 *magorum*, sed em. *malorum.* g) c. 31 *Quodsi.* h) 1 *excusationum.* 2 *apparacionis* (corr. *appiracionis*) *excusationum et adminicula.* i) Recte se habet *tueantur.* c. 31 *tueatur.* Codd. 1, 2 *potuerint praestari quos de agris aut locorum* etc. Mox 2 *expectabilem.* k) c. 31 *deposcant.* l) 2 *evadent.* In v. *evadant* terminatur c. 31 de Episcop. cit. m) Cum v. *Ne* incip. c. 46 C. Th. de Haeret. cit. *Ne* om. in codd. 1 et 2. n) c. 46 cit. 1, 2 *aliorumque.* Sirm [a]. — Sirm [e]. *aliorumve*, non male. Ceterum c. 46 *error* pro *eorum*, quod probo. o) 1, 2 om. *se datarum.* p) 1, 2 *cepisse.* Sirm [d]. et [e]. *defuisse.* Vid. c. 46, not. *o.* q) c. 46 *eorum.* Vid. ibi not. *p.* r) 1, 2 *parendos.* Sirm [d]. *parentum.* s) c. 46 om. *curarum.* t) c. 46 *decr., non ambigant exsequendum. Quodsi.* u) c. 46 *iud. loco conniventiae* et om. *dissimulandi arte.* v) 1 *exsecutionis.* 2 *excusationis.* Paullo infra 1, 2 *leges.* x) 1 add. *noverit*, recte. Etiam c. 46 cit. add. *noverit.* y) c. 46 *condemnatione vig. libr. a. plectendum.* 2 *subdendi.* z) 2 *territorii.* a) c. 46 *sil. in gratiam noxiorum.* b) 1, 2 *poenae pr. amissione.* c) Sirm [a]. — Sirm [e]. om. *AA.* d) Ita cod. 1; 2, edd. *Ravennae*, quod v. in Sirm [e]. retrahitur inter vv. *Febr. — DD. NN.* Magna difficultate laborat h. c. Nam subscriptio c. 31 C. Th. de Episc. cit., quacum convenit c. 20 C. Th. de Pistoribus (XIV, 3) cum c. 31 coniungenda, plane diversa est: *Dat. VII. Kal. Maii Med., Honorio A. IIII. et Eutychiano*

XV.

EOS INFAMIAE NOTAM SUBIRE, QUI OBIECTA CLERICIS CRIMINA PROBARE NON POSSUNT[e].

Impp. Honorius et Theodosius AA. ad Melitium Virum illustrem Pf. P.[f] Non cassum veterum prudentia constituit, quod appetitam innocentiam solaretur et purgatis reperit ultionem, ne[g] libera calumniantis[h] intentio insontes affligeret. Terret quidem[i] reum proposita poena criminibus, sed facit[k] accusatorem vindictae contemplatio[l] cautiorem, ne quisquam[m] solis aliquando inimicitiarum stimulis incitatus ingerat non probanda iudicibus. Quae fori aequitas, responsis veterum et legum nostrarum aeternitate solidata, cunctis est delata[n] personis, debet clericis nunc prodesse, quos nonnisi apud episcopos convenit accusari. Quibus nihil convenit habere commune: ne cultus venerabilis[o] sacerdos et Christianae legi[p] dicatus minister, quibus intuitu religionis maior quam ceteris talibus reverentia deferenda est, securo calumniantis arbitrio cuiuslibet criminis nondum probata obiectione maculetur: et talibus personis, quibus dignum est detulisse*) pro merito, peccatum iniuria fieri et sine ultione illicite[pp] patiamur. Quapropter placiturae[q] omnibus legis aeternitate sancimus, ut, si[r] episcopus vel presbyter, diaconus et quicunque inferioris loci Christianae legis minister apud episcopos, si quidem alibi non oportet, a qualibet persona fuerit accusatus, sive ille[s] sublimis vir honoris sive cuiuslibet[t] alterius dignitatis, qui hoc genus miserandae intentionis arripiat[u], ut homo peccatis aliquibus vel criminibus pollutus mentiendo probatos[v] obsequio vel locum tenentes[x] sacerdotii vel divinis servientes mysteriis dilaceret, noverit[y] docenda probationibus, monstranda documentis se debere deferre[z]: in qua si est culpa minister religionis, vitae suae pollutione removendus, sacris non potest interesse secretis. At si huius est vesaniae, quae nullis[a] fulta probationibus composita criminatione talium virorum appetisse propositum videatur, si quis igitur[b] circa huius modi personas[c] non probanda detulerit, auctoritate huius sanctionis intelligat, se iacturae famae propriae subiacere: ut damno pudoris existimationisque dispendio discat, sibi alienae verecundiae impune insidiari saltem[d] de cetero non licere. Nam sicut episcopos, presbyteros, diaconos ceterosque, si his obiecta comprobari potuerint, maculatos ab ecclesia venerabili aequum est removeri, ut contempti post haec et miserae humilitatis inclinati despectu, iniuriarum non habeant actionem, ita similis videri debet iustitiae, quod appetitae innocentiae moderatam deferri iussimus ultionem. Ideoque huius modi duntaxat caussas episcopi sub testificatione multorum actis audire debebunt. *Dat. Id. Dec. Ravennae, Honorio IX. et Theodosio V. AA. Coss.*[e] (412.)

— c. 15. Codd. 1, 2 *c.* 15. Sirm[a]. — Sirm[e]. *c.* 15 *Append. C. Th.* Haec c. fons est c. 41 C. Th. de Episcop. (XVI, 2), ubi vid. not. super. Florus l. c. c. X. (XIII.)

Coss. (398). Differt etiam subscr. c. 46: *Dat. XVII. Kal. Febr. Rav., Honorio VIII. et Theodosio III. AA. Coss.* (409). Neque Theodorus ann. 412 Pf. P. erat, sed annis 398 et 409, quare in inscriptione c. 46 C. Th. de Haeret. cit. Theodorus *Pf. P. II.* dicitur. Till. l. c. T. V, Notes, p. 70, n. VII. et p. 82, n. XXXIV. datam esse putat hanc legem una cum c. 31 et 46 citt. anno 409. Ego quoque puto substituendos esse consules anni 409, nego vero c. 31 revocandam ad ann. 409; potius hac lege videtur repetita esse constitutio, unde c. 20 et 31 depromptae sunt. Vid. exempla in Praef. Cod. Theod. Scrib. est igitur *Honorio VIII.* (ex quo numero facile poterat oriri *VIIII.*) et *III.* pro *V.* Error enim in consulatus numero propterea est, quia c. 46 non solum die et mense convenit cum h. c., sed etiam loco. Accedit quod in exemplo authentico legis, unde haec c. et c. 46 cit. descriptae sunt, consulum numeri videntur obscure scripti fuisse; neque enim in Cod. Th. libris mss. verus numerus superest, restitutus ille a Be. Eandem ob caussam, qui hanc constitutionem ex authentico exemplo descripsit, numeros consulum, quos legere non poterat, ex ingenio addidit, ille quidem falsos. Veros restituisse Beckium, docet constitutionum series, quae alium annum in c. 46 non admittit.

e) Rubrica deest in codd. 1, 2. f) 1 *Imp. et Hon. et Th. AA. et Milicium — Pf.* et om. *P.* Edd. om. *AA.* Sirm[e]. *Praefecto Praet.* Reliquae edd. *Praefectum Praetorii.* 2 *Imperator et hon. et teodosius et* (corr. *ad*) *melicium v. i. prefectum* et om. *P.* c. 41 cit. *AA. Melitio Pf. P.* g) 1, 2 *repperit ult. et ne.* Supra Sirm[d]. et[e]. *ad petitam.* h) 2 *calumniantes.* Paullo post *adelegerent.* i) 1 *Tenet quidem.* 2 *Tenet quendam.* k) 1, 2 *et facit.* l) 1, 2 *contemplatione.* m) 2 *quisquis quam.* n) 1, 2 *dilata.* o) 2 *venerabiles,* corr. *venerabilis.* p) 1, 2 *sacerdotes — legis.* *) Scil. *eam,* id est *reverentiam.* Mox *peccatum iniuria fieri,* pro *insimulari peccatum.* pp) 2 *diferenda est — inlicita.* q) 1, 2 *placitura.* r) In vv. *Clericos nonnisi apud episcopos accusari convenit. Igitur si* inc. c. 41 C. Th. de Episcopis cit. Florus sic: *Episcopos vel presbyteros, diaconos et quoscunque inferioris loci Christianae legis ministros ab episcopis solum, non ab alio oportet accusatos audiri.* s) c. 41 cit. *apud episcopum — fuerint accusati, sive ille.* 1, 2 *min. epis solum non ab alio oportet aequalibus et persona quae sit* (2 *querit*) *accusatus audiri sive ille.* t) 2 *si vel cuiusl.* c. 41 cit. *sive ullius alterius.* u) c. 41 cit. *qui hoc genus laudabilis intentionis arripiet* et om. *ut — dilaceret.* v) 1, 2 *mentiendum probatis.* V. *mentiendo* cohaeret cum v. *dilaceret.* x) 1, 2 *tenentibus.* y) 1, 2 *servientibus m. dilacerint* (sed in 2 corrig. *dilaceret*) *noverint.* z) 1 *defferre.* 2 *differre.* c. 41 *inferre* et om. *In qua — videatur.* a) 2 *An si h. e. ves. quaerellis.* b) c. 41 *ergo.* 2 *aut si quis igitur.* c) In codd. 1, 2 seqq. desunt. d) Edd. *saltim.* e) Edd. *Data Idibus Decembris — Augustis Coss.* c. 41 cit. *Ravenna.* Vid. c. 41 C. Th. de Episc. (XVI, 2), not. *t.*

XVI.

LEX, QUAE REDEMPTOS DE CAPTIVITAVE IUBET AUT RESTITUERE PRETIUM AUT SI PAUPERES SUNT, QUINQUENNIO REDEMPTORIBUS SUIS OBSEQUI [ee].

Imp. Honorius[f] *ad Theodorum V. Ill.*[g] *Pf. P.* Punitis auctoribus mali publici laesorum quidem dolori dedimus ultionem, sed provincialibus nostris libertatis restituendae festinatione sentimus uno eodemque tempore armis et legibus consulendum. Hinc denique bellorum[h] curis mixta ratio et salubris constitutio admonuit faciendum, ut[i] diversarum homines provinciarum, cuiuslibet sexus, conditionis, aetatis, quos barbaricae feritatis discursus captiva[k] necessitate transduxerat, invitos nemo retineat, sed ad[l] propria redire cupientibus libera sit facultas. Quibus si quicquam in usum recuperandarum virium[m] vestium vel alimoniae dicatur impensum[n], humanitati sit praestitum, nec maculet boni facti gloriam avara victualis sumptus repetitio, cum forsitan alimoniae istius mercedes operarum reddiderit compensatio. Quod in examen venire non patimur, ne ad propria redire cupientes indecoris contentionibus retardentur: exceptis his, quos quis barbaris vendentibus emisse docebitur[o], a quibus status sui pretium propter utilitatem publicam emptoribus aequum est redhiberi: ne ingentis damni consideratio[p] in tali necessitate positis negari faciat emptionem, et inveniamur, quorum libertati consuli voluimus, saluti potius obfuisse. Hos[q] decet[r] aut datum pro se pretium emptoribus restituere, aut labore, obsequio vel opere quinquennii vicem referre beneficii, habituros incolumem[s], si in ea nati sunt, libertatem. Nec honestas emptoribus quinquennii tempus ad compensationem maioris forsitan pretii datum, ingemiscat exiguum, quia humanae vitae fragilitas forte intra metas potest temporis constituti deficere, nec ad legis beneficium pervenire. Credant saltem perditum casibus, quod humanitate detulerint, licet humana misericordia, Deo iudice, quod alteri tribuit, sibi praestet. Quapropter[t] servata definitione legis, cuius[u] moderationem placere non dubium est, reddantur[v] sedibus propriis[x], quibus iure postliminii et[y] veterum responsis prudentium incolumia[z] cuncta servata sunt. Quam sanctionem adeo volumus custodiri, ut, si quisquam temeritate sacrilega praeceptis fuerit conatus obsistere, actor[a] et conductor procuratorque, qui ad tuendam absentis domini possessionem esse detegitur, dari se metallo aut poenam deportationis non ambigat subiturum. Si[b] vero possessionis dominus contra mansuetudinis nostrae salubre constitutum venire tentaverit[c], rem suam fisco noverit vindicandam seque per rectoris provinciae sententiam[d] deportandum. Et[e] ut facilis exsecutio proveniat imperatis[f], Christianae[g] sacerdotes, vicinorum et proximorum locorum ecclesias retinentes, quorum moribus congruit effectus talium praeceptorum[h], curiales quoque proximarum civitatum placuit admoneri, ut emergentibus talium necessitatum caussis adeant iudices, legis nostrae auxilium petituri. Et ne quis contumaciae suae culpam praecepti ignoratione tueatur, Theodore parens carissime atque amantissime, illustris magnificentia tua legis tenorem literis suis edictisque propositis ad omnium iudicum et provincialium notitiam faciet pervenire, ita ut noverint[i] rectores universi, decem libras auri a se et tantundem ponderis a suis apparitoribus[k] exigendum, si quod praeceptum est, in gratiam cuiusquam neglectum esse doceatur[kk]: cum saluberrimae sanctionis exsecutionem deferri ab omnibus quidem, sed iudicum maxime et officiorum cura obsequioque iubemus[l]. *Dat. III. Non. Dec.*[m] *Ravennae, Basso*

— c. 16. Codd. 1, 2 *c.* 16. Sirm [a]. — Sirm [e]. *c.* 16 *Append. C. Th.* Deprompta est ex h. l., sed multis mutt. et omm., c. 2 C. Th. de Postlim. (V, 5). Vid. c. 20 C. Th. de Poenis (IX, 40), not. *bb.*

ee) In cod. 1 huius constitutionis rubrica superest; in 2 posita est post inscriptionem legis. f) Add. *et Theodosius*, uti habet c. 2 cit. g) 1 om. *Ill.*, 2 et c. 2 cit. *V. Ill.* Edd. *Praef. Praetorii.* c. 2 cit. *Theodoro* pro *ad Theodorum.* h) Sirm [b]. — Sirm [e]. *bellorumque.* i) Hinc incip. c. 2 C. Th. de Postliminio (V, 5). k) c. 2 C. Th. cit. *quos barbarica feritas captiva.* l) 1, 2 *et ad.* m) c. 2 cit. om. *recuperandarum virium.* n) c. 2 cit. *alimoniae impensum est.* 2 *virium vel vestium alimoniae dicatus inp. humanitatis.* o) c. 2 cit. *praestitum, nec maneat victualis sumptus repetitio: exceptis iis, quos barbaris vendentibus emptos esse docebitur.* Supra 1 *indecoris contemptionibus.* p) c. 2 cit. *Ne quando enim damni consideratio.* q) c. 2 cit. om. *et inveniamur — Hos.* 2 *inveniantur.* r) c. 2 citt. add. *redemptos.* 1 *decet ad datum.* 2 *decet additum.* s) Sirm [d]. et [e]. om. *vicem — incolumem.* 1, 2 *quinquennii vicem referre beneficiis h. inc. si in eam.* Mox 1 *compensatione.* t) 1 *praestet et quapr.* 2 *difinitione.* u) Sirm [d]. et [e]. *huius.* c. 2 cit. om. *Nec honestas — non dubium est.* v) c. 2 cit. add. *igitur.* x) c. 2 add. *sub moderatione, qua iussimus.* y) c. 2 cit. *etiam vet. resp.* et om. *prudentium.* z) 2 *incalumnia.* a) 2, Sirm [e]. *auctor.* c. 2 cit. *servata sunt. Si quis itaque huic praecepto fuerit conatus obsistere actor*, rell. omm. b) c. 2 cit. *procuratorque, dari se metallis cum poena dep. non ambigat; si*, rell. omm. 2 om. *qui* ante *ad tuendam.* c) c. 2 cit. om. *contra — tentaverit.* d) 1 *rectores.* c. 2 cit. om. *per r. pr. sententiam.* e) 1, 2 om. *Et.* f) 2 *pro venia temperatis.* In cod. 1 abscissa sunt vv. *imperatis — retinentes quorum.* c. 2 cit. om. *imperatis.* g) Sirm [e]. *Christianos sacerdotes.* c. 2 cit. *Christianos proximorum locorum volumus huius rei sollicitudinem gerere. Curiales.* Supple *ecclesiae.* Vid. C. Th. XVI, 2, 4, not. g. h) Sirm [d]. et [e]. *receptorum.* In cod. 1 abscissa sunt vv. *gruit* (congruit) — *curiales* et paullo infra *civitatum placuit.* 2 *vicinarum et pr. — proximorum civ.* i) c. 2 cit. *emergentibus talibus caussis sciant, legis nostrae auxilium deferendum; ita ut noverint*, rell. omm. 1, 2 *tutatus Th. p. c.* k) 1, 2 *auri se et.* c. 2 cit. *tantundem a suis apparitionibus exigendum, si praeceptum neglexerint*, et des. rell. kk) Sirm [e]. *doceantur.* 2 *gratiam cuiuspiam — excusationem deferri.* l) Scrib. *iubeamus.* m) c. 2 cit. *Dat. IV. Id.* 1 *Ravenae* —

et Philippo VV. CC. Coss. (408.) *Accepta XVI. Kal. Ian.*[n] (409?)

XVII.

LEX DE THEODOSIANO, SUB TITULO XXVII. DE EPISCOPALI DEFINITIONE[o].

Imp. Constantinus A.[p] .... Iudex pro sua sollicitudine observare debebit, ut, si ad episcopale iudicium provocetur, silentium accommodetur[q]. Et si quis ad legem Christianam negotium transferre voluerit et illud iudicium observare, audiatur, etiamsi negotium apud iudicem sit inchoatum, et pro sanctis habeatur, quicquid ab his fuerit iudicatum: ita tamen, ne usurpetur in eo, ut unus ex litigantibus pergat ad supradictum auditorium, et arbitrium suum enuntiet[r]. Iudex enim praesentis caussae integre habere debet arbitrium, ut omnibus accepto latis pronuntiet[rr]. *Dat. IX. Kal. Iul.*[s] *Constantinopoli*[t], *Licinio A. et Crispo Caes. Coss.* (318 aut potius 321.)

XVIII.

LEX ALIA[u] DE THEODOSIANO SUB TITULO XXVII. DE EPISCOPALI DEFINITIONE, ET HOC VALIDIOR, QUIA OMNIBUS POSTERIOR.

Imppp. Arcadius, Honorius et Theodosius AAA.[v] *Theodoro Pf. P.* Episcopale iudicium ratum sit omnibus, qui se[x] audiri a sacerdotibus acquieverint[y]. Cum enim possent privati[z] inter consentientes etiam iudice nesciente audire[a], his licere id[b] patimur, quos necessario veneramur eamque illorum iudicationi adhibendam esse reverentiam[c], quam vestris deferri necesse est potestatibus, a quibus non licet provocare[d]. Per publicum quoque officium[e], ne sit cassa cognitio[f], definitioni exsecutio tribuatur. *Dat. Id. Dec. Basso et Philippo Coss.* (408.[g])

— c. 17. Codd. 1, 2 *c.* 17. Sirm [a]. — Sirm [e]. *c.* 17 *Append. C. Th.* Iu. p. 38. Pars legis est in Seldeni Uxore Hebr. III, 28 et in Go. comm. ad c. 1 de Episc. iud. l. c. p. 342, col. 2 ed. Ri.; fere tota legitur apud LeG. l. c. pag. 36. LeG. Iu. eam indicari putant in c. 1 de Episcopali iud., i. e. prima Appendicis C. Th., Tillem. l. c. T. IV, p. 278, not. LXX. propter vv. *Et si quis* eam fragmentum esse dicit maioris alicuius constitutionis, cuius in constitutione illa prima mentio fiat. — c. 18. Codd. 1, 2 *c.* 18. Sirm [a]. — Sirm [e]. *c.* 18 *Append. C. Th.* Iu. p. 53. Deprompta est ex hac lege c. 8 Cod. Iust. de Episc. aud. (I, 4). Indigitatur una cum c. 17 in pr. Novell. Valent. tit. XXXIV. de Episcopali iudicio. Vid. c. 20 C. Th. de Poenis (IX, 40), not. *bb*, c. 25 C. Th. de Petitionibus (X, 10).

filippo et om. *VV. CC.* Sirm [d]. et [e]. *IV. CC. Conss.* 2 *filippo uc. cons.* n) c. 2 cit. *Ravenna, Honorio VIII. et Theodosio III. AA. Coss.* (409) et om. *Accepta — Ian.* Ceterum edd. *Nonas Decembris* (ut 2) et *Kalendas Ianuarias.* An om. *XVI.* et add. 409?

o) Memorabilis rubrica, de qua in Praefatione dixi. p) Inscriptio et prima legis vv. usque ad v. *transferre* abscissa sunt in cod. 1. Magistratus deest in edd. et in cod. 2. q) 2 *post provocetur — acommodet.* r) Iu. add. (*iudex*). Potius suppl. *supradictum auditorium*, i. e. *episcopus.* rr) Err. Iu. *pronunciat.* s) Edd. *Kalendas Iulias.* 2 *VIII kl iulias.* t) Locum suspectum esse negat quidem Iu. l. c. pag. 39, ego vero credo. Vid. c. 3 C. Th. de Veteranis (VII, 20), not. *b*, c. 12 C. Th. de Appell. (XI, 30), not. *i* et c. 2 C. Th. Famil. hercisc. (II, 24), not. *m*. Subscriptionem falsam esse apparet ex codd. 1, 2, in quibus om. *Licinio.* Fortasse scriptum erat *Constantino II. et Crispo* (II.) *Caess. Coss.* (321.) pro *Crispo (II.) et Constantino II. Caess. Coss.* Nonnunquam transponi nomina consulum in subscriptionibus legum, dixi in Praef. C. Th. p. XXXVI, not. 209. 2 om. *Coss.*

u) 2 *Item alia lex.* Memorabilis rubrica, de qua disputavi in Praefatione. Rubrica deest in c. 8 Cod. Iust. cit. v) c. 8 Cod. Iust. *Impp.* (om. *Arcadius*) *Hon. et Th. AA.* Etenim Arcadius menses aliquot ante de vita decessit. 2 om. inscript. h. c. x) 2 om. *se.* Paullo supra 2 *sit ratum.* y) c. 8 cit. *elegerint* et om. *Cum — veneramur.* z) Sirm [d]. et [e]. *privari.* 2 *pravitati.* a) 1, 2 *audiri.* Recte *audire.* Intelliguntur arbitri. b) Iu. om. *id.* c) c. 8 cit. add. *iubemus.* d) 2 *provocari*, ut 1. e) c. 8 cit. *Per iudicum q. officia.* f) Cum v. *cognitio* desin. codd. 1, 2. Iu. *ne cassa sit.* c. 8 Cod. Iust. cit. *cassa episcopalis cognitio.* g) Sirm [a]. — [e] post v. *Conss.* add.: *Hucusque codex Ecclesiae Lugdunensis. reliqua partim ex Pithoeano, partim ex Corbeiensi descripta sunt*, et desinunt ut in codd. 1, 2 (vid. not. *f*) cum hac lege XVIII leges illae a Sirmondo tanquam Appendix Codicis Theodosiani editae. Quare tres illae constitutiones (XIX — XXI.), quas Sirmondus hoc loco adiecit, ab hac collectione eximendae sunt: eas enim invenit in diversis codicibus (Reg. Par. 1564, qui Pithoeanus ille videtur esse, et in cod. S. Germ. 936, qui olim sine dubio Corbeiensis fuit, ad quos accedere videtur cod. S. Germani 366), in quibus, ut in aliis iuris canonici libris multas leges sparsas esse, quae Codici Theodosiano aut omnino non aut non omnino insertae sunt, ex collectione, quam postea edam, apparebit. Disiunxi igitur c. XIX — XXI. Sirmond. ab Appendice Cod. Th., ne haec alienis rebus deformaretur. Duas infra ponam (c. XIX. Sirm. *Imp. Honorius A. ad Constantium V. Ill. Patricium: Inter publicas necessitates* ann. 417 et XX. Sirm. *Impp. Theod. et Valentinianus AA. ad Virum Pf. P. Audemus quidem* ann. 430); tertiae (s. XXI. Sirm.) diversas scripturas annotavi ad c. 4 C. Th. Ne sanctum baptism. (XVI, 6), quae est illa ipsa lex. — — — — Cum in eo erat, ut ultimae plagulae menda tollerem, accepi literas Federi, bibliothecae Darmstadtiensi praefecti. Nuntiavit mihi vir humanissimus doctissimusque, non inesse in codice Darmstadtiensi Sirmondi constitutiones, quas p. 439, not. 84 inesse suspicatus sum. Vid. supra Praefationem Novellarum not. 294. — Praeterea moneo in notis superioribus c. IV — VI. Sirmond. falso scriptum esse *Codd.* 1, 2, *Sirm* [a]. — *Sirm* [e]. *c.* 4 (s. 5 aut 6) *Append. C. Th.* Reponendum est: *Codd.* 1, 2 *c.* 4 (s. *c.* 5 aut *c.* 6). Sirm [a]. — Sirm [e]. *c.* 4 (s. *c.* 5 aut *c.* 6) *Append. C. Th.* Nam a Sirmondo quidem hae constitutiones pro Appendice C. Th. habitae sunt, neque vero in codicibus illis cum C. Th. cohaerent. Vid. Praef. p. 414 sq., 426 sq.

SERIES CHRONOLOGICA XVIII CONSTITUTIONUM, QUAS SIRMONDUS DIVULGAVIT.

318?

Licinio A. (V.) et Crispo Caes. Coss.

c. 17. — . . . . . . — Dat. IX. Kal. Iul. Constantinopoli.

321.

Constantino II. et Crispo II. Caess. Coss. (Vid. ann. 318.)

331?

Basso et Ablavio Coss.

c. 1. — Ablavio Pf. P. — Dat. III. Non. Mai. Constantinopoli.

335.

Constantio et Albino Coss. (Vid. ann. 336.)

336.

Nepotiano et Facundo Coss.

c. 4. — ad Felicem Pf. P. — Dat. XII. Kal. Nov. (335). Proposita VII. Id. Mart. Constantinopoli.

384?

Richomere et Clearcho Coss.

c. 3. — ad Optatum Praefectum Augustalem — Dat. prid. Non. Febr. Constantinopoli.

384—387.

c. 7. — ad Eutropium Pf. P. — — —

386.

Honorio N. P. et Evodio Coss.

c. 8. — Antiochino — Dat. X. Kal. Mai. Constantinopoli.

400.

Stilicone et Aureliano Coss.

c. 2. — Hadriano Pf. P. — Dat. prid. Non. Febr. Ravennae.

407.

Honorio VII. et Theodosio II. AA. Coss. (Vid. ann. 408.)

408.

Basso et Philippo VV. CC. Coss.

c. 12. — Curtio Pf. P. — Dat. VIII. Kal. Dec. Romae (407). Proposita Karthagine in foro sub programmate Porphyrii Proconsulis Nonis Iuniis.
c. 9. — Theodoro II. Pf. P. — Dat. V. Kal. Dec. Ravennae.
c. 16. — ad Theodorum V. Ill. Pf. P. — Dat. III. Non. Dec. Ravennae — Acc. (XVI.) Kal. Ian. (409?)
c. 18. — Theodoro Pf. P. — Dat. Id. Dec.

409?

Honorio VIII. et Theodosio III. AA. Coss. (Vid. ann. 408.)

412.

Honorio IX. et Theodosio AA. IV. (V.) Coss.

c. 14. — Theodoro Viro Ill. Pf. P. — Dat. XVIII. Kal. Febr.
c. 11. — Melitio Pf. P. — Dat. VIII. Kal. Iul. Ravennae.
c. 15. — ad Melitium Vir. Ill. Pf. P. — Dat. Id. Dec. Ravennae.

419.

Monaxio et Plinta.

c. 5. — ad Proiectum Consularem — Dat. XV. Kal. Iun.
c. 13. — . . . . . — Dat. XI. Kal. Dec. Ravennae.

420.

Theodosio A. IX. et Constantio III. V. C. Coss.

c. 10. — Palladio Pf. P. — Dat. VIII. Id. Mai. Romae.

425.

Theodosio A. XI. et Valentiniano Coss.

c. 6. — Amatio V. Ill. Praefecto Praet. Galliarum — Dat. VII. Id. Iul. Aquileiae.